KB252154

매튜 헨리 주석 에스겔·다니엘

저자 **매튜 헨리** Matthew Henry 1662-1714

성경 주석가. 영국 국교회의 복음주의 목사의 아들인 그는 통일령으로 아버지가 성직에서 쫓겨난 직후에 태어났다. 학문을 좋아하는 소년이었으며 1672년에 회심하였다. 옥스퍼드와 케임브리지의 학문성이 차츰 떨어지므로 1680년 런던 이슬링턴 대학에서 신학 교육을 받았다. 그 대학은 신앙을 저버린 시대에 높은 학문을 유지해왔다. 그 대학의 학장은 케임브리지에서 온 토머스 두리틀이었고, 부학장은 옥스퍼드에서 온 토머스 빈센트였다. 그 후에는 그레이 법학원에서 법률을 공부하였다. 그는 국교회 목사가 되려고 생각하였지만, 비국교도가 되기로 결심하였고, 개인적으로 장로교 목사 안수를 받았다. 첫 목회지는 체스터(1687-1712)였으며 그 뒤에 런던의 해크니(1712-1714)로 옮겼다. 청교도들에게서 크게 영향을 받은 그는 성경 해설을 목회의 중심으로 삼았다. 날마다 4시 또는 5시에 일을 시작하였던 그는 시간을 최대한 사용하는 것을 목적으로 삼았다. 1704년에 「성경 주석」을 집필하기 시작하였는데, 그는 사도행전까지 탈고하였으며, 그의 사후 목회 동역자들이 그의 노트와 저서들을 참고하여 신약성경 주석을 완성하였다. 그 주석은 성경에 대한 자세하고 종종 대단히 영적인 해설 양식을 취하였는데, 그 양식은 그 이후의 복음주의적 목회의 형태를 결정하였다. 스펄전은 자신이 매튜 헨리에게 큰 도움을 받았다는 사실을 인정하였다.


역자 **박문재**

역자는 서울대학교 법과대학, 장로회신학대학교 신대원 및 대학원(Th.M.)을 졸업하였다. 역서로 비슬리 머리의 「예수와 하나님 나라」, 존 브라이트의 「이스라엘 역사」, F.F. 브루스의 「바울」, B.S. 차일즈의 「구약신학」, 아이히로트의 「구약성서신학 I ,II」, 제임스 D.G. 던의 「바울 신학」 외에 다수 있다.

매튜
헨리
주석
전집

14

# 매튜 헨리 주석 에스겔·다니엘

박문재 옮김

*Matthew Henry*

크리스챤
다이제스트

# 에스겔

# 서론

이후에 마땅히 일어날 일들에 대하여 말하는 예언서들을 처음에 접했을 때, 우리는 사도 요한이 들었던 것과 동일한 음성, 즉 이리로 올라오라는 음성을 듣는 듯하였다(계 4:1). 그러나 에스겔서로 접어들자 그 음성은 마치 더 높은 곳으로 올라오라고 말하는 것처럼 보인다. 시간상으로 앞으로 더 나아가면서(예레미야는 포로기 직전에 예언하였고, 에스겔은 포로기 때에 예언하였다), 우리는 위로 더 높이 솟아올라서 한층 더 장엄한 하나님의 영광을 발견하게 된다. 성소의 이 물은 점점 더 깊어진다. 그 물은 걸어서 건널 수 없고, 몇몇 군데에서는 그 깊이를 거의 측량할 수 없을 정도가 된다. 그렇지만 그 깊은 물로부터 "하나님의 성 곧 지존하신 이의 성소를 기쁘게 하는" 시내들이 흘러나온다. 지금 우리 앞에 놓여 있는 이 예언에 대하여 우리는 다음과 같은 것들을 물을 수 있다.

I. **저자.** 저자는 에스겔이었다. 에스겔이라는 이름은 하나님의 힘, 하나님에 의해 동여진 자, 하나님의 힘을 받은 자를 의미한다. 그는 하나님을 섬기기 위해서 그의 마음의 허리를 동였고, 하나님은 그에게 힘을 더하셨다. 하나님은 그를 섬기도록 어떤 사람을 부르셨다면 그 사람이 그 일을 할 수 있는 능력도 주신다. 하나님으로부터 사명을 받은 자는 그것을 행할 능력도 받는다. 하나님이 "내가 그들의 얼굴을 마주보도록 네 얼굴을 굳게 하였다"고 말씀하셨을 때에 에스겔이라는 이름은 그대로 성취되었다. 셀던(Selden)은 「시리아의 신들」(*De Diis Syris*)이라는 그의 저서에서, 몇몇 옛 사람들의 견해에 의하면 선지자 에스겔은 피타고라스가 한동안 그의 가정교사로 모시면서 그 강의들을 들었던 (그가 직접 말하고 있듯이) 나자라투스 앗시리우스(Nazaratus Assyrius)와 동일 인물이었다고 말한다. 그들이 거의 동일한 시기에 살았다는 데에는 학자들의 견해가 일치한다. 헬라 철학자들 중 다수가 성경을 알고 있었고 그들이 제시한 최고의 개념들 중 일부를 성경으로부터 빌려 왔다고 보는 것은 일리가 있다. 유대인들의 전승에 의하면, 에스겔은 바벨론에 포로로 잡혀 있던 자들을 담대하게 책망하다가 그들에 의해 죽임을 당하였는데, 그들은 그의 뇌가 산산이 부서질 때까지 돌들 위로 그를 질질 끌고 다녔다고 한다. 아랍의 한 역사가

는 그가 죽임을 당한 후에 노아의 아들 셈의 무덤에 매장되었다고 말한다. 호팅거(Hottinger)도 그렇게 말한다.

**II. 기록된 장소와 연대.** 무대는 하나님의 이스라엘에게 종 되었던 집인 바벨론이었다. 거기에서 선지자 자신과 그의 예언을 들은 백성들이 포로로 잡혀 있을 때에 이 책에 실린 예언들이 선포되고 기록되었다. 니느웨에 가서 예언하도록 보내심을 받은 요나를 제외한다면, 에스겔과 다니엘은 이스라엘 땅 밖에서 살면서 예언한 유일한 구약의 문서 선지자들이다. 에스겔은 포로기 초기에 예언하였고, 다니엘은 후기에 예언하였다. 하나님이 이렇게 초기와 후기에 그들 가운데 선지자들을 일으키신 것은 그들에 대한 선의의 표시였고, 환난 가운데 있는 그들에 대한 은혜로운 뜻이었다. 환난의 초기에 그들이 안일하고 겸손해지지도 않은 때에 그들에게 죄를 깨우쳐 주는 것은 에스겔의 사명이었고, 환난의 후기에 그들이 기가 꺾이고 낙심해 있을 때에 그들을 위로하는 것은 다니엘이 할 일이었다. 여호와께서 그들을 죽이고자 하셨다면 그들을 고치기 위해서 이렇게 적절한 수단들을 사용하지 않으셨을 것이다.

**III. 내용과 취지.**

1. 이 책에는 특히 처음과 끝 부분에 매우 신비스럽고 어두우며 이해하기 힘든 내용들이 많이 나오기 때문에, 유대의 랍비들은 젊은이들이 이 책을 읽으면서 난해한 것들을 만나게 되면 성경에 대하여 편견을 갖게 될 것을 우려해서 30살이 될 때까지는 이 책을 읽는 것을 금지할 정도였다. 그러나 우리가 성경의 이 어려운 부분들을 겸손하고 경외하는 마음으로 읽고 그 의미들을 부지런히 살핀다면, 비록 우리가 자연이라는 책에서 만나는 모든 현상들을 다 해명할 수 없는 것과 마찬가지로 이 책에서 만나는 모든 매듭들을 다 풀 수는 없다고 할지라도, 우리는 우리의 믿음을 확증해 줌과 동시에 우리가 섬기는 하나님에 대한 우리의 소망에 힘을 더해줄 많은 것들을 이 책에서 얻을 수 있다.

2. 이 책에 나오는 환상들(또는, 묵시들)은 복잡하게 얽혀 있지만, 그 설교들은 아주 분명하다. 이 환상들의 주된 목적은 하나님의 백성에게 그들의 죄악들을 보여주어서 포로 생활을 하는 동안 그들이 불평하거나 푸념하지 말고 회개할 수 있도록 하기 위한 것이다. 백성이 모이는 것 같이 그에게 나아오며 하나님의 백성처럼 그의 앞에 앉아서 그의 말을 듣는다(33:31)고 기록되어 있는 것에서 알 수 있듯이, 그들은 선지자가 전하는 말씀들을 늘 경청하였던 것으로 보인다.

또한, 이스라엘의 장로들이 그에게 나아와 여호와의 뜻을 물었다고 기록되어 있는 것에서 알 수 있듯이(14:1, 3) 그들은 종종 그에게 와서 상담도 하였던 것으로 보인다. 억압받고 있던 포로들에게 선지자가 있다는 것은 그들에게 큰 유익이었음은 물론이고, 그들의 거룩한 종교를 조롱하던 압제자들을 반박할 수 있는 증언이기도 하였다.

3. 이 책에 나오는 책망과 경고의 말씀들은 아주 날카롭고 담대하지만, 이 책의 끝 부분에서는 하나님이 그들을 위해 크신 긍휼을 예비해 두셨다는 위로와 약속의 말씀들도 주어지는데, 거기에서 마침내 우리는 복음 시대와 연관이 있는 내용, 즉 메시야의 나라에서 성취될 것들을 만나게 된다. 사실 이 선지자는 다른 어느 선지자보다도 복음 시대와 관련된 내용들에 대해서는 별로 말하지 않는다. 그러나 그는 여호와의 두려운 일들을 열어 보임으로써 그리스도의 길을 예비한다. 율법을 통해서 우리가 죄를 알게 되듯이, 그것은 우리를 그리스도께로 인도하는 초등교사가 된다. 선지자의 신임장인 환상들(1:1−3:27), 주류를 이루고 있는 책망과 경고의 말씀들(4:1−24:27)이 나오고, 이 말씀들과 이 책의 끝 부분에 나오는 위로의 말씀들 사이에는 이스라엘과 접해 있던 나라들의 멸망에 관한 메시지가 나오며(25:1−35:15), 그 토대 위에서 하나님의 이스라엘이 회복되고 그들의 도성과 성전이 다시 재건될 것에 관한 예언이 나온다(36:1-38). 위로의 말씀들을 받고자 하는 자들은 먼저 죄를 깨우치는 말씀들을 받아들이지 않으면 안 된다.

제
─ 1 ─
장

**개요**

이 장에는 다음과 같은 내용들이 나온다. I. 이제부터 선포될 예언의 전반적인 상황, 그리고 이 예언이 선포된 때(1절)와 장소(2절), 대상(3절). II. 이례적으로 이 예언의 서론 역할을 하는 하나님의 영광에 관한 환상. 1. 윗 세상에 하나님과 그의 시종들이 있고, 하나님의 보좌는 여기에서 "생물"이라 불리는 천사들에 둘러싸여 있음(4-14절). 2. 바퀴들과 그 움직임들에 의해서 나타내진 아랫 세상에 관한 하나님의 섭리들(15-25절). 3. 보좌에 앉아 계신 예수 그리스도의 얼굴(26-28절). 우리는 이 세 가지를 통해 하나님의 영광을 더 알면 알수록 더 친밀하게 교제하게 되고, 하나님의 계시가 우리에게 더 위엄 있게 임하면 임할수록 우리는 더 기꺼이 그 계시에 순복하게 된다. 이것이 이러한 환상들(또는, 묵시들)을 이 책의 예언들의 서론으로 삼은 목적이다. 이러한 장엄한 하나님의 영광이 말씀하실 때, 우리는 경외심을 가지고 주목해서 들어야 한다. 만약 그렇지 않으면, 우리는 위험에 빠지게 된다.

¹서른째 해 넷째 달 초닷새에 내가 그발 강 가 사로잡힌 자 중에 있을 때에 하늘이 열리며 하나님의 모습이 내게 보이니 ²여호야긴 왕이 사로잡힌 지 오 년 그 달 소닷새라 ³갈대아 땅 그발 강 가에서 여호와의 말씀이 부시의 아들 제사장 나 에스겔에게 특별히 임하고 여호와의 권능이 내 위에 있으니라

에스겔이 환상을 보는 가운데 그의 사명과 교훈을 받은 정황이 여기에 아주 구체적으로 서술되어 있는데, 이 이야기는 소설적인 것이 아니라 사실을 기록한 것으로 보인다. 하나님이 우리의 영혼에 특별한 방식으로 자신을 나타내시기를 기뻐하신 때와 장소를 기록해 두면, 우리가 그 날을 되돌아보거나 제단을 쌓은 곳으로 다시 가볼 때에 하나님이 그 날에 우리에게 베푸셨던 은총을 감사하고 기뻐하는 마음으로 다시 돌이켜 볼 수 있는 유익이 있다(창 13:4). "내 영혼아, 기억하라! 네가 어느 때에 어느 장소에서 하나님의 어떠한 사랑을

받았는지를 결코 잊지 말라. 하나님이 너를 위해 하신 일을 다른 사람들에게 말하라."

**I. 에스겔이 이 환상을 본 때.** 그 때는 서른째 해(1절)였다. 어떤 이들은 이 것을 에스겔 선지자의 나이가 삼십 세였던 때라고 해석한다. 제사장이었던 그 는 제사장 직무를 온전히 수행할 수 있게 된 나이가 되었지만, 당시 그의 백성 의 죄로 인하여 재난을 당해서 그들에게는 성전이나 제단이 없었기 때문에 그 직무를 현실적으로 수행할 수 없었다. 하나님은 에스겔이 그 나이가 되자 그를 제사장 대신에 선지자로 부르셨다. 또, 어떤 이들은 이것을 느부갓네살의 아버 지 나보폴라살의 통치 원년으로부터 시작해서 삼십 년째가 되는 해라고 해석 한다. 갈대아 사람들은 123년 전에 나보나살 때에 연호를 새롭게 시작했던 것 과 마찬가지로 나보폴라살 때에 또다시 연호를 새롭게 시작하였다. 나보폴라 살은 19년을 다스렸기 때문에 그의 통치 제30년은 느부갓네살 왕의 재위 제11 년이었다. 우리가 외국에 나가면 그 곳에서 사용하는 역법을 따르듯이, 에스겔 은 바벨론에 포로로 잡혀 있는 몸이었기 때문에 거기에서 사용된 역법을 빌려 사용한 것은 적절한 일이었다. 그는 나중에 그의 나라의 암울한 연대 계산법을 사용해서, 이 때가 여호야긴 왕이 사로잡힌 지 오 년이었다고 밝힌다(2절).

그러나 이 본문을 의역하고 있는 갈대아 역본은 또 다른 방식으로 연대를 표기하여서, 이 때가 제사장 힐기야가 요시야 왕 시대에 달이 뜨고 나서 한밤중에 성소에서 율법책을 발견한 후 삼십 년째가 되던 해였다고 말한다. 이 때가 그 사 건이 있은 때로부터 정확히 삼십 년째인 것은 사실이다. 이 사건은 사람들에게 널리 알려져 있었기 때문에(이 사건은 유대 나라를 새로운 시험대에 올려놓는 계기가 되었다), 이 사건을 연대의 기산점으로 삼는 것은 적절한 일이었다. 그 래서 에스겔 선지자는 아마도 우연히 서로 일치하게 된 이 사건과 갈대아 사람 들의 연대 계산법을 둘 다 염두에 두고서 일부러 모호하게 삼십 년째라고 말한 것 같다. 에스겔이 이 환상을 본 때는 달로는 우리의 역법으로는 6월에 해당하 는 넷째 달이었고 날로는 그 달 초닷새였다(2절). 칠 일 후에 ─ 이 날은 그 다음 안식일이었을 것이다 ─ 여호와의 말씀이 그에게 다시 임하였다는 말씀이 나 중에 나오는 것으로 보아서(3:16), 이 날은 안식일이었을 가능성이 높다. 마찬 가지로, 요한도 주의 날에 성령에 감동되어 전능자의 모습을 보았다(계 1:10). 하 나님은 이렇게 하심으로써 대적들이 비웃었던 그의 안식일들에 존귀를 더하시고자 하셨다(애 1:7). 또한, 하나님은 이렇게 안식일들에 특별히 자신을 나타내심으로써 그의 백성이 안식일마다 그의 선지자들에게 나아와 그의 말씀을 듣도록 격려하고자 하셨다.

**Ⅱ. 하나님이 이 환상으로 에스겔을 존귀하게 하시고 자기 백성에게 은총을 베푸셨을 때에 에스겔이 처해 있었던 암울한 상황.** 그는 갈대아 땅 그발 강 가에서 사로잡힌 자 중에 있었고, 그 때는 여호야긴 왕이 사로잡힌 지 오 년이 되는 해였다. 좀 더 살펴보자.

1. 하나님의 백성은 지금 그 일부가 갈대아 땅에서 사로잡힌 자로 있었다. 유대 민족의 상당수는 아직도 여전히 유다 땅에 남아 있었지만, 일부 인재들이 첫 열매로 사로잡혀 왔다. 예레미야의 환상 가운데서 이렇게 포로로 잡혀온 자들은 하나님이 그들에게 유익이 되도록 하시기 위하여 갈대아인의 땅에 이르게 한 좋은 무화과였고(렘 24:5), 하나님이 그들 가운데 선지자를 일으키셔서 그들로 하여금 하나님의 징벌을 받으며 하나님의 법으로 교훈하심을 받게 하시는 것은 그들의 유익을 위해서이기 때문이다(시 94:12). 우리가 환난 가운데 있을 때에 말씀을 우리에게 주시는 것은 하나님의 크신 긍휼하심이고, 그 말씀을 부지런히 듣는 것은 우리의 큰 본분이라는 것을 명심하라. 교훈의 말씀과 징계의 매가 서로 어우러져서 오면, 말씀은 매를 설명해 주고 매는 말씀에 힘을 더해 주기 때문에, 그것은 우리에게 큰 유익이 될 수 있다. 이 둘은 한데 어우러져서 우리에게 지혜를 준다. 어떤 사람이 병들고 고통스러울 때에 그의 귀가 징계에 열려 있기만 하다면 일천 천사 가운데 하나가 그의 중보자로 함께 있는 것은 그에게 복된 일이다(욥 33:23). 하나님이 유대인들을 포로로 사로잡혀 가게 하시면서 그들이 저지른 죄악이라고 말씀하신 것들 중의 하나가 하나님의 사신들을 비웃고 그의 선지자들을 욕하였다는 것이었다. 그렇지만 그들이 이 죄로 인하여 고통을 겪고 있을 때에 하나님은 그들이 빼앗겼던 바로 그 긍휼을 통해서, 즉 그들에게 다시 선지자를 허락하심으로써 그들에 대한 그의 은총을 나타내셨다. 만약 우리가 어리석게도 우리에게서 밀쳐낸 은혜와 구원의 수단들을 하나님이 종종 은혜로 다시 우리에게 내밀지 않으신다면, 그것은 우리에게 나쁜 징조이다. 유대인들은 포로 생활을 하면서 그들의 영혼을 위한 통상적인 도움들조차 받을 수 없었기 때문에, 하나님은 선지자들을 일으키셔서 그들에게 더 놀라운 도움들을 받을 수 있게 하셨다. 왜냐하면, 하나님의 자녀들은 이런 방식

으로 교육을 받은 것이 방해를 받으면 저런 방식으로 그 교육을 보충받게 되어 있기 때문이다. 그러나 하나님이 그들 가운데 에스겔을 일으키신 것은 사로잡힌 지 오 년이 되는 해였고 그 이전이 아니었다는 것을 주목하라. 그들이 여호와를 사모하기 시작하고 그들에게 표적이 보이지 아니하며 이런 일이 얼마나 오랠는지 그들에게 말해 줄 자가 아무도 없다고 탄식하면서(시 74:9) 선지자가 얼마나 소중한 존재인지를 알며 하나님이 선지자를 통해서 그들에게 자신을 나타내실 때에 더 잘 받아들이고 더 쉽게 위로로 삼을 수 있게 될 때까지, 하나님은 그들을 아주 오랫동안 선지자 없이 살아가게 내버려 두셨다. 유다 땅에 남아 있었던 유대인들에게는 예레미야가 있었고, 포로로 잡혀간 자들에게는 에스겔이 있었다. 하나님은 그의 자녀들이 어디로 흩어지든 그들을 위하여 선생들을 붙이신다.

2. 선지자 자신도 그발 강 가에 배치된 포로들 가운데 한 명이었다. 유다 땅에서 잡혀온 포로들은 **바벨론의 여러 강변에 앉아서** 강변의 버드나무에 그들의 수금을 걸어 두었다(시 137:1-2). 미국의 대농장주들은 여러 강변을 따라서 자리를 잡았는데, 아마도 유대인 포로들도 바벨론의 여러 강변에 있던 개간되지 않은 땅들을 경작하는 일이 맡겨졌던 것 같다. 바벨론 사람들은 일반적으로 전쟁에 동원되었기 때문이다. 또는, 유대인 포로들은 수공업으로 물건을 만드는 일을 맡아서, 그들이 만든 물건들이 수로를 통해서 쉽게 운송될 수 있도록 강변에서 그 작업을 했던 것일 수도 있다. 해석자들은 이 본문에 나오는 그발 강이 지금의 어느 강에 해당하는지에 대하여 서로 견해가 다르지만, 어쨌든 그발 강 가 **사로잡힌 자 중에 에스겔도 포로로 끼어 있었다.** 좀 더 살펴보자.

(1) 가장 선한 사람들, 하나님께서 아주 많이 사랑하시는 자들은 현세에서 사람들이 공통적으로 겪는 재난들만이 아니라 죄 때문에 한 나라가 겪는 민족적인 심판도 흔히 함께 겪는다. 그들은 민족적인 죄에 전혀 개입되지 않은 사람들이지만 민족의 아픔에 동참하여 똑같이 쓰라린 고통을 느낀다. 이것을 통해서 우리가 알 수 있는 것은 선한 자와 악한 자의 차이는 그들이 겪는 일들이 아니라 그 일들 속에서 그들이 취하는 마음가짐과 태도에서 나타난다는 것이다. 의인들만이 아니라 선지자들도 현세의 가장 극심한 형벌들에 동참하는 것으로 보아서, 우리는 내세에 그들을 위해 상이 준비되어 있다는 것을 아주 확실하게 추론할 수가 있다.

(2) 고난을 당하고 있는 자들은 그들과 함께 고난을 당하는 자들이 죄를 깨우치고 권면하며 위로하는 말씀을 전할 때에 그 말씀을 가장 잘 받아들이게 된다. 포로들 가운데 한 사람으로서 그들의 슬픔은 경험적으로 잘 아는 사람이야말로 그 포로들을 가장 잘 가르칠 것이다.

(3) 예언의 영은 이스라엘 땅에 국한되지 않았고, 하나님의 가장 밝은 계시들 중의 일부는 갈대아 땅에서 계시되었는데, 이것은 하나님의 계시 위에 세워져서 그 계시를 지닌 교회가 장차 이방 세계로 전파될 것을 보여주는 좋은 징조였다. 나중에 복음의 나라가 세워질 때에 이렇게 전 세계에 흩어져 있던 유대인들은 하나님을 아는 지식을 전파하는 데에 기여하였다.

(4) 우리는 우리가 지금 있는 곳에서 하나님과의 교제를 유지해 나갈 수 있다. 세상의 가장 후미진 곳에서도 우리는 천국을 향해 열려 있는 길을 발견할 수 있다.

(5) 하나님의 사역자들이 매여 있을 때에도 하나님의 말씀은 매이지 아니한다(딤후 2:9). 사도 바울이 죄수로 있을 때에도 복음은 널리 퍼져 나갔다. 요한이 밧모 섬에 유배되어 있을 때에 그리스도께서는 거기로 그를 찾아가셨다. 하나님의 고난받는 종들은 일반적으로 하늘의 은총을 받는 자들이었기 때문에, 그들에게 고난이 넘쳤을 때에 위로는 더욱더 넘쳤다(고후 1:5).

**III. 이러한 상황 속에 있던 선지자에게 하나님이 자기 자신을 나타내시고, 선지자를 통해서 그의 백성과 교통하시기를 기뻐하심.** 선지자는 여기에서 그가 무엇을 보고 무엇을 들었으며 무엇을 느꼈는지를 우리에게 말해 준다.

1. 그는 하나님의 모습을 보았다(1절). 하나님을 보고 살아 있을 수 있는 사람은 없다. 그러나 하나님에 관한 환상들, 즉 하나님이 사람들에게 교훈과 감화를 주시기 위해 그의 영광을 드러내시는 것들을 본 사람은 많다. 이사야(사 6:1-13), 예레미야(렘 1:1-19), 아브라함(행 7:2)의 예에서 볼 수 있듯이, 통상적으로 하나님은 어떤 선지자와 처음으로 서로 교통할 수 있는 길을 여실 때에 환상을 통해서 자기 자신을 계시하시고, 그 후에는 계시를 주실 때마다 굳이 환상이라는 수단을 사용하실 필요는 없으셨다. 에스겔은 백성들의 마음을 그들의 하나님 여호와께로 돌리는 일에 쓰임을 받을 것이었기 때문에, 스스로 하나님에 관한 환상들을 보아야 했다. 다른 사람들에게 하나님을 아는 지식과 하나님의 사랑을 전할 사명을 받은 자들은 그들 스스로가 하나님을 잘 알아야 하

고 그들이 하나님에 대하여 알고 있는 것들을 통해서 스스로 큰 감화를 받아야 한다는 것을 명심하라. 에스겔이 하나님의 모습을 볼 수 있도록 하기 위하여 하늘이 열렸다. 그의 시야를 방해하였던 어둠과 거리가 걷히면서, 그는 윗 세상의 영광의 빛 속으로 들어갔기 때문에, 윗 세상은 마치 하늘이 그에게 열린 듯이 아주 가깝고 분명하게 보였다.

2. 그는 하나님의 음성을 들었다(3절). 여호와의 말씀이 그에게 특별히 임하였다. 그가 본 것은 그가 들을 것에 대하여 그를 준비시키기 위한 것이었다. 본문의 표현은 강조되어 있다. 여호와의 말씀, 정말 그것이 그에게 임하였다. 그것이 여호와의 말씀이라는 것에는 한 점의 의심도 있을 수 없었다. 여호와의 말씀이 성령의 증거와 나타남을 통해서 빛과 권능이 충만한 가운데 그에게 임하였다. 그 말씀은 그에게 가까이 다가왔다. 아니, 그 말씀은 그의 속으로 들어와서 그를 사로잡고 그의 안에 풍성하게 거하였다. 여호와의 말씀은 그에게 명확하게 또는 정확하게 임하였다. 에스겔은 하나님이 말씀하시는 것을 분명하게 알아들었고, 진리의 말씀을 듣고서 크게 만족하였다. 말씀 자체(우리는 이렇게 해석할 수도 있다), 말씀이신 분이 에스겔에게 사명을 주어 보내시려고 그에게 오셨다.

3. 그는 하나님의 능력이 그의 눈을 열어서 환상을 보게 하시고 그의 귀를 열어서 음성을 듣게 하시며 그의 마음을 열어서 이 둘을 받게 하시는 것을 느꼈다: 여호와의 권능(또는, 손)이 내 위에 있으니라. 여호와의 권능(또는, 손)이 여호와의 말씀을 따라가서 그 말씀을 이루신다는 것을 명심하라. 여호와의 팔이 나타난 자들만이 선지자들이 전한 것을 깨닫고 믿을 수 있다. 모세의 경우처럼 여호와의 손이 에스겔 위에 있었는데, 이것은 그가 환상에서 나타난 눈부신 빛과 광채로 인해서 해(害)를 입지 않도록 그를 덮기 위한 것이었다(출 33:22). 요한의 경우처럼 여호와의 손이 에스겔 위에 있었는데, 이것은 그가 이러한 환상 속에서 쓰러지지 않고 잘 견디도록 힘을 주고 붙들어 주기 위한 것이고, 많은 계시들을 받은 것으로 인해서 스스로 높아지거나 거꾸러지지 않도록 하기 위한 것이었다(계 1:17). 하나님의 은혜가 그에게 족하다는 것을 보여주는 증표로 여호와의 손이 그의 위에 있었다.


⁴내가 보니 북쪽에서부터 폭풍과 큰 구름이 오는데 그 속에서 불이 번쩍번쩍하여 빛이 그 사방에 비치며 그 불 가운데 단 쇠 같은 것이 나타나 보이고 ⁵그 속에서 네

생물의 형상이 나타나는데 그들의 모양이 이러하니 그들에게 사람의 형상이 있더라 <sup>6</sup>그들에게 각각 네 얼굴과 네 날개가 있고 <sup>7</sup>그들의 다리는 곧은 다리요 그들의 발바닥은 송아지 발바닥 같고 광낸 구리 같이 빛나며 <sup>8</sup>그 사방 날개 밑에는 각각 사람의 손이 있더라 그 네 생물의 얼굴과 날개가 이러하니 <sup>9</sup>날개는 다 서로 연하였으며 갈 때에는 돌이키지 아니하고 일제히 앞으로 곧게 행하며 <sup>10</sup>그 얼굴들의 모양은 넷의 앞은 사람의 얼굴이요 넷의 오른쪽은 사자의 얼굴이요 넷의 왼쪽은 소의 얼굴이요 넷의 뒤는 독수리의 얼굴이니 <sup>11</sup>그 얼굴은 그러하며 그 날개는 들어 펴서 각기 둘씩 서로 연하였고 또 둘은 몸을 가렸으며 <sup>12</sup>영이 어떤 쪽으로 가면 그 생물들도 그대로 가되 돌이키지 아니하고 일제히 앞으로 곧게 행하며 <sup>13</sup>또 생물들의 모양은 타는 숯불과 횃불 모양 같은데 그 불이 그 생물 사이에서 오르락내리락 하며 그 불은 광채가 있고 그 가운데에서는 번개가 나며 <sup>14</sup>그 생물들은 번개 모양 같이 왕래하더라

에스겔이 여기에서 본 하나님에 관한 환상은 대단히 영광스러운 것이었고, 다른 선지자들이 보았던 것보다 더 자세한 것이었다. 이 환상의 취지와 의도는 이런 것이다.

1. 선지자에게 사명을 주시고 그를 쓰시는 하나님이 얼마나 크시고 높으시며 존귀하신지를 그의 마음에 심어 주기 위한 것. 그는 여호와의 영광의 형상을 보았다(28절). 따라서 그는 여호와를 섬기는 것이 그에게 영광스러운 일이리는 것을 충분히 짐작할 수 있었을 것이다. 왜냐하면, 여호와는 천사들이 섬기는 분이기 때문이다. 그는 안심하고 여호와를 섬길 수 있다고 생각했을 것이다. 왜냐하면, 여호와는 그가 일을 할 수 있도록 붙들어 주실 수 있는 충분한 권능을 지니고 계시기 때문이다. 그는 여호와를 섬기지 않고 물러났다가는 그에게 큰일이 날 것이라고 생각했을 것이다. 왜냐하면, 요나의 경우에서 볼 수 있듯이 여호와는 그를 어디든지 추격하실 능력을 가지고 계시기 때문이다. 이와 같은 크신 하나님은 경건함과 두려움으로 섬김을 받아 마땅하다. 에스겔은 이 하나님이 무슨 일을 하실 것인지를 확신을 가지고 예언할 수 있었을 것이다. 왜냐하면, 이 하나님은 그가 하신 말씀을 얼마든지 이루실 능력을 갖고 계시다는 것을 그는 잘 알았을 것이기 때문이다.

2. 시온에 남아 있거나 이미 바벨론으로 사로잡혀 온 자들 중에서 우리가

이미 예레미야의 예언에서 보았고 여기 에스겔의 예언 속에서도 앞으로 보게 될 예루살렘의 멸망에 관한 경고의 말씀들을 무시하며 안일에 빠져 있던 죄인들에게 두려움을 심어 주기 위한 것. "우리가 하던 대로 계속하더라도 우리에게 평안이 있을 것이라고 말한 자들에게 우리 하나님은 소멸하는 불이시기 때문에 그들이 그 앞에 설 수 없으리라는 것을 알게 해주라." 이 환상이 예루살렘의 멸망과 관련이 있다는 것은 그 환상이 그가 전에 성읍을 멸하러 올 때에, 즉 예루살렘의 멸망을 예언하기 위해 왔을 때에 보았던 환상이었다고 에스겔이 말하고 있는 것에서 분명하게 드러나는 것으로 보인다(43:3).

3. 하나님을 두려워하고 그의 말씀 앞에 떨며 그의 능하신 손 아래에서 스스로를 낮추는 자들에게 위로를 전하기 위한 것. "그들에게 비록 그들이 바벨론에 포로로 잡혀 와서 살고 있지만, 하나님이 그들 곁에 가까이 계시다는 것을 알게 하라. 그들에게 하나님의 영광스럽고 높은 보좌인 성소는 없지만, 성소의 하나님은 계신다." 라이트푸트 박사는 이렇게 말한다. "교회가 다른 나라에 오랫동안 심겨져 있는 지금, 여호와께서는 그들이 광야에서 처음으로 교회를 형성하였을 때에 그러셨던 것처럼 그들 가운데 영광을 나타내신다. 하나님은 광야에서 그러셨듯이 구름과 불로부터 자신을 나타내셨다. 하나님은 그룹들 사이에서 그러셨던 것처럼 생물들 사이에서 그들에게 말씀을 주신다." 이것은 하나님이 그들에게 존귀를 더하신 것이었다. 이 일을 통해서 그들은 비록 갈대아 사람들이 그들을 모욕한다고 해도 자신들을 소중히 여길 수 있었을 것이고, 때가 되면 구원을 받으리라는 소망으로 힘을 얻을 수 있었을 것이다.

이제 이러한 목적을 위해서 이 환상의 첫 번째 부분(4-14절)은 무수한 천사들이 하나님을 옹위하고 서서 섬기고 있는 모습을 보여주는데, 그 천사들은 하나님의 사자들이자 일꾼들로서 하나님의 명령을 행하기 위하여 그의 말씀의 음성에 귀를 기울이고 있다. 이것은 하나님의 장엄함을 나타내는 것으로서, 세상의 왕들이 화려한 옷을 입은 많은 시종들과 무수한 군대를 거느리고 있을 때에 그의 동맹들이 그를 신뢰하고 그의 원수들이 그를 두려워하는 것과 같은 효과를 나타내기 위한 것이다.

**I. 천사들에 관한 이 환상의 도입부.**  이 도입부는 아주 웅장하고 정신이 번쩍나게 만든다(4절). 선지자는 하늘이 열리는 것을 지켜보다가 하나님이 그에게 나타내 보이시는 것들을 주목하여 보았다. 하늘이 열릴 때에 우리는 눈을

감지 말고 반드시 뜨고 있어야 한다는 것을 명심하라. 여호와께서 가시는 길을 깨끗하게 치우기 위해서 북쪽에서부터 폭풍(또는, 회오리바람)이 왔는데, 이것은 이 아랫 세상의 안개들을 걷어내기 위한 것이었을 것이다. 청명한 날씨는 북쪽에서부터 오고, 비를 몰아내는 바람도 거기에서 온다. 하나님은 회오리바람으로 하늘과 공기를 깨끗하게 청소하셔서, 우리가 하늘과 교통하는 데에 꼭 필요한 마음의 평정을 만들어 내실 수 있으시다. 그렇지만 이 회오리바람은 큰 구름을 동반하고 있었다. 이 땅에서 일어나는 구름이 걷히고 우리가 그 구름 너머를 볼 수 있게 되었다고 생각할 때, 거기에는 하늘에 속한 것들을 감싸고 있는 위로부터 생겨난 구름이 있기 때문에, 우리는 구름이 만들어낸 어둠 때문에 그 하늘에 속한 것들에 대하여 제대로 말할 수 없게 된다. 그리스도께서는 구름 가운데서 승천하셨듯이 여기에서 다시 구름 가운데서 강림하셨다. 어떤 이들은 여기에 나오는 폭풍(또는, 회오리바람)과 큰 구름을 북쪽에서부터 유다 땅을 침공하기 위해서 폭풍처럼 그들 앞에 있는 모든 것을 무너뜨리고 진군해 오는 갈대아 군대를 가리키는 것이라고 이해한다. 만약 그렇다면, 그것은 예레미야가 본 첫 번째 환상이 보여준 것과 일치하는 것이 된다(렘 1:14, 재앙이 북방에서 일어나). 그러나 나는 여기에 나오는 이 어구를 설교들에 대한 도입부가 아니라 환상에 대한 도입부로 해석한다. 이 회오리바람이 에스겔에게 보인 것은 주의 길을 예비하는 것과 동시에 그로 하여금 주목하도록 하기 위한 것이다(엘리야의 경우처럼, 왕상 19:11). 눈이 있는 자와 귀가 있는 자는 보고 들으라.

**II. 환상 자체.**  큰 구름은 이 환상을 선지자에게 전달해 주기 위해 사용된 운송 수단이었다. 왜냐하면, 하나님이 몸을 의지하시는 임시 거처이자 그가 타시는 병거는 흑암과 빽빽한 구름이시기 때문이다(시 18:11; 104:3). 이렇게 하나님은 그의 보좌에서 나오는 눈부신 빛과 광채 때문에 우리가 해(害)를 입지 않도록 하기 위하여 구름을 그 위에 펴셔서 그의 보좌의 앞쪽을 가리신다. 좀 더 살펴보자.

1. 구름은 불을 동반하였다. 시내 산에서 하나님이 빽빽한 구름 가운데 나타나셨을 때에 여호와의 영광이 이스라엘 자손의 눈에 맹렬한 불 같이 보였고(출 24:16-17), 하나님이 모세에게 처음 나타나실 때에도 가시나무 떨기 불꽃 가운데 서였다. 왜냐하면, 우리 하나님은 소멸하는 불이시기 때문이다. 이 불은 자체 속에 거두어진 불, 불로 이루어진 구(球) 또는 바퀴였다. 하나님은 스스로 원인이 되

시고 스스로를 다스리시며 자기 자신의 목적이시다. 그렇기 때문에, 하나님이 불이시라면, 하나님은 속에서 번쩍번쩍하는 불 또는 스스로 붙은 불이시다. 하나님의 영광의 불은 빛을 발하지만, 곧 신속하게 속으로 거두어진다. 왜냐하면, 하나님은 우리에게 그의 길들의 일부만을 알게 하시기 때문이다. 하나님의 진노의 불도 쏟아져 나오기는 하지만, 곧 신속하게 속으로 거두어진다. 왜냐하면, 하나님은 오래 참으시는 하나님이셔서 그의 모든 진노를 다 쏟으시지는 않으시기 때문이다. 하나님이 이렇게 속에서 불을 스스로 감싸지 않으신다면, 하나님 앞에 누가 서리요.

2. 불은 영광으로 둘러싸여 있었다. 빛이 그 사방에 비쳤고, 그 속에서 불이 번쩍번쩍하였지만, 불은 어느 정도 자신의 모습을 드러내었다. 우리는 불 속을 들여다볼 수 없고, 아무리 살펴도 하나님을 완전히 다 찾아낼 수는 없고, 단지 불이신 하나님이 사방으로 발하시는 빛, 불이 빽빽한 구름을 뚫고 발하는 빛만을 볼 수 있을 따름이다. 모세는 하나님의 뒷모습은 보았지만 얼굴은 보지 못하였다. 하나님의 본성은 구름으로 덮여 있어서 우리가 그 속을 들여다볼 수는 없지만, 그 본성 주위를 비치고 있는 밝은 빛은 볼 수 있다. 하나님이 계신지 안 계신지를 아는 것보다 쉬운 것은 없고, 하나님이 어떤 형상을 하고 계시는지를 설명하는 것보다 더 어려운 것은 없다. 하나님이 그의 진노를 불처럼 나타내실 때에도 그 주위에는 밝은 빛이 있다. 왜냐하면, 하나님의 거룩하심과 공의는 죄와 죄인들을 벌하실 때에 아주 밝게 드러나기 때문이다. 소멸하는 불 주위에 밝은 빛이 있고, 영광을 입은 성도들은 이것을 영원토록 찬송하게 될 것이다.

3. 이 불로부터 호박색 빛이 뿜어져 나왔다. 본문에서는 이 호박색을 지닌 존재가 누구인지, 또는 무엇인지를 말해주지 않지만, 그것은 앞으로 나올 환상의 전체적인 모습이었을 것이다. 그것은 불과 빛 가운데서 에스겔의 시야에 들어왔다. 그가 세세한 것들을 보기 전에 가장 먼저 그의 시야에 들어온 것은 그것이 호박색의 빛을 내뿜고 있다는 것이었다. 즉, 그가 본 것은 그의 눈에 호박색 빛을 띤 것, 밝게 불타오르는 모습, 불 붙은 숯 같은 것으로 보였다. 그가 본 불 속에서 나온 생물들은 스랍들(불 붙은 형상을 한 자들)이었다. 왜냐하면, 하나님은 바람을 자기 사신으로 삼으시고 불꽃으로 자기 사역자를 삼으시기 때문이다.

4. 불 속에서 나오는 호박색 빛을 띤 것은 자세히 보니 네 생물의 형상이었

다. 이 천사들은 생물들 그 자체가 아니라(천사들은 영이어서 볼 수 없기 때문에), 생물의 형상을 지니고 있었다. 하나님은 우리로 하여금 천사들을 그의 시종들로 부리시는 그의 크심과, 천사들로 하여금 자기 백성을 돕게 하신 그의 선하심에 대하여 경외심을 갖도록 하는 데에 꼭 필요한 정도만큼 선지자에게 (그리고 선지자를 통해서 우리에게) 천사들의 세계를 어느 정도 알게 해줄 때에(이것은 순전히 하나님의 계시에 의해서만 가능하다) 이 스랍 천사들을 사용하는 것이 적절하다고 보셨다. 네 생물의 형상은 불 속에서 나타났다. 왜냐하면, 천사들의 존재와 능력은 하나님으로부터 나오기 때문이다. 천사들은 하나님이 기뻐하시는 뜻을 따라 존재하고 우리에게 나타난다. 그들의 영광은 하나님의 영광에서 나오는 한 줄기 빛이다. 선지자는 이 환상을 스스로 이렇게 설명한다. 그들이 그룹인 줄을 내가 아니라(10:20). 그룹은 성경에 나오는 천사의 이름들 중의 하나이다. 다니엘은 천사들의 수가 천천이요 만만인 것을 알았다(단 7:10). 그러나 에스겔은 여기에서 천사들은 그 수가 아무리 많아도 하나라는 것을 알았다. 천사들은 많은 수로 이루어져 있는 하나의 군대로서 그 본성과 활동이 하나이다. 여기에는 다음과 같은 것들에 대한 설명이 나온다.

(1) 천사들의 본성. 그들은 생물들, 즉 살아 있는 피조물들이다. 그들은 하나님이 지으신 존재들이고 그의 손으로 만드신 작품이다. 그들의 존재는 유래된 것이고 파생된 것이다. 그들이 지닌 생명은 스스로 지니고 있는 것이 아니라, 생명의 원천이신 하나님으로부터 받은 것이다. 이 아랫 세상의 생물들이 땅의 장식물들인 식물들보다 더 우월하듯이, 윗 세상의 생물들인 천사들은 하늘의 장식물들인 해와 달, 별들보다 더 우월하다. 어떤 이들은 해가 속에서 번쩍번쩍하는 불의 불꽃이라고 말하지만, 해는 생물이 아니고, 그 불의 불꽃들인 천사들은 생물들이다. 천사들은 생물들, 즉 살아 있는 존재들이라는 것이 강조되고 있다. 이 땅의 사람들은 하루하루 죽어가는 피조물들이지만(우리는 살아가는 와중에서도 죽음 가운데 있다), 하늘의 천사들은 살아 있는 피조물들이다. 천사들은 선한 목적을 위해 살고 있기 때문에 진정으로 살아 있다. 성도들도 천사와 동등이 될 때에 다시 죽을 수 없게 될 것이다(눅 20:36).

(2) 천사들의 수. 그들은 넷이었다. 그들은 무수히 많았지만, 여기에서는 그렇게 보였다. 어떤 이들은 이 네 생물은 다른 천사들보다 지위가 높은 네 천사, 즉 미가엘, 가브리엘, 라파엘, 우리엘이었다고 생각하기도 하지만, 그들이 넷으

로 보인 것은 하늘의 **사방**으로 보내심을 받았다는 것을 나타내는 네 개의 얼굴을 하고 있었기 때문일 것이다(마 24:31). 스가랴는 천사들을 동서남북 사방으로 나아가는 네 병거로 보기도 하였다(슥 6:1). 하나님은 그의 사자들을 어디로든지 보내실 수 있으시다. 왜냐하면, 그의 나라는 우주적이어서 세상의 모든 곳에 닿아 있지 않은 곳이 없기 때문이다.

(3) 천사들이 그들을 지으신 자이자 주인이신 분을 섬기기 위해 갖추고 있는 것들. 그것들은 환상에 적절하게 비유적으로 묘사되고 있다. 내가 생각하기에, 그것들은 여기에서 우리의 공상이나 연필로 그 정확한 그림을 그릴 수 없도록 묘사되어 있는데, 만약 그것들을 정확하게 묘사하면 사람들이 하나님이 아니라 그것들을 숭배하고자 하는 유혹을 느낄까봐 그런 것 같다. 그러나 그들이 그들에게 맡겨진 일에 적합한 것들을 갖추고 있음을 보여주는 몇몇 특징들은 여기에 나오는 몇몇 묘사들 속에 잘 드러나 있다. 하나님의 피조물들에게는 하나님이 그들을 창조하신 목적에 부응할 역량을 그들이 갖추고 있다는 것은 지극히 큰 영광이라는 것을 명심하라. 우리는 모든 선한 일에 준비가 되어 있으면 있을수록 천사들의 위엄에 더 가까이 다가가게 된다. 이 생물들은 여기에서 다음과 같이 묘사된다.

[1] 그들의 전체적인 모습. 그들에게 사람의 형상이 있더라. 그들은 전체적으로 사람 모양을 하고 있었다.

첫째, 이것은 이 생물들이 여호와의 등불인 사람의 영혼을 지니고 있는 지적인 존재들이자 이성을 지닌 피조물들이라는 것을 의미한다(잠 20:27).

둘째, 이것은 천사보다 조금 못하게, 즉 천사 다음의 지위로 지음받은 인간의 본성에 존귀를 더하기 위한 것이다. 윗 세상의 눈에 보이지 않는 지적 존재들이 눈에 보이는 모습으로 나타날 때에 그들은 사람의 형상이 된다.

셋째, 이것은 천사들이 그들의 주인과 마찬가지로 인자들을 기뻐하여 사람들을 섬기기를 기뻐한다는 것을 나타내기 위한 것이다(잠 8:31). 사람들도 믿음과 소망과 거룩한 사랑으로 천사들과 영적으로 교통할 수 있다.

넷째, 하나님의 천사들이 사람의 형상으로 나타나는 것은 때가 차면 하나님의 아들이 사람의 형상으로 나타나실 뿐만 아니라 바로 그 사람의 본성을 입고 나타나실 것이었기 때문이다. 그러므로 천사들은 이렇게 사람에 대한 그들의 사랑을 보여주고 있는 것이다.

[2] 그들의 얼굴. 그들에게 각각 네 얼굴이 있어서 네 방향을 바라보았다. 여기에 나오는 것과 아주 비슷한 요한의 환상 속에서 네 생물은 각각 여기에 언급된 얼굴들 중의 하나를 가지고 있고(계 4:7), 여기에서는 각각의 생물이 네 가지 얼굴을 모두 다 가지고 있는데, 이것은 천사들이 모두 하나님을 섬기기 위해 동일한 자격 요건들을 갖추고 있다는 것을 보여주는 것이다. 아마도 교회의 천사들 가운데서와 마찬가지로 하늘의 천사들 가운데서도 어떤 천사는 이런 은사에, 또 어떤 천사는 저런 은사에 더 뛰어나겠지만, 그 모든 은사들은 오직 하나님을 섬기는 하나의 목적에 사용된다. 우리가 천사들의 얼굴 모습으로 어느 정도 변화되어서 천사들이 하늘에서 하나님의 뜻을 행하듯이 우리도 이 땅에서 하나님의 뜻을 행할 수 있게 될 때까지 천사들의 얼굴을 깊이 묵상하자. 네 생물은 모두 다 **사람**의 얼굴을 지니고 있었고(그들은 사람의 형상으로 나타났기 때문에, 5절), 거기에다가 추가로 사자, 소, 독수리의 얼굴을 하고 있었는데, 사자는 짐승들 중의 왕이고, 소는 가축 중의 왕이며, 독수리는 새 중의 왕이다(10절). 하나님이 그의 원수들에 대한 심판을 집행하시기 위해서 이 생물들을 사용하실 때에 이 생물들은 그들의 먹잇감을 잡아 뜯는 데에 사자나 독수리처럼 사납고 강하다. 하나님이 자기 백성의 유익을 위해서 이 생물들을 사용하실 때에 이 생물들은 소처럼 일을 잘 하고 섬기려고 한다. 이 두 가지 일 모두에서 이 생물들은 **사람의 지각**(知覺)을 갖추고 있다. 이 땅의 생물들 속에 여기저기 흩어져 있는 뛰어난 능력들을 하늘의 천사들은 한꺼번에 다 갖추고 있다. 그들에게는 **사람의 형상**이 있다. 그러나 열등한 피조물들 가운데서도 사람보다 더 뛰어난 능력들을 갖춘 피조물들이 있어서, 천사들은 사람만이 아니라 그 몇몇 피조물들에 비유되고 있는 것이다. 네 생물은 사람의 지각을 지니고 있고, 사람에게 있는 것보다 훨씬 더 뛰어난 지각을 지니고 있다. 천사들이 자애로움과 인간애를 지니고 있다는 점도 사람과 닮은 점이다.

첫째, 사자는 힘과 용맹에서 사람보다 뛰어나고 훨씬 더 무섭다. 그래서 천사들은 이 점에서 사자를 닮았기 때문에 **사자의 얼굴**을 하고 있다.

둘째, 소는 부지런함과 인내와 고통을 참는 것, 해야 할 일을 지치지 않고 해내는 것에서 사람보다 뛰어나다. 그래서 천사들은 하나님과 교회를 섬기는 일에 늘 쓰임을 받기 때문에 소의 얼굴을 하고 있다.

셋째, 독수리는 민첩함과 날카롭게 꿰뚫어 보는 것과 높이 솟아오르는 것에서 사람보다 뛰어나다. 그래서 천사들은 위에 속한 것들을 찾고 하나님의 신비들을 저 깊이까지 뚫어 보기 때문에 날아오르는 독수리의 얼굴을 하고 있다.

[3] 그들의 날개. 그들에게 각각 네 날개가 있었다(6절). 이사야가 본 환상 속에서 천사들은 여섯 날개를 지니고 있었지만, 여기에서는 네 날개를 지니고 있는 것으로 묘사된다. 왜냐하면, 거기에 나오는 천사들은 보좌 위로 모습을 나타내어서, 그들의 얼굴을 가리는 데에 사용되는 두 날개가 겉으로 드러났기 때문이다. 천사들은 하나님의 심부름을 하기 위해 빨리 날아야 했기 때문에 날개들을 갖고 있는 것이 적절하다. 하나님이 어떤 심부름을 보내시든, 천사들은 시간을 허비하지 않는다. 믿음과 소망은 영혼의 날개들이어서, 영혼은 그 날개에 의지해서 위로 높이 솟아오른다. 또한, 깊은 믿음에서 나오는 경건한 열심들도 영혼의 날개들이어서, 영혼은 그 날개에 의지해서 생명력 있고 민첩하게 앞으로 전진해 나아간다. 선지자는 여기에서 그들의 날개들에 대하여 이렇게 말한다.

첫째, 그 날개들은 다 서로 연하여 있었다(9, 11절). 그들은 일부 새들과는 달리 그들의 날개를 싸우기 위한 용도로는 사용하지 않았다. 천사들 가운데는 다툼이라는 것은 존재하지 않는다. 하나님은 높은 곳에서 화평, 곧 완전한 화평을 베푸신다(욥 25:2). 그들의 날개가 서로 붙어 있는 것은 그들이 완전히 하나가 되어 있다는 것과 그들 가운데 생각이 하나라는 것을 나타내는 것이다.

둘째, 그 날개들은 접혀 있거나 쭉 늘어져 있는 것이 아니라 언제든지 사용할 수 있도록 들어 펴져 있었다. 천사가 하나님의 뜻을 조금이라도 감지하자마자 그의 날개는 즉시 가동된다. 우리의 가엾은 둔한 영혼은 스스로를 높이 들어 올리는 것이 아주 어려운 타조와 같다.

셋째, 그 날개들 중 둘은 그들이 지니고 있는 몸을 가리는 데에 사용되었다. 우리가 입고 있는 옷은 일을 하는 데에 방해물이 된다. 천사들은 날개 외에는 그 어떤 것도 걸치고 있지 않기 때문에 훨씬 더 신속하게 움직일 수가 있다. 천사들이 그들의 몸을 가려서 우리로 하여금 보지 못하게 하는 것은 우리가 쓸데없이 그들의 몸에 호기심을 보이고 뭔가를 캐내고자 하는 것을 막기 위한 것이다. 천사들에게 호기심을 보이고 뭔가를 알아내려고 하지 말라. 왜냐하면, 천사들은 기묘한 존재이기 때문이다(삿 13:18). 천사들은 하나님 앞에서 그들 자신을 가리고 있는데, 이것은 우리가 하나님께 나아갈 때에 그리스도의 의로 옷

입어서 우리의 벌거벗은 수치가 드러나지 않도록 주의하라고 가르치기 위한 것이다.

[4] 그들의 발과 다리와 허벅지. 그들은 곧은 다리를 가지고서 똑바로 견고하고 안정감 있게 서 있었다(7절). 그 어떤 무거운 일이 그들에게 지워진다고 해도 그들의 다리는 결코 구부러지지 않는다. 아가서에서 정혼자는 여기에 나오는 이 표현을 사용해서 그녀의 애인의 다리는 순금 받침에 세운 화반석 기둥 같다(아 5:15)고 묘사하는데, 바로 그런 다리가 천사들의 다리이다. 그들의 발바닥은 송아지 발바닥 같았다. 송아지의 발은 굽이 갈라져 있어서 정결하다. 그들의 발바닥은 둥근 발바닥 같았다(갈대아 역본에는 이렇게 되어 있다). 그들의 발은 어떻게 움직여도 되기에 적합한 준비를 갖추고 있었다. 그들의 발은 날개를 단 것 같았다(칠십인역에는 이렇게 되어 있다). 그들의 발은 아주 빠르게 움직였기 때문에 마치 날아다니는 것 같았다. 그들의 발은 광낸 구리 같이 빛났다. 하나님이 심부름을 보내시는 자들은 그 얼굴만이 아니라 발도 아름답고(사 52:7), 천사들이 내딛는 발걸음은 걸음걸음마다 영화롭다. 요한이 그리스도에 관하여 본 환상을 묘사한 글 가운데는 그의 발은 풀무불에 단련한 빛난 주석 같았다(계 1:15)는 말이 나온다.

[5] 그들의 손. 그 사방 날개 밑에는 각각 사람의 손이 있더라(8절). 날개마다 팔과 손이 있었다. 그들은 움직이기 위한 날개만이 아니라 행동을 취하기 위한 손도 가지고 있었다. 빠르기는 하지만 제대로 된 행동이 없는 사람들이 많이 있다. 그들은 아주 분주하게 움직이지만, 아무것도 제대로 해내는 것은 없고 아무런 성과도 거두지 못한다. 그들에게는 날개는 있지만 손은 없는 것이다. 반면에, 하나님의 종들인 천사들은 그가 보내시면 가고 그가 부르시면 올 뿐만 아니라 그가 지시하시는 것을 행한다. 그들은 섬기는 일을 하기에 기가 막히게 잘 만들어진 사람의 손, 이성과 지각의 지시를 받는 손을 지니고 있다. 왜냐하면, 천사들은 판단력과 지적인 분별력을 지니고서 일을 하기 때문이다. 그들에게 송아지의 발이 있다는 것은 그들의 움직임이 민첩하다는 것을 의미하고(레바논의 백향목들은 송아지 같이 뛴다고 묘사된다, 시 29:6), 그들에게 손이 있다는 것은 하늘이 하나님의 손가락의 작품이라고 하는 것에서 알 수 있듯이 그들이 행하는 일들이 정교하고 세심하며 정확하다는 것을 의미한다. 그들의 손은 날개 밑에 있었다. 그들은 그들의 몸의 나머지 부분과 마찬가지로 손도 날개로

가리고 있었다. 천사들이 작용하는 힘은 은밀한 것이고, 그들이 하는 일은 눈에 보이지 않는 방식으로 이루어진다는 것을 명심하라. 하나님을 위해 일함에 있어서 우리는 게으른 자처럼 자기의 손을 그릇에 넣고서도 입으로 올리기를 괴로워하는(잠 19:24) 자가 되어서는 안 되고, 겸손한 자가 되어서 오른손이 하는 것을 왼손이 모르게 하여야 한다. 우리는 천사들의 날개가 있는 곳에는 그 날개 밑에 그들의 손도 있다는 것을 주목하여야 한다. 그들의 날개가 그들을 실어가는 곳마다 그들은 그 곳에서 꼭 해야 할 일을 하기 위해서 그들의 손도 가져간다.

(4) 그들의 움직임. 이 생물들은 움직이고 있었다. 천사들은 활동하는 존재들이다. 가만히 앉아서 아무 일도 안 하는 것이 아니라 언제나 어떤 일에 쓰임을 받고 있는 것이 그들의 복이다. 우리는 여기에 나오는 천사들이 그렇듯이 우리가 선한 일을 하고 있을 때가 우리에게 가장 좋은 때임을 명심하여야 한다. 그들의 움직임은 다음과 같았다.

[1] 그들은 어떤 일을 하러 갈 때마다 일제히 앞으로 곧게 행하였다는 것(9, 12절). 이것은 다음과 같은 것들을 보여주는 것이다.

**첫째,** 그들은 그들이 하는 모든 일에서 오로지 하나님의 영광만을 일편단심으로 바라보았다. 그들이 앞으로 곧게 갔다는 것은 그들이 오직 앞만을 바라보았고, 그들이 하는 일에서 그 어떤 음흉한 의도도 품지 않았다는 것을 보여주는 것이다. 이렇게 우리의 눈이 성하여 오직 하나만을 바라본다면, 우리의 온 몸이 빛으로 가득 차서 밝을 것이다. 눈이 성하다는 것은 마음이 진실하다는 것이다.

**둘째,** 그들은 그들에게 맡겨진 일에 전념하였고, 온 마음을 다 기울여서 그 일을 행하였다. 그들은 그들에게 주어진 일을 하기 위해서 앞으로 곧장 나아갔고, 그들의 손이 할 일을 발견했을 때에는 빈둥거리지 않고 온 힘을 다해서 그 일을 하였다.

**셋째,** 그들은 서로 일심동체가 되어서 그렇게 하였다. 그들은 일제히 각자의 일을 하러 앞으로 곧게 행하였다. 그들은 서로를 훼방하거나 밀치거나 하지 않았고, 서로의 빛이나 길을 가로막지 않았다.

**넷째,** 그들은 그들이 할 일을 온전히 이해하고 있었고, 그 일을 철저히 숙지하고 있었기 때문에, 한시도 주저하거나 가만히 서 있을 필요가 없었고, 그들이 해야 할 일이 무엇인지, 그 일을 어떻게 해야 하는지를 알고 있는 자들처럼 신속하게 그들의 일을 추구하였다.

**다섯째,** 그들은 변함없이 꾸준하게 그들의 일을 하였다. 그들은 기복이 있거나 지치거나 마음이 변하지 않았고, 언제나 한결같았다. 그들은 그들에게 맡겨진 일을 하러 직선으로, 즉 가장 지름길로 움직여서 시간을 허비하지 않았다. 우리가 곧게 행할 때, 우리는 앞으로 행하는 것이다. 우리가 한 마음으로 하나님을 섬길 때, 우리는 앞으로 나아갈 수 있고 일을 진척시킬 수 있다.

[2] 그들은 갈 때에는 돌이키지 아니하였다는 것(9, 12절).

**첫째,** 그들은 실수를 하지 않았다. 만약 실수했다면, 그들은 그것을 바로잡기 위해서 돌이켜야 했을 것이다. 그들이 한 일은 바로잡을 필요가 없었기 때문에, 다시 가서 그 일을 살펴볼 필요도 없었다.

**둘째,** 그들은 다른 일들에는 신경을 쓰지 않았다. 그들은 돌이키지 않은 것은 물론이고, 그들의 일과는 아무 상관도 없는 일을 하며 노닥거리기 위해서 곁길로 빠지지도 않았다.

[3] 그들은 영이 어떤 쪽으로 가면 그대로 갔다는 것(12절). 이것은 다음 둘 중의 하나를 보여주는 것이다.

**첫째,** 그들은 그들 자신의 영이 가고자 하는 쪽으로 갔다. 그들에게는 우리와는 달리 영이 원하는 것을 방해하고 발목을 붙잡는 몸이 없기 때문에, 그들은 영이 원하는 쪽으로 갔다. 마음에는 원이로되 육신이 약하여 마음과 보조를 맞출 수 없어서, 우리가 원하는 바 선은 행하지 아니하는 것은 우리의 불행이고 매일의 짐이다. 그러나 천사들과 영화롭게 된 성도들은 그러한 무능력(無能力)으로 인한 괴로움을 겪지 않는다. 그들은 하고 싶은 것을 할 수 있고, 그들에게 능력이 부족해서 못 하는 일은 없다.

**둘째,** 하나님의 영이 그들에게 가라고 하시는 쪽으로 그들은 갔다. 그들은 스스로도 지극히 큰 지혜를 지니고 있었지만, 그들의 움직임과 행동에 있어서 하나님의 뜻의 인도하심과 다스리심에 철저하게 복종하였다. 하나님의 섭리가 가라고 하는 곳이면 그 곳이 어디이든, 그들은 그 섭리의 목적을 이루고 그 지시를 수행하기 위해서 그 곳으로 갔다. 하나님의 영은 천사들을 부리는 장본인이고, 그들이 성령의 인도하심을 받는다는 것은 그들에게 영광이다(그린힐은 이렇게 말한다). 이 고상한 피조물들이 얼마나 고분고분하게 말을 잘 듣는지를 보라. 성령이 어떤 쪽으로 가면, 그들은 두말 하지 않고 즉시 전속력으로 그 쪽으로 내달려간다. 성령을 따라 행하는 자들은 이 천사들이 행하는 방식처럼 하나님의 뜻을 행한다는 것을 명심하라.

[4] 그들은 번개 모양 같이 왕래하였다는 것(14절). 이것은 다음과 같은 것들을 보여주는 것이다.

**첫째**, 그들은 신속하게 와서 일을 하였다는 것. 그들의 움직임은 번개처럼 빨랐다. 그들에게 어떤 일이 맡겨지면, 그들은 즉시 한순간에 눈 깜짝할 사이에 그 일을 해치웠다. 거룩한 일들을 함에 있어서 움직임을 둔하게 만드는 몸을 지니지 않은 자들은 복이 있다. 우리가 영적인 일을 위해서 영적인 몸을 갖게 될 때에 우리는 복이 있을 것이다. 사탄은 번개 같이 떨어져서 멸망을 당하고 (눅 10:18), 천사들은 그들의 주인의 일을 하려고 번개 같이 날아다닌다. 천사 가브리엘은 신속하게 날아왔다.

**둘째**, 그들은 신속하게 돌아갔다는 것. 그들은 **왕래하였다**. 즉, 그들은 그들에게 주어진 일을 행하고 그들에게 내려진 지시를 수행하기 위해서 달려갔다가, 그들이 행한 일을 보고하고 새로운 지시를 받기 위해서 돌아왔다. 그들은 언제든지 행할 준비를 갖추고 있는 것이다. 그들은 아랫 세상에서 행하기로 되어 있는 일을 하기 위해 거리로 **달려갔다**. 그러나 일을 마친 후에는 그들은 일을 하는 데에 꼭 들여야 하는 시간 외에는 한시라도 떨어져 있을 수 없다는 듯이 그들의 하나님의 지극히 복된 모습을 뵙기 위해 다시 윗 세상으로 번개 같이 돌아왔다. 우리는 세상일들을 할 때에 이와 같이 하여야 한다. 우리는 그 일들 속으로 달려가야 하지만, 그 일들 속에 안주해서는 안 된다. 우리의 영혼은 영혼들의 안식처이자 본부인 하나님께로 번개 같이 신속하게 돌아와야 한다.

5. 선지자가 본 빛에 관한 설명. 선지자는 이 빛에 의지해서 이 생물들을 보았다(13절).

(1) 그는 그들이 자체적으로 지닌 빛에 의지해서 그들을 보았다. 왜냐하면, 생물들의 모양은 타는 숯불 모양 같았기 때문이다. 그들은 스랍들(불 붙은 형상을 한 자들)이었다. 스랍들의 모양은 하나님에 대한 그들의 불타는 사랑, 하나님의 일에 대한 그들의 불타는 열심, 그들이 지닌 광휘(光輝)와 밝은 빛, 하나님의 원수들로 하여금 두려움을 갖게 만드는 그들의 형상을 보여주는 것이다. 하나님이 그들을 그의 싸움을 싸우는 데에 사용하실 때, 그들은 불 붙은 숯이 되어서 대적들을 삼키고(시 18:12), 벼락이 되어서 대적들을 무찌른다.

(2) 그는 그들 사이에서 오르락내리락 한 횃불 모양 같은 것이 발하는 빛을 통해서 그들을 보았는데, 그 횃불 같은 것이 내뿜는 빛은 아주 밝은 광채가 있었다. 사탄의 일들은 어둠의 일들이다. 사탄은 이 어둠의 세상 주관자이다. 그러나 빛의 천사들은 빛 가운데 있고, 그들이 일하는 모습은 숨기지만, 그들이 하는 일은 빛을 지니고 있기 때문에 드러난다. 그러나 우리는 그들과 그들이 하는 일들을 촛불을 통해서, 즉 그들 사이에서 오르락내리락하는 횃불 모양의 것이 발하는 희미한 빛을 통해서만 본다. 날이 밝아서 어둠이 물러갈 때에야 우리는 그들을 분명하게 보게 될 것이다. 어떤 이들은 이 숯불 모양 같은 것과 불에서 나오는 번개 같은 것이 이 천사들을 통해서 유다와 예루살렘에 곧 집행될 하나님의 진노로 인한 심판을 가리키는 것이라고 본다. 우리는 나중에 하나님이 예루살렘을 태워 버리기 위해서 그룹 밑에 있는 바퀴 사이에서 숯불을 가지고 나와서 성읍 위에 흩으라고 명령하시는 것을 본다(10:2). 그러나 우리는 횃불 모양 같은 것을 하나님이 이 현재의 환난의 어둠 속에 있는 자기 백성을 위로하기 위해 비추신 빛으로 이해할 수 있을 것이다. 천사들의 사역이 하나님의 원수들을 태워 버리는 불 같은 것이라면, 그것은 하나님의 자녀들에게는 기쁨의 빛 같은 것이 된다. 전자에게는 불 가운데에서 번개가 나서 그들을 멸망시키고, 후자에게는 이 불은 광채가 있어서 그들을 다시 소생시키며 새로운 힘을 공급해 준다. 천사들이 우리의 친구로 또는 원수로 행하느냐의 여부는 우리가 하나님의 친구냐 원수냐에 달려 있다는 것을 명심하라.

[15]내가 그 생물들을 보니 그 생물들 곁에 있는 땅 위에는 바퀴가 있는데 그 네 얼굴을 따라 하나씩 있고 [16]그 바퀴의 모양과 그 구조는 황옥 같이 보이는데 그 넷은 똑같은 모양을 가지고 있으며 그들의 모양과 구조는 바퀴 안에 바퀴가 있는 것 같으며 [17]그들이 갈 때에는 사방으로 향한 대로 돌이키지 아니하고 가며 [18]그 둘레는 높고 무서우며 그 네 둘레로 돌아가면서 눈이 가득하며 [19]그 생물들이 갈 때에 바퀴들도 그 곁에서 가고 그 생물들이 땅에서 들릴 때에 바퀴들도 들려서 [20]영이 어떤 쪽으로 가면 생물들도 영이 가려 하는 곳으로 가고 바퀴들도 그 곁에서 들리니 이는 생물의 영이 그 바퀴들 가운데에 있음이니라 [21]그들이 가면 이들도 가고 그들이 서면 이들도 서고 그들이 땅에서 들릴 때에는 이들도 그 곁에서 들리니 이는 생물의 영이 그 바퀴들 가운데에 있음이더라 [22]그 생물의 머리 위에는 수정 같은 궁창의 형

상이 있어 보기에 두려운데 그들의 머리 위에 펼쳐져 있고 <sup>23</sup>그 궁창 밑에 생물들의 날개가 서로 향하여 펴 있는데 이 생물은 두 날개로 몸을 가렸고 저 생물도 두 날개로 몸을 가렸더라 <sup>24</sup>생물들이 갈 때에 내가 그 날개 소리를 들으니 많은 물 소리와도 같으며 전능자의 음성과도 같으며 떠드는 소리 곧 군대의 소리와도 같더니 그 생물이 설 때에 그 날개를 내렸더라 <sup>25</sup>그 머리 위에 있는 궁창 위에서부터 음성이 나더라 그 생물이 설 때에 그 날개를 내렸더라

선지자가 이 환상을 보고 기록한 내용은 아주 정확하다. 이 단락에서 우리는 다음과 같은 내용들을 본다.

I. **선지자가 본 바퀴들**(15-21절). 하나님의 영광은 윗 세상에서 그가 거느린 빛나고 눈부신 시종들을 통해서만이 아니라 이 아랫 세상에서 그의 견고한 통치를 통해서도 나타난다. 하나님이 어떻게 천군들을 통해서 그의 뜻대로 행하시는지를 보았기 때문에, 이제 하나님이 땅의 거민들 가운데서 어떻게 그의 뜻을 따라 행하시는지를 보도록 하자. 왜냐하면, 선지자는 땅 위에서 바퀴들을 보았기 때문이다(15절). 그가 그 생물들을 보고 그 환상의 영광을 묵상하며 그것으로부터 교훈을 받고자 하고 있을 때, 이 다른 환상이 그의 시야에 들어왔다. 하나님이 은총으로 보여주신 것들을 선하게 사용하는 자들은 계속해서 그런 것들을 기대할 수 있다는 것을 명심하라. 왜냐하면, 무릇 있는 자는 받아 넉넉하게 될 것이기 때문이다. 우리는 종종 영화로운 것은 오직 윗 세상에만 있다고 생각하기 쉽지만, 우리가 믿음의 눈으로 하나님의 섭리의 아름다움이나 하나님 나라의 통치 속에서 빛나는 지혜와 권능과 선하심을 분별할 수 있다면, 우리는 진실로 땅에서 심판하시는 하나님이 계시다는 것을 보게 된다. 이 환상 속에는 하나님의 섭리에 관하여 우리에게 어느 정도 빛을 던져주는 것들이 많이 나온다.

1. 하나님의 섭리들은 바퀴들에 비유된다. 이 바퀴들은 정복자가 타고 다니며 승리를 거두는 병거(兵車)일 수도 있지만, 아마도 기계가 주기적으로 돌아가도록 해주는 시계의 톱니바퀴들일 것이다. 성경에서는 자연의 수레바퀴에 대해서 말하는데(약 3:6), 여기에서는 이 수레바퀴가 자연의 하나님의 지시 아래에 있는 것으로 우리 앞에 제시된다. 바퀴들은 생물들과는 달리 스스로 움직이지는 못하지만 움직일 수 있게 되어 있고 실제로 거의 끊임없이 움직인다. 이

바퀴들이 상징하는 섭리는 변화들을 낳는다. 어떤 때는 바퀴에 관한 이런 것이 맨앞에 대두되고, 어떤 때는 저런 것이 맨앞에 대두된다. 그러나 자체적인 굴대를 중심으로 한 바퀴의 움직임은 그 위에 있는 구(球)들의 움직임과 마찬가지로 매우 주기적이고 한결같다. 바퀴들은 원형을 그리며 움직인다. 섭리가 돌아가다 보면, 사물들은 다시 제자리로 돌아오게 된다. 왜냐하면, 이미 있던 것이 후에 다시 있겠고 이미 한 일을 후에 다시 할지라 해 아래에는 새 것이 없기(전 1:9-10) 때문이다.

2. 바퀴는 생물들 곁에 있는 것으로 말해진다. 생물들은 곁에서 바퀴들의 움직임을 조종한다. 왜냐하면, 천사들은 하나님의 섭리를 운행하는 일꾼들로 쓰임받고 있고, 하나님의 목적을 이루기 위해서 제2원인자들의 움직임을 주관하는 일에서 우리가 생각하는 것보다 더 큰 힘을 지니고 있기 때문이다. 생물들과 그들이 움직이는 바퀴들 간에는 이렇게 밀접한 연결관계가 존재한다. 천사들은 바쁘게 쓰임받고 있는가? 사람들도 스스로는 잘 알지 못하지만 긍휼이든 심판이든 천사들에 의해서 도구들로 바쁘게 사용되고 있다. 또는, 사람들은 그들의 목적을 이루기 위해서 활발히 움직이고 있는가? 천사들은 그들을 통제하고 다스리기 위해서 활동하고 있다. 그 생물들이 어떤 일을 하기 위해서 갈 때에 바퀴들도 그 곁에서 갔다(19절)는 것이 여기에서 많이 강조된다. 하나님이 천사들을 부리셔서 하셔야 할 일이 있을 때, 제2원인자들은 모두 그 일에 협력할 준비를 갖추고 있다. 그들이 가면 이들도 가고 그들이 서면 이들도 섰다(21절). 천사들이 각자의 일을 다 끝내면, 제2원인자들도 긱자의 일을 다 끝낸다. 그 생물들이 땅에서 들릴 때, 즉 생물들이 자연의 통상적인 운행을 뛰어넘고 정상적인 길을 벗어나서 어떤 일을 하기 위해 들리면(홍해를 가르거나 해를 멈추게 하는 것 같은 이적들을 생각해 보라), 바퀴들도 땅으로 향하는 그들의 자연스러운 경향을 거슬러서, 생물들과 보조를 같이 하여 땅에서 들린다. 이것은 세 번이나 언급된다(19-21절). 모든 열등한 피조물들은 창조주께서 천사들을 시켜서 그 것들을 지시하시고 감화를 주시는 대로 존재하고 움직이며 행한다는 것을 명심하라. 눈에 보이는 결과들은 눈에 보이지 않는 원인들에 의해서 관리되고 다스려진다. 그렇게 되는 이유를 본문에서는 생물들의 영이 그 바퀴들 가운데에 있기 때문이라고 말한다. 천사들과 그들이 하는 모든 일들을 인도하시고 다스리시는 하나님의 그 지혜와 능력과 거룩함, 하나님의 그 동일한 뜻과 계획이 천

사들을 통해서 이 아랫 세상에서 모든 피조물의 활동들과 그 활동들에 의해서 만들어지는 사건들을 주관하고 움직인다. 하나님은 윗 세상과 아랫 세상의 영혼으로서 그 전체에 생기를 불어놓으시기 때문에, 이 두 세상은 자연적인 몸의 윗 부분과 아랫 부분처럼 완전한 조화 속에서 움직인다. 따라서 성령이 어떤 쪽으로 가면(하나님이 어떤 일을 이루고자 하시면) 생물들의 영도 성령이 가려 하는 곳으로 간다. 즉, 천사들은 하나님의 뜻을 알아차리고서 그 일을 이루려는 채비를 갖춘다는 말이다. 생물들의 영이 그 바퀴들 가운데에 있기 때문에, 바퀴들도 생물들과 보조를 맞춰서 함께 들린다. 즉, 자연의 능력들과 사람의 의지들은 둘 다 그들의 뜻이 이같지 아니하며 그들의 마음의 생각도 이같지 아니하더라도 그것들이 어김없이 만들어낼 수밖에 없는 결과들을 만들어내게 되어 있다는 것이다(사 10:7; 미 4:11-12). 하나님이 사람들에게 교훈하신 뜻은 하늘에서 이루어진 것 같이 땅에서도 이루어지지 않는다고 하여도, 하나님이 의도하시고 계획하신 뜻은 이 땅에서 현재에도 이루어지고 있고 장래에도 이루어질 것이다.

3. 바퀴는 네 얼굴을 가지고 있어서 네 방향을 바라보고 있는 것으로 말해진다(15절). 이것은 하나님의 섭리가 동서남북 사방으로 세상의 모든 부분에서 이루어지고, 세상의 가장 후미진 곳들에도 미친다는 것을 의미한다. 섭리의 바퀴에서 우리가 원하는 어떤 방향을 보라. 그러면 그것은 우리를 향해 하나의 얼굴, 우리가 그 모습을 보고 찬탄할 수밖에 없는 아름다운 얼굴을 가지고 있다. 우리가 그 음성을 들을 준비를 갖추고 있다면, 그것은 우리에게 말할 준비를 갖추고서 우리를 바라본다. 그것은 잘 그려진 그림처럼 그것을 바라보는 모든 자들을 바라본다. 바퀴는 네 얼굴을 가지고 있기 때문에 네 바퀴가 있어서 사방으로 갈 수 있었다(17절). 에스겔은 처음에는 한 쪽 면에서 하나의 바퀴가 있는 것만을 보았었다(15절). 그러나 나중에 보니 네 바퀴가 있었고, 그 넷은 동일한 모양을 가지고 있었다(16절). 네 바퀴는 서로 모양만 똑같은 것이 아니라, 마치 하나처럼 보였다. 이것은 다음과 같은 것들을 보여준다.

(1) 섭리에 의한 하나의 사건은 그 모양이 또 하나의 사건과 똑같다는 것. 우리에게 일어나는 일은 사람들에게 공통적으로 일어나는 일이기 때문에, 우리는 그 일을 이상하게 생각하지 않아야 한다.

(2) 여러 가지 사건들이 동일한 목적을 지향하는 경향을 지니고 있고, 동일한 의도에 응하기 위해 동시에 일어난다는 것.

4. 그 바퀴의 모양과 그 일은 황옥(원어에는 다시스의 색깔로 되어 있다), 즉 바다 빛깔 같이 보인다고 말해진다(16절). 황옥은 바다처럼 녹색빛이 나는 색깔인데, 우리는 그런 색을 푸른 **바다색**(blue Neptune)이라 부른다. 이 세상의 일들의 본질은 바다의 본질과 같아서 끊임없이 유동(流動)하지만 그 부분들은 서로 응집되어 연속적으로 이어진다. 언제나 일련의 사건들이 이런저런 식으로 서로 이어진다. 바다에 밀물이 있고 썰물이 있듯이, 섭리에도 언제나 정해진 때와 분량이 있다. 우리의 시력은 짧고 약해서 어떤 사물이든 약간씩만을 볼 수 있기 때문에, 바다는 대기(大氣)와 마찬가지로 푸르게 보인다. 그러므로 섭리의 모양과 그 일을 그런 색에 비유한 것은 적절하다. 왜냐하면, 우리는 하나님이 하시는 일의 시종(始終)을 다 알아낼 수 없기 때문이다(전 3:11). 우리는 단지 하나님의 행사(行事)들의 단편만을 볼 뿐이고(욥 26:14), 그 외의 것들은 우리가 알지도 못하고 깨닫지 못하는 것들이어서 다 푸르게 보인다. 하나님의 길들은 우리의 시야에서 한참이나 벗어나 있다.

5. 그 바퀴의 모양과 그 일은 바퀴 안에 바퀴가 있는 것 같다고 말해진다. 여기에서 다시 한 번 주목하라. 선지자에게 보여진 바퀴들의 모양은 그 바퀴들이 하는 일이 실제로 무엇인지를 보여주기 위한 것이다. 사람들의 모양과 그들이 하는 일은 흔히 서로 다르지만, 하나님의 섭리의 모양과 그것이 하는 일은 서로 일치한다. 이 둘이 서로 달라 보인다면, 그것은 우리의 무지와 착각 때문이다. 이제 이 둘은 바퀴 안에 바퀴가 있는 것 같았다고 한다. 즉, 작은 바퀴가 큰 바퀴에 의해서 움직여지는 모습이었다는 것이다. 우리는 이것을 수학적으로 정확한 설명이라고 볼 필요는 없다. 이러한 묘사가 뜻하는 것은, 섭리에 의한 일들은 우리에게 복잡하게 서로 얽혀 있어서 설명할 수 없는 것처럼 보이지만, 결국에는 가장 좋은 쪽으로 극히 지혜롭게 배열되었다는 것이 장차 드러나리라는 것이다. 따라서 하나님이 하시는 것을 우리가 지금은 알지 못하나 이후에는 알게 될 것이다(요 13:7).

6. 이 바퀴들의 움직임은 생물들의 움직임과 마찬가지로 한결같고 주기적이며 변함이 없었다. 바퀴들은 결코 잘못 가거나 그것들이 행해야 하는 것이 아닌 것을 행하는 법이 없기 때문에 그들이 갈 때에는 돌이키지 아니하고 갔다(17절). 하나님은 그의 섭리 속에서 자기보다 앞서서 그의 일을 시작하시고 진전시키신다. 하나님의 일은 우리가 보기에는 뒤로 가는 것 같아도 실제로는 앞으

로 나아간다. 바퀴들은 성령이 지시한 대로 갔기 때문에 돌이키지 아니하였다. 우리가 성령의 인도하심을 받고 그의 지시를 따르기만 한다면, 우리는 지금처럼 잘못된 길로 갔다가 회개하고 되돌아와서 그 일을 처음부터 다시 하는 일은 없을 것이다. 생명의 영(어떤 이들은 이렇게 읽는다)이 그 바퀴들 가운데에 있어서 그 바퀴들을 쉽고 평탄하게 굴러가게 하였기 때문에, 그들이 갈 때에는 돌이키지 아니하고 갔다.

7. 바퀴들의 둘레 또는 테두리는 높고 무서웠다(18절). 바퀴들의 둘레는 아주 거대해서, 그 바퀴들이 똑바로 세워져서 움직일 때에 선지자는 그것들을 쳐다보기조차 무서워하였다. 하나님의 생각과 계획이 미치는 범위는 지극히 넓어서 정말 우리를 깜짝 놀라게 한다는 것을 명심하라. 섭리의 바퀴를 설명하고자 들여다보면, 우리는 기가 질려서 까무러칠 정도가 된다. 하나님의 계획들은 얼마나 높고 깊은가! 그것들을 생각만 해도 우리는 두려움에 사로잡힐 것이다.

8. 바퀴들의 둘레에는 돌아가면서 눈이 가득하였다. 이 환상 속에서 이와 같은 모습은 가장 놀라운 것임과 동시에 가장 의미심장한 것이기도 하다. 이것은 섭리의 움직임들이 모두 무한한 지혜에 의해서 지시되고 있다는 것을 분명하게 보여주는 것이다. 일들의 결과는 맹목적인 운명에 의해서 결정되는 것이 아니라 땅에 두루 다니며 모든 곳에서 행해지는 악과 선을 보시는 여호와의 눈에 의해서 결정된다. 우리는 사건들의 원인과 결과들을 설명할 수 없지만, 그것들이 모두 지극히 지혜로우시고 모든 것을 보시는 하나님의 눈 아래에서 그의 지시를 따라 이루어지고 있다는 것은 우리에게 큰 만족이 아닐 수 없다는 것을 명심하라.

**II. 선지자가 본 생물들의 머리 위에 있는 궁창.** 그는 생물들이 움직이고 그들 곁에서 바퀴들이 움직이는 모습을 볼 때에 올려다보았는데, 우리는 이 아랫세상에서 섭리의 다양한 움직임들을 볼 때에 올려다보는 것이 합당하다. 그는 올려다보았을 때에 그 생물들의 머리 위에 궁창이 펼쳐져 있는 것을 보았다(22절). 땅에서 이루어지는 일은 하늘 아래에서 이루어지는 일이고(성경에서 흔히 말하듯이), 하늘의 감시와 감화 아래에서 이루어진다. 좀 더 살펴보자.

1. 선지자는 무엇을 보았는가. 수정 같은 궁창의 형상이 있어 보기에 두려웠다. 그 궁창은 너무나 영화로워서 무서울 정도였다. 궁창은 지극히 광대하고 밝아서, 선지자는 놀라서 입을 다물지 못하였고 경외감이 저절로 들었다. 궁창은

무시무시한 얼음(원어는 이렇게 읽을 수도 있다) 빛깔, 즉 북해에 있는 빙산과 같은 응결된 눈의 빛깔과 같았다. 철없는 죄인들은 하나님이 흑암 중에서 어찌 심판하실 수 있으랴(욥 22:13)고 반문한다. 그러나 우리에게 어두운 구름으로 보이는 것이 하나님께는 수정처럼 투명하다. 하나님은 그가 거하시는 곳에서 그 투명한 궁창을 통해 세상의 모든 거민들을 굽어살피신다(시 33:14). 선지자는 그 궁창 밑에 생물들의 날개가 곧추 세워져 있는 것을 보았다(23절). 생물들은 그들의 날개를 경우에 따라 나는 데에 사용하기도 하고 그들 자신을 가리는 데에 사용하기도 하였다. 하나님은 높은 곳, 즉 궁창 위에 계시고, 천사들은 궁창 밑에 있다. 이것은 천사들이 하나님의 통치에 복종하는 가운데 하늘의 궁창에서 날아다니며 그의 심부름을 하고 한 마음으로 그를 섬기고 있다는 것을 의미한다.

2. 선지자는 무엇을 들었는가.

(1) 그는 천사들의 날개 소리를 들었다(24절). 벌을 비롯한 여러 곤충들은 그 날개가 진동할 때에 큰 소리를 낸다. 천사들이 여기에서 날개 소리를 낸 것은 선지자의 주의를 환기시켜서 하나님이 이제부터 궁창에서 말씀하시고자 하는 것을 듣게 하기 위한 것이다(25절). 천사들은 그들이 쓰임받는 섭리들을 통해서 인생들에게 하나님의 경고음을 내어서 그들로 하여금 떨쳐 일어나서 하나님의 음성을 듣게 만든다. 천사들은 성에서 외치고, 지혜의 사람들은 그 소리를 듣고 깨닫는다. 그 날개 소리는 많은 물 소리(바다가 포효하는 소리) 같기도 하고 군대의 소리, 즉 군대가 전쟁할 때에 내는 소리 같기도 해서 아주 크고 두려운 것이었다. 그러나 그것은 그 의미를 분명하게 알아들을 수 있는 소리였고, 분명하지 못한 소리를 내는 것이 아니었다. 왜냐하면, 그것은 말하는 소리였기 때문이다. 아니, 그것은 전능자의 음성과도 같았다. 하나님은 그의 섭리들을 통해서 우리가 알아들을 때까지 한 번 말씀하시고 다시 말씀하시기 때문이다(욥 33:14). 여호와께서 성읍을 향하여 외쳐 부르신다(미 6:9).

(2) 그는 궁창 위에서부터 거기에 있는 보좌에 앉으신 이에게서 나오는 음성을 들었다(25절). 천사들은 움직일 때에 그 날개로 소리를 내었다. 그러나 그들은 그 소리로 무심한 세상을 깨우고 나서는, 이제 깊은 침묵 가운데서 하나님의 음성이 더 잘 들리도록 하기 위하여 가만히 멈춰 서서 그 날개를 내렸다. 섭리의 음성은 사람들의 귀를 열어서 말씀의 음성을 듣게 하고, 심판자가 판결을

내리는 동안에 큰 소리로 침묵을 명하는 외치는 자의 직무를 행하기 위한 것이다. 들을 귀 있는 자는 들으라. 땅에서의 시끄러운 소리들은 우리를 일깨워서 궁창에서 나는 음성에 귀를 기울이게 만든다는 것을 명심하라. 땅에서 경고하신 이를 거역한 그들이 피하지 못하였거든 하물며 하늘로부터 경고하신 이를 배반하는 우리일까보냐(히 12:25).

[26]그 머리 위에 있는 궁창 위에 보좌의 형상이 있는데 그 모양이 남보석 같고 그 보좌의 형상 위에 한 형상이 있어 사람의 모양 같더라 [27]내가 보니 그 허리 위의 모양은 단 쇠 같아서 그 속과 주위가 불 같고 내가 보니 그 허리 아래의 모양도 불 같아서 사방으로 광채가 나며 [28]그 사방 광채의 모양은 비 오는 날 구름에 있는 무지개 같으니 이는 여호와의 영광의 형상의 모양이라 내가 보고 엎드려 말씀하시는 이의 음성을 들으니라

이 환상의 다른 모든 부분들은 이 부분의 서문이자 도입부에 불과하였다. 하나님은 이제까지 그가 천사들의 주(主)이자 이 아랫 세상의 모든 일들을 다스리시는 최고의 지배자라는 것을 알리셨기 때문에, 우리는 그러한 계시로부터 하나님이 그의 선지자들을 통해서 무엇을 행하기로 약속하거나 경고하시면 그 일을 이루실 수 있다는 것을 쉽게 추론할 수 있다. 천사들은 하나님이 부리는 종들이고, 사람들은 그의 도구들이다. 그러나 하나님의 계시가 한 선지자, 그리고 그 선지자를 통해서 교회에 주어진 지금에 있어서 우리는 생물들이나 바퀴들보다 더 높은 곳을 바라보고, 이 단락에서 설명되고 있는 영원한 말씀으로부터 그러한 계시를 기대하여야 한다. 에스겔은 궁창에서 나는 음성을 들었을 때에 요한이 그랬던 것처럼 그에게 말한 음성을 알아 보려고 올려다보았고, 그 때에 인자 같은 이를 보았다(계 1:12-13). 주님은 실제로 사람의 몸을 입으시기 전에도 종종 사람의 모양으로 나타나시곤 하셨다. 예언의 영은 그리스도의 영(벧전 1:11), 예수의 증언(계 19:10)이라 불린다.

1. 선지자가 본 이 그리스도의 영광은 생물들의 머리 위에 있는 궁창 위에 있었다(26절). 천사들의 머리 자체가 주 예수의 발 아래에 있다는 것을 명심하라. 왜냐하면, 그들의 머리 위에 있는 궁창이 그의 발 아래에 있기 때문이다. 천사들과 권세들과 능력들이 그에게 복종하느니라(벧전 3:22). 구속주가 성육신 이전

에 지니셨던 이러한 위엄과 지배권은 그가 성육신을 통해서 스스로 낮아지셔서 천사들보다 못하게 하심을 입은 것이 얼마나 지극한 겸비였는지를 더욱 두드러지게 보여준다(히 2:9).

2. 선지자의 눈에 처음으로 들어온 것은 보좌였다. 왜냐하면, 하나님의 계시는 왕적 권위에 의해서 밑받침되는 가운데 임하기 때문이다. 우리는 보좌에 앉으신 하나님과 그리스도를 바라보는 믿음의 눈을 가져야 한다. 요한이 그의 환상들 속에서 처음으로 본 것도 경외심과 복종심을 불러일으킬 수밖에 없는 하늘에 베풀어진 보좌였다(계 4:2). 그것은 영광의 보좌, 은혜의 보좌, 승리의 보좌, 통치의 보좌, 심판의 보좌이다. 여호와는 하늘에 그의 보좌를 베푸셨고, 그의 아들을 위하여 그 보좌를 준비하셨다. 왜냐하면, 하나님은 그의 아들을 그의 거룩한 시온 산에서 왕으로 세우실 것이었기 때문이다.

3. 선지자는 그 보좌 위에서 사람의 모양을 보았다. 궁창 위의 보좌를 차지하고 앉아 계신 분이 사람의 모양으로 거기에 모습을 드러내시는 것을 부끄러워하지 않는 분이라는 사실은 인간에게 좋은 소식이다. 다니엘은 환상 속에서 나라와 통치권이 인자 같은 이에게 주어지는 것을 보았다. 하나님은 인자됨으로 말미암아 심판하는 권한을 그에게 주셨다(요 5:27). 인자 같은 이는 이 환상들 속에서도 그러한 모습으로 나타난다.

4. 선지자는 사람의 모양을 한 이가 왕과 재판장으로 이 보좌에 앉아 있는 것을 보았다. 그는 사람과 같은 모양으로 나타나셨지만 인간의 영광보다 더 큰 영광으로 나타나셨다(27절).

(1) 하나님은 빛이신가? 인자도 그러하다. 선지자는 인자가 단 쇠 같은 모습, 즉 그 속과 주위가 불 같은 모습을 하고 있는 것을 보았다. 왜냐하면, 하나님은 빛 가운데 거하시고, 옷을 입음 같이 빛을 입으시기 때문이다. 우리의 구속주께서 우리의 구원을 이루시기 위하여 그의 영광을 그의 인성(人性)의 베일로 가리신 것은 우리를 위하여 도대체 얼마나 낮아지신 것인가!

(2) 하나님은 소멸하는 불이신가? 인자도 그러하다. 그의 허리 위와 아래의 모양은 둘 다 불 같은 모양이었다. 허리 위의 불은 단 쇠의 속과 주위에 있었다. 그 불은 안쪽에 머물러 있었다. 허리 아래의 불은 좀 더 바깥쪽으로 뻗쳐 나오기는 했지만, 여전히 주변에 빛을 가지고 있었다. 어떤 이들은 전자를 그리스도의 신성(神性), 즉 단 쇠 안에 감춰진 신성의 영광과 덕(德)을 가리키는 것으로

본다. 그것은 그 누구도 본 적이 없고 볼 수도 없는 것이다. 그들의 견해에 의하면, 후자는 그리스도의 인성(人性), 즉 이 땅에 나타난 인자의 영광, 은혜와 진리가 충만한 아버지의 독생자의 영광(요 1:14)을 가리킨다. 광선이 그의 손에서 나오니 그의 권능이 그 속에 감추어졌도다(합 3:4). 인자가 여기에서 불로 나타나신 것은 곧 유다와 예루살렘에 집행될 심판, 대적들을 삼키는 전능자의 불 같은 진노로부터 나오는 심판을 나타내기 위한 것일 수 있다. 아주 뻔뻔스러운 죄인들에게 보좌에 앉으신 이, 곧 그 어린 양의 진노(계 6:16)보다 더 두려운 것은 없다. 장차 주 예수께서 불꽃 가운데에 나타나실(살후 1:7-8) 날이 올 것이다. 그러므로 우리는 그의 아들에게 입맞추는 데에 관심을 가져야 한다. 그렇지 아니하면 그의 진노하심으로 우리가 길에게 망하게 될 것이다.

5. 보좌는 무지개로 둘러싸여 있었다(28절). 요한의 환상 속에서도 그랬다(계 4:3). 보좌 주위의 빛은 비 오는 날 구름에 있는 무지개 같이 여러 빛깔로 되어 있었다. 보좌 주변의 무지개 빛깔은 위엄을 나타내는 것으로 지극히 장엄하게 보임과 동시에 긍휼의 약속을 나타내는 것으로 지극히 자비하게 보인다. 왜냐하면, 무지개는 하나님이 다시는 세상을 물로 심판하지 않겠다고 하시면서 무지개가 구름 사이에 있으리니 내가 보고 영원한 언약을 기억하리라(창 9:16)고 말씀하셨던 바로 그 은혜로운 약속을 확인해 주는 증표이기 때문이다. 이것은 보좌에 앉으신 이가 이 언약의 중보자라는 것, 그의 통치는 우리를 멸하기 위한 것이 아니라 보호하기 위한 것이라는 것, 그가 우리와 우리의 죄로 인해 우리가 마땅히 받아야 심판 사이에 개입하신다는 것, 하나님의 모든 약속은 그 안에서 예와 아멘이 된다는 것을 보여주는 것이다. 이제 하나님은 진노의 불을 예루살렘에 내리실 때에 거기에 한계를 정하셔서 완전히 멸망시키지는 않으실 것이다. 왜냐하면, 하나님은 전에 약속하신 대로 그런 경우에 무지개를 보고 언약을 기억하실 것이기 때문이다(레 26:42).

끝으로, 이 환상의 결론부가 나온다. 자세하게 살펴보자.

1. 선지자는 이 환상에 대하여 어떤 생각을 지니고 있었는가. 이는 여호와의 영광의 형상의 모양이라(28절). 그는 이제까지도 내내 그랬지만 여기에서도 하나님에 대하여 물질적이거나 유형적으로 생각하고자 하는 온갖 혼탁한 관점들을 경계한다. 그러한 관점들은 하나님의 본성이 지닌 초월적인 고결함을 훼손시킬 것이기 때문이다. 그는 이는 여호와이셨다고 말하지 않고(여호와는 눈으

로 볼 수 없다), 이는 여호와의 영광이었고, 그 영광 속에서 하나님은 자신을 영광스러운 존재로 나타내시기를 기뻐하셨다고 말한다. 그렇지만 그것은 여호와의 영광이 아니라 그 영광의 형상, 즉 그 영광을 어렴풋이 닮은 것이다. 또한, 그것은 여호와의 영광을 꼭 닮은 것도 아니고, 단지 그 형상의 모양, 즉 참 형상이 아니라 그 그림자에 불과한 것이다(히 10:1).

2. 이 환상은 선지자에게 어떤 감화를 주었는가. 내가 보고 엎드렸다. 이것은 다음 둘 중의 하나를 보여주는 것이다.

(1) 그는 이 환상에 압도되었다. 이 환상이 내뿜는 눈부신 광채는 그를 압도해서 땅바닥에 엎드러지게 만들었다. 이 거룩하신 하나님 여호와 앞에 누가 능히 서리요.

(2) 그는 지금 그에게 주어진 영광을 그가 도저히 받을 자격이 없을 정도로 자기가 무가치하다는 것과 그와 하나님 사이에 무한정한 거리가 있다는 것을 어느 때보다도 더 절감하고서 땅에 엎드렸다. 그는 그의 마음을 사로잡고 가득 채운 하나님에 대한 거룩한 경외심을 나타내는 증표로 얼굴을 땅에 대고 엎드렸다. 하나님이 자신을 우리에게 알게 하시면 하실수록, 우리는 하나님 앞에서 더욱더 낮아질 수밖에 없다는 것을 명심하라. 그는 엎드려 머리를 조아린 채로 하나님의 위엄을 경배하고, 하나님의 긍휼을 구하며, 이제 하나님이 자기 백성들에게 부으시고자 하는 진노를 면하게 해 달라고 간청하였다.

3. 선지자는 이 환상에서 어떤 교훈을 얻었는가. 그가 본 것은 그가 듣게 될 것을 위하여 그를 준비시키는 역할을 히는 것일 뿐이었다. 왜냐하면, 믿음은 들음에서 나기 때문이다. 그래서 그는 말씀하시는 이의 음성을 들었다. 우리는 환상 같은 그림 문자들만이 아니라 말씀들에 의해서도 가르침을 받는다. 그가 엎드려서 말씀을 받을 준비를 다 갖추고 있을 때에 말씀하시는 이의 음성을 들었다. 왜냐하면, 하나님은 겸손한 자를 가르치시기를 기뻐하시기 때문이다.

# 제 2 장

## 개요

우리 주 예수께서 사도 바울에게 말씀하신 것(행 26:16)은 선지자 에스겔에게도 그대로 적용될 수 있다. 바로 그 동일한 예수께서 여기에서 에스겔에게 "일어나 너의 발로 서라 내가 네게 나타난 것은 너로 종을 삼으려 함이라"고 말씀하신다. 여기에는 에스겔이 선지자직에 취임하는 장면이 나온다. 이 환상은 신기한 일들에 대한 그의 호기심을 만족시켜 주기 위한 것이 아니라 그로 하여금 선지자의 일을 할 수 있도록 준비시키기 위한 것이었다. I. 하나님은 그를 선지자로 삼으셔서 지금은 바벨론에 잡혀 있는 이스라엘 집으로 가서 때를 따라 하나님의 메시지를 그들에게 전하라는 사명을 주신다(1-5절). II. 하나님은 그에게 그들을 두려워하지 말라고 주의를 주신다(6절). III. 하나님은 무엇을 그들에게 전해야 할지를 그에게 가르치시고, 말씀을 그의 입에 넣어 주신다. 이것은 두루마리에 관한 환상을 통해서 제시되는데, 하나님은 그에게 그 두루마리를 먹으라고 명령하시고(7-10절), 다음 장에는 그가 두루마리를 먹는 장면이 나온다.

¹그가 내게 이르시되 인자야 네 발로 일어서라 내가 네게 말하리라 하시며 ²그가 내게 말씀하실 때에 그 영이 내게 임하사 나를 일으켜 내 발로 세우시기로 내가 그 말씀하시는 자의 소리를 들으니 ³내게 이르시되 인자야 내가 너를 이스라엘 자손 곧 패역한 백성, 나를 배반하는 자에게 보내노라 그들과 그 조상들이 내게 범죄하여 오늘까지 이르렀나니 ⁴이 자손은 얼굴이 뻔뻔하고 마음이 굳은 자니라 내가 너를 그들에게 보내노니 너는 그들에게 이르기를 주 여호와의 말씀이 이러하시다 하라 ⁵그들은 패역한 족속이라 그들이 듣든지 아니 듣든지 그들 가운데에 선지자가 있음을 알지니라

하나님이 여기에서 에스겔을 부르는 호칭은 아주 주목할 만한 것으로서 나중에도 종종 등장한다. 하나님은 그에게 말씀하실 때에 그를 인자(1, 3절), 즉 아담의 아들, 흙의 아들이라 부르신다. 다니엘도 그런 호칭으로 불린 적

이 있지만(단 8:17), 오직 한 번뿐이었다. 선지자들 가운데서 하나님이 내내 이 호칭으로 부르시는 것은 에스겔뿐이다. 우리는 이 호칭을 다음과 같은 의미를 지닌 것으로 해석할 수 있다.

1. 미천하고 보잘것없는 자라는 의미를 지닌 호칭. 하나님은 에스겔이 너무 많은 계시를 받아서 스스로 높아지지 않도록 하기 위하여 아무리 굉장한 계시를 받아도 그는 여전히 인자, 즉 보잘것없고 약하며 죽을 수밖에 없는 피조물이라는 사실을 일깨워 주신다. 하나님이 그에게 알게 하신 많은 것들 가운데서 특히 그가 꼭 알아야 할 것은 그가 인자라는 것, 그리고 하나님이 자신을 그에게 인자(人子)로 나타내시기를 기뻐하셨다는 것이 너무나 놀라운 하나님의 겸비라는 것이다. 지금 에스겔은 생물들, 즉 천사들 가운데에 있다. 그렇지만 그는 그가 사람, 즉 죽을 수밖에 없는 피조물이라는 사실을 기억하지 않으면 안 된다. 사람이 무엇이기에 하나님께서 그를 생각하시며 인자가 무엇이기에 하나님께서 그를 존귀하게 하시나이까(시 8:4). 하나님은 여기에서 그의 보좌 주위에 그의 심부름을 할 준비를 갖추고서 시립(侍立)해 서 있는 수많은 눈부신 거룩한 천사들을 거느리고 계셨지만 그들을 모두 지나치시고, 인자인 에스겔을 이스라엘 집에 보낼 그의 사자로 선택하신다. 우리는 이 보배, 즉 우리를 두렵게 하지도 못하고 그 손으로 우리를 누르지도 못하는 우리와 같은 사람들에 의해서 우리에게 전해진 하나님의 메시지들을 질그릇에 가졌다. 에스겔은 제사장이었지만, 지금 제사장 제도는 없어졌고 그 존귀함은 티끌 속에 묻혔다. 그러므로 에스겔을 비롯해서 모든 제사장들은 스스로를 낮추고 평범한 사람들로서 낮게 엎드리는 것이 합당한 일이었다. 그는 이제 하나님의 대사(大使)인 선지자와 여러 왕국들을 다스리는 치리자(治理者)라는 지극히 영광스러운 직책을 수여받을 것이었지만(렘 1:10), 그가 인자라는 것과 그가 어떤 선한 일을 했더라도 그것은 스스로의 힘으로 된 것이 아니라(그는 인자이기 때문에) 하나님의 은혜의 힘으로 된 것이기 때문에 모든 영광을 하나님께 돌려야 한다는 것을 기억하지 않으면 안 된다.

2. 존귀하고 위엄 있는 호칭. 왜냐하면, 인자라는 호칭은 구약에 나오는 메시야의 호칭들 중의 하나이기 때문이고(단 7:13, 내가 보니 인자 같은 이가 하늘 구름을 타고 와서), 그리스도께서도 이 호칭을 구약에서 빌려 와서 자신을 인자로 부르셨기 때문이나. 선지자들은 하나님께 가까이 나아간 자들이었고 사람

들 가운데서 큰 권위를 지니고 있는 자들이었다는 점에서 그리스도의 모형들이었다. 그러므로 다윗 왕은 여호와의 기름 부음 받은 자 또는 그리스도라 불리고, 에스겔 선지자도 인자라 불린다.

**I. 에스겔은 그의 사명을 받기 위해서 일어선다**(1-2절).

1. 그는 하나님의 명령에 의해서 일어선다. 인자야 네 발로 일어서라. 그가 엎드려 부복(俯伏)한 것은 큰 경외심을 나타내는 자세였지만, 그가 일어선다는 것은 일을 할 준비가 되어 있다는 것을 나타내는 자세가 될 것이었다. 하나님에 대한 우리의 경배는 우리가 하나님을 위해 일하는 것을 방해하는 것이 되어서는 안 되고, 도리어 일깨우고 분발하게 하는 것이 되어야 한다. 그는 하나님에 대한 거룩한 두려움과 경외심에서 엎드렸지만, 다시 신속하게 일으켜 세워졌다. 왜냐하면, 자기를 낮추는 자들은 높아질 것이기 때문이다. 하나님은 그의 종들이 낙심하는 것을 기뻐하지 않으시기 때문에, 그들을 낮추셨으면 다시 높이신다. 종의 영은 곧 양자의 영이기도 하신다. 일어서라 내가 네게 말하리라. 우리가 하나님이 우리에게 명령하시는 것을 행할 준비를 하고 서 있으면, 우리는 하나님이 우리에게 말씀하시리라는 것을 기대할 수 있다는 것을 명심하라.

2. 그는 하나님의 명령에 수반된 권능에 의해서 일으키심을 받는다(2절). 하나님은 그에게 일어서라고 명령하셨다. 그러나 그에게는 스스로 발을 딛고 일어설 힘이 없었거나 그 환상을 정면을 쳐다볼 용기가 없었기 때문에, 그 영이 그에게 임하사 그를 일으켜 그의 발로 서게 하셨다. 하나님은 우리에게 요구하시는 바로 그 일을 우리 안에서 행하기를 기뻐하시고, 우리에게 일어서라고 명령하셨다면 우리를 반드시 일으켜 세우실 것임을 명심하라. 우리는 스스로 힘을 내고 분발해야 한다. 그러면 하나님은 우리에게 힘을 주실 것이다. 우리는 우리의 구원을 이루어내고자 하여야 한다. 그러면 하나님은 우리 속에서 역사하실 것이다. 에스겔은 그리스도께서 그에게 말씀하실 때에 성령이 그의 속으로 들어오는 것을 보았다. 왜냐하면, 그리스도께서는 통상적으로 그의 말씀을 통해서 그의 영을 주시고, 그의 말씀을 성령을 통해서 이루시기 때문이다. 그 영은 선지자를 일으켜 그의 발로 서게 하셨고, 낙심되는 마음으로부터 그를 일으켜 세우셨다. 성령은 보혜사(즉, 위로자)이시기 때문이다. 마찬가지로, 이와 비슷한 경우에 다니엘은 하나님이 그를 만지셨을 때에 힘을 얻었고(단 10:18), 요한은 그리스도께서 그 오른손을 그에게 얹으셔서 일으키셨다(계 1:17). 그 영은

그를 일으켜 그의 발로 서게 하셨고, 그로 하여금 그가 명령받은 대로 행하고자 하는 마음을 먹게 만드셨다. 그 때에 그는 그 말씀하시는 자의 소리를 들었다. 그는 앞에서도 음성을 들었지만(1:28), 지금은 더 뚜렷하고 분명하게 듣고 거기에 순복하였다. 성령은 우리의 본분을 행하고자 하는 마음을 우리에게 주심으로써 우리를 일으켜 우리의 발로 서게 하시고, 우리에게 지각을 주셔서 우리의 본분을 알게 하신다.

**II. 에스겔은 이스라엘 자손에게 전할 메시지를 가지고 보내심을 받는다(3절).** 내가 너를 이스라엘 자손에게 보내노라. 하나님은 오랜 세월 동안 때를 따라 그의 종 선지자들을 그들에게 보내었지만 별 소용이 없었다. 그들은 지금 하나님의 사자들을 학대한 죄로 포로로 잡혀 왔지만, 하나님은 심지어 거기에서도 에스겔 선지자를 그들에게 보내셔서, 그들이 지금 환난을 겪고 있기 때문에 정신을 차려서 그들의 귀가 혹시 열려 있어서 그의 훈계를 받아들일까 싶어서 그의 말씀을 전하게 하신다. 우리가 하나님의 은혜를 무수히 놓치고 거부해도, 하나님은 우리를 먹이시고 입히는 것은 물론이고 끊임없이 우리에게 은혜의 수단들을 주셔서 그 은혜로 우리를 부르신다. 좀 더 살펴보자.

1. 하나님은 패역한 백성에게 그의 사자를 보내신다. 에스겔은 그들을 이전의 충성된 마음으로 회복시키고, 이스라엘 자손을 그들의 하나님 여호와께로 돌아오게 하기 위하여 보내심을 받는다. 선지자 에스겔은 하나님이 그에게 심부름을 보내시는 이유를 알아야 하는데, 그 이유는 그들이 **패역한 백성**(3절), 패역한 족속(5절)이라는 것이다. 그들은 이스라엘 자손이라 불린다. 그들은 그들의 경건한 조상들이 지녔던 명칭을 그대로 유지하고 있지만, 사실 형편없이 타락하여 이방 나라들(히브리어로, 고임)과 같이 되어 버렸다. 이스라엘 자손은 구스 족속 같이 되어 버렸다(암 9:7). 왜냐하면, 그들은 패역한 백성이 되었기 때문이다. 나라 안에서의 반도(叛徒)들은 나라 밖의 적들보다도 그 나라의 왕을 훨씬 더 많이 자극하고 화를 돋우는 법이다. 그들의 우상 숭배와 하나님에 대한 거짓된 예배는 그 어떤 것보다도 그들을 패역한 백성이 되게 만든 죄들이었다. 왜냐하면, 그렇게 함으로써 그들은 그들의 합법적인 왕이신 하나님을 제쳐 두고 또 다른 왕을 세우고서 그 거짓 왕에게 충성을 맹세하고 조공을 바쳤는데, 그것은 사람이 생각할 수 있는 가장 큰 반역이기 때문이다.

(1) 그들은 내내 패역한 세대였고, 그들의 반역을 끈질기게 지속하여 왔다.

그들과 그 조상들이 내게 범죄하였다. 오랜 역사와 조상들의 지지를 받고 있다고 해서 그것이 언제나 옳은 것은 아니라는 것을 명심하라. 왜냐하면, 오류와 부패가 오랫동안 이어져 내려오는 경우도 많기 때문이다. 조상들이 악한 길로 행하였다는 것은 우리가 악한 길로 행하는 것에 대한 변명이 될 수 없고, 도리어 우리보다 앞서 산 자들의 죄를 우리가 옳다고 인정하는 것이기 때문에 우리의 죄를 가중시키는 것이 될 뿐이다. 그들의 반역은 계속되어서 오늘까지 이르렀다. 그들 자신을 바로잡는 데에 사용할 수 있었던 여러 가지 수단들과 방법들이 있었음에도 불구하고, 오늘까지 그들은 계속해서 **패역하였고**, 그 반역으로 말미암아 여전히 하나님의 책망 가운데 있다. 그들 가운데는 아하스 왕처럼 곤고할 때에 더욱 여호와께 범죄한 자들도 많았다. 그들은 그들에게 임한 온갖 변화들에도 불구하고 더 나아지지 않았고 여전히 변하지 않았다.

(2) 그들의 반역은 지금 고착되어 있었다. 그들은 얼굴이 **뻔뻔한** 철면피들이어서 부끄러운 줄을 알지 못한다. 그들은 **마음이 굳고** 고집이 세서, 고개를 숙이거나 허리를 굽필 줄을 모르고, 죄를 부끄러워하거나 두려워하지도 않는다. 그들에게는 명예심이나 의무감이 통하지 않는다. 우리는 이것이 그들 모두가 아니라 다수, 그것도 지도적인 인물들의 특성이었기를 바랄 뿐이다. 좀 더 살펴보자.

[1] 하나님은 그들이 얼마나 뻣뻣하고 구제불능인지를 알고 계셨다. 하나님은 사람들이 겉으로 가장하고 입으로는 뭐라고 말하든 각 사람의 진정한 됨됨이를 온전히 알고 계신다는 것을 명심하라.

[2] 하나님이 선지자에게 이런 말씀을 해주신 것은 그가 그들을 어떻게 상대하고 다루어야 할지를 더 잘 알게 하기 위한 것이었다. 그들은 그런 자들이기 때문에 비록 그들이 엄하게 다룬다고 볼멘 소리를 할지라도 선지자는 그들을 날카롭고 예리하게 책망하고, 그들의 모습을 있는 그대로 똑 부러지게 말해 주어야 한다. 또한, 하나님이 선지자에게 이런 말씀을 해주시는 것은 그가 말씀을 전해도 그들이 전혀 받아들이려 하지 않을 때에 그러려니 생각하고 그것에 대하여 놀라거나 그것이 그에게 걸림돌이 되지 않도록 하기 위한 것이었다.

2. 이 사자를 보내시는 하나님은 왕적인 통치권을 지니고 계신다.

(1) 하나님은 그가 보내시는 자에게 명령을 할 권세를 지니고 계신다. "내가 너를 그들에게 보내노니, 너는 그들에게 이러저러하게 **말할지니라**(4절)." 선지자

들과 사역자들을 파송하시면서 그들에게 그들이 해야 할 일들을 지시하시는 것은 그리스도의 대권(大權)이라는 것을 명심하라. 사도 바울은 그에게 직분을 맡기신 그리스도 예수께 감사하였다(딤전 1:12). 왜냐하면, 그리스도께서 아버지 하나님에 의해서 보내심을 받았듯이 사역자들은 그리스도에 의해서 보내심을 받기 때문이다. 그리스도께서는 성령을 한량없이 받으신 분으로서 너희는 성령을 받으라고 말씀하시며 사역자들에게 분량을 따라 성령을 주신다. 그들은 뻔뻔하고 패역한 자들이지만, 나는 너를 그들에게 보낸다. 많은 사람들이 은혜의 수단들을 선하게 사용하지 않을 줄을 아시면서도 그리스도께서는 은혜의 수단들을 주시고, 어리석은 자들이 지혜를 얻고자 하는 마음이 없을 뿐만 아니라 도리어 지혜를 대적할 줄을 뻔히 아시면서도 그리스도께서는 지혜를 사도록 그들의 손에 많은 돈을 쥐어 주신다는 것을 명심하라. 이렇게 그리스도께서는 그의 은혜가 얼마나 큰지를 보여주시고 그의 판단이 옳음을 나타내셔서, 그들로 하여금 변명의 여지가 없게 하시고 그들에 대한 정죄가 어쩔 수 없는 것임을 보여주신다.

(2) 하나님은 선지자를 통해서 자기 백성들에게 명령할 권세를 지니고 계신다. 너는 그들에게 이르기를 주 여호와의 말씀이 이러하시다 하라. 선지자는 그들에게 말할 때에 하나님의 이름으로 말하고, 하나님의 권세를 의지하여 그 말씀에 힘을 더하며, 하나님으로부터 나온 말씀으로 그들에게 전하여야 한다. 그리스도께서는 자신의 가르침들을 하나님의 아들로서 전하셨다. 진실로 진실로 내가 너희에게 이르노니. 그러나 선지자들은 하나님의 종이라는 자격으로 전하여야 한다. 우리의 주인이시자 너희의 주인이신 주 여호와의 말씀이 이러하시다. 선지자들의 글은 하나님의 말씀이기 때문에, 우리 각 사람도 그렇게 여겨야 한다는 것을 명심하라.

(3) 하나님은 그의 사자들을 보내시고 나서 자기 백성들이 그의 말을 듣나 안 듣나 그 책임을 물으실 권세를 지니고 계신다. 그들이 듣든지 아니 듣든지, 그들이 말씀에 귀를 기울이든지 등을 돌리든지, 그들은 그들 가운데에 선지자가 있음을 경험을 통해서 알게 될 것이다.

[1] 그들이 듣고 순종한다면, 그들은 위로의 경험을 통해서 그들에게 이루어진 말씀이 하나님으로부터 사명을 받은 자와 그가 사명을 수행할 때에 그와 함께 한 하나님의 권능에 의해서 그들에게 전해졌다는 것을 알게 될 것이다. 그

래서 사도 바울은 그가 전한 말씀에 의해서 회심한 자들을 그의 사도 됨을 인친 것, 즉 그의 사도직이 하나님에게서 왔다는 것을 보증해 주는 증표들이라고 말한다(고전 9:2). 사람들의 마음이 말씀 아래에서 불이 붙게 되고 그들의 의지가 말씀에 순복하고자 할 때, 그들은 그것이 사람의 말이 아니라 하나님의 말씀이라는 것을 아는 동시에 그 증인이 된다.

[2] 그들이 듣지 않으려 하고, 말씀에 귀를 막는다고 해도(그들은 패역한 백성이어서 그럴 염려가 많다), 그들은 그들 자신의 양심의 책망과 선지자를 거부한 죄로 인하여 그들에게 내려질 하나님의 의로운 심판을 통해서 그들이 멸시하였던 자가 진정으로 선지자였다는 것을 알게 될 것이다. 그들은 비싼 대가를 치르고 당혹스러움과 서글픈 일을 겪는 가운데서 하나님의 사자들을 멸시하는 것이 얼마나 해롭고 위험한 일인지를 알게 될 것이다. 그들은 선지자가 전한 경고의 말씀들이 이루어지는 것을 보고서야, 그들을 고소하였던 선지자가 하나님으로부터 보내심을 받았다는 것을 알게 될 것이다. 선지자가 전한 말씀은 이런 식으로 그들에게 임할 것이다(슥 1:6).

첫째, 하나님의 말씀을 전해 들은 자들은 그들이 듣나 안 듣나 시험을 받게 되고, 그 결과에 따라 그들의 운명이 결정되리라는 것을 명심하라.

둘째, 우리가 말씀에 의해서 덕 세움을 받든 안 받든, 확실한 것은 하나님이 영광을 받으시고 그의 말씀이 높임을 받으며 존귀하게 되리라는 것이다. 말씀이 생명으로부터 생명에 이르는 냄새가 되든, 사망으로부터 사망에 이르는 냄새가 되든, 말씀은 하나님으로부터 나왔다는 것이 드러나게 될 것이다.

⁶인자야 너는 비록 가시와 찔레와 함께 있으며 전갈 가운데에 거주할지라도 그들을 두려워하지 말고 그들의 말을 두려워하지 말지어다 그들은 패역한 족속이라도 그 말을 두려워하지 말며 그 얼굴을 무서워하지 말지어다 ⁷그들은 심히 패역한 자라 그들이 듣든지 아니 듣든지 너는 내 말로 고할지어다 ⁸너 인자야 내가 네게 이르는 말을 듣고 그 패역한 족속 같이 패역하지 말고 네 입을 벌리고 내가 네게 주는 것을 먹으라 하시기로 ⁹내가 보니 보라 한 손이 나를 향하여 펴지고 보라 그 안에 두루마리 책이 있더라 ¹⁰그가 그것을 내 앞에 펴시니 그 안팎에 글이 있는데 그 위에 애가와 애곡과 재앙의 말이 기록되었더라

선지자는 그의 사명을 받은 후에 여기에서는 그의 사명에 따른 당부의 말씀을 받는다. 그가 받은 것은 존귀한 직분이지만 동시에 섬김과 사역의 직분이기도 하기 때문에 그에게 다음과 같은 것들이 요구된다.

**I. 담대하여야 한다는 것.** 그는 그 어떤 것에도 끄떡도 하지 않는 담대함과 결단으로 그의 사명을 감당하여야 하고, 그가 사명을 감당하면서 만나게 될 어려움들과 반대들 때문에 그의 일을 그만두거나 힘겹게 해나가서는 안 된다. 인자야 그들을 두려워하지 말지어다(6절). 하나님을 섬기는 일을 제대로 하고자 하는 자들은 사람을 두려워해서는 안 된다는 것을 명심하라. 왜냐하면, 사람을 두려워하는 것이 덫이 되어서 하나님의 일을 하는 데에 있어서 우리의 발목이 붙잡힐 것이기 때문이다.

1. 하나님은 앞에서처럼(3-4절) 여기에서도 선지자에게 그가 보냄을 받게 될 자들이 어떤 자들인지를 말씀해 주신다. 그들은 가시와 찔레이기 때문에, 그가 어느 쪽으로 몸을 움직여도 그를 할퀴고 찢으며 괴롭힐 것이다. 그들은 끊임없이 하나님의 선지자들을 괴롭혔고 말의 올무에 걸리게 하려고 애썼다(마 22:15). 그들은 찌르는 가시와 아프게 하는 가시들이다. 그들 가운데서 가장 선하다는 자들은 가시와 같고, 가장 정직한 자라도 찔레 울타리보다 더하다(미 7:4). 가시와 찔레는 죄와 저주의 열매로서 여자의 후손과 뱀의 후손 사이에 적대감이 생겨난 때부터 있어온 것들이다. 악인들, 특히 하나님의 선지자들과 백성들을 박해하는 자들은 가시와 찔레들이어서, 땅을 해롭게 하고 좋은 씨앗을 질식시키며 하나님의 농사를 방해하고 그의 농부늘을 괴롭힌다는 것을 명심하라. 그러나 그들은 저주함에 가까워 그 마지막은 불사름이 될 것이다(히 6:8). 그렇지만 기드온이 들가시와 찔레로 숙곳 사람들을 징벌하였듯이(삿 8:16), 하나님은 종종 자기 백성을 징계하고 교훈하는 데에 그들을 사용하신다. 그들의 됨됨이는 가시와 찔레에서 그친 것이 아니었다. 그들은 악독하기 그지없는 전갈들이다. 전갈의 독은 가시에 긁히는 것보다 천 배나 더 치명적이다. 박해자들은 독사의 자식들이고, 그 입술에는 독사의 독이 있다. 그들은 그 어떤 들짐승보다도 더 간교한 자들이다. 에스겔 선지자의 처지를 더 어렵게 만들고 있는 것은 그가 이러한 전갈들 가운데 거주하고 있다는 것이다. 그들은 늘 그의 곁에 있기 때문에, 그는 그의 집에서조차도 안전하거나 평안할 수 없다. 이 악한 자들은 그의 이웃들이기 때문에 그를 해칠 기회를 많이 잡게 될 것이고 그 기회를 하나도 놓

치지 않으려 할 것이다. 그리스도께서 어느 교회의 사자에게 그러셨듯이(계 2:13), 하나님은 선지자에게 이 점을 알려 주신다. 네가 어디에 사는 것을 내가 아노니 거기는 사탄의 권좌가 있는 데라. 에스겔은 환상 속에서 천사들과 교제하였지만, 이 산에서 내려와서는 전갈들 가운데에 거주하여야 한다.

2. 하나님은 선지자에게 그들이 그에게 어떻게 행동할지, 즉 표정과 말로 그에게 겁을 주려고 할 것임을 말씀해 주신다. 그들은 그가 선지자 노릇을 그만두게 하거나 적어도 그들의 잘못을 지적하고 하나님의 심판이 임할 것이라고 위협하지 못하도록 하기 위하여, 엄포를 놓으며 그를 위협할 것이고, 깔보는 표정을 지으며 악의에 찬 눈으로 그를 쳐다볼 것이며, 그를 모욕하여 창피를 주어서 얼굴을 들지 못하게 하고자 온갖 짓을 다할 것이다. 또한, 이런 일이 뜻대로 되지 않을 때에는 그들은 그를 괴롭히며 당혹스럽게 만들고 그의 마음의 평정을 흐트러 놓고자 할 것이다. 그들은 지금 포로로 잡혀 있는 처지여서 모든 힘을 다 빼앗겼기 때문에 표정과 말 이외의 수단으로는 선지자를 박해할 방법이 없었다. 그래서 그들은 선지자를 그런 식으로 박해하였다. 보라 너는 네가 할 수 있는 온갖 악한 말을 하고 악한 일을 행하였다(렘 3:5). 만약 그들에게 더 큰 힘이 있었다면, 그들은 더 큰 해악을 선지자에게 가하였을 것이다. 그들은 지금 그들의 패역, 특히 하나님의 선지자들을 학대한 죄에 대한 벌로 포로 생활을 하고 있었다. 그런데도 그들은 여전히 악하였다. 미련한 자를 곡물과 함께 절구에 넣고 공이로 찧을지라도 그의 미련은 벗겨지지 아니하느니라(잠 27:22). 하나님의 은혜가 역사하지 않으면, 그 어떤 섭리로도 사람들을 낮아지게 하고 삶을 고치게 할 수 없다. 그러나 그들이 아무리 악의적으로 행하더라도, 에스겔은 두려워하거나 낙심하지 말아야 한다. 그는 그들의 위협 때문에 그의 일을 그만두거나 낙심하여 기가 꺾여서는 안 되고, 하나님의 보호하심 아래에서 안전할 것이라는 확신을 가지고서 담대하고 단호하게 그의 일을 계속해 나가야 한다.

**II. 신실하여야 한다는 것**(7절).

1. 선지자는 그를 보내신 그리스도께 신실하여야 한다. 너는 내 말로 고할지어다. 하나님의 말씀을 전하는 사명을 받은 것이 선지자들의 영광이라면, 하나님의 말씀을 곧이곧대로 전하여 그 말씀과 맞지 않는 것은 아무것도 전하지 않는 것이 선지자들의 본분이라는 것을 명심하라. 사역자들은 언제나 이 원칙을 지켜서 말씀을 전하여야 한다.

2. 선지자는 그가 보내심을 받은 자들의 영혼에 대하여 신실하여야 한다. 그들이 듣든지 아니 듣든지, 그는 그가 받은 메시지를 그대로 그들에게 전하여야 한다. 그는 그들이 그 말씀에 맞추도록 해야지, 말씀들을 그들의 기분에 맞추려고 해서는 안 된다. "그들이 극히 패역하다는 것, 그들은 패역 그 자체라는 것은 사실이다. 하지만 그들이 좋아하든 싫어하든 내 말로 그들에게 고하라." 사람들이 말씀을 고분고분 받아들이지 않고 말씀에서 아무런 유익도 얻으려 하지 않는다는 것은 사역자들이 말씀을 그들에게 전하는 것을 그만두어야 하는 이유가 되지 못한다는 것을 명심하라. 또한, 우리는 선한 일을 행해 보아야 아무런 소용이 없을 것임이 충분히 예상되는 경우에도 선을 행할 기회를 거부해서는 안 된다.

**III. 하나님이 주신 말씀들을 그대로 전하여야 한다는 것.**

1. 하나님이 주신 말씀들이 전체적으로 어떤 것이었는지는 에스겔 앞에 펼쳐진 책의 내용을 통해서 암시되고 있다(10절).

(1) 하나님이 주신 말씀들은 방대하였다. 왜냐하면, 이 두루마리는 안팎에 글이 있었기 때문이다. 즉, 두루마리 책에는 양면으로 다 글이 기록되어 있었다. 그것은 마치 온통 글이 씌어진 벽지 같았다. 한 쪽 면에는 그들이 저지른 죄들이 기록되어 있었고, 다른 쪽 면에는 그 죄들로 인하여 그들에게 임할 하나님의 심판들이 기록되어 있었다. 하나님은 그의 백성이 타락하여 패역하게 되었을 때에 그들에게 하실 말씀이 참으로 많으시다는 것을 명심하라.

(2) 하나님이 주신 말씀들은 암울한 것들이었다. 에스겔은 슬픈 심부름을 하러 보내심을 받았다. 책에 담겨진 내용은 애가와 애곡과 재앙이었다. 여기에서는 그가 전하는 메시지의 내용을, 그의 메시지를 주의 깊게 듣는 자들이 보이게 될 반응들로 표현하고 있다. 말씀들을 듣고, 그들은 울며 화로다 또는 슬프다라고 소리칠 것이다. 그들의 죄를 드러내고 진노가 선언될 때에 그것은 그들에게 애가가 될 것이다. 거룩하고 복된 백성이 이 책의 예언이 보여주는 것과 같은 죄악되고 참담한 처지로 전락한 것을 보는 것보다 당시의 유대인들에게 더 슬프고 애곡할 만하며 더 재앙스러운 일이 어디에 있겠는가? 에스겔은 예레미야의 애가를 그대로 반영하고 있다. 하나님은 긍휼이 풍성하시지만, 회개치 않는 죄인들은 그의 말씀들 가운데에도 애가와 재앙이 있다는 것을 발견하게 되리라는 것을 명심하라.

2. 여기에서는 말씀을 받을 때나 전할 때나 하나님이 주신 말씀들을 그대로 따르라는 당부가 선지자에게 분명하게 주어진다. 선지자는 이제 하나님의 말씀들을 받으면서 다음과 같은 명령을 받는다.

(1) 하나님이 주시는 말씀들을 부지런히 경청하라는 것. 인자야 내가 네게 이르는 말을 들으라(8절). 하나님에게서 말씀을 받아서 사람들에게 전하는 자들은 스스로 하나님에게서 말씀을 들어야 하고 그 음성에 순종하여야 한다는 것을 명심하라. "너는 패역하지 말라. 이 심부름을 하지 않겠다거나 말씀을 전하지 않겠다고 거부하지 말라. 너의 동포의 심기를 건드릴 것이 두려워서 요나처럼 도망치지 말라. 그들은 패역한 족속이고, 너는 그들 가운데서 살고 있다. 그러나 너는 그들과 같이 되지 말고, 악한 일에서 그들과 동조하지 말라." 책망하는 것이 임무인 사역자들이 사람들의 분노와 악감을 살까봐 두려워서, 죄를 묵인하고 죄인들을 봐주며, 그들에게 그들의 악을 보여주지도 않고 그 악의 치명적인 결과들을 보여주지도 않는다면, 그것은 사역자들이 스스로 그들의 죄에 동참하는 것이고 그들과 마찬가지로 패역하게 행하는 것이다. 백성들이 삶을 고치는 본분을 다하려 하지 않더라도, 사역자들은 책망하는 본분을 다하여야 한다. 그래야만 사역자들은 그들의 일이 성공을 하든 못하든, 선지자 이사야가 그런 것처럼(사 50:5), 나중에 그들이 한 일을 떠올리며 위로를 받게 될 것이다. 주 여호와께서 나의 귀를 여셨으므로 내가 거역하지도 아니하며 뒤로 물러가지도 아니하였다. 아무리 선한 자들이라 할지라도 그들이 악한 때와 장소에 던져져 있을 때에는 최악의 범죄를 저지르지 않도록 미리 경고를 받을 필요가 있다.

(2) 하나님이 주시는 말씀들의 은총과 능력을 경험함으로써 그의 마음속에서 그 말씀들을 소화하라는 것. "내가 네게 이르는 말을 들을 뿐만 아니라, 네 입을 벌려서 내가 네게 주는 것을 먹으라. 그것을 먹을 준비를 하고, 자원해서 맛있게 먹으라." 하나님의 모든 자녀들은 하늘에 계신 그들의 아버지께서 발견하신 것에 만족하고, 그가 그들에게 주시는 것은 무엇이든지 먹어야 한다. 하나님의 손이 에스겔에게 보이신 것은 두루마리 책, 즉 온통 글씨가 씌어진 채 둘둘 말려 있는 두루마리 책이나 양피지였다. 하나님의 계시는 그리스도의 손으로부터 우리에게 온다. 그리스도께서는 하나님의 계시를 선지자들에게 주셨다(계 1:1). 우리는 두루마리 책을 볼 때에 그 책을 우리에게 주시는 손을 주목하

여야 한다. 그 책을 선지자에게 보여주신 그리스도께서는 그것을 그 앞에 펴셨는데, 이것은 선지자로 하여금 절대적인 믿음을 가지고서 지금 그 책을 삼켜서 그 내용을 온전히 깨달은 후에 그것을 받아서 자신의 것으로 만들게 하기 위한 것이었다. 그리스도께서는 선지자에게, 패역하지 말고 내가 네게 주는 것을 먹으라고 말씀하신다. 우리가 그리스도께서 그의 규례들과 섭리들을 통해서 우리에게 배정하신 것을 받지 않고, 그의 말씀과 회초리에 순종하지 않으며, 이 둘 모두에 순순히 응하지 않으면, 우리는 패역한 자들로 간주될 것이다.

# 제<br>— 3 —<br>장

## 개요

이 장은 선지자가 하나님이 부르신 일을 위해 추가적으로 준비되는 내용을 담고 있다. I. 선지자가 앞 장의 끝부분에서 그에게 주어진 두루마리를 먹음(1-3절). II. 앞 장에 나오는 것과 동일한 취지의 말씀들과 격려들이 추가적으로 선지자에게 주어짐(4-11절). III. 선지자가 자기 백성들에게 가서 말씀을 전하고자 하는 강력한 감동 아래 놓이게 됨(12-15절). IV. 선지자의 직분과 일이 파수꾼의 비유를 통해서 추가적으로 설명됨(16-21절). V. 하나님의 뜻에 따라 선지자의 말할 자유가 억제되기도 하고 회복되기도 함(22-27절).

¹또 그가 내게 이르시되 인자야 너는 발견한 것을 먹으라 너는 이 두루마리를 먹고 가서 이스라엘 족속에게 말하라 하시기로 ²내가 입을 벌리니 그가 그 두루마리를 내게 먹이시며 ³내게 이르시되 인자야 내가 네게 주는 이 두루마리를 네 배에 넣으며 네 창자에 채우라 하시기에 내가 먹으니 그것이 내 입에서 달기가 꿀 같더라 ⁴그가 또 내게 이르시되 인자야 이스라엘 족속에게 가서 내 말로 그들에게 고하라 ⁵너를 언어가 다르거나 말이 어려운 백성에게 보내는 것이 아니요 이스라엘 족속에게 보내는 것이라 ⁶너를 언어가 다르거나 말이 어려워 네가 그들의 말을 알아 듣지 못할 나라들에게 보내는 것이 아니니라 내가 너를 그들에게 보냈다면 그들은 정녕 네 말을 들었으리라 ⁷그러나 이스라엘 족속은 이마가 굳고 마음이 굳어 네 말을 듣고자 아니하리니 이는 내 말을 듣고자 아니함이니라 ⁸보라 내가 그들의 얼굴을 마주보도록 네 얼굴을 굳게 하였고 그들의 이마를 마주보도록 네 이마를 굳게 하였으되 ⁹네 이마를 화석보다 굳은 금강석 같이 하였으니 그들이 비록 반역하는 족속이라도 두려워하지 말며 그들의 얼굴을 무서워하지 말라 하시니라 ¹⁰또 내게 이르시되 인자야 내가 네게 이를 모든 말을 너는 마음으로 받으며 귀로 듣고 ¹¹사로잡힌 네 민족에게로 가서 그들이 듣든지 아니 듣든지 그들에게 고하여 이르기를 주 여호와의 말씀이 이러하시다 하라 ¹²때에 주의 영이 나를 들어올리시는데 내가 내 뒤

에서 크게 울리는 소리를 들으니 찬송할지어다 여호와의 영광이 그의 처소로부터 나오는도다 하니 [13]이는 생물들의 날개가 서로 부딪치는 소리와 생물 곁의 바퀴 소리라 크게 울리는 소리더라 [14]주의 영이 나를 들어올려 데리고 가시는데 내가 근심하고 분한 마음으로 가니 여호와의 권능이 힘 있게 나를 감동시키시더라 [15]이에 내가 델아빕에 이르러 그 사로잡힌 백성 곧 그발 강 가에 거주하는 자들에게 나아가 그 중에서 두려워 떨며 칠 일을 지내니라

이 단락은 앞 장에 나오는 환상의 연속이자 일부이기 때문에, 일부 번역자들은 이 단락을 앞 장과 연결시킨다. 선지자들이 하나님에게서 말씀을 받는 것은 백성에게 전하기 위한 것이고, 하나님이 그들을 여러 가지 것들로 준비시키시는 것은 그들로 하여금 하나님의 마음과 뜻을 아는 지식을 갖추게 하기 위한 것이다. 여기에서 선지자는 다음과 같은 것들에 대하여 가르침을 받는다.

**I. 그는 하나님의 계시를 어떻게 받아야 하는가**(1절).   그리스도(에스겔이 본 바에 의하면, 그는 보좌 위에 계셨다, 겔 1:26)께서는 그에게 이렇게 말씀하셨다. "인자야 이 두루마리를 먹으라. 이 계시를 받아들여서 그 의미를 올바르게 깨닫고, 감화를 받으라. 너의 마음속에 깊이 새겨두고, 그것을 곰곰이 되씹어 보라. 그것을 통째로 받아들여서, 어려워하지 말고, 음식을 먹고 즐거워하듯이 그것 속에서 즐거움을 맛보아서, 네 영혼이 그것으로 인하여 자양분을 섭취하고 힘을 얻게 하라. 그것을 너의 먹을 것과 마실 것, 너의 일용할 양식으로 삼으라. 네가 음식을 먹고 배부르듯이 그것을 배불리 먹으라." 사역자들은 다른 사람들에게 전할 하나님의 말씀을 이렇게 먼저 깊이 연구하고 묵상함으로써 소화하여야 한다. 내가 주의 말씀을 얻어 먹었나이다(렘 15:16). 사역자들은 하나님께 속한 일들을 거룩한 빛과 열기를 가지고서 사람들에게 분명하고 따뜻하게 전하기 위해서는 그 일들에 대하여 아주 잘 알아야 하고 스스로 깊은 감동을 받아야 한다. 좀 더 살펴보자.

1. 하나님은 얼마나 간곡하게 이 명령을 선지자에게 주시는가. 앞 장에서 하나님은 내가 네게 주는 것을 먹으라고 말씀하셨는데, 여기에서는 "너는 발견한 것, 즉 그리스도의 손에 의해서 네게 주어진 것을 먹으라"고 말씀하신다(1절). 우리가 하나님의 말씀이라고 발견하는 것, 하나님의 말씀이신 분이 우리에게

주시는 것은 무엇이든지 우리가 아무런 이의를 제기하지 말고 받아야 한다는 것을 명심하라. 성경이 우리 앞에 펼쳐 놓고 있음을 우리가 발견하면, 우리는 그것을 먹어야 한다. "이 두루마리를 네 배에 넣으며 네 창자에 채우라(3절). 그것을 먹고서, 욕지기나는 것처럼 다시 게우지 말고, 영양가 있고 위에 좋은 것처럼 창자에 그대로 두어라. 엘리후가 그랬던 것처럼(욥 32:18), 네 속에 말씀들이 가득할 때까지 이 환상으로 잔치를 벌이라. 말씀이 너의 가장 깊은 곳에 자리를 잡게 하라." 우리는 우리의 마음이 하나님의 말씀을 제대로 받아서 간직하며, 하나님의 말씀을 제대로 소화하기 위해 우리가 지닌 모든 기능이 잘 작동해서, 하나님의 말씀이 피와 영으로 변할 수 있도록 심혈을 기울여야 한다. 이 두루마리를 우리의 창자에 채우기 위해서는 우리는 우리 자신에게서 세상의 것들을 비워내야 한다.

2. 하나님은 이 명령을 어떻게 설명하시는가(10절). "내가 네게 백성들에게 전하라고 이를 모든 말을 너는 귀로 듣고, 동시에 사랑을 담아서 마음으로 받으라." 이 말을 너희 귀에 담아 두라(눅 9:44). 그리스도께서는 선지자에게 그가 지금 말씀하시는 것만이 아니라 앞으로 언제든지 그가 말하게 될 모든 것들에 귀를 기울이라고 명령하신다. 그 모든 것을 네 마음으로 받으라. 이 모든 일에 전심전력하라(딤전 4:15).

3. 환상 속에서 이 명령은 어떻게 순종되었는가. 에스겔이 입을 벌리니, 그리스도께서 그 두루마리를 그에게 먹이셨다(2절). 우리가 말씀을 우리 마음속으로 받아들이기를 진심으로 원한다면, 그리스도께서는 그의 성령을 통해서 말씀을 우리 마음속에 넣어주시고, 말씀이 우리 안에 풍성히 거하게 하실 것이다. 두루마리 책을 여시고 계시의 영이신 그의 성령을 통해서 말씀을 우리 앞에 펼쳐 놓으시는 분이 우리의 지각을 여셔서 지혜의 영이신 그의 성령을 통해서 우리에게 그 말씀을 아는 지식을 주시고 그것을 먹게 해 주시지 않으시면, 우리는 영원히 말씀에 대하여 이방인이 되고 말 것이다. 선지자는 그 두루마리가 먹기에 적합하지 않아서 먹을 것이 못 될 것이라고 염려하였겠지만, 의외로 그것은 그의 입에서 달기가 꿀 같았다. 아무리 어려운 명령일지라도 우리가 기꺼이 순종한다면, 우리는 그 명령을 지키느라 우리의 본분을 다하는 길에서 우리가 만나는 온갖 어려운 일들을 충분히 보상해 주고도 남을 위로를 받게 될 것임을 명심하라. 두루마리에는 애가와 애곡과 재앙의 말이 가득하였지만, 그것은 선지자에게는 달

기가 꿀 같았다. 악한 자들에게는 큰 두려움이 되는 하나님의 진리일지라도 은혜 가운데 있는 영혼들에게는 큰 즐거움이 된다는 것을 명심하라. 우리는 요한도 이와 같은 상징적 행위를 통해서 계시 속으로 들어간 것을 발견한다(계 10:9-10). 내가 천사의 손에서 작은 두루마리를 갖다 먹어 버리니 내 입에는 꿀 같이 다나 먹은 후에 내 배에서는 쓰게 되더라. 요한의 경우에 그 두루마리가 나중에 쓰게 된 것과 마찬가지로, 여기에서도 선지자는 나중에 근심하고 분한 마음으로 가는 모습을 보여준다(14절).

**Ⅱ. 그는 그가 받은 하나님의 계시를 사람들에게 어떻게 전해야 하는가**(1절).   이 두루마리를 먹고 가서 이스라엘 족속에게 말하라. 그는 스스로 하나님께 속한 것들을 온전히 이해하기 전까지는 그것들을 다른 사람들에게 전하는 일에 착수해서는 안 된다. 그는 하나님이 심부름을 시키지도 않으셨는데 가서는 안 되고, 어정쩡한 상태로 일을 해서도 안 된다. 그러나 일단 하나님께 속한 일들을 온전히 깨달았다면, 그는 다른 사람들의 유익을 위하여 그것들을 부지런히 그리고 담대하게 전하지 않으면 안 된다. 우리는 거룩하신 이의 말씀을 숨겨 두지 말아야 한다(욥 6:10). 왜냐하면, 그것은 하나님이 우리에게 장사하라고 주신 달란트를 땅에 묻어 두는 것이기 때문이다. 그는 가서 이스라엘 족속에게 말하여야 한다. 왜냐하면, 하나님이 그들에게 주시는 율례들과 판단들을 아는 것은 그들의 특권이기 때문이다. 하나님의 생생한 말씀인 율법을 주신 것과 마찬가지로 하나님의 살아 있는 말씀인 예언도 그들에게 주어진 특권이다. 에스겔은 갈대아 사람들의 죄를 책망하도록 보내심을 받는 것이 아니라, 이스라엘 족속에게 그들의 죄를 책망하도록 보내심을 받는다. 왜냐하면, 아버지는 다른 사람들의 자녀가 아니라 자기 자녀가 잘못을 했을 때에 그 자녀를 징계하는 법이기 때문이다.

1. 선지자가 그들에게 말씀을 전할 때에 어떻게 해야 할지에 관한 하나님의 지시들은 앞 장에 나온 것들과 거의 동일하다.

(1) 그는 하나님이 그에게 말씀하신 모든 것, 그리고 오직 그것만을 그들에게 전해야 한다. 하나님은 앞서 너는 내 말로 고할지어다라고 말씀하셨고(2:7), 여기에서도 내 말로 그들에게 고하라고 말씀하신다(4절). 그는 내용에 있어서 하나님이 그에게 말씀하신 것과 동일한 것을 전해야 할 뿐만 아니라, 언어와 표현에 있어서도 될 수 있으면 동일한 것을 전해야 한다. 사도 바울은 아주 뛰

어난 독창성을 지닌 인물이었는데도 하나님의 일들에 대하여 말할 때에 **성령께서 가르치신 말들로** 하였다(고전 2:13). 성경의 진리들은 그 원래의 옷인 성경적인 언어로 표현되는 것이 가장 좋다. 하나님이 그의 마음을 그의 언어로 표현하신 것보다 우리가 어떻게 더 잘 그것을 표현할 수 있겠는가?

(2) 그는 그가 말씀을 전해야 할 자들이 이스라엘의 족속, 즉 하나님께 속한 족속이자 그의 동족이라는 것을 기억하여야 한다. 그러므로 그는 그들에 대하여 특별한 관심을 가지고서 신실함과 사랑으로 그들을 대하지 않으면 안 된다. 그들은 그가 잘 알고 있는 자들이었다. 그는 그들의 동포였을 뿐만 아니라 그들의 환난에 동참하는 자였다. 그들과 그는 함께 고난을 받았고, 최근에는 매우 우울한 상황 속에서 유다 땅에서 바벨론으로 오는 먼 길을 함께 했던 자들이었으며, 흔히 함께 동고동락하며 눈물을 흘리곤 했기 때문에 서로에 대한 애정으로 엮여 있을 수밖에 없었다. 유다 백성들에게 그들과 함께 동고동락했기 때문에 그들의 고통과 슬픔을 아주 잘 어루만져 줄 수 있는 선지자가 있다는 것은 그야말로 복된 일이었다. 에스겔 선지자에게 있어서도, 그가 언어가 다르거나 말이 어려운 백성에게 보내져서 그들의 사정을 잘 몰라서 그들의 슬픔을 마음으로 품기 어렵고 언어가 잘 통하지 않아서 대화를 할 수 없는 일이 벌어지지 않고, 그가 잘 아는 동족에게 보내심을 받은 것은 그야말로 복된 일이었다. 언어가 다르면 말과 마음이 통하지 않아서 갑갑하고 답답할 수밖에 없다. "네가 통역하는 사람이 없이는 말할 수도 없고 들을 수도 없으며, 너의 마음을 전할 수도 없고 그들의 말을 알아들을 수도 없는 그런 여러 **나라들**에 보내심을 받는 것이 아니다." 사도들은 실제로 언어가 다른 여러 나라들로 보내심을 받았지만, 만약 그들에게 언어의 은사가 없었다면, 그 나라들 가운데서 어떤 선한 일을 하는 것은 불가능했을 것이다. 그러나 에스겔은 그가 잘 알고 있는 한 백성, 자신의 동족이어서 그를 환영해 줄 가능성이 높았던 백성에게 보내심을 받았다.

(3) 그는 하나님이 그 백성이 얼마나 악한 자들인지를 그에게 이미 말씀해 주신 것을 기억하고서, 비록 그들 속에서 낙심되고 실망스러운 일들을 만나더라도 마음이 상하지 않아야 한다는 것을 명심하여야 한다. 그들은 이마가 굳고 마음이 굳은 자들이어서(7절), 죄를 깨우쳐 주어도 얼굴을 붉히지 않을 것이고, 하나님의 진노가 있을 것이라고 경고하여도 두려워 떨지 않을 것이다. 다음 두 가지 사실로 인해서 그들의 완악함은 더욱 부각되었다.

[1] 그들은 이웃 나라의 백성들보다 더 완악하였다는 것. 만약 하나님이 에스겔 선지자를 다른 백성들에게 보내셨다면, 그 백성들은 비록 언어가 다른 백성들이라고 할지라도 정녕 그의 말을 들었을 것이다. 그 백성들은 적어도 그의 말을 인내하며 들어 주었을 것이고 그에게 최소한의 예우는 해주었을 것이다. 그렇지만 이 백성은 선지자에게 그런 대우조차 해주지 않을 것이다. 이스라엘 족속은 구름 같이 많은 선지자들로 둘러싸여 있는 데도 낮아지지 않고 삶을 고치지도 않았지만, 니느웨 사람들은 요나가 하나님의 말씀을 전하자마자 회개하는 모습을 보여주었다. 도대체 우리는 이런 사실을 어떻게 설명해야 하는가? 하나님으로부터 은혜의 수단들을 받은 자들은 그것들을 선용하고자 하지 않고, 그 수단들을 받지 못한 자들은 그것들이 한 번 주어지자 즉시 그것들을 선용한다. 우리는 이것을 하나님의 주권(sovereignty)으로 설명할 수밖에 없기 때문에, 여호와여 주의 판단은 큰 바다와 같으니이다(시 36:6)라고 말할 수밖에 없다.

[2] 그들은 다름 아닌 하나님에 대하여 완악하였다는 것. "그들은 네 말을 듣고자 아니할 것이지만, 그것은 내 말을 듣고자 아니함이기 때문에, 너는 그것을 이상히 여기지 말라." 그들이 선지자가 전하는 말씀에 귀를 기울이고자 하지 않는 것은 하나님이 진노의 매를 드시고 성읍을 향하여 외쳐 부르시지만 그들은 그 매를 두려워하지 않기 때문이다. 하나님이 사역자를 통해서 말씀하실 때에 그 말씀을 믿지 않는 자들은 비록 하나님이 직접 하늘에서 나는 소리를 통해서 그들에게 말씀하신다고 해도 그 말씀을 믿지 않을 것이다. 아니, 선지자가 그들에게 전하는 말씀을 그들이 거부하는 것은 그 말씀이 하나님으로부터 온 것이기 때문이다. 왜냐하면, 육신의 생각은 하나님과 원수가 되기 때문이다. 그들은 하나님의 법에 대하여 악감정을 지니고 있기 때문에, 바로 그 하나님의 법을 전하는 것을 사명으로 하는 선지자들이 전하는 말에 귀를 막아 버린다.

(4) 그는 담대하여야 한다. 그리스도께서는 그를 강철 같이 담대하게 해주시겠다고 약속하신다(8-9절). 그는 **이마가 굳고 뻔뻔스러우며 마음이 굳은 자들**에게 보내심을 받을 것이다. 그가 온갖 방법을 다 동원해서 말씀을 전해도, 그들은 끄떡도 하지 않을 것이고, 도리어 하나님의 사자를 모욕하고 하나님의 말씀을 대적하는 것을 자랑스러워할 것이다. 그들을 상대하는 일은 정말 난감한 일일 것이다.

[1] 그러나 하나님은 그에게 힘을 주셔서 그들을 넉넉히 상대할 수 있게 해주실 것이다. "내가 그들의 얼굴을 마주보도록 네 얼굴을 굳게 하였고, 그들을 충분히 상대할 수 있도록 확고부동한 의지와 담대한 마음을 네게 주었다." 아마도 에스겔은 천성이 부끄럼을 많이 타고 수줍어했던 것 같다. 그렇지만 하나님은 그에게 은혜를 주셔서 아무리 큰 어려움도 감당할 수 있는 자로 만드셨다. 악한 자들이 뻔뻔스러운 모습으로 거룩한 신앙을 배척하면 할수록, 하나님의 백성은 더욱더 드러내 놓고 결연하게 신앙을 실천하고 옹호하여야 한다는 것을 명심하라. 죄 없는 자는 더욱 분발하여 경건하지 못한 자를 이겨야 한다(욥 17:8). 악덕이 활개를 칠 때, 미덕이 슬금슬금 쥐구멍을 찾아 숨어들어가서는 안 된다. 하나님은 어떤 하실 일이 있으실 때에 사람들에게 그 일을 하고자 하는 마음과 담대함을 주시고, 그 때 그 때 필요한 힘을 공급해 주실 것이다. 필요할 때에 하나님은 신실한 사역자들에게 은혜를 주셔서 그들의 이마를 금강석 같이 만드셔서, 그들이 아무리 위협적인 세력을 만나도 전혀 당황하거나 겁을 먹지 않게 하실 수 있으시고, 또한 그렇게 하신다. 주 여호와께서 나를 도우시므로 내가 부끄러워하지 아니하고 내 얼굴을 부싯돌 같이 굳게 하였으므로 내가 수치를 당하지 아니할 줄 아노라(사 50:7).

[2] 그러므로 하나님은 선지자에게 원수들의 비난이나 위협을 아랑곳하지 말고 거룩한 평정심(平靜心)을 가지고서 담대하게 그의 일을 계속하라고 명령하신다. "너는 두려워하지 말며 그들의 얼굴을 무서워하지 말라. 그들의 악의와 위협은 실제로는 아무런 해도 끼칠 수 없는 무력한 것이니, 그런 것 때문에 낙담하거나 걸려 넘어지지 않도록 하라." 뻔뻔스러운 죄인들에게는 담대하게 책망하는 자들이 필요하다. 악한 짐승들은 살을 에는 듯이 엄히 꾸짖어서(딛 1:12-13) 불에서 끌어내어 구원하여야 한다(유 1:23). 하나님을 잘 섬기는 자들은 그의 은총을 확신할 수 있기 때문에 사람들의 교만한 얼굴을 보고서 낙심할 필요가 없다. 경고의 말씀을 전하지 못하도록 힘상궂은 얼굴로 위협한다고 해도 결코 책망하는 입을 다물지 말라.

(5) 그는 그들이 말씀을 받아들이든 받아들이지 않든 지금 즉시 가서 그들에게 말씀을 계속 전하여야 한다(11절). 그는 이제는 고생을 할 만큼 해서 교훈을 받아들일 때도 된 사로잡힌 자들에게로 가야 한다. 그는 그들을 그와 한 배를 탄 그의 민족으로 여겨서, 바울이 그의 동포에게 그랬듯이 그들에 대하여 아

주 애절한 심정을 지녀야 한다(롬 9:3). 그는 여호와께서 말씀하신 내용들만이 아니라 여호와께서 그것을 말씀하셨다는 것도 그들에게 고하여야 한다. 그는 하나님의 이름으로 말씀을 전하여야 하고, 그가 말한 것을 하나님의 권위로 밑받침해야 한다. 그들이 듣든지 아니 듣든지 그들에게 고하여 이르기를 주 여호와의 말씀이 이러하시다 하라. 우리의 사역이 성공하고 있는지의 여부에 대하여 우리가 무관심할 수는 없지만, 우리의 사역의 결과가 어떠하든 우리는 우리에게 맡겨진 일을 계속해 나가고, 그 결과는 하나님께 맡겨야 한다. 우리는 "여기에 있는 자들은 아주 선하기 때문에 우리는 그들에게 말씀을 전할 필요가 없다"거나 "여기에 있는 자들은 아주 악하기 때문에 그들에게 말씀을 전해 보아야 아무 소용이 없다"고 말해서는 안 된다. 그들이 어떤 자들이든, 우리는 우리에게 맡겨진 메시지를 신실하게 전해야 한다. 우리는 주 여호와의 말씀이 이러하시다고 그들에게 고하여서, 그 말씀을 받아들이느냐 거부하느냐는 그들의 책임으로 그들이 결정하게 하여야 한다.

2. 하나님이 이렇게 선지자에게 사명에 따른 자세한 지시들을 주신 후에 우리는 여기에서 다음과 같은 것들에 대하여 듣는다.

(1) 선지자에게 이러한 사명이 주어진 것을 거룩한 천사들도 아주 기뻐하여 성원을 보냈다는 것. 천사들은 그들보다 못한 본성을 지닌 자가 이토록 존귀한 일을 맡게 된 것을 보고 무척 기뻐하였다. 그는 자기 뒤에서 크게 울리는 소리를 들었다(12절). 천사들은 마치 에스겔이 선지자로 취임하는 광경을 보고자 구름 떼처럼 몰려들었던 것처럼 보였다. 왜냐히면, 천사들은 **교회로 말미암이**(즉, 교회에 반영된 것들을 통해서) 하나님의 각종 지혜를 알게 되기 때문이다(엡 3:10). 천사들은 서로 앞다투어 이 굉장한 광경을 가장 가까이에서 보려고 하는 것 같았다. 그는 천사들의 날개가 서로 부딪치는(원문대로 하면, 서로 입맞추는) 소리를 들었는데, 이것은 천사들이 서로를 사랑하고 돕는 모습을 보여주는 것이다. 또한, 그는 천사들이 서로 합력하여 움직이면서 내는 섭리의 바퀴 소리도 들었다. 이 모든 것은 그로 하여금 정신이 번뜩 나게 하였고, 그를 보내신 하나님은 이토록 수많은 영광스러운 시종들을 거느리고 계시는 것으로 보아서 그가 그의 일을 할 수 있도록 그를 붙들어주실 충분한 능력을 지니고 계시다는 것을 그에게 확신시켜 주었다. 그러나 이 모든 소리는 찬송하는 소리로 끝이 났다. 그는 천사들이 찬송할지어다 여호와의 영광이 그의 처소로부터 나오는도다라고 하

는 소리를 들었다.

[1] 하나님의 윗 거처인 하늘로부터. 환상 속에서 하나님의 영광이 지금 내려오고 있었거나 아니면 다시 돌아가고 있었다. 윗 세상에 있던 무수한 천사들의 무리가 이 환상에 참여하였던 천사들과 더불어서, 여호와의 영광을 찬송할지어다 할렐루야 하늘에서 여호와를 찬양하며 그의 모든 천사여 그를 찬양할지어다(시 148:1-2)라고 하였다.

[2] 하나님의 아랫 거처인 성전으로부터. 하나님의 영광은 이제 성전에서 떠나가고 있었다. 천사들은 그 영광이 떠나가는 것을 슬퍼하면서도, 그렇게 하시는 하나님의 의로우심을 찬양한다. 하나님은 무슨 일을 하시든 찬송 받으시기에 합당하고 영광스러운 분이시며, 어제나 오늘이나 영원토록 그런 분이시다. 선지자 이사야는 그가 소명을 받을 때에 천사들이 하나님을 그런 식으로 찬송하는 소리를 들었다(사 6:3). 하나님의 모든 신실한 종들에게는 하나님이 이 아랫 세상에서 아무리 멸시를 당하신다고 하여도 윗 세상에서는 이루 말할 수 없는 경배와 영광을 받으신다는 사실은 큰 위로가 된다. 여호와의 영광은 이 땅에서는 많은 멸시를 당한다고 할지라도 그의 처소인 하늘에서는 많은 찬송을 받으신다.

(2) 선지자 자신의 심령은 주저하였지만 하나님의 영의 강력한 권능에 의해서 선지자는 그의 직분을 수행하기 시작하게 되었다는 것. 다음과 같은 이유들로 보아서, 그에게 주신 은혜가 헛되지 아니하였다.

[1] 성령이 그를 강력한 권능으로 이끄셨다는 것. 하나님은 그에게 가라고 명령하셨지만, 그는 성령이 그를 들어올려 데리고 가실 때까지는 힘을 내어 움직이지 않았다. 바퀴들 속에 있던 생물의 영은 이제 선지자 속에도 있어서 처음에는 천사들의 찬송을 더 똑똑히 듣도록 그를 들어올렸고(12절), 나중에는 그가 선지자의 직분을 수행하는 괴로움을 스스로 감당하거나 그의 백성에게 심판의 말씀을 전하기 싫어서 망설일 때에 그로 하여금 선지자로서 일을 하도록 그를 들어올려 데리고 갔다(14절). 그는 또 다른 선지자가 그랬듯이 주께서 나보다 강하사 이기셨다(렘 20:7)고 고백하지 않을 수 없었을 것이다. 에스겔은 자기가 듣고 본 모든 것을 스스로 간직하기만 하고 그의 백성들에게 전하는 일은 하고 싶어하지 않았지만, 여호와의 권능이 그를 힘 있게 감동시켰고 그를 압도하였다. 그는 스스로는 하고 싶어하지 않았지만 선지자적인 충동에 이끌려서, 사도들

과 마찬가지로 그가 보고 들은 것을 말하지 아니할 수 없었다(행 4:20). 하나님은 직분을 맡기시고자 하시는 자들에게는 그 직분에 대하여 알게 하실 뿐만 아니라 그 일을 하고자 하는 마음도 주신다는 것을 명심하라.

[2] 그는 근심 어린 마음으로 따랐다는 것. 주의 영이 나를 들어올려 데리고 가시는데 내가 근심하고 분한 마음으로 갔다. 그는 아마도 예레미야가 예루살렘에서 선지자로 등장하여 어떤 힘든 일을 하였고 어떤 고통을 당하였으며 어떤 반대를 받았고 사람들의 손과 혀에 의해서 어떤 능욕을 당하였으며 어떤 학대를 받았는지, 그리고 그런 것들을 무릅쓰고 말씀을 전했어도 다 소용이 없었다는 것을 보았을 것이다. 에스겔은 속으로 '나도 예레미야처럼 표적으로 세움을 입어야 하는가' 라고 생각했을 것이다. 포로로 살아가는 삶은 괴로운 일이었다. 그런데 포로로 살아가면서 선지자로서의 사역을 한다면, 그것은 얼마나 더 괴로울 것인가? 그래서 그는 성령에 붙잡혀서 가긴 했지만, 이렇게 초조하고 심란한 마음으로 갔다. 은혜가 우리를 분명하게 지배할 때조차도 우리의 부패한 심령이 하나님의 명령을 따르기를 몹시 싫어하는 경우가 있을 수 있다는 것을 명심하라. "나는 하늘에서 보이신 것에 불순종하고자 해서가 아니라 요나처럼 선지자의 일이 하기 싫어서 그 일을 못마땅해하며 비통하고 씁쓸한 마음으로 갔다." 그가 하늘의 계시를 받았을 때에 그 계시는 그에게 달기가 꿀 같았다(3절). 만약 하나님이 그에게 그 계시를 묵상하며 일생을 살라고 하셨다면, 그는 아주 기쁜 마음을 일생을 그렇게 보낼 수 있었을 것이다. 그러나 하나님이 그에게 그 계시를 그의 백성들에게 전하라고 하시자, 그는 그가 그 계시를 전하면 사람들이 완악한 마음을 드러내며 분노할 것이고 그렇게 되면 그들에 대한 정죄가 더욱 가중되리라는 것을 미리 내다볼 수 있었기 때문에, 씁쓸한 마음으로 갔다. 신실한 사역자들에게, 사람들이 하나님의 말씀을 듣지 않고 고집을 부리며 삶을 고치기를 싫어하는 것을 보는 것은 큰 근심이 되어서 그들로 하여금 그들의 일을 무거운 마음으로 할 수밖에 없게 만든다는 것을 명심하라. 그는 그가 낙심할 일들을 겪게 될 것을 뻔히 내다보았기 때문에 분한 마음으로 갔다. 그러나 여호와의 권능이 힘 있게 그를 감동시켜서, 그로 하여금 선지자의 일을 하지 않을 수 없게 하였을 뿐만 아니라, 그가 어떤 어려운 일들을 만나도 능히 극복하고 그의 일을 수행할 수 있도록 그에게 힘을 주었다. 그는 여호와의 권능이 임한 것을 깨닫자 그의 일을 받아들여서 수행할 마음을 품게 되었다. 이에 그가

그 사로잡힌 백성 곧 그발 강 가에 거주하는 자들에게 나아갔다(15절). 그는 그의 백성들이 많이 모여 사는 곳으로 가서, 그들이 거주하며 일하거나 책을 읽거나 말하는 곳에 앉아서, 그들이 어떤 말을 하는지를 듣고 그들이 어떤 일을 하는지를 보며 칠 일을 지냈다. 그는 칠 일 동안 내내 여호와의 말씀이 그에게 임하기를 기다렸다. 사람들에게 그들의 심령에 관하여 유익하고 적절한 말씀을 전하고자 하는 자들은 그 사람들과 그들의 처지를 잘 알아야 하기 때문에, 에스겔이 여기에서 그랬듯이 그 사람들이 거주하는 곳에 앉아서 그 사람들과 함께 하며, 하나님의 일들에 대하여 그 사람들에게 친근하게 얘기해 줄 수 있어야 하고, 비록 그 사람들이 바벨론 강 가에 거주한다고 하더라도 그 사람들의 처지가 되어 보아야 한다는 것을 명심하라. 그러나 에스겔은 거기에서 그의 백성의 죄와 참상을 보고 깜짝 놀라 두려워 떨며 근심에 사로잡혔고, 그가 보았던 영광스러운 환상에 압도되어 있었다. 그는 그의 백성 가운데서 적막하게 있었다(어떤 이들은 이렇게 읽는다). 하나님은 그에게 아무런 묵시도 보여주지 않으셨고, 사람들은 그를 전혀 찾지 않았다. 이렇게 해서 그는 자신의 슬픔을 혼자 삭일 시간을 가지고서 평정을 되찾았고, 그런 후에 여호와의 말씀이 그에게 임하였다. 하나님은 어떤 사람을 높이고 형통하게 하고자 하실 때에는 먼저 그를 한동안 낮추시고 곤경에 처하게 하신다는 것을 명심하라.

[16]칠 일 후에 여호와의 말씀이 내게 임하여 이르시되 [17]인자야 내가 너를 이스라엘 족속의 파수꾼으로 세웠으니 너는 내 입의 말을 듣고 나를 대신하여 그들을 깨우치라 [18]가령 내가 악인에게 말하기를 너는 꼭 죽으리라 할 때에 네가 깨우치지 아니하거나 말로 악인에게 일러서 그의 악한 길을 떠나 생명을 구원하게 하지 아니하면 그 악인은 그의 죄악 중에서 죽으려니와 내가 그의 피 값을 네 손에서 찾을 것이고 [19]네가 악인을 깨우치되 그가 그의 악한 마음과 악한 행위에서 돌이키지 아니하면 그는 그의 죄악 중에서 죽으려니와 너는 네 생명을 보존하리라 [20]또 의인이 그의 공의에서 돌이켜 악을 행할 때에는 이미 행한 그의 공의는 기억할 바 아니라 내가 그 앞에 거치는 것을 두면 그가 죽을지니 이는 네가 그를 깨우치지 않음이니라 그는 그의 죄 중에서 죽으려니와 그의 피 값은 내가 네 손에서 찾으리라 [21]그러나 네가 그 의인을 깨우쳐 범죄하지 아니하게 함으로 그가 범죄하지 아니하면 정녕 살리니 이는 깨우침을 받음이며 너도 네 영혼을 보존하리라

하나님은 칠 일 후에, 즉 선지자가 환상을 본 후 칠 일째 되던 날에 여기에 나오는 추가적인 지시들을 주셨다. 앞에서 보았던 환상이나 여기에 나오는 지시들은 둘 다 안식일에 주어졌을 가능성이 높다. 이스라엘 족속은 포로로 생활하는 가운데서도 그들의 상황이 허락하는 한 안식일을 지켰다. 과거에 애굽의 감독관들과는 달리 바벨론의 정복자들과 압제자들은 유대인들을 끊임없이 강제노역에 동원하지는 않은 것 같다. 따라서 유대인들은 그들 자신을 이방인들과 구별하기 위한 증표로 안식일을 지켰을 것이다. 그러나 안식일에 예배를 드리기 위한 성전이나 회당은 그들에게 없었기 때문에, 그들은 단지 강 가에 나가 거기 앉아서 기도 모임을 가졌을 것이다(행 16:13). 그들은 안식일에 강 가에서 모임을 가졌다. 거기에서 그들의 원수들은 그들이 부르는 시온의 노래를 조롱하였고(시 137:1, 3), 거기에서 에스겔은 그들을 만났으며, 그 때에 거기에서 여호와의 말씀이 그에게 임하였다. 그는 한 주간 내내 하나님의 일들을 묵상해 왔기 때문에 하나님이 그에게 말씀하시는 것을 들을 수 있는 좋은 상태에 있었고, 안식일에 그 말씀을 하나님의 이름으로 전할 수 있는 좋은 여건에 있었다. 이 안식일에 에스겔은 앞의 안식일에서처럼 하나님의 영광에 관한 환상들을 보지는 못했지만, 그의 본분이 무엇인지에 대하여 아주 흔한 비유를 통해서 분명하게 하나님으로부터 말씀을 듣는다. 그의 본분은 백성들에게 하나님의 말씀을 전하는 것이었다. 성령에 사로잡혀서 큰 기쁨을 맛보는 일들은 특별한 경우에 하나님의 자녀들에게 일어나기는 하지만 그들의 매일의 양식은 아니다. 하지만 우리는 언제나 뚜렷하게 지각이 되는 것은 아니라 할지라도 하나님과 참된 사귐을 가져야 한다는 것을 명심하여야 한다(요일 1:3). 우리는 종종 천국의 신비들을 들여다볼 수는 있지만, 통상적으로 덕을 세우는 데에 필요한 것은 하나님의 분명한 말씀들이다. 하나님은 여기에서 선지자에게 그의 직분이 무엇인지, 그 직분이 감당해야 할 본분이 무엇인지에 대하여 말씀해 주신다. 선지자는 하나님의 말씀을 백성들에게 전하여서, 백성들이 그가 전하는 말씀을 잘 듣고 선용할 수 있도록 하여야 한다. 어떤 백성에게 있어서 그들의 사역자들이 그들에게 무엇을 요구하는지, 그들이 그 요구에 대하여 어떻게 해야 하는지를 알고서 깊이 숙고하는 것은 선한 일이다. 좀 더 살펴보자.

**I. 선지자가 부르심을 받은 직분은 무엇인가.** 인자야 내가 너를 이스라엘 족속의 파수꾼으로 세웠으니(17절). 그는 환상을 보았을 때에 두려워서 깜짝 놀랐

다. 그는 그 환상을 어떻게 해석해야 할지를 몰랐기 때문이다. 그래서 하나님은 이 분명한 비유를 사용하셔서, 그로 하여금 그의 일을 더 잘 이해하고 받아들이도록 이끄시고자 하셨다. 그는 포로들 가운데 앉아서 거의 아무런 말도 하지 않고 있었지만, 하나님은 그에게 오셔서 그가 별로 듣고 싶어하지 않는 말씀을 주신다. 그는 파수꾼이기 때문에 그들에게 뭔가를 말해 주어야 한다. 그는 성읍을 지키는 파수꾼으로 임명되었기 때문에 불이나 강도, 질서를 어지럽히는 자들로부터 성읍을 보호하여야 하고, 양 떼를 지키는 파수꾼으로 임명되었기 때문에 도둑이나 들짐승으로부터 양들을 보호하여야 하며, 특히 적군의 공격을 받고 있거나 포위된 나라를 지키는 파수꾼으로 임명되었기 때문에 적군의 동태를 잘 살피다가 적군이 공격을 해 오거나 어떤 위험의 기미가 보이면 즉시 경보를 울려야 한다. 이것은 이스라엘 족속이 전시 상태에 있고, 그들을 끊임없이 호시탐탐 노리고 있는 적군들에게 노출되어 있다는 것을 전제하는 것이다. 그 족속의 각 사람이 위험에 처해 있기 때문에, 그는 그들의 각 사람을 지키고 보호하여야 한다. 사역자들은 교회의 성벽 위에 세움을 입은 파수꾼들(사 62:6), 성 안을 순찰하는 자들(아 3:3)이라는 것을 명심하라. 파수꾼이라는 것은 힘들고 고된 직분이다. 파수꾼은 다른 사람들이 모두 잠들어 있을 때에도 언제나 깨어 있어야 하고, 바깥 날씨가 아무리 추워도 늘 밖에 있어야 한다. 파수꾼은 비가 오나 눈이 오나 늘 망대에 서 있어야 한다(사 21:8; 창 31:40). 파수꾼이라는 것은 위험한 직분이다. 파수꾼은 종종 적군으로부터 죽임을 당할 위험에 처해 있다. 적군은 보초를 죽여야 자신의 목적을 이룰 수 있기 때문이다. 그렇지만 파수꾼은 자기 자리를 떠나면 지휘관에 의해서 죽임을 당하기 때문에 자기 자리를 떠나지도 못한다. 교회의 파수꾼도 바로 그러한 딜레마에 처해 있다. 파수꾼이 하나님께 신실하면 사람들로부터 욕을 먹을 것이고, 사람들에게 좋게 하면 하나님으로부터 저주를 받게 될 것이다. 그러나 파수꾼이라는 것은 꼭 필요한 직분이다. 이스라엘 족속은 파수꾼 없이는 안전할 수 없다. 아니, 여호와께서 이스라엘을 지키지 아니하시면 파수꾼의 깨어 있음이 헛되다(시 127:1-2).

**II. 이 직분의 본분은 무엇인가.** 파수꾼이 하는 일은 어떤 낌새를 알아차리고서 그 낌새를 사람들에게 알리는 일이다.

1. 선지자는 파수꾼으로서 하나님이 이 백성에 대하여, 즉 예레미야를 비롯

한 여러 선지자들이 예언을 통해서 아주 많이 언급하였던 이 백성 전체에 대해서만이 아니라 이 백성에 속한 각각의 부류의 사람들에 대해서 무슨 말씀을 하신지를 잘 알아차려야 한다. 그는 본래의 파수꾼들처럼 주위를 유심히 살펴보다가 위험을 감지해내는 것이 아니라, 하나님을 바라보기만 하면 되고, 다른 곳은 바라볼 필요가 없다. 너는 내 입의 말을 들으라(17절). 말씀을 전하고자 하는 자들은 먼저 들어야 한다는 것을 명심하라. 스스로 먼저 배우지 않은 자들이 어떻게 다른 사람들을 가르칠 수 있겠는가?

2. 선지자는 자기가 들은 것을 알려야 한다. 파수꾼은 눈을 가져야 하듯이 혀도 가져야 한다. 파수꾼이 말 못하는 벙어리라면, 그것은 그가 보지 못하는 맹인인 것만큼이나 나쁜 일이다(사 56:10). 너는 내게서 경고의 말씀을 듣고서 나를 대신하여 그들을 깨우치고, 성산에서 경보를 울려야 한다. 그는 그 자신에게서 나온 것을 그 자신의 이름으로 전하는 것이 아니라, 하나님에게서 나온 것을 하나님의 이름으로 전하여야 한다. 사역자들은 사람들에 대하여 하나님의 입 역할을 하는 자들이다. 성경은 우리의 교훈을 위하여 기록되었다. 주의 종은 성경의 말씀으로 경고를 받는다(시 19:11). 그러나 산 자들의 음성을 통해서 전달되는 것이 보통 가장 깊은 감화를 만들어내기 때문에, 하나님은 우리와 같은 사람들을 통해서 우리에게 성경에 기록된 경고의 말씀들을 전하게 하시기를 기뻐하신다. 이제 에스겔 선지자는 말씀을 전함으로써 악인과 의인, 귀한 자들과 쓸데 없는 자들을 구분해 내야 하고, 각 사람에게 맞는 말씀을 주어서 경보를 울려야 한다. 그가 이렇게만 한다면, 그 일이 성공을 하든 안 하든, 그는 그 일로 인한 위로를 얻게 될 것이다. 그러나 그가 그렇게 하지 않는다면, 그는 그 책임을 져야 한다.

(1) 그가 상대해야 하는 자들 중 일부는 악한 자들이기 때문에, 그는 그들에게 악행을 계속하지 말고 악에서 돌이키라고 경고하여야 한다(18-19절). 좀 더 자세하게 살펴보자.

[1] 하늘의 하나님은 모든 악인에게 그가 계속해서 범죄하면 꼭 죽으리라고 말씀하셨다는 것. 그의 죄악은 반드시 그의 멸망을 불러오게 될 것이다. 죄악은 멸망을 불러오고, 결국 멸망으로 끝나게 되어 있다. 너는 아주 큰 사망으로 죽을 것이고, 영원토록 죽어갈 것이지만 결코 죽지도 못하게 될 것이다. 악인은 그의 죄악 중에서 죽을 것이고, 그가 저지른 죗값으로 죽을 것이며, 그 죄의 지배

아래에서 죽을 것이다.

[2] 악인이 그의 악한 마음과 악한 행위에서 돌이키면 그는 살겠고, 그가 경고를 받았던 멸망은 그에게 오지 않게 되리라는 것. 악인이 그렇게 할 수 있기 위해서는 그가 처해 있는 위험에 대하여 경고를 받아야 한다. 악인은 계속해서 죄를 범하면 죽을 것이고 회개하면 살게 될 것이다. 악인은 그의 악한 마음과 악한 행위에서 돌이켜야 한다는 것을 명심하라. 악인이 악한 행위에서 돌이켜서 외적인 행위만을 그만두는 것은 그가 그의 죄들을 떠났다기보다는 그의 죄들이 그를 떠난 효과만을 지니는 것이기 때문에 충분하지 않고, 내적으로 다시 태어나서 그의 악한 마음에서, 즉 죄를 사랑하고 죄에 이끌리는 것에서 돌이켜야 한다. 악인이 최소한 그의 악한 행위에서 돌이키지 않는다면, 그가 그의 악한 마음에서 돌이킬 가망은 거의 없다.

[3] 죄인들에게 죄의 위험성을 경고하고 회개의 유익을 확신시키며, 그들이 계속해서 범죄한다면 그들의 모습이 얼마나 비참할지와 그들이 회개하고 삶을 고치기만 한다면 그들이 얼마나 복된 자들이 될지를 그들 앞에 제시하는 것이 사역자들의 본분이라는 것. 말씀의 사역은 **생명과 사망**의 문제를 다루는 사역이라는 것을 명심하라. 왜냐하면, 말씀의 사역이 하는 일은 복과 저주를 우리 앞에 제시하는 일, 즉 우리로 하여금 저주를 피하고 복을 받게 하기 위한 일이기 때문이다.

[4] 사역자들이 악인들에게 그들의 참상과 위험성을 경고하지 않았다고 해도, 그것이 계속해서 범죄하는 자들을 위한 변명이 되지는 않으리라는 것. 파수꾼이 경고하여 그들을 깨우치지 않았다고 하더라도, 그들은 하나님의 섭리와 그들 자신의 양심에 의해서 충분히 경고를 받았기 때문에, 그들의 죄 중에서 죽게 될 것이다. 만약 그들이 그 경고를 받아들였다면, 그들은 목숨을 구할 수 있었을 것이다.

[5] 사역자들이 그들에게 맡겨진 본분에 충실하지 않아서 죄인들에게 죄의 치명적인 결과들을 경고하지 않고 죄인들이 아무런 책망도 받지 않은 채로 계속해서 범죄하게 내버려 두었다면, 하나님은 그들이 본분을 태만히 해서 죽게 된 자들의 피 값을 그들의 손에서 찾으시리라는 것. 모든 것을 결산하는 날에 하나님은 그들의 불성실 때문에 이러저러한 영혼들이 죄 가운데서 죽었다고 말씀하시며 그들에게 그 책임을 물으실 것이다. 만약 사역자들이 그들에게 경고

를 해주었더라면 그들이 장차 올 진노를 피할 수 있었을지 누가 알겠는가? 영원히 살지 못할 육신을 죽이는 일에 일조를 해도 흉악무도한 범죄가 되는데, 하물며 영원히 살 영혼을 멸망시키는 일에 일조를 했다면, 그 죄는 어떠하겠는가?

[6] 사역자들이 죄인들에게 경고를 하는 그들의 본분을 다하였다면, 죄인들이 그 경고를 받아들이지 않는다고 하여도, 사역자들은 그들의 피에서 깨끗할 것이고, 비록 죄인들의 영혼을 건질 수는 없었다고 하더라도 그들 자신의 영혼은 보존하게 되리라는 것. 자신의 본분을 신실하게 행한 자들은 비록 그 일이 성공하지 못해도 그들의 상을 받게 될 것이다.

(2) 그가 상대해야 하는 자들 중 일부는 의로운 자들이기 때문에, 그는 그들에게 배교하지 말고 그들의 의에서 돌이키지 말라고 경고하여야 한다(20-21절). 좀 더 자세하게 살펴보자.

[1] 세상에서 가장 선한 자들이라도 배교를 하지 말도록 경고를 받아야 할 필요가 있고, 그들이 배교할 위험은 언제든지 있다는 것과 배교를 하면 어떤 위험에 처하게 되는지를 들을 필요가 있다는 것. 하나님의 종들은 하나님의 일을 소홀히 하거나 하나님을 섬기는 것을 그만두지 않도록 경고를 받아야 한다(시 19:11). 우리를 신앙에서 떨어져 나가지 않도록 계속해서 붙잡아 둘 수 있는 한 가지 좋은 방법은 신앙에서 떨어져 나갔을 때에 그 결과가 어떠할지에 대한 거룩한 두려움을 계속해서 간직하는 것이다. 그러므로 우리는 두려워할지니(히 4:1), 믿음으로 선 자들조차도 높은 마음을 품지 말고 도리어 두려워하고 경고를 받아야 한다(롬 11:20).

[2] 사람이 의에서 돌이켜 악을 행할 수 있는데, 그 의는 겉보기로만 의라는 것. 사람들이 의에서 돌이킨다면, 그것은 그 의가 진정한 의가 아니었고 겉보기만 그럴 듯한 의였다는 것을 보여주는 것이다. 왜냐하면, 그들이 만일 우리에게 속하였더라면 우리와 함께 거하였을 것이기 때문이다(요일 2:19). 성령으로 시작하였다가 육체로 마치는 자들, 얼굴을 들어 하늘을 바라보다가 뒤돌아보는 자들이 많다. 첫 사랑이 있었지만 그 첫 사랑을 잃어버리고 거룩한 명령을 저버린 자들이 많다.

[3] 사람들은 의에서 돌이키면 곧 악을 행하는 법을 배우게 된다는 것. 하나님에 대한 본분들을 점점 소홀히 하고 부주의하게 되면, 사람들은 시험하는 자

의 손쉬운 먹잇감이 되어 버린다. 의를 행하지 않으면 악을 행하게 되는 법이다.

[4] 사람들이 그들의 의에서 돌이켜 악을 행할 때에, 하나님이 그들 앞에 거치는 것들을 두어서, 그들의 멸망의 때가 무르익을 때까지 그들이 점점 더 악해져가게 하시는 것은 의로운 일이라는 것. 바로(파라오)가 그의 마음을 완악하게 가지자, 하나님은 그 바로의 마음을 더욱 완악하게 하셨다. 죄인들이 하나님께 등을 돌리고 그를 섬기는 것을 그만두며 그의 예배를 비난하면, 하나님은 악을 억제하시는 그의 은혜를 거두셔서 그들을 그들 자신의 마음의 정욕에 내어주실 뿐만 아니라, 그의 섭리를 통해서 그들을 죄 지을 환경 속으로 몰아넣으셔서 그들의 멸망을 재촉하시는 의로운 심판을 행하신다. 죄인들에게는 그리스도가 부딪치는 돌과 걸려 넘어지게 하는 바위이다(벧전 2:8).

[5] 사람들이 도중에 그만둔 의는 결코 그들의 영광이나 위로로 기억되지 못하리라는 것. 그런 의는 이 세상에서나 내세에서 그들에게 그 어떤 도움도 되지 못할 것이다. 배교자들은 그들이 이루어 놓은 모든 것을 다 잃는다. 그들이 지금까지 행한 섬김들과 고난들은 모두 다 헛것이 되어 버려서 아무것도 기억되지 않을 것이다. 우리가 끝까지 행한 것만이 우리가 행한 것으로 인정을 받으리라는 것이 율법의 원칙이다(갈 3:3-4).

[6] 사역자들이 선한 자들의 약점, 그들이 걸려 넘어지기 쉽다는 것, 그들이 처해 있는 특정한 시험들, 배교의 치명적인 결과들에 대하여 제대로 경고를 해주지 않았다면, 하나님은 그 선한 자들이 배교하여 멸망하게 된 책임을 사역자들에게 물으시리라는 것. 배교의 경고를 받고도 그들의 의에서 돌이킨 자들도 있을 수 있지만, 악인을 얘기할 때와는 달리 여기서는 그런 경우에 대해서는 말하지 않고, 의인이 경고를 받고서 그 경고를 받아들여 범죄하지 아니하는 경우만을 말하는데(21절), 이는 지혜 있는 자에게 교훈을 더하면, 그가 더욱 지혜로워질 것이기 때문이다. 우리는 악인들에게 듣기 좋은 말만을 해주는 일이 없어야 할 뿐만 아니라, 의인들에게도 마치 그들이 하늘 이 편에서는 그 어디에서도 완벽하게 안전한 것인 양 듣기 좋은 말만을 해주어서는 안 된다.

[7] 사역자들이 경고를 해주고 사람들이 그 경고를 받아들인다면, 그것은 양쪽 모두에게 좋은 일이라는 것. 슬기로운 자의 책망과 청종하는 귀보다 더 아름다운 것은 없다(잠 25:12). 전자는 자기 할 일을 다해서 그의 영혼을 보존할 수

있게 되었고, 후자는 깨우침을 받아서 살게 되었기 때문이다. 선한 사역자가 자기 자신과 자기에게 듣는 자를 구원하는 것말고 무엇을 더 원하겠는가(딤전 4:16)?

[22]여호와께서 권능으로 거기서 내게 임하시고 또 내게 이르시되 일어나 들로 나아가라 내가 거기서 너와 말하리라 하시기로 [23]내가 일어나 들로 나아가니 여호와의 영광이 거기에 머물렀는데 내가 전에 그발 강 가에서 보던 영광과 같은지라 내가 곧 엎드리니 [24]주의 영이 내게 임하사 나를 일으켜 내 발로 세우시고 내게 말씀하여 이르시되 너는 가서 네 집에 들어가 문을 닫으라 [25]너 인자야 보라 무리가 네 위에 줄을 놓아 너를 동여매리니 네가 그들 가운데에서 나오지 못할 것이라 [26]내가 네 혀를 네 입천장에 붙게 하여 네가 말 못하는 자가 되어 그들을 꾸짖는 자가 되지 못하게 하리니 그들은 패역한 족속임이니라 [27]그러나 내가 너와 말할 때에 네 입을 열리니 너는 그들에게 이르기를 주 여호와의 말씀이 이러하시다 하라 들을 자는 들을 것이요 듣기 싫은 자는 듣지 아니하리니 그들은 반역하는 족속임이니라

하나님이 선지자에게 자기 자신에 대하여 이렇게 웅장하고 자세하게 계시하시고, 그런 후에 엄청난 사명을 주시며, 그가 보내심을 받게 될 자들을 어떻게 상대해야 하는지와 관련해서 아주 자세한 지시를 주셨기 때문에, 우리는 당연히 선지자가 이스라엘의 많은 무리에게 하나님의 말씀을 전하는 장면이 이이질 것이라고 예상하게 된다. 그러나 우리는 여기에서 정반대의 상년을 만난다. 우리가 여기에서 보게 되는 선지자의 일은 얼핏 보면 그의 소명이 굉장했던 것에 비하면 전혀 어울리지 않는 모습 같아 보인다.

**I. 우리는 여기에서 선지자가 좀 더 배우기 위해서 홀로 물러나 있는 모습을 본다.** 선지자는 백성들에게 가는 일을 주저한 것으로 보아서 그를 보내신 분이 그를 붙들어 줄 능력이 있으신지에 대하여 온전한 확신을 갖지 못했던 것으로 보인다. 그래서 선지자에게 그가 미리 예견한 어려운 일들을 넉넉히 극복할 수 있다는 확신을 갖도록 하기 위해서, 하나님은 은혜를 베푸셔서 자신의 영광에 관한 또 다른 환상을 보여주어, 그로 하여금 선지자의 일을 할 수 있는 힘을 불어넣어 주고자 하셨다. 이 일을 위해서 하나님은 그를 들로 불러내셔서(22절), 거기에서 그와 어떤 말씀을 나누신다. 이렇게 사람에 불과한 인자(人子), 보

잘것없는 포로, 아니 하나님이 그를 보내셨을 때에 분한 마음으로 갔고 아직도 선지자의 일을 하기를 내켜하지 않는 죄악된 인간과 친밀하게 얘기를 나누시는 하나님의 겸비를 보라. 우리는 이렇게 하나님과 사람, 하늘과 땅이 복된 교제와 교통을 나누게 된 것은 다 그리스도의 중보 덕분이라는 것을 고백하여야 하고, 우리가 그리스도께 영원히 빚을 지고 있다는 것을 인정하여야 한다. 여기에서 홀로 있는 것이 얼마나 유익하고 묵상하기에 얼마나 좋은지를 보라. 모든 것에서 떠나서 홀로 하나님과 함께 하는 가운데 듣기도 하고 말하기도 하며 대화하는 것은 너무나 편하고 좋은 일이다. 선한 자는 언제나 이렇게 하나님과 홀로 있을 때처럼 그의 삶을 산다고 말할 것이다. 에스겔은 사로잡힌 백성들에게 나아갈(15절) 때와는 달리 기꺼이 들로 나아갔다. 왜냐하면, 하나님과 교제하는 것이 어떤 것인지를 아는 자들은 이 세상과 접하는 그 어떤 일보다도 그 교제를 더 좋아할 수밖에 없기 때문이다. 그는 들로 나아갔고, 거기에서 그가 그발 강 가에서 보았던 것과 동일한 환상을 보았다. 하나님은 장소에 매이는 분이 아니시기 때문이다. 하나님을 좇는 자들은 어디를 가든 그의 위로를 만나게 되리라는 것을 명심하라. 하나님은 그와 말하기 위해서 그를 불러내셨지만, 단지 그에게 말만 하신 것이 아니라 자신의 영광을 보여주셨다(23절). 우리는 지금 그러한 환상들을 기대해서는 안 되지만, 우리가 주의 영으로 말미암아 주의 영광을 보고서 그와 같은 형상으로 변화된다면, 우리도 에스겔 못지않은 은총을 입은 것임을 고백하지 않으면 안 된다(고후 3:18). 하나님의 모든 성도는 다 이런 영광을 받는다. 너희는 여호와를 찬송하라.

**II. 우리는 여기에서 선지자가 당분간 말씀을 전하는 일에서 물러나 있는 모습을 본다.** 그는 여호와의 영광을 보자, 하나님의 위엄에 압도되어 그가 진노하실까봐 두려워하여 곧 엎드렸다. 그러나 주의 영이 그에게 임하여 그를 일으켜 세웠고, 그는 정신을 차리고서 그의 발로 일어나 성령이 그에게 속삭이는 아주 놀라운 말씀을 들었다. 우리가 이 시점에서 하나님이 그를 사람들이 많이 모이는 곳으로 곧장 보내셔서, 그의 형제들의 총애를 받게 하시고, 그와 그가 전하는 말씀이 그들에게 받아들여지게 하시리라는 것, 그에게 말씀을 전할 기회의 문이 활짝 열리고, 하나님이 그에게 그의 입을 담대하게 열어서 말씀을 전할 문을 열어 주시리라는 것을 기대하는 것은 당연하다. 그러나 하나님이 여기에서 그에게 말씀한 것은 이 모든 것과 정반대되는 것이었다.

1. 하나님은 그를 많은 사람들이 모이는 곳으로 보내시는 것이 아니라 그의 집에 머물러 있으라고 명령하신다. 너는 가서 네 집에 들어가 문을 닫으라(24절). 그는 많은 사람들 앞에 나서기를 꺼려하였고, 그가 그렇게 하자, 사람들은 그를 주목하지 않았고 그가 마땅히 받아야 할 존중도 그에게 보이지 않았다. 그가 사람들을 꺼린 것과 사람들이 그를 냉정하게 대한 것을 책망하는 의미로 하나님은 그에게 사람들 앞에 나서는 것을 금지시키셨다. 우리가 선택한 일이 때로는 우리에 대한 벌이 되는 경우가 있다는 것을 명심하라. 선생들이나 백성들이 점차 성회에 무관심하게 될 때, 하나님이 선생들을 후미진 곳으로 물러나게 하시는 것은 의로운 일이다. 어떤 이들은 하나님이 에스겔에게 그의 집에 들어가서 나오지 말라고 하신 것은 예루살렘이 포위되어서 백성들이 에스겔처럼 갇히게 되리라는 것(이 일은 다음 장에서 언급된다)을 보여주기 위한 표적이라고 생각한다. 그는 하나님의 마음에 관한 계시를 더 받고서 나중에 밖으로 나가 사람들에게 더 많은 것을 전할 수 있도록 풍성한 말씀으로 준비되기 위해서 그의 집에 들어가 문을 닫고 있어야 한다. 우리는 유다의 장로들이 종종 그를 찾아와서 그의 집에서 그의 앞에 앉아 있어서 그가 탈혼 상태에 들어간 것을 증언해 줄 증인들이 된 것을 발견한다(8:1). 그러나 그런 일은 그가 사로잡힌 자에게 여호와께서 그에게 보이신 모든 일을 말한 후에야 일어났다(11:25). 말씀을 전하도록 부르심을 받은 자들은 말씀을 연구하는 일에 많은 시간을 들여야 하기 때문에, 흔히 집에 박혀서 문을 걸어 잠그고 말씀을 읽고 묵상하는 일에 전념할 때에 사람들에게 큰 유익을 끼칠 수 있다는 것을 명심하라.

2. 하나님은 그들이 그를 존경하고 사랑하는 것이 아니라 무리가 그의 위에 줄을 놓아 그를 동여매리라고 그에게 말씀해 주신다(25절). 이것은 다음 둘 중의 하나를 의미한다.

(1) 그를 범죄자로 취급하리라는 것. 치안을 어지럽힌 자로 처벌하기 위해서 무리가 그를 동여맬 것이다. 그들은 선지자들을 박해한 죄로 바벨론에 포로로 끌려왔는데도 거기에서도 여전히 계속해서 선지자들을 박해하였다.

(2) 그를 미친 사람으로 취급하리라는 것. 무리가 그를 정신 나간 사람으로 여겨서 그를 동여매고자 할 것이다. 왜냐하면, 그들은 그가 탈혼 상태에 빠져서 격렬한 동작들을 하는 것을 미친 것으로 간주하였기 때문이다. 예후의 신복들은 그에게 그 미친 자가 무슨 까닭으로 그대에게 왔더냐고 물었고(왕하 9:11), 베

스도 총독은 바울에게 네가 미쳤도다라고 소리쳤으며(행 26:24), 유대인들은 우리 주 예수에 대하여 그가 미쳤다고 말하였다(막 3:21). 아마도 이것은 에스겔이 자기 집에 들어가서 문을 닫고 나오지 않은 이유였을 수 있다. 즉, 사람들은 그를 미친 것으로 여겨서 그를 묶어 두고자 했기 때문에, 그는 그들 가운데로 나올 수 없었다. 하나님이 선지자들에게 그들을 학대하고자 하는 자들에게 나아가지 말라고 명령하시는 것은 의로운 일이다.

3. 하나님은 그의 입이 하나님을 찬송할 수 있도록 그의 입술을 열어 주신 것이 아니라, 그에게 침묵하라고 하시며 그의 혀를 입천장에 붙게 하셔서 상당 기간 동안 말 못하는 자가 되게 하신다(26절). 바벨론에 있던 경건한 포로들은 이것을 그들 자신에 대한 저주의 말로 사용하여서, 만약 그들이 에루살렘을 기억하지 아니할진대 그들의 혀가 입천장에 붙을지로다라고 하였다(시 137:6). 에스겔은 다른 그 누구보다도 더 자주 예루살렘을 기억하였지만, 그의 혀는 입천장에 붙어 버려서, 누구보다도 선한 말을 할 수 있었던 그는 아예 말하는 것 자체를 할 수 없게 되었다. 하나님이 이렇게 하신 이유는 그가 보내심을 받은 그들은 패역한 족속이어서 그들을 꾸짖는 자를 그들에게 주실 가치가 없었기 때문이었다. 그들은 다 버려진 자들이어서 하나님의 교훈을 내팽개쳐 버렸기 때문에, 하나님은 그들에게 더 이상 교훈이나 권면을 주고자 하지 않으신다. 하나님은 앞서 에스겔에게 그들이 심히 패역한 자들일지라도 그들에게 담대히 말씀을 전하라고 명령하셨다(2:7). 그러나 그렇게 해보아야 아무 소용이 없다는 것이 입증되자, 하나님은 이제 바로 그런 이유로 에스겔에게 침묵을 명령하시고, 그들에게 아예 말씀을 전하지 말라고 명령하신다. 죄를 깨우쳐 주는데도 마음을 완악하게 하여 받아들이지 않는 자들에게서 죄를 깨우쳐 주는 자들을 빼앗아 버리는 것은 의로운 일임을 명심하라. 아무리 책망을 해도 사람들이 그 책망에 귀를 막아버리고 듣고자 하지 않는데, 책망하는 자들이 입을 다물지 않을 이유가 어디에 있겠는가? 에브라임이 우상과 연합하였으니 버려 두라(호 4:17). 네가 말 못하는 자가 되어 그들을 꾸짖는 자가 되지 못하게 하리라(26절). 이것은 그가 입을 다물지 않는다면 그들을 꾸짖는 자가 되리라는 것을 의미한다. 그가 입을 열어 말할 수 있다면, 그는 악인들의 악을 쳐서 증언할 것이다. 하나님이 그와 말하고 그를 통해서 말씀하고자 하실 때, 그는 그의 입을 열게 될 것이다(27절). 하나님의 선지자들은 잠시 침묵하라는 명령을 받을 수 있지만, 하나님이 다시

그들의 입을 열어 주실 때가 온다는 것을 명심하라. 하나님은 그의 사역자들에게 말씀하실 때에 그가 말씀하시는 것을 들을 수 있는 귀를 열어 주실 뿐만 아니라 대답을 할 수 있도록 그들의 입도 열어 주신다. 모세는 백성들에게 내려올 때에는 얼굴에 수건을 썼다가도 다시 하나님께로 올라갈 때에는 그 수건을 벗었다(출 34:34).

4. 하나님은 에스겔이 언제라도 백성들에게 말씀을 전하면 백성들이 말씀을 잘 받아들일 것이라는 확신을 주시는 것이 아니라, 여기에서 그 문제를 아주 모호하게 남겨두시면서, 에스겔에게 그 일에 대해서는 걱정하거나 당혹해 하지 말고, 일이 되어가는 대로 그대로 두라고 하신다. 들을 자는 들을 것이요, 그는 그 말씀을 듣고 위로를 받게 될 것이다. 말씀을 듣는 자는 그 영혼이 살게 될 것이다. 그러나 듣기 싫은 자는 듣지 아니하리니, 그는 그 결과에 대하여 책임을 지게 될 것이다. 네가 만일 거만하면 너 홀로 해를 당하리라(잠 9:12). 그 일 때문에 하나님이나 선지자가 손해 나는 일은 없을 것이다. 도리어 선지자는 죄인들을 책망하는 일에 신실하였기 때문에 상을 받게 될 것이고, 하나님은 책망을 받아들이지 않은 죄인들을 정죄하신 그의 공의로 인하여 영광을 받으시게 될 것이다.

# 제
## — 4 —
## 장

## 개요

에스겔은 이제 바벨론에 잡혀온 포로들 가운데에 있었다. 그 포로들은 몸은 바벨론에 있었지만 마음은 여전히 예루살렘에 있었다. 경건한 포로들은 믿음의 눈으로 예루살렘을 바라보았고(단 6:10), 교만한 자들은 자부심 어린 눈으로 예루살렘을 바라보고서 그들이 곧 다시 그 곳으로 돌아가게 될 것이라는 망상으로 스스로를 위로하였다. 예루살렘에 아직 남아 있던 자들은 포로들과 연락을 유지하고 있었고, 예루살렘이 건재하는 한 모든 것이 결국에는 잘 될 것이라는 소망으로 힘을 얻고서, 일찌감치 항복해 버린 자들의 어리석음을 꾸짖었을 것이다. 이러한 망상을 제거하기 위해서, 이 장에서 하나님은 선지자에게 예루살렘이 갈대아 군대에 의해 포위된 모습과 포위가 된 상황에서 도성 내에서 있게 될 여러 가지 재난들을 아주 생생하게 보여주신다. 환상을 통해서 두 가지가 선지자에게 보여진다. I. 예루살렘을 둘러싸고 세워질 포위용 설비들. 이것은 선지자가 토판에 예루살렘을 그리고서 그것을 에워싸는 것을 통해서 상징적으로 표현된다(1-3절). 그는 먼저 한 면을 에워싸고, 다음으로 그 앞에 있는 다른 면을 에워싼다(4-8절). II. 예루살렘 성내에서 기승을 부리게 될 기근. 이것은 선지자가 예루살렘이 포위될 날수만큼 아주 거친 양식을 조금씩 먹는 것을 통해서 상징적으로 표현된다(9-17절).

¹너 인자야 토판을 가져다가 그것을 네 앞에 놓고 한 성읍 곧 예루살렘을 그 위에 그리고 ²그 성읍을 에워싸되 그것을 향하여 사다리를 세우고 그것을 향하여 흙으로 언덕을 쌓고 그것을 향하여 진을 치고 그것을 향하여 공성퇴를 둘러 세우고 ³또 철판을 가져다가 너와 성읍 사이에 두어 철벽을 삼고 성을 포위하는 것처럼 에워싸라 이것이 이스라엘 족속에게 징조가 되리라 ⁴너는 또 왼쪽으로 누워 이스라엘 족속의 죄악을 짊어지되 네가 눕는 날수대로 그 죄악을 담당할지니라 ⁵내가 그들의 범죄한 햇수대로 네게 날수를 정하였나니 곧 삼백구십 일이니라 너는 이렇게 이스라엘 족속의 죄악을 담당하고 ⁶그 수가 차거든 너는 오른쪽으로 누워 유다 족속의 죄악을 담당하라 내가 네게 사십 일로 정하였나니 하루가 일 년이니라 ⁷너는 또 네

얼굴을 에워싸인 예루살렘 쪽으로 향하고 팔을 걷어 올리고 예언하라 <sup>8</sup>내가 줄로 너를 동이리니 네가 에워싸는 날이 끝나기까지 몸을 이리 저리 돌리지 못하리라

선지자는 여기에서 사람들의 생각에 강력한 영향을 미칠 표징들을 통해서 예루살렘이 포위될 것을 나타내 보이라는 지시를 받는다. 이것은 예언에 해당하는 것이었다.

**Ⅰ. 그는 토판 위에 예루살렘 성을 새기라는 지시를 받았다**(1절). 예루살렘이 온전하였을 때에 하나님이 그 성을 그의 손바닥에 새긴 것은 그 성의 영광이었다(사 49:16). 그리고 지파들의 이름은 대제사장의 흉패에 있는 보석들에 새겨져 있었다. 그러나 신실하던 성읍이 창기가 된 지금에 와서는 보잘것없고 부서지기 쉬운 토판에 그 성읍을 그리는 것이 합당하다고 생각되고 있다. 눈은 마음에 영향을 미치기 때문에, 선지자는 그 토판을 자기 앞에 놓아야 했다.

**Ⅱ. 그는 예루살렘을 그린 그림을 향하여 작은 보루들을 쌓으라는 지시를 받았다.** 이 보루들은 성을 포위하는 자들이 쌓는 보루들을 상징하는 것이었다(2절). 또한, 그는 포위당한 도성과 포위한 그 사이에 철벽을 상징하는 철판을 세우라는 지시를 받았다(3절). 이것은 포위한 측이나 포위당한 측이나 양쪽 모두가 결연한 의지로 이 싸움에 임하고 있다는 것을 나타내는 것이었다. 갈대아 군대는 어떤 대가를 치르더라도 이 도성을 반드시 장악하겠다고 단단히 결심하였기 때문에 도성을 정복할 때까지는 공격을 결코 멈추지 않을 태세였다. 유다인들도 걸코 항복하지 않겠다고 결심하고서 마지막 순간까시 버틸 작성이었다.

**Ⅲ. 그는 그 그림 앞에서 마치 그것을 에워싸는 듯이 모로 누우라는 지시를 받았다.** 이것은 갈대아 군대가 도성 앞에 진을 치고서 그 출입을 봉쇄하여 양식이 성으로 들어가거나 사람들이 성 밖으로 나오는 것을 막는 것을 나타내는 것이었다. 그는 390일 동안, 곧 대략 13개월 동안 왼쪽으로 누워 있어야 했다(5절). 예루살렘에 대한 포위는 18개월 동안 지속된 것으로 계산된다(렘 52:4-6). 그러나 바로의 애굽 군대가 출정했다는 소식을 듣고서 갈대아 군대가 포위를 풀고 5개월 동안 물러나 있었다는 것을 감안하면(렘 37:5-8), 실제로 포위 기간은 390일이 된다. 그러나 이 날수는 또 다른 의미를 지니고 있었는데, 선지자들 특유의 상징적 표현에 의하면, 390일은 390년을 의미하였다. 선지자가 390

일을 왼쪽으로 누워 있은 것은 열 지파로 이루어진 **이스라엘** 족속이 여로보암 아래에서 최초로 배교한 때부터 그들 중의 소수의 남은 자들이 유다와 합류하였다가 예루살렘이 멸망함으로써 결국 함께 멸망당한 때까지 390년 동안 저질렀던 죄악을 담당하는 것이었다. 그런 후에, 그는 두 지파로 이루어진 유다 족속의 죄악을 담당하기 위해서 40일 동안을 오른쪽으로 누워 있어야 했다. 왜냐하면, 이 백성의 죄악의 분량을 마지막으로 채운 죄들은 그들이 포로로 잡혀가기 전 40년 동안, 즉 예레미야가 예언을 시작하였던 요시야 제13년부터, 또는 어떤 이들의 계산에 의하면 율법책이 발견되고 백성들이 하나님과의 언약을 갱신하였던 요시야 제18년부터 40년 동안 저지른 죄들이었기 때문이다(렘 1:1-2). 그런 선지자와 그런 왕 아래에서 하나님과의 언약을 갱신해 놓고도 불경한 일들과 우상 숭배를 지속한 그들이 돌이킬 수 없는 파멸 외에 다른 그 무엇을 기대할 수 있었겠는가? 얼마든지 그들의 나라를 개혁할 수 있는 기회와 이점들을 지니고 있었던 유다는 이스라엘보다도 더 짧은 기간에 그들의 죄악의 분량을 다 채웠다. 선지자는 밤낮으로 온 종일 모로 누워 있었던 것이 아니라, 매일매일 일정한 시간에 방문객들을 받아서 그들이 집으로 왔을 때에 예루살렘이 그려진 토판 앞에서 **삼백구십 일** 동안은 왼쪽으로, **사십 일** 동안은 오른쪽으로 누워 있었을 것이다. 이 모습을 본 사람들은 누구나 쉽게 그것이 예루살렘이 철저하게 포위되리라는 것을 의미한다는 것을 이해할 수 있었을 것이고, 어떤 사람들은 호기심에서, 어떤 사람들은 양심상 매일 정해진 시간에 몰려와서 이 모습을 보고 그것에 대하여 서로 다른 논평들을 했을 것이다. 선지자는 마치 줄로 그를 동인 것처럼(실제로 하나님의 명령에 의해서 그는 줄로 동여매졌다) 항상 똑같은 쪽으로 누워 있었고, 에워싸는 날이 끝나기까지 몸을 이리 저리 돌리지 못하였는데, 이것은 갈대아 군대가 그들의 목적을 달성할 때까지 정해진 날수 동안 도성을 철저하게 봉쇄하리라는 것을 분명하게 나타내 주는 것이었다.

**IV. 그는 힘차게 그 포위를 수행하라는 지시를 받았다**(7절). 너는 네 얼굴을 에워싸인 예루살렘 쪽으로 향하고 도성을 뚫어져라 쳐다보며 포위를 행하라. 갈대아 군대는 그렇게 철저하게 도성을 포위할 것이기 때문에, 뇌물이나 무력이나 그 어떤 것으로도 그들의 포위를 풀지 못할 것이다. 느부갓네살은 시드기야가 속임수를 써서 그와의 동맹을 깨뜨린 것에 대하여 분노해서, 저 신의 없는 왕과 백성의 오만무례함을 벌하기 위해서 예루살렘에 대한 포위 공격을 아주 맹렬하게 밀어붙였고, 그의 군대는 저 으리으리한 도성에서 풍부한 전리품을 얻을 기대로 부풀어 있었다. 따라서 왕이나 군대나 둘 모두 도성을 함락시키고자 하는 의지가 대단하였다. 또한, 그들은 도성을 포위하여 공격하는 모든 일들에서 최선을 다해서 적극적이고 끈질긴 모습을 보였다. 선지자는 그들의 그런 모습을 그의 팔을 걷어 올린 모습, 또는 그의 팔을 **내뻗는** 모습으로 표현하였는데, 이것은 그들이 도성을 무자비하게 공격할 것을 나타내는 것이었다. 하나님이 어떤 큰 일을 행하고자 하신다는 것을 표현할 때에 성경에서는 여호와께서 그의 팔을 나타내셨다, 즉 하나님이 그의 팔을 걷어붙이셨다는 표현을 사용한다(사 52:10). 요컨대, 갈대아 군대는 수단과 방법을 가리지 않고 그들이 정한 목적을 이루기 위해 온갖 짓을 다하리라는 것이다.

1. 이것은 이스라엘 족속에게 징조가 되도록 하기 위한 것이다(3절). 즉, 이것은 선지자가 행한 일에 대한 목격자들인 바벨론의 포로들과 그 소식을 전해 듣게 될 고국에 남아 있던 자들에게 징조가 될 것이다. 선지자는 혀가 입천장에 붙어서 말 못하는 자가 되었다(3:26). 그러나 그의 침묵은 백성들에게는 그들의 귀가 먼 것을 책망하는 목소리가 되었다. 또한, 하나님은 선지자가 말을 못한다고 해서 그를 통해서 자기를 증언하지 아니하신 것이 아니라, 세례 요한의 아버지 사가랴가 말을 못하게 되었어도 백성들에게 하나님의 마음을 알게 하는 데에 쓰임을 받았던 것과 마찬가지로 선지자로 하여금 징조들, 즉 상징 행위들을 통해서 하나님의 뜻을 전하라고 지시하셨다. 이것은 사실상 하나님이 백성들의 어리석음과 둔함을 꾸짖으신 것이기도 하였다. 왜냐하면, 이것은 그들이 온전한 지각을 지닌 사람들처럼 말로 해서는 깨닫지 못하고, 어린 아이들이나 귀가 먹은 사람들처럼 그림이나 상징들을 사용해야만 알아듣는 자들이라는 것을 의미하는 것이었기 때문이다. 또는, 이것은 하나님이 선지자에 대한 그들의 악의를 꾸짖으신 것일 수도 있다. 만약 선지자가 그의 상징 행위들이 무슨 의미인지를 말로 길게 설명하였다면, 그들은 그의 말 속에서 꼬투리를 잡아내서 그를 반역죄로 고소하였을 것이다. 그들은 어떤 사람의 말을 빌미로 삼아서 그에게 죄를 씌우는 방법을 잘 알고 있는 자들이었기 때문이다(사 29:21). 그래서 하나님은 이런 일을 피하기 위해서 선지자에게 상징 행위들을 사용하도록 지시하셨다. 또는, 선지자는 그리스도께서 비유들을 사용하신 것과 동일한 이유로, 즉 그들이 듣기는 들어도 깨닫지 못하고 보기는 보아도 알지 못하도록 하기 위하여 상

징 행위들을 사용한 것일 수도 있다(마 13:14-15). 그들은 선지자가 아주 분명하게 말해주어도 그것을 깨닫고자 하지 않았기 때문에, 하나님은 그 벌로 해석하기 난해한 상징 행위들을 통해서 그들을 가르치시고자 하신다. 하나님이 이렇게 하신 것은 의로우신 일이었다.

2. 선지자는 그런 모습으로 예루살렘을 쳐서 예언한다(7절). 선지자의 상징 행위들을 통해서 사람들은 그 의미를 깨달았을 뿐만 아니라 더욱 깊은 감명을 받게 되었다. 왜냐하면, 눈으로 보는 이미지들은 통상적으로 말보다 더 깊은 인상을 사람들의 마음에 남기기 때문이다. 이런 이유로 우리가 보고 믿으며, 눈으로 보고 하나님께 속한 일들에 감화를 받도록 하기 위하여 하나님의 일들을 나타내는 성례전이 제정되었다. 우리는 성례전을 통해서 그런 유익을 기대할 수 있고, 성례전들에 수반된 축복을 기대할 수 있다. 하지만 우리는 하나님께서 친히 분명하게 정하신 상징 행위들만을 활용하여야 하고, 그런 것들만을 적절한 것으로 여겨야 한다(선지자가 여기에서 그렇게 하고 있듯이). 여기에서 에스겔과 그를 지켜본 자들의 경우처럼, 상상력이라는 것은 이성과 믿음의 지도 아래에서 적절하게 사용되기만 한다면 경건한 감정들을 불러일으키는 데에 선하게 사용될 수 있다는 것을 명심하라. "우리가 죽고, 인류의 역사가 끝이 나서, 세상이 불에 타고, 죽은 자들이 다시 부활하며, 최후의 심판을 위한 법정이 열리는 광경을 상상하는 것은 우리에게 아주 선한 감화를 끼칠 수 있다. 왜냐하면, 상상이라는 것은 불과 같아서 잘 부리면 선한 것이 되지만 받들어 섬기면 악한 것이 되기 때문이다."

3. 이 모든 상징 행위들 속에는 선지자가 이성을 내세워서 주저하거나 이의를 제기할 수 있는 요소들이 있었지만, 선지자는 하나님의 명령에 순종하고 그의 직분에 충실하여 명령대로 행하였다.

(1) 이러한 상징 행위들은 유치하고 우스꽝스러우며 선지자로서의 그의 위엄에 걸맞지 않는 것으로 보였고, 이 행위들 때문에 그를 조롱하는 자들도 있었을 것이다. 그러나 그는 겉보기에 유치한 일이라도 그 일은 하나님이 명령하신 일이기 때문에 하나님이 그 일을 행하는 그의 품위를 지켜주기에 충분한 존귀함을 그 일에 더하실 것을 알았다.

(2) 선지자가 행한 이 일들은 힘들고 지루한 일들이었다. 그러나 우리는 편안함이나 우리의 평판 같은 것은 우리의 본분을 다하기 위해서라면 희생하여

야 하고, 하나님을 섬기는 일을 힘들고 고된 일이라고 해서는 결코 안 된다.

(3) 이러한 일은 하나님의 도성, 거룩한 도성인 예루살렘을 대적하는 것처럼 보이는 일이었고, 그가 아끼고 사랑하는 곳에 대적하는 원수처럼 행동하는 일로 보였기 때문에, 그의 감정에 정말 맞지 않는 일일 수밖에 없었다. 그러나 그는 선지자이기 때문에 그의 감정이 아니라 하나님의 지시를 따라야 했고, 비록 그가 예루살렘의 번영을 누구보다도 간절하게 원하고 기도한다고 할지라도 그 죄악된 곳의 멸망을 분명하게 전하지 않으면 안 되었다.

4. 선지자가 이 모든 것을 통해서 예루살렘의 멸망을 그의 백성 앞에 분명하게 제시한 것은 한때 번영하였던 도성을 멸망으로 이끈 그들의 죄를 보여줌으로써 그들로 하여금 회개하게 하기 위한 것이었다. 그들로 하여금 죄를 미워하게 하고 죄에서 돌이키게 하는 데에는 이것보다 더 효과적인 방법은 없었다. 선지자는 이렇게 엄청난 고통과 수고를 마다하지 않고 예루살렘에 임할 재앙을 생생하게 전달함으로써 이스라엘과 유다의 죄악을 담당하고 있었다. 선지자는 이렇게 말하고 있는 것이다. "내 모습을 보고서, 죄가 어떤 결과를 가져오는지, 하나님을 버리는 것이 얼마나 큰 악이요 고통인 줄을 알라. 이것이 너희의 죄와 너희 조상들의 죄의 결과이다. 그러므로 지금 너희가 포로 생활을 하면서 너희의 죄를 날마다 슬퍼하고 부끄러워하여서 하나님과 화해하고, 하나님이 긍휼을 베푸셔서 너희에게 돌아오실 수 있게 하라." 그러나 일 년의 죄에 대하여 하루의 형벌이 정해진 것을 주목하라. 내게 네게 정하였나니 하루가 일 년이라(6절). 예루살렘은 390일 동안 포위된 가운데 재앙을 당하였는데, 하나님은 이것을 그들이 390년 동안 저지른 죄악에 대한 벌로 여기셨다. 그러므로 하나님이 그들의 죄악보다 형벌을 가볍게 하셨다고 그들이 고백하는 것은 당연한 일이었다(스 9:13). 그러나 회개하지 않은 죄인들은 지금은 하나님이 그들에 대하여 오래 참고 계시지만 내세에서 영원한 형벌이 그들을 기다리고 있다는 것을 알아야 한다. 하나님이 선지자를 줄로 동여매신 것은 그들이 그들의 죄악의 멍에로 묶여 있다는 것을 보여주시기 위한 것이었다(애 1:14). 그들은 그 죄악에 묶여서 지금 환난의 줄에 얽혀 있었다. 그러나 우리는 하나님이 그의 모든 사역자들에게 그렇게 하시듯이(내가 복음을 전할지라도 자랑할 것이 없음은 내가 부득불할 일이라 만일 복음을 전하지 아니하면 내게 화가 있을 것이로다, 고전 9:16) 선지자를 줄로 동여매어서 그 일을 하지 않을 수 없도록 하신 것을 생각할 때에 선

지자의 처지를 연민의 눈길로 바라보는 것이 당연하다. 그렇지만 사람들은 실제로 에스겔 선지자를 줄로 묶었다(3:25). 그러나 하나님의 줄에 묶이든 사람들의 줄에 묶이든 그것이 사람들 가운데서 하나님의 나라가 확장되는 일에 도움이 되는 일이라면, 그것만으로 이 일은 충분히 만족스러운 것이다.

⁹너는 밀과 보리와 콩과 팥과 조와 귀리를 가져다가 한 그릇에 담고 너를 위하여 떡을 만들어 네가 옆으로 눕는 날수 곧 삼백구십 일 동안 먹되 ¹⁰너는 음식물을 달아서 하루 이십 세겔씩 때를 따라 먹고 ¹¹물도 육분의 일 힌씩 되어서 때를 따라 마시라 ¹²너는 그것을 보리떡처럼 만들어 먹되 그들의 목전에서 인분 불을 피워 구울지니라 ¹³또 여호와께서 이르시되 내가 여러 나라들로 쫓아내어 흩어 버릴 이스라엘 자손이 거기서 이같이 부정한 떡을 먹으리라 하시기로 ¹⁴내가 말하되 아하 주 여호와여 나는 영혼을 더럽힌 일이 없었나이다 어려서부터 지금까지 스스로 죽은 것이나 짐승에게 찢긴 것을 먹지 아니하였고 가증한 고기를 입에 넣지 아니하였나이다 ¹⁵여호와께서 내게 이르시되 보라 쇠똥으로 인분을 대신하기를 허락하노니 너는 그것으로 떡을 구울지니라 ¹⁶또 내게 이르시되 인자야 내가 예루살렘에서 의뢰하는 양식을 끊으리니 백성이 근심 중에 떡을 달아 먹고 두려워 떨며 물을 되어 마시다가 ¹⁷떡과 물이 부족하여 피차에 두려워 하여 떨며 그 죄악 중에서 쇠패하리라

예루살렘이 황폐화될 것에 관한 에스겔의 예언의 이 부분에 대한 가장 좋은 해설은 예레미야의 애가이다(애 4:3-4; 5:10). 예레미야는 그 구절들 속에서 예루살렘이 포위되어 있는 동안에 있었던 끔찍한 기근과 그 서글픈 결과들을 애절하게 묘사한다.

I. 선지자는 여기에서 백성들에게 예루살렘이 포위되어 식량과 연료가 부족하게 될 것을 미리 보여주기 위하여 390일 동안 거친 음식을 아주 조금씩만 먹고 연명하도록 지시를 받는다.

1. 그는 음식의 질(質)에 있어서 약간의 밀과 보리, 거기에 콩과 팥과 조와 귀리를 섞어서 만든 아주 거친 떡을 먹어야 했는데, 이런 잡곡들은 말이나 돼지 사료로 쓰이는 것들이었고, 게다가 그것들을 다 섞은 것은 이 집 저 집을 돌아다니며 여러 가지 음식들을 구걸한 거지의 밥통과 같은 것이었다. 그는 옆으로 누워 있는 힘든 일을 하고 있어서 더 좋은 음식을 먹어야 했는데도, 이와 같

은 거친 음식으로 연명해야 했다(9절). 우리는 언제 우리가 거친 음식으로 연명해야 될 날이 올지 모르기 때문에 기름지고 맛있는 음식에 길들여지지 않도록 하는 것이 지혜로운 일이라는 것을 명심하라. 아무리 거칠고 초라한 음식이라도 우리에게는 과분한 것이기 때문에, 우리는 그런 음식을 멸시하거나 하찮게 여겨서는 안 된다. 또한, 우리에게도 언제 그런 음식을 먹어야 할 날이 올지 모르는 일이기 때문에, 우리는 그런 음식을 먹는 자들을 무시하는 눈으로 쳐다보아서는 안 된다.

2. 그는 음식의 양(量)에 있어서 겨우 목숨을 부지할 수 있을 정도로 조금만 먹어야 했는데, 이것은 예루살렘이 포위될 때에 사람들은 약간의 음식만이 주어질 것이고 성중에 떡이 떨어질 때까지 그런 식으로 버티지 않으면 안 될 것임을 보여주는 것이었다(렘 37:21). 그는 하루에 이십 세겔의 양식만을 먹어야 했는데(10절), 이십 세겔은 대략 300그램 정도 되는 양이었다. 그는 물도 하루에 육분의 일 힌, 즉 대략 0.5리터만 마셔야 했다(11절). 레시우스 식단(Lessian diet)에서 정한 바에 의하면, 한 사람에게 하루에 있어야 할 최소량은 420그램의 양식과 1리터의 물이다. 바벨론에서 에스겔 선지자에게는 먹고 남을 만한 충분한 양식이 있었고, 그가 사는 곳은 강 가였기 때문에 물도 아주 풍부하였다. 그렇지만 그는 하나의 징조(sign)가 되어서 자기가 한 예언을 이스라엘 자손들에게 재확인해 주어야 했기 때문에, 하나님은 그로 하여금 그런 식으로 겨우 연명할 정도만 먹고 살게 하셨다. 하나님의 종들은 어렵고 힘든 일들을 견뎌내고, 얼마든지 슬겁게 살 수 있어도 자신을 부인하여 그렇게 살지 않을 때에 하나님이 영광을 받으실 수 있다면, 기꺼이 그렇게 살면서 그들의 신앙이 참되다는 것을 증명하고, 환난 가운데에 있는 그들의 형제들과 고통을 같이하고자 한다는 뜻을 나타내어야 한다는 것을 명심하라. 우리는 우리의 몸을 쳐서 복종시켜야 한다. 본능은 어느 정도의 것으로 만족하고, 은혜는 별로 없어도 만족하지만, 정욕은 아무리 많아도 만족할 줄 모른다. 우리는 어쩔 수 없이 근검과 절약을 해야 할 때가 올 때에 그것을 더 잘 견뎌낼 수 있도록 스스로 수수하게 살아가는 것을 몸에 배게 하는 것이 좋다. 사람들이 다 곤경과 재난에 처해 있는 때에 우리만 풍족하게 살면서 대접으로 포도주를 마시며 요셉의 환난에 대하여는 근심하지 아니하는 자들처럼 행하는 것은 합당하지 않다(암 6:4-6).

3. 그는 음식을 조리할 때에도 인분 불을 피워 떡을 구워야 했다(12절). 그는

화로의 연료로 사용하기 위해서 인분을 말려야 했는데, 이것은 생각만 해도 속이 뒤집히고 구역질이 나는 일이었을 것이다. 그렇지만 그는 이렇게 구워진 거친 떡을 마치 지금까지 먹어 왔던 보리떡처럼 먹어야 했다. 그는 인분으로 떡을 굽는 고약한 일을 그들의 목전에서 행하여서, 그들로 하여금 장차 예루살렘이 어떤 재난을 맞게 될지를 실감할 수 있게 하여야 했는데, 그의 이런 상징적인 행위는 예루살렘이 포위되어 있는 동안 기근이 극에 달해서 주민들이 맛있는 음식은커녕 깨끗한 음식조차도 구할 수 없으리라는 것을 보여주는 것이었다. 도성의 주민들은 먹을 수 있는 것이라면 어떤 수를 써서라도 먹어야 하는 처지가 될 것이었다. 배부른 자는 꿀이라도 싫어하고 주린 자에게는 쓴 것이라도 다니라(잠 27:7). 선지자는 그가 먹을 떡을 인분 불에 굽는 상징적인 행위를 통해서 그의 영혼을 더럽힐까봐 그것을 안 하면 안 되겠느냐고 겸손히 하나님께 여쭈어 보았다(14절). 아마도 이 행위 속에는 부정(不淨)을 타는 어떤 요소가 있었던 것으로 보인다. 왜냐하면, 율법에서는 하나님이 불결한 것을 보시지 않도록 대변을 흙으로 덮으라고 명령하고 있었기 때문이다(신 23:13-14). 그런데도 그는 밖으로 나가서 그 부정한 것을 모아서, 사람들이 보는 앞에서 그 불에 떡을 구워야 하는가? 그는 이렇게 말한다. "아하 주 여호와여 나는 영혼을 더럽힌 일이 없었는데, 이 일 때문에 나의 영혼이 더럽혀질까 두렵나이다." 죄를 지어서 영혼을 더럽히는 일은 선한 자들이 그 무엇보다도 두려워하는 일이다. 그렇지만 종종 연약한 심령을 지닌 자들은 전혀 그렇지 않은데도 까닭 없이 영혼이 더럽혀질 것을 두려워하고, 합법적인 일들에 대해서까지 거리낌을 느끼며 당혹해한다. 에스겔 선지자도 여기에서 그랬다. 그는 입으로 들어가는 것이 사람을 더럽게 하는 것이 아니라는 것을 아직 알지 못하였다(마 15:11). 그러나 그는 "여호와여, 내가 어려서부터 곱게 키워져서 깨끗하고 정갈한 음식만 먹고 자랐나이다"(예루살렘이 포위되었을 때에 그렇게 자란 자들이 거름더미를 안았다, 애 4:5)라고 말하지 않는다. 그는 곱게 키워진 것이 아니라 양심적으로 키워져서, 율법이 금지한 것, 즉 스스로 죽은 것이나 짐승에게 찢긴 것을 결코 먹지 않았다. 그래서 그는 "여호와여, 지금 내게 이런 일을 시키지 마옵소서"라고 호소한다. 베드로도 그런 식으로 호소하였다(행 10:14). 주여 그럴 수 없나이다 속되고 깨끗하지 아니한 것을 내가 결코 먹지 아니하였나이다. 우리가 어려운 일들을 당할 때에 우리가 지금까지 죄를 짓지 않아 왔고, 아무리 작은 죄도 조심하였으며, 심지어 악은 어떤 모양이라도 버렸다는 것을 우리의 양심이 증언할 수 있다면, 그것은 우리에게 큰 위로가 될 것임을 명심하라. 하나님이 우리에게 어떤 명령을 내리시든 그 명령은 선하다는 것을 우리는 확신할 수 있다. 그러나 우리가 악하다고 알고 있는 어떤 것을 하나님이 명령하신다면, 우리는 이제까지 우리가 우리의 정결함을 지켜 왔는데 이제 와서 그 정결함을 잃을 수 없다는 생각에서 하나님의 그러한 명령에 대하여 겸손히 항변하여야 한다. 에스겔이 그의 선한 양심으로 이렇게 항변하자, 하나님은 그에게 내린 명령을 철회하신다. 우리는 하나님의 권세는 다툴 수 없고 그의 모든 명령은 지혜롭고 선하다는 것을 확신하지만, 하나님이 여기에서 에스겔에게 양보하신 모범을 본받아서, 권세를 지닌 자들은 명령을 내렸을 때에 아랫사람들이 그 명령에 불만을 나타내면 그런 것을 아랑곳하지 않고 가혹하게 밀어붙이지 말고, 비록 그들의 불만이 근거가 없거나 고정 관념이나 오래된 관습에서 생겨난 것이라고 하여도, 약한 자들을 슬프게 하거나 화나게 하지 말고 그 명령을 철회하고, 그들 앞에 걸림돌을 놓지 않도록 해야 한다는 것을 명심하라. 하나님은 에스겔이 인분 대신에 쇠똥을 사용하도록 허락하셨다(15절). 이것은 사람이 죄로 더럽혀지면 사람의 더러움은 그 어떤 짐승의 더러움보다 더 고약하고 냄새나는 것임을 나타내는 것이었다. 하물며 사람은 얼마나 더 가증하고 부패한가(욥 15:16).

**II. 선지자가 보여준 상징적인 행위가 지닌 의미가 이제 여기에서 구체적으로 설명된다.** 그것은 다음과 같은 것들을 의미하는 것이었다.

1. 예루살렘에 남아 있던 사들은 양식이 떨어져서 극심한 기아에 시달리게 되리라는 것. 성을 포위한 갈대아 군대가 모든 식량 공급을 다 차단해서, 성의 주민들은 곧 땅의 소산물이 다 떨어진 것을 발견하게 될 것이다. 왕도 밭의 소산을 받아야 살아갈 수 있는데, 이렇게 예루살렘에서 사람들이 의뢰하는 양식이 끊어질 것이다(16절). 하나님은 떡을 주시면서도 그 떡에서 자양분을 빼앗으셔서 그들이 먹어도 배부르지 않게 하실 수 있으실 뿐만 아니라(레 26:26), 떡 자체를 빼앗아 버리실 수 있으시다(사 3:1). 그래서 예루살렘 주민들은 조금 남은 양식을 하루에 한 사람당 얼마씩 무게를 달아 똑같이 나눠 먹고 가능한 한 오래 버티고자 할 것이다. 그러나 그래 보아야 무슨 소용이 있단 말인가? 그들은 양식을 언제까지나 조금씩 이어갈 수는 없는 노릇이어서, 결국 굶주림에 지쳐서 성을 포위한 자들 앞에 무릎을 꿇을 수밖에 없지 않는가? 그들은 언제까지 먹

을 수 있을지를 염려하며 근심 중에 먹고 마실 것이고, 양식이 거의 다 떨어져 가는데도 어디에서 양식을 구할지를 몰라서 두려워 떨며 먹고 마실 것이다. 그들은 피차에 두려워하여 떨게 될 것이다. 통상적으로는 재난은 함께 짊어지면 그 고통이 어느 정도 덜어지는 법이고, 서로의 고통을 하소연하다 보면 마음이 조금은 편해지는 법인데, 재난이 모든 사람들에게 임했을 때에는 서로에게 고통을 하소연해 보았자 비참함은 더욱 심해지고 마음도 더욱 불안해지며 두려움은 더 커지게 된다. 그들의 상황은 그들의 두려움만큼이나 악화될 대로 악화될 것이다. 왜냐하면, 그들은 그들의 죄악 중에서 쇠패하게 될 것이기 때문이다. 그들 중의 많은 수가 굶주려서 죽게 될 것인데, 이렇게 굶어 죽는 것은 점점 쇠약해지고 말라 비틀어져서 죽어가는 것이어서 칼에 죽는 것보다 더 비참할 것이다(애 4:9). 그들은 스스로 죽어가는 것을 느끼는 가운데 죽어갈 것이다. 이 모든 참상이 그들에게 닥친 것은 그들의 죄 때문이다. 그들은 그들의 죄악 중에서 바싹 야위어 소멸되어 갈 것이다(원문은 이렇게 읽을 수 있다). 그들은 점점 마음이 완악하고 완고해져서 그들의 죄 가운데서 죽어가게 될 것인데, 이것은 거름더미 위에서 죽는 것보다 더 비참한 일이다.

(1) 우리는 여기에서 죄가 한 백성에게 어떤 비참한 재앙을 가져다주는지를 똑똑히 보고서, 이 일과 관련해서 하나님의 의로우심을 인정하여야 한다. 예루살렘이 아름다운 밀로 배불렀던 때가 있었다(시 147:14). 그러나 이제 그 곳은 아무리 거친 양식도 없어서 못 먹는 곳이 될 것이다. 음식물의 풍족함은 하나님이 예루살렘에 베푸신 긍휼들 중의 하나였지만 그들이 죄를 짓는 빌미가 된 것들 중의 하나였었다(16:49). 그들은 하나님이 그들에게 주신 풍요로움을 악용하여 사치와 방종을 일삼는 데에 사용하였고, 이 때문에 그들이 기근이라는 형벌을 받은 것은 당연한 일이었다. 우리가 우리의 정욕을 채우는 데에 사용해 온 것들을 하나님이 우리에게서 빼앗아 가시는 것은 의로운 일이다.

(2) 우리는 하나님이 우리에게 풍요로움의 복을 주신 것, 즉 땅의 소산물들만이 아니라 자유롭게 교역할 수 있는 여건도 허락하셔서, 농부는 그가 거둔 양식을 주고 돈을 얻으며, 상인은 그의 돈을 주고 양식을 얻을 수 있고, 밭에만이 아니라 시장에도 풍성함이 있어서, 도시에 사는 자들은 씨를 뿌리지도 않고 거두지도 않지만 날마다 음식을 배부르게 먹을 수 있게 하신 것을 찬송하여야 한다.

2. 포로로 끌려온 자들은 어쩔 수 없이 이방 나라들 가운데서 부정한 떡을 먹게 되리라는 것(13절). 유대 교회의 율법에 의하면, 이방인들의 손에 의해서 만들어진 음식을 먹는 것은 부정한 것이었고, 그들은 언제나 그렇게 가르침을 받았다. 그래서 그런 음식을 먹는 것은 인분으로 반죽하고 빚어서 만든 떡을 먹는 것만큼이나 그들에게 혐오스러운 일이었다. 다니엘과 그의 동료들은 그들 자신을 더럽히지 않으려고 그들에게 주어진 왕의 음식을 먹지 않고, 채식을 하고 물을 마시는 쪽을 택하였다(단 1:8, 12). 또는, 바벨론에 포로로 잡혀온 자들은 그들의 압제자들이 노예들에게 주는 부패하고 더러운 음식, 예전 같으면 그들이 거들떠보지도 않았을 그런 음식을 먹지 않을 수 없게 되었을 수도 있다. 그들은 얼마든지 모든 것이 풍족한 가운데 기쁜 마음으로 하나님을 섬길 수 있었는데도 그렇게 하고자 하지 않았기 때문에, 하나님은 그들로 하여금 모든 것이 궁핍한 가운데 그들의 원수들을 섬기게 만드실 것이다.

# 제
# — 5 —
# 장

## 개요

우리는 이 장에서 다시 한 번 하나님의 심판에 관한 경고, 앞에서와 마찬가지로 여전히 끔찍한 심판에 관한 경고를 본다. 유대 민족을 완전히 멸망시킬 하나님의 심판은 무서운 힘과 전속력으로 다가오고 있었다. 하나님은 심판하실 때에 반드시 그 뜻을 이루신다. I. 유다와 예루살렘의 멸망은 선지자가 자신의 머리털을 잘라서 불에 태워 바람에 날려 보내는 상징 행위를 통해서 묘사된다(1-4절). II. 그 상징 행위에 대한 해설이 나오고, 그것은 예루살렘에 적용된다. 1. 하나님은 이러한 멸망의 원인이 된 예루살렘의 죄를 제시하신다: 하나님의 율법을 멸시한 것(5-7절)과 그의 성소를 더럽힌 것(11절). 2. 하나님은 큰 진노(8-10절), 여러 가지 참혹한 일들(12, 16-17절)을 경고하시는데, 이러한 것들은 그들에게 수치와 멸망을 가져다 줄 것이다(13-15절).

¹너 인자야 너는 날카로운 칼을 가져다가 삭도로 삼아 네 머리털과 수염을 깎아서 저울로 달아 나누어 두라 ²그 성읍을 에워싸는 날이 차거든 너는 터럭 삼분의 일은 성읍 안에서 불사르고 삼분의 일은 성읍 사방에서 칼로 치고 또 삼분의 일은 바람에 흩으라 내가 그 뒤를 따라 칼을 빼리라 ³너는 터럭 중에서 조금을 네 옷자락에 싸고 ⁴또 그 가운데에서 얼마를 불에 던져 사르라 그 속에서 불이 이스라엘 온 족속에게로 나오리라

우리는 여기에서 예루살렘의 철저한 멸망을 나타내는 상징 행위를 본다. 앞에서처럼 여기에서도 선지자 자신이 상징이 되는데, 이것은 그가 비록 예루살렘의 멸망을 예언하고 있지만 그 일에 얼마나 큰 관심을 가지고서 마음에 새기며 가슴 아파하는지를 백성들에게 보여주기 위한 것이었다. 그는 재앙의 날을 예언하고 있지만 그 날을 기다리기는커녕 예루살렘이 겪을 일을 마치 자기 자신이 겪을 일인 것처럼 가슴 아파하고 있었다.

**I. 선지자는 그의 머리털과 수염을 깎아야 했다**(1절).   이것은 하나님이 이

백성을 아무 쓸데없는 무가치한 존재로 여겨서 철저히 버리기로 하셨다는 것을 보여주는 것이었다. 이 백성은 머리털이나 수염처럼 밀어버려야 할 존재, 결별하는 것이 하나님께 영광이 되는 그런 존재였다. 그들을 밀어버릴 하나님의 심판과 그것을 위해서 사용될 그의 모든 도구들은 그런 일을 하기에 적합한 날카로운 칼과 삭도가 될 것이었다. 예루살렘은 머리 같은 존재였었지만, 타락을 해서 머리털 같은 존재로 변해 버렸다. 머리털은 길고 수북히 자라면 사람에게 짐이 되어서 밀어 버리게 된다. 시온의 죄인들은 하나님께 그런 존재가 되었다. 슬프다 내가 장차 내 대적에게 보응하여 내 마음을 편하게 하리라(사 1:24). 에스겔은 머리털 중에서 길게 자란 쓸데없는 부분만이 아니라 머리털 전체를 깎아야 했는데, 이것은 하나님이 예루살렘을 철저하게 멸망시키실 것임을 나타내는 것이었다. 선지자들이 아무리 권면을 해도 사람들이 그들의 머리털을 손질하여 단정히 하지 않으면, 하나님은 철저한 멸망을 통해서 그들의 머리털을 모두 밀어 버리실 수밖에 없다. 삶을 고치지 않는 자들은 멸망을 당하게 될 것이다.

**II. 선지자는 깎은 머리털과 수염을 저울로 달아 나누어 두어야 했다.** 이것은 하나님의 심판은 공평하고 정확하게 이루어지리라는 것(하나님은 사람들과 그들의 행위를 진리와 의의 틀림없는 저울에 그 무게를 다신다)과 사람마다 형벌의 분량이 달라지게 되리라는 것을 의미한다. 그들은 이런저런 식으로 심판을 받게 될 것이다. 어떤 이들은 선지자가 머리털을 깎은 것은 그들이 자유와 존귀함을 잃게 될 것을 나타내는 것이라고 해석한다. 이런 행위는 히눈이 다윗의 사자들에게 이렇게 하여 망신을 주었던 것처럼 모욕적인 행위로 여겨졌다. 또한, 그것은 그들이 큰 애곡의 때에 머리를 민 것이기 때문에 그들의 기쁨이 사라졌다는 것을 의미하는 것이기도 하다. 그리고 머리털을 민 것은 나실인의 기간이 끝난 것을 의미하는 것이었기 때문에, 그것은 그들이 나실인 자격을 상실했다는 것을 보여주는 것이기도 하다(민 6:18). 예루살렘은 이제 더 이상 거룩한 성으로 여겨지지 않았다.

**III. 선지자는 머리털을 모두 없애거나 흩어야 했다**(2절).

1. 그는 머리털 중에서 삼분의 일은 성읍 안에서 불살라야 했는데, 이것은 예루살렘 성읍이 에워싸는 날이 찰 때에 많은 사람들이 기근이나 역병, 또는 큰 불 때문에 죽게 될 것을 나타내는 것이었다. 또는, 저 영광스러운 도성이 잿더미

로 변하게 되는 것은 하나님이 경고하신 멸망의 삼분의 일에 해당되는 것으로 보아진 것일 수도 있다.

2. 그는 또 다른 삼분의 일은 칼로 쳐서 산산조각을 내야 했는데, 이것은 도성이 포위되어 있는 동안에 성 밖으로 공격해 들어가거나 특히 성이 졸지에 함락되면서 많은 사람들이 칼에 죽게 될 것을 나타내는 것이었다. 그 때에 갈대아 사람들은 아주 사나웠고, 유다 사람들은 성 안의 기근 때문에 다 죽어가는 상태였기 때문에 칼에 죽는 사람들이 많았다.

3. 그는 나머지 삼분의 일은 **바람에 흩어야** 했는데, 이것은 살아남은 자들 중 일부가 정복자의 나라로 끌려가고, 일부는 이웃 나라들로 도망하여 피신하게 될 것을 나타내는 것이었다. 이렇게 그들은 머리털이 바람에 이리저리 흩날리듯이 뿔뿔이 흩어져 황급히 도망하였다. 그러나 그들이 이렇게 흩어져서 도망하면 무사할 것이라고 생각하지 않도록 하기 위하여, 하나님은 내가 그 뒤를 따라 칼을 빼리라는 말씀을 덧붙이신다. 그들이 어디를 가든, 재앙이 그들을 뒤쫓을 것이라는 말이다. 하나님은 죄악된 백성을 멸망시키는 일을 완수하시고 한 번 시작하신 일을 끝마치시기 위해서 여러 가지 다양한 심판들을 준비해 놓고 계시다는 것을 명심하라.

**IV. 선지자는 바람에 흩게 되어 있는 마지막 삼분의 일 중에서 조금을 남겨서 마치 소중한 것이라도 되는 양 그것을 그의 옷자락에 싸야 했다**(3절). 이것은 소수의 사람들이 그다랴의 통치 아래에서 살아남아서, 많은 사람들이 포로로 끌려간 후에 그 땅을 지킬 것임을 나타내는 것이었다. 만약 그들이 스스로 잘 해나갔다면, 하나님은 그들이 잘 되게 해주셨을 것이다. 그러나 선지자는 이렇게 남겨졌던 약간의 머리털 중에서 일부는 집어서 불에 던져 살라야 했다(4절). 그다랴와 그의 수하들이 죽임을 당하자, 그의 보호 아래 있던 백성들 중 일부는 애굽으로 피신하였고, 일부는 갈대아 사람들에게 끌려가서, 결국 유다 백성은 그 땅에서 완전히 제거되었다. 이렇게 해서 선지자가 약간의 머리털을 불에 던져 살랐을 때에 그 속에서 불이 이스라엘 온 족속에게로 나와서 서로를 태우게 되리라고 한 예언이 그대로 성취되었다. 어떤 백성에게 있어서 하나님의 긍휼에 의해 남겨진 것으로 보였던 자들이 진노 가운데서 끌려가게 된 것은 나쁜 징조이다. 왜냐하면, 그렇게 되면 남은 자나 피한 자, 숨겨진 자나 남겨진 자가 하나도 없게 되기 때문이다.

⁵주 여호와께서 이와 같이 이르시되 이것이 곧 예루살렘이라 내가 그를 이방인 가운데에 두어 나라들이 둘러 있게 하였거늘 ⁶그가 내 규례를 거슬러서 이방인보다 악을 더 행하며 내 율례도 그리함이 그를 둘러 있는 나라들보다 더하니 이는 그들이 내 규례를 버리고 내 율례를 행하지 아니하였음이니라 ⁷그러므로 나 주 여호와가 말하노라 너희 요란함이 너희를 둘러싸고 있는 이방인들보다 더하여 내 율례를 행하지 아니하며 내 규례를 지키지 아니하고 너희를 둘러 있는 이방인들의 규례대로도 행하지 아니하였느니라 ⁸그러므로 나 주 여호와가 말하노라 나 곧 내가 너를 치며 이방인의 목전에서 너에게 벌을 내리되 ⁹네 모든 가증한 일로 말미암아 내가 전무후무하게 네게 내릴지라 ¹⁰그리한즉 네 가운데에서 아버지가 아들을 잡아먹고 아들이 그 아버지를 잡아먹으리라 내가 벌을 네게 내리고 너희 중에 남은 자를 다 사방에 흩으리라 ¹¹그러므로 나 주 여호와가 말하노라 내가 나의 삶을 두고 맹세하노니 네가 모든 미운 물건과 모든 가증한 일로 내 성소를 더럽혔은즉 나도 너를 아끼지 아니하며 긍휼을 베풀지 아니하고 미약하게 하리니 ¹²너희 가운데에서 삼분의 일은 전염병으로 죽으며 기근으로 멸망할 것이요 삼분의 일은 너의 사방에서 칼에 엎드러질 것이며 삼분의 일은 내가 사방에 흩어 버리고 또 그 뒤를 따라 가며 칼을 빼리라 ¹³이와 같이 내 노가 다한즉 그들을 향한 분이 풀려서 내 마음이 가라앉으리라 내 분이 그들에게 다한즉 나 여호와가 열심으로 말한 줄을 그들이 알리라 ¹⁴내가 이르되 또 너를 황무하게 하고 너를 둘러싸고 있는 이방인들 중에서 모든 지나가는 자의 목전에 모욕 거리가 되게 하리니 ¹⁵내 노와 분과 중한 책망으로 네게 벌을 내린즉 너를 둘러싸고 있는 이방인들에게 네가 수치와 조롱 거리가 되고 두려움과 경고가 되리라 나 여호와의 말이니라 ¹⁶내가 멸망하게 하는 기근의 독한 화살을 너희에게 보내되 기근을 더하여 너희가 의뢰하는 양식을 끊을 것이라 ¹⁷내가 기근과 사나운 짐승을 너희에게 보내 외롭게 하고 너희 가운데에 전염병과 살륙이 일어나게 하고 또 칼이 너희에게 임하게 하리라 나 여호와의 말이니라

우리는 여기에서 앞에 나왔던 상징에 대한 설명을 본다. 이것이 곧 예루살렘이라. 그리스도께서 떡을 집어 드시고 이것은 내 몸이다라고 말씀하신 것처럼, 성경에서는 이렇게 상징물에 그것이 상징하는 것의 이름을 붙이는 것이 관례이다. 전부 밀어야 했던 선지자의 머리는 예루살렘을 상징하는 것이었다. 왜냐하면, 예루살렘은 이제 하나님의 심판을 받아서 그 보는 장식물들이 다 벗

겨지고 그 모든 주민들이 제거되어 발가벗겨지게 될 것이고, 하나님은 세내어 온 삭도로 예루살렘을 미실 것이기 때문이었다(사 7:20). 제사장이자 선지자였던 에스겔 같은 거룩한 자의 머리는 거룩한 성 예루살렘을 상징하는 데에 아주 적절하였다. 이 단락에 나오는 내용은 우리가 선지자들의 글 속에서 자주 보았고, 앞으로도 보게 될 내용과 거의 동일하다. 좀 더 자세하게 살펴보자.

**I. 하나님께서 예루살렘에게 여러 특권들을 주셔서 존귀하게 하셨다**(5절). 내가 그를 이방인 가운데에 두어 저 유명하고 힘 있는 나라들이 둘러 있게 하였다. 예루살렘은 세상에서 여러 나라들과 동떨어져서 아주 구석지고 후미진 곳에 있었던 것이 아니라, 인구가 많고 문물이 발달하였으며 학문과 예술, 과학으로 유명하였던 나라들에 둘러싸여 세상에서 걸출한 나라로 존재하였다. 그러나 이 말씀 속에는 그런 것보다 더 깊은 의미가 담겨 있는 것으로 보인다.

1. 하나님은 예루살렘을 주변의 그 어떤 나라나 도시보다도 더 사랑하시고 존귀하게 하셨다는 것. 하나님은 예루살렘을 이방 나라들 가운데에 두셨을 뿐만 아니라 그 모든 나라들보다 더 뛰어나게 하셨다. 이 거룩한 산은 모든 작은 산 위에 뛰어났다(사 2:2). 너희 높은 산들아 어찌하여 하나님이 계시려 하는 산을 시기하여 보느냐(시 68:16). 예루살렘은 높은 산 위에 우뚝 솟아 빛을 발하는 성(城)이었기 때문에, 주변의 모든 나라들은 부러워하는 눈으로, 또는 시기하는 눈으로 바라보았다.

2. 하나님은 예루살렘이 이방 나라들과 주변의 나라들에 선한 영향력을 끼칠 수 있게 하시려고, 그 나라들 가운데에 두셔서 하나님의 계시의 빛을 비추는 등불이 되게 하고자 하셨다는 것. 이렇게 예루살렘은 하나님의 계시를 받아서 주변 나라들의 모든 어두운 곳들을 비추고, 나아가 더 멀리 그 빛을 땅 끝까지 비추도록 축복을 받았다. 하나님이 예루살렘을 여러 나라들 가운데에 두신 것은 몸의 심장처럼 이 죽은 세상을 하나님의 생명으로 뛰게 하며, 온갖 선한 일에 모범이 되어서 이 어두운 세상을 하나님의 빛으로 밝게 비추게 하기 위한 것이었다. 예루살렘이 지니고 있는 규례들이 얼마나 뛰어난 것인지를 알아본 이방 나라들은 그 나라의 백성을 지혜와 지식이 있는 백성이라고 말할 수밖에 없었고(신 4:6), 솔로몬 시대에 그랬던 것처럼 세상의 모든 왕들이 그 지혜를 구하기 위해 예루살렘으로 모여 들었다(왕상 4:34). 만약 예루살렘이 이러한 명성을 고스란히 보존하고 올바르게 활용하였더라면, 그 곳은 주변의 모든 나

라들에게 얼마나 큰 축복이 되었을 것인가! 그러나 예루살렘이 그렇게 하는 데에 실패하였기 때문에, 하나님의 이러한 의도가 성취되는 것은 후일에 복음의 법이 시온에서 나오고 주 예수의 말씀이 예루살렘에서 나와서 죄 사함을 받게 하는 회개가 예루살렘에서 시작하여 모든 족속에게 전파될 날을 기약할 수밖에 없었다. 그런 일이 일어났을 때, 예루살렘은 황폐화되어 평지처럼 되어 있었다. 하나님이 어떤 곳이나 사람들을 크게 하셨을 때에는 그것은 그들이 사람들 앞에 빛을 비추어서 선을 행하고, 그들로 말미암아 주변 사람들이 선하게 되게 하기 위한 것임을 명심하라.

**II. 예루살렘이 악을 행하여 하나님을 진노하게 하였다.** 하나님은 여기에서 예루살렘이 저지른 죄악을 아주 강도 높게 고소하시는데, 이것은 하나님이 그들의 특권들을 빼앗으시고 그들에 대하여 군사적인 심판을 행하신 것이 의로운 일이었음을 한 치의 의심도 없이 입증해 주는 것이었다.

1. 예루살렘은 하나님의 율례를 행하지 아니하였고 그의 규례를 지키지도 아니하였다는 것(7절). 아니, 예루살렘의 주민들은 하나님의 규례와 율례를 행하기를 아예 거부하였다(6절). 그들은 그들에게 주어진 본분과 도리를 행하지 않았을 뿐만 아니라, 행하고자 하지 않았고, 행하고 싶지 않다고 대놓고 말하였다. 그들이 지닌 규례와 율례를 이웃 나라들은 그토록 경탄하였건만 정작 그들 자신은 멸시하였다. 이웃 나라들이라면 그 규례와 율례를 그들 앞에 소중히 모셔 두었을 것이지만, 그들은 그것들을 등 뒤로 내던져 버렸다. 하나님의 말씀과 법을 멸시하는 것은 온갖 죄악으로 들어가는 문을 여는 것임을 명심하라. 하나님의 규례와 율례들은 하나님이 사람들을 상대하실 때에 기준이 된다. 따라서 하나님의 기준을 거부하는 자들은 그의 은총을 기대할 수 없다.

2. 예루살렘은 하나님의 율례를 악으로 바꾸어 놓았다는 것(6절). 이것은 고도의 불경(不敬)을 보여주는 표현이다. 그들은 하나님의 율법을 범하였을 뿐만 아니라, 율법을 왜곡하고 악용해서 그들의 악행을 정당화하고 미화하는 수단으로 삼았다. 그들은 하나님이 정하신 것들을 제쳐두고 이방인들의 가증스러운 관습들을 들여왔다. 이것은 하나님의 진리를 거짓 것으로 바꾼 것이었고(롬 1:25), 하나님의 영광을 바꾸어 욕되게 한 것이었다(시 4:2). 많이 배운 자들일수록 악하게 살면 그들의 좋은 머리로 하나님에 대하여 이루 말할 수 없는 모독을 행하여 마치 하나님이 죄를 후원하는 분이신 양 그의 율례들을 악으로 바꾸어

놓는 일을 자행한다는 것을 명심하라.

3. 예루살렘은 이웃 나라들에게 선한 모범이 되어야 하는데도 도리어 그 나라들보다 더 악하게 행하였다는 것. 그가 내 규례를 거슬러서 우상 숭배와 거짓 예배를 통해서 이방인보다 악을 더 행하였다(6절). 예루살렘은 그를 둘러 있는 나라들보다 더하였다(즉, 그들은 우상들과 제단들, 신들과 신전들을 더 많이 세웠고, 그런 것들을 빠짐없이 다 갖춘 것이 그들의 자랑이었다). 이스라엘의 하나님은 한 분이시고, 그의 이름도 하나이며, 그의 제단도 하나였다. 그러나 그들은 이 한 분 하나님으로 만족하지 않고, 그들이 섬기는 신들을 무수히 더하여서, 그들의 신들이 그들의 성읍의 수와 같았고, 그들의 제단들이 밭이랑에 쌓인 돌무더기 같았다. 따라서 그들은 주변의 그 어느 나라보다도 더 많은 신과 많은 주를 가지고 있었다. 그들이 계시 종교를 부패시킨 정도는 이방인들이 자연 종교를 부패시킨 정도를 훨씬 능가하는 것이었다. 신앙을 고백하고 경건한 교육을 받았던 자들이 배교하면 통상적으로 아예 신앙을 가진 적이 없는 자들보다 더 불경스럽고 사악하게 된다는 것을 명심하라. 그런 자들 속에는 신앙이 없던 때에 그에게 있던 귀신보다 더 악한 귀신 일곱이 다시 들어가서 거하기 때문이다.

4. 예루살렘은 이방인들의 규례대로도 행하지 아니하였다는 것(7절). 이방 나라들은 비록 거짓 신들을 섬겼지만 그들의 신들의 뜻이라고 하는 것을 따라 행하였다. 그러나 이스라엘은 그들의 하나님의 뜻을 따라 행하지 않았다. 그들은 하나님의 말씀을 지키지도 않았고, 하나님의 뜻을 따르지도 않았다. 이스라엘이 그랬던 것처럼, 그 어떤 이방 나라가 그들의 신들을 바꾸거나 멸시한 적이 있었던가(렘 2:11)? 또는, 이것은 이스라엘의 도덕성을 가리키는 것일 수도 있다. 그들은 이웃 나라들에게 모범이 되어서 그 나라들을 변화시키기는커녕 도리어 도덕성이 그 나라들보다 더 못하였다. 무할례자 중에는 할례를 받은 자들보다 율법의 의를 더 잘 지키는 자들이 많았다(롬 2:26-27). 그들은 성경의 빛을 지닌 자들인데도 오직 자연의 빛만을 지닌 자들의 규례대로도 행하지 않았다. 그리스도인이라 불리는 자들 중에는 저 심판의 날에 건전한 이방인들보다도 못한 삶을 살아서 그 이방인들에 의해 정죄를 받게 될 자들도 있다는 것을 명심하라.

5. 예루살렘이 특별히 비난을 받아야 할 죄는 그에게 맡겨져서 그를 존귀하게 해주었던 거룩한 것들을 더럽힌 죄라는 것(11절). 네가 모든 미운 물건과 모

든 가증한 일로, 즉 우상들과 우상 숭배로 내 성소를 더럽혔다. 그들은 거짓 신들의 우상들과 그 우상들을 섬기기 위한 제단들을 성전으로 들여왔고, 우상 숭배자들이 사용하던 예식들을 하나님을 예배하는 예식 속으로 들여왔다. 이렇게 해서 모든 거룩한 것들이 더럽혀졌다. 우상들은 어디에 있든지 미운 물건들이지만, 하나님의 성소에 있을 때에는 특히 더 그렇다는 것을 명심하라.

**III. 예루살렘이 이렇게 하나님을 진노하시게 한 것에 대하여 받게 될 징벌들.** 하나님이 어찌 이런 일들에 대하여 벌하지 아니하시겠느냐. 틀림없이 하나님은 벌하실 것이다. 여기에서 예루살렘에 대하여 내려진 선고의 내용은 너무나 끔찍하고, 그 표현 방식 때문에 더욱 끔찍하게 다가온다. 하나님이 내리실 심판들은 여러 가지로 다양하게 표현되어 있고, 그 경고의 말씀들은 이런저런 방식으로 반복되고 역설되고 있기 때문에, 우리는 주께서 한 번 노하실 때에 누가 주의 목전에 서리이까(시 76:7)라고 말할 만하다.

1. 하나님이 예루살렘을 벌하시는 이 일을 직접 행하시겠다는 것. 누가 주의 노여움의 능력을 알며, 살아 계신 하나님의 손에 빠져 들어가는 것이 얼마나 무서운지 누가 알겠는가. 하나님이 이 점을 힘주어 강조하고 계신 것을 주목하라(8절). 나 곧 내가 너를 치리라. 하나님은 이전에 예루살렘을 보호하고 구하는 일이라면 팔을 걷어부치고 나서셨지만, 이제 도리어 원수가 되어 싸우고자 하시니 예루살렘의 처지가 참으로 비참하고 난감하게 되었다. 하나님이 우리를 대적하시면, 피조물 전체가 우리와 싸움을 하기 때문에, 그 어떤 것두 우리 편이 되어줄 수 없다. "니는 오직 갈대아 군대만이 너를 내적하나고 생각하시만, 그들은 나의 손, 또는 나의 손에 들린 막대기일 뿐이다. 나 곧 내가 너를 치리니, 내가 선지자들을 통해서 너를 쳐 말할 뿐만 아니라 섭리를 통해서 너를 치리라. 내가 벌을 네게 내리되 너의 한복판에서, 즉 도성의 변두리가 아니라 심장부에서, 이 땅의 변경이 아니라 중심부에서 네게 벌을 내리리라." 하나님의 입에서 나오는 심판의 말씀에 귀를 기울이고자 하지 않는 자들은 그의 손에 의한 심판을 피하지 못하리라는 것을 명심하라. 하나님의 명령을 따라 이루어지는 심판은 중심부를 강타하여, 영혼을 파고 들어가고, 물 같이 몸 속으로 들어가며 기름 같이 뼈 속으로 들어간다. 내가 심판을 집행하리라. 하나님은 그의 심판을 온전히 충실하게 친히 집행하신다는 것을 명심하라. 심판을 위한 도구들이 무엇이든, 그 주된 행위자는 하나님이시다.

2. 이 징벌은 하나님의 진노로 인해 오는 것이라는 것. 하나님의 이 심판은 사랑 가운데서 백성들을 고치시기 위한 것이 아니다. 하나님은 노와 분과 중한 책망으로 벌을 내리실 것이다(15절). 이 말씀은 하나님이 내 안에는 노함이 없다고 말씀하셨고 자신은 긍휼이 많으시고 은혜로우시며 노하기를 더디 하신다고 밝히신 것에 비추어 보면 이상한 말씀이라고 생각될 수도 있다. 그러나 하나님의 심판은 죄가 얼마나 악독한 것인지, 그 죄가 의로우시고 거룩하신 하나님을 얼마나 진노하시게 하는지를 보여주기 위한 것이다. 하나님을 이토록 진노하시게 만들어서, 이전에 하나님의 은총을 듬뿍 받았을 뿐만 아니라 하나님께 아주 큰 만족을 주었던 자기 백성을 대적하시게 만드는 것이라면, 그것은 지독히 악한 것임에 틀림없다(13절). "내가 이제 오랫동안 억눌러 두었던 내 노를 이루어서 그들 위에 내 분을 두리라. 나의 노와 분이 그들 위를 한 번 지나가는 것이 아니라 그들 위에 머물러서, 그들의 악행으로 말미암아 멸망 받아 마땅한 진노의 그릇들인 그들을 채우리라. 이렇게 해서 공의가 영광을 받으면, 내 마음이 가라앉아 편해질 것이고, 내가 행한 일에 내가 온전히 만족하게 될 것이다." 하나님이 사람들의 죄 때문에 욕을 당하실 때에 근심하신다고 하는 것과 마찬가지로(시 95:10), 사람들의 죄가 제거되어 영광을 받으실 때에는 마음이 편해지셨다고 한다. 하나님께서 긍휼과 심판 사이에서 갈등하시는 시간이 지나고, 이 경우에는 심판이 승리를 거둔다. 왜냐하면, 긍휼은 너무나 오랫동안 악용되어 와서 이제는 배은망덕하고 구제불능인 백성을 편들어줄 명분을 잃어버리고 더 할 말이 없게 되었기 때문이다. 나도 너를 아끼지 아니하며 긍휼을 베풀지 아니하리라(11절). 하나님은 우리를 불쌍히 여기시는 마음이 있으시기 때문에 벌을 연기하시거나 완화하시며, 벌을 주시더라도 그 가운데서 우리를 붙들어 주시거나 그 기간을 줄여 주신다. 그러나 여기에서 하나님은 자비 없는 심판, 긍휼이 전혀 섞이지 않는 진노를 말씀하신다. 하나님이 이러한 표현들을 이렇게 강조하시고 부각시키고 계시는 것은 아마도 한 걸음 더 나아가서 장차 있게 될 영원한 불에 의한 보복을 염두에 두고 계시기 때문인 것 같다. 우리가 구약에서 보는 몇몇 심판에 의한 멸망들, 특히 예루살렘에 대한 심판은 바로 그 영원한 심판의 모형이다. 하나님이 이 영원한 심판을 염두에 두고 계시는 것이 분명한 것은 지옥의 이편에서는 내가 아끼지 아니하며 나의 분을 계속 머물러 두리라는 말씀이 그대로 성취되는 일은 그 어디에서도 없기 때문이다. 회개하지 않은 채

로 살다가 죽는 자들은 내세에서 하나님의 긍휼을 조금도 받지 못한 채 멸망하게 되리라는 것을 명심하라. 여호와께서 사람들을 아끼지 아니하실 날이 오고 있다.

3. 징벌들은 모든 사람들이 보는 앞에서 공개적으로 이루어지라는 것. 내가 이방인의 목전에서 벌을 내리리라(8절). 하나님의 심판은 너무도 확연해서 멀리 있는 나라든 가까이 있는 나라든 모든 나라들이 그것을 알게 될 것이고, 사람들은 서로 만나면 그 얘기뿐일 것인데, 하나님의 심판을 받는 예루살렘과 그 주민들은 이전부터 특출났었기 때문에 더욱 놀라운 얘깃거리가 될 것이다. 공적인 죄악들은 공적으로 책망을 받아야 하는데(범죄한 자들을 모든 사람 앞에서 꾸짖어 나머지 사람들로 두려워하게 하라, 딤전 5:20), 만약 그렇지 못하면, 공적인 심판이 있게 되리라는 것을 명심하라. 하나님이 그들을 악한 자로 여겨서 사람들의 눈 앞에서 치시는(욥 34:26) 것은 그의 통치의 존엄을 유지하시기 위한 것이다. 유일하게 참되신 하나님을 예배한다고 고백하는 자들이 얼마나 악한 삶을 영위하는지를 보라는 말을 하나님이 사람들로부터 들으실 이유가 어디 있으시겠는가(그로티우스는 여기에서 이 점을 상세하게 설명한다). 공개적인 심판은 하나님을 존귀하게 해 드리는 데에도 도움이 됨과 동시에 다음과 같은 역할도 한다.

(1) 징벌을 더 가중시키고 더 무겁게 보이게 하기 위하여. 예루살렘은 황폐해져서 이방인들 중에서 모든 지나가는 자의 목전에 모욕 거리가 될 것이다(14절). 형통하던 때에 더 특출났던 자일수록 몰락하면 더 큰 창피를 당하게 되는 법이다. 예루살렘이 바로 그랬다. 예루살렘은 세상의 찬송이지 자랑 거리였기 때문에, 이제는 더욱 더 수치와 조롱 거리가 될 것이다(15절). 예루살렘은 그의 영광이 꽃피기 시작할 때에 이런 경고를 받았었고(왕상 9:8), 그 영광이 티끌 속에 묻히게 되었을 때에 이 점이 탄식의 내용이 되었다(애 2:15).

(2) 이방 나라들에게 이스라엘의 하나님 앞에서 두려워 떨도록 가르치기 위하여. 여호와 하나님의 질투가 얼마나 극심한지, 그에게 가장 가까운 자들조차도 죄를 지으면 얼마나 심하게 벌을 주시는지를 볼 때, 이방 나라들은 하나님을 두려워할 수밖에 없게 될 것이다. 내 노와 분과 중한 책망으로 네게 벌을 내린즉 너를 둘러싸고 있는 이방인들에게 네가 수치와 조롱 거리가 되고 두려움과 경고가 되리라(15절). 예루살렘은 그의 경건과 미덕을 통해서 이웃 나라들에게 하나님을 경외하여야 한다는 것을 가르쳤어야 했지만, 실제로는 그렇게 하지 못했기

때문에, 하나님은 예루살렘의 멸망을 통해서 이방 나라들에게 그런 가르침을 주실 것이다. 이방 나라들은 이것을 보고 이렇게 말하게 될 것이다. "푸른 나무에도 이같이 하거든 마른 나무에는 어떻게 되며, 하나님의 집에서 심판이 시작되면 그 심판이 어디에서 끝나겠는가. 일부가 우상 숭배를 했다고 해서 그 백성 전체가 이렇게 벌을 받았다면, 온통 우상 숭배자들인 우리는 어떻게 되겠는가." 하나님이 일부 사람들을 멸망시키시는 것은 나머지 사람들에게 교훈을 주시기 위한 것임을 명심하라. 행악자들을 공개적으로 벌하는 것은 사람들에게 경고하기 위한 것이다.

4. 이 징벌은 아주 극심하고 무거운 것이 되리라는 것.

(1) 이 징벌은 전례도 없고 유례도 없는 그런 것이 될 것이다. 그들의 죄는 다른 백성들의 죄악들보다도 하나님의 더 큰 진노를 불러일으킨 죄이기 때문에, 그들에게 집행될 심판도 유례가 없이 극심한 것이 될 것이다(9절). "너는 이미 오래 전부터 이러한 벌을 받아야 했지만, 나는 이전에 네게 내린 적이 없고 다른 곳에도 내린 적이 없는 전무후무한 벌을 내게 내리리라." 예루살렘에 대한 이 징벌은 소돔에 대한 징벌보다 더 무거운 것이었다고 한 선지자는 말한다(애 4:6). 그것은 그 이전에 하나님이 내리셨던 그 어떤 징벌보다 더 무겁고 극심한 것이었다. "이 도성이 로마인들에 의해서 최종적으로 멸망당할 때까지는 내가 그 어떤 성읍에도 이와 같은 것을 다시는 행하지 아니하리라." 이것은 마치 히스기야가 가장 경건한 인물이었다는 것을 나타내기 위해서 그의 전후에 그러한 자가 없었다고 표현한 것과 같이 가장 극심한 심판을 의미하는 수사적(修辭的)인 표현이다.

(2) 이 징벌은 그들로 하여금 서로에 대하여 가장 강력한 유대 관계인 천륜마저도 저버리지 않을 수 없게 만들 정도로 극심한 징벌이 될 것이다. 이것은 그들이 하나님에 대하여 반드시 이어갔어야 할 유대 관계를 의도적으로 깨뜨린 것에 대한 의로운 심판이 될 것이다(10절). 극심한 굶주림 때문에, 또는 야만적인 정복자들의 강요에 의해서 네 가운데에서 아버지가 아들을 잡아먹고 아들이 그 아버지를 잡아먹으리라.

(3) 이 징벌은 여러 가지 심판들로 이루어질 것이고, 그 심판들은 하나같이 모든 것을 황폐화시키는 무시무시한 심판이 될 것이다. 그런데 그러한 심판들이 한꺼번에 쏟아지면 그 참상이 어떠하겠는가? 어떤 자들은 전염병으로 죽게

될 것인데(12절), 전염병이 너희 가운데에 일어나서(17절) 멸망시키는 천사로서 그 앞에 있는 모든 것을 쓸어버릴 것이다. 어떤 자들은 기근으로 **멸망**할 것인데 (12절), 폐병에 걸린 자들처럼 서서히 말라 죽게 될 것이다. 기근에 관한 말씀은 16절에도 다시 나온다. 내가 멸망하게 하는 기근의 독한 화살을 너희에게 보내리라. 굶주림이 그들을 파리하고 수척하게 만들 것이고, 마치 화살, 곧 독한 화살처럼 그들의 심장을 꿰뚫을 것이다. 하나님의 화살통에는 많은 독화살들이 준비되어 있고, 그 화살들은 아무리 써도 소진되지 않는다. 내가 너희에게 기근을 더하리라(16절). 버려진 땅에서는 열매들이 나면 기근은 줄어들 것이지만, 포위된 성읍에서 날이 갈수록 기근이 더할 것은 당연한 일이다. 그렇지만 하나님은 그것을 그가 행하시는 일로 말씀하신다. "내가 기근을 더하여 너희가 의뢰하는 양식을 끊을 것이고, 목숨을 부지하는 데에 꼭 필요한 양식을 제거하여서, 너희가 의지하는 모든 것이 너희에게서 사라지게 할 것이기 때문에, 너희는 어쩔 도리 없이 땅에 엎드러지게 될 것이다." 목숨이라는 것은 깨지기 쉽고 약한 것이고, 일용할 양식이 없으면 목숨이 지탱될 수 없기 때문에, 양식이라는 지팡이가 부러지면 목숨도 곧 끊어지게 된다. 어떤 자들은 성을 포위한 갈대아 군대를 향하여 돌진해 들어갔다가 예루살렘 사방에서 칼에 엎드러질 것이다. 그것은 하나님이 보내시는 칼이다(17절). 하나님은 이전에는 예루살렘을 지키기 위하여 칼을 뽑아드셨는데, 이제는 예루살렘을 멸망시키기 위하여 칼을 뽑아드신다. 어떤 자들은 사나운 짐승들에게 잡혀 먹힐 것이다. 즉, 적을 피해서 광야나 사중으로 도망친 자들은 짐승들에게 변을 당하게 될 것이다. 그들은 피신처라고 생각했던 곳에서 죽음을 맞이하게 될 것이다. 왜냐하면, 하나님의 심판을 피할 길은 전혀 없기 때문이다(17절). 끝으로, 적을 피해 겨우 도망친 자들은 여러 나라들로 사방에 뿔뿔이 흩어지게 될 것이다(10, 12절). 이것은 그들이 이방 나라들로 흩어지게 될 뿐만 아니라 한 곳에 안정적으로 정착하지 못하고 **바람 앞에 겨**처럼 이리저리 떠돌아다니며 불안한 삶을 살게 되리라는 것을 의미한다. 그들에게는 하나님이 가인에게 내리셨던 저주(도망자와 떠돌이로 살아가야 하는 운명)만이 임하는 것이 아니라, 그것보다 더 나쁜 운명이 그들을 기다리고 있을 것이다. 그들의 불안한 삶은 결국 비명횡사 하는 것으로 끝나게 될 것이다. "내가 그들의 뒤를 따라 가며 칼을 **빼리라**(12절). 그들이 어디를 가든 칼이 그들의 뒤를 따라붙으리라." 재앙은 **죄인들을 따르고**(잠 13:21), 저주는 죄인들을 따라잡아 그들에게 임한다.

5. 이 징벌은 점차 그들의 멸망을 가져오게 되리라는 것. 그들은 미약하게 되어서(11절), 그들의 힘과 영광은 점점 더 약해질 것이다. 그들은 많은 사람들과 사별하게 될 것이고(17절), 그들의 기쁨이자 든든한 의지였던 모든 사람들이 그들을 떠나가게 될 것이다. 하나님은 의도적으로 이러한 심판들을 보내셔서 그들을 멸망시키실 것이다(16절). 하나님은 그들의 길을 인도하기 위해서 (요나단이 쏜 화살은 이런 목적을 위한 것이었다)가 아니라 그들을 멸망시키기 위하여 화살들을 보내실 것이다. 왜냐하면, 하나님은 그들을 향한 분을 이루시고자 하시기 때문이다(13절). 하나님이 인내하시던 날들은 다 지나갔고, 그들의 멸망은 돌이킬 수 없다. 이 예언은 얼마 후에 갈대아 군대에 의해서 예루살렘이 멸망당함으로써 이루어질 것이었음에도 불구하고, 여기에 하나님의 심판을 집행할 자의 이름은 거론되지 않고 오직 멸망당할 자의 이름만이 거론되고 있는 것을 볼 때(이것이 곧 예루살렘이라), 우리는 이 예언이 한 걸음 더 나아가서 하나님이 유대 민족을 완전히 끝장내시고서 그의 분을 그들 위에 머물게 하신 사건, 즉 로마인들에 의한 예루살렘의 최종적인 멸망을 내다보고 있는 것이라고 보는 것이 좋을 것 같다.

6. 하나님은 이 모든 말씀을 그의 권위와 참되심에 의거해서 확인하심. 나 여호와의 말이니라(15, 17절). 지금까지 나온 모든 것은 천지의 주재(Judge)이신 하나님이 내리신 판결이다. 하나님의 심판은 진리대로 되고(롬 2:2), 하나님의 손에 의한 심판은 그의 입에 의한 심판의 말씀대로 된다. 지금까지 나온 모든 말씀을 하신 분은 그런 일을 하실 수 있으신 하나님이시다. 왜냐하면, 하나님께는 불가능한 일이 없기 때문이다. 이 말씀을 하신 분은 반드시 그 말씀대로 행하실 것이다. 왜냐하면, 하나님은 사람이 아니시니 거짓말을 하지 않으시기 때문이다(민 23:19). 우리가 가장 진지한 마음으로 귀를 기울여 듣고서 순종하는 마음으로 동의해야 하는 그런 분이 이 말씀을 하셨다. 나 여호와가 말한 줄을 그들이 알리라(13절). 이런 말들은 단지 선지자가 일시적인 흥분 상태에서 자의적으로 한 말들일 뿐이라고 생각한 자들이 있었다. 그러나 하나님은 이 말씀을 다 이루심으로써 하나님이 친히 이것들을 그의 열심 가운데서 말씀하셨다는 것을 그들에게 알게 하실 것이다. 조만간에 하나님은 그가 친히 말씀하셨음을 증명하시리라는 것을 명심하라.

**제**
— **6** —
**장**

### 개요

이 장에는 다음과 같은 내용들이 나온다. I. 우상 숭배 때문에 이스라엘을 멸망시키실 것이고 그들과 함께 우상들도 멸하실 것이라는 경고(1-7절). II. 그들 중 남은 자들이 참된 회개 속에서 삶을 고치고 하나님께 돌아오게 하시겠다는 은혜로운 약속(8-10절). III. 에스겔 선지자를 비롯해서 여호와의 종들에게 이스라엘의 죄악들과 재난들을 애통해하라고 지시하심(11-14절).

¹여호와의 말씀이 내게 임하여 이르시되 ²인자야 너는 이스라엘 산을 향하여 그들에게 예언하여 ³이르기를 이스라엘 산들아 주 여호와의 말씀을 들으라 주 여호와께서 산과 언덕과 시내와 골짜기를 향하여 이같이 말씀하시기를 나 곧 내가 칼이 너희에게 임하게 하여 너희 산당을 멸하리니 ⁴너희 제단들이 황폐하고 분향제단들이 깨뜨려질 것이며 너희가 죽임을 당하여 너희 우상 앞에 엎드러지게 할 것이라 ⁵이스라엘 자손의 시체를 그 우상 앞에 두며 너희 해골을 너희 제단 사방에 흩으리라 ⁶내가 너희가 거주하는 모든 성읍이 사막이 되게 하며 산당을 황폐하게 하리니 이는 너희 제단이 깨어지고 황폐하며 너희 우상들이 깨어져 없어지며 너희 분향제단들이 찍히며 너희가 만든 것이 폐하여지며 ⁷또 너희가 죽임을 당하여 엎드러지게 하여 내가 여호와인 줄을 너희가 알게 하려 함이라

우리는 이 단락에서 다음과 같은 것들을 본다.

**I. 하나님이 선지자에게 이스라엘의 산들을 향하여 예언하라고 지시하심(1-2절).** 선지자는 그의 얼굴을 들어서 그 산들을 향하여야 했다. 만약 그가 아주 멀리 떨어져 있는 이스라엘 땅을 바라볼 수 있었다면, 저 멀리서 그 땅의 산들이 그의 시야에 가장 먼저 들어왔을 것이다. 그러므로 재판장이 판결을 내릴 때에 죄수를 똑바로 바라보고서 그 죄수를 향하여 판결을 선포하듯이, 에스겔 선지자는 이스라엘의 산들을 똑바로 바라보아야 했다. 이스라엘의 산들이 아무

리 높고 견고할지라도, 그는 그 산들을 똑바로 쳐다보고서 그 산들의 기초를 뒤흔들어 놓을 심판을 선포하여야 한다. 이스라엘의 산들은 거룩한 산들이었지만, 이제는 그들이 우상들을 섬기는 산당들로 그 산들을 더럽혀 놓았기 때문에, 하나님은 그 산들을 진노의 얼굴로 똑바로 쳐다보신다. 그러므로 선지자도 그렇게 하여야 한다. 여기에서 이스라엘은 열 지파로 이루어진 북왕국만이 아니라 이스라엘 족속 전체의 땅을 의미한다. 선지자는 이스라엘의 산들을 호출하여 주 여호와의 말씀을 들으라고 말하는데, 이것은 여호와의 말씀을 듣고자 하지 않는 이스라엘 백성들을 부끄럽게 하기 위한 것이다. 선지자들이 온종일 손을 벌렸어도, 패역하고 거슬러 말하는 백성은 전혀 귀를 기울이지 않았지만, 산들은 즉시 그들의 말에 귀를 기울인다. 너희 산들아 너희는 여호와의 변론을 들으라 (미 6:1-2). 우리가 듣든 안 듣든, 하나님의 말씀을 듣는 존재는 꼭 있는 법이다. 여호와의 말씀은 산들로부터 시작해서 언덕과 시내와 골짜기에까지 퍼져나간다. 왜냐하면, 주 여호와께서는 그것들을 향해서도 말씀하시고자 하시기 때문이다. 이것은 이스라엘의 온 땅이 지금부터 하나님이 하실 말씀에 동참하여서, 하나님이 이 백성에게 장차 임할 심판에 대하여 경고하셨지만 그들이 그 경고를 받아들이려 하지 않았다는 것을 증언해 줄 증인들이 되리라는 것을 보여준다. 아니, 이 백성은 단지 하나님의 경고의 말씀을 받아들이려 하지 않는 데서 그친 것이 아니라, 그 말씀을 반박하고, 말씀을 전한 자들을 박해하였다. 그러므로 하나님의 선지자들은 그들에게 말씀을 전할 때보다도 언덕들과 산들을 향하여 말씀을 전할 때에 더 안전하고 편안한 마음을 가질 수 있었을 것이다.

**II. 하나님이 이 예언을 통해서 경고하시는 것은 우상들과 우상 숭배자들이 둘 다 전쟁의 칼에 의해서 멸망을 당하게 되리라는 것이다.** 이스라엘의 산들을 치기 위한 이 원정(遠征)은 하나님이 친히 진두에서 지휘하실 것이다. 하나님은 나 곧 내가 칼이 너희에게 임하게 하리라(3절)고 말씀하신다. 갈대아 군대의 칼은 하나님의 명령을 따라 움직여서, 그가 보내시는 곳으로 가고, 그가 부르시면 오며, 그가 지시하시는 곳을 친다.

1. 모든 것을 황폐화시킬 이 전쟁을 통해서 우상들과 그 설비들이 파괴되리라는 것. 산꼭대기에 있던 산당들(3절)은 무너뜨려져서 황폐하게 되어(6절), 사람들이 다시는 그 곳들을 아름답게 장식하지도 않을 것이고 찾지도 않을 것이다. 사람들이 이방 신들에게 희생제물을 바치고 분향하던 제단들은 산산이 깨

뜨려져서 황폐하게 될 것이다. 신상들과 우상들이 훼손되고 도끼에 찍혀서 깨어져 없어지고, 우상 숭배와 관련해서 사람들이 만든 온갖 호화로운 것들이 다 폐하여질 것이다(4, 6절). 좀 더 살펴보자.

(1) 전쟁은 모든 것을 황폐화시키는 재앙을 가져오기 때문에, 가장 신성시되던 사람들이나 장소들이나 물건들도 예외가 될 수 없다는 것. 왜냐하면, 칼은 이 사람이나 저 사람이나 삼키기 때문이다.

(2) 하나님은 종종 우상 숭배자들의 손을 빌려서 우상 숭배를 멸하기도 하신다는 것. 갈대아 사람들은 우상을 숭배하는 자들로서 그들 자신의 나라의 신들은 지극히 숭배하였지만, 남의 나라의 신들은 대단히 멸시하였다.

(3) 우리가 우상으로 섬기는 것들을 하나님이 멸하시고 황폐하게 하시는 것은 의로운 일이라는 것. 왜냐하면, 하나님은 질투하시는 하나님이셔서 경쟁자를 용납하지 않으시기 때문이다.

(4) 사람들이 스스로 알아서 우상 숭배를 멸하지 않으면, 하나님이 언젠가는 그 우상 숭배를 멸할 길을 찾아내신다는 것. 요시야 왕이 산당들과 제단들과 신상들을 공의의 칼로 파괴하였었지만, 백성들은 그것들을 다시 세웠다. 그러나 하나님은 이제 그것들을 전쟁의 칼로 멸하실 것이다. 그러므로 우리는 감히 그것들을 다시 세울 마음을 먹지 않아야 한다.

2. 우상을 숭배하던 자들이나 우상을 좇던 모든 자들도 멸망을 당하게 되리라는 것. 그들의 모든 산당만이 아니라 그들이 거주하는 모든 성읍도 황폐하게 될 것이디(6절). 하나님의 처소를 더럽힌 사들은 하나님이 그들의 처소를 황폐하게 하실 것임을 각오하고 있어야 한다(5:11). 누구든지 하나님의 성전을 더럽히면 하나님이 그 사람을 멸하시리라(고전 3:17). 여기에서는 그들이 죽임을 당하여 엎드러지게 될 것이라고 경고한다(7절). 가장 안전할 것이라고 생각되던 곳들에서조차도 많은 사람들이 죽을 것이다. 그러나 이 말씀에는 그들이 그들의 우상 앞에 엎드러지게 될 것이고(4절) 그들의 죽은 시체들과 그들의 해골들이 그들의 제단 사방에 흩어질 것이라는 주목할 만한 상황이 덧붙여져 있다(5절).

(1) 그들의 우상들과 그들이 신성시하던 장소들이 죽은 시체들로 더럽혀지게 되리라는 것. 그들이 그들의 조각한 우상에 입힌 은을 더럽게 하지 않는다면, 하나님이 그렇게 하실 것이다(사 30:22). 시체들이 거름더미에 던져지듯이 우상들 가운데 던져지게 되리라는 것은 우상들은 거름더미에 불과한 것들임을

보여주는 것이다.

(2) 우상들은 죽은 것들에 지나지 않기 때문에 살아 계신 하나님과 경쟁하는 존재들이 될 수 없다는 것. 우상들은 눈이 있어도 보지 못하고 귀가 있어도 듣지 못하기 때문에 죽은 자들의 시체와 어울리는 것이 가장 적절하다.

(3) 우상들은 그 숭배자들을 도울 수 없다는 책망을 듣고, 우상 숭배자들은 어리석게도 그들을 도울 수도 없는 우상들을 의지한다는 책망을 들음. 왜냐하면, 그들은 실제로 그들의 우상 앞에서 도와 달라고 간청하며 우상들의 능력을 의지해서 보호를 받고자 했을 때에 적의 칼에 의해 엎드러진 것으로 보이기 때문이다. 산헤립은 자기 신 니스록의 신전에서 경배할 때에 그의 아들들에 의해서 죽임을 당하였다.

(4) 그들이 벌을 받은 이러한 상황은 그들이 어떤 죄를 지었는지를 말해준다는 것. 그들이 죽임을 당하여 우상들 앞에 던져진다는 것은 그들이 그 우상들을 섬겼기 때문에 죽임을 당한 것임을 보여주는 것이다(렘 8:1-2). 살아 남은 자들은 그 일을 보고서 우상을 숭배해서는 안 된다는 경고를 받아야 하고, 그 일을 보고서 이스라엘의 하나님이 여호와인 줄을 알아야 한다.

⁸그러나 너희가 여러 나라에 흩어질 때에 내가 너희 중에서 칼을 피하여 이방인들 중에 살아 남은 자가 있게 할지라 ⁹너희 중에서 살아 남은 자가 사로잡혀 이방인들 중에 있어서 나를 기억하되 그들이 음란한 마음으로 나를 떠나고 음란한 눈으로 우상을 섬겨 나를 근심하게 한 것을 기억하고 스스로 한탄하리니 이는 그 모든 가증한 일로 악을 행하였음이라 ¹⁰그 때에야 그들이 나를 여호와인 줄 알리라 내가 이런 재앙을 그들에게 내리겠다 한 말이 헛되지 아니하니라

이제까지는 심판이 승리를 해왔지만, 이 단락에서는 긍휼이 심판을 이기고 즐거워한다. 하나님의 진노를 불러일으킨 이 백성은 서글픈 종말을 맞이하였지만, 그것으로 모든 것이 완전히 끝장난 것은 아니었다. 모든 사람이 다 멸망을 받은 것처럼 보이지만, 내가 너희 중에서 살아 남은 자가 있게 할 것이다. 대다수의 백성들은 죽겠지만, 소수의 남은 자들은 살아 남게 될 것이다. 그들을 남겨 두시는 분은 하나님이시다. 이것은 이 남은 자들이 다른 죽은 자들과 마찬가지로 죽어 마땅한 자들이었고, 만약 하나님이 그들을 남겨두지 않으

셨다면 그들은 죽었을 것임을 의미하는 것이다(사 1:9). 하나님은 그의 은혜로 그들 가운데 역사하여 그 일부를 살려두셨다. 좀 더 자세하게 살펴보자.

**I. 그들은 대다수의 백성을 죽음에 몰아 넣은 멸망에서 건짐을 받고 살아 남은 자들이 되리라는 것**(8절).  내가 너희 중에서 칼을 피하여 살아 남은 자가 있게 할지라. 하나님은 흩어진 자들의 뒤를 따라 가며 칼을 빼리라(5:12)고 말씀하셨다. 그들이 어디로 흩어지든 멸망이 그들을 추격하리라는 것이다. 그러나 하나님은 진노 중에 긍휼을 잊지 않으시고, 흩어진 유대인들(나중에 그들은 이렇게 불렸다) 중 일부가 칼을 피하여 살아 남게 하실 것이다. 예루살렘 사방에서 칼에 엎드러진 자들은 한 사람도 칼을 피하지 못할 것이다. 왜냐하면, 그들은 예루살렘의 성벽을 피난처로 여겨서 의지하였고, 헛된 것을 의지한 것으로 인하여 부끄러움을 당하게 될 것이기 때문이다. 그러나 이방 나라들로 흩어진 자들 중 일부는 칼을 피하여 이방인들 중에 살아 남게 될 것인데, 이는 그들이 다른 모든 의지할 만한 것들을 다 빼앗긴 채 오직 하나님만을 의지할 것이기 때문이다. 본문은 그들이 피할 자들을 가지게 될 것이라고 말한다. 왜냐하면, 그 피한 자들은 또 다른 세대의 씨앗이 되어서, 그 다른 세대가 나중에 다시 예루살렘을 번성하게 할 것이기 때문이다.

**II. 그들은 회개하는 남은 자들이 되리라는 것**(9절).  너희 중에서 살아 남은 자가 나를 기억하리라. 하나님은 살아 남게 하실 자들에게 생명 얻는 회개를 할 마음을 주실 것임을 명심하라. 하나님은 그들이 그에게 돌아올 시간을 주시기 위하여 정의 집행을 연기하시고 그들로 칼을 피하여 살아 남게 하신다. 하나님의 인내는 회개할 말미를 주심과 동시에 죄인들에게 회개할 것을 격려하시는 것임을 명심하라. 하나님은 사람들에게 은혜를 주셔서 회개하게 하고자 하실 때에 그들에게 회개할 시간도 허락하신다. 그렇지만 회개할 시간이 많은데도 은혜를 받지 못하는 자들이 많고, 칼을 피하고서도 죄를 버리지 않는 자들이 많다. 여기에서 구원이 예정된 이 남은 자는 인류 전체 가운데서 긍휼의 기념비들로서 여기에 나오는 자들처럼 회개를 통하여 건짐을 받게 될 남은 자의 모형이다. 좀 더 자세하게 살펴보자.

1. 그들의 회개를 불러오게 될 상황. 그 상황은 심판과 긍휼이 혼합된 상황이 될 것이다. 즉, 그들은 포로로 사로잡혀 가서, 그들이 포로로 살아가는 땅에서 칼을 피하게 될 것이다. 그들은 그들의 땅에서는 쫓겨났지만, 다른 사람들처

럼 마땅히 그래야 함에도 불구하고 산 자들의 땅에서 쫓겨나거나 세상에서 쫓겨나지는 않았다(욥 18:18). 섭리의 의로운 책망들, 그리고 그 책망들 속에 섞여 있는 하나님의 긍휼을 생각할 때에 우리는 이러한 책망과 긍휼을 보내시는 하나님의 목적에 부응하여 마땅히 회개할 마음을 내야 한다는 것을 명심하라. 비록 우리가 환난이나 어려운 일들 때문에 회개에 이르게 되었다고 하더라도, 하나님은 우리의 참된 회개를 기쁘게 받으실 것이다. 아니, 므낫세의 경우처럼 하나님이 보내시는 환난들은 흔히 사람들이 회개하고 돌아오게 만드는 선한 수단이라는 것이 증명되었다.

2. 그들의 회개의 뿌리와 원리. 그들이 이방인들 중에 있어서 나를 기억하리라. 자기 땅에서 평안하고 형통하여 살찌고 비대하고 윤택했을 때에는 하나님을 잊어버리고 발로 찼던 그들은 포로로 잡혀간 땅에서 하나님을 기억하게 될 것이다. 탕자는 먼 타국에서 굶주림으로 죽어갈 처지가 되기 전까지는 아버지의 집이 결코 생각이 나지 않았다. 그들이 하나님을 기억하게 된 것은 그들이 하나님께로 돌아오기 위한 첫 걸음이었다. 죄를 지어 왔던 죄인들이 나를 지으신 하나님은 어디 계시냐고 물을 때에 일말의 소망이 그들에게 시작된 것임을 명심하라. 죄는 하나님을 잊은 데서 생겨나고(렘 3:21), 회개는 하나님, 그리고 그에 대한 우리의 본분들을 기억하는 데서 생겨난다. 하나님은 그들이 나를 기억하게 하실 것이라고, 즉 "내가 그들에게 은혜를 주셔서 나를 기억하게 하실 것"이라고 말씀하신다. 왜냐하면, 하나님이 그런 은혜를 주시지 않는다면, 그들은 영원히 그를 잊고 살게 될 것이기 때문이다. 하나님의 그 은혜는 그들이 어디에 있든 그들을 찾아내어서, 하나님을 그들의 마음에 떠오르게 함으로써 그들로 제정신이 들게 하실 것이다. 탕자는 아버지를 기억하였을 때에 자기가 하늘과 아버지께 죄를 지었다는 것을 기억하였다. 여기에 나오는 회개하는 자들도 그럴 것이다.

(1) 그들은 그들의 우상 숭배로 하나님을 얼마나 천박하게 모독하였는지를 기억하리라는 것. 이것은 진정한 회개라면 반드시 떠올려서 가장 서글프게 한탄해야 하는 그런 것이다. 그들은 하나님을 떠나 우상들에게로 가서, 신(神)들인 체 가장했지만 사실은 사람들의 생각 속에서 만들어내었고 사람들의 손으로 만든 것들에 불과한 우상들에게 오직 이스라엘의 하나님께만 드려야 할 경배의 예(禮)를 드렸었다. 그들은 하나님을 떠났고, 그들의 준칙으로 삼았어야

할 하나님의 말씀에서 떠났으며, 그들의 일로 삼았어야 할 하나님의 일에서 떠났다. 그들의 마음이 하나님을 떠났다. 하나님은 우리의 마음을 원하시기 때문에, 마음이 없이 몸만 활동하는 것은 유익이 없다. 하나님은 우리에게 마음을 다하여 그를 섬기라고 하시는데, 그 마음이 하나님을 떠난 것은 아내가 남편을 버리고 정부(情夫)와 함께 도망치거나 신하가 주군에게 반기를 들어 반역한 것과 같다. 또한, 그들의 눈도 그들의 우상을 따라갔다. 그들은 우상들에게 홀딱 빠져서 우상들에게 큰 기대를 걸었다. 그들은 그들이 섬길 신들을 선택함에 있어서 그들의 눈을 따랐고(즉, 그들은 눈으로 볼 수 있는 신들을 원하였다), 그런 후에 우상들을 경배함에 있어서 그들의 눈은 그들의 마음을 따랐다. 이 죄가 지닌 악성(惡性)은 그것이 영적인 간음이라는 사실에 있다. 하나님을 떠난 것은 음란한 마음이었고, 바람이 나서 우상을 따라 간 것은 음란한 눈이었다. 우상 숭배는 영적인 간음이라는 것을 명심하라. 그것은 하나님과의 혼인 계약을 파기하는 것이다. 그것은 하나님과 경쟁하는 존재에게 애정을 주는 것이고, 영혼을 속이며 더럽히고 하나님의 영광에 큰 해를 끼치는 더러운 정욕에 빠지는 것이다.

(2) 그들은 우상 숭배가 하나님께 얼마나 큰 근심이었을지, 하나님이 우상 숭배를 얼마나 미워하셨을지를 기억하게 되리라는 것. 그들은 이러한 영적인 간음으로 가득한 그들의 음란한 마음과 눈으로 하나님을 근심하게 하였다는 것, 몹시 사랑하는 아내가 바람이 나서 정부를 따라갔을 때처럼 그들의 그런 모습을 보고서 하나님은 화가 나셨을 뿐만 아니라 억장이 무너졌다는 것을 기억하게 될 것이다. 하나님은 그들이 그를 그토록 기만적으로 대한 것을 생각하실 때에 그 마음이 찢어지게 아프실 수밖에 없다. 하나님은 나이든 아버지가 말을 듣지 않는 패륜아의 불효한 행실을 보고서 가슴이 메어지게 아프듯이 그렇게 가슴 아파하시며 근심하신다. 내가 사십 년 동안 그 세대로 말미암아 근심하였다(시 95:10). 하나님의 인내의 한도가 넘어 버렸다(어떤 이들은 이렇게 읽는다). 그들을 향하여 흘러가던 하나님의 은총이 중단되었고, 하나님은 그들을 벌하지 않으실 수 없게 되었다. 그들이 회개하는 날에 그들은 이것을 기억하게 될 것이다. 그들의 평화가 깨졌고 그들의 나라가 깨졌다는 것보다도 그들의 죄 때문에 하나님의 마음이 찢어졌다는 사실이 그 어떤 것보다도 그들의 마음을 아프게 하고 그들이 낮아지는 계기로 작용하게 될 것이다. 이렇게 해서 그들이 그

찌른 바 그를 바라보고 그를 위하여 애통하게 될 것이다(슥 12:10). 진심으로 회개하는 자의 마음을 가장 아프게 하는 것은 그의 죄 때문에 하나님과 성령이 근심하셨다는 사실이 될 것임을 명심하라.

3. 그들의 회개의 결과와 증거. 그들은 그들의 모든 가증한 일로 악을 행한 것에 대하여 스스로 한탄하고 그들 자신이 싫어서 어쩔 줄 모르게 될 것이다. 이렇게 하나님은 그들이 죄를 용서받고 구원을 받을 자격을 갖추도록 그들에게 은혜를 주실 것이다. 하나님은 그들의 음란한 마음 때문에 그 가슴이 찢어지게 근심하셨지만 결코 그들을 버리지는 않으실 것이다(사 57:17-18; 호 2:13-14). 하나님의 선하심은 그들의 악함 때문에 더욱 빛나 보이게 될 것이다.

(1) 진심으로 회개하는 자들은 죄가 가증스러운 일이라는 것, 여호와께서 미워하시는 가증한 일, 죄인들과 그들의 섬김조차도 하나님께 악취가 나게 만드는 것임을 안다(렘 44:4; 사 1:11). 죄는 죄인의 양심을 더럽히고, 그를 그 자신에게 가증스러운 존재로 만든다(그의 감각이 마비되어 있지 않다면 그렇게 느낄 것이다). 우상은 특히 가증한 물건이라 불린다(사 44:19). 죄인들의 마음을 즐겁게 해주고 만족시켜 준 것들은 회개한 자들의 마음에는 가증스럽고 역겨운 것들로 변한다.

(2) 이 가증한 일 속에서 많은 악들이 행해진다. 가증한 일 속에는 많은 악들이 포함되어 있고, 많은 범죄들이 하나의 죄에서 파생되어 흘러나온다(레 16:21). 그들은 우상 숭배를 행하면서 간음을 행하기도 하였고(브올을 숭배한 때처럼) 살인을 행하기도 하였다(몰록을 숭배한 때처럼). 그러한 것들은 그들의 가증한 일 속에서 자행된 악들이었다. 또는, 이것은 죄 속에 들어 있는 큰 악성(惡性)을 의미할 수도 있다. 가증한 일 속에는 많은 악이 들어 있다.

(3) 진심으로 죄를 혐오하는 자들은 죄를 지은 자기 자신을 혐오할 수밖에 없다. 자신에 대한 혐오는 언제나 참된 회개의 동반자이다. 회개하는 자들은 자기 자신과 싸우고 다투는 자들이기 때문에, 하나님이 그들과 화해하시리라는 소망을 품을 어떤 근거를 갖기 전까지는 결코 자기 자신과 화해할 수 없다. 아니, 하나님이 그들과 화해하러 오시면, 그들은 부끄러워서 차마 고개를 들지 못할 것이다(16:63).

4. 그들의 회개로 말미암아 하나님이 받게 되실 영광(10절). "그들이 나를 여호와인 줄 알리라. 그들은 경험을 통해서 그것을 확신하고서 기꺼이 그렇게 고

백하게 될 것이다. 또한, 그들은 내가 말한 것이 다 이루어졌고 모든 것이 합력하여 선을 이루게 하기 위하여 그렇게 한 것임을 알고서, 내가 이런 재앙을 그들에게 내리겠다 한 말이 헛되지 아니하였다는 것과 내가 그렇게 경고하고 그렇게 벌을 내린 것이 의로운 진노 때문이었다는 것도 인정하게 될 것이다." 좀 더 살펴보자.

(1) 하나님은 그들의 회개를 통해서이든 그들의 멸망을 통해서이든 죄인들로 하여금 이런저런 방식으로 그가 여호와이신 줄을 알고 시인하게 만드실 것이다.

(2) 진심으로 회개하는 모든 자들은 하나님의 말씀, 특히 경고의 말씀이 옳았고 그대로 이루어졌다는 것을 인정하고서, 하나님이 그렇게 하신 것이 옳으셨다는 것을 인정하게 된다.

[11]주 여호와께서 이같이 이르시되 너는 손뼉을 치고 발을 구르며 말할지어다 오호라 이스라엘 족속이 모든 가증한 악을 행하므로 마침내 칼과 기근과 전염병에 망하되 [12]먼 데 있는 자는 전염병에 죽고 가까운 데 있는 자는 칼에 엎드러지고 남아 있어 에워싸인 자는 기근에 죽으리라 이같이 내 진노를 그들에게 이룬즉 [13]그 죽임 당한 시체들이 그 우상들 사이에, 제단 사방에, 각 높은 고개 위에, 모든 산 꼭대기에, 모든 푸른 나무 아래에, 무성한 상수리나무 아래 곧 그 우상에게 분향하던 곳에 있으리니 내가 여호와인 줄을 너희가 알리라 [14]내가 내 손을 그들의 위에 펴서 그가 사는 온 땅 곧 광야에서부터 디블라까지 황량하고 황폐하게 하리니 내가 여호와인 줄을 그들이 알리라

우리가 앞 장과 이 장의 앞 부분에서 보았던 것과 동일한 경고의 말씀이 여기에서 선지자에게 슬퍼하라는 지시와 함께 다시 반복되어 나오는데, 이는 백성들로 하여금 이 경고의 말씀을 다시 한 번 듣고서 더욱 마음에 감화를 받도록 하기 위한 것이다.

**I. 선지자는 말씀을 전할 때에 여러 가지 몸짓을 통해서 그가 이스라엘 족속의 죄악들과 그들에게 임할 재난들에 대하여 얼마나 안타까운 마음을 지니고 있는지를 나타내 보여야 한다는 것**(11절). 너는 손뼉을 치고 발을 구르며 말할지어다. 이렇게 해서 그는 그가 그들에게 전하는 것이 진심이라는 것과 그 말씀

을 굳게 믿고 마음에 새기고 있다는 것을 나타내 보여야 한다. 이렇게 해서 그는 그들의 죄에 대하여 그가 합당한 분노를 품고 있다는 것과 그들에게 닥칠 심판에 대하여 합당한 두려움을 지니고 있다는 것을 나타내 보여야 한다. 어떤 이들은 이러한 몸짓이 괴상하고 우스꽝스러워 보인다는 이유로 그런 몸짓을 사용하기를 거부하려고 할지도 모른다. 그러나 하나님은 선지자가 전하는 말씀에 그들이 더 주목하여 집중할 수 있도록 하기 위하여 그에게 그런 몸짓을 사용하도록 명령하신다. 영혼이 얼마나 귀한지를 아는 자들은 그들이 하는 몸짓이 아무리 사람들의 비웃음을 살 만한 것이라고 하여도 그렇게 해서 약한 자들이 덕 세움을 받을 수만 있다면 기꺼이 그렇게 하고자 할 것이다. 선지자는 여기에서 두 가지를 애통해하며 슬퍼한다.

1. 민족적인 죄들. 오호라 이스라엘 족속이 모든 가증한 악을 행한 것이 정말 슬프다. 죄인들이 저지른 죄악들, 특히 이스라엘 족속의 모든 가증한 악들은 하나님의 신실한 종들의 슬픔일 수밖에 없다는 것을 명심하라. 이스라엘이 범한 죄악들은 다른 사람들의 죄악보다 더 많은 악을 포함하고 있어서 더욱 가증스럽기 때문이다. 그 결국이 어떻게 될지를 생각하면 정말 슬프다.

2. 민족적인 심판. 그들의 이러한 가증한 악들에 대한 벌로 그들은 칼과 기근과 전염병에 망할 것이다. 우리 자신의 죄와 고난만이 아니라 다른 사람들의 죄와 고난에 대해서도 가슴 아파하는 것이 우리의 도리(道理)라는 것을 명심하라. 그리스도께서 예루살렘을 보시고 우셨던 것처럼, 우리도 악인들이 스스로 자초하는 참상들을 볼 때에 가슴 아파하여야 한다.

**II. 선지자는 그가 전에 전했던 것, 즉 그들에게 멸망이 임할 것임을 되풀이해서 역설해야 한다는 것.**

1. 그들은 여러 가지 심판으로 유린당하고 멸망하게 되리라는 것. 그 심판들은 그들이 어디에 있든지 그들을 쫓아가서 찾아낼 것이다(12절). 먼 데 있는 자, 즉 갈대아 군대의 화살이 닿지 않는 곳에 있어서 위험을 벗어났다고 생각하는 자는 그들이 밤낮을 가리지 않고 날아드는 하나님의 화살이 닿지 않는 곳에 있지 않다는 것을 발견하게 될 것이다(시 91:5). 그는 전염병에 죽을 것이다. 가까운 데 있는 자, 즉 그에게 안전한 곳이 되기를 소망하며 견고한 요새 가까이 있는 자는 후퇴하기 전에 칼에 엎드러질 것이다. 신중히 행하여 감히 앞에 나서지 않고 성중에 남아 있는 자는 거기에서 가장 비참한 죽음인 기근에 죽을 것이

다. 하나님은 이같이 그의 진노를 그들에게 이루실 것이다. 즉, 하나님은 그가 행하고자 하셨던 모든 심판을 그들에게 행하실 것이다.

2. 그들은 그들이 받는 징벌 속에서 그들이 무슨 죄를 지었는지를 읽게 되리라는 것. 왜냐하면, 앞에서 이미 경고하였듯이(5-7절), 그 죽임 당한 시체들이 그 우상들 사이에, 제단 사방에 있을 것이기 때문이다. 하나님은 그들이 무릎을 꿇고 그들의 우상들을 경배하였던 바로 그 곳에서 그들로 하여금 죽임을 당하게 하심으로써 그들과 그들의 우상들을 수치스럽게 하실 것이다. 그들은 우상들 사이에서 살았지만, 결국 우상들 사이에서 죽게 될 것이다. 그들은 우상들에게 분향하여 향기로움을 선사하였지만, 결국에는 바로 그 곳에서 죽은 시체가 되어 마치 이전에 그들이 잘못된 곳에 분향을 드렸던 것을 속죄라도 하려는 듯이 거기에서 역겨운 냄새를 풍기게 될 것이다.

3. 온 땅이 앞서 성읍들과 마찬가지로(6절) 황폐하게 되리라는 것(14절). 내가 온 땅을 황폐하게 하리라. 여호와의 동산 같아서 온 세상의 영광이었던 저 비옥하고 살기 좋은 땅이 디블라 부근의 광야보다 더 황량하고 황폐하게 될 것이다. 이 광야는 디블라다임이라 불리는 곳으로서(민 33:46; 렘 48:22) 불뱀과 전갈이 있는 광대하고 위험한 광야로 묘사된다(신 8:15). 가나안 땅은 이 세상에서 가장 황폐화한 불모지 중의 하나가 될 것이다. 성읍이나 시골이나 사람들이 살지 않게 되어서 제단이 깨어지고 황폐하게 될 것이다(6절). 우상을 숭배하는 제단들을 그대로 남겨두느니 차라리 성읍이나 시골이 폐허로 변하는 것이 더 낫다. 죄는 모든 것을 황폐화시킨다. 그러므로 너희는 떨며 범죄하지 말지어다(시 4:4).

# 제 7 장

## 개요

이 장에는 이스라엘 땅의 멸망이 다가오고 있다는 것이 흔히 등장하는 애절한 표현들로 아주 자세하게 예언되고 있는데, 이것은 가능하다면 그들이 회개하고 정신을 차려서 그 멸망을 막을 수 있도록 하기 위한 것이다. 선지자는 그들에게 다음과 같은 것들을 전하여야 한다. I. 그것은 그들에게 비참한 종말을 가져다 줄 최종적인 멸망, 완전하고 철저한 멸망이 되리라는 것(1-6절). II. 그것은 지금 문 앞에 다가와 있는 멸망이라는 것(7-10절). III. 그것은 그들의 죄로 말미암아 자초한 것이기 때문에 피할 수 없는 멸망이라는 것(10-15절). IV. 그들의 부강함이 그 멸망을 막아주지 못하리라는 것(16-19절). V. 그들이 의지하던 성전도 파괴되리라는 것(20-22절). VI. 그들의 죄가 민족적인 것이었기 때문에 그 멸망도 민족적인 것이 되리라는 것(23-27절).

[1]또 여호와의 말씀이 내게 임하여 이르시되 [2]너 인자야 주 여호와께서 이스라엘 땅에 관하여 이같이 말씀하셨느니라 끝났도다 이 땅 사방의 일이 끝났도다 [3]이제는 네게 끝이 이르렀나니 내가 내 진노를 네게 나타내어 네 행위를 심판하고 네 모든 가증한 일을 보응하리라 [4]내가 너를 불쌍히 여기지 아니하며 긍휼히 여기지도 아니하고 네 행위대로 너를 벌하여 네 가증한 일이 너희 중에 나타나게 하리니 내가 여호와인 줄을 너희가 알리라 [5]주 여호와께서 이같이 이르시되 재앙이로다, 비상한 재앙이로다 볼지어다 그것이 왔도다 [6]끝이 왔도다, 끝이 왔도다 끝이 너에게 왔도다 볼지어다 그것이 왔도다 [7]이 땅 주민아 정한 재앙이 네게 임하도다 때가 이르렀고 날이 가까웠으니 요란한 날이요 산에서 즐거이 부르는 날이 아니로다 [8]이제 내가 속히 분을 네게 쏟고 내 진노를 네게 이루어서 네 행위대로 너를 심판하여 네 모든 가증한 일을 네게 보응하되 [9]내가 너를 불쌍히 여기지 아니하며 긍휼히 여기지도 아니하고 네 행위대로 너를 벌하여 너의 가증한 일이 너희 중에 나타나게 하리니 나 여호와가 때리는 이임을 네가 알리라 [10]볼지어다 그 날이로다 볼지어다 임박하도다 정한 재앙이 이르렀으니 몽둥이가 꽃이 피며 교만이 싹이 났도다 [11]포학

이 일어나서 죄악의 몽둥이가 되었은즉 그들도, 그 무리도, 그 재물도 하나도 남지 아니하며 그 중의 아름다운 것도 없어지리로다 ¹²때가 이르렀고 날이 가까웠으니 사는 자도 기뻐하지 말고 파는 자도 근심하지 말 것은 진노가 그 모든 무리에게 임함이로다 ¹³파는 자가 살아 있다 할지라도 다시 돌아가서 그 판 것을 얻지 못하리니 이는 묵시가 그 모든 무리에게 돌아오지 아니하고, 사람이 그 죄악으로 말미암아 자기의 목숨을 유지할 수 없으리라 하였음이로다 ¹⁴그들이 나팔을 불어 온갖 것을 준비하였을지라도 전쟁에 나갈 사람이 없나니 이는 내 진노가 그 모든 무리에게 이르렀음이라 ¹⁵밖에는 칼이 있고 안에는 전염병과 기근이 있어서 밭에 있는 자는 칼에 죽을 것이요 성읍에 있는 자는 기근과 전염병에 망할 것이며

우리는 여기에서 빠르게 다가오고 있던 이스라엘 땅의 멸망에 대한 경고가 공정하게 주어지고 있는 것을 본다. 하나님은 선지자를 통해서 그 멸망을 통지해 주실 뿐만 아니라, 그 일이 확실하고 가깝다는 것을 보여주기 위해서 동일한 표현들을 사용하여 반복적으로 역설하시고, 선지자 자신이 그 일을 애통해하는 것을 보여주심으로써 그들도 그렇게 하라고 권하시지만, 그들은 우둔하여 들으려 하지 않고 아무런 감화도 받지 않는 모습을 보인다. 시내에 불이 나면, 사람들은 그것을 표현할 고상한 단어들을 찾느라 고심하는 것이 아니라 거리로 뛰쳐나가서 큰 소리로 "불이야, 불이야"라고 울부짖으며 외치듯이, 선지자는 여기에서 끝났도다 끝났도다 끝이 왔도다 그것이 왔도다 들을 귀 있는 자는 들으리고 외친다.

**I. 끝이 왔도다 끝이 왔도다**(2-3, 6절).    이제는 네게 끝이 이르렀다. 그들의 모든 악이 결국 도달하게 되어 있는 끝, 하나님이 그의 선지자들을 통해서 그들에게 너희의 결국이 어떻게 되겠느냐고 반문하곤 하셨던 바로 그 끝이 이르렀다. 앞서 있었던 모든 심판들이 지향해 왔던 바로 그 끝(그들의 멸망은 이러한 심판들의 완성이 될 것이다), 대홍수가 모든 혈육 있는 자의 끝이었던 것처럼(창 6:13) 그들의 나라의 최종적인 멸망을 의미하는 끝이 이르렀다. 그들은 그들의 환난의 끝을 머지않아 보게 될 것이라는 소망을 품고 스스로를 위로하였었다. 하나님은 이렇게 말씀하신다. "그래, 끝이 왔다. 그러나 그것은 너희가 기대했던 끝(그들 중 경건한 남은 자에게는 이것이 약속된다, 렘 29:11)이 아니라 비참한 끝이다. 그것은 내가 너희에게 자주 경고해 왔던 바로 그 끝, 모세가 너희

에게 분별하기를 바랐던 바로 그 끝이다(신 32:29). 그것을 기억하지 않았기 때문에, 예루살렘은 놀랍도록 낮아졌다(애 1:9)." 이 끝이 오는 데에는 오랜 시간이 걸렸지만, 이제는 그것이 왔다. 죄인들의 멸망은 느리지만 확실하게 오는 법이다. "끝이 왔다. 그것이 너를 받기 위해서 너를 지켜보고 있다." 이것은 아마도 로마인들에 의한 이스라엘 민족의 최종적인 멸망을 내다보고 있는 것 같다. 갈대아 사람들에 의한 멸망은 그것의 전조에 불과한 것이었다. 또한, 이것은 더 나아가서 불경건한 자들의 세상이 최종적으로 멸망할 것을 내다보고 있다. 만물의 마지막이 가까이 왔다(벧전 4:7). 예루살렘의 끝은 세상 끝의 모형이었다(마 24:3). 우리가 시간과 날들의 끝이 아주 가까이 있고, 우리 자신의 시간과 날들의 끝이 더욱더 가까이 있다는 것을 확실하게 볼 수 있다면, 우리는 끝날에 복된 운명을 확보할 수 있을 것이다(단 12:13). 이 끝이 이 땅 사방에 왔도다. 이 멸망은 최종적인 것이 될 것임과 동시에 총체적인 것이 될 것이다. 이 땅의 그 어떤 곳도 이 멸망을 피하지 못할 것이다. 아무리 후미진 곳도 예외가 되지 않을 것이다. 세상의 멸망도 그럴 것이다. 세상에 있는 모든 것들이 다 풀어져 사라지게 될 것이다. 죄인들의 멸망도 그럴 것이다. 아무도 그 멸망을 피할 수 없다. 악인들은 그들이 저지른 악이 그들에게 끝을 가져다 주기 전에 그들의 악을 끝내는 것이 좋다.

**Ⅱ. 재앙이로다, 비상한 재앙이로다 볼지어다 그것이 왔도다**(5절).　죄는 그 속에 선한 것이 아무것도 없는 재앙, 비상한 재앙이다. 죄는 모든 재앙 가운데서 가장 악한 재앙이다. 그러나 여기에서 말하는 것은 환난의 재앙이다. 그것은 하나의 재앙이지만, 그 재앙은 온 나라를 완벽하게 멸망시키기에 충분한 재앙이 될 것이다. 그렇게 하기 위해서 많은 재앙이 필요하지 않다. 이 재앙이 이 나라를 온전히 멸할 것이기 때문에, 재난이 다시 일어날 필요가 없다(나 1:9). 그것은 전례나 유례가 없는 재앙, 홀로 우뚝 솟아 있는 재앙이 될 것이다. 우리는 그와 같은 또 다른 재앙의 예를 제시할 수 없을 것이다. 그것은 회개하지 않는 자들에게 재앙, 비상한 재앙이 될 것이다. 그 재앙은 그들의 마음을 완악하게 하고 그들의 부패한 성품을 자극하여 분노하게 만들 것이지만, 회개한 자들에게는 하나님의 은혜로 말미암아 거룩하게 되는 수단이 되고 많은 유익을 가져다 주는 수단이 될 것이다. 하나님은 경건한 자들을 그들의 유익을 위하여 바벨론으로 보내셨다(렘 24:5). 악인들은 하나님의 진노의 잔을 그 찌꺼기까지 다 마셔야

하지만, 의인들에게 그 잔은 긍휼이 가득 섞인 잔이다(시 75:8). 동일한 환난이 우리가 그 아래에서 어떻게 행동하고 그것을 어떻게 활용하느냐에 따라서 우리에게 절반의 재앙이 되기도 하고 비상한 재앙이 되기도 한다. 그러나 악한 세상에 끝이 왔을 때에 그것은 비상한 재앙이 되고, 그 이전의 것들은 비상한 재앙이 되지 않는다. 이 세상에서 이루어지는 심판들은 아무리 극심한 것이라고 할지라도 다 완화된 것들이다. 그러나 장차 저주 받은 자들이 당할 고통은 재앙, 비상한 재앙이 될 것이다.

**III. 이 비상한 재앙이 임하여 온전한 끝을 내도록 정해진 때가 이르렀다.** 하나님의 모든 목적에는 미리 정해진 합당한 때가 있고, 그 때에 그 목적은 이루어질 것이기 때문이다. 특히, 악한 자들을 벌하실 때, 그들을 그들의 행위에 따라 보응하실 때, 즉 하나님의 의로우신 심판이 나타나는 그 날(롬 2:5)은 정해져 있다. 우리가 알든 모르든, 하나님은 그의 날이 오고 있다는 것을 알고 계신다. 하나님은 여기에서 이것을 거듭거듭 반복해서 말씀하신다(10절). 볼지어다 그토록 오랫동안 지체되었던 그 날이로다 볼지어다 마침내 그 날이 왔도다. 때가 이르렀고 날이 가까웠으니 요란한 날이로다(7, 12절). 하나님이 경고하신 심판은 비록 오랫동안 지체될 수는 있지만 폐기되지는 않는다. 그 심판이 집행될 때가 올 것이다. 하나님은 오래 참으셔서 심판을 연기하실 수 있지만, 사람이 진실하게 회개하고 삶을 고치는 것 외에는 하나님의 심판을 막을 수 있는 것은 없다. 정한 재앙이 네게 임하도다(7절). 정한 재앙이 이르렀다(10절). 환난의 날이 밝았고, 멸망의 날이 이미 시작되었다. 아침은 감춰져 있던 것을 드러낸다. 그들은 그들이 저지른 은밀한 죄들이 결코 빛으로 드러나지 않을 것이라고 생각하였지만, 이제 그 은밀한 죄들이 백일하에 드러나게 될 것이다. 그들은 날이 밝는 아침에 행악자들을 심문하고 처형하곤 했는데, 이제 그러한 심판과 처형의 아침이 그들에게 밝아 오고 있고, 죄인들에게 요란한 날, 그들을 벌할 해가 밝아 오고 있다. 그들이 멸망할 날이 이미 시작되었는데도 그들은 그 사실을 알지 못하였고, 하나님이 이렇게 그들에게 반복해서 그 사실을 말씀해 주셨어야 했으니, 이 백성의 우둔함이 얼마나 심했는지를 보라. 제대로 된 환난의 날이 가까웠으니, 그 날은 산에서 즐거이 부르는 날이 아니로다. 즉, 그들은 그것이 단순히 환난에 관한 소문이나 소식이 되기를 바라겠지만, 그것은 근거 없는 희망사항이 될 것이다. 스불이 가알에게 그들을 치러 온 사람들을 단지 산 그림자일 뿐이라고 말했던 것처럼(삿 9:36), 그들은 그들이 전해 들은 정보를 산에서 울려 퍼지는 메아리 소리에 불과한 것이라고 생각하고 싶어할 것이지만, 결코 그렇게 되지 않을 것이다. 그들에게 닥칠 환난은 꾸며낸 이야기가 아니라는 것을 그들은 곧 알게 될 것이다.

**IV. 이 모든 것은 하나님의 진노로부터 온다.** 이번의 진노는 종종 그랬던 것과는 달리 긍휼이 조금도 섞여 있지 않은 진노, 긍휼로 완화되지 않은 진노가 될 것이다. 하나님의 진노는 이 모든 재난이 흘러나오는 샘이다. 하나님의 진노는 고초와 재난을 더 쓰게 만드는 쑥과 담즙이다. 내가 내 진노를 네게 나타내리라(3절). 하나님은 진노의 여호와이시라는 것을 주목하라. 하나님의 진노는 그가 기뻐하시는 때가 아니면 나타나지 않고, 그가 명령하시고 위임하신 때 외에는 나타나지 않는다. 하나님의 진노에 대한 표현은 더욱 격해진다(8절). 이제 내가 속히 분을 맹렬하게 네게 쏟고 내 진노와 그 진노로 인하여 내가 이루고자 하는 모든 목적을 네게 이루리라. 이 진노는 여기저기에서 한 사람씩을 골라내어 본보기로 그들에게 임하는 것이 아니라, 그 모든 무리에게 임할 것이다(12, 14절). 이스라엘 민족 전체가 멸하기로 준비된 진노의 그릇이 되었다. 하나님은 종종 진노 가운데서 긍휼을 기억하시지만, 여기에서는 내가 너를 불쌍히 여기지 아니하며 긍휼히 여기지도 아니하리라고 말씀하신다(4, 9절). 하나님이 긍휼을 주셨는데도 그 긍휼을 가볍게 여긴 자들은 긍휼 없는 심판을 받게 될 것이다.

**V. 이 모든 것은 그들의 죄악에 대한 의로운 심판이고, 그들 자신의 어리석음으로 인해서 스스로 자초한 것이다.** 그들이 결국 하나님이 그들에게 이렇게 행하신 것이 옳았다는 것을 인정하게 되리라는 것이 여기에서 강조되고 있다. 하나님이 지혜와 공의에 근거하지 않고 그의 진노를 보내시는 일은 결코 없다. 따라서 다음과 같은 말씀이 이어진다. "내가 네 행위를 따라 너를 심판하리라(3절). 내가 네 행위들이 어떠했는지를 검토하고 그 행위들을 율법과 비교해 본 후에 그 공과(功過)에 따라서 너를 처리하고 거기에 따라 네게 보응하리라(4절)." 아무리 극심한 심판일지라도 하나님은 죄인들에게 그들의 행위들을 따라 보응하시는 것뿐임을 명심하라. 그들은 그들 자신이 마련해 놓은 회초리로 매를 맞는 것일 뿐이다. 또한, 하나님은 죄악된 자들을 벌하실 때에 그들의 모든 도발에 대하여 책임을 물으실 것이다. "내가 네 모든 가증한 일을 보응하리라(3절). 이제 네 죄악이 미워함을 받게 되리라(시 36:2). 네 가증한 일이 너희 중에 나

타나게 하리라(4절)." 즉, 그들의 은밀한 악이 이제 드러나서, 전에는 생각지도 않았던 그러한 악이 그들 가운데 있었다는 것이 드러나게 되리라는 것이다. 이제 그들의 죄가 그들 자신에게 가증한 일이 될 것이다. 죄악의 가증한 것은 그것이 멸망의 가증한 것이 될 때에 그들 자신에게도 몸서리치는 가증한 것이 될 것이다(마 24:15). 또는, 네 가증한 일(즉, 가증한 일들에 대한 징벌들)이 네 가운데 있으리라. 그 징벌들이 네 마음에까지 미칠 것이다(렘 4:18). 또는, 하나님이 그들에게 그들의 행위대로 벌하시고 계셔서 그들이 곤고할 때에도 여전히 더욱 범죄하기 때문에, 하나님은 그들을 불쌍히 여기지 아니하며 긍휼히 여기지도 아니하실 것이다. 그들의 가증한 일들이 여전히 그들 가운데 있고, 그들의 마음속에 자리잡고 있다. 이것은 다시 반복된다(8-9절). 내가 너를 심판하여 네게 보응하리라. 하나님의 진노를 불러일으켜서 심판을 초래한 두 가지 죄가 특히 구체적으로 언급되고 있는데, 그것은 교만과 압제이다.

1. 그들이 스스로를 높였기 때문에, 하나님은 심판을 통해서 그들을 낮추시리라는 것. 교만이 싹이 났기 때문에 환난의 몽둥이가 꽃이 피었다(10절). 죄 가운데서 싹이 난 것은 이런저런 심판이라는 꽃을 피우게 될 것이다. 유다와 예루살렘의 교만은 봄이 오면 나무에 싹이 나듯이 모든 계층과 부류의 사람들 가운데서 나타났다.

2. 그들이 서로를 가혹하게 대하였기 때문에, 그들의 원수들도 그들을 가혹하게 대하리라는 것(11절). 포학이 일어나서 죄악의 몽둥이가 되었다. 즉, 그들이 서로에게 해악을 끼쳐도 방백들은 그 권세로 그들을 비호해 주었다는 것이다. 통치권을 상징하던 지팡이가 죄악의 몽둥이로 변해 버렸고, 그러한 변질이 일어난 정도만큼 포학이 생겨났다. 내가 보건대 재판하는 곳 거기에도 악이 있고 정의를 행하는 곳 거기에도 악이 있도다(전 3:16; 사 5:7). 하나님의 심판의 열매들이 무엇이든지 간에, 우리의 죄가 그 열매들의 뿌리라는 것은 확실하다.

**VI. 이 심판을 피하거나 막을 길은 없다.** 왜냐하면, 이 심판은 도처에 행해져서 모든 것을 돌이킬 수 없을 정도로 무너뜨릴 것이기 때문이다.

1. 죽음이 여러 가지 형태로 성읍에서든 시골에서든, 성내에서든 성 밖에서든 기승을 부리게 되리라는 것(15절). 사람들은 그 어디에서도 안전하지 못할 것이다. 왜냐하면, 밭에 있는 자는 칼에 죽을 것이요(모든 들판이 그들에게 전쟁터가 될 것이다) 성읍에 있는 자는 기근과 전염병에 망할 것이기(그 곳이 거룩한

도성이라 할지라도, 그런 것이 그들의 보호막이 되지 못할 것이다) 때문이다. 죄는 성읍에서나 시골에서나 가리지 않고 차고 넘쳤다. 그러므로 성읍과 시골이 둘 다 황폐하게 될 것이다.

2. 죽음이 작정된 자들은 한 사람도 피하지 못하리라는 것. 그들 중에서 하나도 남지 아니하리라. 죄악의 몽둥이로 가난한 이웃들에게 포학을 행한 저 교만한 압제자들은 단 한 사람도 살아남지 못하고, 그들에게 닥칠 멸망은 그들을 모두 쓸어버릴 것이다(11절). 그 무리, 즉 남에게 해악을 가하는 일에 동참하거나 그런 일을 하는 자들에게 동조하며 어떤 사람을 멸하기로 작정하고서 "십자가에 못 박으소서 십자가에 못 박으소서"라고 외쳤던 무리도 하나도 남지 아니할 것이다. 그들의 가족들도 모두 멸망받을 것이고, 그들의 일가친척들도 살아남지 못할 것이다. 이 무리에게 하나님의 보복하심이 특별한 방식으로 임하게 될 것이다. 진노가 그 모든 무리에게 임할 것이고(12, 14절), 묵시가 그 모든 무리와 관련되어 있기 때문이다(13절). 장차 임할 심판은 그들을 도매금으로 쓸어가 버릴 것이어서, 그들은 그들 자신도 구하지 못하고 그들의 주인도 구하지 못할 것이다. 하나님의 명령을 따라 이루어지는 심판은 사람들의 수가 아무리 많아도 그런 것을 개의치 않는다. 악인은 피차 손을 잡을지라도 벌을 면하지 못할 것이다(잠 11:21).

3. 죽은 자들을 위하여 애곡하는 것이 없으리라는 것(11절). 그들을 위한 애곡이 없으리라. 왜냐하면, 사람들이 연달아 죽어가서 죽은 자들을 위하여 애곡해 줄 사람이 남아 있지 않을 것이기 때문이다. 시절이 너무도 나쁘고 악해서, 사람들은 심판으로 인한 황폐화를 눈으로 보지 않고 먼저 죽은 자들을 복되다고 여겨서, 그들의 친구들의 죽음을 애곡하는 것이 아니라 도리어 축하하게 될 것이다(렘 16:4-5).

4. 그들은 조금도 저항할 수 없으리라는 것. 하나님은 이미 작정하셨고, 그들에 관한 묵시는 그 뜻을 이룸이 없이 다시 돌아오지 아니할 것이다(13절). 하나님은 그 묵시를 계시하지 아니하실 것이고, 그들은 그 묵시를 좌절시킬 수 없을 것이다. 그러므로 묵시는 뜻을 이루지 못하고 돌아오는 법이 없기 때문에, 하나님이 보내신 목적을 반드시 이룰 것이다.

(1) 하나님의 말씀이 이루어질 것이기 때문에, 하나님을 거역하는 사람들의 뜻은 이루어지지 못할 것이다. 사람이 그 죄악으로 말미암아 자기의 목숨을 유지

할 수 없으리라. 죄인들이 이전처럼 하나님과 그의 심판에 도전해 보아야 아무 소용이 없을 것이다. 하나님을 거슬러 스스로 완악하게 행하고도 형통할 자가 누구이랴(욥 9:4). 악으로 스스로 든든하게 하던 자들은 결국 그들 자신을 약하게 하고 망하게 만들어 왔다는 것을 깨닫게 될 것이다(시 52:7).

(2) 사람들이 무리를 이루고 있다고 해도, 그 무리도 이 심판의 격류에 저항하거나 대항할 수 없을 것이다(14절). 그들이 나팔을 불어 그들의 군사들을 불러 모아서 그렇게 모인 자들의 사기를 북돋우며 격려해서 온갖 것을 준비하였을지라도, 그 모든 것들이 소용없을 것이다. 전쟁에 나가고자 소집에 응한 자가 아무도 없을 것이고, 비록 소집에 응했다고 해도 적군과 맞서 싸울 용기를 가진 자가 하나도 없을 것이다. 하나님이 우리를 대적하시면, 아무도 우리를 도울 수 없다는 것을 명심하라.

5. 그들은 다시 형통하게 될 것이라는 소망을 품을 수 없을 것이기 때문에 환난 속에서 힘을 내서 버티지 못하리라는 것. 그들은 거의 자포자기 상태가 될 것이다. 그러므로 "사는 자는 자기가 땅을 사서 재산을 늘렸다고 기뻐하지 말고, 파는 자도 자기가 파산해서 땅을 팔아 먹었다고 근심하지 말라(12절)." 이 세상의 것들이 얼마나 헛된지, 그것들이 얼마나 쓸데없는지를 보라. 왜냐하면, 우리에게 도움이 가장 절실할 때인 환난의 때에 이 세상의 것들은 우리에게 별 도움이 되지 않을 것이기 때문이다. 땅을 팔아 버린 자들은 잃을 것이 줄어들었기 때문에 도리어 마음이 편할 수 있고, 땅을 산 자들은 걱정거리가 더 늘어난 것이다. 이 세상의 외형은 지나가고, 이 땅에서의 소유는 인제 없어질지 모르기 때문에, 매매하는 자들은 없는 자 같이 하여야 한다(고전 7:29-31). 여기에 다음과 같은 말씀이 덧붙여져 있다(13절). "파는 자가 칼과 전염병을 피하여서 희년 때까지 살아 있다고 할지라도 율법에 따라서 다시 돌아가서 그 판 것을 얻지 못할 것이다. 왜냐하면, 칠십 년이 차기 전까지는 그 누구도 이 땅에서 자신의 소유를 주장하지 못할 것이고, 그 때가 되어서야 사람들이 각기 자신의 소유를 다시 주장할 수 있게 될 것이기 때문이다." 하나님의 명령에 따라서 이러한 약속을 믿는 증표로서 예레미야는 이 때쯤 해서 그의 조카의 밭을 샀지만, 그 밭에 대한 소유권이 쓸데없는 것을 알기 때문에 기뻐하기는커녕 도리어 불평하였다(렘 32:25).

6. 하나님은 이 모든 일을 통해서 영광을 받으시게 되리라는 것. "내가 여호

와인 줄을 너희가 알고(4절), 나 여호와가 때리는 이임을 알리라(9절). 너희는 이차적인 원인들을 보고서 너희를 치는 자가 느부갓네살이라고 생각하겠지만, 결국에는 그는 단지 하나님의 손에 들린 몽둥이라는 것을 알게 될 것이다. 너희를 때리는 것은 여호와의 손이니, 누가 그의 손의 무게를 알리요?" 그들에게 복을 주시는 분이 여호와이시라는 것을 인정하고자 하지 않았던 자들은 그들을 때리는 이가 여호와이시라는 것을 알게 될 것이다. 왜냐하면, 그들은 이런저런 경로를 통해서 여호와를 인정하지 않을 수 없게 될 것이기 때문이다.

[16]도망하는 자는 산 위로 피하여 다 각기 자기 죄악 때문에 골짜기의 비둘기들처럼 슬피 울 것이며 [17]모든 손은 피곤하고 모든 무릎은 물과 같이 약할 것이라 [18]그들이 굵은 베로 허리를 묶을 것이요 두려움이 그들을 덮을 것이요 모든 얼굴에는 수치가 있고 모든 머리는 대머리가 될 것이며 [19]그들이 그 은을 거리에 던지며 그 금을 오물 같이 여기리니 이는 여호와 내가 진노를 내리는 날에 그들의 은과 금이 능히 그들을 건지지 못하며 능히 그 심령을 족하게 하거나 그 창자를 채우지 못하고 오직 죄악의 걸림돌이 됨이로다 [20]그들이 그 화려한 장식으로 말미암아 교만을 품었고 또 그것으로 가증한 우상과 미운 물건을 만들었은즉 내가 그것을 그들에게 오물이 되게 하여 [21]타국인의 손에 넘겨 노략하게 하며 세상 악인에게 넘겨 그들이 약탈하여 더럽히게 하고 [22]내가 또 내 얼굴을 그들에게서 돌이키리니 그들이 내 은밀한 처소를 더럽히고 포악한 자도 거기 들어와서 더럽히리라

우리는 지금까지 죽임을 당한 자들의 운명을 따라가 보았는데, 이제부터는 위험을 피할 기회를 얻어서 도망한 자들의 운명을 따라가 보게 될 것이다. 그들 가운데 일부는 도망할 것이다(16절). 그렇다면, 도망한 자들은 그 사정이 더 나을 것인가? 이 위험에서 도망하여 가인처럼 땅에서 피하며 유리하는 자들이 되어서 만나는 모든 사람에게 죽임을 당할까봐 두려워 전전긍긍하며 비참한 삶을 살면서 무수히 죽음 같은 고통들을 맛보며 살아가는 것은 죽는 것보다 더 못할 것이다.

Ⅰ. **그들은 마음에 위로나 만족을 얻지 못하고 끊임없이 괴로워하고 두려워하게 되리라는 것.** 왜냐하면, 그들은 어디를 가든 죄책감을 지니고 다닐 것이고, 그것은 그들에게 큰 짐이 될 것이기 때문이다.

1. 그들은 언제나 외톨이가 되어서 우울감에 사로잡혀 있게 되리라는 것. 그들은 성읍들이나 사람들이 많이 모이는 곳에는 있지를 못하고, 그들이 비참한 처지로 전락한 것을 부끄러워하며 사람들과 어울리지 못하고 내내 산 위에 있게 될 것이다.

2. 그들은 언제나 슬픔에 잠겨 있게 되리라는 것. 하나님의 진노 아래 있는 자들은 그럴 수밖에 없다. 하나님은 슬픔과는 거리가 멀고 언제나 유쾌하였던 자들을 그렇게 만드실 수 있으시다. 무모하게도 한때 자기 자신을 산 속의 사자라고 생각하였던 자들은 이제 골짜기의 비둘기처럼 소심하고 겁먹은 자들이 되어서, 쫓는 자가 없어도 도망하고 나뭇잎이 흔들려도 두려워 떠는 자들이 될 것이다. 그들은 다 각기 자기 죄악 때문에, 즉 그들의 나라의 죄악만이 아니라 그들 자신의 죄악이 그들에게 이런 재난들을 가져다 주었다는 것을 생각하고서 슬피 울 것이다(이것은 하나님의 뜻대로 하는 근심이 아니라 사망을 이루는 세상 근심 때문에 우는 것이다). 그 때에야 그들은 비로소 그들 각자가 민족적인 죄악에 기여하였다는 사실을 인정하게 될 것이다. 죄는 조만간에 이런저런 유의 근심과 슬픔을 가져오게 된다는 것을 명심하라. 자신의 죄악을 회개하고자 하지 않는 자들을 하나님이 그들의 죄악 가운데서 슬피 울며 수척해져 가도록 내버려 두시는 것은 합당한 일이다. 그들의 죄악이 하나님을 진노케 하였다는 사실 때문에 슬피 우는 것을 거부하는 자들은 결국 그들의 죄악이 그들에게 부끄러움과 파멸을 가져다 줄 때에 슬피 울게 될 것이고, 마지막에 이르러 몸과 육체가 쇠약할 때에 한탄하어 말하기를 내가 어찌하여 훈게를 싫어하며 내 마음이 꾸시람을 가벼이 여겼던고 하며 슬피 울게 될 것이다(잠 5:11-12).

3. 그들은 몸과 마음의 모든 힘을 빼앗기게 되리라는 것(17절). 모든 손은 피곤하여 그들이 싸우거나 스스로를 방어할 수 없게 될 것이고, 모든 무릎은 물과 같이 약해져서 그들은 도망치거나 제대로 서 있지도 못하게 될 것이다. 그들은 그들의 존재 전체가 녹아내리는 것을 경험하게 될 것이다. 그들의 무릎은 물과 같이 흘러내려서 당연히 넘어질 수밖에 없게 될 것이다. 용사가 자신의 힘을 자랑하는 것은 어리석은 일임을 명심하라. 왜냐하면, 하나님은 언제든지 그 힘을 없애버리실 수 있으시기 때문이다.

4. 그들은 그들의 모든 소망을 빼앗기고서 절망에 빠지게 되리라는 것(18절). 그들에게 힘을 줄 만한 것들은 다 없어지게 될 것이다. 그들이 하고 있는

몰골이 그들의 장래가 얼마나 끔찍할지를 보여주게 될 것이다. 왜냐하면, 그들은 굵은 베로 허리를 동일 것이고, 더 좋은 옷을 입게 될 가망성은 전혀 없을 것이기 때문이다. 두려움이 그들을 덮을 것이고 그들의 얼굴에는 수치가 있고 그들의 머리는 대머리가 될 것이다 — 이 모든 것들은 처절한 근심과 슬픔의 표현들이다(사 17:11). 두려워하고 부끄러워하는 마음으로 죄를 멀리하고자 하지 않는 자들은 그 죄에 대한 벌을 받을 때에 두려워하고 부끄러워하게 되리라는 것을 명심하라. 죄는 결국 그런 낭패스러운 모습으로 끝나게 될 것이다.

**Ⅱ. 그들은 그들이 가진 부와 재물로 인해서 아무런 유익도 얻지 못하고 도리어 그런 것들에 대하여 넌더리를 내게 되리라는 것**(19절).    이 환난을 당하게 된 자들은 풍부한 은과 금, 돈과 보석들, 그 밖의 귀중품들을 많이 가지고 있는 자들이었기 때문에 그런 것들이 환난의 때에 그들에게 큰 소용이 있을 것이라고 기대했었다. 그들은 그들이 가진 재물이 그들의 견고한 성이 되어줄 것이라고 생각하였다. 즉, 그들은 그 재물로 원수들에게 뇌물을 주어 친구로 만들어서 그들의 목숨을 건질 수 있게 되고, 그들에게 돈이 있는 한 양식이 떨어지지 않을 것이며, 돈이면 모든 일이 해결될 줄 알았다. 그러나 과연 그랬을까? 그 결과를 보라.

1. 그들의 부는 그들이 형통하던 날에는 그들에게 큰 시험거리가 되었다는 것. 그들은 돈을 사랑하였고 돈을 의지하였다. 그들은 열심히 돈을 모으느라 자연스럽게 죄 속으로 끌려들어갔고, 돈을 너무 좋아하다 보니 죄악 가운데서 완악하여졌다. 이렇게 돈은 그들을 죄악으로 이끄는 걸림돌이었다. 돈은 그들로 하여금 죄에 빠지게 만들었고, 그들이 하나님께로 돌아오는 것을 가로막았다. 부와 재물이 덫이 되어 멸망을 향하여 가는 자들이 많다는 것을 명심하라. 사람들은 세상을 얻으면 영혼을 잃게 된다. 그것은 그들을 교만하고 안일하며 탐욕스럽고 억압적이며 정욕적인 자들로 만든다. 부와 재물은 잘 사용하면 그들의 경건을 도와주는 종이 될 수 있지만, 잘못 사용하면 죄악을 저지르게 만드는 걸림돌이 된다.

2. 그들의 부는 그들이 지금 환난을 당하는 날에 그들에게 아무런 도움도 되지 못하였다는 것.

(1) 그들이 지닌 금과 은은 그들을 하나님의 심판에서 보호해 줄 수 없었다는 것. 여호와 내가 진노를 내리는 날에 그들의 은과 금이 능히 그들을 건지지 못하

리로다. 그것들은 하나님의 공의를 만족시키거나 그의 진노를 돌이키거나 그들에게 닥쳐오는 심판으로부터 그들을 보호하는 데에 아무런 힘도 되지 못할 것이다. 재물은 진노하시는 날에 무익하다는 것을 명심하라(잠 11:4). 그것들은 그들을 아주 높이 두어서 하나님의 심판이 그들에게 미치지 못하게 할 수도 없고, 그들을 아주 강하게 하여서 하나님의 심판이 그들을 정복할 수 없게 할 수도 없다. 사람들이 가진 재물이 그들을 건져주거나 조금이라도 도와줄 수 없다는 것이 드러나게 될 진노의 날이 다가오고 있다. 하나님이 부자의 영혼을 거두어 가실 때에 그 부자가 그의 모든 창고를 꽉꽉 채워두었다고 해서 더 나을 것이 무엇이고, 부자가 음부에서 그의 혀를 시원하게 해줄 물 한 방울을 구입할 수 없는데 그에게 자주옷과 붉은 옷과 산해진미가 있었다고 해서 그것이 무슨 소용이 있단 말인가? 돈은 죽음이 엄습해 오는 것을 막아줄 수 없고, 저주받은 자들의 참상을 조금도 완화시켜 줄 수 없다.

(2) 그들이 지닌 금과 은은 그들의 재난 가운데서 그들에게 그 어떤 도움도 줄 수 없다는 것.

[1] 그것들은 그들의 배를 채워줄 수 없다는 것. 성안에 양식이 다 떨어져서 그 누구도 사랑이나 돈으로 양식을 구할 수 없을 때, 그들이 지닌 은과 금은 그들의 허기를 채워줄 수 없고, 그들에게 한 끼의 식사도 구해줄 수 없을 것이다. 우리에게는 곡식밭은 있어야 하지만 금광은 없어도 된다는 것을 명심하라. 들판에서 쉽게 거두어들일 수 있는 땅의 소산(所産)들은 위험을 무릅쓰고 아주 힘들게 땅 속에서 캐내야 하는 땅의 보화들보다 인류에게 훨씬 더 큰 축복들이다. 하나님이 우리에게 일용할 양식을 주신다면, 우리에게 은과 금이 없다고 할지라도, 우리는 불평하지 말고 감사하는 것이 마땅하다.

[2] 그것들이 그들의 영혼을 만족시켜 주거나 내적인 위로를 낳는 일은 더더욱 불가능하다는 것. 이 세상의 재물은 그 속에 환난 날에 영혼의 소원들을 들어주거나 만족시켜 줄 요소를 전혀 갖고 있지 않다는 것을 명심하라. 은을 사랑하는 자는 은으로 만족하지 못하고, 은을 잃은 자는 더더욱 만족하지 못한다.

(3) 그들의 금과 은이 거리에 던져지게 되리라는 것. 그것들은 원수들의 손에 의해서 던져지게 될 것이다. 원수들은 본국으로 갖고 갈 노략물들을 차고 넘치게 모아서, 은은 별 가치 없는 것으로 여겨서 거리에 던질 것이고, 좀 더 귀한 금은 바벨론으로 가져갈 것이다. 또는, 그들 스스로 그들의 은과 금을 거리에 던질

것이다. 왜냐하면, 그것들은 그들이 도망치는 것을 지연시키는 거추장스러운 것들이 될 것이거나, 그것들이 집에서 발견되면 원수를 끌어들여서 그들의 목숨을 위태롭게 만들게 될 것이거나, 그들이 그동안 그렇게 힘들여서 모았는데도 막상 필요할 때에는 그것들이 아무런 도움도 되지 못하고 도리어 해만 되는 것을 보고서 그들은 그것들에 넌더리를 낼 것이기 때문이다. 이 세상도, 그 정욕도 지나간다는 것을 명심하고(요일 2:17), 세상 사람들이 지금 그들이 너무도 좋아하는 재물에 대하여 넌더리를 내게 될 때, 재물을 적게 가진 자가 가장 유리하게 될 그런 때가 우리의 사는 날 동안에 올 수도 있다는 것을 명심하라.

**III. 하나님의 성전도 그들에게 아무런 도움이 되지 못하리라는 것**(20-22절).   그들은 하나님의 성전을 자랑하였었고, 그 성전이 그들을 지켜 줄 것이라고 기대하였었다(렘 7:4; 미 3:11). 그러나 그들의 그러한 기대는 그들을 실망시킬 것이다. 좀 더 살펴보자.

1. 하나님은 그의 성소를 이 백성 가운데 세우심으로써 그들에게 큰 존귀를 더하셨다는 것(20절). 하나님은 그들과 그들의 조상들이 하나님을 찬송하던 저 거룩하고 아름다운 성전을 세우셨고, 그 화려한 장식은 성전에 위엄을 더해 주었다(성전은 아름답고 거룩한 것으로 불렸는데, 거룩은 성전에 광채를 더한 아름다움이었고, 거기에 성전은 금과 예물들로 장식되었다). 모든 것은 성전을 위엄 있게 만들기 위해 동원된 것이었고, 이것은 이스라엘 백성을 주변 나라들보다 더 빛나게 만드는 데에 기여하였다. 하나님은 그의 성소를 산의 높음 같이 지으셨도다(시 78:69). 하나님의 성소는 시작부터 영화로우신 보좌였다(렘 17:12).

2. 그들은 하나님의 성소를 더럽힘으로써 그에게 큰 치욕을 안겨주었다는 것. 그들은 여기에서 가증한 것들과 미운 물건들로 표현된 그들의 거짓 신들의 신상들을 만들어서 하나님의 성전에 세우고는 하나님 대신에 그 우상들을 섬겼는데, 이것보다 하나님에 대한 더 큰 모독은 있을 수 없었다.

3. 하나님은 그들에게서 성전을 빼앗으시고 성전이 그들에게 구원이 되지 못하게 하실 것이라고 경고하심. 그러므로 내가 그것을 그들에게서 멀리 두리라. 즉, 하나님은 그들을 성전에서 아주 멀리 떨어진 곳으로 보내셔서, 그들이 성전에서 예배를 드리거나 감화를 받을 수 없게 하시겠다는 것이다. 하나님이 그의 규례들과 신앙의 특권들을 멸시하고 더럽히는 자들에게서 그러한 것들을 도로 가져가시는 것은 의로운 일임을 명심하라. 아니, 그들은 성전에서 멀리

떨어진 곳으로 끌려가게 될 뿐만 아니라, 성전 자체도 다른 것들과 마찬가지로 황폐화될 것이다(21절). 하나님은, 타국인들이어서 성전에 대한 경외감이 없고 세상 악인들이어서 성전에 대하여 반감을 품고 있는 갈대아 사람들로 하여금 성전을 약탈하게 하실 것이다. 성전의 온갖 장식들과 보화들은 성전과 다른 것들을 구별하지 않고 닥치는 대로 약탈을 일삼을 갈대아 사람들의 손에 들어가게 될 것이다. 이것은 시온의 의인들에게 큰 슬픔이었다. 그들은 다른 것들은 몰라도 원수가 성소에서 모든 악을 행하였다는 것에 대해서는 탄식하지 않을 수 없었다(시 74:3). 그러나 그것은 시온의 죄인들에 대한 벌이었다. 그들이 이방 신들로 성전을 더럽혔기 때문에, 하나님은 진노하셔서 성전을 이방 나라들을 시켜 더럽히게 하셨고, 그런 짓을 행하는 그 나라들에게서 그의 얼굴을 돌이키셔서, 마치 그 나라들과 그 나라들이 자행한 범죄들을 못보신 체하시고 그런 일이 일어나지 않게 해 달라고 기도하는 이 백성들을 무시하시는 듯이 행하셨다. 갈대아 군사들은 그들이 하고 싶은 대로 할 것이다. 그들은 하나님의 은밀한 처소인 지성소로 난입하여 강도처럼 약탈할 것이다. 그들은 그 곳을 더럽히고 거기 있는 모든 것을 가져갈 것이다. 지성소를 지키시던 하나님이 떠나가셨기 때문에, 그 모든 영광도 떠나갔다. 경건의 능력으로 살아가고자 하지 않는 자들은 경건의 모양으로 존귀하게 대접받을 가치가 없다는 것을 명심하라.

²³너는 쇠사슬을 만들라 이는 피 흘리는 죄가 그 땅에 가득하고 포악이 그 성읍에 찼음이라 ²⁴내가 극히 악한 이방인들을 데려와서 그들이 그 집들을 점령하게 하고 강한 자의 교만을 그치게 하리니 그들의 성소가 더럽힘을 당하리라 ²⁵패망이 이르리니 그들이 평강을 구하여도 없을 것이라 ²⁶환난에 환난이 더하고 소문에 소문이 더할 때에 그들이 선지자에게서 묵시를 구하나 헛될 것이며 제사장에게는 율법이 없어질 것이요 장로에게는 책략이 없어질 것이며 ²⁷왕은 애통하고 고관은 놀람을 옷 입듯 하며 주민의 손은 떨리리라 내가 그 행위대로 그들에게 갚고 그 죄악대로 그들을 심판하리니 내가 여호와인 줄을 그들이 알리라

이 단락에는 다음과 같은 내용들이 나온다.

**I. 죄수가 결박되어 법정에 세워짐.** 죄인을 법정으로 끌고가서 하나님의 공의의 법정 앞에 세우기 위하여 너는 쇠사슬을 만들라. 그에게 족쇄를 채우고

(마치 흉악범처럼) 손발을 묶고서 법정에 세워서 선고를 받게 하라. 하나님의 율법의 맨 것을 끊고 그 결박을 벗어 버린 자들은 그들이 결코 끊을 수도 없고 벗어 버릴 수도 없는 하나님의 심판의 쇠사슬로 묶이는 자신의 모습을 보게 되리라는 것을 명심하라. 이 쇠사슬은 예루살렘이 포위될 것, 또는 사람들이 포로로 끌려가서 노예로 살게 될 것, 또는 그들이 모두 쇠사슬로 결박지워져서 하나님의 의로우신 심판에 넘겨지게 될 것을 의미하는 것이었다.

**II. 죄수가 저지른 죄상(罪狀)이 낭독됨.** 피 흘리는 죄가 그 땅에 가득하다. 여기서 피 흘리는 죄는 원문에 의하면 피 흘리는 재판들이다. 즉, 그들은 엄숙한 재판과 법이라는 형식을 빌려서 많은 사람들의 피를 흘리는 죄를 범하였다는 것이다. 므낫세도 이러한 피 흘리는 재판에 의해서 죽임을 당하였을 가능성이 크고, 그가 흘린 무죄한 피는 예루살렘의 죄의 분량을 채워 주는 역할을 하였다(왕하 24:4). 또는, 그 땅은 율법에 의하면 죽음의 형벌을 받아야 마땅하였던 그런 범죄들로 가득하였다는 말일 수도 있다. 우상 숭배, 하나님을 모독한 죄, 주술, 동성애 등은 피 흘리는 죄들, 즉 죽음의 형벌을 받아야 할 죄들이었다. 그러므로 이러한 죄들이 나라 전체에 만연되어 있다면, 나라를 멸망시키는 것 외에는 달리 치료할 수 있는 방법이 없었다. 피 흘리는 죄들은 피 흘리는 심판을 통해서 벌을 받으리라는 것을 명심하라. 그 성읍, 즉 의의 모범이 되고 의를 보호하고 악을 벌했어야 할 거룩한 성, 다윗의 성은 포악이 가득 찼다. 큰 권세와 명성을 지니고 있던 그 성의 통치자들은 다른 어떤 통치자보다도 더 큰 포악을 행하는 자들이었다. 이것은 통곡해야 할 일이었다. 신실하던 성읍이 어찌하여 창기가 되었는고 정의가 거기에 충만하였고 공의가 그 가운데에 거하였더니 이제는 살인자들뿐이로다(사 1:21).

**III. 이 죄상에 따라 판결이 내려짐.** 하나님은 그의 성소를 더럽힌 것만이 아니라 사람과 사람 간의 공의를 굽게 한 것에 대해서도 그들을 벌하실 것이다. 왜냐하면, 거룩함이 주의 집에 합당한 것 같이 여호와는 의를 좋아하시고 불의에 대하여 복수하시는 분이시기 때문이다. 하나님이 내리신 판결은 이런 것이다.

1. 그들이 이방인들의 길로 행하였고 이방인들보다 더 악하게 행하였기 때문에 하나님은 극히 악한 이방인들, 즉 인류에 대한 동정이라고는 조금도 없는 데다 유대인들에 대하여 엄청난 반감을 지닌 아주 야만적이고 난폭한 자들을

데려와서 그들을 멸하고 초토화시키시리라는 것. 이방인들 중에서도 어떤 자들은 다른 자들보다 더 악한데, 하나님은 종종 가장 악한 자들을 데려와서는 자기 백성을 때리는 채찍으로 사용하시고서, 그 일이 끝나면 그 악한 자들을 벌하신다.

2. 그들이 그들의 집들을 부당하게 얻은 부로 채우고 그들의 권세를 약한 자들을 짓이기고 압제하는 일에 사용하였기 때문에 하나님은 그들의 모든 집들과 거기에 있는 것들을 이방인들에게 주시고 강한 자의 교만을 그치게 하셔서, 그들의 큰 자들은 이전처럼 그들의 부귀영화로 약한 자들의 눈을 부시게 하지 못하고 그들의 권세로 공의를 짓밟지 못하게 하실 것이다.

3. 그들이 우상 숭배로 그들의 성소를 더럽혔기 때문에 하나님은 그의 심판으로 그 성소를 더럽히시리라는 것. 그들은 이방신의 신상들을 성전에 세웠기 때문에, 하나님은 그들의 하나님의 임재를 나타내는 표징들을 그 성소에서 다 제거하실 것이다. 그들의 성소가 하나님에 의해 버림을 당하고나면, 그 성소는 곧 그들의 원수들에 의해서 더럽혀지게 될 것이다.

4. 그들이 연이어 죄를 지었기 때문에 하나님은 그들을 연이은 심판으로 벌하시리라는 것. "패망이 이르리니 철저한 패망이 이르리라(25절). 바다에 폭풍우가 칠 때에 세찬 파도가 연이어 치듯이, 환난에 환난이 연거퍼 와서 너희를 멸망시킬 것이고, 소문에 소문이 들려와서 너희를 기겁하게 만들 것이다." 하나님은 멸망시키기로 작정하신 죄인들에 대하여 그들이 멸망할 때까지 형을 집행하실 것임을 명심하라. 왜냐하면, 하나님은 심판하실 때에 반드시 그 뜻을 이루실 것이기 때문이다.

5. 그들이 하나님의 기대를 저버렸기 때문에 하나님은 그들의 기대를 저버리시리라는 것.

(1) 그들은 환난에서 건짐을 받기를 기대할 것이지만 그 기대는 이루어지지 않을 것이다. 그들은 평강을 구할 것이다. 그들은 평강을 원하고, 하나님께 평강을 주시라고 기도할 것이며, 평강을 기대할 것이다. 그러나 그들에게 평강은 없을 것이다. 원수들의 환심을 사고자 하거나 원수들을 정복하고자 하는 그들의 시도는 어느 것이나 아무 소용 없을 것이고, 그들의 환난은 점점 더 심해져 갈 것이다.

(2) 그들은 환난 가운데서 하나님의 인도하심을 기대할 것이지만 그 기대는

이루어지지 않을 것이다(26절). 그들이 그들에게 닥친 환난이 결국에는 복된 결과로 끝나게 될 것이라는 하나님의 약속을 받아서 환난 중에라도 힘을 내기 위해서 선지자에게서 묵시를 구할 것이다. 그들은 그들의 죄를 책망하거나 그들에게 위험을 경고하는 묵시가 아니라 그들에게 구원을 약속해 주는 묵시만을 원하였다. 그들은 그런 약속의 말씀을 듣기를 고대하였다. 그러나 제사장에게는 율법이 없어질 것이다. 제사장에게는 그들에게 권면해 주거나 위로해 줄 말씀이 없게 될 것이다. 그들은 하나님이 그들의 죄를 깨우치시기 위하여 말씀하셨을 때에 듣고자 하지 않았기 때문에, 하나님은 그들을 위로하고 힘을 줄 만한 말씀을 갖고 계시지 않은 것이다. 장로에게는 책략이 없어질 것이다. 이 어려운 시점에 그들에게 어떻게 하라고 조언해 주어야 할 백성의 장로들은 얼이 빠져서 어쩔 줄 모르게 될 것이다. 어떤 백성에게 있어서 그들의 모사(謀士)들이 스스로 어찌 할 바를 모르고 백성들에게 어떻게 조언해 주어야 할지도 모른다면, 그것은 참으로 불행한 일이다.

6. 그들이 서로서로 죄를 짓도록 격려하고 부추겼기 때문에 하나님은 그들 모두의 심령을 약하게 하고 낙심하게 만들어서, 하나님이 그들에게 보내신 심판을 그들이 대항할 수 없게 하시리라는 것. 모든 계층과 부류의 사람들이 다 한결같이 심판의 무거운 짐 아래에서 엎드러지게 될 것이다(27절). 백성들에게 사기를 불어넣어 주어야 할 왕은 애통하고, 백성들을 이끌고 나가서 적군을 공격해야 할 고관은 놀람을 옷 입듯 하며, 그들의 머리와 마음, 즉 그들의 책략과 그들의 용기는 다 없어질 것이다. 그러므로 그들을 위해 싸워야 할 이 땅의 주민의 손이 떨린다고 해서 이상할 것은 아무것도 없다. 용사들은 하나같이 그들의 손을 쓰지 못할 것이다. 하나님이 그들에게서 떠났고 그들을 대적하시는데, 그들이 그들 자신을 위하여 무엇을 할 수 있겠는가? 하나님이 그들의 죄악대로 그들을 심판하셔서 그들로 하여금 그가 여호와이고, 원수 갚는 것이 하나님께 있다는 것을 알게 하실 때에 그들은 모두 괴로워하며 눈물을 흘릴 수밖에 없다.

제
— 8 —
장

## 개요

　　하나님은 선지자에게 신속하게 다가오고 있는 이 백성의 참상을 미리 뚜렷하게 보여 주신 후에 여기에서는 하나님을 진노하게 하여 이 백성에게 그러한 참상을 겪도록 하실 수밖에 없게 만든 그들의 악을 똑똑히 보게 하시는데, 이것은 하나님이 이렇게 심판을 내리시는 것이 옳다는 것을 선지자가 똑바로 알고, 백성들의 죄를 더 구체적으로 책망하며, 더 확신을 가지고 그들의 멸망을 예언할 수 있게 하기 위한 것이었다. 여기에서 하나님은 환상 가운데서 선지자를 예루살렘으로 데리고 가셔서, 거기에서 자행되고 있는 죄들을 그에게 보여주신다(1-4절). 거기에서 선지자는 다음과 같은 것들을 본다. I. 제단 문에 세워진 질투의 우상(5-6절). II. 은밀한 방에서 온갖 우상들을 섬기고 있는 이스라엘의 장로들(7-12절). III. 담무스를 위하여 애곡하는 여인들(13-14절). IV. 태양을 경배하는 사람들(15-16절). 그런 후에 하나님은 선지자에게 이렇게 그의 진노를 도발하는 백성을 불쌍히 여겨야 하느냐고 반문하신다(17-18절).

[1]여섯째 해 여섯째 달 초닷새에 나는 집에 앉았고 유다의 장로들은 내 앞에 앉아 있는데 주 여호와의 권능이 거기에서 내게 내리기로 [2]내가 보니 불 같은 형상이 있더라 그 허리 아래의 모양은 불 같고 허리 위에는 광채가 나서 단 쇠 같은데 [3]그가 손 같은 것을 펴서 내 머리털 한 모숨을 잡으며 주의 영이 나를 들어 천지 사이로 올리시고 하나님의 환상 가운데에 나를 이끌어 예루살렘으로 가서 안뜰로 들어가는 북향한 문에 이르시니 거기에는 질투의 우상 곧 질투를 일어나게 하는 우상의 자리가 있는 곳이라 [4]이스라엘 하나님의 영광이 거기에 있는데 내가 들에서 본 모습과 같더라 [5]그가 내게 이르시되 인자야 이제 너는 눈을 들어 북쪽을 바라보라 하시기로 내가 눈을 들어 북쪽을 바라보니 제단문 어귀 북쪽에 그 질투의 우상이 있더라 [6]그가 또 내게 이르시되 인자야 이스라엘 족속이 행하는 일을 보느냐 그들이 여기에서 크게 가증한 일을 행하여 나로 내 성소를 멀리 떠나게 하느니라 너는 다시 다른 큰 가증한 일을 보리라 하시더라

　　에스겔은 지금 바벨론에 있었다. 그러나 그는 앞의 여러 장들에서 예루살렘과 관련된 진노의 메시지들을 전했었다. 왜냐하면, 바벨론의 포로들은 그들의 안위(安危)가 예루살렘의 안위에 달려 있다고 보았기 때문이다. 그래서 그는 여기에서 예루살렘에서 어떤 일들이 벌어지고 있는지를 환상 가운데서 보게 된다. 이 환상은 11장 끝까지 이어진다.

　　**I. 이 환상이 주어진 때.**　그가 처음으로 환상을 본 것은 사로잡힌 지 오 년 넷째 달 초닷새였기 때문에(1:1-2), 이 환상이 그에게 주어진 때는 그 때로부터 정확히 14개월이 지난 후였다. 아마도 이 때는 그가 이스라엘의 죄악을 담당하기 위해서 왼쪽으로 390일 동안 누워 있는 것을 다 마치고나서, 이번에는 유다의 죄악을 담당하기 위하여 오른쪽으로 40일을 누워 있는 것을 시작하기 전이었을 것이다. 왜냐하면, 지금 그는 그의 집에서 누워 있는 것이 아니라 앉아 있기 때문이다. 하나님은 우리에게 어떤 메시지들을 보내셨는지를 꼼꼼하게 기록하신다는 것을 명심하라. 이것은 하나님이 그 메시지들에 관하여 우리에게 곧 책임을 물으실 것이기 때문이다.

　　**II. 이 환상이 주어진 상황.**

　　1. 선지자는 차분한 상태 속에서 아마도 깊은 묵상을 하며 집에 앉아 있었다. 우리가 세상으로부터 물러나서 우리 자신의 마음속으로 깊이 들어가면 갈수록, 우리는 하나님과 교제하기에 더 좋은 상태가 된다는 것을 명심하라. 가만히 앉아서 그들이 무엇을 배웠는지를 곰곰이 생각하는 자들은 더 많은 가르침을 받게 될 것이다. 또는, 선지자는 그를 찾아온 무리들에게 말씀을 전하기 위해서 무엇을 전해야 할지에 대한 하나님의 가르침을 기다리며 집에 앉아 있었다. 하나님은 그들이 아는 것을 다른 사람들에게 전하고자 하는 자들에게 더 많은 지식을 전해 주신다.

　　2. 지금 그와 함께 포로 생활을 하고 있는 유다의 장로들이 그의 앞에 앉아 있었다. 아마도 이 날은 안식일이었을 것이다. 그들은 안식일마다 선지자에게서 말씀을 듣고 그와 더불어서 찬양과 기도를 하기 위해 그의 집을 찾았을 것이다. 그들에게 성전이나 회당, 제사장이나 제단이 없는 지금에 있어서 그들이 이렇게 하는 것보다 안식일을 더 잘 보낼 수 있는 방법이 어디 있었겠는가? 엘리사 시대에 선한 자들처럼(왕하 4:23), 그들이 안식일을 이렇게 잘 보낼 수 있는 기회를 얻게 된 것은 참으로 큰 긍휼이었다. 그러나 어떤 이들은 그들은 특

별한 경우에만 선지자를 찾아와서 여호와의 뜻을 묻고 그의 말씀을 듣기 위해서 그의 발 앞에 앉았다고 생각한다. 좀 더 살펴보자.

(1) 예루살렘에서는 그 입술로 지식을 지켜야 할 제사장들에게서 율법이 없어졌지만(7:26), 바벨론에 있던 자들에게는 하나님의 뜻을 물을 선지자가 있었다. 하나님은 장소나 사람에 매이지 않으신다.

(2) 유다의 장로들은 그들의 나라에서 평화롭게 살 때보다도 포로로 잡혀와 살고 있는 지금에 와서 하나님의 선지자들과 그들의 입에서 나오는 말씀을 더 공경하였다. 하나님은 사람들을 환난의 줄에 얽히게 하셔서 그들의 귀를 열어 교훈을 듣게 하신다(욥 36:8, 10; 시 141:6). 환상의 골짜기에서 환상을 멸시하였던 자들은 여호와의 말씀이 희귀하게 되고 환상이 흔히 보이지 않게 된 지금에 와서야 환상의 소중함을 깨닫게 되었다.

(3) 우리의 선생들이 한 쪽 구석으로 밀려나서 사가(私家)에서 말씀을 전할 수밖에 없게 되더라도, 우리는 그 곳을 찾아가서 부지런히 그들이 전하는 말씀을 들어야 한다. 사역자의 집은 그의 모든 이웃들에게 교회가 되어야 한다. 바울은 로마의 셋집에서 말씀을 전하였고, 하나님은 그 셋집에서 말씀을 전하는 바울을 인정하셨으며, 그를 금한 자가 아무도 없었다.

**Ⅲ. 하나님의 권능이 선지자를 사로잡음.** 주 여호와의 권능이 거기에서 내게 내렸다. 선지자를 이 환상 속으로 끌어들임과 동시에 그 환상을 감당할 수 있는 힘을 주시기 위하여 하나님의 권능이 그를 사로잡았다.

**Ⅳ. 선지지기 본 환상**(2절). 그는 한 형상을 보았는데, 아마도 그것은 사람의 형상이었을 것이다. 왜냐하면, 그것은 그가 이전에 본 형상이었기 때문이다. 그러나 그 형상은 허리 위로는 온통 광채가 났고 허리 아래로는 온통 불이었다. 이것은 그가 앞서 보았던 형상에 대한 묘사(1:27)와 일치한다. 이 형상은 동일한 인물, 즉 인자(人子)이신 예수 그리스도였을 것이다. 선지자와 함께 앉아 있던 장로들은 빛을 보고 두려워하였을 것이다(바울과 함께 다메섹으로 가던 사람들과 마찬가지로). 그들은 선지자의 집에서 있던 모임에 참석함으로써 이러한 복된 일을 보게 되었지만, 선지자에게 말씀하시는 분의 모습의 형체를 똑똑히 보지는 못하였다(행 22:9).

**Ⅴ. 선지자가 환상 가운데서 예루살렘으로 옮겨감.** 그가 본 형상은 손 같은 것을 펴서 그의 머리털 한 모숨을 잡았다. 여기에 나오는 손 같은 것은 성령이었

다. 왜냐하면, 하나님의 성령은 하나님의 손가락으로 불리기 때문이다. 또는, 선지자 안에 있던 영이 그를 들어올려서, 그는 외적인 힘에 의해서가 아니라 내적인 동력에 의해서 옮겨졌다. 하나님의 신실하고 준비된 종은 성령이 머리카락 한 오라기만 잡아도, 즉 하나님의 뜻이 조금만 드러나도 곧 그 일을 하러 달려간다. 왜냐하면, 그는 자기 속에 하나님의 뜻을 따라 움직이도록 그를 이끄는 어떤 것을 갖고 있기 때문이다(시 27:8). 선지자는 마치 독수리의 날개를 타고 날아오르듯이 기적적으로 천지 사이로 들어 올려졌다. 이것을 그와 함께 앉아 있던 장로들도 보았을 것이다(그로티우스는 그렇게 생각한다). 그들은 손 같은 것이 그의 머리털 한 모숨을 잡아서 그를 들어올렸다가 그가 입신 상태에 들어가자 그를 다시 내려놓는 것을 본 목격자들이었다. 그러고 나서 입신 상태에 들어간 선지자는 이후에 전개된 환상들을 경험하였지만, 그가 몸 안에 있었는지 몸 밖에 있었는지는 바울의 경우와 마찬가지로 그도 알 수 없었고, 우리는 더더욱 알 수 없다. 하나님의 은혜로 말미암아 이 땅과 땅에 속한 것들 위로 들어올려져서 그것들이 끄는 힘으로부터 벗어나 있는 자들은 하나님과 교제하면서 그의 빛을 전해 받기 위한 준비가 가장 잘 되어 있는 자들이라는 것을 명심하라. 선지자는 하늘로 들어올려지고 나서, 환상 가운데서 예루살렘에 있는 하나님의 성소로 이끌려 갔다. 왜냐하면, 천국으로 가고자 하는 자들은 그 가는 길에서 그곳을 거쳐야 하기 때문이다. 성령은 선지자의 마음에 마치 그가 직접 거기에 있는 것처럼 또렷하게 도성과 성전을 보여주었다. 이렇게 믿음으로 우리는 위에 있는 거룩한 성 예루살렘으로 들어가서 눈에 보이지 않는 것들을 볼 수 있다!

## VI. 예루살렘에서 선지자가 본 것들.

1. 그는 거기에서 하나님의 영광을 보았다(4절). 이스라엘 하나님의 영광이 거기에 있는데, 그 모습이 그가 앞서 보았던 생물들과 바퀴들과 보좌의 모습과 같았다(1장). 하나님의 종들은 어디에 있거나 어디를 가거나 믿음으로 하나님의 영광을 바라보아야 하고 그 영광을 그들 앞에 항상 두어야 한다는 것을 명심하라. 하나님의 권능과 영광을 성소에서 보아 온 자들은 그것들을 예전처럼 다시 보기를 원할 수밖에 없다(시 63:2). 하나님은 이후에 보여주시는 것들을 믿을 수 있도록 하기 위하여 에스겔에게 하나님의 영광에 관한 환상을 반복해서 보여주신다. 그러나 여기에는 또 다른 의도가 있는 것으로 보이는데, 그것은 그

들 자신의 하나님, 이스라엘의 하나님(그는 환상들 속에서 보여진 대로 많은 영광을 지니신 하나님이시다)을 버리고 거름더미 같은 신들, 창피하기 짝이 없는 신들, 거짓된 신들, 사실 신이 아닌 존재들을 섬긴 이스라엘의 죄를 더욱 부각시키기 위한 것이었다. 우리가 하나님의 영화로운 모습을 보면 볼수록, 우리는 죄, 특히 하나님의 진리를 거짓 것으로 바꾸고 그의 영광을 부끄러운 것으로 바꾸어 버린 우상 숭배의 죄가 얼마나 추악한 것인지를 알게 된다는 것을 명심하라. 또한, 그것은 여호와의 이 영광이 그들에게서 떠나고 나서 성전과 도성이 황폐하게 하실 때에 그들에게 닥칠 장래의 참상을 더욱 부각시키기 위한 것이기도 하였다(11:23).

2. 그는 거기에서 이스라엘의 수치를 보았는데, 그것은 제단문 어귀 북쪽에 세워진 질투의 우상이었다(3, 5절). 이 우상이 무엇이었는지는 확실하지 않지만, 아마도 므낫세가 만들어서 성전에 세운 바알이나 아세라 목상이었을 것이다(왕하 21:7; 대하 33:3). 요시야가 이 우상을 제거하였지만, 그의 후임자들은 이 우상을 다시 제자리에 복원하였고, 아울러 여호와의 성전으로 들어가는 곳의 근처에 있던 태양 수레도 복원하였던 것 같다(왕하 23:11). 본문에서는 이 우상이 문 어귀에 있다고 말한다. 그러나 선지자는 그 우상이 무엇이었는지를 우리에게 말해 주어서 우리의 호기심을 끌지 않고, 단지 그것이 질투의 우상이었다고 말해줌으로써 그 우상이 무엇이었든지 간에 그것은 하나님의 진노를 격발하여 그의 질투를 일으킨 것이었다는 것을 우리에게 확신시켜 준다. 남편이 아내의 간통에 분개하듯이, 하나님은 이 우상에 대하여 분개하셨고, 이 일에 대하여 반드시 복수하실 것이었다. 왜냐하면, 여호와는 질투하시며 보복하시는 하나님이시기 때문이다(나 1:2).

(1) 이 우상을 여호와의 전에 세운 것만으로도 하나님의 진노를 격발하여 그의 질투를 일으키기에 충분한 것이었다. 하나님이 나 내 하나님 여호와는 질투하는 하나님이라고 말씀하시는 것은 특히 그의 예배와 관련되어 있기 때문이다. 이 우상을 백성들이 모이는 안뜰로 들어가는 문에 세운 자들은 그 문을 제단문이라 불렀는데(5절), 이것은 다음과 같은 의도를 분명하게 보여주는 것이었다.

[1] 그것은 백성들에게 하나님 대신에 우상을 경배하도록 내세우고 그의 율법을 멸시하며 그의 공의에 도전함으로써 하나님을 면전에서 모독하여 그의 진노를 불러일으키기 위한 것이었다.

[2] 그것은 여호와의 전의 뜰로 들어가서 그에게 예물을 드리고자 하는 백성들을 그 문 앞에서 유혹하여 그들로 하여금 이 우상에게 그 예물을 드리도록 하기 위한 것이었다. 이 우상은 자기 집 문에 앉아서 자기 길을 바로 가는 행인들을 불러 이르되 어리석은 자는 이리로 돌이키라 또 지혜 없는 자에게 이르기를 도둑질한 물이 달고 몰래 먹는 떡이 맛이 있다고 하는 솔로몬이 묘사한 음탕한 여인과 같다(잠 9:14-17). 그러므로 이 우상이 질투의 우상으로 불리게 된 것은 다 그만한 이유가 있었기 때문이다.

(2) 우리는 그들이 심판을 받을 만큼 받았으니 지금쯤은 어느 정도 삶을 고쳤을 것이라고 기대하고 있던 차에 하나님의 전에서 이 우상을 보았을 때에 에스겔이 얼마나 놀라고 근심하였을지를 충분히 상상할 수 있다. 이 세상과 교회 속에는 선한 자들이 생각하는 것보다 더 큰 악이 존재한다.

[1] 하나님은 선지자에게 그들의 이런 모습이 정말 악하고 하나님이 이 백성을 내쳐서 멸망에 내어줄 만한 충분한 이유가 되지 않느냐고 반문하신다. 그들이 다름 아닌 하나님의 성소에서 그런 가증한 일들을 저지르고도 하나님이 그의 성소를 멀리 떠나실 것임을 예상하지 못한다면, 그것이 말이 되겠는가? 아니, 하나님이 그의 성소에서 쫓겨나신 것이 아니고 무엇이란 말인가? 그들은 의도적으로 그런 일들을 행하였고, 하나님을 그의 성소에서 떠나시게 만들기 위해 고의적으로 그렇게 한 것이기 때문에, 그들이 의도한 것이 바로 그들의 운명이 될 것이다. 그들은 그렇게 함으로써 사실상 거라사 사람들과 마찬가지로 하나님이 그 지방에서 떠나시기를 원하였다. 그러므로 하나님은 떠나실 것이다. 하나님은 이제는 더 이상 그의 성소를 존귀하게 하거나 보호하지 않으시고, 수치와 멸망에 내어주실 것이다.

[2] 질투의 우상을 세운 그들의 행위가 충분히 악하여 하나님이 그들에게 행하실 모든 일이 옳다는 것을 입증하고도 남음이 있을 정도이긴 하지만, 문제가 훨씬 더 심각하다는 것이 앞으로 드러나게 될 것이다. 너는 다시 다른 큰 가증한 일을 보고 크게 놀라게 되리라. 한 가지 가증한 일이 있다면, 거기에서는 그 일 외에도 다른 많은 가증한 일들이 발견되는 법이다. 죄는 혼자 다니지 않기 때문이다.

⁷그가 나를 이끌고 뜰 문에 이르시기로 내가 본즉 담에 구멍이 있더라 ⁸그가 내게

이르시되 인자야 너는 이 담을 헐라 하시기로 내가 그 담을 허니 한 문이 있더라 [9] 또 내게 이르시되 들어가서 그들이 거기에서 행하는 가증하고 악한 일을 보라 하시기로 [10] 내가 들어가 보니 각양 곤충과 가증한 짐승과 이스라엘 족속의 모든 우상을 그 사방 벽에 그렸고 [11] 이스라엘 족속의 장로 중 칠십 명이 그 앞에 섰으며 사반의 아들 야아사냐도 그 가운데에 섰고 각기 손에 향로를 들었는데 향연이 구름 같이 오르더라 [12] 또 내게 이르시되 인자야 이스라엘 족속의 장로들이 각각 그 우상의 방안 어두운 가운데에서 행하는 것을 네가 보았느냐 그들이 이르기를 여호와께서 우리를 보지 아니하시며 여호와께서 이 땅을 버리셨다 하느니라

이 단락에서 우리는 예루살렘에서, 그것도 성전의 경내에서 자행되고 있던 가증한 일들이 추가적으로 드러나고 있는 것을 본다. 좀 더 자세하게 살펴보자.

**I. 이 일들은 어떻게 드러나게 되었는가.** 하나님은 환상 가운데서 에스겔을 뜰 문, 즉 바깥뜰 문으로 데리고 가셨는데, 거기에는 양쪽으로 제사장들의 숙소가 있었다. 하나님은 아예 처음부터 그를 우상의 방들로 데리고 갈 수 있었지만, 그렇게 하지 않으시고 점진적으로 그 방들까지 인도하시는데, 여기에는 선지자로 하여금 스스로 힘을 들여서 그들의 은밀한 죄악들을 찾아내도록 하고자 하시는 의도도 있었고, 이 우상 숭배자들이 얼마나 세심한 주의를 기울여서 조심스럽게 그들의 우상 숭배를 은폐하고 있는지를 직접 느끼도록 하고자 하시는 의도도 있었다. 그들은 제사장들의 숙소 앞에 담을 높이 세웠는데, 이것은 지나다니는 사람들이 그들의 숙소를 들여다보지 못하게 하여 그들의 행위를 더욱 은밀하게 하기 위한 것으로서 그들이 거기에서 부끄러운 짓을 하고 있다는 것을 보여주는 증표였다. 악을 행하는 자마다 빛을 미워한다(요 3:20). 그들은 사적으로 있을 때에 그들이 공적으로 행하는 것과 반대되는 일을 하는 것을 사람들이 보지 못하도록 하기 위해서 사람들에게 하나님의 성전은 볼 수 있게 하여도 그들이 묵고 있는 숙소는 보여주고자 하지 않았다. 그러나 담에 구멍이 있었다(7절). 그 구멍은 그들이 무슨 짓을 하고 있는지를 볼 수 있게 해주는 틈새 구멍이었다. 위선자들은 외적인 가식의 담 뒤에서 자기 자신을 숨기고서는 그 담이 그들의 악을 세상 사람들의 눈으로부터 숨겨주어서 그들이 좀 더 성공적으로 그들의 계획들을 실행에 옮길 수 있을 것이라고 생각하지만, 그들

이 아무리 교묘하게 그런 담을 쌓는다고 하여도, 그 담에는 이런저런 구멍이 있어서, 그들의 겉모습이 아니라 그들의 진면목을 보고자 부지런히 애쓰는 자들은 그 구멍을 통해서 그들의 참 모습을 볼 수 있게 된다. 나귀가 사자의 가죽을 뒤집어쓰고서 사자 행세를 했지만 그의 귀가 드러나는 바람에 나귀라는 것이 들통나고 말았다는 우화도 있다. 에스겔이 그 담에 있는 이 구멍을 좀 더 넓혔더니 한 문이 보였다(8절). 그는 이 문을 통해 곳간 또는 제사장들의 숙소로 들어가서, 그들이 거기에서 행하는 가증하고 악한 일들을 보았다(9절). 다른 사람들이나 자기 자신 속에 있는 은밀한 죄악을 찾아내고자 하는 자들은 부지런히 살피고 찾아보아야 한다는 것을 명심하라. 왜냐하면, 사탄은 음흉하고 간계(奸計)가 뛰어나며, 만물보다 거짓되고 심히 부패한 것이 마음이기 때문이다(렘 17:9). 그러므로 우리는 마음을 살필 때에는 아주 엄격하고 엄밀하게 살피지 않으면 안 된다.

**II. 어떤 일들이 드러나게 되었는가.** 선지자가 본 것은 참으로 암담한 것이었다.

1. 그는 우상들이 사방 벽에 그려져 있는 방을 보았다(10절). 그들이 이웃 나라들에서 들여온 이스라엘 족속의 모든 우상이 그 사방 벽에 그려져 있었는데, 그들은 각양 곤충을 숭배하였고, 독이 있는 가증한 짐승들도 숭배하였다. 이 짐승들은 그 자체로도 가증한 것들이었지만, 적어도 숭배의 대상이 되었을 때에는 가증한 것들일 수밖에 없었다. 이것은 일종의 만신전(萬神殿), 즉 그들이 숭배하는 모든 우상들을 다 모아 놓은 신전이었다. 십계명의 둘째 계명에서는 문자적으로는 오직 새긴 우상들만을 금지하고 있지만, 그린 우상들도 새긴 우상들 못지않게 악하고 위험한 것이었다.

2. 그는 그 방이 우상 숭배자들로 가득 차 있는 것을 보았다(11절). 거기에서는 이스라엘 족속의 장로 중 칠십 명이 이 그린 우상들에게 분향하고 있었다. 거기에서는 많은 우상 숭배자들이 함께 모여서 이 악을 행하는 일에서 서로의 힘을 북돋워주고 있었다. 그 곳은 개인의 숙소였고 그 모임은 은밀하게 행해졌지만, 거기에는 무려 칠십 명이나 되는 인원이 모여들었다. 나는 여기에 모인 이 장로들의 수가 바벨론에서 선지자의 집에 모여 앉은 장로들(1절)의 수보다 더 많았을 것이라고 생각하지 않는다. 이 장로들은 칠십 명이었다. 칠십 명이라는 수는 이스라엘 나라의 의회 격인 공회 의원들의 수이기 때문에, 그들은 바

로 그 공회 의원들이었을 것이다. 왜냐하면, 그들은 나이에서만이 아니라 직책에 있어서도 이스라엘 족속 중에서 으뜸가는 장로들이었기 때문이다. 그들은 직책상 우상 숭배를 억제하고 벌하며, 모든 미신적인 우상들을 멸하고 폐할 책무를 지니고 있었다. 그렇지만 그들은 여호와에 대한 거룩한 신앙은 공적으로 출세하기 위한 도구로만 활용하고, 사적으로는 우상들을 숭배하여 그 거룩한 신앙을 훼손시키고 있었다. 그들은 각기 손에 향로를 들었다. 그들은 우상을 섬기는 일을 너무도 좋아하였기 때문에 너나 할 것 없이 다 우상의 제사장이 되었고, 이 우상들을 높이기 위하여 값비싼 향을 아낌없이 사용하였기 때문에 향연이 구름 같이 올라가서 그 방을 가득 채웠다. 이 우상 숭배자들의 열심은 참 하나님을 섬기는 자들의 무관심한 태도를 얼마나 부끄럽게 만드는가! 선지자는 그들 가운데서 그가 알고 있는 한 사람의 이름을 구체적으로 언급하는데, 그 사람은 이 우상 숭배자들 가운데에 서 있었다. 아마도 그 사람은 당시에 공회의 의장이었거나 이 악한 일을 주도하였던 인물이었던 것 같다. 장로들이 이 모양이니 백성들이 타락했다고 해도 그것은 조금도 이상한 일이 아니다. 지도자들이 죄를 범하면 백성들도 따라서 죄를 범하게 되어 있다.

**Ⅲ. 그들이 우상을 숭배하며 무슨 말을 하였는가**(12절). "인자야 네가 보았느냐. 너는 이런 악한 일이 자행되리라고 상상이나 해보았느냐?" 좀 더 살펴보자.

1. 이 일은 어두운 가운데에서 행하여졌다는 것. 왜냐하면, 죄악된 일들은 어둠의 일들이기 때문이다. 그들은 그들의 직위나 명성을 잃지 않기 위해서 그 일을 숨기고 은폐하였다. 세상에는 은밀하게 행해지는 악들이 무척 많고, 하나님의 의로우신 심판이 나타나는 그 날에 그 은밀한 악들은 다 드러나게 될 것이다.

2. 우상을 숭배하는 이 하나의 의식(儀式)은 단지 무수하게 행해지고 있는 것들 중의 하나에 불과하였다는 것. 그들은 그들이 섬기는 우상들을 한데 모아 놓고 숭배하기 위해서 함께 모였지만, 각각 따로 자신만의 우상의 방을 가지고 있어서, 자기 방을 그런 용도로 사용하여 거기에 자기가 가장 좋아하는 우상 그림을 그려놓고 자신의 헛된 망상을 만족시켰던 것으로 보인다. 우상 숭배자들은 각자의 집에 자신의 신을 모셔 놓고 가족 전체가 사적으로 그 우상을 섬겼다. 이것은 그리스도인이라 자처하는 자들이 각자의 집에 교회를 차려놓고서 가족 전체가 하나님을 예배하는 일이 드문 것과 비교가 된다. 우상 숭배자

들이 각자의 집에 우상의 방을 마련해 놓고 있다면, 우리는 각자의 집에 기도의 방을 마련해 놓아야 하지 않겠는가?

3. 무신론이 그들의 우상 숭배의 밑바닥에 있었다는 것. 그들은 어두운 가운데에서 이방신들의 우상을 섬기면서 이렇게 말한다. "우리가 섬겨야 할 이스라엘의 하나님 여호와께서 우리를 보지 아니하시며 여호와께서 이 땅을 버리셨기 때문에, 우리가 어떤 신을 섬기든 하나님은 아무 상관하지 않으실 것이다."

(1) 그들은 그들이 하는 일들을 하나님이 보지 못하실 것이라고 생각하였다. 그들이 이르기를 여호와께서 우리를 보지 아니하신다 하느니라. 그들은 그들이 우상을 섬기는 일을 아주 은밀하게 행하였기 때문에 사람들이 그것을 눈치챌 수 없고, 그들의 이웃 사람들도 그들이 우상 숭배자들이라는 것을 꿈에도 생각하지 못할 것이며, 그들이 하는 일은 하나님의 눈에도 숨겨져 있다고 생각하였다. 즉, 그들은 마치 행악자가 숨을 만한 흑암이나 사망의 그늘이 있는 것처럼 생각하였다(욥 34:22). 우리가 하나님을 속이고 떠나는 것의 밑바닥에는 하나님이 모든 것을 다 아신다는 것에 대한 실질적인 불신앙이 자리잡고 있다는 것을 명심하라. 그러나 구약의 교회는 이 우상 숭배의 죄와 관련해서 우리가 우리 하나님의 이름을 잊어버렸거나 우리 손을 이방 신에게 향하여 폈더면 하나님이 이를 알아내지 아니하셨으리이까 무릇 주는 마음의 비밀을 아시나이다(시 44:20-21)라고 올바르게 고백하고 있다. 하나님이 그것을 아신다는 것은 두말할 필요가 없다.

(2) 그들은 그들이 하나님의 돌보심에서 벗어나 있다고 생각하였다. "여호와께서 이 땅을 버리셨고, 이 땅에서 일어나는 일들을 보살피시지 않으신다. 그러므로 우리가 여호와 외에 다른 신을 섬겨도 여호와는 할 말이 없으시다." 또는, "여호와께서 우리의 땅을 버리셔서 원수들의 밥이 되게 하셨다. 그러므로 지금은 우리가 여호와 외에 다른 신을 찾아서 이 땅을 보호해 달라고 해야 할 때이다. 우리의 한 분 하나님은 우리를 구원하실 수도 없고 구원하고자 하시지도 않는다. 그러므로 우리는 많은 신을 섬겨야 한다." 이것은 마치 하나님이 먼저 그들을 버리셔서 할 수 없이 그들이 하나님을 버릴 수밖에 없었다고 말하는 것으로서 사실을 왜곡하여 하나님을 모독하는 발언이었다. 자신의 죄로 인하여 일어난 일을 도리어 하나님께 덮어씌우고자 할 정도로 뻔뻔스러움의 극치에 도달한 자들은 멸망의 때가 무르익은 것임을 명심하라.

<sup>13</sup>또 내게 이르시되 너는 다시 그들이 행하는 바 다른 큰 가증한 일을 보리라 하시더라 <sup>14</sup>그가 또 나를 데리고 여호와의 전으로 들어가는 북문에 이르시기로 보니 거기에 여인들이 앉아 담무스를 위하여 애곡하더라 <sup>15</sup>그가 또 내게 이르시되 인자야 네가 그것을 보았느냐 너는 또 이보다 더 큰 가증한 일을 보리라 하시더라 <sup>16</sup>그가 또 나를 데리고 여호와의 성전 안뜰에 들어가시니라 보라 여호와의 성전 문 곧 현관과 제단 사이에서 약 스물다섯 명이 여호와의 성전을 등지고 낯을 동쪽으로 향하여 동쪽 태양에게 예배하더라 <sup>17</sup>또 내게 이르시되 인자야 네가 보았느냐 유다 족속이 여기에서 행한 가증한 일을 적다 하겠느냐 그들이 그 땅을 폭행으로 채우고 또 다시 내 노여움을 일으키며 심지어 나뭇가지를 그 코에 두었느니라 <sup>18</sup>그러므로 나도 분노로 갚아 불쌍히 여기지 아니하며 긍휼을 베풀지도 아니하리니 그들이 큰 소리로 내 귀에 부르짖을지라도 내가 듣지 아니하리라

우리는 이 단락에서 다음과 같은 내용들을 본다.

**I. 선지자가 본 더 크고 많은 가증한 일들.** 그는 그가 본 것이 그들이 행하는 가장 악한 일일 것이라고 생각하였지만, 하나님은 너는 다시 그들이 행하는 바 이전보다 더 큰 다른 가증한 일들을 보리라고 그에게 말씀하신다(6, 13, 15절). 혼자 조용히 물러나서 살아가면서 이 세상에서 어떤 악이 행해지고 있는지를 생각하지 않는 자들이 있다. 하지만 우리가 세상과 더 많이 교류하고 그 속을 좀 더 깊이 들여다보면 볼수록 우리는 세상이 더욱더 부패하고 타락해 있는 것을 보게 된다. 우리는 악한 일을 보았을 때에 놀라게 되지만, 곧 이런저런 계기로 그 일보다 훨씬 더 큰 악을 보게 되어 더 이상 놀라지 않게 된다. 우리 자신의 마음을 살피고 찬찬히 파헤쳐 보기만 하여도, 실상이 그렇다는 것을 우리는 알게 된다. 우리의 마음속에는 죄악의 세계가 펼쳐져 있고, 거기에는 아주 많고 다양한 가증한 일들이 있어서, 우리가 많은 잘못된 것들을 찾아내었다고 할지라도 여전히 더 많은 악들을 계속해서 찾아낼 수 있다. 거짓되고 심히 부패한 것은 마음이라 누가 능히 이를 온전히 알리요(렘 17:9). 선지자가 여기에서 본 가증한 일들은 이런 것들이었다.

1. 담무스를 위하여 애곡하는 여인들(14절). 기쁨과 즐거운 마음으로 참 하나님을 섬기기보다는 눈물로 우상을 섬기는 쪽을 택한다면, 그것은 참으로 가증한 일이 아닐 수 없다. 그런데도 거짓되고 헛된 것을 숭상하고 자기에게 베푸신 은혜

를 버린(욘 2:8) 자들은 이런 말도 안 되는 어리석은 죄를 짓는다. 어떤 이들은 이 여인들이 눈물을 흘리며 섬겼던 것은 헬라인들의 우상이었던 아도니스 (Adonis)였다고 하고, 어떤 이들은 애굽 사람들의 우상이었던 오시리스(Osiris) 였다고 생각한다. 이 우상은 우는 모습을 하고 있었기 때문에, 이 우상을 섬기는 자들은 함께 울었다고 한다. 여인들은 이 담무스의 죽음을 애곡하였지만, 머지않아 담무스가 다시 부활한 것을 기뻐할 것이었다. 이 애곡하는 여인들은 여호와의 전으로 들어가는 북문에 앉아, 마치 하나님께 도전하고 하나님을 섬기는 거룩한 예식들을 무시하기라도 하듯이 우상을 위하여 눈물을 흘리고 있었다. 어떤 이들은 여인들이 이 우상을 숭배하는 의식 속에는 실제로 엎드려서 육체적으로 음행하는 의식도 포함되어 있었다고 생각한다. 왜냐하면, 이 두 가지는 통상적으로 함께 행하여졌기 때문이다. 우상 숭배를 통해서 하나님을 욕보인 자들을 하나님이 부끄러운 욕심과 타락한 감각에 내버려 두셔서 인간으로서 가장 더럽고 추한 이 성창(聖娼) 의식을 통해서 그들의 몸을 더럽히도록 하신 것은 합당한 일이었다.

2. 태양에게 예배하는 남자들(16절). 이 일은 여호와의 성전 안뜰, 여호와의 성전 문 곧 현관과 제단 사이에서 행해졌기 때문에 더욱더 가증한 일이었다. 그들의 거룩한 종교의 가장 신성한 의식들이 행해지곤 하였던 바로 거기에서 이 가증한 악이 자행되고 있었다. 왕이 하만에게 말하였듯이(에 7:8), 하나님은 이렇게 그의 성전 문에서 그를 모독한 자들에게, 저가 궁중 내 앞에서 왕후를 강간까지 하고자 하는가라고 말씀하실 만하였다. 거기에서 오직 하나님께만 드려야 할 경배를 태양신에게 드리고 있던 자들은 약 스물다섯 명이었다. 어떤 이들은 그들이 왕과 그의 고관들이었다고 생각한다. 하지만 그 곳은 제사장의 뜰이었던 것으로 보아서, 그들은 제사장들이었을 가능성이 크다. 하나님은 제사장들에게 그의 참된 종교를 맡기시고서 그 종교를 잘 보호하고 수호하도록 당부하셨는데, 지금 성전 안에서 배교를 행하고 있는 자들은 바로 그 제사장들이었다.

(1) 그들은 여호와의 성전을 등지고 돌아서 있었다. 이것은 그들이 성전을 잊어버리고 무시하려고 작정했음을 보여주는 것이다. 사람들이 하나님이 세우신 제도들을 등지고 멸시할 때, 그들이 그들의 생각이 만들어낸 것들을 좇아서 끝없이 방황하는 것은 전혀 이상한 일이 아니라는 것을 명심하라. 불경(不敬)은 우상 숭배를 비롯해서 온갖 죄악의 씨앗이다.

(2) 그들은 낯을 동쪽으로 향하여 동쪽 태양, 즉 떠오르는 태양에게 **예배하였다**. 이 의식은 고대의 우상 숭배의 전형적인 예를 보여주는 것으로서 욥의 시대에서도 알려져 있었고(욥 31:26), 이방 나라들 가운데서 널리 행하여져서, 사람들은 이런저런 각기 다른 이름을 지닌 동일한 태양신을 숭배하였다. 이 제사장들은 이 의식이 이 방면에서 아주 오래되고, 보편적으로 행해져 온 것을 알고서(오늘날의 가톨릭교도들도 그들의 미신적인 의식들, 특히 동쪽을 향하여 경배하는 이 의식을 옹호하는 데에 이 두 가지 근거를 제시한다), 이 의식이 그들의 예식 속에 포함되지 않은 것은 잘못된 것이라고 생각하여 성전 뜰에서 이 의식을 행하였다. 하나님이 천하 만민을 섬기도록 하기 위하여 만드신 것(태양은 바로 그런 것이었는데, 태양을 부르는 이름인 '세메스'는 그런 의미를 지닌다, 신 4:19)을 신으로 경배하며 '바알'(주)이라 부르고, 빛들의 아버지이신 하나님을 멸시하고 하나님이 주신 빛을 지닌 태양을 경배하는 우상 숭배자들은 참으로 어리석은 자들이다.

**II. 선지자가 본 이러한 일들로부터 추론되는 것들**(17절). "인자야 네가 보았느냐. 너는 여호와의 성전에서 그런 일들이 행해지는 것을 보리라고 상상이나 할 수 있었겠느냐?"

1. 하나님은 선지자에게 그들의 죄악이 흉악무도하지 않느냐고 반문하신다. 다른 어떤 나라들보다도 더 선한 것들을 알고 고백하며 무수히 많은 특권들로 존귀함을 입은 유다 족속이 이런 일을 자행하는 것이 작고 가벼운 일이라고 생각할 수 있겠느냐? 하나님의 말씀과 규례들을 가지고 있는 자들이 여기에서 가증한 일들을 행한 것이 변명의 여지가 있는 일이라고 할 수 있겠느냐? 이런 죄들을 자행하는 그들을 고통을 겪게 하는 것이 합당하지 않겠느냐? 이런 가증한 일들이 결국에는 그들을 황폐하게 하지 않겠느냐(단 9:27)?

2. 하나님은 이 나라의 모든 곳에서 자행되고 있는 사기(詐欺)와 압제를 언급하시며 그들의 죄악이 얼마나 중대한지를 부각시키신다. 그들이 그 땅을 폭행으로 채웠다. 하나님을 상대로 이렇게 악을 행하는 자들이 서로에게 악을 행하는 데에 조금의 거리낌도 느끼지 않고, 거룩한 모든 것들과 더불어서 의로운 모든 것들을 똑같이 짓밟는 것은 전혀 이상한 일이 아니다. 그들의 악한 행실 때문에 그들이 하나님께 드리는 예배조차도 가증한 것이 되어 버렸다(사 1:11). "그들은 그 땅을 폭행으로 채우고, 그런 후에 성전에서 또 다시 내 노여움을

일으킨다. 왜냐하면, 그들이 드리는 희생제사들은 속죄를 이루는기는 커녕 그들의 죄악을 더할 뿐이기 때문이다. 그들은 거듭거듭 반복해서 내 노여움을 일으키며, 심지어 나뭇가지를 그들의 코에 두었다(이것은 격언적인 표현으로서 그들이 하나님을 비웃고 조롱한 것을 나타내는 것 같다)." 그들은 사람들이 나뭇가지를 그들의 코에 두었을 때에 그 냄새를 맡으려고 킁킁거리는 것처럼 하나님께 제사를 드릴 때에 못마땅하다는 듯이 킁킁거렸다. 또는, 이것은 우상 숭배자들이 우상들을 경배할 때에 행한 어떤 관습적인 의식을 가리키는 것일 수도 있다. 우리는 우상을 섬기는 의식에 화환들이 사용되었음을 본다(행 14:13). 광신적으로 우상을 숭배하던 자들은 이 화환에서 가지 하나를 취해서 그들의 옷에 달고 다녔다.

라이트푸트(Lightfoot) 박사는 이 구절을, 그들이 나뭇가지를 그들의 진노(또는 마소라 본문의 읽기를 따르면, 그의 진노)에 두었다고 해석한다. 즉, 그들은 하나님의 진노의 불을 지펴놓고도 마치 그 진노가 아직 덜 뜨겁다는 듯이 거기에 더 많은 땔감(시든 포도나무 가지 같은)을 던져 넣고 있다는 것이다. 또는, 나뭇가지를 코에 둔다는 것은 하나님이나 사람에게 아주 큰 모욕을 주어 분노를 촉발시키는 것을 의미할 수도 있다.

3. 하나님은 그들이 모두 멸망하게 될 것이라고 그들에게 선고를 내리신다. 그들이 이렇게 광분하여 죄악을 자행하고 있기 때문에 나도 그들에게 분노로 갚을 것이다(18절). 그들은 그 땅을 폭행으로 채웠기 때문에, 하나님은 그 땅을 그들의 원수들의 폭행으로 채우실 것이다.

(1) 하나님은 사람들을 불쌍히 여기시는 그의 마음이 그에게 하는 소리에 귀를 기울이지 않으실 것이다. 나도 너를 불쌍히 여기지 아니하며 긍휼을 베풀지도 아니하리라. 하나님은 후회하지 않으실 것이다.

(2) 하나님은 그들의 기도에 귀를 기울이지 않으실 것이다. 그들이 큰 소리로 내 귀에 부르짖을지라도 내가 듣지 아니하리라. 왜냐하면, 그들의 기도가 긍휼을 베풀어 주시라고 부르짖는 소리보다 그들의 죄악들이 복수해 달라고 부르짖는 소리가 훨씬 더 크기 때문이다. 그들이 그들의 우상들에게 큰 소리로 부르짖었어도 아무 소용이 없었듯이(왕상 18:26), 이제 하나님은 그 우상들처럼 그들의 기도에 귀를 막아 버리실 것이다. 그들이 부르기 전에 하나님이 응답하시고 그들이 말을 마치기 전에 들으셨던 때가 있었다(사 65:24). 그러나 이제는 그들이 부지

런히 나를 찾아도 나를 만나지 못하리라(잠 1:28). 하나님이 들으시는 것은 큰 소리가 아니라 정직한 마음이다.

# 제 9 장

## 개요

앞 장에서 선지자는 환상 가운데서 예루살렘에서 자행되고 있는 죄악을 보았었는데, 우리는 그것이 선지자에게 실제의 모습보다 더 나쁘게 제시된 것이 아니라는 것을 확신할 수 있다. 이제 여기에는 당연히 그들의 멸망이 다가오고 있는 것에 관한 묘사가 나온다. 왜냐하면, 죄가 앞서가고 심판이 그 뒤를 따르는 법이기 때문이다. I. 예루살렘을 멸망시키는 일에 쓰임 받게 될 도구들이 준비됨(1-2절). II. 그룹들 사이에 머물러 있던 하나님의 영광이 성전 문지방으로 이동해 감(3절). III. 하나님이 이 일에 쓰시는 사람들 중에서 나머지와 구별되는 한 사람에게 이 멸망에서 보존할 남은 자들에게 표시를 하라고 지시하심(3-4절). IV. 하나님이 표시를 받지 않은 자들에 대한 형집행 명령서에 서명하시고, 이에 따라 집행이 시작됨(5-7절). V. 선지자가 형을 감해 주실 것을 기도하지만, 하나님은 이미 일이 작정되었기 때문에 형을 감해 줄 수 없다고 하심(8-10절). VI. 경건한 남은 자들에게 표시를 하도록 지시를 받은 사람이 그가 그 일을 다했음을 보고함(11절). 이것은 하나님이 세상을 통치하시는 데에 통상적으로 섭리를 어떻게 사용하시는지를 보여준다.

¹또 그가 큰 소리로 내 귀에 외쳐 이르시되 이 성읍을 관할하는 자들이 각기 죽이는 무기를 손에 들고 나아오게 하라 하시더라 ²내가 보니 여섯 사람이 북향한 윗문 길로부터 오는데 각 사람의 손에 죽이는 무기를 잡았고 그 중의 한 사람은 가는 베 옷을 입고 허리에 서기관의 먹 그릇을 찼더라 그들이 들어와서 놋 제단 곁에 서더라 ³그룹에 머물러 있던 이스라엘 하나님의 영광이 성전 문지방에 이르더니 여호와께서 그 가는 베 옷을 입고 서기관의 먹 그릇을 찬 사람을 불러 ⁴여호와께서 이르시되 너는 예루살렘 성읍 중에 순행하여 그 가운데에서 행하는 모든 가증한 일로 말미암아 탄식하며 우는 자의 이마에 표를 그리라

이 단락에는 다음과 같은 내용들이 나온다.

**I. 예루살렘을 멸망시킬 자들을 호출하여 앞으로 나아오라고 하심.** 선지자에게 나타나셔서(8:2) 그를 예루살렘으로 데리고 가서 거기에서 행해지고 있는 죄악을 보여주신 그가 큰 소리로 외쳐 이르시되 이 성읍을 관할하는 자들이 나아오게 하라 하시더라(1절). 또는, 원문에 더 가깝게 읽는다면, 그가 큰 소리로 외쳐 이르시되 이 성읍을 관할하는 자들이 나아오고 있도다 하셨다. 그는 앞서 내가 분노로 갚으리라(8:18)고 말씀하셨었는데, 이제 여기에서는 선지자에게 "나의 진노의 도구들로 누가 쓰임 받게 될지를 네가 보리라"고 말씀하신다. 예루살렘에 대한 형벌(또는, 예루살렘을 벌할 자들)이 가까이 와 있다. 하나님이 그들을 긍휼 가운데서 보살피시던 날에 그들은 하나님을 모른 척하였기 때문에, 이제 하나님은 진노로 그들을 벌하실 것이다. 좀 더 살펴보자.

1. 이러한 통지가 선지자에게 어떻게 주어지고 있는가. 그가 큰 소리로 내 귀에 외치셨다. 이것은 말씀하시는 분의 감정이 격해져 있다는 것을 보여주는 것이다. 사람들도 극도로 분노하여 경고할 때에는 큰 소리를 내게 된다. 하나님이 작은 소리로 권면하시는 말씀에 귀를 기울이지 않는 자들은 머지않아 하나님이 큰 소리로 경고하시는 말씀을 듣고 두려워 떨게 될 것이다. 또한, 이것은 선지자가 이런 말씀을 듣고 싶어하지 않았다는 것을 보여주는 것이다. 그는 그런 말씀을 듣고 싶지 않아서 귀를 막았지만, 이미 일은 돌이킬 수 없게 되어 버렸다. 그들의 죄는 변명의 여지가 없는 것이었기 때문에 그들에 대한 심판도 더 이상 지체될 수 없었다 "그가 큰 소리로 내 귀에 외치셨고, 니로 하여금 그 말씀을 듣게 하셨다. 나는 서글픈 마음으로 그 말씀을 들을 수밖에 없었다."

2. 통지의 내용은 무엇이었는가. 예루살렘을 멸할 자들은 갈대아 군대가 아니라 이 성읍을 관할하는 자들이다. 갈대아 군대도 이 일에 쓰임을 받게 될 것이지만, 그들은 이 심판을 집행하는 자들이 아니라 단지 그 집행관들의 종들 또는 도구들에 불과하다. 하나님의 천사들은 오랫동안 도성을 보호하고 지키라는 명령을 받아 왔었지만, 이제는 그 도성을 황폐화시키라는 명령을 받았다. 천사들은 진노의 일꾼들로서 멸망시키는 천사들로 등장한다. 왜냐하면, 천사들은 화염검으로 생명나무로 가는 길을 지키던 천사처럼 각 사람의 손에 죽이는 무기를 잡았기 때문이다. 죄를 지어서 하나님을 원수로 만든 자들에게는 천사들도 그들의 원수가 된다는 것을 명심하라. 하나님은 이 집행관들을 부르셔서 가까이 나아오게 하신다. 진노의 일꾼들은 하나님이 부르시면 언제든지 금방

달려오고, 하나님은 이 눈에 보이지 않는 세력들을 사용하셔서 그의 뜻을 이루신다는 것을 명심하라. 하나님께서 선지자에게 환상 가운데서 이것을 보게 하신 것은 그가 더 큰 확신을 가지고서 이 심판을 백성들에게 전하도록 하기 위한 것이었다. 하나님은 그것을 그에게 큰 소리로 말씀해 주시고 강한 손으로 그에게 알려 주신(사 8:11) 것은 그것이 그의 마음에 더 깊게 새겨져서 그가 백성들의 귀에 그것을 더 호소력 있게 전할 수 있게 하기 위한 것이었다.

**II. 하나님의 호출을 받고 예루살렘을 멸망시킬 자들이 나아옴.** 즉시 여섯 사람이 왔는데(2절), 그들은 각각 예루살렘의 주요한 문들을 담당할 것이었다. 하나님은 소돔을 멸망시키기 위해서는 두 명의 천사를 보내셨지만, 예루살렘을 멸망시키고자 하셨을 때에는 여섯 명의 천사를 사용하신다. 왜냐하면, 예루살렘에 대한 심판은 소돔에 대한 심판보다 세 배나 더 무거울 것이었기 때문이다. 천사들은 각 대문마다 한 명씩 배치되어서 지키고 있다가 사방에서 심판을 행하여 도성을 멸망시키고, 아무도 빠져나가지 못하도록 감시할 임무를 맡았다. 애굽의 장자를 죽이고 앗수르 군대의 진영을 치는 일에도 한 명의 천사로 충분하였지만, 여기에서는 여섯 명의 천사가 등장한다. 요한계시록에서 우리는 일곱 명의 천사가 하나님의 진노의 대접을 쏟는 일을 맡은 것을 본다(계 16:1). 본문에서 여섯 천사는 각자의 손에 죽이는 무기를 들고 왔다. 즉, 그들은 그들이 부르심을 받은 일을 할 채비를 다 갖춘 상태로 왔다. 바벨론 왕의 군대를 구성하고 있던 여섯 나라들과 그 군대를 지휘하는 여섯 명의 사령관들(렘 39:3)이 천사들의 손에 들린 죽이는 무기들이라 할 수 있을 것이다. 천사들은 하나님이 어떤 일을 시키시든 그 일을 완벽하게 할 수 있는 준비를 다 갖추고 있다.

1. 그들이 어디에서 왔는지를 보라. 그들은 북향한 윗문 길로부터 왔다(2절). 이것은 갈대아 군대가 북방에서 올 것이기 때문이거나(재앙이 북방에서 일어나, 렘 1:14) 질투의 우상이 안뜰로 들어가는 북향한 문에 세워져 있었기 때문이었다 (8:3, 5). 멸망의 천사들이 성전의 그 문으로 들어온 것은 무엇이 그들에게 그 문을 열어 주었는지를 보여주기 위한 것이었다. 심판은 죄가 있는 바로 그 길로 온다는 것을 명심하라.

2. 그들이 어디에 집결하였는지를 보라. 그들이 들어와서 놋 제단 곁에 섰다. 놋 제단은 사람들이 희생제사를 드리고 속죄를 행하곤 하던 곳이었다. 그들은

멸망시키는 자들로 행할 때에 어떤 개인적인 복수심이나 악감 때문이 아니라 하나님의 영광을 바라는 순전하고 진실한 마음으로 희생제사를 드리는 자들로 행할 것이었다. 왜냐하면, 그들이 죽이는 모든 자들은 하나님의 공의 앞에 제물로 바쳐질 것이었기 때문이다. 그들은 마치 놋 제단을 보호하고 그 의로운 호소를 변호하며 그 제단이 끔찍하게 더럽혀진 것에 대하여 복수하기라도 하려는 듯이 놋 제단 곁에 섰다. 놋 제단 곁에서 그들은 도성을 멸망시키라는 하나님의 명령을 받기 위해 기다렸는데, 이것은 예루살렘의 죄악이 엘리 가문의 죄와 마찬가지로 희생제사로 정결하게 될 수 없는 것임을 보여주는 것이었다.

**III. 하나님이 멸망의 천사들 가운데서 나머지 천사들과는 행색이 구별되는 한 천사에게 지시하심.**   그 천사는 행색으로 보아서 어느 정도 긍휼을 기대할 수 있을 것처럼 보였다. 그 천사는 여섯 천사 중의 한 사람은 아니었던 것으로 보이지만, 심판 가운데서도 긍휼이 베풀어지고 있다는 것을 보여주기 위하여 그들 가운데 있었다(2절). 이 사람은 제사장들처럼 가는 베 옷을 입었고, 옛적의 주사(主事)들처럼 서기관의 먹 그릇을 허리에 차고 있었다. 다른 여섯 천사가 그들이 지닌 죽이는 무기를 사용하여 일을 할 것이었던 것처럼, 이 천사는 그 먹 그릇을 사용하여 일을 할 것이었다. 우리는 여기에서 하나님이 칼보다 붓에 더 큰 영광을 부여하시는 것을 본다. 그러나 서기관의 먹 그릇을 사용할 자는 단순한 천사가 아니라 천사들의 주(主)이시다. 왜냐하면, 최고의 해석자들은 일반적으로 이 사람은 하나님의 공의의 화염검으로부터 자기 사람들을 구원하시는 중보자이신 그리스도를 나타낸다고 보기 때문이다. 그는 거룩으로 옷 입으신 우리의 대제사장이신데, 이것은 그가 입으신 가는 베 옷 또는 세마포 옷으로 상징된다(계 19:8). 그는 선지자로서 서기관의 먹 그릇을 차고 계신다. 생명책은 어린 양의 책이다. 하나님이 써서 우리에게 주신 율법과 복음의 큰 일들은 그가 쓰신 것들이다. 왜냐하면, 성경이 예수 그리스도의 계시라는 것을 성경의 기자(記者)들을 통해서 우리에게 증언하시는 분은 그리스도의 영이기 때문이다. 멸망시키는 자들과 멸망들이 도처에 횡행할 때에도 천국에서 영향력을 지니신 대제사장이자 중보자이신 그리스도가 계시고 이 땅에 있는 성도들이 그 중보자의 보호를 받는다는 사실은 모든 선한 그리스도인들에게 큰 위로가 아닐 수 없다.

**IV. 하나님의 영광이 그룹들 사이를 빠져나가심.**   어떤 이들은 이것이 그룹들 사이의 시은좌(mercy seat) 위에 있는 하나님의 영광이 이제 그룹들을 떠나는 모습이라고 생각한다. 하나님의 영광은 이렇게 떠나서 다시는 돌아오지 않을 것이었다. 왜냐하면, 제2성전에는 하나님의 영광이 임재해 계시지 않은 것으로 여겨졌기 때문이다. 또 어떤 이들은 이것이 지금 환상 가운데서 선지자가 그룹들 위로 본 하나님의 영광을 가리키는 것이라고 생각한다. 본문에서 이것을 이스라엘 하나님의 영광이라고 표현하고 있는 것으로 보아서(8:4) 전자일 가능성이 높다. 선지자가 지금 눈으로 보고 있는 것은 지성소에 있던 하나님의 영광이었다. 이 하나님의 영광은 성소에서 섬기고 있는 종들을 불러서 심부름을 시키고 지시를 내리기라도 하려는 듯이 성전 문지방으로 나아왔다. 하나님의 영광의 이러한 움직임은 하나님이 그들에게서 떠나고 성전을 버려서 황폐하게 하실 것임을 의미하는 것이었다. 하나님이 떠나시면 모든 좋은 일들이 다 떠난다. 그러나 사람들이 먼저 하나님을 그들에게서 쫓아내기 전에는 하나님은 그 누구에게서도 떠나지 않으신다. 하나님은 처음에는 문지방을 넘지는 않으셨는데, 이것은 그가 그들을 떠나기를 얼마나 싫어하셨는지를 보여주고, 그들에게 그를 붙잡아 가지 못하게 하여 다시 돌아오게 할 시간을 주시기 위한 것이었다. 하나님이 어떤 백성에게서 떠나는 것은 서서히 이루어지지만, 은혜를 받은 심령들은 하나님이 떠나시려고 첫 걸음을 떼시자마자 곧 그것을 알아차린다. 에스겔은 이스라엘 하나님의 영광이 그룹들로부터 떠나셨다는 것을 즉시 알아차렸다. 하나님이 떠나시면, 환상 가운데서 천사들을 본다고 하여도 그것이 무슨 소용이 있겠는가?

**V. 하나님이 가는 베 옷을 입은 사람에게 이 멸망의 심판 속에서 경건한 남은 자들을 안전하게 지키라고 명령을 내리심.** 본문에는 이 구원자가 멸망시키는 자들처럼 하나님의 호출을 받고 온 것으로 되어 있지 않다. 왜냐하면, 그는 항상 하나님 앞에 모셔 서서 우리를 위하여 어떤 일을 하실 준비를 갖추고 계시기 때문이다. 하나님은 구원을 받기로 작정되어 있는 자들을 보호하는 일을 가장 적임자인 그에게 맡기신다(4절). 좀 더 살펴보자.

1. 구원을 받을 이 남은 자들의 특성. 그들은 예루살렘에서 자행되는 모든 가증한 일 때문에 고통과 괴로움 가운데 있는 자들처럼 탄식하며 울고 하나님께 부르짖어 기도하는 자들이다. 유다 사람들은 우상 숭배의 죄만을 범한 것이 아니라, 하나님께 가증한 일이었던 그 밖의 온갖 극악무도한 짓들을 자행하였다.

이 경건한 소수는 이러한 가증한 일들을 목격하고서, 그러한 일들을 억제하려고 그들의 위치에서 최선을 다해 왔었다. 그러나 사람들의 행실을 고치고자 한 그들의 온갖 시도들이 아무런 결실을 맺지 못하는 것을 보고서, 그들은 사람들이 악행으로 말미암아 하나님의 이름에 먹칠을 하고 교회와 나라에 멸망을 자초하고 있는 것을 알았기 때문에, 땅바닥에 주저앉아서 탄식하며 울었고 남몰래 통곡하며 하나님께 하소연하였다. 우리가 다른 사람들의 죄악을 기뻐하지 않고 그들과 함께하지 않는 것만으로는 충분하지 않고, 우리는 그 죄악들을 마음에 새기고 그 죄악들로 인하여 애곡하여야 한다는 것을 명심하라. 우리는 이웃들의 악한 행실을 보고 그 의로운 심령이 상하였던 다윗이나 롯처럼 죄 자체를 미워하는 자들로서 우리가 어쩔 수 없는 죄악들에 대하여 슬퍼하고, 다른 사람들의 심령에 대하여 애정 어린 관심을 지녀야 한다(시 119:136). 예루살렘에서 자행된 가증한 일들은 특별한 방식으로 하나님의 진노를 불러일으키고 있었기 때문에 특히 더욱 슬퍼해야 할 일들이었다.

2. 이 남은 자들에게 주어진 특별한 보살핌. 하나님은 그러한 경건한 심령을 지닌 자들을 모두 찾아내라고 지시하신다. "그들이 여기저기 흩어져 있고, 박해자들의 광분을 피해 아무리 꽁꽁 숨어 있다고 하여도, 너는 예루살렘 성읍 중에 순행하여 그들을 반드시 찾아내어서 그들의 이마에 표를 그리라."

(1) 이것은 하나님이 그들을 그의 소유로 인정하신다는 것을 의미하는 것이다. 하나님은 언제가 그들이 그의 소유라는 것을 밝히실 것이다. 심령 속에서의 은혜의 역사(役事)는 하나님에게 있어서는 이마에 그려진 표이다. 하나님은 그것을 그의 표로 인정하실 것이고, 그 표를 보시고 그에게 속한 자들을 아신다.

(2) 이것은 이렇게 표를 받은 자들에게 하나님의 은총에 대한 확신을 주셔서 그들로 하여금 스스로 그런 사실을 알게 하기 위한 것이다. 하나님의 은총이 자기에게 있다는 것을 아는 데서 오는 위로는 재앙의 때에 가장 강력한 힘과 의지(依支)가 된다. 하나님이 주신 표로 말미암아 우리가 영생을 지니고 있다는 것을 안다면, 우리가 이 세상의 지나가는 삶을 살아가면서 속을 끓일 이유가 어디 있겠는가?

(3) 이것은 멸망시키는 자들에게 그냥 지나가라는 것을 나타내는 표로서, 애굽에서 문설주에 발라진 피가 죽음의 천사에게 그 집이 이스라엘 백성의 집이기 때문에 거기에 있는 장자를 죽이지 말라는 표가 되었던 것과 마찬가지이

다. 모두가 죄악에 빠져 있는 때에 자신을 정결하게 지킨 자들은 모두가 재앙을 당하는 때에 안전하리라는 것을 명심하라. 죄악으로부터 스스로를 구별한 자들은 심판에서 구별을 받게 될 것이다. 다른 사람들의 죄악으로 말미암아 부르짖는 자들은 그들 자신의 환난으로 인해서 부르짖을 필요가 없게 될 것이다. 왜냐하면, 그들은 환난에서 건짐을 받거나 환난 가운데서 위로를 받을 것이기 때문이다. 하나님은 애곡하는 경건한 자들에게 표를 하시고, 그들의 탄식을 기록하시며, 그들의 눈물을 병에 담아 두실 것이다. 요한계시록에 언급된 하나님의 종들의 이마에 인치는 것(계 7:3)도 여기에서와 마찬가지로 하나님이 자기 백성을 보호하시려고 표시를 해 두시는 것이다. 하나님이 주시는 이 표를 받아야 그들은 멸망을 당하거나 유혹에 빠지는 것으로부터 안전할 수 있었다.

⁵그들에 대하여 내 귀에 이르시되 너희는 그를 따라 성읍 중에 다니며 불쌍히 여기지 말며 긍휼을 베풀지 말고 쳐서 ⁶늙은 자와 젊은 자와 처녀와 어린이와 여자를 다 죽이되 이마에 표 있는 자에게는 가까이 하지 말라 내 성소에서 시작할지니라 하시매 그들이 성전 앞에 있는 늙은 자들로부터 시작하더라 ⁷그가 또 그들에게 이르시되 너희는 성전을 더럽혀 시체로 모든 뜰에 채우라 너희는 나가라 하시매 그들이 나가서 성읍 중에서 치더라 ⁸그들이 칠 때에 내가 홀로 있었는지라 엎드려 부르짖어 이르되 아하 주 여호와여 예루살렘을 향하여 분노를 쏟으시오니 이스라엘의 남은 자를 모두 멸하려 하시나이까 ⁹그가 내게 이르시되 이스라엘과 유다 족속의 죄악이 심히 중하여 그 땅에 피가 가득하며 그 성읍에 불법이 찼나니 이는 그들이 이르기를 여호와께서 이 땅을 버리셨으며 여호와께서 보지 아니하신다 함이라 ¹⁰그러므로 내가 그들을 불쌍히 여기지 아니하며 긍휼을 베풀지 아니하고 그들의 행위대로 그들의 머리에 갚으리라 하시더라 ¹¹보라 가는 베 옷을 입고 허리에 먹 그릇을 찬 사람이 복명하여 이르되 주께서 내게 명령하신 대로 내가 준행하였나이다 하더라

이 단락에는 다음과 같은 내용들이 나온다.

I. 하나님이 멸망시키는 천사들에게 그들이 맡은 임무를 따라서 집행하도록 명령하심. 그들은 놋 제단 곁에 서서 명령을 기다리고 있었는데, 여기에서 예루살렘에서 가증한 일들을 범하였거나 거기에 동조하여 그 일들로 말미암아 탄

식하며 울지 않았던 모든 자들을 죽여서 멸하라는 명령이 떨어진다. 하나님이 알곡은 모아 곳간에 들이고 쭉정이는 불에 태우시리라는 것을 명심하라(마 3:12).

1. 그들은 모든 자들을 죽이라는 명령을 받는다.

(1) 예외 없이. 그들은 성읍 중에 다니며 쳐야 한다. 그들은 다 죽여야 하고, 죽여서 멸하여야 하며, 사람들을 치되 치명상을 입혀야 한다. 그들은 남녀노소를 가리지 말고, 늙은 자이든 젊은 자이든 닥치는 대로 죽여야 한다. 처녀들이 아름답고 아이들이 순진무구하다고 해서 그들을 살려두어서는 안 된다. 이것은 기근과 전염병, 특히 갈대아 군대가 작전을 감행하였을 때에 그 칼에 의해 많은 사람들이 죽음으로써 성취되었다. 이와 같은 피비린내 나는 일들은 종종 하나님이 행하시는 일들이다. 한량없이 자비로우시고 긍휼이 많으신 하나님을 진노하게 하여 이렇게 혹독한 일을 행하시게 만든 것은 다름 아닌 죄이다. 그러니 죄는 얼마나 악한 것인가!

(2) 불쌍히 여김이 없이. "너희는 불쌍히 여기지 말며 긍휼을 베풀지 말라(5절). 사울이 아각과 아말렉 족속에게 그랬듯이, 하나님이 멸망시키기로 작정하신 자들을 한 사람이라도 살려두는 것은 하나님의 일을 기만적으로 행하는 것이기 때문에, 너희는 그들을 살려두어서는 안 된다(렘 48:10). 그 누구도 하나님보다 더 긍휼이 많은 척해서는 안 된다. 하나님은 나도 불쌍히 여기지 아니하며 긍휼을 베풀지도 아니하리라(8:18)고 말씀하셨다." 죄 가운데서 살아가면서 삶을 고치기를 싫어하는 자들은 죄 가운데서 죽게 될 것이고, 우리는 그들을 불쌍히 여길 필요가 없다는 것을 명심하라. 왜냐히면, 그들은 얼마든지 그들의 멸망을 미리 막을 수 있었는데도 그렇게 하고자 하지 않았기 때문이다.

2. 그들은 구원의 표(標)를 받은 자들에게는 조금도 해를 끼치지 말라는 주의를 받는다. "너희는 이마에 표 있는 자에게는 가까이 하지 말라. 그들을 위협하거나 놀라게 하지 말라. 그들에게는 재앙이 없을 것이라고 내가 약속했으니, 너희는 그들을 조금이라도 다치게 해서는 안 된다." 바벨론의 왕은 예레미야를 보호하라는 특별한 지시를 내렸다. 예레미야를 도와 주었던 바룩과 에벳멜렉도 안전하게 보호를 받았고, 아마도 그의 다른 친구들도 그의 덕분에 안전했을 것이다. 하나님은 남은 자들이 잘 되게 하실 것이고 적으로부터 복을 받게 하실 것이라고 약속하셨었다(렘 15:11). 애통하며 기도했던 남은 자들은 한 사람도 갈대아 군대의 칼에 죽지 않았고, 로마 군대에 의해서 예루살렘이 최종적으

로 멸망을 당할 때에 그리스도인들이 펠라라 불리는 성으로 모두 안전하게 피신하여 믿지 않는 유대인들과 더불어 죽은 자가 한 사람도 없었던 것과 마찬가지로, 하나님은 이런저런 방식으로 그들 모두를 안전하게 지키셨을 것이다. 하나님이 생명과 구원을 주시기로 작정하신 자들은 아무도 멸망하지 않으리라는 것을 명심하라. 왜냐하면, 하나님이 세우신 터는 영원히 안전하기 때문이다.

3. 그들은 성소에서 시작하라는 지시를 받는다(6절). 앞 장에서 선지자는 그 성소를 더럽히는 끔찍한 우상 숭배가 자행되는 것을 보았었다. 하나님의 진노를 불러일으켜서 이 심판이 임하게 만든 악은 성소에서 시작되었기 때문에, 그들은 심판을 성소에서 시작하여야 한다. 제사장들의 타락은 샘에 독을 푼 것과 같아서 그 샘에서 흘러나가는 모든 물줄기들이 다 독에 중독되고 만다. 성소에서 행해지는 악은 다른 그 어떤 악보다도 하나님의 극심한 진노를 불러일으키는 일이었기 때문에, 거기에서 심판의 살육도 시작되어야 했다. "백성들이 제사장들에 대한 하나님의 심판을 보고서 경고를 받아 회개하고 삶을 고치는지 시험해 보기 위하여 심판을 성소에서 시작하라. 온 세상 사람들이 보고서, 여호와는 질투하시는 하나님, 그에게 가장 가까운 자들 속에서 자행되는 죄를 가장 미워하시는 하나님이신 것을 알도록 심판을 성소에서 시작하라." 심판이 널리 행해질 때에는 보통 하나님의 집에서 시작된다는 것을 명심하라(벧전 4:17). 내가 땅의 모든 족속 가운데 너희만을 알았나니 그러므로 내가 너희 모든 죄악을 너희에게 보응하리라(암 3:2). 하나님의 성전은 성소이기 때문에 회개한 죄인들에게는 피난처가 되고 보호막이 되지만, 여전히 죄 가운데 행하는 자들에게는 그런 피난처가 될 수 없다. 성전이 지닌 신성함이나 고결함이 행악자들을 보호해 주는 안전장치가 되지 못할 것이다. 멸망시키는 천사들은 성전에서 사람들을 죽여야 한다는 것에 대하여 거리낌을 지녔을 것이지만, 하나님은 그들에게 주저하지 말고 성전을 더럽혀 시체로 모든 뜰에 채우라고 명령하신다(7절). 그 행악자들은 제단에서 떨어지지 않으려고 하면서(출 21:14) 요압처럼 제단 뿔을 붙잡고 있으면 안전할 것이라고 생각하겠지만, 그들을 요압처럼 거기에서 죽게 하라(왕상 2:30-31). 하나님의 선지자들 중의 한 사람이 성소에서 피를 흘렸으니(마 23:35), 그들의 피도 거기에서 흘리게 하라. 하나님의 성전을 섬기는 종들이 우상 숭배로 성전을 더럽히면, 하나님이 원수들로 하여금 폭력들로 성전을 더럽히게 하시는 것은 의로운 일이라는 것을 명심하라(시 79:1). 그러나 공의를 세

우기 위해서 꼭 필요한 이러한 일들은 의식(儀式)상으로는 어떻게 평가된다고 할지라도 사실 성소를 더럽히는 것이 아니라 정결하게 하는 일들이었다. 그것은 그들 가운데서 악을 제거하는 일이었다.

4. 그들은 성읍으로 나아가라는 지시를 받는다(6-7절). 죄가 앞서간 곳마다 심판이 뒤따라가리라는 것을 명심하라. 심판은 하나님의 집에서 시작되지만 거기에서 끝나는 것이 아니다. 거룩한 성전이 악한 제사장들에게 보호막이 되지 못할 것임과 마찬가지로, 거룩한 도성은 더 이상 악한 백성에게 보호막이 되지 못할 것이다.

**Ⅱ. 멸망시키는 천사들이 하나님의 명령을 따라 심판을 집행함.** 그들은 하나님의 명령을 따라서 그대로 행하였다.

1. 그들은 성전 앞에 있는 늙은 자들, 즉 장로들로부터 시작하였다. 그들이 처음으로 죽인 자들은 방에서 우상을 섬기던 칠십 명의 장로들(8:12) 또는 현관과 제단 사이에서, 즉 성전 앞에서 태양에게 경배하던 스물다섯 명이었다(8:16). 가장 앞장서서 죄를 주도한 자들은 가장 먼저 하나님의 심판을 받게 될 것이고, 신분과 지위가 높은 자들이 저지른 죄악들은 본보기로 징벌을 받게 되리라는 것을 명심하라.

2. 그들은 그런 후에 일반 백성들을 심판하였다. 그들이 나가서 성읍 중에서 치더라(7절). 왜냐하면, 하나님의 영이 떨어지면, 그 어떤 지체함도 없을 것이고, 하나님은 시작하신 일을 반드시 끝내시기 때문이다.

**Ⅲ. 선지자가 심판을 완화시켜 주시고 백성들 중 일부는 살려 주시라고 중보 기도를 함**(8절). 그들이 칠 때에 내가 홀로 있었는지라 엎드려 내 얼굴을 땅에 대었다. 좀 더 살펴보자.

1. 그는 주변의 많은 사람들이 죽어 넘어질 때에도 자기가 안전한 것을 보고서 그에 대한 하나님의 긍휼을 실감하였다. 천 명이 네 왼쪽에서, 만 명이 네 오른쪽에서 엎드러지나 이 재앙이 네게 가까이 하지 못하리로다 오직 너는 똑똑히 보리니 악인들의 보응을 네가 보리로다(시 91:7-8). 그는 자신의 공로 때문이 아니라 하나님의 선하심 덕분에 재앙을 피하여 겨우 목숨을 건진 것으로 얘기한다. 가장 선한 성도들은 그들이 죽지 않은 것이 하나님의 긍휼 덕분임을 스스로 인정하여야 한다는 것을 명심하라. 모든 것을 초토화시키는 심판이 도처에서 횡행하고 많은 사람들이 그 심판으로 죽어갈 때에 우리가 우리의 목숨을 노략물 같

이 얻었다면, 우리는 그것을 하나님의 크신 은혜 덕분으로 돌려야 한다. 왜냐하면, 우리도 다른 많은 사람들과 마찬가지로 죽었어야 마땅한 자들이기 때문이다.

2. 그는 하나님의 이러한 긍휼을 잘 선용하였다. 그는 하나님이 이렇게 그를 살려 두신 것은 그가 백성과 하나님 사이에 서서 하나님의 진노를 돌이키는 일을 하라고 하신 것으로 여겼다. 우리도 하나님이 우리를 살려 두신 것은 우리가 있는 자리에서 선을 행하고, 특히 기도를 통해서 선을 행하라고 하시는 것이라고 여겨야 한다는 것을 명심하라. 에스겔은 그의 예언대로 사람들이 죽어 가는 것을 보고서 의기양양해 한 것이 아니었고, 도리어 다윗처럼 그의 육체는 하나님을 두려워함으로 떨었다(시 119:120). 그는 얼굴을 땅에 대고 엎드려 부르짖었는데, 이것은 자기도 죽을까봐 두려워해서가 아니었고(그는 구원의 표를 받은 자들 중의 한 사람이었다) 자기와 똑같은 인간으로서 죽어가는 많은 사람들에 대한 연민 때문이었다. 죄인들이 저지르는 죄악들에 대하여 탄식하고 부르짖는 자들은 그들의 참상들에 대해서도 탄식하고 부르짖지 않을 수 없다. 그렇지만 결국 하나님이 영광을 받으시는 것을 보고서 온전히 만족하여 이러한 온갖 탄식과 슬픔이 다 달아날 날이 오고 있다. 지금 얼굴을 땅에 대고 엎드려 아하 주 여호와여라고 부르짖는 자들은 그 날에 머리를 들고서 할렐루야라고 찬송을 부르게 될 것이다(계 19:1, 3). 선지자는 하나님께 겸손하게 간구한다. "주께서는 이스라엘의 남은 자를 모두 멸하려 하시고, 구원의 표를 받은 자들 외에는 한 사람도 남겨두지 아니하려 하시나이까? 하나님의 이스라엘을 기어이 다 멸하려 하시나이까? 단지 소수만이 남게 된다면, 누가 다음 세대를 이어가겠습니까? 이스라엘의 하나님이 자기 백성의 대를 끊어 놓으시려고 하시는 것입니까? 주께서 이제까지 보호하시고 구원해 오신 이스라엘을 이제는 멸망시키고자 하십니까? 주께서는 도성을 완전히 멸망시켜서 이 나라 전체를 멸망시키려고 예루살렘을 향하여 분노를 쏟으시는 것입니까? 주여, 그렇게 하셔서는 안 됩니다." 우리는 하나님이 의로우시다는 것을 인정하지만, 하나님의 심판을 놓고 하나님과 변론하며 긍휼을 간구하는 것은 얼마든지 허용된다(렘 12:1).

**IV. 하나님은 심판을 완화시켜 달라는 선지자의 부탁을 거절하시면서, 그렇게 거절하시는 것이 옳다는 것을 말씀하심**(9-10절).

1. 그들의 죄는 정상 참작의 여지가 전혀 없다는 것. 하나님은 선지자가 원

하는 것만큼이나 긍휼을 베푸시기를 누구보다도 더 많이 바라신다. 하나님은 언제나 그렇게 긍휼을 베풀고 싶으셔서 안달하시는 분이시다. 그러나 그들의 경우는 그럴 여지가 조금도 없었다. 공의를 희생시키고서까지 긍휼을 베푸는 일은 있을 수 없다. 하나님의 속성들 중에서 어느 하나를 희생시키고 다른 하나를 영화롭게 하는 일은 합당하지 않다. 멸망시키는 일, 특히 이스라엘을 멸망시키는 일이 전능하신 하나님께 기쁜 일이겠는가? 결코 그럴 수 없다. 그들의 범죄는 너무나 극악무도하였기 때문에 그 죄인들에 대한 심판을 경감해 주는 것은 그들의 죄악을 묵인해 주는 것이나 다름없는 일이 될 것이었다. "이스라엘과 유다 족속의 죄악이 심히 중하여, 그들을 이대로 내버려 둘 수는 없다. 그 땅에 죄 없는 피가 가득하고, 죄 없이 해악을 당한 자들이 법정에 호소하면, 그 판결은 질병만큼이나 악한 것이다. 왜냐하면, 그 성읍에 불법이 찼고 공의가 굽어져 있기 때문이다. 그들이 이런 악을 저지르면서도 안심하고 힘을 얻는 것은 우상 숭배를 하면서 그들이 안심하는 것과 동일한 무신론적이고 불경한 생각 때문인데(8:12), 그것은 여호와께서 이 땅을 버리셨고, 우리로 하여금 이 땅에서 우리가 좋은 대로 하도록 내버려 두셨다는 것이다. 여호와는 이 땅에서 일어나는 일들에 간섭하지 않으시고자 하시고, 우리가 어떤 나쁜 짓을 저질러도 보지 아니하신다. 여호와는 우리가 하는 일을 알지 못하시거나 신경을 쓰고 계시지 않는 것이다." 이런 식으로 하나님의 공의에 도전하였던 자들이 이제 심판을 당하여서 어떻게 하나님의 긍휼하심에 의한 혜택을 기대할 수 있겠는가? 결코 그럴 수 없다. 죄인이 자신의 행위를 정당화하기 위해서 이런 식으로 변론을 제시하는 한, 그 어떤 변호사도 그들의 범죄를 변호하기 위한 그 어떤 말도 재판장에게 제시할 수 없다.

2. 하나님의 판결을 완화시키기 위하여 할 수 있는 일이 아무것도 없다는 것(10절). "네가 이 일에 대하여 어떻게 생각하든, 나는 그들을 불쌍히 여기지 아니하며 긍휼을 베풀지 아니하리라. 나는 그러한 뻔뻔스러운 죄인들을 참을 수 있는 데까지 아주 오랫동안 참아 왔다. 그러므로 이제 내가 그들의 행위대로 그들의 머리에 갚으리라." 죄인들은 그들 자신의 죄악의 무게에 눌려서 멸망한다는 것을 명심하라. 하나님이 그들의 머리에 갚으시고자 하시는 것은 그들이 의도적으로 하나님의 길을 버리고 그들 자신의 길을 택하여 갔으며, 하나님의 말씀을 널시하고 그들 자신의 길을 완악하게 고집한 것에 대한 것이다. 그들은 너

무나 큰 죄악을 저질렀기 때문에 하나님이 혹독한 심판을 내리시는 것은 의로운 일이다. 하나님은 여기에서 선지자에게 말씀하시듯이, 자기가 의로우시다는 증거를 언제라도 제시하실 준비가 다 되어 계신다. 왜냐하면, 하나님은 심판하실 때에 한 점의 거리낌도 없이 순전하실 것이기 때문이다.

**V. 시온에서 애곡하는 자들을 안전하게 보호하는 임무를 띠고 나갔던 사람이 돌아와서 보고함**(11절).  가는 베 옷을 입고 허리에 먹 그릇을 찬 사람이 복명하여, 그가 하나님의 명령을 따라서 어떻게 행하였는지를 보고하였다. 그는, 이 땅의 죄 때문에 은밀하게 애곡하며 백성들에게 죄악을 짓지 말라고 공개적으로 외쳤던 모든 자들을 찾아서 그들의 이마에 표시를 하는 일을 다 마쳤다. 주께서 내게 명령하신 대로 내가 준행하였나이다. 우리는 멸망시키는 일을 맡은 자들이 돌아와서 그들이 어떻게 멸망을 시켰는지를 보고했다는 말을 듣지 못하지만, 경건한 자들을 보호하는 임무를 맡은 자는 그가 한 일을 보고하였다. 왜냐하면, 사람들이 멸망하는 것이 아니라 구원받았다는 애기를 전해 듣는 것이 하나님과 선지자에게 더 기쁜 일이었을 것이기 때문이다. 또는, 멸망시키는 일은 시간이 걸리는 일이라서 나중에 끝나고 나서 보고가 이루어질 것이었지만, 구원의 표시를 하는 일은 금방 끝났기 때문에 먼저 보고가 이루어진 것일 수도 있다. 그리스도께서 그에게 맡겨진 일을 얼마나 신실하게 행하시는지를 보라. 그리스도께서는 택함 받은 남은 자들로 하여금 영생을 얻게 하는 일을 하도록 하나님으로부터 명령을 받으셨을 때에도 마찬가지로 그 명령대로 신실하게 행하셨다. 아버지께서 내게 주신 자 중에서 하나도 잃지 아니하였사옵나이다(요 18:9).

제
— 10 —
장

## 개요

　선지자는 환상 가운데서 그가 그발 강 가에서 보았던 바로 그 하나님의 영광을 예루살렘에서도 보았다고 우리에게 말했었는데(8:4), 이제 이 장에서는 장차 있을 예루살렘의 멸망과 관련해서 하나님이 그에게 보여주신 다음 두 가지 추가적인 징조들을 해석하는 데에 꼭 필요한 정도만큼만 여기에서 나타난 하나님의 영광에 대하여 우리에게 설명해 준다. I. 그룹들 사이에서 숯불을 꺼내서 성읍 위에 흩으라고 명령하심(1-7절). II. 하나님의 영광이 성전을 떠나서 그룹들의 날개를 타고 사라짐(8-22절). 하나님이 이 백성으로부터 떠나시자, 그들에 대한 심판이 시작된다.

¹이에 내가 보니 그룹들 머리 위 궁창에 남보석 같은 것이 나타나는데 그들 위에 보좌의 형상이 있는 것 같더라 ²하나님이 가는 베 옷을 입은 사람에게 말씀하여 이르시되 너는 그룹 밑에 있는 바퀴 사이로 들어가 그 속에서 숯불을 두 손에 가득히 움켜 가지고 성읍 위에 흩으라 하시매 그가 내 목전에서 들어가더라 ³그 사람이 들어갈 때에 그룹들은 성전 오른쪽에 서 있고 구름은 안뜰에 가득하며 ⁴여호와의 영광이 그룹에서 올라와 성전 문지방에 이르니 구름이 성전에 가득하며 여호와의 영화로운 광채가 뜰에 가득하였고 ⁵그룹들의 날개 소리는 바깥뜰까지 들리는데 전능하신 하나님이 말씀하시는 음성 같더라 ⁶하나님이 가는 베 옷을 입은 자에게 명령하시기를 바퀴 사이 곧 그룹들 사이에서 불을 가져 가라 하셨으므로 그가 들어가 바퀴 옆에 서매 ⁷그 그룹이 그룹들 사이에서 손을 내밀어 그 그룹들 사이에 있는 불을 집어 가는 베 옷을 입은 자의 손에 주매 그가 받아 가지고 나가는데

　　우리는 선지자가 본 환상의 이 부분을 통해서 다음과 같은 것들을 보는데, 이것들은 우리에게 하나님에 대한 거룩한 경외심을 불러일으키고 우리를 하나님을 두려워하는 마음으로 가득 채운다.

　**I. 하나님의 위엄이 지닌 영광스러운 모습.**　눈에 보이지 않는 세상이 지닌

밝음과 아름다움이 여기에서 희미한 그림자로 눈으로 볼 수 있는 모습으로 묘사되어 있지만, 마치 그림은 실물과 비교가 되지 않는 것과 마찬가지로 여기에 묘사된 것은 저 세상의 실제 모습과는 비교가 되지 않는다. 그렇지만 여기에는 우리가 하나님에 관한 이 계시를 있는 그대로 받아들이기만 한다면 우리로 하여금 하나님에 대하여 지극한 경외심을 갖지 않을 수 없게 하기에 충분할 정도만큼은 묘사가 되어 있다.

1. 하나님은 그룹들 머리 위 궁창에 계시는 것으로 묘사된다(1절). 하나님은 순전함과 밝음이 완전한 모습으로 존재하는 윗 세상에서 그의 영광을 나타내신다. 궁창의 광대함은 거기에 거주하시는 하나님이 무한하신 존재라는 것을 말해 준다. 그 궁창은 그의 권능의 궁창이고, 그는 거기에서 모든 인생을 통촉하신다. 하나님의 본성은 천사들의 본성을 무한히 능가하기 때문에, 하나님은 그룹들 머리 위에 계셔서, 그의 위엄에 있어서 천사들 위에 계실 뿐만 아니라 천사들 위에서 그들을 통치하신다. 그룹들은 큰 권능과 지혜와 감화력을 지니고 있지만, 모두 하나님과 그리스도께 복종한다.

2. 하나님은 보좌, 또는 보좌의 형상 위에 계시는 것으로 묘사된다(하나님의 영광과 통치는 우리가 생각할 수 있는 모든 개념들을 무한히 초월하는 것들이기 때문에). 그것은 투명하게 반짝이는 남보석 같은 것이었다. 하나님은 이 땅의 그 어떤 군주의 보좌보다도 훨씬 더 훌륭한 그런 보좌를 하늘에 마련해 두셨다.

3. 하나님은 수많은 영화롭고 거룩한 천사들에 둘러싸여 계시는 것으로 묘사된다. 하나님이 그의 성전에 들어가실 때, 그룹들은 마치 왕을 보호하기 위하여 왕궁의 문을 지키는 수비대처럼 성전 오른쪽에 서 있었다(3절). 그리스도께서는 천사들을 부리신다. 하나님의 모든 천사들에게 내려진 명령은 그를 경배하라는 것이었다. 어떤 이들은 그룹들이 성전의 오른쪽, 즉 남쪽에 선 것은 북쪽에는 질투의 우상을 비롯해서 우상 숭배와 관련된 것들이 세워져 있어서 될 수 있으면 그 곳을 멀리하기 위한 것이었다고 설명한다.

4. 하나님의 영광의 형상은 구름으로 덮여 있었지만, 그 구름으로부터 눈부신 광채가 뿜어져 나오고 있었다. 성전과 안뜰은 구름과 어둠이 가득하였지만, 얼마 후에 거기에는 여호와의 영화로운 광채가 가득하였고(3-4절), 빛과 광채가 뿜어져 나왔다. 그러나 어느 누가 호기심 어린 눈으로 하나님의 영광을 몰래

엿보았다면, 그 영광은 구름 속에 가려져서 보이지 않았을 것이다. 하나님의 의는 큰 산처럼 우뚝 솟아 있고, 그 광채는 뜰에 가득하다. 그러나 하나님의 심판은 우리가 헤아릴 수 없는 큰 바다와 같고 우리가 뚫어 볼 수 없는 구름과 같다. 하나님의 영광에서 뿜어져 나오는 광채는 우리로 하여금 경외심을 갖도록 하기에 충분하지만, 구름은 우리의 호기심을 채우는 것을 막는다. 왜냐하면, 우리는 아둔하여 제대로 말로 표현할 수 없기 때문이다. 그의 광명이 햇빛 같고 광선이 그의 손에서 나오니 그의 권능이 그 속에 감추어졌도다(합 3:4). 하나님이 계시다는 사실보다 더 분명한 것은 없지만, 하나님이 어떤 분이신지보다 더 어두운 것은 없다. 하나님은 빛을 입고 계시지만, 우리를 상대하실 때에는 흑암을 장막 같이 두르신다. 하나님은 성막과 성전에 임재해 계실 때에 구름으로 그 곳들을 덮으셨는데, 구름은 언제나 하나님의 임재의 상징이었다. 하늘에 있는 성전에는 구름이 없을 것이기 때문에, 우리는 얼굴과 얼굴을 대하여 보게 될 것이다.

　5. 그룹들은 그 날개로 무시무시한 소리를 내었다(5절). 그룹들이 날개를 치자 악기의 현들에서 나는 소리처럼 흥미로운 선율이 흘러나왔다. 벌과 같이 날개를 지닌 벌레들은 그 날개로 소리를 낸다. 아마도 이것은 그룹들이 이동할 준비를 하느라 그 날개를 펴서 들어올릴 때에 일종의 경고음처럼 소리가 난 것을 가리키는 것 같다. 이 소리는 여호와의 소리인 우렛소리(시 29:3)나 시내 산에서 이스라엘을 향하여 말씀하신 여호와의 음성 같은 전능하신 하나님이 말씀하시는 음성 같았다고 한다. 하나님은 이 음성을 발하여 무시무시한 두려움을 불러일으키신 후에 이스라엘에게 율법을 주셨는데, 이것은 그가 이세 그들에게 주실 율법을 범하면 그들이 얼마나 무시무시한 벌을 받게 될 것인지를 보여주시기 위한 것이었다. 그룹들이 날개를 치는 이 소리는 바깥뜰, 곧 백성의 뜰까지 들렸다. 왜냐하면, 하나님은 심판 때에 에스겔처럼 환상을 보지 못하는 자들도 들을 수 있도록 성에서 큰 소리로 외치시기 때문이다.

　**II. 하나님의 무시무시한 진노가 부어짐.**　이 환상은 단지 하나님의 위엄을 보여주는 것에서 그치는 것이 아니라 거기에서 한 걸음 더 나아간다. 예루살렘의 멸망을 위한 추가적인 명령들이 내려진다. 불과 칼에 의해서 도성은 초토화된다. 예루살렘의 주민들을 살육하라는 명령이 앞 장에서 이미 내려졌었다. 이제 여기에서 우리는 환상 가운데서 하나님이 그룹 사이에서 숯불을 가져다가 도성 위에 흩어서 성을 잿더미로 만들어 버리라고 명령하시는 것을 본다.

1. 이 명령을 내리기 위해서 그룹에서 올라와(앞 장에서 명령을 내릴 때와 마찬가지로, 9:3) 성전 문지방에 이르렀다. 이것은 성문에서 열리곤 하였던 법정을 암시하는 것이다. 백성들은 하나님이 그의 성전에서 그들에게 전해 주신 말씀들을 들으려 하지 않았기 때문에, 이제는 성문에서 하나님이 그들에 대하여 내리실 판결을 들어야 한다.

2. 구원받을 자들의 이마에 표시를 하는 임무를 수행하였던 가는 베 옷을 입은 자가 이 일을 담당하게 되었다. 왜냐하면, 하나님은 믿는 자들의 보호자이자 구원자이신 바로 그 예수께 죄를 사하는 권세만이 아니라 심판하는 모든 권세도 맡기셨으므로, 그가 주 예수의 복음에 복종하지 않는 자들에게 형벌을 내리실 것이기 때문이다. 보좌에 앉으신 분은 가는 베 옷을 입은 자에게 바퀴 사이 곧 그룹들 사이에서 불을 가져 가서 성읍 위에 흩으라고 명령하신다. 이것은 다음과 같은 것들을 나타낸다.

(1) 갈대아 군대가 도성과 성전을 불태운 것은 이미 작정된 것으로서 하나님이 미리 계획하시고 정해 놓으신 계획을 그대로 집행한 것에 불과하다는 것.

(2) 백성에게 심판을 가져다 준 하나님의 진노의 불은 그룹들 사이에서 가져 온 불이기 때문에 의롭고 거룩하다는 것. 백성들은 속죄가 행해졌던 하나님의 제단 위의 불을 멸시하였기 때문에, 나답과 아비후가 하나님의 제단에 다른 불을 드림으로써 죽은 것과 마찬가지로, 그들을 심판하기 위한 불이 하늘로부터 나온 것이다. 어떤 성읍이나 집이 고의적으로나 사고로 불에 탄 경우에 그 원인을 추적해 들어가다 보면, 우리는 그 불을 점화시킨 숯불은 바퀴들 사이에서 온 것임을 발견하게 될 것이다. 왜냐하면, 여호와께서 그렇게 행하신 것이 아니라면, 성읍에 그런 종류의 재앙이 있지 않았을 것이기 때문이다.

(3) 예수 그리스도께서는 아버지 하나님으로부터 위임을 받아서 행하신다는 것. 왜냐하면, 그는 인자됨으로 말미암아 심판하는 권한을 아버지 하나님께 받으셨기 때문이다. 그는 땅에 불을 던지러 오셨다(눅 12:49). 저 큰 날에 이 세상은 잿더미로 변하게 될 것이다. 그의 손에서 던져진 불에 의해서 이 땅과 거기에 있는 모든 것들이 불타 없어지게 될 것이다.

3. 이 가는 베 옷을 입은 자는 하나님의 명령을 받들어서 기꺼이 이 일을 행하였다. 그는 가는 베 옷을 입고 있어서 불 붙은 숯 가운데서 들어가기가 대단히 부적합했지만, 명령을 받자마자 내가 여기 있나이다라고 말하였다. 그는 아버지

로부터 받은 이 명령에 기꺼이 순종하였다. 선지자는 그가 들어가는 것을 보았다(2절). 그가 들어가 도성 위에 흩을 숯불을 받으려고 바퀴 옆에 섰다. 왜냐하면, 그리스도께서는 그것이 긍휼이 되었든 심판이 되었든 먼저 하나님으로부터 받아서 우리에게 주시기 때문이다. 그는 불을 가져가라는 명령을 받았지만, 그 불이 그에게 주어질 때까지 기다렸는데, 이것은 그가 심판을 집행하시는 일에는 얼마나 더디 하시는지, 우리에 대하여 얼마나 오래 참으시는지를 보여주는 것이다.

4. 그룹들 중의 하나가 생물들 가운데서 한 줌의 불을 그에게 건네주었다. 선지자는 이 환상을 처음 보았을 때에 타는 숯불과 횃불 모양 같은 것이 그 생물들 사이에서 오르락내리락 하는 것을 목격하였었는데(1:13), 이 불은 바로 거기에서 가져온 것이었다(7절). 그리스도께서 그의 교회를 정결하게 하실 때에 사용하시는 소멸하는 영, 금을 연단하는 자의 불은 하나님에게서 나온다. 하늘의 불, 그룹들 사이에서 나온 불을 통해서 이적들이 일어난다. 그 그룹이 불을 그의 손에 주었다. 왜냐하면, 천사들은 주 예수와 그가 뜻하시는 모든 것들을 섬길 태세가 되어 있기 때문이다.

5. 그는 불을 받아 가지고서, 하나님이 명령하신 대로 그 불을 성읍 위에 흩기 위해서 나갔다. 그가 임하시는 날을 누가 능히 당하리요(말 3:2). 그가 진노 가운데서 나가실 때에 누가 그 앞에 서리요?

8그룹들의 날개 밑에 사람의 손 같은 것이 나타나더라 9내가 보니 그룹들 곁에 네 바퀴가 있는데 이 그룹 곁에도 한 바퀴가 있고 저 그룹 곁에도 한 바퀴가 있으며 그 바퀴 모양은 황옥 같으며 10그 모양은 넷이 꼭 같은데 마치 바퀴 안에 바퀴가 있는 것 같으며 11그룹들이 나아갈 때에는 사방으로 몸을 돌리지 아니하고 나아가되 몸을 돌리지 아니하고 그 머리 향한 곳으로 나아가며 12그 온 몸과 등과 손과 날개와 바퀴 곧 네 그룹의 바퀴의 둘레에 다 눈이 가득하더라 13내가 들으니 그 바퀴들을 도는 것이라 부르며 14그룹들에게는 각기 네 면이 있는데 첫째 면은 그룹의 얼굴이요 둘째 면은 사람의 얼굴이요 셋째는 사자의 얼굴이요 넷째는 독수리의 얼굴이더라 15그룹들이 올라가니 그들은 내가 그발 강 가에서 보던 생물이라 16그룹들이 나아갈 때에는 바퀴도 그 곁에서 나아가고 그룹들이 날개를 들고 땅에서 올라가려 할 때에도 바퀴가 그 곁을 떠나지 아니하며 17그들이 서면 이들도 서고 그들이 올라가면 이들도 함께 올라가니 이는 생물의 영이 바퀴 가운데에 있음이더라 [18]여호와의 영광이 성전 문지방을 떠나서 그룹들 위에 머무르니 [19]그룹들이 날개를 들고 내 눈 앞의 땅에서 올라가는데 그들이 나갈 때에 바퀴도 그 곁에서 함께 하더라 그들이 여호와의 전으로 들어가는 동문에 머물고 이스라엘 하나님의 영광이 그 위에 덮였더라 [20]그것은 내가 그발 강 가에서 보던 이스라엘의 하나님 아래에 있던 생물이라 그들이 그룹인 줄을 내가 아니라 [21]각기 네 얼굴과 네 날개가 있으며 날개 밑에는 사람의 손 형상이 있으니 [22]그 얼굴의 형상은 내가 그발 강 가에서 보던 얼굴이며 그 모양과 그 몸도 그러하며 각기 곧게 앞으로 가더라

여기에서는 에스겔이 본 하나님의 영광에 관한 환상을 추가적으로 설명하고 있는데, 이것은 예루살렘의 멸망이 개시될 것임을 알리는 신호탄이 될 사건, 즉 하나님의 영광이 그들에게서 떠나가는 불길한 징조를 말하기 위한 도입부 역할을 한다.

**I. 에스겔은 그발 강 가에서 보았던 바로 그 하나님의 영광이 성소에서 빛을 발하고 있는 모습을 보고서 그 영광을 자세히 묘사한다.** 이것은 그들의 악으로 말미암아 하나님을 진노하게 하여 그들에게서 떠나게 만든 자들이 나중에 그들이 무엇을 잃었는지를 깨닫고서 여호와를 찾으며 통곡하면서 영광이 이스라엘에서 떠났다고 탄식하게 하기 위한 것이었다. 그는 여기에서 아랫 세상과 거기에서 일어나는 온갖 일들을 다스리시는 하나님의 섭리의 운영이 네 바퀴로 상징되고, 윗 세상의 주민들인 천사들의 완전함과 그들의 사역이 각각 네 얼굴을 지닌 네 생물로 상징되는 것을 본다. 천사들이 이 세상의 일들을 해나가는 것은 생물들과 바퀴들 간의 밀접한 소통으로 상징되는데, 마치 병거가 그것을 모은 자에 의해서 움직이듯이 바퀴들은 생물들의 조종에 의해서 어느 방향으로든 움직여 간다. 그러나 동일한 영(Spirit)이 생물들과 바퀴들 속에 있다는 것은 무한한 지혜이신 하나님이 천사들의 사역과 이 아랫 세상의 모든 일들을 통해서 그의 목적들을 이루어 나가신다는 것을 나타낸다. 따라서 이 환상은 믿음을 지닌 자에게 여호와께서 하늘에 세우신 그의 보좌와 만유를 다스리는 그의 나라를 보게 해준다(시 103:19). 선지자는 이 환상이 그가 그발 강 가에서 보았던 것과 동일한 환상이라는 것을 깨달았다(15, 22절). 그렇지만 한 가지 중요한 차이가 있는 것으로 보인다. 그발 강 가에서 그가 본 환상 가운데서는 왼쪽에 소

의 얼굴이 있었는데(1:10), 여기에서는 첫째 면에 그룹의 얼굴이 있다(14절). 어떤 이들은 이것을 근거로 해서 그룹의 얼굴이 바로 소의 얼굴이었고, 이스라엘 백성이 금송아지를 만들어 숭배한 것도 바로 이 때문이었다는 결론을 이끌어 낸다. 하지만 나는 나중의 환상 가운데서 첫 번째 얼굴은 소의 얼굴이 아니라 그룹의 얼굴 모습이었다고 생각한다. 에스겔은 제사장이어서 여호와의 성전의 사방 벽에 그려져 있었던 그룹의 모습을 아주 잘 알고 있었을 것이기 때문이다(왕상 6:29). 그러나 현재로서 확실한 것은 없다. 에스겔은 이 생물들이 서로 다른 얼굴을 하고 있어도 모두 그룹들이라는 것을 이전에는 단지 추측만 했을 뿐이었는데 이번에는 그것을 확실히 알게 되었다(20절). 이렇게 넷이라는 숫자는 그대로 유지되면서도 소의 얼굴이 탈락되고 그룹의 원래의 얼굴이 처음으로 등장하게 된 것은 그룹의 얼굴이 황소 숭배에 의해서 가장 많이 악용되어 왔기 때문이다. 하나님은 자기 백성에게 말씀을 전하기 위하여 나타나실 때에 종종 그러셨던 것처럼, 이제 그들에게서 떠나시고자 나타나실 때에 그룹을 타시고 날아 오셨다. 좀 더 살펴보자.

1. 이 세상은 온갖 부침과 우여곡절과 여러 가지 혁명들을 겪게 되어 있다는 것. 이 세상에서 벌어지는 일들은 바퀴들로 상징되고 있다(9절). 어떤 때에는 이 바퀴살이 전면에 등장하고, 어떤 때에는 저 바퀴살이 전면에 등장한다. 세상일들은 바닷물처럼 썰물과 밀물이 있고, 달처럼 차고 기우는 것이 있다(삼상 2:4), 아니, 세상사의 모습은 마치 바퀴 안에 바퀴가 있는 것 같다(10절). 이것은 세상에 대한 섭리들의 움직임은 우리에게 복잡하고 헷갈리며 겉보기에는 서로 상충되는 것처럼 보여도, 그 섭리들은 서로서로 관련되어 있어서 모두 한데 결합하여 하나의 공통의 목적을 향하여 달려가고 있다는 것을 보여준다.

2. 섭리에 의한 여러 가지 다양한 사건들 속에는 놀랄 만한 조화와 통일성이 존재한다는 것(13절). 바퀴들은 여러 방향으로 움직일 수 있었지만, 한 성령에 의해서 하나의 목적을 위하여 마치 하나처럼 움직였다. 왜냐하면, 하나님은 모든 일을 하나인 그의 뜻의 계획을 따라 하나인 그의 영광을 위하여 행하시기 때문이다. 이것을 보면, 우리는 하나님이 섭리를 운용하시는 것에 경탄을 금할 수 없고 그것을 기이히 여기는 눈으로 바라볼 수밖에 없다. 하나님이 창조하신 것들을 따로따로 볼 때에도 좋았지만 모든 창조물을 한꺼번에 볼 때에는 심히 좋았던 것과 마찬가지로, 섭리의 바퀴들은 따로따로 보아도 놀랍고 기이하지만

그것들을 한꺼번에 보면 너무도 놀랍고 기이하다. 오, 섭리의 바퀴여!

3. 섭리의 움직임들은 꾸준하고 질서정연하여, 하나님이 기뻐하시는 일들을 이루어 나가고, 하나님은 결코 계획을 다시 세우시는 일이 없다는 것. 바퀴들이 나아갈 때에는 몸을 돌리지 아니하고 나아갔고(11절), 생물들은 각기 곧게 앞으로 갔다(22절). 그들은 그들의 앞에 어떤 어려움들이 놓여 있다고 하더라도 결코 멈추거나 우회하거나 뒤돌아가는 법이 없고, 언제나 그 어려움들을 뚫고 앞으로 나아갔다. 하나님은 그가 하시는 모든 일들을 너무도 완벽하게 알고 계시기 때문에 계획을 다시 세우시는 일이 결코 없으시다.

4. 하나님은 이 아랫 세상을 다스리실 때에 우리가 알고 있는 것보다 더 많이 천사들의 사역을 사용하신다는 것. 그룹들 곁에 네 바퀴가 있는데 이 그룹 곁에도 한 바퀴가 있고 저 그룹 곁에도 한 바퀴가 있었다(9절). 어떤 이들은 하늘의 천체마다 각각 그것을 운행하는 어떤 지적인 존재가 붙어 있다고 생각해 왔는데, 실제로 본문은 여기에서 모든 바퀴에는 그것을 운행하는 그룹이 있다고 말함으로써 그러한 생각이 일리가 있음을 보여준다. 지혜로우신 하나님 아래에서 지혜로운 자들이 나라들과 교회들의 일을 운영하는 데에 쓰임 받고 있다면, 그것은 우리에게 만족스러운 일일 것이다. 하지만 그런 것과는 상관없이, 본문에서는 바퀴 하나에 그룹이 하나씩 배치되어 있다고 말함으로써 나라와 교회의 일들에 지혜로운 천사들이 쓰임 받고 있다는 것을 보여준다.

5. 섭리의 모든 움직임들과 천사들의 모든 사역은 크신 하나님의 통치 아래 있다는 것. 바퀴들에는 이 땅을 두루 살피시는 여호와의 눈들, 천사들이 항상 주시하는 여호와의 눈들이 가득하였다(12절). 생물들과 바퀴들은 같이 움직이고 같이 섰다(17절). 왜냐하면, 생물들의 영(또는, 생명의 영이라고 읽을 수도 있다)이 바퀴들 가운데에 있기 때문이다. 하나님의 영은 윗 세상과 아랫 세상의 모든 피조물들을 다 뜻대로 부려서 하나님의 뜻을 이루어 나간다. 사건들은 맹목적인 운명의 바퀴에 의해서가 아니라 눈들로 가득 찬 섭리의 바퀴들에 의해서 결정된다.

**Ⅱ. 에스겔은 하나님의 영광이 성소에서 떠나는 모습을 본다.** 하나님의 영광이 성소에 오랫동안 거하신 것이 감사한 일이었듯이, 이제 그 영광이 성소를 떠나는 모습을 보는 것은 서글픈 일이다. 하나님이 우상 숭배자들의 주장과는 달리 이 땅을 버리지 않으신 것을 보는 것은 즐거운 일이지만(9:9), 지금 그의

성소를 버리고 떠나가시는 것을 보는 것은 서글픈 일이다. 여호와의 영광은 성전 문지방 위에 잠시 서서 도성을 멸망시키기 위해 필요한 지시들을 내리신 후에, 지성소에 있는 그룹들이 아니라 에스겔이 지금 환상 가운데서 본 그룹들 위에 머물렀다(18절). 마치 재판장이 법정을 떠나서 마차에 올라 집으로 향하듯이, 하나님의 영광은 저 장엄한 병거에 오르셨다. 그러자 즉시 그룹들이 날개를 들었고(19절), 마치 날개를 편 새가 날아오르듯이 하나님의 지시를 따라서 땅에서 올라갔다. 그들이 나갈 때에 이 병거의 바퀴들도 그 곁에서 함께 하였다. 이것은 생물의 영이 바퀴들 가운데에 있다는 것을 보여주는 것이었다. 이렇게 하나님이 어떤 백성에게 진노하여 그들에게서 떠나가실 때, 하늘의 천사들과 이 땅의 모든 사건들은 하나님이 떠나가시는 것을 돕기 위해 힘을 합한다. 이스라엘 백성이 그들의 하나님을 욕보이고 그의 멍에를 그들의 어깨에서 던져버렸던 바로 그 성전 뜰에 복된 천사들이 나타나서 하나님이 병거에 타시는 것을 도와서 그 병거를 끌고 하늘로 올라가는 모습을 주목하라. 앞에서 하나님은 땅의 사람들이 하나님의 뜻을 어떻게 불순종하였는지를 선지자에게 보여주셨는데(8장), 여기에서는 천사들 및 인간보다 못한 피조물들이 얼마나 기꺼이 하나님의 뜻에 순종하는지를 보여주신다. 악인들의 악행을 생각하면 그것은 우리에게 슬픈 일이지만, 천사들이 여호와의 말씀의 소리를 듣고 기꺼이 그의 명령을 준행한다는 것을 생각하면(시 103:20) 그것은 우리에게 위로가 된다.

1. 이스라엘 하나님의 영광이 타는 이 병거를 주목하라. 이스라엘의 하나님은 하늘과 땅의 하나님으로서 하늘과 땅의 모든 권세들을 부리시는 분이시다. 신실한 이스라엘 사람들은 그들의 하나님이 그룹들 위에 계신다는 사실에 위로를 받아야 한다. 그들의 구속주도 그런 분이시기 때문에(벧전 3:22) 모든 일들을 그의 주권적인 뜻을 따라 처리하실 수 있으시다. 생물들과 바퀴들은 한 마음으로 그리스도를 섬기기 때문에, 그리스도는 만물 위에 교회의 머리이시다(엡 1:22). 유대교의 랍비들은 에스겔이 본 이 환상을 '메르카바'(병거 환상)라 부른다. 이것을 토대로 해서 그들은 하나님과 영들과 관련된 신성의 심오한 부분을 병거의 일이라 부르고, 좀 더 평범하고 친숙한 그 밖의 다른 부분은 창조의 일이라 부른다.

2. 이 병거의 움직임을 주목하라. 그들이 여호와의 전으로 들어가는 동문에 머물고 이스라엘 하나님의 영광이 그 위에 덮였더라(19절). 하나님은 떠나시면서도

마치 누가 그를 붙잡고 간청을 해서 떠나지 못하고 다시 돌아올 수 있게 되기를 바라시는 것처럼 멈추기를 반복하심으로써 떠나기를 싫어하시는 마음을 내비치신다. 그러나 성전과 제단 사이 안뜰에 있는 제사장들 중에는 하나님이 떠나지 마시기를 간청하고자 하는 자가 아무도 없었다. 그래서 하나님은 제사장의 뜰을 떠나셔서, **백성의 뜰**로 통하는 동문에 서서, 백성들 중에는 그에게 간청하는 자가 있지는 않을지를 살펴보신다. 하나님은 그를 진노하시게 만든 백성으로부터 점진적으로 떠나신다는 것을 명심하라. 하나님은 진노 가운데서 떠나고자 작정하셨을지라도 그들이 회개하면 긍휼을 베푸셔서 다시 돌아오신다.

제
— 11 —
장

## 개요

에스겔이 본 환상은 이 장에서 끝이 나는데, 이 환상 가운데서 이 장에 나오는 부분은 그에게 두 가지 메시지를 던져준다. I. 여전히 예루살렘에 남아서 그들은 결코 죽지 않으리라는 망상에 사로잡혀 있던 자들에 대한 진노의 메시지(1-13절). II. 바벨론으로 포로로 끌려가서 그들은 결코 다시 일어서지 못할 것이라고 생각하며 깊은 절망 속에 빠져 있던 자들에 대한 위로의 메시지. 하나님은 전자에 대하여는 그들의 현재의 안일함에도 불구하고 심판이 그들에게 예비되어 있다는 것과 후자에 대하여는 그들의 현재의 환난에도 불구하고 긍휼이 그들을 위해 준비되어 있다는 것을 약속하신다(14-21절). 그런 후에 하나님의 영광은 더 멀리 떠나가고(22-23절), 환상은 사라진다(24절). 에스겔은 자기가 본 환상을 바벨론에 사로잡힌 자들에게 신실하게 다 설명해 준다(25절).

[1]그 때에 주의 영이 나를 들어올려서 여호와의 전 동문 곧 동향한 문에 이르시기로 보니 그 문에 사람이 스물다섯 명이 있는데 내가 그 중에서 앗술의 아들 야아사냐와 브나야의 아들 블라댜를 보았으니 그들은 백성의 고관이라 [2]그가 내게 이르시되 인자야 이 사람들은 불의를 품고 이 성 중에서 악한 꾀를 꾸미는 자니라 [3]그들의 말이 집 건축할 때가 가깝지 아니한즉 이 성읍은 가마가 되고 우리는 고기가 된다 하나니 [4]그러므로 인자야 너는 그들을 쳐서 예언하고 예언할지니라 [5]여호와의 영이 내게 임하여 이르시되 너는 말하기를 여호와의 말씀에 이스라엘 족속아 너희가 이렇게 말하였도다 너희 마음에서 일어나는 것을 내가 다 아노라 [6]너희가 이 성읍에서 많이 죽여 그 거리를 시체로 채웠도다 [7]그러므로 주 여호와께서 이같이 말씀하셨느니라 이 성읍 중에서 너희가 죽인 시체는 그 고기요 이 성읍은 그 가마인데 너희는 그 가운데에서 끌려 나오리라 [8]나 주 여호와가 말하노라 너희가 칼을 두려워하니 내가 칼로 너희에게 이르게 하고 [9]너희를 그 성읍 가운데에서 끌어내어 타국인의 손에 넘겨 너희에게 벌을 내리리니 [10]너희가 칼에 엎드러질 것이라 내가 이스라엘 변경에서 너희를 심판하리니 너희는 내가 여호와인 줄을 알리라 [11]이 성읍은

너희 가마가 되지 아니하고 너희는 그 가운데에 고기가 되지 아니할지라 내가 너희를 이스라엘 변경에서 심판하리니 [12]너희는 내가 여호와인 줄을 알리라 너희가 내 율례를 행하지 아니하며 규례를 지키지 아니하고 너희 사방에 있는 이방인의 규례대로 행하였느니라 하셨다 하라 [13]이에 내가 예언할 때에 브나야의 아들 블라다가 죽기로 내가 엎드려 큰 소리로 부르짖어 이르되 오호라 주 여호와여 이스라엘의 남은 자를 다 멸절하고자 하시나이까 하니라

이 단락에는 다음과 같은 내용들이 나온다.

**I. 예루살렘의 고관들은 하나님의 심판이 그들 위에 임했음에도 불구하고 아주 안일한 태도를 보여줌.** 환상 가운데서 선지자는 성전 문에 오게 되었는데, 거기에서 이 고관들은 함께 모여 앉아서 도성이 현재 당면한 어려운 문제들을 놓고 회의를 하고 있었다. 주의 영이 나를 들어올려서 여호와의 전 동문에 이르시기로 보니 그 문에 사람이 스물다섯 명이 있었다(1절). 선지자가 성령의 인도하심에 얼마나 잘 따랐고, 성령이 그에게 보여주신 모든 것들을 얼마나 유심히 잘 관찰하였는지를 보라. 여기에 나오는 스물다섯 명은 성전 문에서 동쪽으로 향하여 태양을 예배하던 스물다섯 명(8:16)과 동일한 사람들이 아닌 것으로 보인다. 앞에 나왔던 사람들은 현관과 제단 사이에 있었던 것으로 보아서 제사장이나 레위인들이었던 것으로 보이는 반면에, 여기에 나오는 사람들은 송사(訟事)를 심리하기 위해서 여호와의 성전 문에 앉아 있는 고관들이었다(렘 26:10). 그리고 그들이 여기에서 비난받고 있는 것은 예배를 타락시켰다는 것이 아니라 통치를 잘못하고 있다는 것이다. 그들 가운데서 두 사람의 이름이 언급되고 있는데, 이것은 그들이 가장 주도적인 인물들이었고, 선지자가 비록 여러 해 동안 예루살렘을 떠나 있었지만 아직도 그들을 알고 있었기 때문일 것이다. 그 두 사람은 블라다와 야아사냐(1절; 8:11)였는데, 야아사냐는 앗술의 아들인 사반의 아들이었다. 어떤 이들은 예루살렘이 24개의 구(區)로 나뉘어 있었고, 이 스물다섯 명은 시장과 구청장들이었다고 말한다. 좀 더 살펴보자.

1. 하나님이 선지자에게 이 사람들이 어떤 인물들인지를 전체적으로 설명해 주심(2절). "이 사람들은 불의를 품은 자니라. 그들은 백성의 안전을 위한 조치들을 강구한다는 미명 하에 백성들을 완악하게 하여 죄 가운데 머물게 만들었고, 선지자들이 경고한 하나님의 심판에 대한 두려움을 백성들에게서 없애

버렸다. 그들은 백성들에게 선지자들의 입을 틀어막아 활동을 하지 못하게 하고, 바벨론의 왕에게 반역하며, 이 성을 최후까지 사수하도록 하기 위하여 이 성 중에서 악한 꾀를 꾸미는 자들이다." 어떤 백성에게 있어서 그들의 평화에 속한 일들이 그들을 권면하는 일을 맡은 자들의 눈에 감추어져 있는 것은 불행한 일이다. 불의가 행해질 때, 비록 그 불의를 행한 자들이 큰 자들이고, 지혜로운 자들로 칭송을 받고 있어서, 지금은 그들을 추궁하는 것이 어렵다고 할지라도, 하나님은 그 불의가 누구에게서 나온 것인지를 아시기 때문에, 모든 것이 드러나서 보응을 받는 날이 오면, 그 불의를 바로 그 사람의 문 앞에 갖다 놓으시고, 이들이 그 불의를 꾸민 자들이라고 말씀하실 것이다.

2. 하나님이 그들이 그런 인물들이라는 것을 증명해 주는 구체적인 사례를 들어 그들을 고소하심. 하나님은 그들이 회의를 한다고 모여서 한 말을 그대로 인용하여 그들을 고소하신다. 신들의 모임 가운데에 서시는 하나님은 그들이 회의를 하면서 은밀히 나누는 말까지도 다 아신다(시 82:1). 그들은 이런 취지의 말을 하였다(3절). "그 때가 가깝지 않다. 선지자들이 자주 경고하였던 이 도성의 멸망이 그들이 말한 것처럼 그렇게 가깝지 않다." 그들은 그들을 비롯해서 백성들이 삶을 고치는 일에 큰 반감을 지니고 있다는 것을 스스로 잘 알고 있었기 때문에 언젠가는 멸망의 날이 올 것이라는 결론을 내리지 않을 수 없었다. 그러나 그들은 하나님이 오래 참으시는 분이심을 알고 있었기 때문에(그들은 하나님의 이러한 성품을 오랫동안 악용해 왔다) 그 멸망의 날이 아직도 한참 동안은 오지 않을 것이라고 생각하였다. 사탄은 사람들을 설득하여 하나님의 심판을 의심스럽고 불확실한 일로 여기도록 만들 수는 없지만, 사람들로 하여금 그 심판이 먼 훗날의 일이라고 여기게 만들어서 심판의 메시지가 힘을 잃게 함으로써 자신의 목적을 달성한다는 것을 명심하라. 사실은 심판주가 문 밖에 서 계시는데도(약 5:9), 사탄은 사람들을 미혹하여, 하나님의 심판이 장차 있으리라는 것은 확실하지만, 그 때가 아직 가깝지 않다고 생각하게 만든다. 사람들은 멸망의 때가 가깝지 않다고 결론을 내리고는 집을 건축하자(KJV)고 결정을 한다. 이 성읍은 가마가 되고 우리는 고기가 되기 때문에, 우리는 지금 하던 대로 계속해서 행하자. 이 말은 격언적인 표현으로서 앞에서 얘기한 것과 동일한 의미를 나타내는 것으로 보인다. "고기가 가마에서 안전하듯이, 우리는 이 성 안에서 안전하다. 이 성의 성벽은 우리에게 놋 성벽이 되어 줄 것이기 때문에,

가마가 그 아래에 있는 불로부터 안전하듯이, 이 성벽도 포위한 자들로부터 그 어떤 손상도 입지 않을 것이다. 우리가 이 성에서 끌어내져서 포로로 잡혀가게 될 것이라고 생각하는 자들은 그들의 손으로 고기를 끓는 가마에서 꺼내고자 한다면 그것이이야말로 위험천만한 일이어서 그들 자신이 다치게 되리라는 것을 알아야 한다." 그들의 이러한 말에 대해서 하나님은 다음과 같은 대답을 주신다(9절). "내가 너희를 너희가 안전하다고 생각하는 그 성읍 가운데에서 끌어내어 타국인의 손에 넘겨 너희에게 벌을 내리리니(9절), 이 성읍은 너희 가마가 되지 아니하고 너희는 그 가운데에 고기가 되지 아니한다(11절)는 것이 증명될 것이다." 아마도 이 격언적인 표현은 화목제물로 드려진 고기와 관련이 있는 것으로 보이는데, 제사장들이 그 고기를 삶을 때에 가마에서 그것을 꺼내는 것은 큰 죄였다(삼상 2:13-14). 그러므로 이것은 예루살렘이 거룩한 성이고 그들 자신은 그 거룩한 성 안에 사는 거룩한 백성이어서 그 어떤 좋지 않은 일도 그들에게 일어날 수 없기 때문에 안전할 것이라고 그들이 생각했다는 것을 보여준다. 어떤 이들은 이 격언적인 표현이 예레미야를 조롱하는 말이었을 것이라고 생각한다. 예레미야는 그의 첫 번째 환상들 중 하나에서 예루살렘이 끓는 가마로 상징되고 있는 것을 보았었다(렘 1:13). 사람들은 예레미야를 조롱하며 이렇게 말하였다. "그래, 예루살렘이 끓는 가마라면, 우리는 그 안에 들어 있는 고기이니, 누가 감히 우리를 건드리겠느냐?" 이렇게 그들은 여호와의 사자들을 조롱한 죄로 고통을 당하고 있는 가운데서도 여전히 그런 짓을 계속하였다. 너희는 오만한 자가 되지 말라 너희 결박이 단단해질까 하노라(사 28:22). 하나님이 경고하기 위해 주신 말씀을 듣고서 도리어 더욱 안일한 생각을 품는 자들이 있다.

**II. 하나님이 그들을 일깨워서 안일함에서 벗어나게 하기 위하여 취하신 방법.** 우리는 그들과 관련된 하나님의 섭리들만으로도 그들을 정신차리게 하기에 충분하였을 것이라고 생각한다. 그러나 그들이 그 섭리들을 깨닫고 선용하도록 돕기 위해서 그들에게 경고하는 하나님의 말씀이 보내진다(4절). 그러므로 인자야 너는 죽어서 마른 뼈 같은 그들을 쳐서 예언하고 예언하여 미몽에서 깨어나게 하라. 안일한 죄인들에게 사역자들이 베풀 수 있는 가장 큰 사랑은 그들을 쳐서 말씀을 전하는 것, 비록 그들이 그들의 참상과 위험을 보지 않으려 해도, 부지런히 그것들을 그들에게 보여주는 것임을 명심하라. 그들의 참상을 곧이곧대로 그들에게 전해주어 그들을 격분시킨다고 하여도, 그것이야말로 그들을 진정으로 사랑하는 행위이다. 그러나 선지자가 죄 가운데서 완악해져서 하나님의 심판에 도전하는 사람들에게 어떤 말을 해야 좋을지 몰라 하고 있을 때, 여호와의 영이 그에게 임하여 그를 능력과 담대함으로 가득 차게 하고서 이르시되 너는 말하라고 하였다. 죄인들이 스스로 자만하여져서 멸망의 길로 갈 때, 그 때는 우리가 말해야 할 때이고, 그들이 계속해서 지금 같이 행한다면 그들에게 평안을 없을 것임을 그들에게 말해 주어야 할 때라는 것을 명심하라. 사역자들은 종종 소심하고 수줍어하며 어쩔 줄 몰라서 말해야 할 때에 담대히 말하지 못하는 때가 있다. 그러나 선지자에게 말하라고 명령하시는 분은 그에게 무엇을 말해야 하는지도 가르쳐 주신다. 그는 이스라엘 족속인 그들을 향하여 말하여야 한다(5절). 왜냐하면, 고관들만이 아니라 모든 백성들도 하나님이 그들을 고소하시는 이유, 그들이 저지른 악을 알아야 하기 때문이다. 그들은 이스라엘 족속이기 때문에, 이스라엘의 하나님은 그들에 대한 인자하심 속에서 그들에게 경고하지 않을 수 없으시다. 또한, 하나님의 경고를 받아들이는 것이 하나님에 대한 그들의 도리이다. 그렇다면, 선지자가 그들에게 하나님의 이름으로 전해야 하는 것은 무엇이었는가?

1. 하늘의 하나님은 그들이 헛된 것들을 의지하고 있다는 것을 알고 계시다는 것(5절). "너희 마음에서 일어나는 것, 너희가 어떠한 은밀한 추론 과정을 거쳐서 이러한 결정에 이르게 되었는지, 너희가 어떤 목적으로 악한 것에 대하여 그토록 호의적인지를 내가 다 아노라." 하나님은 우리의 입에서 나오는 것들만이 아니라 우리의 마음속으로 들어가는 것들을 다 아시고, 우리가 말하는 모든 것만이 아니라 우리가 생각하는 모든 것도 다 아신다는 것을 명심하라. 심지어 우리의 마음속에 느닷없이 꽂히는 생각들, 갑자기 우리의 마음으로부터 튀어나오는 생각들을 우리 자신은 잘 알지 못하지만 하나님은 다 아신다. 하나님은 우리보다 우리 자신을 더 잘 아신다. 주께서 멀리서도 나의 생각을 밝히 아시오며(시 139:2). 이것을 생각할 때, 우리는 우리의 마음을 부지런히 지켜서, 헛된 생각들이 그 속으로 들어오거나 그 안에 머물지 않도록 하여야 한다.

2. 백성들에게 끝까지 버티라고 헛된 조언을 한 자들은, 갈대아 군대의 칼에 의해서 예루살렘에서 죽었거나 앞으로 죽게 될 모든 사람들에 대하여 하나님 앞에서 책임을 지게 되리라는 것. 죽은 자들만이 가마 속의 고기처럼 이 성읍에

남아 있는 유일한 자들이 될 것이다. "너희가 이 성읍에서 사람들을 많이 죽였다. 너희는 법이라는 미명 아래 사법의 칼로 사람들을 부당하게 죽였을 뿐만 아니라, 선지자들이 그렇게 말렸는데도 너희의 고집과 교만 때문에 백성들을 전쟁으로 내몰아서 칼에 죽게 만들었다. 이렇게 너희는 너희의 완고함 때문에 예루살렘 거리들을 시체로 채웠도다(6절)." 불의하게 또는 분별없이 전쟁을 시작하거나 지속한 자들은 무수한 사람들로 하여금 피를 흘리게 한 죄를 스스로 담당하게 될 것임을 명심하라. 그들이 얼마든지 피를 흘리지 않는 방향으로 협상을 하여 막을 수 있었던 전쟁이나 포위 공격에서 죽임을 당한 자들은 그들이 죽인 시체라 불리게 될 것이다. 이제 그러한 시체들만이 이 가마 속에 남겨진 유일한 고기들이 될 것이다(7절). 예루살렘 성 내에는 거기에 묻힌 자들 외에는 한 사람도 남아 있지 않게 될 것이다. 예루살렘에는 무덤을 차지하고 있는 자들만이 남아 있게 될 것이고, 죽어서 자유롭게 된 자들 외에는 자유민들은 아무도 남아 있지 않게 될 것이다.

3. 그들의 도성이 난공불락이라고 생각했던 자들은 강제로 그 성에서 나와서 도망을 가거나 포로로 끌려가게 되리라는 것. 너희가 원하든 원하지 않든, 내가 너희를 그 성읍 가운데에서 끌어내리라(7, 9절). 그들은 하나님의 진노를 불러일으켜서 그로 하여금 도성을 버리시게 하고 나서, 하나님이 떠나셨어도 그들 자신의 방책과 힘으로 얼마든지 잘 해낼 수 있을 것이라고 생각하였다. 그러나 하나님은 그를 버린 자들에게 그 어떤 평화도 없다는 것을 그들에게 알게 해주실 것이다. 그들이 그들의 죄악들로 말미암아 하나님을 그의 집에서 쫓아내었듯이, 하나님은 머지않아 그의 심판을 통해서 그들을 그들의 집에서 쫓아내실 것이다. 가장 안전할 것이라고 생각했던 자들이 결코 안전하지 않다는 것이 드러나게 될 것이다. "이 성읍은 너희의 가마가 되지 아니하고, 너희는 그 가운데에 고기가 되지 아니할지라. 너희는 너희의 기대와는 달리 그 가마 안에서 안전히 있게 되지 않고, 너희의 둥지에서 죽게 될 것이다. 너희는 예루살렘 성읍 가운데에 있기 때문에 안전할 것이라고 생각하겠지만, 결코 거기에 오래 있지 못할 것이다."

4. 하나님은 그들을 예루살렘에서 끌어내어서, 그들이 어디로 가든지 그들을 쫓아가, 그들이 예루살렘 안에 꼭 붙어 있으면 피할 수 있을 것이라고 생각했던 바로 그 심판을 그들에게 내리시리라는 것. 그들은 나가서 갈대아 군대와

싸우면 칼에 죽게 될 것이라고 생각하여 칼이 두려워서 그들의 가마에 꼭 붙어 있고자 했지만, 하나님은 내가 칼로 너희에게 이르게 하고(8절) 너희가 칼에 엎드러질 것이라(10절)고 말씀하신다. 악인들이 두려워하던 것이 그들에게 임하리라는 것을 명심하라. 하나님이 작정하신 심판을 막아낼 방도는 없기 때문에, 놋 성벽도 아무 소용이 없을 것이다. 그들은 이방인들의 자비에 그들의 운명을 맡기는 것을 두려워하였지만, 하나님은 "너희가 이방인들의 자비에 너희를 맡기고자 하지 않았기 때문에, 내가 너희를 타국인의 손에 넘기리니, 너희는 그들의 적개심을 느끼게 될 것이다"라고 말씀하신다(렘 38:17-18). 그들은 하나님의 심판을 피할 수 있을 것이라고 생각하였지만, 하나님은 그가 그들을 심판하리라고 말씀하신다. 그들은 만약 그들이 심판을 받아야 한다면 예루살렘 안에서 심판을 받을 것이라고 결심하였지만, 하나님은 그들을 이스라엘 변경에서 심판하실 것이라고 말씀하신다(10-11절). 이것은 느부갓네살이 가나안의 가장 북쪽에 위치한 변경인 하맛 땅에 있는 리블라에서 유다의 모든 고관들을 죽였을 때에 성취되었다. 사람들은 그들이 나고 자란 곳에 깊이 뿌리를 두고 있다고 할지라도 바로 그 곳에서 죽게 될 것인지는 아무도 장담할 수 없다는 것을 명심하라.

5. 이 모든 것이 그들의 죄에 대한 합당한 벌이고, 그들에 대한 하나님의 의로우신 심판이 나타난 것이라는 것. 너희는 내가 여호와인 줄을 알리라(10, 12절). 하나님이 죄를 얼마나 미워하시는지, 회개하지 않은 죄인들이 하나님의 손에 빠져 들어가는 것이 얼마나 두려운 일인지를 그가 말씀으로 가르치실 때에 그 가르침을 받고자 하지 않은 자들은 결국 여호와의 칼을 통해서 그것을 알게 될 것이다. 내가 너희를 심판하리니, 그 때에야 너희는 내가 여호와인 줄을 알리라. 왜냐하면, 사람들은 하나님이 그의 율례를 따라 행하지 않은 자들에게 심판을 집행하실 때에야 그를 알게 되기 때문이다. 사람들은 하나님이 율법을 범하는 자들을 벌하시는 것을 보고서야, 비로소 그가 율법을 만드셨다는 것을 알게 된다. 너희가 내 율례를 행하지 아니하였기 때문에(12절) 내가 너희에게 벌을 내리리라(9절). 우리가 하나님의 율법에 항상 변함없이 순종함으로써 그의 입에서 나온 율례를 행하는 것이야말로 하나님의 손에 의한 심판이 우리에게 집행되어 우리가 멸망당하는 것을 막아주는 유일한 길이라는 것을 명심하라. 우리는 이 둘 중의 하나를 선택하지 않으면 안 된다. 율법은 그 율례를 행하는 것을 통해서

성취되거나 그 형벌인 심판이 집행됨으로써 성취될 것이다. 우리가 하나님이 명령하신 대로 그의 율례를 지켜서 그에게 영광을 돌리지 않는다면, 그는 그가 경고하신 대로 심판을 집행하심으로써 영광을 받으실 것이다. 이렇게 해서 우리는 그가 여호와이시라는 것, 만유의 주권자이신 여호와이시라는 것, 결코 우롱당하지 않으시는 여호와이시라는 것을 알게 될 것이다. 그들이 하나님의 율례를 버리고 그 규례를 따라 행하지 않았을 때, 그들은 그들 사방에 있는 이방인의 규례대로 행하였고, 그들의 예배에 온갖 부정하고 우스꽝스러우며 야만적인 의식(儀式)들을 들여오게 되었다는 것을 주목하라. 하나님이 정해 놓으신 제도들과 규례들을 떠나면, 사람들은 끝없이 방황하게 된다. 그러므로 그들은 이방인의 가증한 풍속을 따르지 않기 위해서는 반드시 하나님의 규례들을 지켜야 했다(레 18:30).

**III. 그들을 깨우치시는 하나님의 말씀이 있은 직후에 그들로 하여금 정신이 번쩍 들게 해줄 섭리에 의한 사건이 벌어짐**(13절). 좀 더 자세하게 살펴보자.

1. 에스겔은 어떤 권능으로 예언을 하였는가, 아니 그의 예언에 어떠한 하나님의 권능이 함께 하였는가. 내가 예언할 때에 브나야의 아들 블라댜가 죽었다. 블라댜는 앞에서 예루살렘에 온갖 해악을 끼친 스물다섯 명의 고관들 중의 주요한 인물로 언급되었었다(1절). 이 일은 환상 가운데서 멸망시키는 천사들이 늙은 자들을 죽이는 일을 시작하였을 때에(9:6) 이루어진 일이었던 것으로 보인다. 에스겔은 그 때에도 여기에서처럼 하나님께 심판을 완화시켜 달라고 기도하였었다(9:8). 그러나 이 일은 이 예언이 실제로 이루어질 것임을 보여주는 확실한 증거로 일어난 일이었다. 블라댜의 죽음은 이 예언이 온전히 성취될 것임을 보여주는 전조(前兆)였다. 하나님은 종종 사람들에게 장차 닥쳐올 심판을 경고할 목적으로 몇몇 죄인들을 골라내서 그의 공의의 기념비들로 삼으신다는 것을 명심하라. 베드로가 예언하고 있을 때에 아나니아와 삽비라가 갑자기 그의 발 앞에서 죽은 것처럼, 그들은 자기 자신은 아주 안전하다고 생각하고 있다가 갑자기 낚아채져서 고꾸라져 죽어 버린다.

2. 에스겔은 어떤 마음으로 기도하였는가. 블라댜의 죽음은 에스겔의 예언을 확증해 주고 그에게 존귀함을 더해준 사건이었지만, 그는 마치 블라댜가 그의 친척이나 친구가 되기라도 한 듯이 이 일에 깊은 관심을 보이고 몹시 슬퍼

하였다. 그는 간절한 마음이 되어서 엎드려 큰 소리로 부르짖었다. "오호라 주 여호와여 이스라엘의 남은 자를 다 멸절하고자 하시나이까. 우리가 겪어 온 심판들 때문에 많은 사람들이 이미 죽어갔는데, 이제 칼을 가까스로 피한 남은 자들이 하나님의 손에 의해서 직접 죽어야 하겠습니까? 그렇게 하신다면, 그것은 이 백성을 완전히 끝장내시는 일이 되고 말 것입니다." 에스겔이 이 악한 고관의 죽음을 애통해한 것은 사무엘이 사울의 죽음에 대하여 아주 오랫동안 애곡한 것과 마찬가지로 인간적인 연약함을 보여준 것이었다고 할 수 있다. 그러나 이렇게 해서 그는 그가 예언한 재앙의 날이 오지 않기를 얼마나 원하고 있는지를 보여주었다. 다윗도 그를 미워하고 박해한 자들이 병든 것을 애통해하였다. 우리는 사람들이 갑자기 죽는다면 그들이 비록 악인들이라고 할지라도 그 죽음을 슬퍼해야 한다.

[14]여호와의 말씀이 내게 임하여 이르시되 [15]인자야 예루살렘 주민이 네 형제 곧 네 형제와 친척과 온 이스라엘 족속을 향하여 이르기를 너희는 여호와에게서 멀리 떠나라 이 땅은 우리에게 주어 기업이 되게 하신 것이라 하셨나니 [16]그런즉 너는 말하기를 주 여호와의 말씀에 내가 비록 그들을 멀리 이방인 가운데로 쫓아내어 여러 나라에 흩었으나 그들이 도달한 나라들에서 내가 잠깐 그들에게 성소가 되리라 하셨다 하고 [17]너는 또 말하기를 주 여호와의 말씀에 내가 너희를 만민 가운데에서 모으며 너희를 흩은 여러 나라 가운데에서 모아 내고 이스라엘 땅을 너희에게 주리라 하셨다 하라 [18]그들이 그리로 가서 그 가운데의 모든 미운 물건과 모든 가증한 것을 제거하여 버릴지라 [19]내가 그들에게 한 마음을 주고 그 속에 새 영을 주며 그 몸에서 돌 같은 마음을 제거하고 살처럼 부드러운 마음을 주어 [20]내 율례를 따르며 내 규례를 지켜 행하게 하리니 그들은 내 백성이 되고 나는 그들의 하나님이 되리라 [21]그러나 미운 것과 가증한 것을 마음으로 따르는 자는 내가 그 행위대로 그 머리에 갚으리라 나 주 여호와의 말이니라

예언의 목적은 산마다 언덕마다 낮아지게 함과 동시에 골짜기마다 돋우어지게 하는 데에 있었다(사 40:4). 따라서 선지자들은 오만하고 안일한 자들에게 죄를 깨우쳐 주는 말씀만이 아니라, 하나님의 말씀 앞에서 두려워 떠는 멸시받고 의기소침한 자들에게 위로를 주는 말씀도 전하여야 했다. 선지자 에

스겔은 이 장의 전반부에서 시온에서 마음이 든든한 자들을 일깨우기 위한 가르침을 받았고, 이제 후반부에서는 바벨론에서 애곡하며 그 강 가에서 시온을 기억하며 우는 자들에게 위로가 될 수 있는 말씀을 받는다. 좀 더 자세하게 살펴보자.

**I. 경건한 포로들이 예루살렘에 남아 있던 자들로부터 어떻게 짓밟히고 모욕을 당했는가**(15절). 하나님은 선지자에게 예루살렘의 주민들이 이미 바벨론으로 끌려온 자들에 대하여 어떻게 말했는지를 알려 주신다. 하나님은 포로로 끌려간 자들이 좋은 무화과들이라는 것을 인정하셨고, 그가 그들을 바벨론으로 보내신 것은 그들의 유익을 위해서라고 이미 밝히셨었다. 이렇게 포로로 끌려간 자들이 사실은 예루살렘에 거주한 모든 사람들 중에서 가장 선한 성도들이었음에도 불구하고, 예루살렘의 주민들은 그들을 가장 큰 죄인들이라고 여겨서 멸시하였다. 좀 더 살펴보자.

1. 포로들은 어떻게 묘사되고 있는가. 하나님은 그들이 선지자가 관심과 애정을 가지고 살펴야 할 네 형제들이라고 말씀하신다. 그들은 네 친척(원어에 의하면, 네 기업을 무를 자들), 너의 가장 가까운 친척들이어서, 남들에게 양도된 땅을 대신 무를 권리가 있지만, 그렇게 할 수가 없어서 포로로 잡혀간 것이다. 그들은 온 이스라엘 족속이다. 하나님이 그들을 그런 식으로 묘사하시는 것은 그들만이 그들의 신앙을 온전히 지켜 왔고 포로 생활을 통해서 그 신앙이 더욱 성숙해지고 있기 때문이었다. 그들은 에스겔과 동일한 가족과 민족에 속한 자들일 뿐만 아니라 동일한 영을 지닌 자들이었다. 그들은 그가 전하는 말씀들을 듣는 자들이었기 때문에, 그는 거룩한 규례들 가운데서 그들과 교통하였다. 그런 까닭에 그들은 그의 형제와 친척으로 불린다.

2. 포로들은 예루살렘 주민들에 의해서 어떻게 의절을 당했는가. 예루살렘 주민들은 그들에게 너희는 여호와에게서 멀리 떠나라고 말하였다. 안일하게 살며 스스로 교만하였던 그 주민들은 하나님의 낮추시는 섭리 아래에서 스스로를 낮추었던 그들의 형제들을 비웃고 조롱하였다.

(1) 예루살렘 주민들은 포로들을 그들의 교회에서 제명해 버렸다. 포로들은 하나님의 뜻을 따라서 그들의 관리들을 떠나서 바벨론의 왕에게 항복하였기 때문에, 주민들은 그들을 출교시키며, "너희는 여호와에게서 멀리 떠나라 이후로 우리는 너희와 아무 상관이 없을 것"이라고 말하였다. 우상에 사로잡혀 있던

자들은 양심적이었던 자들을 제명하여 떨쳐내면서 아주 후련해 했고, 마치 그 양심적이었던 자들이 여호와의 버림을 받고 잊혀졌으며 믿는 자들의 총회에서 제외된 것인 양 그들을 혹독하게 비난하며 가혹한 판결을 내렸다.

(2) 예루살렘 주민들은 마치 포로가 된 자들이 이제 이스라엘 나라와 아무 상관이 없다는 듯이 그들에게서 나라의 구성원으로서의 자격을 박탈하였다. "이 땅은 우리에게 주어 기업이 되게 하신 것이라. 너희는 바벨론의 왕에게 항복하여 너희에게 주어진 땅에 대한 권리를 상실했으니, 이제 너희의 땅에 대한 권리는 우리에게 있다." 하나님은 형통하는 자들이 환난 가운데 있는 그들의 형제들을 멸시하는 것을 기뻐하지 않으시고, 그러한 것을 주목하여 보신다.

**II. 경건한 포로들이 형제들에게 모욕과 멸시를 당하는 것을 보시고, 하나님이 그들에게 은혜로운 약속들을 주심.** 예루살렘의 주민들은 그들을 미워하고 내쫓으면서 여호와께서 영광을 받으소서라고 말하였지만, 여호와는 그들에게 나타나서서 그들의 기쁨이 되실 것이다(시 66:5). 하나님은 그들을 치기 위하여 그의 손을 뻗치셨고, 그것이 그들이 그들의 형제들에게 짓밟히고 멸시당하는 빌미를 주었다는 것을 인정하신다(16절). "내가 그들을 멀리 이방인 가운데로 쫓아내어 여러 나라에 흩은 것은 사실이다. 그들은 마치 버림받은 백성처럼 보이고, 여러 이방 나라들 가운데에 섞여서 살고 있기 때문에 이방인들 가운데서 소멸되어 버릴 것처럼 보인다. 그러나 내가 그들을 위하여 긍휼을 준비해 두고 있다." 다윗이 시므이가 그를 욕하고 저주하는 것을 듣고서 그 일을 하나님이 그에게 선히게 갚아 주시기를 소망한 것이 보여주듯이, 하나님은 자기 백성이 멸시를 당할 때에 그것을 빌미로 삼아서 그들에게 위로의 말씀을 전하신다는 것을 명심하라. 원수들이 하나님의 백성을 절망으로 몰고 가려고 애쓸 때가 바로 하나님이 그의 백성을 위로하시고 소망을 주실 때이다. 이제 하나님은 다음과 같은 것들을 약속하신다.

1. 그들이 지금 누리지 못하는 성전과 거기에 수반된 특권들을 하나님이 그들을 위하여 대신하시겠다는 것(16절). 그들이 도달한 나라들에서 내가 잠깐 그들에게 성소가 되리라. 예루살렘에 있던 자들에게는 성전은 있었지만 하나님이 계시지 않았다. 그러나 바벨론에 포로로 잡혀온 자들에게는 비록 성전은 없었지만 하나님이 계셨다.

(1) 하나님은 그들에게 성소, 즉 피난처가 되어 주실 것이다. 그들은 하나님께

피할 수 있고, 그렇게 하나님께 피한 자들은 제단 뿔을 붙잡은 자와 마찬가지로 안전할 것이다. 또는, 그들은 하나님과 교제를 갖는 것이 성전 이외의 다른 곳에서는 불가능하다고 생각하였었지만, 이제 포로 된 땅에서 그것이 가능해질 것이다. 그들은 성소에서 보았던 하나님의 권능과 영광을 그들이 포로로 잡혀온 땅에서 보게 될 것이다. 그들은 하나님이 그들과 함께 계신다는 것을 보여주는 증표들을 갖게 될 것이고, 제단이 예물을 거룩하게 했듯이 그들의 마음에 주어진 하나님의 은혜가 그들의 기도와 찬송을 거룩하게 할 것이기 때문에, 그들은 소 곧 뿔과 굽이 있는 황소를 드림보다 여호와를 더욱 기쁘시게(시 69:31) 할 것이다.

(2) 하나님은 그들의 원수들이 주목해서 보지 않을 작은 성소가 되어 주실 것이다. 이전에 원수들은 높고 컸던 예루살렘의 성전을 악하고 시기하는 눈으로 바라보았었다(왕상 9:8). 포로로 잡혀온 자들은 소수였고 소박한 삶을 살고 있었기 때문에, 작은 성소가 그들에게는 제격이었다. 하나님은 자기 백성의 열악한 상황을 배려하셔서, 그들의 처지에 맞게 그의 은총을 베푸신다. 하나님이 자신을 낮추셔서 그의 은혜를 우리의 눈높이에 맞춰서 베푸시는 것을 주목하라. 크신 하나님께서 자기 백성에게 작은 성소가 되어 주시고자 하신다. 자신의 잘못이 아닌 다른 이유로 공예배의 유익을 빼앗긴 자들은 하나님의 은혜와 위로를 직접 받아 누리는 충분한 보상을 받게 된다는 것을 명심하라.

2. 하나님이 때가 되면 그들의 환난을 끝내시고 그들을 포로 된 땅에서 건져내셔서 그들 또는 그들의 자손을 그들의 땅에 다시 정착하게 하시겠다는 것(17절). "내가 이렇게 흩어지고 멸시받으며 동포에게 버림받은 너희를 모을 것이다. 내가 너희를 만민 가운데에서 모으리니, 너희를 너희가 섞여 살던 자들로부터 구별하고, 너희를 포로로 잡아 두었던 자들에게서 건져내어서, 너희를 흩은 여러 나라 가운데에서 모아낼 것이다. 너희는 한 사람 한 사람씩 돌아오는 것이 아니라, 모두 함께 모여서 돌아오게 될 것이기 때문에, 너희가 너희의 나라로 돌아오는 길은 존귀하고 안전하며 편한 길이 될 것이다. 그런 후에 내가 지금 너희 형제들이 너희를 제명 처분한 바로 그 이스라엘 땅을 너희에게 주리라." 사람들의 혹독한 비난이 우리를 하나님의 은혜로운 약속들로부터 끊을 수 없다는 것은 우리에게 복된 일임을 명심하라. 무자비한 자들이 거룩한 땅을 독차지함으로써 그 땅에서 배제된 자들 중에는 실제로 그 땅에 분깃을 갖고 있음이

나중에 밝혀질 자들이 많이 있다. 내가 이스라엘 땅을 너희에게 다시 새로운 하사물로 주리니, 그들이 그리로 가리라. 이 본문에서 인칭대명사가 너희에서 그들로 바뀐 것에 어떤 의미가 있다고 한다면, 그들은 이 약속을 받은 자들(너희)의 후손을 가리키는 것으로 볼 수 있을 것이다. "너희는 족장들처럼 이스라엘 땅에 대한 권리를 갖게 될 것이고, 너희 뒤에 올 그들은 그 땅을 실제로 소유하게 될 것이다."

3. 하나님이 은혜를 베푸셔서 그들에게서 그들의 죄악들을 제거하시겠다는 것(18절). 그들은 포로 생활을 통해서 그들의 우상 숭배의 죄를 효과적으로 치유받게 될 것이다. 그들이 그리고, 즉 그들의 땅으로 다시 가서 그 가운데의 모든 미운 물건을 제거하여 버릴지라. 그들은 전에 그들이 기뻐하던 물건들이었던 우상들, 곧 그들이 포로로 잡혀와 살고 있던 바벨론의 우상들만이 아니라 그들이 원래 살았던 가나안의 우상들을 이제는 혐오스러운 눈길로 바라보게 될 것이다. 그들은 이전과는 달리 우상들을 섬기지 않을 뿐만 아니라, 우상 숭배의 잔재들도 그냥 내버려 두지 않을 것이다. 그들은 모든 가증한 것을 제거하여 버릴 것이다. 우리가 형통하는 시절로 다시 돌아왔을 때에 이전에 형통하던 때에 지었던 죄들과 어리석은 일들로 되돌아가지 않아야만, 그것은 우리에게 긍휼이 된다는 것을 명심하라. 내가 다시 우상과 무슨 상관이 있으리요(호 14:8).

4. 하나님이 그들에게 그들의 본분을 다하고자 하는 강력한 소원을 주시겠다는 것. 그들은 악을 행하기를 그칠 뿐만 아니라, 선을 행하는 것을 배우게 될 것이다. 왜냐하면, 그들은 환난이 끝나는 데에서 그치는 것이 아니라 평강으로 다시 돌아가게 될 것이기 때문이다.

(1) 하나님은 그들 속에 선한 마음을 심어 주실 것이다. 하나님은 그들을 좋은 나무가 되게 하실 것이다(19절). 이것은 복음과 관련된 약속이기 때문에 하나님이 하늘의 가나안으로 인도하시기로 작정하신 모든 자들에게 실현될 것이다. 왜냐하면, 하나님은 의인들을 위하여 천국을 준비하셨고, 이제는 천국에 들어가기로 정해진 모든 자들을 천국에 들어갈 수 있도록 준비시키실 것이기 때문이다. 다음과 같은 것들이 약속되고 있다.

[1] 하나님이 그들에게 한 마음을 주시리라는 것. 이전처럼 많은 우상들 사이에서 나뉘었던 마음이 아니라 오로지 참 하나님만을 일편단심으로 향하는 마음, 어떤 일이 있어도 요동하지 않고 하나님을 향하여 요지부동인 마음, 변덕

스럽지 않고 언제나 한결같이 변함없는 마음을 하나님은 그들에게 주실 것이다. 한 마음이라는 것은 진실하고 올바른 마음, 그 속에 품은 의도가 밖으로 고백한 것과 일치하는 그런 마음이다.

[2] 하나님이 그들 속에 새 영을 두시리라는 것. 새로운 상황에 합당한 마음의 기질을 하나님은 섭리를 통해서 그들에게 가져다 주실 것이다. 거룩하게 된 모든 자들은 이전의 영과는 완전히 다른 새 영을 갖게 된다. 그들은 새 마음으로 행하고, 새로운 준칙들을 따라 행하며, 새로운 목표를 지향한다. 새 이름이나 새 얼굴은 새 영이 없이는 아무런 힘도 발휘하지 못할 것이다. 누구든지 그리스도 안에 있으면 새로운 피조물이라(고후 5:17).

[3] 하나님이 그들의 육체, 즉 그들의 타락한 본성에서 돌 같은 마음을 제거하시리라는 것. 그들의 마음은 이전과는 달리 이제 더 이상 돌처럼 죽어서 딱딱하고 메마르며 무겁지 않을 것이고, 더 이상 돌 밭에 뿌려진 선한 씨처럼 선한 열매를 맺을 수 없는 것이 되지 않을 것이다.

[4] 하나님이 그들에게 살처럼 부드러운 마음을 주시리라는 것. 하나님은 죽어 있거나 교만한 육적인 마음이 아니라 살아 있어서 부들부들한 살 같은 마음을 그들에게 주실 것이다. 이제 그들의 마음은 영적인 고통과 기쁨에 민감하고 유순하게 되어서 감화를 잘 받아들이게 될 것이다. 이것은 하나님이 하시는 일, 그가 약속으로 말미암아 주시는 선물이 될 것이고, 이 일로 인해서 사망에서 생명으로의 복되고 기이한 변화가 일어날 것이다. 이것은 하나님이 그들의 땅으로 돌아가게 하실 자들에게 주어지는 약속이다. 왜냐하면, 마음의 변화가 수반될 때에 환경의 변화가 더 좋은 결과를 가져다 줄 것이기 때문이다. 마음의 이러한 변화는 더 나은 본향, 즉 하늘 나라로 들어갈 모든 자들 속에서 이루어져야 한다.

(2) 그들의 행위는 그들의 이러한 마음과 일치하게 될 것이다. 내가 그들에게 새 영을 주고자 하는 것은 그들이 그들의 신앙에 대하여 더 잘 애기하고 변론할 수 있도록 하기 위한 것이 아니라 그들이 모든 행실 가운데서 내 율례를 따르며 모든 예배 가운데서 내 규례를 지켜 행하게 하기 위한 것이다(20절). 이 둘은 함께 가야 한다. 하나님으로부터 새 마음과 새 영을 받은 자들은 이 둘을 세심하게 지켜 나갈 것이다. 그렇게 될 때에 그들은 내 백성이 되고 나는 그들의 하나님이 되리라. 깨지고 잊혀진 것처럼 보였던 옛 언약이 다시 갱신될 것이다. 그들은

우상 숭배를 통해서 하나님을 버린 것처럼 보였고, 하나님은 그들을 포로로 잡혀가게 하심으로써 그들을 버리신 것처럼 보였다. 그러나 그들이 치유받고 우상 숭배의 죄로부터 벗어나고, 그들의 포로 생활에서 건짐을 받았을 때, 하나님과 그의 백성 이스라엘은 다시 서로를 인정하게 될 것이다. 하나님은 그들 속에서의 그의 선한 사역을 통해서 그들을 자기 백성으로 만드실 것이다. 그런 후에 하나님은 그들을 향한 그의 선한 뜻을 보여주는 증표들을 통해서 그가 그들의 하나님이시라는 것을 나타내 보이실 것이다.

**III. 삶을 고치기를 싫어한 자들에 대한 진노의 경고.** 하나님은 심판을 경고하실 때에 의인들을 구별하셔서 그들이 그 심판의 재앙에 휩쓸리지 않을 것이라고 말씀하시는 것과 마찬가지로, 은총들을 약속하실 때에도 악인들을 구별하셔서 그들이 이 은총들로 인한 위로에 참여하지 못할 것이라고 말씀하신다. 그들은 이 은혜의 약속들과는 아무 상관이 없을 것이다(21절). 은혜와 아무 상관이 없는 자들이 평안과 무슨 상관이 있겠는가? 좀 더 살펴보자.

1. 그들이 어떤 자들인가에 관한 설명. 그들은 미운 것을 마음으로 따르는 자들이다. 그들은 마귀들을 숭배 받아야 할 존재로 여기고서, 무척이나 마귀들을 숭배하고자 하는 자들이다. 또는, 하나님이 자기 백성에게 주시는 새 마음은 하나님 자신의 마음을 닮은 마음인 반면에, 그들은 그들의 우상들의 마음을 닮은 마음을 지니고 있다. 그들의 마음과 행위는 그들이 우상들에게 부여한 성품이나 개념들과 일치하였고, 그들은 그 우상들로부터 음란함과 잔인함을 배웠다. 여기에 그들의 모든 악의 뿌리가 나오는데, 그것은 부패한 마음이다. 마찬가지로, 그들이 삶을 고치고자 한다면, 그들은 그들의 삶의 뿌리인 마음을 새롭게 하지 않으면 안 된다. 따라서 마음은 행위들을 낳고, 그 행위들을 보면 그 사람이 어떤 사람인지가 드러난다.

2. 그들에 대한 판결. 이 판결 속에는 공의와 두려운 것이 둘 다 들어 있다. 내가 그 행위대로 그 머리에 갚으리라. 내가 그들이 행한 것에 합당하게 그들을 처리할 것이다. 하나님이 사람들을 그들의 공과(功過)에 따라서 보응하신다는 것만큼 하나님이 의로우시다는 것을 말해 주는 것은 없고, 죄인들은 그들이 지은 죄에 대한 보응을 받을 것이기 때문에 그들의 처지가 비참하게 되리라는 것은 말할 필요도 없다.

²²그 때에 그룹들이 날개를 드는데 바퀴도 그 곁에 있고 이스라엘 하나님의 영광도 그 위에 덮었더니 ²³여호와의 영광이 성읍 가운데에서부터 올라가 성읍 동쪽 산에 머무르고 ²⁴주의 영이 나를 들어 하나님의 영의 환상 중에 데리고 갈대아에 있는 사로잡힌 자 중에 이르시더니 내가 본 환상이 나를 떠나 올라간지라 ²⁵내가 사로잡힌 자에게 여호와께서 내게 보이신 모든 일을 말하니라

이 단락에는 다음과 같은 내용들이 나온다.

1. 하나님의 임재가 도성과 성전에서 떠남. 메시지가 선지자에게 맡겨지고, 그가 그 메시지를 충분히 깨닫고서, 귀한 것과 나쁜 것을 어떻게 구별해 내는지를 자세하게 가르침 받았을 때, 앞에서와 마찬가지로(10:19) 그룹들이 날개를 들었고 바퀴도 그 곁에 있었다(22절). 천사들은 이 아랫 세상에서 심부름을 다 마쳤을 때에는 시간을 허비하지 않기 위해서 지체하지 않고 날개를 들고 가버린다. 우리가 앞에서 여호와의 영광을 마지막으로 본 것은 성전으로 들어가는 동문에서였는데(10:19), 여기에서는 이 동문이 성읍 가운데에 있다고 말한다. 이제 여기에서 우리는 여호와의 영광이 중보 기도를 하거나 그를 붙잡고 다시 돌아와 달라고 간청하는 자가 아무도 없는 것을 발견하고서 기이히 여기며 성읍 동쪽 산으로 옮겨갔다는 말을 듣는다(23절). 그 산은 감람산이었다. 하나님이 성전에 계셨을 때에 그들은 바로 그 산 위에 우상들을 세우고서 성전에 계신 하나님께 도전하였기 때문에(왕상 11:7), 그 산은 멸망의 산이라 불리게 되었다 (왕하 23:13). 그러므로 하나님은 마치 그 산에 그의 군기를 세우시는 듯이 그 곳에 잠시 머무시고, 이제 그가 떠난 후에 성전을 독차지하게 되었다고 생각하는 자들에게 대항하기라도 하시려는 듯이 그 곳에 머무신다. 그 산에서는 도성을 다 볼 수 있었다. 하나님은 그가 전에 말씀하신 것을 이루시기 위하여 그 산으로 옮겨 가셨다(신 32:20). 내가 내 얼굴을 그들에게서 숨겨 그들의 종말이 어떠함을 보리라. 그리스도께서도 이 산에서 로마인들에 의해 도성이 완전히 멸망하게 될 것을 내다보시고서는 성을 보시고 우셨다. 여호와의 영광은 누가 부르면 한 걸음에 달려올 그런 거리인 그 산으로 이동해서 거기에 머물러 계셨다. 이것은 그들이 오늘이라도 그들의 평화에 관한 일을 깨닫기만 한다면 그들에게 기꺼이 돌아오시겠다고 말씀하시는 것 같았다. 헤어지기 싫으면 작별 인사를 여러 번 하기 마련이다. 하나님은 이렇게 천천히 그리고 점진적으로 떠나심으로

써 그가 그들을 마지못해 떠난다는 것, 그들이 그를 강제로 완전히 밀어내지만 않았다면 그가 떠나지 않았으리라는 것을 보여주신다. 하나님은 지금 사실상 이렇게 말씀하고 계시는 것이다. 에브라임이여 내가 어찌 너를 놓겠느냐 이스라엘이여 내가 어찌 너를 버리겠느냐(호 11:8). 그러나 하나님은 오래 참으시지만 언제까지나 참지는 않으시고, 그를 버리고 내친 자들을 결국에는 버리시고 영원히 내치신다.

2. 이 환상이 선지자에게서 떠남. 마침내 환상은 그를 떠나 올라갔다(24절). 그는 환상이 위로 올라가는 것을 그 모습이 시야에서 사라질 때까지 보고 있었다. 이것은 이 환상이 하늘에서 보인 환상이었음을 그에게 확증해 주는 것이었다. 왜냐하면, 그 환상이 하늘로 되돌아간 것을 보면 하늘에서 내려온 것이 확실하기 때문이다. 성도들이 하나님의 영광에 관하여 보는 환상들은 언제까지나 지속되는 것이 아니고 하늘로 다시 돌아간다는 것을 명심하라. 그들은 하나님의 영광과 환상들을 잠시 보지만 그것들은 이내 사라지고, 그들은 하늘에 속한 기쁨들을 잠시 맛보지만 지속적인 잔치가 되지는 않는다. 이 환상은 감람산에서 하늘로 올라갔는데, 이것은 그리스도께서 바로 그 산에서 하늘로 올리우셔서 육체로 나타나신 그를 보았던 자들이 더 이상 그를 볼 수 없게 될 것을 나타내는 모형이었다. 성경에서는 그 날에 그의 발이 예루살렘 앞 곧 동쪽 감람 산에 서실 것이요(슥 14:4)라고 예언하였다.

3. 선지자가 포로로 잡혀온 자들에게 돌아옴. 탈혼 상태에서 그를 예루살렘으로 데리고 갔던 바로 그 영이 그를 갈대이로 다시 데려다 주었다. 왜냐하면, 갈대아 땅이 그가 현재 거주하게 되어 있는 곳이고 그가 섬겨야 할 곳이었기 때문이다. 성령이 그에게 오신 것은 그를 포로 생활에서 건져내기 위한 것이 아니라 포로 생활을 하는 그를 붙들어 주고 위로해 주기 위한 것이었다.

4. 선지자가 그의 집에 모인 자들에게 그가 보고 들은 것을 모두 말해 줌(25절). 하나님이 그에게 계시를 주신 것은 그로 하여금 사람들에게 전하도록 하기 위한 것이었고, 그는 자기를 세우신 이에게 신실하였다(히 3:2). 그는 그가 받은 메시지를 아주 정직하게 그대로 전하였다. 그는 하나님이 그에게 보이신 모든 일, 오직 그것만을 말하였다. 그는 그들이 예레미야의 조언을 따라서 바벨론의 왕에게 항복한 것을 후회하거나 자책하지 않게 하고, 그들이 포로로 끌려올 때에 예루살렘에 남아서 그들을 조롱하였던 자들을 부러워하지 않게 하며, 다

시 예루살렘으로 돌아가기를 바라지 않고 포로 생활에 적응하며 만족하게 하기 위하여, 그가 예루살렘에서 본 큰 악과 도성을 향하여 신속하게 다가오고 있는 멸망을 그들에게 말해 주었다. 죄악으로 가득 차고 멸망이 가까운 도성에 누가 있고 싶어하겠는가? 하나님의 진노와 저주 아래에서 예루살렘에 있는 것보다 하나님의 은총 아래에서 바벨론에 있는 것이 더 낫다. 선지자는 이러한 메시지를 포로로 잡혀 있던 자들에게 즉시 전달하였을 뿐만 아니라, 연락이 유지되고 있었던 예루살렘에 살고 있는 자들에게도 이 메시지를 보냈을 것이다. 선지자가 전해 준 경고를 받아들였다면, 예루살렘의 처지는 더 좋아졌을 것이다.

제
— 12 —
장

## 개요

하나님의 영광을 보여주는 환상은 선지자를 떠나서 위로 올라갔지만, 하나님의 말씀은 계속해서 그에게 임하였고, 그는 그 말씀을 백성들에게 전하였다. 하나님이 주신 말씀은 그가 환상 가운데서 보았던 것과 동일한 취지의 것이었다. 즉, 예루살렘에 무시무시한 심판이 곧 임할 것이고, 그 심판으로 인해서 도성과 성전이 완전히 황폐화되리라는 것이다. 이 장에는 다음과 같은 내용들이 나온다. I. 하나님이 선지자에게 그의 행장과 처소를 다른 곳으로 옮기는 상징 행위를 통해서 갈대아 군대가 도성을 함락시켰을 때에 시드기야가 무척 당혹해하며 예루살렘에서 도망치게 되리라는 것을 보여주라고 명령하심(1-16절). II. 하나님이 선지자에게 두려워 떨면서 음식을 먹는 상징 행위를 통해서 포위된 도성 안에서 기근이 있을 것이고 주민들은 크게 경악하게 될 것임을 보여주라고 명령하심(17-20절). III. 하나님이 백성들에게 메시지를 보내셔서, 그들의 기대와는 달리 이 모든 예언들이 지체되지 않고 아주 신속하게 성취될 것이라고 말씀하심(21-28절).

¹또 여호와의 말씀이 내게 임하여 이르시되 ²인자야 네가 반역하는 족속 중에 거주하는도다 그들은 볼 눈이 있어도 보지 아니하고 들을 귀가 있어도 듣지 아니하나니 그들은 반역하는 족속임이라 ³인자야 너는 포로의 행장을 꾸리고 낮에 그들의 목전에서 끌려가라 네가 네 처소를 다른 곳으로 옮기는 것을 그들이 보면 비록 반역하는 족속이라도 혹 생각이 있으리라 ⁴너는 낮에 그들의 목전에서 네 포로의 행장을 밖에 내놓기를 끌려가는 포로의 행장 같이 하고 저물 때에 너는 그들의 목전에서 밖으로 나가기를 포로되어 가는 자 같이 하라 ⁵너는 그들의 목전에서 성벽을 뚫고 그리로 따라 옮기되 ⁶캄캄할 때에 그들의 목전에서 어깨에 메고 나가며 얼굴을 가리고 땅을 보지 말지어다 이는 내가 너를 세워 이스라엘 족속에게 징조가 되게 함이라 하시기로 ⁷내가 그 명령대로 행하여 낮에 나의 행장을 끌려가는 포로의 행장 같이 내놓고 저물 때에 내 손으로 성벽을 뚫고 캄캄할 때에 행장을 내다가 그들의 목전에서 어깨에 메고 나가니라 ⁸이튿날 아침에 여호와의 말씀이 또 내게 임

하여 이르시되 [9]인자야 이스라엘 족속 곧 그 반역하는 족속이 네게 묻기를 무엇을 하느냐 하지 아니하더냐 [10]너는 그들에게 말하기를 주 여호와의 말씀에 이것은 예루살렘 왕과 그 가운데에 있는 이스라엘 온 족속에 대한 묵시라 하셨다 하고 [11]또 말하기를 나는 너희 징조라 내가 행한 대로 그들도 포로로 사로잡혀 가리라 [12]무리가 성벽을 뚫고 행장을 그리로 가지고 나가고 그 중에 왕은 어두울 때에 어깨에 행장을 메고 나가며 눈으로 땅을 보지 아니하려고 자기 얼굴을 가리리라 하라 [13]내가 또 내 그물을 그의 위에 치고 내 올무에 걸리게 하여 그를 끌고 갈대아 땅 바벨론에 이르리니 그가 거기에서 죽으려니와 그 땅을 보지 못하리라 [14]내가 그 호위하는 자와 부대들을 다 사방으로 흩고 또 그 뒤를 따라 칼을 빼리라 [15]내가 그들을 이방인 가운데로 흩으며 여러 나라 가운데에 헤친 후에야 내가 여호와인 줄을 그들이 알리라 [16]그러나 내가 그 중 몇 사람을 남겨 칼과 기근과 전염병에서 벗어나게 하여 그들이 이르는 이방인 가운데에서 자기의 모든 가증한 일을 자백하게 하리니 내가 여호와인 줄을 그들이 알리라

에스겔은 아마도 그가 본 하나님의 영광에 관한 환상을 아주 기쁜 마음으로 회상하면서, 이제 그 환상이 그를 떠나 위로 올라갔지만 다시 그에게 내려오기를 바랐고, 한 번도 아니고 두 번이나 환상을 보았기 때문에 세 번째로 보는 은혜도 그에게 주어질 것이라고 기대하였을 것이다. 그러나 그는 그 환상을 다시는 보지 못하였고, 그 대신에 여호와의 말씀이 그에게 임하였다. 왜냐하면, 하나님은 여러 모양으로 조상들에게 말씀하셨고(히 1:1), 그들은 전능자의 환상을 보지 못할 때에는 흔히 하나님의 말씀을 들었기 때문이다(민 24:4). 믿음은 들음에서 오고, 예언의 말씀은 환상보다 더 확실하다. 우리는 탈혼 상태나 황홀경을 경험하지 않고도 하나님과의 교통을 유지할 수 있다. 이 단락에서 선지자는 하나님으로부터 다음과 같은 지시들을 받는다.

**I. 징조들을 통해서 유다의 왕 시드기야가 곧 포로로 잡히게 될 것을 보여주라는 것.** 이것이 선지자가 예언해야 할 내용이었고, 그는 이것을 이미 포로로 잡혀온 자들에게 예언하여야 했다. 왜냐하면, 시드기야가 왕위에 있는 한, 그가 바벨론의 왕을 잘 설득하여 그의 멍에를 떨쳐 버리려는 계획을 추진할 것이라고 생각하여, 이 가엾은 포로들은 거기에 잔뜩 기대를 걸고 있었기 때문이었다. 시드기야는 그러한 계획을 추진하면서, 바벨론에 포로로 잡혀 있는 자들에

게 은밀하게 사자(使者)를 보내서, 그가 그들을 곧 구출하거나 포로 교환을 통해서 그들에게 자유를 선사하겠다고 격려하였을 것이다. 그들은 이러한 헛된 소망으로 잔뜩 부풀어 있었기 때문에 그들이 겪는 환난을 순순히 받아들일 수도 없었고 그 환난을 통해서 교훈과 유익을 얻을 수도 없었다. 그러므로 시드기야가 그들의 구원자가 되기는커녕 도리어 얼마 안 있어서 그들과 똑같은 신세가 되리라는 것을 그들에게 확신시켜 주는 것은 아주 어려운 일이기는 하였지만 꼭 필요한 일이었다. 우리는 선지자가 단지 이러한 내용의 예언을 하나님의 이름으로 그들에게 전하는 것으로(10절) 충분할 것이 아니냐고 생각할 수도 있지만, 선지자는 그들이 이 예언을 받을 수 있도록 준비시키기 위하여 먼저 그의 상징적인 행위를 그들에게 보여주어야 했다. 즉, 그는 이 예언을 먼저 그들의 눈에 보여준 후에 그 다음으로 그들의 귀에 들려 주어야 했다. 여기에서 우리는 다음과 같은 내용들을 본다.

1. 선지자가 이러한 방법을 사용할 수밖에 없었던 이유(2절). 그것은 그들이 어리석고 둔하며 생각이 없는 백성이어서 들으려고 하지도 않고, 설령 듣는다고 하여도 금방 잊어버리거나 들은 대로 하려고 하는 생각이 조금도 없기 때문이었다. 선지자가 아무리 부지런히 말씀을 전하여도 그들은 들은 체 만 체할 것이다. 네가 반역하는 족속, 어떤 말을 해도 꿈쩍도 하지 않는 족속 중에 거주하는도다. 그들은 볼 눈이 있고 들을 귀가 있어도, 즉 지적으로 알아들을 수 있는 능력과 그렇게 하기 위한 기관들을 가지고 있는데도 보지 아니하고 듣지 아니한다. 그들은 우상 숭배자들이기 때문에 그들이 섬기는 우상을 닮아서 눈이 있어도 보지 못하며 귀가 있어도 듣지 못한다(시 115:5-6, 8). 하나님의 빛에 대하여 눈을 감아 버리고 하나님의 법에 대하여 귀를 막아 버리는 자들은 반역하는 자들이라는 것을 명심하라. 그들이 얼마든지 하나님의 뜻을 알 수 있는 능력과 수단이 있는데도 의도적으로 그것들을 사용하지 않아서 무지하게 된 것은 변명이 될 수 없을 뿐만 아니라, 도리어 그들의 죄에 반역이라는 죄가 추가된다. 보고자 하지 아니하고 듣고자 하지 아니하는 자만큼 눈이 멀고 귀가 먹은 사람은 없다. 그들은 보지 아니하고 듣지 아니하나니 그들은 반역하는 족속임이라. 모든 원인은 그들 자신에게 있었다. 그들의 총명이 어두워진 것은 그들의 완악함 때문이다. 이것이 선지자가 그들에게 징조들을 통해서 하나님의 뜻을 전할 수밖에 없는 이유였다. 그들은 귀가 먹은 백성이었기 때문에 그들을 가르치거나 부

끄럽게 하기 위해서는 뭔가를 보여주어야 했다. 사역자들은 약한 자들만이 아니라 고집 센 자들을 상대할 때에도 그들에 맞게 말씀을 전하여야 한다는 것을 명심하라. 사역자들은 반역하는 자들 가운데 거주하는 경우에는 그들에게 좀 더 분명하고 강력하게 말씀을 전하고, 그들에게 가장 효과 있는 방법을 택하여 말씀을 전함으로써, 그들에게 변명의 여지를 남겨두지 말아야 한다.

2. 그들을 깨우치기 위하여 하나님이 선지자에게 지시하신 방법. 그는 포로의 행장에 필요한 모든 것들을 꾸리고(3절), 먼 길을 가기 위한 옷과 돈을 준비해야 한다. 그는 지금 사는 곳을 떠날 수밖에 없는 자가 된 것처럼 처소를 다른 곳으로 옮겨야 한다. 이 일을 그는 낮에 백성들의 목전에서 행하여야 한다. 그는 그의 가재도구들을 꾸려서 가져가기 위하여 그것들을 모두 밖에 내놓아야 한다(4절). 모든 문이 닫혀 있거나 적이 지키고 있어서 문을 통해서는 나갈 수 없기 때문에, 그는 성벽을 뚫고, 그 틈새를 통해서 그의 행장을 은밀하게 밖으로 옮겨야 한다(5절). 그는 그를 도와 줄 종이 없기 때문에 자신의 행장을 스스로 짊어지고 날라야 한다. 그는 발각되지 않도록 하기 위하여 이 일을 저물 때에 하여야 한다. 그는 꼭 가져가야 할 물건들을 안전하게 밖으로 내놓은 후에, 저물 때에 그들의 목전에서 두렵고 떨리는 마음으로 밖으로 나가되, 포로되어 가는 자 같이 나가야 한다(4절). 즉, 그는 누가 보는 것이 부끄럽거나 알려지는 것이 두렵다는 듯이, 또는 극심한 근심과 슬픔에 싸여 있다는 표시로 얼굴을 가려야 한다(6절). 그는 파산해서 장사를 접고 그 땅을 떠날 수밖에 없게 된 상인처럼 나가야 한다. 이렇게 에스겔은 스스로 그들에게 징조가 되어야 한다. 그가 이 모든 곤란한 일을 해서 그것 때문에 사람들로부터 조롱을 당할 것을 생각하고서 주저하는 듯이 보이자, 하나님은 그에게 그 일을 하고자 하는 마음을 불어 넣어 주시고자 이렇게 말씀하신다(3절). "네가 그렇게 하는 것을 보면, 그들이 비록 반역하는 족속이라도 혹 생각이 있어서 그들의 헛된 기대를 버리게 될지도 모른다." 우리는 아무리 악한 자들에 대해서도 절망하지 말고, 그들도 생각이 있어서 회개할지도 모른다고 생각하여야 한다는 것을 명심하라. 생명이 있는 한 소망이 있기 때문에, 우리는 그들을 깨우치고 회심하도록 하기 위하여 적절한 수단들을 계속해서 사용하여야 한다. 사역자들은 사람들의 죄를 깨우치기 위해서라면 아무리 어렵고 힘들며 성공할 가능성이 낮은 일(에스겔이 여기에서 명령받은 일이 그런 일이었다)이라 할지라도 기꺼이 그 일을 감당하고자 하

여야 한다. 그 일을 통해서 단 한 사람의 영혼이라도 깨우침을 받는다면, 우리의 수고는 헛되지 않은 것이다.

3. 에스겔이 하나님의 지시를 기꺼이 꼼꼼하게 순종함(7절). 내가 그 명령대로 행하였다. 이것을 통해서 그는 우리 모두, 특히 사역자들에게 다음과 같은 것들을 가르친다.

(1) 아무리 어려운 것이라고 할지라도 하나님의 모든 명령을 기쁜 마음으로 순종하여야 한다는 것. 그리스도께서도 친히 순종함을 배우셨다. 그러므로 우리도 순종을 배우는 것이 마땅하다.

(2) 다른 사람들의 영혼에 유익이 되는 일이라면 우리의 최선을 다하여야 하고, 죄를 깨닫지 못하는 자들에게 죄를 깨우치기 위해서라면 그 어떤 수고나 고통도 감수하여야 한다는 것. 사랑하는 자들아 이 모든 것은 너희의 덕을 세우기 위한 것이다(고후 12:19). 즉, 우리는 너희의 덕을 세우는 일이라면 무슨 일이든지 기꺼이 하고자 한다.

(3) 우리가 어떤 일로 다른 사람들에게 감화를 주고자 한다면 우리 스스로가 그 일에 감화를 받아야 한다는 것. 에스겔은 그의 청중들에게 암울한 전망을 전해주고자 할 때에 스스로 암울한 전망 가운데서 행하였다.

(4) 여기에는 영구한 도성이 없으므로(히 13:14) 우리는 이 세상에 미련을 두지 말고 우리의 행장을 꾸려서 떠날 채비를 하고 있어야 한다는 것. 이것은 너희가 쉴 곳이 아니니 일어나 떠날지어다 이는 그것이 이미 더러워졌음이니라(미 2:10). 너는 반역하는 족속 중에 거주하고 있기 때문에 떠날 채비를 하여야 한다. 이와 같이 악한 족속, 이와 같이 악한 세상에 남아 있고자 하는 자가 누가 있겠는가?

**Ⅱ. 이러한 징조들과 상징적인 행위들을 백성들에게 어떻게 설명해 주어야 하는지를 가르쳐 주심.** 사도행전을 보면, 아가보는 자신의 손과 발을 스스로 묶고서 바울이 예루살렘에 가면 결박당하게 될 것을 보여주었는데, 여기에서도 에스겔은 자신이 행한 상징적인 행위가 무엇을 의미하는지를 하나님으로부터 듣는다. 그러나 그가 다음 날 아침이 될 때까지 계속해서 하나님께 그 징조의 의미를 가르쳐 주시라고 기도하였을 때에 아침이 되어서야 비로소 하나님은 그에게 그 징조를 설명해 주시는 것을 주목하라. 하나님이 하시는 일이나 우리에게 행하라고 지시하시는 일이 지닌 의미를 우리가 지금은 알지 못하지만 나중에는 알게 될 것이다.

1. 하나님은 백성들이 이 징조의 의미를 물을 것이라고, 아니 적어도 물어야 마땅하다고 생각하셨다(9절). "이스라엘 족속이 네게 묻기를 무엇을 하느냐 하지 아니하더냐. 그래, 나는 그들이 물었다는 것을 안다. 그들은 반역하는 족속이긴 하지만, 날마다 하나님을 찾는 자들처럼(사 58:2) 하나님의 뜻을 알고 싶어한다." 선지자가 이렇게 이상하고 투박한 징조를 행해야 했던 것은 그들로 하여금 그 징조의 의미를 묻게 하고자 했기 때문이다. 이렇게 해서 그들의 질문에 대한 대답이 그들에게 주어졌을 때, 백성들은 그 대답을 듣고서 유익을 얻게 될지도 모르는 일이다. 그러나 어떤 이들은 하나님이 이렇게 말씀하신 것이 그들이 그런 질문을 전혀 하지 않았다는 것을 암시하는 것이라고 본다. "그 반역하는 족속이 내게 묻기를 무엇을 하느냐 하지 아니하더냐. 그들은 묻지 않았다. 그들은 너의 행동에 관심을 보이지 않았다. 그러나 그들이 묻지 않는다고 하여도, 그들에게 그 징조의 의미를 말해 주어라." 하나님은 그의 사역자들을 통해서 우리에게 말씀을 주실 때에 우리가 그 말씀을 어떻게 받아들이는지를 지켜보신다는 것을 명심하라. 하나님은 우리가 사역자들에게 무슨 말을 하고 무슨 질문을 하는지를 귀 기울여 들으시고, 우리가 그들이 전하는 말씀에 전혀 귀를 기울이지 않고 흘려 들으면 몹시 진노하신다. 우리는 말씀을 들은 후에는 사역자들에게 그 말씀을 우리의 삶 속에 어떻게 적용해야 하는지에 대하여 더 깊은 가르침을 청하여야 한다. 이렇게 우리가 계속해서 알고자 한다면, 우리는 알게 될 것이다.

2. 선지자는 그들에게 이 징조의 의미를 말해 주어야 한다. 이 징조는 전체적으로 예루살렘 왕에 대한 묵시이다(10절). 그들은 그 왕이 누구인지를 잘 알고 있었고, 비록 그들은 포로로 끌려온 신세일지라도, 예루살렘에는 그들의 왕이 있다는 것과 이스라엘 족속이 거기에 온전히 남아 있다는 것을 자랑스러워하였으며, 그런 것들을 근거로 언젠가는 모든 일이 잘 되리라는 것을 의심하지 않았다. 그러나 하나님은 이렇게 말씀하신다. "네가 행한 징조 속에서 그들이 예루살렘에 남아 있는 동포들의 운명을 읽을 수 있을 것이라고 그들에게 말해 주라. 나는 너희 징조라고 말해 주라(11절)." 사역자들의 행실이 사람들에게 그들이 무엇을 행하여야 하는지를 가르쳐 주는 것과 마찬가지로, 사역자들에 대한 하나님의 섭리들은 종종 사람들에게 그들이 무엇을 기대해야 하는지를 말해 주기 위한 것이다. 사역자들이 이리저리 옮겨 다니는 모습은 사람들에게 그들

이 이 세상에서 무엇을 기대해야 하는지, 즉 이 세상에는 항상 존재하는 것이 아무것도 없고 끊임없이 변한다는 것을 경고해 준다. 환난의 때가 다가오고 있을 때, 그리스도께서는 그의 제자들에게 그들이 먼저 너희에게 손을 대리라고 말씀해 주신다(눅 21:12).

(1) 백성들이 포로로 끌려가게 되리라는 것(11절). 내가 행한 대로 그들도 포로로 사로잡혀 가리라. 그들은 그들의 집을 떠날 수밖에 없게 될 것이고, 다시는 자기 집으로 돌아가지 못할 것이기 때문에, 자기 처소도 다시 그들을 알지 못할 것이다(욥 7:10). 우리는 우리의 처소에 대하여 그 곳이 우리의 안식처라고 말할 수 없다. 왜냐하면, 우리가 죽기 전에 그 곳으로부터 언제 내쳐질지 알 수 없는 일이기 때문이다.

(2) 왕이 피신하고자 해도 소용없게 되리라는 것. 왜냐하면, 왕도 포로로 끌려가게 되어 있기 때문이다. 예레미야는 시드기야 앞에서 똑같은 말을 해주었었다(렘 34:3). 네가 그의 손에서 벗어나지 못하고 반드시 사로잡히리라. 에스겔은 여기에서 시드기야를 의지하여 그가 그들을 구해 줄 것이라고 기대하고 있던 자들에게 이것을 예언한다.

[1] 왕이 스스로 자신의 짐을 지고 가게 되리라는 것. 왕은 그의 귀한 물건들 중 몇몇을 어깨에 메고 나갈 것이다. 하나님의 심판은 왕을 짐꾼으로 바꾸어 놓을 수 있다는 것을 명심하라. 왕을 상징하는 깃발을 앞세우고 대낮에 성문을 지나곤 했던 그는 이제 자신의 짐을 등에 지고서 어둑해질 무렵에 몰래 성을 빠져나가고자 할 것이다. 죄가 사람들을 어떻게 바꾸어 놓는지를 보라! 왕궁으로 통하는 모든 길목은 적이 빈틈없이 지키고 있을 것이기 때문에, 그들은 성벽을 뚫고 그리로 나갈 것이다. 그들은 그들의 집을 부수는 자들이 될 것이고, 그들의 물건을 몰래 가져 나가는 자들이 될 것이다. 전쟁의 칼이 모든 권리와 소유권을 무효화시키면, 이런 일이 벌어지게 된다.

[2] 왕이 변장을 하고서 복면으로 자기 얼굴을 가린 채 피신할 것이기 때문에 눈으로 땅을 보지 못하고 오직 앞만 볼 수 있게 되리라는 것. 부귀영화를 누릴 때에는 화려한 행차를 사람들에게 마음껏 보이고자 했던 그는 이제 도망치고자 할 때에 사람들이 그를 볼까봐 두려워하게 될 것이다. 그러므로 우리는 왕이라도 이렇게 자기 얼굴을 가려서 눈으로 땅을 보지 못하는 때가 온다는 것을 명심하고서, 사람들이 우러러 본다고 해서 교만해지거나 지나치게 기뻐하지 않

도록 해야 한다.

[3] 왕이 죄수가 되어 바벨론으로 끌려가게 되리라는 것(13절). 내가 또 내 그물을 그의 위에 치고 내 올무에 걸리게 하리라. 사람들의 눈에 그것은 갈대아 사람들의 그물이고 올무인 것처럼 보였지만, 하나님은 그것들이 그가 준비한 것들이라고 말씀하신다. 여호와의 칼을 피했다고 생각하는 자들은 그들이 그의 그물에 걸려 있는 것을 발견하게 될 것이다. 예레미야는 시드기야 왕이 바벨론의 왕을 보게 될 것이고 바벨론으로 가게 될 것이라고 말했었다. 에스겔은 그가 바벨론에 이르리니 그가 거기에서 죽으려니와 그 땅을 보지 못하리라고 예언한다. 트집 잡기를 좋아하는 자들은 이 두 선지자가 서로 상반되는 예언을 하고 있다고 이의를 제기할지도 모른다. 왜냐하면, 한 선지자는 그가 바벨론의 왕을 보게 될 것이라고 예언하였고, 다른 선지자는 그가 바벨론을 보지 못하리라고 예언하였기 때문이다. 그렇지만 이 두 예언은 모두 사실로 밝혀졌다. 시드기야 왕은 갈대아 군대의 총사령부가 있던 리블라에서 바벨론의 왕을 보았지만, 거기에서 그의 반역죄에 대한 형벌을 선고받아서 두 눈이 뽑히게 되었기 때문에, 바벨론에 이르렀어도 바벨론을 보지 못하였다. 이미 바벨론에 포로로 잡혀온 자들은 그들의 왕이 정복자로서 바벨론으로 와서 그들을 구해 줄 것이라고 기대하였다. 그러나 그는 죄수가 되어서 바벨론에 이르게 될 것이고, 그의 비참한 모습은 이미 포로 된 자들에게 더 큰 고통을 안겨주게 될 것이다. 그들은 그가 그들을 볼 수 없게 된 것을 보고서 결코 기뻐할 수 없을 것이다.

[4] 왕을 호위하는 자들은 다 흩어져서 그를 보호할 수 없게 되리라는 것(14절). 내가 그 호위하는 자와 부대들을 다 사방으로 흩으리니, 그는 아무도 도와주는 이 없이 홀로 남겨지게 될 것이다. 내가 그들을 이방인 가운데로 흩으며 여러 나라 가운데에 헤쳐서(15절), 그들이 가는 곳마다 하나님의 공의의 기념비들이 되게 하리라. 그러나 그들이 다시 모일 소망은 과연 없는 것인가? 그럴 가망은 없다. 내가 그들의 뒤를 따라 칼을 빼리니, 이 칼이 그들을 찾아내는 대로 다 죽일 것이다. 왜냐하면, 하나님이 빼드신 칼은 반드시 그 목적을 달성할 것이기 때문이다. 그렇지만 시드기야의 흩어진 부대 중에서 일부는 살아남게 될 것이다(16절). 내가 그 중 몇 사람을 남기리라. 그들은 모두 흩어질 것이지만 다 죽지는 않을 것이고, 몇몇 사람들은 그들의 목숨을 노략물로 받게 될 것이다. 하나님이 그들 중 몇몇을 살려 두시는 목적이 아주 주목할 만하다. 그들이 이르는 이방인 가

운데에서 자기의 모든 가증한 일을 자백하게 하리라. 즉, 그들은 환난을 당하고서야 비로소 제정신이 들어서, 하나님이 그들에게 내리신 모든 일들이 의로우시다고 하며 하나님의 공의를 인정하고, 하나님으로 하여금 진노하게 하여 그들과 다투시게 만들었던 그들의 죄악들을 진심으로 고백하게 되리라는 것이다. 이렇게 하여 그들이 하나님의 긍휼 때문에 목숨을 건지게 되었다는 것이 드러나게 될 것이고, 그들은 그들을 살려 주신 은총에 감사하여 하나님께 돌아오게 될 것이다. 하나님이 우리를 죽음에서 건져 주셨을 때, 우리는 바로 이런 목적, 즉 우리가 우리의 죄들을 회개하고 고백함으로써 하나님께 영광을 돌림과 동시에 다른 사람들의 덕을 세우도록 하기 위하여 하나님이 우리를 살려 주셨다고 생각해야 한다는 것을 명심하라. 환난을 통해서 이런 사실을 깨닫게 된 자들은 비로소 하나님이 여호와인 줄을 알게 되고, 다른 사람들이 그 여호와를 아는 데에 도움을 줄 수 있게 된다. 하나님이 어떻게 악을 선으로 바꿔 놓으시는지를 보라. 그들의 땅에서 하나님을 많이 욕되게 하고 해악을 끼쳤던 죄인들이 다른 나라들로 흩어지자 거기에서 회개하여 하나님께 많은 영광을 돌리게 되는 것을 보라. 레위인들은 저주를 받아서 야곱 중에서 나뉘고 이스라엘 중에서 흩어졌지만, 그것은 축복으로 변하였다. 왜냐하면, 그렇게 됨으로써 그들은 야곱에게 하나님의 법을 가르칠 아주 좋은 기회를 갖게 되었기 때문이다.

[17]여호와의 말씀이 또 내게 임하여 이르시되 [18]인자야 너는 떨면서 네 음식을 먹고 놀라고 근심하면서 네 물을 마시며 [19]이 땅 백성에게 말하되 주 여호와께서 예루살렘 주민과 이스라엘 땅에 대하여 이르시기를 그들이 근심하면서 그 음식을 먹으며 놀라면서 그 물을 마실 것은 이 땅 모든 주민의 포악으로 말미암아 땅에 가득한 것이 황폐하게 됨이라 [20]사람이 거주하는 성읍들이 황폐하며 땅이 적막하리니 내가 여호와인 줄을 너희가 알리라 하셨다 하라

선지자는 여기에서 다시 한 번 바벨론의 포로들에게 유다와 예루살렘에 황폐화가 다가오고 있다는 것을 보여주는 징조가 된다.

1. 그는 특히 무리들과 함께 있을 때에 걱정하고 두려워하면서 먹고 마셔야 했다(17-18절). 그는 위험을 걱정하지 않고 안전하고 풍족하게 살고 있었지만, 포위되어 있는 동안에 예루살렘에 남아 있는 자들이 겪게 될 비참한 상황을 재

현하기 위해서 떨면서 음식을 먹고(수고의 떡, 시 127:2) 놀라고 근심하면서 물을 마셔야 했다. 그는 실제로는 그렇지 않은데 두려워하고 근심하는 척 가장해야 했던 것이 아니라, 하나님의 심판을 예언하면서 비록 그 일이 일어나기를 바라지는 않았지만 스스로 그 예언을 굳게 믿었기 때문에 그 상황을 미리 내다보며 실제로 근심과 두려움에 사로잡혔다. 사역자들은 회개하지 않는 죄인들에게 임할 멸망에 대하여 말할 때에 여호와의 두려우심을 아는 자들로서 그것을 생생하게 전하고자 애써야 한다는 것을 명심하라. 그럴 때에 그들은 죄인들에게 은혜를 끼치기 위해서 힘든 것을 참고 견뎌야 한다.

2. 그는 그들에게 예루살렘 주민들이 그와 마찬가지로 근심과 두려움 가운데서 먹고 마셔야 할 것임을 말해 주어야 했다(19-20절). 처음부터 예루살렘에 살고 있던 자들과 이스라엘 땅의 다른 곳에 살다가 예루살렘으로 피신온 자들은 양식이 곧 다 떨어질 것이 걱정되어서, 또는 적이 공격해 온다는 경보가 끊임없이 울리기 때문에 그들의 생명을 확신할 수 없어서(신 28:66) 근심하면서 그 음식을 먹으며 놀라면서 그 물을 마실 것이다. 그래서 그들이 무엇을 가지고 있든 그들은 그것들을 제대로 누리지 못할 것이고, 그것들도 그들에게 도움이 되지 못할 것이다. 근심과 두려움에 사로잡히면 우리에게 위로가 되었던 모든 것들이 한순간에 쓰디쓴 것으로 변해 버리기 때문에, 그것 자체가 아주 지독한 심판이 된다는 것을 명심하라. 그들은 이런 궁지에 내몰리게 될 것이고, 그들을 이렇게 궁지로 내모는 자들의 손에 의해서 점진적으로 도성과 온 나라가 폐허로 변하게 될 것이다. 왜냐하면, 이 심판이 목표로 하는 것이 바로 도성과 나라의 완전한 멸망이기 때문이다. 이 땅에 가득한 것이 황폐하게 되어, 이 땅을 장식하고 있던 모든 것들과 이 땅에서 나는 모든 과실들이 사라질 것이고, 그 결과 사람이 거주하는 성읍들이 황폐하게 될 것인데, 이는 성읍들은 밭의 소산으로 살아가기 때문이다. 온 나라가 황폐화되는 이런 재앙이 그들에게 다가오고 있었으니, 그들이 근심과 두려움 가운데서 음식을 먹는 것은 전혀 이상한 일이 아니다. 우리는 여기에서 다음과 같은 것들에 대하여 듣는다.

(1) 이 심판을 불러일으킨 원인이 지극히 악한 일이었다는 것. 그것은 이 땅 모든 주민의 포악으로 말미암은 것이었고, 그들의 불의와 압제, 그들이 서로에게 행한 악행 때문이었다. 하나님은 그들이 예배 가운데서 그에게 행한 모욕들과 아울러서 이러한 것들에 대해서도 그들에게 책임을 물으실 것이다. 한 나라에

서 미덕이 쇠퇴하면 다른 모든 것도 쇠퇴한다는 것을 명심하라. 이웃들이 서로를 삼킬 때, 하나님이 원수들을 그들에게 보내서 그들 모두를 삼키게 하시는 것은 의로운 일이다.

　(2) 이 심판의 결과가 선한 것이 되리라는 것. 내가 여호와인 줄을 너희가 알리라. 이 심판으로 말미암아 그들이 하나님이 의로우시다는 것을 알게 된다면, 그것은 그들이 이 황폐화로 말미암아 잃은 모든 것을 다 보상해 주고도 남을 만큼 귀한 것이다. 우리로 하여금 하나님을 알게 만들고 더 잘 알게 해주는 데에 도움이 되는 것들은 비록 그것들이 우리의 혈과 육에는 아주 쓴 것이라고 해도 복된 환난들이라는 것을 우리는 알아야 한다.

[21]여호와의 말씀이 또 내게 임하여 이르시되 [22]인자야 이스라엘 땅에서 이르기를 날이 더디고 모든 묵시가 사라지리라 하는 너희의 이 속담이 어찌 됨이냐 [23]그러므로 너는 그들에게 이르기를 주 여호와께서 이같이 말씀하시기를 내가 이 속담을 그치게 하리니 사람이 다시는 이스라엘 가운데에서 이 속담을 사용하지 못하리라 하셨다 하고 또 그들에게 이르기를 날과 모든 묵시의 응함이 가까우니 [24]이스라엘 족속 중에 허탄한 묵시나 아첨하는 복술이 다시 있지 못하리라 하라 [25]나는 여호와라 내가 말하리니 내가 하는 말이 다시는 더디지 아니하고 응하리라 반역하는 족속이여 내가 너희 생전에 말하고 이루리라 나 주 여호와의 말이니라 하셨다 하라 [26]여호와의 말씀이 또 내게 임하여 이르시되 [27]인자야 이스라엘 족속의 말이 그가 보는 묵시는 여러 날 후의 일이라 그가 멀리 있는 때에 대하여 예언하였다 하느니라 [28]그러므로 너는 그들에게 이르기를 주 여호와의 말씀에 나의 말이 하나도 다시 더디지 아니할지니 내가 한 말이 이루어지리라 나 주 여호와의 말이니라 하라

　　이 안일하고 별 생각 없는 백성을 일깨워서 장차 다가올 심판을 내다보고서, 정신을 차려 회개하고 삶을 고침으로써 그 심판을 막도록 하기 위하여 여러 가지 다양한 방법들이 지금까지 사용되어 왔었다. 그들의 멸망에 관한 예언들은 그들이 충분히 감화를 받을 만한 뚜렷한 증거와 능력을 지닌 환상들과 징조들을 통해서 확증되고 예시되었다. 그러나 여기에서 우리는, 그들이 선지자들이 경고한 심판들이 오기는 올 것이지만 오랜 시간이 지나서야 올 것이라고 말함으로써 교묘히 피해가는 모습을 보게 된다. 하나님은 그들의 안일함을

견고하게 떠받쳐주고 있던 이러한 생각에 대하여 선지자에게 두 번에 걸쳐서 동일한 취지의 메시지를 주셔서 대답하시면서, 그들의 생각이 헛되고 근거 없는 것임을 보여주신다. 선지자는 그들을 미혹에서 깨어나게 하기 위하여 이렇게 애를 쓰고 수고를 하지 않으면 안 되었다(21, 26절). 좀 더 살펴보자.

**I. 그들은 심판이 더디게 올 것이라는 헛된 망상으로 안일하게 생각하고 있었다는 것.** 그들이 한 말은 이스라엘 땅에서 속담이 되어 있었다(22절). 그들은 이렇게 말하였다. "날이 더디고 모든 묵시가 사라지리라. 선지자들이 예언한 심판들은 아직 임하지 않았고, 여전히 날마다 미루어지고 있는 것으로 보아서, 우리는 모든 묵시가 이루어지지 않을 것이라고 결론을 내릴 수 있다. 왜냐하면, 멸망이 아직까지도 임하지 않은 것으로 보아서 그 멸망은 결코 임하지 않을 것이기 때문이다. 우리는 선지자들의 예언 때문에 상처를 받은 것은 물론이고 무척 놀랐기 때문에, 이제 다시는 선지자의 예언을 믿지 않을 것이다." 또한, 그들이 한 또 다른 말도 그들이 죄를 깨닫는 것을 방해하지는 않았을지라도 예언에 대한 애정과 관심을 식게 만들었다. "묵시는 여러 날 후의 일이어서 아주 먼 훗날에 일어날 사건들을 말해 주는 것이다. 그가 멀리 있는 때에 대하여 예언하였고, 그가 예언한 일들이 이루어진다고 해도 그 일들은 먼 훗날의 일들이기 때문에, 우리는 그 일들에 대하여 골머리를 썩힐 필요가 없다(27절). 우리는 그러한 환난이 오기 전에 존귀함과 평강 속에서 죽을 것이다." 만약 실제로 이 환난들이 연기되었다면, 그들은 히스기야가 그랬던 것처럼 안심하였을 것이다. 만일 내가 사는 날에 태평과 진실이 있을진대 어찌 선하지 아니하리요(왕하 20:19). 그러나 그것은 큰 오산이었다. 그들은 스스로 미혹에 빠져서 멸망으로 치닫고 있었다. 하나님은 여기에서 다음과 같은 이유들로 그들의 그러한 생각에 대하여 몹시 진노하신다.

1. 그것은 하나님의 오래 참으심을 가증스럽게 악용하는 것이었다. 하나님이 오랫동안 침묵을 지키셨기 때문에, 그들은 하나님을 그들과 같은 줄로 생각하였다(시 50:21). 하나님은 그들을 회개로 이끄시기 위하여 오래 참으셨는데, 그들은 그것을 악용하여 죄악 가운데서 더욱 완악하여졌다. 악한 일에 관한 징벌이 속히 실행되지 아니하므로(전 8:11), 그들은 그들의 행위가 악하지 않다고 생각하였고, 징벌의 날이 더딘 것으로 보아서 묵시 자체가 폐하여진 것이라고 결론을 내렸다.

2. 그것은 그들 가운데 있던 거짓 선지자들의 지지를 받았다. 하나님이 하신 말씀이 보여주듯이(24절), 하나님의 말씀을 맡은 이스라엘 족속 중에도 허탄한 묵시나 아첨하는 복술이 있었다. 미혹에 빠져서 거짓 신들을 섬기는 자들이 거짓 예언을 믿었다고 해서 이상한 것은 전혀 없다. 그러므로 하나님이 미혹의 역사를 그들에게 보내서서 그들을 우상 숭배에 내어주신 것은 의로우신 일이었다(살후 2:11).

3. 그들의 이러한 말들은 속담이 되어 버렸다. 이 말들은 백성들 사이에서 꾸준히 퍼져나가서 모든 사람의 입에 회자되어 속담이 되었고, 옛 사람들의 속담이나 최근 사람들의 속담이나 속담이라면 다 그렇듯이 누구나 다 그 말들에 동의하게 되었다. 부패하고 악한 말들이 속담이 되었다는 것은 그 나라가 전반적으로 얼마나 타락했는지를 보여주는 증표라는 것을 명심하라. 그것은 하나님의 말씀과 길들에 대한 편견들을 사람들 속에 심어주어 하늘의 하나님을 모독하게 하기 위한 사탄의 술책이다. 악한 말을 하면서, 모든 사람들이 그렇게 말한다는 것이 변명이 될 수는 없다.

**II. 그들의 생각이 망상일 뿐이라는 것을 깨닫게 되리라는 것.** 왜냐하면, 심판이 신속하게 올 것이고, 그들의 이러한 불경한 속담들이 틀렸다는 것이 밝혀지게 될 것이기 때문이다. 그러므로 너는 그들에게 이르기를 날이 가깝다고 하고(23절), 나의 말이 하나도 다시 더디지 아니할지라고 하라(28절). 그들은 재앙의 날이 그들에게서 먼 것이라고 생각했지만, 도리어 그들의 그러한 생각은 하나님의 진노를 불러일으켜서 그 날이 더 신속하게 그들에게 찾아오게 만들었다. 그 재앙의 날은 그들에게 훨씬 더 혹독하고 극심하게 올 것이고 훨씬 더 신속하게 두려움으로 오게 될 것이다. 선지자는 그들에게 다음과 같은 것들을 전해야 했다.

1. 하나님이 그들의 헛된 소망을 부추겨 왔던 거짓된 속담들과 거짓된 예언들을 반드시 침묵시켜서 그들로 하여금 그 속담들과 예언들을 부끄러워하게 만드시리라는 것.

(1) 내가 이 속담을 그치게 하리라. 왜냐하면, 그들은 원수 갚는 날이 와서 예언의 일점일획도 땅에 떨어지지 않는 것을 볼 때에 날이 더디고 모든 묵시가 사라지리라 하는 속담을 이스라엘 가운데에서 사용한 것을 부끄러워하게 될 것이기 때문이다. 하나님의 말씀을 통해서 그들의 눈을 열고 그들의 잘못을 깨달아 고

치고자 하지 않는 자들은 하나님의 심판으로 말미암아 비로소 망상에서 깨어나게 될 것임을 명심하라. 그 날에는 사람들이 왜곡된 것들을 말하는 모든 입을 닫을 것이기 때문이다.

(2) 허탄한 묵시가 다시 있지 못하리라(24절). 백성들에게 평강이 있을 것이고 그들의 환난도 곧 끝나게 될 것이라고 말하였던 거짓 선지자들은 하나님의 심판이 임할 때에 그들이 틀렸다는 것이 밝혀지게 되어서, 선지자인 체한 것이 들통나서 부끄러워서 머리를 푹 숙이고 스스로 입을 다물게 될 것이다. 진리는 오류보다 더 오래된 것일 뿐만 아니라 오류보다 더 오래 살아 남을 것임을 명심하라. 진리는 출발을 해서 반드시 그 목적지에 도달하게 될 것이다. 참 선지자들의 환상과 예언들은 언제까지나 온전한 능력과 효력을 지닐 것이다. 허탄한 묵시와 아첨하는 복술이 잊혀지고 사라져서 이스라엘 족속 중에 다시 있지 않게 될 때, 참 선지자들은 백성들에게 법을 주고 명성을 얻게 될 것이다. 왜냐하면, 진리는 크고 반드시 이기기 때문이다.

2. 하나님이 그가 말씀하신 모든 것을 아주 신속하게 반드시 이루시리라는 것. 하나님은 위엄을 갖추시고 이 말씀을 하신다(25절). 나는 여호와라. 이 영광스러운 이름은 하나님은 그의 말을 이루심으로써 그의 말에 존재를 부여하시는 하나님이시라는 것을 말해주는 이름이다. 그러므로 아직 하나님의 말씀이 이루어지지 않은 가운데 그의 약속을 믿는 믿음으로 살았던 족장들에게는 여호와라는 이름이 알려지지 않았다(출 6:3). 그러나 그는 여호와이시기 때문에 그의 약속을 이루실 뿐만 아니라 그의 경고도 이루신다. 그러므로 그들은 그들이 상관하는 저 하나님이 크신 여호와이시라는 것을 알아야 한다.

(1) 그들이 듣든지 아니 듣든지 하나님은 말씀하실 것이다. 나는 여호와라 내가 말하리라. 하나님의 말씀은 그 누가 아무리 반박하고 부정하여도 언제까지나 그대로 유효하다. 이교(異敎)의 신탁들은 오래 전에 침묵하였지만 하나님의 말씀은 여전히 있기 때문에 살아 있는 말씀이라 불린다. 하나님의 사역자들은 과거에도 있었고 장래에도 있을 것이며 세상 끝날까지 있을 것인데, 하나님은 바로 그 사역자들을 통해서 말씀하신다. 사람들이 하나님의 사역자들을 멸시할 수는 있겠지만, 그렇다고 해서 그들의 사역이 그치는 일은 없을 것이다. 반역하는 족속이여 내가 너희 생전에 말하리라. 아무리 교회가 쇠퇴한 시대에도 하나님은 자기를 증언하지 아니하신 적이 없으셨다. 하나님은 어느 시대에든 그에게서

말씀을 받아서 그를 위하여 말씀을 전할 자들을 일으키셨다. 내가 영원히 있을 말씀을 말하리라.

(2) 하나님이 하시는 말씀은 반드시 이루어질 것이다. 하나님의 말씀은 그 참된 의도와 의미를 따라 그 온전한 내용이 하나도 빠짐없이 정확하게 이루어질 것이다. 내가 말하고 이루리라(25절). 왜냐하면, 하나님의 마음은 결코 변함이 없고, 그의 팔은 짧아지지 않으며, 그의 무한한 지혜는 어떤 일을 만나도 막히는 법이 없기 때문이다. 사람의 경우에는 말하는 것과 행하는 것은 별개이지만, 하나님의 경우에는 그렇지 않다. 하나님은 말씀하시면 반드시 행하신다. 창조의 일에서와 마찬가지로 섭리의 일에서도 하나님이 말씀하시면 그대로 이루어진다. 왜냐하면, 빛이 있으라 하시니 빛이 있었고(창 1:3) 궁창이 있으라 하시니 궁창이 있었기 때문이다(민 23:19; 삼상 15:29). 그들은 모든 묵시가 사라지리라고 말하였지만(22절), 하나님은 이렇게 말씀하신다. "그렇지 않다. 모든 묵시의 응함이 있을 것이다(23절). 묵시는 헛되이 돌아가지 않을 것이고, 모든 징조도 반드시 그대로 응하게 될 것이다." 전능자의 환상을 보는 자들은 허탄한 환상을 보는 것이 아니다. 하나님은 그의 종들의 말을 이루심으로써 그 말이 옳다는 것을 확증해 주신다.

(3) 그 말씀은 아주 신속하게 이루어질 것이다. "너희가 모든 묵시의 응함을 보게 될 날이 가까이 왔다(23절). 내가 말하고 맹세하건대, 지체하지 아니하리라(계 10:6) 내가 오래 참던 때는 이제 막 끝났으니, 더 이상 판결의 집행을 연기하는 일은 없을 것이다. 다시는 디디지 아니하리라(25절). 내가 오랫동안 너희를 참아 왔으나, 언제까지나 참지는 않을 것이다. 반역하는 족속이여 내가 말한 것들을 너희 생전에 이루리니, 내가 경고한 심판을 너희가 직접 보고 거기에 참여하게 될 것이다. 보라, 심판하는 자가 문 밖에 서 있다. 의인들은 내가 이 세상에서 조용히 데리고 가서 장차 있을 재앙에서 구해내겠지만, 이 반역하는 족속에 대해서는 그렇게 하지 않을 것이다. 그들은 살아서 흑암으로 쫓겨 들어가며 세상에서 쫓겨날 것이다(욥 18:18)." 하나님은 이 말씀을 다시 한 번 반복하신다(28절). "나의 말이 하나도 다시 더디지 아니할지니, 심판이 이제 신속하게 오리라. 활을 오랫동안 당길수록, 화살은 더 깊이 파고 들어가는 법이다." 우리가 죄인들에게 죽음과 심판, 천국과 지옥에 대하여 말하며, 그런 말을 통해서 그들에게 거룩한 삶을 살도록 설득하고자 하면, 그들은 그러한 것들을 직접적으로 부

정하지는 않지만(그들은 내세에서 상벌이 있을 것임을 믿는다고 시인할 것이다), 내세의 일들을 아주 먼 훗날의 일들로 여김으로써 이 위대한 진리들이 지닌 힘을 교묘히 빠져나가고 무력화시켜 버린다. 그들은 우리에게 이렇게 말한다. "너희가 보는 묵시는 여러 날 후의 일이고, 너희는 아주 멀리 있는 때에 대하여 예언하고 있다. 그런 일들은 먼 훗날의 얘기이기 때문에 좀 더 가까이 다가왔을 때에 생각해도 충분하다." 하지만 사실은 우리와 죽음, 우리와 저 무시무시한 내세 사이의 거리는 한 걸음밖에 되지 않는다. 잠시 후에는 묵시가 속히 이르겠고 결코 거짓되지 아니하리라(합 2:3). 그러므로 우리는 시간을 아껴서, 부지런히 내세를 준비하는 일에 관심을 가져야 한다. 왜냐하면, 그것은 장래의 일이기는 하지만 아주 가깝고, 회개하지 않는 죄인들은 잠잘지라도 그들의 멸망은 잠들지 아니하기 때문이다(벤후 2:3).

제
— 13 —
장

## 개요

앞 장에서는 이스라엘 백성이 허탄한 묵시들과 아첨하는 복술들로 스스로 만족하였다는 언급이 나왔었는데, 이 장 전체는 바로 그런 것들을 겨냥한 말씀들이다. 하나님의 신실한 선지자들은 그 어떤 부류의 죄인들보다도 특히 거짓 선지자들을 통렬하게 비난하였는데, 이것은 거짓 선지자들이 그들에게 가장 앙심을 품은 원수들이었기 때문이 아니라, 그들이야말로 하나님께 가장 극심한 모독을 가하고 하나님의 백성에게 가장 큰 해악을 끼치는 자들이었기 때문이다. 선지자는 여기에서 다음과 같은 것들을 보여준다. I. 거짓 선지자들의 죄와 벌(1-16절). II. 거짓 여선지자들의 죄와 벌(17-23절). 이 두 부류는 죄 가운데 있는 자들을 꾸짖기는커녕 도리어 달래주고, 하나님의 백성을 위로하는 체하면서 평강에 관한 헛된 소망을 품게 한다는 점에서 서로 일치하였다. 그러나 그들은 거짓말쟁이들이고, 그들이 한 예언들은 가짜이며, 그들이 백성들에게 심어준 기대는 허구에 불과하다는 것이 밝혀지게 될 것이다. 왜냐하면, 하나님은 그들에게 "속은 자와 속이는 자가 다 그에게 속하였으므로" 둘 다 그에게 책임을 져야 한다는 것을 알게 하실 것이기 때문이다(욥 12:16).


¹여호와의 말씀이 내게 임하여 이르시되 ²인자야 너는 이스라엘의 예언하는 선지자들에게 경고하여 예언하되 자기 마음대로 예언하는 자에게 말하기를 너희는 여호와의 말씀을 들으라 ³주 여호와의 말씀에 본 것이 없이 자기 심령을 따라 예언하는 어리석은 선지자에게 화가 있을진저 ⁴이스라엘아 너의 선지자들은 황무지에 있는 여우 같으니라 ⁵너희 선지자들이 성 무너진 곳에 올라가지도 아니하였으며 이스라엘 족속을 위하여 여호와의 날에 전쟁에서 견디게 하려고 성벽을 수축하지도 아니하였느니라 ⁶여호와께서 말씀하셨다고 하는 자들이 허탄한 것과 거짓된 점괘를 보며 사람들에게 그 말이 확실히 이루어지기를 바라게 하거니와 그들은 여호와가 보낸 자가 아니라 ⁷너희가 말하기는 여호와의 말씀이라 하여도 내가 말한 것이 아닌즉 어찌 허탄한 묵시를 보며 거짓된 점괘를 말한 것이 아니냐 ⁸그러므로 주 여호와

께서 이같이 말씀하셨느니라 너희가 허탄한 것을 말하며 거짓된 것을 보았은즉 내가 너희를 치리라 주 여호와의 말씀이니라 <sup>9</sup>그 선지자들이 허탄한 묵시를 보며 거짓 것을 점쳤으니 내 손이 그들을 쳐서 내 백성의 공회에 들어오지 못하게 하며 이스라엘 족속의 호적에도 기록되지 못하게 하며 이스라엘 땅에도 들어가지 못하게 하리니 너희가 나를 여호와인 줄 알리라

하나님이 여기에서 말씀하시는 거짓 선지자들 중 일부는 예루살렘에 있었다(렘 23:14). 내가 예루살렘 선지자들 가운데도 가증한 일을 보았다. 그리고 그들 중의 일부는 바벨론에 포로로 잡혀온 자들 가운데 있었다. 왜냐하면, 예레미야는 그들에게 편지를 보내서 너희 중에 있는 선지자들에게와 점쟁이에게 미혹되지 말라고 말하였기 때문이다(렘 29:8). 하나님의 선지자들은 장소나 시간상으로 서로 멀리 떨어져 있으면서도 동일한 진리를 전함으로써 그들이 한 분 동일한 성령의 인도하심을 받고 있다는 것을 보여주듯이, 거짓 선지자들도 동일한 미혹의 영에 의해서 부추겨져서 동일한 거짓말들을 예언하였다. 그들은 죄 가운데서 너무도 완악해져 있었기 때문에, 그들을 회개로 이끌 수 있을 가능성은 거의 없었다. 그렇지만 에스겔은 백성들이 그의 경고를 받아서 거짓 선지자들의 말에 귀를 기울이지 않게 될 수도 있을 것이라는 소망을 가지고서, 거짓 선지자들을 쳐서 예언하여야 했다. 이렇게 해서 그들을 쳐서 예언한 그의 증언은 기록으로 남게 될 것이고, 그들은 변명의 여지가 없게 될 것이다.

에스겔은 이스라엘의 선지자들에게 경고하여 예언하라는 분명한 하나님의 지시를 받았다. 그들은 실제로는 이스라엘의 속이는 자들이었음에도 불구하고 마치 그들 외에는 아무도 이스라엘의 선지자들이라는 이름을 지닐 자격이 없다는 듯이 스스로 그렇게 자처하였다. 그러나 주목할 만한 것은 이스라엘이 하나님으로부터 말씀을 받아 예언을 하는 것으로 가장한 거짓 선지자들의 속임수에 넘어간 것은 그들이 참 선지자들을 거부하고 능욕했기 때문이라는 것이다. 나중에도, 그들은 참 메시야를 거부하고 배척했기 때문에 적그리스도들에게 미혹되었다. 이 거짓 선지자들은 여호와의 말씀을 들어야 한다. 그들은 다른 사람들에 대한 그들 자신의 생각을 마치 하나님으로부터 나온 말씀인 것처럼 예언하였다. 이제 그들은 그들에 대하여 무엇이라 하시는지 하나님으로부터 나온 말씀을 들어야 한다. 여기에서 선지자는 다음 두 가지를 하도록 명령을

받는다.

**I. 그들의 죄를 그들에게 분명하게 드러내어 깨우쳐 주고, 그들의 어리석음을 모든 사람에게 드러냄으로써(딤후 3:9) 그들이 더 이상 거짓 예언을 하지 못하도록 막아야 한다는 것.** 그들은 그들이 하는 일이 얼마나 두려운 일인지를 전혀 깨닫고 있지 못하는 자들, 백성들을 기만하는 것이 곧 그들 자신을 기만하고 그들의 심령을 크게 속이는 것임을 알지 못하는 자들이기 때문에 여기에서 어리석은 선지자들이라 불린다(3절).

1. 하나님이 그들을 결코 보내신 적이 없는데도, 그들은 하나님으로부터 사명을 받은 체하였다. 그들은 참 선지자들의 주 여호와가 되시는 분의 허락도 받지 않고서 선지자 노릇을 하고 있는데, 그것은 어리석은 일이었다. 하나님이 그들을 결코 부르신 적이 없으신데 어떻게 그들이 하는 일들을 인정해 주시기를 그들이 기대할 수 있겠는가? 그들은 자기 마음대로 예언하는 자들(2절), 하나님이 부르시지도 않았는데 그들 스스로 선지자 노릇을 자처한 그런 선지자들이다(6절). 그들은 여호와께서 말씀하셨다고 말한다. 그들은 여호와의 사자들인 체하지만, 여호와는 그들을 보내지 않으셨고, 그들에게 그 어떤 지시도 내리신 적이 없으시다. 그들은 하늘의 옥새를 위조한 것인데, 이것은 인류에게 가장 큰 해악을 끼치는 일이었다. 왜냐하면, 그렇게 함으로써 그들은 하나님의 계시에 먹칠을 하였고 그 신뢰성을 약화시키고 떨어뜨렸기 때문이다. 거짓 선지자들이 속이는 자들이라는 것이 밝혀지면, 무신론자들과 믿지 않는 자들은 선지자들이 모두 다 속이는 자들이라고 단정하게 될 것이다. 여호와는 그들을 보내지 않으셨다. 그들은 다른 일들에 있어서는 여우 같이 영리하고 이 세상 일에 대해서도 아주 지혜로울 수 있지만, 하나님의 일에 대해서는 아무것도 체험하지 못했고 알지 못하는 어리석은 선지자들이다. 어리석은 선지자들은 하나님이 보내신 자들이 아니라는 것을 명심하라. 왜냐하면, 하나님은 어떤 사람을 선지자로 보내실 때에는 그가 선지자의 자격을 갖출 수 있도록 준비시키시기 때문이다. 하나님이 면허증을 내주실 때에는 지혜도 함께 주신다.

2. 하나님이 그들에게 그 자신과 그의 뜻을 결코 알게 하신 적이 없는데도, 그들은 하나님으로부터 가르침을 받은 체하였다. 그들은 자기 심령을 따라 예언하는 자들이었다(3절). 그들은 그들의 이익을 챙기기 위하여 그들 자신이 교묘하게 꾸며낸 말들이나, 열심히 뭔가에 빠져서 공상하다 보니 떠오르게 된 것들

을 하나님에게서 받은 메시지인 것처럼 전하였다. 왜냐하면, 그들은 본 것이 없었고, 사실 하늘의 환상을 전혀 보지 못하였기 때문이다. 그들은 그들이 말하는 것이 여호와께서 말씀하시는 것인 체하였지만, 하나님은 그것을 부인하신다. "그들이 말한 것은 내가 말한 것이 아닌즉, 나는 그런 말을 한 적이 없고, 그런 일을 결코 의도한 적이 없다." 그들이 전한 것은 그리스도의 사역자들이 전하는 것과는 달리 그들이 직접 보았거나 들은 것이 아니었고(요일 1:1), 그들과 이해관계가 있는 자들을 기쁘게 해주기 위하여 그들이 꾸며낸 것이었다. 하나님은 이것을 그들이 허탄한 것과 거짓된 점괘를 본다고 말씀하신다(6절). 그들은 그들이 보지 않은 것을 본 것처럼 가장하였고, 그들 스스로가 뻔히 거짓인 줄 아는 것을 하나님의 진리라고 말하며 백성들에게 전하였다. 너희가 말하기는 여호와의 말씀이라 하여도 내가 말한 것이 아닌즉 어찌 허탄한 묵시를 보며 거짓된 점괘를 말한 것이 아니냐(7절). 그들의 예언은 하나님에게서 나온 것이 아니어서 결코 이루어질 수 없기 때문에, 결국 시간이 흐르면 거짓된 것임이 반드시 밝혀지게 된다. 너희가 허탄한 것을 말하며 거짓된 것을 보았다(8절). 그들이 본 것과 그들이 말한 것은 모두 한결 같이 가짜에 지나지 않는 것들이었다. 그들은 보거나 말한 것 중에는 제대로 된 것이 아무것도 없었고, 믿을 만하거나 마음에 새길 만한 것이 아무것도 없었다. 그들은 허탄한 묵시를 보며 거짓 것을 점쳤다(9절). 그들은 참 선지자들과 마찬가지로 환상들을 본 것처럼 가장하였지만, 실제로는 그 어떤 환상도 보지 못하였다. 사실 그들이 보았다고 하는 환상은 그들의 망상이 만들어낸 것이었거나(그들은 정신 착란의 상태에서 헛 것을 보고서는 환상을 보았다고 생각하였지만, 사실 그것은 헛 것을 본 것, 즉 허탄한 묵시 또는 허탄한 것을 본 것이었다) 스스로 환상이 아니라는 것을 잘 알면서도 거짓으로 꾸며낸 것이었다. 그들은 거짓을 보았고 거짓을 점쳤다(렘 23:16). 마귀는 거짓의 아비로 널리 알려져 있고, 그들이 하나님의 이름으로 거짓을 예언하는 것은 사람들에게 하나님이 그들의 아버지이신 것처럼 인식시켜 놓음으로써 하나님을 거짓의 아비로 만들어 버리는 것이기 때문에, 그것은 하나님에 대한 이루 말할 수 없는 모독이 된다는 것을 명심하라. 이렇게 마귀들을 숭배함으로써 사탄을 하나님으로 둔갑시킨 자들은 결국에는 하나님을 사탄으로 둔갑시키는 불경(不敬)도 서슴지 않는 지경에까지 이르게 된 것이다.

3. 그들은 자기 나라에 닥쳐오고 있는 하나님의 심판을 막아 보고자 하는

일에 전혀 관심이 없었다. 그들은 황무지에 있는 여우 같이 이리 뛰고 저리 뛰면서 아주 바쁘게 움직였지만, 어떤 선한 일을 하는 것이 아니라 그들 자신의 안전을 도모하느라 분주할 뿐이었다. 삵꾼은 양을 버리고 달아나느니라(요 10:12). 그들은 그들 자신의 먹잇감을 찾느라 혈안이 되어 있고 그들 자신을 배불리는 일에 약삭빠르고 잔인한 여우 같은 자들이다. 그러나 "너희는 성 무너진 곳에 올라가지도 아니하였으며 이스라엘 족속을 위하여 성벽을 수축하지도 아니하였느니라(5절). 그들의 성벽이 갈라져서 심판이 그들에게 곧 닥치게 되어 있기 때문에, 지금이야말로 너희가 그들을 섬길 좋은 때인데도, 너희는 그들에게 도움이 되는 일을 전혀 하지 않았다." 그들은 하나님의 진노를 돌리기 위하여 중보 기도를 했어야 했다. 그러나 그들은 기도하는 선지자들이 아니었고, 참 선지자들과는 달리(창 20:7) 천국을 움직일 힘이나 하늘과 교통할 수 있는 통로를 전혀 갖고 있지 않았기 때문에 백성들을 도울 수 없었다. 그들은 말씀을 전하고 조언을 해주어서 백성들로 하여금 회개하고 삶을 고치게 하여 성벽을 수축해서 하나님의 심판을 중단시키는 것을 그들의 일로 삼았어야 했지만, 그런 일은 그들의 관심 밖의 일이었다. 그들은 어떻게 하면 백성들에게 유익을 끼칠 수 있을까를 고민한 것이 아니라, 백성들을 기쁘게 해줄 수 있는 방법을 짜내는 일에만 골몰하였다. 그들은 속된 것과 불경한 것이 이 땅에 홍수처럼 넘쳐나서 미덕이나 거룩함과 겨루어 그런 것들을 분쇄하고 무너뜨리는 모습을 뻔히 보면서도, 그들이 살고 있는 때와 장소가 악하다는 것을 증언함으로써 강한 자 사탄을 대적히고 여호와를 도와야 함에도 불구하고, 그렇게 하지 않았다. 그들은 성의 무너진 곳에 서서 성을 공격해 들어오는 자들과 맞서 싸우는 것은 위험천만한 일이라고 생각하였기 때문에, 그렇게 하기를 거부하였고, 밀려오는 거센 풍조를 막아서거나 악덕 및 부도덕과 맞서 싸우고자 하지 않았으며, 여호와께서 누구든지 여호와의 편에 있는 자는 내게로 나아오라 누가 나를 위하여 일어나서 행악자들을 칠까(시 94:16)라고 말씀하시는 여호와의 날에 비열하게도 변절하여 신앙을 버렸다. 그들은 죄 짓는 것을 아무렇지도 않게 생각하고 하나님과 백성들의 안위에는 별 관심이 없는 자들이었기 때문에 그들에게는 선지자라는 이름이 합당하지 않았다.

4. 그들은 백성들을 죄에서 돌이키도록 애를 썼어야 하는데도, 도리어 하나님이 경고하신 심판이 결코 임하지 않을 것이라는 헛된 기대를 백성들에게 심

어주어서, 백성들이 죄 가운데서 더욱 완악해지게 만들었다(6절). 그들은 사람들에게 비록 그들이 계속해서 범죄하더라도 그들에게 평안이 있을 것이고 모든 일이 잘 될 것이며 이후에 이루어지는 일들이 그들의 말을 확증해 줄 것이라고 바라게 만들었다. 그들은 마치 그들이 보증하면 그들의 거짓 예언들이 그대로 이루어지기라도 한다는 듯이 하나님이 하신 말씀에 도전하여 "우리가 보증하건대, 이 환난이 곧 끝나서 우리는 다시 번영하게 될 것이다"라고 서슴지 않고 말하였다.

**Ⅱ. 그들이 저지른 이러한 죄들에 대하여 하나님이 심판하실 것이고, 그들이 선지자인 체한다고 해도 이 심판을 벗어나지 못할 것임을 선포하라는 것.**

1. 일반적으로 말해서, 그들에게 화가 있으리라는 것(3절). 우리는 여기에서 그 화가 무엇인지에 대하여 듣는다(8절). 내가 너희를 치리라 주 여호와의 말씀이니라. 하나님으로 하여금 그들을 대적하시게 하는 자들은 화(禍)를 당할 처지에 있다는 것을 명심하라. 하나님을 원수로 삼은 자들에게 화가 있을 것이고 많은 화가 있을 것이다.

2. 구체적으로 말해서, 그들은 이스라엘 민족에게 주어진 모든 특권들을 박탈당하는 선고를 받아서 그 특권들로부터 배제되리라는 것(9절). 하나님의 손이 그들을 쳐서 사로잡아 법정에 세우고 그의 임재로부터 쫓아내리니, 그들이 하나님의 손에 빠져 들어가는 것이 무섭다(히 10:31)는 것을 알게 될 것이다. 그들은 천국의 특별한 은총을 받은 자들인 선지자인 체하며, 이 땅의 교회의 회중을 주재하는 권세를 받은 것처럼 행세하였다. 그러나 그들은 그들에게 정당하게 주어지지 않은 영광을 스스로 누렸기 때문에 그렇지 않았더라면 그들이 누렸을 영광을 상실하게 될 것이다(마 5:19). 그들의 운명은 다음과 같이 될 것이다.

(1) 성도들의 회중으로부터 쫓겨나서 그 회중에 속한 자로 여겨지지 않게 되리라는 것. 그들이 내 백성의 공회에 들어오지 못하리라. 그들의 어리석음이 만천하에 드러나서, 사람들은 그들에게 상담하지도 않고 조언을 구하지도 않을 것이고, 그들은 공적인 일들을 논의하는 자리에 참석하지 못하게 될 것이다. 또는, 그들은 하나님을 예배하는 백성들의 회중에 참석하지 못하게 될 것이다. 왜냐하면, 그들은 장차 일어날 사건들을 통해서 그들이 거짓 선지자들임이 드러나서 너무나 부끄러워서 회중들의 예배에 모습을 드러내지 못하게 될 것이

고, 여호와 앞을 떠나게 될 것이기 때문이다. 그들에게 속은 것을 안 백성들은 그들을 버릴 것이고, 다시는 그들과 상종하지 않으려 할 것이다. 속임수를 써서 모세의 자리에 앉았던 자들은 결국에는 하나님의 회중 가운데서 문지기의 자리조차 얻지 못하게 될 것이다. 저 큰 날에 하나님이 그의 성도들을 그의 앞에 모아서 영원히 그와 함께 있게 하실(시 50:5) 때에 그들은 의인들의 모임에 들지 못할 것이다(시 1:5).

(2) 생존한 자들의 책에서 지워지게 되리라는 것. 그들은 포로 생활을 하다가 죽을 것이고, 자식이 없이 죽을 것이며, 그들의 가업을 이을 후손을 두지 못할 것이기 때문에, 그들이나 그들의 후손의 이름은 바벨론에서 돌아온 자들을 일일이 기록해 둔 공부(公簿)인 이스라엘 족속의 호적(스 2장)에 오르지 못하게 될 것이다. 그들은 예루살렘 안에 생존한 자들 가운데 끼지 못할 것이다(사 4:3). 또는, 그들은 하나님이 영원토록 그의 긍휼의 그릇으로 삼기 위하여 영원 전부터 택하신 자들 가운데 기록되어 있지 않을 것이다. 그리스도의 이름으로 선지자 노릇한 자들 중에서 많은 사람들에게 나중에 주님은 내가 너희를 도무지 알지 못한다고 말씀하실 것이다(마 7:22-23). 왜냐하면, 그들은 그에게 주어진 자들 가운데 들어 있지 않기 때문이다. 갈대아 역본은 이 본문을 이렇게 의역한다. 그들은 이스라엘 족속의 의인들을 기록한 영생의 책에 기록되지 못할 것이다(시 69:28을 보라).

(3) 이스라엘 땅에서 영원히 추방당하게 되리라는 것. 하나님은 그들이 귀환하는 포로들과 함께 가나안 땅에 들어가지 못하게 할 것이라고 진노 가운데 맹세하신다. 그래서 그들은 두 번 다시 이스라엘 땅을 안식처로 삼지 못하게 될 것이다. 하나님이 경고하시는 말씀을 경외함으로 받지 않고 도리어 배척하는 자들은 하나님의 약속들로 인한 유익을 상실하게 될 것이고, 그 약속들에 의한 위로와 힘을 얻지 못하게 될 것임을 명심하라.

[10]이렇게 칠 것은 그들이 내 백성을 유혹하여 평강이 없으나 평강이 있다 함이라 어떤 사람이 담을 쌓을 때에 그들이 회칠을 하는도다 [11]그러므로 너는 회칠하는 자에게 이르기를 그것이 무너지리라 폭우가 내리며 큰 우박덩이가 떨어지며 폭풍이 몰아치리니 [12]그 담이 무너진즉 어떤 사람이 너희에게 말하기를 그것에 칠한 회가 어디 있느냐 하지 아니하겠느냐 [13]그러므로 나 주 여호와가 말하노라 내가 분노하여

폭풍을 퍼붓고 내가 진노하여 폭우를 내리고 분노하여 큰 우박덩어리로 무너뜨리리라 14회칠한 담을 내가 이렇게 허물어서 땅에 넘어뜨리고 그 기초를 드러낼 것이라 담이 무너진즉 너희가 그 가운데에서 망하리니 나를 여호와인 줄 알리라 15이와 같이 내가 내 노를 담과 회칠한 자에게 모두 이루고 또 너희에게 말하기를 담도 없어지고 칠한 자들도 없어졌다 하리니 16이들은 예루살렘에 대하여 예언하기를 평강이 없으나 평강의 묵시를 보았다고 하는 이스라엘의 선지자들이니라 주 여호와의 말씀이니라

우리는 여기에서 거짓 선지자들을 좀 더 분명하게 다루는 내용과 그들의 운명과 관련된 몇 가지 추가적인 내용을 본다. 우리는 앞에서 백성들이 분노하여 그들의 거짓 신들을 내팽개치게 될 것과 마찬가지로 이전에 좋아했던 거짓 선지자들을 부끄럽게 여겨서 냉정하게 내치게 될 것임을 보았는데, 이제 여기에서는 백성들이 한때 전폭적인 신뢰를 보내며 의지하였던 거짓 예언들을 부끄러워하게 될 것임을 본다. 좀 더 살펴보자.

I. 백성들은 거짓 선지자들에 의해서 어떻게 속았는가. 이 듣기 좋은 말만을 하는 자들은 평강이 없으나 평강이 있다고 말하며 백성들을 유혹하고 미혹하였다(10절). 그들은 그들이 직접 평강의 묵시를 본 것처럼 가장하였다(16절). 그러나 그들이 그런 묵시를 보는 것은 불가능하였다. 왜냐하면, 주 여호와께서 평강이 없다고 말씀하셨기 때문이다. 이 백성을 위해 예정된 형통이나 번영이 없었기 때문에, 그들에게 평강이 있으리라는 말은 당연히 근거가 없는 말일 수밖에 없었다. 그런데도 이 거짓 선지자들은 백성들에게 하나님이 그들과 아무런 문제 없이 잘 지내시고 계시고 그들을 위하여 긍휼을 예비해 두고 계시기 때문에, 그들이 갈대아 사람들과 벌이고 있는 전쟁은 곧 평화롭게 끝나서 그들의 땅은 복된 안정과 태평함을 누리게 될 것이라고 말하였다. 그들은 우상 숭배자들을 비롯한 죄인들에게 그들이 지금처럼 계속하여도 그들에게 그 어떠한 해악이나 위험이 없을 것이라고 말하였다. 그들은 이런 식으로 하나님의 백성을 유혹하여 타락시켰다. 참 선지자들은 백성들을 회개시키고 그들의 삶을 고치게 하려고 온갖 수고를 하며 애를 쓰고 있는데도, 거짓 선지자들은 백성들을 속여서 죄를 짓게 만들고 회개하고 삶을 고치는 길에서 멀어지게 하였다. 죄인들에게 죄에 대한 두려움과 하나님에 대한 경외심을 점점 없애주는 말들을 해주는

자들은 가장 위험한 유혹자들이라는 것을 명심하라. 이제 하나님은 이것을 무너지기 쉬운 힘없는 담을 쌓는 것에 비유하시는데, 우리 주님은 여기에서와 동일한 취지에서 이것을 모래 위에 집을 짓는 것에 비유하신다(마 7:26). 모래 위에 지은 집은 잠시 동안은 피난처와 보호막이 되어 주는 것처럼 보이지만, 비바람이 거세게 치면 무너져 버리고 만다. 한 거짓 선지자가 그러한 담을 쌓았다. 즉, 그는 하나님이 예루살렘에 대하여 결코 진노하지 않으셨기 때문에, 도성은 계속해서 번영할 것이고, 지금 도성을 위협하는 세력들을 넉넉히 이길 것이라는 전망을 제시했다. 이 전망은 너무나 기분 좋은 것이었기 때문에, 이 전망을 처음으로 제시한 거짓 선지자는 백성들의 열렬한 환영과 지지를 받았고, 이 모습을 본 다른 선지자들도 그 선지자와 똑같은 예언을 해야 하겠다는 마음을 품게 되었다. 그래서 그들은 처음에 그 전망을 제시한 선지자보다도 장래의 전망을 더 밝고 희망찬 모습으로 색칠하였다. 그들은 첫 번째 선지자가 쌓아 놓은 담을 벽돌을 서로 단단하게 붙게 하지 못하는 회로 질하였다. 그들이 하는 말들은 아무런 근거도 없는 것들이었고 그 어떤 일관성도 없었기 때문에 사람이 매달리면 끊어져 버리는 썩은 동아줄과 같았다. 그들은 담을 더 견고하게 쌓는 데에는 관심이 없었고, 그들이 하는 말들이 확실한 근거가 있는 것인지를 살펴보고자 하지도 않았다. 그들은 담에 나 있는 균열들을 감추어서 사람들의 눈에 더 좋게 보이게 하려고 회칠하는 일에만 급급하였다. 이렇게 쌓아진 담은 조금만 압박을 받아도 기울어서 점점 무너져 내리게 된다. 아무리 은혜롭게 보이고 그럴 듯해 보이는 것이라고 할지라도 성경이리는 토대 위에 세워지지 않았거나 성경이라는 접착제로 단단하게 고정되지 않은 교리들은 가치 없는 것들이고, 사람들에게 유익이 되지 못한다는 것을 명심하라. 하나님의 말씀에 의해서 보증을 받지 못한 평강과 행복에 관한 기대와 소망들은 그럴 듯하게 회가 칠해지기는 했지만 잘못 쌓아진 담처럼 사람들을 속일 뿐이다.

**II. 백성들은 진리를 따라 이루어지는 하나님의 심판을 통해서 곧 미혹에서 깨어나게 되리라는 것.**

1. 하나님은 진노 가운데서 그 담을 세차게 칠 무시무시한 폭풍을 일으키실 것이다. 갈대아 군대의 유다 침공과 예루살렘에 대한 포위는 폭우 또는 홍수(솔로몬이 말한 곡식을 남기지 아니하는 폭우, 잠 28:3)와 같아서, 노아 시대의 대홍수와 마찬가지로 그 앞에 있는 모든 것을 무너뜨릴 것이다. 하늘의 대포인

큰 우박덩이들이 떨어져서 이 담을 칠 것이고, 종종 바위를 부술 만큼 강력한(왕상 19:11) 폭풍이 몰아쳐서 잘못 쌓아진 담을 무너뜨릴 것이다(11절). 그러나 가장 두려운 사실은 이러한 비와 우박과 바람이 하나님의 진노로 인해서 생겨나서 시행된다는 것이다. 그러한 것들을 보내어 각각의 임무를 완수하게 하는 것은 바로 하나님의 진노라는 것이다(13절). 내가 분노하여 폭풍을 퍼붓고 내가 진노하여 폭우를 내리고 분노하여 큰 우박덩어리로 무너뜨리리라. 느부갓네살과 그의 휘하에 있던 고관들은 시드기야의 기만책에 몹시 분개하였기 때문에 그들의 침공은 정말 가공할 만한 것이었지만, 그런 것도 하나님의 진노에 비하면 별 것 아닌 것이었다. 그들이 손의 몽둥이는 내 분노라(사 10:5). 진노하신 하나님은 바람과 폭풍을 부리셔서 안일한 죄인들에게 경고를 하신다는 것을 명심하라. 하나님의 진노는 죄인들에게 겁을 집어먹게 하여 어쩔 수 없이 하나님의 말씀을 듣게 만든다. 누가 능히 그의 분노 앞에 서리요(나 1:6).

2. 이 폭풍은 그 담을 무너뜨릴 것이다. 폭풍이 몰아치리니 그것이 무너지리라(11절). 내가 큰 우박덩어리로 무너뜨리리라(13절). 내가 그 담을 허물어서 땅에 넘어뜨리고 그 기초를 드러낼 것이라(14절). 그 담이 얼마나 잘못 쌓아지고 얼마나 무너지기 쉬운 것이었는지가 드러나서, 그 담을 쌓은 자들이 수치를 당하게 될 것이다. 갈대아 군대가 유다와 예루살렘을 황폐화시켰을 때, 이 거짓 선지자들의 명성과 백성들의 기대는 둘 다 한꺼번에 무너져 내릴 것이다. 거짓 선지자들은 속임수를 써서 백성들에게 듣기 좋은 말만을 해주었다는 것이 드러나게 될 것이고, 백성들은 어리석게도 그들의 말에 속아서 안일함에 빠져 있다가 막상 심판이 불시에 닥쳐 왔을 때에 크게 당혹해하며 더 큰 혼란에 휩싸이게 될 것이다. 사람들이 하나님의 심판으로부터 그들을 보호해 줄 것이라고 의지하는 것이 무엇이 되었든, 그들이 계속해서 삶을 고치지 않는다면, 그들이 의지하는 것은 단지 거짓의 피난처일 뿐임이 증명될 것이고, 진노의 날에 그들에게 아무런 도움도 되지 못할 것임을 명심하라(사 28:17). 사람들의 분노는 하나님이 세워 놓으신 것을 흔들 수 없다. 왜냐하면, 포학자의 기세는 단지 성벽을 치는 폭풍과 같아서 소리만 컸지 결코 성벽을 무너뜨리지 못할 것이기 때문이다(사 25:4). 그러나 하나님의 진노는 사람들이 그를 대적하여 쌓아 놓은 것을 무너뜨린다. 그들과 그들의 모든 시도들, 그들과 그들이 직접 파고 숨은 온갖 보호막들은 넘어지는 담과 흔들리는 울타리와 같을 것이다(시 62:3, 10). 그들의 헛

된 예언들이 거짓임이 드러나고 그들의 헛된 기대가 좌절로 변할 때, 그들의 예언이나 기대가 근거 없는 것이었음이 밝혀지게 될 것이다(합 3:13). 그 날이 각 사람의 공적을 밝히리니, 그 불이 각 사람의 공적이 어떠한지를 시험할 것이다(고전 3:13).

3. 이 담을 쌓은 자들과 그 담에 회칠한 자들은 모두 그 폐허더미 속에 묻히게 될 것이다. 담이 무너진즉 너희가 그 가운데에서 망하리라(14절). 이렇게 해서 하나님의 진노로 인한 경고들과 그 진노가 지닌 온갖 의로운 의도들이 그 담과 그 담에 회칠한 자들에게 남김없이 이루어질 것이다(15절). 하나님의 심판은 거짓 선지자들이 거짓말을 했다는 것을 드러내 줌과 동시에 그들의 거짓으로 인한 벌을 그들로 하여금 받게 할 것이다. 그들은 백성들에게 결코 닥쳐오지 않을 것이라고 믿게 하였던 바로 그 재난에 휩쓸려 죽어서, 그들이 무시하고 도전하였던 바로 그 공의를 만천하에 알리는 기념비들이 될 것이다. 이렇게 만일 맹인이 맹인을 인도하면 눈먼 지도자들과 눈먼 추종자들이 다 구덩이에 빠지게 될 것이다(마 15:14). 남들을 미혹시키는 자들은 결국 스스로도 미혹되었다는 것이 드러나게 되리라는 것을 명심하라. 죄 가운데에 있는 죄인들에게 듣기 좋은 말만을 해준 충성되지 못한 사역자들이 받을 벌보다 더 두려운 것은 없을 것이다.

4. 속이는 자들과 속은 자들이 이렇게 함께 죽을 때에 당연히 그들은 조롱을 받게 될 것이다(12절). 그 담이 무너진즉 참 선지자들을 믿고 여호와의 말씀을 경외하였던 자들은 너희에게 이렇게 말하지 않겠느냐. "그것에 칠한 회가 어디 있느냐. 너희가 너희의 악한 이웃들에게 해준 온갖 듣기 좋은 부드러운 말들과 장밋빛 약속들, 이 나라의 환난이 곧 끝날 것이라고 너희가 그들에게 호언장담했던 말들은 도대체 어떻게 된 것이냐?" 의인들, 곧 의로우신 하나님과 의로운 자들은 그들을 보고 비웃어 말하기를 이 사람들은 하나님을 자기 힘으로 삼지 아니한 자들이라 할 것이다(시 52:6-7). 너희가 재앙을 만날 때에 내가 웃을 것이며 너희에게 두려움이 임할 때에 내가 비웃으리라(잠 1:26). 그들이 너희에게 이렇게 말할 것이다(15절). "담도 없어지고 칠한 자들도 없어졌다. 너희의 소망이 사라졌고, 그 소망을 떠받쳐 주었던 자들, 곧 이스라엘의 선지자들도 사라졌다(16절)." 그들 자신에게 속하지 않은 영광을 찬탈한 자들은 곧 수치를 뒤집어쓰게 될 것임을 명심하라.

[17]너 인자야 너의 백성 중 자기 마음대로 예언하는 여자들에게 경고하며 예언하여 [18]이르기를 주 여호와의 말씀에 사람의 영혼을 사냥하려고 손목마다 부적을 꿰어 매고 키가 큰 자나 작은 자의 머리를 위하여 수건을 만드는 여자들에게 화 있을진저 너희가 어찌하여 내 백성의 영혼은 사냥하면서 자기를 위하여는 영혼을 살리려 하느냐 [19]너희가 두어 움큼 보리와 두어 조각 떡을 위하여 나를 내 백성 가운데에서 욕되게 하여 거짓말을 곧이 듣는 내 백성에게 너희가 거짓말을 지어내어 죽지 아니할 영혼을 죽이고 살지 못할 영혼을 살리는도다 [20]그러므로 나 주 여호와가 이같이 말하노라 너희가 새를 사냥하듯 영혼들을 사냥하는 그 부적을 내가 너희 팔에서 떼어 버리고 너희가 새처럼 사냥한 그 영혼들을 놓아 주며 [21]또 너희 수건을 찢고 내 백성을 너희 손에서 건지고 다시는 너희 손에 사냥물이 되지 아니하게 하리니 내가 여호와인 줄을 너희가 알리라 [22]내가 슬프게 하지 아니한 의인의 마음을 너희가 거짓말로 근심하게 하며 너희가 또 악인의 손을 굳게 하여 그 악한 길에서 돌이켜 떠나 삶을 얻지 못하게 하였은즉 [23]너희가 다시는 허탄한 묵시를 보지 못하고 점복도 못할지라 내가 내 백성을 너희 손에서 건져내리니 내가 여호와인 줄을 너희가 알리라 하라

하나님이 그의 성령을 자기 백성에게 부어주실 때에 너희 자녀들이 장래 일을 말할 것이라고 약속하셨듯이, 마귀는 거짓말과 거짓의 영으로 행할 때에 거짓 선지자들의 입만이 아니라 거짓 예언을 하는 여자들의 입에도 거짓의 영을 넣어 준다. 하나님은 여기에서 거짓 예언을 하는 여자들을 쳐서 예언하라고 선지자에게 지시하신다. 왜냐하면, 거짓 예언을 하는 여자들은 특별히 문제 삼지 않고 무시해도 좋은 자들이기는커녕 사실 하나님의 진리에 대하여 큰 원수들이고, 연약한 여자라는 것이 그들의 죄에 대한 변명이 될 수 없으며, 여자로서 보호받고 존중을 받아야 마땅하다는 것이 하나님의 책망하시고 경고하시는 말씀을 면제받을 사유가 되지는 않기 때문이다. 너 인자야 너의 백성 중 자기 마음대로 예언하는 여자들에게 경고하며 예언하라(17절). 하나님은 그들을 그의 백성으로 인정하시는 것을 기뻐하지 않으셨다. 그들은 너의 백성이다(출 32:7). 이 여자들은 아합의 선지자들이 그랬듯이 예언의 영을 받은 것처럼 행세하여 남자 선지자들과 동일한 것을 예언하였다. 이대로 계속하면 형통하리라. 이 여자들도 자기 마음대로 예언하였다. 그들은 마음에 떠오르는 대로 말하고, 그들

스스로도 알지 못하는 것들을 말하였다. 그러므로 하나님 자신의 입에서 나온 말씀으로 그 여자들에게 경고하며 예언하라. 선지자는 그 여자들을 똑바로 쳐다보아서, 과연 그 여자들이 그의 얼굴을 제대로 쳐다볼 수 있는지 없는지를 시험하여야 했다. 죄인들이 아주 뻔뻔스러울 때에는 책망하는 자들도 더욱 담대해야 한다는 것을 명심하라. 좀 더 살펴보자.

**I. 이 거짓 예언을 하는 여자들의 죄가 어떻게 묘사되고 있고 그 구체적인 내용은 무엇인가.**

1. 그들은 그들에게 상담을 하러 온 자들, 즉 그들의 장래 운명에 대하여 조언을 구하러 온 자들에게 의도적인 거짓말들을 하였다. "거짓말을 곧이 듣는 내 백성에게 너희가 거짓말을 지어내어 해악을 끼치는도다(19절). 그들은 진실을 듣고자 왔지만, 너희는 거짓을 말하는도다. 너희가 그들의 죄를 두둔하며 그들의 비위를 맞추어 주기 때문에, 그들은 너희의 말을 기꺼이 듣고자 한다." 듣기 싫은 진실보다 듣기 좋은 거짓을 더 듣고자 하는 백성은 불행한 백성이라는 것을 명심하라. 속일 기회를 노리고 있는 자들에게는 백성들이 그들의 거짓말을 듣고자 할 때에 사람들이 거짓을 원하기 때문에 거짓말을 한 것뿐이라고 변명하며 아무렇지도 않게 거짓을 말한다.

2. 그들은 그러한 거짓말들을 하나님에게서 받은 것처럼 가장함으로써 하나님의 이름을 욕되게 하였다(19절). "너희가 마치 내가 너희의 거짓말들을 후원하고 있는 것처럼 백성들에게 신용을 얻기 위해 내 이름을 사용함으로써 나를 내 **백성 가운데에서 욕되게 히는도다.**" 기짓과 악을 밑받침하기 위하여 하나님의 이름을 사용하는 자들은 하나님의 거룩한 이름을 크게 더럽히고 욕되게 하는 것임을 명심하라. 그렇지만 그들은 두어 움큼 보리와 두어 조각 떡을 위하여 서슴지 않고 그런 짓을 하였다. 그들은 이득을 위해서 그런 일을 행하였다. 그들은 그들이 그렇게 거짓말을 하는 것이 하나님의 이름에 얼마나 큰 욕이 되는지를 전혀 개의치 않았기 때문에, 그들 자신의 이득을 위해서 얼마든지 그렇게 할 수 있었다. 이득에 밝고 이 세상을 사랑하는 자들은 이득을 얻을 수만 있다면 아무리 거룩한 것이라고 하여도 그것을 더럽히고 짓밟는 일을 서슴지 않는다. 그러나 어이없게도 그들은 아주 보잘것없는 이득을 위하여 그런 짓을 하였다. 그들은 한 끼 식사도 되지 않는 이득, 거지에게 적선하기에나 알맞은 정도의 그런 이득, 즉 한 조각 떡과 한 줌의 보리를 위해서 거짓 예언을 마다하지 않

았다. 그렇지만 사실 한 조각 떡이나 한 줌의 보리도 그들의 거짓 예언에 대한 대가치고는 비싼 것이었다. 만약 그들이 하나님의 이름으로 그런 것을 구제를 위한 것으로 요청하였다면, 분명히 그들은 그것을 가질 수 있었을 것이고, 하나님은 이로 인하여 영광을 받으셨을 것이다. 그러나 그들은 거짓 예언에 대한 대가로 그것을 받았기 때문에, 하나님의 이름을 욕되게 하였고, 대가를 조금 받은 것은 그 범죄를 더욱 가중시키는 요인이 되었다. 한 조각 떡으로 말미암아 사람이 범법하는 것은 좋지 못하다(잠 28:21). 만약 그들이 너무나 가난해서 훔치고자 하는 유혹이 일어나서 하나님 여호와의 이름을 망령되이 일컫는 일을 저지르게 된 것이라면, 차라리 그것은 하나님의 이름으로 거짓을 예언하여 그 이름을 욕되게 하는 것보다는 더 나았을 것이다.

3. 그들은 거짓 예언을 통해서 백성들을 겁주고 그 마음을 휘어잡았다. "너희가 내 백성의 영혼을 사냥하고(18절), 사냥한 그 영혼들을 놓아주는도다(20절). 너희는 그들을 사냥하여 동산으로 오게 하는도다(난외주에서는 이렇게 읽는다). 너희는 온갖 술수를 다 써서, 그들이 너희가 거짓 예언을 하는 곳으로 오지 않을 수 없게 만들고, 그들에게 강력한 영향력을 행사하여서 그들 위에 군림하여 너희의 마음대로 그들을 좌지우지하는도다." 이 거짓 예언을 하는 여자들을 믿고 공경한 것은 백성들의 잘못이었지만, 거짓말과 온갖 거짓 술수로 백성들이 그들을 공경하게 만든 것은 그 여자들의 잘못이었다. 그들은 그들을 찾아온 영혼들을 살리는 체하였다(18절). 그들은 백성들로 하여금 그들의 말을 잘 듣고 돈을 잘 갖다 바치기만 한다면, 얼마든지 구원받을 수 있다고 믿게 하였다. 이렇게 그들은 구원을 받고자 하기는 하지만 그 길을 제대로 알지 못하기 때문에 그들에게 아주 자신만만하게 구원을 약속하는 자들의 말에 귀를 기울일 수밖에 없었던 굳세지 못한 영혼들(벧후 2:14)을 기만하여 재물을 속여 빼앗았다. "너희가 너희를 찾아온 자들의 영혼을 살리고 구원하는 체하느냐?" 이런 것들을 할 수 있는 체하는 자들은 의심해 보는 것이 좋다.

4. 그들은 정직하고 선한 자들을 낙심시키고, 악하고 불경한 자들에게는 힘을 실어 주었다. 너희가 죽지 아니할 영혼을 죽이고 살지 못할 영혼을 살리는도다(19절). 이것이 무엇을 의미하는지가 곧이어서 설명된다(22절). 내가 슬프게 하지 아니한 의인의 마음을 너희가 거짓말로 근심하게 하였다. 그들이 너희의 거짓 예언을 받아들이려 하지 않았기 때문에, 너희는 벼락 같이 그들에 대하여 하나

님의 심판을 선포하여 그들에게 큰 근심과 괴로움을 안겨 주었다. 그들을 위로하고 높여서 그들에게 힘을 실어 주는 것이 하나님의 뜻이었음에도 불구하고, 너희는 하나님의 이름으로 그들을 좋지 않은 자들로 규정하고, 사람들에게 멸시받거나 혐오스러운 자들로 만들어 버렸기 때문에, 그들은 무수히 슬픈 마음으로 돌아가야 했다. 그러나 이것보다 더 나쁜 것은 참 선지자들은 악인들에게 죄에서 돌이키라고 그토록 애타게 부르고 있는데도 이 거짓 예언을 하는 여자들은 악인의 손을 굳게 하여 악인들이 더욱 담대하게 죄를 짓고 그들의 악한 길에서 돌이키지 못하게 한 것이었다. "너희는 죄인들이 죄악된 길에 있는데도 그들에게 살 것이라고 약속하였고, 그들이 계속해서 죄를 짓는데도 그들에게 평강이 있을 것이라고 말했기 때문에, 그들의 손은 힘을 얻었고 그들의 마음은 더욱 완악해졌다." 어떤 이들은 이것을 다음과 같이 해석하기도 한다. 이 거짓 예언을 하는 여자들은 이미 포로로 끌려가서 환난 가운데 낮아져 있던 자들을 혹독하게 비난해서 그들의 마음을 슬프게 하였고, 반면에 바벨론의 왕에 대항하여 반기를 들었던 자들, 즉 불경건 속에서 완악해져 있던 자들에 대해서 칭찬을 아끼지 않음으로써 그들의 손을 굳게 하였다. 또는, 이 거짓 예언을 하는 여자들은 하나님의 이름을 욕되게 함으로써 하나님의 말씀을 높이고 소중히 여겼던 선한 자들의 마음을 슬프게 함과 아울러 하나님의 계시를 멸시하였던 무신론자들과 불신자들에게 힘을 실어 주었고 그 계시를 부정하는 근거와 빌미를 제공해 주었다. 선한 자들의 심령을 근심하게 하고 그들의 손을 약하게 만들며, 죄인들이 욕망을 만족시켜 주고 그들에게 힘을 실어 주어서 하나님과 거룩한 종교를 더욱 배척하게 만드는 자들은 그렇게 한 그들의 행위에 대하여 장차 큰 벌을 받게 되리라는 것을 명심하라. 죄 가운데 있고 회개하지 않아도 구원 받을 수 있다거나 악한 길에서 돌이키지 않고도 얼마든지 회개할 수 있다고 말해 주는 것보다 죄인들의 손을 더 견고하게 해주는 것은 없다.

5. 그들은 그들의 거짓 예언을 상징적으로 보여주는 징조들을 행함으로써 (하나냐가 그랬듯이, 렘 28:10) 참 선지자들의 행동을 흉내내었다. 이 거짓 예언을 하는 여자들은 여자다운 징조들을 행하였다. 그들은 백성들이 장차 다가올 환난 때문에 불안해하지 않고 편히 잠을 자고 쉴 수 있도록 하기 위하여 사람들의 손목마다 부적을 꿰어매어 주었다. 또한, 그들은 모든 연령대의 사람들에게 큰 자나 작은 자의 머리를 위하여 수건을 만들어 수었는데(18절), 이 수건은

자유 또는 승리를 나타내는 상징물로서, 이 백성이 갈대아 사람들로부터 구원받을 뿐만 아니라 그들을 이길 것임을 나타내는 것이었다. 어떤 이들은 이러한 것들이 점술을 행할 때에 사용하였던 미신적인 의식(儀式)들이었다고 생각한다. 점을 치는 자들은 점괘가 제대로 나오게 하기 위해서 점을 보러 온 자의 생각을 열어 주고 뭔가 큰 것을 보도록 베개와 수건에 주문을 걸어서 그 사람의 팔 아래와 머리에 두었다고 한다. 또는, 이러한 표현들은 비유적인 것일 수도 있다. 이 거짓 예언을 하는 여자들은 그들을 찾아온 사람들을 편안하게 해주기 위하여 최선을 다했는데, 여기에서 이것은 베개를 사용하여 편히 눕게 한다는 비유로 표현되어 있다. 또한, 그들은 그들을 찾아온 사람들의 기분을 좋게 해주기 위하여 최선을 다했는데, 여기에서 이것은 사람들의 머리 위에 아름답게 수놓은 수건을 쓰게 한다는 비유로 표현되어 있다.

**II. 이 거짓 예언을 하는 여자들에 대한 하나님의 진노는 어떻게 표현되어 있는가.** 하나님은 그들에게 화가 있을 것이라고 말씀하신다(18절). 하나님은 그들이 백성들을 미혹하고 속이기 위해서 사용하는 것들을 무력화시키시겠다고 선언하신다(20절). 그렇다면, 하나님은 그들에게 어떤 조치를 취하시고자 하시는가?

1. 그들의 시도들은 좌절되어 더 이상 진행되지 못할 것이다. 왜냐하면, 너희가 다시는 허탄한 묵시를 보지 못하고 점복도 못할 것이기 때문이다(23절). 그들은 회개를 통해서 그들의 사기 행각을 그치게 되는 것이 아니라, 장차 일어날 사건을 통해서 그들의 거짓이 밝혀짐으로써 부끄러워서 입을 다물게 될 것이다. 또는, 그들이 상상 속에서 꾸며내는 묵시나 점복들은 이전과는 달리 백성들로부터 호응을 받지 못하게 될 것이다. 또는, 그들은 죽게 될 것이다.

2. 하나님의 백성은 그들의 손에서 벗어나게 될 것이다. 백성들이 이 거짓 예언을 하는 여자들에게 미혹되어서 거짓 평강과 바보들의 낙원 속에서 놀아났다는 것을 알게 되고, 그 여자들이 죄에서 떠나고자 하지 않았지만 죄가 그들을 떠난 것을 알게 되며, 이 여자들이 더 이상 허탄한 묵시를 보지 못하고 점복도 못하게 된 것을 알게 될 때, 백성들은 그들에게 등을 돌리고 그들의 예언을 멸시하게 될 것이다. 더 이상 의인들은 그들 때문에 슬퍼하지 않게 될 것이고, 악인들도 그들로 인해서 힘을 얻지 못하게 될 것이다. 내가 그 부적을 너희 팔에서 떼어 버리고 그들의 머리에서 수건을 찢으리라. 이 여자들의 사기 행각이 낱낱

이 드러나서, 하나님의 백성은 더 이상 그들의 손에서 놀아나지 않을 것이고, 이전처럼 사냥을 당하지도 않을 것이다. 하나님의 권세를 빌려서 사람들의 양심을 짓밟고 학대하며 엎드리라 우리가 넘어가리라 하던 자들을 두려워하여 노예처럼 복종하였던 것에서 건짐을 받는 것은 큰 긍휼이라는 것을 명심하라. 그러나 하나님의 이름으로 이러한 권세를 누렸던 자들에게 그들의 권세가 끝이 나고 그들의 먹잇감이 그들에게서 놓여나는 것은 쓰라린 고통이다. 로마 가톨릭의 개혁이 바로 그런 것이었다. 하나님은 이런 일을 하실 때에 그가 여호와이시라는 것과 심령들에게 법을 주시는 것은 그의 대권이라는 것을 분명하게 보여주신다.

## 제 ― 14 ― 장

## 개요

　말씀을 듣는 것과 기도는 하나님의 두 가지 큰 규례이고, 우리는 이 규례들을 통해서 하나님께 영광을 돌리고, 하나님으로부터 은총을 받고 기쁘게 열납되기를 소망할 수 있다. 그렇지만 이 장에서 우리는 놀랍게도 어떤 이들은 말씀 속에서, 어떤 이들은 기도 속에서 하나님의 응답을 기다리지만 그들이 기대했던 응답을 받지 못하는 모습을 보게 된다. I. 이스라엘의 장로들이 말씀을 듣고 장래 일을 묻기 위해서 선지자에게 왔지만, 그들은 그럴 자격을 갖추지 못하였기 때문에 하나님께 기쁘게 받아들여지기는커녕 도리어 책망을 받고(1-5절), 그들의 죄를 회개하고 그들의 삶을 고치라는 권면을 받으며, 만약 그렇게 하지 않는다면 하나님께 묻는 것이 위험한 일이 될 것이라는 말씀을 듣는다(6-11절). II. 하나님은 노아와 다니엘, 욥이 이 백성을 위하여 기도할지라도, 이 백성에 대한 심판은 이미 작정되었고 그들의 멸망은 정해진 일이기 때문에, 그들의 기도는 응답되지 않을 것이라고 말씀하신다(12-21절). 그러나 이 장의 끝부분에서 남은 자가 이 심판을 피하게 될 것이라는 약속이 주어진다(22-23절).

[1]이스라엘 장로 두어 사람이 나아와 내 앞에 앉으니 [2]여호와의 말씀이 내게 임하여 이르시되 [3]인자야 이 사람들이 자기 우상을 마음에 들이며 죄악의 걸림돌을 자기 앞에 두었으니 그들이 내게 묻기를 내가 조금인들 용납하랴 [4]그런즉 너는 그들에게 말하여 이르라 나 주 여호와가 말하노라 이스라엘 족속 중에 그 우상을 마음에 들이며 죄악의 걸림돌을 자기 앞에 두고 선지자에게로 가는 모든 자에게 나 여호와가 그 우상의 수효대로 보응하리니 [5]이는 이스라엘 족속이 다 그 우상으로 말미암아 나를 배반하였으므로 내가 그들이 마음먹은 대로 그들을 잡으려 함이라 [6]그런즉 너는 이스라엘 족속에게 이르기를 주 여호와의 말씀에 너희는 마음을 돌이켜 우상을 떠나고 얼굴을 돌려 모든 가증한 것을 떠나라 [7]이스라엘 족속과 이스라엘 가운데에 거류하는 외국인 중에 누구든지 나를 떠나고 자기 우상을 마음에 들이며 죄악의 걸림돌을 자기 앞에 두고 자기를 위하여 내게 묻고자 하여 선지자에게 가는

모든 자에게는 나 여호와가 친히 응답하여 <sup>8</sup>그 사람을 대적하여 그들을 놀라움과 표징과 속담 거리가 되게 하여 내 백성 가운데에서 끊으리니 내가 여호와인 줄을 너희가 알리라 <sup>9</sup>만일 선지자가 유혹을 받고 말을 하면 나 여호와가 그 선지자를 유혹을 받게 하였음이거니와 내가 손을 펴서 내 백성 이스라엘 가운데에서 그를 멸할 것이라 <sup>10</sup>선지자의 죄악과 그에게 묻는 자의 죄악이 같은즉 각각 자기의 죄악을 담당하리니 <sup>11</sup>이는 이스라엘 족속이 다시는 미혹되어 나를 떠나지 아니하게 하며 다시는 모든 죄로 스스로 더럽히지 아니하게 하여 그들을 내 백성으로 삼고 나는 그들의 하나님이 되려 함이라 주 여호와의 말씀이니라

이 단락에는 다음과 같은 내용들이 나온다.

I. 이스라엘의 장로 중 몇 사람이 여호와의 뜻을 묻기 위해 선지자를 찾아옴. 그들은 나아와 그의 앞에 앉았다(1절). 그들은 지금 선지자와 함께 포로 생활을 하고 있으면서 주기적으로 그의 집을 찾아와서 예배를 드렸던 자들(우리가 앞에서 본 자들, 겔 8:1)이 아니었고, 왕의 사신이 되어서 공적인 일로 바벨론으로 오던 길에 그들의 일에 혹시 도움이 될 만한 어떤 메시지가 하나님으로부터 온 것이 있는지를 알아보기 위하여 백성들 사이에서 유명하였던 선지자 에스겔의 집에 잠시 들른 예루살렘의 고관들이었을 가능성이 높다. 하나님이 그들에게 주신 가혹한 응답을 볼 때, 그들은 선지자 에스겔을 덫에 걸리게 하거나 예레미야의 예언과 모순되는 것처럼 보이는 말꼬투리를 잡아서 두 선지자를 한꺼번에 싸잡아서 비난할 속셈을 지니고 있었던 것이 아닌가 생각된다. 하지만 그들은 의로운 자들인 것처럼 가장하였고, 선지자에게 깍듯이 예의를 차렸으며, 하나님의 백성답게 아주 진지하게 선지자 앞에 앉았다. 악한 자들이 외적으로는 아주 경건한 모습을 보이는 것은 새삼스러운 일이 아님을 명심하라.

II. 하나님이 선지자에게 그들이 어떤 자들인지를 은밀하게 알려주심. 그들은 선지자에게 낯선 자들이었다. 선지자는 단지 그들이 이스라엘 장로들이라는 것만을 알고 있었다. 이것이 겉으로 그들이 지니고 있는 신분이었다. 그래서 선지자는 그들을 신분에 걸맞게 공손하게 맞아들였고, 아마도 이렇게 신앙의 연륜이 있는 분들을 뵙게 된 것을 기뻐하였을 것이다. 그러나 하나님은 선지자에게 그들이 어떤 인물들인지 그 정체를 알려 주신다(3절). 그들은 우상

숭배자들이었기 때문에 단지 에스겔이 어떻게 나오는가 봄으로써 그들의 호기심을 만족시키기 위하여 하나님의 뜻을 물은 것뿐이었다. 그래서 하나님은 선지자에게 그들의 정체를 알려 주시면서 과연 그들이 지지나 격려를 받을 자격이 있는 자들인지를 반문하신다. "그들이 내게 묻기를 내가 조금인들 용납하랴. 내가 그들이 내게 묻는 것을 나를 존중하는 것으로 받아들여야 하며, 내가 그들에게 대답해 주어서 그들을 만족시켜 주어야 하겠는가? 그렇지 않다. 그들은 그런 것을 기대할 자격이 없다."

1. 그들은 자기 우상을 마음에 들인 자들이다. 그들은 단지 우상들을 섬길 뿐만 아니라, 우상들을 좋아하고 연연해하며 거기에 홀딱 빠져서, 우상들에게 그들의 마음과 애정을 다 주고 있기 때문에, 그들을 우상들로부터 떼어 놓는 것은 불가능할 정도였다. 그들은 우상들을 그들의 집에다 세워 놓아서, 그들에게는 우상의 방이 있었지만, 지금은 그들이 그들의 집에 있는 우상의 방으로부터 멀리 떨어져 있다. 하지만 그들은 그들의 마음속에도 우상들을 세워 놓고서, 언제라도 그들의 생각 속에서 우상들을 섬기고 있었다. 그들은 그들의 우상들을 그들의 마음에 올라오게 만들었다(원문은 이렇게 되어 있다). 즉, 그들은 그들의 마음을 우상들에게 내어 주었기 때문에, 우상들은 그들의 마음의 보좌 위에 좌정하고 있다는 말이다. 또는, 그들은 선지자에게 하나님의 뜻을 물으러 왔을 때에 그들의 우상들을 다 제거한 것처럼 가장하였지만, 그것은 단지 위장한 모습이었다. 그들은 여전히 은밀한 곳에 우상들을 두고 있었다. 즉, 그들은 우상들을 그들의 마음에 모셔 두었다. 그들이 우상들을 잠시 떠났다고 하여도, 그것은 영원한 작별이 아니라 우상들에게 다시 돌아올 것을 기약한 작별일 뿐이었다. 또는, 이 본문은 영적인 우상 숭배에 관한 것으로 이해할 수도 있다. 세상의 재물과 육체의 쾌락을 사랑하고, 돈을 자신의 신으로 삼고 있으며, 그들의 배가 그들의 신인 그런 자들은 그들의 마음속에 그들의 우상들을 세운 자들이다. 그들의 성소에는 우상들을 두고 있지 않지만 그들의 마음속에는 우상들을 두고 있는 사람들이 많은데, 그것도 하나님을 그 보좌에서 밀어내고 하나님의 이름을 욕되게 하는 일이다. 자녀들아 너희 자신을 지켜 우상에게서 멀리하라(요일 5:21).

2. 그들은 죄악의 걸림돌을 자기 앞에 둔 자들이다. 앞에서 그들의 은과 금은 그들의 죄악의 걸림돌로 불렸다(7:19). 그들의 은 우상과 금 우상은 그들로 하여금 넘어지게 하고 우상 숭배의 죄에 빠져 들어가게 만든 걸림돌이었다. 왜냐하

면, 그들은 금과 은으로 된 우상들의 아름다움에 빠져서 유혹되어 우상 숭배를 하게 되었기 때문이다. 또는, 그들의 죄악은 그들을 넘어뜨려서 파멸로 이끈 그들의 걸림돌이다. 죄인들은 그들 자신이 그들을 유혹하는 자들이기 때문에(오직 각 사람이 시험을 받는 것은 자기 욕심에 끌려 미혹됨이니, 약 1:14) 그들 자신을 멸망으로 이끄는 자들이기도 하다는 것을 명심하라. 네가 만일 거만하면 너 홀로 해를 당하리라(잠 9:12). 따라서 그들은 죄악의 걸림돌을 자기 앞에 두고, 그것을 눈 앞에 뻔히 보면서도 거기에 걸려 넘어진다. 이것은 그들이 그들의 죄가 어떤 결과를 가져온다고 할지라도 계속해서 죄 가운데 머물기로 작정했다는 것을 보여준다. 내가 이방 신들을 사랑하였은즉 그를 따라 가겠노라(렘 2:25). 이것이 그들의 마음이 하는 말이었다. 그러니 이러한 철면피들이 묻는 것을 하나님이 용납하겠는가? 그들이 하나님께 묻는 것은 그리스도를 조롱하기 위해서 그에게 무릎을 꿇은 자들과 마찬가지로 하나님을 공경해서가 아니라 모독하기 위한 것이 아니겠는가? 하나님에 대하여 적대적인 행위들을 계속해 온 그들이 하나님으로부터 평안의 대답을 기대할 수 있겠는가? "에스겔아, 너는 어떻게 생각하느냐."

**III. 하나님이 의분**(義憤) **가운데서 그들에게 대답해 주라고 에스겔에게 주신 말씀**(4절).　그들은 하나님이 그들에게 대답해 주시기를 거부하시는 것은 그들을 무시해서가 아니라, 여전히 우상을 좋아하고 섬기고 있으면서 하나님께 물으러 온다면, 하나님은 그것을 그에 대한 모독으로 여겨 분노하셔서 그들의 가장된 경건이 아니라 그들의 진정한 죄악된 모습을 따라 그들에게 대답해 주리라는 것이 이스라엘 족속 중의 모든 자에게 적용되는 원칙이기 때문이라는 것을 알아야 한다. 그들은 예를 갖춰 대접을 받기를 기대하면서 선지자에게로 가지만, 하나님은 그들의 오만무례함을 벌하는 응답을 그들에게 주실 것이다. 이스라엘 족속 중에 그 우상을 마음에 들이고 선지자에게로 가는 모든 자에게 나 여호와가 그 우상의 수효대로 보응하리니 나는 말하는 것을 반드시 이루는 자이니라. 마음속에 우상들을 세워 놓고 그 우상들에게 마음을 쏟는 자들은 보통 많은 우상들을 지니고 있는 것임을 주목하라. 겸손하게 섬기는 자들에게는 하나님이 많은 긍휼을 따라 응답하시지만, 뻔뻔스럽게 난입한 자들에게는 그들의 우상의 수효대로 보응하신다.

　1. 그들의 우상이 바라는 대로. 하나님은 그들을 그들 자신의 마음의 정욕에

내어주시고, 그들이 마음 먹은 대로 악하게 행하도록 내버려 두셔서, 그들로 하여금 그들의 죄악의 분량을 채우게 하실 것이다. 사람들의 부패한 것들은 그들의 마음속에 있는 우상들로서 그들 자신이 세운 것들이다. 사람들을 유혹하는 것들은 그들의 죄악의 걸림돌로서 그들 자신이 둔 것들이다. 따라서 그들은 그들이 하고 싶은 대로 할 것이고, 하나님은 그들이 선택한 그런 것들을 따라서 그들을 상대하실 것이다.

2. 그들의 우상에게 합당한 대로. 그들은 우상 숭배자들에게 합당한 그런 대답을 듣게 될 것이다. 하나님은 언제나 우상 숭배자들을 벌해 오셨기 때문에 그들도 그런 벌을 받게 될 것이다. 즉, 그들이 하나님의 도우심을 요청할 때, 하나님은 그들을 그들이 택한 신들에게 보내실 것이다(삿 10:13-14). 사람들은 그들이 겉으로 꾸미고 가장한 모습이 아니라 그들의 진짜 모습을 따라서(즉, 그들의 마음이 어떠냐에 따라서) 하나님의 심판을 받게 될 것임을 명심하라. 그렇다면, 그 결과는 무엇이 될까? 이 경고의 대답은 결국 어떤 것이 될까? 하나님은 그들에게 이렇게 말씀하신다(5절). 내가 그들이 마음 먹은 대로 그들을 잡아서 세상에 널리 공개하여 수치를 당하게 하고, 그들을 저주에 내어 주어 멸망을 당하게 할 것이다. 죄인들의 죄와 수치, 고통과 멸망은 모두 스스로 자초한 것들이고, 그들 자신의 마음은 그들을 사로잡는 덫이라는 것을 명심하라. 그들의 마음은 그들을 속여 유혹하고 그들을 배신한다. 그들의 양심은 그들을 쳐서 증언하고 정죄하고 그들에게 두려움을 불러일으킨다. 하나님이 그들을 잡아서 드러내고 정죄하며 그들을 결박하여 그의 심판에 내어준다면, 그것은 모두 그들 자신의 마음으로 말미암은 것이다. 이스라엘아 네가 스스로 패망하였도다(호 13:9). 이스라엘 족속은 그들 자신의 손으로 멸망을 자초하였다. 왜냐하면, 그들은 다 그들의 우상으로 말미암아 나를 배반하였기 때문이다.

(1) 죄인들이 멸망하는 것은 그들이 하나님을 배반하고 떠났기 때문이다.

(2) 사람들의 마음이 하나님에게서 떠나는 것은 이런저런 우상 때문이다. 하나님이 계셔야 할 자리를 어떤 피조물이 차지하여 지배하고 있기 때문에, 하나님이 떠나시는 것이다.

**IV. 하나님이 그들에게 주신 이 대답의 적용범위.** 이 대답은 이스라엘 족속 모두에게 적용된다(7-8절). 동일한 내용이 반복되고 있는 것은 마음은 하나님에게서 멀어져서 그를 대적하면서도 가식적인 경건의 모양만을 갖춰서 그를 우롱하는 위선자들에 대한 하나님의 의로우신 분노를 보여주는 것이다. 좀 더 살펴보자.

1. 이 대답은 누구에게 적용되는가. 이 대답은 이스라엘 족속의 모든 자에게만이 아니라(4절) 이스라엘 가운데에 거류하는 외국인에게도 적용된다. 외국인들은 그들이 이스라엘에 단지 거류하는 자들일 뿐이고 그의 조상이 섬겨온 우상들을 섬기는 것뿐이며 어려서부터 우상을 섬기며 자라왔다는 것이 우상 숭배를 하는 변명이 될 수 있다고 생각해서는 안 된다. 그들은 철저하게 우상 숭배를 버리기 전에는 이스라엘에 주어진 하나님의 말씀이나 선지자들로부터 그 어떤 유익을 얻을 생각을 하지 말아야 한다. 이방인 개종자들이라도 진실하지 않다면 결코 용납되지 못할 것임을 명심하라. 가장된 회심은 회심이라고 할 수 없다.

2. 여기에서 위선자들은 어떻게 묘사되고 있는가. 그들은 우상들과 교제함으로써 하나님을 떠난 자들이다. 그들은 스스로 하나님과의 관계를 끊고, 하나님 안에 있는 그들의 분깃을 버린 자들이다. 그들은 하나님과의 교제를 단절하고서 하나님과 거리를 두고 멀리하는 자들이다. 우상들과 어울리는 자들은 하나님을 떠난 자들이라는 것을 명심하라. 지금 하나님을 섬기는 것에서 떠나고 하나님에 대한 충성 맹세를 의도적으로 철회하는 자들은 영원히 하나님을 뵈옵지 못하게 될 것이다. 그러나 이렇게 하나님을 떠났으면서도 선지자들을 공경하고 그들의 직분에 경의를 표하는 모습을 가장하고서 선지자들을 찾아와서 그들에 대하여 하나님이 어떻게 말씀하시고 생각하시는지를 묻는 자들이 있는데, 그것은 그들의 헛된 호기심을 만족시키고 아우성치는 양심의 소리를 틀어막으며 사람들 가운데서 좋은 평판을 얻어 보기 위한 것이지, 결코 하나님의 뜻을 알거나 그 뜻을 따라 행하고자 하는 것이 아니다.

3. 이렇게 하나님을 가볍게 여겨서 우롱하고 속여넘길 수 있다고 생각하는 자들이 받게 될 벌. "나 여호와가 그들에게 친히 응답하고 그들을 친히 다루리라. 내가 그들에게 응답하여, 그들을 극도로 당혹하게 만들고 그들의 뻔뻔스러운 불경을 후회하게 만들리라." 그들은 선지자를 통한 메시지가 아니라 하나님의 심판을 응답으로 받게 될 것이다. 내가 그 사람을 대적하여 그들과 맞서리라. 이것은 하나님이 그들에 대하여 크게 분노하셔서 그들을 멸하시기로 단단히 작정하셨다는 것을 의미한다. 아무리 뻔뻔하고 후안무지한 죄인이라도 하

나님이 노려보시면 얼굴을 돌리지 않을 수 없다. 위선자들은 사람들 가운데서 그들이 명성을 얻고 박수갈채를 받을 것이라고 생각했지만, 하나님은 정반대로 그들을 표징과 속담 거리가 되게 하시고, 그들을 주변의 모든 사람들로부터 경멸을 받게 만들 그런 심판을 그들에게 가하실 것이다. 그들이 겪게 될 참상은 우리가 상상할 수 있는 것 중에서 가장 비참한 것이 될 것이기 때문에, 성경에서는 가장 흉악무도한 죄인들이 외식하는 자가 받는 벌을 받게 될 것이라고 말한다(마 24:51). 하나님은 그들을 본보기가 되게 하실 것이다. 그들에 대한 하나님의 심판은 다른 사람들에게 하나님을 우롱해서는 안 된다는 것을 보여주는 경고가 되고, 하나님에게서 떠났으면서도 가식적으로 하나님께 묻는 자는 이런 꼴이 되리라는 것을 보여주는 경고가 될 것이다. 위선자들은 하나님의 백성 중의 일원으로 여겨져서 그들 속에 끼어서 어영부영 천국으로 들어가게 될 것이라고 생각하지만, 하나님은 그들을 그의 백성 가운데에서 끊으실 것이고, 그들을 구름 같이 많은 성도들 가운데서 색출해내어 내쫓으실 것이다. 이것을 통해서 내가 여호와인 줄을 너희가 알리라고 하나님은 말씀하신다. 위선자들을 찾아내실 수 있으시다는 것은 하나님이 모든 것을 아시는 분임을 보여주는 것이다. 사역자들은 사람들이 말씀을 들으러 올 때에 어떤 마음을 품고 와 있는지를 알지 못하지만, 하나님은 아신다. 위선자들을 벌하신다는 것은 하나님은 질투하시는 하나님이시고, 결코 속이거나 우롱할 수 있는 분이 아니라는 것을 보여주는 것이다.

**V. 경건을 가장하는 자들을 두둔하는 거짓 선지자들이 받게 될 벌**(9-10절). 거짓으로 하나님께 묻는 이 위선자들은 에스겔로부터는 듣기 좋은 응답을 받지 못하였지만 그들에게 그런 응답을 들려주는 선지자들도 분명히 있을 것이었다. 만약 그들이 어떤 선지자들에게서 그런 응답을 받는다면, 그들은 하나님이 그 거짓말하는 선지자들로 하여금 그들을 속이고 미혹하게 허용하시는 것은 하나님의 징벌의 일부라는 사실을 알아야 한다. "만일 선지자가 미혹을 받고 그들에게 듣기 좋은 말을 해주고 아무런 근거도 없는 소망들을 불어넣어 준다면, 그것은 나 여호와가 그 선지자로 하여금 미혹을 받게 한 것이고, 그 선지자 앞에 시험 거리를 두어서 그가 그 시험에 져서 거짓 예언을 하여, 그들의 마음을 완악하게 하여 그들로 하여금 계속해서 악한 길로 가게 만든 것이다." 우리는 하나님은 죄의 근원이 되시는 분이 아니지만, 만유의 주(主)이시고 죄인들

의 심판자이시라는 것과 종종 한 악인을 멸하기 위하여 다른 악인을 사용하시며 한 악인을 미혹하기 위하여 다른 악인을 사용하신다는 것을 안다. 그럴 때에 악인을 멸하고 미혹하는 것은 그러한 것을 행하는 자의 죄이고, 결코 하나님에게서 나오는 죄가 아니다. 하지만, 그것은 그런 일을 당하는 자에게는 벌이 되는데, 그 벌은 하나님에게서 나온 것이다. 우리는 아합의 선지자들이 하나님이 그들의 입에 넣으신 거짓말하는 영에 의해서 미혹을 받고 속은 이야기(왕상 22:23)와 하나님이 진리의 사랑을 받지 아니한 자들에게 미혹의 역사를 보내사 거짓 것을 믿게 하신 것(살후 2:10-11)에서 그 분명한 예를 본다. 그러나 거짓말하는 선지자가 받을 두려운 벌을 보라. 내가 손을 펴서 그를 멸할 것이라. 하나님은 그 거짓말하는 선지자를 통해서 자신의 의로운 목적들을 이루실 것이지만, 그 선지자는 그의 불의한 목적들 때문에 벌을 받게 될 것이다. 하나님이 죄악된 자기 백성을 황폐화시키기 위하여 갈대아 사람들을 사용하신 후에 그들의 잔혹한 행위에 대한 책임을 물어서 그들을 벌하신 것과 마찬가지로, 죄악된 백성을 미혹하고 속이기 위하여 거짓 선지자들과 적그리스도들을 사용하신 후에도 그들의 거짓된 행위로 인하여 그들을 벌하셨다. 여기에서 우리는 하나님의 판단은 큰 바다와 같아서 우리가 그것을 헤아릴 수 없다는 것, 우리는 트집 잡기 좋아하는 모든 자들을 만족시키고 잠재울 수 있을 정도로 하나님이 하시는 일들이 공평하시다는 것을 그들에게 설명할 수는 없지만 하나님이 공평하시고 의로우시다는 것이 만천하에 밝혀질 날이 오리라는 것, 특히 위선자들의 익한 길을 두둔하는 선지자에 대한 벌이, 선지자들에게 오직 부드러운 말만을 주문하는 위선자들(사 30:10)에 대한 벌이 되게 하시는 것이 하나님의 의로우신 처분임이 밝혀질 날이 오리라는 것을 인정하여야 한다(칼빈이 이 대목에서 우리에게 상기시키고 있듯이). 인도하는 맹인이나 그를 좇아가는 맹인이나 둘 다 구덩이에 빠지게 될 것이다.

  **VI. 이 두려운 벌을 미리 막기 위해 하나님이 그들에게 주시는 선한 권면**(6절). "그런즉 너희는 마음을 돌이켜 우상을 떠나라. 너희와 하나님을 갈라놓은 바로 그 우상들에게서 떠나라. 그 우상들 때문에 하나님이 너희와 맞서시는 것이기 때문에, 너희는 우상들에게서 얼굴을 돌려라." 이것은 단순히 우상들을 버리는 것이 아니라 혐오감을 가지고서 그것들을 버리는 것을 의미한다. "너희가 지긋지긋하게 여기는 가증한 것들에게서 떠나듯이 우상들에게서 떠나라.

그렇게 한 후에는 너희가 여호와께 묻는 것이 허락될 것이다. 오라 우리가 서로 변론하자."

**VII. 이 모든 것이 이스라엘 족속에게 가져다 줄 선한 결과.** 거짓 선지자들과 거짓 성도들이 하나님의 심판을 받고 함께 멸망하게 되면, 그들이 본보기가 되어서, 나머지 백성들은 삶을 고치게 되고, 이스라엘 족속이 다시는 미혹되어 나를 떠나지 아니하게 될 것이다(11절). 하나님이 몇몇 사람들을 벌하시는 것은 다른 사람들이 그것을 듣고 두려워하여 경고를 받아서 죄를 짓지 못하게 하기 위한 것임을 명심하라. 하나님을 떠난 자들이 어떻게 되는지를 똑똑히 보고나면, 하나님을 꼭 붙잡아야 하겠다는 마음이 생겨나게 마련이다. 이스라엘 족속이 나를 떠나 어그러진 길로 가지 않는다면, 그들은 다시는 스스로 더럽히지 아니하게 될 것이다. 죄는 우리를 더럽힌다는 것을 명심하라. 죄는 죄인을 순전하고 거룩하신 하나님의 눈에 가증한 자로 만들고, 만약 양심이 깨어 있기만 하다면 죄인 자신의 눈에도 가증한 자로 보이게 만든다. 그러나 그들이 내 백성이 되고 내가 그들의 하나님이 되기 위해서 그들은 다시는 스스로를 더럽히지 않게 될 것이다. 하나님과의 언약 관계 속에 들어오고자 하는 자들은 먼저 죄의 더러운 것들에서 깨끗하게 되어야 한다는 것을 명심하라. 더러운 죄에서 자신을 깨끗하게 한 자들은 멸망에서 구원받을 뿐만 아니라 하나님의 백성으로서의 모든 특권들을 누릴 자격을 얻게 될 것이다.

[12]여호와의 말씀이 또 내게 임하여 이르시되 [13]인자야 가령 어떤 나라가 불법을 행하여 내게 범죄하므로 내가 손을 그 위에 펴서 그 의지하는 양식을 끊어 기근을 내려 사람과 짐승을 그 나라에서 끊는다 하자 [14]비록 노아, 다니엘, 욥, 이 세 사람이 거기에 있을지라도 그들은 자기의 공의로 자기의 생명만 건지리라 나 주 여호와의 말이니라 [15]가령 내가 사나운 짐승을 그 땅에 다니게 하여 그 땅을 황폐하게 하여 사람이 그 짐승 때문에 능히 다니지 못하게 한다 하자 [16]비록 이 세 사람이 거기에 있을지라도 나의 삶을 두고 맹세하노니 그들도 자녀는 건지지 못하고 자기만 건지겠고 그 땅은 황폐하리라 주 여호와의 말씀이니라 [17]가령 내가 칼이 그 땅에 임하게 하고 명령하기를 칼아 그 땅에 돌아다니라 하고 내가 사람과 짐승을 거기에서 끊는다 하자 [18]비록 이 세 사람이 거기에 있을지라도 나의 삶을 두고 맹세하노니 그들도 자녀는 건지지 못하고 자기만 건지리라 나 주 여호와의 말이니라 [19]가령 내가 그

땅에 전염병을 내려 죽임으로 내 분노를 그 위에 쏟아 사람과 짐승을 거기에서 끊는다 하자 20비록 노아, 다니엘, 욥이 거기에 있을지라도 나의 삶을 두고 맹세하노니 그들도 자녀는 건지지 못하고 자기의 공의로 자기의 생명만 건지리라 주 여호와의 말씀이니라 21주 여호와께서 이같이 이르시되 내가 나의 네 가지 중한 벌 곧 칼과 기근과 사나운 짐승과 전염병을 예루살렘에 함께 내려 사람과 짐승을 그 중에서 끊으리니 그 해가 더욱 심하지 아니하겠느냐 22그러나 그 가운데에 피하는 자가 남아 있어 끌려 나오리니 곧 자녀들이라 그들이 너희에게로 나아오리니 너희가 그 행동과 소행을 보면 내가 예루살렘에 내린 재앙 곧 그 내린 모든 일에 대하여 너희가 위로를 받을 것이라 23너희가 그 행동과 소행을 볼 때에 그들에 의해 위로를 받고 내가 예루살렘에서 행한 모든 일이 이유 없이 한 것이 아닌 줄을 알리라 주 여호와의 말씀이니라

이 단락의 취지는 다음과 같은 것들을 보여주는 것이다.

**I. 민족적인 죄들은 민족적인 심판을 불러온다는 것.**  미덕이 파괴되고 황폐해지면, 다른 모든 것들도 곧 파괴되고 황폐해질 것이다(13절). 어떤 나라가 불법을 행하여 내게 범죄하고 악덕이 판을 치며 죄인들이 득실거리고 그 죄악들이 흉악무도하며 큰 불경(不敬)과 음행들이 난무하면, 내가 손을 그 위에 펴서 그 나라를 벌하리라. 그 때에는 하나님의 권능이 공개적으로 격렬하게 행사될 것이고, 하나님의 심판은 그 나라의 방방곡곡에 미치며 그 나라의 모든 일들에 미칠 것이다. 중대한 죄악들은 중대한 재난들을 불러오는 법이다.

**II. 하나님은 여러 가지 혹독한 심판들을 준비해 두고 계신다는 것.**  하나님은 그러한 심판들로 죄악된 나라들을 벌하시고, 그 모든 심판들을 자기 뜻대로 부리셔서 나라들에 부으신다. 하나님은 실제로 다윗에게 인구 조사를 행한 죄에 대한 벌로 어떤 심판을 받고자 하는지를 선택하도록 하셨다. 다윗이 어느 쪽의 심판을 선택하든, 그 심판은 다윗이 자랑하던 백성들의 수를 줄이는 목적을 달성할 것이었다. 하지만 다윗은 사실상 그 선택권을 포기하고 다시 하나님께 맡긴다. "우리가 여호와의 손에 빠지기를 원하노라(삼하 24:14). 우리를 어떤 회초리로 치실지를 여호와께서 선택하시기를 원하노라." 그러나 하나님이 여러 가지 다양한 심판들을 사용하시는 것은 그가 만유를 다스리고 계시다는 것과 우리와 관련된 모든 일들이 그에게 달려 있다는 것을 보여주시기 위한 것이

다. 여기에서는 네 가지 중한 벌이 구체적으로 언급되고 있다.

1. 기근(13절). 하나님이 늘 주시던 긍휼들을 그치시는 것만으로도 이미 충분한 심판이 되기 때문에, 백성들을 비참하게 만들기 위해서 더 이상 다른 조치를 취할 필요가 없다. 하나님은 압제의 지팡이를 꺾으실 필요가 없으시고, 그저 그들이 의지하는 양식이라는 지팡이를 꺾으시면 그 목적이 곧 이루어진다. 하나님은 땅이 해마다 사람과 짐승을 위해 내는 양식들을 끊으시는 방법을 통해서 사람과 짐승을 끊으신다. 우리에게 양식이 있기는 하지만 우리가 그 양식으로 자양분이나 힘을 얻지 못할 때에 하나님이 양식이라는 지팡이를 꺾으신 것이다(학 1:6). 너희가 먹을지라도 배부르지 못한다.

2. 사나운 짐승. 하나님은 해롭고 독이 있는 짐승들이나 맹수들을 그 땅에 다니게 하고 그 땅의 모든 곳들에 그런 짐승들의 수가 늘어나서 그 땅의 가축들과 사람들을 잡아 먹게 하여 사람이 그 짐승들 때문에 능히 다니지 못하게 하실 수 있으시다(15절). 벧엘의 아이들이 두 마리 곰에게 찢겨 죽은 사건이 보여주듯이, 그 때에는 사람들이 사자나 맹수에게 물려 찢겨 죽을까봐 대로조차도 다니지 못하게 될 것이다. 사람들이 하나님에 대한 충성 맹세를 배반하고 반기를 들면, 하나님은 사람보다 못한 피조물들을 일으키셔서 사람들을 대적하게 하신다는 것을 명심하라(레 26:22).

3. 전쟁. 하나님은 종종 죄악된 나라들에게 칼, 곧 외적의 칼을 보내셔서 벌하시는데, 칼에게 사명을 주시고 어떤 임무를 수행해야 할지도 지시하신다(17절). 하나님은 칼아 그 땅에 돌아다니라고 말씀하신다. 칼이 한 나라의 접경 지대로 들어오는 것만으로도 충분히 좋지 않은 일이지만, 칼이 한 나라의 내부를 구석구석 다 돌아다니는 것은 훨씬 더 좋지 않은 일이다. 하나님은 그 칼로 사람과 짐승, 보병과 기병을 다 끊으신다. 칼이 행하는 것은 그 칼을 통해서 하나님이 행하시는 것이다. 왜냐하면, 그것은 하나님의 칼이고, 그 칼은 하나님의 지시대로 움직이기 때문이다.

4. 전염병(19절). 무시무시한 전염병은 종종 도시 전체를 휩쓸어서 유령의 도시로 만들어 버린다. 하나님은 전염병을 내려 죽임으로 분노를 쏟으신다. 전염병은 칼에 의해 피를 흘리는 것과 마찬가지의 효과를 가져온다. 왜냐하면, 전염병에는 독소가 있어서 사람들이 그 독소에 의해 죽기 때문이다. 수많은 사람들이 이렇게 여러 가지 모양으로 죽어서 여기저기 널려 있는 광경은 얼마나 비

참할 것인가. 하나님은 무수히 많은 방식들을 동원하셔서 죄인들과 싸우시기 때문에, 그들이 한 가지 심판을 피한다고 해도 또 다른 심판이 그들을 기다리고 있다. 그러니 죄인들의 처지가 얼마나 위태위태하겠는가.

**III. 하나님을 믿는다고 고백한 백성이 그에게 반기를 들었을 때에는 그들은 여러 가지 심판들이 그들에게 임하리라는 것을 예상하여야 한다는 것.** 하나님은 죄악된 민족과 다투시기 위한 여러 가지 방법들을 갖고 계시지만, 거룩한 성인 예루살렘이 창기가 되자, 네 가지 중한 벌을 한꺼번에 다 내리신다(21절). 왜냐하면, 하나님과 가까운 자들이 그들이 지닌 저 거룩한 이름을 욕되게 하고 그들의 신앙 고백을 거짓되게 하면, 하나님과 가깝다는 그 사실로 인해서 하나님은 그들에게 더욱 혹독한 벌을 내리시기 때문이다. 그들은 칠 배나 더 벌을 받게 될 것이다.

**IV. 죄 때문에 멸망할 날이 무르익은 그러한 곳들에도 아주 극소수이긴 하지만 선한 자들이 있다는 것.** 죄악이 횡행하는 땅에도 노아, 다니엘, 욥 같은 세 사람이 있을 수 있다는 것은 결코 말도 안 되는 억측이 아니다. 다니엘은 당시에 살아 있던 인물로서 그의 전성기에 도달하지는 않았지만 이미 유명해져 있었다(적어도 그에 관한 하나님의 이런 말씀이 있었기 때문에 그는 반드시 그런 인물이 될 것이었다). 그렇지만 그는 가장 먼저 포로로 끌려 갔다(단 1:6). 예루살렘에 남아 있던 백성들 중에서 몇몇 선한 부류들은 바벨론의 왕궁에서 다니엘이 지니고 있는 명성을 익히 들어 알고 있었기 때문에 만약 다니엘이 예루살렘에 계속해서 있었더리면 그의 덕분으로 예루살렘이 무사할 수 있었을 것이라고 생각했을 것이다. 그러나 하나님은 이렇게 말씀하신다. "그렇지 않다. 비록 너희에게 옛적의 노아나 우스 땅의 욥과 같이 악한 때와 장소에서 두드러지게 선한 인물인 다니엘이 있다고 하더라도, 너희가 심판을 피하지는 못할 것이다." 아무리 타락한 곳이고 아무리 타락한 시대라도 거기에는 하나님이 자기 자신을 위하여 남겨 두신 남은 자들, 자기의 온전함을 굳게 지켜서 죄 없는 자로서 그 땅을 건질 영예를 얻을 가능성이 있는 남은 자들이 존재한다(욥 22:30).

**V. 하나님은 종종 몇몇 경건한 자들을 위하여 아주 악한 곳들을 멸하지 않으시고 그대로 두신다는 것.** 이것은 여기에서 예루살렘의 친구들이 환난 날에 어떤 기대를 하는지를 묘사하는 대목에 함축되어 있다. "하나님은 분명히

우리와의 다툼을 그치실 것이다. 사람들이 그들의 죄로 민족적인 죄의 분량을 채우고 있기는 하지만, 한편으로 우리 가운데는 기도를 통해서 민족적인 죄의 분량을 비워내는 자들이 있지 않은가? 그러니 하나님은 의인을 악인과 함께 멸하시기보다는 악인을 의인과 함께 살려두시는 쪽을 택하실 것이다. 소돔이 심판을 면제받는 데에 열 사람의 의인이 필요했다면, 분명히 예루살렘도 심판을 면제받을 수 있을 것이다."

**VI. 노아, 다니엘, 욥 같은 의인들은 죄악된 백성으로부터 하나님의 진노를 돌려 놓을 수 있다는 것.** 노아는 완전한 자로서 모든 인생의 행실이 타락하였을 때에도 자신의 신앙과 행실을 흠 없이 지켜내었다. 그래서 그 덕분에 그의 가족은 방주에 들어가 구원을 받았다(심지어 그들 중의 한 명, 즉 함은 악한 자였음에도 불구하고). 욥은 경건의 큰 모범이었고, 그의 자녀들과 친구들을 위해 기도하는 기도의 용사였다. 하나님은 그가 기도하였을 때에 그의 곤경을 돌이키셨다(욥 42:10). 노아와 욥은 저 위대한 중보 기도자였던 모세 이전에 살았던 먼 옛날의 모범적인 인물들이었다. 하나님이 이런 인물들을 언급하시고 계시다는 것은 유대 민족이 형성되기 오래 전에도 하나님이 아주 아끼시고 은총을 베푸신 인물들이 있었듯이 유대 민족이 멸망한 후에도 그런 인물들이 있을 것임을 보이신 것이라 할 수 있다. 그렇기 때문에 하나님은 모세, 아론, 사무엘 같은 인물들이 아니라 노아나 욥 같은 인물들을 언급하고 계시는 것으로 보인다. 하지만 하나님이 옛 사람들만을 편애하신다고 생각하는 사람이 있을까봐, 하나님은 당시에 살아 있던 한 인물을 옛 시대의 영광이었던 이 두 인물 중간에 가져다 놓으신다. 그 인물은 당시에 포로로 끌려가 살았던 다니엘이었다. 이것은 우리에게 옛 인물들을 지나치게 부각시킴으로써 우리 시대의 선한 인물들을 소홀히 하는 잘못을 범하지 않도록 가르친다. 포로로 끌려와 살고 있는 사람들은 그들의 형제이자 환난에 동참하는 자인 다니엘, 아주 겸손하고 경건하며 하나님에 대해 열심이 있고 쉬지 않고 기도하는 자인 다니엘이 노아나 욥과 마찬가지로 하늘을 움직이는 힘을 지니고 있다는 것을 알아야 한다. 왜 하나님이 옛날과 마찬가지로 오늘날에도 위대하고 선한 자들을 일으키지 않으시겠는가?

**VII. 어떤 백성의 죄가 극에 달해서 그들의 멸망이 작정된 때에는 아무리 선한 자들의 경건과 기도로도 하나님의 심판을 막을 수 없다는 것.** 비록 이 세 사람이 예루살렘에 있을지라도 그들이 자녀를 건지지 못하리라는 말씀이 여기에서 반복적으로 강조되고 있다. 이스라엘의 유아들은 모세의 기도로 살아 남았지만(민 14:31), 그들의 자손들은 이 세 사람이 있다고 하더라도 살아 남지 못할 것이다. 모세와 사무엘이 하나님 앞에 섰다 할지라도(렘 15:1), 그 땅은 황폐할 것이고, 하나님은 그들의 기도를 듣지 않으실 것이다. 사람들이 하나님의 오래 참으심을 악용하면, 그 인내심은 결국 용서 없는 진노로 변할 것임을 명심하라. 하나님은 다른 경우보다도 예루살렘에 대해서는 더 가차없이 행하시는 것처럼 보인다(16절). 왜냐하면, 그들이 하나님의 오래 참으심 외에도 다른 그 어떤 백성보다도 더 큰 특권들을 누려 왔다는 사실이 그들의 죄를 더욱 가중시켰기 때문이다.

**VIII. 경건한 자들의 기도가 다른 사람들을 구하지는 못한다고 하여도 자기의 의로 자기의 생명은 건지게 되리라는 것.** 따라서 그들도 다른 사람들이 겪는 환난을 똑같이 겪기는 하겠지만, 그들에게는 그 환난의 성격이 달라지게 될 것이다. 그들에게 그 환난은 악인들이 당하는 그런 환난이 되지 않을 것이기 때문에, 그들에게 아무런 해도 끼치지 않을 것이며, 느슨한 고난이 될 것이다. 그 환난은 하나님에 의해서 성별되어 그들에게 유익을 가져다 줄 것이다. 하나님은 어떤 때는 그들의 생명을 건지셔서 그들에게 노략물로 주실 것이고, 어떤 때는 적어도 그들의 영혼을 안전하게 지켜주실 것이다. 그들의 몸이 건짐을 받지 못한다고 하여도, 그들의 영혼은 건짐을 받게 될 것이다. 재물은 진노하시는 날에 무익하나 의(義)는 죽음, 곧 여기에서 경고하고 있는 많은 죽음들에서 그들을 건져줄 것이다(잠 11:4). 이것은 우리로 하여금 모든 사람들이 배교하는 날에도 우리의 신앙을 굳게 지키도록 격려해 준다. 그렇게 한다면, 우리는 여호와의 분노의 날에 숨김을 얻게 될 것이다(습 2:3).

**IX. 하나님은 그의 심판을 통해서 모든 것을 황폐화시키실지라도 그들 중 일부를 그의 긍휼의 기념비들로 남겨 두시리라는 것**(22-23절). 철저히 멸망받게 되어 있는 예루살렘에서도 앞서 말한 중한 벌들을 피하여 남은 자들이 있어서 포로로 끌려가리니, 이 자녀들이 다음 세대의 씨앗이 될 것이다. 어른들은 이미 구제 불능일 정도로 죄악 가운데서 완악하여져서 죽임을 당하겠지만, 어린 자녀들은 아직 죄 가운데서 굳어지지 않았기 때문에 예루살렘이 멸망당하는 와중에서 적에 의해 끌려 나와서 이미 포로로 잡혀와 있는 너희에게로 나아올 것이다. 그 자녀들은 어쩔 수 없다는 것을 깨닫고서, 좀 더 자발적으로 바벨론으로 오고자 할 것이다. 왜냐하면, 그들의 많은 친구들이 이미 그들보다 앞서서 바벨론으로 끌려 와서, 뒤에 오는 그들을 반갑게 맞아줄 것이기 때문이다. 그들이 올 때, 너희가 그들의 행동과 소행을 보게 될 것이고, 그들이 이전에 저질렀던 죄악들을 진심으로 고백하고 겸손하게 회개하면서 삶을 고칠 것을 약속하는 것을 듣게 될 것이며, 그들이 실제로 그들의 삶을 고치는 모습을 보게 될 것이고, 그들이 겪은 환난이 그들에게 어떤 유익을 가져다 주었는지, 그들이 그 환난 가운데서 인내심을 가지고 얼마나 지혜롭게 행하는지를 보게 될 것이다. 그들이 겨우 목숨을 건지게 된 경험이 그들에게 큰 유익을 가져다 줄 것이다. 그들이 겪은 환난은 그들의 성품과 행실을 바꿔 놓아서, 그들을 새 사람으로 만들어 놓을 것이다.

1. 이것은 그들의 형제들에게 만족을 가져다 줄 것이다. 너희가 그들의 행동과 소행을 보면 위로를 받을 것이라. 사람들이 하나님의 매를 맞으면서 자신의 잘못을 회개하고 스스로를 낮추며 하나님이 옳으시다는 것을 인정하고 그들의 죄악에 대한 벌을 닫게 받는 것을 보는 것은 정말 위로가 되는 일임을 명심하라. 우리가 다른 사람들이 환난을 당하는 것을 슬퍼할 때(우리는 마땅히 이렇게 슬퍼해야 한다), 그들이 그 환난을 선용해서 그들에게 유익되는 쪽으로 활용하는 모습을 보는 것은 우리에게 큰 위로가 된다. 이 포로들이 이미 바벨론에 와 있는 친구들에게 그들이 얼마나 악했는지, 하나님이 그들에게 심판을 내리신 것이 얼마나 지당하신 일인지를 고백하였을 때, 그것은 그 친구들의 마음을 무척 편하게 해주었고, 그 친구들이 예루살렘이 당한 재난, 자기 백성을 이토록 극심하게 벌하신 하나님의 공의, 이 모든 일들 속에 선하신 의도가 담겨져 있다는 것이 드러난 지금에 와서 깨닫게 된 하나님의 선하심을 편하게 받아들이는 데에 도움을 주었다. 이렇게 "내가 예루살렘에 내린 재앙 곧 그 내린 모든 일에 대하여 너희가 위로를 받을 것이라. 너희가 이 사태를 좀 더 잘 이해하게 될 때, 너희는 이 일에 대하여 처음에 가졌던 놀랍고 당혹스러운 마음을 더 이상 품지 않게 될 것이다." 우리가 우리에게 닥친 환난을 통해서 유익을 얻었다면, 우리는 그런 처지에 있는 우리의 형제들에게 그런 사실을 알게 할 빚을 지고 있다는 것을 명심하라.

2. 이것은 하나님의 존귀하심을 드러내는 데에 이바지할 것이다. "내가 예루

살렘에서 행한 모든 일이 이유 없이, 의로운 분노와 은혜로운 의도 없이 한 것이 아닌 줄을 너희가 알리라.” 환난이 그 소임을 다하여 그 목적을 이루었을 때, 그 환난을 보내신 하나님의 지혜와 선하심이 드러나서, 하나님이 옳으셨다는 것이 증명될 뿐만 아니라, 그 환난으로 인하여 영광을 받게 되신다.

# 제 — 15 — 장

## 개요

에스겔은 하나님의 이름으로 예루살렘의 철저한 멸망을 거듭거듭 예언하여 왔지만, 스스로 이 엉청난 일을 받아들여서 이 가혹한 섭리를 이끌어 가시는 하나님의 뜻에 묵묵히 순종하기가 어려웠던 것으로 보인다. 그러므로 하나님은 그에게 이 일은 반드시 그렇게 되도록 되어 있고 돌이킬 방도는 전혀 없다는 것을 납득시키기 위하여 여러 가지 방법을 동원하신다. 이 일은 이렇게 될 수밖에 없다. 이 일은 이렇게 되는 것이 합당하고 마땅하다. 이 짧막한 장에서 하나님은 예루살렘이 멸망받을 수밖에 없는 것은 포도나무에서 죽어 시든 가지들을 잘라내어 불에 던지는 것처럼 어쩔 수 없는 일임을 그에게 보여주신다(아마도 백성들에게 그렇게 전하도록 하기 위한 목적으로). I. 비유 자체는 대단히 우아하다(1-5절). II. 이 비유에 대한 설명은 아주 무시무시하다(6-8절).

¹여호와의 말씀이 내게 임하여 이르시되 ²인자야 포도나무가 모든 나무보다 나은 것이 무엇이랴 숲속의 여러 나무 가운데에 있는 그 포도나무 가지가 나은 것이 무엇이랴 ³그 나무를 가지고 무엇을 제조할 수 있겠느냐 그것으로 무슨 그릇을 걸 못을 만들 수 있겠느냐 ⁴불에 던질 땔감이 될 뿐이라 불이 그 두 끝을 사르고 그 가운데도 태웠으면 제조에 무슨 소용이 있겠느냐 ⁵그것이 온전할 때에도 아무 제조에 합당하지 아니하였거든 하물며 불에 살라지고 탄 후에 어찌 제조에 합당하겠느냐 ⁶그러므로 주 여호와께서 이같이 말씀하셨느니라 내가 수풀 가운데에 있는 포도나무를 불에 던질 땔감이 되게 한 것 같이 내가 예루살렘 주민도 그같이 할지라 ⁷내가 그들을 대적한즉 그들이 그 불에서 나와도 불이 그들을 사르리니 내가 그들을 대적할 때에 내가 여호와인 줄 너희가 알리라 ⁸내가 그 땅을 황폐하게 하리니 이는 그들이 법법함이니라 나 주 여호와의 말이니라 하시니라

선지자는 예루살렘이 세상의 그 어떤 성보다도 뛰어난 영광스러운 성이라고 생각하고 있었을 것이다. 예루살렘은 온 세계의 기쁨이자 면류관이었다.

그러므로 그 곳이 멸망당한다면, 그것은 얼마나 참담한 일이 되겠는가. 그 곳은 하나님의 거룩한 성, 이스라엘 민족이 예배를 드리는 성이다. 이러한 것들이 선지자의 마음속에서 일어나는 생각들이었지만, 여기에서 하나님은 예루살렘을 포도나무에 비유하는 말씀을 통해서 이러한 생각들에 대하여 답변해 주신다.

1. 포도나무가 열매를 풍성히 맺는다면, 그런 포도나무보다 더 값지고 귀한 나무는 없다. 포도나무는 다른 나무들이 그들 위에 왕이 되어 달라고 부탁하였던 그런 나무들 중의 하나였고, 포도나무의 열매는 하나님과 사람을 기쁘게 하고(삿 9:12-13) 사람의 마음을 기쁘게 한다(시 104:15). 하나님은 예루살렘을 순전한 참 종자 곧 귀한 포도나무로 심으셨다(렘 2:21). 만약 예루살렘이 거룩한 성이라는 이름에 걸맞는 열매를 맺었다면, 그 성은 하나님과 이스라엘의 영광이 되었을 것이다. 예루살렘은 하나님의 오른손으로 심으신 포도나무, 마른 땅에서 난 가지, 원래는 보잘것없었지만 하나님이 주를 위하여 힘있게 하신 가지, 하나님의 이름과 명예를 드높여줄 사명을 띤 존재였다(시 80:15).

2. 그러나 포도나무가 열매를 맺지 못한다면, 그런 포도나무는 가시나무와 엉겅퀴처럼 아무짝에도 쓸모없고 땅만 버려 놓는 존재일 뿐이다. 열매를 생각하지 않고 단지 나무 자체만을 본다면, 포도나무가 모든 나무보다 나은 것이 무엇이고, 그토록 비용을 많이 쏟아 붓고 지극 정성을 들여서 돌볼 이유가 무엇이냐. 숲속의 여러 나무 가운데에 있는 그 포도나무 가지는 비록 다른 나무보다도 더 멀리 뻗어나가기는 하지만 그냥 방치해 둔다면 다른 나무의 가지보다 나은 것이 무엇이랴. 또는, 어떤 이들은 이 본문을, 그 가지가 숲속의 여러 나무와 같다면 포도나무가 모든 나무보다 나은 것이 무엇이랴로 읽는다. 즉, 포도나무가 숲속의 대부분의 나무들처럼 과실수가 아니라 단지 목재로 사용하기 위한 것이어서 열매를 전혀 맺지 않는다면, 그 포도나무를 어디에 쓰겠느냐는 것이다. 과실수들 중에는 비록 열매를 맺지 않더라도 목재로서 훌륭하게 사용될 수 있기 때문에 쓸모가 있는 나무들이 있다. 그러나 포도나무는 그런 부류의 나무가 아니다. 포도나무는 과실수로서의 목적에 부응하지 못하면 목재로서는 전혀 가치가 없다. 좀 더 살펴보자.

**I. 이 비유가 여기에서 어떻게 표현되고 있는가.** 숲속의 여러 나무 가운데에 있는 들포도나무, 숲의 나무들과 같이 아무런 열매도 맺지 못하는 포도나무는

아무짝에도 쓸모가 없다(호 10:1). 그런 포도나무는 엉겅퀴처럼 쓸모가 없고, 아니 엉겅퀴보다도 더 쓸모가 없다. 왜냐하면, 엉겅퀴는 날카로운 가시가 있어서 도적이 침범해 올 수 없도록 하기 위한 울타리로 쓸 수 있지만, 포도나무 가지는 그렇게 사용할 수도 없기 때문이다. 하나님은 다음과 같은 것들을 보여 주신다.

1. 열매를 맺지 못하는 포도나무는 그 어디에도 쓸 데가 없다는 것. 포도나무는 무엇을 제조하기 위한 목재로 사용할 수도 없고, 무슨 그릇을 걸 못을 만드는 데에도 사용할 수 없다(3절). 자연의 선물들이 사람을 섬기는 데에 얼마나 다양하게 쓰이는지를 보라. 식물들 가운데는 각각 종류에 따라서 뿌리, 씨앗이나 열매, 잎사귀, 줄기가 우리에게 대단히 쓸모가 있다. 마찬가지로, 나무들 가운데는 상수리나무나 백향목처럼 열매를 맺지는 않지만 튼튼한 목재로 사용할 수 있는 것들도 있고, 포도나무처럼 약해서 목재로 쓸 수 없고 지지대를 받쳐 주어야 그 가지가 뻗어 나가며 볼품이 없을지라도 많은 열매를 맺어서 대단히 쓸모가 있는 것들도 있다. 라헬은 아름다웠지만 자식을 낳지 못하였고, 레아는 못생겼지만 자식을 많이 낳았다.

2. 그런 포도나무는 땔감으로 사용된다는 것. 그것은 화덕을 데우는 땔감으로 사용될 것이다. 들포도나무는 어떤 것을 제조하는 데에 아무런 소용이 없기 때문에 불에 던져진다(4절). 들포도나무는 다른 데에는 다 소용이 없지만 이런 식으로 유용하여 사람들의 가장 요긴한 필요를 채워준다. 왜냐하면, 땔감은 우리에게 꼭 있어야 하는 것이고, 다른 것을 제조하는 데에 소용이 되는 것을 땔감으로 사용하는 것은 낭비이기 때문이다. 무슨 의도로 이것을 허비하느냐(마 26:8). 열매를 맺지 못하는 포도나무는 가시나무나 엉겅퀴와 동일한 운명을 맞는데, 그것들은 다 버림을 당하고 그 마지막은 불사름이 된다(히 6:8). 결국 그렇게 될 것이라면, 그런 포도나무를 돌볼 이유가 어디 있겠는가? 누가 튼튼한 목재를 불에 던져 넣으면, 사람들은 그 목재가 불붙는 가운데서 빼낸 나무 조각이 되었을지라도 그것을 얼른 꺼내어서, "이 나무는 다른 데에 사용할 수 있는데, 태워 버리려 하다니 아깝다"고 말할 것이다. 그러나 포도나무 가지가 불에 던져져서 그 두 끝과 가운데가 다 타들어가도, 그것을 꺼내려고 하는 자는 아무도 없을 것이다. 그것이 온전할 때에도 아무 제조에 합당하지 아니하였거든 하물며 불에 살라지고 탄 후에 어찌 제조에 합당하겠느냐(5절). 열매를 맺지 못하는 포도

나무는 불에서 꺼낼 가치가 없기 때문에 다 타버려도 사람들은 아무런 관심을 갖지 않는다.

**Ⅱ. 이 비유가 어떻게 예루살렘의 경우에 적용되고 있는가.**

1. 거룩한 성이 무익하게 되어 아무짝에도 쓸모 없게 되어 버렸다는 것. 예루살렘은 포도원에 심겨져서 의의 열매를 풍성히 맺어서 하나님께 영광을 돌렸던 포도나무였었다. 거기에서 거룩한 신앙이 활발히 일어나고 하나님을 경배하는 순전한 예배가 유지되었을 때, 거기에서는 기쁨 가운데 풍성한 포도 수확이 이루어졌다. 예루살렘이 이런 모습이었을 때, 하나님은 그 둘레에 울타리를 두르시고 그 곳을 지켜 주셨다. 예루살렘은 하나님의 기뻐하시는 나무였다(사 5:7). 하나님은 때때로 물을 주며 밤낮으로 간수하셨다(사 27:3). 그러나 이제 예루살렘은 이방 포도나무, 즉 들포도나무의 악한 가지(렘 2:21; 왕하 4:39), 그 어디에도 쓸모가 없을 뿐만 아니라 쓰디쓰고 독이 들어 있는 들포도를 맺는 포도나무(사 5:4)가 되어 버렸다. 그들의 포도는 독이 든 포도이니 그 송이는 쓰다(신 32:32). 하나님은 이것이 무슨 뜻인지를 설명해 주신다(8절). "그들이 범법하였다. 즉, 그들은 하나님을 기만하여 얼렁뚱땅 속여먹으려 하였고, 하나님을 배신하고 배교하였다(이것이 원문의 의미이다)." 신앙을 고백한 자들이 그 신앙고백에 걸맞는 삶을 살아가지 않고, 도리어 신앙과 반대되는 삶을 살며, 타락하여 신앙에서 떠나면, 그들은 그 맛을 잃어서 아무 쓸 데 없어진 소금(마 5:13)처럼 이 세상에서 가장 무익한 존재가 되어 버린다는 것을 명심하라. 다른 나라들은 각각 용맹성이니 정치, 전쟁, 무역 등으로 유명하였고, 그런 것들을 통해서 그들의 명성을 유지해 나갔다. 그러나 유대 민족은 거룩한 백성으로 유명하였기 때문에 거룩함을 잃고 악하게 되었을 때에는 아무 쓸 데 없는 백성이 되고 만다. 그렇게 되었을 때, 그들은 그들이 지녔던 모든 명성과 유익성을 다 잃어버리고 해 아래에서 가장 비천하고 멸시받을 만한 백성이 되어서 이방인들의 발 아래 밟힐 뿐이다. 다니엘을 비롯해서 경건한 유대인들은 그들의 세대에서 아주 큰 유익이 되는 존재들이었다. 그러나 그 후에 우상 숭배를 행하였던 유대인들과, 복음이 전파된 이래로 믿지 않는 유대인들은 인류에게 그 어떤 유익도 끼치지 못하고 그 어떤 일에도 쓸모가 없게 되어 버렸다.

2. 그렇기 때문에 그 거룩한 성은 불에 던질 땔감이 되리라는 것(6절). 열매를 많이 맺어서 하나님의 은혜가 빛나게 하여 하나님께 영광을 돌리지 않는 자

들은 그의 진노의 불에 던져질 땔감이 되고 말 것임을 명심하라. 이렇게 그들이 하나님께 영광을 돌리지 않는다면, 하나님은 회개치 않은 죄인들을 영원히 타오르는 불길 속에 집어넣으셔서 그의 영광을 나타내 보이실 것이다. 하나님은 그 어떤 피조물에 대해서도 최종적인 패자(敗者)가 되지 않으실 것이다. 여호와께서 온갖 것을 자기를 위하여 그 쓰임에 적당하게 지으셨나니 악인도 악한 날에 적당하게 쓰임 받을 수 있게 하셨느니라(잠 16:4). 사람들이 하나님께 합당한 본분을 다하여 영광을 돌리지 않을 때, 하나님은 복수하시는 하나님으로서 영광을 받으실 것이다. 하나님의 진노의 불은 이미 유대 민족의 두 끝, 즉 사마리아와 유다의 성읍들을 살랐다(4절). 이제 그 가운데 토막인 예루살렘도 아무짝에도 쓸모가 없어졌기 때문에 불에 던져져서 살라지게 될 것이다. 하나님이 어떤 조치를 취하셨어도 예루살렘은 다시 쓸모 있는 존재로 돌아오지 않을 것이었다. 예루살렘 주민은 썩어서 처치하기 곤란한 포도나무 가지와 같았다. 그러므로 그들이 하나님을 대적하여 그의 말씀을 반박하고 그의 모든 계획들을 좌절시켰듯이, "내가 그들을 대적하여 그들의 모든 계획을 죄절시킬 것이다"(7절). 이 일은 작정되었다. 예루살렘을 살라버릴 계획은 확정되었다. 내가 이 땅을 철저하게 황폐하게 하리니, 그들이 그 불에서 나와도 다른 불이 그들을 사르리라(7절). 하나의 심판이 끝나면 곧이어 또 다른 심판이 시작될 것이고, 그들이 하나의 심판을 피한다고 해도 곧이어 또 다른 심판을 만나게 될 것이다. 그들은 그들 자신의 땅에서 비참한 꼴을 당하다가 이어서 바벨론으로 끌려가서 거기에서도 비참한 꼴을 당하게 될 것이다. 칼을 피한 자들은 기근이나 전염병으로 죽어갔다. 그들을 쳐들어 왔던 갈대아 군대가 물러가자, 그들은 진실로 사망의 괴로움이 지났도다(삼상 15:32)라고 생각했지만, 얼마 안 있어서 그 군대가 다시 돌아와서 갑절이나 맹렬한 공격을 퍼부어서 마침내 예루살렘을 완전히 멸망시켰다. 이렇게 내가 그들을 대적할 때에 그들이 내가 전능하신 하나님 여호와인 줄 너희가 알리라. 하나님은 그의 불구대천의 원수들을 멸망시키는 일과 그에게 순종하는 백성을 구원하시는 일을 온전히 이루심으로써 그가 여호와이신 것을 보여주신다는 것을 명심하라. 하나님이 대적하시는 자들은 비록 하나의 환난에서 거의 해를 입지 않고서 빠져 나온다고 하여도 또 다른 환난 속으로 빠져들게 되고, 함정 속에서 올라온다고 할지라도 올무에 걸리게 될 것이다(사 24:18). 그들은 하사엘의 칼을 피한다고 하여도 예후의 칼에 죽게 될 것이다(왕상 19:17). 왜냐하면, 재앙은 죄인을 따르기 때문이다(잠 13:21). 아니, 그들이 이 세상에서의 심판의 불에서 나와서 평안하게 죽는 것처럼 보일지라도, 그들을 사를 영원한 불이 그들을 기다리고 있을 것이다. 왜냐하면, 하나님은 심판하실 때에 반드시 그 뜻을 이루시고, 그가 행하시는 심판을 통해서 그가 누구인지를 사람들에게 알게 하시기 때문이다(마 3:10; 요 15:6).

# 제
## — 16 —
# 장

## 개요

하나님은 계속해서 그가 예루살렘을 황폐화시키기로 작정하신 것이 의로운 일이라는 것을 밝혀 나가신다. 이 장에서 하나님은 그가 이 백성이 저지른 죄에 합당한 벌을 내리시는 것일 뿐임을 선지자에게 아주 자세하게 보여주시고, 백성들에게 그것을 보여주도록 그에게 명령하신다. 앞 장에서 하나님은 예루살렘을 오직 불에 던지는 것 외에는 아무짝에도 쓸모 없게 되어 버린 열매 맺지 못하는 포도나무에 비유하셨었는데, 이 장에서는 한 푼의 위자료도 주지 않고 내쫓아야 마땅한 간음한 여인에 비유하시면서, 그들이 심판 아래 있는 것을 불평할 이유가 전혀 없다는 것을 알도록 하기 위하여 그들에게 그들이 행한 가증한 일들을 보여주신다. 이 긴 강론 속에는 다음과 같은 내용들이 나온다. I. 이스라엘 교회와 민족의 보잘것없고 애처로운 시작(3-5절). II. 하나님이 그들에게 수여하신 많은 존귀함과 은총들(6-14절). III. 그들이 배은망덕하게도 기만적으로 하나님을 떠나서 우상들을 섬김(15-34절). 여기에서 그들은 가장 뻔뻔스러운 음녀로 묘사된다. IV. 하나님이 그들의 이러한 죄로 인하여 무시무시한 심판을 보내시겠다고 경고하심(35-43절). V. 그들의 죄와 벌이 소돔이나 사마리아보다 더 무겁다는 것을 보여주심(44-59절). VI. 끝부분에서 하나님이 회개한 남은 자들에게 긍휼을 베푸시겠다고 약속하심(60-63절). 이것은 우리에게 훈계하시기 위한 것이다.

[1]또 여호와의 말씀이 내게 임하여 이르시되 [2]인자야 예루살렘으로 그 가증한 일을 알게 하여 [3]이르기를 주 여호와께서 예루살렘에 관하여 이같이 말씀하시되 네 근본과 난 땅은 가나안이요 네 아버지는 아모리 사람이요 네 어머니는 헷 사람이라 [4]네가 난 것을 말하건대 네가 날 때에 네 배꼽 줄을 자르지 아니하였고 너를 물로 씻어 정결하게 하지 아니하였고 네게 소금을 뿌리지 아니하였고 너를 강보로 싸지도 아니하였나니 [5]아무도 너를 돌보아 이 중에 한 가지라도 네게 행하여 너를 불쌍히 여긴 자가 없었으므로 네가 나던 날에 네 몸이 천하게 여겨져 네가 들에 버려졌느니라

에스겔은 지금 바벨론에 포로로 잡혀온 자들 가운데에 있다. 그러나 예레미야가 예루살렘에서 활동하고 있었고 에스겔이 바벨론에 있었는데도 불구하고 포로들을 위해 편지를 썼던 것과 마찬가지로(렘 29장), 에스겔도 예레미야가 예루살렘에 있었는데도 불구하고 그 곳에서 사는 자들을 위하여 편지를 썼다. 그렇지만 이 두 선지자는 그것을 자신에 대한 모욕으로 여기기는커녕 말씀으로 전하고 글로 써서 서로를 돕는 것으로 여겼다. 예레미야는 포로들이 필요로 하는 위로를 전하기 위하여 그들에게 편지를 썼고, 에스겔은 여기에서 예루살렘 주민들이 필요로 하는 것을 따라서 그들의 죄를 깨우치고 낮추기 위하여 그들에게 편지를 쓰라는 하나님의 지시를 받는다.

**I. 하나님이 에스겔에게 맡기신 일**(2절). "인자야 예루살렘으로 그 가증한 일(즉, 그 죄들)을 알게 하라. 그들의 죄를 그들 앞에 낱낱이 제시하라." 좀 더 살펴보자.

1. 죄는 하나님의 진노를 불러일으키는 도발일 뿐만 아니라 하나님이 그 본성과 반대되는 것이기 때문에 미워하시는(우리도 당연히 미워해야 하는) 가증한 일이다(4절).

2. 예루살렘이 저지른 죄들은 특히 그러하였다. 신앙을 고백한 자들이 불경(不敬)을 저지를 때에 그 죄는 가장 가증스러운 것이 된다.

3. 예루살렘은 지식이 풍성한 곳이었지만, 그들은 그 가증한 일들을 알기를 싫어하였다. 사람들은 모든 일을 그들에게 유리하게 끌고 가고자 하는 편향성을 지니고 있기 때문에, 그들 자신의 악을 보거나 시인하려고 하지 않고, 도리어 그것을 부정하고 얼버무리거나 약화시키고자 한다.

4. 우리가 우리의 죄들을 고백하고, 그 죄들 때문에 하나님이 우리에게 하신 일이 옳다는 것을 시인하기 위해서는 우리의 죄들을 반드시 알아야 한다.

5. 죄인들, 곧 예루살렘의 죄인들에게 그들의 가증한 일들을 알게 하고, 그들 앞에 율법의 거울을 세워 놓아서 그들 자신의 왜곡된 것들과 더러운 것들을 알게 하며, 그들에게 그들의 잘못들을 분명하게 얘기해 주는 것이 사역자들이 할 일이다. 당신이 그 사람이라(삼하 12:7).

**II. 선지자는 예루살렘이 자신의 가증한 일들, 특히 가증스러울 정도로 배은망덕한 짓을 했다는 것을 알게 하여야 한다는 것**(1-5절). 그들의 행실이 얼마나 악한 것이었는지를 그들로 알게 하기 위해서는 그는 먼저 하나님이 그들을 위하여 행하셨던 큰 일들을 상기시켜 주어야 한다. 또한, 하나님이 그들에게 베푸신 은총이 얼마나 큰 것이었는지를 그들로 알게 하기 위해서는 그는 먼저 그들의 본래의 모습이 얼마나 초라하고 비천하였는지, 하나님이 그들을 얼마나 초라한 처지에서 일으키셨는지, 그들은 하나님이 그들에게 베푸신 은총이나 존귀함을 받을 자격이 전혀 없는 자들이었다는 것을 알게 하여야 한다. 예루살렘은 여기에서 비천하게 태어나서 어머니로부터 아무런 애정이나 관심도 받지 못하고 버려진 아기에 비유되고 있는 유대 교회와 나라를 상징한다.

1. 유대 나라의 태생은 비천하였다는 것. "네 근본과 난 땅은 가나안이요(3절). 너는 처음부터 가나안 사람의 정신과 성향을 지니고 있었다." 족장들은 가나안에 살았지만, 나그네요 거류하는 자로 살았고, 매장지 외에는 한 뼘의 땅도 소유하지 않았으며, 아무런 권력도 없었다. 실질적으로 그들의 아버지와 어머니였던 아브라함과 사라는 아모리 사람이나 헷 사람과 단지 동거인에 지나지 않았지만, 아브라함이 셋의 자녀들에게 청을 한 것(창 23:4, 8), 아브라함의 자손들이 그들의 이웃인 가나안 사람들에게 의지한 것, 그들이 가나안 사람들을 두려워한 것(창 13:7; 34:30)이 보여주듯이, 아모리 사람과 헷 사람은 그 땅을 통치하고 있었기 때문에 아브라함의 자손들에게 부모처럼 보였다. 만약 족장들이 가나안 땅에 처음 왔을 때에 아예 그 땅을 정복하고 지배자가 되었다면, 그것은 그들의 족속에 영광을 가져다 준 역사 속에서 위대한 사건이 되었을 것이다. 그러나 그들은 그 때에 사람 수가 적고 아주 적어서 이 나라 저 나라를 떠돌아다니며(시 105:12-13) 마치 집집마다 돌아다니며 구걸하는 거지들처럼 이 농장 저 농장에서 소작인으로 일하였다. 그렇지만 그들의 비참한 처지는 여기에서 끝나지 않았다. 그들의 조상들은 갈대아 우르에서 다른 신들을 섬겼다(수 24:2). 심지어 야곱의 가족 내에도 이방 신상들이 있었다(창 35:2). 이렇게 그들은 아주 일찍부터 우상 숭배에 이끌리는 소질을 지니고 있었다. 이런 이유로 그들의 조상들은 아모리 사람과 헷 사람이었다.

2. 그들의 수가 처음에 늘어나기 시작하였을 때, 그들의 처지는 손을 쓰지 않았으면 태에서 죽어나올 수밖에 없었던 갓난아기처럼 너무나 비참하였다(욥 3:11-12). 이스라엘 자손은 그 수가 늘어나서 하나의 민족을 이루어 꽤 큰 세력으로 성장하기 시작하였을 때에 그들에게 주어지기로 되어 있던 땅에서 내쳐졌다. 기근이 그들을 거기에서 내몬 것이다. 애굽은 그들이 버려진 들이었다.

거기에는 그들을 보호해 줄 정부가 없었다. 그들은 가혹한 통치를 받았고, 그들의 삶은 비참하였다. 거기에서 그들은 제대로 가문을 세워나갈 수도 없었고, 그들의 땅을 마련할 수도 없었으며, 거기에는 그들에게 힘을 실어줄 친구나 동맹도 없었다. 이스라엘의 목자이자 반석이었던 요셉이 죽자, 요셉을 생각해서 그들에게 잘 해주었어야 마땅한 애굽의 왕은 이 아이를 태어나자마자 죽이고자 작정하고서(계 12:4), 남자 아이가 태어나면 다 죽이라고 영을 내렸고, 모세를 비롯해서 이스라엘의 수많은 아기들이 이러한 위험에 노출되었는데, 여기에 나오는 비유는 바로 이러한 상황과 관련이 있어 보인다. 나라를 창건한 자들은 보통 초보 상태에 있는 예술과 무예를 전략적으로 장려하여 발전시키는 법이다. 로마라는 이름이 제대로 자리잡기 위해서는 엄청난 땀이 필요하였다(베르길리우스). 그러나 이스라엘 민족은 아테네, 스파르타, 로마 등과 같은 나라들이 처음 창건되었을 때와는 달리 그런 것들에 신경을 쓰거나 노력을 기울일 여유가 없었다. 도리어 그들은 불쌍히 여긴 자가 없었으므로 배꼽 줄을 자르지 아니하고 물로 씻어 정결하게 하지 아니하며 옷을 입히지도 아니하고 강보로 싸지도 아니한 채로 들에 버려져 비바람을 그대로 다 맞아 죽을 운명에 처한 갓난아기 같았다 (4-5절). 우리가 아기였을 때에 목숨을 보존한 것은 자연의 하나님이 부모와 유모 속에 선천적으로 갓난아기를 불쌍히 여기는 마음을 두셨기 때문이라는 것을 명심하라. 본문에서는 이 아기가 그 몸이 천하게 여겨져 버려졌다고 말한다. 이것은 이 아기의 모습이 혐오스럽게 생겨서 그를 낳은 부모나 그를 본 모든 사람들이 이 아기를 몹시 싫어하였다는 것을 보여주는 것이다. 이스라엘 사람들은 애굽 사람들에게 가증한 존재였기 때문에 애굽 사람은 히브리 사람과 같이 먹으면 부정을 입었다(창 43:32; 46:34). 어떤 이들은 이것이 이스라엘 백성들이 처음부터 부패하고 사악한 성품을 지니고 있었다는 것을 보여주는 것이라고 생각한다. 그들은 모든 민족 중에 그 수가 가장 적고 가장 약한 민족이었을 뿐만 아니라(신 7:7), 모든 민족 중에서 가장 악하고 성질이 나쁜 민족이었다. 네 하나님 여호와께서 네게 이 아름다운 땅을 기업으로 주신 것이 네 공의로 말미암음이 아니니라 너는 목이 곧은 백성이니라(신 9:6). 모세는 그들에게 이렇게 말한다(신 9:24). 내가 너희를 알던 날부터 너희가 항상 여호와를 거역하여 왔느니라. 그들은 물로 씻어 정결하게 하지 아니하였고 강보로 싸지두 아니한 그런 자들이었다. 그들은 고집이 세서 결코 고군고분하지 않았고, 선한 성품으로 잘 자라지도 않았다. 하나님이 그들을 자기 백성으로 삼으신 것은 그들 속에 마음에 드는 것이나 어떤 촉망되는 것이 있어서가 아니라 단지 그렇게 하는 것이 아버지의 뜻이었기 때문이었다. 이것은 자연적인 모습 그대로의 모든 사람들의 비참한 상태와 처지를 아주 잘 보여주는 대단히 적절한 예화이다. 우리가 난 것을 말하건대 우리가 날 때에 우리는 죄악 중에서 출생하고 죄 중에서 잉태되었으며, 우리의 총명은 어두워져 있었고, 우리의 마음은 죄로 오염되어 하나님의 생명에서 떠나 있었다. 우리의 이러한 모습은 하나님 보시기에 메스꺼울 수밖에 없었다. 그러므로 우리는 네가 거듭나야 하겠다는 말을 들었다고 해서 놀랍게 여기지 말아야 한다(요 3:7).

⁶내가 네 곁으로 지나갈 때에 네가 피투성이가 되어 발짓하는 것을 보고 네게 이르기를 너는 피투성이라도 살아 있으라 다시 이르기를 너는 피투성이라도 살아 있으라 하고 ⁷내가 너를 들의 풀 같이 많게 하였더니 네가 크게 자라고 심히 아름다우며 유방이 뚜렷하고 네 머리털이 자랐으나 네가 여전히 벌거벗은 알몸이더라 ⁸내가 네 곁으로 지나며 보니 네 때가 사랑을 할 만한 때라 내 옷으로 너를 덮어 벌거벗은 것을 가리고 네게 맹세하고 언약하여 너를 내게 속하게 하였느니라 나 주 여호와의 말이니라 ⁹내가 물로 네 피를 씻어 없애고 네게 기름을 바르고 ¹⁰수 놓은 옷을 입히고 물돼지 가죽신을 신기고 가는 베로 두르고 모시로 덧입히고 ¹¹패물을 채우고 팔고리를 손목에 끼우고 목걸이를 목에 걸고 ¹²코고리를 코에 달고 귀고리를 귀에 달고 화려한 왕관을 머리에 씌웠나니 ¹³이와 같이 네가 금, 은으로 장식하고 가는 베와 모시와 수 놓은 것을 입으며 또 고운 밀가루와 꿀과 기름을 먹음으로 극히 곱고 형통하여 왕후의 지위에 올랐느니라 ¹⁴네 화려함으로 말미암아 네 명성이 이방인 중에 퍼졌음은 내가 네게 입힌 영화로 네 화려함이 온전함이라 나 주 여호와의 말이니라

이 단락에는 하나님이 유대 민족을 점차 대단한 민족으로 세우기 위하여 행하신 큰 일들에 관한 설명이 나온다.

1. 하나님은 애굽에서 거의 죽기 일보 직전이었던 그들을 구해 내셨다(6절). "내가 네 곁으로 지나갈 때에 네가 미움을 받아 버려져서 도살당할 양처럼 죽을 지경이 되어서 피투성이가 되어 발짓하는 것을 보고 네게 이르기를 너는 살아 있으라

고 말하였다. 네가 죽을 운명에 처해 있었을 때에 나는 너를 살리기로 작정하고 죽음에서 건져내었다.” 하나님이 살리고자 하시는 자들은 반드시 살게 될 것이다. 하나님은 인간 세상이 이렇게 피투성이가 된 채 버려져 있는 것을 보시고, 사람들로 하여금 생명을 얻게 하고 더 풍성히 얻게 하려는 선한 생각을 품으셨다. 하나님은 회개의 은혜를 주시면서 심령에게 살아 있으라고 말씀하신다.

2. 하나님은 인자하심과 온유한 사랑으로 그들을 보시고 불쌍히 여기셨을 뿐만 아니라 그들을 기뻐하시고 사랑하셨다. 이것은 설명이 되지 않는 기묘한 일이었다. 왜냐하면, 그들에게는 사랑받을 만한 것이 하나도 없었기 때문이다. 그러나 내가 네 곁으로 지나며 보니 네 때가 사랑을 할 만한 때라(8절). 우리 구주 하나님의 자비와 사랑하심(딛 3:4)이 그리스도를 보내어 우리를 구속하게 하셨고, 성령을 보내어 우리를 거룩하게 하시며, 우리를 자연의 상태에서 건져내어 은혜의 상태로 들어가게 하셨다. 하나님이 우리에게 그의 사랑을 나타내시며 우리의 사랑을 구애하셨을 때, 그 때는 진정으로 사랑을 할 만한 때, 특별한 사랑을 할 만한 때였다. 그러므로 나는 그가 보기에 은총을 입은 자 같았다(아 8:10).

3. 하나님은 그들을 그의 보호 아래 두셨다. “내가 내 옷으로 너를 덮어 벌거벗은 것의 수치를 가리고 너를 비바람에서 보호하였다.” 보아스는 특별한 은총을 나타내는 표시로 그의 옷자락을 펴 룻을 덮었다(룻 3:9). 하나님은 마치 독수리가 그의 날개 위에 새끼들을 업는 것 같이 그들을 보살피셨다(신 32:11-12). 하나님은 그들을 사기 백성으로 인성하시고, 모세를 보내어 그들을 구원하셨을 때, 그것은 가시떨기나무 가운데에 계시던 이의 은혜의 표현으로서 하나님이 그의 옷으로 그들을 덮어 주신 것이었다.

4. 하나님은 그들이 애굽에서 종살이 하면서 얻은 수치스러운 것들을 그들로부터 깨끗이 없애 주셨다(9절). “내가 물로 씻어 너를 깨끗하게 하였고, 네게 기름을 발라 아름답게 하였다.” 하나님은 그들을 강한 손과 편 팔로 구원하셔서 하나님의 자녀들의 영광의 자유에 이르게 하심으로써, 그들이 애굽에서의 종살이로 인하여 얻었던 온갖 수치를 굴려 버리셨다. 하나님이 이스라엘은 내 아들 내 장자라 내 백성을 보내라 그들이 나를 섬길 것이니라고 말씀하셨을 때, 많은 이적들로 밑받침된 바로 그 말씀이 그들의 피를 씻어 없앴다. 하나님이 그들을 구름 기둥과 불 기둥으로 호위하게 하고 인도하셨을 때, 그것은 그의 옷으로 그들을

덮어 주신 것이었다.

5. 하나님은 그들을 번성하게 하셔서 하나의 민족이 되게 하셨다. 그들이 애굽에서 종살이 하는 동안에 그들의 수가 심히 많아졌기 때문에, 이것은 하나님이 그의 옷으로 그들을 덮어 주신 것보다 앞서서 여기에 언급되고 있다(7절). 그들은 봄날에 들의 풀 같이 많아졌다. 그들은 번성하고 매우 강하여졌다(출 1:7, 20). 그들의 유방이 뚜렷하다는 것은 그들이 여러 지파들로 편제가 되어 각 지파마다 관리들을 두게 된 것을 의미하고(출 5:19), 그들의 머리털이 자랐다는 것은 그들의 수가 많아졌다는 것이고, 그들이 벌거벗은 알몸이었다는 것은 그 수가 아주 적어서 멸시할 만한 정도였다는 것이다.

6. 하나님은 그들이 자기와 언약을 맺는 것을 허락하셨다. 이 가엾은 버려진 아기가 자라서 마침내 얼마나 영광스러운 혼인을 하게 되었는지를 보라. 처음에는 자신의 목숨을 노략물로 받아서 겨우 살아남게 된 그가 얼마나 존귀하게 되었는지를 보라. 내가 네게 맹세하고 너와 언약을 맺었다. 이 언약은 시내 산에서 맺어졌다. "하나님과 이스라엘 간의 언약이 맺어지고 인준되었을 때, 너는 내게 속하여 나의 소유가 되었다." 하나님은 그들을 자기 백성이라 부르셨고, 자신은 이스라엘의 하나님이 되셨다. 하나님은 영적인 생명을 주신 자들을 그와의 언약 관계 속으로 들어오게 하신다는 것을 명심하라. 이 언약에 의해서 그들은 그의 신민(臣民)이자 종들이 되고(이것은 그들이 의무를 지게 된 것을 의미한다) 그의 분깃이자 보화가 된다(이것은 그들이 특권들을 지니게 된 것을 의미한다). 이 언약은 우리에게 큰 안위를 받게 하려 맹세로 확증된 것이다.

7. 하나님은 그들을 아름답게 단장하셨다. 이 처녀는 자신의 장신구들을 잊을 수 없고, 그 많은 장신구들로 만족하였다(10-13절). 우리는 이 장신구들이 실제의 적용에 있어서 각각 구체적으로 무엇을 의미하는지를 알려고 할 필요는 없다. 이 처녀의 의상은 온갖 장식들을 다 갖춘 화려한 것이었다. 수 놓은 옷을 입었고, 물돼지 가죽신을 신었으며, 가는 베로 된 속옷을 입었고, 모시로 된 면사포를 썼으며, 팔고리와 목걸이, 코고리와 귀고리를 하였고, 심지어 화려한 왕관을 쓰기까지 하였다. 아마도 이것은 그들이 애굽 사람들에게서 받아서 가져온 보석들과 온갖 진귀한 물품들을 가리키는 것 같다. 이런 얘기는 그들이 애굽에서 구원을 받을 때에 하나님이 그들에게 긍휼을 베푸신 일들 중의 하나로서 오랜 후에도 사람들의 입에 오르내렸을 것인데, 사실 이것은 그 일이 있기

오래 전에 이미 하나님이 말씀하신 것이었다(창 15:14). 그들이 섬기는 나라를 내가 징벌할지며 그 후에 네 자손이 큰 재물을 이끌고 나오리라. 또는, 비유적으로 이것은 하나님이 그들의 교회와 나라를 하늘의 온갖 축복으로 장식하신 것을 가리킬 수도 있다. 짧은 시간에 그들은 심히 아름답게 되었다(7절). 하나님이 그들에게 주신 율법과 예배는 그들에게 머리의 아름다운 관이요 목의 금 사슬 같은 것이었다(잠 1:9). 하나님이 그들 가운데에 세우신 성소는 그들의 머리에 씌워진 화려한 왕관이었다. 그것은 거룩한 아름다운 것이었다.

8. 하나님은 그들을 풍족하게 먹이시고 진수성찬으로 먹이셨다. 네가 고운 밀가루와 꿀과 기름, 즉 천사들의 양식인 만나와 반석에서 나온 꿀과 굳은 반석에서 나온 기름을 먹었다. 가나안 땅에서 그들은 지극히 아름다운 밀로 만든 떡을 마음껏 먹었다(신 32:13-14). 하나님은 자기와 언약 관계 속으로 들어온 자들을 생명의 떡으로 먹이시고 의의 옷으로 입히시며 성령의 은혜와 위로들로 단장해 주신다. 너희의 단장은 머리를 꾸미고 금을 차고 아름다운 옷을 입는 외모로 하지 말고 마음에 숨은 사람을 온유하고 안정한 심령의 썩지 아니할 것으로 하라 이는 하나님 앞에 값진 것이니라(벧전 3:3-4).

9. 하나님은 그들을 강성하게 하셔서 이웃 나라들 가운데서 큰 명성을 얻게 하시고, 그들의 친구들이나 동맹들에게는 만족을 주고 대적들에게는 두려움을 주는 나라가 되게 하셨다. 네가 형통하여 왕후의 지위에 올랐느니라(13절). 이것은 그들이 위엄을 갖추고 통치권을 지니게 된 것을 의미한다. 네 화려함으로 말미암아 네 명성이 이방인 중에 퍼졌나(14절). 이웃 나라들은 그들을 주목해서 보고, 그들이 나라를 다스릴 때에 사용하는 아주 훌륭한 율법과 하나님 앞에 나아갈 수 있는 특권을 지닌 것을 부러워하고 동경하였다(신 4:7-8). 솔로몬의 지혜와 솔로몬 성전은 이 나라가 내세울 수 있는 아주 명성이 자자한 것들이었다. 우리는 유대 교회와 나라의 모든 특권들을 한데 모아 놓으면 그것은 세상의 모든 나라들이 보여줄 수 있는 것들 중에서 가장 아름답고 훌륭한 것이었다고 인정하지 않을 수 없다. 그 아름다움은 완전한 것이었다. 한 민족의 영예 또는 영광이라고 할 수 있는 것은 하나도 빠짐없이 경건과 학문, 지혜와 공의, 승리와 평화, 부에 있어서 전성기에 도달했을 때인 다윗과 솔로몬 시대의 이스라엘에서 모두 다 찾아볼 수 있었고, 만약 그들이 하나님께 꼭 붙어 있었더라면, 그 모든 것들은 분명히 계속되었을 것이다. 내가 네게 입힌 영화도, 그들의 거룩

함에서 나오는 아름다움으로 네 화려함이 온전함이라 나 주 여호와의 말이니라. 왜냐하면, 그들은 하나님을 위해 성별된 백성으로서 그에게 헌신되어 있었고, 그의 이름과 찬송과 영광이 되는 그런 존재였기 때문이다. 그들의 다른 모든 영예에 광채를 더해주고 그들의 아름다움을 완성해 준 것은 바로 그것이었다. 우리는 이것을 영적으로 해석해 볼 수 있다. 거룩함을 입은 영혼들은 진정으로 아름답다. 그들은 하나님 보시기에 아름답고, 이로 인하여 스스로 위로를 얻을 수 있다. 그러나 모든 영광은 하나님이 가지셔야 한다. 왜냐하면, 그들은 본래 보기 흉하게 일그러지고 온갖 것으로 더러워진 자들이었고, 그들에게 아름답고 사랑스러운 것이 있다고 한다면, 그것은 하나님이 그들을 아름답게 단장해 주시기 위하여 그들에게 더해 주신 것이고, 하나님은 그의 손으로 만드신 그들을 기꺼이 기뻐하셨기 때문이다.

[15]그러나 네가 네 화려함을 믿고 네 명성을 가지고 행음하되 지나가는 모든 자와 더불어 음란을 많이 행하므로 네 몸이 그들의 것이 되도다 [16]네가 네 의복을 가지고 너를 위하여 각색으로 산당을 꾸미고 거기에서 행음하였나니 이런 일은 전무후무하니라 [17]네가 또 내가 준 금, 은 장식품으로 너를 위하여 남자 우상을 만들어 행음하며 [18]또 네 수 놓은 옷을 그 우상에게 입히고 나의 기름과 향을 그 앞에 베풀며 [19]또 내가 네게 주어 먹게 한 내 음식물 곧 고운 밀가루와 기름과 꿀을 네가 그 앞에 베풀어 향기를 삼았나니 과연 그렇게 하였느니라 주 여호와의 말씀이니라 [20]또 네가 나를 위하여 낳은 네 자녀를 그들에게 데리고 가서 드려 제물로 삼아 불살랐느니라 네가 네 음행을 작은 일로 여겨서 [21]나의 자녀들을 죽여 우상에게 넘겨 불 가운데로 지나가게 하였느냐 [22]네가 어렸을 때에 벌거벗은 몸이었으며 피투성이가 되어서 발짓하던 것을 기억하지 아니하고 네가 모든 가증한 일과 음란을 행하였느니라 [23]주 여호와의 말씀이니라 너는 화 있을진저 화 있을진저 네가 모든 악을 행한 후에 [24]너를 위하여 누각을 건축하며 모든 거리에 높은 대를 쌓았도다 [25]네가 높은 대를 모든 길 어귀에 쌓고 네 아름다움을 가증하게 하여 모든 지나가는 자에게 다리를 벌려 심히 음행하고 [26]하체가 큰 네 이웃 나라 애굽 사람과도 음행하되 심히 음란히 하여 내 진노를 샀도다 [27]그러므로 내가 내 손을 네 위에 펴서 네 일용할 양식을 감하고 너를 미워하는 블레셋 여자 곧 네 더러운 행실을 부끄러워하는 자에게 너를 넘겨 임의로 하게 하였거늘 [28]네가 음욕이 차지 아니하여 또 앗수르 사람과

행음하고 그들과 행음하고도 아직도 부족하게 여겨 [29]장사하는 땅 갈대아에까지 심히 행음하되 아직도 족한 줄을 알지 못하였느니라 [30]주 여호와의 말씀이니라 네가 이 모든 일을 행하니 이는 방자한 음녀의 행위라 네 마음이 어찌 그리 약한지 [31]네가 누각을 모든 길 어귀에 건축하며 높은 대를 모든 거리에 쌓고도 값을 싫어하니 창기 같지도 아니하도다 [32]그 남편 대신에 다른 남자들과 내통하여 간음하는 아내로다 [33]사람들은 모든 창기에게 선물을 주거늘 오직 너는 네 모든 정든 자에게 선물을 주며 값을 주어서 사방에서 와서 너와 행음하게 하니 [34]네 음란함이 다른 여인과 같지 아니함은 행음하려고 너를 따르는 자가 없음이며 또 네가 값을 받지 아니하고 도리어 값을 줌이라 그런즉 다른 여인과 같지 아니하니라

이 단락에서는 하나님이 이스라엘 백성에게 큰 은총을 베풀어 주셨기 때문에 그들이 마땅히 그에게 영원히 충성해야 함에도 불구하고 특히 우상을 숭배함으로써 큰 악을 저질렀다는 것을 말해 준다. 그들의 이러한 악은 여기에서 하나님이 죽음에서 건져내어 친구이자 은인으로서 모든 면에서 아버지이자 남편이 되어서 잘 키워 준 저 아름다운 처녀가 보인 음란한 행실로 상징된다. 그들의 우상 숭배는 하나님의 큰 진노를 불러일으킨 죄였다. 이 죄는 솔로몬 시대의 말기에 시작되어(사무엘 시대로부터 솔로몬 시대 전기까지는 그런 얘기를 찾아볼 수 없기 때문에) 그 후로 포로기 때까지 이 민족의 끔찍한 죄로 지속되었다. 우상 숭배의 죄는 개혁적인 왕들에 의해서 이따금씩 억제되기는 했지만 결코 완전히 없이지지는 않았고 내체로 뻔뻔스럽고 대담한 형태로 계속되었다. 그들은 열 지파가 단과 벧엘에서 섬긴 송아지 상처럼 형상들을 세워놓고서 참 하나님을 섬겼을 뿐만 아니라, 바알이나 몰록 같이 지각이 없는 온갖 이방의 신들, 거짓 신들을 섬겼다. 이것이 여기에서 내내 음행과 간음이라는 비유 아래에서 묘사되고 있는 바로 그것이다.

1. 우상 숭배는 하나님을 버리고 낯선 남자의 품에 안김으로써 하나님과의 혼인 계약을 깨뜨리는 것이었고, 오직 하나님께만 드려야 할 애정과 섬김을 그의 자리를 다투는 자들에게 주는 것이었다.

2. 우상 숭배는 음행과 마찬가지로 마음을 부패시키고 더럽히는 것이었고, 사람의 영적인 부분을 감각의 힘과 지배에 내어주어 그 감각의 종으로 만드는 것이었다.

3. 우상 숭배는 양심을 타락시키고 무감각하게 만들며 완악하게 만드는 것이었다. 우상 숭배로 말미암아 하나님의 본성을 욕되게 하고 그의 진리를 거짓 것으로 바꾸며 그의 영광을 부끄러운 것으로 바꾸는 자들을 하나님이 그 타락한 마음에 내어주셔서 더러운 정욕으로 인간의 본성을 욕되게 하시는 것은 의로운 벌이다(롬 1:23 이하). 우상 숭배는 사람을 얼빠지게 만들고 홀리게 만드는 죄이다. 그렇기 때문에, 사람들은 한 번 우상 숭배에 빠지면 그 덫에서 스스로 빠져 나오기가 거의 불가능하다.

4. 여호와와 혼인한 자들이 우상과 합하는 것은 부끄럽고 추악한 죄였다. 좀 더 자세하게 살펴보자.

**I. 이 죄의 원인들은 무엇이었는가.** 하나님의 백성이 도대체 무엇에 이끌려서 우상들을 섬기게 되었는가? 그토록 잘 가르침을 받고 교육을 받은 처녀가 어떻게 해서 타락하게 되었는가? 그런 일을 누가 생각이나 할 수 있을까?

1. 그들은 교만해졌다(15절). "네가 네 화려함을 믿고 그것이면 사람들을 끌 수 있겠다고 생각해서 네 명성을 가지고 행음하였다." 이웃 나라들이 그들을 칭송하며 깍듯하게 대해 주자, 그들은 이웃 나라들의 호의에 답례하고 환심을 사기 위해서 그 나라들의 예배에 함께 하고 그 나라들의 관습을 받아들였다. 솔로몬은 그의 부인들과 그 가족들을 기쁘게 해주기 위하여 우상 숭배를 받아들였다. 너무도 많은 젊은이들이 교만, 특히 그들의 아름다움에 대한 교만 때문에 멸망한다는 것을 명심하라. 아름다움과 순결이 함께 있는 경우는 거의 없다.

2. 그들은 그들의 처음을 잊었다(22절). "네가 어렸을 때를 기억하지 아니하였다. 즉, 너는 그 때에 네가 얼마나 가난하고 초라하며 보잘것없었는지, 하나님이 너를 위하여 얼마나 큰 일들을 행하셨는지, 그래서 네가 하나님에 대하여 영원히 갚아도 못 갚을 빚을 졌다는 것을 잊어버렸다." 우리가 어떤 존재인지, 우리가 하나님의 거저 주시는 은혜의 덕을 얼마나 많이 보고 있는지를 깊이 생각하는 것은 우리의 교만과 정욕을 효과적으로 억제할 수 있는 좋은 수단이 될 수 있다는 것을 명심하라.

3. 그들은 지각력과 결단력이 약한 자들이었다(30절). 네가 이 모든 일을 행하니 네 마음이 어찌 그리 약한지. 사람들의 정욕이 강하다는 것은 그들의 마음이 약하다는 것을 보여주는 증거이다. 그들은 그들 자신을 잘 알지도 못하고 그들 자신을 잘 다스리지도 못한다. 이스라엘은 약했지만 방자한 음녀였다. 가장 어

리석은 자들은 보통 가장 오만방자하고, 사실은 그들 자신도 제대로 관리해 나갈 수 없는데도 그들이 다른 사람들을 아주 잘 다룬다고 생각한다.

**II. 이 죄의 구체적인 내용은 무엇이었는가.**

1. 그들은 그들이 알게 된 모든 우상들, 사람들이 그들에게 단 한 번이라도 권유한 적이 있는 모든 우상들을 섬겼다. 그들은 그들의 모든 이웃들이 시키는 대로 하였다(15절). 네가 지나가는 모든 자와 더불어 음란을 많이 행하므로 네 몸이 그들의 것이 되도다. 그들은 아무리 말도 되지 않는 것이라고 해도 이런 식의 모든 유혹에 기꺼이 응하였다. 창녀가 그에게 오는 모든 자들과 음행하여 무수히 음행하듯이, 이방의 우상이 들어오고 새로운 신이 만들어졌다 하면 그들은 어김없이 그 우상을 받아들였다(25절). 이것은 술 취한 자들이 누구든지 그들에게 손가락만 까닥 하면 그에게로 가서 그와 어울리는 것과 같았다. 그러한 자들의 마음은 얼마나 약한 것인가!

2. 그들은 하나님이 그들에게 주신 아름답고 귀한 옷으로 그들의 우상의 신전과 숲과 산당들을 장식하였다(16, 18절). 네가 네 의복을 가지고, 즉 하나님이 특별한 은총의 표시로 너에게 준 채색옷들(요셉이 입었던 것과 같은)을 가지고 너를 위하여 각색으로 산당을 꾸미고 거기에서 행음하였다(즉, 우상들을 숭배하였다). 이것에 대하여 하나님은 이렇게 말씀하신다. "이런 일은 전무후무하니라. 즉, 이런 일은 결코 있을 수 없는 일이라는 말이다. 나는 이런 일들을 결코 용납하지 않고 반드시 나의 분노를 보일 것이다."

3. 그들은 하나님이 그들에게 주신 보석들로 우상들을 만들어서 숭배하였다(17절) — 내가 준 금, 은 장식품. 우리에게 금과 은을 주시는 분은 하나님이시라는 것을 명심하라. 무역에 의한 물품들, 예술품들, 공장에서 만들어내는 물품들은 땅의 소산들과 아울러서 하나님이 섭리를 통해서 우리에게 주시는 선물들이다. 하나님은 그러한 것들을 사용할 수 있는 권리를 우리에게 주시지만, 그것들의 소유권은 여전히 하나님께 있다. "내가 금과 은을 너에게 주었지만, 그것은 여전히 나의 금이고 나의 은이다." 그것은 여전히 하나님의 것이기 때문에, 우리는 그것을 가지고 하나님을 섬기고 하나님께 영광을 돌려야 한다. 우리가 그것을 어떻게 사용했든, 하나님은 우리에게 그 책임을 물으실 것이다. 모든 데나리온에는 가이사의 형상과 아울러서 하나님의 형상도 있다. 우리에게 있는 은이나 금, 돈과 보석이 하나님의 것이라는 것을 제대로 명심하고 있

다면, 우리가 어떻게 감히 그것들을 우리의 교만과 권력, 탐욕과 방탕의 재료로 사용할 수 있겠는가? 이스라엘 백성은 아론이 그들의 귀고리들을 모아서 금송아지를 만들 때부터 이미 일찌감치 그들의 보석들로 우상들을 만들기 시작하였다.

4. 그들은 하나님이 그들 자신이 사용함과 동시에 그를 섬길 때에 사용하라고 주신 좋은 것들을 우상들을 섬기는 데에 사용하였다(18절). "네가 나의 기름과 향을 우상들과 그 제단 앞에 베풀며 이 쓰레기 같은 신들에게 분향하였다. 또한, 내가 네게 주어 먹게 한 내 음식물 곧 고운 밀가루와 기름과 가나안 땅에 넘쳐 흐르는 꿀을 너는 우상들에게 향기로운 제물로 바쳐서 우상들과 그 배고픈 제사장들을 배불리 먹이고 우상들의 환심을 사고자 하였다. 과연 그렇게 하였느니라 주 여호와의 말씀이니라. 그것은 부정할 수 없을 정도로 너무나 명백한 사실이었고, 변명할 수 없을 정도로 너무나 악한 짓이었다. 네가 이런 일들을 하였느니라. 모든 것을 아시는 분이 그것을 아신다." 그들은 우상을 너무나 좋아하였기 때문에 하나님이 그들 자신과 그들의 가족들로 하여금 먹고 살라고 주신 것들을 우상에게 갖다 바쳤다. 우리는 이것을 보고서 우리가 참되고 살아 계신 하나님을 섬기면서 얼마나 인색하고 옹색했는지를 돌아보고 부끄러워하여야 한다.

5. 그들은 그들의 자녀를 우상들에게 제물로 바쳤다. 하나님은 여기에서와 마찬가지로 다른 곳에서도 자주 이것을 그들의 우상 숭배가 보여준 극악무도한 사례들 중의 하나로 힘주어 강조하신다. 이 일만큼 마귀가 인간을 압도하여 이성과 천륜을 상실하게 만들어 버린 예는 찾아볼 수 없다(렘 7:31; 19:5; 32:35). 네가 네 자녀를 우상들에게로 데리고 가서, 그 자녀들을 몰록에게 바친다는 표시로 불 가운데로 지나게 했을 뿐만 아니라, 제물로 삼아 불살랐느니라(20절). 이 일에서만큼 가장의 권위가 가장 야만적인 포학으로 변질되어 버린 예는 결코 없었다. 그렇지만 이 일은 그것보다 더 중요한 의미를 지니고 있었다. 즉, 이 일은 하나님 자신에게 돌이킬 수 없는 잘못을 저지르는 일이었다는 것이다. 하나님은 그들의 자녀들에 대하여 그들의 금은이나 음식물의 경우보다 더 특별한 소유권을 주장하신다. 그들은 나의 자녀들(21절), 네가 나를 위하여 낳은 네 자녀들(20절)이다. 하나님은 영들의 아버지이시고, 이성을 지닌 심령들은 특히 하나님의 소유이다. 그러므로 인간의 생명을 부당하게 빼앗는 것은 생

명의 하나님에 대한 극심한 모독이 된다. 게다가 이스라엘 자손은 좀 더 특별하게 하나님의 소유였다. 그들은 하나님의 집에서 난 언약의 자녀들이었다. 하나님은 아브라함에게 내가 너와 네 후손의 하나님이 되리라고 말씀하셨었다(창 17:7). 그들은 여덟 살이 되었을 때부터 그들의 몸에 이 언약의 표를 지니고 살았다. 그들은 하나님의 이름을 지닌 자들로서 하나님의 교회를 구성하는 자들이었다. 그들을 죽이는 것은 극히 비인간적인 일이었지만, 우상을 위하여 그들을 죽이는 것은 극히 불경스러운 일이었다. 부모가 우상들에게 희생제물이 아니라 산 제물을 바치겠다고 공개적으로 맹세하고서는 그들의 분신인 죄 없는 자녀들을 그들 자신의 손으로 무자비하게 죽여서 우상에게 바치는 것을 보고서 극도의 분노를 느끼지 않는 사람이 어디 있겠는가! 하나님 앞에서 살도록 태어난 자녀들을 마귀에게 제물로 바치다니, 이 얼마나 어처구니없는 일이란 말인가! 눈에 보이는 교회의 지체들인 부모에게서 난 자녀들은 하나님 앞에서 살도록 태어난 하나님의 자녀들이라는 것을 명심하라. 그러므로 우리는 우리의 자녀들이 그런 존재라는 것을 깨닫고서 그들을 사랑하고 그들을 위하여 기도하며 키워야 하고, 하나님이 그들을 부르시면, 언제라도 기쁜 마음으로 그들을 하나님께 바쳐 드려야 한다. 하나님이 그의 소유로 그가 하시고자 하시는 일을 하지 못하실 이유가 어디 있겠는가? 그들이 우상 숭배를 하면서 행하는 결코 좌시할 수 없는 이러한 일에 대하여 하나님은 이렇게 다그치신다(20절). 정녕 네가 네 음행을 작은 일로 여긴 것이냐. 이것은 이 일을 별 것 아닌 일로 여기고 장난삼아 하는 일이리고 생각한 자들이 있었다는 것을 보여주는 것이다. 양심이 마비된 자들은 그 어떤 흉악무도한 죄라도 얼마든지 그저 재미 삼아서 할 수 있다는 것을 명심하라. 그러나 음행, 즉 영적인 음행이 과연 작은 일인가? 사람들이 자녀들을 짐승으로 취급하고 마귀를 그들의 신으로 섬기는 것이 과연 작은 일인가? 그 일은 머지않아 큰 일이라는 것이 밝혀지게 될 것이다.

6. 그들은 우상들을 위하여 신전을 지어서, 다른 사람들이 거기에 드나들면서 그들과 함께 우상을 섬기게 만들었다. "네가 이런 유의 모든 악을 혼자 은밀하게 행한 후에(선지자는 여기에서 그들이 계속해서 죄 가운데 머무는 것이 화를 불러오는 것임을 보여줌과 동시에 때를 놓치지 않고 그들에게 경고하기 위하여, 너는 화 있을진저 화 있을진저라는 말을 괄호 안에 삽입한다), 그것도 모자라서 너는 마침내 그 우상 숭배를 공개적으로 널리 선전하는 뻔뻔스러움의 극

치에까지 도달하였다. 너는 오랫동안 음녀의 마음을 지니고 있었지만, 이제는 음녀의 이마까지 지니게 되어서 부끄러움을 모르게 되었다"(23-35절). 너는 너를 위하여 누각(또는, 난외주의 읽기에 따르면 매음굴, 우상의 신전들은 바로 그런 것이었다)을 건축하며 모든 거리에 이런저런 우상을 위하여 높은 대를 쌓았도다(24, 31절). 그들은 사람들을 유혹하여 타락하게 하고 그 더러움을 널리 퍼뜨리기 위하여 사람들로 하여금 우상 숭배에 대하여 강한 유혹을 느끼게 할 수 있는 온갖 방법들을 다 동원하였다. 이렇게 해서 우상 숭배에 앞장섰던 자들은 스스로 더러워졌고, 그들을 우상 숭배로 끌어들이기 위하여 애썼던 이방인들조차도 그들이 자신들보다 한 술 더 뜨는 것을 보고서 어디서나 넘쳐나는 포학한 우상 숭배에 넌더리를 내기 시작하였다. 네가 네 아름다움을 가증하게 하였기 때문에, 너를 부러워하고 동경하던 자들까지도 이제는 너를 가증히 여기게 만들어 버렸다. 유대 민족은 그들 자신의 하나님을 떠나서 주변의 이방 나라들의 신들에 빠짐으로써 그 이방 나라들의 눈에조차 보잘것없고 멸시받을 만한 존재가 되어 버렸다. 또한, 모든 지혜롭고 선한 자들, 하나님과 거룩한 신앙을 존귀하게 여겼던 모든 자들이 이스라엘의 아름다움을 가증하게 여겼을 것은 말할 필요조차 없었다. 자신의 신앙을 욕되게 하는 자들은 스스로 수치를 당하게 된다는 것을 명심하라. 그랬을 때에 사람들이 그들의 자랑으로 여겼던 그 아름다움과 뛰어남은 결국 사람들이 몹시 싫어하는 대상이 되어 버린다.

**Ⅲ. 이 죄를 가중시킨 요인들은 무엇이었는가.**

1. 그들은 그들을 압제하고 박해하였던 이방 나라들이 섬기는 우상들을 좋아하였다.

(1) 애굽 사람들. 이 나라 사람들은 얼빠지고 지각 없는 우상 숭배로 악명이 높았던 민족이었다. 그들은 옛적에 이스라엘 민족을 야만적으로 학대하였던 자들이었고, 최근에는 기만적인 책략으로 골탕 먹인 자들이었다. 즉, 애굽 사람들은 이스라엘 백성에게 언제나 잔인하거나 거짓된 자들이었다는 말이다. 그런데도 그들은 정신을 못 차리고서 그들의 이웃 나라 애굽 사람과 음행하였다. 즉, 그들은 애굽 사람들과 함께 어울려서 우상 숭배에 동참하였을 뿐만 아니라, 애굽과 동맹을 맺어서 그들이 위급할 때에 그들을 도와줄 것이라고 철석같이 믿고서 애굽을 의지하였는데, 이것은 하나님을 떠나 다른 사람과 간음하는 행위였다.

(2) 앗수르 사람들. 이 나라 사람들도 이스라엘을 괴롭혀 왔었다. "그런데도 네가 또 앗수르 사람과 행음하였다(28절). 앗수르 사람들은 아주 멀리 떨어져 살았는데도, 너는 그들의 우상들과 미신적인 관습들을 받아들여서, 갈대아에까지 심히 행음하였다. 너는 저 아주 먼 나라, 저 원수의 나라에서 신상들, 여러 모양의 제단들, 희생제사 의식들, 이런저런 어리석은 것들을 수입하여 가나안 땅에 들여왔고, 거기에 그런 것들을 확고하게 정착시켰다." 조지 허버트(George Herbert) 목사(유명한 영국 기독교 시인)는 세느 강(파리에 있는 강)이 티베르 강(로마에 있는 강)과 템스 강(런던에 있는 강)을 삼켜서 두 강을 오염시킬 것이라고 오래 전에 예언하였다.

2. 그들은 그들의 죄 때문에 섭리에 의한 책망 아래 있었지만 계속해서 죄를 고집하였다(27절). 내가 내 손을 네 위에 펴서 너에게 경고하고 위협하였다. 하나님은 그들을 멸망시키기 위하여 그들에게 손을 대시기 전에 먼저 이렇게 그의 손을 펴서 경고하셨다. 먼저 작은 심판들을 통해서 사람들을 회개로 이끌고자 하시는 것이 하나님이 통상적으로 사용하시는 방법이다. 하나님은 여기에서도 그렇게 하셨다. 그들에게 기근을 보내셔서 그들이 의지하는 양식을 끊어버리시기 전에 하나님은 먼저 그들의 일용할 양식을 감하셨다. 하나님이 차고 넘치게 주셔서 배불리 먹게 하셨는데도 사람들이 그것을 악용할 때에 그들의 일용할 양식을 줄이시는 것은 합당한 일이다. 하나님은 그들을 갈대아 사람들에게 넘기셔서 멸망당하게 하시기 전에 먼저 그들을 블레셋 여자들에게 넘기셔서 그들의 우상 숭배로 인하여 조롱을 당하게 하셨다. 왜냐하면, 블레셋 여자들은 이스라엘 사람들을 미워하였고, 그들 자신이 우상을 숭배하는 자들이었지만, 자기 나라의 신을 버리는 역사상 유례 없는 짓을 행하고서도 그 어떤 이웃 나라보다도 더 심하게 우상 숭배에 빠져서 음란하게 행하는 이스라엘 사람들을 부끄러워하였기 때문이다(렘 2:10-11). 따라서 이스라엘 백성이 블레셋 사람들에게 혼쭐이 난 것은 합당한 일이었다. 또는, 이것은 아하스 왕 때에 블레셋 사람들이 유다의 남방 성읍들을 침략하였고, 이 일이 유다의 세력이 크게 약화되고 여러 가지 좋지 않은 일들이 시작되는 계기가 된 것을 언급한 것일 수 있다(대하 28:18). 그런데도 이스라엘은 이러한 심판을 통한 하나님의 경고를 받아들이지 않았기 때문에, 마침내 버림을 받아 멸망당할 수밖에 없었다. 하나님이 회개치 않은 죄인들을 벌하실 때에 그들은 그가 베푸신 우갖 긍휼들에도 배은

망덕하게 행하였다는 것과 그가 보내신 환난들 가운데서도 결코 그들 자신을 고치려 하지 않았다는 말을 듣게 될 것임을 명심하라(암 4:11).

3. 그들은 영적인 음행을 행할 때에 만족할 줄을 몰랐다. 네가 음욕이 차지 아니하였고(28절) 족할 줄을 알지 못하였느니라(29절). 그들은 우상들과 미신적인 관습들을 도가 지나치게 받아들여 놓고도, 여전히 새로운 신들과 새로운 의식(儀式)들이 어디 없나 하고 찾아다녔다. 진실하게 참 하나님을 섬기는 자들은 그 안에서 차고 넘치는 만족을 발견한다. 그들은 하나님을 더욱더 알기를 원하지만 결코 하나님 이외의 것을 원하지는 않는다. 그러나 이 생수의 근원을 버리고 터진 웅덩이를 찾는 자들은 곧 식상해서 결코 만족을 느끼지 못하게 된다. 그들은 무수한 우상들을 섬기고 있으면서도 계속해서 다른 우상들을 찾아다닌다.

4. 그들은 우상 숭배를 위해서 막대한 비용을 들였다. 그들은 신상들과 제단들을 사들이고 우상들을 모실 신관들을 다른 나라에서 불러오는 데에 엄청난 재물을 쏟아 부었다. 창기들은 일반적으로 화대(花代)를 받지만, 이 뻔뻔스러운 간음하는 여인은 돈을 받고 우상을 섬긴 것이 아니라 돈을 주고 우상들을 고용하여 그를 보호해 주고 그의 경배를 받아주게 하였다. 하나님은 이 점을 강조하신다(31-34절). "이 점에서 네 음란함이 다른 여인과 같지 아니하다. 다른 여인들은 남들로부터 구애를 받지만, 너는 너를 따르지 않는 자들에게 구애하고, 너를 멸시하는 이방 나라들과 동맹을 맺기를 좋아한다. 다른 여인들은 남들로부터 선물을 받지만, 너는 하나님이 은혜로 네게 주신 선물들을 네 우상들에게 갖다 바친다. 이 점에서 너는 창기들과 같이 돈 때문이 아니라 오로지 음란함 때문에 간음하는 아내와 같다." 영적인 욕정, 즉 우상을 좇고자 하는 마음의 욕정은 흔히 그 어떤 육체적인 욕정 못지않게 강하고 맹렬하다. 어떤 사람이 죄를 통해서 세상적인 이득을 얻고자 하는 것이 아니라 그 죄 자체를 즐기려고 비용과 노력을 아끼지 않을 때, 그의 죄는 더욱 가중된다. 그런 자들은 까닭 없이 속이는 자들(시 25:3)이고 진정으로 악한 범죄자들이다.

예루살렘은 이 모든 것을 통해서 이제 그의 가증한 일들을 알게 되었어야 마땅하지 않는가? 예루살렘이 저지른 이러한 일들보다 더 가증한 일들이 과연 있을 수 있는 것인가? 여기에서 우리는 하나님이 사람들을 내버려 두시면 사람들은 더 선하게 될 수 있는 가능성을 지니고 있음에도 불구하고 그들의 타락한 본성이 어떤 것인지를 아주 적나라하게 드러내는 것을 보면서, 놀라움과 두려움을 감출 수 없다. 죄의 길은 내리막길이다. 우리는 금지된 것에 이끌리는 자들이다.

[35]그러므로 너 음녀야 여호와의 말씀을 들을지어다 [36]주 여호와께서 이같이 말씀하셨느니라 네가 네 누추한 것을 쏟으며 네 정든 자와 행음함으로 벗은 몸을 드러내며 또 가증한 우상을 위하며 네 자녀의 피를 그 우상에게 드렸은즉 [37]내가 너의 즐거워하는 정든 자와 사랑하던 모든 자와 미워하던 모든 자를 모으되 사방에서 모아 너를 대적하게 할 것이요 또 네 벗은 몸을 그 앞에 드러내 그들이 그것을 다 보게 할 것이며 [38]내가 또 간음하고 사람의 피를 흘리는 여인을 심판함 같이 너를 심판하여 진노의 피와 질투의 피를 네게 돌리고 [39]내가 또 너를 그들의 손에 넘기리니 그들이 네 누각을 헐며 네 높은 대를 부수며 네 의복을 벗기고 네 장식품을 빼앗고 네 몸을 벌거벗겨 버려 두며 [40]무리를 데리고 와서 너를 돌로 치며 칼로 찌르며 [41]불로 네 집들을 사르고 여러 여인의 목전에서 너를 벌할지라 내가 너에게 곧 음행을 그치게 하리니 네가 다시는 값을 주지 아니하리라 [42]그리한즉 나는 네게 대한 내 분노가 그치며 내 질투가 네게서 떠나고 마음이 평안하여 다시는 노하지 아니하리라 [43]네가 어렸을 때를 기억하지 아니하고 이 모든 일로 나를 분노하게 하였은즉 내가 네 행위대로 네 머리에 보응하리니 네가 이 음란과 네 모든 가증한 일을 다시는 행하지 아니하리라 주 여호와의 말씀이니라

모세의 율법에 의하면, 간음은 사형에 해당하는 범죄였다. 앞 단락에서 범죄자로서 법정에 선 이 악명 높은 간음한 여인은 유죄로 확정되었고, 여기에서는 이 여인에 대한 선고가 내려진다. 이 선고는 엄숙한 어조로 시작된다(35절). 재판장인 선지자는 하나님의 이름으로 너 음녀야 여호와의 말씀을 들을지어다라고 말한다. 여기에서 선지자는 창기들을 하나님의 나라에서 내쫓기 위하여 선고를 내리고 있는 것과는 달리, 우리 구주께서는 창기들을 회심시켜서 하나님의 나라로 들어오게 하기 위하여 그들에게 말씀을 전하셨다. 배교한 교회는 창기라는 것을 명심하라. 예루살렘도 우상을 숭배하게 된다면 창기일 수밖에 없다. 신실하던 성읍이 어찌하여 창기가 되었는고(사 1:21). 로마 가톨릭도 요한계시록에서 여기에 나오는 예루살렘처럼 멸망이 작정되었을 때에 창기

로 묘사된다(계 17:1). 이리로 오라 큰 음녀가 받을 심판을 네게 보이리라. 여호와께서 명령하시는 말씀을 듣고도 거기에 순종하지 않는 자들은 여호와께서 단죄하시는 말씀을 듣고 그 앞에서 두려워 떨게 될 것이다. 판결이 내려지는 동안 귀 기울여서 들어 보자.

**Ⅰ. 이스라엘이 저지른 범죄가 낭독되고 죄목들이 요약되며(36절) 죄를 가중시키는 요인들이 열거됨**(43절).    하나님이 이렇게 하시는 것은 그가 진노 가운데 말씀하시는 것이 옳다는 것을 보이시고, 그의 판단을 분명하게 하셔서 그가 판단 받으실 때에 한 점의 의혹도 없게 하시기 위한 것임과 동시에, 죄인들을 단죄하시면서 그들 앞에 그들의 죄상을 낱낱이 제시하여, 판결이 공평하다는 것에 대하여 단 한 마디도 이의를 제기하지 못하게 하시고 그들의 입을 막기 위한 것이다. 이 음녀가 저지른 범죄들, 즉 이제 단죄를 받게 될 범죄들은 다음과 같은 것들이다.

1. 우상 숭배로 말미암아 십계명의 첫 번째 돌판에 나와 있는 처음 두 계명을 범한 것. 이것은 여기에서 정든 자들과 행음함, 즉 음녀가 자기가 사랑하는 자들, 그녀가 섬기고 숭배한 온갖 가증한 우상들과 행음한 일들로 표현된다(우상들은 이 음녀가 마치 자신의 은인들이나 되는 것처럼 사랑하였기 때문에, 음녀는 우상들을 사랑하는 자들이라 부른다, 호 2:12). 이 죄는 하나님의 질투를 불러일으켰다.

2. 그들 자신의 어린 자녀들을 죽여 우상에게 제물로 바침으로써 십계명의 두 번째 돌판에 나와 있는 처음 두 계명을 범한 것. 네가 네 자녀의 피를 그 우상에게 드렸다. 하나님과 그에 대한 경외심을 버린 자들이 가장 강력하고 신성한 천륜의 유대를 끊어 버렸다고 해서 이상할 것은 없다. 그들의 죄는 다음과 같은 것들에 의해서 더욱 가중된다.

(1) 그들이 그런 죄들을 통해서 그들 자신을 욕되게 한 것. "네가 이런 일들을 통해서 네 누추한 것을 쏟았다. 네 마음속에 있던 더러운 것이 이 일들을 통해서 백일하에 드러났고, 너의 벌거벗은 모습이 그대로 드러났기 때문에, 너는 멸시를 받았다." 하나님은 그를 믿는 백성이 죄로 말미암아 수치를 당하는 것을 기뻐하지 않으신다.

(2) 그들의 비열한 배은망덕함은 그들의 죄를 가중시킨 또 하나의 요인이었다. "네가 어렸을 때를 기억하지 아니하고, 그 때에 다 죽어가던 너에게 내가 은

혜를 베풀어서 살려 놓은 것도 기억하지 않았다"(43절).

(3) 그들이 마땅히 하나님을 기쁘시게 해 드렸어야 하는데도 도리어 그들의 죄로 하나님을 괴롭게 해 드린 것. "네가 이 모든 일로 나를 분노하게 하였고, 나를 초조하게 하며 근심하게 하였다." 크신 하나님은 그 어떤 불안도 용납하지 않으실 것 같은데 그가 그를 믿는 백성들의 죄와 어리석은 짓 때문에 그의 마음이 불안하고 초조하였다고 말씀하시는 것은 정말 돌 같은 마음도 녹이기에 충분한 기이한 일이다. 내가 사십 년 동안 그 세대로 말미암아 근심하였다(시 95:10).

**Ⅱ. 하나님이 내리신 판결의 전체적인 내용.** 내가 간음하고 사람의 피를 흘리는 여인을 심판함 같이 너를 심판하리라(38절). 이 두 가지 범죄는 죽음, 그것도 수치스러운 죽음의 벌을 받아야 하는 그런 죄들이었다. "네가 피를 흘리는 죄를 범하였기 때문에, 내가 네게 피를 돌리리라. 네가 혼인의 순결을 깨고 간음하는 죄를 범하였기 때문에, 내가 공의만이 아니라 질투로, 의로운 재판장으로서만이 아니라 상처 받고 분노한 남편으로서 원수 갚는 날에 용서하지 아니하리라(잠 6:34-35)." 하나님은 그들의 행위대로 그들의 머리에 보응하실 것이다(43절). 하나님이 죄인들에게 집행하시는 온갖 심판들 속에서 우리는 하나님이 그들의 행위대로 그들의 머리에 보응하시는 것을 볼 수 있다. 하나님은 죄인들을 그들에게 합당한 대로 보응하실 뿐만 아니라 그들이 행한 대로 보응하신다. 그들의 죄는 하나의 길과 같아서 도달하게 될 목적지가 있다. 좀 더 구체적으로 살펴보자.

1. 이 범죄자는 많은 사람들 앞에서 공개석으로 수치를 당하게 되리라는 것 (37절). 행악자들은 은밀하게 처형을 당하는 것이 아니라, 세상의 구경거리가 된다. 하나님은 여기에서 구경꾼들을 불러 모으는 데에 신경을 쓰신다. "나는 너의 즐거워하는 정든 자와 사랑하던 모든 자가 이 일을 보고 경고를 받아서 멸망받지 않도록 하기 위하여 그들로 와서 너에 대한 사형 집행을 지켜 보게 할 것이다. 또한, 너의 미워하는 모든 자도 와서 너의 죽어가는 모습을 보고 너를 조롱하며 기뻐할 것이다." 예루살렘이 당할 재난들은 친구들에게는 근심과 슬픔이 되고 원수들에게는 기쁨이 될 것인데, 이 둘은 모두 그 재난들이 지닌 비참함을 더욱 가중시킬 것이다. 하나님은 그들을 네 주변으로 모으실 뿐만 아니라 그렇게 모으셔서 너를 대적하게 하실 것이다. 예루살렘의 불륜의 상대였던 자들, 그녀가 불법적인 동맹을 맺었던 자들인 애굽 사람들과 앗수르 사람들이 이

제 그녀의 멸망에 일조를 하게 될 것이다. 사람의 행위가 여호와를 기쁘시게 하면 그 사람의 원수라도 그와 더불어 화목하게 하시는(잠 16:7) 것과 마찬가지로, 사람의 행위가 여호와를 분노하시게 하면 그 사람의 친구라도 그와 더불어 싸우게 하신다. 하나님이 죄인들을 유혹했던 자들, 죄인들과 함께 악을 행하였던 자들을 죄인들을 치는 채찍과 전염병, 멸망의 도구들로 사용하시는 것은 합당한 일이다. 죄인들 때문에 벌거벗겨졌던 자들이 이제는 그 죄인들이 벌거벗겨지는 것을 보게 될 것이고, 아마도 그 죄인들이 벌거벗겨지는 데에 일조를 하게 될 것이다. 그들은 와서 이 땅의 벌거벗은 모습을 보게 될 것이다. 동일한 취지의 말씀이 다시 한 번 첨가된다(41절). 내가 여러 여인의 목전에서 너를 벌할지라. 너는 다른 사람들이 보고 두려워하여 다시는 주제넘게 행하지 않도록 하기 위한 본보기가 될 것이다.

2. 이 범죄자는 죽음으로 단죄되리라는 것. 왜냐하면, 그녀가 저지른 죄들의 삯은 사망이기 때문이다(40절). 그들이 무리를 데리고 와서 너를 돌로 치며 칼로 찌를 것이다. 이 간음한 여인은 아주 무시무시한 죽음을 죽고 한 번에 아주 많은 죽음을 죽도록 선고를 받는다. 예루살렘의 성벽이 적이 쏜 돌들 때문에 무너져 내리고, 그 주민들이 칼에 맞아 죽게 되었을 때, 이 선고를 문자 그대로 집행되었다.

3. 이 범죄자의 재산은 몰수되고, 그녀에게 속한 모든 것은 파괴되리라는 것. 그들이 네 누각을 헐며(39절), 악한 여자들의 음란함을 혐오하여 그 여자들의 거처들을 불 태우듯이 네 집들을 사르리라(41절). 그녀가 이웃 나라들의 환심을 살 목적으로 우상들을 위하여 세운 산당들조차 그들의 분노를 자극하는 것들이 되어서, 그들은 그 산당들도 부술 것이다. 심지어 유다의 가장 훌륭한 왕들이 다스릴 때에도 산당들은 제거되지 않았지만, 이제 갈대아 군대가 와서 모든 것을 황폐화시킬 때에 그 산당들도 부술 것이다. 죄악이 나라의 공권력에 의해서 제거되지 않는다면, 하나님은 그 나라에 심판을 내리셔서 그 죄악을 제거하실 것이다.

4. 이렇게 죄와 죄인들이 둘 다 한꺼번에 폐하여지고 끝을 맞게 되리라는 것. 내가 너에게 음행을 그치게 하리라. 주민들이 완전히 멸절되고, 재물이 없어서 다시는 우상에게 값을 주지 아니할 것이기 때문에, 이 땅에 우상 숭배가 남아 있지 않게 될 것이다. 그들의 죄를 떠나고자 하지 않는 자들은 그들의 죄가 그

들을 떠나도록 하기 위하여 죽게 될 것이다. 그들이 우상들을 존귀하게 하기 위하여 바쳤던 온갖 것들을 하나님이 다 빼앗으실 것이기 때문에, 그들은 다시는 우상들에게 값을 주지 아니하게 될 것이다(41절). "그 때에 네가 이 음란과 네 모든 가증한 일, 특히 나의 극심한 분노를 불러일으켰던 범죄인 네 자녀를 우상에게 제물로 드리는 가증한 일을 다시는 행하지 아니하리니, 이는 너의 자녀들이 모두 칼에 죽거나 포로로 끌려가서, 우상에게 제물로 드릴 자녀가 남아 있지 않게 될 것이기 때문이다(43절)." 또는, 이것은 심판을 피하여 살아남게 된 자들이 그들의 삶을 고치게 될 것임을 의미하는 것일 수도 있다. 그들은 경고를 받아들여서 다시는 무법하게 행하지 아니할 것이다. 이스라엘 백성은 바벨론에 포로로 끌려감으로써 영원히 음행을 그치게 되었다. 포로 생활을 통해서 그들은 우상 숭배에 이끌리는 성향을 효과적으로 치유받았다. 이런 열매가 맺어지고 심지어 죄가 제거될 그 때가 되면, 모든 것이 잘 될 것이다(42절). 내 분노가 그치며 내 질투가 네게서 떠나고 마음이 평안하여 다시는 노하지 아니하리라. 우리가 죄와 전쟁을 벌이기 시작하면, 하나님은 우리와 화목하게 되실 것이다. 왜냐하면, 하나님은 환난이 그 목적을 다 이루었을 때에는 더 이상 그 환난을 지속시키지 않으시기 때문이다. 죄가 떠나면, 하나님의 질투도 곧 떠난다. 왜냐하면, 우리가 하나님의 질투를 불러일으킬 짓을 할 때 외에는 하나님은 결코 질투하지 않으시기 때문이다. 그렇지만 어떤 이들은 이 본문을 하나님이 끝장을 보실 것이기 때문에 그의 진노의 불은 그것을 태울 연료가 있는 한 꺼지지 않을 것임을 보여주는 것으로서 철저한 멸망을 경고한 것이라고 이해한다. 하나님의 분노가 그들 위에 머물러 있고 떠나지 않을 것이다. 이것을 믿지 않는 자들에 대한 저 심판과 비교해 보라(요 3:36). 하나님의 진노가 그들 위에 머물러 있느니라. 그들은 하나님의 분노의 잔을 그 찌꺼기까지 다 마시게 될 것이고, 그 때에 하나님은 그의 대적에게 보응하여 마음을 편하게 하셨기 때문에(사 1:24) 다시는 노하지 아니하실 것이다. 하나님은 그들을 버리신 것으로 만족하셔서 더 이상 그의 분노를 쏟으실 필요가 없으실 것이기 때문에 다시는 노하지 아니하실 것이다. 그들은 하나님으로 하여금 심판을 내려야 하는지 긍휼을 베풀어야 하는지를 놓고 고민하게 하였었다. 그러나 이제 하나님은 죄인들에게 영원한 저주를 내리심으로써 스스로 영광을 받으시고 만족하실 것이기 때문에 마음이 평안하시다.

[44]속담을 말하는 자마다 네게 대하여 속담을 말하기를 어머니가 그러하면 딸도 그러하다 하리라 [45]너는 그 남편과 자녀를 싫어한 어머니의 딸이요 너는 그 남편과 자녀를 싫어한 형의 동생이로다 네 어머니는 헷 사람이요 네 아버지는 아모리 사람이며 [46]네 형은 그 딸들과 함께 네 왼쪽에 거주하는 사마리아요 네 아우는 그 딸들과 함께 네 오른쪽에 거주하는 소돔이라 [47]네가 그들의 행위대로만 행하지 아니하며 그 가증한 대로만 행하지 아니하고 그것을 적게 여겨서 네 모든 행위가 그보다 더욱 부패하였도다 [48]주 여호와의 말씀이니라 내가 나의 삶을 두고 맹세하노니 네 아우 소돔 곧 그와 그의 딸들은 너와 네 딸들의 행위 같이 행하지 아니하였느니라 [49]네 아우 소돔의 죄악은 이러하니 그와 그의 딸들에게 교만함과 음식물의 풍족함과 태평함이 있음이며 또 그가 가난하고 궁핍한 자를 도와 주지 아니하며 [50]거만하여 가증한 일을 내 앞에서 행하였음이라 그러므로 내가 보고 곧 그들을 없이 하였느니라 [51]사마리아는 네 죄의 절반도 범하지 아니하였느니라 네가 그들보다 가증한 일을 심히 행하였으므로 네 모든 가증한 행위로 네 형과 아우를 의롭게 하였느니라 [52]네가 네 형과 아우를 유리하게 판단하였은즉 너도 네 수치를 담당할지니라 네가 그들보다 더욱 가증한 죄를 범하므로 그들이 너보다 의롭게 되었나니 네가 네 형과 아우를 의롭게 하였은즉 너는 놀라며 네 수치를 담당할지니라 [53]내가 그들의 사로잡힘 곧 소돔과 그의 딸들의 사로잡힘과 사마리아와 그의 딸들의 사로잡힘과 그들 중에 너의 사로잡힌 자의 사로잡힘을 풀어 주어 [54]네가 네 수욕을 담당하고 네가 행한 모든 일로 말미암아 부끄럽게 하리니 이는 네가 그들에게 위로가 됨이라 [55]네 아우 소돔과 그의 딸들이 옛 지위를 회복할 것이요 사마리아와 그의 딸들도 그의 옛 지위를 회복할 것이며 너와 네 딸들도 너희 옛 지위를 회복할 것이니라 [56]네가 교만하던 때에 네 아우 소돔을 네 입으로 말하지도 아니하였나니 [57]곧 네 악이 드러나기 전이며 아람의 딸들이 너를 능욕하기 전이며 너의 사방에 둘러 있는 블레셋의 딸들이 너를 멸시하기 전이니라 [58]네 음란과 네 가증한 일을 네가 담당하였느니라 나 여호와의 말이니라 [59]나 주 여호와가 이같이 말하노라 네가 맹세를 멸시하여 언약을 배반하였은즉 내가 네 행한 대로 네게 행하리라

선지자는 여기에서 예루살렘을 이전에 있었던 옛적의 도시들과 비교해서 그녀가 그 어떤 도시보다도 더 악하기 때문에 그 도시들처럼 철저히 멸망받아 마땅하다는 것을 보여주는 방식으로 그녀의 가증한 일들을 추가적으로

제시한다. 우리는 모두 우리 자신을 다른 사람들과 비교해서 판단하는 경향이 있어서, 무난하다고 생각되는 이런저런 사람들만큼 선하기만 하다면 우리는 충분히 선한 것이라고 생각하고, 악하기는 하지만 극악무도하지는 않은 이런저런 사람들보다 더 악하지 않기만 하다면 우리는 위험스러울 정도로 악한 것은 아니라고 생각한다. 이제 하나님은 에스겔 선지자를 통해서 예루살렘에게 다음과 같은 것들을 보여주신다.

I. **그녀가 그녀의 어머니만큼 악하다는 것.** 즉, 그들은 그들보다 먼저 이 땅을 차지하고 있었던 저 저주받은 가나안 사람들만큼이나 악하다고 하나님은 말씀하신다. 속담을 말하는 자들은 어머니가 그러하면 딸도 그러하다는 속담이 예루살렘에 딱 들어맞는다고 말할 것이다(44절). 그녀는 그녀의 어머니의 자녀이다. 유대인들은 마치 가나안 사람들의 자녀들인 양 기질과 성향에 있어서 서로 똑같았다. 어머니는 남편과 자녀를 싫어하였고, 간음하는 여인으로서의 온갖 특징을 지니고 있었다. 그런데 딸도 마찬가지였다. 그녀는 젊은 시절의 짝을 버리며, 자기 배로 낳은 자녀들에게 야만적인 짓을 행하였다. 하나님은 이스라엘을 가나안으로 데려오시면서, 특히 그들 전에 있던 그 땅 주민의 가증한 일들을 따르지 않도록 그들에게 신신당부를 하셨다(너희도 더럽히면 그 땅이 너희가 있기 전 주민을 토함 같이 너희를 토할까 하노라, 레 18:27-28). 왜냐하면, 그 땅에 남아 있던 우상 숭배자들과 우상 숭배의 잔재들은 그들에게 끊임없이 시험거리가 될 것이었기 때문이다. 그런데도 그들은 그 우상 숭배자들의 행위를 배웠고 그 전철을 밟았으며 그 우상 숭배자들만큼이나 가나안의 우상들에 푹 빠졌다(시 106:38). 이렇게 서로 꼭 닮았다는 의미에서 그들의 어머니는 헷 사람이요 그들의 아버지는 아모리 사람이라고 말해도 지나친 것은 아니었다(45절). 왜냐하면, 그들은 아브라함이나 사라보다도 헷 사람이나 아모리 사람을 더 많이 닮았기 때문이다.

II. **그녀는 그녀의 자매들인 소돔과 사마리아보다 더 악하다는 것.** 소돔과 사마리아도 간음한 여인으로서 남편과 자녀를 싫어하였고, 그들의 조상들의 신들에 대하여 넌더리가 나서, 새 시대에 맞춰서 새롭게 등장하여 유행하게 된 새로운 신들과 새로운 종교 예식들을 받아들였다. 선지자는 여기에서 예루살렘과 그녀의 자매들을 자세히 비교하는데, 이는 그들을 부끄럽게 하여 회개에 이르게 하거나 하나님이 그들을 멸망시키는 것이 정당하다는 것을 보이기 위한 것이었다. 좀 더 살펴보자.

1. 예루살렘의 자매들은 누구였는가(45절). 그들은 사마리아와 소돔이었다. 사마리아는 예루살렘보다 훨씬 더 크고 부유하며 꽤 세력이 있는 도시이자 왕국이었고 이스라엘과 아주 가까운 나라였기 때문에 형이라 불린다. 예루살렘이 북쪽을 바라보았을 때, 사마리아는 그녀의 왼쪽에 있었다. 사마리아 성, 그리고 그 어머니 도시의 딸들이었던 성읍들과 촌락들은 그들이 저지른 영적인 음행 때문에 최근에 멸망을 당하였다. 소돔, 그리고 그녀의 딸들이었던 인접한 성읍들과 촌락들은 예루살렘의 오른쪽에 거주하고 있었는데, 예루살렘이나 사마리아보다 작았기 때문에 여기에서 아우로 불린다. 소돔과 그 이웃 성읍들은 옛적에 그들의 육체적인 음행 때문에 멸망을 당하였다(유 1:7).

2. 예루살렘의 죄들은 어떤 점에서 그녀의 자매들, 특히 소돔의 죄악과 닮았는가(49절). 소돔의 죄악은 이러하니(여기에는 이런 것들이 예루살렘의 죄악이기도 하다는 뜻이 담겨 있다) 교만함과 음식물의 풍족함과 태평함이 있음이다. 그들이 다른 육체를 따라 간 것(이것은 소돔의 가장 악명 높은 죄악이었다)은 너무도 잘 알려져 있었기 때문에 언급되고 있지 않지만, 여기에 나와 있는 죄들은 그렇게 암울해 보이지 않을지 몰라도 저 악명 높은 범죄로 가는 길을 열어 주었고, 그들의 죄악의 분량을 마침내 꽉 채운 것은 그들의 저 악명 높은 범죄였을지라도 이 죄들은 그들의 죄악의 분량을 채우는 일을 시작하는 데에 일조하였다. 그들의 죄악의 단초들은 다음과 같은 것들이었다.

(1) 교만함. 교만은 사람의 마음을 높아지게 하여 하나님과 사람을 대적하게 만든다. 교만은 천사들을 마귀들로 변질시켜 버리고 여호와의 동산을 이 땅의 지옥으로 바꾸어 놓은 최초의 죄였다. 소돔 사람들이 의인 롯을 멸시하고 그의 책망을 견디지 못한 것도 다 교만 때문이었다. 교만은 그들의 패망을 무르익게 만들었다.

(2) 폭식. 이것은 여기에서 음식물의 풍족함으로 표현되어 있다. 그들이 풍족함을 누리게 된 것은 하나님이 큰 긍휼을 베풀어 주셨기 때문이었지만, 그들이 그것을 악용하고 거기에 탐닉하여 지나치게 먹고 마심으로써, 하나님이 먹고 살라고 그들에게 주신 것을 그들의 정욕을 채우는 데에 사용한 것은 그들의 큰 죄였다.

(3) 게으름. 이것은 여기에서 일하는 것을 몹시 싫어하고 편안함을 좋아하

는 태평함으로 표현되어 있다. 그들의 땅은 비옥하여 별 수고를 하지 않아도 풍족한 수확을 거둘 수 있었는데, 이것은 그들에게 나태함에 빠져서 온갖 가증스럽고 더러운 것들로 그들의 정욕을 불태우고자 하는 성향을 조장하였다. 게으름은 많은 죄로 진입하는 입구라는 것을 명심하라. 게을렀던 소돔 사람들은 여호와 앞에 악하며 큰 죄인이었다(창 13:13). 고인 물은 더러워지고, 앉아 있는 새는 사냥꾼의 표적이 된다. 다윗은 저녁에 그의 침상에서 일어났을 때에 밧세바를 보았다. 무엇이 아이기스토스(Aegisthus:그리스 신화의 인물)로 하여금 간음을 범하게 만들었는가. 그것은 게으름이었다.

(4) 압제. 소돔은 가난하고 궁핍한 자를 도와 주지 아니하였다. 아마도 이 말 속에는 소돔이 그들의 손을 약하게 하고 그들의 팔을 꺾었다는 뜻이 내포되어 있는 것 같다. 하지만, 소돔이 그토록 많은 재물과 권세와 힘과 여유를 지니고 있었으면서도 가난한 자들을 구제하기 위하여 아무것도 하지 않았고, 음식물이 풍족하고 시간이 남아도는 자들이 가난한 자들의 궁핍을 모른 체하였다는 것 자체로도 이미 그들은 너무나 악한 자들이었다. 그들에게는 해야 할 일들이 많이 있었기 때문에 그들은 그렇게 게으르고 나태하게 지내지 않아야 했다. 이러한 것들은 소돔 사람들의 죄악들이자 예루살렘의 죄악들이었다. 그들의 모든 죄의 원인이었던 그들의 교만이 여기서 다시 한 번 언급된다(50절). 그들이 거만하여 여러 가지 죄악들을 저지르다가 결국에는 가증한 일을 하나님 앞에서 행하였다. 사람들의 불경(不敬)과 악은 점진적으로 극에 달하는 법이다. 단번에 악의 극치로 내딜어서 극악무도한 짓을 저지르는 사람은 없다. 그러나 교만이 어떤 사람 속에서 승승장구하면, 그는 아주 신속하게 온갖 가증한 일들로 치닫게 된다.

3. 예루살렘의 죄들은 소돔과 사마리아의 죄들을 얼마나 많이 능가하였는가. 예루살렘의 죄들은 그 자체로 보나 몇 가지 가중된 요인들로 보나 하나님 앞에서 더 흉악한 것들이었다. "네가 그들의 행위대로만 행하지 아니하며 그들의 발자취만 그대로 밟은 것이 아니라, 그 악함이 그들을 훨씬 능가하였다(47절). 너는 그들이 했던 대로 행하는 것을 적게 여겨서, 그들을 소심하고 순진한 죄인들이라고 비웃었다. 너는 더 교활하고 대담하게 악을 행하였고, 확고한 신념 아래에서 더욱 담대하게 악을 저질렀으며, 하나님과 거룩한 신앙에 대하여 더 공개적으로 도전하였다. 너는 믿기를 하려면 뚝 부러지게 해야 한다고 생각했

기 때문에, 네 모든 행위가 그들보다 더욱 부패하였도다." 예루살렘은 소돔이나 사마리아보다 더 교양이 있었기 때문에 범죄도 더 교묘하고 치밀하게 저질렀다. 예루살렘은 소돔이나 사마리아보다 더 많은 재물과 권력을 지니고 있었고, 그 정부는 더 절대적이고 자의적이었기 때문에, 가난한 자들을 압제하고 주변에 악한 영향력을 행사할 기회를 더 많이 가지고 있었다. 예루살렘에는 성전과 법궤, 제사장들과 다윗 가문의 왕들이 있었다. 그러므로 하나님에게 아주 존귀하고 가깝고 사랑스러웠던 저 거룩한 성이 저지른 악은 예루살렘의 특권들이나 은혜의 수단들을 지니고 있지 않았던 소돔이나 사마리아의 악보다 하나님의 진노를 더 많이 불러일으켰다. 소돔은 너의 행위 같이 행하지 아니하였다(48절). 이것은 그리스도께서 하신 말씀과 일치한다(마 11:24). 심판 날에 소돔 땅이 너보다 견디기 쉬우리라. 열 지파의 나라였던 북 왕국은 아주 악하였었다. 그렇지만 사마리아는 네 죄의 절반도 범하지 아니하였느니라(51절). 그들이 섬긴 우상은 예루살렘이 숭배하였던 우상들의 절반도 되지 않았고, 그들이 죽인 선지자들은 예루살렘이 죽였던 선지자들의 절반도 되지 않았다. 예루살렘이 남색(男色)을 비롯해서 소돔의 죄악들을 저지른 것만도 충분히 악한 것이었다(왕상 14:24; 왕하 23:7). 소돔의 죄와 멸망을 보여주는 영원한 기념비였던 사해가 그들의 나라의 접경에 있었고(민 34:12), 그 유황 호수가 언제나 그들의 코앞에 있었지만, 그들은 경고를 받아들이지 않았고, 도리어 그들보다 가증한 일을 심히 행하였다. 하나님은 여기에서 말씀하신 대로, 그가 선하게 여긴 방식으로 소돔과 그 딸들을 없이 하셔서(50절) 소돔을 멸망하기로 정하여 후세에 경건하지 아니할 자들에게 본을 삼으시고자 하셨다(벧후 2:6).

(1) 이 일을 통해서 그들은 소돔과 사마리아를 의롭게 하였다(51절). 그들은 옛적에 아직 흠 없는 행실과 신앙을 유지하고 있었을 때에 거만한 태도로 그들을 얕보고 판단하였다(52절). 그러나 지금 그들은 소돔과 사마리아를 상대적으로 의롭게 만들고 있다. 소돔과 사마리아는 너보다 의롭게 되었다. 즉 그들이 너보다 덜 악한 존재들이 되었다. 그들은 정말 악했는데, 하나님의 성(城)인 예루살렘이 더 악했기 때문에, 그들의 죄는 별 것 아닌 것처럼 보이게 되었다. 이것은 소돔의 행위를 정당화하는 근거가 되지는 못하지만, 심판 때에 소돔과 사마리아가 일어나 예루살렘을 정죄할 명분이 된다.

(2) 이 일 때문에 그들은 크게 수치를 당하게 될 수밖에 없다. "너는 전에는

네 형과 아우를 판단하였고 그들에게 부끄러운 줄 알라고 큰소리쳤지만, 이제는 네가 죄를 범하였으므로 네 수치를 담당하여야 한다. 네가 범한 죄는 그들이 범한 것과 같은 부류의 죄이긴 하지만 하나님의 소유인 네가 범한 것이기 때문에 그들의 죄보다 더욱 가증한 죄이다(52절)." 이 말씀은 그들의 멸망을 예언한 것으로 해석될 수도 있고(네가 네 수치를 담당하리라) 그들에게 회개를 촉구한 것으로 해석될 수도 있다. "너는 놀라며 네 수치를 담당할지니라. 네게 합당한 수치를 스스로 담당하라." 죄인들이 자신의 죄들을 진심으로 부끄러워하기 시작한다면, 그들에게는 그들의 죄들을 버릴 가망성이 있다. 그들은 소돔과 사마리아에게 위로와 격려가 되었기 때문에, 하나님은 그들로 하여금 그들이 행한 모든 일로 말미암아 부끄러워하게 하기 위하여 포로로 잡혀가서 거기에 있게 하실 것이다(54절). 그들이 죄를 지었을 때에 가장 부끄러워해야 하는 것은 그들의 죄로 말미암아 그들이 다른 사람들로 하여금 더욱 힘을 얻어 죄를 짓게 만들었고 죄 때문에 슬퍼해야 마땅한 데도 도리어 위로를 받게 만들었다는 것이다. 다음으로 그들이 부끄러워해야 하는 것은 그들이 형통하던 날에 그들의 이웃들을 대단히 멸시하는 눈으로 바라보았었다는 것이다. 네가 교만하던 때에 네 아우 소돔을 네 입으로 말하지도 아니하였다(56절). 그들은 예루살렘이 소돔보다 더 악하고 추한 모습이 될 줄은 꿈에도 생각하지 못한 채 소돔이라는 이름을 예루살렘과 함께 입에 담는 것조차 꺼려하였다. 높은 곳에 있는 자들은 언제라도 그들이 경멸하는 자들과 동일한 수준으로 내려올 수 있다는 것을 명심하여야 한다. 또는, "소돔의 멸망을 통해서 하나님이 네게 주신 성고를 너는 주목하지도 않고 말하지도 아니하였다." 유대인들이 소돔의 경건하지 않음과 불의에 대하여 하늘로부터 나타난 하나님의 진노에 관한 얘기를 좀 더 자주 진지하게 서로 나누고 자녀들에게도 전해 주었더라면, 그들은 좀 더 정신을 차리고서 소돔의 전철을 밟지 않았을지도 모른다. 그러나 그들은 소돔에 관한 얘기를 아예 입에 올리는 것조차 싫어하였고, 옛 사람들의 말에 의하면, 이사야 선지자가 그들을 소돔의 관원들이자 고모라의 백성이라 부르자, 소돔을 거론하였다고 해서 그 선지자를 죽이기까지 하였다고 한다(사 1:10). 다른 사람들에게 임한 하나님의 심판에 유의하지 않는 자들은 그들 자신에 대한 심판을 불러들이고 있는 것임을 명심하라.

　4. 하나님은 소돔이나 사마리아를 능가했던 이러한 악들로 인하여 예루살

렘에 어떤 심판을 내리셨는가.

(1) 예루살렘은 이미 오래 전부터 이웃 나라들 가운데서 욕을 당해 왔었고 멸시를 받아 왔었다(57절). 네 악이 드러나기 전, 네가 그토록 공개적으로 흉악하고 파렴치한 자로 낙인찍히기 전에, 너는 아람의 딸들이 너를 능욕하고 너의 사방에 둘러 있는 블레셋의 딸들이 너를 멸시하였을 때에 너의 은밀하게 감춰진 음란함에 대한 합당한 벌을 받았다(57절). 이것은 아하스 시대에 아람 사람들이 유다를 침공하고, 그 후에 얼마 안 있어서 블레셋 사람들이 유다를 침공한 것을 가리키는 것 같다(대하 28:5, 18). 자신의 정욕에 굴복하여 스스로를 욕되게 한 자들이 그들의 원수들에게 눌려 능욕을 당하게 되는 것은 합당한 일이라는 것을 명심하라. 하나님께서 그들을 멸망시키기 위하여 강력한 원수들을 그들에게 보내시기 전에 그들을 책망하기 위하여 좀 덜 무시무시한 원수들을 먼저 그들에게 보내셨다는 것은 주목할 만하다. 작은 심판들을 통해서 목적이 달성되었다면, 하나님은 더 큰 심판을 보내실 필요가 없으셨을 것이다. 이 심판을 통해서 네 음란을 네가 담당하였다(58절). 회개하고 삶을 고침으로 죄를 떨쳐 버리지 않는 자들은 그들의 죄를 담당하는 당혹스러운 일을 겪게 될 것이다.

(2) 예루살렘은 지금 포로로 사로잡혀 있거나 곧 포로로 끌려가게 될 것인데, 그것은 그녀의 음란에 대한 벌일 뿐만 아니라(58절) 그녀가 하나님을 배반하고 언약을 깨뜨린 것에 대한 벌이기도 하다(59절). "내가 네 행한 대로 네게 행하리라. 네가 나를 버렸듯이 내가 너를 버릴 것이고, 네가 나를 내쳤듯이 내가 너를 내칠 것이다. 왜냐하면, 네가 맹세를 멸시하여 언약을 배반하였기 때문이다." 이것은 하나님이 시내 산에서 그들의 조상들과 맺으셨던 언약을 의미하는 것으로 보인다. 하나님은 이 언약을 통해서 그들을 자신의 특별한 백성으로 받아들이셨다. 그들은 비록 그들이 하나님을 진노하시게 하였을지라도 하나님이 이제까지 그들에게 은총을 베풀어 주셨듯이 앞으로도 그러실 것이라는 망상에 사로잡혀 있었다. 하나님은 이렇게 말씀하신다. "아니다. 너는 나와 맺은 언약을 깼고, 언약의 약속들과 그 의무들을 다 멸시하였다. 그러므로 나는 네 행한 대로 네게 행하리라." 하나님을 자신의 하나님으로 계속해서 모시고자 하지 않는 자들은 하나님이 계속해서 그들을 그의 백성으로 인정해 주실 것이라고 기대할 수 없다는 것을 명심하라.

(3) 악한 유대인들이 포로로 잡혀가고 멸망을 당하는 것은 소돔이나 사마리

아의 멸망과 마찬가지로 돌이킬 수 없는 것이 될 것이다. 이런 의미에서 대부분의 해석자들은 이 본문을 경고로 해석한다(53, 55절). "내가 소돔과 사마리아의 사로잡힘을 풀어 주어 그들이 옛 지위를 회복할 때에 그들이 너보다 더 의롭기 때문에 그들의 보호 아래에서 그들 중에 너의 사로잡힌 자의 사로잡힘을 풀어 줄 것이고 너는 옛 지위를 회복할 것이니라." 그러나 소돔과 사마리아는 결코 돌아오지 못하였고 그들의 옛 지위를 회복하지 못하였다. 그러므로 예루살렘, 즉 거기에 지금 남아 있는 자들은 하나님이 그들을 세상 모든 나라 가운데 흩어서 그들에게 환난을 당하게 할 것이기 때문에 다시 돌아오게 될 것을 기대하지 말아야 한다(렘 24:9-10). 만약 그들이 다시 평화와 번영을 누리게 되는 일이 벌어진다면, 소돔 사람들은 사해에서 다시 일어나고, 사마리아 사람들은 앗수르 땅에서 돌아오게 되는 일도 벌어질 것이다. 왜냐하면, 예루살렘 사람들에게 수치스러운 일이지만, 지금 이방 나라들 가운데에 흩어져서 포로로 살아가는 열 지파의 사람들이, 그들만큼이나 악하였고, 아니 그들보다 더 악하였던 두 지파의 사람들이 그들과 마찬가지로 이방 나라들에 흩어져서 포로로 살아가는 것을 본다면, 그것은 그들에게 위로가 될 것이기 때문이다. 그러므로 그들은 죽어도 함께 죽고 살아도 함께 살 것이다. 예루살렘과 사마리아의 악한 자들은 함께 죽을 것이고, 선한 자들은 함께 돌아올 것이다. 극악무도한 죄인으로 행한 자들은 그들이 행한 대로 보응을 받을 것을 예상하여야 한다는 것을 명심하라. 나의 원수는 악인 같이 되기를 원하노라(욥 27:7).

[60]그러나 내가 너의 어렸을 때에 너와 세운 언약을 기억하고 너와 영원한 언약을 세우리라 [61]네가 네 형과 아우를 접대할 때에 네 행위를 기억하고 부끄러워할 것이라 내가 그들을 네게 딸로 주려니와 네 언약으로 말미암음이 아니니라 [62]내가 네게 내 언약을 세워 내가 여호와인 줄 네가 알게 하리니 [63]이는 내가 네 모든 행한 일을 용서한 후에 네가 기억하고 놀라고 부끄러워서 다시는 입을 열지 못하게 하려 함이니라 주 여호와의 말씀이니라

　　　　하나님은 예루살렘에게 그 죄를 깨우쳐서 대단히 부끄럽게 만들고 아주 무시무시한 심판을 경고한 후에 이 장의 끝부분인 여기에서는 긍휼을 기억하셔서 그들의 후손들에게는 긍휼을 베푸시겠다고 약속하신다. 하나님이 애굽

에서 나온 자들에 대하여 그들이 가나안으로 들어오지 못하게 하시겠다고 진노로 맹세하셨을 때에 "그러나 너희의 유아들은 내가 인도하여 들이리라"(민 14:31)고 약속하셨듯이, 여기에서도 그렇게 하신다. 어떤 이들은 소돔과 사마리아와 예루살렘이 돌아올 것에 대하여 하나님이 말씀하신 것(53, 55절)을 약속이라고 생각한다. 우리가 여기에 나오는 소돔을 한때 소돔에 거주하였던 롯의 후손들인 모압 자손과 암몬 자손으로 이해한다면(그로티우스와 몇몇 유대인 저술가들처럼), 그런 해석도 가능하다. 포로로 잡혀 갔던 모압 자손과 암몬 자손도 열 지파의 포로들 및 유다의 포로들과 함께 귀환하였기 때문이다(렘 48:47; 49:6). 그러나 이 마지막 단락은 의심할 여지 없이 약속이다. 이 약속은 회개하고 삶을 고친 유대인들이 바벨론에서 돌아왔을 때에 부분적으로 성취되었고, 복음 시대에 예루살렘에서 시작하여 모든 족속에게 성공적으로 전파될 죄 사함을 받게 하는 회개를 통해서 온전히 성취되었다. 좀 더 자세하게 살펴보자.

**I. 이 은혜는 어디로부터 생겨나는가.** 이 은혜는 하나님 자신으로부터 생겨나고, 하나님이 그들과 맺은 언약을 기억하시는 것으로부터 생겨날 것이다(60절). 그들이 하나님을 그토록 진노하시게 만들었고, 하나님은 우리가 생각할 때에 도저히 다시는 서로 화해할 수 없을 것이라고 여겨질 정도로 진노하셨지만, 그럼에도 불구하고 "내가 너의 어렸을 때에 너와 세운 언약을 기억하고 그 언약을 다시 부활시킬 것이다. 너는 언약을 배반하였지만(59절), 나는 언약을 기억하리니, 그 언약이 다시 꽃피게 될 것이다." 하나님이 우리를 언약에 따라서 대하시기를 기뻐하시는 것은 우리에게 큰 위로와 유익이 된다. 왜냐하면, 언약에서 약속된 은혜는 영원하고 확실한 은혜이기 때문이다(사 55:3). 언약이라는 뿌리가 땅에 견고히 서 있는 한, 나무는 희망이 있나니 찍힐지라도 다시 움이 나서 연한 가지가 끊이지 아니할 것이기 때문이다(욥 14:7). 그들이 하나님께 언약을 상기시켜 드린 것이 아니라, 하나님이 단지 그의 기뻐하심을 따라 그가 약속하신 대로 언약을 기억하시는 것이다(레 26:42). 그 때에 내가 내 언약을 기억하고 그 땅을 기억하리라. 우리에게 언약을 기억하라고 명령하시는 하나님은 의심할 여지 없이 스스로 그 언약, 즉 그가 천 대에 명령하신 말씀(영원히 굳게 설 그의 명령)을 항상 기억하고 계신다.

**II. 그들은 이 은혜를 받기 위해서 어떤 준비를 갖추게 될 것인가**(61절). "네가 네 행위, 너의 악한 행위들을 기억할 것이라. 하나님은 네가 너의 행위들을 부끄러워하게 하기 위하여 네 앞에 그것들을 낱낱이 제시하고 상기시키실 것이다." 우리 안에서의 하나님의 선한 일은 우리를 향하신 그의 선하신 뜻과 보조를 맞추어 시작된다는 것을 명심하라. 하나님은 우리를 치는 우리의 죄들을 기억하시지 않기 위하여 우리와 맺은 그의 언약을 기억할 때에 우리로 하여금 우리 자신을 치는 우리의 죄들을 기억하게 하신다. 하나님이 우리에게 우리의 행위들이 얼마나 왜곡되고 뒤틀린 것들이었는지, 우리가 그러한 행위들을 통해서 하나님의 뜻과는 정반대되는 방향으로 얼마나 어그러지게 걸어 왔었는지를 기억나게 하시면, 우리는 부끄러워하지 않을 수 없게 된다. 우리는 그렇게 될 때에 하나님이 주시는 확실한 죄 사함과 평화로 인한 존귀와 위로를 받을 준비를 갖추게 된다.

**Ⅲ. 하나님이 그들을 위해 예비해 두신 은혜는 무엇인가.**

1. 하나님은 그들을 그와의 언약 관계 속으로 들어오게 하실 것이다. 내가 너와 영원한 언약을 세우리라(60절). 내가 네게 내 언약을 이전보다 더 견고하게 다시 세우리라(62절). 은혜의 언약은 모든 면에서 아주 잘 정돈되어 있고 모든 것이 갖추어져 있으며 영원히 깨뜨릴 수 없기 때문에, 우리가 범죄한다고 해서 그 언약에서 우리가 배제되는 것이 아니라는 것은 모든 참된 회개자들에게 이루 말할 수 없는 위로가 된다.

2. 하나님은 이방인들을 교회 속으로 들어오게 하셔서 그들과 교제를 나누게 하실 것이다(61절). "네가 네 형과 아우, 네 주변에 있는 크고 작은 이방 나라들, 오래된 나라들과 새로 생긴 나라들을 접대할 때에 내가 그들을 네게 딸로 주리라. 그들은 시온과 예루살렘에서 나올 여호와의 말씀, 즉 복음으로 세워지고 양육과 가르침을 받게 될 것이다. 따라서 모든 이방 나라들은 예루살렘에 교회가 계속해서 존재하는 한 그 곳을 어머니라 부르고, 위에 있는 예루살렘을 우리 어머니로 고백할 것이다(갈 4:26). 그들은 너의 딸들이 될 것이지만, 네 언약으로 말미암음이 아니고, 선민 언약을 따라서 유대 종교에 있어서 개종자들이 되어 의식법(儀式法)의 멍에를 메는 것도 아니며, 오직 회개하여 너와 동일한 기독 교회의 지체들이 될 것이다." 또는, 여기에서 네 언약으로 말미암음이 아니니라는 것은 "네가 그들을 피정복민들로 여겨서 그들은 포로이기 때문에 네 마음대로 여러 조건들을 부과해도 괜찮다고 생각하는 것을 따라서 네 딸이 되는 것"(이것은 육적인 유대인들이 이방 나라들에 대하여 가졌던 생각이었다)이

아니라 "내 언약, 너와 그들을 모두 아우른 삼자(三者) 간의 은혜의 언약을 통해서 그들이 네 딸이 될" 것임을 의미할 수도 있다. "나는 유대인들과 이방인들 모두에게 아버지가 될 것이고, 유대인들과 이방인들은 서로 자매가 될 것이다. 네가 그들을 받아들일 때, 너는 그들과 영합하여 저질렀던 네 악한 행위를 부끄러워할 것이다. 너는 네가 배교하였던 날에 이방인들보다 훨씬 더 악하였다는 것을 기억하고서 이방인들을 볼 때에 얼굴을 붉힐 것이다."

### Ⅳ. 이 일의 열매와 결과는 무엇이 될 것인가.

1. 하나님은 이 일을 통해서 영광을 받으시게 될 것이다(62절). "내가 여호와인 줄 네가 알게 하리라. 이 일을 통해서 이스라엘의 하나님이 여호와이시고, 능력의 하나님, 그의 언약에 신실하신 하나님이신 것이 알려지게 될 것이다. 그것을 알지도 못하고 믿지도 않은 채 살아 왔던 너는 비로소 그것을 알게 될 것이다." 내가 여호와인 줄 네가 알리라는 말씀은 지금까지는 하나님이 네가 값비싼 대가를 치르고 나서야 그것을 알게 되리라는 의미로 진노 가운데서 말씀하신 것이었지만, 여기에서는 "네가 그것을 알고서 위로를 받게 되리라"는 긍휼의 의미로 말씀하신다. 그들이 작은 자로부터 큰 자까지 다 나를 알리라는 것은 하나님이 우리와 맺으신 새 언약의 가장 보배로운 약속들 중의 하나이다.

2. 그들은 이 일을 통해서 죄 때문에 더 낮아질 것이다(63절). "이는 네 모든 잘못 행한 일을 네가 기억하고 놀라고 당혹스러워하며, 네 자신을 자책하고, 네가 왜 그토록 어리석고 불충하며 배은망덕했는지를 수없이 되뇌이며, 부끄러워서 다시는 입을 열어 하나님을 거역하거나 불평하지 못하게 하고, 영원히 침묵하며 순종하게 하려 함이니라." 자신의 죄들을 제대로 기억하는 자들은 그 죄들을 부끄러워하게 될 수밖에 없다는 것을 명심하라. 자신의 죄를 진심으로 부끄러워하는 자들은 그들이 겪는 환난 가운데서 묵묵히 참고 견디며, 그들의 입을 열어 하나님이 하시는 일을 거슬러서는 안 된다. 그러나 가장 주목할 만한 것은 이 모든 일이 주 여호와께서 그들을 용서하고 그들과 화목하게 된 후에 있을 일이라는 것이다. 하나님이 그들을 용서하시고 그들과 화해하셨다는 것을 보여주는 증거가 더 분명하고 확실할수록 그들이 하나님을 거슬렀던 일을 더욱 슬퍼하고 부끄러워하는 것은 은혜를 받은 참된 회개자들이 보이는 꾸밈없는 모습이라는 것을 명심하라. 하나님은 예수 그리스도 안에서 우리를 용서하신다. 그리스도는 우리의 평화이시다. 그의 십자가로 말미암아 우리는 하나님과 화

목하게 되었고, 그의 복음 안에서 하나님은 세상을 자기 자신과 화목하게 하신다. 이것을 생각하면, 우리의 마음은 녹아내려서 우리의 죄에 대한 경건한 슬픔을 지니지 않을 수 없게 된다. 하나님은 천국이 가까웠다는 것을 알리시고서, 우리에게 회개하기를 권하신다. 탕자는 그를 용서하셨다는 것을 확신시켜 주는 아버지의 입맞춤을 받은 후에야 부끄러워 어쩔 줄 몰라 하며, 아버지 내가 하늘과 아버지께 죄를 지었나이다라고 말하였다(눅 15:18). 우리가 하나님의 용서하시는 은혜를 절감하고서 우리의 죄에 대하여 더 많은 부끄러움을 느끼면 느낄수록, 하나님 안에서 우리가 받는 위로는 더욱 커질 것이다.

제
— 17 —
장

## 개요

앞 장에서 하나님은 유다 백성의 죄를 물어서, 그들이 그를 배반하고 언약을 깨뜨린 것에 대하여 그들에게 멸망을 선포하셨는데, 이 장에서는 유다의 왕이 바벨론의 왕을 배반하고 언약을 깨뜨린 것에 대한 죄를 물으신다. 왜냐하면, 하나님은 그들과 다투시기 시작하자 그가 다툴 많은 근거들을 발견하셨기 때문이다. 그 일을 지금 진행 중에 있었다. 시드기야는 바벨론의 왕에게 맹세한 충성 서약을 깨뜨리고 그의 멍에를 벗어버리기 위하여 애굽의 왕과 은밀하게 동맹을 추진하고 있었다. 이 일에 대하여 하나님은 여기에서 선지자를 통해서 다음과 같이 하신다. I. 독수리 두 마리와 포도나무 한 그루에 관한 비유를 통해서 시드기야와 그의 나라가 멸망할 것을 경고하시고(1-10절), 그 비유를 설명해 주심(11-21절). II. 그러나 끝부분에서 하나님은 나중에 메시야와 그의 나라를 통해서 유다의 왕가, 즉 다윗 가문을 다시 일으키시겠다고 약속하심(22-24절).

[1]여호와의 말씀이 내게 임하여 이르시되 [2]인자야 너는 이스라엘 족속에게 수수께끼와 비유를 말하라 [3]여호와께서 이같이 말씀하여 이르시되 색깔이 화려하고 날개가 크고 깃이 길고 털이 숱한 큰 독수리가 레바논에 이르러 백향목 높은 가지를 꺾되 [4]그 연한 가지 끝을 꺾어 가지고 장사하는 땅에 이르러 상인의 성읍에 두고 [5]또 그 땅의 종자를 꺾어 옥토에 심되 수양버들 가지처럼 큰 물 가에 심더니 [6]그것이 자라며 퍼져서 높지 아니한 포도나무 곧 굵은 가지와 가는 가지가 난 포도나무가 되어 그 가지는 독수리를 향하였고 그 뿌리는 독수리 아래에 있었더라 [7]또 날개가 크고 털이 많은 큰 독수리 하나가 있었는데 그 포도나무가 이 독수리에게 물을 받으려고 그 심어진 두둑에서 그를 향하여 뿌리가 뻗고 가지가 퍼졌도다 [8]그 포도나무를 큰 물 가 옥토에 심은 것은 가지를 내고 열매를 맺어서 아름다운 포도나무를 이루게 하려 하였음이라 [9]너는 이르기를 주 여호와의 말씀에 그 나무가 능히 번성하겠느냐 이 독수리가 어찌 그 뿌리를 빼고 열매를 따며 그 나무가 시들게 하지 아니하겠으며 그 연한 잎사귀가 마르게 하지 아니하겠느냐 많은 백성이나 강한 팔이 아

나라도 그 뿌리를 뽑으리라 [10]볼지어다 그것이 심어졌으나 번성하겠느냐 동풍에 부딪힐 때에 아주 마르지 아니하겠느냐 그 자라던 두둑에서 마르리라 하셨다 하라 [11]여호와의 말씀이 또 내게 임하여 이르시되 [12]너는 반역하는 족속에게 묻기를 너희가 이 비유를 깨닫지 못하겠느냐 하고 그들에게 말하기를 바벨론 왕이 예루살렘에 이르러 왕과 고관을 사로잡아 바벨론 자기에게로 끌어 가고 [13]그 왕족 중에서 하나를 택하여 언약을 세우고 그에게 맹세하게 하고 또 그 땅의 능한 자들을 옮겨 갔나니 [14]이는 나라를 낮추어 스스로 서지 못하고 그 언약을 지켜야 능히 서게 하려 하였음이거늘 [15]그가 사절을 애굽에 보내 말과 군대를 구함으로 바벨론 왕을 배반하였으니 형통하겠느냐 이런 일을 행한 자가 피하겠느냐 언약을 배반하고야 피하겠느냐 [16]주 여호와의 말씀이니라 내가 나의 삶을 두고 맹세하노니 바벨론 왕이 그를 왕으로 세웠거늘 그가 맹세를 저버리고 언약을 배반하였은즉 그 왕이 거주하는 곳 바벨론에서 왕과 함께 있다가 죽을 것이라 [17]대적이 토성을 쌓고 사다리를 세우고 많은 사람을 멸절하려 할 때에 바로가 그 큰 군대와 많은 무리로도 그 전쟁에 그를 도와 주지 못하리라 [18]그가 이미 손을 내밀어 언약하였거늘 맹세를 업신여겨 언약을 배반하고 이 모든 일을 행하였으니 피하지 못하리라 [19]그러므로 주 여호와의 말씀이니라 내가 나의 삶을 두고 맹세하노니 그가 내 맹세를 업신여기고 내 언약을 배반하였은즉 내가 그 죄를 그 머리에 돌리되 [20]그 위에 내 그물을 치며 내 올무에 걸리게 하여 끌고 바벨론으로 가서 나를 반역한 그 반역을 거기에서 심판할지며 [21]그 모든 군대에서 도망한 자들은 다 칼에 엎드러질 것이요 그 남은 자는 사방으로 흩어지리니 나 여호와가 이것을 말한 줄을 너희가 알리라

이 단락에 나오는 비유와 그 설명은 서로를 조명해 주기 때문에 우리는 그 둘을 한 자리에서 볼 수 있기 위해서 이 단락 전체를 한꺼번에 다루지 않으면 안 된다.

1. 선지자가 이스라엘 족속에게 수수께끼를 제시하라는 지시를 받음(2절). 이것은 블레셋 족속에게 삼손이 낸 수수께끼처럼 그들을 헷갈리게 하기 위한 것도 아니고, 보통 수수께끼가 그렇듯이 하나님의 마음을 모호하게 표현하여 그들에게 감추거나 그들이 그 마음을 확실히 알지 못하여 이런저런 추측을 하게 만들기 위한 것도 아니었다. 왜냐하면, 하나님은 그들에게 이 수수께끼의 의미를 곧이어서 말씀해 주시기 때문이다. 방언을 말하는 자는 통역하기를 기도할지

라(고전 14:13). 하나님이 선지자에게 이 메시지를 수수께끼나 비유로 전하라고 하신 것은 그들이 이 말씀을 더 주목해서 듣고 더 깊이 마음에 새기며 그것을 더 잘 기억해서 다른 사람들에도 알리게 하기 위한 것이었다. 이런 이유들 때문에 하나님은 종종 그의 종들인 선지자들을 통해서 비유로 말씀하셨고, 그리스도께서도 입을 열어 비유로 말씀하셨다. 수수께끼와 비유는 우리 자신이나 우리 친구들을 즐겁게 해줄 목적으로 사용되지만, 선지자는 하나님의 일들에 관한 말씀이 사람들에게 더 잘 받아들여지고 부주의한 사람들의 마음속에 좀 더 잘 스며들게 하기 위하여 그것들을 사용한다. 사역자들은 이렇게 사람들이 잘 받아들일 수 있는 말들을 찾아내고 사람들에게 말씀을 잘 전달할 수 있는 여러 다양한 방법들을 시도하는 일에 힘써야 한다는 것을 명심하라. 사역자들은 덕을 세우기 위해서 필요하다고 생각되는 한 사람들에게 친숙한 것들을 그들의 설교 속으로 들여오고, 그들의 설교도 사람들에게 친숙한 말로 하여서, 그들이 강대상에서 전하는 말과 그들이 밖에 나가서 하는 말 사이에 큰 차이가 나지 않도록 하여야 한다.

2. 선지자가 반역하는 족속에게 이 수수께끼를 설명해 주라는 지시를 받음(12절). 그들은 반역하는 족속이어서 보고 들어도 깨닫지를 못하는 자들이기 때문에, 하나님은 그들을 무지(無知) 가운데 내버려 두셔도 상관없으실 터인데도, 선지자에게 이 일을 그들에게 설명해 주라고 지시하신다. 너희가 이 비유를 깨닫지 못하겠느냐. 이 이야기를 알고 있던 자들은 이 수수께끼의 의미를 대충 짐작하고서 지금 화가 나 있겠지만, 선지자는 그들에게 변명의 여지를 주지 않기 위해서 결국에는 이 수수께끼를 분명한 말로 그들에게 설명해 주지 않으면 안 된다. 그러나 하나님은 일단 이 수수께끼를 그들에게 던져 놓으시고, 먼저 그들로 하여금 한동안 연구해 보게 하고 예루살렘에 있는 그들의 친구들에게도 보내서 그 해답을 찾아보도록 하셨다.

이제 이 메시지의 내용이 무엇인지를 살펴보기로 하자.

**I. 느부갓네살은 얼마 전에 여호야긴과 그의 고관들과 내시들을 포로로 잡아서 바벨론으로 끌고 갔었다.** 여고냐로도 불렸던 여호야긴은 당시에 겨우 열여덟 살이었고 예루살렘에서 즉위한 지 세 달밖에 되지 않았었다(왕하 24:12). 여기에 나오는 비유 속에서 이것은 독수리가 백향목의 꼭대기에 있는 연한 가지를 꺾어서 장사하는 땅, 상인의 성읍으로 가져간 것으로 표현되고 있고(3-4

절), 그 설명은 나중에 나온다(12절): 가장 사나운 맹금류에 속하는 독수리 같은 바벨론 왕이 나무의 어린 가지 같은 예루살렘의 왕을 사로잡아 갔는데, 독수리는 둥지를 짓기 위해서 어린 가지를 꺾어 갔고, 그 어린 가지는 저항한다는 것은 꿈도 꿀 수 없었기 때문에 쉽게 꺾였다. 다니엘의 환상 속에서 느부갓네살은 짐승들의 왕인 사자로 나온다(단 7:4). 거기에서 그에게는 독수리의 날개가 있어서, 그 움직이는 것이 아주 날쌨고 그 정복하는 것이 신속하였다. 여기에 나오는 이 비유에서 그는 새들의 왕인 독수리, 약탈로 먹고 살고 그 새끼들도 피를 빠는 독수리(욥 39:30), 그것도 큰 독수리로 나온다. 그가 다스리는 영토는 독수리의 크고 긴 날개처럼 아주 넓고 광대하게 펼쳐져 있었고, 백성들의 수는 많았으며(털이 숱한), 왕궁은 눈부시게 화려하였다(색깔이 수 놓은 것처럼 화려하고). 예루살렘은 사람 사는 집들이 숲을 이루고 있는 아주 살기 좋은 레바논으로 표현된다. 그 왕가는 백향목이다. 여호야긴은 느부갓네살이 꺾은 그 연한 가지 끝이다. 바벨론은 장사하는 땅이자 상인의 성읍이고, 거기로 여호야긴은 사로잡혀 간다. 이 유다의 왕은 다윗 가문의 사람이었기 때문에 자기가 상인들 가운데 거처하게 된 것을 큰 치욕으로 생각하였을 것이다. 그러나 그는 그러한 상황을 최선을 다하여 선용하지 않으면 안 된다.

**II. 느부갓네살은 여호야긴을 바벨론으로 사로잡아 간 후에 그의 삼촌인 시드기야를 왕으로 앉혔다**(5-6절).    시드기야의 본명은 원래 맛다냐(여호와의 선물)였는데, 느부갓네살은 하나님처럼 의롭고 하나님의 공의를 두려워 하는 자가 되라는 의미에서 그의 이름을 시드기야(여호와의 공의)로 개명시켰다. 시드기야는 이 땅의 종자 중의 하나, 즉 바벨론의 고관들 중의 한 사람이 아니라 이 땅에 본래 살고 있던 자였다. 그는 옥토에 심겨졌다. 왜냐하면, 예루살렘은 아직 비옥한 땅이었기 때문이다. 느부갓네살은 그 종자를 수양버들 가지처럼 큰 물 가에 심었다. 큰 물 가는 수양버들 같은 나무가 잘 자랄 수 있는 곳이었고, 수양버들은 습기가 많은 땅에서 아주 빨리 자라고 잘 자라지만, 튼튼하고 거대한 나무로 자라는 것은 기대할 수 없는 일이었다. 바벨론의 왕은 용의주도하게 그 종자를 심었다(어떤 이들은 이렇게 읽는다). 그는 그 나무가 잘 자라기는 하지만 너무 크게 자라지 않도록 지혜롭게 조치를 취하였다. 바벨론의 왕은 그 왕족 중에서 하나를 택하여 그에게 유다 나라를 맡기면서 그가 그의 봉신(封臣)으로서 그에게 충성하기만 한다면 왕으로서의 권력과 위엄을 누릴 수 있게 해주셨다는 언약을 세웠다. 바벨론의 왕은 그를 그의 하나님, 이스라엘의 하나님을 가리켜 충성을 맹세하게 하였고, 충성스러운 속국이 되겠다고 맹세하게 하였다(대하 36:13). 또한, 느부갓네살은 그 땅의 능한 자들, 즉 군대의 지휘관들을 옮겨갔는데, 이는 시드기야로 하여금 언약을 지키도록 하기 위하여 볼모로 잡아간 것임과 동시에 그런 식으로 이 땅의 세력을 약화시켜 시드기야 왕이 별 힘이 없어서 그와의 동맹을 깨고자 하는 유혹을 덜 받게 하기 위한 것이었다. 느부갓네살의 의도가 무엇이었는지는 본문에 나오는데(14절), 그것은 존귀함과 국력에 있어서 이 나라를 낮추어 이전과는 달리 강력한 이웃 나라들에게는 적수가 되지 못하게 하고, 약한 이웃 나라들에게는 두려운 존재가 되지 못하게 함과 동시에 스스로 서지 못해서 바벨론 왕국과 겨루거나 바벨론의 작은 속국들 중 어느 나라도 무너뜨리지 못하게 하기 위한 것이었다. 그렇지만 느부갓네살은 한편으로 이 나라가 그 언약을 지켜야 능히 서고 나라로서의 명맥을 이어갈 수 있게 하고자 하였다. 이렇게 해서 지극히 높은 이와 같아지는 것을 목표로 하였던 이 오만한 군주의 교만과 야심은 주변의 모든 나라들을 평정함으로써 충족될 수 있었을 것이다(사 14:14). 좀 더 살펴보자.

1. 죄가 유다의 왕가를 얼마나 비참하게 바꾸어 놓았는가. 한때 유다는 주변의 모든 나라들로부터 조공을 받았었지만, 지금은 다른 나라들에 대한 지배권을 상실하였을 뿐만 아니라 그 자신이 속국이 되고 말았다. 슬프다 어찌 그리 금이 빛을 잃었는고(애 4:1). 죄 때문에 나라들은 그 자유를 팔고, 고관들은 그 위엄을 팔며, 그들의 관을 땅에 던져 욕되게 한다.

2. 시드기야는 어쩔 수 없는 상황 속에서 이와 같은 수치스럽고 욕된 조건들을 받아들임으로써 자기 자신을 위하여 얼마나 지혜롭게 행하였는가. 이럴 때에 사람은 비록 일부분을 견딜 수 없기는 하지만 아주 편안하고 만족스럽게 살며 이전처럼 두각을 나타내며 살 수 있고, 나라는 이전처럼 당당하게 행하지는 못하더라도 튼튼하고 안전하게 존속할 수 있다. 가정도 마찬가지이다.

Ⅲ. 시드기야는 바벨론의 왕에게 계속해서 충성하는 동안에는 아주 잘 하였는데, 만약 그가 그의 나라를 개혁하고, 하나님께로 돌아가 본분을 다하였더라면, 그는 더 잘 한 것이 되었을 것이고, 머지 않아 그의 이전의 위엄을 회복할 수 있었을 것이다(6절). 이 나무는 수양버들처럼 심겨졌고 돌봄을 받지도 못했지만 잘 자라서 낮게 퍼져서 높지 아니한 포도나무가 되어, 그의 나라에 큰 축

복이 되었고 그의 열매들은 그들의 마음을 기쁘게 해주었다. 아무 쓸데 없는 높은 백향목이 되기보다는 낮으면서도 옆으로 잘 퍼진 포도나무가 되는 것이 더 낫다. 그 포도나무의 가지가 그를 향하였고, 마치 포도나무가 담을 의지하듯이 시드기야가 그를 의지하였으며, 이 포도나무의 열매들 중 일부를 그가 가질 수 있었기 때문에, 느부갓네살은 아주 만족하며 기뻐하였다. 또한, 이 포도나무의 뿌리도 그의 아래에 있어서 그가 마음대로 할 수 있었다. 유대인들도 기뻐하였다. 왜냐하면, 그들은 그들 자신의 포도나무 아래에 앉아 있었고, 그 포도나무는 굵은 가지와 가는 가지가 나서 믿음직스럽고 장래가 유망하게 보였기 때문이다. 하나님의 심판이 이 진노를 불러일으키는 백성에게 얼마나 점진적으로 임하였는지, 하나님이 그들에게 얼마나 많이 심판을 연기해 주시고 회개할 시간을 많이 주셨는지를 보라. 하나님은 그들의 나라를 아예 없애 버리시기 전에 먼저 그들이 낮아져서 회개할 기회를 주시기 위하여 그 나라를 낮추셨다. 그렇지만 하나님은 얼마든지 그들이 그에게 돌아와서 그가 경고한 환난을 미리 막을 수 있도록 해놓으시고는 그 일을 그들 스스로 알아서 하게 맡겨 두셨다.

**IV. 시드기야는 자기가 잘 하고 있다는 것을 알지 못하고, 속국이 되어서 바벨론의 왕에게 조공을 바치는 치욕을 점차 못 참아하여, 거기에서 벗어나기 위하여 애굽의 왕과 비밀리에 동맹을 맺었다.** 그는 바벨론의 왕이 그에게 어떤 새로운 압박을 가하였다거나 우월한 지위를 이용하여 그를 못살게 하였다거나 그의 나라를 약탈하여 빈곤하게 만들었다고 불평할 이유가 없었다. 왜냐하면, 선지자는 앞에서 이미 말하고 나서(6절) 여기에서 다시 한 번 바벨론의 왕에 대한 시드기야의 배신 행위가 얼마나 악한 것이었는지를 보여주기 위하여 바벨론의 왕이 시드기야를 얼마나 잘 대해 주었는지를 말하고 있기 때문이다(8절). 바벨론의 왕은 그 포도나무를 큰 물 가 옥토에 심었다. 따라서 시드기야는 얼마든지 짧은 시간 안에 그의 왕가를 다시 일으켜 세우고 국고를 충실하게 채울 수 있었다. 만약 그가 신실하게 처신하기만 했더라면, 그는 의심할 여지 없이 아름다운 포도나무가 되었을 것이다. 그러나 바벨론의 왕 외에 큰 독수리 하나가 있었고, 시드기야는 바로 그 독수리를 좋아하여 그를 의지하였는데, 그 독수리는 애굽의 왕이었다(7절). 바벨론의 왕과 애굽의 왕이라는 두 강력한 군주는 맹금류인 두 마리 큰 독수리들이었다. 애굽이라는 이 큰 독수리는 큰 날개를 지니고 있긴 하지만 바벨론의 왕과는 달리 깃이 길지는 않았다고 본문에서는 말한다. 왜냐하면, 애굽 나라는 강력하긴 했지만 바벨론과는 달리 드넓은 영토를 지니고 있지는 않았기 때문이다. 이 큰 독수리는 털이 많은 것으로 묘사되고 있다. 즉, 애굽은 풍부한 재물과 많은 군사들을 지니고 있어서 그것들이 그 나라를 지켜줄 것이라고 믿고 있었지만, 사실 그런 것들은 단지 많은 깃털들에 불과한 것이었다. 시드기야는 어리석게도 자신의 주군을 바꾸면 사정이 훨씬 좋아지고 자유를 얻게 될 것이라고 기대하고서는, 애굽의 왕의 봉신(封臣)이 되었다. 이제 이 포도나무는 저 큰 독수리인 애굽의 왕을 향하여 은밀하게 뿌리를 뻗었고, 한참 후에는 그를 향하여 공개적으로 가지를 뻗쳐서, 그가 그 심어진 두둑에서 물을 받으려고 애굽의 왕과 얼마나 동맹을 맺고 싶어하는지를 보여주었다. 그는 이미 큰 물 가에 심겨져 있어서 애굽의 왕으로부터의 그 어떤 도움도 필요가 없었는데도 말이다. 이것이 무엇을 의미하는지는 나중에 설명이 나온다(15절). 시드기야는 사절을 애굽에 보내 바벨론의 왕과 맞설 수 있도록 말과 군대를 지원해 달라고 요청함으로써 바벨론 왕을 배반하고 반기를 들었다. 죄 때문에 하나님의 백성의 처지가 어떻게 바뀌어 버렸는지를 보라. 하나님은 그들이 바다의 모래처럼 무수히 많아질 것이라고 약속하셨다. 그렇지만 지금 죄 때문에 그들의 수가 줄고 낮아졌기 때문에(시 107:39), 그들의 왕은 애굽의 왕에게 군대, 즉 많은 사람들(원어는 이런 의미이다)을 보내 달라고 요청하는 처지가 되어 버렸다. 또한, 그들이 현재의 처지를 최선을 다해 선용한다면 얼마든지 평안하고 행복할 수 있을 것인데도, 자신의 현재의 처지에 불만을 품고서 더 낮게 만들어 보려다가 멸망을 자초하는 어리석음을 보라.

　V. 하나님은 바벨론의 왕을 배반하고 반기를 든 것에 대하여 진노하셔서 시드기야에게 그와 그의 나라가 완전히 멸망하게 될 것이라고 경고하신다.　비유 속에서 이것은 이 독수리가 이 포도나무의 뿌리를 빼고 열매를 따며, 그 연한 잎사귀가 가을이 되어 저절로 시들기 전인 아직 푸르를 때에 마르게 되는 것으로 묘사된다(9, 19절; 욥 8:12). 그 포도나무는 동풍에 맞아서 아주 말라 버리게 될 것이다. 배반을 일삼은 시드기야 왕이 계획한 일들은 수포로 돌아가게 되고, 다시는 돌이킬 수 없게 될 것이다. 그는 동풍에 맞아서 시들어 버린 포도나무처럼 아무짝에도 쓸모가 없어서 불에 던져지게 될 것이다(우리가 앞에 나온 비유에서 보았듯이, 겔 15:4). 이 포도나무는 비록 물이 많은 두둑에 심겨져 있었지만 그 자라던 두둑에서 마르게 될 것이고, 많은 백성이나 강한 팔이 아니라도

그 뿌리가 뽑혀서 죽게 될 것이다. 왜냐하면, 포도나무 한 그루를 뽑는 데에 군대를 동원할 필요는 없을 것이기 때문이다. 하나님은 야단법석을 떨지 않고서도 큰 일들이 일어나게 하실 수 있으시다는 것을 명심하라. 하나님은 그의 뜻을 이루시기 위하여 큰 힘이나 많은 사람을 필요로 하지 않으신다. 하나님은 원하시기만 한다면 아주 작은 힘이나 아주 적은 사람들로도 그의 뜻을 이루실 수 있으시다. 하나님은 죄악된 왕과 나라를 손쉽게 멸망시킬 수 있으시고, 그렇게 하시는 데에는 우리가 밭에 난 쓸데없는 한 그루 나무를 뿌리 뽑는 것만큼의 힘도 들이지 않으신다. 이 비유에 대한 설명 속에서 시드기야에 대한 하나님의 선고는 아주 자세하게 기록된다. 형통하겠느냐(15절). 그가 악하게 행하고도 잘 되기를 바랄 수 있겠느냐? 아니, 그런 악한 일들을 행한 자가 피하겠느냐? 그가 언약을 배반하고도 그의 배신 행위에 대한 합당한 벌인 보복을 피하겠느냐? 결코 그럴 수 없다. 그가 악하게 행하고도 악한 일을 당하지 않기를 기대할 수 있겠느냐? 하나님이 그에 대하여 내리신 판결을 들어 보라.

1. 이 판결은 하나님의 맹세에 의해서 재가된다(16절). 주 여호와의 말씀이니라 내가 나의 삶을 두고 맹세하노니 그가 이 일로 인하여 죽을 것이라. 이것은 하나님이 시드기야가 저지른 이 범죄에 대하여 얼마나 분개하셨는지, 그 범죄에 대한 벌이 얼마나 확실하고 혹독할 것인지를 보여준다. 하나님은 전에 그러셨듯이 여기에서 노하여 맹세하신다(시 95:11). 하나님은 성도들에게 위로와 힘을 주시기 위하여 그의 약속들을 맹세로 확증하시듯이 악인들에게 두려움을 주시기 위하여 그의 경고의 말씀들도 맹세로 확증하신다. 하나님이 영원히 살아 계시는 것이 확실하듯이, 그렇게 확실하고 회개치 않은 죄인들은 죽게 될 것이고 그렇게 오래도록 비참한 상태에 놓이게 될 것이다(나는 이렇게 "오래도록"이라는 말을 덧붙이고자 한다).

2. 이 판결은 시드기야가 저지른 극악무도한 범죄에 의해서 정당화된다.

(1) 그는 그의 은인에게 너무도 배은망덕하게 행하였다. 그의 은인인 바벨론의 왕은 그를 얼마든지 죄수로 삼을 수 있었음에도 불구하고 그를 왕으로 삼아서 보호해 주었었다. 우리의 친구들에게 무정하고 우리를 도와준 자들을 배신하는 것은 하나님을 대적하는 죄라는 것을 명심하라.

(2) 그는 자기와 언약을 맺은 자에게 너무도 거짓되게 행하였다. 하나님은 이 점을 대단히 강조하신다. 그는 맹세를 업신여겼다. 그의 양심이나 친구들이

그에게 이 점을 일깨워 주었을 때, 그는 코웃음을 치며 단호하게 언약을 깨버렸다(15-16, 18-19절). 우리 시대의 한 악명 높은 독재자가 왕들은 그들에게 유익이 되지 않는다고 판단되면 그들이 한 말에 전혀 구애될 필요가 없다는 말을 격언처럼 하였는데, 시드기야는 바로 이 독재자처럼 자기가 약속하고 언약한 것을 아무렇지도 않게 깨버리고는 도리어 당당하였다. 시드기야의 배신을 더욱 악하게 만든 것은 그가 바벨론의 왕에게 행하여 스스로를 묶은 그 맹세는 다음과 같은 맹세였다는 것이었다.

[1] 정식으로 이루어진 엄숙한 맹세. 하나님은 이 점을 강조하신다(18절). 그가 이미 손을 내밀어 바벨론의 왕의 신하로서만이 아니라 친구로서 동맹을 맺었는데, 서로 손을 맞잡은 것은 마음이 서로 합하였다는 것을 보여주는 것이었다.

[2] 신성한 맹세. 하나님은 시드기야가 업신여긴 것은 내 맹세이고 그가 깬 것은 내 언약이라고 말씀하신다(19절). 정식으로 맹세하는 자는 그가 진심으로 맹세한다는 것을 증언해 줄 증인으로 하나님을 내세우고, 만약 그가 거짓으로 맹세하였거나 이후에 그의 맹세를 깰 때에는 그의 배신행위에 대하여 판단하시고 보복하실 자로 하나님을 내세운다. 그러나 왕이나 군주에 대한 충성 맹세는 다른 맹세보다도 더 신성시하여 특별히 하나님의 맹세로 불린다(전 8:2). 왜냐하면, 왕이나 군주는 하나님의 사역자가 되어 우리에게 선을 베푸는 자이기 때문이다(롬 13:4). 지금 시드기야가 이 맹세와 언약을 깬 것은 하나님이 그의 머리에 갚아 주셔야 할 죄였고(19절), 하나님을 반역한 그 반역이어서 하나님이 심판하실 죄였다(20절). 위증죄는 하늘의 하나님을 대단히 진노하시게 만드는 극악무도한 죄라는 것을 명심하라. 다음과 같은 것들은 변명이 될 수 없는 것들이었다.

첫째, 이 맹세를 한 자는 왕이었고, 그것도 다윗 가문의 왕이었기 때문에, 그의 자유와 위엄은 맹세와 관련된 의무보다 앞선다는 것은 변명이 될 수 없다. 왕은 우리에게는 신 같은 존재일지라도 하나님에게는 사람에 불과하기 때문에 하나님의 율법과 심판에서 면제되지 않는다. 백성들은 충성 맹세를 통해서 왕에게 묶여 있듯이, 왕은 대관식 때의 맹세를 통해서 하나님 앞에서 백성에게 확고하게 묶여 있다.

둘째, 이 맹세는 이단자보다 더 악한 이교도들의 군주인 바벨론의 왕에게 한 맹세라는 것도 변명이 될 수 없다. 로마 가톨릭은 이교도들에게 맹세했을 때에는 신의를 지킬 필요가 없다고 말한다. 그러나 결코 그럴 수 없다. 느부갓네살은 거짓 신들을 숭배하는 자였지만, 참 하나님은 그를 섬기는 자들 중 한 사람이 느부갓네살과의 동맹을 깰 때에 그 시시비비를 가리고 합당한 벌을 내리실 것이다. 왜냐하면, 진실을 따르는 것은 모든 사람들이 마땅히 행하여야 하는 것이기 때문이다. 참된 종교를 고백하는 자들이 거짓 종교를 좇는 자들을 기만적으로 대한다면, 그들의 신앙은 그들을 정당화시켜 주지도 않을 뿐더러 면죄부를 주지도 않고, 도리어 그들의 죄를 더욱 무겁게 할 뿐이다. 또한, 회교도인 왕이 그리스도인들이 그와 맺은 동맹을 깨자, 예수여, 이들이 당신의 제자들이란 말인가라고 소리친 것에서 볼 수 있듯이, 그들은 그렇게 함으로써 원수들에게 여호와를 욕할 빌미를 준 것이기 때문에, 하나님은 그들의 그런 죄를 더욱 분명하고 혹독하게 벌하실 것이다.

**셋째**, 느부갓네살이 맹세를 강요해서 어쩔 수 없이 맹세를 하게 되었다는 것도 변명이 될 수 없다. 왜냐하면, 이 언약은 느부갓네살이 시드기야를 많이 배려하는 가운데 이루어진 것이었기 때문이다. 시드기야는 바벨론의 왕에게 충성을 다하여야 한다는 조건 아래에서 그의 생명과 왕위를 보전하였다. 그가 이 언약으로 인한 유익을 누리고 있으면서도, 그 조건을 지키지 않는다면, 그것은 아주 부당한 일이다. 그는 맹세를 업신여기고 언약을 배반하였기 때문에 피하지 못하리라는 것을 알아야 한다. 이와 같은 맹세와 언약을 멸시하고 깨뜨린 것이 이렇게 벌을 받아야 하는 것이라면, 하나님과의 언약을 깨뜨리고 저 언약의 피를 부정한 것으로 여겨서 짓밟은 자들은 얼마나 더 혹독한 벌을 받게 되겠는가? 하나님과 맺은 언약은 바벨론의 왕과 맺은 언약과는 비교도 되지 않는다.

3. 이 판결은 여러 가지 것들을 구체적으로 제시하면서 그 죄에 걸맞는 벌을 선고한다.

(1) 그는 바벨론의 왕에게 반기를 들고 그 언약을 배반하였기 때문에, 바벨론의 왕은 그를 반드시 정복하게 될 것이고, 그 왕이 거주하는 곳 바벨론에서 왕과 함께 있다가 죽을 것이다(16절). 시드기야는 그 왕의 손에서 벗어나려고 생각하였지만, 이전보다 더 단단히 그 왕의 수중에 떨어지게 될 것이다. 하나님 자신도 이제 바벨론의 왕의 편을 들어서 시드기야를 대적하실 것이다. 내가 그 위에 내 그물을 치리라(20절). 하나님은 기만적으로 행하면서도 그의 의로운 심판들

을 피할 수 있을 것이라고 생각하는 자들을 다루시기 위한 그물을 가지고 계시고, 맹세와 언약의 끈에는 묶이지 않으려 하는 자들은 그 그물에 걸려 잡히게 될 것이다. 시드기야는 바벨론을 두려워하였다. 하나님은 "내가 그를 거기로 끌고가서 거기에서 심판할 것"이라고 말씀하신다. 사람들이 죄를 지어서라도 어떻게 해서든 피해 보려고 하는 바로 그 재난을 어쩔 수 없이 당하게 되는 것은 마땅한 일이다.

(2) 그는 애굽의 왕을 의지하였지만, 애굽의 왕은 그를 제대로 도와 주지 못하게 될 것이다. 바로가 그 큰 군대와 많은 무리로도 그 전쟁에 그를 도와 주지 못하리라(17절). 애굽의 왕 바로는 그에게 어떤 도움도 되지 못할 것이고, 갈대아 군대의 진격을 저지해 주지도 못할 것이다. 그가 포위되어 있을 때에 바로는 토성을 쌓고 사다리를 세워서 그를 돕지도 못할 것이고, 전투에서 많은 사람을 멸절하여서 그를 도와주지도 못할 것이다. 모든 피조물은 하나님이 명령하시는 대로 우리를 대하게 되어 있다는 것을 명심하라. 통상적으로 하나님은 우리가 믿고 의지하며 기대는 육신의 팔을 약하게 하고 마르게 하신다. 이전에 이와 비슷한 상황에서 하나님이 하신 말씀이 지금 여기에서도 또다시 성취되었다(사 30:7). 애굽의 도움은 헛되고 무익하니라. 정말 그랬다. 왜냐하면, 애굽 군대가 출정했다는 소식이 들리자 갈대아 군대는 예루살렘에 대한 포위를 풀고서 물러가긴 했지만 애굽 군대가 물러나자 다시 돌아와서 예루살렘을 함락시켜 버렸기 때문이다. 애굽은 시드기야를 도울 충분한 힘을 지니고 있었지만 그럴 마음이 없었던 것으로 보인다. 그들을 믿고 신뢰하는 자들을 기만적으로 대하는 자들은 그들이 믿고 신뢰한 자들로부터 기만을 당하게 된다는 것을 명심하라. 그렇지만 시드기야가 믿고 의지하였던 것은 애굽만이 아니었다. 그는 그를 호위하고 지켜줄 군대를 지니고 있었고, 그 군대는 그의 나라에서 최고의 용사들이 모인 군대였을 것이지만, 그의 모든 군대는 각자의 자리를 지키지 않고 자기 살 길을 찾아서 도망하는 자들이 될 것이고, 그렇게 도망하다가 다 원수의 칼에 엎드러질 것이며, 그 남은 자는 사방으로 흩어질 것이다(21절). 이것은 예루살렘의 성벽이 파괴되매 모든 군사가 도망하였을 때에 성취되었다(렘 52:7). 그 때에 나 여호와가 이것을 말한 줄을 너희가 알리라. 언젠가는 하나님의 말씀이 옳다는 것이 증명될 것임을 명심하라. 하나님의 말씀을 믿고자 하지 않는 자들은 언젠가는 경험을 통해서 그 말씀이 옳았다는 것과 그 무게를 몸으로 실감하게 될 것이다.

²²주 여호와께서 이같이 말씀하시되 내가 백향목 꼭대기에서 높은 가지를 꺾어다가 심으리라 내가 그 높은 새 가지 끝에서 연한 가지를 꺾어 높고 우뚝 솟은 산에 심되 ²³이스라엘 높은 산에 심으리니 그 가지가 무성하고 열매를 맺어서 아름다운 백향목이 될 것이요 각종 새가 그 아래에 깃들이며 그 가지 그늘에 살리라 ²⁴들의 모든 나무가 나 여호와는 높은 나무를 낮추고 낮은 나무를 높이며 푸른 나무를 말리고 마른 나무를 무성하게 하는 줄 알리라 나 여호와는 말하고 이루느니라 하라

여호야긴과 시드기야가 포로로 잡혀감으로써 유다의 왕가가 멸절되고 끊어졌을 때, 사람들은 "하나님이 다윗과 맺은 왕권 언약, 즉 그의 후손이 영원히 그의 왕위에 앉으리라고 하셨던 그 언약은 이제 어떻게 된 것이며, 다윗에게 허락한 확실한 은혜(사 55:3)는 이렇게 불확실한 것으로 끝나 버리고 마는 것인가"라고 반문하였을 것이다. 이렇게 반문하는 자들을 침묵시키는 데에는 그 약속은 조건부의 약속이었다는 대답으로 충분할 것이다. 그들이 내 언약을 지키면, 그들은 영원히 네 왕위에 앉으리라(시 132:12). 다윗의 후손들은 그 조건을 어겼고, 그 결과 그 약속을 상실하였다. 그러나 인간의 불신앙이 하나님의 약속을 무효화시킬 수는 없다. 하나님은 또 다른 다윗의 자손을 찾아내셔서 그를 통해 그의 약속을 이어나가실 것인데, 바로 이것이 이 단락에서 약속되고 있다.

**I. 다윗의 가문은 다시 부흥하게 될 것이고, 그 잿더미에서 또 다른 불사조가 날아오를 것이다.** 경고의 말씀 속에서 사용되었던 나무에 관한 비유가 여기에 나오는 약속의 말씀 속에 다시 등장한다(22-23절). 이 약속의 말씀은 다윗 가문의 가지였던 스룹바벨이 일으키심을 받아서 포로 생활을 하던 유대인들을 이끌고 고국으로 돌아와서 도성과 성전을 재건하고 그들의 교회와 나라를 다시 일으켜 세웠을 때에 부분적으로 성취되었지만, 하나님이 마른 땅에서 난 뿌리였던 메시야에게 약속대로 그 조상 다윗의 왕위를 주실 때에(눅 1:32) 온전히 성취될 것이었다.

1. 하나님이 직접 나서서 다윗의 가문을 다시 일으키시고 회복시키실 것이다. 느부갓네살은 다윗의 가문을 재건하여 그의 휘하에 두고자 시도하였던 큰 독수리였다(5절). 그러나 그 시도는 실패로 돌아가서, 그가 심은 나무는 시들어서 뽑혀 버렸다. 하나님은 이렇게 말씀하신다. "자, 그러면, 이제 내가 심을 것

이다. 내가 백향목 꼭대기에서 높은 가지를 꺾어다가 심으리라." 사람들이 각자 계획을 가지고 있듯이, 하나님에게도 계획이 있으시다는 것을 명심하라. 그러나 사람들의 계획이 다 수포로 돌아가더라도, 하나님의 계획은 형통할 것이다. 느부갓네살은 나라들을 자기 마음대로 세울 수 있는 것을 큰 자랑으로 여겼다(단 5:19). 그러나 그러한 나라들은 곧 망한 반면에, 하늘의 하나님이 한 나라를 세우시리니 이것은 영원히 망하지 아니할 것이다(단 2:44).

2. 다윗의 가문은 그 높은 새 가지 끝에서 꺾은 연한 가지를 통해서 다시 일어나게 될 것이다. 스룹바벨이 그랬다. 그에게서 기대할 수 있는 것은 작은 일들의 날뿐이었지만(슥 4:10), 그의 앞에서 큰 산들이 평지가 되었다. 우리 주 예수께서는 백향목 꼭대기의 높은 가지, 즉 뿌리에서 가장 멀리 떨어져 있는 가지였지만(그가 나타나고 얼마 안 있어서 다윗의 가문은 완전히 끊어져서 소멸되었기 때문에), 다른 어느 가지보다도 하늘에 가장 가까운 가지였다(그의 나라는 이 세상에 속한 것이 아니었기 때문에). 그는 그 높은 새 가지 끝에서 꺾은 가지였다. 왜냐하면, 그는 연한 가지였고, 마른 땅에서 나온 뿌리였지만(사 53:2), 여호와께서 심으신 그 영광을 나타낼 의의 가지(사 61:3)였기 때문이다.

3. 이 가지는 높은 산(22절), 즉 이스라엘 높은 산에 심겨질(23절) 것이다. 거기로 하나님은 스룹바벨을 데려다 놓으셨다. 거기에서 하나님은 그의 아들 예수를 일으키셔서, 산들 위에 흩어져 있던 이스라엘 집의 잃어버린 양을 모으게 하셨고, 예수를 그의 거룩한 산 시온에 그의 왕으로 세우셔서, 시온 산으로부터 복음을 전하게 하시고 예루살렘으로부터 여호와의 말씀을 전하게 하셨다. 거기 이스라엘 높은 산에 우뚝 솟아 빛을 발하는 나라, 모든 나라들이 눈을 떼지 못하는 그 나라는 가장 먼저 심겨진 기독 교회였다. 유대 교회들은 가장 일찍 세워진 교회들이었다. 믿지 않는 유대인들은 유대 교회들이 거기에 심겨지는 것을 막기 위해서 여러 가지로 방해를 하였다. 그러나 하나님이 심고자 하시는 것을 누가 뽑을 수 있겠는가?

4. 이 가지는 거기로부터 사방으로 널리 퍼져나갈 것이다. 유대 나라는 스룹바벨의 때에 아주 보잘것없이 시작되었지만(쉽게 뽑힐 수 있는 연한 가지로 심겨졌다), 뿌리를 내리고 이상하리 만큼 널리 퍼져서 얼마 후에는 꽤 세력 있는 나라가 되었고, 다른 나라들(각종 새)은 그 보호 아래로 들어 왔다. 기독 교회는 처음에는 겨자씨 한 알 같았지만, 처음에 미미했던 이 연한 가지처럼 나

중에는 놀라울 정도로 커져서 큰 나무가 되었고, 각종 새(이리와 어린 양이 함께 살듯이, 심지어 맹금류까지, 사 11:6)가 와서 이 아름다운 백향목의 그늘에 살게 되었다(즉, 이방인들이 무리를 지어 교회로 들어왔다). 다니엘 4:21을 보라.

**Ⅱ. 이 일을 통해서 하나님이 영광을 받으실 것이다**(24절). 이 세상에 메시야의 나라가 세워지면, 사람들은 하나님이 온 땅의 왕이시라(시 47:7)는 것을 그 어느 때보다도 더 분명하게 알게 될 것이다. 그리스도께서 높임을 받으시고 그의 나라가 사람들 가운데 세워졌을 때, 그것은 사람들에게 만물이 무한하게 지혜롭고 힘 있는 섭리에 의해서 다스려지고 있다는 이 진리를 그 어느 것보다도 더 확실하게 깨우쳐 주었다. 왜냐하면, 그 일을 통해서 하나님이 모든 마음을 그의 수중에 쥐고 계시다는 것과 이 주권자가 모든 일들을 마음대로 처리하신다는 것이 드러났기 때문이다. 들의 모든 나무가 다음과 같은 것들을 알 것이다.

1. 하나님이 낮추시고 마르게 하시고자 하는 나무는 제아무리 높고 웅장하고 푸르며 무성하다고 할지라도 그렇게 되리라는 것. 사람들이 부귀영화를 누리고 높은 지위에 있으며 많은 재능들을 갖추고 있다고 할지라도, 하나님이 그들을 낮추시고자 하시면, 그런 것들은 그들을 낮추고 시들게 하는 섭리를 막아주지 못한다.

2. 하나님이 높이시고 무성하게 하고자 하시는 나무는 아무리 비천하고 말라 있더라도 반드시 그렇게 되리라는 것. 지금은 천하를 호령하는 느부갓네살 왕가는 멸절될 것이고, 지금은 쇠락하여 이름조차도 희미해진 다윗 가문은 다시 천하에 이름을 떨치게 될 것이다. 지금은 조라하고 멸시받는 유대 나라가 장래에는 상당한 세력을 지닌 나라가 될 것이다. 그토록 오랫동안 세상을 좌지우지하여 왔던 사탄의 나라는 무너질 것이고, 사람들로부터 무시당했던 그리스도의 나라는 견고히 서게 될 것이다. 교회의 많은 특권들을 지녔다는 측면에서 높고 푸르렀던 유대인들은 내쳐질 것이고, 이제까지 낮고 메말랐던 나무들인 이방인들이 유대인들의 자리를 차지하게 될 것이다(사 54:1). 그리스도의 모든 원수들은 낮아져서 그의 발판이 될 것이고, 그리스도의 세력은 견고해지고 널리 확장될 것이다. 나 여호와가 말하였고(즉, 그리스도가 높임을 받고 모퉁이의 머릿돌이 되는 것은 여호와께서 작정하신 일이다), 나 여호와가 이루었느니라(즉, 때가 되면 내가 그 일을 할 것이기 때문에, 그 일은 이미 이루어진 일처럼 확실하다). 사람들에게 있어서는 말하는 것과 행하는 것이 서로 다르지만,

하나님의 경우는 그렇지 않다. 우리는 그가 말씀하신 것을 반드시 이루실 것이고, 그의 말씀은 일점일획도 땅에 떨어지지 않을 것임을 확신할 수 있다. 왜냐하면, 하나님은 사람이 아니시니 거짓말을 하지 않으시고 인생이 아니시니 경고하시거나 약속하신 것에 후회가 없으시기 때문이다(민 23:19).

# 제 — 18 — 장

## 개요

우리는 앞에 나온 여러 장들을 읽으면서 거기에 나오는 내용들이 우리와 별 상관이 없는 게 아닌가라고 생각하였을지도 모른다(그것들도 우리의 교훈을 위하여 기록된 것일지라도). 그러나 이 장은 얼핏만 보아도 우리 모두와 아주 깊은 관계가 있는 것으로 보인다. 왜냐하면, 이 장은 유다와 예루살렘을 구체적으로 언급하지 않는 가운데 하나님이 각 사람의 영원한 운명을 결정하실 때에 어떤 판단 기준을 따르실지를 보여주고 있고, 그 기준은 아주 옛적에 하나님이 말씀하셨던 그 기준(창 4:7)과 일치하기 때문이다. "네가 선을 행하면 어찌 낯을 들지 못하겠느냐 선을 행하지 아니하면 죄가 문에 엎드려 있느니라." 이 장에는 다음과 같은 내용들이 나온다. I. 불경스러운 유대인들이 사용하였던 악한 속담(1-3절). 이것은 여기에서 하나님이 그들에게 메시지를 주시는 계기가 되었고, 하나님으로 하여금 그가 그들을 다루시는 방식이 옳다는 것을 입증하시지 않을 수 없게 만들었다. II. 이 속담에 대한 하나님의 반응. 여기에서 하나님은 전체적으로 그의 주권과 공의를 단언하신다(4절). 악인들에게 화가 있을 것이다. 악인들에게 나쁜 일이 있을 것이라고 말하리(4, 20절). 그러나 의인들에게는 그들이 잘 될 것이라고 말하라(5-9절). 특히 문제가 된 것과 관련해서 하나님은 우리에게 다음과 같이 단언하신다. 1. 악인은 비록 그의 아버지가 선하였다고 하더라도 나쁜 일이 있을 것이다(10-13절). 2. 선한 자는 비록 그의 아버지가 악하였다고 하더라도 좋은 일이 있을 것이다(14-18절). 그러므로 이 일에 있어서 하나님은 의로우시다(19-20절). 3. 회개한 자들은 비록 악한 자였을지라도 좋은 일이 있을 것이다(21-23, 27-28절). 4. 배교한 자들은 비록 전에는 선하였다고 할지라도 나쁜 일이 있을 것이다(24, 26절). 이 모든 것의 용도는 (1) 하나님이 의로우시다는 것을 증명하고 그가 행하시는 모든 일이 공평하다는 것을 분명히 하며(25, 29절). (2) 우리로 하여금 우리의 죄를 회개하고 하나님께 돌아오도록 격려하는 것이다(30-32절). 이것들은 우리의 영원한 평화에 속하는 일들이다. 이것들이 우리의 눈에서 감춰지기 전에 우리가 그것들을 깨달아서 마음에 잘 간직한다면 얼마나 좋겠는가!

¹또 여호와의 말씀이 내게 임하여 이르시되 ²너희가 이스라엘 땅에 관한 속담에 이르기를 아버지가 신 포도를 먹었으므로 그의 아들의 이가 시다고 함은 어찌 됨이냐 ³주 여호와의 말씀이니라 내가 나의 삶을 두고 맹세하노니 너희가 이스라엘 가운데에서 다시는 이 속담을 쓰지 못하게 되리라 ⁴모든 영혼이 다 내게 속한지라 아버지의 영혼이 내게 속함 같이 그의 아들의 영혼도 내게 속하였나니 범죄하는 그 영혼은 죽으리라 ⁵사람이 만일 의로워서 정의와 공의를 따라 행하며 ⁶산 위에서 제물을 먹지 아니하며 이스라엘 족속의 우상에게 눈을 들지 아니하며 이웃의 아내를 더럽히지 아니하며 월경 중에 있는 여인을 가까이 하지 아니하며 ⁷사람을 학대하지 아니하며 빚진 자의 저당물을 돌려 주며 강탈하지 아니하며 주린 자에게 음식물을 주며 벗은 자에게 옷을 입히며 ⁸변리를 위하여 꾸어 주지 아니하며 이자를 받지 아니하며 스스로 손을 금하여 죄를 짓지 아니하며 사람과 사람 사이에 진실하게 판단하며 ⁹내 율례를 따르며 내 규례를 지켜 진실하게 행할진대 그는 의인이니 반드시 살리라 주 여호와의 말씀이니라

악한 행실이 선한 법을 만들어낸다고 우리는 말한다. 마찬가지로, 불의한 생각들은 종종 의로운 변명을 만들어내고, 악한 속담들은 선한 예언들을 만들어낸다. 좀 더 살펴보자.

**I. 포로로 잡혀와 살고 있던 유대인들이 흔히 사용하던 악한 속담.** 우리는 앞에서도 그런 유의 속담과 거기에 대한 하나님의 반응을 보았었는데(12:22), 여기에서도 그런 유의 또 다른 속담을 본다. 앞에 나왔던 속담은 하나님의 공의에 도전하는 것이었다. "날이 더디고 모든 묵시가 사라지리라. 하나님이 하신 경고의 말씀은 그저 장난삼아 하신 것일 뿐이다." 여기에 나오는 속담은 하나님을 불의하시다고 비난하면서, 하나님이 내리신 심판들이 잘못되었다는 식으로 말한다. "너희는 이스라엘 땅이 하나님의 심판에 의해 황폐화된 지금에 와서 그 땅과 관련해서 이 속담을 사용하여, 아버지가 신 포도를 먹었으므로 그의 아들의 이가 시다고 말한다. 즉, 너희의 주장은 이런 것이다: 우리는 조상들의 죄 때문에 벌을 받는데, 하나님의 이러한 처사는 정말 어처구니없는 일이다. 자연의 질서로 말하자면, 어떤 것을 잘못 먹거나 마신 사람이 그것으로 인해서 고통을 당하는 것이 옳은 일인데도, 이것은 정작 신 포도를 먹은 것은 아버지인데 그 자녀의 이가 신 꼴이니 얼마나 불합리한 일인가."

1. 하나님이 그들로 하여금 이런 속담을 사용하도록 어느 정도의 빌미를 주셨다는 것은 사실이다. 하나님은 특히 우상 숭배의 죄와 관련해서 아버지의 죄악을 자식에게 갚으시겠다고 종종 말씀하셔서, 죄로 인한 벌, 특히 우상 숭배의 죄로 인한 벌, 그가 죄를 얼마나 미워하신다는 것, 죄에 대한 그의 의로운 분노, 우상 숭배자들에게 내릴 엄중한 벌을 표현하심으로써, 부모들은 자녀들을 아껴서 죄를 짓지 못하게 하고, 자녀들은 부모를 공경하는 마음에서 죄에 이끌리지 않도록 하셨다. 또한, 하나님은 그가 지금 유다와 예루살렘을 멸망시키고자 하는 것은 므낫세를 비롯해서 여러 왕들의 죄 때문이라는 것을 그의 선지자들을 통해서 종종 밝히시곤 하셨다. 왜냐하면, 한 나라 또는 민족을 하나의 정치 공동체로 보고, 민족적인 죄를 민족적인 심판으로 벌하며, 법인은 결코 죽지 않는다는 우리의 법언(法諺)을 따라서, 이전 세대의 죄에 대한 벌을 현재 세대에게 묻는 것은 한 사람의 경우에 있어서 그가 젊었을 때에 지은 죄를 늙어서 받게 하는 것과 다름없기 때문이다(욥 13:26). 따라서 하나님이 그렇게 하시는 데에는 그 어떤 불의도 없었다.

2. 그들은 이 속담을 하나님이 그들을 심판하신 것이 불의한 것이고 공평하지 못한 것이었다고 비난하고 규탄하는 데에 사용하였다. 이 속담 속에는 고의적인 죄를 짓는 자들은 신 포도를 먹는 것이라고 하는 뜻이 함축되어 있다는 것은 옳다. 신 포도를 먹은 자들은 얼마 안 있어서 신 맛을 느끼게 될 것이다. 포도는 맛있어 보여서 유혹거리가 되지만, 일단 먹으면 아주 쓰다. 포도는 죄인의 이를 시게 만들 것이다. 양심이 깨어 있어서 그 죄를 그들 앞에 제시하면, 이가 실 때처럼 그들의 평안은 깨지게 될 것이다. 이 속담 속에서 여기까지는 틀린 말이 없었다. 그러나 그들은 이 속담을 이용해서 아버지의 어리석은 행위 때문에 자녀가 벌을 받고 스스로 맛보지도 않은 것 때문에 고통을 당하는 것은 불합리한 일이고, 하나님이 이런 식으로 복수를 하시고 벌을 주시는 것은 불의한 일이며 결코 정당화될 수 없다고 주장하였다. 그들의 이러한 비난이 얼마나 악하고 뻔뻔스러운지를 보라. 또한, 그들의 이러한 주장이 얼마나 교묘하고 그 비유가 얼마나 교활한지도 보라. 불경건한 조롱을 일삼는 자들 중에는 조롱하는 말들을 기가 막히게 만들어 내는 자들이 많다. 이런 식으로 해서 하나님과 거룩한 종교에 대적하는 지옥의 악의가 사람들 속에 스며들고 널리 전파된다. 그것은 여기에서 사람들이 많이 사용하는 속담으로 표현되고 있다. 그들은 그

런 속담을 종종 만들어내었다. 그런 속담은 명백하게 하나님을 모독하는 의미를 담고 있는데도, 속담이라는 미명 아래에서 신성모독이라는 비난을 피해 갔다. 이것을 통해서 드러난 것은 그들이 하나님의 징계의 회초리 아래에서도 낮아지지 않았다는 것이다. 그들은 그들 자신의 죄를 인정하고 하나님이 의로우시다는 것을 고백하지 않고, 도리어 그들 자신은 옳고 하나님이 잘못되었다고 단죄하였다. 그러나 이렇게 자기를 지으신 이와 더불어 다투는 자에게 화 있을진저(사 45:9).

**II. 이 속담에 대한 하나님의 합당한 책망과 대답.** 너희가 그런 속담을 사용함은 어찌 됨이냐. 이것은 책망하는 말씀이다. "너희는 그런 속담을 사용해서 하나님을 한번 시험해 보고자 하는 것이냐? 아니면, 너희가 그런 속담으로 하나님의 화를 돋구면, 그는 너희에게 진노하여 너희를 멸하실 것임을 너희가 알지 못하는 것이냐? 이것이 너희가 하나님과 화해하고자 하는 방식이냐?" 하나님은 이어지는 대답 속에서 그들에게 다음과 같이 말씀하신다.

1. 이 속담을 사용하는 일이 다시는 없게 하시겠다는 것. 하나님은 맹세를 하시면서 이렇게 말씀하신다(3절). 너희가 이스라엘 가운데에서 다시는 이 속담을 쓰지 못하게 되리라. 이스라엘 가운데서 이 비유를 없애 버리시겠다는 것은 하나님의 약속으로 제시된 바 있지만(렘 31:29), 여기에서는 경고의 말씀으로 제시되고 있다. 앞서 그것은 하나님이 긍휼 가운데서 그들에게 돌아오시겠다는 것을 의미하는 것이었지만, 여기에서는 하나님이 그들을 대적하여 심판하시겠다는 것을 의미한다. 하나님은 이 뻔뻔스러운 속담을 사용한 죄로 그들을 벌하셔서, 그들이 감히 다시는 그 속담을 사용하지 못하게 하실 것이다(하나님이 또 다른 경우에 그러셨듯이, 렘 23:34, 36). 하나님은 효과적인 방법들을 찾아내셔서, 이 트집 잡기 좋아하는 자들을 침묵시키실 것이다. 또는, 하나님은 그들이 그들에게 임한 이 모든 황폐화시키는 심판을 받기에 충분할 정도로 악하다는 것을 만천하에 분명하게 드러내심으로써, 그들이 부끄러워서 그들의 조상의 죄 때문에 이렇게 심판을 받은 것이라는 말을 더 이상 입에 담지 못하게 하실 것이다. "너희 조상들이 신 포도를 먹은 것처럼 너희 자신도 마찬가지로 신 포도를 먹었기 때문에 너희의 이가 시리게 된 것이라는 것을 너희 자신의 양심이 너희에게 말해 줄 것이고 너희의 모든 이웃들이 확인시켜 줄 것이다."

2. 사실 이 속담 자체가 하나님의 통치에 대한 부당하고 이유 없는 비난이

라는 것.

(1) 자녀들이 그들의 조상들의 전철을 밟아서 조상들의 죄악의 분량을 채우지 않는다면(마 23:32), 하나님은 조상들의 죄 때문에 자녀들을 벌하지 않으신다. 또한, 그들이 어떤 벌을 받든 그 벌은 그들 자신의 죄로 인하여 마땅히 받아야 할 벌보다도 약한 것이기 때문에, 그들은 불평할 이유가 전혀 없다. 하나님이 조상들의 죄악을 자녀에게 갚으시겠다고 말씀하실 때, 그것은 조상들이 받아야 할 벌을 한꺼번에 다 몰아서 자녀들에게 내리시겠다는 뜻이 전혀 아니고(자녀들은 오직 그들의 행위대로 벌을 받을 뿐이다), 단지 조상들의 죄악을 즉시 벌하지 않으시고 그 자손들을 위하여 쌓아 두시기 때문에(욥 21:19) 하나님이 조상들에 대하여 오래 참으신다는 것을 보여주는 것일 뿐이다.

(2) 자녀들(그리고 종종 무죄한 자들)은 오직 이 세상의 재난들과 관련해서만 부모의 죄악 때문에 더 좋지 않은 일을 겪는 것뿐이고, 또한 하나님은 그러한 재난들의 성격을 바꾸셔서 그 재난들을 겪는 자들로 하여금 유익을 얻게 하실 수 있으시다. 영적이고 영원한 운명(여기에서 말하는 죽음은 이것에 속한다)과 관련해서는 자녀들이 부모의 죄악 때문에 벌을 받은 일은 결코 없다. 하나님은 여기에서 이 점을 상세하게 보여주신다. 크신 하나님이 이 악하고 분별 없는 자들을 즉시 치셔서 말을 못하게 하거나 죽이지 않으시고, 이 문제를 놓고 그들과 변론하시며, 그들 앞에 이 문제를 자세하고 분명하게 설명해 주기를 기뻐하시는 것은 자신을 낮추시는 하나님의 놀라운 겸비의 일면을 보여주는 것임과 동시에 그가 판단 받으실 때에 거리끼는 것이나 걸리는 것이 아무것도 없게 하시기 위한 것이다. 이제 하나님의 답변을 살펴보자.

[1] 하나님은 절대적이고 이의를 제기할 수 없는 주권이 그에게 있다는 것을 단언하신다. 모든 영혼이 다 내게 속한지라(4절). 하나님은 여기에서 모든 사람들의 영혼에 대한 소유권이 그에게 있다고 말씀하신다.

첫째, 영혼들은 하나님의 것이다. 만물을 지으신 하나님은 특별한 방식으로 영들의 아버지이시다. 왜냐하면, 사람들의 영혼에는 그의 형상이 새겨져 있기 때문이다. 사람들이 지음 받을 때에도 그랬고, 사람들이 거듭날 때에도 그렇다. 하나님은 사람 안에 영을 지으신 분이기 때문에 모든 육체의 영들의 하나님, 즉 몸을 입은 영들의 하나님으로 불린다.

둘째, 모든 영혼은 하나님의 것이다. 모든 영혼은 그에 의해서 그를 위하여 지음 받았고, 그에게 책임을 져야 한다. 아버지의 영혼이 내게 속함 같이 그의 아들의 영혼도 내게 속하였다. 우리의 육신의 부모는 오직 우리 육체의 아버지일 뿐이고, 우리의 영혼은 그들의 것이 아니다. 하나님은 그들에게 도전하신다. 이제 이러한 사실로부터 이 문제를 분명히 하기 위한 다음과 같은 것들이 도출된다.

① 하나님은 분명히 아버지와 자녀 둘 모두를 그가 기뻐하는 대로 행하실 수 있고, 아버지와 자녀는 그에게 주께서 무엇을 하시나이까라고 말할 수 없다는 것. 우리에게 생명을 주신 하나님은 그 생명을 다시 거두어 가신다고 해도 우리에게 해로운 일을 하시는 것이 아닌데, 하물며 단지 우리의 생명을 밑받침해 주는 것들과 위로들 중 일부를 거두어 가시는 것이라면 두말할 필요가 어디 있겠는가. 하나님께 시비를 거는 것은 지음을 받은 물건이 지은 자에게 어찌 나를 이같이 만들었느냐 말하는(롬 9:20) 것만큼이나 어리석은 일이다.

② 하나님은 아버지나 아들 둘 모두에게 선의를 지니고 계시고 어느 쪽에게도 부당한 일을 하지 않으신다는 것. 우리는 하나님이 그가 지으신 것을 그 어느 것이라도 미워하지 않으시기 때문에 모든 영혼들에 대하여 인자하셔서 그들 자신의 잘못으로 인한 것이 아니면 결코 아무도 죽지 않는다는 것을 확신한다(자신의 결정 하에 행동할 수 있는 성인에 대하여 말하자면). 모든 영혼이 다 하나님께 속해 있기 때문에, 하나님은 그들을 판단하시거나 심판하실 때에 편파적이실 수 없다. 우리는 하나님이 우리에 대하여 이해관계를 가지고 계시고 지배권을 가지고 계신다는 것에 동의하여야 한다. 하나님은 모든 영혼이 다 내게 속하였다고 말씀하신다. 그러므로 우리는 이렇게 화답하여야 한다. "주여, 내 영혼은 주의 것입니다. 내가 내 영혼을 주께 바쳐서 주를 위해 쓰임 받고 주 안에서 복되고자 합니다." 하나님이 "내 아들아 네 마음을 내게 달라 그것은 나의 것이니라"고 말씀하시는 것은 합당하기 때문에, 우리는 그러한 말씀에 대하여 "아버지여 내 마음을 받으소서 주의 것이니이다"라고 화답하여야 한다.

[2] 하나님은 단지 그의 주권을 단언하시는 것만으로도 이 문제를 일단락지으실 수 있으신 데도 그렇게 하지 않으시고, 그가 각 사람을 심판할 때에 예외 없이 적용하게 될 공평한 법을 제시하신다.

첫째, 죄를 고집하는 죄인은 반드시 죽을 것이고, 그는 그의 죄악으로 말미암아 멸망받게 될 것이다. 범죄하는 그 영혼은 죽으리라. 그 영혼은 영혼의 생명이자 지극한 복인 하나님의 은총에서 배제될 것이고, 영혼의 죽음이자 참상인 하나님의 진노 아래 영원히 놓이게 될 것이다. 죄는 영혼의 행위이고, 몸은 단지 불의의 도구일 뿐이다. 그것은 영혼의 죄라 불린다(미 6:7). 그러므로 죄에 대한 벌은 영의 환난과 곤고이다(롬 2:9).

둘째, 자신의 의를 끝까지 지키는 의인은 반드시 살 것이다. 사람이 만일 의로워서 선한 사상과 선한 영, 선한 성품을 지니고 있고, 그 증거로서 정의와 공의를 따라 행한다면(5절), 그는 반드시 살리라 주 여호와의 말씀이니라(9절). 모든 일에서 하나님의 뜻을 꼼꼼하게 따르고 하나님과 그의 뜻을 섬겨서 하나님을 영화롭게 하는 것을 자신의 일로 삼는 자는 틀림없이 여기에서와 영원히 하나님의 사랑과 은총 안에서 복될 것이고, 비록 그의 본분에 좀 못 미친다고 하여도 중보자이신 그리스도 덕분에 용서받게 될 것이다. 이제 여기에는 이러한 의인의 성품 중 일부가 나온다.

① 그는 더러운 죄로부터 자신을 깨끗하게 지키고 온갖 모양의 악을 멀리하기 위하여 항상 조심한다.

a. 둘째 계명을 어기는 죄들. 하나님을 예배하는 문제들에서 그는 질투하는 자가 된다. 왜냐하면, 그는 하나님이 질투하시는 하나님이신 것을 알기 때문이다. 그는 산당에서 거기에 세워진 우상들에게 제물을 바치지 않을 뿐만 아니라, 산 위에서 제물을 먹지 않는다. 즉, 그는 우상에게 제물로 바쳐진 것들을 먹지 않음으로써 그가 우상 숭배자들과 교제하는 것을 아예 원천적으로 차단하였다(고전 10:20). 그는 우상들의 제단 앞에서 그들과 함께 무릎을 꿇지 않았을 뿐만 아니라, 산당에서 그들과 함께 식탁에 앉지도 않았다. 그는 이방의 우상들만이 아니라, 하나님의 백성이라고 하는 자들에 의해서 일반적으로 허용되었을 뿐만 아니라 적극적으로 경배의 대상이 되었던 이스라엘 족속의 우상들도 싫어하였다. 그는 그러한 우상들을 숭배하지 않았을 뿐만 아니라, 눈을 들어 그 우상들을 바라보지도 않았다. 그는 우상들에게 호의적인 눈길을 주지 않았을 뿐만 아니라 아예 우상들을 쳐다보지도 않았고, 우상들로부터의 은총을 바라거나 우상들의 노여움을 두려워하지도 않았다. 그는 많은 사람들이 우상들에게 홀리는 것을 보아 왔기 때문에, 덫에 걸리지 않기 위해서 아예 우상들을 쳐다보지도 않았다. 성경에서는 우상 숭배자들이 음란한 눈으로 우상을 섬긴다고 말한다(6:9; 또한, 신 4:19).

b. 일곱째 계명을 어기는 죄들. 그는 더러운 정욕으로가 아니라 거룩함과 존귀함으로 자기의 아내를 대하고자 무척 조심하였다. 그러므로 그는 감히 이웃의 아내를 더럽히지 아니하였고, 이웃의 아내를 타락시키거나 유혹할 만한 말이나 행동은 전혀 하지 않았으며, 율법에서 금지한 대로(레 18:19; 20:18) 자기의 아내일지라도 월경으로 불결한 동안에는 가까이 하지 않았다. 육체의 욕구들을 쳐서 복종시켜 항상 이성과 미덕을 따르게 하는 것은 지혜와 의의 필수적인 일부라는 것을 명심하라.

c. 여덟째 계명을 어기는 죄들. 그는 속임수나 법과 권리라는 미명 하에 사람을 학대하지 아니하고, 힘을 사용하여 강제적으로 사람들의 재물을 강탈하지 아니하며 사람들의 자유나 생명을 빼앗지 않는 의인이었다(7절). 압제와 폭력은 대홍수의 심판을 불러왔던 옛 세상의 죄들이었고, 지금도 여전히 하나님이 반드시 복수하시는 그런 죄들이다. 아니, 그는 변리를 위하여 돈을 빌려주지 않았고 이자를 받지 아니하는 자였다(8절). 비록 서로 계약을 맺는 경우에는 이자를 받는 것이 불의가 되지 않는다고 하여도(어떤 사람의 동의 아래에서 행해지는 일은 그에게 손해를 끼치는 일이 되지 않는다), 율법에서 그것을 금지하고 있기 때문에, 그는 그런 일을 하려고 하지 않았다. 율법에 의하면, 외인들에게 적당한 이자를 받는 것은 허용되었지만, 형제들에게 이자를 받는 것은 허용되지 않았다. 의인은 이웃의 어려운 처지를 이용하여 득을 보거나 다른 사람들의 땀과 수고로 편안하고 나태하게 살아가고자 하지 않기 때문에, 그가 빌려준 돈으로 이문을 남길 수 없는 자들에게서 이자를 받고자 하지 않고, 하나님의 섭리에 의해서 돈을 갚을 수 없게 된 자들로부터 가혹하게 돈을 받아내고자 하지도 않으며, 도리어 이익이 나든 손해가 나든 기꺼이 함께 나누고자 한다. 혜택을 누리는 자는 부담도 져야 하는 법이다.

② 그는 자기 자리에서 마땅히 해야 할 본분들을 꼼꼼하게 행한다. 그는 율법의 규정에 따라 가난한 채무자에게 저당물을 돌려 주었다(출 22:26). "네가 만일 이웃의 옷, 그에게 없어서는 안 되는 옷을 전당 잡거든, 해가 지기 전에 그것을 그에게 돌려주어서, 그가 그 옷을 침구로 삼아서 잠을 잘 수 있게 하라." 아니, 그는 가난한 자들에게 그들의 것을 돌려 주었을 뿐만 아니라, 주린 자에게 그의 음식물을 주었다. 그의 음식물이라고 표현되고 있는 것을 주목하라. 왜냐하면, 그 음식물은 그가 정직하게 얻은 것이기 때문이다. 우리가 다른 사람들에

게 주는 것들은 다른 사람들로부터 부당하게 빼앗은 것이 아니어야 한다. 왜냐하면, 하나님은 도둑질한 것으로 번제를 드리는 것을 미워한다고 말씀하셨기 때문이다. 세상 사람들은 나발이 그랬던 것처럼 그들에게 있는 양식을 그들 자신의 것이라고 우기기 때문에 나발이 그 양식을 다윗에게 주지 않으려고 했던 것처럼(삼상 25:11) 다른 사람들에게 주려고 하지 않는다. 그렇지만 그들은 그 양식이 그들 자신의 것이 아니라, 그것으로 다른 사람들에게 선한 일을 하라고 하나님이 주신 것임을 알아야 한다. 옷은 음식만큼 꼭 필요한 것이기 때문에, 이 의인은 벗은 자에게 옷을 입히는 구제도 행하였다(7절). 도르가가 가난한 자들을 위하여 만들어 주었던 옷들은 그녀가 구제를 열심히 했다는 것을 말해 주는 증거들이 되었다(행 9:39). 이 의인은 스스로 손을 금하여 죄를 짓지 아니하였다(8절). 그가 실수로 죄를 저질렀다가 나중에 그것이 죄라는 것을 알게 되었다면, 그는 이미 엎질러진 물이라고 생각해서 그 죄 가운데 계속해서 머물러 있는 것이 아니라, 이제 죄라는 것을 알게 된 그 일로부터 스스로 손을 뺐다. 또한, 그는 기회가 닿는 대로(즉, 그가 재판관이나 증인이나 배심원이나 심판이 된 경우에) 사람과 사람 사이에 진실하게 판단하였고, 모든 거래에서 그 거래가 공평하게 이루어졌는지, 손해 본 사람은 없는지, 손해 본 사람이 있다면 그것을 바로잡았는지, 모든 사람이 자신의 정당한 몫을 받았는지를 살피는 데에 관심을 갖고서, 그렇게 하기 위해서 기꺼이 중재에 나서서 온갖 선한 일을 담당하는 수고를 아끼지 않았다. 이것은 그가 이웃들에게 보여준 그의 됨됨이였다. 그렇지만 그가 그의 형제인 사람들에게 외롭고 진실한 것만으로는 충분하지 않고, 그의 성품이 온전하다는 것이 증명되기 위해서는 그의 하나님에게도 그는 그런 모습을 보이지 않으면 안 된다(9절). 그는 하나님의 율례, 즉 하나님을 예배하는 것과 직접적으로 관련된 의무들을 규정한 것들을 따르며, 하나님의 다른 모든 규례를 지켜, 그 모든 것들을 존중하여 진실하게 행하려고 끊임없이 애썼기 때문에, 하나님과 맺은 언약에 신실하였다는 것과 하나님께 꼭 붙어 있어서 그를 배신하고 떠나지 않았으며 그를 기만적으로 대하지 않았다는 것이 증명되었다. 그는 의인이니 반드시 살리라. 그는 반드시 살 것이고, 생명을 얻되 더 풍성하게 얻을 것이며, 진정으로 위로를 받으며 영원히 살 것이다. 계명들을 지키라 그러면 네가 생명에 들어가리라(마 19:17).

[10]가령 그가 아들을 낳았다 하자 그 아들이 이 모든 선은 하나도 행하지 아니하고 이 죄악 중 하나를 범하여 강포하거나 살인하거나 [11]산 위에서 제물을 먹거나 이웃의 아내를 더럽히거나 [12]가난하고 궁핍한 자를 학대하거나 강탈하거나 빚진 자의 저당물을 돌려 주지 아니하거나 우상에게 눈을 들거나 가증한 일을 행하거나 [13]변리를 위하여 꾸어 주거나 이자를 받거나 할진대 그가 살겠느냐 결코 살지 못하리니 이 모든 가증한 일을 행하였은즉 반드시 죽을지라 자기의 피가 자기에게로 돌아가리라 [14]또 가령 그가 아들을 낳았다 하자 그 아들이 그 아버지가 행한 모든 죄를 보고 두려워하여 그대로 행하지 아니하고 [15]산 위에서 제물을 먹지도 아니하며 이스라엘 족속의 우상에게 눈을 들지도 아니하며 이웃의 아내를 더럽히지도 아니하며 [16]사람을 학대하지도 아니하며 저당을 잡지도 아니하며 강탈하지도 아니하고 주린 자에게 음식물을 주며 벗은 자에게 옷을 입히며 [17]손을 금하여 가난한 자를 압제하지 아니하며 변리나 이자를 받지 아니하여 내 규례를 지키며 내 율례를 행할진대 이 사람은 그의 아버지의 죄악으로 죽지 아니하고 반드시 살겠고 [18]그의 아버지는 심히 포학하여 그 동족을 강탈하고 백성들 중에서 선을 행하지 아니하였으므로 그는 그의 죄악으로 죽으리라 [19]그런데 너희는 이르기를 아들이 어찌 아버지의 죄를 담당하지 아니하겠느냐 하는도다 아들이 정의와 공의를 행하며 내 모든 율례를 지켜 행하였으면 그는 반드시 살려니와 [20]범죄하는 그 영혼은 죽을지라 아들은 아버지의 죄악을 담당하지 아니할 것이요 아버지는 아들의 죄악을 담당하지 아니하리니 의인의 공의도 자기에게로 돌아가고 악인의 악도 자기에게로 돌아가리라

하나님은 선지자를 통해서 심판의 일반적인 원칙, 즉 참고 선을 행하는 자들에게는 영생을 주시고 진리를 따르지 아니하고 불의를 따르는 자들에게는 진노와 분노를 내리시겠다는 원칙을 제시하신 후에(롬 2:7-8), 이 단락에서는 사람들의 부모가 어떤 사람이었느냐에 따라서 이 원칙이 좀 더 좋은 쪽으로나 나쁜 쪽으로 바뀌지 않을 것임을 보여주신다.

I. 하나님은 그것을 두 가지 경우로 나누어서 자세하고 구체적으로 설명하신다. 경건한 부모에게서 악한 자녀가 나오고 악한 부모에게서 경건한 자녀가 나오는 일은 유다 왕들의 혈통에서와 마찬가지로 사가(私家)에서도 흔히 일어난다. 이제 여기에서 하나님은 다음과 같은 것들을 보여주신다.

1. 악인은 비록 그의 아버지가 경건한 자라 할지라도 그 자신의 죄악으로

말미암아 반드시 죽으리라는 것. 앞에서 언급되었던 그 의인이 자기와 정반대되는 성품을 지닌 아들을 낳았다고 한다면, 그 아들도 반드시 그렇게 될 것이다.

(1) 아주 경건한 아버지가 아들을 낳아서, 온갖 교훈들을 다 해주고 좋은 교육을 시키고 필요할 때마다 책망을 하고 절제가 필요한 곳에서는 절제를 하게 하고 온갖 수고를 마다하지 않고 아들을 위해 기도하였지만, 결국 그 아들이 지극히 악하고 비열한 자가 되고 그의 아버지의 근심거리가 되며 그의 가족의 수치가 되고 그의 세대의 저주이자 전염병이 되는 일은 너무나 서글픈 일이긴 하지만 결코 드문 일이 아니라는 것이 전제된다. 여기에서 그 아들은 그의 선한 아버지가 두려워하여 조심스럽게 피하였던 온갖 극악무도한 짓들을 다 행하고, 그의 아버지가 꼼꼼히 지키며 만족하였던 온갖 선한 의무들을 다 내팽개쳐 버리는 것으로 전제된다. 그 아들은 그의 아버지가 행한 모든 일들을 무효화시키고, 모든 일에서 그의 모범과는 정반대로 행하였다. 그 아들은 여기에서 노상강도, 즉 강포하거나 살인하는 자로 묘사된다. 또한, 그는 우상 숭배자이기도 하였다. 그는 산 위에서 제물을 먹었고(11절), 우상에게 눈을 들었으며(이것은 그의 선한 아버지가 결코 하지 않은 일이었다), 마침내 우상 숭배자들과 함께 앉아서 먹을 뿐만 아니라 그들과 더불어서 우상에게 제사를 드리게 되었는데, 이것은 여기에서 가증한 일을 행한 것으로 표현되고 있다. 이 아들이 이렇게 된 것은 죄의 길은 언제나 내리막길이기 때문이다. 또한, 이 아들은 이웃의 아내를 더럽힌 간음한 자이기도 하였다. 그는 심지어 가난하고 궁핍한 자를 학대하고 압제하는 자였다. 그는 비열한 방법으로 남의 재물을 강탈하고, 스스로를 방어할 수 없는 자들을 골라서 재물을 짜내었으며, 약한 자들을 짓밟고 이미 가난한 자들을 더욱 빈곤하게 만드는 일에서 기쁨을 느꼈다. 그는 그가 주어야 할 자들에게서 도리어 빼앗았다. 그는 폭력을 사용해서 힘으로 남들의 재물을 강탈하였다. 그는 변리를 위하여 꾸어 주었고, 고리대금을 하여 폭리를 취하였다. 그는 빚진 자의 저당물을 돌려주지 아니하였고, 채무를 다 변제받고도 부당하게 저당물을 그대로 잡아 두었다. 악한 자녀를 둔 선한 부모들은 그들 자신의 경우를 특이한 것으로 보지 말아야 한다. 여기에서 말하고 있는 경우가 바로 그런 경우이기 때문이다. 이것을 통해서 우리는 은혜는 핏줄을 타고 흐르지도 않고 은혜의 수단들(또는, 방편들)을 따라 반드시 주어지는 것도 아님을 알게 된다. 빠른 자가 경주에서 반드시 이기는 것도 아니고, 강한 자가 전쟁에서 반드

시 승리하는 것도 아니다. 왜냐하면, 잘 가르쳤다고 해서 자녀들이 선한 자들이 되는 것이 아니기 때문이다. 이 일을 통해서 하나님은 우리에게 그의 은혜는 그 자신의 것이고 그의 성령은 자유롭게 행하시는 분이라는 것, 우리는 우리의 자녀들에게 좋은 교육을 받게 하고자 애쓰지만 그는 그것을 반드시 축복해 주시지는 않는다는 것을 알게 해주시고자 하신다. 다른 것에서와 마찬가지로 이 일에 있어서도 원죄가 지닌 권능과 특별한 은혜의 필요성이 드러난다.

(2) 하나님은 여기에서 이 악인이 비록 선한 아버지의 아들이긴 하지만 자기 자신의 죄악 때문에 영원히 죽게 될 것이라고 분명하게 말씀하신다. 그는 이 세상에서 한동안 그의 조상들의 경건 덕분에 잘 살게 될 수도 있겠지만, 이 모든 가증한 일을 행하였으면서도 결코 회개하지 않았기 때문에 결코 살지 못할 것이고, 하나님의 은총 속에서 복된 삶을 살지 못하게 될 것이다. 그는 비록 사람들의 칼은 피할지 모르지만 하나님의 저주를 피하지는 못할 것이다. 그는 반드시 죽을지라. 그는 영원히 비참해질 것이다. 그의 피가 자기에게로 돌아가리라. 이 모든 것은 그 자신의 탓이다. 그가 스스로를 망하게 하였다. 그가 선한 아버지의 아들이라는 사실은 그에게 도움이 되기는커녕 그의 죄와 그에 대한 단죄를 더욱 가중시킬 뿐이다. 그렇게 좋은 여건 속에 있었으면서도 그는 온갖 죄를 지었기 때문에 그의 죄질은 더욱 나쁜 것일 수밖에 없었고, 그가 더욱 악하고 방탕한 자라는 것이 입증되었다. 따라서 그가 나중에 받을 벌은 더욱 무겁고 그가 처해지게 될 참상은 더욱 참을 수 없는 것이 될 것이다.

2. 의인은 비록 악한 아버지의 아들일지라도 반드시 복을 받게 되리라는 것. 아버지가 신 포도를 먹었다고 할지라도, 자녀들이 신 포도를 먹지 않았다면, 자녀들은 결코 아버지 때문에 나쁜 일을 당하는 일이 없을 것이다.

(1) 여기에서는 불경건한 아버지의 아들이 경건할 수 있다는 것, 그의 아버지의 잘못이 아무리 치명적인 것이었다고 할지라도 그 아들은 아주 지혜로워서 경고를 받고 아버지의 전철을 밟지 않을 수 있다는 것(14절)이 전제되고 있다(하나님께 감사하게도, 우리는 현실에서 종종 이런 모습을 본다). 통상적으로, 자녀들은 부모의 기질을 닮기 때문에 부모가 했던 대로 하기가 쉽다. 그러나 여기에 나오는 아들은 그 아버지가 행한 모든 죄를 보고 보통 그렇듯이 똑같이 행한 것이 아니라, 도리어 두려워하여 아버지와 똑같이 행하지 않았다. 사람들은 실제로 가시나무에서 포도를 따지 못하지만, 하나님은 종종 돌감람나무

에서 가지를 꺾어다가 참감람나무에 접붙이신다. 악한 아하스는 선한 히스기 야를 낳았고, 히스기야는 그 아버지가 행한 모든 죄를 보고, 함이 그의 아버지인 가나안에게 그랬던 것과는 달리 아버지의 부끄러운 모습을 드러내거나 떠벌리고 다니지 않았지만, 그것을 싫어하고 부끄러워하였고, 그의 아버지에게 수치와 파멸을 안겨준 죄를 더욱 나쁘게 생각하게 되었다. 그는 그 죄를 보고 두려워하여 깊이 숙고해서 그대로 행하지 아니하였다. 그는 그런 죄들을 저질러서 그의 아버지가 얼마나 비참하게 되었는지, 그것이 하나님과 모든 선한 사람들에게 얼마나 큰 상처를 주었는지, 그의 아버지가 얼마나 상처를 받고 수치를 당했는지, 그의 아버지가 그의 가족에게 얼마나 큰 재난들을 가져다 주었는지를 곰곰이 생각하였기 때문에, 그의 아버지처럼 그대로 행하지 아니하였다. 우리가 악인들의 행위를 제대로 잘 살피기만 한다고 해도, 우리는 모두 악인들과 어울리거나 그들을 따르는 것을 두려워하게 될 것임을 명심하라. 여기에는 앞에서 의인의 됨됨이와 관련하여 구체적으로 제시된 내용들이 다시 거의 동일한 형태로 열거되고 있는데(6절 이하), 이것은 선한 자들이 동일한 성령으로와 동일한 보조로 행한다는 것을 보여주기 위한 것이다. 여기에 나오는 이 의인은 그의 아버지의 죄들을 피하고자 애쓸 때에 그의 할아버지의 미덕들을 본받으려고 애썼다. 역사를 되돌아보면, 우리는 우리의 귀감이 될 만한 모범들, 우리가 본받아야 할 모범들을 발견하게 된다. 이 의인은 바리새인처럼 나는 토색, 불의, 간음, 우상 숭배를 하는 자가 아니라고 말할 수 있었을 뿐만 아니라, 주린 자에게 음식물을 주며 벗은 자에게 옷을 입히는 자였다. 그는 손을 금하여 가난한 자를 압제하지 아니하였다. 그는 그의 아버지가 가난한 종들, 소작인들, 이웃들에게 무거운 짐을 지운 것을 보고서, 그들의 짐을 덜어 주었다. 르호보암이 그의 아 버지가 백성들에 무거운 세금을 지운 것을 그대로 유지하고자 하면서 모든 책임을 그의 아버지에게 돌린 것과는 달리, 이 의인은 "나는 나의 아버지가 행한 것을 그대로 유지하리니, 그것이 잘못이라면 그 잘못은 내게 있는 것이 아니라 나의 아버지에게 있다"고 말하며 책임을 전가하는 그런 짓을 하지 않았다. 그는 손을 금하여 가난한 자를 압제하지 아니하고, 그들에게 다시 권리와 자유를 회복시켜 주었다(15-17절). 이렇게 그는 하나님의 규례를 지키며 그의 율례를 행하였고, 일시적으로가 아니라 계속해서 늘 그런 식으로 순종하였다.

(2) 하나님은 은혜를 받지 못한 아버지만이 그의 죄악 가운데서 죽게 될 것

이고, 은혜를 받은 그의 아들은 결코 아버지의 죄로 인해서 나쁜 일을 겪지 않을 것이라고 약속하신다. 그의 아버지로 말할 것 같으면(18절), 그는 사람들에게 심히 포학하여 그 동족을 잔혹하게 강탈하고 압제하였으며 부와 권력을 지니고 있으면서도 그것들로 백성들 중에서 선을 행하지 않았기 때문에, 비록 그가 큰 자라고 할지라도 그의 죄악으로 죽게 되고 영원히 멸망하게 될 것이다. 그러나 자신의 행실을 흠 없이 지킨 아들은 반드시 살겠고 평안하며 복될 것이고, 그의 아버지의 죄악으로 죽지 아니할 것이다. 그의 아버지의 악행 때문에 그의 재산과 세력은 줄어들고 약화되었겠지만, 그런 것은 그가 하나님께 받아들여져서 영원히 복된 삶을 누리는 데에는 아무런 영향도 미치지 않을 것이다.

**II. 하나님은 그들이 그런 속담으로 그에게 죄를 범한 것이 아니냐고 반문하신다.** "사실이 이렇게 명백한데도, 너희는 이르기를 아들이 어찌 아버지의 죄를 담당하지 아니하겠느냐 하는도다. 하지만, 결코 그렇지 않다. 아들이 정의와 공의를 행하면, 그는 반드시 살 것이다(19절)." 이 백성은 정의와 공의를 행하지 않았기 때문에 조상들의 죄를 담당한 것이었다. 그들은 그들 자신의 죄로 말미암아 환난을 당한 것이기 때문에 설사 조상들이 그들에게 악한 모범을 물려준 것이 유감스러운 일이었다고 하소연할 수는 있겠지만 하나님이 그들을 부당하게 심판하셨다고 불평할 이유는 전혀 없는 것이었다. 우리의 조상들은 범죄하고 없어졌으며 우리는 그들의 죄악을 담당하였나이다(애 5:7). 악한 가문들에는 저주가 붙어 다닌다는 것은 사실이지만, 회개와 삶을 고치는 것을 통해서 그 저주에서 벗어날 수 있다는 것도 사실이다. 그러므로 회개하지 않고 삶을 고치지 않은 자들은 그들이 저주 아래 놓인다고 해도 그것이 스스로 자초한 것임을 인정하여야 한다. 하나님은 일정하게 정해진 심판의 원칙을 다시 한 번 반복해서 말씀하신다(20절). 범죄하는 그 영혼은 죽을 것이고, 그 죄 때문에 다른 영혼이 죽는 일은 없을 것이다. 하나님은 이 땅의 재판관들에게 주셨던 바로 그 원칙을 스스로도 지키신다(신 24:16). 아버지는 자식들이 범죄하지 않도록 하기 위하여 자신의 본분을 다하려고 애쓴다면 그 자식들로 말미암아 죽임을 당하지 않을 것이요, 자식들은 아버지의 전철을 밟지 않는다면 그 아버지로 말미암아 죽임을 당하지 않을 것이니, 각 사람은 자기 죄로 말미암아 죽임을 당할 것이니라. 지금은 가려져 있는 하나님의 의로우신 심판이 나타나는 그 날에 의인의 의가 온 세상 앞에 드러나 그에게로 돌아가서 그는 영원한 위로와 존귀를 옷으로 입고 관으로 쓰게 될 것이고, 악인의 악도 그에게로 돌아가서 그에게 족쇄와 무거운 짐이 되고 그를 무저갱으로 한없이 추락하게 만들 무거운 납이 되어 그는 영원히 낭패를 당하게 될 것이다.

[21]그러나 악인이 만일 그가 행한 모든 죄에서 돌이켜 떠나 내 모든 율례를 지키고 정의와 공의를 행하면 반드시 살고 죽지 아니할 것이라 [22]그 범죄한 것이 하나도 기억함이 되지 아니하리니 그가 행한 공의로 살리라 [23]주 여호와의 말씀이니라 내가 어찌 악인이 죽는 것을 조금인들 기뻐하랴 그가 돌이켜 그 길에서 떠나 사는 것을 어찌 기뻐하지 아니하겠느냐 [24]만일 의인이 돌이켜 그 공의에서 떠나 범죄하고 악인이 행하는 모든 가증한 일대로 행하면 살겠느냐 그가 행한 공의로운 일은 하나도 기억함이 되지 아니하리니 그가 그 범한 허물과 그 지은 죄로 죽으리라 [25]그런데 너희는 이르기를 주의 길이 공평하지 아니하다 하는도다 이스라엘 족속아 들을지어다 내 길이 어찌 공평하지 아니하냐 너희 길이 공평하지 아니한 것이 아니냐 [26]만일 의인이 그 공의를 떠나 죄악을 행하고 그로 말미암아 죽으면 그 행한 죄악으로 말미암아 죽는 것이요 [27]만일 악인이 그 행한 악을 떠나 정의와 공의를 행하면 그 영혼을 보전하리라 [28]그가 스스로 헤아리고 그 행한 모든 죄악에서 돌이켜 떠났으니 반드시 살고 죽지 아니하리라 [29]그런데 이스라엘 족속은 이르기를 주의 길이 공평하지 아니하다 하는도다 이스라엘 족속아 나의 길이 어찌 공평하지 아니하냐 너희 길이 공평하지 아니한 것 아니냐

여기에는 하나님이 우리를 다루실 때에 적용하실 또 다른 심판의 원칙이 나오는데, 이 원칙은 하나님의 통치가 공평하시다는 것을 다시 한 번 보여준다. 앞에 나왔던 원칙은 하나님이 부모와 자식 간에 또는 여러 대(代)에 걸쳐서 일어난 선악의 변화에 따른 상벌을 어떻게 하실 것인가에 관한 것이었던 반면에, 여기에 나오는 원칙은 한 사람이 살아 가면서 그의 삶 속에서 선악의 변화가 일어났을 때에 하나님이 그 사람에 대한 상벌을 어떻게 하실 것인지에 관한 것이다. 우리는 이 세상에 사는 동안에 시험(probation)을 받는 상태에 놓여 있다. 시험 기간은 일생 동안 지속되고, 우리가 죽을 때의 모습이 어떠하냐에 따라서 우리의 영원한 상태가 결정된다. 좀 더 살펴보자.

**I. 하나님이 한 사람의 일생에 있어서 선악의 변화가 일어났을 경우에 대한**

**심판의 원칙을 분명하게 말씀하심.** 이것은 이미 앞에서 분명하게 언급된 바 있지만(3:18 이하), 여기에서도 반복해서 제시된다(21-24절; 26-28절). 왜냐하면, 이것은 극히 중요한 문제, 생명과 죽음의 문제, 영원히 사느냐 죽느냐의 문제이기 때문이다. 여기에는 다음과 같은 내용들이 나온다.

1. 악인들에게 그들의 악에서 돌이키라고 권유하시며 회개할 기회를 주심. 하나님은 여기에서 악인이 만일 돌이키면 반드시 살리라고 약속하신다(21, 27절). 좀 더 살펴보자.

(1) 사람이 참된 회심을 한 것으로 인정받으려면 어떠한 것들이 요구되고, 죄에 대하여 이러한 사면을 받으려면 어떠한 자격을 갖추어야 하는가.

[1] 회심을 향한 첫 걸음은 곰곰이 생각해 보는 것이다(28절). 그가 스스로 헤아리고 돌이켰으니 반드시 살고 죽지 아니하리라. 죄인들이 그들의 악한 길에 계속해서 머무는 이유는 그 마지막이 무엇일지를 깊이 생각하지 않기 때문이다. 그러나 탕자는 제정신이 들어서 자리에 앉아 자신의 처지가 얼마나 나쁜지, 조금만 마음을 바꾸면 자신의 처지가 얼마나 쉽게 금방 좋아지게 될지를 곰곰이 생각하였을 때에 곧 돌이켜 아버지에게로 돌아가게 되었다(눅 15:17). 또한, 간음한 여인도 곰곰이 생각하다가 그 때의 내 형편이 지금보다 나았다는 생각이 들게 되자 본 남편에게로 돌아갔다(호 2:7).

[2] 곰곰이 생각해 보았을 때에 죄에 대한 혐오감이 생겨나야 한다. 악인은 곰곰이 생각하고 나서 악에서 돌이켜 떠나야 하는데, 이것은 그의 마음의 성향에 변화가 일어나야 한다는 것을 의미한다. 또한, 그는 죄악에서 돌이켜야 하는데, 이것은 삶에 변화가 있어야 한다는 것을 의미한다. 그는 그의 모든 악한 행실을 끊어내야 한다. 그는 지금까지는 죄악을 행하여 왔지만, 이제는 죄를 미워하는 마음으로 더 이상 죄악을 행하지 않기로 결심하여야 한다. 내가 다시 우상과 무슨 상관이 있으리요(호 14:8).

[3] 죄에 대한 이러한 혐오감은 모든 죄에 대한 것이어야 한다. 그는 그가 행하였던 모든 죄악에서 돌이켜 떠나야 하고, 단 하나의 들릴라나 림몬의 말도 남겨 두어서는 안 된다. 우리가 진정으로 죄를 미워하지 않는다면, 그것은 정말 죄에서 돌이킨 것이 아니다. 우리가 모든 죄를 미워하지 않는다면, 그것은 정말 죄를 미워하는 것이 아니다.

[4] 그것과 아울러서 하나님께로 돌아와서 자신의 본분을 다하여야 한다. 그

는 하나님의 모든 율례를 지키고(순종이 진실한 것이라면, 그것은 모든 것에 미칠 것이기 때문에), 정의와 공의, 즉 하나님의 말씀과 뜻에 합치하는 것을 행하여야 한다. 그는 육체의 뜻이나 세상의 길이 아니라 하나님의 말씀과 뜻을 자신의 행동 준칙으로 삼아야 한다.

(2) 이렇게 죄에서 돌이켜 하나님께로 돌아오는 자들에게 무엇이 약속되고 있는가.

[1] 그들은 그 영혼을 보전할 것이다(27절). 그들은 반드시 살고 죽지 아니할 것이다(21, 28절). 하나님께서는 범죄하는 그 영혼은 죽을지라고 앞에서 말씀하셨지만, 그렇다고 해서 범죄한 자들이 절망할 필요는 없다. 그들이 늦지 않게 돌이켜서 회개하기만 한다면, 하나님이 경고하신 죽음은 막을 수 있기 때문이다. 다윗이 회개하며 내가 죄를 범하였노라고 고백하였을 때, 하나님은 그의 죄를 즉시 용서해 주셨다. "여호와께서도 당신의 죄를 사하셨나니 당신이 죽지 아니하리이다(삼하 12:13). 당신은 영원히 죽지 아니할 것이나이다." 그는 반드시 살 것이다. 그는 영혼의 생명인 하나님의 은총을 다시 회복하게 될 것이고, 영혼에게 죽음의 사자들 같은 하나님의 진노 아래 있지 않게 될 것이다.

[2] 그들이 회개하고 버린 죄들은 심판 때에 일어나서 그들을 치지 않을 것이고, 그들이 그 죄들 때문에 책망을 받는 일도 결코 없을 것이다. 그가 범죄한 것이 아무리 많고 흉악하며 하나님을 몹시 진노하게 하였고 하나님을 무척 욕되게 하였다고 하여도, 하나도 기억함이 되지 아니할 것이고(22절) 전혀 거론되지 않을 것이다. 하나님은 그 죄들을 그들에게 돌려서 그들을 멸망시키지 않으실 뿐만 아니라, 저 큰 날에 그 죄들을 기억하셔서 그들을 근심하게 하거나 부끄럽게하지 않으실 것이다. 그 죄들은 다 가려져서, 아무리 찾아도 찾을 수 없게 될 것이다. 이것은 죄를 용서하시는 하나님의 긍휼하심이 온전할 것임을 보여준다. 하나님은 죄를 용서하시면 그 죄를 지워 버리시고 다시는 기억하지 않으신다.

[3] 그들이 그들의 의(義)로 살 것이다. 이것은 그들의 행위를 통해 얻은 의로 말미암아 그들이 죄 사함과 속죄함을 받고 영원한 복을 누리게 될 것이라는 의미가 아니다. 그들의 의는 그들로 하여금 중보자이신 그리스도로 말미암은 모든 축복들을 받을 자격이 있게 해주는 그러한 의로서, 그 의(義) 자체가 그러한 축복들 중의 하나이다.

(3) 회개하고 돌아오는 죄인은 이 약속에 따라서 죄 사함과 생명을 얻을 수 있다는 소망을 갖게 된다는 것. 그는 장래에 있어서의 그의 순종이 그의 이전의 불순종을 메꿀 수 없다는 것을 스스로 잘 알고 있지만, 긍휼을 베푸시고 죄를 용서하시는 것이 하나님의 본성이고 속성이고 기쁨이라는 사실이 그에게 그런 소망을 가질 수 있도록 힘을 준다. 왜냐하면, 하나님은 이렇게 말씀하셨기 때문이다(23절). "내가 어찌 악인이 죽는 것을 조금인들 기뻐하랴. 결코 그렇지 않다. 네가 그렇게 생각할 이유는 전혀 없다." 하나님이 죄인들을 벌하기로 작정하셨다는 것은 사실이다. 하나님의 공의는 그들을 벌할 것을 요구하고, 거기에 따라서 회개하지 않는 죄인들은 영원히 하나님의 진노와 저주 아래 있게 될 것이다. 이것은 하나님이 정하신 뜻이고 어쩔 수 없는 뜻이지만, 그렇게 할 필요가 없는데도 그렇게 정하신 것도 아니고 기뻐서 그렇게 하시는 것도 아니다. 하나님의 통치가 의를 이루기 위해서는 죄인들이 반드시 죽어야 하지만, 하나님의 선하신 본성은 악인의 죽음에 대하여 이의를 제기한다. 에브라임이여 내가 어찌 너를 버리겠느냐(호 11:8). 여기에서는 악인이 죽는 것과 사는 것이 대비되어 얘기된다. 하나님은 죄인들이 죽는 것을 기뻐하지 않으신다. 왜냐하면, 하나님은 죄인들이 죽는 것보다는 그들의 길에서 돌이켜 살게 되기를 바라시기 때문이다. 하나님은 죄인들이 단죄를 받아 죽음으로써 그의 공의가 빛나게 되는 것보다는 그들이 구원을 받아서 그의 긍휼이 빛나게 되는 것을 더 기뻐하신다.

2. 의인들에게 그들의 의에서 돌이키지 말라고 경고하심(24-26절).

(1) 의에서 돌이켜 떠나는 배교자의 됨됨이. 그는 진정한 의미에서 결코 의인이 아니었지만(그들이 만일 우리에게 속하였더라면 우리와 함께 거하였으려니와, 요일 2:19), 의인 행세를 한 것이었다. 그는 의인의 명의(名義)와 온갖 외적인 표지(標識)들을 지니고 있었다. 그는 스스로 의인이라 생각하였고, 다른 사람들도 그를 의인이라고 생각하였다. 그러나 그는 자신의 신앙 고백을 던져 버리고, 그의 첫 사랑을 떠나며, 하나님의 진리와 길들을 부정하고 버리며, 마치 거기에 넌더리가 난 사람처럼 그의 의에서 돌이켜 떠남으로써, 그가 원래부터 지니고 있었지만 은폐되어 있던 마음, 즉 의를 싫어하는 마음을 이제 나타내 보인다. 그가 그의 의에서 돌이켜 떠나는 것은 범죄하는 것이고, 방탕하며 속되고 호색적이며 무절제하고 불의하게 되는 것으로서, 요컨대 악인이 행하는 모든 가증한 일대로 행하는 것이다. 왜냐하면, 더러운 귀신이 사람의 마음을 다시 장악

할 때에는 저보다 더 악한 귀신 일곱을 데리고 들어가서 거하기 때문이다(눅 11:26).

(2) 배교자의 운명. 과연 그는 한때 의인이었기 때문에 살게 될 것인가? 그렇지 않다. 지속적이지 않은 것은 이룬 것이라고 할 수 없다. 그가 그 범한 허물과 그 지은 죄로 죽으리라(24, 26절). 그는 영원히 죽게 될 것이다. 마음이 굽은 자는 자기 행위로 보응이 가득하리라(잠 14:14). 그러나 그의 이전의 신앙 고백들과 실천들이 어느 정도는 유익이 되고, 적어도 그의 형벌을 좀 가볍게 하는 데에 도움이 되지 않겠는가? 그렇지 않다. 그가 행한 의로운 일은 당시에는 사람들로부터 아무리 큰 칭송을 받았다고 하더라도 하나도 기억함이 되지 아니하리니 그의 공로로 인정되지도 않고 그에게 위로도 되지 않을 것이다. 회개한 자가 이전에 저지른 악이 기억되지 않을 것과 마찬가지로, 배교자의 이전의 의도 기억되지 않을 것이다. 율법에 의하면, 나실인이 그의 몸을 더럽혔을 때에는 그가 자신을 성별하였던 지나간 기간은 모두 무효가 된다(민 6:12). 따라서 성령으로 시작하였다가 육체로 마친 자들이 있다면, 그들이 지나간 날들에 행한 섬김들과 겪은 고난들은 다 아무 소용이 없게 된다(갈 3:3-4). 우리가 신앙을 끝까지 지키지 못한다면, 우리는 우리가 일한 것을 잃게 된다(요이 1:8).

**II. 하나님이 이스라엘 족속에게 그의 이 모든 조치들이 공평한 것이 아니냐고 반문하심.** 이스라엘 족속은 비록 그 양심이 매우 부패되어 있다고 할지라도 하나님의 공평하심을 수긍할 수밖에 없다. 왜냐하면, 다름 아닌 그들 자신의 입으로 한 말들이 하나님이 의로우시다는 것을 드러내고 죄인들을 단죄할 것이기 때문이다.

1. 그들이 하나님을 대적하여 고소하고 비난한 것은 하나님을 모독하는 것이었다(25, 29절). 이스라엘 족속은 뻔뻔스럽게도 주의 길이 공평하지 아니하다고 말하였는데, 이것은 그 어떤 것보다도 더 불경스럽고 터무니없는 것이었다. 눈을 만드신 이가 보지 아니하시랴(시 94:9). 하나님의 뜻은 곧 선과 악, 옳고 그름을 판가름하는 영원한 잣대인데, 그런 하나님이 행하시는 일들이 어떻게 공평하지 않을 수 있겠는가? 세상을 심판하시는 이가 정의를 행하실 것이 아니니이까(창 18:25). 의심할 여지 없이 하나님은 정의를 행하실 것이다. 하나님은 다르게 행하실 수가 없으시다.

2. 그들을 상대로 한 하나님의 변론은 은혜가 가득하고 자신을 낮추신 것이

었다. 왜냐하면, 그들은 하나님을 모독하는 자들인데도, 하나님은 그들을 단죄하고자 하시는 것이 아니라 도리어 어떻게든 죄를 깨우쳐서 구원하고자 하시기 때문이다. 하나님은 즉시 그의 공의에 시비를 걸고 문제를 제기한 자들을 공의의 영원한 기념비들로 만드심으로써 그의 공의가 지닌 존엄함을 보여주실 수 있으셨다. 숨 쉬는 동안에 이와 같이 악한 짓을 저지른 자들에게 다시 한 번 숨쉴 기회를 주는 것이 과연 마땅한 일인가? 주의 길이 공평하지 아니하다고 말한 자들이 지옥 이외의 곳에서 또다시 그런 말을 하도록 내버려 두는 것이 과연 마땅한 일인가? 그렇다. 지금은 하나님이 오래 참고 인내하시는 날이기 때문에, 하나님은 기꺼이 그들과 변론하고자 하신다. 하나님은 그들에게 다음과 같은 것들을 시인하고 인정할 것을 요구하신다. 왜냐하면, 그런 것들은 너무나 명백한 것들이어서 그들이 부정할 수 없기 때문이다.

(1) 하나님의 길들은 공평하다는 것. 내 길이 어찌 공평하지 아니하냐. 의심할 여지 없이 하나님의 길들은 공평하다. 하나님은 옳지 않은 일을 사람들에게 결코 행하지 않으신다. 이 세상에서 죄인들을 벌하시고 자기 백성에게 환난을 겪게 하실 때에나 회개하지 않은 자들에게 영원한 벌을 받게 하실 때에나 주의 길은 공평하다.

(2) 그들의 길들은 공평하지 아니하다는 것. "너희 길이 공평하지 아니한 것이 아니냐. 너희의 길들이 공평하지 않다는 것은 명백하기 때문에, 너희가 처한 환난들은 너희 스스로 자초한 것들이다. 하나님은 너희에게 아무런 잘못도 하지 않으셨고, 오직 너희가 너희 자신에게 잘못한 것이다." 사람이 미련하므로 자기 길을 굽게 하고 공평하지 않게 해 놓고, 마치 하나님의 길이 공평하지 않다는 듯이 마음으로 여호와를 원망하느니라(잠 19:3). 하나님과 우리의 모든 변론들과 다툼들 속에서 하나님의 길은 공평하지만 우리의 길은 공평하지 않다는 것, 하나님은 옳으시지만 우리는 옳지 않다는 것이 드러나게 될 것이다.

[30]주 여호와의 말씀이니라 이스라엘 족속아 내가 너희 각 사람이 행한 대로 심판할지라 너희는 돌이켜 회개하고 모든 죄에서 떠날지어다 그리한즉 그것이 너희에게 죄악의 걸림돌이 되지 아니하리라 [31]너희는 너희가 범한 모든 죄악을 버리고 마음과 영을 새롭게 할지어다 이스라엘 족속아 너희가 어찌하여 죽고자 하느냐 [32]주 여호와의 말씀이니라 죽을 자가 죽는 것도 내가 기뻐하지 아니하노니 너희는 스스로

돌이키고 살지니라

우리는 이 단락에서 이 문제 전체의 결론과 적용을 본다. 사리분별이 제대로 적용되는 법정에서 공정한 심리(審理)가 있은 후에 내려진 평결은 하나님이 옳으시다는 것이었다. 하나님의 길이 공평하다는 것이 밝혀졌다. 그러므로 이제 곧 판결이 내려질 것이다. 우리는 당연히 여기서, 저주를 받은 자들아 영원한 불에 들어가라(마 25:41)는 단죄의 판결을 예상하게 된다. 그러나 하나님의 긍휼로 말미암은 이적이 일어난다. 은혜의 날, 하나님이 오래 참으시고 인내하시는 날이 아직 끝나지 않았고 계속해서 연장된다. 그러므로 하나님은 결국에는 각 사람이 행한 대로 심판하실 것이지만 은혜를 베푸셔서 아직은 계속해서 기다리시기 때문에, 이 모든 것을 회개하라는 부르심과 회개하면 용서하시겠다는 약속으로 끝맺으신다.

**I. 우리가 꼭 해야 할 네 가지 본분.** 이 네 가지는 사실 동일한 것이라 할 수 있다.

1. 우리가 회개하여야 한다는 것. 우리는 마음을 고쳐먹고 우리의 길들을 고쳐야 한다. 우리는 우리가 잘못 해온 것들에 대하여 슬퍼하고 부끄러워하여야 하며, 할 수만 있다면 그것들을 무효화시키는 방향으로 행하여야 한다.

2. 우리가 돌이켜 모든 죄에게서 떠나야 한다는 것(30, 32절). 너희는 스스로 돌이키라. '뒤로 돌아' 를 하리. 죄에서 돌이키라, 아니, 죄를 너희가 극도로 혐오하는 원수로 여겨서 돌이켜 대적하고, 하나님을 너희가 사랑하는 벗으로 여겨서 그에게로 돌아서라.

3. 우리는 우리가 범한 모든 죄악을 버려야 한다는 것. 우리는 다시는 그것들로 되돌아가지 않겠다는 각오로 그것들을 버리고, 죄에게 이혼증서를 주며, 우리가 죄와 맺은 모든 동맹을 깨고, 선원들이 요나에게 그랬듯이 배 밖으로 던지며(죄가 폭풍을 일으키는 원인이 되었기 때문에), 죄를 영혼에서 쫓아내고 흉악범으로 여겨서 십자가에 못 박아야 한다.

4. 우리가 마음과 영을 새롭게 하여야 한다는 것. 이것은 원래 하나님의 약속이었는데(11:19), 여기에서는 명령으로 나온다. 우리는 우리의 마음과 영을 새롭게 하려고 우리의 최선을 다하여야 한다. 그러면 하나님은 그의 은혜를 우리에게 주셔서 우리로 그 일을 할 수 있게 해주실 것이다. 아우구스티누스는 이

명령을 잘 설명하고 있다. 이것은 하나님이 우리에게 불가능한 일을 하라고 명령하시는 것이 아니라, 우리에게 우리의 힘으로 할 수 있는 것을 하고 우리의 힘으로 할 수 없는 것은 기도하라고 권면하시는 것이다.

**II. 이러한 회개로의 부르심을 강화하기 위한 네 가지 선한 논거들.**

1. 회개는 우리의 죄가 몰고 올 파멸을 막을 수 있는 유일한 길이고 확실한 길이라는 것. 그리한즉 죄악이 너희의 파멸이 되지 아니하리라. 이것은 우리가 회개하지 않는다면 여기에서와 영원히 죄악이 우리의 파멸이 될 것이지만 우리가 회개하면 우리는 안전하고 불에 타다 꺼내진 나무토막 같이 멸망에서 꺼내질 것임을 의미한다.

2. 우리가 회개하지 않는다면, 우리는 반드시 죽을 것이고, 우리의 피가 우리 자신의 머리에 돌려지리라는 것. 이스라엘 족속아 너희가 어찌하여 죽고자 하느냐. 우리가 생명과 구원 대신에 죽음과 저주를 택한다면, 그것은 얼마나 어처구니없는 일이겠는가. 죄인들이 죽는 이유는 그들이 죽고자 하기 때문이라는 것을 명심하라. 그들은 생명을 얻을 수 있는 조건들을 받아들이려 하지 않고, 도리어 죽음으로 인도하는 길로 내려가고자 한다. 이 점에서 죄인들, 특히 이스라엘 족속의 죄인들은 완전히 이성을 잃고 도저히 설명이 불가능한 방식으로 행하고 있는 것이다.

3. 하늘의 하나님은 우리가 멸망하는 것을 기뻐하지 않으시고, 도리어 우리가 잘 되기를 바라신다는 것(32절). 죽을 자가 죽는 것도 내가 기뻐하지 아니하노라. 이것은 악인들이 회개하고 살게 되는 것을 기뻐하신다는 것을 의미한다. 이것은 약속임과 동시에 우리에게 회개하기를 촉구하시는 격려이다.

4. 우리가 회개한다면 영원히 살게 되리라는 것. 너희는 스스로 돌이키고 살지니라. 우리에게 회개하라고 말씀하시는 분은 우리에게 살라고도 말씀하신다. 여기에서는 이렇게 생명과 죽음이 우리 앞에 제시된다.

## 제
## — 19 —
## 장

**개요**

이 장의 요지는 유다의 왕가인 다윗 가문의 멸망을 예언하고 애곡하는 것으로서 17장과 거의 동일하다. 요시야의 네 아들들과 손자들(즉, 여호아하스, 여호야김, 여고냐, 시드기야)이 재앙을 만나 죽게 되고, 시드기야에서 저 영광스러웠던 왕통은 끊겨 버렸다. 선지자는 여기에서 애곡하라는 명령을 받고(1절), 비유를 통해서 애통한 마음을 표현한다. I. 유다 왕국과 다윗 가문은 여기에서 암사자에 비유되고, 그 왕들은 사납고 날쌨지만 사냥을 당해서 그물에 걸리게 된 사자들에 비유된다(2-9절). II. 유다 왕국과 다윗 가문은 여기에서 포도나무에 비유되고, 그 왕들은 튼튼하고 무성했지만 이제는 꺾여서 불태워진 가지들에 비유된다(10-14절). 다윗 왕조의 멸망은 지금 진행 중에 있었고, 이 애가는 백성들에게 그 사실을 똑똑히 인식시켜서, 그들이 그들의 평안한 날들이 지속될 것이라는 헛된 소망으로 안일하게 살지 않도록 하기 위한 것이었다.

[1]너는 이스라엘 고관들을 위하여 애가를 지어 [2]부르라 네 어머니는 무엇이냐 암사자라 그가 사자들 가운데에 엎드려 젊은 사자 중에서 그 새끼를 기르는데 [3]그 새끼 하나를 키우매 젊은 사자가 되어 먹이 물어뜯기를 배워 사람을 삼키매 [4]이방이 듣고 함정으로 그를 잡아 갈고리로 꿰어 끌고 애굽 땅으로 간지라 [5]암사자가 기다리다가 소망이 끊어진 줄을 알고 그 새끼 하나를 또 골라 젊은 사자로 키웠더니 [6]젊은 사자가 되매 여러 사자 가운데에 왕래하며 먹이 물어뜯기를 배워 사람을 삼키며 [7]그의 궁궐들을 헐고 성읍들을 부수니 그 우는 소리로 말미암아 땅과 그 안에 가득한 것이 황폐한지라 [8]이방이 포위하고 있는 지방에서 그를 치러 와서 그의 위에 그물을 치고 함정에 잡아 [9]우리에 넣고 갈고리를 꿰어 끌고 바벨론 왕에게 이르렀나니 그를 옥에 가두어 그 소리가 다시 이스라엘 산에 들리지 아니하게 하려 함이라

이 단락에는 다음과 같은 내용들이 나온다.

**I. 선지자에게 다윗 왕가의 멸망을 애곡하라고 명령하심.** 다윗 왕가는 하

나님이 다윗 및 그의 자손과 맺으신 왕권 언약 덕분에 오랫동안 명성을 떨쳐 왔었기 때문에, 우리 하나님의 언약이 얼마나 소중한지를 아는 모든 자들이 다 윗 왕가의 소멸을 애곡하는 것은 너무도 당연한 일이다. 그래서 시편 89편에서 는 하나님이 다윗과 맺은 언약에 관하여 아주 자세하게 설명한 후에(3, 20절) 다윗 가문의 몰락과 소멸을 서글프게 애곡한다(38-39절). 그러나 주께서 주의 기 름 부음 받은 자에게 노하사 물리치셔서 버리셨으며 주의 종의 언약을 미워하사 그의 관을 땅에 던져 욕되게 하셨도다. 유다의 왕들은 여기에서 이스라엘의 고관들이라 불린다. 왜냐하면, 그들의 영광이 줄어들어서, 그들은 고관들처럼 되어 버렸고, 그들의 고결함도 상실되었기 때문이다. 그들은 이스라엘의 왕들의 길을 배워서 그 왕들처럼 타락했고 우상 숭배를 하였었다. 선지자는 그들을 위하여 애가를 지어야 했다. 즉, 그는 그들의 통탄스러운 멸망을 스스로 가슴에 새겨 두었고 예언을 통해서 그들도 그것을 마음에 새겨 두기를 바라는 자로서 이 일을 서술 하여야 한다. 우리 자신이 감화를 받지 않은 것에 다른 사람들이 감화를 받기 를 우리가 어떻게 기대할 수 있겠는가? 사역자들은 죄인들의 멸망을 담대하게 예언하여야 하지만, 동시에 재앙의 날을 원하지 않는 자로서 죄인들의 멸망을 통곡하며 슬퍼하여야 한다. 선지자는 이스라엘의 고관들에게 권면을 하라고 명령을 받지 않는다(그들에게는 오랫동안 자주 권면이 주어졌지만 아무 소용 이 없었다). 그들의 멸망은 이미 작정되었기 때문에, 이제 하나님이 그에게 내 리신 명령은 그들을 위하여 애가를 지으라는 것이었다.

**Ⅱ. 선지자에게 무엇을 말해야 할지를 가르쳐 주심.**

1. 그는 유다 왕국을 암사자에 비유한다. 유다 왕국은 이방 나라들 가운데에 여왕으로 앉아 있던 이전과는 비교할 수 없을 정도로 초라한 모습으로 변해 있 었다(2절). 왕이여, 네 어머니는 무엇이냐(성경에서는 솔로몬에게 그의 어머니, 즉 그의 백성이 왕관을 씌워 주었다고 말한다, 아 3:11). 나라는 왕가의 어머니, 양모(養母)와 같다. 유다 왕국은 사납고 잔인하며 포악한 암사자였다. 그들은 신성(神性)을 떠났을 때에 곧 인간성도 잃었다. 그들은 하나님을 두려워하지 않 게 되었을 때에 사람도 존중하지 않게 되었다. 유다 왕국은 사자들 가운데에 엎드 렸다. 하나님은 이 백성이 홀로 거하여야 한다고 말씀하셨지만, 그들은 이방 나 라들과 섞어서 그들의 행위를 배웠다. 유다 왕국은 젊은 사자 중에서 그 새끼를 기 르는데, 그 젊은 왕손들에게 당시에 동방의 전제 군주들에 의해서 사용되었던

폭군의 길을 가르쳤고, 어릴 때부터 그들의 머리에 절대적이고 전제적인 권력에 대한 개념을 심어 주었으며, 그들에게 신민(臣民)들을 종처럼 부릴 수 있는 권한이 있고 신민들의 자유와 재산을 그들 마음대로 할 수 있다는 인식을 갖게 하였다. 이렇게 유다 왕국은 젊은 사자 중에서 그 새끼를 길렀다.

2. 그는 유다의 왕들을 사자 새끼들에 비유한다(3절). 야곱은 유다, 특히 다윗의 집을 사자 새끼에 비유하였었는데, 이는 유다가 강하여 외부의 적에게 무서운 존재였기 때문이었다(창 49:9, 그는 수사자 같으니 누가 그를 범할 수 있으랴). 만약 그들이 하나님의 율법과 약속을 꼭 붙잡고 있었다면, 하나님은 계속해서 그들에게 사자의 용맹과 위엄과 지배권을 주셨을 것이다. 실제로 하나님은 유다 지파의 사자이신 그리스도에게 그런 것들을 주셨다. 그러나 이 사자 새끼들은 그들 자신의 신민에게 그렇게 하여, 그 신민들을 압제하며 무자비하게 행하여 그 재산과 자유를 빼앗았다. 그들은 그들이 마땅히 보호해 주었어야 할 백성들에 대하여 이렇게 폭정을 하여 두려운 존재로 군림하였기 때문에, 하나님이 만약 그들이 그에게 순종하였더라면 얼마든지 복속시킬 수 있었던 그들의 원수들을 도리어 그들에게 두려운 존재로 만드신 것은 마땅한 일이었다. 여기에서 선지자는 다음과 같은 것들에 대하여 애곡한다.

(1) 이 암사자의 새끼들 중의 하나였던 여호아하스의 죄와 몰락. 그는 젊은 사자가 되었다(3절). 그는 왕이 되자, 이제 왕이 되었으니, 자기가 하고 싶은 대로 하여 자신의 야망과 탐욕과 복수심을 충족시킬 수 있을 것이라고 생각하였다. 그래서 그는 곧 온갖 종류의 폭정을 마음대로 행하는 자가 되었다. 그는 먹이 물어뜯기를 배워 사람을 삼켰다. 그가 권력을 손에 쥐자, 이전에 조금이라도 그의 비위를 거슬렀던 모든 것은 그의 적개심의 대상이 되어서 그의 분노의 희생물이 되었다. 그러나 결국 그는 어떻게 되었는가? 그의 폭정은 오래 가지 않았다. 이방 나라들이 그가 무슨 짓을 하였는지를 들었다(4절). 그들은 그가 왕위에 오르자마자 얼마나 광분하였는지, 의롭고 신성한 모든 것들을 어떻게 짓밟고 유린하였으며 그의 모든 약속들을 다 깨버렸는지에 대하여 듣고서, 그를 위험한 인물로 낙인찍고, 사자가 자기의 먹이를 움키고 으르렁거릴 때에 그것을 치려고 여러 목자들이 서로를 불러서 모으듯이, 서로 힘을 합쳐서 그를 응징하고자 하였다(사 31:4). 그들은 맹수 같은 그를 함정으로 잡았다. 그의 신민들은 그들의 자유를 되찾기 위해서 일어설 엄두를 내지 못하였기 때문에, 하나님이 외

적의 세력을 일으키셨고, 그 외적은 곧 그의 폭정을 끝장내고 그를 잡아 갈고리로 꿰어 끌고 애굽 땅으로 갔다. 여호아하스는 거기로 포로로 끌려갔고, 더 이상 그에 관한 소식은 들을 수 없었다.

(2) 여호야김의 죄와 몰락. 유다 왕국은 한동안 여호아하스가 애굽에서 돌아오기를 기다렸지만, 결국 그것을 포기하고, 그 새끼 하나를 또 골라 젊은 사자로 키웠다(5절). 그는 그의 형의 운명을 지켜 보고서 경고를 받아 그의 권력을 공평하고 절제 있게 사용하고 자기 백성의 유익을 추구한 것이 아니라 그의 형의 전철을 그대로 밟았다. 그는 여러 사자 가운데에 왕래하였다(6절). 그는 무분별하고 성급한 젊은이들의 조언을 받아들였던 르호보암처럼 자기처럼 사납게 날뛰는 자들과 어울리며 그들로부터 조언을 듣고 그들을 모범으로 삼았다. 그는 곧 먹이 물어뜯기를 배워 사람을 삼켰다(6절). 그는 그의 신민들의 재산을 강탈하였고, 그들에게 벌금을 물리고 투옥하였으며, 약탈과 불의, 몰수와 압수를 통해 그의 창고를 채웠고, 그의 길을 가로막는 모든 것을 닥치는 대로 멸하였다. 그는 사람들이 숨겨 놓은 재산을 찾아내고, 사람들이 자신의 재물을 몰래 쌓아 놓은 창고들이 어디에 있는지를 찾아내는 데에 귀재였다. 그는 사람들이 그들의 돈을 감춰 두고 종종 자신의 몸을 숨기기도 하던 곳들을 알고 있었다(7절). 그는 그들의 비밀 창고들이 어디에 있는지를 기가 막히게 찾아내었다. 그는 압제를 행하여 그들의 성읍들을 부수었고, 주민들로 하여금 그들의 가족들을 안전한 곳으로 옮기지 않을 수 없게 함으로써 성읍들에 아무도 살지 못하게 해버렸다. 땅이 황폐하였고, 시골 마을들은 버려졌다. 거기에는 온갖 좋은 것들이 가득 차 있고 풍성하게 있었지만, 백성들은 그 우는 소리, 그가 으르렁거리며 포효하는 소리가 무서워서 그 모든 것을 버려두고 떠날 수밖에 없었다. 그는 사자가 숲의 모든 짐승들로 하여금 두려워 떨게 만들듯이 그의 모든 신민들을 그를 두려워하게 만든 것을 큰 자랑으로 여겼다(암 3:8). 그는 사자처럼 무시무시한 포효 소리로 그의 신민들을 기겁하며 놀라게 하였기 때문에, 그들은 두려워서 땅바닥에 주저앉아 도망칠 생각을 하지 못하고 그의 손쉬운 먹잇감이 되었다. 그는 호통을 치며 위협하고 으름장을 놓아서 사람들로부터 그들이 가진 것을 빼앗았다. 그는 이렇게 함으로써 그의 권력이 견고해질 것이라고 생각하였지만, 결과는 정반대여서 그의 그러한 행동은 그의 멸망을 재촉하였다(8절). 이방 나라들이 그의 엄청난 권력을 억제하고 약화시켜서 그들의 공통의 안전을 도

모하기 위하여 동맹을 맺고서 사방으로 그를 포위하고 그를 치러 와서 그의 위에 그물을 쳤다. 하나님은 갈대아의 부대와 아람의 부대와 모압의 부대와 암몬 자손의 부대를 여호야김에게로 보내 그를 치게 하셨다(왕하 24:2). 결국 그는 함정에 빠져 잡히고 말았다. 느부갓네살이 올라와서 그를 쇠사슬로 결박하여 바벨론으로 잡아갔다(대하 36:6). 그들은 이 사자를 우리에 넣고 갈고리를 꿰어 끌고 바벨론 왕에게 이르렀다(9절). 그 후에 그가 어떻게 되었는지는 우리가 알지 못한다. 그러나 그가 포효하는 소리가 다시 이스라엘 산에 들리지 아니하였다. 그의 폭정은 끝났다. 그는 비록 사자, 즉 생존하는 사람들의 세상에서 용사의 두려움이 있던 자였지만 나귀 같이 매장함을 당하였다(렘 22:19). 다른 사람들을 두려워하게 하고 종으로 삼았던 자들이 남들에게 똑같은 식으로 당할 때, 많은 사람들을 유익하게 하기 위하여 주어진 권력을 도리어 사람들을 죽이고 멸망시키는 데에 악용하여 스스로 부르짖는 사자와 주린 곰 같이 되어서 가난한 백성을 압제한(잠 28:15) 자들이 남들에게 똑같은 식으로 당할 때, 이스마엘처럼 그들의 손이 모든 사람을 친 자들이 마침내 모든 사람의 손이 그들을 치게 되었을 때, 우리는 하나님의 의를 인정하지 않을 수 없다는 것을 명심하라. 피 흘리기를 좋아하는 폭군들은 평안하게 죽는 일이 거의 없고 스스로도 피를 보며 죽어가는 것을 인류는 오랫동안 지켜보아 왔다. 왜냐하면, 그들은 그렇게 죽는 것이 합당하기 때문이다. 다스리는 자리에 앉아 교만하게 위세를 부린 자들이 음부의 어두운 곳에 평안히 내려가는 일은 거의 없다!

[10]네 피의 어머니는 물 가에 심겨진 포도나무 같아서 물이 많으므로 열매가 많고 가지가 무성하며 [11]그 가지들은 강하여 권세 잡은 자의 규가 될 만한데 그 하나의 키가 굵은 가지 가운데에서 높았으며 많은 가지 가운데에서 뛰어나 보이다가 [12]분노 중에 뽑혀서 땅에 던짐을 당하매 그 열매는 동풍에 마르고 그 강한 가지들은 꺾이고 말라 불에 탔더니 [13]이제는 광야, 메마르고 가물이 든 땅에 심어진 바 되고 [14]불이 그 가지 중 하나에서부터 나와 그 열매를 태우니 권세 잡은 자의 규가 될 만한 강한 가지가 없도다 하라 이것이 애가라 후에도 애가가 되리라

어머니 성이었던 예루살렘은 여기에서 또 다른 비유로 묘사된다. 예루살렘은 포도나무이고, 유다의 왕들은 그 가지늘이다. 우리는 이 비유를 앞에

서도 한 번 보았었다(15:1).

1. 예루살렘은 포도나무와 같고, 유대 나라도 그렇다. 네 피의 어머니는 포도나무 같다(10절). 예루살렘은 피 속에 심겨져서 피로 물을 준 포도나무와 같은데, 이 피는 포도나무들을 무성하게 하고 열매를 많이 맺게 하는 데 아주 큰 기여를 하였다. 여기에서는 마치 흘려진 피가 땅을 기름지게 하기 위한 것인 듯이 말한다. 한동안 그것은 그런 효과를 내는 듯이 보였다. 왜냐하면, 예루살렘은 물 가에 심겨져서 물이 많으므로 열매가 많고 가지가 무성하였기 때문이다. 악이 성행하는 곳들은 한동안은 번성할 수 있다. 피 속에 심겨진 포도나무는 가지들로 무성할 수 있다. 예루살렘은 유능한 방백들, 분별 있는 자들, 학식과 경험을 갖춘 자들로 가득 차 있었는데, 그들은 강한 가지들, 이례적으로 크고 강한 이 포도나무의 가지들, 또는 이 포도나무를 떠받치고 있는 나무 막대들이었다. 이 포도나무의 가지들은 아주 잘 자라서, 권세 잡은 자의 규가 될 만한 것들이었다(11절). 판단력이 뛰어나고 강한 결단력을 갖춘 인물들은 방백이 되기에 적합한 인물들로서 규가 될 만한 강한 가지들이다. 유다의 왕손들이 많고 법원이 사리 분별력이 있고 청렴결백한 인물들로 가득 차 있었을 때, 예루살렘의 키가 굵은 가지들 가운데서 높았다. 정부에 선하고 유능한 인물들이 많을 때, 그 나라의 국력은 강해지게 된다. 그 때에 예루살렘은 약하고 낮은 포도나무가 아니었고, 많은 가지 가운데에서 뛰어나 보이는 특출한 곳이었다. 디르사 나무는 이렇게 보잘것없는 가는 가지들 속에 있으면 우뚝 솟아 보인다. "네가 가만히 있을 때에 너는 이와 같은 포도나무였다"(10절, 어떤 이들은 이 본문을 이런 의미로 해석하기도 한다). 시드기야가 바벨론의 왕의 멍에를 메고 묵묵히 자신의 본분을 다하고 있었을 때에는 그의 나라는 이렇게 번영하였다. 하나님이 얼마나 노하기를 더디하시고, 심판을 미루고 은혜를 베풀 기회가 있기를 얼마나 간절히 기다리시는지를 보라.

2. 이 포도나무는 이제 완전히 진멸된다. 느부갓네살은 시드기야의 배신 행위 때문에 격노해서 분노 중에 그 포도나무를 뽑아 버렸고(12절), 유다 왕국을 멸망시켰으며, 다윗 왕가의 모든 가지들을 모두 꺾어 버렸다. 포도나무는 뿌리째 뽑히지는 않았지만 땅에 던짐을 당하였고, 이렇게 땅에 떨어진 그 열매는 동풍에 말랐다. 젊은 사람들은 칼에 죽거나 포로로 끌려갔다. 이러한 모습 속에는 기뻐할 일이 조금도 없었고, 장래의 전망도 암울할 뿐이었다. 이 포도나무의

강한 가지들은 꺾이고 말랐다. 예루살렘의 큰 자들은 죽임을 당하였고, 재판관들과 방백들은 그 자리에서 쫓겨났다. 포도나무 자체도 이제 광야에 심어진 바 되었다(13절). 바벨론은 거기로 포로로 끌려간 자들에게 광야나 마찬가지였다. 유다 땅은 예루살렘에게 광야처럼 되어서, 이제 온 땅은 갈대아 군대에 의해서 약탈되고 초토화되었다. 옥토가 변하여 염전이 되었다(시 107:34). "그것이 불탔는데(시 80:16), 저 불은 그 가지 중 하나에서부터 나왔다(14절). 왕 자신이 바벨론의 왕에게 반기를 들어서 이 모든 재앙을 불러들인 것이었다. 예루살렘을 태워 버린 불은 모두 자초한 것이었다. 예루살렘은 자신의 악 때문에 하나님의 진노의 불길에 휩싸이게 되었고, 그 가지들은 그 불의 연료 역할을 하였다. 그 불은 가지들에 붙어서 그 열매를 태웠다. 즉, 어른들의 죄가 어린 사람들을 멸망시키는 심판을 불러들였다. 그 열매가 그 가지들과 더불어서 함께 타버렸기 때문에, 권세 잡은 자의 규가 될 만한 강한 가지가 없었다. 이사야 선지자가 탄식하였듯이(사 3:6-7), 이제 나라를 다스릴 인물을 한 사람도 찾아볼 수 없게 되었고, 이 폐허를 자신의 손 아래에 두고자 하는 자가 아무도 없었다. 나라를 다스릴 권한을 가진 다윗 왕가의 사람들은 한 사람도 남아 있지 않았고, 나라를 다스릴 만한 지혜로운 자나 분별 있는 자도 없었다."

한 나라에서 그 나라를 스스로 다스리는 축복을 빼앗겨 버리고 규가 될 만한 강한 가지도 없을 때, 그것은 불행한 일로서, 그 나라가 점점 나빠질 가능성이 많다는 것을 보여주는 것이다. 왕은 어린 나라여 네게 화가 있도다(전 10:16). 왜냐하면, 강한 가지가 아닌 경우에는 가지가 없는 것이나 마찬가지이기 때문이다. 이 강한 가지들은 왕이 먹이를 물어 뜯고 사람을 삼킬 때에 그를 도와 압제의 도구들이 되었기 때문에, 지금 왕과 함께 멸망을 당한 것이 아닌가 싶다. 독재 또는 폭정은 무정부 상태로 들어가는 문이다. 통치의 규(rod)가 압제의 뱀으로 변할 때, 하나님이 이렇게 말씀하시는 것은 마땅하다. "나라를 다스릴 규가 될 만한 강한 가지가 없게 될 것이고, 사람들은 다스리는 자가 없어서 약육강식이 횡행하는 바다의 고기 같이 될 것이다." 이것이 애가라 후에도 애가가 되리라는 것을 명심하라. 선지자는 애가를 지으라는 명령을 받았었는데(1절), 이제 그 일을 다 마친 후에는 그 애가를 남겨서 후세 사람들로 하여금 사용하게 하고자 한다. "이것이 우리에게 이 시대에 대한 애가가 되고, 황폐화가 오랫동안 지속된다면, 이것은 우리 뒤에 올 자들에게도 애가가 될 것이다. 아직 태어나지 않은 자손들은 나중에 유다와 예루살렘이 심판에 의해서 멸망당한 것을 애석해하게 될 것이다. 그 심판은 한참 후에 올 것이고, 활은 오랫동안 당겨진 채 있을 것이다. 그러나 일단 그 심판이 온 후에는 오래 지속될 것이고, 그 슬픈 결과들은 후손들에게까지 이어지게 될 것이다." 조상들의 죄의 분량을 채우고 있는 자들은 후손들의 슬픔을 차곡차곡 쌓아가고 있고, 그들에게 애곡할 일을 만들어 주고 있는 것임을 명심하라. 그 어떤 것보다도 나라를 다스릴 정부가 없어지는 것이 바로 그런 일이다.

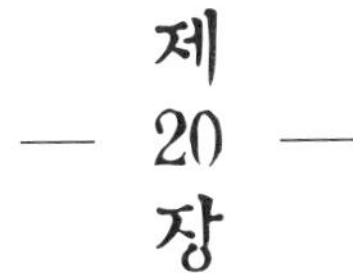


## 개요

이 장에는 다음과 같은 내용들이 나온다. I. 이스라엘의 장로 몇 사람이 선지자에게 하나님의 뜻을 물음(1절). II. 그들에게 어떻게 대답해야 할지를 하나님이 선지자에게 가르쳐 주심. 1. 그들에 대하여 하나님이 진노하고 계시다는 것을 나타내 보여주어야 한다는 것(2-3절). 2. 하나님이 그들의 조상들을 은혜로 대하신 것과 그들이 하나님을 기만적으로 대한 것에 관한 내력을 들려줌으로써 하나님이 그들에게 진노하실 만한 타당한 이유가 있었다는 것을 보여주어야 한다는 것. (1) 애굽에서(5-9절). (2) 광야에서(10-26절). (3) 가나안에서(27-32절). 3. 그들에 대한 하나님의 심판을 통지하여야 한다는 것(33-36절). 4. 하나님이 그들을 위해 긍휼도 예비해 놓으셔서, 그들 중 남은 자들로 하여금 회개하게 하여 그들의 땅에 다시 정착시키고 그들 가운데 그의 성소를 세우시리라는 것(37-44절). 5. 또한, 예루살렘을 향한 또 다른 말씀이 여기에 느닷없이 등장하는데, 이것은 다음 장에서 자세하게 설명된다(45-49절).

¹일곱째 해 다섯째 달 열째 날에 이스라엘 장로 여러 사람이 여호와께 물으려고 와서 내 앞에 앉으니 ²여호와의 말씀이 내게 임하여 이르시되 ³인자야 이스라엘 장로들에게 말하여 이르라 주 여호와께서 이렇게 말씀하셨느니라 너희가 내게 물으려고 왔느냐 내가 나의 목숨을 걸고 맹세하거니와 너희가 내게 묻기를 내가 용납하지 아니하리라 주 여호와의 말씀이니라 ⁴인자야 네가 그들을 심판하려느냐 네가 그들을 심판하려느냐 너는 그들에게 그들의 조상들의 가증한 일을 알게 하여

이 단락에는 다음과 같은 내용들이 나온다.

1. 이 장의 메시지가 나온 상황. 이 장에 나오는 설교(1-32절)는 그들이 뻔뻔스럽게도 선지자를 찾아와서 위선적으로 하나님의 뜻을 여러 가지로 묻는 상황에서 나왔다. 그들은 그들이 물은 것 하나하나에 대하여 하나님의 대답을 듣게 될 것이다. 이 예언이 나온 연대는 정확히 포로로 잡혀간 지 일곱째 해 다

섯째 달 열째 날, 즉 에스겔이 예언을 시작한 지 대략 2년 정도가 되던 때였다. 하나님은 그들이 그들의 포로 생활이 얼마 동안이나 지속되었는지를 꼼꼼히 기록함으로써 비록 느리기는 하지만 그들의 구원을 향하여 세월이 흘러가고 있음을 볼 수 있게 되기를 원하셨다. 이스라엘 장로 여러 사람이 여호와께 물으려고 왔다. 이 장로들은 앞에 나왔던 유다의 장로들과는 달리(8:1) 정기적으로 선지자를 찾은 것은 아닌 것 같고, 종종 특별한 일이 있을 때에 그를 찾아온 것으로 보인다. 그들이 지금 포로 생활을 하고 있던 자들이었는지, 아니면 최근에 예루살렘에서 바벨론으로 볼 일이 있어서 온 장로들이었는지는 확실하지 않다. 그러나 선지자가 그들에게 한 말을 보면(32절), 그들이 물은 것은 그들이 그들의 고국에서 멀리 떨어져서 하나님을 예배하기 위한 성전도 없고 회당도 없는 바벨론에서 포로로 살고 있는 지금에 있어서 그들의 주인들이나 감독들의 환심을 사기 위해서 여러 나라 족속 같이 그들의 우상 숭배에 함께 참여하여 목석을 경배하는 것이 과연 잘못된 것인가 하는 것이었던 것 같다. 나아만이 왕에게 경의를 표하기 위하여 림몬 신전에서 경배하는 것을 허락해 달라고 엘리사에게 부탁한 것처럼, 이 문제는 어느 정도 정상이 참작될 수도 있는 문제였다. 그러나 우리는 그들이 하나님께 물은 것이 바로 이것을 목적으로 한 것인지를 의심해 볼 만한 근거를 가지고 있다. 죄 때문에 고통을 당하고 있으면서도 하나님께 죄 가운데 계속해서 머물도록 허락해 달라고 요청하고 있는 자들의 마음은 형편없이 완악해져 있는 것임을 명심하라. 그들은 경건을 가장하고 와서 선지자 앞에 아주 점잖게 앉아 있었다(33:31).

2. 이 메시지의 취지.

(1) 그들은 하나님이 그들에게 진노하고 계시다는 것을 알아야 한다는 것. 하나님은 그들이 여전히 계속해서 죄 가운데 머물기로 작정한 상태에서 하나님께 물으려고 온 것을 모욕으로 여기신다. 내가 나의 목숨을 걸고 맹세하거니와 너희가 내게 묻기를 내가 용납하지 아니하리라 주 여호와의 말씀이니라(3절). 그들이 경건을 가장하는 것은 하나님께 받아들여지지도 않을 것이고 그들 자신에게도 이득이 되지 않을 것이다. 하나님은 그들의 질문을 받아들이지도 않으실 것이고, 그들에게 어떤 만족스러운 대답도 주지 않으실 것이다. 위선적인 모습으로 하나님을 찾거나 그의 예배에 참석하는 것은 그를 기쁘시게 하기는커녕 도리어 진노하시게 만든다는 것을 명심하라.

(2) 그들은 하나님이 그들에게 진노하시는 것이 마땅하고 의로운 것임을 알아야 한다는 것(4절). "인자야 네가 그들을 심판하려느냐 네가 그들을 심판하려느냐. 너는 선지자로서 하나님에 대하여 중보 기도자가 되어서 그들을 변호하고자 하지 말고, 하나님을 대신한 심판자로서 반드시 그들에게 선고를 내려야 한다. 보라 내가 너를 이 나라 위에 세웠다. 너는 그들에게 여호와의 심판을 알려야 하지 않겠느냐? 그러므로 너는 그들에게 그들의 조상들의 가증한 일들을 알게 하라." 하나님의 지시는 앞에서와 마찬가지로(16:2) 여기에서도 똑같았다. 선지자는 그들에게 그들 자신의 가증한 일들을 알게 하여야 한다. 그들 자신의 가증한 일들만으로도 하나님이 그들을 가혹하게 다루시는 것이 옳다는 것을 증명하는 데에 충분할 것이지만, 그들의 조상들의 가증한 일들을 아는 것이 그들에게 유익할 것이었다. 왜냐하면, 그들은 조상들의 가증한 일을 알게 될 때에 비로소 처음부터 진노를 불러일으키는 백성이었던 그들을 이제 하나님이 끊어버리셔서 하나의 민족을 이루지 못하게 하신 것이 얼마나 의로우신 일이었는지를 알게 될 것이기 때문이다.

[5]이르라 주 여호와께서 이같이 말씀하셨느니라 옛날에 내가 이스라엘을 택하고 야곱 집의 후예를 향하여 내 손을 들어 맹세하고 애굽 땅에서 그들에게 나타나 맹세하여 이르기를 나는 여호와 너희 하나님이라 하였노라 [6]그 날에 내가 내 손을 들어 그들에게 맹세하기를 애굽 땅에서 인도하여 내어 그들을 위하여 찾아 두었던 땅 곧 젖과 꿀이 흐르는 땅이요 모든 땅 중의 아름다운 곳에 이르게 하리라 하고 [7]또 그들에게 이르기를 너희는 눈을 끄는 바 가증한 것을 각기 버리고 애굽의 우상들로 말미암아 스스로 더럽히지 말라 나는 여호와 너희 하나님이니라 하였으나 [8]그들이 내게 반역하여 내 말을 즐겨 듣지 아니하고 그들의 눈을 끄는 바 가증한 것을 각기 버리지 아니하며 애굽의 우상들을 떠나지 아니하므로 내가 말하기를 내가 애굽 땅에서 그들에게 나의 분노를 쏟으며 그들에게 진노를 이루리라 하였노라 [9]그러나 내가 그들이 거주하는 이방인의 눈 앞에서 그들에게 나타나 그들을 애굽 땅에서 인도하여 내었나니 이는 내 이름을 위함이라 내 이름을 그 이방인의 눈 앞에서 더럽히지 아니하려고 행하였음이라

이스라엘 백성의 배은망덕함과 반역의 역사는 그들의 시초부터 시작

된다. 인간이 창조주로부터 떠난 배교의 역사도 마찬가지였다. 우리는 우리의 첫 번째 조상이 지음 받은 이야기를 읽자마자 곧이어서 그들이 하나님께 반역한 이야기를 만난다. 우리는 여기에서 이스라엘, 즉 하나님과 인간의 관계 속에서 인류를 대표하도록 택함 받은 백성이었던 이스라엘의 경우도 마찬가지였다는 것을 본다. 좀 더 살펴보자.

**I. 애굽에서 바로의 노예들로 살고 있던 이스라엘을 향하신 하나님의 은혜로운 목적들.** 그 때에 거기에서 하나님이 이스라엘에게 행하신 일들은 그의 값없는 은혜를 영원히 빛나게 해주는 그런 일들이었다.

1. 이스라엘의 처지는 열악하였고 그들의 됨됨이는 형편없었지만, 하나님은 그들의 그런 두 가지 모습을 다 고치심으로써 영광을 받으시기 위하여 그들을 그의 소유인 백성으로 택하셨다. 하나님이 그들을 택하신 것은 그들이 야곱 집의 후예, 즉 하나님이 세우신 야곱의 후손이었기 때문이었고, 그들의 조상들에게 하신 맹세를 지키려 하셨기 때문이었다(신 7:7-8).

2. 이스라엘이 종살이를 하느라 하나님이 그들의 조상들에게 알려 주셨던 전능의 하나님이라는 이름을 거의 잊어버렸을 때에 하나님은 여호와라는 새 이름을 그들에게 알게 하셨다(출 6:3). 우리가 복을 받게 된 토대가 하나님이 우리를 택하신 데에 있는 것과 마찬가지로, 그것을 향한 첫 걸음은 하나님이 우리에게 자신을 알게 하신 것임을 명심하라. 심지어 애굽 땅에서 이스라엘에게 자신을 알게 하신 하나님은 우리가 아무리 멀리 떨어져 있고 아무리 큰 환난 속에 처해 있다고 해도 우리를 찾아 내셔서 우리에게 나타나시고 그의 은총을 베푸실 수 있으시다.

3. 하나님은 언약을 통해서 그들의 하나님이 되셨다. 내가 그것을 내 손을 들어 그들에게 맹세하였고, 맹세로 그것을 확증하였다. "나는 여호와 너희 하나님이라. 나는 너희가 충성을 맹세해야 할 여호와, 너희가 지극한 복을 기대할 수 있는 여호와이다."

4. 하나님은 그들을 애굽에서 인도하여 내시겠다고 약속하셨고, 그 약속을 이행하셨다. 하나님은 그들을 구원하여 건져 내시겠다고 손을 들어 맹세하셨다. 그들은 구원받을 만한 자들이 결코 아니었고, 그들의 구원은 거의 불가능에 가까운 일이었기 때문에, 그들을 구원하시겠다는 약속은 맹세로 확증되지 않으면 안 되었다. 또는, 하나님이 손을 들었다는 것은 그의 전능하신 능력을 행하여

그 일을 이루셨다는 것을 의미할 수도 있다. 하나님은 강한 손과 펴신 팔로 그 일을 행하셨다(시 136:12).

5. 하나님은 그들로 하여금 가나안 땅을 차지하게 하시겠다고 약속하셨다. 하나님이 그들을 애굽에서 인도하여 내신 것은 그들을 위하여 찾아 두었던 땅, 두 번째 에덴 동산, 모든 땅 중의 아름다운 곳에 그들을 이르게 하기 위한 것이었다. 하나님은 이렇게 기후가 온화하고 땅이 비옥하며 사람이 살기가 아주 좋고 모든 것이 다 갖춰진 곳을 찾아 내셨다(신 8:7; 11:12). 또는, 그 땅의 상태가 어떠하든, 하나님은 그 곳에 자신의 성소를 세우심으로써 그 곳을 정말 살기 좋은 땅으로 만드실 것이었다.

**II. 당시에 하나님은 그들에게 그와의 언약이 유지되기 위한 쉬운 조건들을 주시고 얼마든지 지킬 수 있는 명령들을 주심.** 하나님은 그들이 그로부터 무엇을 기대할 수 있는지를 말씀해 주신 다음에, 그가 그들로부터 기대하는 것이 무엇인지를 말씀해 주신다. 그것은 단지 이것뿐이었다(7절). "너희는 각기 각자가 섬기는 우상들, 너희의 눈을 끌지만 가증한 것들인 우상들을 버리라. 너희는 각기 우상들을 가증히 여겨서 각자의 눈 앞에서 사라지게 하여, 애굽의 우상들로 말미암아 스스로 더럽히지 말라." 그들 중 다수가 애굽의 우상들을 좋아하였던 것으로 보이는데, 금송아지 우상도 그런 우상들 중의 하나였다. 그들은 애굽에서의 종살이로부터 건짐을 받았고, 더군다나 하나님이 그들을 인도하여 내실 때에 애굽의 신들에게도 벌을 주셔서(민 33:4), 하나님이 우상들보다 위에 있다는 것을 보여주셨기 때문에 그들이 애굽의 우상을 버리는 것은 마땅했고, 그것은 누구나 당연히 기대할 수 있는 일이었다. 그들은 다른 우상들에게는 눌릴지언정 적어도 그들이 종살이 하던 집이었던 애굽의 신들에 대해서는 뿌리 깊은 혐오감을 지니고 있는 것이 당연한 일이었을 것이다. 그렇지만 그들은 하나님으로부터 그런 경고를 들어야 하는 처지가 되었다. 하나님은 타당한 이유를 들어서 그들에게 애굽의 우상들을 섬기지 말 것을 명령하신다. 나는 그 누구의 도움도 필요하지 않고 경쟁자를 용납할 수도 없는 여호와 너희 하나님이다.

**III. 그들은 어이없게도 하나님의 이러한 명령에 불순종함.** 따라서 그들이 하나의 민족으로 형성되자마자 하나님이 그들을 끊어 버렸어도 그들은 할 말이 없었을 것이다(8절). 그들이 하나님께 반역하여, 그가 구체적으로 지시하신 것들에 순종하기를 거부하였을 뿐만 아니라 그에 대한 충성 맹세를 떨쳐 버리고, 사실상 그들의 마음에 드는 신을 섬길 자유가 그들에게 있다는 것을 그에게 선언하였다. 심지어 하나님이 그들을 구원하기 위하여 직접 강림하시고 모세를 보내셨어도, 그들은 그들로 하여금 애굽의 파를 생각나게 하여(민 11:5) 애굽에 대하여 연연하게 하였을 것이 틀림없는 애굽의 우상들을 떠나고자 하지 않았다. 왜냐하면, 애굽 사람들은 다른 무엇보다도 파를 숭배하였기 때문이다. 하나님이 애굽에 내리신 모든 재앙들을 똑똑히 보고도 애굽의 우상들에 대한 그들의 병이 고쳐지지 않은 것은 이상한 일이었다. 이런 모습을 보시고서, 하나님은 그들이 아직 애굽 땅 한복판에 있을지라도 그들에게 그의 분노를 쏟고자 하셨다고 말씀하신다. 하나님이 "그들이 애굽 사람들과 함께 죽으리라"고 말씀하셨다고 해도, 그들은 할 말이 없었을 것이다. 그들이 멸망 받아 마땅한 데도 하나님이 그들을 위하여 그토록 큰 구원을 베푸시기를 기뻐하셨다는 것은 하나님의 선하심이 얼마나 풍성한지를 더욱 뚜렷하게 드러내 준다. 모세가 그들에게, 하나님이 그들에게 가나안 땅을 차지하게 하신 것이 너희의 의로움으로 말미암은 것이 아니라고 말한 것은 너무나 당연한 것이었다(신 9:4-5).

**IV. 하나님은 그런데도 그들을 위하여 놀라운 구원을 베푸심.** 하나님이 은총을 베푸시는 중에 그들은 그 은총을 상실하였고, 하나님이 그들을 치료하려 하실 때에 그들의 악이 드러났다(호 7:1). 그렇지만 긍휼이 심판을 이기고 자랑하여서(약 2:13), 하나님은 순전히 그의 이름을 위하여 그가 계획하셨던 일을 행하셨다(9절). 우리 속에는 하나님으로 하여금 우리에게 은총을 베푸시게 할 이유가 될 수 있는 것이 아무것도 없지만, 하나님은 자기 자신 속에 그 이유를 가지고 계신다. 하나님은 모세에게 명령하여, 이스라엘은 내 아들 내 장자이니 그들로 가서 나를 섬기게 하라고 바로에게 공개적으로 말하게 하셨을 때에 그 이방인의 눈 앞에서 그들에게 나타나신 것이었다. 그런데 하나님이 그들의 악 때문에 그들을 죽게 내버려 두셨다면, 애굽 사람들은 그 일로 하나님을 비난하였을 것이고, 거룩히 여김을 받아야 하고 또 그렇게 될 하나님의 이름은 더럽혀졌을 것이다. 교회가 타락했다고 하더라도 당장 멸망 받지 않는 것은 하나님이 자신의 존귀함을 지키고자 하시기 때문임을 명심하라.

[10]그러므로 내가 그들을 애굽 땅에서 나와서 광야에 이르게 하고 [11]사람이 준행하면

그로 말미암아 삶을 얻을 내 율례를 주며 내 규례를 알게 하였고 [12]또 내가 그들을 거룩하게 하는 여호와인 줄 알게 하려고 내 안식일을 주어 그들과 나 사이에 표징을 삼았노라 [13]그러나 이스라엘 족속이 광야에서 내게 반역하여 사람이 준행하면 그로 말미암아 삶을 얻을 나의 율례를 준행하지 아니하며 나의 규례를 멸시하였고 나의 안식일을 크게 더럽혔으므로 내가 이르기를 내가 내 분노를 광야에서 그들에게 쏟아 멸하리라 하였으나 [14]내가 내 이름을 위하여 달리 행하였었나니 내가 그들을 인도하여 내는 것을 본 나라들 앞에서 내 이름을 더럽히지 아니하려 하였음이로라 [15]또 내가 내 손을 들어 광야에서 그들에게 맹세하기를 내가 그들에게 허락한 땅 곧 젖과 꿀이 흐르는 땅이요 모든 땅 중의 아름다운 곳으로 그들을 인도하여 들이지 아니하리라 한 것은 [16]그들이 마음으로 우상을 따라 나의 규례를 업신여기며 나의 율례를 행하지 아니하며 나의 안식일을 더럽혔음이라 [17]그러나 내가 그들을 아껴서 광야에서 멸하여 아주 없이하지 아니하였었노라 [18]내가 광야에서 그들의 자손에게 이르기를 너희 조상들의 율례를 따르지 말며 그 규례를 지키지 말며 그 우상들로 말미암아 스스로 더럽히지 말라 [19]나는 여호와 너희 하나님이라 너희는 나의 율례를 따르며 나의 규례를 지켜 행하고 [20]또 나의 안식일을 거룩하게 할지어다 이것이 나와 너희 사이에 표징이 되어 내가 여호와 너희 하나님인 줄을 너희가 알게 하리라 하였노라 [21]그러나 그들의 자손이 내게 반역하여 사람이 지켜 행하면 그로 말미암아 삶을 얻을 나의 율례를 따르지 아니하며 나의 규례를 지켜 행하지 아니하였고 나의 안식일을 더럽힌지라 이에 내가 이르기를 내가 광야에서 그들에게 내 분노를 쏟으며 그들에게 내 진노를 이루리라 하였으나 [22]내가 내 이름을 위하여 내 손을 막아 달리 행하였나니 내가 그들을 인도하여 내는 것을 본 여러 나라 앞에서 내 이름을 더럽히지 아니하려 하였음이로라 [23]또 내가 내 손을 들어 광야에서 그들에게 맹세하기를 내가 그들을 이방인 중에 흩으며 여러 민족 가운데에 헤치리라 하였나니 [24]이는 그들이 나의 규례를 행하지 아니하며 나의 율례를 멸시하며 내 안식일을 더럽히고 눈으로 그들의 조상들의 우상들을 사모함이며 [25]또 내가 그들에게 선하지 못한 율례와 능히 지키지 못할 규례를 주었고 [26]그들이 장자를 다 화제로 드리는 그 예물로 내가 그들을 더럽혔음은 그들을 멸망하게 하여 나를 여호와인 줄 알게 하려 하였음이라

널방을 자초하고 있는 이스라엘의 죄와 그들을 구원하여 복된 자들로

만드시기 위한 하나님의 긍휼 간의 밀고 당기는 씨름의 역사는 여기에서도 계속된다. 이 단락에 나오는 그러한 씨름의 예들은 광야에서 하나님과 그들 간에 일어난 일들과 관련되어 있는데, 이 일들을 통해서 하나님은 자신을 존귀하게 하셨고 그들은 자신을 부끄럽게 만들었다. 광야에서의 이스라엘에 관한 이야기는 우리 그리스도인들에게 경계(警戒)로 삼기 위하여 구약에서와 마찬가지로 신약에서도 언급되고 있다(고전 10장; 히 3장). 그러므로 우리는 이 단락에 나오는 이야기에 특별한 관심을 가져야 한다. 좀 더 자세하게 살펴보자.

I. **하나님이 그들을 위하여 행하신 큰 일들.** 하나님이 그들에게 이것을 상기시키시는 것은 이러한 은총들을 그들에게 괜히 주셨다고 후회하기 위한 것이 아니라 그들이 얼마나 배은망덕했는지를 보여주시기 위한 것이다. 우리가 어떤 사람을 배은망덕한 자라고 말한다면, 그것은 우리가 그 사람에게 할 수 있는 욕 중에서 가장 큰 욕이 된다. 하나님이 그들에게 다음과 같이 하신 것은 그의 큰 은총이었다.

1. 하나님이 그들을 애굽 땅에서 나오게 하신 것(10절). 하나님은 비록 그들을 광야에 이르게 하시고 곧장 가나안 땅으로 들어가게 하지 않으셨지만, 풍요로운 땅에서 노예로 살기보다는 광야에서 자유롭게 사는 것이 더 낫고, 많은 무리들 속에서 하나님과 자기 자신을 잃어버리는 것보다는 홀로 하나님과 자기 자신을 누리는 것이 더 낫다. 그렇지만 그들 가운데는 이것을 이해하지 못하는 천한 노예 근성을 지닌 자들이 많이 있어서, 그들은 광야에서 어려운 일들을 만날 때마다 애굽으로 다시 돌아가 살기를 원하였다.

2. 하나님이 시내 산에서 그들에게 율법을 주신 것(11절). 하나님은 그들에게 선과 악에 대하여 가르치셨을 뿐만 아니라, 그의 권위에 의거하여 그들로 하여금 악에서 떠나 선을 행하도록 강권하셨다. 하나님은 그들에게 그의 율례를 주었고, 그 율례는 귀한 선물이었다. 모세가 우리에게 율법을 명령하였으니 곧 야곱의 총회의 기업이로다(신 33:4). 하나님은 그들에게 그의 규례를 알게 하였고, 단지 그들을 위한 율법들을 제정하신 것에서 그친 것이 아니라, 그들이 어떠한 규례를 따라 구성되었는지, 그러한 율법들이 사리에 맞고 공평하다는 것도 보여주셨다. 하나님은 그들에게 율법을 주시고 그 율법을 지켜 행하도록 격려하셨다. 왜냐하면, 사람이 그 율법을 준행하면 그로 말미암아 삶을 얻을 것이었기 때문이다. 하나님의 계명들을 지키면, 풍성한 위로와 큰 상이 주어진다. 그리

스도께서는 네가 생명에 들어가고 그 생명을 누리려면 계명들을 지키라(마 19:17)고 말씀하신다. 아주 철저하게 순종한 자들이라 할지라도 그들은 단지 자기가 해야 할 의무를 다한 무익한 종에 불과할 뿐인 데도 그들은 이렇게 풍성한 상을 받게 된다. 이를 행하라 그러면 살리라(눅 10:28). 갈대아 역본에는 그가 그로 말미암아 영생을 얻으리라로 되어 있다. 사도 바울은 율법은 믿음에서 난 것이 아니고 단지 온전한 순종을 할 때에 그 조건 위에서 생명을 주겠다고 제안하고 있는데, 우리는 온전한 순종을 할 수가 없기 때문에, 복음의 은혜에 의지하지 않을 수 없고, 그 은혜가 없다면 우리는 모두 망한 것임을 보여주기 위하여 이 본문을 인용한다(율법을 행하는 자는 그 가운데서 살리라, 갈 3:12).

3. 이스라엘이 애굽에서 종살이 하는 동안 사라지고 잊혀졌던 안식일이라는 옛 제도를 하나님이 다시 부활시키신 것. 애굽의 감독관들은 그들이 칠 일 가운데 하루를 쉬도록 결코 허용하고자 하지 않았다. 광야에서는 사실 하루하루가 안식일이었다. 왜냐하면, 만나를 먹고 살고 그 옷이 해어지지 않아서 이스라엘 백성은 일할 필요가 없었기 때문이다. 그러나 칠 일 가운데 하루는 거룩한 안식일이 되어야 한다(12절). 내가 그들을 거룩하게 하는 여호와인 줄 알게 하려고 내 안식일을 주어 그들과 나 사이에 표징을 삼았노라(안식일이라는 제도는 그들에 대한 하나님의 선의의 표시였고, 그들이 안식일을 지키는 것은 그들이 하나님을 존중한다는 표시가 되었다). 하나님은 이 안식일을 통해서 그가 그들을 세상이 다른 모든 사람들로부터 구별하여서 그의 소유가 된 백성의 모델로 만들고자 하셨다는 것이 드러났다. 그들은 안식일에 성회를 열고 하나님을 예배함으로써 하나님을 아는 지식과 그의 거룩하게 하시는 은혜의 능력과 기쁨을 경험적으로 아는 지식 안에서 자라가게 되어 있었다.

(1) 안식일은 특권이라는 것. 그렇기 때문에 우리도 안식일을 그렇게 여겨야 마땅하다. 유대 교회는 여기에 나오는 것과 비슷한 상황 속에서 안식일에 대하여 언급하고 있는 대목에서 하나님이 안식일을 주신 것은 큰 은총이었다고 고백한다(느 9:14). 하나님은 거룩한 안식일을 그들에게 알리셨다.

(2) 안식일은 표징이라는 것. 안식일은 사람들에게 종교심이 있다는 것, 사람들이 거룩한 안식일을 정성껏 지킬 때에 그들과 하나님 간에 어느 정도 교통이 가능하다는 것을 보여주는 표징이다.

(3) 안식일은 제대로 거룩하게 시켜지기만 한다면 우리를 거룩하게 하는 수

단이라는 것. 우리가 안식일에 해야 할 본분을 다한다면, 우리는 여호와께서 우리를 여기에서 거룩하게 하시고(즉, 참으로 복되게 하시고), 내세에 복되도록(즉, 온전히 거룩하도록) 우리를 준비시키신다는 것을 발견하고 위로를 받게 될 것이다.

**II. 그들이 하나님께 불순종하고 본분을 다하지 않음.** 따라서 하나님이 그들을 언약 관계 속으로 받아들이시자마자 다시 그들을 언약 밖으로 내치셨어도 그들은 할 말이 없었을 것이다(13절). 이스라엘 족속이 광야에서 내게 반역하였다. 거기에서 그들은 하나님으로부터 많은 긍휼을 받으면서 하나님을 전적으로 의지하여 가나안 땅으로 가고 있었음에도 불구하고, 그들을 인도하시고 먹이신 하나님을 대적하여 무수히 반역을 저질렀다. 그들은 하나님의 율례를 준행하지 않았을 뿐만 아니라, 하나님의 규례를 지킬 가치가 없는 것으로 여겨서 멸시하였다. 그들은 안식일을 거룩히 지키기는커녕 도리어 크게 더럽혔다. 안식일에 그들 중에는 나뭇가지를 모으는 사람도 있었고, 만나를 거둔 사람도 많았다. 그랬기 때문에 하나님은 종종 그들을 멸절시켜 버릴까도 생각하셨다. 하나님은 여러 번 광야에서 그들을 멸하리라고 말씀하셨다. 그러나 모세가 중간에 서서 말렸고, 하나님의 긍휼이 풍성하였으며, 무엇보다도 하나님 자신의 영광을 위하여 그의 이름을 이방 나라들 앞에서 더럽히지 아니하고(14절), 애굽 사람들이 여호와가 자기 백성을 진멸하려고 이렇게 인도해 내었다거나, 자기 백성을 더 이상 인도할 수 없어서 죽였다거나, 사실은 그들을 인도하여 살게 할 만한 좋은 땅을 가지고 있지 않았던 것이라고 비난하지 않도록 하기 위하여(출 32:12; 민 14:13) 하나님은 그들을 멸하지 않으셨다. 하나님이 이스라엘에게 긍휼을 베푸셔서 그들을 살려 두신 가장 강력한 이유들은 모두 그의 영광과 관련된 것임을 명심하라.

**III. 하나님이 애굽에서 인도해 낸 세대를 광야에서 멸절시키기로 작정하심.** 손을 들어 그들을 위하여 일하셨던(6절) 하나님은 이제 그들을 치기 위하여 손을 드셨다. 그들을 애굽에서 인도하여 내시겠다고 약속하시고서 맹세로 확증하셨던 하나님은 이제 그들을 가나안 땅으로 인도하여 들이지 아니 하시겠다고 경고하시고서 맹세로 확증하셨다(15-16절). 내가 내 손을 들어 그들에게 이르기를 이같이 열 번이나 나를 시험한 그 사람들은 내가 그들의 조상들에게 맹세한 땅을 결단코 보지 못하리라 하였다(민 14:22-23; 시 95:11). 그들은 하나님의 율법, 특히 그의 안식일을 멸시함으로써 그들 자신의 문에 빗장을 걸었다. 그리고 그들이 하나님께 불순종하고 그의 제도들을 멸시한 것의 밑바닥에 있었던 것은 애굽의 신들에 대한 은밀한 애착이었다. 그들이 마음으로 우상을 따랐다. 세상과 육체, 돈과 배(영적 우상 숭배의 두 가지 주된 대상)에 이끌리는 마음은 하나님의 법에 대한 온갖 불순종을 불러일으키는 쓴 뿌리임을 명심하라. 이러한 우상들을 좇는 마음을 지닌 자들은 하나님의 규례를 멸시한다.

**IV. 하나님이 새로 시험을 받을 자손들을 남겨 두시겠다고 약속하시고, 그 자손들에게 교훈들을 주심**(17절).  그들은 이렇게 멸망을 받아 마땅한 짓을 하였기 때문에 멸망을 받도록 작정되었지만, 내가 그들을 아꼈다. 하나님은 그들을 보셨을 때에 불쌍한 마음이 드셔서 그들을 아주 없이하지 아니하셨고, 새로운 세대가 자라날 때까지 그들의 멸망을 연기하셨다. 하나님이 오래 전에 우리를 아주 없이하지 않으신 것은 순전히 하나님의 긍휼 덕분임을 명심하라. 이 새로운 세대는 교육을 잘 받았다. 모세는 신명기를 통해서 애굽에서 나온 자들에게 주어졌던 율법들을 기록하고 그 율법들을 지킬 것을 강력히 권고해서, 그들의 자손들이 가나안 땅에 들어갈 때에 그 율법들이 귀에 쟁쟁하게 하였다(18절). "내가 광야에서, 즉 모압 평지에서 그들의 자손에게 이르기를 너희 하나님의 율례를 따라 행하고 너희 조상들의 율례를 따르지 말라고 하였고, 그들의 미신적인 관행들을 본받거나 그들의 어리석고 악한 관습들을 좇지 말라고 하였으며, 너희 조상이 물려 준 헛된 행실을 제거하라고 하였다(벧전 1:18). 너희는 그들이 우상 숭배 때문에 하나님께 얼마나 역겨운 존재가 되었는지를 보았으니, 그들의 우상들로 말미암아 스스로 더럽히지 말고, 나의 규례를 지켜 행하고 나의 안식일을 거룩하게 할지어다(19-20절)." 부모가 신경을 제대로 쓰지 않아서 자녀들에게 마땅히 선한 교훈을 주어야 함에도 그렇게 하지 못하고 있다면, 자녀들은 자라날 때에 스스로 더 부지런히 정성껏 하나님의 말씀을 연구함으로써 그 부족한 것을 메워야 한다는 것을 명심하라. 또한, 자녀들은 부모의 악한 본보기를 본받는 데에 사용하지 말고 타산지석으로 사용하여야 한다.

**V. 다음 세대도 하나님을 반역하여 그의 진노를 불러일으킴**(21절).  그들의 자손도 마찬가지로 내게 반역하였다. 하나님은 아버지 세대의 반역에 대하여 말씀하셨던 것과 똑같은 것을 여기에서 그들의 자손 세대에 대해서 말씀하신다. 왜냐하면, 그 자손들은 어쩔 수 없이 행악자들의 종자(사 1:4)였기 때문이다. 모

세는 그들에게 그가 그들의 반역함과 목이 곧은 것을 안다고 말하였고(신 31:27), 내가 너희를 알던 날부터 너희가 항상 여호와를 거역하여 왔느니라(신 9:24)고 말하였다. 그들은 나의 율례를 따르지 아니하였다(21절). 아니, 그들은 나의 율례를 멸시하였다(24절). 하나님의 율례에 불순종하는 자들은 그 율례를 멸시하고, 그들이 율례 및 그 율례를 주신 분에 대하여 나쁜 생각을 지니고 있음을 나타낸다. 그들은 그들의 조상들과 마찬가지로 하나님의 안식일을 더럽혔다. 안식일을 더럽히는 것은 모든 불경(不敬)으로 들어가는 문이라는 것을 명심하라. 거룩한 날을 더럽히는 자들은 그 어떤 것도 정결하게 지키려 하지 않는다. 하나님은 그 조상들에 대하여 그들이 마음으로 우상을 따랐다고 말씀하셨다(16절). 그들은 우상들에 대하여 애정을 지니고 있었기 때문에 우상들을 숭배하였다. 이제 여기에서 하나님은 그 자손들에 대하여 그들이 눈으로 그들의 조상들의 우상들을 사모하였다고 말씀하신다(24절). 그들은 점점 무신론자가 되어갔기 때문에 그 어떤 신에 대해서도 애정을 지니고 있지 않았지만, 그들의 조상들의 우상들을 숭배하였다. 왜냐하면, 그 우상들은 그들의 조상들이 섬기던 것들이어서 그들의 눈 앞에 있었고 그들에게 익숙한 것들이었기 때문이다. 그들이 어떤 신들을 섬겨야 한다면, 그들은 그들의 눈으로 보아왔던 신들, 그들에게 익숙한 신들을 선택할 수밖에 없었을 것이다.

그들이 하나님의 율례를 불순종한 것을 더욱 나쁘게 만드는 것은 그들이 그 율례를 지켜 행하였다면 그들은 그 율례로 말미암아 삶을 얻었을 것이고 복되고 번영하는 백성이 되었을 것이라는 사실이다(21절). 자신의 본분에 역행하는 자들은 자신의 이익에 역행하는 것임을 명심하라. 그들은 순종하기만 하고 그리스도께 나아오기만 하면 생명을 얻을 수 있는데도, 그렇게 하고자 하지 않았다(요 5:40). 그러므로 순종하기만 하면 얼마든지 살 수 있고 번성할 수 있는데도 그렇게 하지 않는 자들이 불순종 가운데서 죽고 멸망하는 것은 마땅한 일이다. 조상들이 하나님께 반역하고 우상 숭배에 이끌린 것을 보여준 대표적인 사례가 금송아지 사건이었다고 한다면, 이 세대의 경우는 브올의 죄악이었다. 그 때에 여호와께서 이스라엘에게 진노하셔서(민 25:3), 여호와의 회중에 염병이 퍼졌고, 만약 때맞춰서 비느하스의 열심에 의해서 염병이 그치지 않았더라면, 그들은 모두 죽고 말았을 것이다. 그렇지만 그들은 여호수아의 때에 "브올의 죄악으로 말미암아 여호와의 회중에 재앙이 내렸으나 오늘까지 우리가 그 죄에서 정결함을 받지 못하였다"고 고백하였다(수 22:17; 시 106:29). 하나님은 그들이 이제 막 가나안 땅으로 들어갈 즈음에 광야에서 그의 손을 들어 그들에게 그의 분노를 쏟으리라고 말씀하셨고(21절), 그들을 이방인 중에 흩으리라고 말씀하셨다(23절). 하나님은 이 말씀을 모세의 고별사를 통해서 그들에게 말씀하셨다(신 32:20). 그들이 다른 신으로 그의 질투를 일으켰기 때문에 그가 말씀하시기를 내가 내 얼굴을 그들에게서 숨기리라고 하셨고(신 32:16, 20), 내가 그들을 흩어서 사람들 사이에서 그들에 대한 기억이 끊어지게 하리라 하였으나 혹시 내가 원수를 자극하여 그들의 원수가 잘못 생각할까 걱정하였다고 하셨다(신 32:26-27). 이것은 여기에 나오는 말씀, 즉 내가 그들에게 내 분노를 쏟으리라 하였으나 내가 내 이름을 위하여 내 손을 막아 거두어들였다는 말씀(21-22절)을 설명해 준다. 눈에 보이는 교회의 타락은 하나님의 진노를 불러일으키기 때문에 우리는 교회가 완전히 멸절당하지 않을까 두려워할 이유가 있지만, 하나님은 세상이 존재하는 동안 이 세상 속에 교회가 있게 하시겠다는 그의 약속을 끝까지 이루심으로써 그의 영광을 나타내시리라는 것을 확신할 수 있고, 그것을 우리의 위로로 삼을 수 있다는 것을 명심하라.

**VI. 그들의 반역으로 인한 하나님의 심판.** 그들은 하나님이 그들의 본분과 도리를 정하여 주신 율례와 규례를 존중하고자 하지 않고 멸시하였기 때문에, 하나님은 그들에게 선하지 못한 율례와 능히 지키지 못할 규례를 주셨다(25절). 우리는 이 말씀을 하나님이 광야에서 그들을 몇 차례 벌하신 일들, 즉 그들을 덮쳤던 임병, 불 뱀 등등과 관련이 있는 것으로 이해할 수 있을 것이다. 이러한 것들은 그들이 범한 율법에 빗대어서 하나님의 공의에 의해서 가해진 것이기 때문에 규례로 표현되고, 하나님이 전에 그들을 위하여 구원의 일들을 정하신 것처럼 이번에는 그들에 대하여 벌을 정하셨고 전에 애굽에 재앙을 내리기로 정하셨던 것처럼 이번에는 이스라엘에 재앙을 내리기로 정하신 것이기 때문에 율례로 표현되었다. 하나님이 내가 순식간에 그들을 멸하려 하노라(민 16:21)고 말씀하신 것, 백성의 수령들을 잡아 목매어 달라(민 25:4)고 말씀하신 것, 그들에게 저주를 경고하시면서 각각의 저주에 대하여 그들로 하여금 아멘으로 대답하게 하신 것(신 27:28)은 하나님이 그들에게 그들이 능히 살지 못할 규례를 주신 것이다. 이 말씀 속에는 겉으로 표현된 것보다 더 깊은 뜻이 담겨져 있다. 즉, 그들은 그 규례로 말미암아 죽게 되리라는 것이다. 율법의 명령들에 묶이고자 하지 않는 자들은 결국 율법의 선고 또는 판결에 의해서 묶이게 될 것이다. 왜냐하면, 하나님의 말씀은 이런 방식으로나 저런 방식으로 사람들에게 임할 것이기 때문이다(슥 1:6). 영적인 심판은 가장 무서운 심판이다. 하나님은 이 영적인 심판으로 사람들을 벌하셨다. 이방인들이 우상을 숭배할 때에 지켰던 율례와 규례들은 선한 것이 아니었고, 그들은 그것들을 행한다고 해서 살 수 있는 것이 아니었다. 하나님은 그들을 그런 율례와 규례에 내어 주셨다. 하나님은 그들의 죄가 곧 그들의 벌이 되게 하셨고, 이방의 우상 숭배자들과 마찬가지로 그들을 그 상실한 마음대로 내버려 두셨고(롬 1:28), 그들의 마음의 정욕에 내어 주셨다(시 81:12). 그들이 기록된 율법에 어긋나는 미신적인 관습들을 행하자, 하나님은 그들을 자연의 빛과 법에 어긋나는 행위들에 내어 주시는 방식으로 벌하셨다. 하나님은 그들을 멸망하게 하시려고, 그들이 바알브올 숭배 같은 가장 추악한 우상 숭배(그는 그들이 그 예물로 그들 자신을 더럽히도록 내버려 두셨다, 26절)나 몰록 숭배 같은 가장 야만적인 우상 숭배(그들은 그들의 자녀, 특히 하나님이 네 처음 난 아들들을 내게 줄지라[출 22:29]고 말씀하신 그들의 장자를 화제로 삼아 불 가운데로 지나게 하였다)의 죄를 범하도록 내버려 두셨고, 그들은 당연히 스스로 자멸할 수밖에 없었다. 왜냐하면, 그런 우상 숭배는 그들의 가문을 크게 약화시키고, 그들의 나라의 존엄과 국력을 쇠퇴하게 만들기 때문이다.

하나님은 종종 사람들이 범하는 죄 자체가 그들 자신에 대한 벌이 되게 하시지만, 사람들로 하여금 죄를 짓게 만드시는 분은 결코 아니시라는 것을 명심하라. 사람들을 비참하게 만들고자 한다면, 그들을 그들 자신의 더러운 욕심에 내어 주기만 하면 되고, 더 이상 손을 쓸 필요가 없다. 사람들로 하여금 그들 자신의 생각대로 행하게 내버려 두라. 그러면 그들은 스스로 화를 불러와서 자멸하고 말 것이다. 이렇게 해서 하나님은 그들로 하여금 그가 여호와이시고 의로우신 하나님이시라는 사실을 알게 하신다. 그들은 그들이 고집스럽게 범죄한 것들이 그들의 멸망을 자초했다는 것을 알게 될 때에 그런 사실을 시인하지 않을 수 없게 될 것이다. 하나님을 여호와 그들의 통치자로 인정하고자 하지 않는 자들은 뒤늦게 하나님이 여호와 그들의 심판자이시라는 것을 인정하게 되리라는 것을 명심하라.

²⁷그런즉 인자야 이스라엘 족속에게 말하여 이르라 주 여호와께서 이같이 말씀하셨느니라 너희 조상들이 또 내게 범죄하여 나를 욕되게 하였느니라 ²⁸내가 내 손을 들어 그들에게 주기로 맹세한 땅으로 그들을 인도하여 들였더니 그들이 모든 높은 산과 모든 무성한 나무를 보고 거기에서 제사를 드리고 분노하게 하는 제물을 올리며 거기서 또 분향하고 전제물을 부어 드린지라 ²⁹이에 내가 그들에게 이르기를 너희가 다니는 산당이 무엇이냐 하였노라(그것을 오늘날까지 바마라 일컫느니라) ³⁰그러므로 너는 이스라엘 족속에게 이르라 주 여호와께서 이같이 말씀하셨느니라 너희가 조상들의 풍속을 따라 너희 자신을 더럽히며 그 모든 가증한 것을 따라 행음하느냐 ³¹너희가 또 너희 아들을 화제로 삼아 불 가운데로 지나게 하며 오늘까지 너희 자신을 우상들로 말미암아 더럽히느냐 이스라엘 족속아 너희가 내게 묻기를 내가 용납하겠느냐 주 여호와의 말씀이니라 내가 나의 삶을 두고 맹세하노니 너희가 내게 묻기를 내가 용납하지 아니하리라 ³²너희가 스스로 이르기를 우리가 이방인 곧 여러 나라 족속 같이 되어서 목석을 경배하리라 하거니와 너희 마음에 품은 것을 결코 이루지 못하리라

선지자는 그들을 더욱 낮추기 위하여 여기에서도 계속해서 그들의 반역에 관한 이야기를 이어나가면서, 다음과 같은 것들을 보여준다.

**I. 그들은 가나안 땅에 정착하고 나서도 계속해서 우상을 숭배하였다는 것.** 하나님이 그들의 악한 행실에 대하여 진노하셨다는 것을 누누이 말씀하셨는데도, "바로 그 일로 너희 조상들이 또 내게 범죄하여 계속해서 나를 모욕하였고 나를 욕되게 하였느니라(27절)." 사람들이 그들보다 앞서 살다 간 자들이 죄를 범하였다가 어떤 화를 당하였는지를 보고서도 경고를 받아들이려 하지 않는다면, 그것은 그들의 죄를 크게 가중시키는 일이라는 것을 명심하라. 그것은 하나님을 욕되게 하는 것이다. 즉, 그것은 마치 하나님이 내리신 심판들이 별 것 아니었고 주목할 가치가 없는 것이었다는 듯이 생각하는 태도이기 때문에 하나님을 모욕하는 것이 된다.

1. 하나님은 그의 약속을 지키셨다. 내가 그들에게 주기로 맹세한 땅으로 그들을 인도하여 들였다. 그들의 불신앙과 불순종은 일이 느리게 진행되게 하였고 많이 지체되게 하였지만, 그 약속을 헛되게 하지는 못하였다(갈 3:17). 그들은 자주 광야에서 거의 죽을 뻔하나 구사일생으로 실아남아서 마침내 가나안 땅

으로 들어갔다. 하나님의 백성 이스라엘일지라도 지옥의 문들을 거쳐서 겨우 천국에 다다르게 된다는 것을 명심하라. 그들이 저지른 죄악들이 너무도 많고 그들의 타락이 아주 심하기 때문에, 그들이 결국 복되게 되는 것은 하나님의 긍휼에 의한 이적이라고 할 수밖에 없다. 마찬가지로, 위선자들은 천국의 문들을 거쳐서 지옥에 도달한다. 의인이 겨우 구원을 받으면 경건하지 아니한 자와 죄인은 어디에 서리요(벧전 4:18). 천국으로 가는 길에는 무수한 위험들이 도사리고 있다.

2. 그들은 가증스런 우상 숭배를 통해서 하나님의 명령을 깨뜨렸다. 하나님은 그들이 그의 성소를 버리고 우상을 숭배하고자 하는 유혹을 받을까봐 가나안 땅에 남아 있던 우상 숭배의 모든 잔재들을 다 파괴하라고 그들에게 명령하셨다. 그러나 그들은 우상들을 말살하기는커녕 우상들에게 푹 빠져서, 가장 아름다운 전망을 주는 모든 높은 산(이 곳은 그들의 화려한 우상 숭배 예식을 과시하기에 좋았다)과 가장 시원한 그늘을 주는 모든 무성한 나무를 보고(이 곳은 그들의 부끄러운 행위들을 은폐하기에 좋았다) 거기에서 제사를 드리고 오직 하나님의 제단에서만 행해져야 하는 분향을 행하였다. 그들은 거기에서 분노하게 하는 제물, 즉 하나님과 화목하게 하거나 하나님을 기쁘시게 하는 제물, 값비싼 것이었지만 잘못 바쳐졌기 때문에 여호와께 가증한 것이어서 여호와를 몹시 분노하게 하는 제물을 올렸다(28절).

3. 하나님이 신신당부하셨지만, 그들은 완강하게 우상 숭배를 고집하였다 (29절). "이에 내가 나의 종들인 선지자들을 통해서 그들에게 이르기를 너희가 다니는 산당이 무엇이냐 하였노라. 아니, 나는 그들에게 너희가 다니는 산당이 무엇이냐고 물음으로써 그들로 하여금 우상 숭배에 대하여 깊이 생각하고 그들의 양심에 물어보게 하였다. 너희는 그 곳에 있는 무엇이 그토록 너희의 마음을 끌기에, 하나님이 오라고 하시는 그의 제단을 떠나서 그가 금지하신 그런 곳들을 빈번하게 출입하는 것이냐? 너희는 산당들이 이교에서 유래한 것이고, 이방인들이 제사하는 것은 하나님이 아니라 귀신들에게 하는 것임을 알지 못하느냐? 모세가 너희에게 그렇게 말하지 않았더냐(신 32:17)? 너희는 귀신들과 교제하는 자가 되고자 하는 것이냐(고전 10:20)? 너희가 하나님의 제단에 등을 돌리고서 다니는 산당이 무엇이냐? 어리석은 이스라엘 백성들아, 누가 또는 무엇이 너희를 꾀어서, 생명의 근원을 버리고 터진 웅덩이를 택하며, 하나님이 정하시

고 받으시는 예배를 버리고 그가 금지하시고 싫어하시며 장차 벌하실 우상 숭배를 택하게 하였는가?" 그렇지만 산당은 오늘날까지 바마라 일컬어진다. 하나님과 그의 선지자들이 어떤 말씀을 해도, 그들은 제 갈 길을 가고자 하였다. 산당들에 대한 그들의 애착은 너무나 강해서, 훌륭한 왕들이 나타나서 다스릴 때에도 산당들은 없어지지 않았다. 선지자들이 아무리 말씀을 전하여도 그들의 입에서 바마(산당)라는 이름을 제거할 수 없었고, 그들은 여전히 그런 이름으로 불리는 예배 장소를 지니고 있었다. 죄와 죄인을 서로 떼어 놓는 것은 정말 어려운 일이다.

**II. 그들은 나라를 잃은 후에도 여전히 우상 숭배에 이끌리는 타락한 성향의 지배 아래 있다는 것**(30절).　선지자는 현재의 이스라엘 족속(그들의 장로들 중 몇몇이 지금 선지자 앞에 앉아 있었다)에게 이렇게 말하여야 한다. "너희가 조상들의 풍속을 따라 너희 자신을 더럽히느냐. 하나님이 선지자들을 계속해서 보내셔서 너희에게 경고하시고, 심판들을 연이어 보내셔서 너희를 대적하시는데도, 너희는 전혀 교훈을 얻지 못하고 있는 것이냐? 너희는 조상들처럼 여전히 악하고, 조상들이 범했던 것과 동일한 가증한 일들을 범하고자 하는 것이냐? 내가 보니, 너희는 그런 마음을 지니고 있구나. 너희는 예전의 가증한 일들로 되돌아가기로 작심한 것 같다. 너희는 산당에서 예물을 드리고, 너희 아들을 화제로 삼아 불 가운데로 지나게 하고 있다. 너희가 그런 일을 실제로 행하고 있든, 마음속으로 행하고 있든, 너희는 오늘까지 우상 숭배를 계속하고 있다." 선지자 앞에 앉아 있는 이스라엘 장로들은 지금 이방인들과의 연합을 추진하고 있었던 것으로 보인다. 그들은 마음은 이스라엘의 하나님께 두고, 단지 이방인들 가운데서 좀 더 존중을 받고 좀 더 호의적인 대우를 받기 위해서 그들의 무릎을 이방의 신들 앞에 꿇는 것을 허락받고자 하였다. 이제 여기에서 선지자는 이러한 계획을 세워서 하나님과 바알을 혼합하고자 하는 자들에게 그들이 어느 쪽으로부터도 위로나 유익을 얻지 못할 것이라고 전하라는 지시를 받는다.

1. 그들은 여호와의 선지자들에게 은밀히 상담을 해도 거기에서 아무런 유익을 얻지 못할 것이다. 왜냐하면, 그들은 우상들을 좇고 있어서 하나님이 그들과 상관하고자 하지 않으실 것이기 때문이다(31절). 주 여호와의 말씀이니라 내가 나의 삶을 두고 맹세하노니 너희가 내게 묻기를 내가 용납하지 아니하리라. 하나님은 앞에서 하신 말씀을 통해서 그들이 묻는 것을 용납하지 않는 것이 왜

마땅한지를 자세하게 보여주셨는데(3절), 여기에서도 그의 생각에 변함이 없으시다는 것을 보여주시기 위하여 앞에서와 동일한 말씀을 다시 반복하신다. 그들이 계속해서 우상들을 좋아하고 우상들과 함께 하는 한, 그들은 그들이 하나님께 물음으로써 그를 존귀하게 해 드렸다고 생각하거나 그로부터 평안의 응답을 기대해서는 안 된다. 온전하고 진실한 신앙을 지니지 않은 자들은 그들의 신앙으로 말미암아 그 어떤 유익도 거두지 못할 것임을 명심하라. 또한, 우리는 예배 속에서 하나님을 내면적으로 진실하게 대하지 않으면 하나님과의 교통을 통해서 그 어떠한 위로도 받을 수 없다. 우리의 신앙 고백이 단지 입으로만 하는 것이라면, 우리는 우리의 그러한 신앙 고백으로 얻을 수 있는 것이 아무것도 없다.

2. 그들은 이웃 나라들이 행하는 우상 숭배에 공개적으로 참여해도 거기에서 아무런 유익을 얻지 못할 것이다(32절). "현재의 어려운 시기에 일종의 세련된 정략으로서 너희 마음에 품은 것, 너희가 유별나게 행동해서 이방인들로부터 학대를 당하는 일이 없게 하고 너희 자신을 보존하기 위한 고육책으로서 생각해 낸 방책은 결코 이루지 못할 것이고 너희에게 그 어떤 득도 되지 못할 것이다. '우리가 비록 이방의 신들을 신으로 믿는 것이 아니라 목석이라고 여기지만 어쨌든 이방인 같이 되어서 그들과 더불어서 그들의 신들을 경배하면, 우리는 여러 나라 족속 같이 대우를 받게 될 것이다. 그러면, 그들은 시간이 좀 지나면 우리가 유대인이라는 것을 알지 못하거나 잊어버리고서, 우리에게도 이방인들과 동일한 특권들을 허용해 줄 것이다' 라고 너희는 말한다." 그들의 이러한 생각에 대하여 하나님은 이렇게 말씀하신다. "그들의 그런 계획은 결코 형통하지 못할 것이라고 그들에게 말하라. 이방인들은 우상을 숭배하는 일에 그들이 동참하는 것을 허용하지 않을 것이고, 설령 허용한다고 해도 그 일로 인해서 그들을 더 좋게 생각하는 것이 아니라 도리어 더 나쁘게 생각할 것이다. 즉, 이방인들은 그들이 그런 식으로 그들의 하나님을 속이고 이웃 나라들을 기만하는 것을 보고서, 그들을 믿지 못할 위선자로 여기게 될 것이다." 죄악된 타협을 통해서는 아무것도 얻지 못한다는 것을 명심하라. 위선자들의 육적인 계획들은 그들에게 아무런 이득도 되지 못할 것이다. 사람들을 지켜주고 하나님과 사람 앞에서 칭찬을 받게 만들어 주는 것은 오직 순전함과 정직함뿐이다.

³³주 여호와의 말씀이니라 내가 나의 삶을 두고 맹세하노니 내가 능한 손과 편 팔로 분노를 쏟아 너희를 반드시 다스릴지라 ³⁴능한 손과 편 팔로 분노를 쏟아 너희를 여러 나라에서 나오게 하며 너희의 흩어진 여러 지방에서 모아내고 ³⁵너희를 인도하여 여러 나라 광야에 이르러 거기에서 너희를 대면하여 심판하되 ³⁶내가 애굽 땅 광야에서 너희 조상들을 심판한 것 같이 너희를 심판하리라 주 여호와의 말씀이니라 ³⁷내가 너희를 막대기 아래로 지나가게 하며 언약의 줄로 매려니와 ³⁸너희 가운데에서 반역하는 자와 내게 범죄하는 자를 모두 제하여 버릴지라 그들을 그 머물러 살던 땅에서는 나오게 하여도 이스라엘 땅에는 들어가지 못하게 하리니 너희가 나는 여호와인 줄을 알리라 ³⁹주 여호와께서 이같이 말씀하셨느니라 이스라엘 족속아 너희가 내 말을 듣지 아니하려거든 가서 각각 그 우상을 섬기라 그렇게 하려거든 이후에 다시는 너희 예물과 너희 우상들로 내 거룩한 이름을 더럽히지 말지니라 ⁴⁰주 여호와의 말씀이니라 이스라엘 온 족속이 그 땅에 있어서 내 거룩한 산 곧 이스라엘의 높은 산에서 다 나를 섬기리니 거기에서 내가 그들을 기쁘게 받을지라 거기에서 너희 예물과 너희가 드리는 첫 열매와 너희 모든 성물을 요구하리라 ⁴¹내가 너희를 인도하여 여러 나라 가운데에서 나오게 하고 너희가 흩어진 여러 민족 가운데에서 모아 낼 때에 내가 너희를 향기로 받고 내가 또 너희로 말미암아 내 거룩함을 여러 나라의 목전에서 나타낼 것이며 ⁴²내가 내 손을 들어 너희 조상들에게 주기로 맹세한 땅 곧 이스라엘 땅으로 너희를 인도하여 들일 때에 너희는 내가 여호와인 줄 알고 ⁴³거기에서 너희의 길과 스스로 더럽힌 모든 행위를 기억하고 이미 행한 모든 악으로 말미암아 스스로 미워하리라 ⁴⁴이스라엘 족속아 내가 너희의 악한 길과 더러운 행위대로 하지 아니하고 내 이름을 위하여 행한 후에야 내가 여호와인 줄 너희가 알리라 주 여호와의 말씀이니라

이스라엘의 장로들 가운데서 지금 진행 중에 있는 계획은 여러 나라들 가운데 흩어져 살고 있는 이스라엘 백성들이 그들의 모든 특이한 것들을 다 포기하고 그들이 살고 있는 나라의 사람들과 똑같이 살고자 하는 것이었다. 그러나 하나님은 그들에게 그러한 계획이 이루어지지 못할 것이라고 말씀하셨다 (32절). 이제 이 단락에서 하나님은 그 계획이 어떻게 좌절될 것인지를 보여 주신다. 그들의 목표는 이스라엘의 여러 족속들이 여러 나라 족속들과 함께 섞여서 동화되어 살게 하는 것이었다. 그러나 결국 이 악한 이스라엘 백성들은

그들이 이방인 이웃들과 타협하고 동화되고자 하였음에도 불구하고 이방인들과 잘 어울려서 함께 형통하는 것이 아니라 이방인들로부터 구별되어 멸망을 당하게 될 것이다. 왜냐하면, 하나님을 배신하고 우상을 섬긴 이스라엘 백성들은 머지않아 아예 처음부터 의(義)의 길을 알지 못하여서 우상을 숭배하였던 바벨론 사람들보다도 더 혹독한 벌을 받게 될 것이기 때문이다. 우리는 여기에서 그들에게 선고된 판결을 듣고서 두려워 떨지 않을 수 없다. 하나님은 맹세로써 그 판결을 뒷받침하고 계시기 때문에, 이 판결은 결코 돌이킬 수 없는 것이다. 주 여호와의 말씀이니라 내가 나의 삶을 두고 맹세하노니 너희를 이러저러하게 다루리라. 그들은 예루살렘과 바벨론 사이에서 양 다리를 걸침으로써 그 둘을 모두 그들의 친구로 만들 수 있을 것이라고 생각한다. 그러나 하나님은 그 둘 중 어느 쪽도 그들에게 안식처나 피난처가 되어 주지 않을 것이라고 경고하신다.

**I. 바벨론이나 그 어떤 이방 나라도 그들을 보호해 주지 않으리라는 것.** 하나님이 그들을 그의 보호 밖으로 내치실 것인데, 어떤 왕, 어떤 백성, 어떤 곳이 그들에게 피난처가 되어 줄 수 있겠는가? 하나님은 예전에 이스라엘의 왕이셨고, 만약 그들이 계속해서 그의 충성스러운 신민(臣民)으로 남았더라면, 여전히 그들의 유익을 위하여 자상하고 세심하게 그들을 다스리셨을 것이다. 그러나 이제 하나님은 내가 능한 손과 편 팔로 분노를 쏟아 너희를 반드시 다스릴지라(33절)고 말씀하신다. 그들을 보호하기 위하여 사용되었어야 할 그 권능이 그들을 멸망시키기 위하여 사용될 것이다. 하나님의 통치권을 흔들어 놓을 수 있는 것은 그 어떤 것도 없다는 것을 명심하라. 하나님은 금 규(golden sceptre)로 다스리시든가, 철장(iron rod)으로 다스리실 것이다. 하나님의 은혜의 권능을 순순히 받아들이고자 하지 않는 자들은 그의 진노의 권능 아래에서 몰락하게 될 것이다. 이제 하나님이 그들에게 진노하실 때, 그들이 흩어져 살고 있는 나라들 속에서 이방인들의 무리에 섞여서 그들의 자취를 감출 수 있을 것이라고 생각한다면, 그들은 실망하게 될 것이다. 왜냐하면, 반역자들이 전투 중에 살아 남아서 뿔뿔이 흩어진다고 해도, 그런 식으로 전쟁의 칼을 피한 반역자들은 추격을 당하여, 그들이 숨어 있던 모든 곳에서 잡혀서 끌려나와 공의의 칼에 의해서 처벌을 받게 되는 것과 마찬가지로, 하나님은 그들을 여러 나라에서 나오게 하며 너희의 흩어진 여러 지방에서 모아내실 것이기 때문이다(34절). 하나

님은 그들을 여러 나라 광야(35절), 즉 광야(19:13) 또는 해변 광야(사 21:1)라 불리는 바벨론이나 사람들이 많이 살고 있기는 하지만 그들에게는 그들이 애굽에서 나왔을 때의 광야와 같은 그런 곳으로 데려가실 것이다. 거기에서 하나님은 애굽 땅 광야에서 그들의 조상들을 심판한 것 같이 그들을 대면하여 심판하실 것이다(36절). 거기에서 그들의 시체는 산처럼 쌓일 것이고, 거기에서 하나님은 옛적에 그들의 조상들에 대하여 결코 가나안으로 들어오지 못하리라고 맹세로 말씀하셨듯이 그들에 대하여 결코 가나안에 다시는 돌아오지 못하리라고 맹세로 말씀하실 것이다. 거기에서 하나님은 그들이 그의 율법을 깬 것에 대한 책임을 물으셔서, 시내 광야에서 율법을 주실 때의 무시무시한 두려움으로 그들을 벌하실 것이다. 하나님은 배교자들을 다루시는 법을 알고 계시기 때문에, 그들을 심판할 적절한 때와 장소를 찾아내실 것인데, 이를 위하여 무수한 사람들이 있는 한복판 속에서도 그들을 벌하실 광야를 찾아내신다.

**Ⅱ. 이스라엘도 바벨론과 마찬가지로 그들을 더 이상 보호해 주지 못하리라는 것.** 그들이 우상 숭배자들에게 영합하는 것이 현세에서 그들에게 아무런 도움이 되지 못할 것임과 마찬가지로 하나님의 백성에 대하여 그들이 가지고 있는 관계도 내세에서 그들에게 아무런 도움이 되지 못할 것이다. 그들은 악인의 회중에 들지도 못할 것이고 의인의 회중에 서지도 못할 것이다. 왜냐하면, 하나님이 귀한 것과 쓸데없는 것을 구별하실 날이 올 것이기 때문이다. 목자가 그의 양들 중에서 하나님께 십일조로 바칠 양들을 표시하기 위하여 지팡이 아래로 통과하게 하는 것과 마찬가지로(레 27:32), 하나님께서도 그들을 그렇게 하실 것이다. 하나님은 마치 양들을 세듯이 그들을 한 사람 한 사람 주목하셔서, 그들을 언약의 줄로 매실 것이다(37절). 하나님은 언약에 비추어서 그들을 시험하고 판단하셔서, 언약의 축복을 받을 자들과 저주를 받을 자들을 구별해 내실 것이다. 또는, 이것은 그들 가운데서 회개하고 삶을 고친 자들을 가리키는 것일 수도 있다. 하나님은 그들을 환난의 막대기 아래로 지나가게 하시고, 그 환난을 통하여 유익을 얻게 하셔서, 그들을 다시 언약의 유대 속으로 들어오게 하시고, 그들에게 언약의 하나님이 되셔서, 그들을 다시 약속의 자녀로 사용하실 것이다.

1. 하나님은 그들 가운데서 악인들을 분리해 내실 것이다(38절). "내가 너희 가운데에서 반역하는 자, 즉 너희에게 근심거리와 걸림돌이 된 자들, 반역 행위

들을 통해서 이 모든 재난을 너희에게 가져다 준 자들을 제하여 버릴지라." 하나님의 심판은 그들을 찾아낼 것이고, 그들이 이스라엘이라는 이름으로 불린다는 사실이 그들에게 그 어떤 보호막도 되지 못할 것이다. 그들은 그 머물러 살던 땅에서는 나오게 될지라도, 그들이 기대하였던 안식은 얻지 못하게 될 것이다. 그들은 이스라엘 땅에는 들어가지 못하게 될 것이고, 하나님이 자기 백성에게 약속하셨던 안식의 혜택을 누리지 못할 것이다. 경건한 자들이 이 세상의 재난들을 악인들과 함께 받을 수는 있지만, 악인들이 하늘의 가나안에서 경건한 자들과 함께하는 일은 있을 수 없다는 것을 명심하라. 악인들이 그들 가운데서 제하여지고, 알곡에서 가라지가, 알곡에서 겨가 제하여지는 것은 내세의 복된 모습의 일부가 될 것이다(13:9). 이스라엘 족속 중에서 우상을 숭배하는 자들이 하나님과 우상을 둘 다 섬겨서 둘 모두를 기쁘게 하고자 하는 행위에 대하여 하나님은 엘리야가 그랬듯이 여기에서 강력히 규탄하신다(39절). "여호와가 만일 하나님이면 그를 따르고 바알이 만일 하나님이면 그를 따를지니라. 너희가 우상을 섬기고자 한다면, 그렇게 행하여 거기에 합당한 일을 하라. 그러나 그렇게 정한 후에는 너희가 하나님과 무슨 관련이 있는 체하지도 말고, 하나님을 공경하는 척하지도 말며, 너희 예물을 하나님의 제단에 바쳐서 그 거룩한 이름을 더럽히지 말지니라." 영적인 심판들은 가장 무섭고 혹독한 심판들이다. 하나님은 여기에서 이스라엘의 하나님과 이방의 신들을 동시에 섬기고자 하는 자들에게 두 가지의 영적인 심판을 경고하신다(39절).

(1) 그들이 우상을 섬기도록 내버려 두시겠다는 것. 하나님은 그들에게 반어법적으로 말씀하신다. "너희가 내 말을 듣지 아니하려려거든 가서 각각 너희에게 가장 이롭겠다는 생각이 드는 그 우상을 섬기고, 이 후에 계속해서 우상을 섬겨라. 에브라임이 우상과 연합하였으니 버려 두라(호 4:17). 그로 하여금 자기 길을 가도록 내버려 두고, 결국에 가서 그가 무엇을 얻게 될지를 주시해 보라." 죄를 통해서 이득을 보겠다고 생각하는 자들은 결국 그들 자신이 죄의 노예가 되어 있는 모습만을 보게 될 것임을 명심하라.

(2) 그들을 하나님을 예배하고 교제하는 것에서 배제하시겠다는 것. "너희는 너희의 헛된 제물로(사 1:13) 내 거룩한 이름을 더럽히지 말지니라. 너희는 나를 공경하는 척하며 너희의 손에 예물을 들고 와서 내게 바침과 동시에 너희의 마음으로 예물을 가져다가 너희의 우상들에게 바침으로써 나를 모독하고 있는

데, 나는 그런 일로 더 이상 괴롭힘을 당하고 싶지 않다(암 5:21-22)." 하나님의 전을 모독하는 자들을 하나님의 전에 들어오지 못하게 하는 것은 마땅한 일이다.

2. 하나님은 그들을 다시 자신의 소유로 구별하실 것이다.

(1) 하나님은 구제 불능인 자들을 모아서 진노의 그릇으로 사용하실 것임과 마찬가지로 긍휼의 그릇이 될 자들을 그들이 흩어진 여러 민족 가운데에서 모아 내실 것이다(41절). 하나님의 보석들은 어느 하나도 이 세상의 잡동사니 속에 그냥 버려지는 일이 없을 것이다.

(2) 하나님은 그들을 그들의 조상들에게 주기로 약속하셨던 이스라엘 땅으로 인도하여 들이실 것이다. 그들이 한동안 그 땅에 있지 못했다고 해서 그 땅에 대한 그들의 권리가 무효화되지는 않을 것이다. 그 땅은 여전히 이스라엘의 땅이고, 하나님은 그들을 다시 그 땅으로 안전하게 인도하실 것이다(42절).

(3) 하나님은 그들 가운데에 그의 예배를 다시 세우실 것이고, 그의 거룩한 산에 그의 성소를 세우실 것이다. 하나님의 거룩한 산은 여기에서 이스라엘의 높은 산이라 불린다. 왜냐하면, 시온 산은 아주 높은 산은 아니었지만 거기에 세워진 성전은 이스라엘의 가장 존귀한 것들 중의 하나였기 때문이다. 하나님은 타국에서 자신의 신앙을 지키고 우상을 섬기지 않은 자들은 다시 형통하게 되고, 그들의 땅으로 돌아와서 참 하나님을 섬기게 될 것이라고 약속하신다. 이스라엘 온 족속이 그 땅에 있어서 다 나를 섬기리라. 어느 민족에게 있어서 하나님을 섬기고자 하는 대세가 형성되어 있다면, 그것은 그 민족의 참된 행복이고 그들이 잘 될 것임을 보여주는 확실한 증표라는 것을 명심하라. 하나님은 우상 숭배자들에게는 그의 제단에 예물을 가져오는 것을 금지하신 반면에, 그들에게는 예물과 첫 열매를 요구하시고 기쁘게 받으실 것이다(40절). 하나님은 그가 요구하지 않으신 것을 받지 않으시고, 그의 명령을 따라 드려지는 것을 기쁘게 받으신다. 하나님은 그들을 향기로 받아 흠향하실 것이다(41절). 왜냐하면, 그들은 하나님께 지극히 감사하는 마음으로 드릴 것이고, 하나님은 그들의 그런 마음에 흡족해하실 것이기 때문이다. 반면에, 위선적인 예배자들에게 하나님은 내가 너희 성회들을 기뻐하지 아니하고 흠향하지 아니할 것이라고 말씀하신다.

(4) 하나님은 그들로 하여금 그들의 죄에 대하여 진정으로 회개하게 하실

것이다(43절). 그들은 하나님이 그들에게 얼마나 은혜로우셨는지를 깨닫고서 그의 인자하심에 감복하여, 그토록 선하신 하나님에 대하여 그들이 얼마나 악하게 행하였는지를 생각하고 얼굴을 붉히게 될 것이다. "내 거룩한 산에서 너희가 다시 특권들을 누리게 될 때, 거기에서 너희는 너희를 스스로 더럽힌 모든 행위를 기억하게 될 것이다." 하나님의 거룩하심을 더 잘 알게 되면 될수록, 우리는 죄가 얼마나 더럽고 가증한 것인지를 더 잘 보게 될 것임을 명심하라. 거기에서 너희가 너희의 모습을 너희의 눈으로 보고서 스스로 미워하리라. 진정한 복음적 회개는 사람들로 하여금 자신의 죄로 말미암아 스스로를 미워하게 만든다(욥 42:5-6).

(5) 하나님은 그들로 하여금 스스로를 알게 만드실 것이다. 그들은 그가 여호와, 전능하신 능력과 끝없는 선하심을 지니신 하나님, 자기 백성에게 인자하시고 그들과 맺은 언약에 신실하신 하나님이시라는 것을 경험을 통해서 알리라. 우리는 하나님으로부터 받은 온갖 은총들을 통해서 하나님을 더욱더 친밀하게 알아가야 한다는 것을 명심하라.

(6) 하나님은 그들이 이런 것들을 누릴 자격이 전혀 없더라도 자신의 이름을 위하여 이 모든 일을 하실 것이다(44절). 하나님은 그들을 위하여 그들과 합력하여 일을 하셨다. 하나님은 순전히 그의 이름을 위하여 그들에게 이 모든 일을 행하셨다. 하나님이 그렇게 하신 모든 이유는 하나님 자신에게 있었다. 그들이 이스라엘 족속 가운데 더 선하고 나은 부류들이었다고 할지라도, 만약 하나님이 그들을 그들의 악한 길과 더러운 행위대로 다루셨다면, 그들은 이방 나라들에 뿔뿔이 흩어져서 흔적도 없이 사라져 버리고 말았을 것이다. 그러나 하나님은 그의 이름을 더럽히지 않음과 동시에(14절) 그들로 말미암아 그의 거룩함을 여러 나라의 목전에서 나타내기 위하여(41절) 그들을 회복시키셨다. 왜냐하면, 자기 이름을 영화롭게 하는 것이 바로 하나님의 일이기 때문이다. 하나님이 자기 백성에게 잘 해주시는 것은 그렇게 함으로써 스스로 영광을 받으시기 위한 것이고, 죄를 용서하시며 약속을 지키시는 하나님임을 나타내 보이셔서 그의 백성이 그를 찬송하게 하시며, 하나님이 시온의 포로를 돌려 보내실 때에 그 이웃 나라들도 그 일을 보고 하나님을 찬송하게 하시기 위한 것이다(시 126:1-2). 그 때에 뭇 나라 가운데에서 말하기를 여호와께서 그들을 위하여 큰 일을 행하셨다 하였도다.

⁴⁵여호와의 말씀이 또 내게 임하여 이르시되 ⁴⁶인자야 너는 얼굴을 남으로 향하라 남으로 향하여 소리내어 남쪽의 숲을 쳐서 예언하라 ⁴⁷남쪽의 숲에게 이르기를 여호와의 말씀을 들을지어다 주 여호와께서 이같이 말씀하셨느니라 내가 너의 가운데에 불을 일으켜 모든 푸른 나무와 모든 마른 나무를 없애리니 맹렬한 불꽃이 꺼지지 아니하고 남에서 북까지 모든 얼굴이 그슬릴지라 ⁴⁸혈기 있는 모든 자는 나 여호와가 그 불을 일으킨 줄을 알리니 그것이 꺼지지 아니하리라 하셨다 하라 하시기로 ⁴⁹내가 이르되 아하 주 여호와여 그들이 나를 가리켜 말하기를 그는 비유로 말하는 자가 아니냐 하나이다 하니라

이 단락에는 유다와 예루살렘에 대한 진노의 예언이 나오는데, 이 예언은 이 장의 끝이 아니라 다음 장의 처음에 놓이는 것이 더 적절하다. 왜냐하면, 이 단락의 내용은 앞에 나온 것과는 아무 상관이 없고, 백성들이 이 예언 속에 나오는 비유를 알아들을 수 없다고 불평하는 내용이 나온 후에 시작되는 다음 장의 첫 부분은 바로 이 예언에 대한 해설이기 때문이다. 이 비유의 내용을 살펴보자.

1. 선지자가 쳐서 예언하고자 하는 대상은 숲, 남쪽의 숲, 즉 유다와 예루살렘이다. 유다와 예루살렘은 에스겔이 지금 있는 바벨론으로부터 남쪽에 위치해 있었다. 그래서 그는 얼굴을 남으로 향하라는 지시를 받는다(46절). 이것은 하나님이 진노하셔서 유다와 예루살렘을 똑바로 쳐다보고 계시고 그 곳들을 멸망시키기로 작정하셨다는 것을 보여주는 것이다. 그러니 선지자는 진노의 메시지를 전해야 하지만 그 메시지를 온유하고 자애로운 마음으로 전해야 한다. 그가 전하는 말씀은 남으로 향하여 뚝뚝 떨어져야 한다. 들의 초장에 떨어지는 하나님의 강물에 의해서 땅이 촉촉이 적셔지고 부드러워지듯이(시 65:12), 백성들의 마음이 하나님의 말씀에 의해서 부드러워질 수 있도록 하기 위하여, 그의 교훈은 비처럼 촉촉이 내려야 한다(신 32:2). 남쪽 땅은 그런 비가 더욱 절실한 곳이다(수 15:19). 유다와 예루살렘이 숲이라 불리는 것은 그 곳에 사람들이 많이 살고 있었기 때문만 아니라 열매가 없었기 때문이었다. 열매를 맺는 나무들은 숲에서 자라지 않는다. 성경에서는 숲을 비옥한 밭과 반대되는 말로 사용한다(사 32:15). 여호와의 동산이 되고 그의 포도원이 되었어야 할 그 곳은 가시와 엉겅퀴만이 무성한 숲과 같이 되어 버렸다. 가시와 엉겅퀴로 온통 뒤

덮여서 의(義)의 열매를 내지 않는 자들에게 하나님의 말씀은 쳐서 예언하는 말씀이 된다.

2. 선지자가 예언하는 내용은 하나님이 그 숲에 불을 붙이시리라는 것이다(47절). 이 불은 성읍과 촌락 모두를 초토화시킬 온갖 심판들 ― 칼, 기근, 전염병, 포로로 잡혀감 ― 의 시작을 알리는 신호탄이 될 것이다.

(1) 이 불은 하나님이 직접 붙이시는 불이다. 내가 너의 가운데에 불을 일으키리라. 여호와의 호흡은 한 방울의 물이 아니라 불붙은 유황 개천이다(사 30:33). 예루살렘을 지키시던 불이셨던 하나님이 이제는 그 곳을 태우는 불이 되실 것이다. 혈기 있는 모든 자는 이 맹렬한 불과 그 불로 인해 모든 것이 초토화되는 것을 보고서, 특히 이 불의 연료가 된 그들의 죄악을 생각하며, 여호와가 자신의 존귀함이 손상을 입은 것에 대한 의로운 보복으로 그 불을 일으킨 줄을 알리라(48절).

(2) 이 큰 불은 모든 것을 태워 버릴 것이다. 남녀노소, 지위고하, 빈부귀천을 막론하고 모든 계층의 사람들이 이 불에 의해 삼켜질 것이다. 쉽게 불이 붙지 않는 푸른 나무조차도 이 불에 태워질 것이다. 선한 자들 중에서도 일부는 이 재난에 휘말려 희생될 것이다. 푸른 나무에도 이같이 하거든 마른 나무에는 어떻게 되리요(눅 23:31). 마른 나무들은 이 불을 맹렬하게 타오르게 만드는 연료가 될 것이다. 가나안의 남에서 북까지, 브엘세바에서 단까지 모든 얼굴(즉, 지면을 덮고 있는 모든 것)이 그슬릴 것이다.

(3) 이 불은 꺼지지 아니할 것이다. 모든 것이 불타 버리는 것을 막아 보려는 그 어떤 시도도 아무 소용이 없을 것이다. 하나님이 한 나라를 멸망시키고자 하시는데, 감히 누가 또는 그 무엇이 그 나라를 구할 수 있겠는가?

자, 그러면 다음과 같은 것을 살펴보자.

1. 선지자가 이 예언을 전하였을 때에 백성들의 반응. 그들은 그는 비유로 말하는 자가 아니냐고 말하였다. 이것은 그들의 무지나 불신을 보여주는 말이거나 (가장 명백한 진리들이 그들에게는 비유처럼 들렸다) 선지자에 대한 그들의 악의를 보여주는 말이다. 하나님의 말씀을 따라 움직이고자 하지 않는 자들이 그 말씀에 대하여 트집을 잡아서 너무 뻔한 얘기라거나 너무 모호하다거나 너무 세련되었다거나 수수하다거나 너무 평범하다거나 너무 특이하다고 말하고 이런저런 내용이 잘못되었다고 시비를 거는 것은 흔한 일이다.

2. 하나님을 향한 선지자의 하소연. 아하 주 여호와여 그들이 나를 가리켜 이러저러하다고 말하나이다. 사람들이 우리에 대하여 부당하게 욕할 때에 우리에게는 하소연할 대상인 하나님이 계시다는 것은 큰 위로가 된다는 것을 명심하라.

2. 하나님을 향한 선지자의 하소연. 아하 주 여호와여 그들이 나를 가리켜 이러저러하다고 말하나이다. 사람들이 우리에 대하여 부당하게 욕할 때에 우리에게는 하소연할 대상인 하나님이 계시다는 것은 큰 위로가 된다는 것을 명심하라.

# 제
## — 21 —
# 장

## 개요

이 장에는 다음과 같은 내용들이 나온다. I. 앞 장의 끝부분에 나왔던 숲에 붙은 불에 관한 예언, 앞에서 백성들이 도무지 무엇을 말하는지 이해할 수 없다고 불평하였던 그 예언에 대한 설명(1-5절). 또한, 하나님은 선지자에게 이 예언에 깊이 영향을 받은 모습을 직접 보이라고 지시하신다(6-7절). II. 이 땅에 임하여 모든 것을 황폐화시킬 칼에 관한 추가적인 예언. 이 예언은 대단히 강조적으로 표현되어 있다(8-17절). III. 바벨론의 왕이 점괘를 따라 예루살렘으로 침공해 올 것을 미리 말씀하심(18-24절). IV. 유다의 왕 시드기야에게 내려진 선고(25-27절). V. 암몬 자손이 칼에 의해 멸망하게 될 것이 예언됨(28-32절). 이렇게 이 장에 나오는 내용들은 모두 경고의 말씀들이다.

[1]또 여호와의 말씀이 내게 임하여 이르시되 [2]인자야 너는 얼굴을 예루살렘으로 향하며 성소를 향하여 소리내어 이스라엘 땅에게 예언하라 [3]이스라엘 땅에게 이르기를 여호와의 말씀에 내가 너를 대적하여 내 칼을 칼집에서 빼어 의인과 악인을 네게서 끊을지라 [4]내가 의인과 악인을 네게서 끊을 터이므로 내 칼을 칼집에서 빼어 모든 육체를 남에서 북까지 치리니 [5]모든 육체는 나 여호와가 내 칼을 칼집에서 빼낸 줄을 알지라 칼이 다시 꽂히지 아니하리라 하셨다 하라 [6]인자야 탄식하되 너는 허리가 끊어지듯 탄식하라 그들의 목전에서 슬피 탄식하라 [7]그들이 네게 묻기를 네가 어찌하여 탄식하느냐 하거든 대답하기를 재앙이 다가온다는 소문 때문이니 각 마음이 녹으며 모든 손이 약하여지며 각 영이 쇠하며 모든 무릎이 물과 같이 약해지리라 보라 재앙이 오나니 반드시 이루어지리라 주 여호와의 말씀이니라 하라

선지자는 앞 장에서 자기에게 맡겨진 메시지를 그가 받은 내용 그대로 자신의 생각이나 해석을 더하지 않고 충실하게 전하였다. 그러나 그가 비유로 말한다고 백성들이 트집을 잡는 것을 보고서 선지자가 하소연을 했을 때, 여호와의 말씀이 다시 그에게 임하여서, 그에게 저 비유적인 예언을 풀 수 있

는 열쇠를 주었기 때문에, 그는 그 열쇠를 사용해서 백성들에게 그 예언의 의미를 설명하여 그들의 반론을 잠재울 수 있을 것이었다. 왜냐하면, 하나님은 모든 사람들이 그의 법정에서 도무지 변명할 말이 없게 하시고, 모든 사람들이 그들의 입을 다물 수밖에 없게 만드시고자 하시기 때문이다. 방언으로 말하는 자는 통역하기를 기도하여야 한다는 것을 명심하라(고전 14:13). 우리는 사람들에게 영혼의 문제에 대하여 애기할 때에 가장 쉽게 말하고자 애써야 하고, 그들이 가장 잘 이해할 수 있게 표현하고자 하여야 한다. 그리스도께서는 그 제자들에게 그가 사용한 비유들을 해석해 주셨다(막 4:34).

1. 선지자는 여기에서 이 예언의 화살이 누구를 겨냥하고 있는지에 대하여 좀 더 분명하게 지시를 받는다. 그는 성소를 향하여, 즉 거룩한 땅 가나안, 거룩한 성 예루살렘, 거룩한 집 성전을 향하여 말씀을 떨어뜨려야 한다(2절). 이러한 곳들은 다른 어느 곳보다도 지극히 존귀한 곳들이었다. 그러나 그들이 그 곳들을 더럽혔기 때문에, 전에 그 거룩한 곳들에서 떨어지곤 하였던 바로 그 말씀이 이제는 그 곳들을 치기 위하여 떨어질 것이다. 이스라엘 땅을 쳐서 예언하라. 선지자들이 있고 예언이 있다는 것은 이스라엘의 영광이었다. 그러나 그들에 의해서 멸시를 받자 선지자들과 예언은 그들에게 등을 돌리고 그들을 치는 도구들이 되었다. 시온이 자신이 지니고 있던 중무기(重武器)들은 이전에는 대적들을 무찌르는 데에 사용되곤 하였지만, 그 중무기들이 얼마나 귀한지를 시온이 알지 못했을 때, 그것들이 이제는 시온을 치는 데에 사용되는 것은 마땅한 일이다.

2. 선지자는 남쪽의 숲을 태워 버리려고 위협하는 불이 무엇을 의미하는지를 하나님으로부터 가르침 받고, 백성들에게도 가르쳐 주라는 지시를 받는다. 그 불은 그 땅을 황폐화시킬 전쟁의 칼, 뺀 칼을 의미하는 것이었다(3절). 이스라엘 땅아 보라 내가 너를 대적하리라. 하나님이 어떤 민족을 대적하시면, 그 민족은 가장 비참한 존재가 되고 만다. 왜냐하면, 하나님이 우리를 위하시면 그 누가 우리를 대적한다고 해도 우리가 두려워할 필요가 없는 것과 마찬가지로, 하나님이 우리를 대적하시면 그 누가 우리를 위한다고 해도 우리는 소망을 가질 수 없기 때문이다. 하나님을 고백했던 백성이 그에게 반기를 들어서, 이전에 그들을 위하셨던 그로 하여금 그들을 대적하게 만들었으니, 거기에 붙은 불이 하나님이 붙이신 불이 아니고 무엇이었겠으며, 거기에서 돌아다니는 칼이

하나님이 준비하시고 하나님의 명령을 받은 칼이 아니고 무엇이겠는가? 원래 그 칼은 칼집에 조용히 꽂혀 있어서 그 누구에게도 해악을 주지 않았지만, 이제 그 칼을 칼집에서 빼낸 분은 하나님이시다. 열방들 가운데서 칼이 칼집에서 빼내질 때, 우리는 그 속에서 하나님의 손길을 보아야 한다는 것을 명심하라. 앞에서 불이 모든 푸른 나무와 모든 마른 나무를 삼켜 버렸었다. 마찬가지로, 칼도 의인과 악인을 끊을 것이다. 의인이든 악인이든 둘 다 이스라엘 민족에 임한 재난에 휘말렸다. 의인들은 비록 산 자의 땅에서 끊어지지는 않았지만 포로로 잡혀서 바벨론으로 끌려감으로써 이스라엘 땅에서 끊어졌다. 민족적인 재난의 시초에 다니엘과 그의 친구들, 에스겔 같은 뛰어난 인물들이 이 땅에서 끊어져서 바벨론으로 끌려간 것은 이스라엘 땅에 경고를 던지는 불길한 징조였다. 그러나 칼이 의인과 악인을 끊는다고 할지라도(칼은 이 사람이나 저 사람이나 삼키기 때문에, 삼하 11:25), 우리는 하나님이 의인과 악인을 같이 다루신다고 생각해서는 안 된다(창 18:25). 결코 그렇지 않다. 의인과 악인에 대한 하나님의 섭리가 겉보기에는 차이가 없어 보여도, 그들에게 주어지는 하나님의 은혜와 위로는 하늘과 땅 차이만큼 서로 다르다. 좋은 무화과들은 그들의 유익을 위하여 바벨론으로 보내졌다(렘 24:5-6). 의인과 악인에게 일어나는 일들이 모두 일반인 것은 오직 겉모습만 그럴 뿐이다(전 9:2). 그러나 어쨌든 이것은 이스라엘 땅에 대한 하나님의 진노가 크시다는 것을 보여주는 것이다. 하나님이 그 땅에 있는 의인들을 보시고서 심판을 미루시지 않으신다면, 하나님의 눈이 그 땅을 불쌍히 여기지 아니하며 긍휼을 베풀지 아니하시는 것이라고 할 만하다. 그 땅을 구원할 만큼 충분한 수의 의인들이 없는 경우에, 하나님은 공의를 드러내셔서 소수의 의인들조차도 그 공의의 심판으로 말미암아 고난을 겪게 하시고, 그 의인들에게는 다른 식으로 그의 긍휼을 맛보게 하시는 방법을 택하신다. 앞에서 불이 남에서 북까지 모든 얼굴을 그슬리게 하였었다. 마찬가지로, 칼도 모든 육체를 남에서 북까지 칠 것이고, 이의를 제기할 수 없는 위임장과 거역할 수 없는 힘을 지닌 하나님의 칼로서 모든 사람을 칠 것이다. 앞에서 모든 육체가 하나님이 그 불을 일으키셨다는 것을 알게 될 것이라고 말하였었다. 마찬가지로, 모든 사람이 칼을 빼낸 분이 하나님이시라는 것을 알게 될 것이다(5절). 끝으로, 앞에서 이렇게 붙은 불은 결코 꺼지지 않을 것이었다. 마찬가지로, 하나님은 유다와 예루살렘을 치기 위해 이 칼을 빼드시고서 칼집은 아예 던져 버리심으로써 그 칼을 결코 다시 칼집에 넣지 않으실 것이다. 칼이 그 임무를 다 수행하기까지는 다시 꽂히지 아니할 것이다.

3. 선지자는 장차 다가올 이러한 재난들에 대한 슬픔과 관심을 직접 표현함으로써 백성들에게 이 재난들을 미리 생생하게 느낄 수 있게 하라는 지시를 받는다. 그는 말씀을 전하고 나서 탄식하되(6절), 허리가 끊어지듯 깊은 한숨을 쉬며 여러 번 탄식하여야 한다. 그는 마치 그의 가슴이 터질 것처럼 극심한 슬픔을 표시하며 슬피 탄식하여야 하고, 그가 전한 메시지를 들은 자들의 목전에서 많은 사람들이 보는 앞에서 그렇게 함으로써, 그가 전한 메시지가 그들의 귀에 호소하는 설교였다면 그의 탄식하는 모습은 그들의 눈에 호소하는 설교가 되게 하여야 한다. 이 두 가지가 합쳐져서 그들의 마음을 움직일 수 있다면, 그것은 좋은 일이 될 것이다. 탄식하는 것이 그 자신에게 고통스럽고 그의 가슴을 아프게 만들며, 그의 이러한 행동 때문에 그가 백성들 가운데 불경한 자들로부터 위선적으로 흐느끼는 설교자라는 비방과 조롱을 듣는다고 할지라도, 그는 슬피 탄식하여야 한다. 우리가 만일 미쳤어도 하나님을 위한 것이요(고후 5:13), 이것이 미천한 것이라면 우리는 얼마든지 그것보다 더 미천하게 될 용의가 있다. 사역자들은 그들이 전하는 말씀으로 다른 사람들을 감화시키고자 한다면 그들 스스로가 그 말씀에 깊은 감화를 받고 있다는 것을 보여야 하고, 그들의 사역의 목적을 이루는 데에 유익한 것이라면 비록 그들 자신에게는 하기 싫고 거북한 일이라도 묵묵히 순종하여 행하여야 한다는 것을 명심하라. 백성들은 선지자가 탄식할 이유가 없는데 그토록 슬피 탄식하는 모습을 보면 이렇게 묻게 될 것이다. "네가 어찌하여 탄식하느냐. 네가 왜 탄식하는지 정말 영문을 모르겠다. 그 이유가 무엇인지 우리에게 말해 보라." 그러면, 선지자는 그들에게 이렇게 대답하여야 한다(7절). "이는 우리가 곧 듣게 될 소문, 우리에게 극심한 슬픔을 가져다 줄 소문 때문이니, 보라 우리가 소문으로 듣게 될 재앙이 오나니 신속히 올 것이고, 그 때에 너희가 모두 탄식하리라. 아니, 각 사람의 마음이 녹으며 각 사람의 영이 쇠하여질 것이다. 너희의 담력은 모두 다 사라질 것이고, 너희는 모든 소망을 잃어버리고 기운이 다 빠져서 너희 몸조차도 제대로 가누지 못하게 될 것이다. 마음과 영이 쇠하여짐으로써 당연히 모든 손이 약하여져서 싸울 수 없게 될 것이고, 모든 무릎이 물과 같이 약해져서 도망칠 수도 없고 제자리를 지킬 수도 없게 될 것이다." 하나님이 지기 편인 자들은 그들의 육체와 마음이

쇠약하여질 때에 하나님이 그들의 마음의 힘이 되어 주신다. 그러나 하나님을 대적으로 만든 자들은 그들의 쇠약해진 영을 소생시킬 약이 없어서, 벨사살처럼 그 생각이 번민하여 넓적다리 마디가 녹는 듯하고 그의 무릎이 서로 부딪치게 된다(단 5:6). 그러나 사람들은 흔히 실제로 일어나는 사건보다도 더 많이 겁을 집어먹는 경향이 있다. 그렇다면, 이 경우도 그런 경우여서, 실제 사건은 그들이 생각했던 것보다 더 나을 것인가? 결코 그렇지 않다. 보라 재앙이 오나니 반드시 이루어지리라. 그들은 근거 없는 걱정거리로 겁을 집어먹고 있는 것이 아니다. 누가 주의 노여움의 능력을 알며 누가 주의 진노의 두려움을 알리이까(시 90:11). 실제로 일어나는 사건은 그들이 겁을 집어먹고 두려워했던 것보다 더 가혹하고 비통한 일이 될 것이다.

[8]여호와의 말씀이 또 내게 임하여 이르시되 [9]인자야 너는 예언하여 여호와의 말씀을 이같이 말하라 칼이여 칼이여 날카롭고도 빛나도다 [10]그 칼이 날카로움은 죽임을 위함이요 빛남은 번개 같이 되기 위함이니 우리가 즐거워하겠느냐 내 아들의 규가 모든 나무를 업신여기는도다 [11]그 칼을 손에 잡아 쓸 만하도록 빛나게 하되 죽이는 자의 손에 넘기기 위하여 날카롭고도 빛나게 하였도다 하셨다 하라 [12]인자야 너는 부르짖어 슬피 울지어다 이것이 내 백성에게 임하며 이스라엘 모든 고관에게 임함이로다 그들과 내 백성이 함께 칼에 넘긴 바 되었으니 너는 네 넓적다리를 칠지어다 [13]이것이 시험이라 만일 업신여기는 규가 없어지면 어찌할까 주 여호와의 말씀이니라 [14]그러므로 인자야 너는 예언하며 손뼉을 쳐서 칼로 두세 번 거듭 쓰이게 하라 이 칼은 죽이는 칼이라 사람들을 둘러싸고 죽이는 큰 칼이로다 [15]내가 그들이 낙담하여 많이 엎드러지게 하려고 그 모든 성문을 향하여 번쩍번쩍하는 칼을 세워 놓았도다 오호라 그 칼이 번개 같고 죽이기 위하여 날카로웠도다 [16]칼아 모이라 오른쪽을 치라 대열을 맞추라 왼쪽을 치라 향한 대로 가라 [17]나도 내 손뼉을 치며 내 분노를 다 풀리로다 나 여호와가 말하였노라

　　　이 단락에는 칼에 관한 또 하나의 예언이 나오는데, 아주 실감나게 표현되어 있다. 여기에서 사용된 표현들은 다소 난해해서 해석자들을 당혹스럽게 만든다. 앞 단락에서는 칼이 칼집에서 빼내어졌다면, 여기에서는 칼을 사용하기에 적절한 상태로 다듬어져서 준비되고, 선지자는 슬피 울라는 명령을 받

는다. 좀 더 살펴보자.

**I. 이 칼은 어떻게 묘사되고 있는가.**

1. 이 칼은 사람들을 베고 상처 입히며 많은 사람을 도륙하기 위하여 날카롭게 갈아져 있다. 하나님의 진노는 그 칼을 더욱 날이 서게 할 것이다. 하나님은 그의 심판을 집행하는 데에 사용될 도구들을 그 용도에 맞게 힘과 담대함과 맹렬함으로 채우신다. 그리스도의 입에서는 예리한 검이 나온다(계 19:15).

2. 이 칼은 보는 이들의 간담을 서늘하게 만들 정도로 빛을 발하도록 광이 나 있다. 이 칼은 일종의 화염검이 될 것이다. 이 칼은 그동안 사용할 일이 없어서 칼집에서 녹이 슬었다면 다시 광이 내져서 빛을 발하게 될 것이다. 왜냐하면, 하나님이 오래 참으셔서 심판을 연기하시는 동안에는 그의 공의가 지닌 영광은 한동안 퇴색된 것처럼 보일지라도 다시 그 빛을 발하게 될 것이기 때문이다.

3. 이 칼은 승승장구하는 칼이 될 것이기 때문에, 그 앞에 그 어떤 것도 설 수 없을 것이다(10절). 그 칼은 여느 나무처럼 내 아들의 규를 업신여기는도다. 하나님은 전에 이스라엘은 내 아들 내 장자라고 말씀하셨고, 이스라엘 백성을 다스리는 자는 가지, 곧 굵은 가지라 불렀다. 그 가지들은 강하여 권세 잡은 자의 규가 될 만하였다(19:11). 그러나 하나님이 공의의 칼을 뽑으시면, 그 칼은 이 규를 업신여기고 아무것도 아닌 것으로 만들어 버릴 것이다. 그 규가 굵은 가지이고 하나님의 아들의 가지일지라도 다른 여느 나무와 조금도 다름없는 나뭇가지에 불과한 것이 되고 말 것이나. 하나님을 믿는 백성이 그를 배신하여 그에게 반역한다면, 그의 칼은 그들을 업신여길 것이다. 그런 경우에 하나님에게 있어서 그들은 다른 민족과 다를 것이 무엇이 있겠는가? 난외주의 읽기는 이 칼에 대한 또 다른 개념을 전해 준다. 그 칼은 내 아들의 규이다. 우리는 하나님이 누구에 대하여 말씀하고 계시는지를 안다(시 2:7). 너는 내 아들이라 오늘 내가 너를 낳았도다 내가 철장으로 그들을 깨뜨림이여 질그릇 같이 부수리라(시 2:7, 9). 이 칼은 모든 나무를 업신여기고 베어서 무너뜨릴 저 철장(쇠막대기)이다. 또는, 이 칼은 하나님의 백성의 범죄를 징계하기 위한 내 아들의 규, 징계의 막대기이고(삼하 7:14), 그들을 끊어서 하나의 민족을 이루지 못하게 하기 위한 도구가 아니다. 이 칼은 다른 사람들에게는 칼이 되겠지만 내 아들에게는 징계의 회초리가 될 것이다.

**Ⅱ. 이 칼은 사형 집행인들의 손에 어떻게 쥐어져 있는가.** "이 칼은 내 아들의 규이다. 그는 그 칼을 손에 잡아 쓸 만하도록, 즉 칼을 뺀 목적을 위하여 사용될 수 있도록 광을 내어 빛나게 하였다(11절). 그 칼은 칼을 가지고 묘기를 뽐내는 광대의 손이 아니라 죽이는 자의 손에 넘겨진다. 내 아들은 전쟁의 칼을 공의의 칼로 사용하고, 그에게 모든 심판이 맡겨져 있다. 그 칼은 번개 같이 빛을 발한다(15절). 그 칼은 보자기에 싸여 있는데, 이는 오직 기념물로 보관하기 위하여 보자기에 싼(삼상 21:9) 골리앗의 칼과는 달리 사람들을 죽이기 위하여 안전하고 깨끗하며 날카로운 상태로 보존하기 위한 것이다.

**Ⅲ. 이 칼은 누구를 치러 보내지는가**(12절). 이것이 내 백성에게 임하리라. 그들이 이 칼에 의해서 엎드러질 것이다. 이방인들의 칼이 하나님의 백성에게 임하리라는 것은 너무나 믿기 어려운 일이었기 때문에 여기에서 다시 반복된다. 아니, 그 칼은 이스라엘의 모든 고관에게 임할 것이다. 이스라엘의 고관들이라는 그들의 위엄과 권세는 그들이 입으로 고백한 신앙과 마찬가지로 그들을 지켜 주지 못할 것이다. 그러나 칼이 하나님의 백성에게 임한다고 할지라도, 하나님의 백성은 그 칼이 지닌 온갖 두려운 것들로부터 그들을 충분히 보호해 줄 내면의 위로를 갖고 있지 않는가? 그렇다. 그들이 하나님의 백성답게 처신하였다면, 그들은 당연히 그런 위로를 갖고 있을 것이었다. 그러나 그들은 그렇게 하지 못했기 때문에, 칼로 인한 두려움이 스스로 내 백성이라 자처하는 자들 위에 임할 것이다. 선한 자들은 재앙으로부터만이 아니라 재앙에 대한 두려움으로부터도 평안한 반면에, 악인들은 칼에 의해서만이 아니라 그들 자신의 죄책감 때문에 일어나는 칼에 대한 공포와 두려움에 의해서 극심한 혼란에 빠지고 만다는 것을 명심하라. 이 칼이 칠 대상은 특히 큰 자들이다. 왜냐하면, 큰 자들이야말로 그들 가운데서 가장 큰 죄인들이었기 때문이다. 그들은 일제히 멍에를 꺾고 결박을 끊었었다(렘 5:5). 이렇게 그들은 민족적인 죄를 선도한 자들이었기 때문에, 하나님은 특별히 그들과 다투신다. 이 칼은 죽이는 칼이라 사람들을 둘러싸고 죽이는 큰 칼이로다(14절). 그들은 은밀하게 숨어서 즐길 곳을 다 마련해 놓았기 때문에 무슨 일이 일어나도 그들만은 안전할 것이라고 안심하고 있지만, 마치 애굽의 재앙들 중의 하나였던 개구리들이 왕의 궁실에도 들어갔듯이, 그 칼은 그들의 침실에도 들어갈 것이다. 이 칼의 칼날은 그들의 모든 성문, 즉 그들이 그 칼을 막아줄 것이라고 생각한 모든 것들을 향하여 세워져

있다(15절). 아무리 튼튼한 성문, 곧 그것이 놋문이고 튼튼한 빗장이 걸려 있으며 방비가 잘 되어 있는 성문이라도 하나님의 심판의 칼날을 막아낼 수는 없다는 것을 명심하라. 그러나 그 칼날이 죄인들을 향해 있을 때, 다음과 같은 일들이 일어날 것이다.

1. 그들은 이미 최악의 사태를 생각하고 두려움에 빠지게 될 것이다. 그들은 낙담하여 그 어떤 저항도 할 수 없다.

2. 최악의 사태가 벌어질 것이다. 그들이 어떤 저항을 해도 아무 소용이 없고, 그들은 많이 엎드러지게 될 것이다. 하나님은 이 칼에게 모든 것을 멸망시키라는 영장을 들려서 보내셨는데, 그 칼이 향하는 구체적인 방향을 주시해 보아야 무슨 소용이 있겠는가(16절)? "칼아 네가 원하는 대로 이쪽으로든 저쪽으로든 가라. 죄에서 자유로운 자가 아무도 없어서, 벌 받을 자들이 널려 있으니, 오른쪽을 치거나 왼쪽을 치라. 너는 그들을 칠 권세를 지니고 있다. 왜냐하면, 벌을 면제받을 자가 아무도 없기 때문이다. 그러므로 네 얼굴이 향한 대로 그 길로 나아가고, 요나단의 칼처럼 죽은 자의 피에서, 용사의 기름에서 네가 뒤로 물러가지 말지니라(삼하 1:22)." 세상은 악인들로 가득 차 있기 때문에, 하나님의 심판이 어떤 쪽을 향할지라도 거기에 악인들을 만나게 될 것이고, 이 땅에서 그 심판의 불이 연료가 부족해서 꺼지는 일은 결코 없을 것이다. 하나님은 죄인들을 다룰 아주 다양한 방법들을 가지고 계시고, 그의 공의의 칼도 처음에 그룹들(cherubim)의 손에서 불 칼로 있었을 때와 마찬가지로 지금도 여전히 그런 모습으로 존재한다. 그 칼은 두루 도는 불 칼이다(창 3:24).

**IV. 이 칼의 성격은 무엇이고, 하나님의 백성과 관련해서 이 칼의 의도와 한계는 무엇인가**(13절).　　그것은 징계하기 위한 것이다. 이 칼은 다른 사람들에게는 칼이지만 하나님의 백성들에게는 회초리이다. 이것은 다소 모호하게 표현되어 있기는 하지만, 여기에 나오는 무시무시한 말씀들 와중에서 등장한 위로의 말씀이다.

1. 하나님의 백성은 그 칼이 원래의 사명대로 단순한 회초리로 끝나지 않고, 극렬하게 행하여 그 한계를 잊어버리고, 하나님의 백성에게조차도 정말 칼이 되지는 않을지 두려워하기 시작한다. 그들은 하나님의 진노의 회초리로 쓰임받는 갈대아 사람들의 칼이 회초리로 부르심을 받은 것을 무시하고서, 찍는 자에게 대항하여 스스로 자랑히는 노끼나 마치 나무가 아닌 사람이 양 스스로 일어

서는 몽둥이가 될까봐 두려워한다(사 10:15). 또는, "만일 칼이 회초리조차 업신여기면 어찌할까. 즉, 이 칼이 산헤립의 회초리 같은 이전의 회초리들을 아무것도 아닌 것으로 여겨 업신여긴다면 어쩌나. 이 칼이 단지 징계의 회초리가 아니라 멸망시키는 칼이라는 것이 드러나서 우리의 교회와 나라를 완전히 멸망시킨다면 어찌할까?" 이것은 뭔가 생각이 있지만 소심한 극소수의 사람들이 한 생각이다. 하나님이 경고하신 심판이 도처에 임할 때에는 그 심판이 가져올 최악의 경우를 생각하고서 거기에 맞춰서 대비를 하는 것이 좋다는 것을 명심하라. 이 칼이 지파 또는 규, 즉 유다 지파와 다윗 가문을 업신여긴다면 어찌할까 (이렇게 어떤 이들은 본문에서 사용된 '셰베트'를 이런 의미로 해석한다). 그 칼이 우리의 정부를 파멸시키는 것을 목표로 한다면 어찌할까? 그 칼이 그렇게 한다고 할지라도, 여호와는 의로우시고, 그럼에도 불구하고 여호와는 은혜를 베푸실 것이다.

2. 하나님은 그렇게 되지 않을 것이라는 약속을 통해서 그들의 이러한 두려움을 잠재우신다. 이 칼은 자신의 본분이나 그가 받은 사명을 잊지 않을 것이다. 이것은 시험이라. 그 칼은 시험에 지나지 않는다. 그 칼을 보내시는 하나님은 그의 뜻을 따라 그 칼을 사용하실 것이고 그 칼에 한계를 정해 놓으실 것이다. 그 칼이 아무리 교만하게 요동한다고 하여도 하나님이 정하신 한계 안에 머물게 될 것이다. 하나님의 백성에게는 하나님의 심판이 도처에 임하고 그들이 그 심판을 보고 두려워 떨 때에 그 심판이 다른 사람들에게는 어떤 의미를 지니는가와는 상관없이 그들에게는 단지 시험이나 단련에 지나지 않는다는 사실은 큰 위로가 된다. 그가 그들을 단련하신 후에는 그들이 순금 같이 되어 나오리라. 그들의 믿음은 단련을 받으면서 좋아지게 될 것이다.

**V. 선지자와 백성들은 하나님이 경고하신 심판을 심각하게 받아들였다는 것을 나타내 보여야 한다.**

1. 선지자는 아주 진지하게 이 심판을 선포하여야 한다. 그는 칼이다 칼이다 (9절)라고 말하여야 한다. 그는 세련된 단어들이나 흥미를 끌 만한 다양한 표현들을 사용하려고 애쓰지 말아야 한다. 성에 불이 나면, 사람들은 그런 것에 신경을 쓰지 않고, 단지 놀라서 다급한 음성으로 불이야 불이야라고 소리를 치는 법이다. 마찬가지로, 선지자도 칼이다 칼이다라고 소리치고(9절), 이 예언을 전할 때에 칼이라는 말을 두세 번 거듭 써야 한다(14절). 하나님은 한 번, 두 번,

아니 세 번이라도 말씀하신다. 그렇게 해서라도, 사람들이 마침내 하나님의 말씀을 알아 듣고 경청한다면, 그것은 좋은 일이다. 하나님의 섭리도 이렇게 두세 번 거듭된다. 왜냐하면, 예루살렘이 멸망한 것은 느부갓네살이 세 번째로 침공하였을 때였기 때문이다. 하나님을 진노하시게 만드는 백성에게는 멸망이 서서히 오긴 하지만 반드시 온다. 그렇지만 이것이 전부가 아니다. 선지자는 전쟁을 선포하는 전령관(傳令官)으로서 칼이다 칼이다라고 두세 번 소리칠 뿐만 아니라, 이 일에 직접 관련되어 있는 당사자로서 부르짖어 슬피 울어야 한다(12절). 그는 제3자로서 그 칼이 가져올 황폐화를 겪을 자들을 동정하는 자로서가 아니라 직접 그 환난을 겪을 자로서 슬피 울어야 한다. 너는 예언하며 그 황폐화를 몹시 슬퍼하는 표현으로 네 손을 꼭 쥐고 비틀거나, 심판의 도구로 사용될 자들을 부추시고 격려하는 의미로 또는 심판의 갑작스러움과 극렬함을 보고 어안이 벙벙해 서 있는 자처럼 손뼉을 쳐라(14절). 선지자는 손뼉을 쳐야 한다. 왜냐하면, 하나님이 나도 내 손뼉을 치리라고 말씀하시기 때문이다(17절). 하나님은 아주 진지하게 그들에게 이러한 선고를 내리고 계시기 때문에, 선지자도 아주 진지한 태도로 그 선고를 백성들에게 전하여야 한다. 하나님이 손뼉을 치시는 것은 선지자가 손뼉을 치는 것과 마찬가지로 그들의 사악함에 대한 거룩한 분노의 표현인데, 이것은 정말 너무나 기가 막힌 일이었다. 발락은 발람에게 노하였을 때에 손뼉을 쳤다(민 24:10). 얼마든지 구원 받을 수 있는 자들이 스스로 멸망을 자초할 때에 하나님과 그의 사역자들이 그들에게 노하는 것은 마땅한 일이라는 것을 명심하라. 어떤 이들은 슬프다 내가 내 대적에게 보응하여 내 마음을 편하게 하리라(사 1:24)는 말씀과 너희가 재앙을 만날 때에 내가 웃으리라(잠 1:26)는 말씀을 근거로 여기에서 하나님이 손뼉을 치시는 것을 그의 뜻을 이루신 것을 크게 기뻐하시는 것을 나타내는 표현이라고 해석한다. 따라서 이 어구 직후에 내 분노를 다 풀리로다라는 말씀이 나온다. 즉, 하나님은 그의 분노를 다 쏟으셔서 만족을 얻으시리라는 것이다. 하나님이 이러한 선고를 그의 권위에 의거하여 얼마나 엄숙하게 재확인하고 계시는지를 주목하라. "말한 것을 이룰 수 있는 나 여호와가 말하였노라. 내가 그렇게 말하였고, 그것을 결코 취소하지 않을 것이다. 내가 그것을 말하였느니, 누가 그것을 무효화시킬 수 있겠는가?"

  2. 백성들은 아주 신지한 데노로 이 심판에 대한 경고를 받아들여야 한다.

이것은 삽입구를 통해서 표현되고 있다(10절). 우리가 즐거워하겠느냐. 하나님이 칼을 뽑아드셨고 선지자가 탄식하며 부르짖는 모습을 보면서, 어떻게 우리가 즐거워하겠느냐. 선지자는 이것을 그가 탄식하는 이유로 제시하는 것으로 보인다. 예루살렘이 초토화될 것인데, 내가 어찌 얼굴에 수심이 없겠는가(느 2:3). 우리는 즐거워하기 전에 먼저 우리가 정말 즐거워해도 되는지를 깊이 생각해 보아야 한다는 것을 명심하라. 우리가 칼의 심판을 선고받고 있고 하나님의 진노와 저주 아래 놓여 있다면, 어떻게 우리가 즐거워할 수 있겠는가? 우리가 음행하여 우리 하나님을 떠나 있다면, 어떻게 우리가 이방 사람처럼 기뻐 뛰놀 수 있겠는가(호 9:1)? 하나님의 손이 우리를 치시기 위해 뻗쳐졌고, 하나님의 심판이 이 땅의 도처에 임하였으며, 하나님이 이 심판을 통해서 우리에게 통곡하며 애곡하라고 명령하실 때(사 22:12), 우리가 어떻게 즐거워하겠는가? 아하수에로 왕과 하만이 유대인들을 박해하고자 하는 영을 내려서 유대 교회가 큰 곤경에 빠져 있을 때(에 3:15), 또는 우리가 요셉의 환난에 대하여 근심하여야 할 때(암 6:6), 우리가 어떻게 즐거워하겠는가?

[18]여호와의 말씀이 내게 임하여 이르시되 [19]인자야 너는 바벨론 왕의 칼이 올 두 길을 한 땅에서 나오도록 그리되 곧 성으로 들어가는 길 어귀에다가 길이 나뉘는 지시표를 하여 [20]칼이 암몬 족속의 랍바에 이르는 길과 유다의 견고한 성 예루살렘에 이르는 길을 그리라 [21]바벨론 왕이 갈랫길 곧 두 길 어귀에 서서 점을 치되 화살들을 흔들어 우상에게 묻고 희생제물의 간을 살펴서 [22]오른손에 예루살렘으로 갈 점괘를 얻었으므로 공성퇴를 설치하며 입을 벌리고 죽이며 소리를 높여 외치며 성문을 향하여 공성퇴를 설치하고 토성을 쌓고 사다리를 세우게 되었나니 [23]전에 그들에게 맹약한 자들은 그것을 거짓 점괘로 여길 것이나 바벨론 왕은 그 죄악을 기억하고 그 무리를 잡으리라 [24]그러므로 주 여호와께서 이같이 말씀하셨느니라 너희의 악이 기억을 되살리며 너희의 허물이 드러나며 너희 모든 행위의 죄가 나타났도다 너희가 기억한 바 되었은즉 그 손에 잡히리라 [25]너 극악하여 중상을 당할 이스라엘 왕아 네 날이 이르렀나니 곧 죄악의 마지막 때이니라 [26]주 여호와께서 이같이 말씀하셨느니라 관을 제거하며 왕관을 벗길지라 그대로 두지 못하리니 낮은 자를 높이고 높은 자를 낮출 것이니라 [27]내가 엎드러뜨리고 엎드러뜨리고 엎드러뜨리려니와 이것도 다시 있지 못하리라 마땅히 얻을 자가 이르면 그에게 주리라

선지자는 앞 단락에서 하나님의 백성들에게 심판의 칼이 오고 있다는 것을 보여 준 후에 여기에서는 그들이 이런저런 방법으로 그 칼을 피할 수 있을 것이라고 안일하게 생각하는 것을 막기 위해서 그 칼이 그들을 치러 오고 있다는 것을 그들에게 보여준다.

**I. 선지자는 갈대아 군대가 예루살렘을 치러 올 것이고 이 일은 최고의 권세자이신 하나님이 정하신 일이라는 것을 보고서 백성들에게 그대로 전해야 한다.** 우리가 지도를 그릴 때에 종종 그렇게 하듯이, 그는 종이 위에 길이 나뉘는 지시표를 하여 두 길을 그려야 한다(19절). 바벨론 왕의 군대는 이 두 길이 나뉘는 지점에 와서 멈추어 설 것이다. 그 군대는 두 무리로 나뉘어 한 땅에서 나와서, 암몬의 수도인 랍바에 이르는 길과 예루살렘에 이르는 길이 만나는 지점에서 합류하여 잠시 거기에 멈출 것이다. 왜냐하면, 바벨론 왕은 이 두 곳을 멸망시키기로 작정하였지만 어느 쪽을 먼저 공격할지는 아직 결정하지 않았기 때문이다. 따라서 두 길이 만나는 지점에서 그는 결정을 내리기 위하여 잠시 멈춰설 것이고, 그의 모사들과 논의를 하게 될 것이다. 바벨론 왕의 칼은 랍바로 향하든지 유다의 예루살렘으로 향하여야 한다. 유다 주민들 중 다수는 지금 예루살렘으로 피신해 온 상태여서, 유다 나라의 운명은 바로 이 성에 달려 있었기 때문에, 예루살렘은 여기에서 유다의 견고한 성 예루살렘이라 불린다. 예루살렘 성은 천혜의 요새인데다 인위적인 방비도 잘 갖추어져 있었기 때문에 난공불락으로 생각되었다(애 4:12). 선지자는 바벨론 왕이 처한 딜레마를 묘사하여야 한다(21절). 바벨론 왕이 갈랫길 곧 두 길 어귀에 서 있었다(즉, 그는 이 지점에서 어느 쪽을 먼저 칠 것인지를 고민하게 될 것이다). 그는 훌륭한 예지력과 대단한 추진력을 갖춘 왕이었지만, 어떻게 해야 그에게 이익이 되는지 또는 그의 마음이 어떤 것인지를 알지 못하였던 것으로 보인다. 지혜로운 자는 그의 지혜를 자랑하지 말아야 하고 용사는 그의 힘을 자랑하지 말아야 한다. 왜냐하면, 자신의 뜻대로 할 수 있는 자들조차도 어떻게 해야 최선인지를 모르는 경우가 허다하기 때문이다. 좀 더 살펴보자.

1. 그는 결정을 하기 위해서 어떤 방법을 사용하였는가. 그는 점을 쳤다. 즉, 그는 눈에 보이지 않는 더 높은 힘에 의지하여, 제비뽑기를 통해서 섭리에 이 결정을 맡겼던 것 같다. 그는 제비 뽑기를 엄숙하게 진행하기 위해서 제비로 사용될 화살들을 잘 닦아서 번쩍번쩍 광을 내었다. 그는 한 화살에는 예루살렘

이라 쓰고 다른 화살에는 랍바라 써서 화살통에 넣은 다음에 흔들어서 뽑힌 쪽을 먼저 공격하기로 했을 것이다. 또는, 그는 신탁(神託)이라 여겨지는 것에 의존하였다. 그는 우상들 또는 드라빔에게 물어서 그 우상들로부터 어떤 대답을 듣기를 기대하였다. 또는, 그는 희생제물들의 내장에 나타난 길흉의 징조를 보고 결정을 하고자 하여, 희생제물의 간을 살폈다. 이 땅의 지혜로운 자들에게 있어서 어려운 일들을 만났을 때에 하늘의 지시를 구할 수밖에 없다는 사실은 그들의 자존심을 구기는 굴욕이다. 또한, 섭리대로 하고자 할 때에는 모든 일을 작정하기는 우연히 되는 것이 아니라 여호와께 있다는 확고한 믿음으로, 하나님께 실상을 보이소서(삼상 14:41)라고 기도하면 될 일인데도(잠 16:33), 그들이 이런 식으로 점을 치는 우스꽝스러운 방법을 택한 것은 그들의 어리석음을 보여주는 한 예이다.

2. 이렇게 해서 그는 어떤 결정에 이르렀는가. 이러한 죄악된 관행을 통해서조차도 하나님은 그의 목적을 이루는 데에 사용하셔서, 바벨론 왕으로 하여금 예루살렘으로 향하게 하셨다(22절). 바벨론 왕은 예루살렘으로 갈 점괘를 그의 오른손에 얻었다. 따라서 점술의 규칙에 따라서 예루살렘을 먼저 치는 쪽으로 결정이 났다. 하나님이 사람들을 그의 목적을 위해 사용하실 때, 그들 자신은 어떠한 인도하심 아래에 있는지를 알지 못한다고 하여도, 하나님은 섭리를 통해서 그들을 그의 목적을 이루는 쪽으로 확실하게 인도하신다는 것을 명심하라. 이제 예루살렘이 공격 목표로 정해졌기 때문에, 즉시 예루살렘에 대한 포위 공격이 개시된다. 군대를 지휘하여 성을 포위할 장수들이 임명되는데, 그들은 입을 벌려 도륙을 명령하고, 군사들에게 무엇을 해야 할지를 지시하며, 군사들의 사기를 높이는 말을 하여야 한다. 포위 공격을 맹렬하게 추진하기 위해 필요한 모든 것을 총동원하라는 명령이 내려진다. 공성퇴를 준비하고, 토성을 쌓아야 한다. 사람들이 서로를 죽이기 위하여 얼마나 많은 힘과 비용을 들이는지를 보라.

**II. 선지자는 이스라엘 백성들과 왕에게 그들이 그들의 죄로 말미암아 이 멸망을 자초하고 있다는 것을 보여주어야 한다.**

1. 백성들이 이 멸망을 자초하고 있다(23-24절). 그들은 장차 심판이 임할 것이라는 경고를 받고도 그 경고를 무시한다. 에스겔의 예언은 그들에게 거짓 점괘이다. 그들은 선지자의 예언을 듣고도 마음에 감동을 받거나 정신을 차려

서 회개하지 않는다. 그들은 느부갓네살이 점을 쳐서 예루살렘을 공격하기로 결정하였고 이 원정에서 승리할 것이라는 선지자의 예언을 듣고도, 그 예언을 거짓 점괘라고 비웃으며 계속해서 안일하게 생각하고 있다. 왜냐하면, 그들에게는 맹약한 자들이 있었기 때문이다. 즉, 그들은 애굽과 정식으로 동맹을 맺고 있었고, 갈대아 군대의 포위를 풀어 주겠다는 애굽의 약속을 의지하고 있었다. 또한, 그들은 갈대아 군대의 포위가 풀릴 것이라는 거짓 선지자들의 예언을 굳게 믿고 있었다. 또는, 이것은 그들이 바벨론의 왕에게 맹세했다가 깨버린 충성 서약을 가리키는 것일 수도 있다. 하나님은 그들의 이러한 기만적인 책략에 대한 죄를 물어서 그들의 판단력을 흐리게 만드셨기 때문에, 그들은 너무도 분명한 경고를 받고도 그것을 거짓 점괘로 여겨 무시하였다. 지극히 거룩한 맹세를 아무렇지도 않게 저버리는 자들이 지극히 거룩한 하나님의 말씀을 농담으로 여긴다고 해서 이상할 것은 없다. 불경스러운 생각은 끝을 모르는 법이기 때문이다. 그러나 그들이 믿지 않는다고 해서 하나님의 계획이 무산되겠는가? 그들이 안심하고 있다고 해서 무사하겠는가? 결코 그렇지 않다. 아니, 그들이 하나님의 경고의 말씀을 무시한 죄는 그들의 다른 죄들도 상기시키는 역할을 한다. 따라서 하나님이 그들의 다른 모든 죄들을 기억하시게 된 것은 다 그들의 책임이다.

(1) 그들의 현재의 악이 드러났다. 하나님이 그들과 다투고 계시는 지금, 그들은 너무나 뒤틀려 있고 완악하기 때문에, 그들이 변명으로 내세우는 것들은 도리어 그들의 범죄를 더할 뿐이다. 하나님이 그들을 큰 소리로 부르셔서 회개하고 삶을 고치라고 하시는 지금, 그들은 그 어느 때보다도 더 악하게 행하였다. "너희 모든 행위의 죄가 나타났도다. 너희는 어느 쪽으로 몸을 돌리든 너희의 검은 면을 드러내고 있다." 이것은 우리 각 사람에게도 그대로 적용된다. 살아서 범죄하지 않는 자는 아무도 없을 뿐만 아니라 선을 행하고 전혀 죄를 범하지 아니하는 의인은 세상에 없기 때문이다. 우리가 아무리 최선을 다해서 섬긴다고 하여도 우리의 섬김에는 연약함과 어리석음과 불완전함이 있어서, 우리가 선을 행하기 원할 때조차도 우리에게 악이 함께 있기 때문에, 우리는 우리의 모든 행위와 우리의 모든 말에서 우리의 죄가 나타났다고 슬픔과 부끄러움 속에서 말할 수 있고, 우리가 율법 아래 있었다면 우리는 망하게 되었을 것이라고 말할 수 있다.

(2) 이것은 그들의 이전의 악을 상기시켰다. "이 일로 인해서 회개하여야 할 너희 자신에게만이 아니라 죄를 물으셔야 하는 하나님의 공의 앞에서도 너희의 악에 대한 기억이 되살아났다. 너희 자신의 죄로 말미암아 너희 조상들의 죄에 대한 기억도 되살아나서, 너희는 조상들의 죄에 대해서도 책임을 지게 되었다. 그렇지 않았다면, 너희는 결코 조상들의 죄에 대하여 벌을 받지 않았을 것이다." 하나님은 현재의 악이 드러남으로써 그들이 과거의 죄를 회개하지 않았다는 것이 밝혀진 자들에 대해서만 과거의 죄를 기억하신다는 것을 명심하라.

(3) 그들은 모두 함께 환난을 당하도록 멸망시키는 자에게 넘겨져서 잡히게 될 것이다(23절). "너희는 하나님이 너희를 잡아서 붙들어 두도록 정하신 자의 손에 잡혀서 그 수중에서 빠져나올 수 없으리라." 사람들은 하나님의 공의를 집행하는 자들로 쓰임 받을 때에 하나님의 손이라 불린다(시 17:14). 하나님의 은혜의 말씀에 붙잡히고자 하지 않는 자들은 결국에 가서 그의 진노의 손에 잡히게 되리라는 것을 명심하라.

2. 왕도 그의 멸망을 자초하고 있다. 시드기야는 선지자가 여기에서 하나님의 이름으로 말씀을 전하는 대상인 이스라엘 왕이다. 선지자는 하나님의 이름으로 말씀을 전하는 것이 아니었다면 이렇게 담대하고 단도직입적으로 말씀을 전하지 못했을 것이다. 왜냐하면, 왕에게 악하다 하는 것은 합당하지 않기 때문이다.

(1) 선지자는 왕에게 그가 어떤 자인지를 말해 준다(25절). 너 불경스럽고 악한 이스라엘 왕아! 시드기야는 그의 몇몇 선왕들만큼 악하지는 않았지만, 그의 사람됨은 충분히 악하다고 할 만하였다. 그는 덕스럽고 거룩한 모든 것을 상실한 속되고 불경스러운 자였다. 그는 악하여서, 그의 백성들로 하여금 범죄하도록 부추겼다. 그는 스스로 범죄하였을 뿐만 아니라 이스라엘로 범죄하게 하였다. 불경스럽고 악한 것은 어느 누구에게나 나쁜 것이지만, 왕, 특히 이스라엘의 왕이 그런 인물이라면 그것은 가장 나쁜 일이다. 왜냐하면, 이스라엘 왕은 누구보다도 그러면 안 된다는 것을 잘 알고 있어야 하고, 주변의 모든 사람들에게 더 좋은 모범이 되고 선한 영향을 끼쳐야 하는 존재이기 때문이다.

(2) 선지자는 왕에게 그의 운명을 말해 준다. 왕의 죄악이 마지막에 도달하였다. 즉, 그의 죄악의 분량이 다 찼기 때문에, 그가 벌 받을 날, 하나님이 그에게 복수하실 날이 이르렀다. 악하고 불경스러운 자들이 한동안 잘 될 수는 있지

만, 그들이 망할 날이 반드시 이를 것임을 명심하라. 여기에서 왕에게 선고된 것은 다음과 같은 것들이다.

[1] 시드기야가 폐위되리라는 것. 그는 왕관을 상실할 것이고, 다시 그 왕관을 쓰지 못하게 될 것이다. 그는 그의 불경(不敬)으로 말미암아 그의 왕관을 더럽혔기 때문에, 그 왕관은 땅에 내던져질 것이다(26절). 관을 제거하며 왕관을 벗길지라. 관이나 왕관은 잃기 쉽다. 없어지지 않는 영광의 면류관은 오직 내세, 즉 흔들리지 않는 나라에만 있다. 갈대아 역본은 이 본문을 이렇게 해설한다. 대제사장 스라야에게서 관을 제거하라 내가 시드기야 왕에게서 왕관을 제거하리라 관이나 왕관이 제자리에 있지 못하고 제거되어 이전과 같지 않을 것이다. 사람들은 자기가 저지른 죄악 때문에 자신의 존엄성을 상실한다는 것을 명심하라. 그들의 불경과 악은 그들의 관을 제거하고 그들의 왕관을 벗겨서, 그들을 그들의 이전의 모습과 완전히 딴판이 되게 만들어 버린다.

[2] 그 후에 나라가 큰 혼란과 무질서에 빠지게 되리라는 것. 모든 것이 뒤집어질 것이다. 정복자는 낮은 자를 높이고 높은 자를 낮추는 것을 자랑으로 여길 것이고, 각 사람의 권리나 공로와는 상관없이 그의 뜻대로 사람들을 높이거나 낮출 것이다.

[3] 정부를 재건하고자 하는 시도들, 특히 왕족인 그달랴와 이스마엘의 시도들은 좌절되어 아무 소용이 없게 되리라는 것(갈대아 역본은 구체적으로 이스마엘의 시도를 언급한다). 이 두 시도는 어느 쪽도 성공을 거둘 수 없을 것이다. 왕정을 재건하려는 시도가 있을 때마나 세속해서 내가 엎드러뜨리고 엎드러뜨리고 엎드러뜨리리라. 하나님이 무너뜨리고자 하시는데, 누가 세울 수 있겠는가?

[4] 메시야의 손에 의해 영원한 나라가 세워질 때까지 이 왕정은 결코 회복되지 못하리라는 것. 시드기야 이후에는 다윗 가문의 왕들이 다시 있지 못할 것이고, 다윗의 나라를 마땅히 얻을 자이신 그리스도, 다윗에게 주어진 약속을 온전히 이루게 될 다윗의 자손인 그리스도가 이르면, 하나님이 그에게 그 나라를 주실 것이다. 그리스도는 그 조상 다윗의 왕위를 얻게 되실 것이다(눅 1:32). 그리스도께서 오시기 직전에 오랫동안 예언의 영이 사라졌고 왕권도 쇠하여 없어졌는데, 이것은 때가 차서 그리스도께서 왕과 선지자로 오셔서 빛을 발하실 때에 그 빛을 더욱 빛나게 하기 위한 것이었다. 그리스도는 교회와 세계 속에

서 아무도 이의를 제기할 수 없는 통치권과 주권을 지니고 계시다는 것을 명심하라. 그 나라는 그의 권리에 속한다. 이 권리를 갖고 계시기 때문에, 때가 되면 그는 그 나라를 소유하게 되실 것이다. 내가 그에게 주리라. 그에게 속하지 않은 모든 것이 엎드러질 것이고, 그가 왕이 되지 못하게 하기 위하여 그의 길을 가로막는 모든 반대 세력들도 엎드러질 것이다(단 2:45; 고전 15:25). 이것이 여기에 언급되고 있는 것은 다윗에게 주어진 약속이 영원히 이루어지지 않는 것이 아닌가 걱정하는 자들을 위로하기 위한 것이다. 하나님은 이렇게 말씀하신다. "결코 그렇지 않다. 그 약속은 분명히 이루어져서, 메시야의 나라가 영원히 서게 될 것이다."

²⁸인자야 너는 주 여호와께서 암몬 족속과 그의 능욕에 대하여 이같이 말씀하셨다고 예언하라 너는 이르기를 칼이 뽑히도다 칼이 뽑히도다 죽이며 멸절하며 번개 같이 되기 위하여 빛났도다 ²⁹네게 대하여 허무한 것을 보며 네게 대하여 거짓 복술을 하는 자가 너를 중상 당한 악인의 목 위에 두리니 이는 그의 날 곧 죄악의 마지막 때가 이름이로다 ³⁰그러나 칼을 그 칼집에 꽂을지어다 네가 지음을 받은 곳에서, 네가 출생한 땅에서 내가 너를 심판하리로다 ³¹내가 내 분노를 네게 쏟으며 내 진노의 불을 네게 내뿜고 너를 짐승 같은 자 곧 멸하기에 익숙한 자의 손에 넘기리로다 ³²네가 불에 섶과 같이 될 것이며 네 피가 나라 가운데에 있을 것이며 네가 다시 기억되지 못할 것이니 나 여호와가 말하였음이라 하라

여기에 느부갓네살 왕이 예루살렘을 멸망시키고 나서 5년 후쯤에 다시 암몬 족속을 멸망시킨 일에 관한 예언이 나오는 것은 그가 예루살렘을 먼저 치기 위해서 암몬의 수도 랍바를 치고자 하는 계획을 미룬 것이 계기가 된 것으로 보인다. 예루살렘이 멸망하자, 암몬 족속은 의기양양해하고 무척 고소해하며 오만방자하게 굴었다. 그러나 선지자는 시기가 미루어졌다고 해서 무사할 것이라고 생각하거나 심판이 연기되었다고 해서 죄를 용서받았다고 생각하는 것은 오산이라는 것을 그들에게 알게 해주어야 했다. 그들이 벌 받을 날도 다가오고 있다. 다음 차례는 그들이 될 것이기 때문에, 그들이 예루살렘보다 나중에 심판을 받아 멸망을 당한다고 해서 좋아할 일은 전혀 아니었다.

I. **암몬 자손의 죄.** 그들이 저지른 죄는 능욕의 죄였다(28절).

1. 그들은 주변 나라들이 다 초토화된다고 하여도 그들의 나라는 영원토록 안전할 것이라고 예언하였던 거짓 선지자들(이런 자들은 유대인들 가운데만이 아니라 그들 가운데도 있었던 것으로 보인다)의 말에 귀를 기울임으로써 그들 스스로를 욕보였다. "그들은 네게 대하여 허무한 것을 보며 거짓 복술을 한다(29절). 그들은 평화를 예언하며 너를 기분 좋게 해주고, 너는 어리석은 자여서 그들의 감언이설을 곧이곧대로 믿고 만용을 부리는구나." 형통하는 때에 자만에 빠지는 자들은 재난의 날에 그들에게 닥칠 능욕을 준비하는 것임을 명심하라.

2. 그들은 이스라엘 백성이 환난을 당하는 것을 보고서 고소해하여 이 백성에게 괴로움을 더해 주는 아주 야만적이고 비인간적인 짓을 저지름으로써 하나님의 이스라엘을 능욕하였다. 그들의 점술가들은 이스라엘 백성이 죽임을 당할 때에 그들은 무사한 것은 그들이 이스라엘보다 더 나은 민족이기 때문이라는 잘못된 자부심과 그들은 언제까지나 번영할 것이라는 거짓된 확신으로 그들을 부추겨서 오만방자하게 만들어 놓았기 때문에, 그들은 심지어 이스라엘 백성의 죄악의 마지막 때, 즉 이스라엘 백성의 죄악의 분량이 다 찼을 때에 이 백성에 대한 하나님의 심판을 집행하는 사명을 받은 악한 갈대아 사람들에 의해 죽임을 당한 이스라엘 사람들의 목을 짓밟기까지 하였다. 우리는 나중에 이와 같은 내용을 다시 한 번 만나게 된다(25:3 이하). 심판이 하나님의 집에서 시작될 때에 두려워 떨어야 함에도 불구하고 도리어 곤경에 처한 하나님의 백성을 짓밟는 자들은 머지않아 비참한 꼴을 당하게 되어 있다.

**II. 암몬 속속이 철서하세 멸망딩하리라는 경고의 말씀.** 이웃들이 교회를 능욕하거나 비방하면, 그 능욕이나 비방은 그들 자신의 품으로 되놀아살 것이다(시 79:12). 여기에 나오는 경고의 말씀이 얼마나 무시무시하고, 그 멸망이 얼마나 끔찍할지를 살펴보자.

1. 이 멸망은 하나님의 진노로부터 올 것이다. 왜냐하면, 하나님은 자기 백성에게 가해진 모욕과 해악을 마치 자기 자신이 당한 것처럼 여겨서 분개하시기 때문이다(31절). 내가 내 분노를 유황불이 쏟아져 내리듯이 네게 쏟으리라. 하나님의 분노와 진노는 아무리 작은 분량이라도 악을 행하는 각 사람의 영에 환난과 곤고를 가져다 준다. 그런데 하물며 하나님이 그의 분노와 진노를 있는 대로 다 쏟으신다면 어떻게 되겠는가? "내가 내 진노의 불을 네게 내뿜으리라. 즉, 내가 내 신노의 불을 네게 내뿜으리니, 네가 맹렬하게 불에 타게 될 것이다." 네

가 불에 섶과 같이 될 것이다(32절). 악인들은 자기 자신을 하나님의 진노의 불의 연료로 만드는 것임을 명심하라. 그들은 그 불에 탈 것이고, 그 불은 그들로 인해서 활활 타오를 것이다.

2. 이 멸망은 전쟁의 칼에 의해서 이루어질 것이다. 그들은 이스라엘이 망하는 것을 기뻐하였기 때문에, 선지자는 전에 이스라엘을 향하여 그랬듯이 그들을 향하여 외쳐야 한다. 칼이 뽑히도다 칼이 뽑히도다(28절; 또한, 9-10절을 참조하라). 하나님이 칼을 가시고 광을 내신 것은 그 칼을 뽑아 휘둘러서 그 두려운 빛으로 죽이며 멸절하기 위한 것이다. 하나님이 집행하시는 심판은 그가 준비하신 대로 이루어질 것이다. 이 칼은 한번 뽑아진 후에는 본래 의도되었던 목적을 이룰 때까지는 그 칼집에 꽂히지 않을 것이다(30절). 칼은 일단 뽑히면 하나님이 그 칼을 칼집에 꽂으실 때까지는 칼집에 꽂히지 않는다. 그는 뜻이 일정하시니 누가 능히 돌이키랴 그의 마음에 하고자 하시는 것이면 그것을 행하시나니(욥 23:13) 누가 그의 뜻을 바꿀 수 있으랴.

3. 이 멸망에 쓰임 받을 자들은 짐승 같은 자 곧 멸하기에 익숙한 자들이다. 이와 같이 악한 성품을 지닌 자들은 짐승의 일을 하는 데에 수완을 발휘하는 자들로서 인간의 이성을 지니고 있기 때문에 일에 능숙하지만 인간적인 연민은 지니고 있지 않아서 오직 멸하는 데에만 능숙한 자들이다. 그런 자들은 인류에게는 수치스러운 자들이지만 종종 하나님의 뜻을 이루는 데에 사용된다. 하나님은 암몬 족속을 그런 자들의 손에 넘기실 것이고, 그것은 의로운 일이다. 왜냐하면, 암몬 족속들 자신이 짐승 같은 자들이어서 하나님의 이스라엘이 멸망하는 것을 보고 고소해하였기 때문이다. 바울이 다른 성도들에게 그를 위하여 기도 부탁을 했던 것처럼, 우리도 우리를 부당하고 악한 **사람들**, 남에게 해악을 끼치기 위해 지음 받은 듯이 보이는 자들에게서 건지시옵소서라고 기도할 이유가 있다(살후 3:2).

4. 그들이 이런 벌을 받게 될 장소. "네가 지음을 받은 곳에서, 네가 처음으로 하나의 민족이 되었던 곳에서, 그 때 이후로 네가 거주하며 뿌리를 내리고 살아 왔던 곳에서 내가 너를 심판하리로다. 네가 출생한 땅이 곧 네가 멸망당할 땅이 될 것이다." 하나님은 우리가 가장 안심하는 곳에서 우리에게 파멸을 가져다 주실 수 있고, 우리가 확고한 소유권을 지니고서 가장 안전하게 거주하고 있다고 생각한 바로 그 땅에서 우리를 쫓아내실 수 있다는 것을 명심하라. 네

피가 네 나라의 변경들에서만이 아니라 네 나라의 한가운데에 있을 것이다. 끝으로, 내가 돌이킬 수 없는 파멸을 네게 안겨줄 것이다. "너는 다시 회복할 수 있을 것이라고 생각하겠지만, 그것은 오산이다. 네가 다시 기억되지 못할 것이다 (시 9:6)." 이스라엘의 이름을 영원히 없애 버리고자 했던 자들의 이름이 이 땅에서 지워져서 다시 기억되지 못하게 되는 것은 마땅한 일이다.

# 제
## — 22 —
# 장

## 개요

이 장에는 하나님이 선지자에게 유다와 예루살렘에 관하여 전하라고 맡기신 세 개의 메시지가 나오는데, 이 메시지들은 모두 동일한 취지의 것들로서 그들에게 그들의 죄악들을 보여주고 그 죄들 때문에 그들에게 임할 심판을 알리는 것이다. I. 그들의 죄들에 관한 목록이 나온다. 이 죄들 때문에 그들은 스스로 욕을 자초하였고, 하나님은 그들을 멸망에 붙이실 것이다(1-16절). II. 그들은 찌꺼기에 비유되고, 풀무불 속의 찌꺼기가 될 것이라는 단죄를 받는다(17-22절). III. 그들 가운데 모든 계층과 온갖 부류의 사람들이 각자의 본분을 태만히 하는 죄를 범하여 민족적인 죄에 일조를 했다. 따라서 그 누구도 중보 기도자로 나설 수 없기 때문에, 그들은 모두 민족적인 벌을 다같이 받게 될 것이다(23-31절).

¹또 여호와의 말씀이 내게 임하여 이르시되 ²인자야 네가 심판하려느냐 이 피흘린 성읍을 심판하려느냐 그리하려거든 자기의 모든 가증한 일을 그들이 알게 하라 ³너는 말하라 주 여호와께서 이같이 말씀하셨느니라 자기 가운데에 피를 흘려 벌 받을 때가 이르게 하며 우상을 만들어 스스로 더럽히는 성아 ⁴네가 흘린 피로 말미암아 죄가 있고 네가 만든 우상으로 말미암아 스스로 더럽혔으니 네 날이 가까웠고 네 연한이 찼도다 그러므로 내가 너로 이방의 능욕을 받으며 만국의 조롱 거리가 되게 하였노라 ⁵너 이름이 더럽고 어지러움이 많은 자여 가까운 자나 먼 자나 다 너를 조롱하리라 ⁶이스라엘 모든 고관은 각기 권세대로 피를 흘리려고 네 가운데에 있었도다 ⁷그들이 네 가운데에서 부모를 업신여겼으며 네 가운데에서 나그네를 학대하였으며 네 가운데에서 고아와 과부를 해하였도다 ⁸너는 나의 성물들을 업신여겼으며 나의 안식일을 더럽혔으며 ⁹네 가운데에 피를 흘리려고 이간을 붙이는 자도 있었으며 네 가운데에 산 위에서 제물을 먹는 자도 있었으며 네 가운데에 음행하는 자도 있었으며 ¹⁰네 가운데에 자기 아버지의 하체를 드러내는 자도 있었으며 네 가운데에 월경하는 부정한 여인과 관계하는 자도 있었으며 ¹¹어떤 사람은 그 이웃

의 아내와 가증한 일을 행하였으며 어떤 사람은 그의 며느리를 더럽혀 음행하였으며 네 가운데에 어떤 사람은 그 자매 곧 아버지의 딸과 관계하였으며 ¹²네 가운데에 피를 흘리려고 뇌물을 받는 자도 있었으며 네가 변돈과 이자를 받았으며 이를 탐하여 이웃을 속여 빼앗았으며 나를 잊어버렸도다 주 여호와의 말씀이니라 ¹³네가 불의를 행하여 이익을 얻은 일과 네 가운데에 피 흘린 일로 말미암아 내가 손뼉을 쳤나니 ¹⁴내가 네게 보응하는 날에 네 마음이 견디겠느냐 네 손이 힘이 있겠느냐 나 여호와가 말하였으니 내가 이루리라 ¹⁵내가 너를 뭇 나라 가운데에 흩으며 각 나라에 헤치고 너의 더러운 것을 네 가운데에서 멸하리라 ¹⁶네가 자신 때문에 나라들의 목전에서 수치를 당하리니 내가 여호와인 줄 알리라 하셨다 하라

이 단락에서 선지자는 하늘로부터의 위임에 의해서 재판관의 자리에 앉아 있고, 예루살렘은 법정에 선 죄수로서 손을 높이 들고 있다. 선지자들은 이방의 여러 나라들 위에도 세움을 받은 자들이었기 때문에, 하나님의 백성의 나라 위에 세움을 받았다는 것은 두말할 필요가 없었다(렘 1:10). 에스겔 선지자는 이 피 흘린 성읍, 즉 피들의 성읍을 심판할 권세를 수여받는다. 예루살렘이 이렇게 불리는 것은 이 성읍의 주민들이 사람들의 피를 흘리는 죄를 범했기 때문만이 아니라 그들의 범죄 자체가 피 흘리는 죄들이었기 때문이다(7:23). 예루살렘은 이렇게 피로 자신을 더럽혔기 때문에, 피를 그에게 주어 마시게 하는 것이 합당하였다. 범죄자에 대하여 재판관이 해야 할 일은 그가 무슨 죄들을 범했는지를 밝혀서 유죄임을 입증하고 그 죄들에 합당한 선고를 내리는 것이다. 바로 이 두 가지 일을 에스겔은 여기에서 행한다.

I. 선지자는 예루살렘이 여기에 나오는 장문의 기소장 속에 열거된 수많은 극악무도한 범죄들을 범하였다는 것을 밝혀야 한다. 이것은 거짓 없는 참된 기소장이다. 왜냐하면, 그의 판단이 진리대로 되는 것을 우리가 확실히 아는 바로 그분이 이 기소장을 작성하셨기 때문이다. 선지자는 예루살렘에게 그가 저지른 모든 가증한 일을 알게 하여(2절), 하나님이 예루살렘을 황폐화시키신 것이 의로운 일이었음을 드러내야 한다. 그러면, 여기에서 하나님이 예루살렘을 기소하실 때에 열거하신 온갖 구체적인 죄들을 한 번 살펴보기로 하자. 그 죄들은 모두 지독한 죄들이다.

1. 살인. 예루살렘 성은 나그네들이 거주하는 변두리에서만이 아니라 방백

들이 두 눈을 시퍼렇게 뜨고 감시하는 성 한가운데서도 사람들의 피를 흘린다. 성 한복판에서조차도 사람들은 싸움이나 암살이나 독살로 죽어 갔고, 법정에서는 법의 미명 아래에서 죽어 갔지만, 살인자들을 찾아내서 법대로 처벌하는 일은 없었고(창 9:6), 피살된 시체를 속죄하기 위한 의식(儀式)은 더더욱 치러지지 않았다(신 21:1). 따라서 죄책과 더러움이 예루살렘 성을 뒤덮고 있었다. 이렇게 네가 흘린 피로 말미암아 너의 죄가 있다(4절). 이 범죄가 여기에서 강조되고 있는 것은 그것이 다른 어느 죄보다도 예루살렘의 죄의 분량을 채운 죄였기 때문이었다. 성경에서는 이 죄에 대하여 여호와께서 사하시기를 즐겨하지 아니하셨다(왕하 24:4)고 말한다.

(1) 죄 없이 해를 당한 자들을 보호해 주었어야 할 이스라엘의 고관들은 각기 권세대로 사람들의 피를 흘리려고 거기에 있었다(6절). 그들은 피에 목말라 있었고 피 흘리기를 기뻐하였으며, 그들의 권세 속에 들어간 자들은 누구나 그들의 그런 모습을 느낄 수 있었고, 그들에 의해서 사느냐 죽느냐가 좌우될 운명에 놓인 자들은 그들로부터 그 어떤 긍휼도 발견할 수 없었다.

(2) 그들 가운데는 피를 흘리려고 이간을 붙이고 고자질하는 자들이 있었다(9절). 그들은 다른 사람들에 대하여 고관들에게 거짓으로 고자질하여 해악을 입히고자 하였고, 고관들은 그런 기회를 환영하였다. 또는, 그들은 개인적으로 얘기했던 내용을 다 떠벌리고 다니며 이간질을 시켜서, 이웃들끼리 서로 싸움이 벌어져서 서로 물고 뜯으며 심지어 살인까지 일어나기도 했다. 이웃들에 대하여 좋지 않게 얘기하고 험담을 하여 이웃들 사이에 불화를 조장하는 자들은 마치 불을 붙인 자가 그 불로 일어난 모든 해악에 대하여 책임을 져야 하는 것과 마찬가지로 그의 그러한 행위 때문에 일어나게 된 온갖 해악에 대하여 벌을 받게 되리라는 것을 명심하라.

(3) 그들 가운데는 피를 흘리려고 뇌물을 받는 자들이 있었다(12절). 그들은 돈을 받고 고용이 되어서 거짓 증언을 하여 한 사람의 목숨을 빼앗거나 배심원이 되어서 뇌물을 받고 죄 없는 자에게 유죄 평결을 내려 죽게 만들었다. 이와 같이 너무도 야만적인 방법으로 피 흘리는 일이 예루살렘에서 비일비재하게 일어난 것을 볼 때, 우리는 다음과 같이 결론을 내릴 수 있을 것이다.

[1] 사람들의 양심이 완전히 악에 물들어 무감각해졌고, 그들의 마음은 딱딱하게 굳어졌다는 것. 왜냐하면, 양심이 굳어지지 않은 자들은 악에 집착하지

않을 것이기 때문이다.

[2] 남에게 해를 끼치지 않고 조용하게 살아가는 선한 자들이 많이 죽임을 당하였기 때문에, 도성의 죄책은 늘어났고, 중간에 서서 하나님의 진노를 돌려 놓아야 할 자들의 수는 줄어들었다.

2. 우상 숭배. 예루살렘은 우상을 만들어 스스로 더럽히는 성이다(3절). 네가 만든 우상으로 말미암아 스스로 더럽혔다(4절). 그들 자신을 위하여 우상들을 만든 자들은 그 우상들이 그들에게 해를 끼친다는 것을 발견하게 될 것임을 명심하라. 왜냐하면, 우상 숭배자들은 그들 자신을 기만하고, 그들 자신의 멸망을 준비하는 자들이기 때문이다. 게다가 우상을 숭배함으로써 그들은 스스로를 더럽혀서, 그들 자신을 의로우시고 질투하시는 하나님의 눈에 역겨운 자들로 만들어 버리고, 그들의 마음과 양심도 더러워져서 그들에게 정결한 것은 아무것도 없게 되어 버린다. 스스로 우상들을 만들지 않았다고 해도, 우상들을 기리고 우상 숭배자들과 친교를 나누기 위해서 산 위에서 또는 산당에서 제물을 먹는 죄를 범한 자들도 있었다(9절).

3. 부모에 대한 불순종. 그들이 네 가운데에서 부모를 업신여기고 무시하며 욕하고 안하무인식으로 행하였다(7절). 이것은 단순히 예의범절이 희미해진 통상적인 타락의 수준을 훨씬 넘은 것으로서 모든 질서가 다 무너졌음을 보여주는 증표였다(사 3:5). 부모를 업신여기는 자들은 모든 악을 향하여 내달리는 대로(highway) 위에 있는 것이다. 하나님은 부모의 권위를 밑받침하기 위하여 많은 진진하고 유익한 율법들을 만들어 놓으셨지만, 사람들은 그 율법들을 실천하는 데에 아무런 관심도 보이지 않았다. 아니, 바리새인들은 '고르반' (하나님께 드림이 되었다)에 관한 율법을 악용해서 부모를 업신여기고 봉양하지도 않는 행위를 공공연히 조장하였다(마 15:5).

4. 압제와 착취. 그들은 스스로 치부하기 위해서 잘못된 방법으로 가난한 자들을 착취하였다(7절). 그들은 나그네를 학대하였으며, 나그네가 이 땅의 법과 관습에 대하여 무지하고 절박한 처지에 있는 것을 악용해서 나그네를 압제하고 사기 행각을 벌였다. 압제받고 학대받는 자들에게 피난처가 되어 주었어야 할 예루살렘에서 그들은 터무니없는 요구와 조사, 또는 권리보다 힘이 통하는 골치아픈 소송을 통해서 고아와 과부를 괴롭히고 해하였다. "네가 변돈과 이자를 받았다(12절). 네 가운데에 그런 일을 행하는 자들이 있을 뿐만 아니라, 네가

그런 일을 행하였다." 그것은 예루살렘 성 또는 공동체 전체의 행위였다. 백성들의 구제를 위하여 사용되었어야 할 공적인 자금, 백성들을 착취해서 거두어들인 공적인 자금이 고리대(高利貸)를 놓는 데에 사용되었다. 네가 이(利)를 탐하여 이웃을 속여 빼앗았다. 이웃들이 공정한 거래를 통해서 서로 이익을 얻는 것은 좋은 일이지만, 이를 탐하는 자들은 형평법에 따라 제지되어야 했다.

5. 안식일을 비롯해서 거룩한 것들을 더럽힌 죄. 이 죄는 하나님이 여기에서 그들을 기소하시면서 열거하신 다른 죄들에 수반되는 것이 보통이다(8절). 너는 나의 성물들, 나의 거룩한 말씀과 규례들을 업신여겼다. 그들은 하나님이 정하신 예식들이 너무 밋밋하고 평범하다고 생각해서 업신여겼고, 그 대신에 이방의 관습들을 좋아하였다. 거룩한 신앙과 하나님에 대한 예배를 멸시하게 되면, 음행과 정직하지 못한 것이 자연스럽게 뒤따라온다는 것을 명심하라. 너는 나의 안식일을 더럽혔다. 예루살렘에는 누구나 거룩한 성에서 기대할 수 있는 것, 즉 안식일을 거룩히 여기는 분위기가 없었다. 안식일을 범하는 것은 모든 죄악으로 들어가는 입구가 되는 죄악이다. 많은 사람들은 그들의 멸망의 원인을 언급할 때에 반드시 이 죄를 거론하였다.

6. 부정함과 일곱째 계명을 범하는 온갖 종류의 죄들. 이러한 죄악들은 하나님께서 그들이 우상을 숭배하고 거룩한 것들을 더럽힌 죄에 대한 의로운 심판으로 그들을 더러운 정욕에 내버려 두심으로써 생겨난 열매들이었다. 예루살렘은 정결(淨潔)로 유명하였지만, 이제는 그 가운데서 그들은 음행을 저질렀다(9절). 거기에서는 자기 아버지의 하체를 드러내는 자(10절), 즉 아버지의 부인과 관계를 갖는 자도 있었을 정도로 음행은 뻔뻔스럽게 행하여졌는데, 이런 죄는 이방인 중에서도 없는 죄로서 그리스도인들 가운데서는 입에 올리기조차 부끄러운 죄이고(고전 5:1), 모세의 율법에서는 사형에 해당하는 죄였다(레 20:11). 율법은 여인을 안는 일을 멀리 할 때를 규정하고 있는데, 이 규정도 지켜지지 않았다(전 3:5). 왜냐하면, 그들 가운데는 월경하는 부정한 여인과 관계하는 자도 있었기 때문이다. 그들은 이웃의 아내나 며느리 또는 누이와 관계하는 것도 서슴지 않았다(11절). 그러니, 하나님이 이 일들에 대하여 벌하지 아니하겠느냐.

7. 이 모든 악의 밑바닥에는 하나님을 개의치 않는 마음이 자리잡고 있었다(12절). "네가 나를 잊어버렸도다. 그렇지 않다면, 네가 이런 일들을 저지를 수 없었을 것이다." 죄인들이 하나님의 화를 돋우는 짓을 행하는 것은 그들이 하

나님을 잊어버리고 있기 때문이라는 것을 명심하라. 그들은 하나님이 그들을 지으셨다는 것, 그들이 하나님께 의존되어 있다는 것, 그들에게는 하나님에 대한 도리와 의무들이 있다는 것을 잊어버리고 있는 것이다. 그들은 하나님의 은총이 얼마나 귀한지를 잊어버렸기 때문에 스스로 그 은총을 받기에 합당하지 않은 자들이 되어 버렸고, 하나님의 진노가 얼마나 무시무시한지를 잊어버렸기 때문에 그 진노를 살 짓을 행하고 있는 것이다. 그들의 길을 굽게 하는 자들은 자기 하나님 여호와를 잊어버린 자들이다(렘 3:21).

**II. 선지자는 이 모든 범죄로 말미암아 예루살렘에 대하여 선고를 내려야 한다.**

1. 예루살렘은 그가 자신의 죄악의 분량을 다 채웠기 때문에 더 이상 심판이 미뤄질 수 없고 하나님의 복수하심이 속히 이루어질 수밖에 없다는 것을 알아야 한다. 예루살렘은 스스로 벌 받을 때가 이르게 하였다(3절). 마치 상속자가 성년이 되어 유업을 물려받을 날이 된 것처럼, 네 날이 가까웠고, 네가 벌을 받기 위한 연한이 찼다(4절). 하나님은 그들에 대하여 더 오래 참고자 하셨지만, 그들의 죄가 극에 달했기 때문에, 도의상 그들에게 더 이상의 기간을 주실 수 없으셨다. 하나님의 인내하심을 악용하면 결국에는 도저히 인내하실 수 없는 때가 오고 말 것임을 명심하라. 솔로몬이 말한 것처럼, 죄인들이 지나치게 악인이 되면 유예 기간이 단축되어서 기한 전에 죽게 된다(전 7:17).

2. 예루살렘은 모든 이웃 나라들의 멸시와 조롱을 받을 만하게 행동하였기 때문에 하나님이 그를 조롱 거리가 되게 하신 것은 마땅한 일이라는 것을 알아야 한다(4절). 내가 너로 이방의 능욕을 받으며 만국의 조롱 거리가 되게 하였노라. 예루살렘의 배교와 타락을 목격한 증인들인 가까운 자들이나, 비록 멀리 떨어져 있기는 하지만 예루살렘이 그렇게 된 것이 마땅하다고 생각하는 먼 자들이나 다 너를 조롱할 것이다(5절). 그들이 하나님께 충성하였을 때에도 이웃 나라들이 그들을 욕하고 비방하였지만, 그것은 그들에게 욕이 아니라 영광이었고, 그들은 하나님이 그들의 욕을 씻어주실 것을 확신할 수 있었다. 그러나 그들이 하나님을 반역해서 조롱을 당하고 있는 지금에 있어서는 그들은 욕과 수치를 그대로 감수할 수밖에 없고, 여호와께서 의로우시다는 것을 인정할 수밖에 없다. 이웃 나라들이 예루살렘을 조롱하는 것은 그 죄들이 매우 추악하고(예루살렘은 악명으로 자신의 이름을 더럽혔고 명성을 잃었다) 그 벌이 아주 혹독하였

기 때문이다(예루살렘은 자신에게 닥친 환난에 몹시 당혹해하고 초조해하였다).

3. 예루살렘은 하나님이 그들의 악에 대하여 대단히 진노하고 계시며 그들의 악에 대하여 증언하고 계시고 앞으로도 증언하실 것임을 알아야 한다(13절). 네가 불의를 행하여 이익을 얻은 일로 말미암아 내가 손뼉을 쳤다. 하나님은 그들의 불경건과 불의, 그들이 저지른 압제와 살인(네 가운데에 있는 피), 그 밖의 다른 온갖 죄들에 대하여 그의 선지자들과 그의 섭리를 통해서 하늘로부터 그의 진노를 나타내셨다. 하나님은 그들이 경고를 받지 못했다고 말할 수 없도록 하기 위하여 자기 백성의 악한 행실에 대하여 그가 얼마나 진노하고 계시는지를 충분히 밝히셨고, 죄인을 손보기 전에 손뼉을 쳐서 죄에 대하여 경고하신다는 것을 명심하라. 이것은 우리가 정직하지 않게 얻은 이득, 토색한 재물을 멸시하고 손을 흔들어 뇌물을 받지 아니하여야 하는 이유가 된다(사 33:15). 왜냐하면, 그러한 것들은 하나님이 손사래를 치시는 죄들이기 때문이다.

4. 예루살렘은 교만하고 안일하게 생각하고 있지만 막상 하나님의 심판이 임하면 그 심판을 당해내지 못할 것임을 알아야 한다(14절).

(1) 하나님은 예루살렘에게 마땅한 멸망이 임할 것이라고 확실하게 말씀하신다. 나 여호와가 말하였으니 내가 이루리라. 하나님은 사람이 아니어서 후회하지 않으시기 때문에, 그의 약속의 말씀과 마찬가지로 그의 경고의 말씀도 반드시 이루신다.

(2) 하나님은 예루살렘이 그와 다툴 수 있고 그의 심판도 막아낼 수 있다고 생각하는 것으로 전제하신다. 예루살렘은 여호와의 날에 대한 경고를 무시하였다(사 5:19).

(3) 하나님은 예루살렘에게 그들이 그를 전혀 당해낼 수 없을 것임을 확신시키신다. "내가 네게 보응하는 날에 네 마음이 견디겠느냐 네 손이 힘이 있겠느냐. 너는 너 자신과 같은 사람들을 상대하면 될 것으로 생각하는 모양이지만, 네가 살아 계신 하나님의 손에 빠져 들어가게 된 것을 알게 될 것이다." 좀 더 살펴보자.

[1] 하나님이 죄인들에게 보응하실 날이 장차 올 것이다. 하나님은 어떤 이들에게는 회개에 이르도록 하시는데, 이 때에는 그들이 죄를 깨닫게 하시는 하나님의 권능을 거역할 수 없게 된다. 또한, 하나님은 어떤 자들에 대해서는 그들

의 죄에 보응하여 그들을 멸망시키시는데, 현세에서도 혹독한 심판을 통하여 죄인들에게 보응하시지만, 특히 내세에서는 하나님의 진노의 잔이 남김없이 그들에게 부어질 것이다.

[2] 하나님이 죄인들에게 보응하실 때에 그들에게 쏟아질 진노는 참기 힘들고 도저히 어떻게 해볼 수 없는 것이 될 것이다. 아무리 강심장을 지닌 자라도 그 진노를 견뎌낼 수 없을 것이다. 사람의 심령은 자신의 그 어떤 결함도 붙잡고 있지 못할 것이다. 지옥에 떨어진 죄인들은 그들이 겪는 고통을 잊거나 무시할 수 없을 것이고, 그 고통 속에서 그들에게 힘을 줄 만한 것을 하나도 갖지 못할 것이다. 하나님의 진노의 타격들을 막아내거나 진노의 날에 죄인들을 결박할 쇠사슬을 부술 만큼 강한 손은 존재하지 않는다. 누가 주의 노여움의 능력을 알며 누가 주의 진노의 두려움을 알까.

5. 예루살렘은 이방의 길로 행하였고 그들의 행위들을 배워서 따랐기 때문에 장차 그런 것들을 넌더리가 나고 질리도록 갖게 될 것임을 알아야 한다(15절). "내가 너를 네 땅에서 쫓아내어 이방인들 가운데로 보낼 뿐만 아니라, 너를 뭇 나라 가운데에 흩으며 각 나라에 헤치고, 거기에서 이방인들에 의해 학대와 모욕을 받게 하리라." 하나님이 그들을 정결하게 하고자 온갖 방법을 다 써보았어도 더러운 것과 더러운 자들이 여전히 그들 가운데 있기 때문에(너는 정결하게 되고자 하지 않았다, 렘 13:27), 하나님은 심판을 통해서 그들의 더러운 것을 그들 가운데에서 멸하실 것이다. 하나님은 구제불능일 정도로 악한 자들을 멸하실 것이고, 신하게 되고자 하는 자들의 삶을 고치실 것이다.

6. 예루살렘은 하나님이 그들과 의절하시고 그들을 내치셨다는 것을 알아야 한다. 하나님은 그들의 유업이자 분깃이셨지만, 이제는 아니다(16절). "너는 네 자신 속에서 네 유업을 취하게 될 것이다. 하나님이 더 이상 너를 위해 일하지 않으실 것이기 때문에, 이제부터는 네가 너를 위해서 이리저리 변통하여 최선을 다해서 네 일을 꾸려 나가야 할 것이다." 자기 자신을 자신의 정욕의 지배를 받도록 내어준 자들을 하나님이 그들의 정욕에 의지하여 자신의 몫을 챙기도록 내버려 두시는 것은 합당한 일이다. 자기가 자신의 주인이 되기로 결심한 자들은 그들 자신의 손으로 얻을 수 있는 보잘것없는 몫 이외의 다른 위로나 행복을 기대해서는 안 된다. 내가 진실로 너희에게 이르노니 그들은 자기 상을 이미 받았느니라. 너는 살았을 때에 좋은 것을 받았다. 하나님이 여기에서 하시는 말

씀도 바로 그런 취지의 말씀이다. "너는 네 자신 속에서 네 유업을 취하게 될 것이고, 네가 이방 나라들의 목전에서 내가 내 백성에게 유일하게 차고 넘치는 분깃이 되어 주실 여호와이시라는 것을 고백하게 될 때에는 이미 때가 늦을 것이다." 하나님 안에 있는 자신의 분깃을 잃어버리고 나서야 사람들은 그 분깃이 얼마나 소중한 것이었는지를 알게 된다는 것을 명심하라.

[17]여호와의 말씀이 내게 임하여 이르시되 [18]인자야 이스라엘 족속이 내게 찌꺼기가 되었나니 곧 풀무 불 가운데에 있는 놋이나 주석이나 쇠나 납이며 은의 찌꺼기로다 [19]그러므로 주 여호와께서 이와 같이 말씀하셨느니라 너희가 다 찌꺼기가 되었은즉 내가 너희를 예루살렘 가운데로 모으고 [20]사람이 은이나 놋이나 쇠나 납이나 주석이나 모아서 풀무 불 속에 넣고 불을 불어 녹이는 것 같이 내가 노여움과 분으로 너희를 모아 거기에 두고 녹이리라 [21]내가 너희를 모으고 내 분노의 불을 너희에게 불면 너희가 그 가운데에서 녹되 [22]은이 풀무 불 가운데에서 녹는 것 같이 너희가 그 가운데에서 녹으리니 나 여호와가 분노를 너희 위에 쏟은 줄을 너희가 알리라

이 단락에서도 여전히 앞에서와 똑같은 암울한 곡조가 울려퍼지지만, 하나님은 백성들의 마음을 움직이시기 위하여 그 곡조를 여러 가지로 변형하여 다양하게 연주하신다. 선지자는 여기에서 이스라엘의 온 족속이 찌꺼기가 되어 버렸다는 것과 찌꺼기가 된 그들이 다 태워지게 될 것임을 본다. 다윗이 세상의 악인들에 관하여 말하였던 것이 여기에서는 교회의 악인들에게 적용되고 있는데, 이는 교회가 타락하고 부패하였기 때문이다(시 119:119). 주께서 세상의 모든 악인들을 찌꺼기 같이 버리신다.

**I. 이스라엘 족속이 형편없이 타락한 모습이 여기에서 어떻게 묘사되고 있는지를 보라.** 이 나라는 다윗과 솔로몬의 시대에는 금 머리였었고, 남북 왕국으로 분단되었을 때에는 은으로 된 팔이었지만, 지금은 그렇지 않다.

1. 이스라엘 족속은 이전과 비교할 때에 아무런 가치도 없는 쓸모없는 금속으로 변질되어 버렸다. 그들은 모두 놋이나 주석이나 쇠나 납이다. 어떤 이들은 이것이 그들 가운데 있는 여러 부류의 죄인들을 나타내는 것이라고 생각한다. 그들이 놋이라는 것은 그들이 악을 행할 때의 뻔뻔스러움을 나타내는 것으로

서, 그들의 낯은 놋 같아서 부끄러운 줄을 모른다. 전에는 그들의 신발이 철과 놋이었지만(신 33:25), 지금은 그들의 이마가 그렇다(사 48:4). 그들이 주석이라는 것은 그들 중 많은 자들이 위선적으로 신앙을 고백함으로써 그들의 죄악을 은폐하고 있는 것을 나타내는 것으로서, 그들은 겉으로는 참된 신앙을 지닌 듯이 그럴 듯하게 행동하지만 실상은 그렇지 않았다. 그들이 쇠라는 것은 철기시대의 속성이 그렇듯이 그들의 성품이 포학하여 전쟁을 즐기는 것을 나타낸다. 그들이 납이라는 것은 둔감하고 우둔하며 얼이 빠져 있는 그들의 모습을 나타내는 것으로서, 그들은 악에는 쉽게 움직이고 물들면서도 정작 선한 일에는 납처럼 무거워서 꿈쩍도 하지 않았다. 어찌하여 금이 찌꺼기가 되었으며, 어찌 순금이 변질하였는고. 예레미야 선지자는 예루살렘의 타락상을 보고 이렇게 애통해하였다(애 4:1). 그렇지만 이것이 그들의 최악의 모습은 아니었다. 여기에 언급된 금속들은 비록 가치가 덜하기는 하지만 그래도 어느 정도 쓸모가 있기 때문이다.

2. 이스라엘 족속이 내게 찌꺼기가 되었다. 그들은 그들 자신이나 이웃 나라들이 보기에는 어떠하든지 간에, 하나님이 보시기에는 찌꺼기 같은 존재가 되어 있었다. 그들은 은이었지만, 이제는 은의 찌꺼기이다. 은의 찌꺼기라는 말은 은을 씻어서 녹여 제련할 때에 은에서 분리되어 나오는 온갖 쓸모없는 쓰레기 같은 이물질들을 의미한다. 죄인들, 특히 신앙을 지녔다가 타락한 자들은 상태가 아주 나빠서 먹을 수 없는 나쁜 무화과처럼 하나님이 보시기에 아무런 가치가 없는 쓸모없는 찌꺼기 같은 자들이라는 것을 명심하라. 그들은 아무짝에도 쓸모없는 자들로서 그들 자신에게나 다른 사람들에게나 도움이 되지 않는 자들이다.

**II. 이 타락한 이스라엘 족속에 임할 끔찍한 멸망이 어떻게 예언되고 있는가.** 하나님은 그들을 모두 예루살렘에 한데 모으실 것이다. 예루살렘은 견고한 성이었기 때문만이 아니라 거룩한 성이었기 때문에, 백성들은 방방곡곡에서 예루살렘으로 피난을 왔다. 이제 하나님은 그들이 목숨을 보전하려고 예루살렘으로 모여든 것을 여러 종류의 금속을 풀무 불이나 도가니에 한꺼번에 넣고서 순전한 금속으로부터 찌꺼기들을 분리해내고자 한데 모으신 것이라고 그들에게 말씀하신다. 그들은 적군에 포위된 채 예루살렘 가운데에 있다.

1. 그들이 이렇게 갇혀 있는 상태에서 하나님의 분노의 불이 이 풀무 불에 붙

여질 것이고, 하나님은 그 불이 맹렬하게 타오를 수 있도록 그 불에 바람을 불어넣으실 것이다(20-21절). 하나님은 노여움과 분으로 그들을 모으실 것이다. 불에 바람을 불어넣으면 큰 소리가 나는데, 하나님이 예루살렘을 심판하실 때에도 그럴 것이다. 하나님이 자신의 영광을 생각하시고 뭔가 본보기를 보여주어야 할 필요성을 고려하셔서 떨쳐 일어나 그의 진노를 불러일으킨 백성에 대한 심판을 집행하실 때, 하나님은 죄와 죄인들에 대하여 그의 분노의 불을 불어서 풀무 불을 평소보다 칠 배나 뜨겁게 하실 것이다.

2. 풀무 불 속에 모아 넣은 여러 종류의 금속은 녹게 될 것이다. 격렬히 타오르는 불과 같은 여러 가지 심판들을 통해서 그들의 체질이 다 풀어져 녹아서, 그들이 이전에 지녔던 모습과 힘을 다 잃어버리고, 하나님의 진노 앞에서 완전히 엎드러지게 될 것이다. 놋과 납이 동일한 풀무 불 속에서 한데 녹고, 나무들이 다발로 묶여서 불에 던져지듯이, 여러 부류의 죄인들은 그 풀무 불 속에서 한데 녹아서 한꺼번에 망하게 될 것이다. 그들은 목숨을 부지하기 위해서 예루살렘으로 모여 들었지만, 하나님은 그들을 처형하기 위해서 예루살렘으로 모아들이신 것이었다.

3. 하나님은 그들을 풀무 불 속에 그대로 두실 것이다(20절). 내가 풀무 불 속에 너희를 모아 거기에 두리라. 하나님은 자기 백성을 풀무 불 속에 집어넣으실 때에는 마치 제련하는 자처럼 그들이 단련되는 데에 꼭 필요한 시간만큼만 그 속에 있도록 하기 위하여 그들 곁에 앉아서 지켜 보신다. 그러나 이 백성을 풀무 불 속에 집어넣으실 때, 하나님은 마치 사람들이 찌꺼기를 완전히 태워 버리려고 풀무 불 속에 넣을 때와 마찬가지로 그들이 어떻게 되든 관심을 갖지 않으시고 그들을 거기에 그대로 두실 것이다. 내가 찢은 후에 그대로 가 버릴 것이라는 말씀과 비교해 보라(호 5:14).

4. 이런 과정을 거쳐서 찌꺼기는 완전히 분리되어서, 금속은 정결하게 될 것이다. 즉, 회개하지 않은 자들은 멸망당할 것이고, 회개한 자들은 삶을 고침받고 구원 받기에 합당한 자들로 변화받을 것이다. 은에서 찌꺼기를 제하라 그리하면 장색의 쓸 만한 그릇이 나올 것이요(잠 25:4). 다른 방법들을 다 동원했어도 아무 소용이 없었기 때문에, 하나님은 이스라엘 족속에 대하여 이런 심판을 행하실 것이고, 이 심판을 거친 후에는 사람들이 더 이상 그들을 내버린 은이라 부르지 않게 될 것이다(렘 6:30).

²³여호와의 말씀이 내게 임하여 이르시되 ²⁴인자야 너는 그에게 이르기를 너는 정결함을 얻지 못한 땅이요 진노의 날에 비를 얻지 못한 땅이로다 하라 ²⁵그 가운데에서 선지자들의 반역함이 우는 사자가 음식물을 움킴 같았도다 그들이 사람의 영혼을 삼켰으며 재산과 보물을 탈취하며 과부를 그 가운데에 많게 하였으며 ²⁶그 제사장들은 내 율법을 범하였으며 나의 성물을 더럽혔으며 거룩함과 속된 것을 구별하지 아니하였으며 부정함과 정한 것을 사람이 구별하게 하지 아니하였으며 그의 눈을 가리어 나의 안식일을 보지 아니하였으므로 내가 그들 가운데에서 더럽힘을 받았느니라 ²⁷그 가운데에 그 고관들은 음식물을 삼키는 이리 같아서 불의한 이익을 얻으려고 피를 흘려 영혼을 멸하거늘 ²⁸그 선지자들이 그들을 위하여 회를 칠하고 스스로 허탄한 이상을 보며 거짓 복술을 행하며 여호와가 말하지 아니하였어도 주 여호와께서 이같이 말씀하셨느니라 하였으며 ²⁹이 땅 백성은 포악하고 강탈을 일삼고 가난하고 궁핍한 자를 압제하였으며 나그네를 부당하게 학대하였으므로 ³⁰이 땅을 위하여 성을 쌓으며 성 무너진 데를 막아 서서 나로 하여금 멸하지 못하게 할 사람을 내가 그 가운데에서 찾다가 찾지 못하였으므로 ³¹내가 내 분노를 그들 위에 쏟으며 내 진노의 불로 멸하여 그들 행위대로 그들 머리에 보응하였느니라 주 여호와의 말씀이니라

이 단락에는 다음과 같은 내용들이 나온다.

**I. 이스라엘 땅에 대한 전반적인 평가.**  이 평가는 이 땅이 장차 그 땅을 멸망시키기 위하여 임할 심판을 받기에 얼마나 합당한 땅인지, 그 땅을 정결하게 하기 위해서 그러한 심판이 얼마나 절실하게 필요한지를 보여준다. 선시사는 이스라엘 땅에 대하여 다음과 같이 분명하게 전하여야 한다. "너는 정결함을 얻지 못한 땅이요, 원석(原石)처럼 제련되지 못하였기 때문에, 반드시 다시 풀무 불 속으로 들어가야 한다. 너의 삶을 고치고자 지금까지 무수한 방법과 수단들을 사용해 봤지만 아무 소용이 없었다. 너는 진노의 날에 비를 얻지 못한 땅이로다." 하나님이 그들에게 비를 내리지 않으신 것은 그의 진노의 날에 그들에게 내린 심판들 중의 하나였다(렘 14:4). 또는, "너는 하나님의 진노를 보여주는 여러 가지 일들을 겪으면서도 그 진노의 날에조차 비를 얻지 못하였다. 선지자들의 가르침이 네게 비처럼 내렸지만, 너는 그 비를 흡수하지 않았다." 또는, "너는 징계를 받았지만 정결함을 얻지 못하였다. 길거리의 더러움은 폭우에

의해서 씻겨져 나가건만, 너의 더러움은 씻어지지 않았다. 아니, 진노의 날이 네게 임하였지만, 너의 더러움은 제거되기는커녕, 마치 비가 오지 않아서 메마른 날씨에 먼지가 쌓인 성읍처럼 더욱 심해졌다." 또는, "진노의 날에 네게 힘을 주거나 위로가 될 것이 아무것도 없다. 너는 비처럼 내리는 하나님의 위로를 받지 못한다." 따라서 부자는 고통 가운데 있으면서 그의 혀를 서늘하게 해 줄 물 한 방울도 얻을 수 없었다.

**II. 그들 가운데 몇몇 계층과 부류들에 대한 구체적인 고소.** 이것은 그들이 모두 민족적인 죄의 분량을 채우는 데에 일조하였지만 그 죄를 비우는 데에는 아무런 역할도 하지 못하였다는 것을 보여준다. 그들은 모두 똑같은 자들이었다.

1. 그들의 행실은 모두 부패하였다. 미덕을 보여주는 가장 뛰어난 본보기들이 되었어야 할 자들이 도리어 죄악에 앞장서서 악덕의 본보기들이 되었다.

(1) 하나님의 뜻을 백성들에게 알려 주는 체하였던 선지자들은 속이는 자들이었을 뿐만 아니라 삼키는 자들이기도 하였다(25절). 그들은 죄를 저지르는 백성들에게 벌을 받지 않을 것이고 형통할 것을 약속하는 설교를 하고 그 누구 못지않게 타락한 행실을 보여줌으로써 백성들의 죄악을 더욱 부추겼다. 하나님과 신앙, 참 선지자들과 모든 선한 자들을 대적하고자 하는 선지자들의 공모(共謀)가 거기에 있었다. 그들은 함께 모의라도 한 듯이 아합의 선지자들처럼 한 목소리로 죄악된 길을 가고 있는 백성들에게 평화를 약속하였다. 많은 이들이 거짓된 것을 한 목소리로 자신 있게 말한다면, 그것은 진리를 대적하고자 하는 은밀한 공모의 결과일 뿐임을 명심하라. 사탄은 스스로 분쟁하지 않는 법이다. 선지자들은 살인자들이나 압제자들과 공모해서, 그들의 악행을 후원하고 그들의 뒤를 봐주었으며, 그들이 얻은 이익의 일부를 얻기 위해서 거짓 예언으로 그들의 행위를 정당화해 주었다. 선지자들은 우는 사자가 음식물을 움킴 같았다. 선지자들은 파멸시키기로 작정한 자들을 벼락 같은 소리로 위협하고 겁을 주거나, 백성들 가운데 그들에 관한 나쁜 소문을 퍼뜨려서, 그들을 파멸시켰다.

[1] 선지자들은 사람들의 생명을 삼켰다. 그들은 사람의 영혼을 삼켰다. 즉, 그들은 수많은 죄 없는 사람들의 피를 흘리는 데에 일조하였고, 그렇게 함으로써 잘 살아가고 있던 많은 여인네들을 비참한 과부로 만들었다. 그들은, 그들

의 예언이 거짓이라고 증언하며 그들을 선지자로 인정하고자 하지 않았던 자들을 박해하여 죽음으로 내몰았다. 또는, 그들은 죄인들에게 거짓 평안과 헛된 소망을 불어넣어 주어서 영원한 멸망으로 인도하는 죄악의 길로 유혹함으로써 사람들의 영혼을 삼켰다. 사람들을 악으로 이끌고 죄악된 길에 있는 자들에게 힘을 실어 주는 자들은 그들의 영혼을 삼키는 자요 죽이는 자라는 것을 명심하라.

[2] 선지자들은 사람들의 재산을 삼켰다. 나봇이 죽임을 당하면, 선지자들은 그의 포도원을 차지한다. 그들은 재산과 보물을 마치 몰수하듯이 탈취하였다. 그들은 바리새인들처럼 이런저런 방식으로 과부들의 가산을 삼켰다(막 12:40). 또는, 그들은 사람들이 듣기 좋아하는 거짓된 예언들을 해준 대가로 그러한 재산과 보물을 요구하였다. 왜냐하면, 선지자들은 그 입에 무엇을 채워 주지 아니하는 자에게는 전쟁을 준비하기 때문이다(미 3:5). 예루살렘에서는 바로 이와 같은 자들이 선지자로 행세하고 있었다.

(2) 제사장들은 가르치는 직분을 지닌 자들이었고 거룩한 것들을 지킬 의무를 지닌 자들이었으며 거짓 선지자들을 밝혀내어 책임을 물어야 하는 직책에 있는 자들이었지만 선지자들만큼이나 악해져 있었다(26절).

[1] 제사장들은 마땅히 하나님의 율법을 스스로도 지키고 다른 사람들에게도 지키라고 가르쳤어야 하는데도 도리어 그 율법을 범하였다. 그들은 홉니나 비느하스처럼 제사장에 관한 율법을 아랑곳하지 않았고, 대놓고 무시하며 깨뜨렸다. 그들은 하나님이 분명하게 말씀하셨음에도 불구하고 그들이 하고 싶은 대로 행하였다. 그들 자신의 본분을 어기며 산 자들이 어떻게 백성들에게 올바른 도리를 가르칠 수 있었겠는가?

[2] 제사장들은 하나님의 성물들을 잘 지키고 사람들이 그것들을 더럽히는 것을 막아야 하는 자리에 있었음에도 불구하고 도리어 그것들을 더럽혔다. 그들은 율법에 의해서 자격이 없는 것으로 규정된 자들이 거룩한 것들을 먹어도 그대로 놔두었다. 그런 자들로 말미암아 여호와의 상(床)은 멸시를 받았다. 또한, 그들은 스스로도 그러한 성별되지 못한 손들로 성물들을 다룸으로써 그것들을 더럽혔다.

[3] 제사장들은 율법의 지시와 구별법에 따라서 거룩함과 속된 것을 구별하고 부정함과 정한 것을 구별해야 하는데도 그들 스스로 그런 것을 구별하지 않았고,

백성들에게도 그런 것을 어떻게 구별하는지를 보여주지도 않았다. 그들은 율법에서 금지한 자들이 하나님의 뜰에 들어오는 것을 허용하였고, 백성들에게 율법에서 구별한 정한 음식과 부정한 음식, 거룩한 때와 장소와 속된 때와 장소의 구별을 지키도록 가르치지 않았다. 그들은 스스로도 율법에 구애받지 않고 자유롭게 살았고, 백성들에게도 그렇게 살라고 격려하였다.

[4] 제사장들은 그들의 눈을 가리어 하나님의 안식일을 보지 아니하였다. 그들은 안식일에 전혀 신경을 쓰지 않았다. 하나님의 안식일이 거룩히 지켜지든 그렇지 않든, 그런 것은 그들에게 아무런 상관이 없는 일이었다. 그들은 안식일을 지키는 자들을 칭찬하지도 않았고, 안식일을 더럽히는 자들을 제지하지도 않았으며, 그들 자신이 안식일을 존중하는 마음을 전혀 보이지 않았다. 그들은 안식일에 속된 일을 하는 자들을 못 본 체해 주었고, 안식일에 백성들의 행실을 감시했어야 하는데도 딴 곳만을 보았다. 안식일은 하나님이 그들에게 덧입혀 주신 아름다움이자 영광이어서, 그들은 마땅히 안식일을 존중했어야 한다. 그러나 그들은 안식일을 보지 아니하였고, 안식일이 지닌 뛰어난 것들을 보고자 하지 않았다.

[5] 이 모든 일을 통해서 하나님은 그들 가운데에서 더럽힘을 받았다. 그의 권위는 무시당했고, 그의 선하심은 업신여김을 받았으며, 그의 거룩함은 극도로 모욕과 경멸을 당했다. 성경과 안식일과 거룩한 것들이 지닌 존귀함을 더럽히는 것은 그러한 것들과 관련되어 있는 하나님의 존귀하심을 더럽히는 것임을 명심하라.

(3) 자신의 권세로 이러한 악습들을 바로잡았어야 할 고관들은 그 누구보다도 뻔뻔스럽게 율법을 범하는 자들이었다(27절). 고관들은 음식물을 삼키는 이리 같다. 왜냐하면, 공의와 선함에 의해서 밑받침되지 않는 권력은 바로 그런 것이기 때문이다. 그들이 하는 모든 일은 다음과 같은 것들이었다.

[1] 사람들에게 자기 자신을 독선적이고 무서운 존재로 인식시켜서 그들 자신의 오만함과 야망을 충족시키기 위한 것.

[2] 피를 흘려 영혼을 멸하고, 그들의 길에 방해가 되는 자들이나 그들의 뜻을 조금이라도 거스르는 자들을 모두 잔혹하게 해치움으로써 그들 자신의 악의와 복수심을 충족시키기 위한 것.

[3] 그들 자신의 탐욕. 그들이 목표로 삼는 것은 아랫사람들을 억누르고 짓

밟아서 불의한 이익을 얻는 것이 전부이다. 어떤 것에서 나는 것이든 이익이 풍기는 향기는 감미롭고 달콤하다. 공정한 거래를 통해서든 사기를 쳐서든 돈, 돈, 돈을 벌자. 그러나 그들은 사람들을 억압해서 자신의 뜻을 관철시킬 수 있는 충분한 권력을 지니고 있긴 하지만, 그들의 평판과 양심에 대해서는 어떻게 처리하고자 하는 것인가? 우리는 이것에 대해서 다음과 같은 말을 듣는다. 그들의 선지자들은 그들을 위하여 회를 칠하였다(28절). 즉, 선지자들은 그들의 행위 속에는 남을 해롭게 하는 것이 전혀 없다고 그들에게 하나님의 이름으로 말하였다(이것은 얼마나 끔찍한 죄악인가!). 선지자들은 그들이 그들의 신민(臣民)의 생명과 재산을 마음대로 빼앗아도 그들에게 잘못이 없다고 말하였고, 선지자들이 지목해 준 자들을 그들이 박해한 것은 그들이 하나님의 일을 한 것이라고 말하였다. 이런 식으로 선지자들은 악행을 저지르는 고관들의 양심의 음성을 틀어막았다. 또한, 선지자들은 고관들이 백성들에게 행한 일들을 정당화하여, 마치 고관들이 한 일들이 모두 나라와 민족의 유익을 위해 한 것인 것처럼 칭송함으로써, 고관들의 명성을 지켜 줌과 동시에 압제당한 백성들의 입에서 아예 불평이 나오지 못하게 하였다. 회 칠하는 선지자들은 약탈을 일삼는 고관들의 든든한 후원자들이지만 결국에는 그들을 크게 속인 자들임이 드러나게 되리라는 것을 명심하라. 왜냐하면, 그런 선지자들은 제대로 반죽이 되지 않은 회로 칠을 한 것이어서 그렇게 해서 쌓아진 담은 오래 가지 못하고 얼마 안 있어 무너져 내릴 것이기 때문이다. 그들은 앞날을 보는 자들로 행세하지만, 허탄한 이상을 보는 사들일 뿐이다. 그들은 징래를 점치는 지들로 행세하지만, 거짓 **복술**을 행하는 자들일 뿐이다. 그들은 하늘의 보증 아래에서 말씀을 전하는 것처럼 행세하고, 그들이 전하는 말씀은 모두 복음만큼이나 참된 것처럼 주 여호와께서 이같이 말씀하셨느니라고 여호와의 이름을 팔지만, 사실은 모두 거짓된 것들이다. 왜냐하면, 여호와가 그런 것들을 말하지 아니하였기 때문이다.

(4) 권력을 조금이라도 수중에 쥔 백성들은 그들의 고관들로부터 권력을 악용하는 법을 배웠다(29절). 그들은 신민들을 압제하는 것에 대하여 이의를 제기하고, 해악을 당한 자들을 위하여 그들의 권리를 되돌려 줄 것을 요구하며, 자유와 권리를 지키려고 나섰어야 할 자들임에도 도리어 그들 자신이 고관들과 똑같이 압제와 약탈을 행하는 자들이 되었다. 이 땅 백성은 포악하고 강탈을 일삼고 가난하고 궁핍한 자를 압제하였다. 부자는 가난한 자를, 주인은 종들을,

지주는 소작인들을, 부모들은 자녀들을 압제하였다. 아니, 사는 자나 파는 자나 둘 다 어떻게 하면 상대방의 것을 약탈할까 기회를 노렸다. 이것은 민족적인 죄악이 되어 있었기 때문에, 하나님은 이 죄악에 대하여 민족인 심판을 경고하신다(사 3:5). 백성이 서로 학대하며 각기 이웃을 잔해한다. 그들의 이러한 죄를 더욱 가중시킨 것은 그들이 구제했어야 마땅한 가난하고 궁핍한 자를 압제하고 그들이 공평하고 친절하게 대했어야 마땅한 나그네를 부당하게 학대하며 그 권리를 빼앗았다는 것이다. 이와 같이 배교는 온 나라에 퍼져 있었고, 온갖 병폐는 전염병처럼 온 나라에 창궐하였다.

2. 이 백성을 위하여 중보 기도자로 나설 자가 아무도 없었다(30절). 이 땅을 위하여 성 무너진 데를 막아 서서 나로 하여금 멸하지 못하게 할 사람을 내가 그 가운데에서 찾다가 찾지 못하였다.

(1) 죄는 이 백성을 보호하기 위하여 그 둘레에 쳐진 울타리에 나 있는 무너진 틈새를 만드는데, 그 틈새는 선한 것들이 그들로부터 빠져나오고, 악한 것들이 그들에게로 들어가며, 하나님이 그들을 멸망시키기 위하여 들어가시는 통로가 된다.

(2) 그 무너진 데를 막아서서 틈새를 메꿈으로써 하나님의 심판을 되돌릴 수 있는 방법이 있는데, 그것은 회개하고 기도하며 삶을 고치는 것이다. 모세는 하나님의 노를 돌이켜 이스라엘 백성을 멸하시지 아니하게 하려고 그 무너진 데를 막아 서서 중보 기도를 하였다(시 106:23).

(3) 하나님은 죄악된 백성을 멸망시키기 위하여 나아오실 때에 누군가가 그들을 위하여 중보 기도하기를 기대하시고 단 한 명이라도 그런 자가 있는지를 찾아 보신다. 이렇게 어떻게 해서든 긍휼을 베풀고자 하시는 것이 하나님이 원하시는 것이요 기뻐하시는 것이다. 아브라함이 소돔을 위해 중보 기도를 하였듯이 단 한 사람이라도 그 무너진 데를 막아 서는 자가 있다면, 하나님은 그를 찾아내실 것이고 그를 무척 기뻐하실 것이다.

(4) 어떤 민족에게 하나님의 심판이 다가오고 있는데도 기도하는 사람들이 없어서, 그들에게 선한 말 한 마디 해주거나 그들을 위해 선한 기도 한 마디 드려주는 자를 단 한 사람도 찾아 볼 수 없다면, 그것은 불길한 징조이다.

(5) 상황이 이렇다면, 철저한 멸망 이외에 그들이 무엇을 기대할 수 있겠는가. 내가 내 분노를 그들 위에 쏟았고(31절), 그 분노를 있는 대로 쏟아부어서, 그

들에게 본때를 보여주었다. 그렇지만 하나님이 어떤 민족에게 어떤 식으로 그 분노를 쏟아붓든, 그것은 그들 행위대로 그들 머리에 보응하시는 것에 불과한데, 하나님은 그들의 죄악 이상으로 그들에게 보응하지 않으시고, 오히려 그들이 마땅히 받아야 할 벌보다 훨씬 가벼운 벌을 내리신다.

# 제
## — 23 —
# 장

## 개요

앞에 나온 16장과 20장처럼 길게 이어지는 이 장은 육체적인 행음과 간음에 관한 비유를 통해서 하나님의 백성이 저지른 배교 행위들과 그 배교의 죄를 더욱 가중시킨 여러 요인들의 역사에 관한 이야기이다. 여기에서는 사마리아를 수도로 한 열 지파의 이스라엘 왕국과 예루살렘을 수도로 한 두 지파의 유다 왕국이 따로 다루어진다. I. 이스라엘과 사마리아가 저지른 하나님으로부터의 배교(1-8절)와 이로 인한 그들의 멸망(9-10절). II. 유다와 예루살렘이 저지른 하나님으로부터의 배교(11-21절)와 그들도 이 때문에 멸망을 당하게 되리라는 선고(22-35절). III. 이스라엘과 유다가 저지른 공통적인 악(36-44절)과 둘 모두에게 공통적으로 임할 멸망(45-49절). 하나님이 우상 숭배의 죄, 육체의 팔을 의지하는 죄, 악한 백성과 죄악된 동맹을 맺고 연합하는 죄(이런 죄들은 여기에서 행음이라는 비유를 통해서 말해지고 있는 죄들이다)를 경고하는 말씀을 여기에 기록하신 것은 다른 사람들이 이 말씀을 듣고 두려워하여 이스라엘과 유다가 저지른 것 같은 죄들을 저지르지 않게 하기 위한 것이다.


[1]또 여호와의 말씀이 내게 임하여 이르시되 [2]인자야 두 여인이 있었으니 한 어머니의 딸이라 [3]그들이 애굽에서 행음하되 어렸을 때에 행음하여 그들의 유방이 눌리며 그 처녀의 가슴이 어루만져졌나니 [4]그 이름이 형은 오홀라요 아우는 오홀리바라 그들이 내게 속하여 자녀를 낳았나니 그 이름으로 말하면 오홀라는 사마리아요 오홀리바는 예루살렘이니라 [5]오홀라가 내게 속하였을 때에 행음하여 그가 연애하는 자 곧 그의 이웃 앗수르 사람을 사모하였나니 [6]그들은 다 자색 옷을 입은 고관과 감독이요 준수한 청년이요 말 타는 자들이라 [7]그가 앗수르 사람들 가운데에 잘 생긴 그 모든 자들과 행음하고 누구를 연애하든지 그들의 모든 우상으로 자신을 더럽혔으며 [8]그가 젊었을 때에 애굽 사람과 동침하매 그 처녀의 가슴이 어루만져졌으며 그의 몸에 음란을 쏟음을 당한 바 되었더니 그가 그 때부터 행음함을 마지아니하였느니라 [9]그러므로 내가 그를 그의 정든 자 곧 그가 연애하는 앗수르 사람의 손에 넘

졌더니 [10]그들이 그의 하체를 드러내고 그의 자녀를 빼앗으며 칼로 그를 죽여 여인들에게 이야깃거리가 되게 하였나니 이는 그들이 그에게 심판을 행함이니라

하나님은 자주 이런 취지의 말씀을 에스겔에게 하셨고, 또한 에스겔을 통해서 그의 백성에게 해 오셨지만, 이제 그의 말씀이 다시 임한다. 왜냐하면, 사람은 하나님의 말씀에 관심이 없어서, 하나님이 동일한 것을 한 번 말씀하시고 다시 말씀하시며 무수히 말씀하셔도, 그것으로 충분하지 않고 오히려 부족하기 때문이다. 우리는 우리 자신에 대하여 나쁘게 생각하는 것을 아주 싫어하기 때문에, 죄인들에게 죄가 지닌 악성, 죄로 말미암은 비참함과 위험을 깨닫게 하기 위해서는 교훈에 교훈을 더할 필요가 있다는 것을 명심하라. 하나님이 여기에서 다루고자 하시는 죄인들은 한 어머니의 딸들인 두 여인, 즉 오랫동안 한 민족이었다가 나뉜 자매 왕국인 이스라엘과 유다이다. 솔로몬의 왕국은 아주 크고 인구도 많았지만, 그가 죽은 직후에 두 왕국으로 분열되었다.

1. 그들이 하나였을 때에 그들의 행실(3절). 그들이 애굽에서 행음하였다. 즉, 우리가 앞에서 보았듯이(20:8), 그들은 애굽에서 우상 숭배의 죄를 범하였다. 하나님을 크게 진노하게 하고 한 민족을 파멸로 몰아넣은 그러한 죄들을 행음의 죄로 표현한 것은 부정(不淨)이 얼마나 죄악되고 진노를 불러일으키며 파괴적인 죄인지를 분명하게 보여준다. 행음이 그 자체로 가장 악한 죄들 중의 하나라는 것은 의심의 여지가 없다. 왜냐하면, 여기에서와 마찬가지로 다른 곳에서도 자주 다른 극악무도한 죄들이 행음에 비유되고 있기 때문이다. 육체의 성욕은 영혼을 거슬러 싸워서, 죄인들의 혼을 빼서 얼빠지게 만들고 그들의 마음을 하나님과 온갖 선한 것으로부터 멀어지게 만들며 양심을 더럽히고 죄인들을 순전하시고 거룩하신 하나님의 눈에 역겨운 자들로 만들며 마침내 죄인들을 멸망과 지옥에 떨어지게 만들기 때문에, 우리는 온갖 종류의 정욕이나 그 비슷한 것들조차도 혐오하고 두려워하여야 한다.

2. 그들이 둘이었을 때에 그들이 지닌 이름(4절). 이스라엘 왕국은 이 분열을 먼저 일으켜서 하나님이 정하신 왕과 제사장의 가문으로부터 떨어져 나갔기 때문에 형이라 불리고, 두 지파를 제외한 열 지파가 이 왕국에 속해 있었기 때문에 언니(원어는 이런 의미이다)라 불린다. 하나님은 이 두 왕국에 대하여 그들이 내게 속하였다고 말씀하시다. 왜냐하면, 그들은 하나님의 벗이었던 아브

라함의 자손이자 하나님의 택하신 자 야곱의 자손이었기 때문이다. 그들은 하나님과 언약 관계에 있었고, 그 언약의 보증인 할례의 증표를 지니고 있었다. 그들은 나의 것이었다. 그러므로 그들의 배교는 하나님의 권리를 무참히 짓밟은 행위였다. 그것은 하나님의 소유를 강탈한 것이었고, 지극히 큰 은혜를 베푼 은인에 대하여 행한 가장 비열한 배은망덕의 행위였으며, 가장 신성한 약속을 기만적으로 깨버리고 배신한 것이었다. 신앙 고백을 통해서 하나님의 백성이 되었는데도 불구하고 하나님께 반역한 자들은 아예 처음부터 그러한 신앙 고백을 하지 않은 자들보다 더 큰 벌을 받게 된다는 것을 명심하라. "그들은 내게 속하였다. 그들은 나와 혼인하여 나를 위하여 자녀를 낳았다." 그들 가운데는 하나님께 영광을 돌리는 일에 헌신되고 하나님을 섬기는 일에 쓰임 받음으로써 이 두 왕국의 힘이자 자랑이었던 자들도 많이 있었다. 이 비유에서 사마리아와 이스라엘 왕국은 오홀라(그녀 자신의 장막)라는 이름으로 불린다. 왜냐하면, 이 왕국이 지닌 예배 처소들은 그들 자신이 고안하고 스스로 선택한 곳들이었고, 예배 자체도 그들 자신이 만들어낸 것이었기 때문이다. 하나님은 그것을 결코 인정하지 않으셨다. 그녀 자신을 위한 그녀의 장막(어떤 이들은 이렇게 번역하기도 한다). "그들로 하여금 그 장막을 이용하여 잘 해 보라고 하라." 예루살렘과 유다 왕국은 오홀리바(내 장막이 그녀에게 있다)라는 이름으로 불린다. 왜냐하면, 그들의 성전은 하나님이 친히 그의 이름을 거기에 두시기 위하여 택하신 곳이었기 때문이다. 하나님은 그 곳을 그의 성전으로 인정하셨고, 성전에서의 그의 임재의 증표들을 통해서 그들을 존귀하게 하셨다. 하나님과 관계를 맺고 있고 그의 이름을 고백한 자들 가운데서도 어떤 사람들은 다른 사람들보다도 더 큰 특권과 유익들을 지니고 있다는 것을 명심하라. 만약 하나님께 반역을 하는 경우에는 더 큰 특권과 유익들을 지닌 자들은 바로 그런 이유 때문에 변명의 여지가 더욱 없게 되지만, 특권과 유익들을 별로 지니지 못한 자들이라고 해서 바로 그런 이유 때문에 변명의 여지가 있게 되는 것은 아니다.

3. 이스라엘 왕국이 하나님을 배신하고 떠남(5절). 오홀라가 내게 속하였을 때에 행음하였다. 열 지파는 다윗 가문을 버렸지만, 그럼에도 불구하고 하나님은 그들을 여전히 그의 백성으로 인정하셨다. 여로보암이 금송아지들을 세우고서 스스로 범죄하고 이스라엘로 범죄하게 하였지만, 그들이 비록 형상을 통해서이긴 하지만 이스라엘의 하나님을 섬기는 동안에는, 하나님이 그들을 완전

히 내치지는 않으셨다. 그러나 그들의 죄의 길은 내리막길이었다. 오홀라는 행음하여 바알들을 섬겨 예배하였다(왕상 16:31). 즉, 오홀라는 간음하는 상스러운 여인이 그가 연애하는 자들을 사모하듯이 여호와를 제쳐놓고 저 쓰레기 같은 신인 바알들을 섬겼다(왕상 18:21). 왜냐하면, 그들은 다 자색옷을 잘 차려 입은 고관과 감독들이었고, 지체 높고 준수한 청년들이었기 때문이다. 오홀라는 그녀의 이웃들, 특히 많은 나라들을 정복했던 앗수르 사람들을 사모하였다. 오홀라는 앗수르 사람들이 모시는 우상들을 숭배하고 섬겼으며, 그들의 화려한 궁정과 강성한 군대를 동경하였고, 마치 그녀의 하나님은 의지하기에는 부족한 존재인 양 어떤 조건 아래에서이든 그들과 동맹을 맺으려고 안달하였다. 이스라엘 왕들 중의 한 사람은 앗수르 왕의 환심을 사기 위해서 은 천 달란트를 바치기도 하였다(왕하 15:19). 오홀라는 앗수르 사람들 가운데에 잘 생긴 자들이 이 나라에 도움이 될 것이라고 여겨서 그들을 사모하였고(7절), 그들의 모든 우상으로 자신을 더럽혔다. 우리가 어떤 피조물을 사모하고 충성을 맹세하며 깊은 신뢰를 둔다면, 우리는 그 피조물을 우상으로 섬기고 있는 것이고, 우리가 우상으로 섬기는 것으로 우리 자신을 더럽히고 있는 것임을 명심하라. 이제 다시 그들에 대한 단죄는 그들이 처음으로 민족을 이루었던 시기까지 거슬러 올라간다. 그가 젊었을 때에 애굽 사람과 동침하였다(8절). 그들이 애굽에서 우상 숭배자들이었다는 것은 결코 잊혀질 수 없는 사실이었다. 그 때에 그들은 애굽의 압제자들과 감독관들을 끊임없이 두려워하고 있던 때인데도 애굽의 우상들과 사랑에 빠졌다! 그랬기 때문에 그 때에 사탄이 나가서 땅에 두루 다니다가 돌아와서 땅의 모든 사람들이 다 자기편인 양 자랑했을 때, 하나님은 사탄의 자랑이 헛된 것임을 증명하기 위하여 "네가 애굽에 있는 내 백성 이스라엘을 주의하여 보았느냐"고 말씀하지 못하시고(그들은 다 우상 숭배자들이 되어 있었기 때문에), "네가 내 종 욥을 주의하여 보았느냐"고 말씀하실 수밖에 없으셨다. 그들이 처음으로 하나의 민족을 이룰 때에 지니고 있던 이러한 부패한 성품은 우리가 체질적으로 지니고 타고난 저 본래적인 부패성, 이스라엘 백성이 지니고 있던 우상 숭배에 이끌리는 성향과 같이 세상과 육체를 향해 강하게 이끌리는 우리의 성향의 전형이었다. 이 부패한 성품은 그들의 뼈에 새겨져서, 그들은 오랜 세월이 흐른 후에도 애굽에서 가져온 그들의 음란함을 버리지 못하였다. 애굽은 그들이 종살이 하던 집이었는데도, 그들은 음란함을 육체로부터 결코 떨쳐 버리고자 하지 않았다. 우리는 우리가 세상에 올 때에 가지고 온 이러한 부패한 성품과 성향들을 잃어버린 것이 아니고 제거해 버린 것도 아니다. 우리가 타고난 죄악성은 인간의 삶에 닥치는 온갖 재난들의 원천인데도, 우리는 여전히 그것을 간직하고 있다.

4. 하나님을 배교한 것 때문에 이스라엘 왕국이 멸망을 당함(9-10절). 내가 그를 그의 정든 자의 손에 넘겼다. 하나님은 처음에는 그를 그의 정욕에 내어주셨고(에브라임이 우상과 연합하였으니 버려 두라), 그 다음에는 그를 그의 정든 자, 즉 그가 연연해하고 사모하는 자에게 넘겨 주셨다. 이스라엘은 이웃 나라들의 환심을 사기 위해서 그 나라들의 우상을 숭배하였고 그 나라들과의 우호 관계에 의지함으로써 하나님을 진노하시게 하였기 때문에, 이제 하나님은 그 나라들을 이스라엘을 멸망시키는 도구들로 사용하신다. 이스라엘이 연애하던 앗수르 사람들은 이 나라를 공격하기 위해서 틈을 엿보고 곧 약점을 찾아내서, 이 나라가 지닌 온갖 귀한 것들과 방비들을 다 벗겨내어 그의 하체를 드러내고 벌거벗겼으며, 그의 자녀들을 포로로 잡아갔고, 칼로 그를 죽여서, 이 나라를 완전히 멸망시켰다. 성경에서는 이 이야기를 자세히 기록하고 있다(왕하 17:6 이하). 거기에서는 한때 번성하였던 이스라엘 왕국이 앗수르 사람들에 의해서 멸망당한 이유가 그들이 이스라엘의 하나님을 버리고 다른 신들을 경외하며 이방 사람의 규례를 행하였기(왕하 17:7-8) 때문이라는 것을 보여준다. 하나님이 그들에게 심히 노하셔서 그들을 그의 앞에서 제거하신 것은 바로 이 때문이었다(왕하 17:18). 그들이 그토록 좋아했던 앗수르 사람들이 그들에게 심판을 행하는 도구로 사용되었다는 것은 매우 주목할 만한 일로서 하나님은 흔히 의로운 심판의 방식으로 죄인들이 어쩔 줄 모르고 좋아하던 바로 그것을 그들을 치는 채찍으로 사용하신다는 것을 보여준다. 죄인들이 지금 시험하는 자, 곧 유혹하는 자 마귀의 말을 따른다면, 마귀는 그 회개치 않는 죄인들을 영원토록 괴롭히는 자가 될 것이다. 이렇게 해서 사마리아는 여인들에게 이야깃거리, 즉 악명 높은 존재가 되었다. 그는 하나의 이름이 되었다(원어는 이런 뜻이다). 도시나 왕국이 멸망하여 황폐하게 되면 그러한 기사가 신문을 가득 채우듯이, 그는 많은 사람들의 입에 오르내리며 입방아의 주제가 되었을 뿐만 아니라, 그와 똑같이 우상 숭배를 행하는 모든 사람들에게 경고가 되기 위하여 이렇게 멸망을 당한 것이었다. 이것은 흉악범들이 공개적으로 처형되면, 그 흉악범들은 하나의 이름, 즉 악명

이 되어서, 다른 사람들로 하여금 겁을 집어먹게 하여 그 흉악범들에게 비참하고 부끄러운 종말을 가져다 준 악한 행위를 하지 못하게 경고하는 역할을 하게 된다. 온 이스라엘이 듣고 두려워하리라(신 21:21).

11그 아우 오홀리바가 이것을 보고도 그의 형보다 음욕을 더하며 그의 형의 간음함보다 그 간음이 더 심하므로 그의 형보다 더 부패하여졌느니라 12그가 그의 이웃 앗수르 사람을 연애하였나니 그들은 화려한 의복을 입은 고관과 감독이요 말 타는 자들과 준수한 청년이었느니라 13그 두 여인이 한 길로 행하므로 그도 더러워졌음을 내가 보았노라 14그가 음행을 더하였음은 붉은 색으로 벽에 그린 사람의 형상 곧 갈대아 사람의 형상을 보았음이니 15그 형상은 허리를 띠로 동이고 머리를 긴 수건으로 쌌으며 그의 용모는 다 준수한 자 곧 그의 고향 갈대아 바벨론 사람 같은 것이라 16그가 보고 곧 사랑하게 되어 사절을 갈대아 그들에게로 보내매 17바벨론 사람이 나아와 연애하는 침상에 올라 음행으로 그를 더럽히매 그가 더럽힘을 입은 후에 그들을 싫어하는 마음이 생겼느니라 18그가 이같이 그의 음행을 나타내며 그가 하체를 드러내므로 내 마음이 그의 형을 싫어한 것 같이 그를 싫어하였으나 19그가 그의 음행을 더하여 젊었을 때 곧 애굽 땅에서 행음하던 때를 생각하고 20그의 하체는 나귀 같고 그의 정수는 말 같은 음란한 간부를 사랑하였도다 21네가 젊었을 때에 행음하여 애굽 사람에게 네 가슴과 유방이 어루만져졌던 것을 아직도 생각하도다

선지자 호세아는 그가 활동하던 시대에 열 지파가 배교한 가운데서도 나머지 두 지파는 여전히 상당한 정도로 흠 없는 신앙을 간직하고 있는 모습을 보았다(호 11:12). 에브라임은 거짓으로, 이스라엘 족속은 속임수로 나를 에워쌌으나 유다는 여전히 하나님의 통치를 받으며 거룩한 자들에게 신실하도다. 그들의 이러한 모습은 하나님이 마땅히 그들에게 기대하시는 그런 모습이었다(호 4:15, 이스라엘아 너는 음행하여도 유다는 죄를 범하지 못하게 할 것이라). 그러나 이런 모습은 그리 오래가지 못하였다. 다윗 가문과 아합 가문 간의 불행한 결합 때문에 바알 숭배가 유다 왕국에 들어왔었지만, 개혁적인 왕들에 의해서 다시 제거되었었다. 열 지파가 포로로 잡혀가던 때에 히스기야가 통치하고 있던 유다 왕국의 상황은 좋은 편이었지만, 그런 상황은 오래가지 못하였다. 이스라엘 왕국이 멸망한 직후에 유다 왕국을 다스렸던 므낫세 시대에 유다 사람들은

이스라엘이 우상 숭배에 흠뻑 빠져 있던 때보다도 더 타락한 모습을 보여 주었다(11절). 그들은 이스라엘이 멸망하는 것을 보고서 경고를 받아 더 선한 모습을 보여야 했지만, 도리어 마치 여호와께서 이스라엘과 의절하셨기 때문에 화가 나서 여호와께 불만을 품은 듯이 더 악해져서, 질투하시는 하나님을 경외하기는커녕 도리어 멀리하고 그들을 도와줄 수 있을 것 같은 다른 신들에게 더 연연해하였다. 다른 사람들에 대한 하나님의 심판을 통해서 죄의 결말이 어떤 것인지를 보고도 경고를 받아들이지 않고 계속해서 죄를 가볍게 여기는 자들은 하나님의 심판을 자초하는 것임을 명심하라. 그러나 다른 사람들에 대한 하나님의 심판을 통해서 경고를 받고도 더 나아지기는커녕 도리어 더 악해지고, 그 심판을 통해서 하나님이 그들의 정욕과 욕망을 억누르고 억제하라고 경고하셨는데도 더욱 자신의 정욕을 불태우는 자들은 정말 악한 자들이다. 예루살렘의 간음은 사마리아의 간음함보다 더 심하였다. 하나님은 앞에서도 이런 말씀을 하신 적이 있으셨다. 사마리아는 네 죄의 절반도 범하지 아니하였느니라(16:51).

**I. 신실하던 성읍이었던 예루살렘은 창기가 되었다**(사 1:21). 그는 앗수르 사람들을 연애하였고(12절), 그들과 동맹을 맺었으며, 그들과 더불어 우상을 숭배하였고, 그들의 고관들이나 감독들과 사랑에 빠졌으며, 그들이야말로 이스라엘 땅이 낳은 그 어떤 인물보다도 더 고상하고 뛰어난 신사들이라고 찬탄을 금치 못하였다. "그들이 얼마나 화려한 의복을 입고 얼마나 부티나게 차려 입었는지를 보라. 또한, 그들이 말 타는 모습은 그림 같지 않은가. 그들은 말 타는 자들이다. 그들의 용모는 얼마나 매력적인지. 그들은 모두 준수한 청년들이다." 이렇게 그들은 점점 이방의 것이라면 무조건 좋아하고 그들 자신의 나라에 대해서는 무조건 무시하는 쪽으로 변해 갔다. 심지어 그들의 나라의 종교조차도 볼품없는 것이었고, 호기심을 자아내고 흥겨운 이방의 신전들의 모습에 비하면 초라하기 짝이 없어 보였다. 이렇게 그는 음행을 더하였다. 그는 갈대아 사람들과 사랑에 빠졌고 그들과 한통속이 되었다. 히스기야 자신도 바벨론의 왕이 그에게 사신들을 보내어 그에게 예의를 차리자 의기양양해져서, 그 사신들에게 그의 모든 보물 창고들을 다 보여주는 잘못을 저질렀다(사 39:2). 이러한 분위기는 점점 무르익어서(14절), 유다는 바벨론 고관들을 그린 그림들을 좋아하였다(15-16절). 유다는 바벨론과 동맹을 맺어서 바벨론 사람들을 초청하여 예루

살렘에 거주하게 함으로써 유대 나라를 세련된 나라로 만들고자 하였다. 아니, 유다는 바벨론 사람들의 우상들과 제단들과 신전들의 본을 가져와서, 예배를 드릴 때에 그러한 것들을 사용하였다. 이렇게 그는 음행으로 그를 더럽혔고(17절), 그의 음행과 우상 숭배에 이끌리는 그의 강력한 성향을 나타냈다(18절). 그가 갈대아 사람들을 많이 접하게 되어 점차 그들에게 싫증을 느끼고 그들을 싫어하는 마음이 생겨서, 여호야김과 시드기야가 그랬던 것처럼 그들과의 관계를 끊고자 했을 때, 그는 이번에는 음란한 간부인 애굽 사람들에게 추파를 던져서(20절) 그들과 동맹을 맺고자 하였고, 그 동맹을 강화하기 위해서 그들의 우상 숭배를 받아들이며, 그들이 주변의 다른 나라들로부터 그를 보호해 줄 것이라고 철석 같이 믿고 의지하였다. 왜냐하면, 애굽은 아주 지혜롭고 부유하며 강한 나라였고 너무도 완벽한 우상 숭배 제도를 갖추고 있어서, 그가 기댈 수 있는 나라로 안성맞춤이었기 때문이었다. 이렇게 그는 젊었을 때 곧 애굽 땅에서 행음하던 때를 생각하고(19절) 그 때의 음탕한 일을 아직도 생각하였다(21절).

1. 그들은 그 때의 일을 기억하고서 즐거워하였다. 그들은 애굽에 대하여 애정을 두기 시작하자, 마치 그들이 옛적에 거기에서 먹었던 부추와 파, 아니 그들이 거기에서 배워서 가져온 우상 숭배의 맛과 향취를 여전히 간직하고 있다는 듯이 애굽과의 해묵은 친분을 이유로 그 나라를 전적으로 신뢰하였다. 그들은 애굽에 대하여 애정을 두기 시작하자, 그들의 조상들이 금송아지를 얼마나 즐겁게 섬겼는지, 그들이 애굽에서 배운 음악과 춤이 얼마나 즐거웠는지를 기억하였다. 그들은 이제 마땅한 핑곗거리를 대고서 다시 그 시절로 돌아가기를 바랐다. 이렇게 그들은 음행을 더하여 이전의 음행을 되풀이하였고, 젊었을 때를 떠올리고서는 더욱 힘을 내서 현재의 유혹들을 받아들였다. 이전의 죄악들을 슬프고 부끄러운 마음으로 회상하는 것이 아니라 도리어 즐겁고 뿌듯한 마음으로 회상하는 자들은 그렇게 함으로써 새로운 죄악을 저지르고 그들 자신의 타락을 더욱 강화시키며 사실상 회개를 거부하는 것임을 명심하라. 이것은 개가 그 토한 것을 도로 먹는 것 같은 것이다.

2. 그들은 그것을 하나님에 대한 추억이라 불러서 하나님으로 하여금 그것을 다시 기억하시고서 그들에 대하여 진노하시게 만들었다. 하나님은 사실 저 애굽의 우상이었던 금송아지로 인하여 그들에게 보응하시겠다고 말씀하셨었지만(출 32:34), 그들이 애굽 사람들과 동맹을 맺어서 갈대아 사람들에게 대항하고

자 함으로써 그들의 옛적의 우상 숭배를 하나님께 기억나게 하기 전까지, 하나님이 그것을 잊어버리신 것처럼 보인 것은 순전히 그의 오래 참으심 때문이었다. 하지만 전에 말씀하셨듯이, 이제 벌하시는 그 날에 하나님은 그들의 금송아지 숭배에 대하여 벌하실 것이다. 이 간음하는 여인이 자신의 연인들을 바꾸는 방식은 매우 주목할 만하다. 그는 처음에는 앗수르 사람들을 사모하였다. 그 때에 그는 갈대아 사람들이 고상하고 세련되었다고 생각해서 그들에게 추파를 던졌다. 그로부터 얼마 후에 그의 마음은 그들로부터 멀어졌고, 애굽 사람들이 더 힘이 좋다고 생각하여서(20절), 그들과 친밀한 관계가 되고자 하였다.

(1) 이것은 육체의 정욕이 지닌 어리석음을 보여준다. 육체의 정욕은 탐닉하게 되면 변덕이 심해서 곧 싫증을 내고 결코 만족할 줄을 모른다. 육체의 정욕은 다양한 것을 갖고자 하기 때문에 오늘 좋아하던 것도 내일이면 싫증을 낸다. 세네카(Seneca)가 말했듯이, 혼인은 한 번의 간음이라 불린다.

(2) 이것은 우상 숭배가 지닌 어리석음을 보여준다. 한 분 하나님으로는 부족하다고 생각하는 자들은 백 명의 신들로도 충분하다고 생각하지 않고, 그 모든 신이 다 부족하게 여겨져서 계속해서 더 많은 신들을 찾아 나서는 법이다.

(3) 이것은 피조물들에게서 도움을 구하는 것의 어리석음을 보여준다. 우리는 이 피조물에서 저 피조물로 옮겨다니지만, 그 어떤 피조물들에게도 실망할 수밖에 없기 때문에, 이스라엘의 하나님을 우리의 도움으로 삼을 때까지는 결코 쉴 수가 없다.

**II. 신실하신 하나님은 이제 신의를 잃어 버리고 창기가 된 이 성읍에게 이혼증서를 주신다.** 하나님의 질투는 이내 예루살렘의 음행을 찾아내었다(13절). 내가 그도 더러워졌고 타락하였다는 것을 보았고, 그가 어느 쪽으로 이끌리고 있는지를 보았으며, 그 두 여인이 한 길로 행하였고 예루살렘이 사마리아보다 더 악해졌다는 것을 보았다. 우리가 우리 손을 이방 신에게 향하여 폈더면 하나님이 이를 알아내지 아니하실까. 물론, 하나님은 그것을 알아내신다. 그것을 알아내셨을 때에 하나님이 그것을 기뻐하실까? 물론, 하나님은 그것을 기뻐하지 않으신다. 내 마음이 그의 형을 싫어한 것 같이 그를 싫어하였다(18절). 순전하시고 거룩하신 하나님이 어떻게 더 이상 이러한 음란한 세대를 기뻐하실 수 있겠는가? 죄는 하나님의 마음을 죄인에게서 멀어지게 만드는데, 이것은 마땅한 일이라는 것을 명심하라. 왜냐하면, 죄는 죄인의 마음이 하나님에게서 멀어지는 것이기 때문이다. 하나님이 멀리하시는 자들에게는 화(禍)가 있을 것이고, 그것도 무수한 화가 있을 것이다. 왜냐하면, 어떤 죄인에게서 하나님이 돌아섰다면, 하나님은 이번에는 그 죄인을 치시기 위하여 그를 향하여 돌이키실 것이기 때문이다.

²²그러므로 오홀리바야 주 여호와께서 이같이 말씀하셨느니라 나는 네가 사랑하다가 싫어하던 자들을 충동하여 그들이 사방에서 와서 너를 치게 하리니 ²³그들은 바벨론 사람과 갈대아 모든 무리 브곳과 소아와 고아 사람과 또 그와 함께 한 모든 앗수르 사람 곧 준수한 청년이며 다 고관과 감독이며 귀인과 유명한 자요 다 말 타는 자들이라 ²⁴그들이 무기와 병거와 수레와 크고 작은 방패를 이끌고 투구 쓴 군대를 거느리고 치러 와서 너를 에워싸리라 내가 재판을 그들에게 맡긴즉 그들이 그들의 법대로 너를 재판하리라 ²⁵내가 너를 향하여 질투하리니 그들이 분내어 네 코와 귀를 깎아 버리고 남은 자를 칼로 엎드러뜨리며 네 자녀를 빼앗고 그 남은 자를 불에 사르며 ²⁶또 네 옷을 벗기며 네 장식품을 빼앗을지라 ²⁷이와 같이 내가 네 음란과 애굽 땅에서부터 행음하던 것을 그치게 하여 너로 그들을 향하여 눈을 들지도 못하게 하며 다시는 애굽을 기억하지도 못하게 하리라 ²⁸주 여호와께서 이같이 말씀하셨느니라 나는 네가 미워하는 자와 네 마음에 싫어하는 자의 손에 너를 붙이리니 ²⁹그들이 미워하는 마음으로 네게 행하여 네 모든 수고한 것을 빼앗고 너를 벌거벗은 몸으로 두어서 네 음행의 벗은 몸 곧 네 음란하며 행음하던 것을 드러낼 것이라 ³⁰네가 이같이 당할 것은 네가 음란하게 이방을 따르고 그 우상들로 더럽혔기 때문이로다 ³¹네가 네 형의 길로 행하였은즉 내가 그의 잔을 네 손에 주리라 ³²주 여호와께서 이같이 말씀하셨느니라 깊고 크고 가득히 담긴 네 형의 잔을 네가 마시고 코웃음과 조롱을 당하리라 ³³네가 네 형 사마리아의 잔 곧 놀람과 패망의 잔에 넘치게 취하고 근심할지라 ³⁴네가 그 잔을 다 기울여 마시고 그 깨어진 조각을 씹으며 네 유방을 꼬집을 것은 내가 이렇게 말하였음이라 주 여호와의 말씀이니라 ³⁵그러므로 주 여호와께서 이같이 말씀하셨느니라 네가 나를 잊었고 또 나를 네 등 뒤에 버렸은즉 너는 네 음란과 네 음행의 죄를 담당할지니라 하시니라

　　　　예루살렘은 하나님의 두려우심을 아랑곳하지 않고 마귀의 충동질에 넘어가서 그의 주군이신 하늘의 하나님을 배신하고 반역하여 하나님에 대한

충성 맹세를 저버렸고, 하나님의 통치를 벗어버리고자 하였으며, 하나님의 왕관과 위엄을 멸시하고 도리어 하나님의 원수들 및 신이라 자처하는 자들과 동맹을 맺고 교류한 죄로 오홀리바라는 이름을 통하여 기소된 상태이다. 이러한 기소에 대하여 예루살렘은 자기는 죄가 없다고 항변하였다. 나는 더럽혀지지 아니하였다 바알들의 뒤를 따르지 아니하였다. 그러나 움직일 수 없는 엄연한 사실이 그의 항변이 거짓임을 보여준다. 그는 이 기소에 따라 유죄로 단죄되고, 또한 자기가 심판을 받지 않아야 할 이유와 심판의 집행이 이루어지지 않아야 할 이유를 율법에 근거해서 제시할 그 어떤 실질적인 내용도 갖고 있지 않다. 그러므로 우리는 이 단락에서 예루살렘에 대한 선고를 본다.

**I. 그의 이전의 동맹국들이 그에 대한 심판을 집행하는 자들이 되리라는 것.** 그는 여러 사람들을 사랑하여서 그들의 죄를 본받았었는데, 이제 바로 그들이 그를 벌하는 도구들로 사용될 것이다(22절). "나는 네가 사랑했던 자들, 즉 네가 전에 많이 사모하여 사귀고자 애쓰다가 일단 사귀고 나서는 이내 싫증을 느껴서 언약을 깨고 배신했던 갈대아 사람들을 충동하여 너를 치게 하리라." 그들은 네가 사랑하던 자들(22절), 그렇지만 이제는 네가 미워하는 자들(28절)이라 불린다. 다말에 대한 암논의 사랑이 그랬듯이, 죄악된 사랑은 이내 미움으로 변하는 것이 보통이라는 것을 명심하라. 분별 없이 물불 안 가리고 대드는 자들은 흔히 사람들이나 사물들을 열렬히 사랑하다가 이내 맹렬하게 증오한다. 어리석은 자들은 극단으로 치닫는 법이기 때문이다. 아니, 지혜로운 자들이라도 언제든지 어떤 이유로 그들의 감정과 기분을 바꿀 수 있다. 그러므로 우리는 마치 기뻐하지 않는 자처럼 기뻐하고 울지 않는 자처럼 울어야 하듯이, 마치 사랑하지 않는 자처럼 사랑하고 미워하지 않는 자처럼 미워하여야 한다. 언제라도 미워하게 될지도 모른다는 생각으로 사랑하라.

**II. 그에게 집행될 심판은 정말 무시무시한 것이 되리라는 것.**

1. 원수들이 사방에서 와서 그를 칠 것이다(22절). 갈대아 군대는 여러 나라들의 군대로 구성되어 있었다(23절). 그들은 다 귀인과 유명한 자들로서, 그들의 화려하고 장엄한 모습은 예루살렘을 보호하기 위한 친구로 왔을 때에는 더욱 믿음직스럽고 사랑스럽게 보였지만, 예루살렘의 배신 행위를 응징하고 멸망시키기 위하여 왔을 때에는 그들을 더욱 가공할 만한 존재로 보이게 하였다.

(1) 그들은 엄청난 대군을 이끌고 올 것이고(24절), 그 대군은 원정에 필요

한 온갖 무기와 식량, 군수품들을 가득 실은 병거와 수레들을 이끌고 잘 무장을 한 채 몰려올 것이다.

(2) 그들에게는 그를 칠 대의명분이 있을 것이다. "내가 재판을 그들에게 맡긴 즉(유다의 왕이 동맹 관계를 깨뜨린 것이기 때문에, 바벨론의 왕은 그를 칠 힘만이 아니라 정당한 명분도 갖게 될 것이다) 그들이 하나님의 공의의 도구들로서 하나님의 법에 따라 그를 벌할 뿐만 아니라 그들의 법대로, 열방들의 법을 따라서 배신행위에 대한 응징으로 너를 재판하리라."

(3) 그들은 엄청난 적개심과 분노를 품고서 이 전쟁을 수행할 것이다. 이 전쟁은 복수를 하는 전쟁이기 때문에, 그들은 미워하는 마음으로 네게 행할 것이다(29절). 그렇기 때문에 그들은 더욱 이 전쟁을 혹독하게 수행할 것이고, 그들의 칼에는 독이 잔뜩 묻어 있을 것이다. 네가 그들을 미워하기 때문에, 그들도 너를 미움으로 대할 것이다. 미워하는 자들은 미움을 받고 미움으로 대접을 받는 법이다.

(4) 하나님이 친히 그들을 인도하여 들이시고, 하나님의 진노가 그들의 분노에 섞일 것이다(25절). 내가 너를 향하여 질투하리니, 그 질투가 이 불을 붙여서, 그들이 네게 분내어 닥치는 대로 네게 앙갚음을 할 것이다. 사람들이 우리를 극도로 증오하고 격분한 마음으로 대한다고 할지라도, 하나님이 우리 편이시라면, 우리는 그들을 두려워할 필요가 없다. 그들은 우리에게 실제로 해악을 가할 수 없기 때문이다. 그러나 사람들이 우리를 격분한 마음으로 대하고, 하나님도 우리를 향하여 질투하시면, 우리는 어떻게 되겠는가?

2. 이 악명 높은 간음한 여인에 대하여 내려진 선고의 구체적인 내용들.

(1) 그가 가진 모든 것이 몰수되리라는 것. 그가 그의 연인들에게 잘 보이기 위해 치장할 때에 사용하였던 옷과 장식품을 그는 빼앗길 것이다(26절). 그들은 그들의 나라가 지니고 있던 온갖 진귀한 것들을 빼앗기게 될 것이다. "그들이 네 모든 수고한 것, 네가 수고해 모아 놓은 모든 것을 빼앗고 너를 벌거벗은 몸으로 둘 것이다(29절)." 도시든 시골이든 가릴 것 없이 그들의 온 나라가 피폐해지고, 도시와 시골에 있던 온갖 재물들이 탈취를 당하게 될 것이다.

(2) 그의 자녀들이 포로로 끌려가게 되리라는 것. "그들은 네 자녀를 빼앗아 노예로 삼을 것이다(25절). 왜냐하면, 네 자녀들은 이스라엘 백성으로서의 존엄과 특권을 누릴 가치가 없는 음란한 자식들이기 때문이다(호 2:4)."

(3) 그가 낙인이 찍히고 불구가 되리라는 것. "그들은 네 코와 귀를 깎아 버리고, 네가 창기라는 표시를 해서, 너를 영원히 역겨운 존재로 만들 것이다(25절)." 이것은 갈대아 군사들이 그들의 수중에 들어온 유대인들을 야만적으로 학대하여 온갖 잔인한 짓을 할 것임을 보여주는 말씀이다. 어떤 이들은 이 본문을 비유적으로 해석해서, 코는 왕을 의미하고 귀는 제사장을 의미하는 것이라고 생각한다.

(4) 그의 수치가 드러나게 되리라는 것. 마치 흉악범을 벌할 때에 그의 모든 죄상을 낱낱이 다 알려서 모욕을 느끼게 하듯이, 그들이 네 음란하며 행음하던 것을 드러낼 것이다(29절). 그 때에 지금까지 은밀하게 감춰져 있던 것이 다 드러날 것이고, 그가 오랫동안 행해 왔던 일이 모두 다시 상기될 것이다.

(5) 그가 완전히 멸절되어서 멸망하게 되리라는 것. "그들은 기근과 전염병을 피한 네 백성의 남은 자를 칼로 엎드러뜨릴 것이고, 너의 집들 가운데서 무너지지 않은 나머지 가옥들을 불에 사를 것이다(25절)." 이것이 예루살렘의 종말이 될 것이다.

**Ⅲ. 그가 사마리아가 저지른 죄의 전철을 밟았기 때문에 사마리아와 똑같은 최후를 맞게 되리라는 것.** 재판을 할 때에 선례들을 살펴서 동일한 판결을 내리는 것이 보통이다. 하나님이 예루살렘에 대하여 여기에 나오는 선고를 하실 때에도 마찬가지였다(31절). "내가 네 형의 악이 가져온 치명적인 결과를 통해서 네게 경고했음에도 불구하고, 네가 네 형의 길로 행하였다. 그러므로 내가 그의 잔, 즉 사마리아의 몫이 되었던 비참한 심판의 잔, 네게 두렵고 떨리는 잔이 될 여호와의 진노의 잔을 네 손에 주리라."

1. 이 잔은 깊고 크고 가득히 담긴 잔이다(32절). 즉, 이 잔은 하나님의 진노를 가득 담고 있고, 그 진노의 열매들인 온갖 참상들을 가득 담고 있다. 이 잔은 우리가 예레미야 25:15-16에서 보았던 바로 그런 잔이다. 하나님의 복수의 잔은 아주 많은 것을 담고 있고, 그 잔을 받을 자들은 이 사실을 알게 될 것이다.

2. 그들은 악인들과 마찬가지로(시 75:8) 이 잔의 찌꺼기까지 다 마시게 될 것이다. "네가 그 잔을 다 기울여 마시리니, 너는 그 잔에 들어 있는 것이 맛이 좋아서가 아니라 어쩔 수가 없어서 그 잔을 다 비우게 될 것이다(34절). 또한, 큰 괴로움이 있는 자들이 그들의 머리카락을 뜯으며 온갖 물건들을 집어던지듯

이, 너는 여호와의 분노로 가득한 이 잔이 너무나 쓴 것이 화가 나고 분해서 그 깨어진 조각을 씹으며 네 유방을 꼬집을 것이다(사 51:20). 다른 방도는 없고 그 잔을 마실 수밖에 없기 때문에(내가 이렇게 말하였음이라 주 여호와의 말씀이니라), 너는 그 잔을 마시면서 도저히 참을 수 없게 될 것이다."

3. 술에 취한 자들이 비틀거리며 무언가에 걸려서 곧 넘어지려 하듯이, 그들은 이 잔에 취해서 병이 들어 사경을 헤매게 될 것이다(33절). 네가 넘치게 취하고 근심할지라. 술 취함에는 근심이 수반되는데, 여기에서는 극도의 당혹감과 놀람이 술 취함에 비유된다. 술 취함은 자연에 대한 폭행이자 추문이며, 사람들에게서 이성을 빼앗아서 극도로 혼란스럽게 만들기 때문에, 극심한 참상을 표현하는 데에 사용되지만, 거기에는 무수한 죄가 수반되어서, 술 취한 자들은 그들의 심령을 파멸시킴으로써 그들의 몸을 망가뜨리게 되는 것이라고 생각하는 자가 누가 있을까? 술 취한 자들처럼 재앙과 근심이 있는 자가 누가 있을까(잠 23:29)?

4. 그들은 이렇게 술에 취해서 술 취한 자들처럼 주위의 모든 사람들에게 비웃음거리가 될 것이다(32절). 네가 하는 일마다 우스꽝스럽게 행하여 코웃음과 조롱을 당하리라. 하나님은 어떤 민족을 멸망시키고자 하실 때에 그들의 재판장들을 어리석은 자가 되게 하시며 귀인들에게 멸시를 쏟으신다(욥 12:17, 21).

**IV. 하나님이 이 모든 일을 행하시는 것은 의롭고, 이 모든 일을 통해서 그들의 삶은 고침을 받게 되리라는 것.** 따라서 이 모든 일의 결과는 하나님께는 영광이 되고 그들에게는 유익이 될 것이다.

1. 그들은 악했고 아주 악했기 때문에, 하나님이 그들에게 이 모든 일을 임하게 하시는 것은 의로운 일이다. 네가 이같이 당할 것은 네가 음란하게 이방을 따르고(30절) 네가 나를 잊었고 또 나를 네 등 뒤에 버렸기(35절) 때문이다. 우리가 하나님을 배반하고 바람이 나서 떠나는 것은 하나님을 잊었고 하나님이 우리를 주목하시며 다스리시는 것을 무시하였기 때문이라는 것을 명심하라. 사람들이 우상들을 좇아서 방황하는 것은 하나님을 잊었고 그들이 하나님께 얼마나 빚진 자들인지를 잊었기 때문이다. 그들이 먼저 하나님을 별 존중할 가치가 없는 존재로 여겨서 그들의 등 뒤에 버리지 않았다면, 그들은 죄의 미끼들을 그토록 연연해하고 기뻐하는 마음으로 바라볼 수 없었을 것이다. 하나님을 이토록 모욕한 자들은 결국 그 모욕이 그늘 자신에게 되돌아오는 것 외에 나른 무

엇을 기대할 수 있겠는가? 그러므로 너는 네 음란과 네 음행의 죄를 담당할지니라. 즉, 너는 네 음란과 음행에 대한 벌을 받게 될 것이고, 오직 네가 그 책임을 져야 할 것이다. 사람들은 그들 자신의 죄의 무게 때문에 스스로 무너진다. 자신의 음란과 음행에서 떠나고자 하지 않는 자들은 그 죄를 스스로 담당할 수밖에 없다.

2. 그들은 이 심판을 거치면서 훨씬 더 나아질 것이고, 이 불은 비록 많은 사람을 삼켜 버리겠지만 거기에서 살아남은 자들의 삶을 정화시키는 불이 될 것이다(27절). 이와 같이 내가 네 음란을 그치게 하리라. 그들의 죄로 말미암아 그들에게 임한 심판은 그들과 그들의 죄를 갈라 놓았고, 마침내 그들이 교훈을 얻어서, 내가 다시 우상과 무슨 상관이 있으리요라고 말하게 만들어 놓았다.

(1) 이 질병은 만성적이었다는 것: 애굽 땅에서부터 행음하던 것. 그들이 우상 숭배에 끌린 것은 타고난 것으로서 아주 일찍부터 시작된 것이고, 그들이 실제로 우상을 숭배한 것도 아주 오래 되어서, 우상 숭배는 오랜 기간 행해져 옴으로써 일종의 관습으로서의 효력을 얻고 있었다.

(2) 그럼에도 불구하고 이 질병의 치유는 완벽하게 이루어지리라는 것. "그것은 깊이 뿌리를 내리고 있지만, 내가 너로 하여금 그것을 그치게 할 것이기 때문에, 너는 다시는 우상들을 향하여 눈을 들지 않을 것이고 다시는 즐거운 마음으로 애굽을 기억하지 않게 될 것이다." 그들은 우상 숭배의 죄를 범할 기회를 아예 처음부터 피하고자 할 것이다. 왜냐하면, 그들은 그들도 알지 못하는 사이에 그들의 마음이 그들의 눈을 좇아 행하지 않도록 하기 위하여 우상을 쳐다보지도 않을 것이기 때문이다. 그들은 우상 숭배에 이끌리는 그들의 모든 성향들을 버리게 될 것이다. "그들은 애굽을 기억하지 않을 것이다. 그들은 그들의 나라의 시초부터 지니고 있었던 우상들에 대한 애정을 모두 버리고 그런 감정을 조금도 간직하지 않을 것이다." 그들은 애굽에서 종살이 하면서 그들의 본성이 타락해서 이 병을 얻었고, 바벨론에 포로로 잡혀가 살면서 하나님의 은혜로 말미암아 그 병을 고쳤다. 이것은 그리스도께서 세상 죄를 짊어지신 것의 복된 열매였다. 포로로 잡혀가기 전에는 그들만큼 우상을 좋아하여 열렬히 우상을 숭배했던 나라가 없었지만, 포로 생활이 끝난 후에는 그들만큼 우상과 우상 숭배에 대하여 지독한 반감을 품게 된 나라가 없었다. 오늘날 로마 가톨릭 교회에서 행해지고 있는 성상 숭배는 우상을 섬겼던 유대인들, 기독교에 대하

여 온갖 편견과 반감을 지녔던 유대인들의 전철을 밟고 있는 것이다.

[36]여호와께서 또 내게 이르시되 인자야 네가 오홀라와 오홀리바를 심판하려느냐 그러면 그 가증한 일을 그들에게 말하라 [37]그들이 행음하였으며 피를 손에 묻혔으며 또 그 우상과 행음하며 내게 낳아 준 자식들을 우상을 위하여 화제로 살랐으며 [38]이 외에도 그들이 내게 행한 것이 있나니 당일에 내 성소를 더럽히며 내 안식일을 범하였도다 [39]그들이 자녀를 죽여 그 우상에게 드린 그 날에 내 성소에 들어와서 더럽혔으되 그들이 내 성전 가운데에서 그렇게 행하였으며 [40]또 사절을 먼 곳에 보내 사람을 불러오게 하고 그들이 오매 그들을 위하여 목욕하며 눈썹을 그리며 스스로 단장하고 [41]화려한 자리에 앉아 앞에 상을 차리고 내 향과 기름을 그 위에 놓고 [42]그 무리와 편히 지껄이고 즐겼으며 또 광야에서 잡류와 술 취한 사람을 청하여 오매 그들이 팔찌를 그 손목에 끼우고 아름다운 관을 그 머리에 씌웠도다 [43]내가 음행으로 쇠한 여인을 가리켜 말하노라 그가 그래도 그들과 피차 행음하는도다 [44]그들이 그에게 나오기를 기생에게 나옴 같이 음란한 여인 오홀라와 오홀리바에게 나왔은즉 [45]의인이 간통한 여자들을 재판함 같이 재판하며 피를 흘린 여인을 재판함 같이 재판하리니 그들은 간통한 여자들이요 또 피가 그 손에 묻었음이라 [46]주 여호와께서 이같이 말씀하셨느니라 그가 그들에게 무리를 올려 보내 그들이 공포와 약탈을 당하게 하리니 [47]무리가 그들을 돌로 치며 칼로 죽이고 그 자녀도 죽이며 그 집들을 불사르리라 [48]이같이 내가 이 땅에서 음란을 그치게 한즉 모든 여인이 정신이 깨어 너희 음행을 본받지 아니하리라 [49]그들이 너희 음란으로 너희에게 보응한즉 너희가 모든 우상을 위하던 죄를 담당할지라 내가 주 여호와인 줄을 너희가 알리라 하시니라

열 지파가 포로로 끌려가고 그 나라가 완전히 황폐해진 후에 남은 자들은 점차 유다 왕국에 합류하여, 그들 중 다수가 예루살렘에 정착하였다. 이렇게 해서 두 자매는 다시 사실상 하나가 되었다. 그러므로 이 단락에서 선지자는 이렇게 서로 결합된 자들을 한 묶음으로 꾸짖는다. "네가 오홀라와 오홀리바를 함께 심판하려느냐(36절). 네가 그들을 위해 변명하고자 하느냐? 그들의 상황이 변명을 용납할 수 없을 정도로 악하다는 것을 너는 알지 않느냐?" 또는, "너는 이제 하나님의 이름으로 그들을 심판하는 일에 쓰임 받게 될 것이다

(20:4). 이 나라가 하나가 된 이래로 상황은 더 좋아진 것이 아니라 악화되었다."

**I. 그들로 하여금 그들이 범한 죄들을 보게 하라.** 그들이 저지른 가증한 일들을 공개적으로 담대하게 그들에게 말하고 선포하라.

1. 그들은 여기에서 행음으로 불리는 지독한 우상 숭배의 죄를 범하여 왔다. 그들이 그들의 우상과 행음하였다(37절). 그들은 하나님과의 혼인 언약을 깨고, 하나님을 예배할 때에 육적인 음란한 마음에 이끌려 그 정욕을 좋았다. 이것은 선지자가 그들에게 선포해야 할 그들의 가증한 일들 중에서 으뜸가는 가장 나쁜 죄악이다.

2. 그들은 그들의 자녀를 몰록에게 제물로 바치는 가장 야만적인 살인죄를 저질렀다. 이 죄는 너무나 반인륜적인 것이어서, 그들은 이 죄에 대하여 귀가 따갑도록 들을 필요가 있다. 그들은 그들의 자녀를 우상을 위하여 화제(火祭)로 사름으로써 그들의 손에 무죄한 피를 묻혔다(37절). 그들은 그들의 자녀들을 우상들에게 산 채로 바친 것이 아니라 죽여서 바쳤는데, 이것은 그들이 이 세상에서 그들에게 가장 소중한 것보다 그들의 우상들을 더 좋아하였다는 것을 보여주는 증표였다.

3. 하나님은 성물들로 그들을 존귀하고 뛰어나게 만들어 주었는데도, 그들은 그 성물들을 더럽혔다. 이러한 무례와 모욕은 그들이 내게 행한 것이었다(38절). 거룩한 것에 대한 멸시는 언제나 거룩의 원천이신 분에게 돌아간다. 왜냐하면, 거룩한 것으로 불리는 것은 무엇이나 거룩하신 분과의 관계 때문에 그렇게 불리는 것이기 때문이다. 하나님은 그들 가운데에 그의 성소를 세우셨지만, 그들은 그 성소를 장사하는 집, 강도의 소굴로 만들어서 더럽혔다. 아니, 그들은 한 술 더 떠서 거기에 그들의 우상들을 세우고 숭배했으며, 거기에서 하나님의 선지자들의 피를 흘렸다. 하나님은 그들에게 그의 거룩한 안식일을 계시하셨지만, 그들은 안식일에 온갖 속된 일이나 놀이를 함으로써 안식일을 더럽혔는데, 고관들은 스스로 그렇게 하였을 뿐만 아니라 그들이 지닌 권세로 그렇게 하는 것을 허용하고 장려하기까지 하였다. 그들은 안식일을 범한 바로 그 당일에 성소를 더럽혔다. 성소를 더럽힌 것은 어느 날에 행해졌다고 하여도 충분히 악한 일이었지만, 안식일에 행해진 경우에는 더욱 악한 일일 수밖에 없었다. 더 좋은 날에는 행실을 더 바르게 가져야 한다는 말이 있다. 그러나 그들은 더

좋은 날에 도리어 행실을 더 악하게 하였다. 사람이 어떤 상황에서 죄를 저질렀느냐에 따라서 죄책의 경중이 달라지는데, 하나님은 그 점을 주목하신다. 하나님은 그들이 그의 성소와 안식일을 둘 다 어떤 식으로 더럽혔는지를 보여주신다(39절). 그들이 자녀를 죽여 그들의 우상에게 제물로 드려서 하나님과 인간을 크게 욕되게 하였다. 그런 후에, 그들은 마치 하나님이 그들이 저지른 악행을 모르시거나 미워하지 않으실 것처럼 여기고서, 그들의 죄를 용서받기 위해서가 아니라 다른 이스라엘 사람들과 마찬가지로 하나님으로부터의 은혜를 기대하며, 그들의 자녀의 피로 물들은 손과 그 핏자국이 묻어 있는 옷으로 바로 그 날에 하나님의 성소에 들어와서 예배를 드렸다. 그들은 성전 가운데에서 그렇게 함으로써 마치 성소가 흉악무도한 자들을 보호해 주는 곳이라도 되는 것처럼 성소를 더럽혔다. 대놓고 심하게 속되고 악한 자들이 회개함이 없이 뻔뻔스럽게 하나님의 예배에 참여하여 그 특권을 누리고자 한다면, 그것은 예배를 더럽히는 짓이라는 것을 명심하라. 거룩한 것을 개에게 주지 말라(마 7:6). 친구여 어찌하여 여기 들어왔느냐(마 22:12).

4. 그들은 이방의 동맹국들에게 구애하였고 그 나라들을 자랑스러워하며 의지하였다. 이것도 음행의 죄로 표현된다. 왜냐하면, 이것은 그들이 유일하게 충성을 바쳐야 할 하나님을 떠나서 우상들에게 충성을 맹세하고, 그들이 유일하게 믿고 의지해야 할 하나님을 떠나서 피조물들을 의지한 것이기 때문이다. 이스라엘은 특별한 민족이었기 때문에 홀로 살아야 하고 여러 민족 중의 하나로 여김을 받아서는 안 된다. 그들이 이방들과 같아지거나 동맹을 맺고자 한다면, 그것은 그들의 면류관을 더럽히는 일이요 그들의 존귀함을 티끌 속에 내팽개치는 일이다. 그런데도 그들은 그렇게 하였다. 그들은 당시에 가장 힘 있는 나라들이었던 앗수르, 바벨론, 애굽과는 굳게 동맹을 맺었으면서도, 그들 가까이에 있어서 그들에게 실제적인 도움이 될 수 있었던 작은 나라들에 대해서는 비웃으며 동맹을 맺지 않았다. 큰 자들과 사귀고 교류하기를 좋아하는 것은 흔히 선한 자들에게 덫이 된다는 것을 명심하라. 예루살렘이 자신을 대단한 나라로 과시하기 위해서 힘 있는 동맹국들에게 어떤 식으로 구애하였는지를 살펴보자.

(1) 그는 동맹국들에게 사절단을 보내 달라고 은밀하게 요청하였다(40절). 너는 사절을 먼 곳에 보내 사람을 불러오게 하였다. 이 동맹국들은 예루살렘과 동

맹을 맺을 생각이 없었지만, 예루살렘은 온갖 방법을 다 동원하고 애걸복걸해서 이 나라들과 동맹을 맺었던 것으로 보인다. 보라 그들이 왔다(원문에는 이렇게 되어 있다; 개역에서는, 그들이 오매). 아주 지혜롭고 선한 자들이 불가피한 사정으로 속되고 악한 자들과 어울려 교류를 할 수는 있지만, 지혜롭고 선한 자들과 친하고자 한다는 것이 지혜나 선함의 증표가 될 수는 없다.

(2) 이 외국의 사절들을 거국적으로 영접하고 거국적인 환영 만찬을 하기 위한 대대적인 준비가 이루어졌는데, 이것은 음녀가 자신을 예쁘게 치장하는 데에 들이는 수고에 비유되고 있다. 너는 이세벨처럼 눈썹을 그리며 스스로 단장하였다(40절). 왕과 고관들은 새 옷들을 장만하였으며, 궁궐의 여러 방들은 잘 손질하고 가구를 새로 들여놓아서 깨끗해 보이게 만들었다. 네가 화려한 자리, 위엄 있는 보좌에 앉아 앞에 상을 차리고 내 향과 기름을 그 위에 놓았는데(41절), 이것은 다음 둘 중의 하나를 의미하는 것이었다.

[1] 이것은 다른 준비들에 걸맞게 사절들을 고상하게 대접하기 위하여 베풀어진 잔치였다. 연회장을 향기로 가득 하게 하기 위한 향과 사절들의 머리에 부을 기름이 준비되었다.

[2] 이것은 사절들이 그들 나라의 우상들에게 경배할 때에서 사용하도록 미리 준비해 둔 제단이었다. 그들은 이런 식으로 해서, 이스라엘 사람들은 꽉 막힌 사람들이 아니고 이방인들로 하여금 얼마든지 그들 가운데서 자신의 종교 의식을 자유롭게 행할 수 있게 한다는 것을 보여주고자 하였다. 그래서 그들은 사절들에게 자신의 우상을 섬길 곳들을 마련해 주고, 사절들과 더불어서 우상에게 경배하는 일에 참여하여 환심을 사고자 하였다. 그런 일은 그들의 하나님의 율법에 어긋나는 일이었는데도, 그들은 이방과의 우호 관계를 위해서라면 율법을 얼마든지 내팽개칠 수 있었다. 하나님이 여기에 나오는 향과 기름을 그의 것이라고 부르시는 것은 그것들이 그의 섭리에 의한 선물이었기 때문만이 아니라 마땅히 그의 제단에 드려졌어야 하는 것들이었기 때문이다. 그들이 하나님의 것들로 우상과 우상 숭배자들을 섬겼기 때문에, 그들의 죄는 더욱 무거울 수밖에 없었다(호 2:8).

(3) 이방의 사절들이 오자, 마치 예루살렘에 이전에는 결코 없었던 복된 일이 벌어지기라도 한 것처럼, 그들은 크게 기뻐하며 환호하였다(42절). 네가 그 무리와 편히 지껄이고 즐겼다. 그들은 이렇게 강력한 동맹국들이 있어서 그들이

너무나 안전하고 평안하다고 생각하였기 때문에 마음이 아주 편했고, 그래서 동맹국의 사절들을 기쁨의 환호성으로 맞이하였다. 이 때에 백성들의 엄청난 인파가 궁궐로 몰려 들었다. 사절들을 환영하기 위해서 평민들이 대거 몰려왔기 때문에 사람들은 인산인해를 이루었고, 광야에서 스바 사람들도 청하여 왔다 (난외주에서는, 광야에서 술 취한 사람들을 청하여 왔다로 읽는다). 그 사람들은 이 대단한 동맹이 앞으로 잘 되도록 축배를 들기 위해 와서, 이 때를 이용해 술에 취해 고함을 지르며 소란을 부렸다. 그들이 누구이든 간에, 그들은 사절들을 환영하는 의미에서 팔찌를 그 손목에 끼우고 아름다운 관을 그 머리에 썼기 때문에, 그들의 행렬은 장관을 이루었다.

(4) 하나님은 그의 선지자들을 통해서 그들에게 이방인들과의 이러한 위험하기 짝이 없는 동맹을 맺지 말라고 경고하셨다(43절). "내가 음행으로 쇠한 여인을 가리켜 말하노라. 그는 처음부터 이방인들과 관계를 맺는 것을 좋아하여 서로 통혼하였고(삿 3:6), 나중에는 이방 나라들과 동맹을 맺는 것을 좋아하였으며, 그들에게 번번이 실망하면서도 결코 그들과의 동맹을 그만두고자 하지 않았다. 그래서 내가 그에게 이렇게 말하였다. 그가 그래도 그들과 피차 행음하고자 하는 것이냐? 지금쯤이면 분명히 그동안의 경험과 관찰을 통해서 유대 나라와 이방 나라 간의 동맹은 서로에게 결코 이득이 될 수 없다는 것을 깨달을 때도 되지 않았느냐?" 그들은 철과 진흙이어서 서로 섞일 수 없고, 하나님은 그러한 동맹을 축복하거나 기뻐하실 수 없다. 그는 이러한 음행으로 쇠하였기 때문에 우리가 생각하기에는 싫증을 낼 때도 된 것 같은데, 도리어 더 뻔뻔스럽고 탐욕스럽게 음행을 행한다. 그는 그러한 음행이 얼마나 어리석은 짓인지에 대하여 이렇게 누누이 들었는데도, 그들이 그에게 나왔다(44절). 처음에는 이 나라, 다음으로는 저 나라와 협상이 순식간에 이루어지고 동맹이 맺어졌다. 사마리아도, 예루살렘도 음란한 여인들처럼 그렇게 행하였다. 그들은 하나님이 그들을 보호하겠다고 약속하신 것을 믿고서 그의 율법과 보호하심의 품 안에서 만족하며 편히 쉬어야 하는데도, 그렇게 하지를 못하였다. 그들은 하나님이 그들과 맺은 언약이 그들의 안전을 든든하게 지켜줄 수 있다고 생각하여야 하는데도, 그렇게 하지를 못하였다. 그래서 그들은 이방 나라들과 끊임없이 조약과 동맹을 맺고 외교적인 수완을 발휘해서 이방 나라들의 환심을 사서, 이방의 왕들의 품 속으로 뛰어들었고, 이방의 왕들의 보호막 아래로 들어갔다. 세상의

부귀영화에서 만족을 얻고 세상의 재물과 육신의 팔을 의지하는 자들은 음행을 하여 그 마음이 하나님을 떠난 자들이라는 것을 명심하라(렘 17:5).

**II. 그들로 하여금 그들이 범한 이러한 죄들 때문에 그들에게 다가오고 있는 심판을 미리 보게 하라**(45절).  의인들이 그들을 재판하리라. 어떤 이들은 그들을 멸망시킬 도구들이 바로 그들을 재판하게 될 의인들이라고 해석한다. 사마리아를 멸망시킨 앗수르 사람들과 예루살렘을 멸망시킨 갈대아 사람들은 상대적으로 의로운 자들로서 사람과 사람 간의 신의가 무엇인지를 아는 자들이었기 때문에 유대 나라의 배신에 대하여 분개한 것은 마땅한 일이었다. 하지만 그들은 하나님의 심판을 집행한 것이었고, 하나님의 심판은 두말할 필요도 없이 의로운 심판이다. 어떤 이들은 여기에 나오는 의인들은 하나님의 이름으로 그들을 재판하여 판결을 선고하는 것을 임무로 하는 선지자들을 가리키는 것이라고 본다. 또는, 우리는 여기에 나오는 의인들을 모든 의인들, 즉 공평이 무엇인지를 아는 모든 자들을 가리키는 것으로 해석할 수도 있다. 이 의인들은 모두 이 성읍들에 대하여 재판하게 될 것이고, 다음과 같은 동일한 평결을 내놓을 것이다: 유다 사람들은 음행과 살인의 죄를 범한 것으로 악명이 높았고 그 죄책은 민족적인 것이기 때문에, 그들은 율법에서 간통한 여자들과 피를 흘린 여인들에 대하여 규정하고 있는 고통과 벌을 받아야 마땅하다는 것. 의인들은 이렇게 말할 것이다. "피를 흘리고 더러운 짓을 한 성읍들이 어떻게 피를 흘리고 더러운 짓을 한 자들보다 더 나은 대우를 받기를 기대할 수 있겠는가? 내가 네게 구하노니 판단하라(사 5:3)." 의로우신 하나님은 의인들이 내린 이러한 심판을 그대로 집행하실 것이다. 좀 더 살펴보자.

1. 심판의 집행은 어떻게 이루어질 것인가(46-47절). 앞에서와 같이(23절), 하나님은 그들에게 원수들의 무리를 올려 보내실 것이다. 이 무리들은 자신의 죄악된 욕망을 이루고자 하겠지만, 하나님은 이 무리들을 통해서 그의 거룩한 목적을 이루실 것이다. 이 원수들은 그들의 목적을 쉽게 이루게 될 것이다. 왜냐하면, 하나님이 그 무리들의 손에 그들이 공포와 약탈을 당하게 하실 것이기 때문이다. 이 무리들은 그들을 행악자들로 여겨서 돌로 치며 칼로 죽일 것이다. 종종 극심한 심판이 집행되는 경우에 그렇듯이(아간의 경우가 보여주듯이), 이 무리들은 그들의 자녀도 죽이며 그들의 집들을 불사를 것이다.

2. 그 결과는 어떻게 될 것인가.

(1) 그들은 그들의 죄로 말미암아 이렇게 고통을 당하게 될 것이다. 그 무리들은 그들의 음란으로 말미암아 그들에게 보응할 것이고(49절), 그들은 그들이 모든 우상을 위하던 죄를 담당하게 될 것이다(35, 39절). 하나님은 이렇게 그의 깨진 율법과 손상된 통치를 다시 일으켜 세우셔서, 세상으로 하여금 그가 얼마나 의로우시고 질투하시는 하나님이신지를 알게 하실 것이다.

(2) 그들은 이렇게 해서 그들의 죄를 끊게 될 것이다. 내가 네 음란을 그치게 하리라(27, 48절). 전에는 하나님의 규례들과 섭리들을 통해서도 그들의 죄가 끊어지지 않았지만, 하나님의 도성이 멸망하고 하나님의 성도들이 죽는 것을 겪으면서 그들의 죄는 끊어지게 될 것이다. 심판은 그들의 죄를 다 짊어지고 가 버릴 것이기 때문에, 예루살렘은 그 잿더미에서 일어나서 새로운 덩어리가 될 것이고, 정금(精金)처럼 풀무 불에서 찌꺼기가 다 벗겨진 채 나오게 될 것이다.

(3) 다른 성읍들과 나라들은 이렇게 해서 우상을 멀리해야 한다는 경고와 교훈을 받게 될 것이다. 모든 여인이 정신이 깨어 너희 음행을 본받지 아니하리라. 행악자들을 벌하는 목적은 그들이 다른 사람들에게 본보기가 되어서 사람들이 그것을 보고 두려워하게 하는 것이다. 거만한 자를 때리라 그리하면 어리석은 자도 지혜를 얻으리라. 몇몇 사람들에게 임하는 하나님의 심판은 다른 사람들을 가르치기 위한 것이기 때문에, 그 심판을 보고서 교훈을 얻어 죄인들의 전철을 밟지 않음으로써 죄의 올무에 걸리지 않는 자들은 복 있는 자들이다. 이런 교훈을 얻고자 하는 자들은 하나님이 여호와인 줄을 알아야 하고(49절), 하나님이 세상의 통치자, 이 땅의 심판자이시라는 것을 알아야 하며, 하나님은 외모로 사람을 취하지 아니하신다는 것을 알아야 한다.

# 제
## — 24 —
# 장

## 개요

이 장에는 특별한 때에 선포된 두 편의 설교가 실려 있는데, 이 설교들은 둘 다 두려움의 산인 시내 산과 저주의 산인 에발 산에서 선포되고 있고, 둘 다 예루살렘의 멸망이 다가오고 있음을 말하고 있다. 이 설교가 이루어진 때는 바벨론의 왕이 예루살렘을 포위하고 있던 때였고, 이 설교의 목적은 바벨론의 왕이 이 포위 공격 끝에 예루살렘을 점령할 뿐만 아니라 파괴할 것임을 보여주는 것이다. I. 불 위에 놓인 가마 속에서 고기를 삶는 표징을 통해서 예루살렘이 그의 더러움 때문에 이 포위 기간 동안에 비참한 일들을 겪게 될 것임을 보여주심(1-14절). II. 에스겔이 그의 아내의 죽음을 애곡하지 않는 표징을 통해서 예루살렘에 임할 재난이 너무나 커서 백성들이 그 재난에 눌려 애곡조차 하지 못하고 넋을 놓게 될 것임을 보여주심(15-27절).

¹아홉째 해 열째 달 열째 날에 여호와의 말씀이 내게 임하여 이르시되 ²인자야 너는 날짜 곧 오늘의 이름을 기록하라 바벨론 왕이 오늘 예루살렘에 가까이 왔느니라 ³너는 이 반역하는 족속에게 비유를 베풀어 이르기를 주 여호와께서 이같이 말씀하시기를 가마 하나를 걸라 ⁴⁵건 후에 물을 붓고 양 떼에서 한 마리를 골라 각을 뜨고 그 넓적다리와 어깨 고기의 모든 좋은 덩이를 그 가운데에 모아 넣으며 고른 뼈를 가득히 담고 그 뼈를 위하여 가마 밑에 나무를 쌓아 넣고 잘 삶되 가마 속의 뼈가 무르도록 삶을지어다 ⁶그러므로 주 여호와께서 이같이 말씀하셨느니라 피를 흘린 성읍, 녹슨 가마 곧 그 속의 녹을 없이하지 아니한 가마여 화 있을진저 제비 뽑을 것도 없이 그 덩이를 하나하나 꺼낼지어다 ⁷그 피가 그 가운데에 있음이여 피를 땅에 쏟아 티끌이 덮이게 하지 않고 맨 바위 위에 두었도다 ⁸내가 그 피를 맨 바위 위에 두고 덮이지 아니하게 함은 분노를 나타내어 보응하려 함이로라 ⁹그러므로 주 여호와께서 이같이 말씀하셨느니라 화 있을진저 피를 흘린 성읍이여 내가 또 나무 무더기를 크게 하리라 ¹⁰나무를 많이 쌓고 불을 피워 그 고기를 삶아 녹이고 국물을 졸이고 그 뼈를 태우고 ¹¹가마가 빈 후에는 숯불 위에 놓아 뜨겁게 하며 그 가마의

놋을 달궈서 그 속에 더러운 것을 녹게 하며 녹이 소멸되게 하라 <sup>12</sup>이 성읍이 수고하므로 스스로 피곤하나 많은 녹이 그 속에서 벗겨지지 아니하며 불에서도 없어지지 아니하는도다 <sup>13</sup>너의 더러운 것들 중에 음란이 그 하나이니라 내가 너를 깨끗하게 하나 네가 깨끗하여지지 아니하니 내가 네게 향한 분노를 풀기 전에는 네 더러움이 다시 깨끗하여지지 아니하리라 <sup>14</sup>나 여호와가 말하였은즉 그 일이 이루어질지라 내가 돌이키지도 아니하고 아끼지도 아니하며 뉘우치지도 아니하고 행하리니 그들이 네 모든 행위대로 너를 재판하리라 주 여호와의 말씀이니라

이 단락에서 우리는 다음과 같은 내용들을 본다.

**I. 느부갓네살이 예루살렘을 포위하던 바로 그 때에 하나님이 바벨론에 있던 에스겔에게 그 사실을 알려 주심**(2절). "인자야 너는 군대를 이끌고 출정한 바벨론 왕이 어디에 있는지 알지 못하겠지만 그는 바로 오늘 예루살렘에 가까이 왔느니라." 예루살렘에서 바벨론까지는 먼 거리여서 그 길을 여행하자면 많은 날들이 소요되었다. 사람들이 바벨론 군대에 대하여 마지막으로 알고 있었던 정보는 그 군대의 목적지가 암몬의 수도인 랍바이고 이 원정은 그 성을 포위하여 함락시키는 것이라는 것이었다. 그러나 하나님은 "오늘 바로 이 시간에 예루살렘이 포위되고 있고, 갈대아 군대가 예루살렘 앞에 진을 쳤다"는 것을 알고 계셨고, 그 사실을 선지자에게 알려주실 수 있으셨다. 아무리 후미진 곳이라도 그 어떤 곳에나 하나님은 거기에 항상 임재해 계시고 그 곳을 보고 계신다는 것을 명심하라. 하나님이 선지자에게 이 사실을 알려주시는 것은 선지자가 백성들에게 이 사실을 알리고 나서 얼마 안 있어 공식적인 정보를 통해서 선지자의 말이 정확히 맞았다는 것이 밝혀지면 선지자의 사명이 확증될 것이고, 백성들은 선지자가 전한 말씀들은 모두 하늘에서 받은 것이기 때문에 선지자가 알려준 소식이 옳았으므로 그의 예언도 옳을 것이라고 생각할 것임을 내다보셨기 때문이다.

**II. 하나님이 선지자에게 이 말씀을 받은 날짜를 기록하라고 지시하심.** 선지자는 그의 책, 즉 그의 비망록에 이렇게 기입하여야 했다: 여호야긴 왕이 사로잡힌 지 아홉째 해(에스겔은 여호야긴 왕이 사로잡힌 시점을 그의 연대기의 기준으로 삼았는데[겔 1:2], 여호야긴 왕이 사로잡혀 간 때부터 시드기야 왕이 통치하였기 때문에, 이 해는 시드기야 왕 제구년이기도 하였다) 열째 달 열째 날

에 바벨론의 왕이 예루살렘을 포위하였다. 이 연대는 역사상의 연대와 정확히 일치한다(시드기야 제구년 열째 달 십일에, 왕하 25:1). 하나님이 그의 종 선지자들에게 여러 가지 일들, 특히 그들이 전하는 말씀을 확증해 주고 그들 자신의 믿음을 확증해 주는 데에 도움이 되는 일들을 어떻게 계시해 주시는지를 보라. 중요한 일들이 일어난 날짜를 정확히 기록해 두는 것은 종종 하나님의 영광을 더욱더 선명하게 드러내고 성경의 예언들을 설명하고 확증하는 데에 도움이 될 수 있기 때문에 좋은 일임을 명심하라. 하나님은 그가 행하실 모든 일들을 알고 계신다.

**III. 하나님이 선지자에게 지금 시작된 예루살렘에 대한 포위는 반드시 도성의 멸망으로 끝나게 될 것임을 백성들에게 알리라고 지시하심.** 선지자는 이것을 이 반역하는 족속에게, 즉 이 족속 중에서 바벨론에 있는 자들에게 전해야 하고, 이것이 그들을 통해서 아직 그들의 고국에 있는 자들에게도 전해지게 하여야 한다. 반역하는 족속은 머지않아 멸망하는 족속이 될 것이다.

1. 선지자는 표징을 통해서 그들에게 이것을 보여주어야 한다. 왜냐하면, 이 백성은 우둔한 백성이어서 마치 어린아이들을 가르치듯이 해야 할 필요가 있었기 때문이다. 하나님이 여기에서 사용하시는 비유는 끓는 가마에 관한 비유이다. 이것은 오래 전에 예레미야가 처음으로 선지자의 사명을 받을 때에 본 환상과 일치하는 것으로서 아마도 이 백성에게 그것을 상기시키기 위한 목적이 있는 것 같다(렘 1:13). 내가 끓는 가마를 보나이다 그 윗면이 북에서부터 기울어졌나이다. 하나님은 이 환상에 대한 설명 속에서 이 환상이 북방 왕국들이 예루살렘을 포위하게 될 것을 의미한다고 분명하게 말씀해 주신다(렘 1:15). 여기에 나오는 이 비유는 한편으로는 예레미야의 환상이 옳다는 것을 확증하기 위한 것이고, 다른 한편으로는 예루살렘의 고관들의 헛된 기대를 반박하기 위한 것이다. 이 고관들은 이 성읍은 가마가 되고 우리는 고기가 된다고 말하였는데(11:3), 이 말은 "우리는 마치 놋 성벽으로 둘러싸인 것처럼 여기에서 안전하리라"는 것을 의미하는 것이었다. 하나님은 이렇게 말씀하신다. "그래, 너희가 말한 그대로 될 것이다. 너희는 가마 속의 고기가 되어 예루살렘 안에서 무르도록 삶아질 것이다. 가마 하나가 걸리고 거기에 물이 채워질 것이며(4절), 양 떼에서 한 마리를 골라 각을 뜬 고기들, 즉 넓적다리와 어깨 고기의 모든 좋은 덩이가 가마에 채워질 것이고(4절), 나머지 뼈들은 땔감으로 사용될 것이다. 이

렇게 양 한 마리 전체가 가마 속에서 삶아지고 가마 아래에서 태워질 것이다.” 뼈들을 땔감으로 사용하는 불은 은근하지만(즉, 포위는 오랫동안 진행될 것이다) 확실하고 오래가는 불이 된다. 그들에 대한 하나님의 진노는 이와 같아서, 소리와 불꽃은 요란하지만 열은 별로 뜨겁지 않은 솥 밑에서 가시나무가 타는 것과 같지 않을 것이다. 이 나라의 방방곡곡에서 예루살렘으로 피난을 온 자들은 도성이 적군의 포위로 인해서 이내 그들이 견딜 수 없을 정도로 뜨거워질 때에 몹시 절망하게 될 것이다. 그런데도 도성에서 빠져나갈 길은 없을 것이기 때문에, 그들은 끓는 가마 속의 고기처럼 어쩔 수 없이 도성에 머물 수밖에 없을 것이다.

2. 선지자는 그들에게 이 표징을 설명해 주어야 한다. 이 표징은 피를 흘린 성읍에 화가 있을 것임을 말해주는 것으로 해석된다(6, 9절). 이 성읍은 피를 흘린 성읍이기 때문에 가마가 되어 펄펄 끓게 될 것이다. 이 성읍이 끓는 가마가 되는 것은 지극히 합당하다. 좀 더 살펴보자.

(1) 하나님이 이 성읍에 대하여 취하실 조치는 어떤 것인가. 포위된 예루살렘은 불 위에서 펄펄 끓는 가마 같을 것이다.

[1] 하나님은 가마 아래에서 불이 잘 타는지를 살피실 것이다. 이것은 이 성읍에 대한 포위가 물 샐 틈 없이 이루어지고, 포위한 자들이 이 성읍을 무수히 격렬하게 공격하며, 특히 하나님의 진노가 지속적으로 그들을 향하여 불타오를 것임을 나타낸다(9절). 내가 불을 지피기 위한 나무 무더기를 크게 하리라. 하나님은 갈대아 군대에게 나무를 많이 쌓고 불을 피워 예루살렘이 그 주민들에게 점점 더 뜨거워지게 만들라는 임무를 주신다(10절). 하나님이 회개하지 않은 죄인들을 멸하기 위하여 지피신 불은 땔감이 없어서 불길이 약해지거나 꺼지는 일은 결코 없을 것임을 명심하라. 도벳에 불과 많은 나무가 있다(사 30:33).

[2] 하나님은 이렇게 삶아진 고기를 가마에서 꺼내어 갈대아 군대에게 주어 잔치를 벌이게 하실 것이다. “그 고기를 삶아 녹이라. 고기가 무르도록 푹 삶아라. 그 고기로 잔치를 벌일 자들을 위하여 양념을 잘 해서 맛있게 하라. 그 뼈를 태우라.” 여기에서 뼈를 태우라는 말씀은 가마 밑에 있는 뼈들을 가리키는 것일 수도 있고(“그 뼈들을 다른 땔감과 함께 태우라”), 가마 속의 뼈들을 가리키는 것일 수도 있다(“그 뼈들을 푹 삶아서 고기만 물러질 뿐만 아니라 뼈들도 물러지게 하라. 즉, 예루살렘의 모든 주민들이 병이나 칼, 기근으로 인해서 극

심한 참상을 겪게 하라"). 그런 후에, "그 덩이를 하나하나 꺼낼지어다(6절). 각 사람이 적군의 수중에 넘겨져서 칼에 죽거나 포로가 되게 하라. 그 주민들이 적군의 손쉬운 먹잇감이 되게 하고, 마치 배고픈 자가 자기 앞에 잘 차려진 음식을 보고 덤벼들듯이 갈대아 사람들이 그렇게 맹렬하게 덤벼들게 하라. 가마 속에 있던 덩이들이 하나하나 꺼내져서 다 삼켜질 것이다. 그러므로 어떤 것을 먼저 꺼낼지를 결정하기 위해서 제비를 뽑을 것도 없을 것이다." 다윗이 모압을 쳤을 때, 그것은 두 줄 길이의 사람은 죽이고 한 줄 길이의 사람들은 살렸던(삼하 8:2) 아주 극심한 군사적인 학살이었다. 그러나 이 경우에는 줄이나 긍휼의 제비 같은 것이 사용되지 않을 것이다. 모든 것은 멸망이라는 한 가지 목표로 집중될 것이다.

[3] 하나님은 국물이 다 졸아들었을 때에 빈 가마를 숯불 위에 그대로 놓아두어서 뜨겁게 달궈지게 하라고 명령하신다. 이것은 이 성읍이 불길에 휩싸이게 될 것임을 의미한다(11절). 고기의 찌꺼기 또는 고기의 녹이 가마에 들러붙었을 때에는 물로 씻거나 문질러 닦아서는 그 녹이 제거되지 않기 때문에 가마를 불에 달궈서 그 속에 있는 더러운 것이나 녹을 녹이거나 아예 가마와 함께 태워서 없애야 한다. 독사들과 그 소굴을 함께 불에 태워라.

(2) 하나님은 무엇을 놓고 이 성읍과 다투시는 것인가. 그들이 하나님의 진노를 불러일으키지만 않았더라면, 하나님은 예루살렘에 대하여 이러한 가혹한 조치를 취하지 않으실 것이었다. 예루살렘은 다음과 같은 이유 때문에 이런 벌을 받아 마땅하였다.

[1] 예루살렘은 피 흘리는 성읍이었다(7-8절). 그 피가 그 가운데에 있음이여. 수많은 야만적인 살인이 이 성읍의 한복판에서 저질러져 왔다. 아니, 그들은 마음속에 잔혹함을 추구하는 소질을 지니고 있었다. 그들은 사람들의 피를 흘리는 것을 마음으로 즐거워한다. 그러므로 그 피가 그들 가운데에 있다. 아니, 그들은 백주대낮에 살인을 저지르고, 하나님과 사람의 공의를 코웃음치며 대놓고 뻔뻔스럽게 살인을 공언한다. 그들은 피를 땅에 쏟아 티끌이 덮이게 하지 않고 맨 바위 위에 둠으로써, 피 흘린 죄를 부끄러워하거나 형벌을 두려워하는 마음 따위가 그들에게는 전혀 없다는 것을 보여주었다. 그들은 살인을 은폐해야 할 더러운 것 또는 위험한 것으로 여기지 않았다(신 23:13). 아니, 그들은 어디 한번 하나님이 보시고 복수해 보시라는 듯이 무죄한 피를 맨 바위 위에 그대로

두어 그 피가 흡수되지 않고 적나라하게 드러나도록 내버려 두었다. 그들은 정의라는 미명 아래에서 무죄한 피를 흘렸다. 그들은 마치 하나님과 나라를 위해서 좋은 일을 했다는 듯이 살인한 것을 자랑스러워하였고, 그런 마음을 지니고 있었기 때문에 그 피를 맨 바위 위에 두었던 것 같다. 또는, 이것은 그들의 자녀를 우상에게 제물로 바치기 위하여 죽여서 산당, 아마도 바위 꼭대기에 놓아둔 것을 가리키는 것일 수도 있다. 이렇게 그들은 하나님이 분노를 나타내어 보응하려 하시도록 부채질하였다(8절). 그러므로 하나님은 분노하여 이 일들을 벌하지 않으실 수 없으셨다. 하나님의 마음은 이런 나라에 보복하실 수밖에 없다. 하나님의 공의를 회복하기 위해서는 이와 같이 피를 흘린 성읍은 스스로 피를 마시게 될 수밖에 없다. 한 나라 전체가 공공연하게 범죄하여 악명이 높을 때에는 벌도 그 나라 전체가 받아야 마땅하다. 내가 그 피를 맨 바위 위에 두었다. 즉, 하나님은 예루살렘을 본보기로 삼아서 세상 사람들의 구경거리가 되게 하셨다. 하나님은 응보의 법칙에 따라서 예루살렘을 처리하셨다. 모든 사람 앞에서 범죄한 자들은 모든 사람 앞에서 책망을 받는 것이 마땅하다. 너무도 뻔뻔스러워서 자신의 죄를 감추고자 하지도 않은 자들은 은밀하게 벌을 줌으로써 그들의 명성을 보호해 주는 것은 합당하지 않다.

[2] 예루살렘은 더러운 성읍이었다. 본문은 비유를 설명하면서 특히 이 가마의 녹을 주목하는데, 이것은 하나님의 심판이 임했을 때에 백일하에 드러난 예루살렘의 죄를 나타낸다. 예루살렘은 녹슨 가마 곧 그 속의 녹을 없이하지 아니한 가마였다(6절). 이 가마에 붙어 있는 많은 녹은 모든 것이 그 안에서 녹아서 다 졸아붙어도 그 속에서 벗겨지지 아니하고 불에서도 없어지지 아니하지만, 불을 더 맹렬하게 하여 가마를 뜨겁게 달구면 결국에는 녹이 다 소멸될 것이다(11-12절). 하나님이 손이 뻗어서 그들을 치셨어도, 그들은 자신을 낮추고 회개하며 삶을 고치고 그들의 죄에 대한 벌을 달게 받기는커녕, 더욱 더 뻔뻔스러워져서 범죄를 더하며 하나님께 시비를 걸고 그의 선지자들을 박해하며 서로에 대하여 사납게 굴고, 갈대아 사람들에 대하여 마지막 순간까지 기를 쓰고 덤벼들며, 마치 그물에 걸린 들소처럼 돌을 보고 으르렁거리고 그들을 묶은 쇠사슬을 이빨로 갉아서 끊어내고자 하였다. 이런 것이 그들이 지닌 녹이었다. 그들은 곤고할 때에 아하스 왕처럼 더욱 여호와께 범죄하였다(대하 28:22). 하나님이 그들을 더 좋은 쪽으로 이끄시기 위하여 징계를 하시는데도 도리어 더 악해지는 자

들, 그들의 타락한 성품을 억제하기 위하여 하나님이 말씀과 섭리를 통해서 책망하시는데도 도리어 더욱 흥분하여 타락을 더하는 자들, 죄를 깨닫고 고백함으로써 자신의 녹을 없앤 후에 자신의 선한 출발로부터 돌이켜서 다시 예전의 모습으로 돌아가고 부드러워진 듯이 보였던 마음이 다시 딱딱히 굳어진 자들에게는 소망이 없는데, 이것이 바로 예루살렘의 모습이었다. 이 성읍은 거짓말들, 즉 삶을 고치겠다고 여러 번 약속하고서도 그 약속을 전혀 지키지 않는 거짓된 행동들을 통해서 하나님을 피곤하게 만들었고, 육체를 의지하고 피조물을 의지하다가 결국 실망하는 일은 반복함으로써 스스로 피곤하였다(12절). 거짓되고 헛된 것들을 따르는 자들은 스스로를 피곤하게 할 뿐이라는 것을 명심하라. 이제 예루살렘이 맞게 될 운명을 보라(13-14절). 예루살렘은 구제불능일 정도로 악하게 되었기 때문에, 하나님은 예루살렘을 돌이킬 수 없는 파멸에 내어주실 것이다.

첫째, 하나님이 그들의 삶을 고치시기 위하여 온갖 수단과 방법을 다 시험해 보셨지만 소용이 없었다(13절). "너의 더러운 것들 중에 음란이 그 하나이니라. 너는 뻔뻔스럽고 끈질기게 음란을 행하여 왔다. 이제 음란은 너의 습관이 되어 버렸는데, 이것은 너의 빈번한 음란한 행위들에 의해서 확인된다. 너의 더러움 속에는 뿌리 깊은 음란이 존재한다. 내가 너를 깨끗하게 하나 네가 깨끗하여지지 아니한 것이 바로 그 증거이다. 나는 네게 약을 주었지만, 그 약은 네게 듣지 않았다. 나는 너를 깨끗하게 할 수단들을 사용하였지만, 그 수단들은 아무런 효과도 없었고, 내가 그 수단들을 사용한 의도는 이루어지지 못하였다." 하나님의 규례들과 섭리들이 아주 많은 사람들에게 아무런 효과도 없다는 것은 정말 서글픈 일이다.

둘째, 하나님은 이제 더 이상 그런 수단과 방법을 사용하지 않겠다고 결심하신다. 네 더러움이 다시 깨끗하여지지 아니하리라. 하나님이 보내시는 불은 이제 그들을 깨끗하게 하는 불이 아니라 그들을 삼키고 태우는 불이 될 것이기 때문에, 이전처럼 완화되는 일은 없을 것이고, 그들을 모두 멸하는 일을 마칠 때까지 계속해서 맹렬하게 타오르게 될 것이다. 고침을 받고자 하지 않는 자들에 대해서는 하나님이 그들을 포기하시고 그들의 상태가 절망적이라고 판결하신다는 것을 명심하라. 더러운 자는 그대로 더럽게 놓아 두라고 하나님이 말씀하실 날이 올 것이다.

셋째, 그들을 완전히 멸망시키는 것 외에는 다른 방법이 남아 있지 않다. 내가 네게 향한 분노를 풀리라. 이것은 사도 바울이 후대의 유대인들에 대하여 노하심이 끝까지 그들에게 임하였느니라(살전 2:16)고 말한 것과 동일하다. 하나님이 그들에게 그렇게 하시는 것은 지극히 마땅한 일이었다. 그들이 네 모든 행위대로 너를 재판하리라(14절). 하나님이 그렇게 하실 것이다. 하나님은 그들이 그들의 멸망이 얼마나 확실한 것인지를 깨닫게 하시기 위하여 이러한 판결을 반복해서 재확인해 주신다. "말한 것을 이룰 수 있는 능력을 갖고 있는 나 여호와가 말하였은즉 그 일이 이루어질지라. 왜냐하면, 내가 직접 행하고, 그 누가 간청을 해도 돌이키지 아니할 것이기 때문이다. 이 일은 이미 작정되었고, 나는 그들을 불쌍히 여기지 않을 것이기 때문에 그들을 아끼지도 아니하며 뉘우치지도 아니하리라." 하나님은 마음을 바꾸시거나 조치를 변경하지 않으실 것이다. 그러므로 하나님은 선지자에게 그들을 위하여 중보 기도를 하지 말라고 명령하시고, 그들에게는 이 심판을 피할 수 있을 것이라는 소망으로 마음의 위안을 삼지 말라고 명령하신다. 하나님께서 그렇게 말씀하셨기 때문에 반드시 그 일을 이루실 것이다. 죄인들을 향한 하나님의 진노의 선포는 자기 백성을 향한 은혜의 약속만큼이나 반드시 이루어질 것임을 명심하라. 하나님이 거짓될지, 아니면 그들이 저주를 받게 될지를 놓고 시비를 벌이는 자들은 정말 불쌍한 자들이다.

[15]여호와의 말씀이 또 내게 임하여 이르시되 [16]인자야 내가 네 눈에 기뻐하는 것을 한 번 쳐서 빼앗으리니 너는 슬퍼하거나 울거나 눈물을 흘리거나 하지 말며 [17]죽은 자들을 위하여 슬퍼하지 말고 조용히 탄식하며 수건으로 머리를 동이고 발에 신을 신고 입술을 가리지 말고 사람이 초상집에서 먹는 음식물을 먹지 말라 하신지라 [18]내가 아침에 백성에게 말하였더니 저녁에 내 아내가 죽었으므로 아침에 내가 받은 명령대로 행하매 [19]백성이 내게 이르되 네가 행하는 이 일이 우리와 무슨 상관이 있는지 너는 우리에게 말하지 아니하겠느냐 하므로 [20]내가 그들에게 대답하기를 여호와의 말씀이 내게 임하여 이르시되 [21]너는 이스라엘 족속에게 이르기를 주 여호와의 말씀에 내 성소는 너희 세력의 영광이요 너희 눈의 기쁨이요 너희 마음에 아낌이 되거니와 내가 더럽힐 것이며 너희의 버려 둔 자녀를 칼에 엎드러지게 할지라 [22]너희가 에스겔이 행한 바와 같이 행하여 입술을 가리지 아니하며 사람의 음식물을

먹지 아니하며 <sup>23</sup>수건으로 머리를 동인 채, 발에 신을 신은 채로 두고 슬퍼하지도 아니하며 울지도 아니하되 죄악 중에 패망하여 피차 바라보고 탄식하리라 <sup>24</sup>이같이 에스겔이 너희에게 표징이 되리니 그가 행한 대로 너희가 다 행할지라 이 일이 이루어지면 내가 주 여호와인 줄을 너희가 알리라 하라 하셨느니라 <sup>25</sup>인자야 내가 그 힘과 그 즐거워하는 영광과 그 눈이 기뻐하는 것과 그 마음이 간절하게 생각하는 자녀를 데려가는 날 <sup>26</sup>곧 그 날에 도피한 자가 네게 나와서 네 귀에 그 일을 들려 주지 아니하겠느냐 <sup>27</sup>그 날에 네 입이 열려서 도피한 자에게 말하고 다시는 잠잠하지 아니하리라 이같이 너는 그들에게 표징이 되고 그들은 내가 여호와인 줄 알리라

에스겔서의 처음부터 내내 다루어져 왔던 것, 즉 예루살렘의 멸망에 관한 에스겔의 예언은 이 단락에서 끝이 난다. 이 단락을 끝으로 선지자는 이 때로부터 3년 후쯤에 예루살렘이 멸망했다는 소식을 들을 때까지(33:21) 더 이상 예루살렘에 대하여 예언하지 않았고, 주로 다른 나라들에 대하여 예언하였다. 이 장의 전반부에서 선지자는 백성들에게 이 환난을 막을 방도는 전혀 없다고 단언하였는데, 여기에서는 이 환난을 당할 때에 그들이 울며 통곡할 여유조차 갖지 못하게 될 것이라고 단언한다. 좀 더 살펴보자.

**I. 선지자가 이 사실을 표징을 통해서 그들에게 보여줌.** 이 표징을 보이기 위해서 선지자는 아주 값비싼 대가를 치러야 했다. 하나님의 명령을 따라서 선지자가 백성들로 하여금 그의 메시지를 받아들이도록 하기 위하여 이렇게 값비싼 대가를 치렀는데도, 그들은 꿈쩍도 하지 않았기 때문에 장차 더 큰 수치를 당하게 될 것이었다.

1. 하나님이 선지자의 선한 아내를 갑자기 데려가심으로써 선지자는 그의 아내를 잃어야 했다. 이 일로 인해 선지자가 놀라지 않도록 하기 위해서, 하나님은 그에게 미리 이 일을 알려 주셨다(16절). 내가 네 눈에 기뻐하는 것을 한 번 쳐서 빼앗으리라.

(1) 결혼한 상태는 선지자라는 직분과 아주 잘 어울린다. 결혼은 귀히 여겨야 할 것이기 때문에 사역자들에게 죄가 되는 것이 아니다.

(2) 인생의 낙(樂) 중에서 많은 부분은 부부 간의 좋은 관계에 달려 있다. 틀림없이 에스겔은 그의 슬픔과 염려를 함께 하였던 지혜롭고 사랑이 많은 배우자가 그의 포로 생활에서 좋은 반려자가 되어 주었다는 것을 알았을 것이다.

(3) 결혼 관계에 있는 자들은 서로를 바라보느라 다른 이성을 찾아 방황하는 것을 막아주는 존재가 되어야 할 뿐만 아니라(창 20:16) 서로의 눈에 기뻐하는 것, 즉 바라만 보아도 좋은 존재가 되어야 한다. 사랑스러운 아내는 남편의 눈에 기뻐하는 것이기 때문에, 남편은 다른 이성을 쳐다보지 않게 된다.

(4) 가장 소중한 존재는 가장 안전하지 않은 법이다. 우리는 우리 눈에 기뻐하는 것이 언제 우리에게서 떠나가서 우리 마음에 슬픔을 가져다 줄지를 알지 못한다. 그렇기 때문에 아내 있는 자들은 없는 자 같이 하며 아내가 있어 기쁜 자들은 기쁘지 않은 자 같이 해야 한다(고전 7:29-30). 아무리 경건하고 사람들에게 유익이 되며 사랑스러운 자들이라 하여도 그들에게 죽음이 언제 찾아올지는 아무도 모른다.

(5) 우리 눈에 기뻐하는 것이 갑자기 떠나갈 때, 우리는 그 속에서 하나님의 손길을 보아야 한다. 내가 네 눈에 기뻐하는 것을 빼앗으리라. 하나님은 그가 정하신 때와 방법을 따라서 피조물로부터 얻는 위로들을 우리에게서 빼앗아가신다. 하나님은 그것들을 우리에게 주셨지만, 그것들에 대한 소유권은 여전히 하나님의 것이다. 하나님이 그의 소유를 그의 뜻대로 하시는 것은 당연한 일이 아니겠는가?

(6) 이런 환난을 당했을 때에 우리는 우리가 인자, 즉 사람이라는 것을 기억하는 것이 좋다. 왜냐하면, 여기에서 하나님은 선지자를 그렇게 부르고 계시기 때문이다. 너는 아담의 아들이고 네 아내는 하와의 딸이기 때문에, 너희 두 사람은 죽을 수밖에 없는 피조물이다. 죽음은 인생이 겪을 수밖에 없는 환난이다. 너 때문에 땅이 버림을 받겠느냐(욥 18:4). 선지자는 하나님의 이러한 명령을 따라서 이런 일이 일어날 것임을 아침에 백성에게 말하였다(18절). 왜냐하면, 하나님은 이렇게 새벽부터 부지런히 그의 선지자들을 그들에게 보내어 말하면 혹시라도 그들이 그의 말씀을 경청하지 않겠나 생각하셨기 때문이다. 좀 더 살펴보자.

[1] 하나님은 에스겔에게 이러한 환난이 그에게 닥칠 것을 미리 알려 주셨지만, 선지자는 그것 때문에 상심하여 그의 일을 그만둔 것이 아니라, 굳게 마음을 먹고 그의 일을 계속해 나갔다.

[2] 우리가 우리의 본분을 다하고 있는 동안에는 환난이 오더라도 훨씬 수월하게 감당할 수 있게 된다. 왜냐하면, 우리가 하나님의 사랑 안에 머무는 동안

에는 그 어떤 것도 우리를 해칠 수 없고 우리의 일이 잘못될 수 없기 때문이다.

2. 선지자는 그의 아내가 죽었을 때에 애곡을 한다면 그녀를 기림과 동시에 그의 마음을 편하게 할 수 있었겠지만, 하나님은 그렇게 하지 말도록 명령하신다. 선지자는 슬퍼하거나 눈물을 흘리는 것 같은 자연스러운 감정 표현들도 해서는 안 되었다(16절). 눈물을 흘리는 것은 죽은 자에 대한 예의이고, 죽은 자의 시신이 묻힐 때에 그 위를 눈물로 적시는 것이 합당한 일인 것인데도, 그는 울거나 눈물을 흘림으로써 그의 감정을 겉으로 드러내서는 안 되었다. 에스겔은 여느 사람이나 마찬가지로 슬픔에 북받쳐서 울며 눈물을 흘릴 수밖에 없을 것이었고, 또한 그가 그렇게 하지 않는다면 사람들은 그를 이상한 사람으로 취급할 수도 있었지만, 하나님은 그가 그렇게 하는 것을 허용하지 않으셨다. 관습을 따라서 애곡하는 의식(儀式)을 사용하는 것이 허용되지 않은 것은 두말 할 필요도 없었다. 그는 상복이 아니라 평상복을 입고, 수건으로 머리를 동여야 했고, 이런 경우에는 통상적으로 맨발로 다녀야 하지만 발에 신을 신어야 했다. 그는 입술을 가리지 말고, 얼굴을 베일로 가리지 말며(레 13:45), 금식하는 자로 사람에게 보이려고 슬픈 기색을 해서는 안 되었다(마 6:18). 상(喪)을 당한 자들은 스스로 음식을 해먹을 마음의 여유가 없다고 생각해서 그러한 경우에 사람들이 음식을 가져다 주는 것이 관례였지만, 그는 사람이 초상집에서 먹는 음식물을 먹지 않아야 했고, 그의 이웃들이나 친구들이 그에게 음식을 가져다 줄 것을 기대하지 않아야 했다. 만약 사람들이 그에게 음식을 보내준다고 해도, 그는 그것을 먹어서는 안 되고, 여느 때처럼 자기가 스스로 음식을 만들어 먹어야 했다. 그가 그토록 사랑했던 사람이 죽었는데도 애곡할 수 없는 것은 육과 피의 성질에 크게 어긋나는 일일 수밖에 없었지만, 하나님은 그렇게 명령하신다. 아침에 내가 받은 명령대로 행하였다. 그는 상을 당한 그 어떤 표시도 내지 않은 채로 평상시처럼 많은 사람들 앞에 나타나서 평소처럼 행동하였다.

(1) 특별한 일이 일어났고, 에스겔은 스스로 백성들에게 징조 또는 표징이 되기 위하여 자기를 부인하는 특별한 모습을 보여주어야 했다. 우리의 성품은 항상 하나님의 지시에 순복하여야 하고, 우리에게 아무리 어렵고 하기 싫은 일이라도 우리는 하나님의 명령에 순종하여야 한다는 것을 명심하라.

(2) 죽은 자를 애곡하는 일은 우리의 마땅한 도리이긴 하지만, 언제나 신앙과 올바른 이성의 주관 아래에서 행해져야 한다. 우리는 소망 없는 다른 이들과

같이 슬퍼해서는 안 되고, 아무리 소중한 것이라고 하여도 피조물을 잃어버린 것에 불과한 것인데도 마치 우리 하나님을 잃어버렸거나 우리의 모든 복이 없어지기라도 한 것처럼 슬퍼해서는 안 된다. 이렇게 절제 있게 애곡하는 일에 있어서 사역자들은 그들이 직접 그런 일을 당했을 때에 모범을 보여야 한다. 우리가 사랑하는 사람을 잃었을 때, 우리는 그러한 환난을 순순히 받아들여서 선용하여 내세에 대한 소망을 더욱 견고히 하며, 거룩한 욥처럼 주실 때나 가져가실 때나 여호와의 이름을 찬송하는 법을 배워야 한다.

**II. 이 표징에 대한 설명과 적용.** 백성들은 이 표징의 의미를 물었다(19절). 네가 행하는 이 일이 우리와 무슨 상관이 있는지 너는 우리에게 말하지 아니하겠느냐. 그들은 에스겔이 애처가여서 아내의 죽음은 그에게 크게 고통스러운 일일 것이기 때문에 그가 이 일에 이토록 아무렇지도 않은 모습을 보이는 것은 뭔가 이유가 있고 그들에게 가르칠 것이 있어서라는 것을 알았다. 그들은 이 표징을 좋은 징조로 보고서, 하나님이 이제 그들을 다시 예쁘게 보셔서 그들이 환난을 당한 기간만큼 그들을 다시 위로하시고자 하신다는 암시가 아닐까 하는 소망에 부풀어 있었을지도 모른다. 우리가 하나님의 일들에 대하여 물을 때, 우리의 물음은 이런 것이 되어야 한다는 것을 명심하라. "이 일이 우리에게 무엇을 의미하는가? 이 일이 우리와 무슨 상관이 있는 것인가? 이 일이 우리에게 어떤 깨우침과 권면과 위로를 말해 주고 있는 것인가? 이 일이 어떤 점에서 우리의 경우와 닿아 있는가?" 하나님은 에스겔에게 그가 이스라엘 족속에게 전해야 할 말을 가르쳐 주셨기 때문에, 에스겔은 하나님으로부터 받은 말씀을 그대로 그들에게 전해 준다.

1. 그들은 하나님이 갑자기 에스겔의 아내를 치셔서 빼앗아 가셨듯이 그들에게서 그들에게 가장 소중한 것들을 모두 빼앗아 가실 것임을 알아야 한다(21절). 푸른 나무에도 이같이 하거든 마른 나무에는 어떻게 되리요. 하나님의 신실한 종도 단지 시범을 위해서 이렇게 환난을 당했다고 한다면, 하나님에 대하여 반역한 세대가 어떻게 벌을 받지 않고 그대로 넘어가겠는가? 백성들을 깨우치고자 하는 이 섭리를 통해서 하나님은 그의 경고가 진실하고 단호하다는 것을 보여주셨다. 아마도 에스겔은 하나님의 뜻이라면 그의 아내를 살려 주시라고 기도하였을 것이시만, 하나님은 그의 기도를 들어 주지 않으셨다. 그런데 하물며 하나님을 진노케 한 이 백성을 위한 선지자의 중보 기도가 응답이 될 리가 있

겠는가? 이 일은 이미 결정되어 있었다. 하나님은 너희 눈에 기뻐하는 것을 빼앗아 가실 것이다. 다른 사람들이 위로로 삼고 있던 것들을 빼앗기는 것을 볼 때에 우리는 우리의 위로들도 언제 빼앗기게 될지 모른다는 것을 깨닫고 정신을 차려야 한다. 우리는 나으냐 결코 아니라. 그들과 같은 쓴 잔, 아니 더 쓴 잔이 언제 우리의 손에 쥐어질지 모르는 일이기 때문에, 우리는 그들과 같이 몸을 지닌 자로서 우는 자들과 함께 울어야 한다. 하나님은 그들의 마음에 아낌이 되는 것들, 즉 다 파괴되어서 그들에게 없어지면 그들이 몹시 애석해할 것들을 빼앗아 가 버리실 것이다. 이 어구를 어떤 이들은 너희 마음이 두려워하는 것들이라고 해석하기도 한다. 너희는 너희가 잃어버릴까봐 몹시 두려워하는 그런 것들을 잃게 될 것이다. 그렇다면, 과연 그런 것들은 어떤 것들이었는가?

(1) 그들 민족의 자랑이었던 것, 즉 성전. "내가 내 성소를 원수의 손에 주어서 약탈하고 불태워 버리게 함으로써 그 성소를 더럽힐 것이다." 이것은 선지자의 사랑하는 아내의 죽음을 통해서 이미 암시된 것인데, 이러한 표징은 하나님의 성소가 우리에게 그 어떤 피조물에게서 오는 위로보다도 더 귀하고 우리 눈에 기뻐하는 것이 되어야 한다는 것을 가르치기 위한 것이다. 그리스도의 신부인 교회는 우리의 신부이기도 하여야 한다. 이 백성은 몹시 타락하였고 스스로 성소를 더럽혔었는데도, 여기에서 성소는 그들의 눈의 기쁨이라 표현된다. 경건의 능력이 없는 자들이라도 경건의 모양을 내는 것을 몹시 좋아하는 자들이 많다. 그러므로 하나님이 그런 자들에게서 경건의 모양을 빼앗으셔서 그들의 위선을 벌하시는 것은 마땅한 일이다. 성소는 여기에서 그들의 세력의 영광, 즉 그들이 지닌 가장 강력한 힘이라 불린다. 그들에게는 수많은 요새들과 방비들이 있었지만, 성전은 그 모든 것들을 다 능가하는 것이었다. 성전은 그들이 가장 자랑하는 힘이었다. 그들은 그들이 여호와의 성전이라는 것을 그들의 힘으로 여겨 자랑하였다(렘 7:4). 사람들이 자랑하는 교회의 특권들은 그들이 저지르는 죄들에 의해서 더럽혀질 때에 하나님이 그의 심판을 통해서 교회의 특권들을 더럽히시는 것은 마땅한 일이라는 것을 명심하라. 하나님은 그러한 특권들을 빼앗아 버리실 것이다.

(2) 그들 가족의 기쁨이어서 그들이 기뻐하는 마음으로 바라보았던 것, 즉 그들의 자녀들. "너희 자녀들(많은 자녀들이 기근과 전염병으로 죽은 후에 이제 남은 자녀가 몇 안 되었기 때문에 너희에게 더욱 소중한 자녀들)이 갈대아

군대의 칼에 엎드러질 것이다." 그들이 그토록 수고하며 애써서 기른 그들의 자녀들, 그들 자신만큼이나 사랑한 그들의 분신들이 잔혹한 정복자들의 광분에 희생되는 것을 보아야 했다는 것은 얼마나 끔찍한 일이었겠는가! 바로 이것이 죄에 대한 형벌이었다.

2. 그들은 에스겔이 환난을 겪고도 울지 못했던 것처럼 그들도 환난을 당하되 울음조차 나오지 않게 될 것임을 알아야 한다. 선지자는 너희가 내가 행한 바와 같이 행하여 슬퍼하지도 아니하며 울지도 아니하리라(22-23절)고 그들에게 말해 주어야 했다. 예레미야도 죽은 자들을 위하여 애곡하는 자도 없겠고 자기 몸을 베는 자도 없을 것이라고 똑같은 말씀을 전하였었다(렘 16:6). 밖으로는 긍휼과 자비라고는 찾아볼 수 없는 상황이 벌어지고, 안으로는 그 어떤 지혜나 은혜가 없을 것이기 때문에 그들의 슬픔은 누그러지지 않을 것이다. 그런데도 그들은 다음과 같은 이유들 때문에 슬퍼하지도 아니할 것이다.

(1) 슬픔이 너무 커서 그들은 넋을 놓게 될 것이기 때문이다. 극심한 슬픔 때문에 그들은 얼이 빠져서, 그들에게는 그 슬픔을 밖으로 표출해서 마음을 편안하게 할 힘도 없게 될 것이다.

(2) 온갖 재난들이 그들에게 쉴새 없이 연달아 들이닥칠 것이기 때문에, 그들은 슬픔에 면역이 되어서 마음이 딱딱하게 굳어지고(욥 6:10) 완전히 넋이 나간 채 흐느적거리게 될 것이다.

(3) 그들은 정복자들의 비위를 건드릴까봐 감히 그들의 슬픔을 표현하지도 못할 것이다. 왜냐하면, 정복자들은 그늘이 애통하는 것을 자신들에 대한 도전으로 여길 것이기 때문이다.

(4) 그들에게는 애곡하거나 애도의 의식을 치를 마음이나 시간이나 돈이 없게 될 것이다. "너희는 너무나 엄청난 실제적인 슬픔에 완전히 압도되어서 그 슬픔을 표현하는 겉치레를 생각할 여력이 없을 것이다."

(5) 모든 사람이 다 애곡하는 자가 될 것이기 때문에, 입술을 가리고 패물들을 차지 않으며 **맨발로 걷는** 전문적으로 곡하는 자들이 따로 있을 필요가 없게 될 것이다.

(6) 그들의 환난과 그로 인한 슬픔이 제대로 느껴져야 회개하는 데에 도움이 될 것이지만, 사람들은 완전히 넋이 나가서 절망에 빠지게 됨으로써 그 슬픔을 제대로 느끼지 못하게 될 것이기 때문에 다음과 같은 일이 벌어질 것이

다. "너희가 죄악 중에 마비된 양심과 상실한 마음속에서 수척해져 패망하여, 하나님께 기도하며 죄를 고백하는 것이 아니라 피차 바라보고 탄식하며, 하나님에 대하여 불평하면서 안절부절함으로써, 마치 참을성 없는 사람들이 그들에게 닥친 환난에 화가 나서 스스로 안달복달하며 자신을 괴롭히듯이 그들의 짐을 더욱 무겁게 하고 그들의 상처를 더욱 심하게 만들 것이다."

**III. 예루살렘이 멸망하는 일이 실제로 일어나면, 하나님이 지금까지 하신 말씀이 다 옳았다는 것을 알게 될 것이라고 확인해 주심**(24절). "에스겔이 예언한 대로 지금 포위되어 있는 예루살렘이 완전히 멸망을 당하여 황폐화되는 이 일이 이루어지면, 지금은 너희가 그런 일이 있을 것이라고 결코 믿지 않겠지만, 그 때에는 너희에게 그 일에 대하여 경고한 내가 주 여호와인 줄을 너희가 알리라. 또한, 그 때에 너희는 에스겔이 너희에게 표징이었다는 것을 기억하게 될 것이다." 하나님이 경고하실 때에 그 말씀을 주목하지 않은 자들은 그 말씀이 이루어질 때에야 비로소 그 경고를 기억하게 될 것임을 명심하라. 좀 더 살펴보자.

1. 예루살렘에 대한 포위는 모든 것이 황폐화되는 것으로 끝나게 되리라는 것(25절). 예루살렘이 돌파되어 파괴되는 저 끔찍한 그 날에 내가 그들에게서 다음과 같은 것들을 빼앗아 버릴 것이다.

(1) 그들이 의지했던 것 ― 그들의 힘, 그들의 성벽, 그들의 보화, 그들의 요새, 그들의 전사들. 이러한 것들은 하나도 그들에게 아무런 도움이 되지 못할 것이다.

(2) 그들이 자랑했던 것 ― 그들이 즐거워하는 영광, 그들이 가장 그들의 영광으로 여기고 즐거워하였던 것, 즉 그들의 하나님의 성전과 그들의 고관들의 저택들.

(3) 그들이 기뻐하였고 그들의 눈이 기뻐하며 그들의 마음이 간절하게 생각하는 것. 육적인 자들은 그들의 눈으로 볼 수 있는 것에 마음을 둔다는 것을 명심하라. 그들은 보이는 것들에 집착한다. 뜬 구름과 같아서 언제라도 순식간에 그들에게서 없어져 버릴 수 있는 것에 그들이 마음을 두고 간절하게 생각하는 것은 어리석은 일이다(잠 23:5). 그들의 자녀들이 바로 그런 것이었다 ― 그들의 힘과 기쁨과 영광. 바로 그 자녀들이 포로로 잡혀가게 될 것이다.

2. 예루살렘이 포위되었다는 소식은 계시를 통해서 선지자가 알게 되었지

만(2절), 멸망의 소식은 통상적인 방식으로 그에게 전해지게 되리라는 것(26절). "그 날에 도피한 자가 특별한 섭리의 인도하심을 따라 네게 나와서 이 소식을 네게 전해줄 것이다." 실제로 이 예언은 그대로 이루어졌다(33:21). 이 나쁜 소식은 느리게 전해졌지만, 에스겔을 비롯한 포로들에게는 아주 빨리 전해진 셈이었다.

3. 선지자가 그 소식을 전해 듣는 순간 하나님의 감동이 그에게 임하리라는 것(27절). 지금부터 그 때까지 에스겔은 더 이상 이스라엘 땅에 대해서는 침묵하는 가운데 이웃 나라들에 대해서만 예언을 하였고, 이 열방에 관한 예언들을 우리는 이후의 장(章)들에서 보게 될 것이다. 하지만 그 때가 되면, 하나님은 선지자에게 그의 민족에게 다시 말하여 이르라고 지시하실 것이고, 그의 입이 열릴 것이다(33:2, 22). 하나님이 그 때가 될 때까지 당분간 선지자의 예언 활동을 중지시키신 것은 예루살렘이 포위되어 있는 상황에서 그의 예언들이 그 성에 전해질 수 없었기 때문이고, 하나님이 매를 통해서 큰 소리로 말씀하고 계시는 때에 굳이 말씀을 통해서 그 뜻을 전하실 필요가 없었기 때문이며, 예루살렘의 멸망을 통해서 그의 예언들이 성취되면 그의 사명이 온전히 확증이 되어서 그가 예언 활동을 재개하는 데에 좀 더 유리한 상황이 마련될 것이었기 때문이다. 에스겔의 예언은 예루살렘의 멸망이라는 사건과 관련되어 있었기 때문에 백성들이 그 예언의 진위를 판단하는 데에는 그 사건의 추이를 지켜 보는 것이 필요하였다. 마찬가지로, 그리스도께서도 그의 부활이 그가 그리스도라는 것을 온전히 증명해 줄 것이었기 때문에 부활 때까지는 그 사실을 공개적으로 사람들에게 전하지 말라고 그의 제자들에게 지시하셨다. "그러나 그 때가 되면, 너는 그들이 죄를 깨닫게 되든지 아니면 당혹해하며 혼란스러워하든지와는 상관없이 더 큰 확신을 가지고 더욱 효과적으로 말하게 될 것이다." 하나님의 선지자들은 지혜롭고 거룩한 목적을 지닌 침묵 이외에는 결코 침묵하지 않는다는 것을 명심하라. 하나님이 선지자들의 입을 다시 열어 주실 때(하나님은 때가 되면 죽임을 당한 증인들조차도 다시 일어나게 하신다), 선지자들이 한동안 침묵했던 것은 하나님의 영광을 위한 것이었고, 하나님이 여호와인 줄을 사람들이 더 분명하고 온전하게 알게 하기 위한 것이었음이 드러나게 될 것이다.

제
— 25 —
장

## 개요

심판은 하나님의 집에서 시작되었기 때문에, 재판관들인 선지자들은 이스라엘 백성들을 치는 예언을 먼저 시작하였다. 그러나 심판은 거기에서 끝나게 되어 있는 것이 아니기 때문에, 선지자들도 거기에서 임무가 끝나지 않는다. 에스겔은 예루살렘의 멸망과 관련된 증언 사역을 다 마쳤다. 그는 그 일에 대해서는 더 이상 말하지 말고 망대에 서서 결과를 기다리라는 지시를 받았다. 그렇지만 그는 침묵하라는 지시를 받은 것은 아니었다. 앞서 이사야와 예레미야가 그랬듯이, 그는 이스라엘 땅과 인접해 있는 여러 나라들을 쳐서 예언하여야 했고, 주로 그 나라들이 재난을 만난 하나님의 백성에게 준 모욕과 상처들에 대하여 하나님이 그 나라들과 다투고자 하신다는 것을 선포하여야 했다. 이 장에서 우리는 다음과 같은 예언들을 보게 된다. I. 암몬 족속에 대한 예언(1-7절). II. 모압에 대한 예언(8-11절). III. 에돔에 대한 예언(12-14절). IV. 블레셋 사람에 대한 예언(15-17절). 하나님이 이 나라들에 대하여 고소하시는 것은 하나님의 백성에 대한 그들의 야만적이고 오만방자한 행동이다. 그들의 이러한 행동 때문에 하나님은 자기 백성이 받았던 것과 동일한 두렵고 떨리게 하는 잔을 그들의 손에 쥐어 주실 것이라고 경고하신다. 이웃 나라들에 대하여 하나님이 이러한 분노를 나타내시는 것은 이스라엘로 하여금 하나님이 그들을 이렇게 심하게 다루긴 하였지만 그들을 완전히 내친 것은 아니고 여전히 그들을 그의 백성으로 인정하고 그들 편을 들고자 한다는 것을 믿게 하여 힘을 내게 하기 위한 것이었다.

[1]여호와의 말씀이 또 내게 임하여 이르시되 [2]인자야 네 얼굴을 암몬 족속에게 돌리고 그들에게 예언하라 [3]너는 암몬 족속에게 이르기를 너희는 주 여호와의 말씀을 들을지어다 주 여호와께서 이같이 말씀하셨느니라 내 성소가 더럽힘을 받을 때에 네가 그것에 관하여, 이스라엘 땅이 황폐할 때에 네가 그것에 관하여, 유다 족속이 사로잡힐 때에 네가 그들에 대하여 이르기를 아하 좋다 하였도다 [4]그러므로 내가 너를 동방 사람에게 기업으로 넘겨 주리니 그들이 네 가운데에 진을 치며 네 가운

데에 그 거처를 베풀며 네 열매를 먹으며 네 젖을 마실지라 ⁵내가 랍바를 낙타의 우리로 만들며 암몬 족속의 땅을 양 떼가 눕는 곳으로 삼은즉 내가 주 여호와인 줄을 너희가 알리라 ⁶주 여호와께서 이같이 말씀하셨느니라 네가 이스라엘 땅에 대하여 손뼉을 치며 발을 구르며 마음을 다하여 멸시하며 즐거워하였나니 ⁷그런즉 내가 손을 네 위에 펴서 너를 다른 민족에게 넘겨 주어 노략을 당하게 하며 너를 만민 중에서 끊어 버리며 너를 여러 나라 가운데에서 패망하게 하여 멸하리니 내가 주 여호와인 줄을 너희가 알리라 하셨다 하라

이 단락에는 다음과 같은 내용들이 나온다.

**I. 선지자가 온 땅의 하나님이기도 하신 이스라엘의 하나님 주 여호와의 이름으로 암몬 족속에게 말씀을 전하라는 지시를 받음.** 이것에 대하여 암몬 족속의 신인 그모스가 과연 무엇을 애기할 수 있을까? 선지자는 그의 얼굴을 암몬 족속에게 돌리라는 지시를 받는다. 왜냐하면, 그는 선지자로서 하나님을 대표하는 자이므로, 그런 식으로 해서 하나님이 그 얼굴을 그들에게 돌리고 계시다는 것을 보여주어야 하기 때문이다. 여호와의 얼굴은 악을 행하는 자를 향한다(시 34:16). 그는 하나님의 심부름을 하는 자이기 때문에 반드시 말씀을 전해야 하는 자로서 담대하고 확신 있게 말씀을 전하지 않으면 안 된다. 그러므로 그는 그 얼굴을 부싯돌 같이 굳게 하여야 한다(사 50:7). 그는 이스라엘의 원수들인 이 오만한 나라들에 대하여 하나님이 진노하고 계심을 보여주어서 비록 그들이 아주 뻔뻔스러운 사들일지라도 그들로 하여금 얼굴을 땅에 떨구게 만들어야 하고, 비록 그가 아주 오랫동안 집중적으로 이스라엘을 쳐서 예언하였지만 하나님은 여전히 이스라엘 편이시며, 비록 그가 이스라엘의 타락상을 증언하였지만 하나님은 여전히 그들과 맺은 언약을 기뻐하시며 그 언약을 지키고 계시다는 것을 보여주어야 한다. 하나님의 선지자들이 어떤 자들에게 그 얼굴을 돌리고서 그들을 치는 말씀을 전하고 기도를 한다면, 그들은 비참한 자들이라는 것을 명심하라.

**II. 선지자가 그들에게 무엇을 전해야 할지에 대하여 지시를 받음.** 에스겔은 지금 바벨론에 포로로 잡혀와서 아주 오랜 세월을 보냈기 때문에, 고국의 사정에 대해서 잘 몰랐고, 주변 나라들의 사정에 대해서는 더더욱 알지 못하였다. 그러나 하나님은 선지자에게 그 나라들이 무슨 일을 해 왔는지, 그가 이세

그들에게 어떻게 해야 하는지를 말씀해 주신다. 이렇게 그는 예언의 영으로 말미암아 마치 직접 그 나라들 속에 살았던 것처럼 각 나라에 적절한 말씀을 전할 수 있었다.

1. 그는 이스라엘 백성이 재난을 당하고 있을 때에 암몬 족속이 오만방자하고 야만적으로 그들을 비웃으며 고소해했던 일을 책망하여야 한다(3절). 암몬 족속은 유대인들이 사면초가에 처해 있을 때에 그들을 보고서 "아하 좋다 너희가 그렇게 되기를 우리가 바랐지"라고 말하였다.

(1) 그들은, 성전이 불타고, 승리한 갈대아 사람들에 의해서 하나님의 성소가 더럽힘을 받는 것을 보고서 기뻐하였다. 하나님은 그들과 다투시는 원인이 무엇인지를 보여주시기 위하여 이것을 가장 먼저 말씀하신다. 그들이 지닌 종교는 유대인들의 종교의 아류로서 형편없는 것이었음에도 불구하고, 그들은 그들의 종교 때문에 유대인들에 대하여 적개심을 지니고 있었다.

(2) 그들은 이스라엘이 멸망하는 것을 보고서 기뻐하였다. 이스라엘 땅이 황폐하게 되고 성읍들이 불타고 농촌이 초토화되어 그 땅에서 사람들이 살지 않게 되며 유다 족속이 사로잡혀 갈 때에 그들은 기뻐하였다. 그들은 직접 하나님의 백성 이스라엘을 압제할 힘이 없었지만 갈대아 사람들이 이스라엘을 압제하는 것을 보고 기뻐하였는데, 이것은 그들이 이스라엘이 누리는 부와 좋은 땅을 시기하였기 때문이기도 하고, 이스라엘의 힘이 강해지는 것을 두려워하였기 때문이기도 하며, 이스라엘이 하나님을 믿으며 하나님으로부터 말씀을 받는 것을 미워하였기 때문이기도 하였다. 그들이 이스라엘의 불행을 고소해하였다는 사실은 다시 한 번 강조된다(6절). 그들은 갈대아 사람들을 자극하여 더욱 광분하여 이스라엘 백성을 끝까지 추적하여 멸하게 하기 위하여 손뼉을 쳤다. 또는, 그들은 갈대아 사람들이 아주 잘 하고 있다고 생각해서 박수갈채를 보내어 이 비극적인 일을 기뻐하기 위하여 손뼉을 쳤다. 그들에게는 이 일보다 그들을 더 즐겁게 해주고 마음을 시원하게 해준 일은 이제까지 없었다. 그들은 이 일을 보고서 뛸 듯이 기뻐서 춤이라도 출 것처럼 발을 굴렀다. 그들은 마음을 다하여 즐거워하였을 뿐만 아니라, 그 기쁨을 참을 수가 없어서 밖으로 표출하지 않을 수가 없었다. 그들의 이러한 행동은 인간으로서의 존엄을 조금이라도 지닌 사람이라면 누구나 부끄러워할 그런 행동이었고, 특히 그들이 이스라엘의 멸망에 의해서 아무것도 얻은 것이 없었고(만약 이 경우였다면, 대

부분의 사람들은 이기적인 속성을 지니고 있기 때문에, 그들의 행동은 어느 정도 변명의 여지가 있을 것이었다) 순전히 이스라엘에 대한 악감과 적대감 때문에 이렇게 기뻐하였다는 것을 생각하면 더욱 그렇다. 네가 이스라엘 땅에 대하여 마음을 다하여 멸시하며 즐거워하였다(이것은 증오가 담긴 멸시를 의미한다). 이 악한 세상은 하나님의 백성에 대하여 언제나 지독한 악감을 지니고 있다는 것을 명심하라. 하나님의 백성이 겪는 재난들은 그 이웃들의 즐거움이었다. 뱀의 후손 속에 내재되어 있는 여자의 후손에 대한 적대감이 그들에게 얼마나 어처구니없는 악의를 품게 만들었는지를 보라. 모든 나라 중에서 암몬 족속은 예루살렘의 멸망을 기뻐해서는 안 되었고 도리어 이 일을 보고서 두려워 떨어야 마땅한 일이었다. 왜냐하면, 바벨론의 왕은 랍바와 예루살렘 중에서 어느 쪽을 먼저 공격할 것인지를 동전을 던져서 앞면이 나오느냐 뒷면이 나오느냐에 따라서 결정한 것이어서(21:20), 암몬 족속은 지금 갈대아 군대의 침공을 운 좋게 살짝 피해서 겨우 목숨을 부지하고 있는 처지였고, 바벨론 왕의 다음 표적이 그들이 되리라는 것은 충분히 예상할 수 있는 일이었기 때문이다. 그러나 그들의 마음이 이렇게 완악해져서 예루살렘에 대하여 오만방자하게 군 것은 그들이 반드시 **멸망**할 것을 보여주는 분명한 증거였다(빌 1:28). 어떤 사람이 겪는 재난, 특히 하나님의 백성이 겪는 재난을 보고서 기뻐하는 것은 지극히 악한 일이기 때문에 하나님으로부터 반드시 벌을 받게 될 죄이다. 하나님은 긍휼을 베푸시기를 기뻐하시고 벌하시는 것을 꺼리시기 때문에, 심판을 진행하는 중에 중보 기노로 말미암아 그 심판을 그만두시는 것을 무엇보다도 더 기뻐하시고, 그는 단지 조금 노하였을 뿐인데도 사람들이 도리어 자진해서 힘을 내어 고난을 더하고 자초할 때에 그 무엇보다도 격노하신다(슥 1:15).

2. 그는 암몬 족속이 그들의 이러한 오만방자함 때문에 철저하게 멸망하게 될 것이라고 경고하여야 한다. 성경에서 말씀하신 대로(잠 24:17-18), 하나님은 그의 진노를 이스라엘에게서 모압 족속에게로 옮기신다. 하나님은 자기 백성을 존귀하게 하시는 일에 열심을 보이신다. 왜냐하면, 그것은 하나님 자신의 존귀와 아주 밀접하게 얽혀 있기 때문이다. 그러므로 하나님은 그의 백성을 건드리는 자들은 그의 눈동자를 건드리는 것임을 알게 해주실 것이다. 하나님은 이전에 암몬 족속의 멸망에 대하여 미리 말씀하셨었다(21:28). 만약 그들이 회개하였다면, 그들의 멸망은 취소되었을 것이다. 그러나 그들이 회개하지 않았

기 때문에, 그들의 멸망은 여기에서 재가(裁可)된다.

(1) 하나님은 그들을 멸망시킬 원수를 데려오실 것이다. 내가 너를 동방 사람에게 넘겨 주리라. 하나님은 먼저 그들을 북동쪽에서 온 갈대아 사람들에게 넘겨 주셨는데, 예루살렘이 멸망한 지 대략 5년 후에 이 군대는 느부갓네살의 지휘 아래 암몬 족속의 땅을 멸망시켰다(요세푸스가 얘기하고 있듯이). 그런 다음에, 하나님은 그들을 진정한 동방 사람이었던 아라비아 사람들에게 넘겨 주셨는데, 이 아라비아 사람들은 갈대아 군대가 암몬 족속의 땅을 황폐하게 만들고 나서 떠난 후에 아마도 정복자들의 동의 아래에서 그 땅을 차지하였다. 아라비아 사람들의 거처는 목자들의 장막이었는데, 그들은 암몬 족속의 땅에 그러한 장막들을 세우고 그들의 거처로 삼았다(4절). 그들은 그 땅의 열매를 먹었다. 그들이 네 열매를 먹으며 네 젖을 마실지라. 가축에게서 나는 젖은 땅의 이차적인 열매이다. 그들은 왕도(王都)조차도 그들의 가축 떼를 기르는 곳으로 사용하였다. 내가 으리으리하고 휘황찬란한 성읍이었던 랍바를 낙타의 우리로 만들리라(5절). 왜냐하면, 가축 떼가 재산의 전부였던 그 땅의 새로운 주인들에게는 랍바의 왕궁과 저택들을 가축의 우리로 사용하는 것이 그들이 할 수 있는 최선의 선택이었기 때문이다. 랍바는 짐승 같은 사람들의 거처였었다. 그러므로 그 곳이 이제 낙타의 우리가 되고 그 땅이 양 떼가 눕는 곳이 되는 것은 마땅한 일이다. 낙타나 양은 전에 그 땅에 북적거렸던 자들보다 훨씬 더 순진무구한 짐승들이 아니던가.

(2) 하나님이 친히 그들에 대하여 원수로 행하실 것이다(7절). 내가 손을 네 위에 펴리라. 하나님의 손은 아주 멀리까지 뻗쳐서 정확히 타격하는 손으로서 권능을 지닌 손이기 때문에 그 손에 맞지 않는 자가 없을 것이고 묵중한 손이기 때문에 그 무게를 견딜 자가 없을 것이다. 하나님은 그 손을 암몬 족속 위에 펴서 그들을 다른 민족에게 넘겨 주어 여러 나라에 의해서 노략을 당하게 하실 뿐만 아니라, 그들을 만민 중에서 끊어 버리며 여러 나라 가운데에서 패망하게 하여 멸하리니 그 땅에 그들의 흔적이 전혀 남아 있지 않게 될 것이다(렘 49:1과 비교해 보라). 내가 너를 멸하리라(7절)는 하나님의 결단보다 더 무시무시하게 들리는 말씀이 어디에 있겠는가? 왜냐하면, 전능하신 하나님은 능히 구원하기도 하시며 멸하기도 하시는 분이어서, 하나님의 손에 빠져 들어가는 것은 무서운 일이기 때문이다. 여기에 나오는 두 개의 경고의 말씀(5절과 7절)은 내가 주 여호와

인 줄을 너희가 알리라는 말씀으로 끝나는데, 그 이유는 이렇다.

[1] 하나님은 이스라엘 백성들이 바벨론에서 포로로 고난을 받게 하고 계시지만, 암몬 족속에게 이렇게 행하심으로써 자신의 존귀함을 지키시고, 그가 이스라엘의 하나님이라는 것을 나타내 보이고자 하시기 때문이다.

[2] 하나님은 이렇게 해서 전에 그를 알지 못했던 자들로 하여금 그를 알게 하고자 하시기 때문이다. 이것은 암몬 족속이 재난을 겪으면서 얻게 될 복된 결과가 될 것이다. 가난하게 살면서 하나님을 아는 것이 부자로 살면서 하나님을 모르는 것보다 더 낫다.

[8] 주 여호와께서 이같이 말씀하셨느니라 모압과 세일이 이르기를 유다 족속은 모든 이방과 다름이 없다 하도다 [9] 그러므로 내가 모압의 한편 곧 그 나라 국경에 있는 영화로운 성읍들 벧여시못과 바알므온과 기랴다임을 열고 [10] 암몬 족속과 더불어 동방 사람에게 넘겨 주어 기업을 삼게 할 것이라 암몬 족속이 다시는 이방 가운데에서 기억되지 아니하게 하려니와 [11] 내가 모압에 벌을 내리리니 내가 주 여호와인 줄을 너희가 알리라 [12] 주 여호와께서 이같이 말씀하셨느니라 에돔이 유다 족속을 쳐서 원수를 갚았고 원수를 갚음으로 심히 범죄하였도다 [13] 그러므로 주 여호와께서 이같이 말씀하셨느니라 내가 내 손을 에돔 위에 펴서 사람과 짐승을 그 가운데에서 끊어 데만에서부터 황폐하게 하리니 드단까지 칼에 엎드러지리라 [14] 내가 내 백성 이스라엘의 손으로 내 원수를 에돔에게 갚으리니 그들이 내 진노와 분노를 따라 에돔에 행한즉 내가 원수를 갚음인 줄을 에돔이 알리라 주 여호와의 말씀이니라 [15] 주 여호와께서 이같이 말씀하셨느니라 블레셋 사람이 옛날부터 미워하여 멸시하는 마음으로 원수를 갚아 진멸하고자 하였도다 [16] 그러므로 주 여호와께서 이같이 말씀하셨느니라 내가 블레셋 사람 위에 손을 펴서 그렛 사람을 끊으며 해변에 남은 자를 진멸하되 [17] 분노의 책벌로 내 원수를 그들에게 크게 갚으리라 내가 그들에게 원수를 갚은즉 내가 여호와인 줄을 그들이 알리라 하시니라

하나님은 여기에서 이스라엘에 대하여 악감을 품은 세 나라를 소환하셔서, 그들이 예루살렘의 멸망에 한 몫을 하면서 기뻐한 죄를 물어서 이 나라들에 대하여 멸망의 판결을 내리신다.

I. **모압.** 에돔의 본거지였던 세일도 여기에서 모압 사람들과 함께 다루어

진다(8절). 왜냐하면, 에돔 사람들은 이스라엘에 대하여 모압 사람들과 똑같은 말을 하였기 때문이다. 그러나 나중에는 에돔 사람들은 따로 다루어진다(12절). 좀 더 살펴보자.

1. 모압의 죄는 무엇이었는가. 그들은 유다 족속은 모든 이방과 다름이 없다고 말하며, 다음과 같은 것들을 무척 기뻐하며 고소해하였다.

(1) 이스라엘의 배교. 그들은 이스라엘이 하나님을 버리고 우상을 섬기는 것을 보고 기뻐하였고, 머지않아 이스라엘이 완전히 신앙을 잃어버려서 유다 족속이 모든 이방과 다름이 없이 철저한 우상 숭배자들이 될 것을 고대하였다. 신앙을 고백한 자들이 그들의 신앙에 맞지 않게 행하는 것은 신앙의 원수들로 하여금 그들의 신앙이 점점 약해져서 머지않아 완전히 유린되고 버려지게 될 것이라는 기대를 갖게 만드는 것이다. 그러나 모압 사람들은, 유다 족속 가운데는 이방과 다름이 없이 되어 버린 자들이 있기는 하지만 여전히 순수한 신앙을 간직한 자들이 남아 있기 때문에 유다 족속의 신앙은 다시 회복되고 그들의 신앙의 정체성은 보존되어서 그 신앙이 이방 가운데서 흔적도 없이 사라지는 일은 없을 것이고 더 나은 제도로 회복될 때까지 보존되리라는 것을 알아야 한다.

(2) 이스라엘의 재난. 그들은 이렇게 말하였다. "유다 족속은 모든 이방과 다름이 없어서 이방들처럼 열악한 상황에 처해져 있다. 그들의 하나님은 이방의 신들과 마찬가지로 세상의 이 지역에 밀려오는 이 넘치는 재앙에서 더 이상 그들을 구원할 수 없다. 그들이 자랑하던 약속들, 그들과 그들의 선조들이 우리에게 말하던 온갖 기이한 일들은 다 어디로 갔는가? 그들이 그토록 소중히 여기던 하나님과의 특별한 언약이 지금 그들에게 득이 되는 것이 무엇이란 말인가? 모든 이방을 그토록 깔보았던 자들이 지금은 이방들과 다름없이 되었고, 아니 이방들보다 더 형편없이 되고 말았구나." 오직 겉모습만을 보고 판단하는 자들은 하나님의 백성이 세상적인 성공과 부를 잃어버리면 그들의 모든 특권들도 잃어버린 것이라고 섣불리 결론을 내린다. 그러나 하나님의 백성은 환난 가운데서도, 그리고 이방 가운데 포로로 잡혀가 살더라도 모든 이방과 구별되기에 충분할 정도의 은혜와 위로를 하나님으로부터 받는다. 동일한 사건이 겉으로는 의인과 악인에게 동일해 보여도, 그 사건의 의미와 결과는 하늘과 땅 차이라는 것을 알아야 한다.

2. 모압은 이러한 죄 때문에 어떤 벌을 받게 될 것인가. 모압 족속은 유다가 망하는 것을 띌 듯이 기뻐하였기 때문에, 그들의 나라도 동일한 죄를 범한 암몬 족속에 의해서 똑같이 망하게 될 것이다(9-10절). "내가 모압의 한편을 열고 그 어깨를 드러내며 그 모든 방비들을 제거해서, 모압이 다른 나라의 손쉬운 먹잇감이 되게 하리라."

(1) 모압이 어떻게 위험에 노출될 것인지를 보라. 모압을 든든하게 지켜 주는 역할을 했던 국경 도시들이 갈대아 군대에 의해서 분쇄되어 초토화될 것이다. 여기에서는 그들이 난공불락의 요새라고 자랑하며 믿고 의지하던 그들의 영화로운 성읍들 중 일부가 언급된다. 이 성읍들이 원수들의 수중에 떨어져서 몰락하거나 황폐화되어서, 모압은 위험에 그대로 노출되는 신세가 될 것이고, 누구든지 마음만 먹으면 모압의 심장부를 관통할 수 있게 될 것이다. 하나님의 능력과 섭리와 약속 이외의 다른 방비(防備)나 보호장치를 자랑하는 자들은 조만간 그들의 자랑 때문에 부끄러움을 당하게 되리라는 것을 명심하라.

(2) 모압이 누구에게 노출될 것인지를 보라. 동방 사람들이 암몬 족속의 나라를 점령하러 올 때에 모압도 점령할 것이다. 모든 땅의 주(主)이신 하나님은 그들에게 그 땅을 주실 것이다. 왜냐하면, 하나님은 그가 주고자 하시는 자에게 나라들을 주시기 때문이다. 목자들로서 장막에서 평화롭고 평범하게 살던 아랍 사람들이, 원래부터 전사로서 난폭하고 호전적인 삶을 살았던 모압 족속의 땅을 하나님의 강권적인 섭리에 따라 차지하게 될 것이다. 갈대아 사람들은 그 땅을 전쟁을 통해서 얻게 될 것이고, 아랍 사람들은 그 땅을 평화롭게 향유하게 될 것이다. 본문은 암몬 족속에 대해서는 그들이 다시는 이방 가운데에서 기억되지 아니하게 될 것이라고 말한다(10절). 왜냐하면, 그들은 그다랴가 살해되는 것을 방조하였기 때문이다(렘 40:14). 그러나 모압 족속에 대해서는 내가 모압에 벌을 내리리라고 말해진다. 그들은 하나님의 진노를 맛보게 되기는 하겠지만, 암몬 족속에 비해서 가벼운 벌을 받게 되리라는 것이다. 하지만, 그들은 내가 여호와인 줄을 알게 되고, 이스라엘의 하나님이 능력의 하나님이며 자기 백성과 맺은 그의 언약은 깨지지 않았다는 것을 알게 될 정도까지는 벌을 받게 될 것이다.

**Ⅱ. 에돔.** 에돔 족속은 에서의 후손이고, 에서와 야곱 사이에는 해묵은 적대감이 자리잡고 있었다.

1. 에돔의 죄(12절). 그들은 모압이나 암몬이 그랬던 것처럼 유다와 예루살렘이 멸망하는 것을 뛸 듯이 기뻐하였을 뿐만 아니라, 유대인들이 곤경에 처한 틈을 이용해서 실제로 나쁜 짓들을 자행했는데, 아마도 그들은 유다의 국경 도시들을 습격하여 약탈하였던 것 같다. 에돔이 유다 족속을 쳐서 원수를 갚았다. 형이 아우를 섬기리라는 하나님의 선고를 따라서 에돔 사람들은 오래 전부터 유대인들에게 조공을 바쳐 오다가, 여호람 시대에 반기를 들었고, 그러자 아마샤는 그들을 엄하게 징계하였다(왕하 14:7). 바로 이 일에 대하여 그들은 원수를 갚았다. 지금 그들은 해묵은 원한을 고스란히 다 갚아 주고자 했기 때문에, 예루살렘에 대한 바벨론 사람들의 증오심을 부추겨서 헐어 버리라 헐어 버리라고 외쳤을 뿐만 아니라(시 137:7), 순전히 에돔만을 다루고 있는 오바댜의 예언 속에서 볼 수 있듯이(옵 1:11-12) 바벨론 사람들의 손에서 벗어나 피신한 자들을 죽이기까지 하였다. 그들의 이러한 행위는 여기에서 원수에 원수를 갚았다는 말로 표현되어 있는데, 이것은 그들이 원수를 갚았을 뿐만 아니라 그 행위가 무척 잔혹하였고 유대인들에게 갑절로 되갚아 주었다는 것을 보여준다. "그렇게 함으로써 에돔은 심히 범죄하였다." 우리가 우리 형제에게 스스로 원수를 갚는 것은 하나님에 대한 큰 범죄라는 것을 명심하라. 왜냐하면, 하나님이 원수 갚는 것이 내게 있다고 말씀하셨기 때문이다. 우리가 원수를 갚거나 원한을 품는 것은 금지되어 있다. 설령 유다가 이전에 에돔에 대하여 가혹하였다고 할지라도, 에돔 족속이 지금에 와서 그 일에 대한 복수로 유다 사람들을 은밀하게 치는 것은 비열한 짓이었다. 하나님은 유대인들에게 에돔 족속에 대한 지배권을 주셨기 때문에, 이 일로 인해서 에돔이 유다에게 앙갚음을 하는 것은 잘못된 일이었다. 하나님이 자기 백성에게 에돔에 대한 적대감을 잊어버리라고 특별히 명령하신 상황 속에서, 에돔 사람들이 해묵은 적대감을 그대로 간직하고 있었던 것은 더더욱 악한 일이었다. 너는 에돔 사람을 미워하지 말라(신 23:7).

2. 하나님이 이러한 죄로 인하여 에돔에 대하여 경고하신 심판. 하나님은 에돔이 범한 죄 때문에 그들에게 다음과 같은 조치를 취하실 것이다(13절). 내가 내 손을 에돔 위에 펴리니, 그들의 땅이 남부에 있는 데만에서부터 황폐하게 될 것이고, 그들은 북부에 있는 드단까지 칼에 엎드러지리라. 전화(戰禍)가 에돔 온 나라를 휩쓸게 될 것이다.

(1) 그들은 원수를 갚은 것이기 때문에, 하나님께서도 그들에게 원수를 갚으

실 것이다(14절). 그들이 내가 원수를 갚음인 줄을 알리라. 원수 갚는 일을 하나님 께 맡기고자 하지 않는 자들은 도리어 하나님으로부터 원수 갚음을 당하게 될 것을 각오해야 한다. 하나님의 원수 갚으심을 믿지도 않고 두려워하지도 않는 자들은 결국 그들의 몸으로 겪고 나서야 알게 될 것이다. 그들은 하나님의 진 노와 분노를 따라, 즉 하나님이 사용하시는 연약한 도구들이 아니라 그 도구들 을 사용하시는 하나님의 강한 손을 따라 다루어지게 될 것이다.

(2) 그들은 이스라엘에 대하여 원수를 갚았기 때문에, 하나님은 그의 백성 이스라엘의 손으로 그들에게 원수를 갚아 주실 것이다. 그들은 갈대아 사람들에 의해서 많은 고초를 겪었다(렘 49:8). 그러나 그것 말고도, 구원 받은 자들이 시 온 산에 올라와서 에서의 산을 심판할 것이다(옵 1:21). 이스라엘의 구속자는 붉 은 옷을 입고 보스라에서 오신다(사 63:1). 이것은 이스라엘이 다시 국력을 회복 하여 이웃 나라들에게 당한 모욕을 되갚아줄 수 있을 정도가 되리라는 약속이 다. 마카베오1서에서는 유다 마카베오가 이두메에서 에서의 자손들과 싸워 크게 무찔러서 그들의 사기를 꺾어 놓았고 그들을 노략하였다(5:3)고 말하고, 요세푸스 는 히르카누스가 에돔을 이스라엘의 속국으로 만들었다고 말한다(『유대 고대 사』13.257). 하나님은 다른 사람에게 해악을 입힌 자들에 대하여 해악을 가하 실 뿐만 아니라 해악을 당한 자들의 손을 빌려서 원수를 갚으신다는 점에서 우 리는 하나님의 심판이 공평하시다는 것을 보게 된다.

### III. 블레셋.

1. 그들의 죄는 에돔의 죄와 거의 동일하다. 그들은 이스라엘 백성을 괴롭 히는 데에서 그친 것이 아니라 옛날부터 미워하여 멸시하는 마음으로, 즉 그들이 오래 전부터 품고 있던 앙심 또는 오래 전부터 시작되어서 앞으로도 결코 풀지 않고자 했던 영원한 증오심으로(난외주에서는 이렇게 읽는다) 원수를 갚아 진멸 하고자 하였다(15절). 이스라엘에 대한 그들의 분노는 달랠 수 없는 것이었다. 그들은 복수하는 마음으로 이스라엘을 상대하여 악의적인 행위들을 일삼았다. 그들은 늘 그런 식으로 행동하였고, 어떻게든 원수를 갚겠다고 이를 가는 것이 그들의 마음이었다.

2. 따라서 그들에 대한 벌도 에돔에 대한 벌과 거의 동일할 것이다(16절). 하나님의 백성을 멸망시키고자 하는 자들은 도리어 그들 자신이 멸망을 당하 여 이 땅에서 끊어지게 될 것이고, 스스로 원수를 갚고자 하는 자들은 하나님

이 그들에게 원수를 크게 갚으시리라는 것을 알게 될 것이다. 이 말씀은 예루살렘이 멸망을 당한 지 얼마 되지 않아서 블레셋 족속의 땅이 갈대아 군대에 의해서 초토화되었을 때에 이루어졌다(이것은 렘 47:1-7에 예언되어 있다). 이스라엘 땅과 접해 있던 이 나라들이, 파죽지세로 원정을 성공시키고 있던 갈대아 군대를 보고서도 언젠가는 자기 나라도 정복당하리라는 것을 인식하고 두려워 떨지 않은 것은 정말 이상한 일이었다. 이웃집에 불이 났으면, 자기 집에 불이 옮겨 붙을 것을 걱정하는 것이 당연한 일인데도 말이다. 그러나 그들은 불경(不敬)과 악의에 사로잡혀 있었기 때문에, 하나님이 그의 심판들을 통해서 그들에게 잔이 차례차례 돌고 있다는 것과 그들이 결코 안전하지 않다는 것을 깨우쳐 주실 때까지는 그들에게 위험이 닥쳐오고 있다는 사실을 인식하지 못하였다.

# 제 — 26 — 장

## 개요

선지자는 앞의 여러 장들에서 이 네 나라에 대한 심판을 간략하게 선포하고 넘어간다. 왜냐하면, 이 나라들은 당시에 세상에서 그리 대단한 나라들이 아니어서, 그 나라들의 멸망이 열방들 사이에서 큰 동요를 일으키지도 않고 역사상으로도 그리 주목할 만한 사건이 아닐 것이었기 때문이다. 다음으로 법정에 세워진 곳은 두로라는 성읍인데, 두로는 국제적인 무역 중심지로서 온 세상에 널리 알려진 곳이었다. 그러므로 이 장을 시작으로 다음 두 장까지, 그러니까 세 장 전체가 두로의 멸망에 관한 예언에 할애된다. 이사야서에는 "두로에 관한 경고"가 나오고(사 23장), 예레미야서에서는 두로도 그 근처의 다른 지역들과 마찬가지로 함께 재난을 당하게 될 것이라는 말씀만이 잠깐 언급된다(렘 25:22; 27:3; 47:4). 그러나 에스겔은 이 표제를 가지고 자세하게 말씀을 전하라는 지시를 받는다. 이 장에서 우리는 다음과 같은 내용들을 본다.

I. 두로에게 돌려진 죄. 그것은 예루살렘의 멸망을 크게 기뻐한 것이었다(2절). II. 두로의 멸망에 관한 예언. 1. 이 멸망의 극단성. 두로는 철저하게 멸망을 당하게 될 것이다(4-6, 12-14절). 2. 이 멸망의 도구들. 바벨론의 왕이 직접 많은 나라들에서 모인 대군을 이끌고 올 것이다(3, 7-11절). 3. 이 멸망이 이웃 나라들에게 줄 큰 충격. 이웃 나라들은 모두 이토록 큰 성읍이 하루 아침에 망하는 것을 보고 깜짝 놀라고 기이히 여기게 될 것이다(15-21절).

¹열한째 해 어느 달 초하루에 여호와의 말씀이 내게 임하여 이르시되 ²인자야 두로가 예루살렘에 관하여 이르기를 아하 만민의 문이 깨져서 내게로 돌아왔도다 그가 황폐하였으니 내가 충만함을 얻으리라 하였도다 ³그러므로 주 여호와께서 이같이 말씀하셨느니라 두로야 내가 너를 대적하여 바다가 그 파도를 굽이치게 함 같이 여러 민족들이 와서 너를 치게 하리니 ⁴그들이 두로의 성벽을 무너뜨리며 그 망대를 헐 것이요 나도 티끌을 그 위에서 쓸어 버려 맨 바위가 되게 하며 ⁵바다 가운데에 그물 치는 곳이 되게 하리니 내가 말하였음이라 주 여호와의 말씀이니라 그가

이방의 노략 거리가 될 것이요 6들에 있는 그의 딸들은 칼에 죽으리니 그들이 나를 여호와인 줄을 알리라 7주 여호와께서 이같이 말씀하셨느니라 내가 왕들 중의 왕 곧 바벨론의 느부갓네살 왕으로 하여금 북쪽에서 말과 병거와 기병과 군대와 백성의 큰 무리를 거느리고 와서 두로를 치게 할 때에 8그가 들에 있는 너의 딸들을 칼로 죽이고 너를 치려고 사다리를 세우며 토성을 쌓으며 방패를 갖출 것이며 9공성퇴를 가지고 네 성을 치며 도끼로 망대를 찍을 것이며 10말이 많으므로 그 티끌이 너를 가릴 것이며 사람이 무너진 성 구멍으로 들어가는 것 같이 그가 네 성문으로 들어갈 때에 그 기병과 수레와 병거의 소리로 말미암아 네 성곽이 진동할 것이며 11그가 그 말굽으로 네 모든 거리를 밟을 것이며 칼로 네 백성을 죽일 것이며 네 견고한 석상을 땅에 엎드러뜨릴 것이며 12네 재물을 빼앗을 것이며 네가 무역한 것을 노략할 것이며 네 성을 헐 것이며 네가 기뻐하는 집을 무너뜨릴 것이며 또 네 돌들과 네 재목과 네 흙을 다 물 가운데에 던질 것이라 13내가 네 노래 소리를 그치게 하며 네 수금 소리를 다시 들리지 않게 하고 14너를 맨 바위가 되게 한즉 네가 그물 말리는 곳이 되고 다시는 건축되지 못하리니 나 여호와가 말하였음이니라 주 여호와의 말씀이니라

이 예언이 임한 연도는 예루살렘이 함락된 해였던 열한째 해였고, 달은 구체적으로 언급되고 있지 않지만, 어떤 이들은 예루살렘이 함락된 달인 넷째 달이었다고 보기도 하고, 어떤 이들은 그 다음 달이었다고 보기도 하지만, 아마도 첫째 달이었을 가능성이 크다(열한째 해 어느 달 초하루에). 그렇다면, 이 예언은 예루살렘이 함락되던 해 첫째 달 첫째 날에 선지자에게 임한 것이 된다. 좀 더 살펴보자.

**I. 두로 사람들이 예루살렘의 멸망을 고소해하며 바라보았다는 것.** 에스겔은 두로에서 아주 멀리 떨어진 바벨론에 있었지만, 하나님은 그에게 두로가 예루살렘에 대하여 무엇이라 말하였는지를 알려 주신다(2절). "아하 천하의 무수한 사람들이 이런저런 이유로 자주 드나들며 서로 만났던 만민의 문이 깨져서 산산조각이 나고 말았으니, 내가 이 일로 인해 이득을 보게 되었구나. 예루살렘이 그동안 누렸던 온갖 부와 권력과 이익이 이제는 두로에게 돌아오리라. 그가 황폐하였으니 내가 충만함을 얻으리라." 우리는 성경 그 어디에서도 두로 사람들이 암몬 족속이나 에돔 족속처럼 예루살렘과 그 성소에 대하여 증오심과

적대감을 지니고 있었거나 유대인들에 대하여 악의와 앙심을 품고 있었다는 얘기를 듣지 못한다. 그들은 장사하는 사람들이어서 온갖 부류의 사람들과 자유롭고 폭넓게 교제하였기 때문에, 세상과 잘 접촉하지 않고 홀로 살아가는 외골수들과는 달리 완고하거나 편협하지 않으며 누군가를 깊이 미워하는 그런 사람들이 아니었다. 그들의 관심은 온통 재물을 모으고 교역을 확대하는 데에 있었기 때문에, 예루살렘을 원수가 아니라 경쟁자로 여겼다. 두로의 왕 히람은 다윗과 솔로몬의 좋은 친구였고, 우리는 성경 속에서 유대인들이 두로 사람들과 어떤 다툼이 있었다는 얘기를 듣지 못한다. 그러나 두로는 예루살렘의 멸망이 장사와 교역이라는 측면에서 그들에게 이득이 될 것이라고 생각하고서, 지금까지 예루살렘으로 가서 거기에서 돈을 썼던 천하의 무수한 사람들이 이제는 두로로 와서 돈을 쓰게 될 것을 기대하였다. 갈대아 군대가 여러 지역에서 가공할 위세를 떨친 이래로 많은 사람들이 레갑 자손들과 마찬가지로 재물을 싸가지고 예루살렘으로 피신을 왔었지만, 이제는 바다로 둘러싸여 있어서 예루살렘보다 더 안전하고 든든한 곳으로 여겨진 두로를 찾아올 것이고, 이렇게 해서 예루살렘의 멸망을 딛고서 두로의 번영이 찾아올 것이라고 그들은 생각하였다. 다른 사람들이 죽거나 망했을 때에 우리가 그 사람들의 몰락으로 이득을 보고 번영하게 될 가능성이 있기 때문에 그 몰락을 은밀히 기뻐하는 것은 우리가 아주 쉽게 빠질 수 있는 죄이고, 우리는 그것을 별로 나쁜 일이 아니라고 생각하기 쉽지만, 사실은 하나님을 진노케 하는 죄라는 것을 명심하라. 우리의 빛이나 길을 가로막던 자들이 갑자기 몰락하여 제거될 때, 우리는 "이제 그들이 황폐하였으니 우리가 이제 충만함을 얻으리라"고 말하기 쉽다. 그러나 이런 말은 이기적이고 탐욕스러운 마음, 마치 우리 옆에 다른 사람이 사는 것을 못마땅하다는 듯이 이 땅 가운데에서 홀로 거주하려는 욕심에서 나오는 것이다. 이런 말은 하나님의 율법이 아주 분명하게 요구하고 있는 것, 즉 이웃을 자기 몸처럼 사랑하지 않는 데서 나오는 것이고, 하나님의 사랑이 아주 분명하게 금지하고 있는 것, 즉 세상을 우리의 행복으로 여기고서 지나치게 사랑하는 데서 나오는 것이다. 하나님이 이렇게 다른 사람들의 몰락 위에서 일어서고자 하는 자들의 계획을 망쳐 놓으시는 것은 마땅한 일이다. 그래서 우리는 그런 자들의 계획이 좌절되는 것을 자주 본다.

**II. 하나님이 이 일 때문에 두로에 대하여 진노하심.** 하나님의 섭리는 누로에게 유리하게 진행되어 왔었다. 두로는 살기 좋고 부유한 성읍이었고, 만약 재난을 당한 예루살렘을 불쌍히 여겨서 위로의 말을 전했더라면(당연히 이랬어야 한다) 계속해서 그런 성읍으로 남았을 것이다. 그러나 두로는 그렇게 하지를 않고, 도리어 이웃 나라의 멸망을 기뻐하는 모습을 보이며, 아마도 정복자들에게 축하의 말을 보냈을 것이기 때문에, 하나님은 두로야 내가 너를 대적하리라고 말씀하신다(3절). 하나님이 대적하신다면, 두로는 오랫동안 번성하기를 기대하지 말아야 한다.

1. 하나님은 두로를 치기 위해 가공할 만한 원수들을 보내실 것이다. 내가 여러 민족들, 즉 여러 나라들로 이루어진 군대 또는 여러 나라만큼 강력한 한 나라가 와서 너를 치게 하리라. 어떤 자들을 하나님이 대적하시면, 모든 피조물이 그들을 대적하게 될 것임을 그들은 예상하여야 한다. 하나님과 전쟁 중에 있는 자들에게 그 어떤 평화가 있을 수 있겠는가? 원수들은 바다의 파도처럼 저항할 수 없는 힘으로 연이어 몰려와서 그들을 덮칠 것이다. 이 군대를 이끌고 그들을 덮치게 될 인물의 이름이 구체적으로 언급된다 — 왕들 중의 왕 곧 바벨론의 느부갓네살 왕. 그는 많은 왕들을 포로로 잡아갔을 뿐만 아니라 그에게 조공을 바치게 만든 왕들 중의 왕인 금 머리였다(단 2:37-38). 그가 말과 병거, 온 땅의 군대들로 구성된 대군을 이끌고 올 것이다. 그에게는 바다를 통해서 공격을 할 수 있는 해군력이나 그 어떤 수단이 없었고, 이 때문에 두로에 대한 공략은 한층 더 어려울 수밖에 없었다. 그래서 바벨론의 느부갓네살 왕이 그의 군대로 두로를 치게 할 때에 크게 수고하여 모든 머리털이 무지러졌고 모든 어깨가 벗어졌다(29:18). 그는 두로를 포위하여 사다리를 세우며 토성을 쌓으며(8절) 공성퇴를 가지고 두로 성을 칠 것이다(9절). 그의 군대는 그 수가 너무나 많아서, 그들이 일으킨 먼지가 두로 성 전체를 뒤덮을 것이다(10절). 병사들이 무너진 성으로 들어갈 때에 흔히 그렇듯이, 그들은 공격을 할 때마다 함성을 지를 것이고, 그들이 지르는 함성 때문에 성곽이 진동할 것이다. 그들의 말들은 질풍처럼 내달을 것이어서, 아주 잘 닦여진 모든 거리가 짓밟혀서 엉망이 되고 말 것이다.

2. 그 원수들은 무자비한 도륙과 약탈을 자행할 것이다.

(1) 원수들은 두로의 모든 요새들을 장악하고 성벽을 무너뜨리며 망대를 헐 것이다(4절). 아무리 튼튼하게 지어진 성벽이라도, 하나님의 심판을 막아낼 성벽이 어디 있겠는가? 두로의 강력한 수비대들이 추풍낙엽처럼 쓰러질 것이고

(11절), 성벽들이 무너질 것이다(12절). 두로 성은 오랫동안 포위 공격을 버텼지만 결국 함락되고 말았다.

(2) 많은 피가 흘려질 것이다. 들에 있는 그의 딸들, 즉 어머니 성인 두로에 복속되어 있던 내륙의 성읍들, 그 성읍들에 거주하고 있던 주민들은 칼에 죽을 것이다(6절). 침략자들은 원정길에서 처음 만나는 자들부터 죽이기 시작한다. 그가 칼로 네 백성을 죽일 것이다(11절). 바벨론의 왕은 두로가 너무나 오랫동안 버틴 것에 극도로 분노하여, 무장을 한 군사들만이 아니라 일반 시민들까지 칼로 죽일 것이다.

(3) 두로 성의 부는 모두 정복자의 노략물이 될 것이다(12절). 그들은 두로가 무역한 것을 노략할 것이다. 그들이 두로를 그토록 맹렬하게 공격한 것은 그 성의 부를 노략하기 위한 것이었다. 재물과 부가 얼마나 허망한 것인지를 보라. 재물을 소유해 보아야 소유주에게 해가 될 뿐이다. 재물은 도둑들을 끌어들이는 역할을 하고 도둑들의 수고를 보상해 준다. 그렇게 해서, 재물은 그것을 모으려고 애쓰고 수고한 자들에게 유익이 되지 않을 뿐만 아니라, 원수들에게 힘을 보태 주어서 그들로 하여금 원래의 소유주들에게 더 큰 해악을 끼칠 힘을 공급해 준다.

(4) 두로 성 자체가 폐허로 변할 것이다. 모든 기뻐하는 집, 모든 아름답고 훌륭한 집들이 무너뜨려질 것이다(12절). 아름다운 곳에 지어져서 아름답게 장식되고 멋진 설비들이 되어 있던 집들이 쓰레기 더미가 될 것이다. 아름다운 집을 가지고 있다고 해서 너무 기뻐하지 말라. 그 집이 언제 폐허로 변할지 아무도 모르기 때문이다. 두로는 철저히 파괴될 것이다. 원수들은 집들을 다 무너뜨릴 뿐만 아니라, 집을 다시 짓는 데에 사용하지 못하도록 돌들과 재목을 다 물 속에 던질 것이다. 나도 티끌을 그 위에서 쓸어 버려 맨 바위가 되게 하리라(4절). 흩날리는 티끌이 바람에 날려 휩쓸려 갈 뿐만 아니라, 극도로 분노한 원수들이 두로 성이 서 있던 자리에 남아 있는 흙을 퍼날라다가 물 가운데에 던질 것이다(12절). 터는 티끌에 자리를 잡고 있는데, 그 티끌이 모두 제거되면, 성은 당연히 무너지지 않을 수 없다. 예루살렘은 멸망당하였을 때에 밭 같이 갈아엎어졌다(미 3:12). 그러나 두로가 멸망당할 때에는 더 비참한 일을 당하게 될 것이다. 원수들이 두로의 터에 있던 흙들을 싹싹 긁어내서 물 속에 갖다 버려서, 두로는 맨 바위 같이 될 것이다(4, 14절). 두로가 있던 곳은 그 위에 흙이라고는

하나도 없는 맨 바위 같이 되어서 그물 치는 곳, 즉 어부들이 그물을 말리고 수선하는 곳으로 사용될 것이다(5, 14절).

(5) 두로가 환락을 즐기며 기뻐하던 시절은 완전히 끝날 것이다(13절). 내가 네 노래 소리를 그치게 하리라. 두로는 교역을 위하여 환락으로 고객을 끌어들였던 희락의 성이었다(사 23:7). 그러나 두로가 교역을 통해 부를 축적하고 환락을 즐기며 즐거워하던 모든 것이 이제 끝장날 것이었다. 두로는 더 이상 장사하는 곳이 되지도 않을 것이고 놀며 즐기는 곳도 되지 못할 것이다. 마지막으로, 두로는 다시는 건축되지 못할 것이다(14절). 두로는 예전처럼 그렇게 화려하고 웅장한 모습으로 다시 건축되지 못할 것이고, 바다 가운데에 동일한 장소에 건축되지 못할 것이며, 오랜 세월 동안 다시 건축되지 못할 것이다. 현재의 주민들은 다 죽거나 흩어져서, 지금의 두로는 다시는 존재하지 못할 것이다. 왜냐하면, 하나님이 말씀하셨기 때문이다(5, 14절). 하나님이 말씀하신 것이 이루어질 때, 그들은 그가 여호와인 줄을 알게 되고, 하나님은 사람이 아니시니 거짓말을 하지 않으시고 인생이 아니시니 후회가 없으시다는 것을 알게 될 것이다.

[15]주 여호와께서 이같이 두로에 대하여 말씀하시되 네가 엎드러지는 소리에 모든 섬이 진동하지 아니하겠느냐 곧 너희 가운데에 상한 자가 부르짖으며 죽임을 당할 때에라 [16]그 때에 바다의 모든 왕이 그 보좌에서 내려 조복을 벗으며 수 놓은 옷을 버리고 떨림을 입듯 하고 땅에 앉아서 너로 말미암아 무시로 떨며 놀랄 것이며 [17]그들이 너를 위하여 슬픈 노래를 불러 이르기를 항해자가 살았던 유명한 성읍이여 너와 너의 주민이 바다 가운데에 있어 견고하였도다 해변의 모든 주민을 두렵게 하였더니 어찌 그리 멸망하였는고 [18]네가 무너지는 그날에 섬들이 진동할 것임이여 바다 가운데의 섬들이 네 결국을 보고 놀라리로다 하리라 [19]주 여호와께서 이같이 말씀하셨느니라 내가 너를 주민이 없는 성읍과 같이 황폐한 성읍이 되게 하고 깊은 바다가 네 위에 오르게 하며 큰 물이 너를 덮게 할 때에 [20]내가 너를 구덩이에 내려가는 자와 함께 내려가서 옛적 사람에게로 나아가게 하고 너를 그 구덩이에 내려간 자와 함께 땅 깊은 곳 예로부터 황폐한 곳에 살게 하리라 네가 다시는 사람이 거주하는 곳이 되지 못하리니 살아 있는 자의 땅에서 영광을 얻지 못하리라 [21]내가 너를 패망하게 하여 다시 있지 못하게 하리니 사람이 비록 너를 찾으나 다시는 영원히 만나지 못하리라 주 여호와의 말씀이니라

두로의 철저한 멸망은 여기에서 아주 강력하고 생생한 비유들, 우리의 마음을 강하게 파고드는 비유들로 묘사된다.

1. 두로가 다시는 그런 모습이 되기가 거의 불가능할 정도로 대단했었다는 것. 화려하고 부유했던 지난날을 생각하면, 초라하고 빈곤한 현재의 모습이 더욱 부각되는 법이다. 두로는 열방 중에서 유명한 성읍이었고(17절), 스스로 면류관을 썼을 뿐만 아니라 주변의 모든 나라들에게도 면류관을 씌워 존귀하게 만들었던 성읍이었다(사 23:8). 두로는 항해자, 즉 바다를 통해 교역을 하던 자들, 세상의 모든 곳에서 바닷길을 통해 거기로 왔던 모든 자들이 살았던 곳이었고, 그들은 바다의 풍부한 것과 모래에 감추어진 보배를 들고서 두로로 왔다. 두로는 바다 가운데에 있어 견고하여서 친구들에게는 접근하기 쉬운 곳이었고 원수들에게는 물의 성벽 때문에 접근할 수 없는 난공불락의 요새였다. 따라서 화려하고 웅장하였던 두로와 자부심이 대단하였던 그 주민은 그 곳을 찾는 해변의 모든 주민을 두렵게 하였다. 두로는 아주 견고하게 요새화되어 있어서, 그 곳을 아는 모든 자들에게 가공할 만한 곳이었다. 누구든지 두로 사람들을 두려워하였기 때문에 그들의 비위를 거스르는 짓을 하지 않기 위해서 조심하였다. 자신의 힘을 아는 자들은 그들에게 상대가 되지 않는 자들에게 두려움을 불러일으키기 쉽고, 자기가 남들에게 위압감을 준다는 사실에 자부심을 갖기 쉽다.

2. 두로가 형편없이 낮아지고 초라해지리라는 것(19-20절). 이 유명한 성읍이 황폐한 성읍이 되어서, 사람들은 더 이상 예전처럼 이 성읍을 찾지 않게 될 것이고, 상인들도 드나들지 않게 될 것이다. 두로는 주민이 없는 성읍과 같이 되어, 성읍을 다듬고 유지할 자가 아무도 없어서 저절로 쇠락해 갈 것이다. 두로는 깊은 바다가 그 위에 덮쳐서 물 속으로 매몰되어 버린 성읍과 같이 될 것이다. 바닷물이 이전에는 두로를 지켜주는 방어막이 되었지만, 이제는 두로를 멸망시키는 도구가 될 것이다. 두로는 구덩이에 내려가는 자들과 함께 내려가서 물 속에 잠겨 버린 옛 세상의 성읍들, 즉 사해 밑바닥에 가라앉아 있는 소돔과 고모라와 더불어 지내게 될 것이다. 또는, 두로는 고요한 무덤 속에 거주하면서 땅 아래에서 완전히 썩고 땅 위에서는 완전히 잊혀진 옛적 사람들과 같이 될 것이다. 이렇게 두로는 죽은 자 중에 던져진 바 되어 땅 아래에 놓여져서 비천해지고 굴욕을 당하며 초라해질 것이다. 두로는 옛적에 죽은 자들과 같게 될 것이고, 또한 예로부터 황폐한 곳과 같게 될 것이다. 두로는 이전에 비슷한 방식으로

버림을 받아 멸망을 당한 다른 성읍들과 같게 될 것이다. 두로는 다시는 사람이 거주하는 곳이 되지 못할 것이다. 두로를 그 곳에 재건하고자 하는 사람이 없을 것이기 때문에 두로는 다시 있지 못하게 될 것이고, 두로 사람들은 열방들 중에서 없어질 것이기 때문에 사람들이 두로에서 두로를 찾아보아야 아무 소용이 없을 것이다. 사람이 비록 너를 찾으나 다시는 영원히 만나지 못하리라(21절). 새로운 사람들이 아주 가까운 새로운 장소에 새로운 성읍을 건설하고서 두로라고 부를지는 몰라도, 현재의 두로는 다시는 영원히 존재하지 않을 것이다. 이 세상에서 아무리 튼튼하게 요새화되어 있고 가장 좋은 것들을 갖추고 있는 성읍들이라도 시간이 지나면 반드시 쇠락해서 곧 무(無)로 돌아가게 된다는 것을 명심하라.

영국의 역사 속에서도 로마인들이 이 곳에 살고 있던 때에 많은 성읍들이 존재하였다고 전해지지만, 오늘날의 고고학자들은 그 성읍들이 어디에 있었는지를 거의 알지 못하고, 종종 이 곳 저 곳에서 우연히 발견되는 로마인들의 단지와 동전들만이 그러한 성읍들이 존재했음을 보여준다. 그러나 우리가 바라는 도성은 영원토록 존재하고 온전히 번영할 내세에 있는 도성이다.

3. 두로의 주민들이 극심한 고통에 처하게 되리라는 것(15절). 너희 가운데에 많은 사람들이 죽임을 당하고 큰 자들이 죽임을 당하게 될 것이다. 두로가 함락되었을 때에 그 주민의 대다수가 칼에 죽었을 가능성이 높다. 그 때에 상한 자들이 부르짖었지만, 그들의 울부짖음은 무자비한 정복자들에게 아무 소용이 없었다. 그들은 자비를 베풀 것을 부르짖었지만, 그런 호소는 정복자들에게 통하지 않았다. 상처를 입은 자들은 가차 없이 죽임을 당할 것이고, 두 번째로 칼을 휘둘러서 그들의 고통을 단축시켜 주는 것 정도가 그들에게 베풀어질 유일한 자비가 될 것이다.

4. 모든 이웃 나라들이 두로가 멸망당하는 것을 보고 경악하게 되리라는 것. 열방이 이 일을 보고서 얼마나 놀라게 될 것인지가 여기에 우아하게 표현되어 있다.

(1) 네가 엎드러지는 소리에 모든 섬이 진동할 것이다(15절). 이것은 큰 상인이 파산하면 그와 거래하던 모든 자들이 충격을 받아 어쩔 줄 몰라 하는 것과 같다. 그들이 충격을 받는 것은 그들이 큰 상인에게 맡겨둔 물건들을 잃어버리게 될 것을 걱정하기 때문이다. 또는, 그들은 한 사람이 너무 많은 채무 때문에 갑

자기 부도를 내고 망하는 것을 보면, 그들도 그 사람과 같이 될까봐 두려워하게 된다. 이렇게 바다에 둘러싸여 있어서 안전하다고 생각하였던 섬들은 두로가 무너지는 것을 볼 때에 두려워 떨고 괴로워 하며 "우리는 어떻게 되는 것인가"라고 말할 것이다. 그들이 이 일을 잘 선용하고 경계로 삼아서 안일함에 빠지지 않고 정신을 차려서 하나님과 그의 심판을 두려워하는 마음을 갖게 된다면, 그것은 잘된 일이다. 큰 망대가 갑자기 무너지면 그 주변의 땅이 흔들리며 진동하는 법이다. 이렇게 지중해의 모든 섬들은 두로의 멸망에 적지 않은 충격을 받게 될 것이다. 두로는 그들이 아주 잘 알고 있던 곳이자 끊임없이 교류하면서 많은 이해관계를 갖고 있던 곳이었기 때문이다.

(2) 그 섬들을 통치하던 바다의 모든 왕들도 이 일 때문에 충격을 받을 것이다. 또는, 왕처럼 살았던 부유한 상인들(사 23:8)과 왕처럼 선원들을 지휘하던 선주들이 몹시 가슴 아파하고 애통해하며 두로의 멸망을 애도할 것이다(16절). 그 때에 바다의 모든 왕이 그들의 보좌에서 보던 일들을 다 그만두고 그 보좌 위에 누리던 영화를 다 접어두고 그 보좌에서 내려오리라. 그들은 조복을 벗으며 수놓은 옷을 버리고 온통 떨림을 입듯 하며 베옷을 입고서 후들후들 떨 것이다. 또는, 그들은 이 일을 보고서 자발적으로 두려워 떠는 모습을 보일 것이다. 그들은 부끄러움과 슬픔을 지니고서 땅에 앉을 것이고, 두로에 대하여 일어난 일을 생각하고서 그들 자신에게도 무슨 일이 일어날지 모른다는 생각에 두려워하며 무시로 떨 것이다. 두로가 안전하지 않다면, 어떤 섬이 안전하겠는가? 그들은 두로를 위하여 슬픈 노래를 부를 것이고, 이렇게 해서 두로의 멸망을 슬퍼하며 애곡하는 시들이 지어질 것이다. 어찌 그리 멸망하였는고(17절).

[1] 두로의 멸망은 그들에게 큰 충격이고 놀라운 일이 될 것이다. 왜냐하면, 두로는 천혜의 요새인데다가 인위적으로도 잘 요새화되어 있었고, 전쟁의 힘줄인 정치력과 자금이 풍부하기로 유명한 곳이었으며, 그토록 용맹스럽게 아주 오랫동안 버텼는데도, 마침내 함락되고 말았기 때문이다. 내가 너를 두려움이 되게 하리라(21절). 자신의 힘을 남용하여 이웃들에게 두려움의 대상으로 군림하는 자들을 하나님이 갑작스럽고 전혀 예상치 못한 방식으로 벌하셔서 이웃들에게 또 다른 의미에서의 두려움의 대상이 되게 하시는 것은 마땅한 일이라는 것을 명심하라. 해변의 모든 주민을 두렵게 하였던(17절) 두로는 이제 이웃들에게 두려움을 안겨 주는 끔찍한 본보기가 될 것이다.

[2] 두로의 멸망은 그들에게 큰 고통이 되고, 그들은 슬픔에 잠기게 될 것이다(17절). 그토록 부유하고 찬란했던 성읍이 이렇게 폐허로 변해 버린 것을 너무도 애석한 일로 여겨서, 그들은 두로를 위하여 슬픈 노래를 부를 것이다. 거룩한 성 예루살렘이 멸망을 당했을 때에는 그 일을 애곡하는 슬픈 노래는 전혀 없었다. 예루살렘의 멸망은 지나가는 사람들에게는 아무 일도 아니었다(애 1:12). 그러나 국제적인 교역 도시였던 두로가 망하자, 그 일은 전세계적으로 애도를 불러일으켰다. 세상에 마음을 둔 자들은 선한 자들의 죽음보다는 큰 자들의 죽음을 더 슬퍼한다는 것을 명심하라.

[3] 두로의 멸망은 그들에게 큰 경고가 될 것이다. 네가 무너지는 그 날에 섬들이 다음 차례는 그들 중 하나가 될 수 있을 것이라는 생각에 두려워 떨며 진동할 것이다. 두로가 멸망했는데, 어느 누가 버틸 수 있겠는가? 너 잣나무여 곡할지어다 백향목이 넘어졌음이로다. 우리는 다른 사람들이 무너지는 것을 보면 정신을 차려서 안일함에서 벗어나야 한다는 것을 명심하라. 이 세상에서 다른 사람들의 죽음은 우리의 산은 견고히 서서 요동하지 않을 것이라는 헛된 꿈에 젖어 있는 우리를 깨우는 경종이다.

5. 두로가 폐허 가운데서 다시 회복되지 않을 것이라는 사실은 이스라엘이 회복될 것이라는 전망으로 인해서 더욱 비참한 일이 되리라는 것. 두로는 이렇게 무너져서 살아 있는 자의 땅에서 영광을 얻지 못하고 영원히 사라질 것이다(20절).

(1) 거룩한 땅은 살아 있는 자들의 땅이다. 왜냐하면, 거룩한 자들 외에는 진정으로 살아 있다고 할 수 있는 자가 아무도 없기 때문이다. 산 제사가 살아 계신 하나님께 드려지는 곳, 살아 있는 말씀들이 있는 곳이 살아 있는 자들의 땅이다. 다윗은 산 자들의 땅에서 여호와의 선하심을 보게 될 것을 소망하였다(시 27:13). 그 땅은 진정한 의미에서 산 자들의 땅인 천국의 모형이었다.

(2) 이 살아 있는 자들의 땅은 잠시 욕됨 아래에 있을 수 있지만, 하나님은 그 땅에 다시 영광을 두실 것이다. 그들을 떠났던 영광이 돌아올 것이고, 그들이 박탈당했던 것이 회복되면 그것은 이전보다 더욱더 그들의 영광이 될 것이다. 하나님은 친히 살아 있는 자들의 땅의 영광이 되실 것이다.

(3) 살아 있는 자들의 땅에서 영원한 분깃을 갖게 될 자들의 복된 모습을 볼 때, 영원히 죽을 자들의 땅에 자신의 분깃을 갖고 있는 자들의 비참함은 더욱

가중될 것이다. 부자는 자기가 고통을 당하고 있을 때에 거지 나사로가 아브라함의 품 속에 있으면서 산 자들의 땅에서 영광을 얻은 모습을 보았다.

제
— 27 —
장

## 개요

우리는 계속해서 두로의 장례식을 지켜보고 있고, 저 유명했던 성읍의 멸망을 애도하는 슬픈 노래를 듣고 있다. 이 장에는 다음과 같은 내용들이 나온다. I. 두로가 번성하던 때에 지녔던 위엄과 부와 찬란함에 대한 자세한 설명. 두로는 국제적인 대규모의 교역을 지휘하면서 열방 가운데서 상당한 영향력을 지니고 있었다(1-25절). 이러한 설명은 두로의 멸망을 더욱 슬픈 일로 만들기 위한 것이다. II. 두로의 멸망과 파멸에 관한 예언. 이 일로 인해 모든 이웃 나라들이 경악하며 크게 당혹스러워하게 될 것이다(26-36절). 이것은 모든 세상적인 영광을 자랑하는 것이 헛되다는 것을 보여주고, 우리로 하여금 세상의 재물과 명예와 즐거움이 헛되고 불확실하다는 것을 보게 하여, 우리의 행복을 그런 것들에서 구하거나 그런 것들이 언제까지나 계속될 것이라고 자신하는 것이 얼마나 헛된 일인지를 알게 하기 위한 것이다. 따라서 이 모든 것은 우리의 교훈을 위해서 기록된 것이다.

¹여호와의 말씀이 내게 임하여 이르시되 ²인자야 너는 두로를 위하여 슬픈 노래를 지으라 ³너는 두로를 향하여 이르기를 바다 어귀에 거주하면서 여러 섬 백성과 거래하는 자여 주 여호와께서 이같이 말씀하시되 두로야 네가 말하기를 나는 온전히 아름답다 하였도다 ⁴네 땅이 바다 가운데에 있음이여 너를 지은 자가 네 아름다움을 온전하게 하였도다 ⁵스닐의 잣나무로 네 판자를 만들었음이여 너를 위하여 레바논의 백향목을 가져다 돛대를 만들었도다 ⁶바산의 상수리나무로 네 노를 만들었음이여 깃딤 섬 황양목에 상아로 꾸며 갑판을 만들었도다 ⁷애굽의 수 놓은 가는 베로 돛을 만들어 깃발을 삼았음이여 엘리사 섬의 청색 자색 베로 차일을 만들었도다 ⁸시돈과 아르왓 주민들이 네 사공이 되었음이여 두로야 네 가운데에 있는 지혜자들이 네 선장이 되었도다 ⁹그발의 노인들과 지혜자들이 네 가운데에서 배의 틈을 막는 자가 되었음이여 바다의 모든 배와 그 사공들은 네 가운데에서 무역하였도다 ¹⁰바사와 룻과 붓이 네 군대 가운데에서 병정이 되었음이여 네 가운데에서 방패와

투구를 달아 네 영광을 나타냈도다 <sup>11</sup>아르왓 사람과 네 군대는 네 사방 성 위에 있었고 용사들은 네 여러 망대에 있었음이여 네 사방 성 위에 방패를 달아 네 아름다움을 온전하게 하였도다 <sup>12</sup>다시스는 각종 보화가 풍부하므로 너와 거래하였음이여 은과 철과 주석과 납을 네 물품과 바꾸어 갔도다 <sup>13</sup>야완과 두발과 메섹은 네 상인이 되었음이여 사람과 놋그릇을 가지고 네 상품을 바꾸어 갔도다 <sup>14</sup>도갈마 족속은 말과 군마와 노새를 네 물품과 바꾸었으며 <sup>15</sup>드단 사람은 네 상인이 되었음이여 여러 섬이 너와 거래하여 상아와 박달나무를 네 물품과 바꾸어 갔도다 <sup>16</sup>너의 제품이 풍부하므로 아람은 너와 거래하였음이여 남보석과 자색 베와 수 놓은 것과 가는 베와 산호와 홍보석을 네 물품과 바꾸어 갔도다 <sup>17</sup>유다와 이스라엘 땅 사람이 네 상인이 되었음이여 민닛 밀과 과자와 꿀과 기름과 유향을 네 물품과 바꾸어 갔도다 <sup>18</sup>너의 제품이 많고 각종 보화가 풍부하므로 다메섹이 너와 거래하였음이여 헬본 포도주와 흰 양털을 너와 거래하였도다 <sup>19</sup>워단과 야완은 길쌈하는 실로 네 물품을 거래하였음이여 가공한 쇠와 계피와 대나무 제품이 네 상품 중에 있었도다 <sup>20</sup>드단은 네 상인이 되었음이여 말을 탈 때 까는 천을 너와 거래하였도다 <sup>21</sup>아라비아와 게달의 모든 고관은 네 손아래 상인이 되어 어린 양과 숫양과 염소들, 그것으로 너와 거래하였도다 <sup>22</sup>스바와 라아마의 상인들도 너의 상인들이 됨이여 각종 극상품 향 재료와 각종 보석과 황금으로 네 물품을 바꾸어 갔도다 <sup>23</sup>하란과 간네와 에덴과 스바와 앗수르와 길맛의 장사꾼들도 너의 상인들이라 <sup>24</sup>이들이 아름다운 물품 곧 청색 옷과 수 놓은 물품과 빛난 옷을 백향목 상자에 담고 노끈으로 묶어 가지고 너와 거래하여 네 물품을 바꾸어 갔도다 <sup>25</sup>다시스의 배는 떼를 지어 네 화물을 나르니 네가 바다 중심에서 풍부하여 영화가 매우 크도다

이 단락에는 다음과 같은 내용들이 나온다.

**I. 선지자가 두로를 위하여 애가를 지으라는 지시를 받음**(2절). 두로는 아직 전성기를 누리고 있었고, 멸망의 징조라고는 조금도 나타나지 않았다. 그렇지만 선지자는 두로를 위하여 애곡하여야 한다. 왜냐하면, 두로의 번영은 덫이 되어서 교만과 안일함의 원인이 되고 있고, 이로 인하여 그 멸망은 더욱 처참할 것이기 때문이다. 아무리 편안히 살고 있다고 하더라도 환난에 대비하지 않는 자들을 보면, 우리는 그들을 위하여 애가를 불러야 한다. 선지자는 두로를 위하여 애곡하여야 한다. 왜냐하면, 두로의 멸망이 신속하게 다가오고 있기 때

문이다. 그것은 확실하고 가깝다. 선지자는 두로의 멸망을 예언하고 두로를 멸망시키시는 하나님이 의로우시다는 것을 전하면서도, 이 일로 인하여 애곡하지 않으면 안 된다. 우리는 인류애를 좇아서 우리나라만이 아니라 다른 나라들의 참상에 대해서도 애곡하여야 한다는 것을 명심하라. 사람들이 자신의 어리석음 때문에 스스로 재난을 자초한 것이라고 하여도 그들의 재난을 슬퍼하는 것이 인류에 대한 우리의 도리이다.

**Ⅱ. 선지자가 무엇을 전해야 하는지를 지시받고, 주 여호와의 이름으로 전하라는 지시를 받음.** 여호와라는 이름은 두로에서도 알려져 있었지만, 이 일로 인해서 더욱 알려지게 될 것이다(26:6).

1. 그는 두로의 교만을 질책하여야 한다. 두로야 네가 말하기를 나는 온전히 아름답다 하였도다(3절). 두로는 무슨 일이든 다 척척 해결하였기 때문에 모든 곳에서 존중을 받았다. 거룩함의 아름다움을 지니고 있던 시온은 진정한 의미에서 온전히 아름다운 시온으로 불렸는데(시 50:2), 시온이 지닌 것은 여호와의 아름다움이었다. 그러나 두로는 성읍이 잘 건축되었고 교역으로 인해 돈이 넘쳐났기 때문에 온전한 아름다움의 상징으로 통하였다. 이 세상에서 부귀영화를 누리며 즐겁게 살아가는 것을 소중히 여기고, 그런 것들을 누린다고 해서 그들 자신을 아름다운 존재라고 부르며, 그런 것들에서 남들보다 더 뛰어나면 스스로를 온전하다고 생각하는 것이야말로 이 세상의 자녀들이 범하는 어리석음이라는 것을 명심하라. 하나님은 사람들이 형통할 때에 그 마음이 높아져서 자기 자신에 대하여 헛된 자부심을 갖는 것을 알아차리시고, 그 심령을 낮추기 위하여 그들이 지닌 재물을 없애시는 방법을 찾으신다. 우리는 거룩해지는 것이 가장 아름다워지는 것이라고 생각하여야 하고, 천국에 이를 때까지는 우리가 온전히 아름답다고 말해서는 안 된다.

2. 그는 잘 사는 것을 자랑한 것에 대하여 두로를 책망하여야 한다. 애가에서는 우리가 애도하는 자들에 대한 찬사를 집어 넣는 것이 관례이다. 따라서 선지자는 모든 칭찬할 만한 점들을 언급하며 두로를 칭찬한다. 그는 두로의 종교, 경건, 구제에 대해서 칭찬하거나 두로가 곤경에 처한 자들의 피난처가 되었다거나 자신의 영향력을 활용해서 이웃 나라들에게 좋은 일을 했다는 말은 할 수가 없었다. 하지만 두로는 국제적인 교역 중심지로서 번영하였기 때문에 세계의 모든 무역상들은 두로에게 구애하였다. 선지자는 두로가 얼마나 화려

하고 기고만장하게 살았는지를 묘사해야 했는데, 이것은 모든 교만한 자를 발견하여 낮아지게 하며 그들을 함께 진토에 묻고 그들의 얼굴을 싸서 은밀한 곳에 두시는(욥 40:12-13) 하나님이 두로의 멸망으로 인하여 더욱 영광을 받으시게 하기 위한 것이었다.

(1) 두로는 바다 어귀에 자리잡고 있어서(3절) 오직 한 방향에서만 접근할 수 있는 강가에 있는 성읍들과는 달리 섬의 사방팔방으로 많은 항구들을 거느리고 있는 지리적인 이점을 지니고 있었다. 또한, 두로는 지중해의 동쪽 끝에 자리잡고 있었기 때문에, 육로를 통해서 동부 지중해의 모든 지역들과 교역을 할 수 있는 아주 편리한 위치에 있었다. 그래서 두로는 여러 섬 백성과 거래하는 자가 되었다. 그리스와 아시아 사이에 놓여 있었던 두로는 모든 지역에서 온 상인들이 서로 만나 거래하는 대규모의 중앙 시장이 되었다. 네 땅이 바다 가운데에 있음이여(4절). 두로는 사면이 바다로 둘러싸여 있어서 교역에 아주 유리하였다. 두로는 바다의 심장부에 자리잡고 있는 바다의 보석이었다. 섬에 산다는 것은 여러 가지 이유에서 아주 편리하다. 바다는 우리의 선조가 아니라 우리 선조의 하나님이 세우신 가장 오래된 지계석으로서 다른 지계석과는 달리 옮길 수도 없고 쉽게 범할 수도 없다. 따라서 바다 가운데 사는 백성은 마음먹기에 따라서 열방 중의 하나로 여김을 받지 않고 홀로 사는 것도 한층 수월하고, 밖으로 나가서 여러 나라들과 교역을 하는 것도 한층 수월하다. 그러므로 섬에 사는 사들은 사람들의 거처의 경계를 정하시는 하나님이 그들을 위하여 좋은 거처를 정해 주셨다는 것을 인정하여야 한다.

(2) 두로는 당시의 유행을 따라서 흥미롭게 건설되어 있었다. 두로는 산 위에 지어진 성읍이었기 때문에 아름다운 모습을 뽐내면서 배들을 유혹하여 그 항구들로 들어오게 하였다(4절). 너를 지은 자가 네 아름다움을 온전하게 하였도다. 두로를 건축한 자들은 아주 뛰어난 솜씨를 발휘하였기 때문에 두로의 건축과 관련하여 흠을 잡을 만한 것이 하나도 없었다. 그렇다고 해도, 두로의 아름다움은 여호와께서 지으실 예루살렘이 지닐 온전한 아름다움에는 미치지 못한다.

(3) 두로의 항구는 수많은 큰 배들로 북적거렸다(사 33:21). 집을 만드는 목공들은 집을 짓는 데에 바빴고, 배를 만드는 목공들은 배를 만드느라 바빴다. 두로 사람들은 항해술을 고안해 낸 최초의 민속으로 여겨지고 있다. 그들은 적

어도 항해술을 획기적으로 개선하여 자석 없이도 항해하는 법을 터득하였다.

[1] 그들은 헤르몬 산과 붙어 있는 이스라엘 땅의 한 산인 스닐에서 가져온 잣나무로 배의 갑판을 위한 판자 또는 널판지들을 만들었다(아 4:8). 잣나무로 만든 널판지는 부드럽고 가볍기는 했지만, 상수리나무로 만든 영국의 널판지만큼 오래가지는 못하였다.

[2] 그들은 이스라엘의 또 다른 산인 레바논에서 가져온 백향목으로 돛대를 만들었다(5절).

[3] 그들은 노를 만들기 위해서 바산에서 상수리나무들을 가져왔다(사 2:13). 왜냐하면, 그들의 배는 대체로 노를 사용하는 갤리선이었을 것이기 때문이다. 이스라엘 백성은 자체적으로는 배를 거의 건조하지 않았지만, 두로 사람들에게 선박 건조용 목재들을 공급해 주었다. 이렇게 나라들은 각각 다른 물건을 생산해내어서 그 물건들을 서로 수입하여 사용하기 때문에, 서로가 서로에게 도움이 된다. 따라서 그들은 서로 상대방에게 내가 너를 쓸 데가 없다고 말할 수 없다.

[4] 그들은 아주 웅장하고 화려하게 배를 건조하였기 때문에, 아술 사람들 또는 앗수르 사람들을 장인(匠人)으로 사용해서 깃딤 섬, 즉 이탈리아나 그리스에서 가져온 상아로 황양목을 꾸며 갑판을 만들게 하였다. 이렇게 그들은 선실도 아주 화려하게 치장하였다.

[5] 그들은 돈을 물 쓰듯이 썼기 때문에, 애굽에서 가져온 수 놓은 가는 베로 돛을 만들었다(7절). 또는, 이것은 그들이 사용하였던 아주 값비싼 깃발을 의미하는 것일 수도 있다(배들은 그들이 어느 성읍에 속하였는지를 표시하기 위하여 깃발을 내걸었다). 여기에서 사용된 원어는 돛이나 깃발을 의미한다.

[6] 그들은 선실들에 그들이 교역하는 섬들에서 얻을 수 있는 것들 중에서 가장 귀한 색깔로 된 가장 값비싼 천들이었던 청색 자색 베로 차일을 만들어 걸어 놓았다. 왜냐하면, 두로는 자색으로 유명하였고, 그래서 자색은 두로의 염료라 불리고 있지만, 그들은 먼 외국에서 가져온 것을 선호하였기 때문이다.

(4) 이 갤리선들은 항해에 아주 능한 사람들을 사공으로 썼다. 물론, 갤리선을 지휘하는 배의 선장들은 그들이 믿을 수 있는 두로 출신들이었다(8절). 두로야 네 가운데에 있는 지혜자들이 네 선장이 되었도다. 그러나 일반 선원들은 다른 나라 출신들로 채워졌다. 시돈과 아르왓 주민들이 네 사공이 되었음이여. 이들

은 두로에서 가까운 성읍들에서 왔다. 시돈은 두로에서 북쪽으로 10km도 채 떨어지지 않은 자매 도시였다. 거기에서 그들은 유능한 선원들을 키웠는데, 이렇게 선원들에게 아낌없는 지원을 하는 것은 해양 세력들에게 큰 이득이 되는 일이었다. 그들은 아람의 그발에서 사람들을 데려와서, 오랜 항해 끝에 항구로 돌아온 배들을 수리할 때에 배의 틈을 막는 자로 사용하였다. 그들은 이 일을 노인들과 지혜자들에게 시켰다(9절). 왜냐하면, 배를 새로 건조하는 것이 아니라 낡아져가는 것을 수리하는 데에는 더 많은 지혜와 분별력이 필요하기 때문이다. 공적인 문제들에 있어서도 노인들과 지혜자들이 무너진 데를 보수하는 자와 길을 수축하여 거할 곳이 되게 하는 자가 되어야 할 때가 있다. 그들이 교역하던 모든 나라들은 기꺼이 그들을 섬기며 돕고자 하였기 때문에, 그들이 고용할 사람들을 보내주고 젊은 사람들을 두로에 보내어 도제로 일하게 하며 두로의 선단에서 선원으로 일하게 하였다. 그래서 **바다의 모든 배와 그 사공들은 네 가운데에서 무역하였다.** 좋은 임금을 주는 자들은 사람들을 마음대로 부리게 되는 법이다.

(5) 상당한 규모의 군대가 두로를 수비하였다(10-11절). 두로 사람들이 교역에 전념할 수 있기 위해서는 용병이 필요하였다. 따라서 그들은 아주 멀리 떨어진 나라들인 바사와 룻과 붓에서 군사로 적합한 사람들을 데려와서 용병으로 사용하였다(용병을 먼 나라에서 데려오는 것이 아마도 그들의 정책이었던 것 같다). 이 용병들은 전쟁이 일어났을 때에는 무장을 하였지만, 평화로운 때에는 마치 평화를 선포하여 세상으로 하여금 지금은 무기가 필요하지 않다는 것을 알리기라도 하듯이 방패와 투구를 무기고에 달아 두어서 언제라도 필요한 때에는 다시 꺼내서 사용할 수 있게 해두었다. 두로의 성벽에 대한 수비는 아르왓 사람이 맡았고, 망대에는 아주 힘세고·다부진 용사들이 주둔해 있었다(그렇지만 불가타 역본에서는 이 단어를 사람의 팔 길이 만한 난쟁이족인 피그미족으로 번역한다). 그들은 사방 성 위에 있는 무기고에 방패를 달아 두었다. 또는, 그들은 두로를 방비하기에 필요한 모든 것들이 다 잘 갖추어져 있다는 것을 보여서 적이 감히 쳐들어오지 못하도록 하기 위하여 방패들을 사방 성 위에 걸어 두었다. "이렇게 그들은 네 영광을 나타냈고(10절) 네 아름다움을 온전하게 하였다(11절)." 주변의 모든 나라들이 두로에 사람들을 보내어 돕게 한 것은 두로의 영광에 크게 기여하였다. 하지만, 이스라엘은 두로 가까이에 있었으면서도

그들에게 목재를 공급하기는 했지만 사람들을 공급하지는 않았다. 만약 그렇게 했더라면, 유대 민족의 자유와 존엄은 침해를 당했을 것이다(대하 2:17-18). 또한, 용병을 두어 성을 지키게 하고, 용사의 모든 방패가 달린 다윗의 망대(아 4:4) 같이 그런 무기를 갖춘 것도 두로의 영광이었다. 여기저기에서 언급되고 있는 무기들이 칼이나 창 같은 공격용 무기가 아니라 방패와 투구 같은 방어용 무기라는 것은 주목할 만하다(공격용 무기도 있었을 텐데도). 이것은 한 나라의 군사력은 오직 그들 자신과 자신의 권리를 보호하고 지키기 위한 것이어야 하고, 이웃 나라들을 침략하거나 괴롭히고 그들의 권리를 침해하기 위한 것이 되어서는 안 된다는 것을 보여준다.

(6) 두로는 당시에 알려져 있던 세계의 모든 지역들과 대규모의 교역과 교류를 행하였다. 두로는 각 나라에서 자연적으로 나는 토산물이나 만들어내는 생산물의 종류에 따라서 각각 다른 품목으로 거래를 하였다. 이러한 교역은 두로의 다른 모든 것을 떠받쳐 주고 있었던 주된 영광이었기 때문에 여기에서 아주 자세하게 묘사된다. 우리는 성경의 그 어디에서도 여기에서처럼 이토록 많은 나라들이 한꺼번에 언급되고 있는 것을 찾아볼 수 없다. 따라서 어떤 이들은 이 장(章)이 대홍수 후에 나라들이 여러 곳에 정착한 것에 관한 최초의 기사(창 10장)에 상당한 빛을 던져준다고 생각한다. 비평학자들은 여기에 언급된 몇몇 지명들과 나라들이 무엇을 가리키는지를 알아내기 위해서 아주 많은 노력을 기울였다. 하지만 많은 부분들에서 학자들마다 추정하는 것이 서로 다르기 때문에, 많은 것들이 여전히 아주 불확실하고, 사실 그러한 것들을 밝혀내는 작업은 그리 중요하지도 않다. 오늘날의 연구는 고대의 지리를 제대로 설명해 내기에는 역부족이다. 그러므로 우리는 여기에서 교역한 족속들이나 그들이 교역한 물품들을 구체적으로 밝혀내는 일을 하지 않을 것이다. 우리는 그런 일은 비평학자들에게 맡겨 두고, 단지 활용할 수 있는 것들만을 고찰하고자 한다.

[1] 에스겔은 두로의 교역에 관하여 스스로는 거의 아는 게 없었을 것이다. 그는 제사장으로서 젊을 때에 두로의 이웃 나라인 유다에서 아주 멀리 떨어진 곳으로 끌려가서 포로로 11년을 보냈다. 그런데도 그는 마치 두로의 세관에서 근무하는 감시관처럼 두로에 들어오고 나가는 모든 품목들을 아주 자세하게 말한다. 이것은 그가 하나님의 감동을 따라 말하고 썼다는 것을 보여준다. 이

같이 말씀하시는 분은 바로 하나님이시다(3절).

[2] 두로의 교역에 관한 이 기사(記事)는 하나님의 눈이 항상 사람들을 주시하고 계시다는 것, 사람들이 교회에서 예배를 드리고 기도할 때만이 아니라 세상 일에 종사하여 시장에서 물건을 사고 팔 때에도 그들이 무엇을 하는지를 보고 계시다는 것을 우리에게 보여준다. 이것이 우리가 우리의 일거수일투족에서 항상 양심에 거리낌이 없기를 힘써야 하고, 언제나 우리를 주시하고 계시는 분을 항상 바라보아야 하는 이유이다.

[3] 우리는 여기에서 하나님이 어떤 나라에는 이런 물품이 풍성하게 하시고 어떤 나라에는 저런 물품이 풍성하게 하셔서 모든 나라들이 각각 인류의 삶에 이런저런 모양으로 기여할 수 있게 하시는 것에서 인류 모두의 아버지로서의 하나님의 지혜와 선하심을 본다. 한 나라가 온갖 다양한 산물들을 다 공급하지 못하는 법이다. 인류는 온 땅에 흩어져서 살고 있기는 하지만, 하나님은 한 혈통으로 만드신 자들이 서로 교류하며 살아 가도록 하기 위하여 섭리를 통하여 모든 은사를 한 족속에게 주지 않으시고 각각의 족속에게 골고루 나눠 주신다(행 17:26). 그러므로 각 나라들은 자기 나라의 산물들에 대하여 하나님께 감사하여야 한다. 어떤 나라의 산물들은 다른 나라들의 산물만큼 풍성하지 않다고 하여도, 그들은 그 산물들을 통해서 인류에 기여하게 된다.

[4] 교역과 물품을 거래하는 것이 인류에게 얼마나 큰 축복인지를 보라. 그런 활동들이 하나님을 경외하는 가운데에서 오로지 사적인 이득이 아니라 공적인 유익을 위하여 행해질 때에는 특히 그렇다. 하나님이 지으신 보화들이 땅에 가득하니이다(시 104:24). 땅에는 각종 보화가 풍부하여(12절), 그 보화들을 땅 위에서 모아들일 수 있고 땅 속에서 캐낼 수 있다. 또한, 땅은 사람들이 각자 지닌 재능을 따라 수고하여 만들어낸 열매들로 가득하다. 이제 그러한 것들은 교역이나 물물교환을 통해서 더 광범위하게 인류를 이롭게 한다. 남는 것들은 수출해서 남아서 버리는 일이 없게 하고, 모자라는 것들은 그렇게 수출해서 얻은 돈으로 아무리 먼 나라에서라도 수입하여 보충을 한다. 무역이나 장사를 하지 않는 자들은 장사하는 상인들을 인하여 하나님께 감사하여야 한다. 우리 땅에서 나는 산물들을 우리의 농부들 덕분에 먹을 수 있는 것처럼, 우리가 다른 나라들에서 나는 것들을 얻을 수 있는 것은 상인들 덕분이기 때문이다.

[5] 여기에서 교역이 이루어지는 생활필수품들 외에도 오직 인간의 기분이

나 기호(嗜好)를 즐겁게 하고 인간의 관습 때문에 귀한 것으로 취급받는 아주 많은 물건들이 여기에 언급되고 있는 것을 보라. 그렇지만 하나님은 우리가 그런 물건들을 사용하고 거래하는 것을 허용하시기 때문에, 우리는 그런 물건들보다 훨씬 더 큰 본원적인 가치를 지닌 것들을 처분해서 그 물건들을 산다. 그런 물건들로는 상아와 박달나무가 있다(15절). 상인들은 그 물건들을 팔거나 물물교환을 하기 위해서 시장에 내놓는다. 어떤 이들은 이 본문을 상인들이 두로의 고관들에게 이런 것들을 뇌물로 바치는 것을 의미하는 것으로 해석하기도 한다. 또한, 남보석과 산호와 홍보석(16절), 각종 보석과 황금이 있다(22절). 이런 것들은 쇠나 평범한 돌들과는 달리 없는 편이 세상에 더 좋을 수 있는 그런 것들이다. 또한, 미각과 후각을 기쁘게 해주는 각종 극상품 향 재료(22절), 계피와 대나무 제품(19절)이 있고, 장식을 위한 물건들로는 자색 베와 수 놓은 것과 가는 베(16절), 말을 탈 때 까는 천(20절), 청색 옷(두로의 특산품), 수 놓은 물품, 옷이 향기를 머금게 하기 위하여 향을 내는 나무인 백향목 상자에 담고 고급스러운 노끈으로 묶은 빛난 옷(24절)이 있다. 이러한 송장(送狀)이나 물품 명세서를 잠깐만 살펴보아도, 우리는 우리에게 필요하지도 않고 없어도 아주 잘 살아갈 수 있는 그런 물건들이 얼마나 많은지를 알 수 있다.

[6] 유다와 이스라엘 땅도 두로에서 상인들이었다는 것은 주목할 만하다. 그들은 교역을 위해서는 이방인들과 교류하는 것이 허용되었다. 그러나 그들이 가져온 물품은 대부분 생활필수품에 속하는 것들이었고, 최상품의 밀을 생산해 내는 것으로 유명하였던 가나안 땅의 두 지역인 민닛과 판낙의 밀이 주요 품목이었다. 가나안 땅은 사실 그 전체가 밀의 소산지였다(신 8:8). 거기에서는 지극히 아름다운 밀이 났다(신 32:14). 두로는 이스라엘 땅에서 들여온 곡물을 양식으로 삼아서 살았다. 또한, 유다 사람들은 꿀과 기름과 유향을 가져왔다. 이런 품목들은 모두 인간에게 유익한 것들로서 결코 인간의 허영이나 사치를 만족시키는 것들이 아니다. 사람들이 매일 먹어야 하는 것들이 많이 나는 땅, 모든 땅 중의 아름다운 곳인 그런 땅을 하나님은 향료와 보석들을 거래하던 자들이 아니라 자기 백성에게 주셨다. 하나님의 백성 이스라엘은 필요한 양식이 있으면 족한 줄로 알아야 한다. 왜냐하면, 하나님의 자녀로서의 즐거움들을 아는 자들은 세상 사람들이 즐기는 것들이나 왕들과 고관들이 귀하게 여기고 아끼는 것들에 마음을 두지 않는 법이기 때문이다. 우리는 신약의 바벨론이 두로가 교역

했던 그런 물건들을 사고파는 모습을 본다(계 18:12-13). 왜냐하면, 신약의 바벨론은 겉으로는 신성한 체하지만 세상적인 관심을 지니고 있는 천성을 드러낼 수밖에 없기 때문이다.

[7] 두로는 세계적인 시장을 형성한 성읍으로서 물건을 사고팔거나 한 곳에서 물건들을 수입해다가 다른 곳으로 수출하는 것을 통해서 부를 축적했지만, 물건들을 직접 만들어내서 파는 것도 게을리하지 않았다. 그들이 직접 만든 제품이 풍부하고 많았다는 말이 나온다(16, 18절). 한 나라에서 수공업자들을 어렵게 하지 말고 공예와 산업을 권장하는 것이 지혜로운 일이다. 왜냐하면, 그들 자신이 직접 만든 제품을 해외에 내다 팔면 각종 보화를 들여올 수 있어서 나라의 부와 명성에 많은 기여를 하게 되기 때문이다.

[8] 이 모든 것은 두로를 대단히 크고 오만한 존재로 만들었다. 다시스의 배는 네 화물을 날랐다(25절). 세상의 모든 나라들이 두로와 거래를 하면서 두로를 우러러보고 찬사를 보냈다. 왜냐하면, 두로는 바다 중심에서 재물과 사람들이 풍부하여 영화가 매우 컸고 아름다웠기 때문이다. 사람들은 거부가 된 자들에게 찬사를 보내어 지극히 영화롭게 한다. 왜냐하면, 재물과 부는 육적인 사람들의 눈에 영화로운 것들로 보이기 때문이다(창 31:1).

²⁶네 사공이 너를 인도하여 큰 물에 이르게 함이여 동풍이 바다 한가운데에서 너를 무찔렀도다 ²⁷네 재물과 상품과 바꾼 물건과 네 사공과 선장과 네 배의 틈을 막는 자와 네 상인과 네 가운데에 있는 모든 용사와 네 가운데에 있는 모든 무리가 네가 패망하는 날에 다 바다 한가운데에 빠질 것임이여 ²⁸네 선장이 부르짖는 소리에 물결이 흔들리리로다 ²⁹노를 잡은 모든 자와 사공과 바다의 선장들이 다 배에서 내려 언덕에 서서 ³⁰너를 위하여 크게 소리 질러 통곡하고 티끌을 머리에 덮어쓰며 재 가운데에 뒹굴며 ³¹그들이 다 너를 위하여 머리털을 밀고 굵은 베로 띠를 띠고 마음이 아프게 슬피 통곡하리로다 ³²그들이 통곡할 때에 너를 위하여 슬픈 노래를 불러 애도하여 말하기를 두로와 같이 바다 가운데에서 적막한 자 누구인고 ³³네 물품을 바다로 실어 낼 때에 네가 여러 백성을 풍족하게 하였음이여 네 재물과 무역품이 많으므로 세상 왕들을 풍부하게 하였었도다 ³⁴네가 바다 깊은 데에서 파선한 때에 네 무역품과 네 승객이 다 빠졌음이여 ³⁵섬의 주민들이 너로 말미암아 놀라고 왕들이 심히 두려워하여 얼굴에 근심이 가득하도다 ³⁶많은 민족의 상인들이 다 너를 비웃

음이여 네가 공포의 대상이 되고 네가 영원히 다시 있지 못하리라 하셨느니라

우리는 앞에서 두로가 번영하는 모습을 살펴보았는데, 여기에는 두로가 멸망하는 모습이 나온다. 두로는 세상에서 이름을 떨친 성읍이었기 때문에 그 멸망도 훨씬 더 충격적이다. 아무리 천하를 호령하던 나라들도 언젠가는 국력이 기울어서 멸망할 날이 온다는 것을 명심하라. 나라들은 다 기한이 있어서, 전성기를 구가할 때부터 기울기 시작한다. 그러나 두로의 멸망은 갑작스러운 것이었다. 두로의 해는 정오에 기울었다. 두로가 누렸던 온갖 부귀영화는 단지 그 멸망을 더욱 비참하게 만들 뿐이었고, 주변의 모든 나라를 더 깊은 슬픔과 충격으로 몰아넣는 역할만을 할 뿐이었다. 좀 더 살펴보자.

1. 두로의 멸망은 어떻게 일어나게 될 것인가(26절). 두로는 많은 짐을 싣고 가다가 조타수의 무분별한 행동으로 난파를 당하거나 가라앉은 큰 배 같을 것이다. 네 사공이 너를 인도하여 크고 위험한 물에 이르게 하였다. 두로의 통치를 맡고 있던 자들이 이런저런 잘못된 실책으로 갈대아 사람들과의 전쟁에 휘말려들어서 두로를 멸망으로 내몰았다. 그들은 그들이 지닌 힘을 과신해서 갈대아 사람들을 모욕하거나 오만방자하게 행하였기 때문에 느부갓네살이 진노하여 그들을 치러 내려왔고, 그들이 끝까지 완강하게 버티며 항복하지 않았기 때문에 느부갓네살은 격노하여 두로를 멸망시키기로 작정하고서, 동풍이 바다 한가운데에서 두로라는 큰 배를 내리쳐서 깨부수듯이 그들을 아예 흔적조차 없게 만들어 버렸다. 배를 조종하는 자들이 사람들을 항구로 이끌지 않고 바다 가운데서 좌초시켜 버리면, 그 배에 탄 사람들은 정말 복이 없는 것이다.

2. 두로의 멸망은 크고 전반적인 것이 되리라는 것. 두로가 지니고 있던 온갖 것들, 즉 그 재물과 상품과 물건이 한꺼번에 다 바다에 수몰될 것이다(27절). 교역이나 전쟁이나 교류에 있어서 두로와 거래하며 의지하였던 모든 자들은 두로가 패망하는 날에 다 바다 한가운데에 빠질 것이다. 피조물들을 자신의 의지(依支)로 삼고, 피조물들에 대하여 자기가 이권을 지니고 있다는 것을 행복으로 알며, 피조물들에 자신의 소망을 두는 자들은 당연히 피조물들과 더불어서 망하게 되리라는 것을 명심하라. 그러므로 야곱의 하나님을 자기의 도움으로 삼으며 영원히 사시는 여호와 자기 하나님에게 자기의 소망을 두는 자는 복이 있도다(시 146:5).

3. 사람들이 두로의 멸망을 애곡하며 슬퍼하리라는 것. 선장들, 즉 두로의 통치자들과 고관들은 그들의 심각한 잘못 때문에 두로가 멸망하게 된 것을 알고서는 물결이 흔들릴 정도로 큰 소리로 울부짖을 것이다(28절). 그들은 그들의 잘못된 행동을 돌이켜 보며 이렇게 원통해하고 괴로워할 것이다. 나라의 사공들이라고 할 수 있는 하급 관리들은 각자의 위치에서 내려올 수밖에 없게 될 것이다(29절). 그들은 두로가 잘 버텨줄 줄 알았는데 그들의 기대를 저버린 것에 분노하여 두로를 향하여 크게 소리 질러 악을 쓸 것이다. 그들은 두로가 완전히 망하고 그들도 덩달아 망한 것을 생각하고서 통곡할 것이다. 그들은 극심한 슬픔을 나타내는 온갖 표시들을 다 사용할 것이다. 그들은 그들 자신에 대하여 분노하여 티끌을 머리에 덮어쓰며, 온갖 편안함과 즐거움에 마지막 작별을 고하는 의미로 재 가운데에 뒹굴 것이다. 그들은 스스로 머리털을 밀어 대머리가 될 것이다(31절). 큰 슬픔을 당한 자들의 관례를 따라서, 평소에는 세마포 옷을 입던 그들이 굵은 베로 띠를 띠고, 즐거운 노래를 부르는 대신에 마음이 아프게 슬피 통곡할 것이다. 오랫동안 쾌락에 탐닉하고 육적인 안일함에 빠져 있던 자들에게 상실(losses)과 십자가는 너무나 무거운 것이어서 견디기 힘든 것이 된다는 것을 명심하라.

4. 두로가 이전에 누렸던 영화와 번영에 대한 회고(32-33절). 유명한 성읍이라 불렸던 두로는 이제 바다 가운데에서 멸망당하여 적막한 자라 불리게 될 것이다. "어느 성읍이 두로와 같을까? 최고의 영화를 누리다가 하루 아침에 저 깊은 나릭으로 떨어져 버린 성읍이 과연 있었던가? 네 물품, 즉 네 손으로 직접 만든 물품들과 네 손을 거쳐간 물품들이 바다로 실어 내져서 세계의 모든 곳으로 수출되던 때가 있었다. 그 때에 네가 여러 백성을 풍족하게 하였고, 세상의 왕들과 그들의 나라를 풍부하게 하였었도다." 두로 사람들은 나라 간의 교역을 장악하고 있었지만 공정한 상인들이었던 것으로 보이고, 그 이웃 나라들은 두로 사람들 덕분에 살게 되었을 뿐만 아니라 번영하게도 되었다. 두로 사람들과 거래했던 모든 자들은 이득을 보았다. 두로 사람들은 속이거나 억압하지 않았고, 도리어 그들이 지닌 많은 무역품으로 사람들을 부유하게 해주었다. "그러나 너로 인하여 부유해졌던 자들이 이제는 너와 함께 망하게 될 것이다(교역이라는 것이 보통 그러하듯이). 네가 파선한 때에 네가 가진 모든 것과 네 승객이 다 빠졌다(34절)." 두로의 종말은 세상에 아주 요란한 소리를 냈고 한바탕 대소농을 불

러일으켰다. 이 큰 섬광은 재를 남기고 사라졌다.

　5. 두로의 멸망은 사람들의 서로 다른 이해관계와 감정에 따라 어떤 이들에게는 공포의 대상이 되고 어떤 이들에게는 웃음거리가 되리라는 것. 어떤 이들은 다음 차례는 그들이 될 것이라고 생각하여 심히 두려워하며 근심이 가득할 것이고(35절), 어떤 이들은 두로를 비웃고(36절) 두로의 오만함과 허영과 잘못된 행동을 조롱하며 두로가 멸망한 것은 마땅한 일이라고 생각할 것이다. 두로는 예루살렘의 멸망을 몹시 기뻐하였기 때문에, 두로의 멸망을 몹시 기뻐할 자들도 있을 것이다. 하나님이 죄인을 심판하실 때, 사람들은 그를 바라보며 손뼉치고 그의 처소에서 그를 비웃을 것이다(욥 27:22-23). 세상 사람들이 온전한 아름다움이라 일컫던 성이 이 성이냐.

제
— 28 —
장

## 개요

이 장에서 우리는 다음과 같은 내용들을 본다. I. 두로 왕의 몰락과 파멸에 관한 예언. 두로 왕은 그 성이 멸망할 때에 특히 하나님의 화살의 표적이 될 것이다(1-10절). II. 두로 왕을 위한 애가. 두로 왕은 자신의 죄악 때문에 죽게 되겠지만, 사람들은 이렇게 몰락한 그를 위해 애가를 부를 것이다(11-19절). III. 두로와 인접해 있어서 두로를 의지하였던 시돈의 멸망에 관한 예언(20-23절). IV. 재난의 날에 이웃 나라들로부터 모욕을 당했던 하나님의 백성 이스라엘이 회복될 것이라는 약속(24-26절).

¹또 여호와의 말씀이 내게 임하여 이르시되 ²인자야 너는 두로 왕에게 이르기를 주 여호와께서 이같이 말씀하시되 네 마음이 교만하여 말하기를 나는 신이라 내가 하나님의 자리 곧 바다 가운데에 앉아 있다 하도다 네 마음이 하나님의 마음 같은 체할지라도 너는 사람이요 신이 아니거늘 ³네가 다니엘보다 지혜로워서 은밀한 것을 깨닫지 못할 것이 없다 하고 ⁴네 지혜와 총명으로 재물을 얻었으며 금과 은을 곳간에 저축하였으며 ⁵네 곧 지혜와 네 무역으로 재물을 더하고 그 재물로 말미암아 네 마음이 교만하였도다 ⁶그러므로 주 여호와께서 이같이 말씀하셨느니라 네 마음이 하나님의 마음 같은 체하였으니 ⁷그런즉 내가 이방인 곧 여러 나라의 강포한 자를 거느리고 와서 너를 치리니 그들이 칼을 빼어 네 지혜의 아름다운 것을 치며 네 영화를 더럽히며 ⁸또 너를 구덩이에 빠뜨려서 너를 바다 가운데에서 죽임을 당한 자의 죽음 같이 바다 가운데에서 죽게 할지라 ⁹네가 너를 죽이는 자 앞에서도 내가 하나님이라고 말하겠느냐 너를 치는 자들 앞에서 사람일 뿐이요 신이 아니라 ¹⁰네가 이방인의 손에서 죽기를 할례 받지 않은 자의 죽음 같이 하리니 내가 말하였음이니라 주 여호와의 말씀이니라 하셨다 하라

앞 장에서 두로의 멸망에 관한 예언이 끝났지만, 이제 여기에서는 두로 왕의 운명이 다른 것들과 구별되어서 특별히 다루어진다. 하나님이 두로 왕

에게 친히 하실 말씀이 있기 때문에, 선지자는 두로 왕이 듣든지 아니 듣든지 그 말씀을 그에게 전하지 않으면 안 된다.

**I. 선지자는 두로 왕에게 그의 교만에 대하여 말해 주어야 한다.** 두로 사람들은 교만하였는데(27:3), 두로의 왕도 그러하였다. 두로의 백성이나 왕이나 둘 다 하나님이 교만한 자를 대적하신다는 사실을 알게 될 것이다. 좀 더 살펴보자.

1. 두로 왕의 교만은 어떻게 표현되고 있는가. 네 마음이 교만하여 높아졌다(2절). 그는 자기 자신에 대하여 엄청난 자부심을 지니고 있었고, 자기는 부족할 것이 없다는 생각에 그 마음이 한껏 높아져서, 주변의 모든 사람들을 깔보고 업신여겼다. 이렇게 극도로 교만한 마음으로 그는 나는 신이라고 말하였다. 그는 그런 생각을 마음속에만 간직해 둔 것이 아니라, 오만방자하게도 직접 그 입으로 그런 말을 하였다. 하나님은 왕들에 대하여 그들은 신들이다라고 말씀하셨다(시 82:6). 그러나 왕들이 자기 자신에 대하여 그런 식으로 말하는 것은 합당치 않다. 여호와만이 홀로 하나님이시고, 여호와는 그의 영광을 다른 이에게 주고자 하지 않으시기 때문에, 그런 말은 여호와 하나님을 크게 모독하는 말이다. 두로 왕은 마치 세계가 그것을 지으신 하나님을 의존하고 있듯이 두로 성은 자기를 의지할 수밖에 없고, 자기는 하나님처럼 독립적인 존재이기 때문에 그 누구에게도 책임을 지지 않는다고 생각하였다. 그는 하나님처럼 많은 지혜와 힘, 이의를 제기할 수 없는 권세를 지니고 있다고 생각하였고, 그의 대권들은 절대적이며 그의 말은 하나님의 말씀처럼 법이라고 생각하였다. 그는 하나님의 존귀하심에 도전장을 내밀고서, 신으로 추앙받고 칭송받기를 기대하였으며, 그가 죽은 후에는 세상에 큰 은덕을 베푼 자로서 다른 영웅들과 마찬가지로 신으로 숭배될 것임을 의심하지 않았다. 마찬가지로, 바벨론의 왕도 내가 지극히 높은 이와 같아지리라고 말하였다(사 14:14) ─ 지극히 거룩하신 이를 닮겠다는 말은 하지 않고. "나는 강한 하나님이니, 누가 내 말을 거역하리요. 내가 하나님의 자리에 앉아 있다. 나는 하나님처럼 높이 앉아 있어서, 내 보좌는 하나님의 보좌와 동등이다. 가이사는 제우스와 동등한 통치권을 지닌다. 하나님이 높은 하늘에 계셔서 안전하시듯이, 나는 바다 가운데에 하나님만큼 안전하게 앉아 있다." 그는 그의 보좌 주변을 호위하는 근위대들이 하나님의 보좌를 호위하는 천군 천사만큼이나 대단하고 막강하다고 생각한다. 하나님은 이런 그에게

그가 보잘것없는 존재이고 죽을 수밖에 없는 존재임을 깨우쳐 주고자 하신다. 그는 너는 사람이요 신이 아니고 하나님을 의지하여야 하는 피조물에 불과하다는 것, 너는 육체요 영이 아니라(사 31:3)는 자명한 진리에 대하여 들을 필요가 있었기 때문에 그 진리를 듣게 될 것이었다. 사람들은 그들이 단지 인생일 뿐인 줄을 알게 되어야 한다는 것을 명심하라(시 9:20). 지극히 기지가 뛰어난 자들, 지극히 힘 있는 군주들, 지극히 위대한 성인들도 사람이요 신이 아니다. 예수 그리스도는 하나님이자 사람이셨다. 두로의 왕은 주변의 모든 사람들에게 막강한 영향력을 지니고 있었고, 그의 부 덕분에 모든 일을 좌지우지할 수 있었으며, 사람들로 하여금 마치 그의 제단에 바치는 희생제물들인 것처럼 무수한 공물(供物)들을 갖다 바치게 하였고, 신하들로부터는 온갖 아부하는 말들을 듣고 시인들로부터는 신으로 추앙을 받았다. 하지만, 그래 보았자 결국 그는 사람일 뿐이었다. 그는 그러한 사실을 알고, 그것을 걱정하였지만, 그의 마음이 하나님의 마음 같은 체하였다. "너는 스스로를 신이라 여기고, 네 자신을 하나님과 견줄 수 있는 존재라 여겨서, 네가 하나님처럼 지혜롭고 강하며 세상을 통치하기에 적임자라 생각하였다." 우리의 최초의 조상이 파멸하게 된 원인은 그들이 하나님과 같이 되고자 한 것이었다(창 3:5). 바로 그 부패한 본성은 지금도 여전히 사람들을 부추기고 있기 때문에, 사람들은 그들 자신을 그들의 주인으로 앉히고자 하고, 그들이 하고 싶은 대로 행하고자 하며, 그들의 삶을 스스로 만들어 가고자 하고, 그들이 원하는 것과 그들 자신의 목적을 이루고자 하며, 그들 자신을 위하여 그들 자신의 행복을 추구하며 살고자 하고, 스스로 즐기고자 한다. 이것은 그들의 마음을 하나님의 마음인 체하는 것이고, 하나님의 대권들을 침해하는 것이며, 하나님의 면류관에 꽂혀 있는 꽃들을 따는 것이기 때문에, 하나님께 속한 것들을 자기 것인 양 거짓으로 참칭하는 이러한 죄는 반드시 벌을 받게 되어 있다.

2. 두로 왕이 자랑하던 것들은 무엇이었는가.

(1) 그의 지혜. 이 두로의 왕은 다방면에 천부적인 재능들을 지닌 자로서 철학자였고 당시에 유행하던 온갖 학문들을 두루 섭렵하였으며, 적어도 나랏일들을 처리하는 데에 대단히 능숙하였던 탁월한 정치가였을 것이다. 그는 자기가 다니엘보다 지혜롭다고 생각하였다(3절). 우리는 앞에서 다니엘은 비록 당시에 젊은 사람이었지만 그의 기도가 잘 응답받는 것으로 유명하였다는 것을 실

퍼보았었다(14:14). 다니엘은 뛰어난 학자이자 경세가(經世家)로서 이 세상의 일들을 처리하는 데에 놀라운 혜안이 있는 것으로 유명한 위대한 성도였지만, 왕이 아니라 가엾은 포로였다. 이렇게 아주 열악한 외적인 여건 아래에서도 다니엘이 빛을 발하여서, 결국 그의 지혜로움이 속담이 될 정도가 되었다는 것은 기이한 일이었다. 두로 왕은 자기가 신이라는 몽상에 빠져 있을 때에 내가 다니엘보다 지혜로워서 은밀한 것을 깨닫지 못할 것이 없다고 말하였다. 아마도 그는 주변의 모든 사람들에게 솔로몬의 경우처럼 어려운 문제들로 그를 시험해 보라고 도전하였고, 실제로 사람들이 낸 모든 수수께끼 같은 문제들을 다 풀어내서, 그 누구도 그를 당황하게 만들 수 없었을 것이다. 아마도 그는 이웃 나라들의 왕들이 어떤 계획을 갖고 있는지를 기가 막히게 잘 알아냈기 때문에, 자기는 모르는 것이 없다고 생각하였고, 사람들이 품은 그 어떤 생각도 그에게 숨겨질 수 없다고 생각하였다. 그래서 그는 나는 신이라고 말하였다. 지식은 사람을 교만하게 만든다는 것을 명심하라. 많은 것을 알면서도 그 지식으로 마음이 높아지지 않고 그 지식을 선용하기는 쉽지 않다. 다니엘보다 지혜롭다고 자처하였던 자는 루시퍼보다 더 교만한 자였다. 그러므로 많이 알고 있는 자들은 낮아지고 겸손해지고자 애써야 하고 자기가 겸손하다는 것을 실제로 입증해 보여야 한다.

(2) 그의 부(富). 그의 지혜는 그에게 부를 가져다 주었다. 본문에서는 그가 그의 지혜를 사용하여 자연이나 통치의 비법을 찾고, 나라를 더 좋게 만들며, 더 좋은 법을 제정하고, 학술단체를 후원하는 데에 힘썼다고 말하지 않는다. 그의 지혜와 총명은 무역을 하는 데에 사용되었다. 유다의 몇몇 왕들이 농사를 좋아하였던 것과 마찬가지로(대하 26:10), 두로 왕은 장사하는 것을 좋아해서 그것을 통해 재물을 얻고 더하였으며 금과 은을 곳간에 저축하였다(4-5절). 이 세상의 지혜가 어떤 것인지를 보라. 어떻게 돈을 버는지를 알고 수단과 방법을 가리지 않고 재물을 모으는 자들을 세상 사람들은 가장 지혜로운 자들이라고 칭송한다. 그렇지만 사실 이것은 바로 어리석은 자들의 길이다(시 49:13). 두로 왕이 저지른 어리석음은 다음과 같은 것들이었다.

[1] 그에게 재물 얻을 능력을 주신 분을 잊어버리고서 재물을 모은 것이 하나님의 섭리 덕분이 아니라 자기 자신의 능력 때문이라고 여긴 것(신 8:17-18).

[2] 자기가 부자이기 때문에 자기는 지혜로운 자라고 생각한 것. 하지만 어

리석은 자도 재물을 모을 수 있다(전 2:19). 왜냐하면, 세상은 흔히 어리석은 자에게 유리하게 전개되어서 지혜자들이라고 음식물을 얻는 것도 아니기 때문이다(전 9:11).

[3] 자기가 가진 재물로 말미암아 그의 마음이 높아져서 교만해진 것. 재물이 늘어나자, 그는 아주 오만방자하고 눈에 보이는 것이 없게 되어서 그의 마음이 하나님의 마음인 체하였다. 불법의 사람 또는 죄의 사람은 세상의 대단한 부귀영화를 손에 거머쥐자 자기를 하나님이라고 내세웠다(살후 2:3-4). 그러므로 이 세상에서 부유한 자들은 그들의 마음이 높아지지 않도록 하기 위하여 그들을 경책하시는 하나님의 말씀으로 스스로를 질책하여야 한다(딤전 6:17).

**II. 선지자는 두로 왕이 주제넘게 자신을 하나님과 동등한 존재로 내세운 것에 대한 마땅한 벌로서 그의 멸망이 지금 신속하게 오고 있다는 것을 말해 주어야 한다.** 왜냐하면, 교만은 패망의 선봉이요 거만한 마음은 넘어짐의 앞잡이이기 때문이다. "네가 주제도 모르고 하나님인 체하였기 때문에(6절) 네가 인간으로 살 날이 얼마 남지 않게 되었다(7절)." 좀 더 살펴보자.

1. 두로 왕을 멸망시킬 도구들. 내가 이방인, 즉 낯선 자들을 거느리고 와서 너를 치리라. 여기에서 낯선 자들로 표현된 갈대아 사람들은 두로와 교역하였던 수많은 나라들과 지역들 가운데에 언급되어 있지 않다(27장). 만약 하나님이 두로와 교역하던 나라들 중의 몇몇을 두로를 멸망시키는 도구들로 사용하셨다면, 그들은 분명히 옛 정을 생각해서 두로에 대하여 어느 정도 연민을 가졌을 것이다. 그러나 이 낯선 자들은 두로에 대한 연민을 전혀 갖지 않을 것이었다. 그들은 지혜로운 두로 왕조차도 알아들을 수 없는 낯선 언어를 사용하는 민족이었다. 그들은 여러 나라의 강포한 자였다. 그들은 여러 나라들로 이루어진 군대였고, 당시에 가공할 만한 힘을 가지고서 맹위를 떨치던 군대였다. 하나님은 이 군대를 지휘하여 거느리고 오셔서 두로 왕을 치실 것이다.

2. 두로 왕의 철저한 멸망. 그들이 칼을 빼어 네 지혜의 아름다운 것을 치리니(7절), 네가 너의 아름다움이자 네 지혜의 산물이라고 자랑하던 모든 것들을 치리라. 우리를 교만하게 만든 것들을 하나님이 우리의 원수들을 보내셔서 노략하게 하시는 것은 마땅한 일이라는 것을 명심하라. 두로 왕은 그의 왕궁과 곳간, 그의 성과 함대, 그의 군대를 자신을 빛나게 해주는 것들로 자랑하였고, 그러한 것들이 그를 이 땅에서 신으로서 빛을 발하게 만들어 주었다고 생각하였

다. 그러나 원수의 군대가 파죽지세로 몰려와서 이 모든 것들을 더럽히고 말살하며 흉칙한 꼴로 만들어 버릴 것이다. 두로 왕은 이런 것들을 아무도 감히 건드릴 수 없는 신성한 것들이라고 생각하였다. 그러나 정복자들은 그것들을 별 볼 일 없는 것들로 취급하여 그것들이 지닌 광채를 망쳐 놓을 것이다. 그러나 그가 가진 것이 어떻게 되든, 분명히 그 자신은 신성한 존재가 아니던가? 결코 그렇지 않다(8절). 그들은 너를 구덩이, 즉 무덤에 빠뜨려서 죽게 할 것이다.

(1) 두로 왕의 죽음은 명예로운 죽음이 아니라 수치스러운 죽음이 될 것이다. 그의 불명예스러운 죽음은 사람들의 입에 오르내리게 될 것이고, 죽은 후에 신으로 추앙받을 것이라고 생각했던 그의 기대는 여지없이 무너지고 말 것이다. 바다 가운데에서 사람이 죽으면, 장례를 치르거나 특별한 예식도 없이 그 시신은 즉시 바다로 던져져서 물고기 밥이 되는데, 두로 왕은 그렇게 바다 가운데에서 죽임을 당한 자의 죽음 같이 죽게 될 것이다. 두로는 바다 가운데에서 멸망을 당한 자 같이 될 것이고(27:32), 두로 왕도 자기 백성보다 더 좋은 운명을 맞지 못할 것이다.

(2) 두로 왕의 죽음은 복된 죽음이 아니라 비참한 죽음이 될 것이다. 그는 할례 받지 않은 자의 죽음 같이 죽게 될 것이다(10절). 즉, 그는 하나님을 알지 못하고 하나님과 언약 관계에 있지 않아서 하나님의 진노와 저주 아래에서 죽는 자들의 죽음 같이 죽게 될 것이다. 그의 죽음은 두 번의 죽음, 즉 현세에서의 죽음과 영원한 죽음, 몸의 죽음과 영혼의 죽음이 될 것이다. 그는 둘째 사망의 죽음을 당하게 될 것인데, 그것은 참으로 비참한 죽음이 될 것이다. 여기에서 두로 왕에게 내려진 죽음의 선고는 하나님의 권위에 의해서 재가된다. 내가 말하였음이니라 주 여호와의 말씀이니라. 하나님은 그가 하신 말씀대로 반드시 행하실 것이고, 아무도 그 말씀을 무효화시킬 수 없으며, 하나님도 그 말씀을 취소하지 않으실 것이다.

3. 두로 왕의 이러한 죽음은 그가 하나님인 체한 것에 대한 효과적인 반박이 되리라는 것(9절). "정복자가 네 목에 칼을 들이대고 네가 피할 길이 없을 때에도, 내가 하나님이라고 네가 말하겠느냐. 그 때에도 네가 네 자신에 대하여 지금과 같은 자만을 갖겠느냐. 결코 그렇지 못할 것이다. 너는 죽음에 대한 공포에 압도되어서 자기는 신이 아니고 약하고 겁 많으며 죽을 것이 두려워서 떨 수밖에 없는 인간일 뿐이라고 고백하지 않을 수 없게 될 것이다. 너를 치는 자들

앞에서(하나님의 손 앞에서와 하나님이 쓰신 도구들의 손 앞에서) 너는 사람일 뿐이요 신이 아니라 도저히 저항하지 못하고 스스로 어찌할 수 없게 될 것이다." 내가 말하기를 너희는 신들이라 하였으나 너희는 사람처럼 죽으리로다(시 82:6-7). 하나님과 동등한 존재인 체하는 자들은 이런저런 방식으로 그들의 주장을 취소하지 않을 수 없게 되리라는 것을 명심하라. 적어도 죽음의 손길이 우리에게 뻗쳐 올 때에 우리는 우리가 사람일 뿐이라는 사실을 알게 될 것이다.

<sup>11</sup>여호와께서 이같이 말씀하시되 또 내게 임하여 이르시되 <sup>12</sup>인자야 두로 왕을 위하여 슬픈 노래를 지어 그에게 이르기를 주 여호와의 말씀에 너는 완전한 도장이었고 지혜가 충족하며 온전히 아름다웠도다 <sup>13</sup>네가 옛적에 하나님의 동산 에덴에 있어서 각종 보석 곧 홍보석과 황보석과 금강석과 황옥과 홍마노와 창옥과 청보석과 남보석과 홍옥과 황금으로 단장하였음이여 네가 지음을 받던 날에 너를 위하여 소고와 비파가 준비되었도다 <sup>14</sup>너는 기름 부음을 받고 지키는 그룹임이여 내가 너를 세우매 네가 하나님의 성산에 있어서 불타는 돌들 사이에 왕래하였도다 <sup>15</sup>네가 지음을 받던 날로부터 네 모든 길에 완전하더니 마침내 네게서 불의가 드러났도다 <sup>16</sup>네 무역이 많으므로 네 가운데에 강포가 가득하여 네가 범죄하였도다 너 지키는 그룹아 그러므로 내가 너를 더럽게 여겨 하나님의 산에서 쫓아냈고 불타는 돌들 사이에서 멸하였도다 <sup>17</sup>네가 아름다우므로 마음이 교만하였으며 네가 영화로우므로 네 지혜를 더럽혔음이여 내가 너를 땅에 던져 왕들 앞에 두어 그들의 구경 거리가 되게 하였도다 <sup>18</sup>네가 죄악이 많고 무역이 불의하므로 네 모든 성소를 더럽혔음이여 내가 네 가운데에서 불을 내어 너를 사르게 하고 너를 보고 있는 모든 자 앞에서 너를 땅 위에 재가 되게 하였도다 <sup>19</sup>만민 중에 너를 아는 자가 너로 말미암아 다 놀랄 것임이여 네가 공포의 대상이 되고 네가 영원히 다시 있지 못하리로다 하셨다 하라

두로의 멸망에 관한 예언(26장) 뒤에 그것을 몹시 슬퍼하는 애가(27장)가 뒤따라 나왔듯이, 두로 왕의 죽음에 관한 예언 뒤에도 애가가 뒤따라 나온다.

**I. 이 말씀은 통상적으로 당시에 두로를 다스렸던 왕을 두고 한 말씀으로 이**

**해된다**(2절). 그의 이름은 에트바알 또는 이토발루스였다. 헬라의 역사가인 디오도로스 시쿨로스(Diodorus Siculus)는 느부갓네살이 두로를 멸망시켰을 때에 두로는 그런 이름을 지닌 왕이 통치하고 있었다고 말한다. 그에 대한 모든 외적인 기사들을 보면, 그는 큰 업적들을 이룬 아주 위대하고 유명한 인물이었던 것으로 보인다. 그러나 그가 저지른 죄악이 그에게 파멸을 가져다 주었다. 많은 해석자들은 이 애가는 문자적인 의미 외에도 알레고리적인 의미가 담겨 있어서 교만 때문에 범죄하고 자신을 망친 천사들의 타락에 대한 암시를 담고 있다고 주장하여 왔다. 여기에서 온갖 물품들에 관한 구절 같은 대목들은 일차적으로 두로 왕에게 적용되고, 하나님의 성산에 있었다는 구절 같은 대목들은 일차적으로 천사들에게 적용된다(신비적인 의미를 지닌 텍스트들이 보통 그러하듯이). 그러나 이 애가 속에 어떤 신비적인 의미가 있다고 하더라도(아마도 그럴 수 있을 것이다), 나는 그것은 이 애가 속에 얼핏 언급되는 것으로 보이는 아담의 타락을 가리키는 것이라고 본다(13절). 옛적에 네가 지음을 받던 날에 너는 하나님의 동산 에덴에 있었다.

**Ⅱ. 어떤 이들은 여기에서 두로 왕은 저 옛적에 두로의 왕이었던 히람을 비롯해서 여러 선대의 왕들을 포함하는 왕가 전체를 가리키는 것이라고 생각한다.** 앞에서 두로의 통치자는 군주(prince)라 불렸지만(2절), 여기에서 애가의 주인공은 왕이라 불린다. 두로의 궁정은 그 왕들과 더불어서 오랜 세월 동안 유명하였다. 그러나 죄가 그들을 파멸로 이끌었다. 우리는 여기에서 두 가지를 살펴볼 것이다.

1. 두로 왕은 무엇으로 유명하였는가. 여기에서는 그가 온갖 호사를 다 누리며 대단히 화려하게 살았다고 말한다(12-15절). 그는 사람이었지만, 당대에 널리 이름을 떨친 대단한 인물이었다는 것을 본문에서도 인정한다.

(1) 그는 다른 사람들보다 월등히 뛰어난 인물이었다. 히람을 비롯해서 두로의 다른 왕들도 각각 자신의 시대에는 그랬었는데, 현재의 왕도 어느 선왕과 견주어도 결코 뒤떨어지지 않는 그런 인물이었던 것 같다. 너는 완전한 도장이었고 지혜가 충족하며 온전히 아름다웠도다. 인간 본성이 지닌 능력들과 인간의 삶이 도달할 수 있는 극치(極致)가 그에게서 이루어졌던 것으로 보인다. 그는 인간의 이성이 도달할 수 있는 최고의 지혜에 이르렀고, 이 세상의 부와 그 부를 즐김으로써 얻을 수 있는 최고의 행복을 맛본 것으로 여겨졌다. 우리는 그

에게서 이 두 가지의 극치를 볼 수 있다. 그러므로 그는 모든 것을 다 갖추어서 더 이상 더할 것이 없는 자로 묘사된다. 그는 완전한 인간, 즉 인간의 본성에 있어서 완전한 자였다.

(2) 그는 죄를 짓기 전의 아담만큼 지혜롭고 복되었던 것으로 보인다(13절). "네가 하나님의 동산 에덴에 있었다. 너는 아담처럼 마치 영원토록 낙원에 살 것처럼 그렇게 살았고, 보기에 아름답고 먹기에 좋은 온갖 것들을 차고 넘치게 누렸으며, 주변의 모든 존재들에 대하여 절대적인 지배권을 행사하였다." 두로 왕이 얼마나 호화로운 삶을 살았는지를 보여주는 한 가지 예는 그가 그 어떤 왕들보다도 값지고 귀한 보석들을 더 많이 지니고 있었다는 것이다. 그는 자신의 몸을 각종 보석으로 단장하였다. 그에게는 아주 다양한 보석들이 있었다. 그는 온갖 보석들을 풍부하게 지니고 있었기 때문에, 그의 금고에 보관해 두고 그의 왕관을 장식하는 데에 사용하고도 남아돌아서 그 보석들을 옷에다 주렁주렁 매달고 다니기까지 하였다. 그는 각종 보석들로 그의 몸을 둘렀다. 아니, 그는 불타는 돌들, 즉 불처럼 빛나고 광채를 발하는 이 보석들 사이에 왕래하였다(14절). 그가 사용하는 방들은 빙 둘러서 다 보석들이 박혀 있었기 때문에, 그는 방에서 거닐면서, 하나님처럼 불꽃에 비유되는 수많은 천사들에 둘러싸인 자신의 영화로운 모습을 상상하기도 하였다. 그가 이렇게 보석들을 천사들만큼이나 밝은 빛을 내는 것으로 생각하여 숭상하는 자였다면, 그가 자기 자신을 대단한 인물로 여겨서 스스로를 하나님만큼 위대한 인물로 생각했다고 해도 그것은 전혀 이상한 일이 아닐 것이다. 아홉 종류의 보석들이 여기에 언급되어 있는데, 이 보석들은 모두 대제사장의 에봇에 박혀 있는 보석들이었다. 아마도 이 보석들이 구체적으로 언급되고 있는 것은 그가 주변 사람들에게 자신의 보석들을 자랑하느라고 이름을 대며 "이것은 뭐라는 보석인데 이만한 가치가 있고 그 효능은 이런저런 것"이라고 구체적으로 얘기해 주면서 어리석은 희열을 느끼곤 하였기 때문인 것 같다. 따라서 그는 그의 허영에 대하여 질책을 받는다. 황금은 그 가치가 다른 보석들에 비해서 아주 낮았기 때문에 마지막에 가서야 언급된다. 그는 황금에 대하여 그렇게 얘기하곤 했다. 그로 하여금 그의 궁궐을 낙원이라고 생각하게 만든 또 한 가지의 것은 그가 가지고 있던 흥미로운 악기들, 즉 타악기인 소고와 취주악기인 비파였다. 이러한 악기들을 제조하는 데에는 엄청난 비용과 노력이 들어갔지만, 그 악기들은 그를 위해

서 일부러 준비되었다. 본문에서 너는 대명사 여성형으로 되어 있다 — 너, 즉 두로를 위하여. 또는, 이것은 왕이 여자 같이 감성적이어서 그런 것들에 빠져 있었다는 것을 보여주는 것일 수도 있다. 이 악기들은 그가 지음을 받던 날에, 즉 그가 태어나거나 왕으로 즉위하던 날에 준비되었고, 그의 탄생 또는 즉위를 축하하기 위하여 일부러 준비되었다. 그는 이 악기들을 무척 자랑스러워하였기 때문에, 그의 궁전을 보러 온 모든 자들에게 그 악기들을 보여주곤 하였다.

(3) 그는 육신을 입은 천사와 같아 보였다(14절). 너는 기름 부음을 받고 지키는 그룹임이여. 즉, 그는 자신을 그의 백성을 지키는 수호천사, 아주 명석하고 힘 있고 신실하기 때문에 이 직책에 적임자로 여겨져서 임명된 수호천사라 여겼다. 기름 부음을 받은 왕들은 그들의 신민(臣民)들에게 기름 부음을 받은 그룹이기 때문에 그 권능의 날개로 그들을 보호해 주어야 마땅하다. 왕들이 그렇게 할 때, 하나님은 그들을 인정하실 것이다. 그들이 왕이 되게 하신 것은 하나님이시다. 내가 너를 세웠다. 어떤 이들은 에덴에 대한 언급으로 보아서 여기에서 너는 하나님이 에덴을 지키기 위해 그 동쪽에 두신 그룹을 가리키는 것이라고 생각한다(창 3:24). 두로 왕은 마치 천사가 자신의 담당구역을 지키듯이 자기도 이 성읍을 모든 침략자들로부터 지켜낼 수 있다고 생각하였다. 또는, 이 것은 지성소에서 날개로 법궤를 덮고 있었던 그룹을 가리키는 것일 수도 있다. 두로 왕은 자기가 그룹들 중의 하나처럼 빛을 발하고 있다고 생각하였다.

(4) 그는 자신의 영광과 아름다움을 나타내기 위하여 옷을 차려 입으면 그 휘황찬란함과 장엄함이 대제사장과 같아 보였다. "네가 저 성산에 세워진 성전을 지키는 자로서 하나님의 성산에 있었다. 대제사장이 가슴과 어깨에 보석들이 박힌 의복을 입고서 보석으로 화려하게 꾸며진 성전을 거니는 모습은 마치 불타는 돌들 사이에 왕래하는 것 같이 보였는데, 네가 그런 위엄과 권세를 지닌 자처럼 보였다(대하 3:6)." 두로 왕의 영광이 이러하였고, 적어도 그 자신은 그렇게 생각하였다.

2. 우리는 이제 두로 왕이 왜 파멸하게 된 것인지, 무엇 때문에 그의 영광이 더럽혀지고 그의 모든 영화가 한 줌의 재로 변해 버린 것인지를 보게 된다(15절). "네가 네 모든 길에 완전하였다. 네가 하는 모든 일들은 형통하고 잘 나갔다. 너는 네가 지음을 받던 날로부터, 즉 네가 왕위에 오른 날로부터 마침내 네게서 불의가 드러날 때까지는 너에 대한 명성은 아주 좋았다. 그러나 너의 불의가 그

모든 것을 망쳐 놓았다." 이것은 타락한 천사들이나 우리의 첫 조상의 통탄스러운 처지를 암시하는 것일 수 있다. 그들은 둘 다 그들에게서 불의가 드러날 때까지는 그들의 모든 길에 완전하였다. 일단 그에게서 불의가 드러나자, 그 불의는 점점 더 늘어가서, 그의 상태는 날이 갈수록 악화되었다(18절). "네가 네 모든 성소를 더럽혔음이여. 너는 네가 신성하다고 생각하던 모든 것, 네가 성소처럼 너의 피난처로 생각하였던 모든 것이 주는 유익을 상실하였다. 너는 많은 죄악으로 그러한 것들을 더럽혔다." 좀 더 살펴보자.

(1) 두로 왕의 파멸을 초래한 죄악은 무엇이었는가.

[1] 그의 무역이 불의한 것(18절). 두로 왕과 그 백성들은 교역을 할 때에 불의를 저질렀다. 백성들이 저지른 불의는 모두 왕의 잘못으로 돌려진다. 왜냐하면, 두로 왕은 스스로 불의를 저질러서 악한 모범을 보였을 뿐만 아니라 백성들의 불의를 묵인해 주었기 때문이다(16절). 네 무역이 많으므로 네 가운데에 강포가 가득하여 네가 범죄하였도다. 두로 왕은 매매할 물건이 많았고 그 물건들을 팔아서 이익을 남기는 데에 몰두하였기 때문에, 공의를 행하거나 불의로 손해를 본 자들을 구제하거나 사람들을 폭력으로부터 보호해 주는 일에 관심을 갖지 않았다. 아니, 그는 거래가 많다 보니 모르는 사이에 많은 사람들에게 불의를 행하기도 하였고, 거래할 때에 자신의 권세를 사용해서 자기와 거래하는 자들의 권리를 침해하기도 하였다. 세상에서 할 일이 많은 사람들은 잘못도 많이 할 위험성이 크다는 것을 명심하라. 많은 사람들을 상대하다 보면 그 중 몇몇 사람들에게 폭력을 행하는 일이 일어나기 쉽다. 장사는 비법이라 불리지만, 너무나 많은 사람들이 장사를 불의의 비법으로 만든다.

[2] 그의 교만과 허영(17절). "네가 아름다우므로 마음이 교만하였다. 너는 네 자신을 사랑하였고, 네 자신의 그림자와 사랑에 빠졌다. 네가 영화로우므로, 즉 네가 부귀영화를 누리며 살았기 때문에, 네가 그런 것으로 네 지혜를 더럽혔다." 그는 부귀영화에 지나치게 몰두하였기 때문에 그의 눈이 어지러워져서, 그가 마땅히 행해야 할 길을 볼 수 없었다. 그는 그가 누리는 영화로 인해 마음이 교만해져서, 그의 지혜와 그 지혜로 인한 명성이 그에게서 떠나갔다. 그는 진정으로 헛된 자랑을 하는 어리석은 자가 되었다. 이익에 눈이 멀어서 지혜를 버리고 헛된 기분을 만족시키기 위하여 진정한 훌륭함을 잃는 자들은 자기 자신을 위하여 손해 보는 거래를 하는 것이다.

(2) 이러한 죄악이 그에게 가져다 준 파멸은 무엇이었는가.

[1] 그는 그의 낙원이자 성전이라 여겼던 자신의 궁전에서 쫓겨나서 위엄을 잃었다(16절). 내가 너를 더럽게 여겨 하나님의 산에서 쫓아냈다. 왕으로서의 그의 권세는 산처럼 높아서, 그를 다른 모든 사람들 위에 올려 놓았다. 왕권은 하나님의 산이었다. 왜냐하면, 권세들은 하나님이 정하신 것으로서 그 속에는 신성한 것이 들어 있기 때문이다. 그러나 자신의 권세를 남용하였을 때, 그는 더러운 자로 여겨져서 폐위되어 쫓겨난다. 그는 자기가 쓰고 있던 면류관을 욕되게 하였기 때문에 그 면류관을 상실할 것이고, 그의 궁전을 성전처럼 장식하고 있던 보석들인 불타는 돌들 사이에서 죽임을 당할 것이다. 그러한 것들은 그에게 아무런 보호막도 되어 주지 못할 것이다.

[2] 그는 경멸과 멸시를 당하였고 주변 사람들에 의해서 짓밟혔다. "내가 너를 땅에 던지리라(17절). 내가 너를 보석들 사이에서 끌어서 길바닥에 내동댕이쳐서 왕들 앞에 두어, 그들이 너의 애처로운 모습을 보고서, 교만하거나 압제를 행하여서는 안 된다는 교훈을 얻게 하리라."

[3] 두로 성과 그 안에 있던 두로 왕은 완전히 불에 타버렸다. 내가 네 가운데에서 불을 내리라. 정복자들은 두로 성을 약탈한 후에 그 심장부에 불을 내어서 성 전체, 특히 궁전을 잿더미로 만들어 버릴 것이다. 또는, 이 본문은 좀 더 일반적으로 하나님의 심판의 불이 왕과 백성들을 삼키고, 두로의 모든 영광을 땅 위에 재가 되게 할 것을 가리키는 것으로 해석할 수도 있다. 이 불은 네 가운데에서 일어나게 될 것이다. 죄인들에 대한 하나님의 모든 심판은 그들 자신 가운데에서 일어난다. 그들은 그들 자신이 붙인 불에 의해서 삼켜지는 것이다.

[4] 그는 하나님이 어떻게 원수를 갚으시는지를 보여주는 공포의 본보기가 되었다. 그를 보는 모든 자 앞에서 그는 이런 꼴을 당하게 될 것이다(18절). 그를 아는 자들이 그로 말미암아 다 놀랄 것이고, 그토록 위세를 떨치던 자가 어떻게 이토록 낮아질 수 있는지 의아해할 것이다. 두로 왕의 궁전은 예루살렘 성전과 마찬가지로 다 파괴된 후에는 사람들 사이에서 경악과 조소의 대상이 될 것이다(대하 7:20-21). 두로 왕은 그렇게 무너졌다.

²⁰여호와의 말씀이 또 내게 임하여 이르시되 ²¹인자야 너는 얼굴을 시돈으로 향하고 그에게 예언하라 ²²너는 이르기를 주 여호와께서 이같이 말씀하시되 시돈아 내가

너를 대적하나니 네 가운데에서 내 영광이 나타나리라 하셨다 하라 내가 그 가운데에서 심판을 행하여 내 거룩함을 나타낼 때에 무리가 나를 여호와인 줄을 알지라 <sup>23</sup>내가 그에게 전염병을 보내며 그의 거리에 피가 흐르게 하리니 사방에서 오는 칼에 상한 자가 그 가운데에 엎드러질 것인즉 무리가 나를 여호와인 줄을 알겠고 <sup>24</sup>이스라엘 족속에게는 그 사방에서 그들을 멸시하는 자 중에 찌르는 가시와 아프게 하는 가시가 다시는 없으리니 내가 주 여호와인 줄을 그들이 알리라 <sup>25</sup>주 여호와께서 이같이 말씀하셨느니라 내가 여러 민족 가운데에 흩어져 있는 이스라엘 족속을 모으고 그들로 말미암아 여러 나라의 눈 앞에서 내 거룩함을 나타낼 때에 그들이 고국 땅 곧 내 종 야곱에게 준 땅에 거주할지라 <sup>26</sup>그들이 그 가운데에 평안히 살면서 집을 건축하며 포도원을 만들고 그들의 사방에서 멸시하던 모든 자를 내가 심판할 때에 그들이 평안히 살며 내가 그 하나님 여호와인 줄을 그들이 알리라

지존자의 입으로부터 나오는 모든 화와 복의 궁극적인 목적은 하나님의 영광이다. 우리는 그러한 사실을 이 단락에서 발견한다.

1. 하나님은 시돈의 멸망을 통해서 영광을 받으실 것이다. 시돈은 두로와 인접해 있던 성읍으로서 그 기원은 더 오래 되었지만 두각을 나타내지는 못하였고 두로에 의지해서 살다가 두로와 더불어서 망하였다. 하나님은 여기에서 시돈아 내가 너를 대적하나니 네 가운데에서 내 영광이 나타나리라(22절)고 말씀하신다. "내가 좀 더 온건한 방법들을 쓸 때에 정신을 차리지 않는 자들은 내가 그 가운데에서 심판을 행하여 공의와 이미 내려진 선고에 따라 밀방의 심판을 집행해서 내 거룩함을 나타낼 때에 나를 여호와인 줄 알게 되리라." 두로 사람들은 장사하는 사람들이어서 많은 사람들과 교제하다 보니 편협한 신앙이나 미신의 영향을 훨씬 덜 받고 있었던 반면에, 시돈 사람들은 우상 숭배에 상당한 정도로 빠져 있었던 것으로 보인다. 시돈 사람들은 아스다롯을 숭배한 것으로 유명하였다. 솔로몬은 바로 그 우상 숭배를 유다로 들여왔고(왕상 11:5), 시돈 왕의 딸이었던 이세벨은 바알 숭배를 이스라엘로 가져왔다(왕상 16:31). 이 때문에 하나님은 시돈 사람들로 인해서 많은 욕을 당해 오셨었다. 이제 하나님은 내가 내 영광을 나타내고 내 거룩함을 나타내리라고 말씀하신다. 시돈 사람들은 하나님을 알고 있던 이스라엘 사람들의 땅과 국경을 맞대고 있었기 때문에, 얼마든지 하나님을 아는 지식을 얻을 수 있었고 하나님을 영화롭게 하는 법을 배울

수 있었지만, 그렇게 하기는커녕 도리어 이스라엘을 유혹하여 그들의 우상들을 섬기게 만들었다. 하나님이 거룩하시다는 것이 인정을 받을 때에 하나님은 영광을 받으신다는 것을 명심하라. 왜냐하면, 하나님의 거룩하심은 곧 그의 영광이기 때문이다. 하나님을 거룩하게 하지도 않고 영화롭게 하지 않는 자들에 대해서는 하나님은 그들에 대한 심판을 통해서 그가 그와 그의 백성의 손상된 존귀함에 대하여 의롭게 원수를 갚으시는 분이라는 것을 분명하게 보여주심으로써 자신의 거룩하심과 영광을 나타내신다. 시돈에 집행될 심판들은 국력을 소모시키고 인구를 감소시키는 두 가지 심판인 전쟁과 전염병이었다(23절). 이 심판들은 하나님이 그의 일을 하라고 심부름 보낸 사자(使者)들로서 그가 그들을 보내신 목적을 반드시 이룰 것이다. 전염병과 피가 시돈의 거리에 보내질 것이다. 그 길거리들에는 시돈 성이 포위될 때에 제대로 먹지를 못해서 생겨난 전염병으로 죽은 시체들과 갈대아 군대가 그 성을 함락시킬 때에 그들의 칼에 의해 죽은 시체들이 널부러져 있게 될 것이다. 부상을 당한 자들, 부상으로 죽어가는 자들도 심판을 당할 것이고, 사람들은 그들이 죽는 것이 마땅하다고 말할 것이다. 또는, 어떤 이들은 이 본문을 그들이 그들을 멸하기 위한 사명을 띠고서 사방에서 오는 칼에 의해 벌을 받게 되리라로 읽는다. 심판하시는 분은 하나님이시기 때문에, 하나님은 자신의 목적을 반드시 이루실 것이다. 하나님은 두로와 시돈에 대해서만 심판을 집행하시는 것이 아니라, 자기 백성 이스라엘을 멸시하고 그들이 재난당하는 것을 뛸 듯이 기뻐하였던 모든 자들을 심판하실 것이다. 왜냐하면, 바로 그것이 하나님이 이스라엘의 사방에 있는 나라들과 다투시는 이유였기 때문이다(26절). 하나님의 백성이 그들의 잘못 때문에 하나님의 징계를 받고 있을 때, 하나님은 자기 백성이 이 징계 때문에 주변 나라들로부터 멸시를 받지는 않을까 신경을 쓰시고, 그가 자기 백성에게 조금 노한 것인데도 주변 나라들이 그들을 멸시하여 그들에게 고난과 괴로움을 더하는 것을 악하게 여기신다(슥 1:15). 하나님은 자기 백성이 아무리 비천한 처지에 놓인다고 하여도 그들을 존중하시기 때문에, 사람들은 하나님의 백성을 깔보고 업신여겨서는 안 된다.

2. 하나님은 자기 백성을 이전의 안전하고 형통하던 때로 회복시키심으로써 영광을 받으실 것이다. 하나님은 자기 백성의 죄악들 때문에 욕을 당하셨고, 그들의 고난도 원수에게 하나님을 모독할 빌미를 제공해 주었었다(사

52:5). 그러나 하나님은 이제 그들의 죄를 치유하시고 그들을 환난에서 벗어나게 하여 편안하게 해주심으로써 그들로 말미암아 여러 나라의 눈 앞에서 그의 거룩함을 나타내실 것이고, 온 세상의 사죄를 받아내심으로써 그의 거룩함으로 인한 존귀를 회복하실 것이다(25절).

(1) 하나님의 백성은 다시 돌아와서 그들의 땅을 차지하게 될 것이다. 그들의 기도에 대한 응답으로 내가 이스라엘 족속을 그들이 흩어져 있는 여러 나라들에서 모으리라. 여호와 우리 하나님이여 주께서 하신 약속을 따라 우리를 구원하사 여러 나라로부터 모으소서(시 106:47). 네 하나님 여호와께서 거기로부터 너를 모으실 것이다(신 30:4). 하나님은 그들을 모으시고 무리로 인도하셔서 그가 그의 종 야곱에게 준 땅에 거주하게 하실 것이다. 하나님은 그들을 되돌아오게 하실 때에 옛적에 그 땅을 야곱에게 하사하셨던 일을 기억하실 것이다. 왜냐하면, 그 일은 지금도 여전히 유효하고, 그들이 잠시 그들의 땅을 떠나 있었다고 해서 그 땅에 대한 그들의 권리가 폐기된 것은 아니었기 때문이다. 옛적에 그 땅을 주셨던 하나님은 이제 다시 그 땅을 그들에게 주실 것이다.

(2) 그들은 거기에서 태평성대를 누리게 될 것이다. 그들을 괴롭혀 왔던 자들이 제거되어, 그들은 평안히 살게 될 것이다. 그들에게는 찌르는 가시와 아프게 하는 가시가 다시는 없을 것이다(24절). 그들은 집을 건축하며 포도원을 만들고 복된 정착 생활을 하게 될 것이다. 그들은 거기에서 복되고 안전하며 평온한 나날을 보내게 될 것이다. 그들은 평안히 살며 눈치를 보지 않고 당당하게 살 것이고, 그들을 불안하게 하거나 두렵게 만드는 자가 아무도 없을 것이다(26절). 이 말씀은 그늘에게 온전히 성취되지 않았다. 왜냐하면, 그들은 포로 생활에서 돌아온 후에도 이런저런 악한 이웃 나라들에 의해서 종종 괴롭힘을 당했기 때문이다. 또한, 복음 교회도 찌르는 가시와 아프게 하는 가시로부터 완전히 자유로운 때는 없었다. 그렇지만 교회는 종종 안식을 누리고, 믿는 자들은 하나님의 보호하심 아래에서 언제나 평안하게 살며 재앙의 두려움이 없이 안전하게 거할 수 있다. 그러나 이 약속은 하늘의 가나안에서야 온전히 성취될 것이다. 거기에서는 모든 성도들이 다 함께 모일 것이고, 걸려넘어질 모든 것들은 다 제거될 것이며, 온갖 근심과 걱정은 영원히 추방될 것이다.

**제**

**─ 29 ─**

**장**

## 개요

우리는 앞의 세 장에 걸쳐서 두로와 그 왕에 대한 심판의 말씀을 들어 왔다. 이제부터 네 개의 장에 걸쳐서는 애굽과 그 왕이 다루어진다. 이 장은 이 일련의 장들 중 첫 번째 장이다. 애굽은 예전에 하나님의 백성이 종살이 하던 집이었지만, 최근에 그들은 애굽과 대단히 우호적인 관계에 있었고 애굽을 지나치게 의지하였다. 그러므로 이 예언은 애굽에 전해지든 전해지지 않든 이스라엘로 하여금 애굽과의 동맹을 과신하는 것에서 벗어나게 하는 데에 도움이 될 수 있었다. 이 네 개의 장에 한데 모아져 있는 애굽에 대한 예언들은 다섯 번에 걸쳐서 선포된 것들이었다. 첫 번째 예언은 하나님의 백성이 포로로 잡혀간 지 열째 해에 임한 것이고(1절), 두 번째 예언은 스물일곱째 해에 나온 것이며(17절), 세 번째 예언은 열한째 해 첫째 달에 임한 것이고(30:20), 네 번째 예언은 열한째 해 셋째 달에 나온 것이며(31:1), 다섯 번째 예언은 열두째 해에 임한 것이었고(32:1), 또 하나의 예언은 같은 해에 선포된 것이었다(29:17). 이 장에는 다음과 같은 내용들이 나온다. I. 바로가 이스라엘을 기만적으로 상대한 죄 때문에 죽게 될 것이라는 예언(1-7절). II. 애굽 땅이 황폐화되리라는 예언(8-12절). III. 사십 년이 지난 후에 그 땅이 부분적으로 회복될 것이라는 약속(13-16절). IV. 애굽 땅이 느부갓네살에게 주어지리라는 것(17-20절). V. 이스라엘을 향한 긍휼의 약속(21절).

¹열째 해 열째 달 열두째 날에 여호와의 말씀이 내게 임하여 이르시되 ²인자야 너는 애굽의 바로 왕과 온 애굽으로 얼굴을 향하고 예언하라 ³너는 말하여 이르기를 주 여호와께서 이같이 말씀하시되 애굽의 바로 왕이여 내가 너를 대적하노라 너는 자기의 강들 가운데에 누운 큰 악어라 스스로 이르기를 나의 이 강은 내 것이라 내가 나를 위하여 만들었다 하는도다 ⁴내가 갈고리로 네 아가미를 꿰고 너의 강의 고기가 네 비늘에 붙게 하고 네 비늘에 붙은 강의 모든 고기와 함께 너를 너의 강들 가운데에서 끌어내고 ⁵너와 너의 강의 모든 고기를 들에 던지리니 네가 지면에 떨어지고 다시는 거두거나 모으지 못할 것은 내가 너를 들짐승과 공중의 새의 먹이로

주었음이라 [6]애굽의 모든 주민이 내가 여호와인 줄을 알리라 애굽은 본래 이스라엘 족속에게 갈대 지팡이라 [7]그들이 너를 손으로 잡은즉 네가 부러져서 그들의 모든 어깨를 찢었고 그들이 너를 의지한즉 네가 부러져서 그들의 모든 허리가 흔들리게 하였느니라

이 단락에는 다음과 같은 내용들이 나온다.

**I. 애굽에 대한 이 예언이 임한 연대.** 이 예언은 사로잡혀 간 지 열째 해에 선지자에게 임한 것이지만, 열한째 해에 선포된 두로에 대한 예언보다 뒤에 놓여져 있다. 왜냐하면, 예언들의 성취에 있어서 두로의 멸망은 애굽의 멸망보다 앞서 일어났고, 느부갓네살이 애굽을 얻은 것은 두로를 멸망시킨 그의 수고에 대한 보답이었기 때문이다. 그래서 우리가 이 사건들을 좀 더 잘 파악할 수 있도록 하기 위하여 두로에 대한 예언이 먼저 나온 것이다. 우리가 특별히 주목해야 할 것은 애굽에 대한 첫 번째 예언이 선포된 것은 애굽 왕이 예루살렘을 구하기 위해서 출정했고 그 소식을 들은 갈대아 군대가 예루살렘에 대한 포위를 푼 바로 그 때였다는 것이다(렘 37:5). 그러나 애굽 사람들에 대한 유대인들의 기대는 끝내 이루어지지 못하였다. 우리가 피조물들을 의지하고자 하는 강한 유혹에 처해 있을 때에 사람을 의지하지 않기 위해서라도 피조물을 의지하면 반드시 실패할 것임을 내다보는 것은 좋은 일이다.

**II. 이 예언의 대상.** 이 예언은 애굽의 바로 왕과 온 애굽에 대한 것이다(2절). 두로에 대한 예언은 백성들로부터 시작해서 왕에게로 나아갔었지만, 이 예언은 왕으로부터 시작한다. 왜냐하면, 이 예언은 얼마 후에 백성들이 왕에게 반란을 일으켜 봉기하면서 성취되기 시작하였기 때문이다.

**III. 예언의 내용.** 애굽의 바로 호브라는 여기에서 물 속의 리워야단처럼 자기의 강들 가운데에 누운 큰 악어 또는 용으로 묘사된다(당시의 바로는 이런 별명을 지니고 있었기 때문에, 3절). 애굽의 나일 강은 악어들이 많기로 유명하였다. 애굽의 왕은 하나님이 보시기에 단지 남에게 해를 끼치는 큰 악어에 불과할 뿐이었다. 그러므로 하나님은 내가 너를 대적하노라(또는, 내가 네 위에 있노라라 읽을 수도 있다)고 말씀하신다. 땅의 왕들과 군주들이 아무리 높아도, 그들보다 더 높은 분, 즉 그들 위에 계셔서 그들을 주관하시고, 그들이 독재와 압제를 행한다면 그들을 대적하셔서 반드시 그 죄를 물으실 하나님이 계신나

(전 5:8). 좀 더 살펴보자.

1. 애굽 왕 바로의 교만과 안일함. 그는 자기의 강들 가운데에 누워서, 자신의 부와 쾌락에 몸을 맡긴 채 온전히 흡족한 얼굴로 뒹굴거리고 있다. 그는 나의 이 강은 내 것이라고 말한다. 그는 자기가 절대 군주라는 것(요셉이 옛적에 애굽의 신민들을 바로를 위하여 샀기 때문에, 바로의 신민들은 바로의 소유였다, 창 47:23), 자기만이 유일한 왕이고 나라를 다스림에 있어서 파트너나 경쟁자가 없다는 것, 자기는 빚으로부터 자유롭다는 것(그가 가진 것은 자신의 것이기 때문에, 그의 이웃 나라들은 그에게 그 어떤 요구도 할 수 없다), 자기는 그 누구로부터도 독립적이어서 누구에게도 조공을 바치거나 책임을 지지 않아도 된다는 것을 자랑한다. 세상적이고 육적인 마음을 지닌 자들은 우리가 가진 모든 것에 대하여 우리는 단지 사용할 수 있는 것뿐이고 그 모든 것에 대한 소유권은 하나님께 있다는 사실을 망각하고서 그들이 가진 재산을 기뻐하고 자랑한다. 우리 자신은 우리의 것이 아니라 하나님의 것이다. 우리의 혀도 우리의 것이 아니다(시 12:4). 우리의 강은 우리의 것이 아니다. 왜냐하면, 그 강의 근원은 하나님 안에 있기 때문이다. 가장 힘 있는 왕도 그가 가진 것을 그의 소유라고 말할 수 없다. 왜냐하면, 그는 온 세상을 향해서는 그렇게 말할 수 있을지 몰라도 하나님을 향해서는 그렇게 말할 수 없기 때문이다. 바로가 애굽의 강을 자신의 소유라고 주장하며 내세운 근거는 더더욱 터무니없다. 나의 이 강은 내 것이라. 왜냐하면, 내가 나를 위하여 이 강을 만들었기 때문이다. 여기에서 바로는 자기 자신이 자신의 존재와 복의 근원이자 목적이라고 말함으로써 하나님의 대권들 중 두 가지를 불법적으로 찬탈하고 있다. 크신 창조주이신 하나님만이 이 세상에 대하여, 그리고 세상에 있는 만물에 대하여 내가 나를 위하여 그것을 만들었다고 말하실 수 있다. 바로가 애굽의 강을 자기 것이라고 말하는 것은 그 강을 만드신 이를 앙망하지 아니하고 옛적부터 그 강을 경영하신 이를 공경하지 아니하기 때문이다(사 22:11). 우리가 가진 것은 우리가 하나님에게서 받았고 하나님을 위하여 써야 하는 것이기 때문에, 우리는 우리가 그것을 만들었다고 말해서는 안 되고 우리가 그것을 우리를 위하여 만들었다고 말해서는 더더욱 안 된다. 그런데도 우리는 왜 자랑하게 되는 것인가? 자아(self)는 하나님과 그의 주권을 멸시하는 세상 사람들이 숭배하는 큰 우상이라는 것을 명심하라.

2. 하나님이 이 교만한 자를 낮추시기 위하여 취하실 조치. 바로는 강에 사

는 큰 용 또는 악어이기 때문에, 하나님은 거기에 맞춰서 그를 상대하실 것이다(4-5절).

(1) 하나님은 바로를 그의 강에서 끌어내실 것이다. 왜냐하면, 하나님에게는 이 리워야단을 끌어내는 데에 사용되는 갈고리와 노끈이 있으셔서, 이 땅에 있는 자들은 아무도 이 리워야단을 끌어낼 수 없지만, 하나님은 하실 수 있으시기 때문이다(욥 41:1). "내가 너를 너의 강들 가운데에서 끌어내고, 너의 왕궁, 너의 나라, 네가 그토록 만족스럽게 여기며 믿고 의지하던 모든 것들로부터 너를 내칠 것이다." 헤로도토스(Herodotos)는 당시 애굽의 왕이었던 이 바로에 대하여 이렇게 말하였다: "그는 25년 동안 대단히 성공적으로 나라를 다스렸기 때문에 그의 성공에 고무되어서 하나님이라도 그를 그의 나라에서 내치지 못할 것이라고 큰소리를 쳤다." 그러나 바로는 머지않아 자기가 실언했음을 깨닫게 될 것이고, 그 때에는 그가 믿고 의지했던 것들은 그에게 아무런 도움이 되지 못할 것이다. 하나님은 사람들이 가장 안전하고 평안하여 아무도 그들을 어찌할 수 없을 것 같은 때에도 그들을 그러한 삶으로부터 강제로 내치실 수 있으시다.

(2) 모든 고기, 즉 그의 종들과 군사들을 비롯해서 그를 의지하던 모든 자들, 아니 사실은 그가 의지했던 모든 자들도 그와 더불어서 끌어내질 것이다. 그들은 그의 비늘에 붙을 것이다. 즉, 그들은 바로 왕과 함께 죽고 함께 살려는 결심으로 왕에게 꼭 들러붙을 것이다.

(3) 물고기가 땅바닥에 던져지면 들짐승과 공중의 새의 먹이가 되듯이, 용과 그 비늘에 붙어 있던 모든 고기, 즉 바로 왕과 그의 군대는 함께 죽게 될 것이다(5절). 이 말씀은 이 바로가 구레네 사람들에 의해서 자신의 나라에서 추방된 그의 친구 붓(Libya)의 왕 아리키우스(Aricius)를 옹호하여 다시 복위시키기 위하여 대군을 소집해서 출정하여 구레네 사람들과 싸웠으나 전투에서 패배하여 대군 전체가 도망하였고, 이 일을 계기로 미움을 사서 애굽 백성들이 반란을 일으켰을 때에 성취되었다. 바로와 강의 모든 고기는 이런 식으로 들에 던져졌는데, 사람들의 교만과 주제를 모르는 행동과 육적인 안일함은 그런 결과를 가져오는 법이다. 사람들이 자기가 갖고 있는 것을 하나님의 것이 아니라 자신의 것이라고 주장하면, 하나님이 그들에게서 그들이 자기 것이라고 주장했던 것들을 빼앗아 버리시는 것은 마땅한 일이다.

3. 하나님이 애굽 사람들과 다투시는 이유. 그것은 그들이 하나님의 백성을 속이고 기만하였기 때문이다. 애굽 사람들은 곤경에 처한 유다 사람들에게 그들의 구원과 도움을 철석 같이 기대하도록 부추겨 놓고서는 그 기대를 저버렸다(6-7절). 애굽은 본래 이스라엘 족속에게 갈대 지팡이였다. 애굽 사람들은 이스라엘이 믿고 의지할 수 있는 지팡이인 체하였지만, 이스라엘이 곤경에 처했을 때에 힘이 약해서 그들을 도울 수 없었고, 기만적으로 행하여 그들이 기대했던 도움을 주고자 하지 않았다. 애굽이라는 지팡이는 그들의 손 아래에서 부러져서, 그들의 모든 어깨를 찢었고 그들의 모든 허리가 흔들리게 하였기 때문에, 그들은 무척 실망하고 당혹해하였다. 애굽 왕은 자기가 언제라도 도와줄 테니 바벨론 왕과의 동맹을 깨라고 시드기야 왕을 부추겼을 것이고, 실제로 바벨론과의 동맹을 깨고서 곤경에 처했을 때에 애굽 왕이 어떤 이유에서이건 약속과는 달리 도와주지 않음으로써 이스라엘은 큰 혼란에 빠질 수밖에 없었다. 하나님은 오래 전부터 애굽은 상한 갈대, 부러진 갈대라고 그들에게 경고하셨었고(사 30:6), 랍사게도 똑같은 말을 하였었는데(사 36:6), 이제서야 그 말이 옳다는 것이 드러났다. 사실 이스라엘 사람들이 애굽을 믿은 것은 어리석은 일이었기 때문에, 그들이 애굽 사람들에게 속은 것은 스스로 자초한 것이었고, 하나님이 그들을 그렇게 되도록 내버려 두신 것은 마땅한 일이었다. 그러나 그렇다고 해서 애굽 사람들이 이스라엘 사람들에게 거짓과 기만을 행한 것까지 정당화되는 것은 아니기 때문에, 그들은 이 모든 잘못들에 대하여 복수하고자 하시는 하나님의 심판으로부터 안전하지 못할 것이다. 우리를 신뢰하는 자들을 기만하는 것은 불의하고 배은망덕하며 대단히 비열하고 무자비한 짓일 뿐만 아니라 큰 죄이고 하나님의 큰 진노를 불러일으키는 일이다.

[8]그러므로 주 여호와께서 이같이 말씀하셨느니라 내가 칼이 네게 임하게 하여 네게서 사람과 짐승을 끊은즉 [9]애굽 땅이 사막과 황무지가 되리니 내가 여호와인 줄을 그들이 알리라 네가 스스로 이르기를 이 강은 내 것이라 내가 만들었다 하도다 [10]그러므로 내가 너와 네 강들을 쳐서 애굽 땅 믹돌에서부터 수에네 곧 구스 지경까지 황폐한 황무지 곧 사막이 되게 하리니 [11]그 가운데로 사람의 발도 지나가지 아니하며 짐승의 발도 지나가지 아니하고 거주하는 사람이 없이 사십 년이 지날지라 [12]내가 애굽 땅을 황폐한 나라들 같이 황폐하게 하며 애굽 성읍도 사막이 된 나라들의

성읍 같이 사십 년 동안 황폐하게 하고 애굽 사람들은 각국 가운데로 흩으며 여러 민족 가운데로 헤치리라 <sup>13</sup>주 여호와께서 이같이 말씀하셨느니라 사십 년 끝에 내가 만민 중에 흩은 애굽 사람을 다시 모아 내되 <sup>14</sup>애굽의 사로잡힌 자들을 돌이켜 바드로스 땅 곧 그 고국 땅으로 돌아가게 할 것이라 그들이 거기에서 미약한 나라가 되되 <sup>15</sup>나라 가운데에 지극히 미약한 나라가 되어 다시는 나라들 위에 스스로 높이지 못하리니 내가 그들을 감하여 다시는 나라들을 다스리지 못하게 할 것임이라 <sup>16</sup>그들이 다시는 이스라엘 족속의 의지가 되지 못할 것이요 이스라엘 족속은 돌이켜 그들을 바라보지 아니하므로 그 죄악이 기억되지 아니하리니 내가 여호와인 줄을 그들이 알리라 하셨다 하라

이 단락은 비유로 되어 있는 앞의 예언을 설명하는 가운데 좀 더 먼 일을 내다본다. 여기에는 다음과 같은 예언이 나온다.

**I. 애굽의 멸망에 관한 예언.** 이 경고의 말씀은 아주 자세하고 구체적이다. 그들에게 멸망을 가져오는 결과를 초래한 그들의 죄는 교만의 죄였다(9절). 그들은 이 강은 내 것이라 내가 만들었다고 말하였다. 그러므로 그들의 땅이 그들을 토해낼 것이다.

1. 하나님이 애굽의 왕과 백성 둘 모두를 대적하실 것이다. 내가 너와 네 강들을 치리라. 강은 백성과 무리를 나타낸다(계 17:15).

2. 그들 중 다수가 전쟁의 칼, 하나님이 사람과 짐승을 멸하시기 위하여 그들에게 보내실 칼, 내전의 칼에 의해서 죽임을 당하게 될 것이다.

3. 그들의 땅에 사람이 살지 않게 될 것이다. 애굽 땅이 사막과 황무지가 되리라(9절). 농촌의 땅은 경작되지 않을 것이고, 성읍들에는 사람이 거주하지 않게 될 것이다. 농촌과 성읍들이 지닌 부는 그들의 자랑이었지만, 하나님은 그것을 빼앗아 버리실 것이다. 애굽 땅은 황폐한 황무지 곧 사막이 되리니(10절) 그 가운데로 사람의 발도 지나가지 아니하며 짐승의 발도 지나가지 아니하고 거주하는 사람이 없으리라(11절). 애굽 땅은 황폐한 나라들 같이 황폐하게 될 것이다(12절). 이것은 애굽에서 일어난 내전이 아니라 바벨론 왕이 애굽을 공격하였을 때에 일어난 전쟁 때문에 생겨난 결과였다. 애굽 땅은 그 땅의 한 쪽 끝에서 다른 쪽 끝까지, 즉 애굽 땅 믹돌에서부터 수에네 곧 구스 지경까지 황폐해질 것이다. 교만의 죄는 한 나라 전체를 멸망시키기에 충분한 그런 죄이다.

4. 애굽 백성들은 여러 나라들 가운데로 뿔뿔이 흩어지게 될 것이기 때문에 (12절), 온 세상을 쥐고 흔들 힘이 그들의 수중에 있다고 생각하였던 그들은 이제 멸시받는 백성이 될 것이다. 오만한 심령은 이러한 멸망의 선봉이다.

**Ⅱ. 얼마 후에 애굽이 회복될 것이라는 예언**(13절).　애굽은 사십 년 동안 황폐한 채로 있게 될 것이다(12절). 사십 년이 지난 후에 내가 애굽의 사로잡힌 자들을 돌이키리라(14절). 사십 년이라는 기간을 어떤 이들은 느부갓네살이 애굽을 멸망시킨 때로부터 기산하고, 어떤 이들은 그 때보다 조금 앞서서 애굽이 황폐하게 된 때로부터 기산한다. 이 기간은 유다 백성들이 칠십 년의 포로 생활을 끝마칠 때인 고레스 원년 또는 그 직후에 끝난다. 그 때에 다음과 같은 예언이 성취되었다.

1. 하나님이 애굽 사람들을 그들이 흩어져 있던 모든 나라들에서 모으셔서 그 고국 땅으로 돌아가게 하시고 다시 거기에 정착하게 하시리라는 것(14절). 하나님은 교만한 자들을 낮추시는 방법을 찾아내실 것이지만, 이 세상에서는 그런 자들과 영원히 다투지는 않으실 것임을 명심하라.

2. 그렇지만 애굽 사람들은 예전처럼 다시 힘 있는 나라가 되지는 못하리라는 것. 애굽은 다시 나라를 이루기는 하겠지만, 지극히 미약한 나라가 될 것이다 (15절). 애굽의 부와 국력은 미미할 것이고, 이전처럼 많은 영토를 확장해 나가지는 못할 것이다. 애굽은 만국의 머리가 아니라 꼬리가 될 것이다. 하나님은 긍휼을 베푸셔서 애굽이 다시 나라를 이룰 수 있게 해주시겠지만, 여전히 그들을 낮추시기 위하여 애굽이 보잘것없는 나라가 되게 하실 것이고, 옛날의 영광을 조금이라도 회복하자면 오랜 세월이 걸릴 것이다. 하나님이 이렇게 애굽을 눌러 두고자 하시는 것은 두 가지 이유에서였다.

(1) 애굽이 다시는 예전처럼 이웃 나라들을 압제하지 못하게 하고, 나라들 위에 스스로 높이지 못하게 하며, 나라들을 다스리지 못하게 하고, 비천하고 멸시받는다는 것이 무엇인지를 알게 하기 위하여. 권세를 남용하는 자들이 그 권세를 박탈당하는 것은 마땅한 일이다. 하나님은 열방의 왕으로서 자기 백성만이 아니라 다른 나라들의 권리나 자유가 침해를 받았을 때에는 그것을 되돌려 놓으실 방법을 찾아내신다.

(2) 애굽이 다시는 하나님의 백성을 속이지 못하도록 하기 위하여(16절). 그들이 다시는 이스라엘 족속의 의지가 되지 못할 것이다. 그들은 더 이상 예전처럼

그들을 의지하도록 유혹하는 그런 모습이 되지 못할 것이다. 이런 유혹은 그들의 죄악을 기억나게 하는 죄, 즉 하나님으로 하여금 바로 그 죄만이 아니라 그들의 다른 모든 죄들을 기억하시고서 그들을 벌하게 만드는 죄이다. 또는, 이스라엘 족속은 우상 숭배자들을 바라보지 않을 것이기 때문에, 그들의 우상 숭배를 기억하지 않을 것이고, 우상들에게로 돌아가거나 우상들을 의지하지도 않을 것이다. 우리가 피조물을 의지하면, 하나님은 흔히 그 피조물을 멸하신다는 것을 명심하라. 왜냐하면, 피조물을 의지하는 우리의 병을 효과적으로 치유할 수 있는 다른 길이 없기 때문이다. 하나님은 이스라엘이 다시 피조물을 의지하는 덫에 걸려들게 하시느니 차라리 애굽 온 땅을 폐허로 만들어 버리는 쪽을 택하실 것이다. 예전에 애굽을 이스라엘 백성의 속량물로 주신 하나님은 이제는 애굽을 그들의 치료약으로 주시고자 하신다. 하나님은 애굽을 멸망시켜서라도 이 일에 있어서 이스라엘을 고치시고자 하신다. 하나님은 공의만이 아니라 우리를 향한 지혜와 선하심으로 말미암아 우리가 지나치게 의지하는 피조물들을 부수셔서, 그 피조물들이 더 이상 우리가 의지할 만한 것들이 되지 못하게 하신다.

[17]스물일곱째 해 첫째 달 초하루에 여호와의 말씀이 내게 임하여 이르시되 [18]인자야 바벨론의 느부갓네살 왕이 그의 군대로 두로를 치게 할 때에 크게 수고하여 모든 머리털이 무지러졌고 모든 어깨가 벗어졌으나 그와 군대가 그 수고한 대가를 두로에서 얻지 못하였느니라 [19]그러므로 주 여호와께서 이같이 말씀하셨느니라 내가 애굽 땅을 바벨론의 느부갓네살 왕에게 넘기리니 그가 그 무리를 잡아가며 물건을 노략하며 빼앗아 갈 것이라 이것이 그 군대의 보상이 되리라 [20]그들의 수고는 나를 위하여 함인즉 그 대가로 내가 애굽 땅을 그에게 주었느니라 주 여호와의 말씀이니라 [21]그 날에 나는 이스라엘 족속에게 한 뿔이 돋아나게 하고 나는 또 네가 그들 가운데에서 입을 열게 하리니 내가 여호와인 줄을 그들이 알리라

이 예언이 임한 연대는 주목할 만하다. 이 예언은 에스겔이 포로로 잡혀간 지 스물일곱째 해, 이 장의 전반부에 나온 예언이 있은 지 16년이 되던 해, 다음 장들에 나오는 예언들이 있은 지 오랜 후에 임하였다. 그런데도 이 예언이 여기에 나오는 것은 앞에서 애굽에 대하여 예언되었던 모든 말씀을 설명

하기 위한 것이다. 느부갓네살은 예루살렘을 멸망시킨 후에 암몬 족속과 모압 족속을 정복하기 위한 두세 차례의 원정을 감행하여 마침내 그 두 나라를 점령하였다. 그런 후에 그는 두로를 포위하고 공격하느라 13년의 세월을 보냈다. 이 기간 동안 애굽 사람들은 내내 구레네 사람들과의 전쟁에 휘말렸고, 그 와중에서 애굽의 국력은 약해질 대로 약해지고 피폐해졌다. 마침내 두로가 함락되기 직전에, 하나님은 15년 또는 16년 전에 미리 말씀해 주셨던 애굽의 철저한 멸망이 지금까지는 부분적으로 성취되었지만 이제는 느부갓네살에 의해서 완전히 성취될 것임을 알려 주시기 위하여 에스겔에게 이 예언을 전해 주신다. 여기에서 시작되는 예언은 다음 장으로 이어지는 것으로 보인다(30:20). 라이트푸트 박사는 이 예언은 에스겔 선지자의 마지막 예언으로서 이 책의 끝에 나왔어야 하는데 여기에 나온 이유는 애굽에 관한 모든 예언을 한데 모아 놓고자 했기 때문이라고 지적한다. 이 장의 전반부에서 예언되었던 애굽의 바로 호브라의 죽음(렘 44:30), 그리고 느부갓네살에 의해서 애굽 전체가 초토화되리라는 것(렘 43:10)은 예레미야에 의해서도 똑같이 예언되었다. 좀 더 살펴보자.

I. **하나님이 느부갓네살과 그의 군대로 하여금 애굽을 쳐서 이기게 하시리라는 것.** 하나님이 그에게 애굽 땅을 주셨기 때문에, 그는 그 땅의 물건을 노략하며 빼앗아 갈 것이다(19-20절). 그에게 애굽은 손쉬운 먹잇감이었다. 그는 별로 힘들이지 않고 애굽을 복속시켰기 때문에, 그가 애굽 땅을 정복하느라 흘린 피와 재산은 미미하였다. 그러나 애굽은 노략해 갈 것이 많은 나라여서, 그는 애굽에서 값진 것들을 많이 가져갔다. 그들이 내분을 일으킨 것은 그들의 공동의 적에게 그들을 칠 수 있는 기회를 주었고, 그들은 아주 오랫동안 서로 잡아먹을 듯이 으르렁댔기 때문에 순식간에 아주 손쉽게 그들의 적의 먹잇감이 되었다는 것은 의심의 여지가 없었다. 내분은 얼마나 비참한 결과를 가져오는가! 예레미야는 느부갓네살이 목자가 그의 몸에 옷을 두름 같이 애굽 땅을 자기 몸에 두를 것이라고 예언하였는데, 이것은 애굽 땅이 아주 손쉽게 얻어진 풍부한 전리품이 될 것임을 보여주는 것이었다.

II. **하나님이 느부갓네살로 하여금 애굽을 이기게 하시는 이유들.** 그것은 느부갓네살이 그의 군대를 동원해서 온갖 고생을 다하며 결국 두로를 멸망시킨 것에 대한 보상이 될 것이었다(18, 20절).

1. 두로를 정복하는 일은 힘들고 지루한 일이었다. 그 일을 이루기 위해서

느부갓네살은 많은 피와 재산을 희생하여야 했다. 두로를 함락시키는 데에는 13년이라는 세월이 걸렸기 때문이다. 그 긴 세월 동안 내내 갈대아 군대는 두로를 정복하기 위하여 온갖 힘든 일을 다 겪어야 했다. 그들은 두로와 육지 사이의 거대한 바다를 흙으로 메웠을 뿐만 아니라, 도저히 극복할 수 없다고 생각되었던 온갖 난관들과 싸워야 했다. 그러나 이 위대한 왕은 두로를 정복하기로 한번 마음먹은 이상 이 일이 그의 명예와 직결되어 있다고 생각해서 어떤 희생을 치르더라도 이루어내고자 하였다. 이와 같은 명예심 때문에 얼마나 많은 사람들의 목숨이 희생되어 왔던가! 두로를 포위하고 공격할 때에 무거운 짐들을 나르고 거센 조류와 싸워 가면서 바다를 메우면서 견고한 성읍에 맞서 싸우느라 갈대아 군대의 모든 머리털이 무지러졌고 모든 어깨가 벗어졌다. 애굽은 큰 나라였지만 내분을 겪고 있었기 때문에 쉽게 정복되었고, 두로는 하나의 성읍에 불과하였지만 힘을 하나로 모았기 때문에 대군으로도 함락시키기가 무척 어려웠다. 세상에서 많은 일을 하는 자들은 일을 하다 보면 어떤 일들은 아주 수월하게 이루어지는 것을 발견한다.

2. 하나님은 그들의 수고가 하나님을 위하여 한 것임을 인정하신다(20절). 하나님은 저 교만한 성읍과 그 왕을 낮추시기 위하여 그들로 하여금 이 일을 하게 하셨다 ― 이 일에 쓰임을 받은 그들의 뜻은 이같지 아니하며 그들의 마음의 생각도 이같지 아니하였을지라도. 큰 인물들이나 악한 자들조차도 하나님이 사용하시는 도구들이어서, 그들은 스스로는 그들 자신의 탐욕과 야심을 추구하는 것이라고 생각할 때에라도 사실은 그를 위하여 일하고 있는 것이다. 하나님은 이렇게 기이하게 모든 일을 다 주관하셔서 그의 영광을 드러내신다.

3. 느부갓네살은 이 일을 하고도 그 수고한 대가를 얻지 못하였다. 그는 두로를 정복하는 데에 엄청난 희생을 치렀다. 두로는 아주 부유한 성읍이었기 때문에 느부갓네살은 그 성을 함락시키면 그와 그의 군대가 막대한 전리품을 얻게 될 것이라고 기대하였지만 그러한 기대는 여지없이 무너졌다. 두로 사람들은 값진 물건들은 죄다 배를 이용하여 다른 곳들로 빼돌렸고 나머지 물건들은 바다에 내버렸기 때문에, 갈대아 군대가 점령했을 때에는 성의 앙상한 뼈대만이 남아 있었다. 이 세상의 자녀들은 세상으로부터 아주 큰 기대를 하지만, 보통 그 기대는 좌절되고 만다.

4. 하나님은 느부갓네살이 두로를 정복하느라 고생한 것에 대한 보답으로

그에게 애굽이라는 전리품을 주실 것이다. 하나님은 그를 위하여 섬기고 일한 자들에 대해서는 그 보상을 미루시는 분이 아니시기 때문에, 이런저런 방식으로 그 섬김에 대하여 반드시 보상하신다는 것을 명심하라. 하나님의 제단에 불을 붙이는 자들은 누구라도 그 수고가 헛되지 않을 것이다. 세상적인 자들이 세상적인 목적을 가지고서 하나님을 위하여 어떤 일을 할 경우에는 하나님은 그들에게 단지 세상적인 것들로만 보상해 주실 것이고, 하나님의 신실한 종들이 진정으로 하나님의 뜻과 영광을 위하여 어떤 일을 할 경우에는 세상적인 것들로 보상해 주실 뿐만이 아니라 장차 내세의 것으로도 보상해 주실 것이다. 이것은 이 세상에서 악인들이 형통하고 번영하는 이유를 설명해 준다. 이 악인들은 이런저런 일에서 하나님의 쓰임을 받아서 섬겼기 때문에, 하나님은 그 수고에 대한 대가로 그들을 형통하게 해 주시는 것이다. 진실로 그들은 자기 상을 이미 받았느니라. 그러므로 악인들이 형통하는 것을 아무도 시기하지 말아야 한다. 느부갓네살에 의한 애굽의 정복은 하나님이 그에게 주시는 온전한 상이라 말해진다. 왜냐하면, 어떤 점에서 애굽 정복은 당시에 알려져 있던 세계에 대한 느부갓네살의 지배를 완성하는 것이었기 때문이다. 애굽은 그가 정복한 마지막 나라였다. 그는 애굽을 정복함으로써 금 머리가 되었다.

**III. 하나님이 이 일 후에 이스라엘 족속을 위하여 준비해 두신 긍휼.** 조류는 가장 높아지거나 낮아질 때에 그 방향이 바뀌는 법이다. 느부갓네살은 애굽을 정복함으로써 그의 영화의 절정에 도달하였지만, 일 년도 채 안 되어서 미쳐 버리고 말았고(단 4:28-37), 그런 상태로 7년을 지내다가 다시 제정신을 회복하고 나서 1-2년 후에 죽었다. 그의 영광이 최고조에 달했을 때, 이스라엘은 가장 낮아져 있었다. 그들은 아무런 빛도 보이지 않는 포로 생활 속에서 기나긴 세월을 보내야 했기 때문에, 그들의 골수는 메말라 버렸다. 그러나 그 날에 이스라엘 족속에게 한 뿔이 돋아날 것이다(21절). 그들의 구원의 날이 동터오기 시작할 것이고, 다음과 같은 일들을 통해서 그들에게는 종살이에서 벗어날 희망이 보이기 시작할 것이다.

1. 그들의 귀족들이 존귀함을 입게 될 것이다. 이 귀족들은 이스라엘 족속의 뿔들이고 그들의 영광과 권세가 두어져 있는 존재들이다. 이런 일은 다니엘과 그의 친구들이 바벨론에서 대단한 존귀함을 얻게 되었을 때에 싹트기 시작하였다. 다니엘은 왕궁에 있었고, 바벨론의 왕은 사드락과 메삭과 아벳느고를 세워

바벨론 지방의 일을 다스리게 하였다(단 2:49). 이들은 모두 왕족과 귀족이었다(단 1:3). 그들이 이렇게 바벨론에서 출세하게 된 것은 애굽이 정복된 지 채 일 년도 되지 않아서였다. 그로부터 얼마 되지 않아서 그들 중 세 사람은 하나님이 그들을 맹렬하게 타는 풀무에서 죽지 않고 산 채로 살아나오게 하신 일을 통해서 그들로 하여금 존귀를 얻게 하심으로써 유명 인사들이 되었다. 이 일은 충분히 하나님이 이스라엘 족속에게 한 뿔이 돋아나게 하신 일이라고 할 만하였다. 이 일이 있은 지 몇 년 후에 하나님의 이 약속은 유다 왕 여호야긴이 포로의 처지에서 벗어나서 높은 지위를 얻게 된 사건을 통해서 다시 한 번 성취되었다(렘 52:31-32). 이 두 가지 사건은 하나님이 이스라엘에게 은총을 베풀고 계시다는 것을 보여주는 복된 징조였다.

　2. 그들의 선지자들이 존귀함을 입게 될 것이다. 나는 또 네가 그들 가운데에서 입을 열게 하리라. 이 예언 이후에는 에스겔이 예언한 것으로 기록된 내용이 없기는 하지만, 다니엘과 그의 친구들이 높은 지위에 올라서 에스겔을 바벨론 사람들로부터만이 아니라 동족 중에서 악한 자들로부터도 얼마든지 보호해 줄 수 있었을 것이기 때문에, 아마도 에스겔은 계속해서 예언 활동을 하였을 것이다. 하나님이 그의 사역자들의 운신의 폭을 넓혀 주시고, 사역자들이 좋은 여건 속에서 그들의 사역을 마음껏 할 수 있다는 것은 한 백성에게 좋은 징조라는 것을 명심하라.

제
— 30 —
장

## 개요

이 장에서 우리는 다음과 같은 내용들을 본다. I. 앞 장의 후반부에서 시작되었던 애굽의 멸망에 관한 예언이 여기에서도 계속됨. 이 예언은 한때 찬란하게 번영하였던 두로가 느부갓네살에 의해서 초토화되기 직전에 임한 것으로서 애굽의 모든 동맹국들이 멸망하고 애굽의 모든 이권들이 사라지리라는 것과 바벨론의 왕이 애굽과 그 동맹국들을 멸망시키기 위해서 취할 몇 가지 조치들을 예언하고 있다(1-19절). II. 애굽의 멸망에 관한 앞서의 예언이 여기에서 다시 반복됨. 애굽은 멸망하기 얼마 전부터 그들 자신의 악한 행위로 말미암아 스스로 자신의 국력을 점차 약화시켰고 바벨론의 왕의 침략을 자초하였다(20-26절). 여기에 나오는 예언의 내용은 우리가 앞에서 보았던 것과 거의 같다.

[1]또 여호와의 말씀이 내게 임하여 이르시되 [2]인자야 너는 예언하여 이르라 주 여호와께서 이와 같이 말씀하시되 너희는 통곡하며 이르기를 슬프다 이 날이여 하라 [3]그 날이 가깝도다 여호와의 날이 가깝도다 구름의 날일 것이요 여러 나라들의 때이리로다 [4]애굽에 칼이 임할 것이라 애굽에서 죽임 당한 자들이 엎드러질 때에 구스에 심한 근심이 있을 것이며 애굽의 무리가 잡혀 가며 그 터가 헐릴 것이요 [5]구스와 붓과 룻과 모든 섞인 백성과 굽과 및 동맹한 땅의 백성들이 그들과 함께 칼에 엎드러지리라 [6]여호와께서 이같이 말씀하셨느니라 애굽을 붙들어 주는 자도 엎드러질 것이요 애굽의 교만한 권세도 낮아질 것이라 믹돌에서부터 수에네까지 무리가 그 가운데에서 칼에 엎드러지리라 주 여호와의 말씀이니라 [7]황폐한 나라들 같이 그들도 황폐할 것이며 사막이 된 성읍들 같이 그 성읍들도 사막이 될 것이라 [8]내가 애굽에 불을 일으키며 그 모든 돕는 자를 멸할 때에 그들이 나를 여호와인 줄 알리라 [9]그 날에 사절들이 내 앞에서 배로 나아가서 염려 없는 구스 사람을 두렵게 하리니 애굽의 재앙의 날과 같이 그들에게도 심한 근심이 있으리라 이것이 오리로다 [10]주 여호와께서 이같이 말씀하셨느니라 내가 또 바벨론의 느부갓네살 왕의 손으로 애굽의 무리들을 끊으리니 [11]그가 여러 나라 가운데에 강포한 자기 군대를 거느리

고 와서 그 땅을 멸망시킬 때에 칼을 빼어 애굽을 쳐서 죽임 당한 자로 땅에 가득하게 하리라 <sup>12</sup>내가 그 모든 강을 마르게 하고 그 땅을 악인의 손에 팔겠으며 타국 사람의 손으로 그 땅과 그 가운데에 있는 모든 것을 황폐하게 하리라 나 여호와의 말이니라 <sup>13</sup>주 여호와께서 이같이 말씀하셨느니라 내가 그 우상들을 없애며 신상들을 놉 가운데에서 부수며 애굽 땅에서 왕이 다시 나지 못하게 하고 그 땅에 두려움이 있게 하리라 <sup>14</sup>내가 바드로스를 황폐하게 하며 소안에 불을 지르며 노 나라를 심판하며 <sup>15</sup>내 분노를 애굽의 견고한 성읍 신에 쏟고 또 노 나라의 무리를 끊을 것이라 <sup>16</sup>내가 애굽에 불을 일으키리니 신 나라가 심히 근심할 것이며 노 나라는 찢겨 나누일 것이며 놉 나라가 날로 대적이 있을 것이며 <sup>17</sup>아웬과 비베셋의 장정들은 칼에 엎드러질 것이며 그 성읍 주민들은 포로가 될 것이라 <sup>18</sup>내가 애굽의 멍에를 꺾으며 그 교만한 권세를 그 가운데에서 그치게 할 때에 드합느헤스에서는 날이 어둡겠고 그 성읍에는 구름이 덮일 것이며 그 딸들은 포로가 될 것이라 <sup>19</sup>이같이 내가 애굽을 심판하리니 내가 여호와인 줄을 그들이 알리라 하셨다 하라

여기에 나오는 애굽의 멸망에 관한 예언은 전체적으로 아주 무시무시하고 그 내용이 아주 자세하고 구체적이다. 의로우신 하나님이 그의 분노를 불러일으킨 백성과 싸우러 오시는데, 그 무엇이 그들을 보호해 줄 수 있겠는가?

**I. 애굽의 멸망은 너무나 통탄스러운 멸망이 될 것이고 큰 슬픔을 불러일으키리라는 것**(2-3절). "너희는 통곡하라. 너희는 멸망이 다가오고 있는 지금 비명을 지르는 것이 마땅할 것이다. 왜냐하면, 멸망이 실제로 닥쳤을 때에 너희는 비명을 지르고 악을 쓰게 될 것이기 때문이다. 슬프다 이 날이여라고 비명을 지르라. 또는, 아, 그 날이여라거나 그 날로 인하여 화로다라고 부르짖으라. 저 끔찍한 날이여! 화로다 슬프다. 왜냐하면, 그 날이 다가오고 있기 때문이다. 우리가 그토록 오랫동안 두려워해 왔던 이 날, 하나님이 아주 오랫동안 별러 오셨던 이 날이여! 이 날은 여호와의 날, 여호와께서 원수 갚으시는 하나님으로서 자신을 나타내시는 날이다. 지금은 너희의 날이어서, 너희는 너희가 하고 싶은 일들을 다 하고 주변의 모든 사람들을 짓밟고 있지만, 곧 하나님의 의로우신 심판이 나타날 그 날, 즉 하나님의 날이 올 것이다(시 37:13)." 그 날은 구름의 날, 즉 그 어떤 위로의 한 줄기 빛도 찾아볼 수 없는 어둡고 암울한 날이 될 것이다. 그 날에는 폭풍우, 즉 불과 유황과 태우는 바람이 있을 것이다. 그 날은 여러

나라들의 때이리로다. 즉, 그 날은 하나님이 이방 나라들의 온갖 이교적인 관습들로 인하여 그들을 벌하시는 날, 하나님이 주를 알지 아니하는 민족들에게 주의 노를 쏟으실(시 79:6) 것이라고 말하였던 바로 그 날, 이방 나라들이 자기가 판 웅덩이에 빠지는(시 9:15) 날이 될 것이다.

**Ⅱ. 애굽을 비롯해서 그 모든 동맹국들과 이웃 나라들이 멸망하게 되리라는 것.**

1. 애굽 자체가 멸망하게 될 것이다(4절). 애굽에 칼, 곧 갈대아 사람들의 칼이 임할 것이고, 그 칼은 승리의 칼이 될 것이다. 왜냐하면, 애굽에서 그 칼로 인해 죽임 당한 자들이 엎드러질 것이기 때문이다. 애굽에는 인구가 많은가? 갈대아 사람들에 의해서 애굽의 많은 무리가 잡혀 갈 것이다. 애굽은 강하고 견고한가? 그 터가 헐릴 것이기 때문에, 아무리 정교하고 높게 지어진 것이어도 결국 무너지게 될 것이다.

2. 애굽의 이웃 나라들과 동맹국이 함께 멸망할 것이다. 애굽에서 무수한 사람들이 칼에 죽임을 당해서 산처럼 쌓일 때, 애굽의 이웃 나라이면서 한편으로는 아프리카와 접해 있고 다른 한편으로는 아시아와 접해 있던 구스에 심한 근심이 있을 것이다. 이웃집에 불이 났을 때에 사람들은 자기 집에도 불이 옮겨 붙지 않을까 염려할 수밖에 없다. 그들의 이러한 염려는 결코 근거 없는 것이 아니었다. 왜냐하면, 그들은 모두 애굽과 함께 칼에 엎드러질 것이기 때문이다(5절). 구스와 붓(히브리식 이름으로 되어 있는 이 둘은 함의 첫째 아들과 셋째 아들이었고, 미스라임이라 불린 애굽은 둘째 아들이었다, 창 10:6)과 룻(룻 사람들은 유명한 궁수들로서 애굽의 동맹이었다고 말해진다, 렘 46:9)은 애굽 및 굽(붓의 내륙에 거주하였던 갈대아 사람들)과 함께 망할 것이다. 이런 나라들의 백성은 여러 민족들이 섞인 백성이었다. 애굽 땅에는 이런 나라들에서 온 사람들이 이런저런 이유로 거주하고 있었고, 그 가운데는 하나님과 동맹한 땅의 백성들, 즉 언약의 자손(행 3:25)이자 약속의 자녀(갈 4:28)인 이스라엘과 유다의 백성들도 일부 섞여 있었다. 애굽에 거주한 이스라엘과 유다의 백성들은 그 곳에 거주하지 말라는 하나님의 명령을 어긴 자들이었기 때문에 애굽 사람들과 함께 칼에 엎드러질 것이다. 겉으로는 하나님과 동맹을 맺은 땅의 백성들이라고 고백하면서도 하나님의 원수들과 운명을 같이하고자 하는 자들은 결국 그 원수들과 운명을 같이하게 되리라는 것을 명심하라.

**Ⅲ. 무너져가는 애굽을 붙들어 주고자 하는 모든 자들이 애굽과 함께 엎드러지게 되리라는 것**(6절).    애굽을 붙들어 주는 자들도 엎드러질 것이고, 애굽은 당연히 엎드러질 것이다. 하나님의 공의를 보라. 예루살렘이 휘청거리고 있을 때에 애굽은 예루살렘을 붙들어 줄 수 있는 체하였지만, 결국 사람을 속이는 상한 갈대라는 것이 밝혀졌다. 이제 애굽을 붙들어 줄 수 있는 체한 나라들도 마찬가지라는 것이 드러날 것이다. 남을 속인 자들은 자기가 행한 대로 보응을 받아서 보통 남에게 속임을 당하는 벌을 받는 법이다.

1. 애굽 사람들은 그들의 왕의 절대 권력과 지배권이 그들을 붙들어 줄 것이라고 생각하는가? 애굽의 교만한 권세도 낮아질 것이라(6절). 애굽의 왕의 권세는 애굽의 자랑이었다. 그러나 그 권세는 꺾여서 낮아지게 될 것이다.

2. 애굽의 수많은 백성이 애굽의 든든한 의지(依支)가 되고 있는가? 그 백성들은 수에네에서 칼에 엎드러질 것이다. 수에네는 애굽 땅에서 가장 먼 변방이었고, 적군은 바로 그 곳을 통해서 애굽 땅으로 들어올 것이다. 농촌이나 도시나 할 것 없이 다 초토화되어서, 농부들이나 상인들이나 할 것 없이 모두 다 죽임을 당하게 될 것이다(7절; 29:12). 내가 애굽의 무리들을 끊으리니(10절), 사람들로 북적대던 나라에서 사람을 별로 찾아볼 수 없게 될 것이다. 애굽 땅은 죽임 당한 자로 가득하게 될 것이다(11절).

3. 나일 강이 애굽의 의지가 되고, 거기에서 갈라져 나온 여러 강들이 애굽의 방비가 되고 있는가? "내가 그 모든 강을 마르게 하리니(12절), 사람들이 건널 수 없어서 난공불락이라고 생각되었던 저 천혜의 방비들이 그들에게 아무 도움이 되지 못할 것이다."

4. 우상들이 그들의 의지가 되고 있는가? 하나님이 그 우상들을 없애실 것이다. 이 허구적인 조력자들은 어느 때보다도 더 분명하게 허구적인 존재들이라는 것이 드러나게 될 것이다. 왜냐하면, 이 우상들이 구원자이자 요새인 체하였을지라도 막상 실제에 있어서는 그렇지 못하다는 것이 밝혀질 것이기 때문이다(13절). 내가 그 신상들을 놉 가운데에서 부수리라.

5. 왕가가 애굽의 의지가 되고 있는가? 애굽 땅에서 왕이 다시 나지 못하게 하리라. 그토록 오랫동안 이어져 왔던 애굽의 왕가가 다 뿌리가 뽑혀져서 소멸될 것이다.

6. 담대함이 애굽의 의지가 되고 있고, 애굽 사람들은 최근까지 전쟁에 단련

되어 왔던 전사들의 용맹함이 그들의 나라를 지켜줄 것이라고 생각하고 있는가? 그런 기대는 여지없이 무너지게 될 것이다. 내가 그 땅에 두려움이 있게 하리라.

7. 자라나는 세대가 애굽의 의지가 되고 있는가? 애굽은 젊은이들에 의해서 지탱되고 있고, 애굽 사람들은 그들의 화살통에 화살이 가득 들어 있기 때문에 복되다고 생각하고 있는 것인가? 슬프다! 장정들은 칼에 엎드러질 것이며(17절) 딸들은 포로가 될 것이라(18절). 이렇게 해서 애굽은 그가 지니고 있던 모든 소망을 박탈당하게 될 것이다.

**IV. 하나님이 모든 것을 황폐화시키는 이러한 심판들을 애굽에 내리시리라는 것**(8절). 내가 애굽에 불을 일으킬 때에 그들이 나를 그들의 모든 신들이나 세상의 모든 신들보다 더 크신 여호와인 줄 알리라. 나라들을 태우는 불은 하나님이 일으키시는 불이다. 하나님은 어떤 나라에 불을 일으키실 때에 그 모든 돕는 자를 멸하실 것이다. 그 불을 끄고자 하는 자들은 도리어 그들 자신이 그 불에 의해서 삼켜지게 될 것이다. 하나님이 진노하실 때에 누가 그 앞에 설 수 있겠는가? 하나님이 어떤 곳에 그의 분노를 쏟으시고 불을 일으키시면(15-16절), 그 곳이 지닌 힘이나 무리가 아무 도움이 되지 못한다.

**V. 바벨론의 왕과 그 군대가 이 멸망을 수행하는 도구들로 쓰임 받게 되리라는 것**. 내가 바벨론의 느부갓네살 왕의 손으로 애굽의 무리들을 완전히 끊으리라(10절). 바벨론의 왕으로부터 이스라엘을 지키고자 했던 애굽은 자기 자신도 지킬 수 없게 될 것이다. 애굽을 멸망시킬 갈대아 사람들에 대해서 하나님은 이렇게 말씀하신다.

1. 그들은 타국 사람이라는 것(12절). 그러므로 그들은 옛정을 생각해서 애굽에 대하여 연민을 보이지 않고, 도리어 전혀 모르는 사이로서 냉정하게 대할 것이다.

2. 그들은 여러 나라 가운데에 강포한 자들이라는 것(11절). 그들은 힘이라는 측면에서나 사나움이라는 측면에서나 무시무시한 자들이기 때문에 애굽에 대하여 무시무시한 일을 저지를 것이다.

3. 그들은 악인들이라는 것. 그들은 법을 무시하고 사는 자들이기 때문에 이성이나 양심, 자연법이나 만국법에 구애받지 않을 것이다. 내가 그 땅을 악인의 손에 팔리라. 그들은 악인답게 불의한 폭력을 행사할 것이다. 그렇지만 그들은

하나님이 그의 심판을 집행하시기 위해 사용하시는 도구들이기 때문에, 그 일은 하나님 편에서 볼 때에는 의로운 일이다. 하나님은 흔히 한 사람의 악인을 또 다른 악인을 징벌하시는 데에 채찍으로 사용하신다는 것을 명심하라. 악인들일지라도 전쟁법에 의해서 다른 사람들을 해칠 권한을 얻게 된다. 왜냐하면, 하나님이 그 권한을 그들의 손에 파셨기 때문이다.

**VI. 애굽 땅에서 아무리 견고하거나 후미진 곳이라도 해도 그 어떤 곳도 맹위를 떨치는 갈대아 군대의 칼날을 피하지 못하리라는 것.**  칼이 그 땅 전역에 돌아다니리라. 여러 곳의 이름이 여기에 등장한다: 바드로스, 소안, 노(14절), 신, 놉(15-16절), 아웬, 비베셋(17절), 드합느헤스(18절). 이 곳들은 초토화되어 불질러질 것이고, 하나님의 심판이 그 곳들 위에 집행되며, 하나님의 진노가 그 곳들 위에 부어질 것이다. 그 곳들에 있던 많은 무리들이 죽임을 당하여 끊어지고 큰 고통을 당하며 심히 근심할 것이고, 두려움으로 갈가리 찢겨 나누일 것이며, 날로 대적이 있어 괴로움을 당할 것이다. 그들의 날은 어둡겠고, 그들의 명성과 위로와 소망들은 사라질 것이다. 그들의 멍에가 꺾여져서, 그들은 더 이상 이전처럼 압제나 폭정을 행하지 못할 것이다. 그들의 교만한 권세가 그칠 것이고, 그 곳들 위에는 구름이 덮일 것이며, 그 구름이 너무도 두터워서 그들은 그 어떤 소망도 보지 못하며 그들의 영광도 더 이상 보이지 않게 될 것이다. 끝으로, 애굽 사람들과 함께 섞여 살던 구스 사람들은 물론이고 애굽에서 멀리 떨어져 본토에 살고 있는 구스 사람들도 이 고통과 두려움을 함께 겪게 될 것이다. 하나님은 그의 섭리를 통해서 이 소문을 퍼뜨리실 것이고, 그리먼 평소에는 아무 염려 없이 태평하게 살던 구스 사람들일지라도 두려워 하게 될 것이다(9절). 하나님은 아무리 태평한 자들에게도 두려움을 주실 수 있으시다는 것을 명심하라. 하나님이 마음만 먹으신다면, 아무리 뻔뻔스러운 위선자들도 갑자기 두려움을 느끼게 될 것이다. 이 예언은 다음과 같은 내용으로 끝난다.

1. 애굽 땅은 굴욕을 당하게 되리라는 것. 이같이 내가 애굽을 심판하리라(19절). 애굽의 멸망은 하나님에 의한 심판의 집행이다. 이것은 애굽의 멸망은 그들의 죄 때문에 일어난 것으로서 의롭고 마땅한 일일 뿐만 아니라 법정의 선고를 따라서 정당하게 집행된 일이라는 것을 보여준다. 하나님이 행하시는 모든 집행은 하나님의 판결에 따라 이루어진다.

2. 이 일을 통해서 이스라엘의 하나님이 영광을 받게 되시리라는 것. 내가

여호와인 줄을 그들이 알리라. 애굽 사람들은 그 사실을 알게 될 것이고, 하나님의 백성은 그 사실을 더 잘 알게 될 것이다. 여호와께서는 심판을 행하사 사람들로 하여금 여호와를 알게 하신다.

[20]열한째 해 첫째 달 일곱째 날에 여호와의 말씀이 내게 임하여 이르시되 [21]인자야 내가 애굽의 바로 왕의 팔을 꺾었더니 칼을 잡을 힘이 있도록 그것을 아주 싸매지도 못하였고 약을 붙여 싸매지도 못하였느니라 [22]그러므로 주 여호와께서 이같이 말씀하셨느니라 내가 애굽의 바로 왕을 대적하여 그 두 팔 곧 성한 팔과 이미 꺾인 팔을 꺾어서 칼이 그 손에서 떨어지게 하고 [23]애굽 사람을 뭇 나라 가운데로 흩으며 뭇 백성 가운데로 헤칠지라 [24]내가 바벨론 왕의 팔을 견고하게 하고 내 칼을 그 손에 넘겨 주려니와 내가 바로의 팔을 꺾으리니 그가 바벨론 왕 앞에서 고통하기를 죽게 상한 자의 고통하듯 하리라 [25]내가 바벨론 왕의 팔은 들어 주고 바로의 팔은 내려뜨릴 것이라 내가 내 칼을 바벨론 왕의 손에 넘기고 그를 들어 애굽 땅을 치게 하리니 내가 여호와인 줄을 그들이 알리라 [26]내가 애굽 사람을 나라들 가운데로 흩으며 백성들 가운데로 헤치리니 내가 여호와인 줄을 그들이 알리라

애굽의 국력이 약화될 것에 관한 이 짤막한 예언은 애굽 군대가 예루살렘을 도와서 그 포위를 풀어주려다가 실패하고서 아무런 성과도 없이 철군하던 바로 그 무렵에 선포되었다. 애굽 군대가 철군하자, 바벨론의 왕은 예루살렘에 대한 포위 공격을 재개해서 그의 목적을 이루었다. 애굽은 아주 오래된 나라였고 오랜 세월 동안 상당한 대국이었다. 반면에, 바벨론은 앗수르의 폐허 위에 건설된 후에 아주 최근에 와서야 전성기를 맞이해서 그 위세를 떨치고 있었다. 점점 융성해지는 쪽이 있는가 하면 점점 기울어 가는 쪽이 있다는 것은 가문이나 국가나 마찬가지이다. 한 나라가 힘을 얻게 되면 다른 나라들은 힘을 잃게 될 수밖에 없다.

**I. 애굽의 왕이 점점 약해지리라는 예언.** 그의 영토는 축소되고, 그의 부와 권력은 줄어들 것이며, 그에게는 자기 자신이나 자신의 벗들을 도울 힘이 이전보다 더 없게 될 것이다.

1. 이 일은 부분적으로는 이미 이루어져 있었다(21절). 내가 얼마 전에 애굽의 바로 왕의 팔을 꺾었다. 바벨론의 왕이 갈그미스에서 바로느고의 군대를 대파

하고서 애굽 강에서부터 유브라데 강까지 애굽 왕에게 속한 땅을 다 점령하였을(왕하 24:7) 때에 애굽의 한 팔은 꺾였다고 할 수 있다(렘 46:2). 애굽은 오랜 세월에 걸쳐서 힘을 기르고 그 영토를 확장해 왔다는 점을 감안하면, 애굽이 서서히 조금씩 그 힘을 잃게 된 것 속에서 우리는 섭리에 있어서의 상응성, 즉 응보(應報)의 원리를 볼 수 있다. 애굽의 왕이 이렇게 그 팔이 꺾이고 치명타를 입어서 결코 회복할 수 없게 된 것은 그가 선한 왕 요시야를 죽인 직후였다. 애굽의 심장과 목이 꺾이기 전에 그 팔이 먼저 꺾였다. 하나님은 어떤 나라를 심판하실 때에 그들에게 회개할 기회를 주시기 위하여 단계적으로 심판들을 집행하신다. 애굽의 왕의 팔이 꺾일 때, 그 팔은 싸매지도 못하고 고침을 받지도 못할 것이다. 왜냐하면, 하나님이 주신 상처를 하나님 외에는 그 누구도 고칠 수 없기 때문이다. 하나님에 의해서 팔을 꺾인 자들, 하나님이 능력을 거두어 가 버리신 자들은 다시는 칼을 잡을 힘도 없게 된다.

2. 이 일은 또 다시 행해질 것이었다. 한 팔은 앞서 꺾였지만, 그 치명적인 상처를 고쳐서 원상으로 회복시키는 조치가 취해졌다. 그러나 이제 내가 애굽의 바로 왕을 대적하여 그 두 팔 곧 성한 팔과 이미 꺾인 팔, 아니 부러졌다가 회복된 팔을 다시 꺾으리라(22절). 하나님이 작은 심판들을 보내셨을 때에 죄인들이 스스로 낮아져서 삶을 고치지 않는다면, 하나님은 더 큰 심판을 보내실 것임을 명심하라. 이제 하나님은 애굽의 왕이 칼을 잡아도 될 만큼 자기 손에 충분한 힘이 있다고 생각해서 잡은 칼이 그 손에서 떨어지게 하실 것이다. 이 말씀은 다시 한 번 반복된다(24절). 내가 바로의 팔을 꺾으리라. 애굽의 왕은 옛적에는 하나님의 백성을 못살게 하였던 잔혹한 압제자였었고, 최근에는 그들에게 상한 갈대 지팡이였었다. 이제 하나님은 그의 두 팔을 부러뜨리심으로써 이 두 가지 일에 대한 벌을 그에게 내리실 것이다. 하나님은 사람들을 괴롭히거나 속이기 위해 권세가 남용될 때에 그 권세를 꺾어 버리신다. 그러나 이것이 전부가 아니다.

(1) 애굽의 왕은 바벨론 왕의 군대에 의해 자기가 위험에 처한 것을 보고서는 낙담하게 될 것이다. 그가 바벨론 왕 앞에서 고통하기를 죽게 상한 자의 고통하듯 하리라. 형통할 때에 기고만장한 자들일수록 역경이 닥치면 완전히 기가 죽어서 낙심하는 법이라는 것을 명심하라. 애굽의 왕 바로는 칼이 그의 몸에 닿기도 전에 마치 치명상을 입은 것처럼 신음하며 고통스러워할 것이다.

(2) 애굽의 백성은 뿔뿔이 흩어질 것이다(23, 26절). 내가 애굽 사람을 뭇 나라 가운데로 흩으리라. 전에는 다른 민족의 사람들이 애굽 사람들 속에 섞여서 함께 살았었지만(5절), 이제는 애굽 사람들이 다른 나라들로 피신해서 함께 섞여 살게 될 것이고, 이 일을 통해서 여호와께서 의로우시다는 사실을 알게 될 것이다.

**Ⅱ. 바벨론의 왕이 점점 강해지리라는 예언**(24-25절).

1. 하나님이 바벨론 왕의 팔을 견고하게 하실 것이기 때문에, 그는 하나님이 계획하신 일을 성공적으로 잘 수행할 수 있게 될 것이다.

2. 하나님은 그의 칼을 바벨론 왕의 손에 넘겨 주실 것이다. 이것은 하나님이 바벨론의 왕에게 특히 애굽을 치는 사명을 주시고 그 일을 수행할 수 있도록 무기도 주실 것임을 의미한다. 빌라도 같은 법정에 앉은 재판관들과 마찬가지로(요 19:11), 느부갓네살 같은 전쟁터의 장수들도 위로부터 그들에게 주어진 권세 외에는 아무런 권세도 갖지 못한다.

제
— 31 —
장

## 개요

이 장의 예언은 앞의 두 장에 나온 예언들과 마찬가지로 애굽에 대한 것으로서 바로를 낮추고 참회하게 하기 위한 것이다. 중범죄자들에게 선고를 내릴 때에는 선례들을 참조해서 비슷한 경우에 다른 자들에게는 어떤 선고가 내려졌는지를 보는 것이 보통인데, 이것은 판결의 지침이 됨과 동시에 판결의 정당성을 보장해 주는 역할을 한다. 애굽의 왕 바로는 그의 교만과 오만함, 그가 하나님의 백성에게 끼쳐 왔던 해악들로 인하여 하나님의 법정에 기소되어 서 있다. 그러나 바로는 자기가 지극히 높고 위대하기 때문에 그 어떤 권세도 자기에게 책임을 물을 수 없고, 자기는 힘 있고 잘 방비가 되어 있기 때문에 그 어떤 세력도 그를 정복할 수 없다고 생각한다. 그러므로 선지자는 니느웨를 수도로 했던 앗수르의 왕의 선례를 바로에게 들려주라는 지시를 받는다.

I. 선지자는 앗수르의 왕이 얼마나 큰 왕이었는지, 그가 얼마나 방대한 제국을 갖고 있었는지, 그가 얼마나 막강한 권력을 휘둘렀는지를 바로에게 보여주어야 한다. 애굽의 왕은 비록 큰 왕이기는 했지만 앗수르의 왕을 능가할 수는 없었다(3-9절). II. 선지자는 바로에게 그가 교만함과 육적인 안일함에 있어서 앗수르의 왕과 얼마나 닮았는지를 보여주어야 한다(10절). III. 선지자는 바로에게 앗수르의 왕의 죽음과 파멸에 관한 이야기를 들려주고, 그 일이 열방들 가운데서 얼마나 떠들썩한 사건이었는지, 그 일이 모든 강력한 왕들에게 교만하지 않도록 주의하라는 얼마나 큰 경고가 되었는지를 말해 주어야 한다(11-17절). IV. 선지자는 애굽의 왕이 이 모든 것을 자신에게 적용해서, 앗수르 왕이 저지른 죄에 자기 자신을 비추어 보고, 앗수르 왕이 파멸한 전례를 따라서 자신도 파멸하게 될 것임을 내다보도록 내버려 두어야 한다(18절).

¹열한째 해 셋째 달 초하루에 여호와의 말씀이 내게 임하여 이르시되 ²인자야 너는 애굽의 바로 왕과 그 무리에게 이르기를 네 큰 위엄을 누구에게 비하랴 ³볼지어다 앗수르 사람은 가지가 아름답고 그늘은 숲의 그늘 같으며 키가 크고 꼭대기가 구름에 닿은 레바논 백향목이 있느니라 ⁴물들이 그것을 기르며 깊은 물이 그것을 자라

게 하며 강들이 그 심어진 곳을 둘러 흐르며 둑의 물이 들의 모든 나무에까지 미치매 ⁵그 나무가 물이 많으므로 키가 들의 모든 나무보다 크며 굵은 가지가 번성하며 가는 가지가 길게 뻗어 나갔고 ⁶공중의 모든 새가 그 큰 가지에 깃들이며 들의 모든 짐승이 그 가는 가지 밑에 새끼를 낳으며 모든 큰 나라가 그 그늘 아래에 거주하였느니라 ⁷그 뿌리가 큰 물 가에 있으므로 그 나무가 크고 가지가 길어 모양이 아름다우매 ⁸하나님의 동산의 백향목이 능히 그를 가리지 못하며 잣나무가 그 굵은 가지만 못하며 단풍나무가 그 가는 가지만 못하며 하나님의 동산의 어떤 나무도 그 아름다운 모양과 같지 못하였도다 ⁹내가 그 가지를 많게 하여 모양이 아름답게 하였더니 하나님의 동산 에덴에 있는 모든 나무가 다 시기하였느니라

앞 장의 끝부분에 나오는 예언은 예루살렘이 멸망하기 네 달 전쯤에 임한 말씀이었고, 이 예언이 선포된 연대는 예루살렘이 함락된 바로 그 달로 되어 있다. 하나님의 백성이 깊은 곤경 속에 처해 있을 때, 두려워 떨리게 하는 잔이 차례차례 돌고 있어서 곧 하나님의 손에서 거두어져서 그들을 미워한 자들의 손에 쥐어지게 되리라는 말씀이 하늘로부터 임한 것은 그들을 모욕하였던 이웃 나라들의 교만과 악의를 억제하는 데에 도움이 됨과 동시에 하나님의 백성에게 상당한 위로가 될 것이었다(사 51:22-23). 이 예언에는 다음과 같은 내용들이 나온다.

I. 선지자가 바로에게 그와 비슷한 사례에 관한 기록을 살펴보라는 말을 전하라는 지시를 받음(2절). 너는 애굽의 바로 왕과 그 무리, 즉 그의 위엄에 지대한 기여를 하고 있는 그의 시종들의 무리와 그의 힘에 지대한 기여를 하고 있는 그의 군대의 무리에게 이르라. 바로는 그들을 자랑하였고, 그들을 믿고 의지하였다. 또한, 그들은 바로를 자랑하였고, 바로를 믿고 의지하였다. 이제 바로에게 네 큰 위엄을 누구에게 비하랴고 물으라. 우리는 우리 자신을 다른 사람들과 비교하여 판단하곤 한다. 자기 자신을 높게 평가하는 자들은 사람들로부터 대단한 칭송을 받았던 이런저런 인물들만큼 자기가 위대하고 선하다고 제멋대로 공상을 한다. 왕을 모시는 자들은 자기가 모시는 왕의 위엄과 영화가 옛적의 누구누구와 같다고 아부하곤 한다. 하나님은 이렇게 말씀하신다. "그래, 애굽 왕을 옛적에 가장 유명하였던 군왕과 견주어서 그의 큰 위엄이 그 군왕에 비해 결코 뒤지지 않는다고 하자. 그러나 그가 자신을 어떤 군왕에 비하든, 그는

그 군왕도 결국 죽었다는 것을 알게 될 것이다. 그는 그 군왕의 모든 완전한 것에도 끝이 있었다는 사실을 알게 될 것이다. 그러므로 그도 마찬가지로 자신의 위엄과 영화도 끝이 있으리라는 것을 예상하여야 한다." 다른 사람들이 죄 가운데로 떨어지거나 파멸하게 되는 것은 우리가 안일하거나 자고하지 않도록 하고 마치 우리가 위험에서 벗어나 있는 것처럼 생각하지 않도록 하기 위하여 하나님이 우리에게 주시는 권면 또는 경고라는 것을 명심하라.

**II. 선지자가 바로에게 위엄에 있어서 그와 닮은 한 군왕의 사례를 보여주라는 지시를 받음**(3절). 그 군왕은 니므롯 이래로 지속되어 온 앗수르 왕조에 속한 왕이었다. 산헤립은 그 왕조의 강력한 왕들 중의 한 사람이었지만, 그 왕조는 산헤립 때에 망하였고, 느부갓네살의 왕조는 앗수르 왕조의 폐허 위에 건설되었다(아니, 앗수르 왕조의 줄기에 접붙여졌다고 말하는 편이 더 좋을 것이다). 이제 이 앗수르의 왕이 얼마나 대단하고 막강한 군왕이었는지를 보자. 그는 여기에서 장엄한 백향목에 비유된다(3절). 다윗 가문의 영광도 동일한 비유를 통해 예시된다(17:3). 감람나무와 무화과나무와 포도나무는 모두 열매를 맺는 나무들로서 그들의 열매를 포기하고 싶지 않았기 때문에 나무들 위에 왕이 되어 달라는 청을 거절하였다(삿 9:8 이하). 그래서 웅장하고 튼튼하며 큰 그늘을 드리우지만 열매를 맺지 않는 백향목이 나무들의 왕으로 낙점된다.

1. 이 앗수르의 왕은 레바논에서 자라는 백향목들이 그렇듯이 키가 크고 꼭대기가 구름에 닿은 백향목이었다. 그에게 조공을 바치는 많은 왕들이 그를 수행하였고, 용사들로 이루어진 시위대(侍衛隊)가 그를 둘러싸고 지키고 있었다. 그의 위엄은 이웃의 모든 왕들을 능가하였다. 그에 비하면 다른 모든 왕들은 잡목에 지나지 않았다(5절). 그 나무의 키가 들의 모든 나무보다 컸다. 왕들 가운데는 아주 키가 큰 자들도 많이 있었지만, 그는 그 모든 왕들을 능가하였다(8절). 백향목들, 심지어 최상품이라고 할 수 있는 에덴 동산의 백향목들조차도 능히 그를 가리지 못하여, 그는 그 백향목들 위로 높이 솟아 있었다.

2. 이 앗수르의 왕은 가지를 길게 뻗은 백향목이었다. 그의 가지들은 높이 솟아 있었을 뿐만 아니라 옆으로도 길게 뻗어 있었다. 이것은 이 강력한 왕이 큰 위엄과 존귀로 우뚝 솟아 있어서 세상의 큰 자들의 모든 이름보다 더 뛰어난 이름을 지니고 있었을 뿐만 아니라 큰 지배권과 권세를 지니고 있었다는 것을 의미한다. 그의 영토는 방대하였다. 그는 아주 멀리까지 원정의 손길을 뻗

쳤고, 그의 영향력은 끝도 없이 퍼져 나갔다. 이 백향목은 포도나무처럼 그 가지가 바다까지 뻗고 강까지 미쳤으며(시 80:11), 굵은 가지가 번성하며 가지가 길게 뻗어 나갔기(5절) 때문에, 그늘은 숲의 그늘과 같았다(3절). 이 백향목이 높이 솟아 있을 뿐만 아니라 그에 비례해서 크기도 컸다는 것은 이 백향목의 아름다움에 큰 기여를 하였다. 그 나무가 크고 가지가 길어 모양이 아름다웠다(7절). 이 백향목은 아주 커서 대단히 웅장하였을 뿐만 아니라 그 가지가 많아 모양이 아주 아름다웠다(9절). 그의 방대한 영토는 마치 정원사가 가지가 많이 뻗어 있는 나무를 능숙한 솜씨로 잘 가다듬듯이 그에 의해서 잘 다스려져서 세상 사람들의 눈에 아주 아름다워 보였다. 그의 통치는 모든 사람들의 눈에 칭송할 만한 것이었고 지혜로운 자들의 눈에도 사랑스러운 것이었다. 가지가 곧고 푸르며 균등한 것으로 유명한 잣나무가 그 굵은 가지만 못하였고, 가지가 두텁고 쭉 뻗어 있는 것으로 유명한 단풍나무가 그 가는 가지만 못하였다. 요컨대, 보기에 아름다운 온갖 나무가 있는(창 2:9) 하나님의 동산 에덴, 즉 바벨론(에덴 동산은 바벨론에 있었다)의 어떤 나무도 이 백향목의 아름다운 모양과 같지 못하였다. 즉, 주변의 모든 나라들 가운데서 앗수르의 이 왕만큼 세상 사람들로부터 칭송과 사랑을 받은 왕은 아무도 없었다는 것이다. 많은 왕들이 선정(善政)을 베풀었지만, 그의 치세는 이 모든 왕들을 능가하였고 그들 모두보다 뛰어났다. 하나님의 동산 에덴에 있는 모든 나무가 다 그를 시기하였다(9절). 그들은 그가 그들보다 훨씬 뛰어나서 그들이 도저히 그와 상대가 되지 못한다는 것을 알고서는 화가 나고 우울해져서 그에게 세상 사람들의 칭송이 쏟아지는 것을 속으로 시기하고 불평하였다. 어떤 일에서 다른 사람들보다 뛰어난 자들은 그것 때문에 다른 사람들의 시기의 대상이 된다는 것은 그들의 불행이다. 투기 앞에야 누가 서리요(잠 27:4).

3. 이 앗수르의 왕은 거대한 백향목이 그렇듯이 쓸모가 있었고, 그 유용성은 오직 그의 그늘 덕분이었다(6절). 공중의 모든 새, 온갖 종류의 새들이 그 큰 가지에 깃들어서 기후에 의한 해악들을 피하였고, 들의 모든 짐승도 그 가는 가지 밑에서 보호를 받았다. 새들과 짐승들은 거기에서 일어나고 누웠다. 거기에서 그들은 새끼를 낳았다. 왜냐하면, 그 곳은 열기와 폭풍우를 피할 수 있는 천혜의 은신처였기 때문이다. 이 모든 비유의 의미는 모든 큰 나라가 그 그늘 아래에 거주하였다는 것이다. 이 모든 나라들은 마치 여행자가 소나기를 피하기 위해 큰

나무 밑으로 들어오듯이 안전을 위해서 그에게로 피해 왔고, 그가 그들을 보호해 준다는 조건 아래에서 그에게 기꺼이 충성을 맹세하였다. 권세를 지닌 자들은 그 권세 아래 있는 자들을 보호하고 위로하기 위하여 그 권세를 사용하여야 한다는 것을 명심하라. 왜냐하면, 그들은 바로 그런 목적으로 권세를 위임받은 것이기 때문이다. 가시나무조차도 기름 부음 받은 왕이 되자 나무들에게 와서 그의 그늘에 피하라고 초청한다(삿 9:15). 그러나 앗수르의 왕이 아무리 막강할지라도 피조물이 줄 수 있는 최대한의 안전은 나무의 그늘과 같다. 나무 그늘은 정말 보잘것없고 초라한 피신처여서 사람들은 많은 위험에 그대로 노출되고 만다. 그러므로 우리는 하나님께로 피해야 한다. 우리가 하나님께 피하면, 하나님은 우리를 그의 날개 그늘 아래에 감추실 것이고, 거기에서 우리는 튼튼하고 거대한 백향목의 그늘 아래에서보다 더 따뜻하고 안전하게 거하게 될 것이다(시 17:8; 91:4).

4. 이 앗수르의 왕의 위엄과 권세는 견고하고 영원할 것처럼 보였는데, 그 이유는 다음과 같다.

(1) 그를 모양이 아름답게 하신 것은 하나님이셨기 때문에(9절). 왜냐하면, 왕들에게 나라들을 다스리는 권세를 주시는 분은 하나님이시기 때문이다. 그가 지닌 아름다움은 하나님이 그에게 입혀 주신 아름다움이었다. 이 땅의 큰 자들이 출세하는 것은 하나님의 손길에 의한 것이기 때문에, 우리는 그들을 시기하지 말아야 한다는 것을 명심하라. 그렇다고 해서 그들의 형통함이 언제까지나 지속되는 것은 아니다. 그들에게 아름다움을 주신 하나님은 그들의 아름다움을 박탈하셔서 그들을 흉한 모습으로 바꾸어 버리는 방법도 알고 계시기 때문이다.

(2) 그는 견고한 토대를 지니고 있는 듯이 보였기 때문에. 이 백향목은 광야 간조한 곳, 건건한 땅에 살게 되어 있는 사막의 떨기나무와 같지 않았고(렘 17:6), 그 뿌리도 마른 땅에서 나온 뿌리가 아니었다(사 53:2). 그는 그의 권세와 위엄을 뒷받침해 줄 만큼 풍부한 부를 지니고 있었다(4절). 물들이 그것을 기르며 그를 크게 만들어 주었다. 그가 가진 엄청난 보화들과 큰 창고들과 무기고들은 그를 높이 떠오르게 해준 깊은 물과 같았고, 세금이나 관세, 지세(地稅) 같이 끊임없이 들어오는 수입들은 그 심어진 곳을 둘러 흐르는 강들과 같았다. 이런 것들 덕분에 그는 모든 곳에서 그의 세력을 강화하고 확고히 할 수 있었다. 왜냐

하면, 그는 그가 지닌 깊은 물과 강들에 있는 물을 수도관들을 통해서 들의 모든 나무에까지 미치게 하여 거기에 물을 대주었기 때문이다. 그들은 왕궁에서 대주는 것으로 생계를 유지하고 있었고(스 4:14), 그들의 나라는 왕국에서 나는 양식을 먹었기 때문에(행 12:20), 그를 섬기고 그에게 충성을 다 하여야 했다. 큰 강들을 통해서 자기에게로 부가 흘러들어 오는 자들은 그 부를 다시 작은 강들을 통하여 흘려 보내야 마땅하다는 것을 알아야 한다. 왜냐하면, 재산이 많아지면 먹는 자들도 많아지고 돈을 쓸 일도 더 많아지기 때문이다. 이 백향목의 가는 가지가 길게 뻗어 나간 것은 그 가지들에 공급된 물이 많았기 때문이었다(5, 7절). 그 뿌리가 큰 물 가에 있으므로 이 백향목은 그 잎사귀가 마르지 않을 것처럼 보였고(시 1:3) 더위가 올지라도 두려워하지 아니할 것처럼 보였다(렘 17:8). 세상 사람들의 형통함은 영원히 계속될 것처럼 보일 수 있지만, 그것은 단지 그렇게 보이는 것일 뿐이라는 것을 명심하라(욥 5:3; 시 37:35).

[10]그러므로 주 여호와께서 이같이 말씀하셨느니라 그의 키가 크고 꼭대기가 구름에 닿아서 높이 솟아났으므로 마음이 교만하였은즉 [11]내가 여러 나라의 능한 자의 손에 넘겨 줄지라 그가 임의로 대우할 것은 내가 그의 악으로 말미암아 쫓아내었음이라 [12]여러 나라의 포악한 다른 민족이 그를 찍어 버렸으므로 그 가는 가지가 산과 모든 골짜기에 떨어졌고 그 굵은 가지가 그 땅 모든 물 가에 꺾어졌으며 세상 모든 백성이 그를 버리고 그 그늘 아래에서 떠나매 [13]공중의 모든 새가 그 넘어진 나무에 거주하며 들의 모든 짐승이 그 가지에 있으리니 [14]이는 물 가에 있는 모든 나무는 키가 크다고 교만하지 못하게 하며 그 꼭대기가 구름에 닿지 못하게 하며 또 물을 마시는 모든 나무가 스스로 높아 서지 못하게 함이니 그들을 다 죽음에 넘겨 주어 사람들 가운데에서 구덩이로 내려가는 자와 함께 지하로 내려가게 하였음이라 [15]주 여호와께서 이같이 말씀하셨느니라 그가 스올에 내려가던 날에 내가 그를 위하여 슬프게 울게 하며 깊은 바다를 덮으며 모든 강을 쉬게 하며 큰 물을 그치게 하고 레바논이 그를 위하여 슬프게 울게 하며 들의 모든 나무를 그로 말미암아 쇠잔하게 하였느니라 [16]내가 그를 구덩이에 내려가는 자와 함께 스올에 떨어뜨리던 때에 백성들이 그 떨어지는 소리로 말미암아 진동하게 하였고 물을 마시는 에덴의 모든 나무 곧 레바논의 뛰어나고 아름다운 나무들이 지하에서 위로를 받게 하였느니라 [17]그러나 그들도 그와 함께 스올에 내려 갈에 죽임을 당한 자에게 이르렀나니 그들

은 옛적에 그의 팔이 된 자요 나라들 가운데에서 그 그늘 아래에 거주하던 자니라 [18]너의 영광과 위대함이 에덴의 나무들 중에서 어떤 것과 같은고 그러나 네가 에덴의 나무들과 함께 지하에 내려갈 것이요 거기에서 할례를 받지 못하고 칼에 죽임을 당한 자 가운데에 누우리라 이들은 바로와 그의 모든 군대니라 주 여호와의 말씀이니라 하라

우리는 앞에서 애굽의 왕의 부귀영화와 권세와 형통함이 앗수르의 왕과 닮았다는 것, 애굽 왕의 위엄이 앗수르 왕의 위엄과 얼마나 비슷한 것이었는지를 살펴보았다. 이제 여기에서 우리는 다음과 같은 것들을 본다.

**I. 애굽 왕의 교만도 앗수르 왕의 교만과 닮았다는 것**(10절).  왜냐하면, 거울 속에 얼굴을 비춰 보면 그 얼굴이 그대로 보이듯이, 한 사람의 부패하고 육적인 마음은 또 다른 사람의 부패하고 육적인 마음과 빼닮을 수밖에 없기 때문이다. 어느 한 번영하는 나라가 겪은 치명적인 유혹들은 다른 번영하는 나라들에게도 그대로 치명적인 유혹들이 된다. "너, 애굽의 왕이여! 네가 스스로 높아져서 너의 부와 권세를 자랑하고 있구나(29:3). 앗수르의 왕도 바로 그러하였다. 그의 키가 크고 꼭대기가 구름에 닿자, 그의 마음은 금세 교만하여져서 오만방자하게 되고 안하무인이 되어 하나님에게 도전하며 그의 백성을 짓밟았다." 앗수르 왕의 이러한 모습은 대왕 앗수르 왕이 히스기야에게 보낸 메시지와 서신이 증명해 준다(사 36:4). 그가 자기 자신과 자신의 업적들에 대하여 얼마나 오만하게 말하고 있고, 저 위대히고 선한 히스기야 왕을 얼마나 비웃고 있는지를 보라! 애굽 사람늘과 앗수르 사람들이 공통적으로 범한 다른 죄악들도 있었는데, 특히 하나님의 백성을 압제한 죄가 그런 죄악이었기 때문에, 하나님은 이 죄를 이 두 나라에게 똑같이 물으신다(사 52:4). 그러나 여기에서는 그 죄의 근본원인까지 추적해 들어가서, 교만이 이 두 나라의 공통된 문제였다는 것을 지적한다. 왜냐하면, 이 두 나라에 차고 넘친 것은 바로 교만한 자의 멸시였기 때문이다. 사람들의 외적인 형편이 좋아져서 올라가면 마음까지도 덩달아 높아지는 것이 보통이라는 것을 명심하라. 크게 출세한 자들 가운데서 겸손한 심령을 찾아내는 것은 극히 어려운 일이다.

**II. 애굽 왕의 멸망도 앗수르 왕의 멸망과 닮은 꼴이 되리라는 것.**

1. 비교를 위해서 앗수르 왕의 멸망에 관한 이야기기 먼저 나온다. 하나님

은 앗수르 왕에 대하여 이렇게 말씀하신다(11절). 그가 이렇게 마음이 교만하여졌기 때문에 내가 여러 나라의 능한 자의 손에 그를 넘겨 주었다. 메대의 왕 키약사레스(Cyaxares)는 그의 재위 제26년에 이제 막 바벨론의 왕위에 오른 느부갓네살과 손을 잡고서 니느웨를 멸망시켰고, 니느웨가 함락되면서 앗수르 제국은 역사의 무대에서 사라졌다. 느부갓네살은 당시에는 그렇지 않았지만 나중에는 말 그대로 이방의 여러 나라의 능한 자, 이방 나라들 중에서 가장 힘 있는 자가 되었고, 그를 이길 자가 없었다.

(1) 앗수르 왕의 멸망과 관련해서 세 가지 사실이 단언된다.

[1] 앗수르 왕의 멸망을 지시하신 분은 바로 하나님이시라는 것. 내가 그를 사형집행인의 손에 넘겨 주었고, 내가 그를 쫓아내었다. 이 사람을 낮추시고 저 사람을 높이실 수 있는 분은 오직 재판장이신 하나님뿐임을 명심하라(시 75:7). 아주 깊이 뿌리를 내리고 있다고 자타가 공인하는 자들일지라도 하나님이 마음만 먹으시면 얼마든지 그들을 뿌리 뽑아 멸절시키시고 쫓아내 버리실 수 있으시다. 이방 나라들 중에서 가장 힘 있는 자들일지라도 전능자께서 그들과 다투는 자들을 그들의 손에 넘겨 주지 않으시면 결코 그들의 목적을 이룰 수 없다.

[2] 앗수르 왕의 파멸을 불러온 것은 자기 자신의 죄라는 것. 내가 그의 악으로 말미암아 그를 쫓아내었음이라(11절). 사람들이 자신의 악으로 말미암지 않고서는 자신의 존귀함과 권세, 소유로부터 쫓겨나는 일은 없다. 우리의 위로들 중에서 벌써 천 번이라도 빼앗겼어야 마땅한 그런 것들을 제외하고는 우리는 그 어떤 위로도 빼앗기지 않는다. 악인들이 쫓겨난다면, 그것은 다 그들의 악 때문이다.

[3] 앗수르 왕을 멸망시키기 위한 도구로 사용될 자는 여러 나라의 능한 자이리라는 것. 왜냐하면, 하나님은 흔히 한 악인을 벌하시는 데에 또 다른 악인을 사용하시기 때문이다. 이 능한 자는 앗수르 왕을 어떻게 다루어야 할지를 알고 있어서 그 왕을 확실하게 처리할 것이다. 교만하고 안하무인인 자들은 조만간에 그들의 맞수를 만나게 될 것임을 명심하라.

(2) 앗수르 왕의 멸망에 관한 이야기 속에서 우리는 다음과 같은 것들을 볼 수 있다.

[1] 백향목의 비유가 계속되고 있다는 것. 그는 아주 높게 자랐고 그의 굵은

가지들을 아주 멀리까지 뻗쳤다. 그러나 그가 멸망할 날이 다가오고 있다.

첫째, 이 웅장한 백향목이 베어졌다. 여러 나라의 포악한 자들이 그를 찍어 버렸다. 군사들은 무장을 하고서 죽이고 파괴하라는 임무를 받은 자들이기 때문에 여러 나라들의 포악한 자들이라 불릴 만하다. 그들은 그의 작은 가지들을 먼저 베었다. 즉, 그들은 그의 영토 중에서 몇 군데를 장악하고서 그의 지배권을 그 곳들에서 강제로 몰아내었다. 그래서 주변 나라들의 모든 산과 골짜기, 고지대와 저지대, 모든 물 가에 앗수르 왕조에서 떨어져 나온 성읍이나 촌락들이 생겨났다. 그런 지역들은 앗수르 왕조에 복속되었다가 다시 자유를 찾은 지역들이 되었다. 앗수르 왕조가 쓰고 있던 깃털들은 다 빌려온 것들이었기 때문에, 모든 새가 자신의 깃털을 다시 가져오자, 앗수르는 나무의 그루터기처럼 벌거벗겨져 버렸다.

둘째, 이 백향목은 버려졌다. 그에게로 피신하였던 세상 모든 백성이 그를 버리고 그 그늘 아래에서 떠났다. 그가 그들을 보호할 힘이 없게 되자, 그들은 그에게 더 이상 충성을 바칠 필요가 없다고 생각하였다. 큰 자들은 많은 사람들이 그들을 수행하고 의지하고 있다는 것을 자랑하지 말아야 한다. 사람들이 그들에게 그렇게 하는 것은 단지 뭔가 그들에게서 얻을 것이 있다고 생각하기 때문이다. 섭리가 그들에게 눈살을 찌푸리면, 그들을 곁에서 떠받들던 자들은 순식간에 모두 그들을 떠나버리고 만다.

셋째, 이 백향목은 베어지고 버려져서 욕을 당하였고, 모든 나무들과 새와 짐승들이 이를 무척 기뻐하였다(13절). 공중의 모든 새가 그 넘어신 나무에 거수하며 이 백향목의 부러진 가지들을 짓밟을 것이다. 이 백향목이 사기들보다 월등히 높이 솟아 오른 것을 보고 평소에 시기하고 분해하였던 다른 나무들은 그것이 쓰러진 것을 보고 무척 기뻐할 것이다. 이 백향목 앞에서 베어지고 쓰러져서 땅 위에 그대로 두어진 그루터기가 되어 하늘의 빗물을 마시며 하늘 이슬에 젖어(단 4:23) 물 기운에 움이 돋은(욥 14:9) 에덴의 모든 나무는 이 교만한 백향목이 그들과 같이 낮아진 것을 볼 때에 지하에서 위로를 받게 될 것이다. 똑같은 재난을 당하고 있는 자들이 있다는 것은 그 재난을 당하고 있는 자에게 위로가 된다. 반면에, 아직 높이 솟아 있고 건재한 레바논의 나무들은 그를 위하여 슬프게 울었고, 들의 모든 나무는 그로 말미암아 쇠잔하였다. 왜냐하면, 그들은 그의 멸망 속에서 그들 자신의 운명을 읽을 수 있었기 때문이다. 너 잣나무들이어 곡힐지어다 백향목이 넘어졌으니 너희들도 머지않아 그렇게 될 수밖에 없지 않느냐(슥 11:2).

[2] 백향목의 비유에 대한 설명. 이 백향목이 베어졌다는 것은 이 힘 있는 왕과 그에게 붙어 있거나 그를 지지하던 모든 자들이 도륙되리라는 것을 의미한다. 백향목이 도끼에 의해 찍혀서 넘어졌듯이, 그들은 모두 죽음에 넘겨져서 칼에 죽임을 당하게 될 것이다. 이 왕과 그의 고관들(그는 그의 고관들이 다 왕들이라고 말하였다)은 아무런 지위나 이름이 없는 평범한 자들처럼 사람들 가운데에서 지하로 내려가게 될 것이다. 그들은 사람처럼 죽었다(시 82:7). 그들은 구덩이로 내려가는 자들과 함께 휩쓸려 내려갔고, 그들이 누렸던 부귀영화는 그들을 지켜 주지도 못하였고 그들을 따라 내려가지도 못하였다. 그는 구덩이에 내려가는 자들과 함께 스올에 떨어졌다(16절). 그는 죽은 자의 신분이 되어서, 다른 사람들처럼 이름도 없이 묻혔다. 그의 팔이었던 자들, 그가 의지하던 자들, 그의 손발이 되어 그의 권세를 뒷받침해 주었던 자들, 그의 그늘 아래에 거주하던 자들, 그의 신민(臣民)들과 동맹들, 그를 의지하였던 모든 자들도 그와 함께 스올에 내려 칼에 죽임을 당한 자들, 그들보다 앞서서 비명횡사하여 죄책과 수치 아래 있는 자들에게 이르렀다(17절). 큰 자들이 죽으면, 그들보다 앞서서 수많은 사람들이 죽을 뿐만 아니라 그들과 더불어서 수많은 사람들이 함께 죽게 된다.

[3] 이 힘 있는 왕과 그의 왕조를 무너뜨리신 하나님의 의도와 목적. 하나님은 이 일을 통해서 의도하신 것은 다음과 같은 것들이었다.

첫째, 이것은 주변의 나라들이 이 일을 보고서 깜짝 놀라서 경각심을 갖도록 하기 위한 것이었다(16절). 내가 나라들로 하여금 그 떨어지는 소리로 말미암아 진동하게 하였다. 그들은 모두 그토록 막강하였던 왕이 이렇게 무너지는 모습을 보고서 경악하였다. 이 일은 그들의 거만한 태도를 흔들어 놓았고, 그들은 각자 다음 차례는 자기가 될 것이라고 생각하게 되었다. 왕이 죽으면 나라 전체가 애도하듯이, 그가 스올에 내려가던 날에 내가 그를 위하여 슬프게 울게 하였고(15절), 애도의 표시로 깊은 바다를 덮어서 암흑으로 만들었으며, 일상적인 일을 중단시켰다. 애도의 물결이 넘쳐나도록 하기 위해서 내가 모든 강을 쉬게 하며 큰 물을 그치게 하였다. 종종 앗수르와 동맹 관계에 있었던 아람, 특히 레바논은 바벨론의 동맹국들처럼 그를 위하여 슬프게 울었다(계 18:9).

둘째, 이것은 주변 나라들과 그 왕들에게 교훈을 주기 위한 것이었다(14절).

이는 물 가에 있는 모든 나무가 아무리 좋은 위치에 있다고 하여도 키가 크다고 자랑하며 교만하지 못하게 하며, 그 꼭대기가 구름에 닿았다고 해서 남들을 경멸하지 못하게 하며, 마치 결코 낮아지지 않을 것처럼 그들 자신의 정치력과 권세를 믿고서 스스로 높아 서지 못하게 함이라. 그들은 모두 이 앗수르 왕의 일을 통해서 교훈을 얻어야 한다. 왜냐하면, 그도 한때 어느 왕 못지 않게 그의 머리를 높이 뻣뻣하게 들었고 자신의 입지가 영원히 견고할 것이라고 생각하였지만, 그의 교만은 그의 패망의 선봉이요 그의 거만한 마음은 그의 넘어짐의 앞잡이였기 때문이다. 교만하고 주제넘은 자들의 몰락은 다른 사람들에게 항상 겸손하라고 경고하기 위한 것임을 명심하라. 이 앗수르의 왕을 무너뜨리는 데에 큰 몫을 했던 느부갓네살이 이러한 경고를 받아들였더라면, 그의 처지는 더 나았을 것이다.

  2. 애굽의 왕도 마찬가지 방식으로 멸망하게 되리라는 예언이 나온다(18절). 그는 그의 영광과 위대함이 이 앗수르의 왕과 비견할 만해서 디르사 나무가 모든 관목들 위에 우뚝 솟아 있듯이 자기도 에덴의 모든 나무들보다 높이 솟아 있다고 생각하였다. "그러나 너도 보기에 좋은 에덴의 다른 나무들과 함께 지하에 내려갈 것이다. 너는 스올에 내려가서 할례를 받지 못하고 죽임을 당한 자들, 즉 부정함 가운데서 하나님을 떠나 저주 아래에서 욕되게 죽은 자들 가운데에 누우리라. 그 때에 네가 짓밟았던 자들이 너의 모습을 보고 희희낙락하며 이렇게 말할 것이다: 이들은 바로와 그의 모든 군대니라. 그의 몰골이 얼마나 초라한지, 그가 얼마나 낮아졌는지를 보라. 그의 모든 부귀영화과 교만함은 대체 어니로 가고 이렇게 초라한 몰골만이 남아 있게 되었는가." 세상에서 이름을 떨치며 요란한 소리를 내던 큰 자들과 큰 무리들도 하나님이 그들과 다투시게 되면 이내 여기에 나오는 바로와 그의 무리들처럼 없는 것만도 못한 아주 초라한 자들이 되고 만다는 것을 명심하라.

# 제
## — 32 —
# 장

## 개요

이 장에서도 우리는 계속해서 바로와 애굽의 멸망에 관한 이야기를 듣는데, 이 이야기는 놀라울 정도로 자세하게, 그리고 대단히 강조해서 얘기되고 있다. 애굽의 멸망에 관한 예언이 여러 시기에 걸쳐서 적어도 여섯 차례 선포될 정도로 그 내용이 아주 많이 나오는 데에는 분명히 뭔가 특별한 이유가 있을 것이라고 우리는 생각하지 않을 수 없다.

I. 그 이유는 아마도 저 멀리 창세기까지 거슬러 올라가는 것 같다(15:14). 창세기를 보면, 하나님은 자기 백성을 억압한 일 때문에 애굽을 심판하기로 결심하신다. 하나님의 이러한 결심은 애굽에 내려진 열 가지 재앙과 바로의 군대를 홍해에 빠뜨린 것을 통해서 부분적으로 성취되었지만, 결국 여기에 예언된 애굽의 멸망을 통해서 온전히 성취될 것이었다. II. 그 이유는 아마도 저 멀리 요한계시록까지도 연결되는 것 같다. 거기에서 우리는 복음 교회의 큰 원수로서 어린 양과 싸우는 자가 영적으로 애굽이라 불리고 있다는 것을 발견한다(계 11:8). 그렇다면, 애굽과 그 왕 바로의 멸망은 저 교만한 원수의 멸망을 보여주는 모형이라고 할 수 있다. 애굽의 멸망에 관한 이 예언과 적그리스도의 멸망에 관한 예언 간에는 일정 정도의 유사성이 존재한다. 이 장에는 애굽과 관련된 두 가지 서로 다른 예언이 나오는데, 그 중 하나는 동일한 달의 첫 날에, 다른 하나는 2주 후의 바로 그 날에 임한 것으로서, 이 두 날은 모두 안식일이었을 것이다. 이 두 예언은 모두 애가로서 애굽의 멸망이 얼마나 애처로운 일이 될지를 보여줄 뿐만 아니라 선지자 자신이 보편적인 인류애에 근거해서 애굽의 멸망을 얼마나 슬퍼했는지를 보여준다. 애굽의 멸망은 여기에서 두 가지 비유를 통해서 묘사된다. 1. 사자 또는 악어를 죽이는 일(1-16절). 2. 총사령관 또는 대장의 장례식(17-32절). 이 장에 나오는 두 예언은 그 분량이 서로 비슷하다.

¹열두째 해 열두째 달 초하루에 여호와의 말씀이 내게 임하여 이르시되 ²인자야 너는 애굽의 바로 왕에 대하여 슬픈 노래를 불러 그에게 이르라 너를 여러 나라에서 사자로 생각하였더니 실상은 바다 가운데의 큰 악어라 강에서 튀어 일어나 발로

물을 휘저어 그 강을 더럽혔도다 3주 여호와께서 이같이 말씀하셨느니라 내가 많은 백성의 무리를 거느리고 내 그물을 네 위에 치고 그 그물로 너를 끌어오리로다 4내가 너를 뭍에 버리며 들에 던져 공중의 새들이 네 위에 앉게 할 것임이여 온 땅의 짐승이 너를 먹어 배부르게 하리로다 5내가 네 살점을 여러 산에 두며 네 시체를 여러 골짜기에 채울 것임이여 6네 피로 네 헤엄치는 땅에 물 대듯 하여 산에 미치게 하며 그 모든 개천을 채우리로다 7내가 너를 불 끄듯 할 때에 하늘을 가리어 별을 어둡게 하며 해를 구름으로 가리며 달이 빛을 내지 못하게 할 것임이여 8하늘의 모든 밝은 빛을 내가 네 위에서 어둡게 하여 어둠을 네 땅에 베풀리로다 주 여호와의 말씀이니라 9내가 네 패망의 소문이 여러 나라 곧 네가 알지 못하는 나라들에 이르게 할 때에 많은 백성의 마음을 번뇌하게 할 것임이여 10내가 그 많은 백성을 너로 말미암아 놀라게 할 것이며 내가 내 칼이 그들의 왕 앞에서 춤추게 할 때에 그 왕이 너로 말미암아 심히 두려워할 것이며 네가 엎드러지는 날에 그들이 각각 자기 생명을 위하여 무시로 떨리로다 11주 여호와께서 이같이 말씀하셨느니라 바벨론 왕의 칼이 네게 오리로다 12나는 네 무리가 용사 곧 모든 나라의 무서운 자들의 칼에 엎드러지게 할 것임이여 그들이 애굽의 교만을 폐하며 그 모든 무리를 멸하리로다 13내가 또 그 모든 짐승을 큰 물 가에서 멸하리니 사람의 발이나 짐승의 굽이 다시는 그 물을 흐리지 못할 것임이여 14그 때에 내가 그 물을 맑게 하여 그 강이 기름 같이 흐르게 하리로다 주 여호와의 말씀이니라 15내가 애굽 땅이 황폐하여 사막이 되게 하여 거기에 풍성한 것이 없게 할 것임이여 그 가운데의 모든 주민을 치리니 내가 여호와인 줄을 그들이 알리라 16이는 슬피 부를 노래이니 여러 나라 여자들이 이것을 슬피 부름이여 애굽과 그 모든 무리를 위하여 이것을 슬피 부르리로다 주 여호와의 말씀이니라

이 단락에는 다음과 같은 내용들이 나온다.

**I. 선지자가 애굽의 바로 왕에 대하여 슬픈 노래를 지어 부르라는 지시를 받음**(2절).   사역자들이 진지한 마음을 지니는 것은 아주 중요하다. 사역자들이 이렇게 진지하다면 재앙의 날을 원하지는 않았지만 두려워한 자로서의 마음가짐으로 죄인들의 죽음과 파멸을 슬퍼하는 노래를 자주 지어 부르게 된다. 하나님께 속한 것들로 다른 사람들에게 감화를 끼치고자 하는 사역자들은 그들 자신이 죄인들이 스스로 자초한 비참한 일들에 대하여 진심으로 가슴 아파한다

는 것을 나타내 보여야 한다는 것을 명심하라. 우리는 스스로 울며 두려워 떨고자 하지 않는 자들을 위하여 우리 자신이 울며 두려워 떠는 모습을 보여줌으로써 그들로 하여금 울며 두려워 떨 수 있도록 해주는 것이 합당하다.

**II. 선지자가 이렇게 슬픈 노래를 부르는 이유를 보여주라는 지시를 받음.**

1. 바로는 열방들 가운데서 문제를 일으키는 자였고, 심지어 자기 나라의 평안조차도 지키지 못하고 분란을 일으킨 자였다. 그는 큰 소리로 포효하며 시끄럽게 굴고 많은 나라들을 위협하고 못살게 한 젊은 사자와 같았다(2절). 큰 권력을 쥔 군주들이 압제와 폭정을 행한다면, 그들은 하나님이 보시기에 맹수들과 다름이 없다. 바로는 깊은 물을 솥의 물이 끓음 같게 하는 리워야단(욥 41:31)처럼 바다 가운데서 바다를 휘젓고 다니며 말썽을 일으키는 큰 악어(또는, 고래나 용)와 같았다. 바로는 구레네 사람들과 쓸데없이 전쟁을 일으키고서는 강에서 튀어 일어나 그의 군대로 물을 휘저어 자기 나라는 물론이고 이웃 나라들까지 다 어지럽히며 그 강을 더럽혀서 진흙탕을 만들어 놓았다. 교만한 왕들의 그칠 줄 모르는 야망과 달래기 힘든 적개심이 세상을 온통 아수라장으로 만들어 놓는 경우가 종종 있다. 이스라엘을 괴롭게 한 자는 엘리야가 아니라 아합이었다.

2. 남들을 괴롭힌 자는 자신도 괴롭힘을 당하리라는 것을 예상하여야 한다. 왜냐하면, 여호와는 의로우시기 때문이다(수 7:25).

(1) 이것은 여기에서 비유를 통해서 제시된다. 바로는 강에서 튀어 나와서 소동을 일으키는 큰 악어, 욥이 낚시로 끌어낼 수 없다고 말한 리워야단(욥 41:1)과 같은가? 그렇지만 하나님은 그를 다 덮고도 남을 만큼 크고 단단하게 얽을 수 있을 만큼 튼튼한 그물을 가지고 계신다(3절). 내가 많은 백성의 무리, 곧 갈대아 군대를 거느리고 내 그물을 네 위에 치리라. 그들은 그를 그의 요새들에서 강제로 끌어내고, 그의 모든 소유를 박탈하며, 마치 큰 고기를 뭍에 던지듯이 그를 들에 던질 것이고(4절), 그는 자기가 살던 곳인 물에서 벗어났기 때문에 당연히 죽을 것이며, 이미 예언된 대로 공중의 새와 들짐승의 먹이가 되고 말 것이다(29:5). 아무리 힘이 센 물고기라도 물을 벗어나서 뭍에서 숨을 가쁘게 몰아쉬는 처지가 되었다면 목숨을 구하기 위해 스스로 무엇을 할 수 있겠는가? 하나님은 이 큰 악어의 살점을 여러 산에 두실 것이고(5절), 그 시체를 여러 골짜기에 채우실 것이다. 바로의 군사들은 그 죽은 시체가 여기저기 도처의 산들과

골짜기들에 무더기처럼 널려 있게 될 정도로 많은 수가 죽임을 당할 것이다. 골짜기들에서 피가 강을 이룰 정도로 무수한 군사들이 죽을 것이다. 또는, 이 리워야단은 그토록 부피와 높이가 커서, 뭍에 놓여졌을 때에 골짜기를 가득 채우게 될 것이다. 이 리워야단에게서는 지금 그가 헤엄치며 놀고 있는 애굽 땅에 물을 다 댈 정도로 엄청난 양의 피가 나올 것이다(6절). 그 피는 산들에 미칠 것이고, 애굽의 강물은 또 다시 이로 인하여 피로 변하게 될 것이다. 그 모든 개천이 네 피로 채워지게 될 것이다. 옛적의 바로에게 집행되었던 하나님의 심판은 물 가운데 리워야단의 머리를 깨뜨리신 일로 표현되고 있지만(시 74:13-14), 이제 있게 될 심판은 거기에서 한 걸음 더 나아간 것이 될 것이다. 이 옛 뱀은 이제 그의 머리를 상하게 될 뿐만 아니라 온 몸이 산산이 부서져 버리게 될 것이다.

(2) 이것은 애굽의 멸망이 이웃 나라들에게 큰 충격을 줄 예언을 통해서 제시된다. 앗수르 왕조가 멸망했을 때와 마찬가지로, 애굽의 멸망은 모든 나라들을 경악에 빠뜨리게 될 것이다(15-16절). 하나님이 환하게 타오르는 횃불과 같았던 바로를 불 끄듯 없애버리시면, 그 주변의 모든 것이 암흑으로 변하게 될 것이다(7절). 하늘은 흑암의 상태로 걸려 있고, 별들은 어두워지며, 해는 가려지고, 달은 빛을 내지 못하게 될 것이다. 이 아랫 세상은 그 빛을 윗 세상에서 받는다. 그러므로 하늘의 모든 밝은 빛이 위에서 어두워지면, 땅 위에는 어둠이 베풀어지고(8절), 애굽 땅에도 어둠이 임할 것이다. 앞서 물이 피로 변한 재앙이 암시된 것과 마찬가지로, 여기에서도 옛적에 사흘 동안 애굽을 덮쳤던 흑암의 재앙이 암시되고 있는 것으로 보인다. 왜냐하면, 이전에 받았던 심판들을 잊어버린다면 그 심판들을 다시 상기시켜 주는 것이 합당하기 때문이다. 애굽의 모사들과 정치가들, 나라의 일들을 담당한 자들이 지혜를 빼앗겨서 어리석은 자들이 되어 버리고, 그들에게 평안을 가져다 줄 일들이 그들의 눈에 감춰져 있다면, 그것은 그들의 빛이 어두워져서 그들의 땅이 흑암과 안개 속에 있는 것이다. 그와 같은 것은 이미 예언되었다: 소안의 방백들은 어리석은 자들이 되어 버렸다(사 19:13). 이제 애굽의 멸망에 관한 소문이 널리 퍼져서 그들이 알지 못하는 저 먼 나라들까지 다다르게 되면(9절), 사람들은 큰 충격을 받고 마음의 동요를 일으키게 될 것이다.

[1] 세상 사람들은 이 소문을 듣고서 애굽과 같이 역사가 깊고 부유한 강대국이 이토록 낮아지고 비천해진 것과 세상 영광의 자랑거리이지 긍지로 여겼

던 애굽의 영광이 이렇게 녹슬어 버리게 된 것을 보고 이루 말할 수 없는 분함에 사로잡히게 될 것이다. 애굽의 멸망을 통해서 이스라엘의 하나님의 말씀이 성취되었다는 것과 애굽의 모든 신들이 애굽을 구할 수 없었다는 사실에 많은 백성의 마음이 속상해하고 번뇌할 것이다. 악인들의 멸망은 다른 악인들에게 속상하고 분한 일이 된다는 것을 명심하라.

[2] 세상 사람들은 이 소문을 듣고서 놀라움을 금치 못할 것이다(10절). 그들은 너로 말미암아 놀랄 것이고, 그토록 엄청난 부와 권세가 하루 아침에 망한 것을 보고 놀라워할 것이다(계 18:17). 이 세상의 부귀영화를 부러워하며 놀라워했던 자들은 그 부귀영화가 무너지는 것을 보고서 경악하게 될 것이지만, 이 세상의 모든 것들이 헛되다는 것을 아는 자들에게 그런 일은 전혀 놀랄 일이 되지 못한다.

[3] 세상 사람들은 이 소문을 듣고서 두려움으로 가득 차게 될 것이다. 안전이 그들의 특권이라고 생각하던 그들의 왕들조차도 이웃집에 불이 났으니 자기 집도 위험하다는 생각에 너로 말미암아 심히 두려워할 것이다. 내가 내 칼이 그들의 왕들 앞에서 춤추게 할 때에 그 왕들이 각각 자기 생명을 위하여 무시로 떨리로다. 하나님의 공의의 칼이 어떤 자들을 베어 버리기 위하여 뽑아졌을 때, 그 칼은 다른 사람들에게 경고를 주기 위하여 그 사람들 앞에서 춤추는 것임을 명심하라. 그런데도 그 경고를 받아들여서 삶을 고치려고 하지 않는 자들은 결국 그 칼이 그들에게 임할 때에 기겁을 하며 두려워 떨게 될 것이다. 그들은 내가 엎드러지는 것을 보고서 무시로 떨 것이다. 다른 사람들이 죄 때문에 파멸을 당하는 것을 보면, 우리는 우리 자신이 죄악되고 벌을 받아 마땅한 자라는 것을 알기 때문에 두려워 떨 수밖에 없다. 이 거룩하신 하나님 여호와 앞에 누가 능히 서리요.

(3) 이것은 애굽에 임할 황폐화 자체에 관한 단순하고도 명백한 예고를 통해서 제시된다.

[1] 애굽을 황폐화하기 위해 사용될 도구들은 여기에서 아주 무시무시한 것들이 될 것이다. 바벨론 왕의 칼, 저 호전적이고 승승장구하는 왕의 칼이 네게 오리로다(11절). 용사 곧 모든 나라의 무서운 자들의 칼(12절), 그 앞에 아무도 설 자가 없는 그런 군대의 칼이 네게 올 것이다. 전쟁을 좋아하고 기회만 있으면 남과 다투고자 하는 자들은 언젠가는 그들이 당해낼 수 없는 자들을 만나게 되

리라는 것을 알아야 한다. 바로는 이웃 나라와 다투기를 좋아하였고, 그의 강, 즉 그의 군대로 휘젓고 다니기를 좋아하였다(2절). 이제 하나님은 그에게 물리도록 전쟁을 하게 해주실 것이다.

[2] 애굽이 어떻게 황폐화될지를 보여주는 사례들은 너무도 끔찍한 모습들로 나타나는데, 그 모습은 앞서 우리가 보았던 것(29:10-12; 30:7)과 거의 동일하다.

첫째, 애굽 사람들 중에서 본보기로 일부가 뽑혀서 죽임을 당하는 것이 아니라 무수한 사람들이 다 죽게 될 것이다. 죄인들의 수가 아주 많다는 것이 하나님의 심판을 피하거나 동정을 얻을 수 있는 빌미가 되지 못한다는 것을 명심하라.

둘째, 그들이 그토록 자랑하였던 애굽과 그 궁정의 영화(榮華)가 끝장이 날 것이다. 우리가 이 세상의 부귀영화를 버린 것은 우리 자신에게 참으로 잘 한 일이라는 것을 명심하라. 왜냐하면, 그런 것들은 곧 썩어질 것들이고 그런 것들을 숭상하는 자들을 속이는 것들이기 때문이다.

셋째, 강 가에서 풀을 뜯곤 했던 애굽의 가축들도 칼에 의해 죽임을 당하거나 노략물로 끌려가서 다 없어질 것이다(13절). 애굽은 좋은 말이 많기로 유명하였는데, 이 말들은 갈대아 사람들에게 좋은 전리품이 될 것이다. 애굽의 강들에는 예전과는 달리 물을 마시러 오는 사람이나 짐승의 발길이 뜸해질 것이다.

넷째, 힘차게 흐르곤 하던 애굽의 물은 이제는 깊고 느리고 무섭게 되어서 기름 같이 흐르게 될 것이다(14절). 이것은 애굽 온 나라에 슬픔과 무거운 정적이 내려앉아서 강들조차도 흐느끼며 애곡하는 자들처럼 조용히 흐를 것이고 빠르고 힘차게 흐르던 지난날의 모습을 완전히 잊어버리게 될 것임을 나타내는 비유적인 표현이다.

다섯째, 애굽 온 땅의 부가 벌거벗겨져서 거기에 곡식이나 가축이나 땅의 온갖 아름다운 열매들 같은 풍성한 것이 없게 될 것이다(15절). 하나님이 그 가운데 거주하는 모든 주민을 치시면, 땅은 경작되지 않을 것이고, 지면에서 모아들인 것들은 침략자의 손쉬운 노략물이 될 것이다. 하나님은, 이 세상의 것들을 차고 넘치게 향유하고서 그런 것들에 마음을 두고 마음껏 누리는 자들에게서 그들의 풍성한 것들을 언제라도 비워 버리실 수 있으시다는 것을 명심하라. 애굽 사람들은 살기 좋고 비옥한 땅에서 온갖 풍부한 산물들을 넘치게 거두어 들였고, 애굽에 대하여 말하는 자들은 그 땅이 풍성한 것들로 얼마나 차고 넘치는지를 빠뜨리는 법이 없었다. 그러나 하나님은 머지않아 그 땅에 풍성한 것이 없게 하실 것이다. 그러므로 하늘에 보화를 가득 쌓아두는 것이 진정으로 지혜로운 일이다. 애굽 온 땅이 빈곤하게 될 때에 다음과 같은 일들이 있게 될 것이다.

1. 그 일은 그들에게 교훈이 될 것이다. 내가 여호와인 줄을 그들이 알리라. 이 세상이 헛되고 거기에 있는 모든 것들이 다 사라질 것임을 아는 것은 우리의 분깃이자 복이신 하나님을 올바르게 아는 데에 많은 도움이 된다.

2. 그 일은 그들 주변의 모든 나라 사람들에게 슬픈 일이 될 것이다. 여러 나라 여자들이 이것을 슬퍼 부름이여(16절). 그들은 애굽과 동맹을 맺었기 때문에 그 근심에 동참하여 함께 고통하거나, 애굽을 동경하던 자들이었기 때문에 그 슬픔에 동참하며 애굽을 동정할 것이다. 그들은 애굽과 그 모든 무리를 위하여 슬픈 노래를 부를 것이다. 애굽이 너무도 처참하게 황폐화된 모습은 그들의 동정심을 불러일으키게 될 것이다. 기뻐할 일들을 많이 만드는 것은 곧 장차 슬퍼해야 할 일들을 늘리는 것이다.

[17]열두째 해 어느 달 열다섯째 날에 여호와의 말씀이 내게 임하여 이르시되 [18]인자야 애굽의 무리를 위하여 슬피 울고 그와 유명한 나라의 여자들을 구덩이에 내려가는 자와 함께 지하에 던지며 [19]이르라 너의 아름다움이 어떤 사람들보다도 뛰어나도다 너는 내려가서 할례를 받지 아니한 자와 함께 누울지어다 [20]그들이 죽임을 당한 자 가운데에 엎드러질 것임이여 그는 칼에 넘겨진 바 되었은즉 그와 그 모든 무리를 끌지어다 [21]용사 가운데에 강한 자가 그를 돕는 자와 함께 스올 가운데에서 그에게 말함이여 할례를 받지 아니한 자 곧 칼에 죽임을 당한 자들이 내려와서 가만히 누웠다 하리로다 [22]거기에 앗수르와 그 온 무리가 있음이여 다 죽임을 당하여 칼에 엎드러진 자라 그 무덤이 그 사방에 있도다 [23]그 무덤이 구덩이 깊은 곳에 만들어졌고 그 무리가 그 무덤 사방에 있음이여 그들은 다 죽임을 당하여 칼에 엎드러진 자 곧 생존하는 사람들의 세상에서 사람을 두렵게 하던 자로다 [24]거기에 엘람이 있고 그 모든 무리가 그 무덤 사방에 있음이여 그들은 다 할례를 받지 못하고 죽임을 당하여 칼에 엎드러져 지하에 내려간 자로다 그들이 생존하는 사람들의 세상에서 두렵

게 하였으나 이제는 구덩이에 내려가는 자와 함께 수치를 당하였도다 <sup>25</sup>그와 그 모든 무리를 위하여 죽임을 당한 자 가운데에 침상을 놓았고 그 여러 무덤은 사방에 있음이여 그들은 다 할례를 받지 못하고 칼에 죽임을 당한 자로다 그들이 생존하는 사람들의 세상에서 두렵게 하였으나 이제는 구덩이에 내려가는 자와 함께 수치를 당하고 죽임을 당한 자 가운데에 뉘었도다 <sup>26</sup>거기에 메섹과 두발과 그 모든 무리가 있고 그 여러 무덤은 사방에 있음이여 그들은 다 할례를 받지 못하고 칼에 죽임을 당한 자로다 그들이 생존하는 사람들의 세상에서 두렵게 하였으나 <sup>27</sup>그들이 할례를 받지 못한 자 가운데에 이미 엎드러진 용사와 함께 누운 것이 마땅하지 아니하냐 이 용사들은 다 무기를 가지고 스올에 내려가서 자기의 칼을 베개로 삼았으니 그 백골이 자기 죄악을 졌음이여 생존하는 사람들의 세상에서 용사의 두려움이 있던 자로다 <sup>28</sup>오직 너는 할례를 받지 못한 자와 함께 패망할 것임이여 칼에 죽임을 당한 자와 함께 누우리로다 <sup>29</sup>거기에 에돔 곧 그 왕들과 그 모든 고관이 있음이여 그들이 강성하였었으나 칼에 죽임을 당한 자와 함께 있겠고 할례를 받지 못하고 구덩이에 내려간 자와 함께 누우리로다 <sup>30</sup>거기에 죽임을 당한 자와 함께 내려간 북쪽 모든 방백과 모든 시돈 사람이 있음이여 그들이 본래는 강성하였으므로 두렵게 하였으나 이제는 부끄러움을 품고 할례를 받지 못하고 칼에 죽임을 당한 자와 함께 누웠고 구덩이에 내려가는 자와 함께 수치를 당하였도다 <sup>31</sup>바로가 그들을 보고 그 모든 무리로 말미암아 위로를 받을 것임이여 칼에 죽임을 당한 바로와 그 온 군대가 그러하리로다 주 여호와의 말씀이니라 <sup>32</sup>내가 바로로 하여금 생존하는 사람들의 세상에서 사람을 두렵게 하게 하였으나 이제는 그기 그 모든 무리와 더불어 할례를 받지 못한 자 곧 칼에 죽임을 당한 자와 함께 누이리로다 주 여호와의 말씀이니라

이 예언은 애굽의 멸망에 관한 예언을 마무리짓는 것으로서 애굽과 그 모든 무리가 멸망의 구덩이에 있는 모습을 그리고 있다.

I. 우리는 여기에서 한때 번영하였던 나라의 장례식에 참석하여 그 나라의 멸망을 슬퍼하고 무덤에까지 쫓아가서 무덤으로 내려가는 자들의 모습을 살펴보라는 초청을 받는다.

1. 한 나라의 죽은 시체가 여기에서 무덤으로 내려진다. 예레미야가 여러 나라와 왕국 위에 세움을 입었듯이(렘 1:10) 마찬가지로 하나님으로부터 귀세

를 부여받은 에스겔 선지자는 그들을 구덩이에 던지며 그들의 멸망을 예언하라는 지시를 받는다(18절). 그는 그들을 구덩이에 던지실 분의 명령을 받은 자로서 하나님의 이름으로 말씀을 선포하여야 한다. 그렇지만 그는 그들에 대한 인간적인 연민의 정을 지닌 자로서 그것을 예언하여야 한다. 그는 그들을 구덩이에 던질 때에라도 애굽의 무리를 위하여 슬피 울어야 한다. 애굽이 죽으면, 그 격에 맞춰 예를 갖추어 장례를 치러 주라. 애굽을 유명한 나라의 여자들과 함께 각자의 매장지에 동일한 예식을 갖추어 매장하라. 유명한 자들과 함께 묻히는 것은 죽음이 가져다 주는 수치와 공포를 별로 달래주지는 못하겠지만, 그것이 애굽에게 허용된 것의 전부가 될 것이다. 애굽은 교만하고 안하무인이었던 나라들이 공통적으로 맞은 운명을 면제받을 것이라고 생각한 것인가? 결코 그렇게 되지 않을 것이다. 애굽은 그런 나라들과 똑같은 운명에 처해질 것이다(19절). "너의 아름다움이 어떤 사람들보다도 뛰어난가. 네가 다른 어느 나라보다도 훨씬 더 아름답기 때문에 특별대우를 받을 것이라고 생각하는가? 결코 그렇지 않을 것이다. 너만큼 아름다운 나라들도 다 구덩이 속으로 가라앉았다. 그러므로 너는 내려가서 할례를 받지 아니한 자들과 함께 누울지어다. 너는 그들과 같은 자이니 그들 가운데 눕는 것이 마땅하다. 여러 나라들 가운데서 무수한 사람들이 죽은 지금에 있어서 애굽의 모든 무리도 그렇게 칼에 죽임을 당한 자들 가운데에 엎드러질 것이다." 애굽은 다른 나라들과 마찬가지로 피의 잔을 마셔야 하기 때문에, 전쟁의 칼, 하나님의 손에 들린 공의의 칼에 넘겨진 바 되어서 공개적으로 처형을 당하게 될 것이다. 그와 그 모든 무리를 끌지어다. 큰 자들의 시신을 상여에 싣고 예를 갖추어 무덤으로 끌고 가듯이, 또는 범죄자들을 수레에 욕되게 가두어 처형장으로 끌고 가듯이, 그들을 끌라. 그들을 구덩이로 끌어서, 온 세상 사람들에게 구경거리가 되게 하라.

2. 한 나라의 시신은 무덤에서 환영을 받고, 바로는 그 어떤 화려한 예식도 없이 죽은 자들의 회중 속으로 받아들여져서 그들이 거주하는 곳으로 들어간다. 성경에서는 바벨론 왕이 갑작스럽게 죽자 아래의 스올이 너로 말미암아 소동하여 너를 어둠의 저택으로 인도하기 위하여 네가 오는 것을 영접한다고 묘사하고 있듯이(사 14:9 이하), 여기에서는 애굽 왕이 죽자 용사 가운데에 강한 자들이 마치 그의 도착을 축하하면서 그들이나 그나 부귀영화를 누리고 교만해져 있을 때에는 하나님과 다투는 것이 헛되고 하나님을 향하여 마음을 완악하게 먹

고서 형통한 자가 없다는 것을 인정하려 들지 않았다는 것을 함께 고백하자고 권유하는 듯이 스올 가운데에서 그에게 말할 것이다(21절). 그들은 그와 그를 도울 수 있는 체하였던 자들에게 이렇게 말할 것이다. 너희가 지금 어디에 있느냐? 너희의 시도들이 결국 어떻게 되었느냐? 애굽보다 앞서 무덤에 내려온 여러 나라들은 마침내 애굽이 그들에게 온 것을 조소와 질책으로 맞이한다. 여기에 언급된 나라들은 아마도 최근에 바벨론의 왕에 의해서 멸망을 당하고 그 왕들이 죽임을 당한 나라들일 것이다. 애굽은 이것이 자업자득이라는 것을 알아야 한다. 애굽은 무덤으로 내려왔지만, 그것은 그가 많은 사람들이 있는 곳으로 장소를 옮겨온 것일 뿐이었다. 거기에는 그보다 앞서 온 무수한 사람들이 있다. 그러나 주목할 만한 것은 유다와 예루살렘은 바로 이 무렵 또는 그 직전에 완전히 멸망당하여 초토화되었지만 애굽이 구덩이로 내려온 것을 환영하는 나라들 가운데에 언급되어 있지 않다는 것이다. 왜냐하면, 그들은 이 나라들이 겪은 것과 똑같은 일을 동일한 손길에 의해서 겪었지만, 그들의 환난에는 하나님의 선한 의도가 있으셨다는 것과 결국 그 결말이 복되리라는 것과 하나님이 그들을 위하여 예비해 두신 긍휼로 인해서 그들의 환난의 성격이 바뀌었기 때문이다. 그들이 겪은 환난은 이방 나라들과는 달리 그들을 구덩이로 내려가게 하는 것이 아니었다. 하나님은 자기 백성을 치셨지만 그 백성을 친 자들을 치심과 같지 않았고, 하나님의 백성은 죽임을 당하였지만 그들을 죽인 자들이 죽임을 당함과 같지 않았다(사 27:7). 그러나 애굽은 이제 자기보다 앞서 스올에 내려온 자들, 힐례를 받지 아니한 자 곧 칼에 죽임을 당한 자들과 거처를 함께 해야 한다.

(1) 거기에는 앗수르 제국과 그 왕조의 모든 왕들과 용사들이 누워 있다. 거기에 앗수르와 그 온 무리, 즉 앗수르를 의지하며 조공을 바쳤던 모든 나라들이 있음이여(22절). 호위대와 귀인들에게 둘러싸인 채 위풍당당하게 누워 있던 저 막강한 군주들이 지금은 사방에 있는 무덤들과 이제 더 이상 그를 섬기거나 예를 올릴 수 없는 그 속의 군사들에 둘러싸여서 이름도 없이 누워 있다. 그들은 다 죽임을 당하여 칼에 엎드러진 자들이다. 그들은 천수를 다하지 못하고 요절한 자들이었고, 피 흘리며 속이는 자들이었기 때문에 그들의 날의 반도 살지 못하였다. 그들의 무덤들은 여러 명이 자는 방에 놓인 침대들처럼 구덩이 깊은 곳에 모두 일렬로 놓여져 있다(23절). 이 무리들은 모두 죽임을 당하여 칼에 엎드러진 자들이다. 생존하는 사람들의 세상에서 사람들을 두렵게 하던 자들이 거기에 무수

히 누워 있다. 그들이 두렵게 하던 자들이 죽음으로써 그들의 두려움이 끝난 것과 마찬가지로(무덤에 갇힌 자들은 다 함께 평안히 있어 압제자의 호통 소리를 듣지 아니한다, 욥 3:18), 이 용사들도 죽음으로써 사람들을 두렵게 하던 일도 끝이 났다. 누가 죽은 사자를 두려워하겠는가? 자기 세대 속에서 자신을 축복이 아니라 두려움이 되게 한 자들이 가장 두려워하는 것은 죽음이다.

(2) 거기에는 바사 제국이 누워 있다. 바사는 당시에 사람들의 기억 속에서 초토화되고 멸망했을 것이다. 거기에 엘람이 있고 그 모든 무리, 즉 엘람 왕과 그의 수많은 군대들이 있다(24-25절). 그들도 생존하는 사람들의 세상에서 사람들을 두렵게 하고 당대에 많은 나라들 위에 군림하여 호통을 치던 공포의 대상이었다. 그러나 엘람은 지금 무덤 속에 있고, 그의 무덤 사방에는 죽임을 당하여 칼에 엎드러진 평범한 사람들의 무덤이 있다. 엘람은 할례를 받지 못하고 거룩함을 입지 못한 채 죽임을 당한 자들, 하나님과의 언약 관계 속에 있지 않아서 거룩하지 못한 자들 가운데에 자신의 침상을 놓았다. 이제 엘람과 그 무리들은 구덩이에 내려가는 자들과 함께 수치를 당하였다. 그들은 죽어서 묻힌 사람들이 겪는 수치와 굴욕을 그대로 겪었다. 아니, 그들은 하나님과 사람들이 그들에게 부여한 특별한 불명예를 지니고서 죽었다. 남들에게 공포의 대상이 된 자들은 조만간에 수치를 떠안게 되고 스스로 공포 속에 있게 될 것임을 명심하라. 엘람 왕은 죽임을 당한 자 가운데에 뉘어졌다. 이제 그가 감히 바랄 수 있는 명예는 가장 좋은 무덤에 묻히는 것이 전부일 것이었다.

(3) 거기에는 당시에 세계에서 아주 활발하게 활동하였던 스키타이 세력도 누워 있다. 북방의 야만족들인 메섹과 두발은 최근에 메대를 침공하여 메대 사람들을 두렵게 하고 여러 해 동안 그 땅의 일부를 무단으로 점령하여 메대 사람들 가운데서 살면서 그들의 손이 닿는 모든 것을 닥치는 대로 그들의 소유로 삼았다. 그러나 마침내 메대의 왕 키약사레스는 책략을 써서 그들의 많은 수를 죽여서 다시는 그의 땅을 밟지 못하게 만들었다(26절). 그래서 메섹과 두발, 그들의 모든 무리들이 거기에 누워 있는 것이다. 그들의 매장지가 거기에 있었고, 그들 가운데는 그들의 대장도 있었는데, 이들은 다 할례를 받지 못하고 칼에 죽임을 당한 자들이었다. 이 스키타이 족속들은 사는 날 동안에도 변변치 않게 살았지만, 앞에서 언급된 다른 나라들과는 달리 죽어서도 좋은 침상에 눕지 못할 것이다(27절). 전쟁터에서 죽임을 당한 용사들은 적군의 묵인 아래에서 상

여 앞에 무기를 앞세우고 스올에 내려가서 마치 무덤에서 더 달콤하게 잠을 잘 수 있다는 듯이 자기의 칼을 베개로 삼았지만, 반면에 이 스키타이 족속들은 그런 용사들과 함께 눕지 못할 것이다. 이 스키타이 족속들은 이렇게 명예롭게 묻히지 못하였는데, 이는 그들의 백골이 자기 죄악을 졌기 때문이다. 그들은 생존하는 사람들의 세상에서는 심지어 용사들에게까지 두려움의 대상이 되었던 자들이었지만, 그들의 죄악 때문에 매장되지도 못하고 버려질 것이다.

(4) 거기에는 에돔이 누워 있다. 에돔은 오랫동안 번영하였지만, 이 때쯤 해서 적어도 애굽의 멸망 이전에 예언대로(25:13) 완전히 황폐화되었다. 열방들의 무덤 가운데는 에돔이 있다(29절). 거기에 그 왕들과 그 모든 고관, 지혜로운 정치인들(에돔은 정치인들이 지혜롭기로 유명하였다), 용맹스러운 군사들이 추모비나 비석도 없이 먼지 속에 나뒹굴고 있다. 그들이 강성하였으나 칼에 죽임을 당한 자들과 함께 있다. 그들이 지닌 용맹함도 그들이 그렇게 되는 것을 막을 수 없었고, 도리어 그 길을 재촉하였다. 왜냐하면, 그들은 용맹하였으므로 더욱 전쟁하기를 좋아하였고, 이웃 나라들은 에돔이 더 강성해지는 것을 막기 위해서 그들을 견제하였기 때문이다. 그들은 멸망당하지 않기 위해서 그 강성한 힘으로 많은 수고를 하였지만, 결국 칼에 죽임을 당한 자들과 함께 누워 있다. 에돔 사람들은 아브라함의 자손이라는 표시로 할례를 받은 표를 간직하고 있었지만, 그런 것도 그들에게 도움이 되지 못할 것이다. 그들은 할례를 받지 못한 자들과 함께 누울 것이다.

(5) 거기에는 북쪽 모든 방백과 모든 시돈 사람이 누워 있다. 그들은 애굽 사람들과 마찬가지로 바다에 익숙한 자들로서 그들의 힘의 상당 부분을 바다에 의존하고 있었지만, 죽임을 당한 자들과 함께 구덩이로 내려갔다(30절). 이제 그들은 그들이 자신의 힘을 믿고 자랑한 것에 대하여 부끄러움을 품고 있다. 주변 사람들을 두려움 속으로 몰아넣었던 그들은 강성한 힘을 지녔던 에돔 사람들과 마찬가지로 칼에 죽임을 당한 자들과 함께 누워 있고 그런 자들과 운명을 같이할 수밖에 없게 되었다. 그들은 구덩이에 내려가는 자들과 함께 수치를 당하였고, 재판을 받고 죽은 자들처럼 욕되게 죽었다.

(6) 이 모든 것은 바로와 애굽 사람들에게 그대로 적용된다. 그들은 지극히 지혜롭고 부유하며 강력하였던 이웃 나라들이 어떻게 초토화되었는지를 볼 때에 결코 그들의 앞날이 잘 될 것이라는 소망으로 위안을 삼지 못하게 될 것이

다(28절). "오직 너는 할례를 받지 못한 자들과 함께 패망할 것임이여. 하나님이 낮아지지 않고 행실을 고치지 않는 나라들을 무너뜨리실 때, 너는 그들과 함께 무너지게 될 것을 예상하여야 한다."

[1] 애굽보다 앞서서 역사상 무수한 강대국들이 그렇게 무너졌다는 사실은 애굽에게 불행 중에서도 일말의 위로가 될 것이다(31절). 바로가 그들을 보고 위로를 받을 것임이여. 자기가 전쟁터에서 죽임을 당한 최초의 왕이 아니라는 것, 그의 군대가 역사상 최초로 패주당한 군대가 아니라는 것. 그의 나라가 역사상 최초로 초토화된 나라가 아니라는 것이 그의 마음을 조금 편안하게 해 줄 것이다. 그린힐(Greenhill) 목사는 여기에서 "악인들이 죽음 이후에 갖는 위로는 진정한 것이 아니라 허구적인 보잘것없는 위로에 불과하다"고 지적한다. 그들은 자기와 똑같이 고통을 당하는 무수한 사람들을 볼 때에 만족감을 거의 느끼지 못할 것이다. 나사로 비유 속에 나오는 부자는 지옥에서 그 광경을 보고 끔찍해하였다. 바로가 그들을 보고 위로를 받을 수 있는 것은 오직 명예와 관련해서일 뿐이다.

[2] 그 어떤 것도 이러한 비참한 일을 면제받지 못할 것이다. 왜냐하면, 하나님이 생존하는 사람들의 세상에서 사람들을 두렵게 하였기 때문이다(32절). 큰 자들은 사람들에게 두려움을 불러일으켜 왔고, 어떻게 하면 모든 사람으로 하여금 그들을 두려워하게 만들 수 있을지를 궁리해 왔다. 그러나 이제 크신 하나님이 생존하는 사람들의 세상에서 사람들을 두렵게 하셨다. 하나님은 그의 날이 다가옴을 보시기 때문에 그들을 비웃으신다(시 37:13). 하나님이 두렵게 하시는 그 날에 바로와 그 모든 무리는 칼에 죽임을 당한 자들과 함께 눕게 될 것이다.

**Ⅱ. 이 예언이 멸망한 나라들에 대하여 보여주는 모습은 우리에게 다음과 같은 것들을 보여준다.**

1. 이 현세와 그 안에 있는 죽음의 제국에 대하여. 인간의 삶이 지닌 재난의 상태를 와서 보라. 이 세상이 죽어가는 세상이라는 것을 보라. 강한 자도 죽고, 용감한 자도 죽으며, 바로와 그의 모든 무리도 죽는다. 이 세상이 죽이는 세상이라는 것을 보라. 그들은 모두 칼에 죽임을 당한 자들이다. 마치 사람들이 저절로 죽기를 기다리면 그 세월이 너무 느리고 지루하다는 듯이, 사람들은 서로를 죽이는 방법들을 찾아내는 데에 천부적인 재능을 발휘한다. 세상은 거대한 구덩이일 뿐만 아니라 거대한 투기장(鬪技場)이다.

2. 내세에 대하여. 여기에서 일차적으로 의도하고 있는 것은 나라들의 멸망이긴 하겠지만, 여기에는 분명히 회개하지 않은 죄인들, 마음에 할례를 받지 않은 자들의 최종적이고 영원한 멸망에 대한 암시가 들어 있다. 그들은 하나님의 공의의 칼에 죽임을 당한다. 그들의 죄악은 그들 위에 있고, 이 때문에 그들의 수치를 담당한다. 그리스도의 원수들, 즉 그리스도로 하여금 그들을 다스리게 하고자 하지 않았던 자들은 현세에서 아무리 떵떵거리고 살았고 그 수가 아무리 많다고 하여도 여기에 나온 바로와 그 모든 무리처럼 그 앞에 끌려 나와서 죽임을 당하게 될 것이다.

# 제
# — 33 —
# 장

## 개요

선지자는 이제 재판장으로서 여러 나라들에 대하여 하나님의 이름으로 심문하고 판결을 선고하는 순회 재판을 다 끝마치고 그들에 대한 판결문을 앞의 여덟 장에 걸쳐서 읽어 내려간 후에, 여기에서는 다시 하나님의 백성에게로 돌아와서 그들에게 전해야 할 말씀들을 하나님께로부터 받는다. I. 에스겔은 자기가 선지자로서 그들 가운데서 어떤 직분에 있는지, 즉 그가 그들을 책임지는 파수꾼으로 부르심을 받았다는 것과 이 일에 대하여 하나님께 책임을 져야 한다는 것을 그들에게 알게 하여야 한다(1-9절). 우리는 앞에서 이와 관련된 핵심적인 내용을 이미 보았었다(3:17 이하). II. 선지자는 하나님이 어떤 원칙 아래에서 그들을 대하고 계시는지, 즉 하나님은 그들의 행위가 선한지를 시험하고 계시기 때문에, 악인이라도 회개하면 멸망하지 아니하고 의인이라도 배교하면 멸망하게 된다는 것을 그들에게 알게 하여야 한다(10-20절). III. 아직 이스라엘 땅에 그대로 남아 있는 자들에게 하나님은 여기에서 특별한 메시지를 보내신다. 아주 이상한 일이지만, 그들은 거기에서 점차 안일해져 갔고, 그들이 다시 거기에서 뿌리를 내릴 것이라고 확신하고 있었다. 하지만 하나님은 그들이 계속해서 죄 가운데 머물러 있기 때문에 그들의 소망이 좌절되고 말 것이라고 그들에게 말씀하신다(21-29절). IV. 에스겔의 사역을 직접 보았으면서도 그 신앙이 진실하지 않은 자들에 대한 책망이 여기에 나온다(30-33절).

[1]여호와의 말씀이 내게 임하여 이르시되 [2]인자야 너는 네 민족에게 말하여 이르라 가령 내가 칼을 한 땅에 임하게 한다 하자 그 땅 백성이 자기들 가운데의 하나를 택하여 파수꾼을 삼은 [3]그 사람이 그 땅에 칼이 임함을 보고 나팔을 불어 백성에게 경고하되 [4]그들이 나팔 소리를 듣고도 정신차리지 아니하므로 그 임하는 칼에 제거함을 당하면 그 피가 자기의 머리로 돌아갈 것이라 [5]그가 경고를 받았던들 자기 생명을 보전하였을 것이나 나팔 소리를 듣고도 경고를 받지 아니하였으니 그 피가 자기에게로 돌아가리라 [6]그러나 칼이 임함을 파수꾼이 보고도 나팔을 불지 아니하여 백성에게 경고하지 아니하므로 그 중의 한 사람이 그 임하는 칼에 제거 당하면

그는 자기 죄악으로 말미암아 제거되려니와 그 죄는 내가 파수꾼의 손에서 찾으리라 [7]인자야 내가 너를 이스라엘 족속의 파수꾼으로 삼음이 이와 같으니라 그런즉 너는 내 입의 말을 듣고 나를 대신하여 그들에게 경고할지어다 [8]가령 내가 악인에게 이르기를 악인아 너는 반드시 죽으리라 하였다 하자 네가 그 악인에게 말로 경고하여 그의 길에서 떠나게 하지 아니하면 그 악인은 자기 죄악으로 말미암아 죽으려니와 내가 그의 피를 네 손에서 찾으리라 [9]그러나 너는 악인에게 경고하여 돌이켜 그의 길에서 떠나라고 하되 그가 돌이켜 그의 길에서 떠나지 아니하면 그는 자기 죄악으로 말미암아 죽으려니와 너는 네 생명을 보전하리라

선지자는 하나님의 분명한 지시를 받고서 유대인들에게 예언하는 일을 중단하였고, 바로 그 때에 예루살렘이 침략을 받아서 철통 같이 포위되었다는 소식이 날아들었다(24:27). 그러나 예루살렘이 함락된 지 2년이 지난 지금에 와서 선지자는 그들에게 다시 말씀을 전하라는 지시를 받는다. 그들에게 말씀을 전하는 사명이 그에게 다시 주어진 것이다. 만약 하나님이 그들을 완전히 버리셨다면, 선지자들을 그들에게 보내시는 일은 다시는 없었을 것이다. 또한, 만약 하나님이 그들을 위하여 긍휼을 예비해 두지 않으셨다면, 그들에게 이와 같은 것들을 보여주지 않으셨을 것이다. 이 단락에서 우리는 다음과 같은 내용들을 본다.

**I. 파수꾼의 비유.**  파수꾼의 임무, 그에게 두어진 신임과 책임, 그와 그를 고용한 자들 사이에 맺어진 계약 조건이 여기에 제시된다(2, 6절).

1. 백성이 파수꾼을 임명하는 계기가 된 국가적인 재난이 있는 것으로 가정된다. 하나님이 칼을 한 땅에 임하게 한다 하자(2절). 전쟁의 칼이 어떤 땅에 임할 때에 그것은 하나님이 보내신 것이다. 사람들이 아무리 불의하게 칼을 뽑아 들었다고 해도, 그것은 여호와의 칼이다. 어떤 나라에 외적이 침입할 위험이 있는 그런 때에는, 사람들은 적군의 모든 동향을 미리 알아서 기습 공격을 당하지 않고 침략자를 방어하기 위한 만반의 준비를 갖추기 위해서 적군이 침입해 올 것으로 예상되는 지역에 자기들 가운데 그 모든 길목들을 아주 잘 아는 적임자 하나를 택하여 파수꾼을 삼는다. 이렇게 이 세대의 아들들은 자기 시대에 있어서는 아주 지혜롭다. 한 사람이 나라 전체를 위하여 공적으로 섬길 수 있다는 것을 명심하라. 고관들과 정치가들은 한 나라의 파수꾼들이다. 그들은 평소에는

끊임없이 헌신하다가, 나라에 위기가 닥쳐오면 파수꾼으로서 나라의 안전을 위하여 위험을 무릅써야 한다.

2. 백성이 그 파수꾼을 신임하여 일을 맡겼을 때에 그는 그 일에 있어서 백성에게 책임을 저야 한다는 것이 가정된다. 그가 해야 할 일은 다음과 같은 것들이다.

(1) 적군이 다가오거나 진격해 오는 것을 알아내는 일. 그러므로 그는 눈을 감거나 잠을 자서는 안 된다. 그렇게 한다면, 그는 칼이 임하는 것을 볼 수 없기 때문이다.

(2) 그런 일이 일어났을 때에 나팔을 불어서, 또는 오늘날의 초병들처럼 위험 신호로서 총을 발사함으로써 이 사실을 알리는 일. 그는 그를 파수꾼으로 세운 자들에 의해서 이 두 가지 일을 충실히 행할 것이라는 특별한 신임과 신뢰를 받고 있다. 그들은 그의 성실성에 그들의 목숨을 걸고 있는 것이다.

[1] 그가 자신의 몫을 다하여, 제때에 모든 위험들을 알아차리고서 백성들에게 경고를 한다면, 그는 자신의 책임을 다한 것이기 때문에, 자기 생명을 보전할 뿐만 아니라 삯도 받는다. 백성들이 경고를 받아들이지 않고, 파수꾼이 그들에게 알려 준 것을 믿지 않으며, 위험이 실제로 아주 크거나 가까이 다가왔다는 것을 믿지 않고 그 경고를 무시하여, 적군의 기습을 받았다면, 그것은 그들의 잘못이기 때문에, 그 책임은 파수꾼에게 돌아가지 않고, 그들의 피는 그들 자신의 머리로 돌아간다. 어떤 사람이 나팔 소리를 듣고 위험이 있다는 것을 알면서도 무모하게 위험한 곳으로 들어갔다가 그의 어리석음 때문에 칼이 임하여 제거함을 당하면, 그는 자살한 것이다. 그 어리석은 자는 죽음을 자초한 것이다.

[2] 파수꾼이 자신의 책무를 다하지 못하여, 위험을 알아차렸어야 하는데도 자거나 부주의하거나 다른 곳을 보다가 그 위험을 알아차리지 못하였다면, 또는 위험을 보고도(여기에서는 이 경우를 다룬다) 자신의 목숨만을 살리기 위해서 피신하고 나팔을 불지 아니하여 백성에게 경고하지 아니하므로 어떤 사람이 주여 내게 긍휼을 베푸소서라고 부르짖거나 회개하여 하나님과 화해를 할 겨를도 없이 자기 죄악으로 말미암아 불시에 죽임을 당한다면(가엾은 피조물이 자기 죄 가운데서 데려감을 당한다는 것이 목숨을 잃는 것보다 훨씬 더 중대한 문제가 된다), 하나님은 그 사람의 피를 파수꾼의 손에서 찾으실 것이다. 파수꾼은 그 사람에게 위험을 경고하지 않았기 때문에 그 사람의 죽음에 대하여 죄가 있는

것으로 여겨질 것이다. 그러나 파수꾼이 자신의 몫을 다하고 백성들도 각자의 몫을 다한다면, 모든 것이 아무런 문제가 없다. 경고를 한 파수꾼이나 경고를 받아들인 백성들은 둘 다 그들의 생명을 보전하게 될 것이다.

**Ⅱ. 파수꾼의 비유가 선지자에게 적용됨**(7, 9절).

1. 선지자는 이스라엘 족속의 파수꾼이다. 그는 종종 주변의 나라들에게 경고를 해왔었지만, 본래 그는 이스라엘 족속의 파수꾼이었다. 왜냐하면, 그들은 선지자들의 자손이요 언약의 자손이었기 때문이다. 그들은 앞의 비유에 나온 나라의 백성과는 달리 그를 택하여 파수꾼을 삼지 않았지만(이방 나라들은 자신의 세상적인 이권들을 보호하는 데에 지혜로운 반면에, 이스라엘 백성은 그들의 안녕과 목숨을 보존하는 일에 그 만큼 지혜롭지 못하였기 때문이다, 2절), 하나님이 그들을 위하여 그를 파수꾼으로 세우셨다. 하나님은 선지자들을 파수꾼으로 임명하셨다.

2. 선지자가 파수꾼으로서 해야 할 일은 죄인들에게 그들의 죄 때문에 그들이 비참함과 위험에 처해 있다고 경고하는 것이다. 이것은 그가 하나님의 입으로부터 듣고 그들에게 전해야 하는 말씀이다.

(1) 하나님은 악인은 반드시 죽으리라고 말씀하셨다. 악인은 비참해질 것이고, 만약 회개하지 않는다면, 하나님과 하나님 안에 있는 모든 위로와 소망에서 끊어지고 모든 선한 것으로부터 끊어질 것이다. 그는 영원히 하나님의 진노 아래 놓이게 될 것인데, 하나님의 은총이 영혼의 생명인 것처럼 이것은 그의 영혼의 사망이다. 의로우신 하나님은 죄의 삯은 사망이라고 말씀하셨고, 그 말씀을 결코 취소하지 않으실 것이며, 세상의 그 누구도 그 말씀을 무효화시킬 수 없다. 죄가 장성한즉 사망을 낳느니라(약 1:15). 하나님의 진노는 악한 나라들에 대하여 하늘로부터 나타나서 그 나라들을 멸망시킬 뿐만 아니라, 악인들에 대하여 나타나서 나라들과는 달리 내세에까지 이어져서 영원까지 지속되는 한 개인의 운명을 결정지을 것이다.

(2) 악인에게 이러한 사실을 경고하고자 하시는 것은 하나님의 뜻이다. 나를 대신하여 그들에게 경고할지어다. 이것은 악인의 멸망을 막을 수 있는 가능성이 존재한다는 것을 의미한다. 만약 그렇지 않다면, 하나님이 악인에게 경고하시는 것은 악인을 희롱하는 것이 되고 말 것이다. 아니, 하나님은 악인의 멸망이 반드시 막아지기를 간절히 바라신다. 하나님이 죄인들에게 다가올 진노에 대

하여 경고하시는 것은 그들로 하여금 진노를 피할 수 있도록 하기 위한 것이다 (마 3:7).

(3) 악인들에게 악인에게는 화가 있으리라(사 3:11)고 말해 주고 경고하는 것이 사역자들의 할 일이다. 하나님은 범죄하는 그 영혼은 죽으리라고 일반적으로 말씀하신다. 사역자들이 할 일은 이것을 구체적인 개인들에게 적용해서 이렇게 말해 주는 것이다. "악인아, 네가 누구이든 너는 반드시 죽으리라. 네가 계속해서 죄 가운데 머문다면, 그 죄들 때문에 너는 반드시 파멸하게 될 것이다. 간음하는 자여, 도둑질하는 자여, 술 취한 자여, 거짓 맹세하는 자여, 안식일을 지키지 않는 자여! 너는 반드시 죽으리라." 사역자는 감정적으로 이 말씀을 전하여 죄인의 화를 돋구어서는 안 되고, 도리어 연민의 마음으로 악인에게 살고자 한다면 그의 길에서 떠나고 그의 길에서 돌이키라고 경고하여야 한다. 이것은 이 말씀을 공적으로 충실하게 전함으로써 행해져야 하고, 이미 그 죄가 낱낱이 밝혀져 있는 자들에게 개인적인 적용을 통해서 행해져야 한다.

3. 선지자가 책무를 태만히 하여 영혼들이 죽는다면, 그 책임은 선지자에게 돌아갈 것이다. "선지자가 악인에게 그 악한 길의 끝에 파멸이 있을 것임을 경고하였다면, 그 악인은 자기 죄악으로 말미암아 죽을 것이다. 왜냐하면, 파수꾼이 자신의 몫을 다하지 않았더라도, 죄인은 기록된 말씀과 자신의 양심과 다른 사람들에 대한 하나님의 심판을 통해서 경고를 받을 수 있었을 것이고, 이런 이유로 그 죄인이 변명할 말은 없게 되고, 하나님이 그 죄인을 멸망시키시는 것은 의로우신 일임이 입증될 것이기 때문이다." 회개치 않은 죄인들은 저 큰 날에 그들의 파수꾼들이 그들에게 경고를 해주지 않았다거나 그 파수꾼들이 부주의하고 불성실했다고 항변해도 아무 소용이 없을 것임을 명심하라. 왜냐하면, 설령 그 파수꾼들이 그랬을지라도, 하나님은 다른 증인을 남겨 두셨다는 것이 밝혀질 것이기 때문이다. "그러나 그런 경우에 그 죄인은 자기 죄악으로 말미암아 혼자 죽는 것이 아니라, 파수꾼도 벌을 받게 될 것이다. 내가 그의 피를 네 손에서 찾으리라. 눈이 먼 채로 인도하는 자는 눈이 먼 채로 따르는 자와 함께 둘 다 구덩이에 떨어지게 될 것이다." 죄인들의 멸망을 막을 수 있는 조치를 할 수 있는 자들이 그렇게 하지 않은 것에 대하여 하나님이 몹시 진노하시는 모습 속에서 우리는 하나님이 죄인들이 구원 받기를 얼마나 바라시는지를 볼 수 있다. 사역자들이 죄인들의 죄악들을 눈감아 주고 그들의 악한 길을

감싸주며, 자신의 악한 삶을 통해서 죄인들의 악행을 비호하고 죄인들로 하여금 그들이 죄를 계속해서 지어도 평안을 얻게 될 것이라고 믿도록 부추긴다면, 그 사역자들이 저 큰 날에 얼마나 큰 벌을 받게 될지를 보라.

4. 선지자가 자신의 책무를 다한다면, 비록 그의 경고가 성공을 거두지 못한다고 하여도, 자신의 몫을 다한 것에 대한 보상을 얻을 수 있다(9절). "네가 악인에게 경고하여 그의 길에서 떠나라고 하고, 그 길의 마지막이 무엇인지를 진실하게 말해 주면서 그에게 그 길에서 돌이키라고 간곡하게 권면하는데도, 그 악인이 그 길에서 돌이키지 아니하고 계속해서 죄를 짓는다면, 그는 자기 죄악으로 말미암아 죽을 것이고, 그에게 주어진 경고로 인해서 그의 죄와 멸망의 정도는 더욱 무거워질 것이다. 그러나 너는 네 생명을 보전하리라." 사역자들이 그들이 바라는 것만큼 그들이 전하는 말씀을 듣고 많은 사람이 구원을 받는 것을 보지 못한다고 하여도, 하나님의 은혜로 말미암아 그들 자신을 구원할 수 있다는 것은 큰 위로가 아닐 수 없다.

[10]그런즉 인자야 너는 이스라엘 족속에게 이르기를 너희가 말하여 이르되 우리의 허물과 죄가 이미 우리에게 있어 우리로 그 가운데에서 쇠퇴하게 하니 어찌 능히 살리요 하거니와 [11]너는 그들에게 말하라 주 여호와의 말씀이니라 나의 삶을 두고 맹세하노니 나는 악인이 죽는 것을 기뻐하지 아니하고 악인이 그의 길에서 돌이켜 떠나 사는 것을 기뻐하노라 이스라엘 족속아 돌이키고 돌이키라 너희 악한 길에서 떠나라 어찌 죽고자 하느냐 하셨다 하리 [12]인자야 너는 네 민족에게 이르기를 의인이 범죄하는 날에는 그 공의가 구원하지 못할 것이요 악인이 돌이켜 그 악에서 떠나는 날에는 그 악이 그를 엎드러뜨리지 못할 것인즉 의인이 범죄하는 날에는 그 의로 말미암아 살지 못하리라 [13]가령 내가 의인에게 말하기를 너는 살리라 하였다 하자 그가 그 공의를 스스로 믿고 죄악을 행하면 그 모든 의로운 행위가 하나도 기억되지 아니하리니 그가 그 지은 죄악으로 말미암아 곧 그 안에서 죽으리라 [14]가령 내가 악인에게 말하기를 너는 죽으리라 하였다 하자 그가 돌이켜 자기의 죄에서 떠나서 정의와 공의로 행하여 [15]저당물을 도로 주며 강탈한 물건을 돌려 보내고 생명의 율례를 지켜 행하여 죄악을 범하지 아니하면 그가 반드시 살고 죽지 아니할지라 [16]그가 본래 범한 모든 죄가 기억되지 아니하리니 그가 반드시 살리라 이는 정의와 공의를 행하였음이라 하라 [17]그래두 네 민족은 말하기를 주의 길이 바르지 아

니하다 하는도다 그러나 실상은 그들의 길이 바르지 아니하니라 [18]만일 의인이 돌이켜 그 공의에서 떠나 죄악을 범하면 그가 그 가운데에서 죽을 것이고 [19]만일 악인이 돌이켜 그 악에서 떠나 정의와 공의대로 행하면 그가 그로 말미암아 살리라 [20]그러나 너희가 이르기를 주의 길이 바르지 아니하다 하는도다 이스라엘 족속아 나는 너희가 각기 행한 대로 심판하리라 하시니라

이 단락은 우리가 앞에서 보았던 것(18:20 이하)과 실질적으로 동일한 내용을 담고 있어서, 이스라엘 백성이 하나님과 어떤 계약 조건 아래에 있는지를 아주 자세하고 분명하게 서술하고 있다(앞에서는 사역자들이 하나님과 어떤 계약 조건 아래에 있는지에 대하여 말하였었다). 우리는 이러한 내용을 앞서 보았지만, 그 내용이 여기에서 반복되고 있는 것은 전혀 이상한 일이 아니다. 좀 더 자세하게 살펴보자.

**I. 하나님이 그들에 대하여 고소하시는 것을 놓고 백성들이 트집을 잡음.** 하나님은 지금 그의 섭리를 통해서 그들과 다투고 계셨지만, 그들의 할례받지 못한 마음은 아직 낮아지지 않았다. 왜냐하면, 그들은 그들 자신이 옳다는 것을 입증하기 위하여 애를 쓰고 있었고, 그렇게 함으로써 하나님을 비난하고 헐뜯고 있었기 때문이다. 그들은 두 가지를 제시하며 하나님을 탓하였고, 이를 통해서 그들의 죄와 그들에 대한 벌을 더욱 가중시켰다.

1. 그들은 하나님의 약속들과 은총들 속에는 그 어떤 인자함이나 진실함도 없다고 트집을 잡았다(10절). 하나님은 그들 앞에 생명을 두셨지만, 그들은 하나님이 그 생명을 그들이 도저히 도달할 수 없는 곳에 두시고서는 그런 말로 그들을 우롱하였다고 항변하였다. 선지자는 얼마 전에 이렇게 말했었다(24:23). 너희가 죄악 중에 패망하리라. 선지자는 유다와 예루살렘에 대한 경고를 이 말씀으로 끝맺었었다. 그들은 지금 선지자가 한 이 말을 트집 잡아서, 사실은 선지자가 그들을 회개에 이르게 하기 위해서 조건부로 그런 말을 한 것인데도, 마치 그들을 절망으로 몰아넣기 위해서 단정적으로 그런 말을 한 것이라고 비난하였다. 하나님의 사역자들이 전한 말씀들은 이렇게 트집 잡기를 좋아하는 부패한 심성을 지닌 자들에 의해서 왜곡되곤 한다. 선지자는 그들에게 생명과 복에 대한 소망을 제시하였는데도, 그들은 그가 한 말의 의도를 뒤집으려고 하였다. 그들은 이렇게 말하였다. "네가 우리에 대하여 자주 얘기했듯이, 우

리의 허물과 죄가 이미 우리에게 있어서, 네가 말한 대로 우리가 그 가운데에서 쇠퇴하고, 회개도 소용없는 가운데 비참한 포로 생활을 죽을 때까지 해야 한다면, 우리가 어찌 능히 살리요. 이것이 우리의 운명이라면, 그 운명을 돌이킬 수 있는 방도는 없다. 우리는 죽게 되었고 망하게 되었으며 다 망하게 되었다." 뻔뻔스러움으로 완악해진 자들에게 그들의 죄를 회개하도록 하기 위하여 죄에 대하여 경고하면, 그들은 회개는 하지 않고 절망에 빠져서 그들이 살 소망은 없다고 멋대로 결론을 내려 버리는 일이 비일비재하다.

2. 그들은 하나님의 경고의 말씀과 심판 속에 공의나 공평함이 없다고 트집을 잡았다. 그들은 주의 길이 바르지 아니하다고 말하였는데(17, 20절), 이것은 하나님이 사람들을 봐가면서 편파적으로 재판을 진행하여 죄인들에 대하여 그들이 범한 죄보다도 더 가혹한 벌을 내리신다고 말하는 것이었다.

**Ⅱ. 이 두 가지 트집에 대하여 하나님이 만족스러운 대답을 주심.**

1. 하나님은 그에게서 긍휼을 얻는 데에 절망한 자들에게 여기에서 그는 기꺼이 긍휼을 베풀 준비가 되어 있다는 것을 엄숙하게 선포하신다(11절). 그들이 그들의 죄악으로 말미암아 수척해져서 결국 죽게 될 것이라고 말하자, 하나님은 신속하게 선지자를 그들에게 보내셔서, 그들의 처지가 유감스러운 것이기는 하지만 절망적인 것은 아니며 아직 이스라엘에 소망이 있다는 말을 전하게 하셨다.

(1) 하나님이 죄인들의 멸망을 기뻐하지도 않으시고 바라지도 않으신다는 것은 확실하다. 그들이 멸망한다면, 하나님은 그 일도 말미암아 영광을 받으실 것이다. 그러나 하나님은 그렇게 되는 것을 기뻐하지 않으시고, 도리어 그들이 돌이켜 사는 것을 기뻐하신다. 왜냐하면, 하나님의 속성인 선하심이야말로 하나님의 지극한 영광이요 지극한 기쁨이기 때문이다. 하나님은 죄인들이 계속해서 죄를 짓다가 죽게 되는 것이 아니라 죄에서 돌이켜 살게 되기를 바라신다. 하나님은 우리에게 강력한 위로를 주시기 위해서 이 두 가지는 변할 수 없다는 것과 이 두 가지와 관련해서 하나님이 거짓말 하시는 것은 불가능하다는 것을 맹세로 말씀하셨다. 우리는 하나님의 말씀과 하나님의 맹세를 가지고 있다. 하나님은 가리켜 맹세할 자가 자기보다 더 큰 이가 없으므로 자기를 가리켜 맹세하신다: 나의 삶을 두고 맹세하노니(11절). 그들은 그들이 회개하고 삶을 고쳤지만 과연 그들이 살 수 있을지 의문을 품었다. 하나님은 이렇게 말씀하신다.

참되게 회개한 자들은 내가 살아 있는 것만큼 그렇게 확실하게 살리라. 그들의 생명이 그리스도와 함께 하나님 안에 감추어졌음이라(골 3:3).

(2) 하나님이 죄인들에게 회개하라고 부르시는 것이 진실하고 간절하다는 것은 확실하다. 돌이키고 돌이키라 너희 악한 길에서 떠나라. 회개한다는 것은 우리의 악한 길에서 돌이킨다는 것이다. 하나님은 죄인들에게 그것을 행하기를 요구하신다. 하나님은 반복해서 절박한 사례들을 들어 죄인들에게 그렇게 행하기를 강권하신다. 너희는 돌이키고 돌이키라. 너희가 내 말을 듣고 마음이 움직여서 지체 없이 속히 돌이킨다면 얼마나 좋을까! 그들이 단지 여호와께로 돌아가고자 행동을 취하기로 마음을 먹기만 한다면(호 5:4), 하나님은 그들에게 힘을 주셔서 돌이킬 수 있게 해주실 것이다. 왜냐하면, 하나님은 내가 나의 영을 너희에게 부어 주리라(잠 1:23)고 말씀하셨기 때문이다. 그들이 돌이키기만 한다면, 하나님은 그들을 영접하실 것이다. 왜냐하면, 그것은 하나님이 명령하신 것일 뿐만 아니라 그들에게 그렇게 하라고 구애하신 것이기도 하기 때문이다.

(3) 죄인들이 회개하지 않고 죽는다면, 그것은 전적으로 그들 자신의 책임이라는 것은 확실하다. 그들은 죽고자 하기 때문에 죽는 것이고, 이 점에서 그들은 너무도 터무니없고 어처구니없게 행하는 것이다. 이스라엘 족속아 어찌 죽고자 하느냐. 하나님은 그들을 살리고자 하셨지만, 그들은 살고자 하지 않았다.

2. 하나님은 그에게서 공의를 찾는 데에 절망한 자들에게 여기에서 그는 사람들을 다루실 때에 사용하시는 심판의 기준을 엄숙하게 선포하시는데, 이 기준은 공평하다는 증거를 그 속에 지니고 있다. 말을 타고 달리는 사람도 그 기준이 의롭다는 것을 읽을 수 있다. 유대 나라는 하나의 나라로서는 지금 죽은 상태였다. 그 나라는 완전히 멸망하였다. 그러므로 선지자는 개개인들의 경우를 다룰 수밖에 없는데, 개인에 관한 심판의 기준은 나라에 관한 기준과 거의 동일하다(렘 18:8-10). 하나님이 어떤 나라에 대하여 건설하고 심으라고 말씀하셨는데, 그 나라가 악하게 행한다면, 하나님은 그의 은총을 거두어 들이시고 그 나라를 멸망에 붙이실 것이다. 그러나 하나님이 그 나라를 뽑아 버리고 멸망시키라고 말씀하셨다고 하더라도, 그 나라가 회개한다면, 하나님은 그 선고를 취소하시고 그 나라를 구원하실 것이다. 여기에서도 마찬가지이다. 요컨대, 아무리 훌륭한 신앙 고백을 한 자들이라고 할지라도 배교하는 경우에는 하나님을 배교한 그 죄 때문에 반드시 영원히 죽게 될 것이고, 아무리 악명 높은 죄

인들일지라도 회개하는 경우에는 하나님께로 돌아온 그 일 때문에 반드시 영원히 복을 받게 될 것이다. 이것은 우리가 거듭거듭 깊이 숙고하여 우리 마음에 새겨야 하는 것이기 때문에 여기에서 반복적으로 제시된다. 하나님은 주의 길이 바르지 아니하다고 말하는 이 우둔하고 지각없는 백성에게 이것을 반복적으로 역설하실 필요가 있으셨다. 왜냐하면, 이 심판의 기준들은 너무도 명백하게 의로운 것이어서, 그것들을 확증해 줄 다른 것이 필요 없었고 단지 반복적으로 역설하기만 하면 되는 것이었기 때문이다.

(1) 대단한 신앙을 보여주었던 자들이 그들의 신앙을 벗어 버리고 하나님의 선한 길에서 떠나 방종하고 육적이며 정욕적이고 세상적이 되었다면, 그들이 신앙을 지켰던 상당 기간 동안 보여주었던 대단한 신앙과 모든 경건한 행위들은 그들에게 아무 소용이 없게 될 것이고, 반드시 그들의 죄악으로 말미암아 망하게 될 것이다(12-13, 18절).

[1] 하나님은 의인에게 그가 반드시 죽으리라고 말씀하신다(13절). 하나님은 그의 말씀을 통해서, 그의 사역자들을 통해서 그렇게 말씀하신다. 사람이 반듯하게 산다면, 그의 마음도 그의 이웃들도 그에게 그가 살리라고 말할 것이다. 그런 사람은 분명히 복될 수밖에 없다. 그가 계속해서 자신의 의를 지키고, 그렇게 하기 위해서 자신의 의 안에서 올바르고 진실하며, 겉과 속이 똑같이 진정으로 선하다면, 그가 살리라는 것은 확실하다. 그는 계속해서 하나님의 사랑 안에 머물 것이고, 그 사랑으로 말미암아 영원히 복될 것이다.

[2] 자기 자신에 대하여 아주 선한 소망을 가지고 있고 남들로부터 아주 선한 평판을 듣는 의인들일지라도 자신의 의를 믿고서 죄악을 저지를 위험성이 있다. 하나님이 여기에서 말씀하시는 것이 바로 이 경우이다. 그가 그 의를 스스로 믿고 죄악을 행하여 단지 죄 가운데로 잘못 걸음을 내디딜 뿐만 아니라 거짓된 길로 빠져서 죄 가운데 머문다면, 어떻게 되는가. 의인에게 이런 경우가 얼마든지 일어날 수 있고, 그것은 그가 자신의 의를 과신한 데에서 나오는 결과이다. 훌륭한 신앙인들이 자기 자신을 지나치게 과신하고 자신의 신앙을 지나치게 자랑하다가 망한 일이 많다는 것을 명심하라. 의인은 자신의 의의 공로를 과신하고서, 자기가 하나님을 위하여 이미 많은 일을 했기 때문에 하나님이 그에게 빚진 것이 많다고 생각하여, 이제 그가 죄악을 범해도 그동안 자기가 쌓은 의로 얼마든지 벌충할 수 있기 때문에 괜찮을 것이라고 생각한다. 그는 자

기가 그동안 이미 수많은 선을 행해 왔기 때문에 비록 지금 와서 그 어떤 악을 좀 행한다고 하여도 얼마든지 상쇄할 수 있을 것이라고 제멋대로 공상을 한다. 또는, 그는 자신의 의가 견고하다고 과신하고서, 자기는 오랫동안 미덕의 길을 걸어와서 선을 행하는 것이 몸에 배어 있기 때문에, 그 어떤 유혹이나 시험도 자기를 넘어뜨릴 수 없다고 생각하고 자기 자신을 너무 믿다가 죄악을 범하게 된다. 그는 죄의 세력을 우습게 보고 접근했다가 그만 지옥의 나락에 떨어지고 마는 것이다. 바리새인들도 이런 식으로 망하였다. 그들은 자기를 의롭다고 믿었고, 그들이 길게 기도하는 것과 한 주에 두 번씩 금식하는 것이 과부들의 가산을 삼키는 그들의 악행을 속죄해 줄 것이라고 생각하였다.

[3] 의인들이 돌이켜 범죄하고 그들의 의로 돌아오지 않는다면, 그들은 그들의 죄악으로 말미암아 반드시 망하게 될 것이고, 그들이 이전에 행하였던 모든 의와 기도와 구제는 하나도 기억되지 않을 것이다. 그들이 행하였던 선행들은 말해지지도 않고 기억되지도 않을 것이다. 그러한 것들은 마치 전혀 행해지지 않았다는 듯이 완전히 무시되고 간과될 것이다. 의인이 범죄하는 날에는 그의 의가 하나님의 진노와 율법의 저주로부터 그를 구원하지 못할 것이다. 그가 변절자가 되고 반역자가 되어 그의 합법적인 왕을 대적하여 무기를 들 때, 이전에 그가 충성스러운 신민(臣民)이었고 하나님의 나라에서 수많은 선한 일들을 행하였다고 항변하며 자신을 변호해 봐야 아무 소용이 없을 것이다. 그는 살지 못하리라. 의인이 범죄하는 날에는 그가 이전에 의로웠다는 사실은 하나님의 공의나 자기 자신의 양심에서 그 죄를 속해 줄 만한 공로가 되지 않고, 도리어 그의 배교가 얼마나 큰 죄이고 어리석은 짓인지를 더욱 부각시키는 역할만을 할 것이다. 그러므로 그가 그 지은 죄악으로 말미암아 죽을 것이고(13절), 그가 그 가운데에서 죽을 것이다(18절). 그가 죽는 것은 순전히 그의 책임이다.

(2) 악한 삶을 살아 왔던 자들이 회개하고 삶을 고쳐서 그들의 악한 길을 버리고 경건한 자가 되어서 계속해서 선한 삶 가운데 머문다면, 그들의 죄가 사함을 받아서 그들은 의롭다 여김을 받고 구원을 얻게 될 것이다.

[1] 하나님은 악인에게 이렇게 말씀하신다. "너는 죽으리라. 네가 행하는 길은 멸망으로 인도하는 길이다. 네 죄의 삯은 사망이기 때문에, 네 죄악은 머지않아 네게 파멸을 가져다 줄 것이다." 하나님은 의인에게는 그가 계속해서 의의 길로 행하고 그 가운데 머물도록 격려하기 위해서 네가 반드시 살리라고 말씀하

셨다. 그러나 그는 하나님의 이러한 말씀을 악용하여 과신해서 죄악을 범하였다. 하나님은 악인에게는 그가 계속해서 악한 길로 행하지 않도록 경고하기 위하여 네가 반드시 죽으리라고 말씀하셨다. 그러자 그는 그 말씀을 선용하여 정신을 차려서 하나님께로 돌아왔고 자신의 본분으로 돌아왔다. 이렇게 경고의 말씀일지라도 하나님의 은혜로 말미암아 어떤 이들에게는 생명으로부터 생명에 이르는 냄새가 되는 반면에, 약속의 말씀일지라도 어떤 이들에게는 그들 자신의 부패한 성품으로 말미암아 사망으로부터 사망에 이르는 냄새가 되고 만다. 하나님이 악인에게 네가 반드시 죽고 영원히 죽으리라고 말씀하실 때, 그것은 악인으로 하여금 기겁을 해서 정신을 잃는 것이 아니라 자신의 죄에서 빠져 나오게 만든다.

[2] 멸망의 길로 서둘러 가고 있던 악인이 하나님의 은혜로 말미암아 돌이켜 회개하고 거룩한 삶을 사는 일이 많다. 그는 돌이켜 자기의 죄에서 떠나서(14절), 더 이상 죄와 상관하지 않겠다고 결심하고서는, 자기가 그동안 잘못했던 일들을 회개하였다는 것을 보여주는 증거로 그가 전에 가난한 자들로부터 무자비하게 빼앗아 왔던 저당물을 돌려주며(15절), 부자들로부터 부당하게 강탈한 물건을 돌려 보낸다. 그는 악을 그칠 뿐만 아니라 선을 행하는 법을 배운다. 그는 정의와 공의로 행하고, 하나님과 사람에 대한 자신의 본분을 다한다. 이것은 그가 얼마 전까지만 해도 하나님을 두려워하지도 않았고 사람을 안중에 두지도 않았던 자였다는 것을 생각하면 커다란 변화이다. 그러나 그러한 놀랍고 복된 변화들이 하나님의 은혜 속에 있는 능력으로 말미암아 이제까지 많이 이루어서 왔다. 사망의 길이자 파괴자의 길로 걸어가고 있던 악인은 이제 생명의 율례, 즉 그 안에 생명이 있고(잠 12:28) 그 마지막이 생명으로 이어지는(마 19:17) 하나님의 계명을 지키는 길로 행한다. 그는 인간으로서의 연약함을 여전히 지니고 있지만 죄악의 지배 아래 있지 않기 때문에 죄악을 범하지 아니한 채 이 선한 길을 지켜 행한다. 그는 자기가 회개한 것을 후회하지 않고, 자기가 이전에 머물러 있었던 저 흉악한 죄들로 되돌아가지 않는다.

[3] 악인은 이제까지 파멸을 향하여 돌진해 가고 있었지만, 이렇게 회개하고 돌아온 자는 그 파멸을 피하게 될 것이고, 그의 이전의 죄악들은 하나님이 그를 받아들이시는 데에 아무런 장애가 되지 못할 것이다. 그는 그의 죄악으로 말미암아 수척해지지 않을 것이다. 왜냐하면, 그가 죄를 고백하고 버린다면 긍

휼을 얻게 될 것이기 때문이다. 그는 반드시 살고 죽지 아니할지라(15절). 그가 반드시 살리라(16절). 만일 악인이 돌이켜 그 악에서 떠나 정의와 공의대로 행하면 그가 그로 말미암아 살리라(19절). 그러나 그가 전에 저질렀던 악행들이 그에게 불리하게 작용하지 않을까? 결코 그렇지 않다. 그가 전에 저질렀던 죄악들로 인하여 벌을 받는 일은 없을 것이다(12절). 악인이 돌이켜 그 악에서 떠나는 날에는 그 악이 아무리 흉악무도한 것이었다고 하여도 그를 엎드러뜨리지 못할 것이다. 그는 이제 그 악을 슬퍼하지만 그 악 때문에 망하는 일은 없을 것이다. 그와 죄가 결정적으로 분리되어 있는 지금에 있어서 그와 하나님이 분리되는 일은 더 이상 없을 것이다. 아니, 그는 그 악 때문에 질책을 당하는 일도 없을 것이다(16절). 그가 본래 범한 모든 죄가 기억되지 아니하리니, 그 죄들이 그의 죄 사함에 장애가 되거나 죄사함으로 인하여 오는 위로를 경감시키는 요인이 되지도 않을 것이고, 그를 위해 예비된 영광을 감소시키거나 흠집을 내는 것이 되지도 않을 것이다.

자, 이제 이 모든 것을 다 종합해서, 과연 주의 길이 바르거나 공평하지 않은지, 죄인들을 멸하시는 하나님이 의로우시지 않은 것인지, 회개한 자들을 구원하시는 것이 하나님을 영화롭게 하는 것이 아닌지를 판단하라. 이 모든 것의 결론은 이것이다(20절). "이스라엘 족속아, 비록 너희가 지금 모두 동일한 재난을 당하고 있다고 할지라도 영적이고 영원한 상태에 있어서는 사람들마다 차이가 있을 것이니, 나는 너희가 각기 행한 대로 심판하리라." 그들은 좋은 고기든 나쁜 고기든 동일한 그물 속에 갇혀서 통째로 사로잡혀 갔지만, 거기에서 하나님은 귀한 것과 쓸모없는 것을 가려내시고, 각 사람의 행위대로 보응하실 것이다. 그러므로 하나님의 길은 공평하고 예외가 없다. 공평하지 않고 바르지 않은 것은 바로 이스라엘 백성이었다. 그러므로 하나님은 모세에게 그러셨듯이 에스겔 선지자에게도 그들은 하나님의 백성이 아니라고 한탄하신다(출 32:7). "그들은 네 민족 또는 네 백성이다. 나는 그들을 나의 백성으로 인정하기가 힘들다." 그들의 길은 바르지 않고 공평하지도 않다. 그들이 하나님이나 그의 선지자들에게 시비를 거는 이런 길을 가는 것은 어이없고 터무니없는 일이다. 하나님과 그의 피조물들 간에 논쟁이 벌어지는 경우에는 언제나 하나님이 옳으시고 그들은 잘못된 것이다.

²¹우리가 사로잡힌 지 열두째 해 열째 달 다섯째 날에 예루살렘에서부터 도망하여 온 자가 내게 나아와 말하기를 그 성이 함락되었다 하였는데 ²²그 도망한 자가 내게 나아오기 전날 저녁에 여호와의 손이 내게 임하여 내 입을 여시더니 다음 아침 그 사람이 내게 나아올 그 때에 내 입이 열리기로 내가 다시는 잠잠하지 아니하였노라 ²³여호와의 말씀이 내게 임하여 이르시되 ²⁴인자야 이 이스라엘의 이 황폐한 땅에 거주하는 자들이 말하여 이르기를 아브라함은 오직 한 사람이라도 이 땅을 기업으로 얻었나니 우리가 많은즉 더욱 이 땅을 우리에게 기업으로 주신 것이 되느니라 하는도다 ²⁵그러므로 너는 그들에게 이르기를 주 여호와께서 이같이 말씀하시되 너희가 피째 먹으며 너희 우상들에게 눈을 들며 피를 흘리니 그 땅이 너희의 기업이 될까보냐 ²⁶너희가 칼을 믿어 가증한 일을 행하며 각기 이웃의 아내를 더럽히니 그 땅이 너희의 기업이 될까보냐 하고 ²⁷너는 그들에게 이르기를 주 여호와께서 이같이 말씀하시되 내가 나의 삶을 두고 맹세하노니 황무지에 있는 자는 칼에 엎드러뜨리고 들에 있는 자는 들짐승에게 넘겨 먹히게 하고 산성과 굴에 있는 자는 전염병에 죽게 하리라 ²⁸내가 그 땅이 황무지와 공포의 대상이 되게 하고 그 권능의 교만을 그치게 하리니 이스라엘의 산들이 황폐하여 지나갈 사람이 없으리라 ²⁹내가 그들이 행한 모든 가증한 일로 말미암아 그 땅을 황무지와 공포의 대상이 되게 하면 그 때에 내가 여호와인 줄을 그들이 알리라 하라

이 단락에서 우리는 다음과 같은 내용들을 본다.

**I. 예루살렘이 갈대아 군대에 의해서 불탔다는 소식이 에스겔에게 전해져옴.** 예루살렘은 유다인들이 사로잡힌 지 열한째 해 다섯째 달에 불탔고(렘 52:12-13), 이 소식은 이 일을 직접 목격한 자가 열두째 해 열째 달에 선지자에게 전해 주었는데(21절), 사건이 일어난 지 무려 일 년하고도 거의 다섯 달이 지난 후였다. 당시에는 이전보다 더 예루살렘과 바벨론 간에 상시적인 연락망이 구축되어 있었기 때문에, 아마도 선지자는 이 소식을 이미 오래 전에 들었을 것이다. 그러나 선지자가 예루살렘이 멸망한 현장에서 피신해 온 사람으로부터 그 가슴 아픈 이야기를 아주 구체적이고 생생하게 들을 수 있었던 것은 이 때가 처음이었다. 예루살렘의 화염을 간신히 피한 자가 선지자를 찾아오리라는 것은 하나님이 그에게 주신 하나의 징조였다(24:26). 그 날에 도피한 자가 네게 나아서 네 귀에 그 일을 들려 주지 아니하겠느냐. 그 사람은 직접 현장을 본 사

람이기 때문에, 너는 그에게서 이전보다 더 분명하고 생생하게 그 일을 듣게 될 것이다.

**II. 하나님은 선지자가 이 무겁고 가슴 아픈 소식을 들을 수 있도록 준비시키기 위하여 선지자를 그의 감화 아래 두심**(22절).  그 도망한 자가 내게 나아오기 전날 저녁에 여호와의 손이 내게 임하여 이 장의 전반부에 나온 말씀을 이스라엘 족속에게 전하게 하기 위하여 내 입을 여셨다. 그는 다시는 잠잠하지 아니하였다. 이제 그는 이 사건을 통해서 그가 참 선지자라는 것이 증명되었고 그를 반박하던 자들은 낭패를 당한 상황이었기 때문에 이전보다 더 담대하고 자유롭게 예언을 하였다. 24장부터 이 장에 이르기까지 나온 모든 예언들은 주변 나라들에 대한 것이었고, 선지자는 그 예언들을 여호와로부터 받아서 입으로 전한 것이 아니라 글로 기록하여 전했을 가능성이 높다. 왜냐하면, 그는 암몬 족속이나 두로나 바로 등등에게 직접 말로 전할 수 없었을 것이고, 세례 요한의 아버지 사가랴의 경우처럼 관련 당사자들에게 서신을 써서 말씀을 전하였을 것이기 때문이다. 그는 이런 활동을 통해서 계속해서 그의 선지자직을 수행하고 있었다. 말을 할 수 없는 사역자들일지라도 편지를 쓰거나 직접 방문하는 것을 통해서 많은 선한 일을 할 수 있다는 것을 명심하라. 그러나 이제 선지자의 입이 열려서 그의 민족에게 말씀을 전할 수 있게 되었다. 그는 이 3년 동안에 벗으로서 그들에게 끊임없이 말하였고 이전에 그가 그들에게 전한 말씀들을 상기시키기는 했지만, 여호와의 손이 그에게 임하여 그의 사명을 새롭게 하고 그에게 새로운 말씀들을 주시며 그의 입을 여시고 백성들에게 마땅히 전해야 할 것들을 전할 수 있는 힘을 주실 때까지는 결코 선지자로서 하나님의 감동을 받아 그들에게 말씀을 전하지는 않았을 것이다.

**III. 선지자가 아직 이스라엘의 황폐한 땅에 거주하고 있던 유대인들과 관련된 말씀을 받음**(24절).  죄가 어떤 일을 했는지를 보라. 이스라엘의 성읍들은 지금 모두 폐허가 되어 황폐하여 버려진 땅들이 되어 있었다. 용케도 칼에 죽임을 당하지도 않고 포로로 잡혀가지도 않은 몇몇 소수의 백성들은 여전히 그런 땅들에 머물면서 어떻게든 재건하려고 생각하고 있었다. 이 때는 예루살렘이 멸망한 지 꽤 시간이 지난 후였고 겸손하고 기품 있는 인물이었던 그다랴와 그의 친구들이 죽임을 당한 지 얼마 되지 않은 때였다. 그다랴가 죽은 후였기 때문에 당시에는 요하난을 비롯해서 그와 함께하였던 오만한 자들이 활개를 치고 있었다(렘 43:2). 이 때에 그들은, 예레미야의 반대를 무릅쓰고 애굽으로 갈 결심을 하기 전으로서, 이스라엘의 황폐한 땅에서 재건할 계획을 세우고 있었을 가능성이 높다. 에스겔은 그들의 그러한 계획을 반대하였고, 아마도 예루살렘이 멸망했다는 소식을 그에게 전해준 사람 편으로 자신의 메시지를 그들에게 보냈을 것이다. 또는, 여기에서 선지자의 반대를 받았던 자들은 요하난과 그의 일당이 애굽으로 건너간 후에 이스라엘 땅에 남아서 뿌리를 내리고 그 땅을 홀로 지배하고자 하였던 다른 일파의 유대인들이었을 수도 있다.

1. 이스라엘의 이 황폐한 땅에 머물며 거주하고 있던 유대인들이 보여준 교만. 유대인들에 관한 하나님의 섭리는 그들을 지극히 낮추기 위한 것으로서 지금도 여전히 맹위를 떨치고 있었지만, 그들은 도저히 눈 뜨고 볼 수 없을 정도로 오만하고 안일하였으며 장밋빛 환상에 젖어 있었다. 예루살렘이 박살이 났다는 소식을 선지자에게 전해 준 사람은 본토에 남아 있는 자들이 무슨 말을 했는지를 선지자에게 전해줄 수 없었겠지만, 하나님은 선지자에게 그들이 이렇게 말하고 있다고 알려 주신다. "이 땅을 우리에게 기업으로 주신 것이 되느니라. 요하난 일당이 사라졌기 때문에, 이제 이 땅은 모두 여기에 남아 있는 우리의 것이다. 요하난을 뒤를 이을 상속자가 없기 때문에, 지금 이 땅을 차지하고 있는 우리가 이 땅의 주인이다. 지금 이 땅에는 우리밖에 없으니, 이 땅은 전부 우리의 것이다." 이것은 하나님의 내리 누르는 묵중한 손길 아래에서 그들이 얼마나 어리석게 되어 버렸는지를 보여주는 것이고, 그들이 얼마나 편협한 이기심에 사로잡혀 있는지를 보여주는 것이다. 그들은 이스라엘 땅을 독차지할 꿈에 부풀어서 그들의 나라가 멸망당하는 것을 기뻐하였고, 그들의 것이 될 수만 있다면 그 땅이 온통 황폐화되었다고 해도 그런 것은 그들에게 아무 상관이 없었다 ― 그 황폐한 땅은 그들이 자랑하기에는 너무 보잘것없는 기업이었는데도! 그들은 아브라함이 우리 조상이라고 자랑하면서 뻔뻔스럽게도 그들의 경우를 아브라함의 경우에 견주어 말하였다. 그들은 이렇게 말한다. "아브라함은 오직 한 사람이었고 하나의 가문이었는데도 이 땅을 기업으로 얻었고 오랜 세월 동안 이 땅을 향유하며 평화롭게 살았다. 그러나 우리는 아브라함보다 그 수가 더 많고, 우리 가운데는 많은 가문이 있으니, 이 땅이 우리에게 기업으로 주어진 것은 당연한 일이다."

(1) 그들은 하나님이 아브라함에게 그러셨던 것처럼 그들에게도 이 땅에 대

한 권리를 주시는 것이 너무도 당연하다고 생각하였다. "하나님이 그를 섬긴 아브라함에게 그 섬김에 대한 상으로 이 땅을 주셨다면, 우리 같이 많은 사람들이 그를 섬긴 것에 대한 상으로 하나님이 이 땅을 우리에게 주시는 것은 너무도 당연한 일이 아닌가." 이것은 그들이 그들의 공로에 대하여 큰 자부심을 지니고 있었다는 것, 심지어 그들의 공로가 그들의 조상인 아브라함의 공로보다도 더 큰 것으로 여기고 있었다는 것(아브라함조차도 그의 공로로 의롭다 하심을 받지 못하였는데도)을 보여준다.

(2) 그들은 아브라함이 그의 경쟁자들을 물리치고 이 땅을 향유할 수 있었듯이 그들도 얼마든지 갈대아 군대를 비롯해서 온갖 침략자들을 물리치고 이 땅을 향유할 수 있을 것이라고 생각하였다. "아브라함은 단 한 사람이었는데도 이 땅을 지킬 수 있었는데, 그 수가 많은 우리, 아브라함이 거느리고 있던 훈련된 자 삼백십팔 명보다 더 많은 무리를 움직일 수 있는 우리가 어찌 이 땅을 지킬 수 없겠는가." 이것은 그들이 그들의 힘에 대하여 얼마나 자신만만함을 지니고 있었는지를 보여준다. 그들은 그 땅을 차지했고, 또한 계속해서 지켜 나가기로 결심하였다.

2. 하나님이 그들의 이러한 교만을 책망하심. 하나님의 섭리들을 통해서도 그들이 낮아지지 않았고 두려워하지도 않았기 때문에, 하나님은 이 두 가지를 이루어내기에 충분한 메시지를 그들에게 보내신다.

(1) 그들을 낮추시기 위해서 하나님은 그들에게 그들이 여전히 죄악 가운데 있다는 것을 말씀하신다. 이 때문에 그들은 이 땅을 차지하기에 완전히 자격이 없는 자들이 되어 버렸고, 하나님이 이 땅을 그들에게 주실 것이라고 기대할 수 없게 되어 버렸다. 그들은 이런저런 심판을 연이어 받아 왔지만, 이러한 은혜의 수단들을 제대로 선용하지 못하였다. 그들의 삶이 여전히 고쳐지지 않았는데, 어떻게 그들이 그 땅이 그들의 기업이 될 것이라고 기대할 수 있겠는가? "너희가 그 땅을 너희의 기업으로 삼겠다고? 도대체 무슨 말을 하는 것이냐? 너희 같이 악한 자들을 어떻게 내가 자녀들 중에 두며 이 귀한 땅을 주겠느냐(렘 3:19)? 너희는 너희 자신을 결코 반성하지 않고 있는데, 만약 너희가 한 번이라도 반성하는 시간을 갖는다면, 너희는 너희가 얼마나 악한지를 알게 될 것이기 때문에, 너희가 이 땅을 차지하기는커녕 산 자들의 땅에 지금 존재하고 있는 것 자체가 신기한 일임을 알게 될 것이다."

[1] "너희는 금지된 과실, 금지된 음식을 먹는 일에 아무런 거리낌도 없어서 피째 먹는다." 고기를 피째 먹는 것은 하나님이 노아와 그의 아들들에게 땅의 소산들을 주실 때에 주신 계명들 중의 하나를 정면으로 거스르는 것이었다(창 9:4).

[2] "우상 숭배는 하나님과의 언약을 깨뜨리는 죄이고 질투하시는 하나님을 특히 진노하시게 하여 너희의 땅을 황폐하게 만드는 그런 죄인데도, 너희는 여전히 그 죄에 강하게 끌리고 쉽게 빠져들고 있다. 너희는 너희 우상들에게 눈을 드는데, 그것은 비록 너희가 이전과는 달리 우상들에게 무릎을 꿇지는 않을지라도 너희의 마음이 우상들에게 있고 우상들을 갈망하고 있다는 것을 보여주는 증표이다."

[3] "너희는 지금도 예전이나 마찬가지로 사납고 잔인하며 야만적이어서 무죄한 자들의 피를 흘리고 있다."

[4] "너희는 너희 자신의 힘, 너희 자신의 팔, 너희 자신의 활을 신뢰해서, 하나님과 그의 섭리를 무시하며 전혀 의지하지 않는다. 너희가 칼을 믿어(26절), 무력으로 너희 앞에 있는 모든 것을 너희 자신의 것으로 만들 수 있고 모든 일을 할 수 있다고 생각한다." 그의 손이 모든 사람을 친 이스마엘(창 16:12)이나 칼을 믿고 생활하겠다고 결심한 에서(창 27:40) 같은 성품을 지닌 자들이 어떻게 이삭의 기업을 물려받기를 기대할 수 있겠는가? 우리는 앞서 그들이 죽을 때에 그들의 칼을 머리 아래 두지 않으면 지하에서 편히 누울 수 없다고 생각하였던 자들을 본 바 있는데(32:27), 여기에서는 그들이 살아 있는 동안에 마치 칼이 아주 부드러운 베개이고 가장 튼튼한 베개인 듯이 칼을 그들의 발 아래에 놓아 두지 않으면 땅 위에 견고하게 서 있을 수 없다고 생각하는 자들을 본다. 그러나 하나님께 감사하게도, 더 나은 지식을 지니고 있어서 하나님의 능력과 약속을 의지하며 하나님의 사랑의 품 속에 그 머리를 기대고 자기 칼을 믿거나 의지하지 않은 자들이 있다(시 44:3).

[5] "너희는 온갖 가증한 일을 범하고, 특히 각기 이웃의 아내를 더럽히니, 이것은 가장 극악무도한 짓이다. 너희가 그러고도 그 땅이 너희의 기업이 될까보냐? 너희 같이 이토록 사악한 자들이 어찌 이 땅을 차지하겠느냐?" 여호와를 대적하여 패역한 삶을 사는 자들은 이 땅을 차지하거나 현세에서와 내세에서 그 어떤 참된 위로나 행복을 누리기를 기대할 수 없다는 것을 명심하라.

(2) 그들을 두렵게 하시기 위하여 하나님은 그들에게 추가적인 심판들이 예비되어 있다는 것을 말씀하신다. 이 심판들로 인해서 그들은 이 땅을 차지할 수 없을 것이고, 적군에 대항하여 이 땅을 지켜낼 수 없게 될 것이다. 이 땅이 그들의 기업이 될 것이라고 그들이 말하는가? 하나님은 그렇게 되지 않을 것이라고 말씀하셨고, 주 여호와께서 이같이 말씀하시되 내가 나의 삶을 두고 맹세한다고 하셨다. 하나님은 죄인들이 죽는 것을 기뻐하지 않으신다는 것을 맹세로써 말씀하셨지만, 또한 회개하지 않고 불신앙 가운데 있는 자들은 하나님의 안식에 들어가지 못할 것이라고 맹세하셨다.

[1] 여기에서 황무지라 표현된 성읍들에 있는 자들은 그다랴가 살해당한 것에 대해 보복하고자 오는 갈대아 사람들의 칼 또는 내란의 와중에서 서로의 칼에 엎드러질 것이다.

[2] 들에 있는 자들은 들짐승에게 넘겨 먹힐 것이다. 왜냐하면, 들에 사람들이 살지 않게 되자, 자연스럽게 들짐승들이 무리를 지어 들에 살게 되었고, 그런데도 그 들짐승들을 쫓아내거나 다스릴 자가 없었기 때문이다(출 23:29). 적군이 이 땅을 떠났지만, 이 땅에는 여전히 안전이 보장되지 않았다. 사나운 짐승은 네 가지 중한 벌 또는 심판 가운데 하나였다(14:15, 21).

[3] 인공적인 요새 또는 천혜의 요새인 산성과 굴에 숨어서 사람들의 눈이 그들을 찾아낼 수 없고 사람들의 화살이 그들에게 미치지 못할 것이기 때문에 안전하리라고 생각하는 자들은 전능자의 화살이 찾아낼 것이다. 그들은 전염병에 죽게 될 것이다.

[4] 온 세상의 영광이었던 이스라엘 땅은 황무지가 될 것이다(28절). 그 땅은 황폐해질 대로 황폐해져서 완전히 황무지가 될 것이다. 비옥했던 이스라엘의 산들은 거룩한 산인 시온도 예외 없이 황폐해질 것이고, 길에는 사람들이 뜸하며, 집에는 사람들이 살지 않고, 지나갈 사람이 없을 것이다. 하나님이 경고하신 대로(신 28:62), 너희 중에 남는 자가 얼마 되지 못할 것이다.

[5] 그들의 권능의 교만, 즉 이스라엘이 그들의 영화(榮華)라고 자랑하고 그들의 힘이라고 믿고 의지했던 것들은 다 그치게 될 것이다.

[6] 이 모든 일은 그들이 저지른 악한 일 때문이었는데, 그것은 그들이 행한 모든 가증한 일로 말미암은 것이었다. 그것은 다른 모든 재난을 부르는 죄, 나라들을 황폐하게 만드는 죄이다. 그러므로 우리는 그것을 가증한 일이라고 불러

야 마땅하다.

[7] 그렇지만 이 모든 일의 결과는 아주 좋을 것이다. 내가 그 땅을 황무지와 공포의 대상이 되게 하면 그 때에 내가 여호와인 줄을, 즉 내가 그들의 주인 줄을 알고 다시 내게 돌아와 충성을 맹세하게 될 것이다. 그들이 믿고 의지하던 모든 피조물들이 다 그들을 실망시키고 초토화되었을 때에도 그들이 하나님을 의지해야 산다는 것을 알지 못하는 자들은 정말 구제불능인 자들이다.

[30]인자야 네 민족이 담 곁에서와 집 문에서 너에 대하여 말하며 각각 그 형제와 더불어 말하여 이르기를 자, 가서 여호와께로부터 무슨 말씀이 나오는가 들어 보자 하고 [31]백성이 모이는 것 같이 네게 나아오며 내 백성처럼 네 앞에 앉아서 네 말을 들으나 그대로 행하지 아니하니 이는 그 입으로는 사랑을 나타내어도 마음으로는 이익을 따름이라 [32]그들은 네가 고운 음성으로 사랑의 노래를 하며 음악을 잘하는 자 같이 여겼나니 네 말을 듣고도 행하지 아니하거니와 [33]그 말이 응하리니 응할 때에는 그들이 한 선지자가 자기 가운데에 있었음을 알리라

이 장에서 지금까지의 내용은 이스라엘 땅에 남아 있던 유대인들, 하나님의 긍휼의 기념비들이었으면서도 여호와께로 돌아오지 않았던 자들에게 그들의 죄를 깨우쳐 주시는 말씀이었다면, 이 단락은 바벨론에 포로로 잡혀가서 하나님의 책망 아래 있었으면서도 아직도 삶을 고치지 않은 자들을 꾸짖으시는 말씀이다. 그들은 사실 본토에 남아 있던 자들과 같은 그런 극악무도한 대죄들로 인하여 꾸중을 듣는 것은 아니다. 그들은 어느 정도 신앙과 경건의 모양을 보였다. 그러나 그들의 마음은 하나님이 보시기에 바른 것이 아니었다. 하나님이 여기에서 고소하시는 것은 그들이 하나님의 사신들을 비웃고 조롱했다는 것이었다. 이것은 그들의 죄의 분량을 다 채우는 데에 기여하였던 죄악들 중의 하나였고, 그들에게 이러한 파멸을 가져다 준 죄악이었는데도, 그들은 아직도 그 죄를 치유받지 못하였다. 그들은 두 가지 방식으로 선지자 에스겔을 조롱하였다.

I. 그들 가운데서 은밀하게 선지자를 헐뜯고 나쁘게 말하여 어떻게 해서든지 선지자가 백성들에게 경멸 받을 만한 자로 인식되게 하고자 한 것.  선지자는 이러한 사실을 알지 못하였고, 도리어 그들은 자기 앞에서 자기에게 그토록

깊은 경의를 표하며 그에 대하여 좋게 말해 주었던 자들이기 때문에 자기 등 뒤에서 자기를 헐뜯을 리가 없다고 좋게 생각하였다. 그러나 하나님은 그에게 오셔서, 네 민족이 너에 대하여 말하며 헐뜯고 있다고, 또는 쑥덕거리고 있다고 말씀해 주신다(30절). 공인(公人) 된 자들은 사람들의 입에 공공연히 오르내릴 수밖에 없다는 것을 명심하라. 누구에게나 자신의 뜻을 따라 공인들을 비난할 자유가 있다. 신실한 사역자들은 사람들이 날마다 그들을 얼마나 많이 헐뜯고 있는지를 알지 못한다. 아니, 그들이 알지 못하는 것이 오히려 다행이다. 왜냐 하면, 사역자들이 그러한 사실을 안다면 낙심을 할 것이고, 그 낙심을 쉽사리 극복하지 못해서 그들의 일에 많은 지장이 될 것이기 때문이다. 하나님은 사람 들이 그의 사역자들을 헐뜯어 말하는 모든 것을 다 마음에 담아 두시고 계신 다. 하나님은 사람들이 공공연히 의도적으로 또는 맹세로써 사역자들을 대적 하여 한 모든 말들과 글들만이 아니라, 사람들이 담 곁에서와 집 문에서 이웃들 끼리 일상적으로 서로 만나서 나누는 잡담들 속에서 사역자들을 헐뜯어 말한 모든 것들도 다 아시고 마음에 담아 두신다. 그들이 그런 곳들에서 마음 내키 는 대로 별 생각 없이 아무렇게나 말했다고 할지라도 하나님의 사역자들을 욕 하고 비방하였다면, 하나님은 그 책임을 그들에게 물으실 것이다. 하나님은 그 의 선지자들이 언제까지나 술 취한 자들의 안주거리나 조롱하는 노래의 대상 이 되게 하지는 않으실 것이다. 그들은 에스겔 선지자를 고소할 만한 그 어떤 죄도 그에게서 찾을 수 없었는데도, 별 생각 없이 술안주 삼아서 조롱하고 희 롱하며 헐뜯는 것을 좋아하여, 이렇게 말하였다. "자, 가서 여호와께로부터 무슨 말씀이 나오는가 들어보자. 아마도 뭔가 새로운 말이 있을 것이고, 그 말은 우리 를 즐겁게 해 줄 것이고, 우리의 안주거리로 삼을 만한 말일 것이다." 이것은 비록 공공연히 그런 것은 아니었고 그들끼리 사적인 대화 속에서 행해진 것이 라고 할지라도, 하나님의 말씀을 전하고 듣는 엄청난 특권과 의무를 지닌 자들 이 그 하나님의 말씀을 희롱거리와 조롱거리로 삼는 깊은 불경(不敬)의 늪에 빠져 있었다는 것을 보여준다. 진지한 것들은 진지하게 말하도록 해야 마땅하 다.

**Ⅱ. 그들이 선지자 앞에서는 그를 공경하는 듯한 태도로 그를 속인 것.**     위 선자들은 하나님을 우롱하고 그의 선지자들을 우롱한다. 그러나 그들의 위선 은 하나님 앞에 다 드러나 있고, 여기에서처럼 그들의 그러한 모습이 모든 사

람들 앞에 다 드러날 날이 올 것이다. 좀 더 살펴보자.

1. 그들은 그럴 듯하게 신앙을 고백하였고, 겉으로 참된 경건을 지닌 체하였다. 그들은 입술로는 하나님을 공경하되 마음은 하나님에게서 먼 자들과 같았다(마 15:8).

(1) 그들은 은혜의 수단들, 즉 예배와 말씀을 듣는 일에 부지런히 꼬박꼬박 참석하였다. 백성이 모이는 것 같이 네게 나아온다. 바벨론에는 성전이나 회당이 없었지만, 그들은 선지자의 집으로 갔고(8:1), 거기에서 종교적인 의식을 행하며 초하루와 안식일을 보냈다(왕하 4:23). 선지자는 묶여 있었을지라도, 여호와의 말씀은 묶여 있지 않았다. 사실 백성들은 그들이 바라던 것처럼 포로 생활에서 풀려나지는 못했을지라도 그들에게 말씀이 계속해서 주어진 것에 감사하였다. 그들에게 주어진 하나님의 말씀은 그들이 포로 생활을 하는 가운데서 생명수와 같은 것이었기 때문이다. 그런데 이 위선자들은 백성이 모이는 것 같이, 즉 선지자의 말씀을 듣기 위해서 온 다른 여느 백성과 마찬가지로 시간에 맞춰서 또는 정해진 시간보다 더 일찍 왔다. 이 위선자들이 백성이 온 것 같이 왔다고 하는 표현은 그들이 선지자의 집에 온 이유는 다른 백성들이 거기에 왔기 때문이라는 것을 암시하는 것 같다. 그들은 진정으로 하나님의 말씀을 듣고자 하는 마음을 따라서 하나님께 나아온 것이 아니라, 그렇게 하는 것이 지금 그들의 동족의 관습이었기 때문에 사람들과 어울리기 위해서 온 것뿐이었다. 마음속에 하나님의 규례들에 대한 사랑을 지니고 있지 않으면서도 외적으로 그것들을 지키는 일에는 대단한 열심을 보이는 자들이 있다는 것을 명심하라. 가인은 아벨과 마찬가지로 예물을 가져와서 하나님께 제사를 지냈다. 바리새인은 세리와 마찬가지로 기도하기 위해서 성전에 올라 왔다.

(2) 그들은 공적인 모임에서 아주 고상하고 경건하게 처신하였다. 그들 중에는 옆 사람과 잡담을 하거나 웃거나 사람들을 쳐다보는 자가 없었다. 도리어, 그들은 아주 근엄하고 침착하며 평온한 모습으로 하나님의 백성처럼 선지자 앞에 앉아 있었다. 그들은 예배가 다 끝나서도 여전히 지친 표정도 없이 설교가 끝나기를 바랐다는 기색을 전혀 내보이지 않은 채로 그 자리에 더 앉아 있었다.

(3) 그들은 선지자가 전하는 말씀을 아주 주의 깊게 들었다. "그들은 딴 생각을 하는 것이 아니라, 네 말을 듣고, 네가 무슨 말을 하나 주의 깊게 듣는다."

(4) 그들은 선지자에 대하여 대단한 호의와 존경심을 지니고 있는 체하였다. 그들은 뒤에서는 선지자에 대하여 좋은 말을 단 한 마디도 하지 않았지만, 선지자 앞에서는 그와 그의 가르침에 대하여 많은 사랑을 나타내었다. 그들은 선지자의 가장 좋은 벗이자 선지자가 잘 되기를 바라는 자들로 생각되기를 바랐기 때문에, 선지자가 말씀을 전하는 데에 기력을 소진하게 되지는 않을까, 선지자가 갈대아 사람들에게 그대로 노출되지는 않을까 무척 염려하는 척하였다.

(5) 그들은 선지자가 전하는 말씀을 무척 기뻐하였다. 그들은 하나님의 길 알기를 즐거워하였다(사 58:2). 헤롯은 요한의 말을 들을 때에 달갑게 들었다(막 6:20). 그들은 네가 고운 음성으로 사랑의 노래를 하는 자 같이 여겼다. 에스겔이 전하는 내용은 놀라웠고, 그의 언어는 세련되었으며, 그의 표현은 우아했고, 그의 비유는 적절하였으며, 그의 음성은 노래처럼 감미로웠고, 그가 말씀을 전하는 모습은 품위가 있었다. 그래서 그들은 마치 연극이나 오페라를 보거나 음악회에서 연주를 듣는 것처럼(우리 시대의 언어로 얘기하자면) 아주 즐거운 마음으로 앉아서 선지자의 말씀을 들을 수 있었다. 에스겔은 그들에게 고운 음성으로 노래를 잘 하는 자 또는 악기를 잘 연주하며 음악을 잘 하는 자로 여겨졌다. 사람들은 하나님의 말씀을 듣고서 그들의 헛된 망상은 만족함을 얻어 기뻐할 수 있지만 그들의 양심은 전혀 만져지지 않고 그들의 마음도 변하지 않을 수 있고, 그들의 근질거리는 귀는 만족함을 얻지만 그들의 부패한 심령은 거룩함을 입지 못할 수 있다는 것을 명심하라.

2. 그들의 이러한 신앙과 경건의 모습은 위선적인 것이었다. 그것은 모두 가짜였고, 짐짓 그런 체하는 것일 뿐이었다.

(1) 그들에게는 하나님의 말씀을 진정으로 사모하는 마음이 없었다. 그들은 그 입으로는 사랑을 나타내어도 그것은 말뿐이고 마음으로는 그들의 탐욕, 그들의 이익을 따르는 자들이었다. 그들은 예나 지금이나 세상에 마음을 두고 있었고, 세상을 사랑하며 세상과 연합하여 끈끈하게 맺어져 있었다. 그들에게 하나님의 말씀을 듣는 일은 단지 가끔 한두 시간을 내어서 기분 전환이나 오락을 하기 위한 작은 재미에 불과한 것이었다. 그들의 주된 관심은 그들의 농장이나 장사에 있었다. 그들의 마음은 그런 것들에 기울어져 있었고, 그들의 속 생각은 그런 것들에 관한 계획들로 꽉 차 있었다. 탐욕은 대단한 신앙을 고백한 많은

자들을 파멸로 빠뜨리는 죄라는 것을 명심하라. 세상에 대한 사랑은 그들의 마음속에서 하나님에 대한 사랑을 야금야금 먹어 들어간다. 세상의 염려와 재물의 유혹은 뿌려진 씨앗과 영혼을 질식시키는 가시떨기이다. 하나님의 말씀을 들으면서 세상일들을 곰곰이 생각하는 자들은 하나님을 기쁘시게 해드리지도 못하고 스스로 유익을 얻지도 못한다. 하나님은 그런 자들의 마음을 보신다.

(2) 그들은 하나님의 말씀에 순종하지 않았다. 그들은 선지자의 말을 들으나 듣기만 할 뿐이고 행하지 아니한다(31절). 그들은 네 말을 듣고도 행하지 아니한다(32절). 선지자가 그의 권위나 이치에 맞는 설득을 통해서 아무리 권해도, 그들은 자기 자신의 생각을 바꾸지도 않고 그들이 좋아하는 죄에서 떠나지도 않으며 그들의 성미에 맞지 않는 그 어떤 본분도 행하려 하지 않았다. 말씀을 듣기는 좋아하지만 그 말씀을 행하는 일에는 신경을 쓰지 않는 자들이 많다는 것을 명심하라. 그런 자들은 모래 위에 집을 짓는 자들로서 스스로를 속이는 자들이다.

3. 결국 그들이 어떻게 될 것인지를 보자. 그들이 믿지 않고 신경을 쓰지 않기 때문에, 선지자가 전한 하나님의 말씀은 결국 아무런 효력도 발휘하지 못하고 폐하여지고 마는 것인가? 결코 그렇지 않다.

(1) 그들이 선지자가 전한 말씀을 경멸하고 업신여긴다고 하여도, 하나님은 그 말씀이 옳다는 것을 확증해 보이실 것이다(33절). 하나님이 하신 말씀은 그대로 이루어질 것이고, 일점일획이라도 땅에 떨어지지 않을 것이다. 세상의 속된 자들이 율법을 비웃고 조롱한다고 하여도, 율법의 저주들은 그대로 이루어질 것임을 명심하라.

(2) 그들은 뒤늦게서야 그들의 어리석음을 후회하게 될 것이다. 선지자가 전한 말씀이 응하여 이루어질 때, 그들은 한 선지자가 그들 가운데에 있었는데 그들이 그 선지자를 고운 음성을 지닌 자쯤으로 치부해 버렸었다는 사실을 알고 크게 당혹스러워하게 될 것이다. 선지자가 그들 가운데에 있다는 것을 진지하게 생각하지 않는 자들, 선지자들이 말씀을 전하는 나날이 계속되는 동안에 그들의 형벌의 날을 생각하지 않는 자들은 결국 뒤늦게서야 그들 가운데에 선지자가 있었고 그들의 평안에 속한 일들이 그들의 눈에 감춰져 있었다는 사실을 기억하게 되리라는 것을 명심하라. 세상적이고 헛된 자들이 사물에 대하여 지금 그들이 갖고 있는 것과 다른 생각을 갖게 되고 그들이 지금 가볍게 여기는

것들에게서 무거움을 느끼게 될 날이 다가오고 있다. 그들은 정확히 선지자가 전한 말씀대로 일이 이루어지는 것을 볼 때에 한 선지자가 그들 가운데에 있었음을 알게 될 것이고, 그 날에 선지자는 그들에게 제대로 된 경고를 하였으나 그들이 받아들이려 하지 않았다는 사실을 증언할 증인이 될 것이다. 그들이 지금 헐뜯는 에스겔이 죽고 나서 그들 가운데에 선지자가 더 이상 없고 그들에게 이런 일이 얼마나 오랠는지를 보여줄 자가 없게 될 때, 그들은 전에 그들에게 한 선지자가 있었는데도 그들이 그를 선용할 줄을 알지 못하였다는 것을 깨닫게 될 것이다. 하나님의 긍휼을 얼마든지 받을 수 있는 때에 그 긍휼의 가치를 제대로 알지 못하는 자들은 그 긍휼이 사라져서 더 이상 받을 수 없게 될 때에야 그 가치를 알게 되고, 그 때에는 그들이 지금 멸시하였던 인자의 한 날을 보기를 원하여도 볼 수 없게 되리라는 것을 명심하라.

제
— 34 —
장

## 개요

에스겔서에는 이제까지 하나님의 백성 이스라엘의 죄악과 재난에 대하여 가슴 아파하며 크게 슬퍼하는 내용이 나왔었다. 이제 이 장에서 하나님은 이스라엘의 목자들, 즉 이스라엘에서 교회와 나라를 다스리는 자들이 그들의 위치에서 해야 할 본분을 소홀히 함으로써 이스라엘의 죄와 멸망에 크게 기여한 것에 대한 책임을 물으신다. I. 그들이 나라의 일들을 수행함에 있어서 소홀하고 미숙하며 신실하지 못하였다고 크게 질책하심(1-6, 8절). II. 직무를 제대로 수행하지 못하고 기만적으로 행하였다는 이유로 그들을 그들의 직위에서 쫓아내심(7-10절). III. 그들은 백성들을 돌보지 않았지만 하나님이 자기 양 떼를 돌보실 것이기 때문에, 그 양 떼가 언제까지나 그들의 폭정 때문에 고통을 당하지는 않을 것이라는 은혜로운 약속(11-16절). IV. 하나님의 양 떼 중에서 살지고 힘센 자들이 약하고 힘없는 자들에게 해악을 끼친 것에 대하여 질책하심(17-22절). V. 때가 차면 하나님이 메시야를 보내셔서 양 떼의 선한 목자장이 되게 하실 것이고, 그 목자장은 백성들의 온갖 근심을 덜어주고 모든 것을 바로잡게 될 것이라고 약속하심(23-31절).

¹여호와의 말씀이 내게 임하여 이르시되 ²인자야 너는 이스라엘 목자들에게 예언하라 그들 곧 목자들에게 예언하여 이르기를 주 여호와께서 이같이 말씀하시되 자기만 먹는 이스라엘 목자들은 화 있을진저 목자들이 양 떼를 먹이는 것이 마땅하지 아니하냐 ³너희가 살진 양을 잡아 그 기름을 먹으며 그 털을 입되 양 떼는 먹이지 아니하는도다 ⁴너희가 그 연약한 자를 강하게 아니하며 병든 자를 고치지 아니하며 상한 자를 싸매 주지 아니하며 쫓기는 자를 돌아오게 하지 아니하며 잃어버린 자를 찾지 아니하고 다만 포악으로 그것들을 다스렸도다 ⁵목자가 없으므로 그것들이 흩어지고 흩어져서 모든 들짐승의 밥이 되었도다 ⁶내 양 떼가 모든 산과 높은 멧부리에마다 유리되었고 내 양 떼가 온 지면에 흩어졌으되 찾고 찾는 자가 없었도다

이 장의 예언은 물론이고 이후로 40장까지에 나오는 모든 예언은 그

연대가 기록되어 있지 않다. 이 예언은 예루살렘이 완전히 멸망하고 나서 그 원인이 무엇이었는지를 캐묻기에 아주 적절하였던 때에 하나님으로부터 임하였을 것이다.

**I. 선지자가 이스라엘 목자들에게 예언하라는 지시를 받음.** 여기서 이스라엘의 목자들이란 고관들과 방백들, 제사장들과 레위인들, 공회의 의원들, 또는 고위직이든 하위직이든 나라의 일들을 맡아서 하고 있던 자들, 특히 왕들을 가리키는 것이었다. 지금 바벨론에는 두 명의 왕이 포로로 잡혀 와 있었는데, 하나님은 백성들과 마찬가지로 그 왕들도 회개할 수 있도록 그들의 범죄를 보여 주셔야 했다 — 므낫세가 포로 생활 가운데서 회개하였듯이. 하나님은 목자들에게 하실 말씀이 있으셨다. 왜냐하면, 그들은 이스라엘의 목자장이신 하나님 아래에서 그에게 책임을 지는 목자들이기 때문이다(시 80:1). 이제 하나님이 말씀하시는 것은 이스라엘 목자들은 화가 있으리라는 것이다. 그들은 목자들, 즉 이스라엘의 목자들이지만, 하나님은 그들을 봐주지도 않으시고 그들의 비위를 맞추는 말씀을 하시지도 않는다. 자신의 위엄과 권세를 생각해서 마땅히 죄를 멀리해야 하는데도 그렇게 하지 않는 사람들은 그들이 고위직에 있다는 이유로 책망을 받지 않거나 회개하지 않아도 되는 것이 아니기 때문에, 만약 회개하지 않으면 하나님의 심판을 받을 수밖에 없다는 것을 명심하라. 하나님은 내 목장의 양 떼를 멸하며 흩어지게 하는 목자들에게 화 있으리라(렘 23:1)고 말씀하셨다. 그들이 하나님의 신임을 저버리고 맡은 일에 충성하지 않는다면, 하나님은 그들을 특별히 더 엄하게 벌하실 것이다.

**II. 선지자가 여기에서 하나님이 이스라엘의 목자들과 다투시는 이유로서 하나님의 이름으로 목자들을 어떤 죄목들로 고소해야 할지를 지시받음.** 왜냐하면, 하나님이 다투시는 것은 아무런 이유 없이 시비를 거시는 것이 아니기 때문이다. 그들은 두 가지 죄목으로 고소를 받는다.

1. 그들의 관심은 온통 그들 자신이 출세하여 높은 자리에 앉아서 부귀영화를 누리는 데에 있었다는 것. 그런데 하나님이 그들에게 하라고 하신 일은 그들에게 맡겨진 자들을 돌보는 일이었다. 목자들이 양 떼를 먹이는 것이 마땅하지 아니하냐. 두말할 필요도 없이 그들은 그렇게 하여야 했다. 그들이 그렇게 하지 않는 것은 그들에 대한 하나님의 신임을 배신하고 저버리는 것이었다. 그들은 양식을 자기 입 속으로 털어넣는 것이 아니라, 백성들을 위하여 양식을 준비해

서 그 양식을 그들에게 가져다 주어야 했다. 그러나 이 목자들은 백성들을 위하는 일에는 조금도 신경을 쓰지 않았다. 그들은 자기만 먹었고, 그들의 식욕을 만족시키고 그들 자신을 부하고 크고 살지고 편안하게 만드는 일들만을 위해서 애를 썼다. 그들은 높은 지위를 이용해서 자기 배를 불렸다. 그들은 누가 양 떼를 기르고 그 양 떼의 젖을 먹지 않겠느냐(고전 9:7)고 말하며 살진 양을 잡아 그 기름을 먹었다. 이렇게 그들은 가장 좋은 우유만을 자기 것으로 챙겼다. 그들은 백성들의 재산을 닥치는 대로 그들의 수중에 넣어서, 그렇게 뺏은 양털로 모직 옷을 해 입었고, 자신의 포도원 때문에 목숨을 잃은 나봇의 경우처럼 살진 양을 잡아 그들의 소유를 더하였다. 공직에 있으면서 어떤 선한 일을 할 것인지를 생각하는 것이 아니라 오직 사리사욕만을 탐하여 그 권세를 이용해서 재산을 불리고자 하는 자들에게는 화가 있을 것임을 명심하라. 모든 관리들이 자기 일을 구하고 자기가 마땅히 가질 수 있는 것보다 지나치게 많은 것을 구한다는 것이 예로부터 백성들의 불평이다.

2. 그들은 그들에게 맡겨진 자들에게 유익하고 좋은 것에는 전혀 신경을 쓰지 않았다는 것. 너희가 양 떼는 먹이지 아니하는도다. 그들은 너무도 무지하였기 때문에 어떻게 해야 백성들에게 이로운지를 알지도 못하였고, 너무도 게으르고 나태해서 애써 힘들여서 그렇게 하고자 하지도 않았다. 아니, 그들은 애시당초 기만적이고 신실하지 못한 자들이었기 때문에 그런 일을 결코 원하지도 않았고 그렇게 할 생각도 이에 없었다.

(1) 그들은 양 떼 중에서 병들거나 연약한 자들에 대한 그들의 본분을 다하지 않아서, 그런 병들고 연약한 자들을 치료하거나 싸매어 주거나 강하게 해주지 않았다(4절). 어떤 양이 병들거나 다치거나 근심을 하거나 상처를 입었을 때, 그 양이 죽든 살든 그런 것은 그들에게는 아무런 상관도 없는 일이었다. 그들은 양 떼를 결코 돌보지 않았다. 고관들과 방백들은 부당하게 또는 까닭 없이 해악을 당한 자들의 억울함을 풀어주고 상처를 달래주며 일을 바로잡는 데에는 아무 관심이 없었다. 그들은 가난한 자들이 굶어 죽는다고 해도 그들에게 양식을 주어 구제하는 일에 관심이 없었다. 제사장들은 무지한 자들을 가르쳐 깨우치고, 잘못 행하는 자들의 잘못을 바로잡아 주며, 제멋대로인 자들을 경고하고, 마음이 약한 자들을 위로하는 일에 관심이 없었다. 나라를 다스리는 자들은 나라의 병폐가 점점 깊어져서 그 심장부까지 위협해도 그런 것을 없애는

데에 관심이 없었다. 도처에서 일들이 정상을 벗어나 잘못되어 가고 있었지만, 그것들을 바로잡기 위한 조치는 전혀 취해지지 않았다.

(2) 그들은 양 떼 중에서 흩어진 자들, 즉 나라를 침략한 적군에 의해 쫓겨서 피난처를 찾아 흩어졌거나 어쩌다가 산과 높은 멧부리에 유리된 자들에 대한 그들의 본분을 다하지 않았다(6절). 그렇게 흩어진 자들은 들짐승의 밥이 되었다(5절). 백성들은 지푸라기라도 잡고자 하는 심정이었다. 어떤 자들은 밖으로 나가서 구걸하였고, 어떤 자들은 밖으로 나가서 장사를 하였다. 이렇게 해서 나라는 백성의 수가 줄어들었고 힘이 약해졌으며 빈곤해졌고 추수 때나 전쟁 때에 들판에 나가 곡식을 거두거나 전쟁터에 나가 싸울 일손이 부족하게 되었다. 내 양 떼가 온 지면에 흩어졌다(6절). 그렇지만 그들을 찾는 이도 없었고, 고국으로 돌아오라고 권하는 이도 없었다. 그들을 찾고 찾는 자가 없었도다. 아니, 이스라엘의 목자들은 다만 포악으로 그들을 다스렸기 때문에, 그들은 더욱 달아나고자 하였고, 몹시도 고국으로 돌아오고 싶어하였던 자들은 낙심하였다. 고국에서 사느니 차라리 이국 땅에서 나그네로 사는 편이 더 낫다고 생각할 만한 이유가 있는 자들은 참으로 불행한 자들이다. 본문에서 흩어진 양들은 양 떼 중에서 하나님과 그들에게 주어진 본분으로부터 떠난 자들을 가리키는 것일 수도 있다. 여호와를 아는 선한 지식을 가르쳐야 마땅했던 제사장들은 어떻게 해서든지 그런 자들을 깨우쳐서 마음을 고쳐먹게 하여야 했는데도 그렇게 하지 않았기 때문에, 그런 자들은 미혹하는 자들의 손쉬운 먹잇감이 되었다. 이렇게 목자가 없으므로 그들이 흩어졌다(5절). 스스로 목자라 자처하는 자들이 있었지만, 그들은 진정한 목자가 아니었다. 목자로서의 일을 하지 않는 자들은 목자라는 이름으로 불릴 자격이 없다는 것을 명심하라. 목자의 직책을 맡은 자들이 어리석은 목자들이고(슥 11:15), 교만하여 월권을 행하며, 게을러서 그들의 일을 좋아하지 않거나, 그들의 일에 신실하지 않고 관심이 없다면, 양 떼의 처지는 딱하게 된 것이다. 목자들이 그런 자들이라면, 차라리 없는 편이 더 낫다. 그리스도께서는 서기관들과 바리새인들이 모세의 자리에 앉아 있었는데도 이스라엘 백성을 목자 없는 양과 같다고 한탄하셨다(마 9:36). 환자에게 자신의 병보다도 의사가 더 최악의 병일 때, 그리고 목자가 양 떼를 포악으로 다스려서 그들을 쫓아내고 흩어지게 할 때, 그것은 참으로 불행한 일이다.

⁷그러므로 목자들아 여호와의 말씀을 들을지어다 ⁸주 여호와의 말씀에 내가 나의 삶을 두고 맹세하노라 내 양 떼가 노략 거리가 되고 모든 들짐승의 밥이 된 것은 목자가 없기 때문이라 내 목자들이 내 양을 찾지 아니하고 자기만 먹이고 내 양 떼를 먹이지 아니하였도다 ⁹그러므로 너희 목자들아 여호와의 말씀을 들을지어다 ¹⁰주 여호와께서 이같이 말씀하시되 내가 목자들을 대적하여 내 양 떼를 그들의 손에서 찾으리니 목자들이 양을 먹이지 못할 뿐 아니라 그들이 다시는 자기도 먹이지 못할지라 내가 내 양을 그들의 입에서 건져내어서 다시는 그 먹이가 되지 아니하게 하리라 ¹¹주 여호와께서 이같이 말씀하셨느니라 나 곧 내가 내 양을 찾고 찾되 ¹²목자가 양 가운데에 있는 날에 양이 흩어졌으면 그 떼를 찾는 것 같이 내가 내 양을 찾아서 흐리고 캄캄한 날에 그 흩어진 모든 곳에서 그것들을 건져낼지라 ¹³내가 그것들을 만민 가운데에서 끌어내며 여러 백성 가운데에서 모아 그 본토로 데리고 가서 이스라엘 산 위에와 시냇가에와 그 땅 모든 거주지에서 먹이되 ¹⁴좋은 꼴을 먹이고 그 우리를 이스라엘 높은 산에 두리니 그것들이 그 곳에 있는 좋은 우리에 누워 있으며 이스라엘 산에서 살진 꼴을 먹으리라 ¹⁵내가 친히 내 양의 목자가 되어 그것들을 누워 있게 할지라 주 여호와의 말씀이니라 ¹⁶그 잃어버린 자를 내가 찾으며 쫓기는 자를 내가 돌아오게 하며 상한 자를 내가 싸매 주며 병든 자를 내가 강하게 하려니와 살진 자와 강한 자는 내가 없애고 정의대로 그것들을 먹이리라

선지자가 앞에서 하나님의 이름으로 이스라엘의 목자들을 고소하여 기록한 죄상들을 읽으면, 우리는 목자들을 의로운 분노로, 양 떼를 불쌍히 여기는 마음으로 바라보지 않을 수 없게 된다. 하나님은 선지자 에스겔을 통해서 이 두 가지 감정을 아주 강렬하게 표현하시면서, 목자들에게 여호와의 말씀, 즉 여기에 나오는 말씀을 들으라고 요구하신다(7, 9절). 그들은 자기 자신을 대단하게 여긴 그들을 하나님이 얼마나 하찮게 여기시는지, 그들이 아무것도 아닌 것으로 여긴 양 떼를 하나님이 얼마나 귀하게 여기시는지를 들어야 한다. 이것은 그들을 낮추시기 위한 것이다. 그들에게 교훈하시는 여호와의 말씀을 듣고자 하지 않는 자들은 그들에 대한 심판을 읽어 내려가시는 여호와의 말씀을 듣게 될 것이다. 좀 더 살펴보자.

Ⅰ. 하나님이 목자들을 기뻐하지 않으신다는 것.  그들의 범죄들이 반복된다(8절). 하나님의 양 떼는 먼저 그들을 우상 숭배로 이끈 속이는 자들의 희생양

이 되었고, 다음으로는 그들을 포로로 끌고 간 멸망시키는 자들의 희생양이 되었다. 목자들은 전자나 후자의 일이 일어나지 않도록 예방하는 일에 신경을 쓰지 않았고, 마치 목자가 없는 듯이 행하였다. 그러므로 하나님은 내가 목자들을 대적하리라(10절)고 말씀하시고, 그 말씀을 맹세로 확증하신다(8절). 그들은 하나님으로부터 양 떼를 먹이라는 사명을 받았고, 하나님이 그들을 도우실 것을 기대하면서 그들이 하는 일에 하나님의 이름을 사용하였다. 그렇지만 하나님은 "내가 그들을 돕기는커녕 대적하리라"고 말씀하신다. 우리가 하나님이 우리에게 명령하신 일을 하지 않고 우리에게 맡겨진 일에 충성하지 않는다면, 우리가 목자의 이름과 권세를 지니고 있다고 해서, 하나님이 우리를 위해 개입하시리라고 기대하는 것은 오산임을 명심하라. 하나님은 그들을 대적하고 계시고, 그들은 그것을 알게 될 것이다.

1. 하나님은 그들에게 주어진 사명을 그들이 어떻게 수행하였는지 그 책임을 물으실 것이다. "내가 내 양 떼를 그들의 손에서 찾으리니, 많은 양들이 없어진 것에 대한 책임을 그들에게 물으리라." 영혼들을 맡아 놓고서도 전혀 돌보지 않는 자들은 저 심판의 날에 응분의 벌을 받게 될 것임을 명심하라. 사역자들은 나중에 하나님 앞에서 청산할 자인 것 같이 경성하여 일하여야 한다(히 13:17).

2. 그들은 그들의 직분과 삶 둘 다를 빼앗기게 될 것이다. 그들이 양을 먹이지 못할 것이다. 즉, 그들은 양을 먹이는 척했던 것조차도 하지 못하게 될 것이다. 사람들이 권세를 남용하고 그들에게 두어진 신뢰를 저버렸을 때, 하나님이 그들의 손에서 그 권세와 신뢰를 빼앗으시는 것은 마땅한 일이라는 것을 명심하라. 그러나 이것이 그들에 대한 벌의 전부라면, 그들은 얼마든지 그 벌을 견딜 수 있을 것이다. 그러므로 하나님은 이런 말씀을 덧붙이신다. "그들이 다시는 자기도 먹이지 못할지라. 왜냐하면, 그들이 보호하기는커녕 도리어 잡아먹기만 하였던 내 양을 내가 그들의 입에서 건져낼 것이기 때문이다." 백성들의 땀과 피를 짜내서 부하게 된 자들은 백성들이 언제까지나 그런 식으로 당할 것이라고 기대하지 말아야 한다는 것을 명심하라. 하나님은 자기 백성이 그들을 보호할 책임을 맡았으면서도 도리어 착취하고 억압하는 자들에 의해서 언제까지나 짓밟히도록 내버려 두지 않으시고, 때를 봐서 그들을 그들의 공개적인 원수들인 사자들로부터만이 아니라 그들의 거짓 친구들인 목자들로부터도 건져 내실 것

이다.

**Ⅱ. 하나님이 양 떼를 위해 많은 관심을 쏟고 계시다는 것.** 하나님은 마치 그들이 목자들에 의해서 이렇게 소홀히 되고 있는 것을 보았기 때문에 그들에게 더 많은 관심을 가지시는 것처럼 말씀하신다. 왜냐하면, 고아가 여호와로 말미암아 긍휼을 얻기 때문이다. 하나님은 이것을 계기로 여기에서 그들에게 귀한 약속들을 주시는데, 그 약속들은 유대인들이 포로 생활에서 돌아와서 그들의 땅에 다시 정착할 때에 이루어질 것이었다. 목자들은 여호와의 이 말씀을 듣고, 이 일에 있어서 그들이 할 수 있는 역할이나 몫은 전혀 없다는 것을 알아야 한다. 그러나 가엾은 양들은 이 말씀을 듣고 위로를 받을 것이다. 방백들과 사역자들은 교회의 유익을 위하여 그들의 역할을 하는 데에 실패한다고 할지라도, 하나님은 자신의 역할을 하시는 데에 결코 실패하지 않으신다는 것을 명심하라. 하나님은 교회가 자기 양 떼를 위하여 맡겨진 역할을 제대로 하지 못할 때에는 그 양 떼를 스스로 맡으신다. 목자들은 무신경해서 양들을 제대로 돌보지 못할지라도, 목자장이신 하나님은 졸지도 아니하시고 주무시지도 아니하신다. 목자들은 거짓될 수 있지만, 하나님은 항상 미쁘시다.

1. 하나님은 우리에서 나가 흩어진 자기 양들을 한데 모으셔서 우리로 다시 데려오실 것이다. "그 일을 할 수 있고 그 일을 하고자 하며 그 일로 인한 모든 영광을 받을 나 곧 내가 목자가 양들을 찾듯이 내 양을 찾고 찾아서(11절), 흐리고 캄캄한 날에 그 흩어진 모든 곳에서 그것들을 건져내어 상처 입은 양은 어깨 위에 메고 그 모든 양들을 우리로 돌아오게 하리라(12절)." 흐리고 캄캄한 날들, 바람 불고 폭풍우가 몰아치는 날들이 있어서, 그 때에 하나님의 양들은 안전하게 피할 곳을 찾아 여기저기로, 때로는 아주 먼 곳으로 흩어진다.

(1) 그들이 어디에 있든지, 하나님의 눈은 그들을 찾아내실 것이다. 왜냐하면, 하나님의 눈은 그들을 도우려고 온 땅을 두루 살피기 때문이다. 내가 내 양을 찾으리라. 양들이 우리에 들지 않고 아무리 먼 곳으로 흩어졌다고 해도, 하나님은 그 중에 한 마리도 잃지 않으실 것이다. 하나님은 자기 양들을 아신다. 하나님은 그들의 행위를 아시고, 그들이 어디에 사는 것을 아시며(계 2:13), 그들이 어디에 숨어 있는지를 아신다.

(2) 하나님의 때가 올 때, 하나님의 팔은 그들을 그 본토로 데리고 가실 것이다(13절). 내가 그들을 만민 가운데에서 끌어내리라. 하나님은 그의 은혜를 통해

서 그들로 하여금 본토로 돌아갈 마음이 내키게 하실 것이고, 그의 섭리를 통해서 그들을 위해 문을 활짝 여시며 그 길 앞에 놓인 온갖 어려움들을 제거하실 것이다. 그들은 은밀하게 야반도주하듯이 한 사람씩 슬그머니 돌아오는 것이 아니라, 무리를 이루어 돌아오게 될 것이다. "그들이 흩어져 있는 여러 나라들 가운데에서 내가 명문가에 속한 자들만이 아니라 나의 백성 한 사람 한 사람을 모으리라. 그 잃어버린 자를 내가 찾으며 쫓기는 자를 내가 돌아오게 하리라(16절)." 이 말씀은 무수한 유대인들이 스룹바벨과 에스겔 등의 인도 아래에 바벨론에서 당당하게 나와서 고국으로 돌아왔을 때에 이루어졌다. 하나님을 떠나서 죄의 길로 갔던 자들이 회개하고 돌아올 때, 잘못 행하던 자들이 진리를 인정하게 될 때, 여러 곳으로 흩어졌던 하나님의 백성들이 박해가 그쳐서 다시 모여서 거룩한 회중을 이룰 때, 교회들이 안식과 자유를 얻게 될 때, 이 약속은 추가적으로 성취된 것이다.

2. 하나님은 그동안 굶주렸던 자기 백성을 하나님의 초장에 있는 양들처럼 먹이실 것이다. 하나님은 포로 생활에서 돌아오는 자들을 안전하게 그들의 본토로 인도하셔서(13절), 좋은 우리로서 살진 꼴이 많은 이스라엘의 산들 위에서 그들을 먹이실 것이다(14절). 그 산들은 그들의 좋은 우리가 될 것이고, 그들은 거기에서 살진 꼴을 먹을 것이다. 거기에서 하나님은 그들을 먹이실 뿐만 아니라 그들을 누워 있게 하실 것인데(15절), 이것은 이스라엘의 산들에 편한 안식처, 즉 좋은 우리를 마련하여 오랜 여정 끝에 지친 그들의 몸을 편히 쉬게 하시리라는 것을 의미한다. 그들은 이전과는 달리 다시는 이 푸른 초장에서 쫓겨나지 않을 것이고, 그 누구에게도 방해를 받지 않은 채 누워서 꿀맛 같은 휴식을 취할 것이며, 그들을 두렵게 할 자가 아무도 없을 것이다. 그가 나를 푸른 풀밭에 누이시는도다(시 23:2). 이것을 예레미야서에 나오는 비슷한 약속과 비교해 보라(렘 23:3-4). 하나님이 그들을 회복시키셔서 그들의 땅에서 나는 젖과 꿀, 땅의 소산들을 누리게 하실 뿐만 아니라, 이스라엘의 산들 중에서 최고의 산인 시온 산에 있는 하나님의 성소에 대한 특권들을 다시 누리게 하셔서, 그들에게 다시 제단과 성전이 있게 하시고, 제사장들이 거기에서 복무하게 하셨을 때, 그들은 좋은 우리에서 살진 꼴을 먹게 된 것이었다.

3. 하나님은 다친 자들을 구하시고, 상한 자를 싸매 주며 병든 자를 강하게 하시고, 시온에서 시온과 더불어서 애곡하는 자들을 위로하실 것이다. 슬픈 심령을

지닌 자들에게 평안을 얘기하며 위로해야 할 사역자들이 그들의 본분을 소홀히 한다고 할지라도, 위로자가 되시는 성령께서는 그의 직분에 충실하실 것이다. 그러나 살진 자와 강한 자는 내가 없애리라는 말씀이 뒤따라 나온다. 하나님은 불안해하는 성도들에게는 안식을 주시지만, 주제넘게 건방진 죄인들에게는 그들을 두렵게할 말씀을 주신다. 모든 골짜기가 메워지듯이, 모든 산과 작은 산은 낮아질 것이다(눅 3:5).

[17]주 여호와께서 이같이 말씀하셨느니라 나의 양 떼 너희여 내가 양과 양 사이와 숫양과 숫염소 사이에서 심판하노라 [18]너희가 좋은 꼴을 먹는 것을 작은 일로 여기느냐 어찌하여 남은 꼴을 발로 밟았느냐 너희가 맑은 물을 마시는 것을 작은 일로 여기느냐 어찌하여 남은 물을 발로 더럽혔느냐 [19]나의 양은 너희 발로 밟은 것을 먹으며 너희 발로 더럽힌 것을 마시는도다 하셨느니라 [20]그러므로 주 여호와께서 그들에게 이같이 말씀하시되 나 곧 내가 살진 양과 파리한 양 사이에서 심판하리라 [21]너희가 옆구리와 어깨로 밀어뜨리고 모든 병든 자를 뿔로 받아 무리를 밖으로 흩어지게 하는도다 [22]그러므로 내가 내 양 떼를 구원하여 그들로 다시는 노략 거리가 되지 아니하게 하고 양과 양 사이에 심판하리라 [23]내가 한 목자를 그들 위에 세워 먹이게 하리니 그는 내 종 다윗이라 그가 그들을 먹이고 그들의 목자가 될지라 [24]나 여호와는 그들의 하나님이 되고 내 종 다윗은 그들 중에 왕이 되리라 나 여호와의 말이니라 [25]내가 또 그들과 화평의 언약을 맺고 악한 짐승을 그 땅에서 그치게 하리니 그들이 빈 들에 평안히 거하며 수풀 가운데에서 잘지라 [26]내가 그들에게 내 산 사방에 복을 내리며 때를 따라 소낙비를 내리되 복된 소낙비를 내리리라 [27]그리한즉 밭에 나무가 열매를 맺으며 땅이 그 소산을 내리니 그들이 그 땅에서 평안할지라 내가 그들의 멍에의 나무를 꺾고 그들을 종으로 삼은 자의 손에서 그들을 건져낸 후에 내가 여호와인 줄을 그들이 알겠고 [28]그들이 다시는 이방의 노략 거리가 되지 아니하며 땅의 짐승들에게 잡아먹히지도 아니하고 평안히 거주하리니 놀랠 사람이 없으리라 [29]내가 그들을 위하여 파종할 좋은 땅을 일으키리니 그들이 다시는 그 땅에서 기근으로 멸망하지 아니할지며 다시는 여러 나라의 수치를 받지 아니할지라 [30]그들이 내가 여호와 그들의 하나님이며 함께 있는 줄을 알고 그들 곧 이스라엘 족속이 내 백성인 줄 알리라 주 여호와의 말씀이라 [31]내 양 곧 내 초장의 양 너희는 사람이요 나는 너희 하나님이라 주 여호와의 말씀이니라

선지자는 목자들에게 말씀을 다 전한 후에 이제 양 떼에게 메시지를 전한다. 하나님은 백성들에게 다정하게 말하고 그들을 위해 그가 긍휼을 예비해 두셨다는 것을 전하라고 선지자에게 지시하셨었다. 그러나 여기에서 선지자는 그들을 둘로 구별하여 귀한 자들과 악한 자들로 나누어서 전자의 부류에게 메시야에 관한 약속을 전하라는 지시를 받는다. 이러한 구별은 부분적으로는 메시야의 초림(初臨)의 때에 이루어질 것이지만(왜냐하면, 메시야는 심판하러 이 세상에 오셨고[요 9:39] 주리는 자를 좋은 것으로 배불리시며 부자는 빈 손으로 보내시기[눅 1:53)] 위하여 오셨기 때문이다), 메시야가 재림하여 여기에서 약속하신 대로 양과 양 사이를 심판하되 목자가 양과 염소를 구분하는 것 같이 하여 양은 그 오른편에 염소는 왼편에 둘(마 25:32-33) 때에 온전히 이루어질 것이다. 마태복음에서 예수께서 하신 이 말씀은 아마도 여기에 나오는 말씀과 관련이 있는 것으로 보인다. 좀 더 살펴보자.

**I. 양 떼 중에서 살지고 힘센 자들의 죄를 깨우치심**(17절).  그들은 숫양들과 숫염소들, 즉 목자나 통치자로서의 권세를 지니고 있지는 않았지만 돈이 많고 부유한 것을 이용해서 가난한 이웃들을 괴롭힌 자들이었다. 많이 가진 자들은 더 많이 갖고자 하여 그 욕심이 끝도 없어서 온갖 방법들을 다 동원해서 어떻게든 가난한 이웃들을 억압하여 그들이 가진 것들을 먹어 치우는데, 심지어 가난한 사람의 양 새끼 한 마리까지 강제로 빼앗아 버린다(삼하 12:4). 부자들은 가난한 자들을 그들의 부를 이용해서 억압할 뿐만 아니라 법정으로 끌고 가지 아니하느냐(약 2:6)? 가난한 종들과 소작인들은 부자인 그들의 주인이나 지주에게 착취를 당한다. 숫양들과 숫염소들은 온갖 좋은 꼴을 독차지하여 기름진 것을 먹고 단 것을 마셨을 뿐만 아니라, 그들이 먹고 남긴 부스러기를 양 떼 중에서 가난한 자들이 편히 먹게 내버려 두지도 않았다. 그들은 남은 꼴을 발로 밟고 남은 물을 발로 더럽혀서(18-19절), 다른 양들은 그들이 발로 밟아서 더럽혀진 꼴을 먹고 그들이 더럽혀 놓은 흙탕물을 마셔야 했다. 이것은 큰 자들이 착취와 압제를 통해서 이웃들을 가난에 찌들게 만들었을 뿐만 아니라, 가난한 자들이 끼니라도 잇도록 그냥 내버려 두지 않고 그것마저 방해하였기 때문에, 가난한 자들은 그들에게 주어진 작은 양의 거친 음식조차도 눈물로 먹어야 했다는 것을 보여준다. 그런데도 큰 자들은 이것을 작은 일로 여겼다. 그들은 마치 그들의 이웃들에게 해악을 끼치는 것이 큰 자들의 특권이라도 되는 것인 양 너

무도 당연시하여서 그들이 하는 짓에는 아무런 문제가 없다고 생각하였다. 부귀영화를 누리며 편안하게 살아가는 자들은 자기 주변의 사람들이 어떤 곤경에 처해 있는지를 전혀 신경 쓰지 않기 때문에 무슨 일이든 제멋대로 행하는 것이다. 편안하게 사는 자들과 교만한 자들은 누가 그들 덕택에 조금이라도 편안하게 사는 꼴을 그대로 두고 보지 못한다. 그러나 이것이 다가 아니다. 그들은 가난한 자들의 것을 빼앗아서 더욱 가난하게 만들 뿐만 아니라, 양 떼 중에서 병들고 약한 자들을 괴롭혔다(21절). 그들은 약한 자들을 옆구리와 어깨로 밀어뜨리고(약한 자들은 힘이 없기 때문에 밀릴 수밖에 없다), 모든 병든 자를 뿔로 들이받았다(병든 자들은 그들을 당할 힘이 없기 때문에 그들에게 감히 맞서지 못한다). 양 떼는 그들 중의 하나가 병들거나 약할 때에는 나머지 양들은 힘을 다해서 그 양을 뜨거운 햇빛으로부터 보호해 주는 등 안전하게 해주고자 애쓰는 법이다. 그러나 이 양들은 정반대로 병든 자들을 아주 심하게 괴롭혔다. 그들은 마치 그리스도께서 말씀하셨듯이 우리에게 항상 있는 가난한 자들은 나라의 골칫거리여서 구제하는 것이 아니라 멀리 쫓아내 버려야 한다고 생각하는 양 있는 힘을 다해서 가난한 자들을 나라에서 제거하고자 하여 밖으로 흩어지게 하였다. 환난을 당하는 자에게 환난을 더하는 것은 야만적인 짓임을 명심하라. 아마도 여기에 나오는 숫양들과 숫염소들은 서기관들과 바리새인들을 나타내고자 한 것 같다. 왜냐하면, 그들은 그리스도께서 친히 그들로부터 교회를 구하기 위해 오셔야 했을 정도로 교회를 괴롭히는 자들이었기 때문이다(23절). 서기관들과 바리새인들은 양 떼 중에서 여호와를 기다리던 가난한 자들을 끊임없이 괴롭히고 해쳤을 뿐만 아니라(슥 11:11), 과부의 가산을 삼켰고 천국으로 들어가는 지식의 열쇠를 가져가 버렸으며 하나님의 진리의 맑은 물을 더럽혔고 장로들의 전통으로 사람들의 양심을 억압하였다. 하나님의 양 떼가 그들 가운데서 높은 자리에 있는 자들로부터 많은 해악과 피해를 보는 것은 새삼스러운 일이 아니다(행 20:30).

**Ⅱ. 양 떼 중에서 이스라엘의 위로를 기다리는 가난하고 약한 자들에게 위로를 전하심**(22절). "내가 내 양 떼를 구원하리니, 그들이 다시는 이전처럼 들짐승이나 그들의 목자들이나 그들 가운데 있는 숫양과 숫염소들에게 노략당하는 일이 없을 것이다." 예언서에서 흔히 그렇듯이, 이 대목에서 메시야가 오셔서 그의 나라를 세우실 것이고 그 나라의 보호와 감화 아래에서 교회가 지극히 크

고 귀한 은택들을 누리게 되리라는 예언이 등장한다. 여기에서 어떤 것들이 예언되고 있는지를 살펴보자.

1. 메시야 자신에 관한 예언.

(1) 그는 하나님으로부터 직접 사명을 받으실 것이다. 내가 한 목자를 세우리라(23절). 내가 그를 일으키리라(29절). 하나님은 직접 그를 성별하시고 보증하셨으며, 그를 지명하시고 기름을 부으셨다.

(2) 그는 양 떼의 큰 목자가 되셔서, 이제까지 아무도 할 수 없었던 일을 그의 양 떼를 위하여 하실 것이다. 그는 한 목자가 되셔서, 유대인들과 이방인들을 한 우리에 들게 하실 것이다.

(3) 그는 하나님에 의해 쓰임 받고 하나님을 위해 쓰임 받는 하나님의 종으로서 하나님께 영광을 돌리기 위하여 하나님의 뜻에 순종하여 모든 일을 행하실 것이다. 그는 사람들 가운데서 하나님의 나라를 다시 건설하고 그 나라의 세력을 확장하기 위한 하나님의 종이 되실 것이다.

(4) 그는 다윗이 되실 것이다. 다윗은 하나님의 마음에 합한 자로서, 하나님은 그를 거룩한 산 시온에서 왕으로 세우셔서 모퉁잇돌이 되게 하셨고, 그와 왕권 계약을 맺으셨다. 이제 하나님은 메시야에게 그의 조상 다윗의 위를 주실 것이다. 메시야는 다윗의 뿌리이자 자손이 되실 것이다.

(5) 그는 지극히 훌륭한 나무, 의로운 가지(렘 23:5), 아름답고 영화로운 여호와의 가지(사 4:2)가 되실 것이다. 그는 모든 이름 위에 뛰어난 이름과 모든 보좌 위에 뛰어난 보좌를 가지실 것이기 때문에, 지극히 훌륭한 가지라 불리실 만할 것이다. 어떤 이들은 이것을 여호와께서 심으신 나무인 교회를 가리키는 것으로 이해한다(사 61:3). 교회와 그리스도의 이름이 만세에 기억될 것이다(시 45:17).

2. 메시야의 나라의 토대를 이룸과 동시에 그 나라가 실현할 대헌장에 관한 예언(25절). 내가 그들과 화평의 언약을 맺으리라. 은혜의 언약은 곧 화평의 언약이다. 그 언약 안에서 하나님은 우리와 화목하시고, 우리에게 평안을 말씀하시며, 평안을 비롯해서 우리에게 우리를 복되게 하는 데에 필요한 온갖 선한 것들을 보장해 주신다. 이 언약의 요지는 이런 것이다. "나 여호와는 그들의 하나님, 그들에게 부족함이 없는 하나님이 되어, 그들을 나의 백성으로 인정할 것이고, 그들에 의해 그들의 하나님으로 인정받을 것이다. 이것을 위해서 그들로

하여금 충성 맹세를 하게 만들고 그들 가운데서 그들을 위하여 다스리기 위하여 내 종 다윗이 그들 중에 왕이 되리라." 주 예수를 그들의 왕으로 섬기는 자들에게만 주 여호와께서 그들의 하나님이 되어 주실 것임을 명심하라. 그 때에 그들 곧 이스라엘 족속이 내 백성이 되리라. 우리가 하나님을 우리의 하나님으로 모신다면, 하나님은 우리를 그의 백성으로 삼으실 것이다. 하나님과 이스라엘 간에 맺어진 이 계약을 근거로 둘 간의 친교가 이루어진다. "내가 여호와 그들의 하나님으로서 그들과 함께 있어서 그들과 교제할 것이고, 그들은 그러한 사실을 알고 위로를 받을 것이다."

3. 이 메시야의 나라에 충성하고 이 화평의 언약에 들어온 자들이 누릴 특권들에 관한 예언. 이 특권들은 여기에서 양 떼가 누리는 복들로서 비유적으로 묘사되고 있지만, 그 비유를 풀 열쇠도 함께 주어진다(31절). 이 양 떼에 속한 자들은 양으로 표현되고 있지만, 사실은 사람들, 여호와와 언약을 맺고서 그를 그들의 하나님으로 모시는 사람들을 가리킨다. 이제 그들에게 다음과 같은 것들이 약속된다.

(1) 그들이 하나님의 보호하심 아래에서 거룩한 안전함을 누리게 되리라는 것. 우리의 선한 목자이신 그리스도께서는 우리의 모든 영적 원수들을 무찌르셔서 그들의 권세를 깨뜨리시고 승리하셔서 악한 짐승들을 그 땅에서 그치게 하셨다(25절). 큰 소리로 포효하는 그 사자는 이제 더 이상 그들을 삼키는 사자가 아니다. 그들이 다시는 이방의 노략 거리가 되지 아니하며, 이방이 그들에게 두려움이 되지도 아니하고, 그들이 땅의 짐승들에게 잡아먹히지도 아니할 것이다. 죄와 사탄, 사망과 음부는 정복되었다. 그러므로 그들은 우리에서만이 아니라 사나운 짐승들이 있는 들이ㅣ 광야나 수풀 속에서도 평안히 거주할 것이다. 그들은 거기에서 서주할 뿐만 아니라 잠을 자기도 할 것이다. 이것은 짐승들이 그칠 것이어서 거기에 아무런 위험도 없을 뿐만 아니라 그들의 양심이 깨끗하게 되고 평안을 얻어서 그들이 위험을 느끼지 않게 될 것임을 보여준다. 그들은 해악으로부터 안전할 뿐만 아니라 해악에 대한 두려움에서도 해방될 것이다. 그리스도를 자신의 왕으로 모신 자들은 평안히 눕고 잠자며 편한 잠을 자게 된다는 것을 명심하라. 왜냐하면, 그리스도께서 그들의 보호자가 되셔서 그들로 평안히 거주하게 하실 것이기 때문이다. 그 어떤 것도 그들을 해치지 못할 것이다. 아니, 그들을 두렵게 할 자가 아무도 없을 것이다. 하나님이 우리 편이

신데, 누가 우리를 대적할 수 있겠는가? 땅이 변할지라도 우리는 두려워하지 아니하리로다(시 46:2-3). 하나님은 그리스도로 말미암아 자기 백성을 그들이 두려워할 이유가 있는 것들로부터만이 아니라 죽음 자체에 대한 두려움이나 고통스러운 온갖 두려움으로부터도 구하신다. 재난이나 해악으로부터의 이러한 안전이 약속되고 있다(27절). 그들의 땅에서 나는 풍성한 소산 때문에 이웃 나라들이 그들의 땅을 탐낸다고 하여도, 그들은 그 땅에서 침략을 당하거나 속국이 될 위험성이 없이 평안할 것이다. 그들이 이렇게 안전하다고 느끼는 것은 그들이 하나님의 지혜와 능력과 선하심을 신뢰하기 때문이다. 내가 여호와인 줄을 그들이 알리라. 우리의 모든 불안과 두려움은 하나님에 대한 무지와 오해에서 비롯된다. 하나님이 그들을 구체적으로 돌보고 계신다는 것을 체험하게 된 후에, 하나님에 대한 그들의 신뢰는 힘을 얻게 될 것이다. "내가 그들을 얽어매어 압제 아래에 놓이게 만들었던 그들의 멍에의 나무를 꺾고 그들을 종으로 삼은 자의 손에서 그들을 건져낸 후에, 그들은 그들을 건져내신 분이 앞으로 그러실 것이기 때문에 우리가 평안히 거하리라고 말하게 될 것이다." 이것은 복음 아래에 있는 우리의 상태에 적용되고, 또한 그 상태를 설명해 준다(눅 1:74-75). 하나님은 믿음 안에서 주를 섬기는 우리가 원수의 손에서 건지심을 받고 두려움이 없이 그를 섬기게 하셨다.

(2) 그들이 영적으로 온갖 선한 것들, 지극히 선한 것들을 그들의 위로와 복으로 풍성하게 누리리라는 것. 그들이 다시는 그 땅에서 기근으로 멸망하지 아니하리라(29절). 이스라엘이 기근과 궁핍이라는 심판으로 벌을 받았을 때, 그것은 다른 어떤 심판보다도 이방 나라들 가운데서 이스라엘의 수치와 욕이 되었는데, 이는 가나안 땅이 비옥하다는 것은 이방 나라들에서 익히 알려져 있던 사실이었기 때문이다. 그러나 이제 그들이 다시는 이방의 여러 나라로부터 그러한 수치를 받지 아니할 것이다. 왜냐하면, 하나님이 때를 따라 소낙비를 내리되 복된 소낙비를 내리실 것이기 때문이다(26절). 그리스도는 자기 백성을 먹이실 목자이시다. 그들은 들고 나며 꼴을 먹게 될 것이다.

[1] 그들은 굶주려서 죽는 일이 없을 것이다. 왜냐하면, 그들의 양식은 먹어도 만족함이 없고 없으면 굶주려 죽을 수밖에 없는 세상이 주는 양식이 아니기 때문이다. 의식법(儀式法)의 규례들은 초등학문이라 불린다. 왜냐하면, 기독교의 제도들과 비교해서 그런 규례들 속에는 베는 자의 손과 묶는 자의 품에 차는

것들이 거의 없기 때문이다. 의에 주리고 목마른 자들은 배부를 것이기 때문에 주려서 죽는 일이 없을 것이다. 그리스도께서 주시는 물, 그가 그의 양들을 인도하시는 곳인 잔잔한 물가에 있는 물을 마시는 자들은 결코 목마르지 않을 것이다.

[2] 복된 소낙비가 그들에게 내릴 것이다(26-27절). 하늘은 이슬을 내릴 것이고, 밭에 나무가 열매를 맺을 것이다. 이러한 차고 넘치는 풍성함의 근원지는 하나님의 산, 그의 성산 시온이 될 것이다. 왜냐하면, 바로 그 산에서, 즉 복음 교회를 통해서 하나님은 만민을 위하여 연회를 베푸실 것이고, 복음의 은혜에 참여하고자 하는 자들은 바로 그 산(복음 교회)으로 와야 하기 때문이다. 이러한 풍성함을 가져다 주는 것은 하나님이 때를 따라 내리시는 소낙비, 시온의 산들 위에 내리는 소낙비, 이슬처럼 내리는 그리스도의 가르침, 그리스도의 은혜들, 성령의 열매들과 위로들이고, 우리는 이런 것들 덕분에 의의 열매를 풍성히 맺게 된다. 이러한 풍성함의 예들은 우리 위에 부어지는 하늘의 축복들, 우리가 맺는 은혜의 산물들, 하나님의 은총 안에서의 우리의 위로, 우리가 열매를 맺음으로써 하나님이 영광을 받으시는 것 등이다. 이러한 풍성함의 범위는 아주 넓어서 하나님의 산 사방에 미친다. 이는 율법이 시온에서부터 나올 것이요, 시온에서 빛이 나와 어두운 세상을 밝히며, 시온에서 강줄기가 나와서 메마르고 척박한 세상을 촉촉히 적실 것이기 때문이다. 시온의 이웃에 있는 모든 자들이 이로 인해 은택을 입게 될 것이다. 교회에 가까울수록 교회의 하나님에게도 더 가깝게 되는 법이다. 끝으로, 이러한 풍성함으로 말미암아 그들은 세계 중에서 복, 즉 아주 뛰어난 복의 모범이 될 것이다(사 19:24). 또는, 그들은 주변의 모든 자들에게 유익을 끼치면서 만민에게 축복이 될 것이다. 여호와로부터 복을 받은 자들은 그들 자신이 세계의 복이 될 수 있도록 애써야 한다는 것을 명심하라. 선한 자는 선을 행하여야 한다. 은사나 은혜를 받은 자는 그 은사나 은혜를 다른 사람들에게 베풀어야 한다.

메시야와 그의 나라에 관한 이 약속은 당시에 이 약속을 받은 자들에게 큰 위로가 되었을 것이다. 왜냐하면, 그들은 그러한 복이 잉태되어 자라가고 있는 동안에는 그들의 민족이 아무리 낮아진다고 할지라도 완전히 멸망하지는 않으리라는 것을 확신할 수 있었을 것이기 때문이다(사 65:8). 그러나 이 약속은 우리에게는 훨씬 더 큰 위로가 된다. 왜냐하면, 이 약속이 이제 우리에게 이루어져서, 우리는 이 선한 목자의 양들로서 그의 초장에서 꼴을 먹고, 이 목자로 말미암아 하늘에 속한 모든 신령한 복을 받고 있기 때문이다.

제
— 35 —
장

## 개요

앞 장에서는 때가 되어 하나님이 시온에 은혜를 베푸실 때, 특히 메시야를 보내셔서 그의 나라를 세상에 세우실 때가 오면, 하나님은 그의 교회의 원수들을 그치게 하시고, 교회의 복과 위로들이 차고 넘치게 하실 것이라는 약속이 주어졌다. 이 장에는 전자의 약속, 즉 교회의 원수들을 멸하시겠다는 약속에 대한 자세한 설명이 나오고, 다음 장에는 후자의 약속, 즉 교회가 차고 넘치는 복을 받게 되리라는 약속에 대한 자세한 설명이 나온다. 이 장에서 선지자가 쳐서 예언하는 원수는 세일 산(즉, 에돔)이지만, 오바댜의 예언에서와 마찬가지로 세일 산은 교회의 모든 원수들을 상징하는 것이라고 보는 것이 옳다. 왜냐하면, 아벨을 미워한 모든 자들이 가인의 길을 걸었다고 할 수 있듯이, 야곱을 미워한 모든 자들은 에서의 길을 걸었다고 할 수 있고, 야곱은 하나님의 특별한 축복 덕분에 그 모든 자들을 지배하게 될 것이었기 때문이다. 이 장에서 우리는 구체적으로 다음과 같은 내용들을 볼 수 있다. I. 하나님이 고소하시는 에돔 사람들의 죄. 그 죄는 그들이 이스라엘에 대하여 앙심과 악의를 지니고 있다는 것이었다(5, 10-13절). II. 이 죄 때문에 그들에게 멸망이 임할 것이라고 경고하심. 하나님이 그들을 대적하실 것이고(3절), 그 때에 그들의 땅이 황폐하게 되며(4절) 사람들이 살지 않게 되어 완전히 버려지게 될 것이고 (6-9절), 황폐화되었던 다른 나라들이 회복될 때에도 그들의 땅은 그대로 황무지로 남게 될 것이다(14-15절).

[1]또 여호와의 말씀이 내게 임하여 이르시되 [2]인자야 네 얼굴을 세일 산으로 향하고 그에게 예언하여 [3]이르기를 주 여호와께서 이같이 말씀하시되 세일 산아 내가 너를 대적하여 내 손을 네 위에 펴서 네가 황무지와 공포의 대상이 되게 할지라 [4]내가 네 성읍들을 무너뜨리며 네가 황폐하게 되리니 네가 나를 여호와인 줄을 알리라 [5]네가 옛날부터 한을 품고 이스라엘 족속의 환난 때 곧 죄악의 마지막 때에 칼의 위력에 그들을 넘겼도다 [6]그러므로 주 여호와의 말씀이니라 내가 나의 삶을 두고 맹세하노니 내가 너에게 피를 만나게 한즉 피가 너를 따르리라 네가 피를 미워하지 아니하

었은즉 피가 너를 따르리라 <sup>7</sup>내가 세일 산이 황무지와 폐허가 되게 하여 그 위에 왕래하는 자를 다 끊을지라 <sup>8</sup>내가 그 죽임 당한 자를 그 여러 산에 채우되 칼에 죽임 당한 자를 네 여러 멧부리와, 골짜기와, 모든 시내에 엎드러지게 하고 <sup>9</sup>너를 영원히 황폐하게 하여 네 성읍들에 다시는 거주하는 자가 없게 하리니 내가 여호와인 줄을 너희가 알리라

우리가 앞서 보았던 경고의 말씀들 중의 하나에서 세일 산은 모압과 한 묶음으로 다루어졌었지만(25:8), 여기에서 하나님은 에돔만을 단독으로 다루시면서 그 죄를 알려 주시고 단죄하시며 그들이 받을 벌을 선고하신다. 선지자는 단호한 표정으로 그의 얼굴을 에돔으로 향하고 에돔을 쳐서 예언하여야 했다. 왜냐하면, 이스라엘의 하나님이 세일 산아 내가 너를 대적하노라고 말씀하셨기 때문이다. 하나님으로 하여금 대적하시게 만든 자들은 그들을 치는 하나님의 말씀을 듣게 되고 그들을 노려보는 하나님의 사역자들의 얼굴을 보게 될 것이다. 이 때에 사역자들은 그들에 대하여 그 어떤 선한 것도 예언해서는 안 되고 반드시 화를 선포하여야 한다. 선지자는 에돔 사람들에게 하나님이 그들과 다투고 계시고 그들로 하여금 그 사실을 알게 하실 것임을 전하여야 했다.

**I. 하나님이 그들과 다투시는 이유와 근거**(5절).   하나님은 자기 백성을 옹호하시고 변호하시기 때문에, 그들에게 잘못한 일을 하나님 자신에게 잘못한 일로 여기시고, 그 일에 대하여 책임을 물어 벌하신다. 하나님이 지금 에돔 사람들과 다투시는 것은 이렇게 자기 백성과 관련된 일 때문이었다.

1. 그들이 하나님의 백성에 대하여 뿌리 깊은 적대감을 품고 있었다는 것. "너는 이스라엘 백성에 대하여 한, 즉 끝없는 증오를 품어 왔고, 이스라엘이라는 이름만 들어도 치를 떨었다." 에돔 사람들은 이스라엘에 대하여 대대로 악의를 품어 왔는데, 그것은 야곱이 장자권과 그 축복을 빼앗아간 것 때문에 에서가 야곱에 대하여 품었던 것과 같은 악의였다. 에서는 야곱과 포옹하고 입맞춤함으로써 화해를 하였고(창 33장), 우리는 에서가 야곱과 또다시 다투었다는 얘기를 두 번 다시 듣지 못한다. 그러나 에서의 후손들은 야곱의 자손들과 결코 화해하고자 하지 않았고, 도리어 뿌리 깊은 증오심을 가지고 그들을 미워하였다. 자녀들은 부모의 미덕보다는 악덕을 닮기 쉽고, 부모가 회개한 전철을 밟는 것이 아니라 죄악을 범한 전철을 밟기 쉽다는 것을 명심하라. 그러므로

부모는 자녀들에게 그 어떤 악한 모범도 보이지 않도록 주의하여야 한다. 왜냐하면, 하나님의 은혜로 말미암아 그들 자신은 회개하고 돌이켜서 그들이 행한 죄로 인한 재난을 피할 수 있을지 모르지만, 그들이 저지른 죄로 인한 악한 영향력은 자녀들에게 그대로 전해질 수 있기 때문이다. 종종 민족들 간의 반감이 아주 뿌리가 깊고 대대로 오래가는 것을 보면 이상하다는 생각이 든다. 그러나 여자의 후손과 뱀의 후손 간에 숙명적으로 형성된 해묵은 적대감을 생각하면 (창 3:15), 저 속된 에돔 사람들이 경건한 이스라엘 백성을 미워하는 것은 전혀 이상한 일이 아니고, 이런 현상은 세상 끝날까지 이어질 것이다. 세상이 너희를 미워하여도 이상히 여기지 말라(요일 3:13).

2. 그들이 하나님의 백성에게 해악들을 가하였다는 것. 그들은 이스라엘 족속의 환난 때에 칼의 위력에 그들을 넘겨 피를 흘리게 하였다. 그들은 공개적으로 적으로 나서서 이스라엘 백성을 공격한 것이 아니라, 호시탐탐 기회를 엿보고 있다가 그들에게로 피신해 온 이스라엘 사람들을 죽였다(옵 1:14). 또는, 그들은 그들에게로 피신해 온 이스라엘 사람들을 잡아서 다시 추격자들의 칼에 넘겨 죽게 하였다. 이스라엘 백성이 곤경에 처한 틈을 이용한 것, 즉 이웃 나라들이 평소에는 아무 일 없이 서로 평화롭게 잘 살다가 이방인들이 이스라엘을 쳐들어오자 이 때다 싶어서 이스라엘 사람들을 은밀하게 친 것은 야만적인 짓임과 동시에 비겁한 짓이었다. 그들이 이렇게 한 때는 이스라엘의 죄악의 마지막 때, 즉 이스라엘 족속의 죄악의 분량이 다 차서 이스라엘에 멸망이 찾아왔을 때였다. 자기가 저지른 죄악들 때문에 고난을 당하는 것이 마땅한 자들일지라도 함부로 짓밟아서는 안 되고 불쌍히 여겨야 한다는 것을 명심하라. 아버지가 한 자녀를 징계하실 때에는 나머지 자녀들이 그것을 보고 두려워하여 스스로 조신하기를 바라는 것이지 의기양양하여 기뻐하기를 바라는 것이 아니다.

**Ⅱ. 하나님이 그들과 다투신 결과.**  하나님은 그의 손을 에돔의 땅 위에 펴서 그 땅을 황무지와 공포의 대상이 되게 하실 것이다(3절).

1. 주민들은 칼에 죽을 것이다(6절). 내가 너에게 피를 만나게 하리라. 에돔은 서서히 약화되어 아주 쉽게 정복될 것이고, 적군은 더 효과적으로 힘을 결집해서 에돔을 복속시킬 것이다. 이렇게 에돔을 멸망시키기 위한 준비가 오래 전부터 착착 진행될 것이다. 네가 피를 미워하지 아니하였다. 이 말씀은 "네가 피 흘리기를 기뻐하였고 피에 목말라 하였다"는 뜻이다. 죄에 대하여 항상 뿌리 깊

은 적대감을 지니고 있는 자들이 아니면 죄에 대한 유혹이 아주 강할 때에 그 유혹에 넘어가기 쉽다. 어떤 이들은 이 본문을 "네가 피를 미워하지 않는다면(즉, 네가 회개하여 피 흘리기를 좋아하는 너의 성품을 버리지 않는다면) 피가 너를 따르리라"로 읽는다. 이렇게 읽으면, 이 본문은 삶을 철저히 고친다면 심판을 막을 수도 있다는 뜻이 된다. 사람이 회개하지 아니하면 하나님이 그의 칼을 가실 것이다(시 7:12). 그러나 사람이 돌이켜 회개한다면, 하나님은 칼을 도로 내려 놓으실 것이다. 피, 즉 네가 흘린 다른 사람들의 피에 대한 죄책 또는 심판이 너를 따르리라. 네가 어느 길로 피한다고 할지라도, 피에 굶주린 너의 원수들이 너를 뒤쫓을 것이다. 전에 예언된 대로(사 34:6), 에돔 땅에 큰 살육이 대대적으로 행해질 것이다. 내가 그 죽임 당한 자들을 그 여러 산에 채우되 네 여러 멧부리와, 골짜기와, 모든 시내에 엎드러지게 하리라(8절). 추격자들이 도망치는 에돔 사람들을 잡아서 모두 다 무자비하게 칼로 죽일 것이다. 하나님은 자기 백성 이스라엘 사람들의 피를 흘린 자들에게 그 죄를 물으실 때에 그들에게 피를 주어 마시게 하실 것임을 명심하라. 왜냐하면, 하나님이 그들에게 그렇게 하시는 것이 합당하기 때문이다. 피에 굶주려 왔던 자들에게 피를 물리도록 마시게 하라.

2. 그 땅은 황폐하게 될 것이다. 성읍들은 무너질 것이고(4절), 그 땅은 황무지와 폐허가 될 것이다(7절). 왜냐하면, 하나님이 성읍이나 촌락에서 그 위에 왕래하는 자를 다 끊으실 것이기 때문이다. 성읍들을 보수(補修)하여야 할 주민들이 끊어지면 성읍들은 퇴락하여 폐허로 변하게 될 것이고, 땅을 경작해야 할 자들이 끊어지면 그 땅은 곧 가시나무와 엉겅퀴로 뒤덮여서 황무지가 될 것이다. 이스라엘이 황폐하게 되기를 바라고 거기에 일조한 자들은 그들 자신도 황폐하게 되리라는 것을 예상하여야 한다는 것을 명심하라. 에돔이 영원히 황폐하게 될 때에 그 심판이 끝날 것이다(9절). 성읍들은 이전의 상태로 결코 회복되지 못할 것이고, 주민들은 포로 된 곳이나 흩어졌던 곳에서 돌아오지 못할 것이다. 육적인 마음을 지닌 자들 같이 하나님과 그의 백성에 대하여 뿌리 깊은 적대감을 지닌 자들은 그들 자신이 영원히 황폐하게 될 것 외에 다른 것을 기대할 수 없다는 것을 명심하라. 수그러들지 않는 악의는 회복될 수 없는 파멸이라는 벌을 받는 것이 마땅하다.

[10]네가 말하기를 이 두 민족과 두 땅은 다 내 것이며 내 기업이 되리라 하였도다 그

러나 여호와께서 거기에 계셨느니라 <sup>11</sup>그러므로 주 여호와의 말씀이니라 내가 나의 삶을 두고 맹세하노니 네가 그들을 미워하여 노하며 질투한 대로 내가 네게 행하여 너를 심판할 때에 그들이 나를 알게 하리라 <sup>12</sup>네가 이스라엘 산들을 가리켜 말하기를 저 산들이 황폐하였으므로 우리에게 넘겨 주어서 삼키게 되었다 하여 욕하는 모든 말을 나 여호와가 들은 줄을 네가 알리로다 <sup>13</sup>너희가 나를 대적하여 입으로 자랑하며 나를 대적하여 여러 가지로 말한 것을 내가 들었노라 <sup>14</sup>주 여호와께서 이같이 말씀하셨느니라 온 땅이 즐거워할 때에 내가 너를 황폐하게 하되 <sup>15</sup>이스라엘 족속의 기업이 황폐하므로 네가 즐거워한 것 같이 내가 너를 황폐하게 하리라 세일 산아 너와 에돔 온 땅이 황폐하리니 내가 여호와인 줄을 무리가 알리라 하셨다 하라

이 단락에는 다음과 같은 내용들이 나온다.

**I. 에돔 사람들의 죄에 대한 추가적인 설명과 하나님의 백성에 대한 그들의 악한 행동.** 우리는 교회가, 에돔이 헐어 버리라 헐어 버리라 그 기초까지 헐어 버리라(시 137:7)고 말하여 쓸데없이 예루살렘에 대한 바벨론의 분노를 부추겨 화를 더욱 돋구었다고 고소하는 것을 본다. 여기에는 그들에 대한 또 하나의 고소, 즉 그들이 예루살렘이 멸망하고 그 땅이 황폐화된 것을 보고 몹시 기뻐하였다는 고소가 나온다. 많은 에돔 사람들은 의기양양하여 이스라엘 산들을 가리켜 저 산들이 황폐하였다고 말하며 이스라엘을 모독하고 욕하였다(12절). 하나님의 교회가 환난을 당하는 때는 그 벗들의 변함없는 신의가 드러나는 때임과 동시에 그 원수들의 부패한 심성이 우리가 생각했던 것보다 더 악의적이고 잔인한 모습으로 드러나는 때이기도 하다는 것을 명심하라. 이제 여기에서는 그들이 예루살렘의 멸망을 기뻐한 것은 다음과 같은 것들로부터 나온 것이라고 말한다.

1. 이스라엘 백성에 대한 죄악된 감정. 즉, 그들의 그러한 태도는 그들이 이스라엘 백성을 미워하여 노하며 질투하였고(11절) 옛날부터 한을 품고(5절) 뿌리 깊은 적대감을 지니고 있었기 때문에 나온 것이었다. 그들은 이스라엘의 상대가 되지 못하였기 때문에 그들의 힘으로는 이스라엘에 해악을 가할 수 없었지만, 갈대아 사람들이 이스라엘을 황폐화시킨 것을 고소하였던 것이다.

2. 이스라엘 땅에 대한 죄악된 욕심. 그늘은 이스라엘 백성이 멸망을 당하

면 그들이 그토록 못마땅해하고 시샘하여 왔던 이스라엘 땅을 그들의 수중에 넣을 수 있을 것이라고 생각하여 기뻐하였다. 그들은 이스라엘 땅을 물려받을 상속자들이 없을 것이기 때문에 그들이 그 땅을 차지할 수 있을 것이라고 생각하였다. 야곱의 자손이 끊어지고 나면, 그 다음으로 그 땅을 상속받을 순위가 형제에게 주어지는 것이 관례이기 때문에, 이스라엘 땅은 그들의 것이 될 것이라고 생각하였다. "이 두 민족(즉, 유다와 이스라엘)과 두 땅은 다 내 것이 되리라. 이제는 상속의 순위가 우리에게 주어져 있기 때문이다." 그들은 이스라엘과 지척에 있기 때문에 적어도 그 땅을 가장 먼저 차지할 수 있을 것이라고 생각하였다. 이스라엘 땅이 버려질 때, 우리가 그 땅을 차지할 것이다 — 먼저 차지하는 자가 임자가 되는 법이니까. 다른 사람들의 것을 차지하기 위해서 그 사람들이 죽기를 바라거나 자기에게 이익이 될 것을 기대해서 다른 사람들이 실패하는 것을 기뻐하는 자들은 에돔 사람들의 영을 지니고 있는 것임을 명심하라. 우리는 다른 사람들이 이 세상에서 좌절과 실망과 손실과 시련을 당하는 것을 보면, 그러한 기회를 이용해서 이 세상에 대한 자신의 욕심을 채우려고 드는 것이 아니라, 도리어 이 세상이 헛되다는 것을 깨닫고서, 세상에 대한 애정과 욕심을 끊고 기대를 줄여서 더욱 초연해지고자 하여야 한다. 그런데 여기에서 에돔 사람들이 이스라엘 땅을 탐내고 군침을 흘리면서 "그 땅이 우리에게 넘겨주어서 삼키게 되었으니, 우리가 그 땅의 풍요로움으로 우리의 배를 불리리라"고 말한 것은 하나님에 대한 큰 모독이었다. 하나님은 너희가 나를 대적하여 입으로 자랑하며 나를 대적하여 여러 가지로 말한 것을 내가 들었노라고 말씀하신다. 왜냐하면, 그들은 여호와께서 여전히 거기에 계시는데도(10절) 불구하고 이스라엘이 쫓겨난 후 그 빈 땅을 그들이 차지할 수 있을 것이라고 기대하였기 때문이다. 사실 하나님의 성전은 불탔고, 하나님의 임재를 보여주는 다른 증표들도 사라졌다. 그러나 그 땅을 야곱의 자손에게 기업으로 주시겠다는 하나님의 약속은 무효가 된 것이 아니었고, 그 효력은 이전과 똑같이 그대로 존재하고 있었다. 바로 그 약속에 근거해서 하나님은 때가 되어 이스라엘 백성이 다시 그 땅으로 돌아올 때까지 이스라엘을 대신하여 그 땅을 계속해서 지키고 계셨다. 그 땅은 임마누엘의 땅이었다(사 8:8). 임마누엘이신 분, 즉 메시야가 그 땅에서 태어나실 것이었기 때문에, 메시야가 거기에서 그의 때를 보내실 때까지는 이스라엘 백성은 그 땅에 남아 있을 것이었다. 여호와께서 거기에 계신다. 즉,

주 예수께서 거기에 계실 것이다. 그러므로 이스라엘 백성이 그 땅에서 쫓겨났다고 해서 그 땅에 대한 권리를 상실한 것은 아니고, 이 가나안 땅에 대한 하나님의 약속이 메시야에 의해서 훨씬 더 좋은 약속으로 바뀔 때까지는 그들은 하나님의 허락하심으로 말미암아 그 땅을 차지하고 향유하게 될 것이다. 에돔 사람들이 하나님의 선민 이스라엘에게 특별히 주어진 특권들과 위로들을 그들 자신의 것이라고 주장한 것은 하나님을 크게 모독하는 주제넘고 뻔뻔스러운 짓이었다. 이스라엘 산들, 심지어 거룩한 성이 지금 이방인들의 노략 거리가 되어서 그 발에 짓밟혔다고 해서(계 11:2) 여호와께서 그들을 버리셨고 그들의 하나님이 그들을 잊으셨다고 말하는 것은 하나님을 욕하는 것이나 다름이 없었다. 사도 바울은 하나님이 자기 백성을 버리셨다는 말을 결단코 용납하지 않는다(롬 11:1). 결코 그렇지 않다. 그들은 잠시 쓰러지기는 하였지만, 그렇다고 해서 그들이 영원히 내쳐지거나 버림받은 것은 결코 아니었다. 그들이 버림을 받았다고 말하는 것은 여호와를 욕하는 것이다.

Ⅱ. **하나님이 에돔 사람들의 도가 지나친 오만방자함을 주목하시고 그들에게 심판을 선포하심.** 네가 욕하는 모든 말을 나 여호와가 들었다(12절). 너희가 나를 대적하여 입으로 자랑하며 나를 대적하여 여러 가지로 말한 것을 내가 들었노라(13절). 내가 그 말들을 듣고 주목하였다. 우리가 여러 가지로 무수한 말들을 한다고 해도 하나님은 우리가 한 말들을 한 마디도 놓치지 않고 다 들으신다는 것을 명심하라. 사람들이 아주 많은 말들을 별 생각 없이 속사포처럼 쏟아놓고 나서, 그들 자신이나 그것을 늘은 사람들은 그 말들을 금세 까맣게 다 잊어버렸다고 하여도, 하나님은 그 말들을 다 들으시고, 장차 그 말들에 대하여 그들에게 책임을 물으실 것이다. 온갖 오만하고 거친 말들, 특히 하나님의 이스라엘을 대적하여 여러 가지로 한 말들이나 입으로 자랑하며 한 말들(13절)을 하나님은 다 아시고 마음에 담아 두신다. 왜냐하면, 아무리 사소한 말이라도 하나님은 다 아시고, 아무리 무모한 말이라도 하나님의 책망을 피해가지 못할 것이기 때문이다. 네가 욕하는 모든 말을 나 여호와가 들었노라. 우리가 마치 못 듣는 자 같이 듣지 아니한 채 욕을 감당하여야 하는 것은 하나님이 들으실 것이기 때문이다(시 38:13, 15). 하나님은 에돔 사람들이 욕하는 말들을 다 들으셨다. 그러므로 그들은 그들의 파멸에 관한 선고를 들어야 했다(14-15절). 그들의 죄는 민족적인 죄였기 때문에(에돔 사람들의 욕하는 말들은 모든 에돔 사람들의 정

서이자 언어였다), 에돔 족속 전체가 벌을 받게 될 것이다.

1. 그들은 특별한 벌을 받게 될 것이다. 하나님은 이스라엘 백성에 대한 특별한 애정을 지니고 계시기 때문에 에돔 사람들에게 특별한 재앙들을 내리실 것이다. "온 땅이 즐거워할 때에 내가 너를 황폐하게 하리라. 다른 나라들이 잿더미에서 회복되어 기뻐할 때에 네 땅은 영원히 황폐하리라(9절)."

2. 그들의 죄에 상응하는 벌이 내려질 것이다. "이스라엘 족속의 기업이 황폐하므로 네가 즐거워한 것 같이 하나님은 너를 충분히 황폐하게 하실 것이다. 네가 이스라엘 땅이 황폐화된 것을 즐거워하였기 때문에, 네가 황폐하리니, 내가 너를 황폐하게 하리라." 우는 자들과 더불어 우는 것이 아니라 도리어 그들의 슬픔을 놀리며 희롱하는 자들은 그들도 우는 자들처럼 울게 되어서, 그들이 놀려대며 희롱하였던 자들의 아픔과 쓰라림을 맛보게 되리라는 것을 명심하라. 어떤 이들은 이 본문(14절)을 죄와 벌이 서로 상응할 것임을 보여주는 말씀으로 읽는다: 이스라엘이 황폐화되었을 때에 네가 즐거워한 것 같이 내가 너를 황폐하게 할 때에 온 땅이 즐거워하리라. 다른 사람들이 죽고 넘어지는 것을 즐거워하는 자들은 그들이 죽거나 넘어질 때에 다른 사람들이 즐거워하리라는 것을 예상하여야 한다.

3. 교회의 원수들의 멸망을 통해서 하나님은 영광을 받으시고자 하신다. 우리는 하나님의 뜻이 반드시 이루어질 것임을 확신한다.

(1) 하나님이 에돔에 대한 징벌을 통해서 의도하시는 것은, 의로우시고 질투하시는 하나님으로서 자신의 언약에 확고하시고, 자기 백성과 그들의 억울함을 풀어 주시는 일에 신실하시다는 것을 나타내시는 것이다(11절). 내가 네게 행하여 너를 심판할 때에 그들이 나를 알게 하리라. 예나 지금이나 하나님은 심판들을 행하심으로써 자기가 누구인지를 사람들에게 알게 하신다.

(2) 하나님의 의도는 온전히 이루어질 것이다. 그가 여호와인 줄을 그의 백성이 알고 위로를 받을 뿐만 아니라, 에돔 사람들을 비롯해서 하나님과 그의 백성을 대적하였던 그 밖의 모든 원수들도 그것을 알게 될 것이다(4, 9, 15절). 창조와 일반 섭리에 속한 일들이 하나님이 계시다는 사실을 나타내 보여주는 것과 마찬가지로, 이스라엘이 돌봄을 받는 것은 이스라엘의 하나님 여호와가 유일하신 하나님, 참되고 살아 계신 하나님이시라는 것을 나타내 보여준다.

제
— 36 —
장

## 개요

우리는 앞 장에서 세일 산, 즉 에돔이 심판을 받아 영원히 황폐하게 되리라는 말씀을 다 들었기 때문에, 이제는 선지자와 함께 이스라엘의 산들로 눈을 돌리지 않으면 안 된다. 이스라엘의 산들도 에돔과 마찬가지로 황폐화되어 있는 상태이지만, 우리는 앞 장에서 이스라엘에 뭔가 좋은 일이 있을 것 같다는 조짐을 이미 보았다. 이 장에는 두 가지 서로 구별되는 예언이 나온다. I. 주로 유대인들의 현재의 상황과 관련된 예언. 이 예언 속에서 그들의 현재의 통탄스러운 처지와 이웃 나라들이 그것을 보고 기뻐하는 모습이 묘사된다. 그러나 그들의 근심거리들이 다 제거될 것이고, 때가 되면 그들이 그들의 본토에 다시 정착하여 평화롭고 풍요롭게 살게 될 것이라는 약속이 주어진다(1-15절). II. 주로 유대인들의 영적인 상태와 관련된 예언. 선지자는 그들에게 하나님의 능하신 손 아래에서 그들의 죄를 회개하고 낮아지도록 하기 위하여 그들의 이전의 죄악들과 그것들에 대한 하나님의 심판을 상기시킨다(16-20절). 그러나 다음과 같은 것들이 약속된다. 1. 하나님이 그들에게 긍휼을 베푸심으로써 영광을 나타내시리라는 것(21-24절). 2. 하나님이 자기 이름을 위하여, 그리고 그들의 기도에 응답하여 그들에게 은혜를 주셔서 그를 섬기기에 적합한 자들로 만드심으로써 그들을 거룩하게 하시리라는 것(25-38절).

¹인자야 너는 이스라엘 산들에게 예언하여 이르기를 이스라엘 산들아 여호와의 말씀을 들으라 ²주 여호와께서 이같이 말씀하시기를 원수들이 네게 대하여 말하기를 아하 옛적 높은 곳이 우리의 기업이 되었도다 하였느니라 ³그러므로 너는 예언하여 이르기를 주 여호와께서 이같이 말씀하시기를 그들이 너희를 황폐하게 하고 너희 사방을 삼켜 너희가 남은 이방인의 기업이 되게 하여 사람의 말 거리와 백성의 비방 거리가 되게 하였도다 ⁴그러므로 이스라엘 산들아 주 여호와의 말씀을 들을지어다 산들과 멧부리들과 시내들과 골짜기들과 황폐한 사막들과 사방에 남아 있는 이방인의 노략 거리와 조롱 거리가 된 성읍들에게 주 여호와께서 이같이 말씀하셨느니라 ⁵주 여호와께서 이같이 말씀하시기를 내가 진실로 내 맹렬한 질투로 남아 있

는 이방인과 에돔 온 땅을 쳐서 말하였노니 이는 그들이 심히 즐거워하는 마음과 멸시하는 심령으로 내 땅을 빼앗아 노략하여 자기 소유를 삼았음이라 6그러므로 너는 이스라엘 땅에 대하여 예언하되 그 산들과 멧부리들과 시내들과 골짜기들에 관하여 이르기를 주 여호와께서 이같이 말씀하시기를 내가 내 질투와 내 분노로 말하였나니 이는 너희가 이방의 수치를 당하였음이라 7그러므로 주 여호와께서 이같이 말씀하시기를 내가 맹세하였은즉 너희 사방에 있는 이방인이 자신들의 수치를 반드시 당하리라 8그러나 너희 이스라엘 산들아 너희는 가지를 내고 내 백성 이스라엘을 위하여 열매를 맺으리니 그들이 올 때가 가까이 이르렀음이라 9내가 돌이켜 너희와 함께 하리니 사람이 너희를 갈고 심을 것이며 10내가 또 사람을 너희 위에 많게 하리니 이들은 이스라엘 온 족속이라 그들을 성읍들에 거주하게 하며 빈 땅에 건축하게 하리라 11내가 너희 위에 사람과 짐승을 많게 하되 그들의 수가 많고 번성하게 할 것이라 너희 전 지위대로 사람이 거주하게 하여 너희를 처음보다 낫게 대우하리니 내가 여호와인 줄을 너희가 알리라 12내가 사람을 너희 위에 다니게 하리니 그들은 내 백성 이스라엘이라 그들은 너를 얻고 너는 그 기업이 되어 다시는 그들이 자식들을 잃어버리지 않게 하리라 13주 여호와께서 이같이 말씀하셨느니라 그들이 너희에게 이르기를 너는 사람을 삼키는 자요 네 나라 백성을 제거한 자라 하거니와 14네가 다시는 사람을 삼키지 아니하며 다시는 네 나라 백성을 제거하지 아니하리라 주 여호와의 말씀이니라 15내가 또 너를 여러 나라의 수치를 듣지 아니하게 하며 만민의 비방을 다시 받지 아니하게 하며 네 나라 백성을 다시 넘어뜨리지 아니하게 하리라 주 여호와의 말씀이니라 하셨다 하라

선지자는 앞서 그의 얼굴을 이스라엘 산들을 향하여 들고 그들을 쳐서 그들에게 예언하라는 지시를 받았었다(6:2). 그 때는 하나님이 자기 백성과 다투시기 위하여 나아오신 때였다. 그러나 이제 하나님은 그들에게 다시 긍휼을 베풀고자 하시기 때문에, 선지자는 이스라엘의 산들을 향하여 좋은 말들과 위로가 되는 말들을 전하지 않으면 안 된다(1, 4절). 이스라엘 산들아 여호와의 말씀을 들으라. 그는 여호와의 이 말씀을 이 땅의 산들과 멧부리들과 시내들과 골짜기들과 황폐한 사막들과 버려진 성읍들에게 전한다(4, 6절). 이스라엘 백성들은 이런저런 식으로 죽고 사라졌다. 이 땅에는 산들과 골짜기들, 버려진 성읍들 외에는 아무것도 남아 있지 않았다. 그러한 것들은 갈대아 사람들이 가져갈 수

없었기 때문이다. 땅은 영원히 있도다(전 1:4). 선지자는 하나님이 자기 백성을 위하여 긍휼을 준비해 두셨다는 것을 보이기 위하여 하나님이 이 땅에 대하여 한결같은 인자하심을 지니고 계시다고 말하면서, 만약 여호와께서 이 땅을 영원히 버리고자 하셨다면, 그들에게 여호와의 말씀을 들으라고 하지도 않으셨을 것이고, 이 모든 일을 보이지 아니하셨을 것이며, 이제 이런 말씀도 그들에게 이르지 아니하셨을 것이라고 말한다. 좀 더 살펴보자.

**I. 하나님이 현재의 이스라엘 땅의 통탄스러운 처지를 연민의 마음으로 주시하고 계신다는 것.** 이스라엘 땅은 사방에 남아 있는 이방인의 노략 거리와 조롱 거리가 되어 있었다(4절).

1. 이스라엘 땅은 이방인들의 노략 거리가 되었다. 이방인들은 이 땅에서 노략한 것들로 다 부자가 되었다. 갈대아 사람들이 이스라엘 땅을 정복하자, 이웃 나라들은 모두 다 자기들이 손대는 것마다 자기 것이 될 것이라고 생각해서 노략질하기 위하여 난파당한 배의 처지가 된 이 땅에 몰려 들었다(3절). 그들이 너희를 황폐하게 하고 너희 사방을 삼켜 너희가 너희처럼 황폐화되는 것을 가까스로 모면하고 남은 이방인의 기업이 되게 하였도다. 이 때에는 아무도 이스라엘 땅에서 노략질 하는 것을 범죄라고 생각하지 않았다. 로마의 폭도들은 여전히 출세한 자들을 칭송하고 몰락한 자들을 경멸한다. 어떤 사람이 무너지면, 그 사람을 철저히 짓밟는 것이 인간사이다.

2. 이스라엘 땅은 이방인들의 조롱거리가 되었다. 이방인들은 이스라엘 백성이 가지고 있던 모든 것을 빼앗았고, 그렇게 빼앗고 나서는 이스라엘 백성을 비웃었다. 원수들은 이렇게 말하였다. "아하 옛적 높은 곳이 우리의 기업이 되었도다(2절). 이스라엘 땅이 지닌 유서 깊음이나 위엄, 그 신성함이나 요새 같은 방비들도 그 땅을 안전하게 지켜주지 못해서, 우리가 이 땅의 주인이 되었도다." 이스라엘 땅은 열방들 가운데서 더 큰 존귀함을 지니고 더 큰 이름을 지니고 있었기 때문에, 그들은 그 땅을 노략질 하는 데에 더 큰 자부심과 즐거움을 누렸는데, 이것은 그들이 비열하고 야비한 심령을 지니고 있었음을 보여주는 한 예였다. 형통할 때에 그 처지가 더 영화로웠을수록 곤경에 처하면 그 처지는 더 비참해진다. 하나님은 여기에서 이것이 이스라엘의 현재의 재난을 더욱 무겁게 만드는 것임을 지적하신다. 그들이 너희가 사람의 말 거리와 백성의 비방 거리가 되게 하였도다(3절). 사람들의 입에 오르내리는 말들은 온통 유대 민족이

멸망한 일에 관한 것이었고, 이 일을 얘기하는 자마다 이런저런 식으로 이스라엘을 헐뜯고 비방하였다. 사람들이 하는 말들은 안일한 자의 조소와 교만한 자의 멸시였다(시 123:4). 남의 얘기를 하기 좋아하면서도 그 누구에 대해서도 결코 좋은 말을 하지 않는 자들이 있다. 하나님의 백성은 그 머리에서 면류관이 떨어졌을 때에 그런 자들 가운데서 비방 거리가 될 수밖에 없었다. 이렇게 고난의 날들에는 도처에서 비방 거리가 되는 것이 기독교의 운명이었다.

**Ⅱ. 많은 이웃 나라들, 특히 남아 있는 이방인들과 에돔 사람들이 이스라엘 땅이 황폐화된 것을 즐거워한 것에 대하여 하나님이 의로우신 진노를 표현하심.** 좀 더 살펴보자.

1. 그들이 하나님의 이스라엘에 대하여 어떻게 하였는가. 그들은 이스라엘의 땅, 곧 하나님의 땅을 빼앗아 자기 소유로 삼았다. "그들이 내 땅을 빼앗아 자기 소유를 삼았다(5절). 그들은 이웃 나라의 재산을 강탈하였을 뿐만 아니라 하나님의 대권(大權)을 침해하였다." 그들이 그들의 더러운 손을 댄 것은 거룩한 땅이었다. 그들은 하나님이 그 땅의 주인이시라는 것을 인정하지도 않았고, 이스라엘이 그 땅에 대하여 여전히 권리를 지니고 있다는 것도 인정하지 않았으며, 마치 그들이 그 땅을 합법적인 전쟁을 통해서 얻은 것처럼 빼앗아 노략하였다. 그들은 이런 짓을 하면서도 하나님이나 그의 심판을 두려워하는 마음이나 이스라엘과 이스라엘이 겪는 재난들을 불쌍히 여기는 마음이 전혀 없었고, 도리어 이 땅을 얻었다는 생각에 심히 즐거워하는 마음과 이 땅을 잃은 이스라엘을 멸시하는 심령만을 지녔다. 옳든 그르든 수단 방법을 가리지 않고 재물을 늘리는 것은 세상적인 심령을 지닌 자들의 기쁨의 전부이고, 하나님의 백성이 겪는 재난은 멸시하는 심령을 지닌 자들의 기쁨의 전부이다. 그리고 하나님의 백성을 노략질 할 기회를 얻지 못한 자들은 하나님의 백성에게 욕을 해댔다. 이렇게 해서 이스라엘 백성은 이방인들의 수치가 되었다(6절). 너나 할 것 없이 누구나 이스라엘 사람들을 조롱하고 놀려대며 희롱하였다. 사실인 즉은 이스라엘 사람들은 그들 자신의 죄로 말미암아 자기 자신을 천하게 만들어 버린 것이었다. 따라서 하나님이 이스라엘 사람들로 하여금 조롱을 당하고 욕을 먹게 하신 것은 의로운 일이었지만, 실제로 이스라엘 사람들을 조롱하고 욕한 자들은 의로운 것이 아니라 불의하고 지극히 야만적인 짓을 하는 것이었다.

2. 하나님은 이렇게 말과 행위로 자기 백성을 욕보인 자들을 어떻게 다루고

자 하시는가. 하나님은 이방인들을 쳐서 말씀하였다. 하나님은 그들에게 심판을 선고하셨다. 하나님은 그 일로 인해서 그들을 벌하시기로 결심하셨는데, 하나님 자신의 명예와 자기 백성의 명예를 위해서 그의 맹렬한 질투로 그들을 벌하실 것이다(5절). 하나님은 이 둘에 대하여 죽음 같이 강한 사랑을 가지고 계시기 때문에 이 둘에 대하여 스올 같이 잔인한 질투를 가지고 계신다. 그들은 악의로 하나님의 백성을 대적하여 말하였기 때문에, 하나님은 질투로 그들을 쳐서 말씀하실 것이다. 그들의 말과 하나님의 말씀 중에서 어느 쪽이 더 강할 것인지는 뻔한 일이다. 하나님은 그의 질투와 분노로 말씀하실 것이다(6절). 분노는 하나님 안에 존재하지 않는다. 그러나 하나님은 사람들이 분노했을 때에 하는 것처럼 그렇게 맹렬하게 그의 권능을 행사하여 그들을 치실 것이다. 하나님은 분을 발하며 진노하사 그들을 놀라게 하여 말씀하실 것이다. 하나님은 그가 말씀하신 것을 반드시 이루실 것이다. 왜냐하면, 그 말씀은 맹세로 뒷받침되어 있기 때문이다. 하나님은 그의 손을 들어서 맹세하셨고, 맹세하시고서 후회하지 않으실 것이다. 하나님이 이토록 열을 내셔서, 그리고 이토록 강력한 의지를 가지시고서 말씀하시는 것은 도대체 무엇인가? 그것은 이런 것이다(7절). 너희 사방에 있는 이방인이 자신들의 수치를 반드시 당하리라. 원수 갚는 것이 내게 있다고 말씀하신 의로우신 하나님은 반드시 수치를 수치로 되갚아 주실 것임을 명심하라. 하나님의 백성을 멸시하고 욕하는 자들은 조만간에 그 멸시와 수치가 그들의 머리로 되돌아와서, 이 세상에서 그들의 어리석은 말이나 행동, 그들이 겪는 재난들, 실패나 실책, 불운 등으로 말미암아 수치를 겪게 될 것이고, 저 심판의 날에는 모든 회개하지 않은 자들과 함께 수치를 당하여 영원히 부끄러움을 당하게 될 것이다.

**III. 하나님이 자기 백성 이스라엘에게 은혜를 베푸실 것을 약속하시고, 그들을 위하여 큰 긍휼을 준비해 두고 계시다는 것을 단언하심.** 하나님은 원수들이 광분하여 자기 백성을 오만방자하게 대하는 때에 맞춰서, 다윗이 시므이가 그를 저주한 것에 대하여 하나님이 그 일과 관련해서 자기에게 선하게 갚아 주실 것을 소망한 것처럼(그들은 내게 저주하여도 주는 내게 복을 주소서, 시 109:28), 자기 백성에 대하여 더욱더 큰 관심을 지니고 계시다는 것을 보여주신다. 이렇게 원수들이 하나님의 백성에게 행하는 일들은 비록 그 일이 그들을 해치고자 하는 의도를 지닌 것이라고 해도 그들의 의도와는 달리 실제로는 그들을 돕는 일이 되어 버린다. 사람들이 우리에게 몰인정하면 할수록 하나님은 우리에게 더욱 인자하시기 때문에, 즉 그의 말씀과 성령을 통해서 우리에게 더 인자하게 말씀하시고 그의 섭리를 통해서 우리에게 더 인자하게 행하시기 때문에, 우리는 불평할 이유가 전혀 없다. 선지자는 지금 황폐해지고 멸시받고 있는 이스라엘의 산들에게 하나님이 돌이켜 그들과 함께 하실 것이라고 전하여야 한다(9절). 하나님의 저주가 인간 때문에 땅에 미치듯이, 하나님의 축복도 인간 때문에 땅에까지 미친다. 하나님이 약속하시는 것들은 이런 것들이다.

1. 이스라엘 산들의 본래 주인들이 돌아와서 그 산들을 차지하게 되리라는 것. 내 백성 이스라엘이 올 때가 가까이 이르렀다(8절). 그들은 고국에서 아주 멀리 떨어져 있고 여러 나라들에 흩어져 있으며 강력한 원수들에 의해 억류되어 있다고 할지라도 자기들의 지경으로 다시 돌아올 것이다(렘 31:17). 그들이 돌아올 때가 가까이 이르렀다. 이스라엘의 복역 기간인 칠십 년 중에서 아직 사십 년 이상이 남아 있었지만, 그들이 돌아오는 것은 확실하고 그들 가운데는 살아서 그 날을 볼 자들도 있을 것이었기 때문에, 하나님은 그 날이 가까이 이르렀다고 말씀하신다. 하나님께는 천 년이 하루와 같다. 이스라엘의 산들은 지금 황폐해져 있다. 그러나 하나님은 사람들, 즉 하나님의 백성 이스라엘을 그 산들 위에 다니게 하실 것이고, 그들은 여행자로서가 아니라 주민 ― 소작인이 아니라 자작농 ― 으로서 그 산들 위를 지나다니게 될 것이다. 그들은 너를 얻고 너는 그 기업이 될 것인데, 이것은 그들의 대(代)에서 끝나지 않고 그들의 자손들에게 이어질 것이다. 이것은 하나님의 모든 자녀들, 즉 지금은 여러 나라들에 흩어져 있는 참 이스라엘 백성들이 머지않아 하늘의 가나안으로 들어가서 함께 살게 될 것임을 보여주는 모형이다.

2. 본래 주인들이 돌아오면, 이스라엘의 산들이 그들을 편안하고 풍성하게 살 수 있게 해주리라는 것. 이스라엘 땅은 아주 오랜 세월 동안 안식년을 누렸기 때문에 그 후에는 우리가 안식일을 보낸 후에 그렇듯이 훨씬 더 비옥하게 될 것이다. 사람이 너희 이스라엘 산들을 갈고 심을 것이며(9절), 너희는 내 백성 이스라엘을 위하여 열매를 맺으리라(8절). 땅이 그 좋은 소산들로 하나님을 기쁘게 섬길 선한 자들에게 도움이 될 수 있다는 것은 땅에게도 축복이다.

3. 이스라엘 백성은 그들의 본토에서 편안히 먹고 살 뿐만 아니라 편안히 정착하여 살게 되리라는 것. 내가 그들을 성읍들에 거주하게 하며 빈 땅에 건축하

게 하리라(10절). 내가 너희 전 지위대로 사람이 거주하게 하리라(11절). 그들은 그들 자신의 죄 때문에 이 땅에서 쫓겨났지만, 이제 하나님의 은총으로 인하여 다시 정착하여 살게 될 것이다. 주님의 비유 속에서 탕자는 회개하였을 때에 그의 이전의 지위 그대로 그의 아버지의 집에 다시 정착하여 살게 된다. 제일 좋은 옷을 내어다가 입히라(눅 15:22). 아니, 내가 이제 너희를 처음보다 낫게 대우하리라(11절). 양이 처음부터 아예 길을 잃지 않았을 때보다도 길을 잃었던 양이 다시 돌아왔을 때의 기쁨이 더 큰 법이다. 하나님은 종종 자기 백성을 괴롭게 하신 날수대로 그들에게 그 괴로움을 보상하기에 충분할 정도로 풍성한 위로를 주신다. 이렇게 하나님은 욥의 나중을 처음보다 더 복 주셔서, 그가 가진 모든 것이 갑절로 늘어났다.

4. 이스라엘 백성은 본토로 돌아온 후에 생육하고 번성하여 땅에 충만하게 되어서 그 땅에 사람들이 살게 될 뿐만 아니라 이전처럼 번성하게 되리라는 것. 하나님은 이스라엘 온 족속(이 어구를 직역하면 이스라엘의 온 족속 곧 그 모든 자들이라는 뜻으로 극히 강조되어 있다), 즉 하나님이 그 마음을 감동시킨 모든 자들을 이 땅으로 돌아오게 하실 것이다(10절). 이렇게 돌아온 자들만이 이스라엘 족속이라 여겨졌고, 나머지 사람들은 이스라엘로부터 끊어진 자들이었다. 또는, 처음에는 비교적 소수가 돌아왔지만, 나중에 여러 번에 걸쳐서 그들 모두가 돌아왔다. 그런 후에 하나님은 사람을 많게 하실 것이고(10절), 사람과 짐승을 많게 하되 그들의 수가 많고 번성하게 하실 것이다(11절). 이 세상에 있는 하나님의 나라는 점점 자라가는 나라라는 것을 명심하라. 하나님의 교회는 잠시 그 세(勢)가 줄어들지 모르지만 이내 회복되어 다시 번성할 것이다.

5. 이스라엘의 악한 정탐꾼들이 그 땅에 대하여 오래 전에 한 악담, 즉 이 땅은 기근이나 질병이나 칼로 그 거주민들을 삼키는 땅이라는 악담은 완전히 사라져서, 그와 같은 말이 다시는 나오지 않으리라는 것. 가나안 땅은 예로부터 그 거주민, 곧 원주민들을 토해 내는 땅으로 악명이 높았었고(레 18:28), 이스라엘의 정탐꾼들 중에서 일부는 그 점을 문제삼아서 그 땅에 대하여 악평을 하였었다(민 13:32). 그리고 이 땅은 최근에 이스라엘 백성을 삼켰고 토해 내었었다. 그래서 사람들 사이에서는 이 땅은 거기에 거주하는 민족들이나 종족들을 떠받쳐 주기는커녕 그들을 삼키고 제거하며 넘어뜨리는 땅이라는 말이 돌았다. 이 땅은 그 땅을 경작하는 모든 소작인들을 파산시키는 땅이다. 이스라엘 땅은 이

웃 나라들 사이에서 그러한 악명을 얻고 있었다. 그러나 하나님은 이제 그런 말이 다시는 나돌지 않게 될 것이라고 약속하신다. 너는 다시는 그들이 자식들을 잃어버리지 않게 할 것이고(12절), 다시는 사람을 삼키지 아니할 것이다(14절). 도리어, 그 주민들은 백발이 성성하게 될 때까지 살 것이고, 천수를 다하지 못하고 중간에 요절하는 일이 없을 것이다. 이것을 스가랴 8:4에 나오는 약속과 비교해 보라. 하나님은 자기 백성의 수치가 될 수 있는 빌미를 제공했던 일을 제거하시는 방법으로 그 수치를 제거하실 것이다. 이스라엘 민족은 평화롭고 풍성하며 힘 있게 번영함으로써 이방의 여러 나라로부터 더 이상 수치를 당하지 않게 될 것이다(15절). 그들은 특히 삶을 고쳐서 하나님을 고백하는 나라에 수치를 가져다 준 죄를 제거함으로써 만민의 비방을 다시 받지 않게 될 것이다. 어떤 백성이 하나님께로 돌아와서 자신의 본분을 다할 때, 하나님은 그 백성에게 다시 긍휼을 베푸셔서 그들의 모든 근심들을 곧 제거해 주시고 그들의 명예를 다시 회복시켜 주신다는 것을 명심하라.

[16]여호와의 말씀이 또 내게 임하여 이르시되 [17]인자야 이스라엘 족속이 그들의 고국 땅에 거주할 때에 그들의 행위로 그 땅을 더럽혔나니 나 보기에 그 행위가 월경 중에 있는 여인의 부정함과 같았느니라 [18]그들이 땅 위에 피를 쏟았으며 그 우상들로 말미암아 자신들을 더럽혔으므로 내가 분노를 그들 위에 쏟아 [19]그들을 그 행위대로 심판하여 각국에 흩으며 여러 나라에 헤쳤더니 [20]그들이 이른바 그 여러 나라에서 내 거룩한 이름이 그들로 말미암아 더러워졌나니 곧 사람들이 그들을 가리켜 이르기를 이들은 여호와의 백성이라도 여호와의 땅에서 떠난 자라 하였음이라 [21]그러나 이스라엘 족속이 들어간 그 여러 나라에서 더럽힌 내 거룩한 이름을 내가 아꼈노라 [22]그러므로 너는 이스라엘 족속에게 이르기를 주 여호와께서 이같이 말씀하시기를 이스라엘 족속아 내가 이렇게 행함은 너희를 위함이 아니요 너희가 들어간 그 여러 나라에서 더럽힌 나의 거룩한 이름을 위함이라 [23]여러 나라 가운데에서 더럽혀진 이름 곧 너희가 그들 가운데에서 더럽힌 나의 큰 이름을 내가 거룩하게 할 지라 내가 그들의 눈 앞에서 너희로 말미암아 나의 거룩함을 나타내리니 내가 여호와인 줄을 여러 나라 사람이 알리라 주 여호와의 말씀이니라 [24]내가 너희를 여러 나라 가운데에서 인도하여 내고 여러 민족 가운데에서 모아 데리고 고국 땅에 들어가서

하나님이 때가 되면 가엾은 포로들로 하여금 그들의 고국으로 영광스러운 귀환을 하게 하실 것이라고 약속하셨을 때, 그들이 그러한 은총을 받을 자격이 전혀 없다는 사실은 그들을 크게 낙심시키는 일이었다. 그러므로 그들의 그러한 낙심을 제거하시기 위하여 하나님은 여기에서 그가 순전히 그의 이름을 위하여 그런 일을 하고자 하신다는 것, 그의 모든 성품 중에서 가장 그의 영광이 되는 긍휼하심과 선하심을 나타내심으로써 그들 안에서 및 그들로 말미암아 영광을 받고자 하신다는 것을 그들에게 말씀하신다. 이스라엘 백성의 회복은 그리스도에 의한 우리의 구속(救贖)을 보여주는 모형이기 때문에, 여기에는 하나님이 우리를 구원하시기 위해 행하시는 모든 과정의 궁극적인 목적은 하나님의 영광이라는 것을 보여주기 위한 추가적인 의도가 있다. 그리스도께서는 그가 이 목적을 위하여 모든 일을 하셨다는 것을 "아버지여, 아버지의 이름을 영광스럽게 하옵소서"라는 저 짧막한 기도를 통해서 보여주셨고, 하나님은 하늘에서 나는 소리를 통하여 그 기도에 대하여 주신 즉각적인 응답 속에서 그의 영광이 그가 행한 모든 것의 궁극적인 목적이었다는 것을 분명하게 보여주셨다: 내가 이미 영광스럽게 하였고 또다시 영광스럽게 하리라(요 12:28). 좀 더 살펴보자.

**I. 하나님의 이름이 이스라엘의 죄악들과 참상에 의해서 많은 손상을 입었다는 것.** 이것은 그들이 자초한 것으로서 그들이 당한 모든 슬픔보다도 더 안타까워해야 할 것이었다. 왜냐하면, 선한 자들에게는 그들 자신의 손익보다도 하나님의 존귀하심이나 명예가 더 중요한 일이기 때문이다.

1. 이스라엘 백성이 그들의 본토에 있을 때에 하나님의 영광은 그들의 죄로 말미암아 손상을 입었었다(17절). 그 땅은 선한 땅, 거룩한 땅, 하나님의 눈이 항상 그 위에 있는 땅이었다. 그러나 그들은 그들의 행위로, 즉 그들의 악한 행실로 그 땅을 더럽혔다. 그 길은 우리 자신의 길이었고 우리 자신이 선택한 길이었다. 그러므로 우리가 그 길로 간 것으로 인한 책망과 수치를 우리 자신이 담당하지 않으면 안 된다. 한 민족의 죄는 그들의 땅을 더럽혀서 하나님께는 가증스럽고 그들 자신에게도 살기 힘든 땅으로 만들어 버린다. 그래서 그들은 하나님과는 물론이고 그들 서로 간에 그 어떤 거룩한 친교도 이룰 수 없다. 부정한 것으로는 아무것도 할 수 없는 것이다. 우리에게 주어진 하나님의 풍성한 은사들을 악용하면, 우리는 그 은사들을 아예 사용할 수 없게 된다. 마음과 양

심이 죄악으로 더럽혀지면, 그 어떤 위로도 우리에게 허락되지 않고, 우리에게는 아무것도 깨끗한 것이 없다. 하나님이 보시기에 그들의 행실은 월경 중에 있는 여인의 부정함과 같다. 월경 중의 여인은 부정하여 성소에 들어올 수 없고, 그가 만지는 모든 것은 다 제의적으로 부정하게 된다(레 15:19). 죄는 여호와께서 미워하시는 가증스러운 것이고, 하나님이 도저히 눈 뜨고 보실 수 없는 그런 것이다. 그들은 피를 쏟았으며 우상들을 섬겼고(18절), 그런 죄들로 그 땅을 더럽혔다. 이 때문에 하나님은 분노를 그들 위에 쏟아 그들을 각국에 흩으셨다. 그들의 땅은 그런 죄들 때문에 병들었고, 그들은 다른 땅들로 보내졌다. 하나님이 이렇게 행하신 것은 정당하고 의로운 것이었기 때문에, 하나님이 잘못했다고 말할 수 있는 사람은 아무도 없었다. 아니, 하나님은 공의를 행하셔서 자신의 영광을 드러내셨다. 왜냐하면, 하나님은 그들을 그 행위대로 심판하셨기 때문이다(19절). 그렇지만 사람들은 이 일을 제대로 이해하지 못하고 오해했기 때문에, 하나님은 이 일로 말미암아 영광을 받지 못하셨다. 왜냐하면, 하나님이 이스라엘 백성을 광야에서 멸하시면 애굽 사람들이 여호와가 자기의 백성을 진멸하려는 악한 의도로 인도해 내었다고 말할 것이라고 모세가 짐작하였듯이, 정말 원수들은 바로 그와 같이 말하였기 때문이다. 이웃 나라들은 이스라엘 백성을 죄악된 백성이 아니라 거룩한 백성으로 여겼기 때문에, 그들이 재난을 겪게 되자 하나님이 그들에게 공의를 행하셨다고 말하며 영광을 돌린 것이 아니라, 도리어 하나님을 질책하고 경멸하였다. 그래서 하나님의 이름은 이스라엘 백성을 압제하는 자들에 의해서 항상 종일 더럽혀지고 모독을 당하였다(사 52:5).

2. 그들이 이방 땅에 들어 갔을 때에도 하나님은 거기에서 그들로 말미암아 그 어떤 영광도 받지 못하셨고, 도리어 그의 거룩한 이름이 더럽혀졌다(20절).

(1) 하나님의 이름은 이스라엘의 죄악들 때문에 더럽혀졌다. 그들은 어디를 가든지 신앙에 걸맞는 행위를 한 것이 아니라, 도리어 신앙을 욕되게 하는 행위를 하였다. 하나님의 이름과 그의 거룩한 종교는 이방인 중에서 모독을 받았다(롬 2:24). 하나님과 언약 관계 속에서 있어서 교제를 나눈다고 하는 자들이 그 행실이 부패하고 그들의 욕망의 노예가 되어 행하며 다른 사람들과의 관계에서 정직하지 못하고 자신이 한 말이나 그들에게 두어진 신뢰를 저버릴 때, 원수들은 하나님을 마음껏 모독할 수 있는 기회를 얻게 되는데, 특히 하나님의 백성들이 그들을 바로잡으시고자 징계하시는 하나님께 트집을 잡고 대드는 것

은 그 어떤 것보다도 추악한 모습이기 때문에 원수들에게 하나님을 모독할 빌미를 주게 된다.

(2) 하나님의 이름은 이스라엘이 겪는 환난 때문에 더럽혀졌다. 왜냐하면, 이스라엘이 겪는 환난은 원수들에게 하나님은 그를 섬기는 자들조차 보호할 수 없고 자기 백성조차 제대로 간수하지 못한다고 하나님을 모독하고 욕할 빌미를 주었기 때문이다. 그들은 비웃으며 이렇게 말하였다. "이 악한 백성(하나님은 그들이 그의 계명에 순종하게 하지도 못하였다), 이 비참한 백성이 바로 이 땅의 백성이다. 너희가 보듯이, 하나님은 그들이 그의 은총을 계속해서 누릴 수 있게 해주지도 못하였다. 그들은 여호와의 땅에서 나온 백성으로서 만민의 찌꺼기가 되어 있다. 이토록 불의한 삶을 사는 이 자들이 정말 하나님으로부터 그토록 의로운 계명들을 받았던 자들이 맞는가? 이 자들이 지혜와 지식이 있는 백성으로 이름을 날렸고 그 신이 가까이 함을 얻은 나라로 불리던 민족이 맞는가? 여기에서 이토록 악하고 비열한 모습을 보이고 있는 이 자들이 과연 저 용맹스럽고 거룩한 민족에 속한 자들이 맞는가?" 이렇게 하나님은 자기 백성을 파셨고, 그들을 판 값으로 이익을 얻지 못하셨다(시 44:12). 이스라엘 백성이 겪는 욕은 고스란히 하나님께도 돌아갔다.

**II. 하나님이 그들을 철저하게 고치신 후에 그들에게 큰 구원을 베푸심으로써 그의 영광을 다시 회복하시고 더욱 확실하게 나타내시리라는 것.** 하나님은 원수를 자극하여 그들의 원수가 잘못 생각할까 걱정하지 않으셨다면, 그들을 흩어서 사람들 사이에서 그들에 대한 기억이 끊어지게 하셨을 것이다(신 32:26-27). 그들은 하나님으로부터 동정을 받을 가치조차 없었지만, 하나님은 그의 거룩한 이름을 아끼셨고, 그의 이름이 원수들에 의해서 짓밟히고 욕을 당하는 것을 안타까워하셨다. 하나님은 이스라엘 족속이·심지어 포로로 잡혀간 땅에서조차 더럽힌 그의 이름, 이방인들 가운데서 피를 흘리고 쓰러져 있는 그의 명예, 짓밟혀서 시궁창에 처넣어진 보석 같은 그의 이름을 그냥 두고 보실 수가 없으셨다(21절). 안타까운 마음에 하나님은 그들을 이방인들로부터 빼내오셨는데, 이것은 그들이 고국에 있을 때보다도 이방 나라 가운데서 더 추악한 죄악들을 저질렀기 때문이었다. "그러므로 내가 너희를 여러 나라 가운데에서 모아 데리고 고국 땅에 들어가리니(24절), 이는 너희를 위함이 아니요 나의 거룩한 이름을 위함이라(22절). 내가 이것을 행함은 너희는 그런 은총을 받을 자격이 전혀 없는 자들이지만, 나의 큰 이름을 거룩하게 하기 위함이다(23절)." 하나님의 거룩한 이름은 곧 그의 크신 이름이라는 것을 주목하라. 그의 거룩하심은 곧 그의 크심이다. 하나님은 스스로 그의 이름을 그렇게 여기신다. 하나님의 거룩하심에 참여하는 것 이외에 그 어떤 것도 사람을 진정으로 크거나 선하게 만들지 못한다. 하나님은 그의 이름을 거룩하게 하셔서 그의 이름이 거룩한 이름이라는 사실을 널리 알리실 것이다. 너희가 더럽힌 나의 이름을 내가 거룩하게 하리라. 하나님이 그의 거룩하심을 두고 맹세하신 일을 행하시는 것이 곧 그의 이름을 거룩하게 하시는 것이다. 그 결과는 아주 복될 것이다. 내가 그들과 너희의 눈 앞에서 너희로 말미암아 나의 거룩함을 나타내리니 내가 여호와인 줄을 여러 나라 사람이 알리라. 하나님이 그의 이름이 거룩하다는 것을 증명하시고 그의 성도들이 그것을 찬송할 때, 하나님은 그들로 말미암아 거룩함을 나타내시는 것이 되고, 이것은 그를 아는 지식이 널리 퍼져 나가는 데에 기여하게 된다. 좀 더 살펴보자.

1. 하나님이 긍휼을 베푸시는 이유는 모두 하나님 자신에게서 나온다. 하나님이 자기 백성을 바벨론에서 데리고 나오시고자 하시는 것은 그들을 위해서가 아니라 그의 이름을 위해서, 즉 그가 영광을 받으시고자 하시기 때문이다.

2. 인간의 악함은 하나님의 선하심을 더욱 뚜렷하게 드러나게 만드는 계기가 된다. 하나님은 그의 이름이 이스라엘의 죄로 말미암아 더럽혀졌기 때문에 그 죄를 용서하시는 것을 통해서 그의 이름을 거룩하게 하실 것이다.

[25]맑은 물을 **너희**에게 뿌려서 **너희**로 정결하게 하되 곧 **너희** 모든 더러운 것에서와 모든 우상 숭배에서 **너희**를 정결하게 할 것이며 [26]또 새 영을 **너희** 속에 두고 새 마음을 **너희**에게 주되 **너희** 육신에서 굳은 마음을 제거하고 부드러운 마음을 줄 것이며 [27]또 내 신을 **너희** 속에 두어 **너희**로 내 율례를 행하게 하리니 **너희**가 내 규례를 지켜 행할지라 [28]내가 **너희** 조상들에게 준 땅에서 **너희**가 거주하면서 내 백성이 되고 나는 **너희** 하나님이 되리라 [29]내가 **너희**를 모든 더러운 데에서 구원하고 곡식이 풍성하게 하여 기근이 **너희**에게 닥치지 아니하게 할 것이며 [30]또 나무의 열매와 밭의 소산을 풍성하게 하여 **너희**가 다시는 기근의 욕을 여러 나라에게 당하지 아니하게 하리니 [31]그 때에 **너희**가 **너희** 악한 길과 **너희** 좋지 못한 행위를 기억하고 **너희** 모든 죄악과 가증한 일로 말미암아 스스로 밉게 보리라 [32]주 여호와의 말씀이니라 내가 이렇게 행함은 **너희**를 위함이 아닌 줄을 **너희**가 알리라 이스라엘 족속

아 너희 행위로 말미암아 부끄러워하고 한탄할지어다 ³³주 여호와께서 이같이 말씀하셨느니라 내가 너희를 모든 죄악에서 정결하게 하는 날에 성읍들에 사람이 거주하게 하며 황폐한 것이 건축되게 할 것인즉 ³⁴전에는 지나가는 자의 눈에 황폐하게 보이던 그 황폐한 땅이 장차 경작이 될지라 ³⁵사람이 이르기를 이 땅이 황폐하더니 이제는 에덴 동산 같이 되었고 황량하고 적막하고 무너진 성읍들에 성벽과 주민이 있다 하리니 ³⁶너희 사방에 남은 이방 사람이 나 여호와가 무너진 곳을 건축하며 황폐한 자리에 심은 줄을 알리라 나 여호와가 말하였으니 이루리라 ³⁷주 여호와께서 이같이 말씀하셨느니라 그래도 이스라엘 족속이 이같이 자기들에게 이루어 주기를 내게 구하여야 할지라 내가 그들의 수효를 양 떼 같이 많아지게 하되 ³⁸제사 드릴 양 떼 곧 예루살렘이 정한 절기의 양 무리 같이 황폐한 성읍을 사람의 떼로 채우리라 그리한즉 그들이 나를 여호와인 줄 알리라 하셨느니라

하나님의 백성은 그들이 그런 은총을 받을 자격이 전혀 없다는 인식만이 아니라(하나님은 그들의 자격 유무를 따져서가 아니라 자신의 영광을 위하여 이 일을 하시는 것이라고 이 점에 대해서는 이미 충분히 안심을 시켜 주셨다, 1-24절), 그들이 아직도 부패하고 죄악되어서 그런 은총을 받기에 적합하지 않다는 인식 때문에 하나님으로부터 회복의 약속을 받고도 여전히 낙심할 수 있었는데, 여기에서 하나님은 그의 은혜로 말미암아 그들이 긍휼을 받을 수 있도록 준비를 시켜서 자격을 갖추게 한 후에 그런 은총을 그들에게 베푸실 것이라고 약속하심으로써 그들을 안심시키신다. 하나님의 이러한 약속은 바벨론에서의 포로 생활이 유대인들에게 가져나 순 놀라운 효과, 즉 포로 생활을 거치면서 우상 숭배에 이끌리는 그들의 성향이 고침을 받은 것을 통해서 부분적으로 성취되었다. 그러나 하나님의 이 말씀은 한 걸음 더 나아가 은혜의 언약의 밑그림, 즉 우리가 은혜의 언약을 통해서 하늘에 속한 것들로 복을 받을 때에 우리에게 주어질 영적 축복들의 한 표본으로 의도된 것이었다. 에스겔 34장에 나오는 예언이 그들이 귀환하게 될 것을 약속한 후에 슬그머니 목자장이신 그리스도께서 오실 것이라는 약속으로 넘어갔던 것과 마찬가지로, 여기에서도 하나님의 약속은 우리가 의롭다 하심을 얻기 위하여 그리스도의 공로가 필요한 것과 같이 우리가 거룩함을 입기 위해서 필요한 성령의 은혜로운 감화와 역사에 관한 약속으로 슬그머니 넘어간다.

**Ⅰ. 하나님은 여기에서 그들로 하여금 그가 그들을 위해 의도한 선한 일을 받을 자격을 갖출 수 있도록 하기 위하여 그들 속에서 선한 일을 행하실 것임을 약속하심**(25-27절). 우리는 앞에서도 이와 동일한 취지의 약속들을 보았었다 (11:18-20).

1. 하나님은 죄의 더러운 것들로부터 그들을 정결하게 하시리라는 것(25절). 내가 맑은 물을 너희에게 뿌려서 너희로 정결하게 하리라. 이것은 그리스도의 피가 양심에 뿌려져서 양심을 정결하게 하고 죄책감을 없애리라는 것(정결하게 하는 물로 뿌림을 받은 자들이 제의적인 부정에서 벗어나는 것처럼)과 성령의 은혜가 영혼에 뿌려져서 마치 나아만 장군이 요단 강에 몸을 담금으로써 나병으로부터 깨끗함을 입은 것처럼 영혼 전체가 온갖 부패한 성향들과 끌림들로부터 정결하게 되리라는 것을 의미한다. 그리스도는 그 자신이 깨끗하셨다. 그렇지 않았다면, 그의 피는 우리를 깨끗하게 하는 능력을 지닐 수 없었을 것이다. 우리를 거룩하게 만드시는 분은 성령이시다. 내가 너희 모든 더러운 것에서와 모든 우상 숭배에서 너희를 정결하게 할 것이다(25절). 내가 너희를 모든 더러운 데에서 구원하리라(29절). 죄는 더럽히는 것인데, 우상 숭배는 특히 그렇다. 죄는 죄인들을 하나님에게는 역겨운 존재로, 그들 자신에게는 힘들고 고된 존재로 만들어 버린다. 죄를 용서받고 부패한 심성이 거룩함을 입을 때, 우리는 우리의 더러움에서 깨끗하게 된 것인데, 우리의 더러움에서 구원받을 다른 길은 존재하지 않는다. 하나님은 그가 그들로 말미암아 거룩함을 나타내시기 위하여 여기에서 그의 백성에게 그들을 깨끗하게 하시겠다고 약속하신다(23절). 우리는 하나님이 우리의 마음을 거룩하게 하지 않으시면 그의 이름을 거룩하게 해드릴 수 없고, 그의 은혜로 말미암지 않고는 그의 영광을 나타내는 삶을 살 수 없다.

2. 하나님이 그들에게 새 마음, 즉 이전의 마음과는 판이하게 다르고 그 자체로 대단히 훌륭한 성품을 지닌 마음을 주시리라는 것. 하나님은 사람을 총체적으로 바꾸어 놓으시기 위해서 그 내면을 먼저 바꾸어 놓으실 것이다. 새 언약에 참여하여 새 예루살렘에 들어갈 자격을 얻은 모든 자들은 새 마음과 새 영을 갖게 될 것이고, 이런 것들은 그들이 새 생명 가운데서 행하는 데에 필수적이라는 것을 명심하라. 이것은 하나님이 믿는 자들이 참여하게 될 것이라고 약속하신 바로 그 신성한 성품이다.

3. 하나님이 그들에게서 무감각하고 완고해서 그 어떤 하나님의 감화도 받아들이지 않고 하나님께 경건한 애정을 돌려드리지도 않는 돌 같이 굳은 마음을 제거하시고, 부드럽고 나긋나긋해서 영적인 지각을 활용하여 영적인 고통과 즐거움을 알고 모든 일에서 하나님의 뜻에 부합하는 살 같이 부드러운 마음을 주시리라는 것. 하나님의 새롭게 하시는 은혜는 우리의 영 속에 역사하여, 생명이 없는 딱딱한 돌을 살아 있는 육체로 바꾸어 놓는 것과 같은 큰 변화를 이루어 놓는다는 것을 명심하라.

4. 우리는 우리가 죄에 이끌릴 뿐만 아니라 본분을 제대로 행할 수 없는 존재라고 하소연하기 때문에, 하나님은 그들로 그의 율례를 행하게 하시리라는 것. 하나님은 그의 율례를 따르는 길을 그들에게 보이실 뿐만 아니라, 그들로 하여금 그 길로 행하고자 하는 마음이 생기게 하시고, 모든 선한 일을 행할 수 있는 지혜와 의지와 능력을 그들에게 차고 넘치게 주실 것이다. 그렇게 하기 위하여 하나님은 선생이자 안내자이며 거룩하게 하시는 자이신 그의 신(즉, 성령)을 그들 속에 두실 것이다. 하나님은 외적인 폭력을 사용해서 사람들로 하여금 그의 율례를 행하게 하시는 것이 아니라, 내적인 힘을 주셔서 행하게 하신다는 것을 명심하라. 우리는 하나님이 우리 속에 두시겠다고 약속하신 이 은혜로운 능력과 내적인 힘을 어떻게 사용해야 하는지를 잘 주의해서 살펴보아야 한다: 너희가 내 규례를 지켜 행할지라. 하나님이 약속을 따라 그의 일을 하시고자 하실 때, 우리는 명령을 따라 우리의 일을 하여야 한다. 하나님이 우리에게 우리의 본분을 다할 수 있도록 능력을 주시겠다고 은혜로 약속하셨기 때문에, 우리는 정신을 바짝 차려서 우리의 본분을 다하는 데에 끊임없이 주의를 기울이고 애써야 한다. 우리는 하나님의 약속들을 바라보면서 그가 명하신 것들을 우리의 준칙으로 삼아 부지런히 행하고자 애써야 한다. 그러면, 하나님의 약속들로 인해서 우리는 그의 명령들을 행할 수 있는 힘을 얻게 된다. 왜냐하면, 하나님의 은혜 없이는 우리는 아무것도 할 수 없기 때문이다.

**Ⅱ. 하나님은 여기에서 그들을 그와의 언약 관계 속으로 들어오게 하시겠다고 약속하심.** 우리는 여기에서 은혜의 언약의 요체를 본다(28절). 너희가 내 백성이 되고 나는 너희 하나님이 되리라. 하나님은 "너희가 내 백성이 된다면, 내가 너희 하나님이 되리라"고 말씀하지 않으신다(물론, 우리가 하나님의 백성이 되지 않으면, 하나님이 우리 하나님이 되시는 것을 기대할 수 없다는 것은 너

무도 당연한 말이기는 하지만). 우리가 아니라 하나님이 먼저 우리를 택하셨고 사랑하신 것이기 때문에, 이것은 우리가 행한 일이나 공로에 대한 보상이 아니라 은혜와 약속으로 말미암는 것이다. "너희가 내 백성이 되리라. 내가 너희를 그렇게 만들 것이다. 내가 너희에게 내 백성의 성품과 영을 줄 것이고, 그런 후에 내가 너희 하나님이 되리라." 이것은 믿는 자들의 행복의 토대이자 주춧돌이다. 이것은 천국 그 자체이다(계 21:3, 7).

**III. 하나님은 그들이 필요로 하는 모든 선한 것들을 그들에게 공급해 주실 것이라고 약속하심.** 그들이 이렇게 긍휼을 받을 준비가 되었을 때, 다음과 같은 일들이 일어날 것이다.

1. 그들은 하나님이 주신 땅으로 돌아와서 거기에 다시 정착하게 될 것이다(28절). 내가 너희 조상들에게 준 땅에서 너희가 거주하리라. 하나님이 그들을 이 땅으로 돌아오게 하시는 것은 그들의 어떤 공로를 보셨기 때문이 아니라 그가 조상들에게 하신 약속을 지키기 위해서이다. 왜냐하면, 하나님은 이 땅을 처음에 그들의 조상들에게 주셨기 때문이다(신 7:7-8). 하나님은 은혜를 베푸시겠다고 말씀하시고 약속하셨기 때문에 은혜를 베푸시는 것이다. 이런 일은 하나님이 그들 가운데 역사하셔서서 그들을 복되게 변화시키신 후에 있게 될 것이다(33절). "내가 너희를 모든 죄악에서 정결하게 하는 날에 너희가 내가 주는 기업을 받을 준비가 되었을 때에 성읍들에 사람이 거주하게 하며 너희로 그 기업을 차지하게 하리라." 사람들을 먼저 죄악들로부터 떠나게 하시고, 그런 후에 그들에게 다시 은혜를 회복하게 하시는 것이 하나님이 긍휼을 베푸시는 방식이다.

2. 그들은 온갖 선한 것들을 풍성히 누리게 될 것이다. 그들로부터 선한 것들이 떠나게 만들었던 그들의 모든 더러운 것과 죄악들에서 그들이 구원받은 후에, 내가 그들에게 곡식이 풍성하게 할 것이다(29절). 풍성함은 하나님이 부르셔야 오고, 하나님이 부르셔서 온 풍성함은 점점 더 풍성해질 것이다. 하나님이 풍성함을 명하실 때, 나무의 열매와 들의 소산이 풍성해질 것이다. 주민들이 늘어남에 따라, 그들을 먹여 살리기 위해서 소산들도 늘어나게 될 것이다. 왜냐하면, 하나님은 입을 더하실 때마다 양식도 더하시기 때문이다. 기근은 그들을 고통스럽고 괴롭게 하여 왔던 심판들 중의 하나였는데, 그들이 비옥하기로 유명한 땅에서 굶어 죽는다는 것은 어떤 일보다도 그들에게 큰 수치였었다. 그러나 이제 내가 기근이 너희에게 닥치지 아니하게 할 것이다. 기근이라는 징벌

은 하나님이 보내시지 않으면 아무도 겪지 않을 것이기 때문에, 그들은 다시는 기근의 욕을 당하지 아니할 것이고, 다시는 기근으로 말미암아 수치를 당하지 아니할 것이며, 하나님은 그의 종들을 굶기는 주인이라는 말도 다시 들리지 않게 될 것이다. 아니, 그들은 단지 기근의 욕과 수치를 당하게 되지 않는 차원을 넘어서서, 풍성하고 풍요롭게 산다는 부러움을 받게 될 것이다. 전에는 오랜 세월 동안 지나가는 모든 자들의 눈에 황폐하게 보이던 땅, 행인들로부터 경멸과 연민이 교차하는 눈길을 받았던 땅이 다시 경작이 될 것이다(34절). 그 땅은 오랫동안 휴경지로 있었기 때문에 이제 한층 더 비옥할 것이다. 하나님이 그들에게 곡식을 주신다고 하여도, 그들은 그 곡식을 얻기 위해서 땅을 경작하여야 한다는 것을 주목하라. 하나님이 약속하신 은혜들이라고 할지라도 그것들을 얻기 위해서는 땀을 흘리고 애써야 한다는 것을 명심하라. 왜냐하면, 하나님의 약속은 우리의 근면함과 성실함을 약화시키는 것이 아니라, 우리 속에서 그런 것들을 일깨워서 우리로 분발하게 만들기 때문이다. 하나님은 손이 부지런한 자를 축복하셔서, 지나가는 모든 자들이 그 땅을 보고 놀라게 만드실 것이다(35절). 행인들은 이렇게 말할 것이다. "이 곳이 얼마나 복되게 변하였는지를 보라. 이 땅이 황폐하더니 이제는 에덴 동산 같이 되었고, 사막이 변하여 다시 낙원이 되었도다." 하나님은 자기 백성이 지금 받고 있는 멸시를 상쇄하고도 남음이 있을 정도로 대단한 영예로운 일들을 준비해 놓고 계시고, 그들은 그 영예로운 일들로 말미암아 존귀하게 될 것이다. 이 땅의 백성과 그 소산이 놀라울 정도로 번성하리라는 것은 사람들이 절기에 희생제사를 드리기 위해서 예루살렘으로 끌고 오는 무수한 양 떼에 비유된다(38절). 지금은 폐허가 되어 있는 성읍들조차도, 초장을 덮은 양 떼(시 65:13)가 아니라 여호와의 전의 뜰에 모여든 거룩한 양 떼, 즉 사람의 떼로 가득 차게 될 것이다. 그들이 모두 거룩한 양 떼로 하나님께 봉헌되어 산 제사로 드려질 때, 이 백성의 수가 많은 것은 너무나 영광스럽고 기분 좋은 일이 될 것임을 명심하라. 하나님의 성전에 많은 사람들이 모여드는 것은 정말 사랑스러운 광경이 아닐 수 없다.

**Ⅳ. 하나님이 이 복된 변화의 복된 결과들이 어떤 것일지를 보여주심.**

1. 그것은 하나님의 백성에게 복된 결과를 가져다 줄 것이다. 왜냐하면, 그들은 그것을 보고 그들의 죄악들을 진정으로 솔직하게 회개하게 될 것이기 때문이다(31절). 그 때에 너희가 너희 악한 길과 너희 좋지 못한 행위를 기억하고 스스

로 밉게 보리라. 여기에서 죄가 무엇이라고 말하고 있는지를 보라. 죄는 가증한 일, 메스꺼운 것, 하나님이 미워하시는 가증스런 것이다. 회개를 향한 첫 걸음은 어떤 것인지를 보라. 그것은 우리 자신의 악한 길을 기억하는 것, 즉 우리가 범한 죄악들을 진지하게 반성하면서 하나하나 구체적으로 떠올리는 것이다. 우리는 우리의 악한 길들, 즉 우리가 저질렀던 큰 죄들만이 아니라 우리의 좋지 못한 행위들, 즉 우리가 더 잘 했어야 하는데도 우리의 잘못이나 연약함으로 그렇게 하지 못했던 것들도 다시 기억해 내야 한다. 우리는 우리가 율법을 직접적으로 범한 것들만이 아니라 율법에 미치지 못한 것들도 회개하여야 한다. 참된 회개에 항상 따라다니는 것이 무엇인지를 보라. 그것은 자기 자신에 대한 혐오감, 자기 자신이 부끄러워서 차마 얼굴을 들지 못하는 것이다. "너희가 너희 자신을 하나님이 보시기에 얼마나 혐오스럽고 역겨운 자로 만들었는지를 깨닫고서 스스로 밉게 보고 너희 자신이 싫어지리라." 죄의 밑바탕에는 자기 자신을 사랑하는 마음이 있는데, 우리는 자기 자신을 사랑하는 것이 얼마나 어리석고 어이없는 일임을 깨달을 때에 얼굴을 붉히지 않을 수 없게 된다. 그러나 우리가 우리 자신과 다투는 것은 우리 자신을 선한 토대 위에 세워서 우리 자신과 화해하기 위한 것이다. 끝으로, 우리를 복음적인 회개로 이끄는 가장 강력한 것은 무엇인지를 보라. 그것은 하나님의 긍휼하심과 은혜를 아는 것이다. 하나님이 그들을 고국으로 데리고 오셔서 거기에서 정착하여 풍성한 삶을 살게 하실 때, 그 때에 그들은 그들의 모든 죄악으로 말미암아 스스로 밉게 보고 자기 자신에 대하여 혐오감을 갖게 될 것이다. 하나님의 선하심은 우리의 악함을 이기고, 우리를 회개로 이끈다는 것을 명심하라. 우리는 우리가 회개할 때에 하나님이 우리에게 다시 은총을 베푸실 만반의 준비를 다 해놓고 계시다는 것을 깨닫게 될수록, 이전에 하나님이 그토록 많은 사랑을 베풀어 주셨는데도 우리가 범죄한 것을 깨닫고 우리 자신을 부끄러워할 수밖에 없게 될 것이다. 하나님이 이렇게 한없이 거저 은혜를 베푸시는데도 녹아지지 않는 마음이 있다면, 그런 마음은 참으로 완악한 것이다.

2. 그것은 이웃 나라들에게도 복된 결과를 가져다 줄 것이다. 왜냐하면, 이 일을 통해서 그들은 하나님을 더 분명히 알게 될 것이기 때문이다(36절). "너희 사방에 남은 이방 사람들, 이스라엘 땅이 황폐해진 것을 보았을 때에 하나님을 욕하며 무시하는 말을 하였던 자들이 하나님은 아무리 황폐한 성읍들도 다시

세우시고 아무리 황폐한 들도 다시 비옥하게 하실 수 있으시다는 것과 자기 백성에 대한 그의 은총이 잠시 끊어질 수는 있지만 그 백성이 영원히 끊어지지는 않으리라는 것을 깨닫고서, 하나님에 대한 더 올바른 지식을 얻기 시작할 것이다." 그들은 하나님이 이스라엘을 향하여 하신 말씀과 이스라엘을 위하여 행하신 일들이 정확히 일치하는 것을 보고서, 하나님의 계시가 참되다는 것을 알게 될 것이다. 나 여호와가 말하였으니 이루리라. 우리는 말하는 것과 행하는 것이 서로 다르지만, 하나님은 그렇지 않으시다.

**V. 하나님이 그들에게 이렇게 하고자 하시는 것은 그들의 공로에 대한 보상이 아니라 그들의 기도에 대한 응답이라는 것을 밝히심.**

1. 그들은 그들이 하나님의 이런 은총을 받을 자격이 있어서 하나님이 그들에게 이렇게 하시는 것이라고 생각해서는 안 된다. 내가 이렇게 행함은 너희가 뭘 잘 했거나 잘 났기 때문이 아니라는 것을 너희가 알리라(22, 32절). 아니, 도리어 너희는 너희 행위로 말미암아 부끄러워하고 한탄하여야 마땅하다. 하나님이 이렇게 행하시는 것은 이 모든 것을 행하시겠다고 전에 약속하셨기 때문이다. 하나님이 이 일을 마치 이미 행하신 것처럼 말씀하시는 것은 그 일이 이루어진 것이나 다름없을 정도로 확실하고 현재의 일들은 그 일을 향하여 착착 진행되어 나가는 과정에 있기 때문이다.

(1) 그들은 그들의 선한 행위들을 통해서 공로를 쌓아 왔다는 생각을 버리고, 하나님이 이렇게 행하시는 것은 그들의 어떤 공로 때문이 아니라는 것을 인정하여야 한디. 하나님은 이스라엘을 가나안 땅으로 처음 인도히실 때에 그들에게 그러한 생각을 갖지 말도록 분명히 경고하셨다(신 9:4-6). 네가 가서 그 땅을 차지함은 네 의로 말미암음이 아니다. 그것은 그들이 어떤 선한 자질을 갖고 있거나 선한 행위를 했기 때문도 아니고, 하나님에게 그들이 필요했기 때문도 아니며, 하나님이 그들에게서 어떤 이득을 기대하셨기 때문도 아니다. 하나님이 그의 대권으로 긍휼을 베푸시는 것은 우리의 공로 때문이 아니라 하나님 자신의 영광을 위해서이다. 이것이 얼마나 강조되어서 표현되고 있는지를 보라. 내가 이렇게 행하는 것이 너희를 위함이 아닌 줄을 너희가 알리라. 이것은 우리가 우리 자신의 공로에 대하여 대단한 자부심을 갖기 쉬운 성향을 지니고 있고, 우리에게 그 자부심을 포기하도록 설득하는 것이 대단히 어렵다는 것을 보여 준다. 그러나 하나님은 어떻게 해시든지 그가 사랑하시는 모든 자들로 하여금

그들이 그렇게 된 것이 그들의 선함이 아니라 그의 은혜 덕분이고 그들의 공로가 아니라 그의 긍휼 덕분이라는 것, 그러므로 모든 영광은 그들이 아니라 하나님께 돌려져야 마땅하다는 것을 알고 시인하게 만드실 것이다.

(2) 그들은 그들이 악한 길로 행한 죄를 회개하여야 한다. 그들은 그들이 지금까지 하나님으로부터 많은 은혜를 받았지만 그들의 공로로 받은 것이 아닐 뿐만 아니라 그렇게 거저 받은 은혜들을 무수히 까먹어 왔다는 것을 인정하여야 한다. 그러므로 그들은 그들의 선한 행위들을 자랑하기는커녕 그들의 악한 길을 부끄러워하고 한탄하여야 한다. 그래야만 그들은 하나님의 긍휼을 받을 준비를 제대로 갖추게 될 것이다.

2. 그들은 그럼에도 불구하고 하나님의 긍휼을 바라고 기대하여야 한다(37절). 그래도 이스라엘 족속이 이같이 자기들에게 이루어 주기를 내게 구하여야 할지라. 하나님이 말씀하셨기 때문에, 하나님은 그것을 행하실 것이지만, 우리는 하나님이 그것을 행하시기를 구하여야 한다. 하나님은 긍휼의 길로 자기 백성에게 다가가실 때에 그들이 그에게 구하기를 원하시고, 친히 그들에게 그렇게 구하고자 하는 마음을 주신다.

(1) 그들은 하나님이 약속하신 것을 이루어 달라고 기도하여야 한다. 왜냐하면, 우리는 기도라는 수단을 통해서 하나님께 묻고 구하게 되어 있기 때문이다. 하나님이 약속하신 것들은 그것이 무엇이 되었든 우리의 기도 제목이 되어야 한다. 우리는 하나님이 약속하신 은혜를 구함으로써 그 은혜를 주시고자 하시는 분께 영광을 돌리고, 그 선물이 정말 값진 것임을 분명하게 표현하며, 우리가 하나님을 의지할 수밖에 없는 존재라는 것을 인정하고, 하나님이 존귀함을 더하신 기도에 존귀함을 돌려드려야 한다. 그리스도께서도 무엇이든지 아버지께 기도하고 구하셔야 했고, 기도했을 때에 그의 기도에 대한 응답으로 하나님은 이방 나라를 그의 유업으로 주셨고, 보혜사를 보내 주셨다. 하물며, 우리가 하나님께로부터 받기 위해서는 더욱 기도하고 구하여야 하지 않겠는가.

(2) 그들은 하나님의 말씀을 살펴서, 하나님께 묻고 구하여야 한다. 하나님의 긍휼은 섭리에 의해서 이루어지는 일일 뿐만 아니라 약속에 의거해서 이루어지는 일이기도 하다. 그러므로 우리는 우리가 바라는 것들의 지침이자 토대인 약속을 믿음의 눈으로 주시하는 가운데 그 약속을 이루어 달라고 하나님께 기도하여야 한다. 우리는 다니엘에게서 이러한 모습을 볼 수 있는데, 다니엘은

하나님이 이스라엘 족속을 위하여 큰 일들을 행하고자 하실 때에 이스라엘 족속의 이름으로 하나님께 그 큰 일들을 묻고 구하였다. 다니엘은 하나님의 말씀을 살폈다. 즉, 그는 선지자 예레미야의 책을 통해서 언제 무슨 일을 기대할 수 있는지를 깨달았다. 그런 후에, 그는 하나님께 기도하며 간구하기를 결심하였다(단 9:2-3). 우리는 우리에 대한 하나님의 모든 섭리 속에서 말씀과 기도를 통하여 하나님과의 교통을 계속해서 지켜 나가야 하고, 이 두 가지를 통하여 하나님께 묻고 구하여야 한다는 것을 명심하라.

# 제
## — 37 —
# 장

## 개요

에스겔서의 전반부에서 우리가 보았던 내용, 즉 유다와 예루살렘이 그들의 죄악으로 말미암아 멸망할 것이라는 경고의 말씀들은 무시무시하였지만, 여기 이 책의 후반부에 나오는 내용, 즉 하나님이 자기 영광을 위하여 그들을 회복시키고 구원하시겠다는 약속들은 위로가 되는 말씀들이다. 경고의 말씀들이 거룩한 두려움을 일깨우기 위하여 많은 환상들과 비유들을 통해 예시되었던 것과 마찬가지로, 약속의 말씀들도 겸손한 믿음을 격려하기 위해서 많은 환상들과 비유들을 통해 예시되고 있다. 앞 장에서, 하나님은 온 이스라엘 족속을 모아서 포로 생활에서 건져내어 그들의 본토로 돌아오게 하시겠다고 그들에게 약속하셨지만, 그런 것을 거의 불가능하게 만드는 두 가지 요인이 존재하였다. I. 그들은 원수들 가운데 여기저기 흩어져 있어서 그들이 돌아오는 데에 힘을 보태줄 어떤 도움이나 여건이 완전히 결여되어 있었고, 따라서 그들의 마음도 크게 낙심되어 있었다는 것. 이런 이유 때문에 그들은 여기에 나오는 환상 속에서 죽은 자들의 마른 뼈들로 가득 찬 골짜기에 비유된다. 하지만 하나님은 이 뼈들을 한데 모아서 생기를 불어넣으실 것이었다. 이 환상이 나오고(1-10절), 그 환상을 그들의 현재의 상태에 적용하는 설명이 나온다(11-14절). II. 그들은 내부에서도 크게 분열되어 있었다는 것. 유다와 에브라임 간의 해묵은 적대감은 너무나 커서 포로 생활에서조차도 여전히 남아 있었다. 하나님은 선지자의 손에 들린 두 개의 막대기를 합하여 하나가 되게 하는 징조를 통해서 그들이 본토로 돌아온 후에 이스라엘과 유다가 하나로 연합하는 복된 모습을 미리 보여주신다(15-22절). 이것은 그리스도와 그의 교회 안에서 유대인과 이방인, 유대인과 사마리아인이 하나가 될 것임을 보여주는 모형이었다. 따라서 선지자는 그리스도의 나라가 이 세상에 세워져서 하나님의 성막이 그 가운데 있으리라는 것, 그 나라의 영광과 은혜에 관한 예언으로 슬그머니 넘어간다(23-28절).

¹여호와께서 권능으로 내게 임재하시고 그의 영으로 나를 데리고 가서 골짜기 가운데 두셨는데 거기 뼈가 가득하더라 ²나를 그 뼈 사방으로 지나가게 하시기로 본즉

그 골짜기 지면에 뼈가 심히 많고 아주 말랐더라 ³그가 내게 이르시되 인자야 이 뼈들이 능히 살 수 있겠느냐 하시기로 내가 대답하되 주 여호와여 주께서 아시나이다 ⁴또 내게 이르시되 너는 이 모든 뼈에게 대언하여 이르기를 너희 마른 뼈들아 여호와의 말씀을 들을지어다 ⁵주 여호와께서 이 뼈들에게 이같이 말씀하시기를 내가 생기를 너희에게 들어가게 하리니 너희가 살아나리라 ⁶너희 위에 힘줄을 두고 살을 입히고 가죽으로 덮고 너희 속에 생기를 넣으리니 너희가 살아나리라 또 내가 여호와인 줄 너희가 알리라 하셨다 하라 ⁷이에 내가 명령을 따라 대언하니 대언할 때에 소리가 나고 움직이며 이 뼈, 저 뼈가 들어 맞아 뼈들이 서로 연결되더라 ⁸내가 또 보니 그 뼈에 힘줄이 생기고 살이 오르며 그 위에 가죽이 덮이나 그 속에 생기는 없더라 ⁹또 내게 이르시되 인자야 너는 생기를 향하여 대언하라 생기에게 대언하여 이르기를 주 여호와께서 이같이 말씀하시기를 생기야 사방에서부터 와서 이 죽음을 당한 자에게 불어서 살아나게 하라 하셨다 하라 ¹⁰이에 내가 그 명령대로 대언하였더니 생기가 그들에게 들어가매 그들이 곧 살아나서 일어나 서는데 극히 큰 군대더라 ¹¹또 내게 이르시되 인자야 이 뼈들은 이스라엘 온 족속이라 그들이 이르기를 우리의 뼈들이 말랐고 우리의 소망이 없어졌으니 우리는 다 멸절되었다 하느니라 ¹²그러므로 너는 대언하여 그들에게 이르기를 주 여호와께서 이같이 말씀하시기를 내 백성들아 내가 너희 무덤을 열고 너희로 거기에서 나오게 하고 이스라엘 땅으로 들어가게 하리라 ¹³내 백성들아 내가 너희 무덤을 열고 너희로 거기에서 나오게 한즉 너희는 내가 여호와인 줄을 알리라 ¹⁴내가 또 내 영을 너희 속에 두어 너희가 살아나게 하고 내가 또 너희를 너희 고국 땅에 두리니 나 여호와가 이 일을 말하고 이룬 줄을 너희가 알리라 여호와의 말씀이니라

이 단락에는 다음과 같은 내용들이 나온다.

**I. 죽었다가 살아나는 부활에 관한 환상.** 그것은 영화로운 부활이다. 그것은 자연에서는 전혀 알려져 있지 않은 일이고, 따라서 자연의 법칙과 상반되는 일이어서(자연에서는 생명을 박탈당했다가 다시 소유하게 되는 일은 존재하지 않는다), 우리는 여호와의 말씀이 아니었다면 그런 일은 생각조차 할 수 없었을 것이다. 어떤 이들은 이 환상을 근거로 해서 죽은 자들의 전체적인 부활이 있으리라는 것은 확실하다고 주장하여 왔다. 그들은 "그렇지 않다면, 이 환상은 메시야가 오시리라는 약속과는 달리(사 7:14) 바벨론으로부터의 구원에 관한 그

들의 믿음을 확증하기 위한 징조로 적절하지 못하게 될 것이기 때문"이라고 말한다. 그러나 그들의 추론이 반드시 옳은 것은 아니다.

1. 이 환상이 바벨론으로부터의 그들의 구원에 대한 확증이든 아니든, 일차적으로는 그러한 것을 보여주는 징조로 의도된 것이라고 해도, 전체적으로는 삼중적인 부활에 대한 아주 생생한 묘사라는 것은 의심할 여지가 없다.

(1) 그리스도의 말씀에 수반된 하나님의 은혜의 능력에 의해서 영혼들이 죄로 인한 사망에서 생명 또는 의, 즉 거룩하고 영적이며 하늘에 속한 신적인 생명으로 옮겨지는 부활(24-25절).

(2) 복음 교회 또는 그 일부가 환난과 박해의 상태, 특히 신약의 바벨론의 멍에로부터 벗어나 자유와 평안을 얻게 되는 부활.

(3) 저 큰 날에 있을 몸의 부활, 특히 영생으로 부활하게 될 믿는 자들의 몸의 부활.

2. 이 환상의 구체적인 내용들.

(1) 이 죽은 뼈들의 비참한 상태.

[1] 하나님은 선지자로 하여금 그 뼈들을 똑똑히 볼 수 있게 하셨다. 에스겔은 선지자적인 충동과 하나님의 능력에 의해서 환상 속에서 골짜기 가운데 두어졌다. 이 골짜기는 아마도 하나님이 거기에서 그와 말씀하시겠다고 하신(3:22) 바로 그 들을 가리킬 것이다. 그 골짜기에는 죽은 자들의 뼈가 가득하였는데, 그 뼈들은 납골당처럼 무더기로 쌓여 있지 않고, 마치 피비린내 나는 전투가 그 곳에서 있었고, 죽은 자들은 매장되지 않은 채로 내버려져서 그 살이 모두 새들에게 먹히거나 썩어 버렸고, 오직 뼈들만이 남아서 여기저기 흩어져 있는 것처럼 지면에 널려 있었다. 선지자는 그 뼈 사방으로 지나가면서, 그 뼈들이 아주 많을 뿐만 아니라(무수히 많은 자들이 죽었기 때문에), 오랫동안 해와 바람에 노출되어서 아주 말랐다는 것을 보았다. 살아 있을 때는 그 골수가 윤택하였던(욥 21:24) 뼈들은 죽어서 어느 정도 시간이 지나면 촉촉한 물기를 다 잃어버리고 티끌처럼 바싹 말라 버린다. 살아 있을 때에는 뼈들은 일정한 구조를 형성하여 몸을 이루고 있지만(욥 10:11), 죽고 나면 풀어 헤쳐져서 흩어지게 된다. 바벨론의 유대인들은 저 죽어서 마른 뼈들과 같아서, 살아 있는 몸은커녕 몸의 형태조차 이룰 수가 없었고, 심지어 서로 한데 결합하여 골격을 구성할 수조차 없었다. 하지만, 그들은 요한계시록에 나오는 두 증인의 경우(계 11:8-

9)와는 달리 매장되지 않은 채로 들에 있었기 때문에 부활의 가능성이 있었다. 곡과 마곡의 뼈들은 매장될 것이다(39:12, 15). 왜냐하면, 그들의 멸망은 최종적인 것이기 때문이다. 그러나 이스라엘의 뼈들은 하늘이 지켜 보는 가운데 들에 있다. 그들에게는 장래에 소망이 있기 때문이다.

[2] 선지자는 그들의 처지가 너무나 비참해서 하나님의 능력이 아니고서는 그 어떤 것도 그들을 도울 수 없다는 것을 인정하지 않을 수 없게 되었다(3절). "인자야, 이 뼈들이 능히 살 수 있겠느냐. 그런 일이 과연 가능하겠느냐? 과연 그런 일이 어떻게 일어날 수 있을지 너는 상상할 수 있느냐? 네 생각에는 마른 뼈들에 생기를 넣거나 포로로 잡혀간 민족을 회복시키는 일이 가능하겠느냐?" 선지자는 "나는 그런 일이 어떻게 일어날 수 있는지 전혀 알 수 없지만, 주께서는 아시나이다"라고 대답한다. 그는 자기가 이스라엘의 거룩하신 이를 제한하는 것처럼 보이지 않도록 하기 위해서 "그 뼈들은 살아날 수 없나이다"라고 말하지 않고, "주께서는 그 뼈들이 과연 살아날 수 있는지, 어떻게 그런 일이 일어날 수 있는지를 아시나이다. 하지만, 주께서 그 뼈들에게 생기를 불어넣지 않으시다면 그 뼈들이 살아 날 수 없다는 것은 확실하나이다"라고 말한다. 하나님은 자신의 능력과 목적을 완벽하게 알고 계시기 때문에, 우리로 하여금 모든 것을 그에게 맡겨 두고 지켜보게 하시고서, 그의 놀라운 역사(役事)들은 그의 계획이나 능력 외에 그 어떤 것으로도 이루어질 수 없다는 것을 눈으로 목도하고 인정하지 않을 수 없게 하신다는 것을 명심하라.

(2) 이렇게 흩어져 있는 뼈들을 한데 모으고 이 죽어 마른 뼈들을 살아나게 히는 데에 사용된 수단. 이 일은 대언을 통해서 이루어져야 했다. 에스겔은 이 모든 뼈들에게 대언하고(4절) 생기를 향하여 대언하라(9절)는 명령을 받는다. 그래서 그는 명령을 따라 대언하였다(7, 10절).

[1] 그는 말씀을 전하여야 했고, 실제로 그렇게 하였다. 죽은 뼈들은 그가 전한 하나님의 말씀에 수반된 능력으로 말미암아 살아났다.

[2] 그는 기도하여야 했고, 실제로 그렇게 하였다. 죽은 뼈들은 기도에 응하여 살아났다. 왜냐하면, 생기가 그 뼈들에게 들어갔기 때문이다. 죽은 영혼들을 다시 살림에 있어서 말씀과 기도가 얼마나 효능을 발휘하는지, 이 두 가지가 얼마나 꼭 필요한지를 보라. 하나님은 그의 사역자들에게 마른 뼈들에게 대언하라고 명령하신다. 그들에게 살아나라고 말하라. 사역자들이 그들에게 너희

마른 뼈들아 여호와의 말씀을 들을지어다라고 거듭거듭 명령할 때, 그들은 그 명령대로 하게 될 것이다. 그러나 그들이 죽어서 바싹 마를 때까지는 우리의 명령은 별 소용이 없을 것이다. 그러므로 우리는 우리가 전하는 말씀을 통해서 성령이 역사하시도록 하나님께 간절히 기도하여야 한다. 생기여, 오서서 그들 위에 임하소서. 우리가 말씀을 전하지 않아도 하나님의 은혜는 영혼들을 구원할 수 있지만, 하나님의 은혜가 없이는 우리가 무수히 말씀을 전한다고 하여도 영혼들이 구원을 받지 못하기 때문에, 우리는 기도로 그 은혜를 구하여야 한다. 사역자들은 구원받을 가능성이 거의 없어 보이는 사람들에 대해서조차도 신실하게 그리고 부지런히 은혜의 수단들(또는, 방편들)을 사용하여야 한다는 것을 명심하라. 마른 뼈들을 향하여 대언하는 일은 마른 가지에 물을 주는 것과 마찬가지로 아주 고통스러운 일일 것이다. 그러나 그들이 듣든지 아니 듣든지, 우리는 죽은 자를 살리시는 이, 생명의 원천이신 이의 이름으로 명령을 따라 대언함으로써 우리에게 맡겨진 일을 성실하게 수행하여야 한다.

(3) 이 수단의 놀라운 효과. 지극히 낙심되는 상황 속에서도 하나님이 명령하신 대로 행하는 자들은 그 명령하신 일이 이루어질 것임을 의심할 필요가 없다. 왜냐하면, 하나님은 자기가 명령하신 일을 반드시 이루시고 차고 넘치게 이루실 것이기 때문이다.

[1] 에스겔이 골짜기에 있는 뼈들을 굽어보고 대언하자, 그 뼈들은 사람의 몸들이 되었다.

첫째, 그가 이 뼈들에게 말해야 했던 것은 하나님이 그것들을 틀림없이 다시 살아나게 하시리라는 것이었다. 주 여호와께서 이 뼈들에게 이같이 말씀하시기를 너희가 살아나리라 하셨다(5-6절). 이 말씀을 전하는 자는 그 말씀을 전함으로써 그 일을 행하는 것이다. 이 뼈들이 살아나리라고 전하는 것 자체가 그 뼈들로 살아나게 하는 것이다. 선지자가 그 말씀을 전할 때, 하나님은 전에도 그러셨던 것처럼(욥 10:11) 그들 위에 살을 입히고 가죽으로 덮으실 것이다(6절). 우리를 그토록 놀랍게 지으시고 기이하게 만드신 하나님은 마찬가지로 우리를 다시 새롭게 지으실 수 있으시다. 왜냐하면, 그의 팔은 짧아지지 않았기 때문이다.

둘째, 이 뼈들에게 즉시 이루어진 것은 그 뼈들이 새롭게 형태를 갖추게 된 것이었다. 선지자는 자기가 대언한 것이 그대로 이루어지기 시작하자, 아주 활기차고 생기 있게 대언을 계속하였을 것이다. 하나님의 약속들을 열고 인치고 적용하는 것은 우리가 새롭고 신성한 성품에 참여하는 통상적인 수단들이라는 것을 명심하라. 이 환상 속에서 에스겔이 대언하자, 하늘로부터 소리, 즉 명령의 말씀이 나서, 그가 대언한 것을 도왔다. 또는, 이것은 유대인들을 구원하는 일에 있어서 하나님의 섭리를 받들어 일하는 자들로 사용되는 천사들의 움직임을 가리키는 것일 수도 있다. 우리는 성경 속에서 천사들의 날개 소리(1:24), 천사들이 걸음 걷는 소리(삼하 5:24)에 대하여 말하는 것을 본다. 그리고 뼈들 가운데서 움직임이 있었다. 여호와의 말씀을 들으라고 명령하면, 죽어서 마른 뼈들조차도 움직이기 시작한다. 이 일은 고레스가 포로들을 돌려보내라는 영을 내렸을 때에 하나님의 감동을 받은 자들이 이 기회를 이용해야 하겠다고 생각하여 고국으로 돌아갈 준비를 하기 시작함으로써 이루어졌다. 하늘로부터 소리가 나자, 움직임이 있었다. 다윗은 뽕나무 꼭대기에서 걸음 걷는 소리를 듣자 공격하였다(즉, 움직임이 있었다). 바울은 네가 어찌하여 나를 박해하느냐는 소리를 듣자, 깜짝 놀라서 두려워 떨었다(즉, 마른 뼈들의 움직임이 있었다). 그러나 이것이 다가 아니었다. 하나님의 지휘 아래에서 이 뼈, 저 뼈가 들어 맞아 뼈들이 서로 연결되었다. 한 사람의 몸 속에는 많은 뼈들이 있지만, 이 무수히 많은 죽은 자들의 모든 뼈들은 하나도 없어지지 않았다. 아니, 그 뼈들은 하나도 자기 자리를 비우지 않고, 본능적으로 자기 자리를 찾아갈 줄을 알았다. 하나님이 살아 있는 몸을 연결해 주는 모든 마디를 이 마른 뼈들에게 공급해 주시자, 흩어져 있던 뼈들은 한데 모였고, 자리가 어긋나서 제멋대로 놓어져 있던 뼈들은 제자리를 찾아서 한데 연결되었다. 죽은 사늘이 부활할 때에도 이런 일이 있을 것이다. 아이 밴 자의 대에서 처음으로 뼈를 조성하시는 그 지혜와 능력으로 말미암아, 흩어졌던 원자들이 한데 모여와서 제자리를 찾아 들어가고 이 뼈, 저 뼈가 들어 맞아 뼈들이 서로 연결될 것이다. 유대인들이 돌아올 때에도 그랬다. 바벨론 제국에 속하는 여러 지방들에 흩어져 있던 그들은 각자의 가문으로 모여 왔고, 마치 약속이라도 한 듯이 고국으로 돌아오기 위해서 모두 한데 모였다. 이 뼈들에 점차 힘줄이 생기고 살이 오르며 그 위에 가죽이 덮였다(8절). 이것은 포로들이 바벨론에서 나올 때에 그 곳 사람들이 은과 금을 비롯해서 그들이 고국으로 돌아오는 데에 필요한 것들로 도와 주었을 때에 성취되었다(스 1:4). 그러나 여전히 그 속에 생기는 없었다. 그들에게는 그들의 본토로 돌아오는 어렵고 위험한 일을 실행에 옮길 용기와 혼이 없었다.

[2] 에스겔은 그런 다음에 위를 올려다 보고 생기(또는, 바람이나 숨)를 향하여 대언하여, 생기야 와서 이 죽음을 당한 자들에게 불어라고 말하였다. 마른 뼈들은 아직 죽은 시체나 다름없었다. 그러나 하나님이 하시는 일은 완전하다. 그는 죽은 자의 하나님이 아니라 산 자의 하나님이시다. 그러므로 그들에게 생기를 불어서 살아나게 하라. 선지자의 대언이 있자, 생기가 즉시 그들에게 들어갔다 (10절). 생명의 영은 하나님께로부터 온다는 것을 명심하라. 하나님은 시초에 사람을 창조하실 때에 사람에게 생기를 불어넣으셨듯이, 마지막에 부활의 때에도 그렇게 하실 것이다. 낙심하여 절망에 빠져 있던 포로들은 놀라운 생기를 얻어서 그들이 귀환하는 길에 놓여 있는 온갖 낙심되는 일들을 헤쳐 나가고자 결심하였고, 실제로 놀라운 활력으로 그 일을 해냈다. 생기가 들어가자, 그들은 제 발로 일어나 서는데 극히 큰 군대가 되었다. 즉, 그들은 단지 살아 있는 사람들이 되었을 뿐만 아니라, 전쟁에 복무할 수 있고 그들을 대적하는 모든 자들에게 두려움을 줄 수 있는 전사들이 되었다. 하나님께는 불가능한 것이 없다는 것을 명심하라. 하나님은 돌들로도 아브라함의 자손이 되게 하실 수 있으시고, 죽어서 마른 뼈들로도 그를 위하여 싸울 극히 큰 군대를 만드실 수 있으시다.

**II. 포로 생활을 하는 유대인들의 현재의 비참한 상태에 대한 이 환상의 적용.** 이 뼈들은 이스라엘 온 족속, 즉 북왕국의 열 지파와 남왕국의 두 지파를 더한 온 이스라엘이다. 이 환상을 통해서 그들이 지금 어떤 모습이고 앞으로 어떻게 될 것인지를 보라.

1. 그들이 지금 깊은 절망 속에 빠져 있다는 것(11절). 그들은 모두 아무런 소망이 없다고 생각하여 자포자기의 상태에 있었다. 그들은 이렇게 말하였다. "우리의 뼈들이 말랐고, 우리의 힘은 소진되었으며, 우리의 사기는 온데간데 없고, 우리의 소망은 모두 없어졌다. 우리를 구해 주고 구원해 줄 것이라고 기대했던 것들은 모두 한결같이 우리를 실망시켰기 때문에, 우리는 다 멸절되었다. 소망을 품고자 하여도, 우리에게는 소망을 품을 만한 근거가 전혀 보이지 않는다." 환난이 오래도록 지속되고, 품었던 소망들이 그 때마다 좌절되며, 의지했던 피조물들이 하나같이 다 실망을 주었을 때, 사기가 꺾이는 것은 이상한 일이 아니다. 하나님의 능력과 약속, 섭리에 대한 적극적인 믿음 외에는 그 어떤 것도 그들이 시름시름 죽어가는 것을 막아낼 수 없다.

2. 그들이 현재의 이러한 처지에도 불구하고 크게 형통하게 되리라는 것.

"이렇게 그들의 상태가 극한에 이르렀기 때문에 이제 하나님이 그들을 위해 나타나실 것이라고 그들에게 대언하여 이르기를 여호와 이레, 곧 여호와의 산에서 준비되리라고 하라(12-14절)." 그들에게 이렇게 전하라.

(1) "그들은 살았으나 산 채로 매장된 것이나 다름없었던 곳, 즉 원수들의 땅에서 나오게 될 것이다. 내가 너희 무덤을 열리라." 스올 입구에 그 뼈들이 흩어져 있는(시 141:7) 자들만이 아니라 무덤 속에 매장된 자들도 회복될 것이다. 원수들의 힘은 스올의 문과 같아서 죽음처럼 강하고 스올처럼 잔인하여 깨뜨리는 것이 불가능하다고 생각하겠지만, 결국 정복될 것이다. 하나님은 자기 백성을 땅 깊은 곳에서 다시 이끌어 올리실 수 있으시다(시 71:20).

(2) "그들은 고국 땅으로 인도되어서 거기에서 형통하며 잘 살게 될 것이다. 내가 너희를 이스라엘 땅으로 들어가게 하고(12절) 너희 고국 땅에 두리라(14절). 내가 또 내 영을 너희 속에 두어 너희가 살아나게 하리라." 하나님이 우리 속에 영을 두시는 것은 선한 목적이 있으시기 때문이다. 그러므로 하나님이 그의 영을 우리 속에 두시면, 우리는 진정으로 살아나게 될 것임을 명심하라. 끝으로, 이 모든 것을 통해서 하나님이 영광을 받으시게 될 것이다. 너희는 내가 여호와인 줄을 알리라(13절). 또한, 나 여호와가 이 일을 말하고 이룬 줄을 너희가 알리라(14절). 하나님이 죽은 자들을 다시 살리시는 것은 그 무엇보다도 그의 명예, 그의 말씀의 명예를 회복하고 드높이는 데에 기여한다. 하나님은 그의 이름이 걸려 있는 모든 일을 정확히 다 이루심으로써 과거에도 그의 이름을 높이셨고 장래에도 그렇게 하실 것임을 명심하라.

¹⁵여호와의 말씀이 또 내게 임하여 이르시되 ¹⁶인자야 너는 막대기 하나를 가져다가 그 위에 유다와 그 짝 이스라엘 자손이라 쓰고 또 다른 막대기 하나를 가지고 그 위에 에브라임의 막대기 곧 요셉과 그 짝 이스라엘 온 족속이라 쓰고 ¹⁷그 막대기들을 서로 합하여 하나가 되게 하라 네 손에서 둘이 하나가 되리라 ¹⁸네 민족이 네게 말하여 이르기를 이것이 무슨 뜻인지 우리에게 말하지 아니하겠느냐 하거든 ¹⁹너는 곧 이르기를 주 여호와께서 이같이 말씀하시기를 내가 에브라임의 손에 있는 바 요셉과 그 짝 이스라엘 지파들의 막대기를 가져다가 유다의 막대기에 붙여서 한 막대기가 되게 한즉 내 손에서 하나가 되리라 하셨다 하고 ²⁰너는 그 글 쓴 막대기들을 무리의 눈 앞에서 손에 잡고 ²¹그들에게 이르기를 주 여호와께서 이같이 말씀

하시기를 내가 이스라엘 자손을 잡혀 간 여러 나라에서 인도하며 그 사방에서 모아서 그 고국 땅으로 돌아가게 하고 22그 땅 이스라엘 모든 산에서 그들이 한 나라를 이루어서 한 임금이 모두 다스리게 하리니 그들이 다시는 두 민족이 되지 아니하며 두 나라로 나누이지 아니할지라 23그들이 그 우상들과 가증한 물건과 그 모든 죄악으로 더 이상 자신들을 더럽히지 아니하리라 내가 그들을 그 범죄한 모든 처소에서 구원하여 정결하게 한즉 그들은 내 백성이 되고 나는 그들의 하나님이 되리라 24내 종 다윗이 그들의 왕이 되리니 그들 모두에게 한 목자가 있을 것이라 그들이 내 규례를 준수하고 내 율례를 지켜 행하며 25내가 내 종 야곱에게 준 땅 곧 그의 조상들이 거주하던 땅에 그들이 거주하되 그들과 그들의 자자 손손이 영원히 거기에 거주할 것이요 내 종 다윗이 영원히 그들의 왕이 되리라 26내가 그들과 화평의 언약을 세워서 영원한 언약이 되게 하고 또 그들을 견고하고 번성하게 하며 내 성소를 그 가운데에 세워서 영원히 이르게 하리니 27내 처소가 그들 가운데에 있을 것이며 나는 그들의 하나님이 되고 그들은 내 백성이 되리라 28내 성소가 영원토록 그들 가운데에 있으리니 내가 이스라엘을 거룩하게 하는 여호와인 줄을 열국이 알리라 하셨다 하라

이 단락에는 유대인들이 고국으로 돌아온 후에 복된 삶을 살게 될 것에 관한 지극히 크고 보배로운 약속들이 나온다. 그러나 이 약속들은 나아가 메시야의 나라 및 복음 시대의 영광들과 연관되어 있다.

I. 에브라임과 유다가 형제애와 서로 간의 도움을 통해서 복된 연합을 이루게 될 것이라는 약속. 여로보암의 주도 아래에서 열 지파가 변절하여 다윗의 집으로부터 떨어져 나간 이래로 북왕국 이스라엘과 남왕국 유다 사이에는 반목과 적대감이 지속되었고, 심지어 포로로 잡혀간 땅에서조차 둘 사이에 충돌이 있었지만(에브라임은 사사건건 유다를 시기하였고, 유다는 에브라임을 괴롭혔다), 이제 그런 일은 다시 없을 것은 물론이고 둘 사이에 연합이 이루어져서, 둘 사이에 오랫동안 있어 왔던 차이들에도 불구하고, 그들은 한 마음으로 서로를 사랑하여 서로에 대하여 온갖 좋은 것을 해주고 싶어하게 될 것이다. 이것은 여기에서 하나의 징조를 통해서 예시된다. 하나님은 선지자에게 막대기 두 개를 가져다가 하나에는 유다와 그 짝 이스라엘(즉, 베냐민)이라 쓰고, 다른 하나에는 요셉과 그 짝 이스라엘 온 족속(즉, 나머지 열 지파)이라 쓴 후에(16절)

그 막대기들을 서로 합하여 그의 손에서 둘이 하나가 되게 하라(17절)고 명령하신다. 사람들은 이것을 알아차리고서, 이것이 무슨 뜻인지 에스겔이 말해 주기를 바랐다. 왜냐하면, 그들은 에스겔이 어린아이들처럼 막대기를 가지고 노는 것이 아니라는 것을 알았기 때문이다. 그들이 읽고 듣는 하나님의 말씀과 영적이고 신령한 것들을 우리에게 전하기 위해 사용된 징조들이나 표적들의 의미를 알고자 하는 자들은 물어야 한다. 사역자들의 입술은 항상 그러한 것들에 대한 지식을 간직하고 있어야 하고, 사람들은 그들의 입에서 그 지식을 구하여야 한다(말 2:7). 어린아이들만이 아니라 다 자란 성인들도 이 예식과 이 징조가 무슨 뜻이냐고 반드시 물어야 한다(출 12:26). 이 징조의 의미는 유다와 이스라엘이 하나님의 손에서 하나가 되리라는 것이었다(19절).

1. 그들은 하나, 곧 한 나라가 될 것이다(22절). 그들의 이해관계는 나뉘지 않을 것이고, 따라서 그들의 마음도 나뉘지 않을 것이다. 서로에 대한 질투와 반목이 없게 될 것이고, 이전에 그들 사이에 있었던 불화에 대한 기억이나 잔재도 없게 될 것이다. 도리어, 그들은 너무나 화목하게 지내게 될 것이고, 서로를 잘 이해하고 서로에 대하여 좋은 감정을 갖고서 어떻게든 서로를 세워주고 위로해 주려고 최선을 다하게 될 것이다. 전에 그들은 무슨 일에서든 서로 반목하고 방해하며 서로를 때리고 상하게 하며 못잡아먹어서 안달이었었다. 그러나 이제 그들은 하나가 되어서 서로를 떠받쳐주고 서로에게 힘을 더해주게 될 것이다. 힘과 힘을 더하면 훨씬 더 큰 힘을 발휘할 수 있다. 오랫동아 반목하였던 유다와 이스라엘이 이제 연합하여 동거함을 보는 것은 어찌 그리 신하고 아름다운 모습인지! 그렇게 되었을 때, 그들은 그들의 하나님께 열납되고 그들의 벗들에게 사랑을 받으며 그들의 원수들에게 두려운 존재가 될 것이다(사 11:13-14).

2. 그들은 하나님의 손에서 하나가 될 것이다. 그들은 하나님의 능력을 통해서 하나가 되고, 하나님의 손에 의해서 한데 모아지며, 하나님의 손이 그들을 계속해서 하나가 되도록 지키실 것이기 때문에, 그들이 다시 나뉘어서 흩어지는 일은 없을 것이다. 그들은 하나님의 손에서 하나가 될 것이다. 왜냐하면, 하나님의 영광이 그들의 연합의 중심이 될 것이고, 하나님의 은혜가 그 연합의 접착제가 될 것이기 때문이다. 그들은 하나님 안에서 하나님을 공경하여 섬기고 예배드리는 것을 통해서 연합하여 하나가 될 것이다. 유다나 이스라엘이나

둘 다 한 마음으로 그들 자신을 하나님의 손에 맡기게 될 것이고, 따라서 그들은 하나가 될 것이다. 양 당사자가 제3자 속에서 서로 일치하면 서로 하나가 되는 것이다. 하나님 손 안에서 하나가 되는 자들은 가장 잘 연합되어 있는 것임을 명심하라. 그들의 연합은 그들이 그리스도와 연합되어 있는 것, 그리고 그리스도로 말미암아 하나님과 교통하는 것으로부터 오는 연합이다(엡 1:10): 그들이 다 하나가 되어 우리 안에 있게 하옵소서(요 17:21).

3. 그들은 포로 생활에서 벗어나 고국 땅으로 돌아가는 일에도 하나가 될 것이다(21절). 내가 그들을 여러 나라에서 인도하며 그 사방에서 모아서 한 무리가 되어 그 고국 땅으로 돌아가게 하리라. 그들은 그들이 섞여 살았던 이방인들로부터 스스로를 구별하는 일에도 하나가 될 것이다. 그들은 이방인들과 결별하고 더 이상 이방인들의 관습을 따르지 않는 일에 하나가 될 것이기 때문에, 곧 한데 힘을 모아 하나님의 말씀을 따라 행하는 일에 하나가 될 것이다. 그들이 그들 자신을 비롯해서 여러 가지 일들을 곰곰이 생각하기 시작할 때에 그들이 함께 고난을 겪었다는 사실이 이러한 복된 인식을 하게 되는 데에 큰 기여를 할 것이다. 많은 조각의 철광석들을 용광로에 넣어 녹이면, 불순물들은 따로 걸러져서 철들은 한데 모이게 되는 법이다. 압제하는 자들이 기를 쓰고 그들 모두를 약화시켜서 멸망시키고자 할수록 그들은 서로 견고하게 연합이 되었다. 또한, 그들이 하나님의 은혜, 즉 그들 모두를 위해 베풀어진 큰 구원에 함께 참여하였다는 사실은 그들이 하나가 되는 데에 큰 도움이 될 것이었다. 하나님이 그들 모두를 사랑하신다는 사실은 그들이 서로를 사랑해야 하는 이유가 되었다. 함께 고난을 받고 함께 기쁨을 맛보는 시간들은 서로를 치유하고 사랑하는 시간들이 된다.

4. 그들은 모두 한 왕의 신민(臣民)들로서 하나가 될 것이다. 유대인들은 고국으로 돌아온 후에 이전처럼 둘로 나뉘지 않고 하나의 체제 아래에 있었다. 그러나 이 말씀은 한 걸음 더 나아가서 그리스도의 나라를 내다보고 있는 것임이 확실하다. 영적 이스라엘에 속한 하나님의 모든 백성은 모두 그리스도를 그들의 왕으로 섬기며 즐거이 하나로 연합될 것이고, 그에게로 모여와서 그의 보호 아래에 있게 될 것이다. 모든 믿는 자들은 한 주와 한 믿음과 한 세례 속에서 연합되어 있다. 유대인과 이방인이 복음 교회 안에서 하나가 되고, 한 분 목자장이신 그리스도 아래에서 한 양 무리가 되는 것이야말로 이 예언에서 주로 내

다보고 있는 연합임에 틀림없다. 유대인과 이방인을 막고 있던 담, 그들 사이에 있었던 적대감이 그리스도로 말미암아 무너져서, 이 둘은 한 새 사람이 되었다(엡 2:14-15).

**II. 유대인들이 포로 생활을 거침으로써 우상 숭배에 이끌리는 성향을 치유받게 될 것이라는 약속.** 이것은 그들이 겪은 환난의 복된 열매가 될 것이고, 더 나아가 그들의 다른 죄악들조차도 그 환난 덕분에 제거될 것이다(23절). 그들이 그 우상들과 가증한 물건과 이전의 그 모든 죄악으로 더 이상 자신들을 더럽히지 아니하리라. 사람은 한 가지 죄와 진정으로 결별하게 되면, 다른 모든 죄들에서도 떠나게 되는 법이다. 왜냐하면, 어떤 죄를 미워하여 그 죄에서 떠나게 되면 다른 모든 죄도 미워하게 되기 때문이다. 영적 우상 숭배, 즉 세상과 육체를 지나치게 사랑하던 것을 치유받아서 이제 더 이상 돈이나 배를 신으로 삼지 않게 되면, 그 밖의 다른 모든 죄악들의 뿌리도 잘려지는 복된 결과를 얻게 된다. 하나님은 그들의 우상 숭배를 치유하기 위해서 두 가지 조치를 취하실 것이다.

1. 그들을 우상 숭배로 유혹하는 환경에서 데리고 나오심. "내가 그들을 그 범죄한 모든 처소에서 구원하리라. 왜냐하면, 그 곳은 그들로 하여금 범죄하도록 끊임없이 유혹하는 곳이기 때문이다." 우리로 하여금 범죄의 유혹에 넘어가게 만들었던 그런 곳들을 피하고 그런 곳들에 머무르거나 돌아가지 않고, 마치 우리가 전염병이 도는 지역을 벗어나고자 하듯이 그런 곳들에서 자기 자신을 빼내는 것이 지혜로운 일임을 명심하라(슥 2:7; 계 18:4). 우리를 시험에 들게 하지 미시옵고 다만 악에서 구하시옵소서라는 우리의 기도에 응답하셔서, 하나님이 그의 섭리를 통해서 우리를 그 범죄한 모든 처소에서 구원하시고, 해로운 길로 가지 않게 보호하심으로써, 우리로 해를 당하지 않게 하시는 것은 큰 은혜이다.

2. 그들의 마음의 성품과 성향을 바꾸심. "내가 그들을 정결하게 하리라(23절). 즉, 내가 그들 속에서 역사하여 거룩하게 하고 더러운 죄를 미워하고 거룩한 즐거움을 기뻐하게 할 것이고, 그 때에 그들은 더 이상 우상들로 그들 자신을 더럽히고자 하지 않을 것이다." 하나님은 정결하게 하신 자들을 계속해서 정결하게 지키실 것이다.

**III. 그들이 그들의 하나님의 백성이 되고, 그들의 왕이자 목자이신 그리스도의 신민(臣民)과 양 무리가 될 것이라는 약속.** 이 약속은 전에도 나왔는데,

이스라엘의 믿음을 격려하기 위해서 여기에서 다시 반복되고 있다(23-24절). 그들은 내 백성이 되어 나를 섬길 것이고, 나는 그들의 하나님이 되어 그들을 구원하고 복되게 할 것이다. 내 종 다윗이 그들의 왕이 되어, 그들의 싸움을 싸우고, 그들을 온갖 해악으로부터 보호하며, 그들을 다스리고, 그들에게 좋은 온갖 것들을 주관할 것이다. 그는 그들의 목자가 되어, 그들을 인도하고 그들에게 필요한 것들을 공급할 것이다. 여기에서 옛적의 이스라엘의 왕이었던 다윗으로 불리고 있는 분은 다름 아닌 그리스도이시다. 그는 그가 왕이 되시는 날에 사람들로 하여금 자발적으로 그에게 복종하여 그의 규례를 준수하고 그의 율례를 지켜 행하게 하실 것이다.

**IV. 그들이 편안히 거주하게 될 것이라는 약속**(25-26절).   그들은 이스라엘 땅에 거주하게 될 것이다. 이스라엘 백성이 이스라엘 땅 외에 그 어디에서 거주하겠는가? 그리고 많은 것들이 서로 협력해서 그들로 편히 거주할 수 있도록 해줄 것이다.

1. 그들은 언약을 따라서 그렇게 될 것이다. 이스라엘 땅은 하나님이 그의 종 야곱에게 하사하신 땅이기 때문에, 그들은 그러한 오래된 권리와 자격 위에서 그 땅에 다시 들어오게 될 것이다. 그리스도가 하나님의 종 다윗이듯이, 교회도 하나님의 종 야곱이다. 교회의 지체들은 하나님의 집에서 태어난 자들로서 그 기업에 참여하게 될 것이다. 하나님은 그들과 화평의 언약을 맺을 것이고, 그 언약을 따라 그들을 견고하고 번성하게 하실 것이다(26절). 현세에서의 은혜들이 단지 일반 섭리에 의해서만이 아니라 언약에 의한 약속으로부터 오는 것일 때에 그 기쁨은 갑절이 된다.

2. 그들은 기득권을 따라 그렇게 될 것이다. "그 땅은 너희 조상들이 거주하던 땅이다. 그런 까닭에 너희는 그 땅에 대하여 특별한 애정을 지닐 수밖에 없을 것인데, 하나님은 그의 은혜로 너희의 그러한 마음을 만족시켜 주실 것이다." 그 땅은 그들의 조상들의 기업이었기 때문에 그들의 기업이 될 것이다. 그들은 그들의 조상들로 말미암아 사랑을 입은 자들이다.

3. 그 땅은 그들과 그들의 몸에서 난 후손들에게 주어질 것이고, 그들은 각자 가문들을 형성할 것이기 때문에, 후손이 없어서 그 땅을 잃는 일은 없을 것이다. 그들은 내내 그 땅에 거주하며 쫓겨나는 일이 없을 것이고, 그들의 기업을 그들의 자자손손에게 영원히 물려줄 것이다. 그들이 죽고 난 뒤에도 자손들은

그 땅을 향유할 것이고, 그들은 이런 기대로 흡족해할 것이다.

4. 그들은 선한 정부 아래에서 살게 될 것이고, 이것은 그들의 편안한 삶을 보장해 줄 것이다. 내 종 다윗이 영원히 그들의 왕이 되리라. 이것은 그리스도를 가리키는 것임에 틀림없다. 성경에서는 그리스도가 이 세상에 오셔서 영원히 야곱의 집을 왕으로 다스리실 것이라고 말한다(눅 1:33). 그리스도의 나라가 영원한 것처럼 그리스도께서도 영원한 왕이 되어 영원히 다스리실 것이라는 사실은 그리스도의 모든 신실한 신민들에게 이루 말할 수 없이 큰 위로가 아닐 수 없다. 그리스도께서 사셔서 영원히 다스리실 것이기 때문에, 그들도 그리스도와 더불어서 영원히 살아서 다스리게 될 것이다.

5. 그들에게 온갖 특권들을 보장해 주고 있는 언약은 결코 무효가 되거나 파기되지 않을 것이다. 하나님이 그들과 맺은 언약은 영원한 언약이 될 것인데, 은혜의 언약이 바로 그 언약이다. 은혜의 언약은 우리에게 영원한 복을 약속하고 있다.

**V. 하나님이 그들 가운데에 있으실 것이라는 약속.** 이것은 그들로 하여금 진정으로 편안히 거주할 수 있게 만들어 줄 것이다. 내가 내 성소를 그들 가운데에 세워서 영원히 이르게 하리니 내 처소가 그들 가운데에 있을 것이다(26-27절).

1. 그들은 하나님의 특별한 임재와 하나님이 은혜로 그들 가운데 거하고 계심을 보여주는 여러 가지 증표들을 갖게 될 것이다. 하나님은 참으로 그들과 함께 땅에 계실 것이다. 왜냐하면, 하나님의 성소가 있는 곳에 하나님도 계시기 때문이다. 그들이 하나님의 성소를 더럽히자 하나님은 그 성소를 그들로부터 빼앗아 비리셨다(사 64:11). 하지만 이제 그들이 정결하게 되면, 하나님은 다시 그들 가운데 거주하실 것이다.

2. 그들은 하나님과 교제하며 말씀을 듣기도 하고 드리기도 하면서 계속해서 교통할 것이고, 이것은 그들의 삶에서 위로와 낙이 될 것이다.

3. 그들은 은혜를 얻을 수단들을 갖게 될 것이다. 성소에서 들려오는 하나님의 말씀들로 인해서 그들은 더 지혜롭고 선하게 될 것이고, 그들의 모든 자녀들은 여호와로부터 가르침을 받게 될 것이다.

4. 이렇게 해서 하나님과 그들의 언약 관계는 더욱 개선되고, 그 유대 관계는 더욱 견고해질 것이다. "나는 그들의 하나님이 되고 그들은 내 백성이 되리라. 그들은 내 성소가 그들 가운데에 있는 것을 통해서 그 사실을 알게 될 것이고,

그로 인해 위로를 받게 될 것이다."

**Ⅵ. 하나님과 이스라엘이 열방 가운데서 이로 이해 영광을 받게 되리라는 것**(28절). "이제 이방 나라들은 이스라엘이 자신의 죄들로 인해서 그들 자신의 면류관을 더럽혔고, 하나님이 심판을 통해서 이스라엘을 더럽혔다는 사실을 똑똑히 보았다. 그러나 이스라엘이 새롭게 변화되고 하나님이 다시 그들에게 은혜를 베푸실 때, 그 이방 나라들은 여호와께서 이스라엘 백성 가운데에 그의 성소를 두시는 것을 보고서 그가 이스라엘을 자기 백성으로 인정하셔서 거룩하게 하고 계신다는 것을 알게 될 것이다."

하나님이 어떤 자들 가운데에 그의 성소를 두셨다면, 하나님은 그들을 거룩하게 하고자 하시는 의도를 지니고 계시다는 것을 명심하라. 성소의 특권들을 향유하는 가운데 그들이 거룩하게 되었다는 증거들을 나타냄으로써 이방인들이 그들을 거룩하게 하는 것은 다름 아닌 전능하신 하나님의 은혜라는 것을 알게 하는 자들은 참으로 복되고 거룩한 자들이다. 하나님의 성소와 하나님의 나라는 그런 자들 가운데 있어서, 그런 자들은 영적인 삶의 원리들을 따라 살아가며, 영원토록 영생을 누리게 될 것이다.

# 제 38 장

## 개요

이 장과 다음 장은 이스라엘 백성의 강력한 원수인 곡과 마곡에 관한 것이다. 곡과 마곡은 무시무시한 기세로 공격해 와서 이스라엘 백성을 혼비백산하게 만들겠지만, 그들의 군대는 패주하고 그들의 목적은 좌절될 것이다. 이 예언은 이스라엘이 포로 생활에서 돌아오고 나서 얼마 후에 아람 왕, 특히 안티오코스 에피파네스(Antiochos Epiphanes)의 침공을 받아 싸우게 된 일을 통해서 성취되었을 가능성이 높지만, 우리는 정확히는 알 수 없다. 구약의 거룩한 역사가 이 예언이 성취된 후대에까지를 기록해 놓았었다면, 우리는 이 두 장에 나오는 내용을 더 잘 이해할 수 있었겠지만, 그러한 열쇠가 성경에 나오지 않기 때문에 이 장과 다음 장을 열어서 그 내용을 제대로 알기는 어렵게 되었다. 하나님은 에스겔 선지자를 통해서 자기 백성에게 그들이 고국 땅으로 돌아온 후에 복된 시절을 보내게 될 것임을 약속하셨었다. 그러나 그들이 메시야의 나라 및 그 나라의 영적 특권들과 관련된 약속들을 오해하여, 마치 그들 자신이 이 세상에서 영원토록 형통하며 번영할 것이라고 생각하는 것을 막기 위해서, 그리스도께서 그의 제자들이 이와 비슷한 오해를 하지 않도록 하기 위해서 그러셨던 것처럼, 하나님은 여기에서 그들이 세상에서 환난을 당하시겠지만 결국에는 승리할 것이기 때문에 기뻐하라고 그들에게 말씀하신다. 여기에 나오는 곡과 마곡에 대한 예언도 바벨론의 멸망에 관한 구약의 예언들과 마찬가지로(계 18장) 아직 성취되지 않은 것으로 보이는 말일에 관한 저 예언(계 20:8) 속에 간접적으로 인용되고 있는데, 거기에서는 말일에 곡과 마곡이 서로 힘을 합쳐서 성도들의 진영을 대적하여 싸울 것이라고 말하고 있다. 그러나 신약의 예언들은 때가 되면 기독교회 속에서 성취될 것임과 마찬가지로, 구약의 예언들은 유대 교회에서 이미 성취되었다. 이 장에는 다음과 같은 내용들이 서로 섞여 있다. I. 곡과 마곡이 이스라엘 땅을 침공하고자 하는 시도, 대규모의 군대가 전쟁에 나가게 되리라는 것, 이 전쟁을 위해 엄청난 준비를 하리라는 것(4-7절), 이 전쟁을 하고자 하는 그들의 목적과 의도(8-13절), 이 전쟁에 있어서의 하나님의 손길(4절). II. 이 전쟁이 이스라엘 땅을 큰 공포에 몰아넣게 되리라는 것(15-16, 18-20절). III. 이 원수늘은 하나님의 억제 아래 있고, 이스라엘은 하나님의 보호 아래 있으리라는 것(2-4, 14절). IV. 하나님의 직접적인 손길에 의해서 이 원수들이 패배하게 되리라는 것(21-23절). 우리는 이 사건에 대해서 다음 장에서 계속해서 듣게 될 것이다.

[1]여호와의 말씀이 내게 임하여 이르시되 [2]인자야 너는 마곡 땅에 있는 로스와 메섹과 두발 왕 곧 곡에게로 얼굴을 향하고 그에게 예언하여 [3]이르기를 주 여호와께서 이같이 말씀하시기를 로스와 메섹과 두발 왕 곡아 내가 너를 대적하여 [4]너를 돌이켜 갈고리로 네 아가리를 꿰고 너와 말과 기마병 곧 네 온 군대를 끌어내되 완전한 갑옷을 입고 큰 방패와 작은 방패를 가지며 칼을 잡은 큰 무리와 [5]그들과 함께 한 방패와 투구를 갖춘 바사와 구스와 붓과 [6]고멜과 그 모든 떼와 북쪽 끝의 도갈마 족속과 그 모든 떼 곧 많은 백성의 무리를 너와 함께 끌어내리라 [7]너는 스스로 예비하되 너와 네게 모인 무리들이 다 스스로 예비하고 너는 그들의 우두머리가 될지어다 [8]여러 날 후 곧 말년에 네가 명령을 받고 그 땅 곧 오래 황폐하였던 이스라엘 산에 이르리니 그 땅 백성은 칼을 벗어나서 여러 나라에서 모여 들어오며 이방에서 나와 다 평안히 거주하는 중이라 [9]네가 올라오되 너와 네 모든 떼와 너와 함께 한 많은 백성이 광풍 같이 이르고 구름 같이 땅을 덮으리라 [10]주 여호와께서 이같이 말씀하셨느니라 그 날에 네 마음에서 여러 가지 생각이 나서 악한 꾀를 내어 [11]말하기를 내가 평원의 고을들로 올라 가리라 성벽도 없고 문이나 빗장이 없어도 염려 없이 다 평안히 거주하는 백성에게 나아가서 [12]물건을 겁탈하며 노략하리라 하고 네 손을 들어서 황폐하였다가 지금 사람이 거주하는 땅과 여러 나라에서 모여서 짐승과 재물을 얻고 세상 중앙에 거주하는 백성을 치고자 할 때에 [13]스바와 드단과 다시스의 상인과 그 부자들이 네게 이르기를 네가 탈취하러 왔느냐 네가 네 무리를 모아 노략하고자 하느냐 은과 금을 빼앗으며 짐승과 재물을 빼앗으며 물건을 크게 약탈하여 가고자 하느냐 하리라

비평학자들은 여기에 나오는 곡과 마곡에 대하여 상세히 연구하여 왔고, 우리는 그들의 연구에 추가할 것이 없으며, 그들의 논쟁 속에서 어느 것이 옳은지를 절대적으로 결정할 능력도 없다. 곡은 왕을 가리키고, 마곡은 나라를 가리키는 것으로 보인다. 그렇다면, 곡과 마곡이라는 표현은 바로와 애굽 사람들이라는 표현과 비슷한 것으로 보아야 한다. 어떤 이들은 이 나라가 이스라엘에서 아주 멀리 떨어진 스키타이(Scythia)나 타타르(Tartary)나 러시아(Russia)

같은 지방에 있던 나라였을 것이라고 생각하고, 또 어떤 이들은 이스라엘에서 좀 더 가까운 아람 또는 소아시아에 있던 나라였을 것이라고 생각한다. 에스겔은 곡을 쳐서 예언하라는 명령, 곡에게로 얼굴을 향하여 하나님이 그를 대적하신다는 것을 전하라는 명령을 받는다(2-3절). 하나님은 현재 그의 교회의 원수들인 자들을 아시고 대적하실 뿐만 아니라, 장래에 원수가 될 자들을 미리 아시고 그의 말씀을 통해서 그가 그들을 대적하신다는 것을 그들로 알게 하시지만, 그들을 그의 목적, 즉 그의 이름을 영화롭게 하는 일에 사용하기를 기뻐하신다. 그들의 노여움은 주를 찬송하게 될 것이요 그 남은 노여움은 주께서 금하시리이다(시 76:10). 좀 더 자세하게 살펴보자.

**I. 하나님이 이 원수가 낭패를 당하도록 계획하심.** 이것이 이 예언에서 가장 먼저 나온다는 것은 주목할 만하다. 하나님이 이스라엘을 치도록 그를 끌어내실 것이라는 예언이 있기 전에 하나님이 갈고리로 그의 아가리를 꿰고 그를 돌이키실 것이라는 예언이 먼저 나오는데(4절), 이것은 이스라엘 백성이 그들에게 닥칠 위험을 알기 전에 그들이 구원받을 것임을 확신할 수 있게 하기 위한 것이었다. 하나님은 이렇게 자기 백성이 놀라지 않고 편히 거주할 수 있도록 세심하게 배려하신다. 환난이 시작되기도 전에 하나님은 그 환난이 좋게 끝나게 될 것임을 그들에게 말씀해 주신다.

**II. 하나님이 이 원수로 하여금 이러한 패배와 좌절을 당하도록 하기 위하여 베푸신 모략.**

1. 이스라엘을 치기 위한 이 전쟁에 동원될 군대는 많은 나라들이 연합하여 그 수가 많고 크며 막강할 것이다(5-6절): 바사와 구스 등등. 안티오코스는 여기에 언급된 모든 나라들과 그 밖의 다른 많은 나라들로 구성된 군대를 이끌었다. 이 나라들은 다른 일들에서는 서로 견해가 달랐지만, 이스라엘을 치는 일에는 서로 일치하였다. 하나님의 백성을 괴롭히고자 하는 자들이 얼마나 많은지를 보라!

2. 그들은 무기와 군수물자를 잘 갖출 것이고, 많은 정예병들을 전쟁터로 끌고 올 것이며(말과 기마병들), 방어용으로 완전한 갑옷을 입고 큰 방패와 작은 방패를 가지며, 공격용으로 칼을 잡을 것이다(4절). 이 원정을 위해서 만반의 준비를 하라는 명령이 내려진다(7절). "너는 스스로 예비하라. 너는 이미 전쟁을 위한 모든 준비가 다 되었는지 확인해 보고, 부족함이 없도록 하기 위하여 너와 네게

모인 무리들이 다시 한 번 준비 상황을 점검하라." 곡으로 하여금 이 동맹군의 우두머리가 되게 하고, 총사령관으로서 이 동맹군을 돌보며 그들의 안전을 살피게 하라. 그로 하여금 그들의 안전을 위하여 그가 내린 영이 서게 하고, 그들을 그의 특별한 보호 아래 두게 하라. 한 군대의 지휘자들은 군사들을 쓸데없이 위험에 노출시키거나 아주 위험한 작전에 투입하여 그들의 목숨을 날려 버리지 말고, 군사들을 보호하는 데에 애써야 하고, 위험한 작전을 위해 보내었을 때에는 그들을 밑받침해 주고 엄호해 주려고 애써야 한다. 곡으로 하여금 전쟁을 철저히 준비하라는 하나님의 이러한 명령은 아이러니컬하게 들린다: 어디 한번 네 멋대로 최선을 다해서 해보아라. 그러나 나는 너를 돌려 세우리라. 너희 먼 나라 백성들아 너희 허리에 띠를 띠라 그러나 끝내 패망하리라(사 8:9).

3. 그들의 의도는 이스라엘 산들, 칼을 벗어나서 여러 나라에서 모여 들어온 그 땅을 치는 것이었다(8절). 이 때는 이스라엘 땅이 전쟁의 칼날에 의해서 괴롭힘을 당하고 이런저런 심판으로 황폐화되고 나서 오래지 않은 때였다. 이 땅의 백성은 최근에 와서야 겨우 여러 나라에서 모여 들었고 이방에서 나온 자들이었고, 전쟁과 포로 생활에 의해서 녹초가 된 이래로 지금에 와서야 잠시 한숨을 돌릴 수 있는 시간을 얻었을 뿐 힘을 다시 회복하지는 못한 상태였다. 그러므로 이웃 나라들은 이스라엘의 힘이 너무 커질까봐 걱정할 이유가 없었기 때문에, 이렇게 빨리 이스라엘 백성에게 시비를 거는 것은 너무 야만적인 짓이었다. 이 백성은 평원의 고을들에서 성벽도 없고 문이나 빗장이 없어도 염려 없이 다 평안히 거주하는 백성이었다(11절). 그들이 이웃 나라들로부터의 그 어떤 해악도 두려워하지 않았다는 것은 그들이 이웃 나라들에게 해악을 가할 의도가 없었다는 것을 보여주는 확실한 증표이다. 스스로를 방어하는 일에 신경을 쓰지 않는 자들이 다른 사람들을 공격할 마음을 품고 있다고 생각하기는 어렵기 때문이다. 그렇기 때문에 이 침략자들의 죄는 더욱 무거울 수밖에 없다. 네 곁에서 평안히 살면서 너를 전혀 의심하지 않는 네 이웃을 해하려고 꾀하는 것은 비열하고 야만적인 짓이다(잠 3:29). 그러나 여기에서는, 이 세상에서는 비 뒤에 구름이 다시 일어나는 일이 비일비재하기 때문에, 우리는 천국에 갈 때까지는 잠시도 마음을 놓을 수 없다는 것을 보여준다. 왜냐하면, 이스라엘이 원수의 칼로부터 빠져나온 지가 얼마 되지 않았는데, 그들을 향하여 또 다른 원수가 칼을 빼들고 있기 때문이다. 우리에게는 앞서 환난을 당했다고 해서 또다시 환난

을 당하지 않을 것이라는 보장은 없다. 도리어, 적어도 한동안은 갑옷을 벗고 살 수 있겠다고 생각하자마자, 갑자기 새로운 위험이 닥쳐와서 갑옷을 다시 입어야 하는 상황을 맞는 것은 그리 드문 일이 아니다. 그러므로 우리는 결코 일이 잘 되었다고 거들먹거리거나 경계의 고삐를 늦추어서는 안 된다.

4. 원수가 이 침략 전쟁을 통해서 의도하고 있는 것은 이 땅을 정복하여 지배하는 것이 아니라 이 땅의 부(富)를 약탈하고 노략하여 부하게 되는 것이었다. 하나님이 이 일을 작정하신 그 날에 이 원수의 마음에서 여러 가지 생각이 나서 악한 꾀를 내게 될 것이다(10절). 사람들이 행하는 온갖 해악, 특히 사람들이 하나님의 교회에 대하여 행하는 해악은 그들의 마음속으로 들어간 악한 생각들, 야심에 찬 생각들, 탐욕스러운 생각들, 그들이 잘 되고자 선한 자들에 대하여 앙심을 품는 악의에 찬 생각들 때문에 생겨난다는 것을 명심하라. 이 신앙심 깊은 유대인들이 정말 특이한 민족이라는 생각, 그들의 종교가 이웃 나라들의 우상 숭배를 분명하게 단죄하고 있다는 생각이 안티오코스의 마음속에 들어오자, 그는 그들의 종교에 대한 적개심 때문에 그들을 괴롭히고자 마음을 먹었다. 유대인들이 부유한 민족이라는 생각, 그들이 짐승과 재물을 얻고 세상 중앙에 거주하고 있다는 생각, 그렇지만 그들은 아주 힘이 없어서 거의 저항을 할 수 없기 때문에 그들이 가진 것을 빼앗아 오는 것은 식은 죽 먹기라는 생각, 이러한 강탈이 그의 승승장구하는 무운(武運)에 아주 큰 영광을 더해 줄 것이라는 생각이 그의 마음속에 들어왔다(12절). 이러한 생각들이 그의 마음속에 들어오자, 악한 생각들이 꼬리를 물고 일어나서, 그는 마침내 다음과 같은 결심을 하게 되었다(11-12절). "내가 평원의 고을들로 올라 가리라. 그래, 반드시 올라 가리라. 그 고을들을 내 손아귀에 넣는 일은 식은 죽 먹기리라. 그들의 힘이 커지는 것을 막거나 그들의 오만방자함을 징계하거나 그들이 우리에게 잘못한 것에 대하여 응징하기 위해서가 아니라(유대인들은 전쟁의 이러한 빌미들을 하나도 주지 않았다), 오로지 물건을 겁탈하며 노략하기 위해서, 내가 올라가서 평안히 거주하는 백성을 어지럽혀 놓으리라(12절)." 이것은 마치 강도가 돈을 뺏기 위해서 여행자를 죽이는 것과 마찬가지로 정의와 공평의 모든 법들에 정면으로 도전하는 행위였다. 이러한 것들은 이 악한 왕의 마음속에 들어온 생각들이었고, 하나님은 그 생각들을 아셨다. 아니, 하나님은 멀리서도 우리의 생각을 밝히 아시기 때문에(시 139:2) 그러한 악한 생각들이 그의 마음속에 들어오

기 전에 그 생각들을 아셨다.

5. 이렇게 형성된 계획을 따라서 그는 이스라엘 땅을 침략하는 일에 그의 모든 힘을 쏟아 붓고, 동일한 의도를 가지고서 기꺼이 그를 돕고자 하는 자들을 찾아낸다(9절). "네가 올라오되 광풍 노도 같이 맹렬하게 이르고, 너와 네 모든 떼만이 아니라 네가 이 전쟁에 끌어 들일 수 있는 모든 군대, 너와 함께 한 많은 백성이 구름 같이 땅을 덮어 어둡게 하고 위협하리라. 그 때에 이 땅에 눈독을 들이고 있던 스바와 드단, 아라비아 사람들과 에돔 사람들, 다시스와 두로와 시돈을 비롯해서 해변 성읍들의 상인들과 그 부자들이 네가 이 땅을 탈취하러 왔느냐고 말하리라(13절)." 그렇다, 그는 이 땅을 탈취하러 왔다. 그러므로 그들은 그가 성공하기를 바랐다. 아니, 아마도 그들은 그를 부러워하고 시기하거나 은근히 그에게 불만을 품었을 것이다. "너는 이미 큰 부자인데도 재물을 탈취하러 온 것이란 말이냐?" 또는, 그들은 하나님이 이스라엘 편이라는 것을 알고서, 그의 시도가 좌절되어 잔뜩 기대했던 탈취물을 손에 넣지 못해 실망하게 될 것임을 미리 내다보고, 이렇게 그의 시도를 조롱하는 것일 수도 있다. 또는, 그가 노략하고자 온 것이라면, 그들은 그와 합류해서 그에게 힘을 보태겠다는 말일 수도 있다. 안티오코스 군의 장군인 루시아가 유대인들을 치러 왔을 때, 이웃 나라들은 이 일에 동참하여 전리품을 한 몫 챙기려고 그에게 합류하였다(마카베오1서 3:41). 네가 도둑을 본즉 그와 연합하는도다.

[14]인자야 너는 또 예언하여 곡에게 이르기를 주 여호와께서 이같이 말씀하시기를 내 백성 이스라엘이 평안히 거주하는 날에 네가 어찌 그것을 알지 못하겠느냐 [15]네가 네 고국 땅 북쪽 끝에서 많은 백성 곧 다 말을 탄 큰 무리와 능한 군대와 함께 오되 [16]구름이 땅을 덮음 같이 내 백성 이스라엘을 치러 오리라 곡아 끝 날에 내가 너를 이끌어다가 내 땅을 치게 하리니 이는 내가 너로 말미암아 이방 사람의 눈 앞에서 내 거룩함을 나타내어 그들이 다 나를 알게 하려 함이라 [17]주 여호와께서 이같이 말씀하셨느니라 내가 옛적에 내 종 이스라엘 선지자들을 통하여 말한 사람이 네가 아니냐 그들이 그 때에 여러 해 동안 예언하기를 내가 너를 이끌어다가 그들을 치게 하리라 [18]그 날에 곡이 이스라엘 땅을 치러 오면 내 노여움이 내 얼굴에 나타나리라 주 여호와의 말씀이니라 [19]내가 질투와 맹렬한 노여움으로 말하였거니와 그 날에 큰 지진이 이스라엘 땅에 일어나서 [20]바다의 고기들과 공중의 새들과 들의 짐

승들과 땅에 기는 모든 벌레와 지면에 있는 모든 사람이 내 앞에서 떨 것이며 모든 산이 무너지며 절벽이 떨어지며 모든 성벽이 땅에 무너지리라 [21]주 여호와의 말씀이니라 내가 내 모든 산 중에서 그를 칠 칼을 부르리니 각 사람이 칼로 그 형제를 칠 것이며 [22]내가 또 전염병과 피로 그를 심판하며 쏟아지는 폭우와 큰 우박덩이와 불과 유황으로 그와 그 모든 무리와 그와 함께 있는 많은 백성에게 비를 내리듯 하리라 [23]이같이 내가 여러 나라의 눈에 내 위대함과 내 거룩함을 나타내어 나를 알게 하리니 내가 여호와인 줄을 그들이 알리라

이 장의 후반부에서는 전반부의 내용이 반복된다. 하나님이 이 예언을 반복하시는 것은 그 일이 확실하고 마음에 깊이 새겨두어야 마땅하기 때문이었다.

**I. 이 악의에 찬 원수가 무시무시한 기세로 이스라엘 땅을 침공해 오리라는 것**(15절). "네가 북쪽 끝에서(아람은 가나안 땅의 북쪽에 있었다) 많은 백성과 함께 오되, 구름이 땅을 덮음 같이 내 백성 이스라엘을 치러 오리라(16절)." 내 백성 이스라엘이 평안히 거주하는 날에 네가 어찌 그것을 알지 못하겠느냐(14절)라는 말씀은 다음과 같이 두 가지로 해석될 수 있다.

1. 이스라엘이 태평스럽게 거주하는 것이 그로 하여금 이스라엘을 침략할 마음을 먹게 하는 유인(誘因)이 되리라는 것. "너는 이스라엘 백성이 별 방비도 없이 얼마나 태평스럽고 안일하게 살고 있는지를 알고서, 그들을 칠 계획을 세우기 시작할 것이다. 왜냐하면, 그늘이 부유하다는 것만이 아니라 손쉬운 먹잇감이라는 것을 알았을 때에 너는 그들을 덮치기로 망설임 없이 결정할 것이기 때문이다." 아주 큰 일을 일어나게 하는 최초의 생각들을 불러일으키는 작은 빌미나 계기 속에서 우리는 하나님의 섭리가 작용하고 있다는 것을 인정하지 않으면 안 된다는 것을 명심하라. 하나님은 자신의 목적들을 이루시기 위해서 여기에서처럼 사람들로 하여금 분명히 그들이 악용할 것이 틀림없는 어떤 작은 일을 알게 하신다.

2. 그의 시도가 실패할 것임을 암시하는 것. 앞에서도 그랬듯이 여기에서도 이 예언은 그의 시도가 실패할 것임을 먼저 말하는 것으로 시작된다. "내 백성 이스라엘이 평안히 거주하는 날에, 즉 그들 자신의 생각 속에서만이 아니라 실제로 하나님의 보호 아래에서 평안히 거주할 때, 네가 그들을 멸망시키고자 아무

리 애써도 되지 않는 것을 보고서, 그들이 하나님의 보호 아래에서 평안히 살고 있다는 것을 알게 되지 않겠느냐?" 너는 야곱을 해할 점술이 없고 너를 치려고 제조된 모든 연장이 쓸모가 없을 것임을 곧 알게 될 것이다. 그들에게는 성벽이나 빗장이나 문도 없지만 불로 둘러싼 성곽이신 하나님이 계시다는 것, 그들을 범하는 자는 그의 눈동자를 범하는 것임을 네가 비싼 대가를 치르고서 알게 될 것이고, 그런 사실을 알고서 부끄러워하게 될 것이다. 그들에게 끼어들어서 그들을 괴롭히는 자들은 하나님을 해하고 괴롭히는 자들이다. 하나님이 이 막강한 원수로 하여금 자기 백성을 치게 하시는 것은 이런 사실을 온 세상에 똑똑히 보여주시기 위한 것이다. 이스라엘을 치러 모인 자들은 탈취하고 노략하자고 말하였지만, 여호와의 뜻을 알지 못하며 그의 계획을 깨닫지 못하였다(미 4:11-12). 내가 너를 이끌어다가 내 땅을 치게 하리라. 하나님이 원수들이 그의 자녀들을 치러 오는 것을 허락하실 뿐만 아니라 일부러 직접 나서서 원수들을 이끌어 오신다는 것은 이상한 말처럼 들린다. 그러나 하나님이 어떤 목적과 계획을 가지고 계신지를 안다면, 우리는 하나님이 그렇게 하시는 이유를 잘 납득할 수 있게 된다. "곡아 이는 내가 너를 패배시키고 멸망시켜서 너로 말미암아 이방 사람의 눈 앞에서 내 거룩함을 나타내어 그들이 다 내가 유일하게 살아 계신 참 하나님이라는 것을 알게 하고, 모든 열방들이 이것을 보고서, 여수룬의 하나님 같은 이가 없도다 그가 자기 백성을 도우시려고 하늘을 타고 궁창에서 위엄을 나타내시는도다 라고 말하게 하려 함이라." 하나님이 자기 백성을 위험과 곤경 속에 집어넣으시는 것은 그들을 구원하심으로써 영광을 드러내시기 위한 것이고, 하나님이 그의 이름이 더럽혀지는 것을 감수하고서라도 원수들로 하여금 그의 교회를 잠시 이기게 하시는 것은 마침내 그 원수들을 멸망시켜 그의 교회와 그의 영광을 드러내시고 그의 이름을 거룩하게 하시기 위한 것임을 명심하라. 본문에서는 이 일이 끝 날에, 즉 구약 교회의 마지막 날들에 있을 것이라고 말한다. 실제로 안티오코스가 이스라엘을 침략하여 해악을 가한 것은 구약 교회의 마지막 날들에 일어났다. 그러나 신약 교회의 끝 날에도 이와 비슷한 또 다른 원수가 일어나서 비슷한 방식으로 패배를 당하게 될 것이다. 교회가 끝 날에 이르기까지 겪게 될 환난과 위험들 속에서 어떻게 해야 안전한지를 보여주는 효과적인 안전장치들은 하나님의 말씀 속에 다 나와 있다는 것을 명심하라.

**II. 하나님이 여기에서 이 일과 관련하여 이전의 선지자들이 한 예언들을 언**

**급하심**(17절).　　내가 옛적에 내 종 이스라엘 선지자들을 통하여 말한 사람이 네가 아니냐. 모세는 말일에 관한 예언에서 그에 대하여 주께서 그 대적들에게 복수하시리로다(신 32:43)라고 말하였고, 다윗은 이방 나라들은 자기가 판 웅덩이에 빠짐이여(시 9:15)라고 말하며 시편의 다른 곳에서도 종종 그에 대하여 말하였다. 그는 이사야가 말한 리워야단이고(사 27:1), 요엘이 말한 열방들의 회의이다(욜 3:2). 그 밖에도 많은 선지자들이 이 사건을 글로 기록하지는 않았지만 이 사건에 대하여 구체적으로 예언하였을 것이다. 여호와의 선지자들은 모두 한 분 동일한 성령의 인도하심을 받았기 때문에, 비록 그들이 각각 다른 시대에 살았더라도, 그들의 예언 간에는 놀랄 만한 조화와 일치가 존재한다는 것을 명심하라.

**Ⅲ. 이 무시무시하고 맹렬한 원수가 이스라엘을 침략했다가 참패를 당하여 결국 망하게 되리라는 것.**　　많은 주석자들은 이 말씀이 안티오코스의 군대가 마카베오 형제들에 의해서 무수히 패배를 당한 일과 안티오코스 자신이 하나님의 심판을 받아서 중병에 걸려 죽은 일을 통해서 성취되었다고 본다. 이 일은 여기에서 보통 그렇듯이 비유적인 표현들로 예언되고 있기 때문에, 우리는 이 일이 문자적으로 성취된 사건을 찾으려고 해서는 안 된다. 그렇지만 이 예언은 우리가 알고 있는 것보다 더 문자 그대로 성취되었을 가능성도 배제할 수 없다.

1. 하나님은 이 뻔뻔스러운 침략자에 대하여 크게 노하실 것이나. 그가 자기 앞에 있는 모든 것을 단숨에 휩쓸어 버릴 수 있다는 교만한 생각으로 질풍 같이 이스라엘 땅을 치러 오면, 하나님의 노여움이 그 얼굴에 나타날 것이다. 이것은 사람이 어떤 심한 모욕을 당하면 그 모욕에 대한 분노가 얼굴빛에 나타나는 것에 빗댄 표현이다(18절). 하나님은 자기 백성을 위한 질투 및 자기와 자기 백성의 원수들에 대한 **맹렬한 노여움**으로 그들을 대적하여 말씀하실 것이다(19절). 하나님이 죄를 허용하시는 것, 사람들 앞에 죄를 지을 기회들을 두시는 것, 그런 것을 활용하여 그의 목적을 이루시는 것은 그가 죄를 미워하시고 죄에 대하여 진노하시는 것과 전혀 모순되지 않는다는 것을 보라. 하나님은 이 원수로 하여금 이스라엘 땅이 얼마나 손쉬운 먹잇감인지를 알게 하셔서 그를 이끌어다가 자기 땅을 치게 하시고, 그 일을 통해서 자신의 영광을 드러내신다. 그렇지만 이 원수가 이스라엘 땅을 치러 오면, 하나님의 노여움이 나타나서, 하나님은 맹렬한

노여움으로 그에게 말씀하신다. 어떤 사람이, 하나님은 왜 그에게 이렇게 트집을 잡으시는 것이냐 그가 하나님의 뜻을 거역한 것이 무엇이 있느냐고 반문한다면, 그 대답은 아주 쉽다: 이 사람아 네가 누구이기에 감히 하나님께 반문하느냐(롬 9:20).

2. 이 침략자의 군대는 대경실색하여 큰 혼란에 빠지게 될 것이다(19절). 그 날에 큰 지진이 이스라엘 땅에 일어나서 모든 것이 다 심하게 흔들리고 요동하여(20절), 고기들과 새들과 짐승들과 땅에 기는 모든 벌레와 지면에 있는 모든 사람이 곧 두려움에 사로잡혀 떨 것이며, 자연적으로 높이 솟아 있는 모든 산이 무너지며 절벽이 떨어지며, 인위적으로 높이 쌓아올린 모든 망대와 성벽이 땅에 무너지리라. 어떤 이들은 이것이 원수들이 맹렬한 기세로 쳐들어오는 것을 보고 이스라엘 땅이 놀라 두려워하는 모습을 묘사한 것으로 이해한다. 그러나 이것은 하나님의 진노 때문에 원수가 겁을 집어먹고 놀라는 모습을 묘사한 것이라고 보는 편이 더 나을 것이다. 그들이 공격을 위해서 직접 높이 쌓아 올린 것들과 자연적으로 높이 솟아서 공격에 이용하고자 그들이 그 위에 서 있었던 모든 곳들이 다 요동하여 무너져 내릴 때에 그들의 마음은 녹아 버리고 말 것이다.

3. 이 침략자는 참패를 당하여 결국 망하게 될 것이다. 왜냐하면, 땅과 하늘이 둘 다 그를 대적하여 싸우게 될 것이기 때문이다.

(1) 땅은 그를 멸하기 위하여 땅의 모든 세력들을 소집할 것이다. 이스라엘 백성에게는 그에게 대항할 힘과 용기가 없기 때문에, 하나님이 그를 칠 칼을 부르실 것이다(21절). 하나님에게는 하늘의 기운을 머금은 칼들이 있어서, 하나님은 그 칼들을 언제나 부르셔서 사용하실 수 있으시다(사 34:5). 그는 자기가 이스라엘의 모든 산들을 약탈하여 부하게 될 것이라는 꿈에 부풀어 있었지만, 실제로는 그 모든 산들에서 칼들을 만나게 될 것이고, 미디안의 날과 같이 각 사람이 칼로 그 형제를 칠 것이다(사 9:4). 아람의 용맹스러운 전사들은 서로를 욕하고 치고 박고 싸우면서 함께 죽어갈 것이다. 하나님은 자기 백성을 멸망시키러 온 자들 속에 내분을 일으키셔서 자기들끼리 서로 죽이는 일이 일어나서 결국 자멸하게 만드실 수 있으시고, 흔히 그렇게 하신다는 것을 명심하라. 하지만, 하나님은 그들을 철저히 멸망시키기 위하여 그 일을 친히 그의 손으로 하실 것이다(22절). 내가 전염병과 피로 그를 심판하리라. 하나님은 심판을 행하실 때에 그 심판의 이유를 말씀해 주신다는 것을 명심하라. 하나님은 그들로 하여

금 할 말이 없게 하고 그의 심판이 의롭다는 것을 나타내시기 위해서 그가 그들과 다투시는 이유를 그들에게 보여주신다.

(2) 하늘도 그들을 치기 위하여 무기를 빼어들 것이다. 내가 쏟아지는 폭우로 그에게 비를 내리듯 하리라(22절). 그는 광풍 같이 이스라엘에 이를 것이다(9절). 그러나 하나님은 그에게 폭풍 같이 임하셔서, 가나안 사람들에게 그러셨듯이 큰 우박덩이를 비처럼 쏟아 부으실 것이고(수 10:11), 소돔에 대하여 그러셨듯이 불과 유황을 내리게 하실 것이며, 무시무시한 폭풍우를 쏟으실 것이다(시 11:6). 마찬가지로, 신약에서도 곡과 마곡은 하늘에서 내려온 불에 태워져서 유황 연못에 던져질 것이다(계 20:9-10). 이것은 하나님의 교회의 백성을 대적한 모든 회개치 않은 불구대천의 원수들의 영원한 운명이 될 것이다.

4. 하나님은 이 모든 일을 통해서 영광을 받으실 것이다. 하나님이 목적하신 것(16절)은 그대로 성취될 것이다(23절). 이같이 내가 내 위대함과 내 거룩함을 나타내리라. 하나님은 죄인들을 멸하심으로써 그가 위대하시고 거룩하신 하나님이라는 사실을 나타내신다는 것, 또한 이런 일을 영원까지 행하시리라는 것을 명심하라. 사람들은 마땅히 하나님을 높이고 거룩하게 해 드려야 하는데도 그렇게 하지 않을 때, 하나님은 스스로 자신의 위대함과 거룩함을 나타내실 것이다. 우리는, 아버지여, 아버지의 이름을 영광스럽게 하옵소서라고 날마다 기도하여야 하고, 그렇게 되기를 간절히 바라야 한다.

# 제 — 39 — 장

## 개요

이 장에서는 곡과 마곡에 대한 예언이 계속해서 이어지다가 마무리된다. 하나님은 곡과 마곡을 멸하심으로써 자기 백성 이스라엘에 대한 그의 은총이 얼마나 큰 것인지를 최종적으로 보여주시고, 이스라엘은 이 장의 끝부분에서 저 먹장구름이 다 흩어진 후에 아주 밝게 빛을 발하는 모습으로 등장한다. I. 우리가 앞서 보았던 것과 마찬가지로, 곡과 마곡이 완전히 멸망할 것이라는 분명한 예언(1-7절). II. 그들의 멸망의 세 가지 결과를 통해서 그 멸망이 얼마나 광범위한 것이 될지를 예시해서 보여주심: 그들의 병기들이 불타리라는 것(8-10절), 그들의 죽은 자들이 불타리라는 것(11-16절), 매장되지 못한 그들의 죽은 자들의 시신으로 새들이 잔치를 하게 되리라는 것(17-22절). III. 하나님이 이 일을 비롯한 여러 섭리들을 통해서 자기 백성에 대하여 어떤 은혜로운 목적들을 갖고 계시는지를 분명하게 말씀하시고, 그들을 위해 계속해서 은혜가 준비되어 있다는 것을 약속하심(23-29절).

¹그러므로 인자야 너는 곡에게 예언하여 이르기를 주 여호와께서 이같이 말씀하시되 로스와 메섹과 두발 왕 곡아 내가 너를 대적하여 ²너를 돌이켜서 이끌고 북쪽 끝에서부터 나와서 이스라엘 산 위에 이르러 ³네 활을 쳐서 네 왼손에서 떨어뜨리고 네 화살을 네 오른손에서 떨어뜨리리니 ⁴너와 네 모든 무리와 너와 함께 있는 백성이 다 이스라엘 산 위에 엎드러지리라 내가 너를 각종 사나운 새와 들짐승에게 넘겨 먹게 하리니 ⁵네가 빈 들에 엎드러지리라 이는 내가 말하였음이니라 주 여호와의 말씀이니라 ⁶내가 또 불을 마곡과 및 섬에 평안히 거주하는 자에게 내리리니 내가 여호와인 줄을 그들이 알리라 ⁷내가 내 거룩한 이름을 내 백성 이스라엘 가운데에 알게 하여 다시는 내 거룩한 이름을 더럽히지 아니하게 하리니 내가 여호와 곧 이스라엘의 거룩한 자인 줄을 민족들이 알리라 하라

이 예언은 앞 장의 예언과 똑같은 말씀으로 시작된다(38:3): 내가 너를

대적하여 너를 돌이키리라. 왜냐하면, 이스라엘의 원수들의 죄를 깨우치고 이스라엘의 벗들을 위로하기 위해서는 교훈에 교훈을 더할 필요가 있기 때문이다. 앞 장의 예언에서처럼 여기에도 하나님이 북쪽 끝에서부터 이 원수를 이끌어 오시겠다는 예언이 나온다. 하나님은 전에도 갈대아 군대를 북방에서 불러 오셨고(렘 1:14, 재앙이 북방에서 일어나리라), 오랜 후에 북방의 나라들을 부르셔서 로마 제국을 짓밟으셨다. 하나님은 이 원수를 이끄셔서 이스라엘 산들 위에 이르게 하실 것인데(2절), 이스라엘의 산들은 그의 죄악의 분량을 다 채우게 될 시험의 장소임과 동시에 그에 대한 사형 집행이 이루어질 장소가 될 것이었다. 바로 그런 내용이 여기에서 자세하게 설명된다.

1. 그의 군사들은 무장해제를 당하여 전쟁을 수행할 수 없게 될 것이다. 하나님이 그들의 활을 쳐서 그들의 왼손에서 떨어뜨리시고 그들의 화살을 그들의 오른손에서 떨어뜨리셔서(3절), 해악을 가할 힘이 그들의 손에 없게 된다면, 그들이 아무리 용맹스러운 용사들이라고 해도 그것이 무슨 소용이 있겠는가? 시온을 겨냥한 무기들은 제대로 힘을 발휘하지 못하리라는 것을 명심하라.

2. 그와 그의 군대 중 대다수가 전쟁터에서 죽을 것이다(4절). 너와 네 모든 무리와 너와 함께 있는 백성이 다 이스라엘 산 위에 엎드러지리라. 그들은 거기에서 범죄하였기 때문에 거기에서, 즉 이스라엘의 거룩한 산들 위에서 죽게 될 것이다. 왜냐하면, 하나님이 거기에서 화살을 꺾으실 것이기 때문이다(시 76:3). 이스라엘의 산들은 원수들의 피를 머금어서 촉촉해지고 살이 오르며 비옥해질 것이다. "네가 빈 들에 엎드러지고(5절) 거기에서 피하지 못하리라." 그는 산에서는 몸을 숨길 만한 곳을 찾지 못할 것이고, 빈 들에서는 달아날 길을 찾지 못할 것이다. 그와 그의 모든 무리, 그의 정규군과 이스라엘 땅을 약탈하기 위해 그의 진영에 합류해서 그와 함께 있는 백성이 다 그와 더불어서 엎드러질 것이다. 악인들과 함께 섞여서 같이 제비를 뽑고 전대 하나만 두어 운명을 같이하고자 하는(잠 1:14) 자들은 결국 그 악인들과 운명을 같이하게 될 것임을 명심하라. 그들은 대부분이 다 도륙을 당하여, 단지 여섯 명에 한 명 꼴로만 살아남고(2절), 나머지 다섯 명은 다 죽게 될 것이다. 이처럼 참패를 당한 군대는 이제까지 없었다. 이 패배가 너무도 수치스러운 일일 것이기 때문에, 그들의 시체는 사나운 새들에게 진치가 될 것이다(4절; 또한, 셀 39:17과 비교해 보라). 네가 엎드러지리라 이는 내가 말하였음이니라. 가장 위대하고 빛나는 왕들(안티오

코스는 에피파네스 [빛나는 자로 불리었다)이나 그 수가 헤아릴 수 없는 대군들은 땅에 엎드러질지라도, 하나님의 말씀은 그 어느 것 하나도 땅에 떨어지지 않는다는 것을 명심하라. 왜냐하면, 하나님은 말씀하신 것을 반드시 이루실 것이기 때문이다.

3. 그의 나라도 황폐화될 것이다. 내가 불을 마곡과 및 섬에, 즉 이방 나라들에 평안히 거주하는 자들에게 내리리라(6절). 그는 이스라엘 땅을 멸망시키고자 했으나, 그 전쟁에서 패배할 뿐만 아니라, 도리어 그의 나라가 하나님의 심판의 불에 의해서 멸망을 당하게 될 것이다. 다른 사람들의 권리를 침해하는 자들은 그들 자신의 권리를 잃게 되는 것이 마땅하다.

4. 하나님은 이 모든 일을 통해서 그의 이름을 더욱 존귀하게 하실 것이다.

(1) 자기 백성 이스라엘 가운데서. 그들은 이 일들을 통해서 하나님의 이름, 그의 능력과 선하심, 그가 그들을 돌보시고 그들에게 신실하시다는 것을 더 잘 알게 될 것이다. 그들과 관련된 하나님의 섭리를 통해서 그들은 하나님을 더 잘 알게 될 것이다. 모든 섭리는 모든 규례와 마찬가지로 그런 역할을 한다. 내가 내 거룩한 이름을 내 백성 가운데에 알게 하리라. 유다에는 하나님이 알려져 있었다. 그러나 하나님을 많이 알고 있는 자들은 하나님에 대하여 더 많이 알고자 하여야 한다. 우리는 특히 그의 이름이 거룩한 이름이라는 것을 더 잘 알아야 한다. 그들은 하나님이 완전히 순수하시고 올바르셔서 모든 죄를 미워하시는 하나님이라는 것을 알게 될 것이고, 따라서 하나님은 다시는 그의 거룩한 이름을 더럽히지 아니하게 되실 것이다. 하나님의 거룩한 이름을 제대로 아는 자들은 감히 그 이름을 더럽히고자 하지 않는다는 것을 명심하라. 사람들이 하나님의 이름을 아무렇게나 무례하게 대하는 것은 그 이름이 거룩하다는 것을 알지 못하기 때문이다. 하나님이 사람들을 다루시는 방법은 먼저 그들에게 빛을 주셔서 깨닫게 하시고, 그 깨달음을 통해서 그들이 전인적(全人的)으로 변화되게 하시는 것이다. 하나님은 먼저 우리로 하여금 그의 거룩하신 이름을 알게 하심으로써, 우리가 그 이름을 더럽히지 않고 도리어 존귀하게 해 드리고자 애쓰게 만드신다. 이것은 여기에서 하나님이 자기 백성을 위하여 그 영광을 나타내신 복된 결과이다. 이렇게 해서 하나님은 자기 백성에 대한 그의 은총을 완성하시고, 그들을 거룩하게 하시며, 그들을 진정으로 복의 근원이 되게 하신다. 하나님은 이 모든 일들을 통해서 자기 백성을 가르치시고 그들의 삶을 바

꾸어 나가신다. 전능하신 이가 자기 백성을 위하여 왕들을 흩으실 때에는 하나님의 백성은 살몬에 눈이 날림 같이 희었도다(시 68:14).

(2) 이방 나라들 가운데서. 내가 여호와 곧 이스라엘의 거룩한 자인 줄을 전혀 몰랐거나 인정하고자 하지 않았던 자들은 결국 그 사실을 알게 될 것이다. 그들은 값비싼 대가를 치르고 나서야, 하나님이 능력의 하나님이시고 자기 백성의 하나님이자 구원자라는 것, 아무리 위대한 군왕들이라도 하나님과 다투는 것은 부질없는 짓이라는 것, 하나님을 대적하여 완악한 마음을 먹은 자치고 형통하는 자가 없다는 것을 알게 될 것이다.

[8]주 여호와의 말씀이니라 볼지어다 그 날이 와서 이루어지리니 내가 말한 그 날이 이 날이라 [9]이스라엘 성읍들에 거주하는 자가 나가서 그들의 무기를 불태워 사르되 큰 방패와 작은 방패와 활과 화살과 몽둥이와 창을 가지고 일곱 해 동안 불태우리라 [10]이같이 그 무기로 불을 피울 것이므로 그들이 들에서 나무를 주워 오지 아니하며 숲에서 벌목하지 아니하겠고 전에 자기에게서 약탈하던 자의 것을 약탈하며 전에 자기에게서 늑탈하던 자의 것을 늑탈하리라 주 여호와의 말씀이니라 [11]그 날에 내가 곡을 위하여 이스라엘 땅 곧 바다 동쪽 사람이 통행하는 골짜기를 매장지로 주리니 통행하던 길이 막힐 것이라 사람이 거기에서 곡과 그 모든 무리를 매장하고 그 이름을 하몬곡의 골짜기라 일컬으리라 [12]이스라엘 족속이 일곱 달 동안에 그들을 매장하여 그 땅을 정결하게 할 것이라 [13]그 땅 모든 백성이 그들을 매장하고 그로 말미암아 이름을 얻으리니 이는 나의 영광이 나타나는 날이니라 주 여호와의 말씀이니라 [14]그들이 사람을 택하여 그 땅에 늘 순행하며 매장할 사람과 더불어 지면에 남아 있는 시체를 매장하여 그 땅을 정결하게 할 것이라 일곱 달 후에 그들이 살펴 보되 [15]지나가는 사람들이 그 땅으로 지나가다가 사람의 뼈를 보면 그 곁에 푯말을 세워 매장하는 사람에게 가서 하몬곡 골짜기에 매장하게 할 것이요 [16]성읍의 이름도 하모나라 하리라 그들이 이같이 그 땅을 정결하게 하리라 [17]주 여호와께서 이같이 말씀하셨느니라 너 인자야 너는 각종 새와 들의 각종 짐승에게 이르기를 너희는 모여 오라 내가 너희를 위한 잔치 곧 이스라엘 산 위에 예비한 큰 잔치로 너희는 사방에서 모여 살을 먹으며 피를 마실지어다 [18]너희가 용사의 살을 먹으며 세상 왕들의 피를 마시기를 바산의 살진 짐승 곧 숫양이나 어린 양이나 염소나 수송아지를 먹듯 할지라 [19]내가 너희를 위하여 예비한 잔치의 기름을 너희가 배불리

먹으며 그 피를 취하도록 마시되 [20]내 상에서 말과 기병과 용사와 모든 군사를 배부르게 먹일지니라 하라 주 여호와의 말씀이니라 [21]내가 내 영광을 여러 민족 가운데에 나타내어 모든 민족이 내가 행한 심판과 내가 그 위에 나타낸 권능을 보게 하리니 [22]그 날 이후에 이스라엘 족속은 내가 여호와 자기들의 하나님인 줄을 알겠고

이 예언은 말일에 성취될 것이었지만 너무나 확실한 일이기 때문에 여기에서는 마치 이미 이루어진 일처럼 얘기된다(8절). "그 날이 와서 이루어졌다. 그 날이 오리라는 것은 마치 이미 이루어진 것이나 다름없을 정도로 확실한 일이다. 내가 오랫동안에 걸쳐서 자주 말한 그 날이 이 날이라. 그 날은 아주 오랜 후에야 왔지만, 결국 왔다." 마찬가지로, 하나님은 요한에게도 이루었도다라고 말씀하셨다(계 21:6). 곡의 군대가 대패하리라는 것을 나타내기 위해 여기에서는 그 패배의 결과로 세 가지가 구체적으로 제시되고 있다. 그 군대에 패배를 안겨준 것은 바로 하나님 자신이었다. 본문에는 이스라엘 백성이 칼을 빼들었다거나 공격을 하였다는 말이 없다.

I. 이스라엘 백성들이 원수의 무기, 즉 원수의 손에서 떨어뜨려진 **활과 화살**(3절),**큰 방패와 작은 방패, 몽둥이와 창을 비롯해서 불에 탈 수 있는 모든 것을 다 태우리라는 것**. 그들은 나중에 그들이 사용하기 위해서 원수의 무기들을 그들의 무기고에 보관해 둠으로써 그 무기들을 의지하고자 하는 유혹을 받을 것을 염려하여 다 불태워 버릴 것이다. 그렇지만 그들은 그 무기들을 한꺼번에 소각해 버리는 것이 아니라(이런 낭비를 할 이유가 어디에 있겠는가), 그들의 집에 쌓아 두고서 다른 땔감 대신에 그것들을 사용하게 될 것이고, 이 때문에 일곱 해 동안 들에서 나무를 주워 오거나 숲에서 벌목할 일이 없게 될 것이다(10절). 이렇게 엄청난 양의 무기들이 원수들이 참패한 그 빈 들과 그들이 도망치던 길들 위에 남겨지게 될 것이다. 이 무기들은 이미 잘 말라 있어서 푸른 나무보다 더 땔감으로 적합할 것이다. 그들은 이렇게 해서 그들의 동산과 숲 속에 있는 나무들을 베지 않아도 되었기 때문에, 그 나무들은 더 크게 자랄 시간을 얻게 되었다. 이스라엘의 산들은 온갖 좋은 것들이 풍성하게 나는 곳이었지만, 이스라엘 백성은 그들에게 주어진 풍요로운 자원을 잘 관리하는 자들이 되어서, 섭리에 의해 기회가 주어질 때에 그들의 후손을 위해서 할 수 있는 한 그 자원들을 아끼는 것이 합당한 일이다. 이스라엘의 성읍들에 거주하는 자들은

밖으로 나와서 전에 자기에게서 약탈하던 자들의 것을 약탈하며 그들을 응징할 때에 그 원수들에게서 은과 금, 장식물들을 노략하였을 것이다. 그렇지만 이스라엘 백성들이 원수들의 무기를 인간의 삶에 필수적인 것들 중의 하나인 땔감으로 사용한 것 외에는 구체적으로 그 어떤 것을 그들의 소유로 돌려 사용하였다는 언급은 본문에 없다. 이것은 우리에게 생활필수품들이 잘 공급되기만 한다면 없어도 얼마든지 잘 살 수 있는 그런 물건들로 인한 즐거움과 쾌락을 버리고 우리가 가진 것으로 만족할 줄 알아야 한다고 가르치는 것이다. 그들은 원수들의 무기를 땔감으로 사용하여 불을 지피고 그 불로 따뜻함을 느낄 때마다, 원수들의 수가 많았고 그 힘이 강했다는 것, 그들이 그런 원수들의 수중에 떨어질 위험에 처해 있었다는 것을 기억하고서, 때를 맞춰서 놀라운 이적으로 그들을 구원하신 하나님께 더욱 깊이 감사하게 될 것이었다. 또한, 그들은 자녀들과 함께 그 불 옆에 앉았을 때에 하나님이 그들을 위해 어떤 큰 일들을 행하셨는지를 자녀들에게 말할 기회를 얻게 될 것이었다.

**II. 이스라엘 백성들이 원수들의 시신을 매장하게 되리라는 것.** 통상적으로 많은 사람이 죽었을 때에는 전투가 끝난 후에 원수들은 그들의 군사들의 시신을 매장할 시간을 원하는 법이다. 그러나 여기에서는 죽은 원수들의 숫자가 너무도 많고 살아남은 군사들은 얼마 되지 않아서 그 시신을 매장할 여력이 없게 될 것이라고 말한다. 게다가, 원수들의 죽은 시신은 이스라엘의 산들 위에 여기저기 널려 있어서, 그 시신들을 찾아내는 데에도 상당한 시간이 걸릴 것이었다. 그러므로 원수들의 시신을 매장하는 일은 그 원수들을 무찌른 승전을 기념하는 의미로 이스라엘 족속에게 맡겨지게 될 것이다.

1. 하나님은 원수들의 시신을 매장할 장소를 의도적으로 지정해 주시는데, 그 곳은 바다(염해 또는 디베랴 바다) 동쪽, 사람이 통행하는 골짜기, 즉 애굽과 갈대아를 오가는 여행자들이 많은 골짜기였다. 거기에서는 죽은 시체들이 너무나 많아서 땅 위에서 그대로 썩어 역겨운 악취를 풍길 것이기 때문에, 그 골짜기를 오가는 여행자들은 그들의 코를 막지 않을 수 없게 될 것이다. 우리의 몸이라는 것이 얼마나 비루하고 천한 것인지를 보라. 영혼이 우리의 몸을 떠난 얼마 후에는 그 시신은 악취를 풍길 것인데, 그것보다 더 고약하고 독한 악취는 세상에 없을 것이다. 그래서 가장 많은 군사들이 죽은 바로 그 곳이 매장지로 지정된다. 이것은 나무가 쓰러지면 바로 그 곳에 나무를 두는 것과 마찬가

지이다. 그리고 그 곳은 하몬곡, 즉 곡의 무리의 골짜기라 불리게 될 것이다. 왜 냐하면, 이 일은 특별히 기념해야 할 일이었기 때문이다. 하나님이 자기 백성 이스라엘을 지키시기 위하여 패배시켜 멸하신 원수의 군대의 수가 얼마나 많 았는가!

2. 원수들의 시신을 매장하는 데에 일곱 달이라는 꽤 긴 시간이 소요될 것이 다(12절). 이것은 이 때에 여호와께 죽임 당할 자가 많을 것이고, 이스라엘 족속 은 그 죽은 자들을 하나도 남김 없이 다 매장하여, 많은 시신들이 매장되지 않 은 채로 땅 위에 있음으로써 그 땅이 제의적으로 부정하게 되는 것을 막고 그 땅을 정결하게 하고자 애쓸 것임을 보여주는 것이다. 이런 식으로 땅이 더럽혀 지는 것을 막기 위해서 하나님은 나무에 달린 자들을 신속하게 끌어내려서 장사 하도록 정하셨다(신 21:23). 이것은 하나님의 놀라운 구원이 있는 때가 바로 삶 을 고치는 때가 되어야 한다는 것을 보여주는 것이다. 하나님이 어떤 땅을 멸 망에서 구원하시기 위하여 더 큰 일을 하셨다면, 그 주민들은 그 땅을 죄로부 터 정결하게 하기 위하여 더욱 애써야 한다는 말이다.

3. 이 일에 많은 사람들이 동원될 것이다. 그 땅 모든 백성이 기꺼이 이 일에 일손을 보낼 것이다(13절). 그 땅을 더럽히는 것들이나 욕되게 하는 것들로부 터 정결하게 하는 일에는 모든 사람이 각자의 자리에서 최선을 다해야 한다는 것을 명심하라. 죄는 모든 사람이 대항하여 싸워야 하는 공동의 원수이다. 나 라가 위태로울 때에는 모든 사람이 군사가 되어야 한다. 이 일에 도움의 손길을 보 태는 자는 누구든지 이름을 얻게 될 것이다. 무덤을 만드는 자들이나 평범한 청 소부들이 하는 일은 비천해 보이지만, 그들이 시체들로부터 이 땅을 정결하게 하는 일에 쓰임을 받을 때에는 그 일 때문에 존귀함을 얻게 될 것이다. 인도적 인 행위들을 통해서 하나님의 백성 이스라엘은 유명해지게 되리라는 것을 명 심하라. 신앙을 고백하는 자들이 기꺼이 온갖 선한 일을 할 때에 그 신앙은 사 람들로부터 좋은 평판을 얻게 된다. 여기에서 죽은 자들은 이스라엘에 대하여 외인이자 원수들이었지만, 그들도 장차 다시 부활할 것이기 때문에, 그들을 장 사지내 주는 것은 선한 일이다. 이스라엘 백성들이 그 일로 말미암아 이름을 얻 으리니 이는 하나님의 영광이 나타나는 날이니라. 이스라엘이 그들의 신앙 고백에 걸맞는 일을 할 때, 그것은 하나님의 영광을 위해서라는 것을 명심하라. 사람 들은 그들의 착한 행실을 보고 하늘에 계신 그들의 아버지께 영광을 돌리게 될 것이

다(마 5:16). 하나님이 영광을 받으시면, 하나님은 자기 백성에게 영광을 더하실 것이다. 하나님이 영광을 받으시면, 그들은 이름을 얻게 된다.

4. 이스라엘 백성은 일부 사람들을 택하여 그 땅에 아직 매장되지 않은 시신들이 있는지를 찾게 할 것이다. 그 땅 백성은 그 땅을 더럽히는 시신들을 매장하는 데에 곧 지치게 되어서, 사람들을 택하여 그 땅에 늘 순행하며 시신들을 찾는 일을 하게 하고, 그 땅이 완전히 정결하게 될 때까지는 다른 일은 하지 못하게 하고 오직 그 일만을 하게 할 것이다. 왜냐하면, 이런 조치를 취하지 않고 이 일을 모든 사람의 책임으로 맡겨두면, 결국에는 아무도 그 일을 하지 않게 될 것이기 때문이다. 공적인 일, 특히 한 나라의 땅을 정결하고 새롭게 하는 일을 하는 자들은 자기가 맡은 일에 전념해서 항상 애쓰고 헌신하는 자들이 되어야 한다는 것을 명심하라. 기회가 왔을 때에 선을 행하는 자들은 선을 행할 준비를 항상 하고 있는 자들이다.

5. 행인들도 시체들을 발견하면 그 땅을 정결하게 하는 일을 맡은 자들에게 기꺼이 그 사실을 알려서 그들을 도울 것이다. 그 땅을 지나가는 자들은 시체를 발견했을 때에 제의적으로 부정하게 되지 않기 위해서 그 시체를 스스로 매장하고자 하지는 않을지라도 그 일을 맡은 자들에게 그 사실을 알려줄 것이다. 행인들은 사람의 뼈를 발견하였을 때에는 **매장하는 사람들**이 와서 그 뼈를 매장할 수 있게 함과 동시에 그 뼈가 매장될 때까지 다른 사람들이 거기에 접촉하지 않도록 하기 위하여 그 곁에 푯말을 세워 둘 것이다. 이런 이유 때문에 유대인들은 그들의 무덤을 희게 회칠을 해서 사람들이 무덤과 접촉하여 부정하게 되는 일이 없게 하였다. 선한 일이 있을 때에는 누구나 다 그 일에 손길을 보태어야 하고, 행인들조차도 많은 사람들이 관련된 재난이나 죄악을 그치게 하는 일에 자기는 무관하다고 생각하지 말아야 한다는 것을 명심하라. 어떤 땅을 정결하게 하는 일을 맡은 자들은 그 땅을 더럽히는 것은 그것이 무엇이 되었든 묵인해서는 안 된다. 그것이 시체가 아니라 매장되지 않은 채로 있는 사람의 **뼈**에 불과한 것이라고 할지라도, 그들은 그런 것을 빨리 매장하여 제거할 수 있도록 그런 것을 알리는 일(알리는 자가 누구인지를 숨기기 위해서 푯말을 세워 알리는 것이라고 해도)을 장려하여야 한다. 아니, 이 일을 하도록 그들에게 주어진 기간, 겉으로 보기에는 모든 시체가 다 처리된 듯이 보이는 일곱 달 후에도 그들은 혹시라도 매장되지 않은 시체가 더 있을지 모른다고 생각해서

한참을 더 살펴 보게 될 것이다. 그들은 더 이상 찾아낼 수 없을 때까지 악을 찾을 것이다. 이 일을 기념해서 그들은 그들의 성읍에 새 이름을 붙일 것이고, 그 성읍은 하모나(무리)라 불리게 될 것이다. 이 성읍에 있는 우리가 얼마나 많은 원수들의 시신을 매장하였던가! 그들은 이같이 모든 정성과 수고를 다하여 그 땅을 정결하게 하리라(16절). 정복 후에는 정결하게 하는 일이 있어야 한다는 것을 명심하라. 모세는 미디안 사람들과의 전쟁에 참여했던 이스라엘 사람들에게 스스로 깨끗하게 하라고 명령하였다(민 31:24). 하나님의 특별한 은총을 받은 우리는 온갖 더러운 것에서 자신을 깨끗하게 하여야 한다.

**III. 새들과 짐승들이 아직 매장되지 않은 죽은 자들의 시체 위에 내려 앉을 것이고, 아무도 그것을 막을 수 없으리라는 것**(17절 이하). 우리는 말일에 있을 큰 살육이 이 비유로 묘사되고 있는 것을 보는데(계 19:17 이하), 그것은 이 본문을 빌려서 사용한 것이다.

1. 온갖 새들과 짐승들이 초대됨(17절). 각종 새와 들의 각종 짐승, 시체를 먹는 새와 짐승 중에서 가장 큰 것부터 가장 작은 것, 즉 독수리부터 까마귀까지 그리고 사자부터 개까지 다 초대를 받는다. 너희는 사방에서 모여 오라. 여기에 너희를 위한 고기가 충분히 있으니, 와서 마음껏 먹으라. 너희는 하나님께 바쳐진 희생제사, 하나님의 큰 잔치에 오라. 죄와 죄인들에 대하여 집행되는 하나님의 심판들은 희생제사이자 잔치, 즉 하나님의 공의에 드려지는 희생제사이자 하나님의 백성의 믿음과 소망을 위한 잔치라는 것을 명심하라. 하나님은 리워야단의 머리를 부수시고 그것을 이스라엘에게 음식물로 주셨다(시 74:14). 의인이 악인의 보복 당함을 보고 잔치에 참여하는 것처럼 기뻐함이여 잔치에서처럼 그의 발을 악인의 피에 씻으리로다. 이 희생제사는 이스라엘의 산들 위에서 있을 것이다. 이 산들은 이스라엘 백성이 우상 숭배를 통해서 하나님을 욕되게 하였던 산당들과 제단들이 있던 곳이지만, 거기에서 하나님은 이제 그의 원수들을 멸하시고서 스스로 영광을 받으실 것이다.

2. 잔치 음식이 풍성하게 준비됨. 각종 새들과 짐승들은 용사의 살을 먹으며 세상 왕들의 피를 마실 것이다(18-19절).

(1) 새와 짐승들에게 주어질 것은 사람들의 살과 피이다. 이것은 종종 열등한 피조물들이 그들의 주인인 인간에 대적하여 반란을 일으킨 예를 보여주는 것이었는데, 이러한 반란은 인간이 그들의 조물주이신 하나님께 대적하여 반

란을 일으킨 결과이다.

(2) 그것은 큰 자들의 살과 피이다. 큰 자들은 여기에서 바산의 살진 짐승 곧 숫양이나 어린 양이나 염소나 수송아지라 불린다. 그것들이 포식하게 될 것은 세상 왕들의 피이다. 세상 왕들의 피를 하나님이 새들과 들짐승들에게 주어 잔치를 벌이게 하시는 것은 생전에 피의 제왕들이라 불렸던 그들에게 얼마나 굴욕적인 일인가!

(3) 그것은 악인들, 하나님의 교회와 백성을 대적하였던 원수들의 살과 피이다. 그들은 하나님의 백성 이스라엘을 도살할 양들처럼 여겼었지만, 이제는 그들 자신이 그렇게 여겨질 것이다. 그들은 하나님의 종들의 시체를 이렇게 새와 짐승들에게 밥으로 주었었다(시 79:2). 이제 그들 자신이 그런 꼴을 당하게 될 것이다.

3. 각종 새들과 짐승들이 모두 마음껏 배불리 먹으리라는 것(19절). "너희는 기름을 먹고 피를 마실 것인데, 질리도록 배불리 먹을 것이다. 이 희생제사는 대대적으로 이루어질 것이기 때문에, 그 희생제물로 열리는 잔치도 대대적인 것이 될 것이다. 너희가 내 상에서 배부르게 먹으리라." 하나님은 열등한 피조물들을 위해서도 끊임없이 상(床)을 베푸신다는 것을 명심하라. 하나님은 모든 육체에게 먹을 것을 주신다. 모든 존재의 눈이 주를 앙망하오니, 주는 때를 따라 그들에게 먹을 것을 주시며 항상 그들 앞에 풍성한 상을 베푸시나이다. 새들과 짐승들이 하나님의 상에서 하나님이 그들을 위하여 준비하신 것들로 배불리 먹을지대, 하물며 하나님의 자녀들은 그의 거룩한 성전의 좋은 것들로 사고 넘치게 배부르지 않겠는가. 각종 새들과 짐승들은 말과 기병들을 배부르게 먹을 것이다. 즉, 병거를 타고 여러 나라들을 짓밟았던 용사들과 모든 군사들이 이제는 골짜기의 까마귀와 독수리 새끼들에게 짓밟힐 것이다(잠 30:17). 그들은 하나님의 백성 이스라엘을 손쉬운 먹잇감으로 생각하였지만, 지금 그들 자신이 새들과 짐승들의 손쉬운 먹잇감이 되고 있다. 재앙은 죽고 난 후에도 죄인을 따른다는 것을 보라. 이렇게 그들의 시체가 새들과 짐승들의 먹잇감이 되는 것은 그들이 죽은 후에 그들의 양심의 먹잇감이 되는(이것은 독수리가 끊임없이 가슴을 쪼아대는 시적인 표현으로 묘사된다) 공포스러운 일의 모형이자 상징일 뿐이다. 그리고 이러한 수치는 그들이 나중에 받게 될 영원한 수치와 멸시의 전조(前兆)에 불과하다.

**IV. 이 일을 통해서 하나님은 크게 영광을 받으시고 그의 백성은 위로와 만족을 얻으리라는 것.**

1. 이 일은 하나님께 큰 영광을 가져다 줄 것이다. 왜냐하면, 이방 나라들은 이 일을 통해서 그가 여호와이신 줄을 알게 될 것이기 때문이다(21절). 모든 민족이 내가 행한 심판과 내가 그 위에 나타낸 권능을 보게 될 것이다. 이스라엘의 하나님이 크고 영화로우신 하나님이시라는 사실이 열방들 가운데서 그 어느 때보다도 더 분명하게 받아들여지게 될 것이다. 이방 나라들은 하나님의 기록된 말씀을 가지고 있지도 않고 읽지도 않았을지라도 하나님이 행하신 심판들을 통해서 그 사실을 알게 될 것이다.

2. 이 일은 하나님의 백성에게 큰 만족을 가져다 줄 것이다. 왜냐하면, 그들은 이 일을 통해서 하나님이 그들의 하나님이시라는 것을 알게 될 것이기 때문이다(22절). 그 날 이후에 이스라엘 족속은 내가 여호와 자기들의 하나님인 줄을 알고 큰 위로를 받게 될 것이다.

(1) 하나님은 그 날 이후로 그들의 하나님이 되어 주실 것이다. 하나님이 주시는 현재의 은혜들은 장래에도 은혜를 주실 것이라는 약속이자 담보이다. 하나님이 그가 우리의 하나님이시라는 것을 우리에게 증거를 통해서 보여주셨다면, 그것은 하나님이 우리를 결코 떠나지 않으시겠다고 우리에게 약속하신 것이다. 이 하나님이 영원토록 우리의 하나님이시다.

(2) 그들은 그 날 이후로 더욱 만족스럽게 그 사실을 알게 될 것이다. 그들은 종종 여호와께서 그들과 함께 계시는지를 의심하곤 했었다. 그러나 이 날의 사건들은 그들의 의구심들을 잠재울 것이기 때문에, 이 문제는 그렇게 일단락되고 깨끗하게 해결되어서, 그들은 다시는 그것을 의심하지 않을 것이다. 이 일을 계기로 그들은 그들 자신을 다시는 자랑하지 않을 것이고, 영원히 하나님만을 자랑하게 될 것이다.

[23]여러 민족은 이스라엘 족속이 그 죄악으로 말미암아 사로잡혀 갔던 줄을 알지라 그들이 내게 범죄하였으므로 내 얼굴을 그들에게 가리고 그들을 그 원수의 손에 넘겨 다 칼에 엎드러지게 하였으되 [24]내가 그들의 더러움과 그들의 범죄한 대로 행하여 그들에게 내 얼굴을 가리었었느니라 [25]그러므로 주 여호와께서 이같이 말씀하셨느니라 내가 이제 내 거룩한 이름을 위하여 열심을 내어 야곱의 사로잡힌 자를

돌아오게 하며 이스라엘 온 족속에게 사랑을 베풀지라 ²⁶그들이 그 땅에 평안히 거주하고 두렵게 할 자가 없게 될 때에 부끄러움을 품고 내게 범한 죄를 뉘우치리니 ²⁷내가 그들을 만민 중에서 돌아오게 하고 적국 중에서 모아 내어 많은 민족이 보는 데에서 그들로 말미암아 나의 거룩함을 나타낼 때라 ²⁸전에는 내가 그들이 사로잡혀 여러 나라에 이르게 하였거니와 후에는 내가 그들을 모아 고국 땅으로 돌아오게 하고 그 한 사람도 이방에 남기지 아니하리니 그들이 내가 여호와 자기들의 하나님인 줄을 알리라 ²⁹내가 다시는 내 얼굴을 그들에게 가리지 아니하리니 이는 내가 내 영을 이스라엘 족속에게 쏟았음이라 주 여호와의 말씀이니라

이 단락은 앞에 나왔던 모든 문제의 결론부로서 단지 곡과 마곡에 관한 예언들만이 아니라 이스라엘 족속이 포로로 잡혀갈 것에 관한 예언이나 그들이 회복되어서 다시 포로 생활에서 돌아오게 될 것이라는 예언 등과 같은 에스겔서에 나오는 모든 예언들과 관련되어 있다.

I. 하나님이 이방 나라들로 하여금 하나님의 백성이 겪는 환난들의 의미를 알게 하시고, 이스라엘이 환난 당하는 것을 빌미로 하나님을 오해하여 하나님이 자기 백성조차 보호하지 못했고 자기 백성과 맺은 언약에 충실하지 않았다고 욕하는 것을 바로잡으시리라는 것.  하나님께서 자기 백성이 삶을 고치고 그에게로 돌아오자 그들을 포로 생활에서 건져내셔서 고국 땅으로 돌아오게 하시고, 자기 백성이 계속해서 새로운 삶을 살아가자 곡의 침공을 막아내시고 그들을 위하여 큰 구원을 베푸셨을 때, 이방 나라들조차도 이 모든 일을 종합해서 곰곰이 생각해 보고서는, 지금까지 그들이 생각해 온 것이 전혀 근거가 없는 것임을 깨닫고, 이스라엘이 포로로 잡혀간 것은 하나님이 그들을 보호하실 힘이 없었기 때문이 아니라 그들이 죄를 지어 하나님의 은총을 상실하였고 하나님의 보호하심 밖으로 그들 자신을 내던졌기 때문이었다는 것을 알게 될 것이다(23-24절). 여러 민족은 이스라엘 족속이 그 죄악, 즉 그들이 이웃에 있는 이방 나라들로부터 배운 죄악으로 말미암아, 그러니까 그들이 하나님께 범죄하였으므로 사로잡혀 갔던 줄을 알지라(23-24절). 바로 그것이야말로 하나님이 그 얼굴을 그들에게 가리고 그들을 그 원수의 손에 넘기신 진짜 이유였다. 그것은 하나님이 그들의 더러움과 그들의 범죄한 대로 그들에게 행하신 것이었다. 이제 이러한 사실이 명백히 밝혀짐으로써 그동안 그들이 하나님에 대하여 생각해 왔

던 것들이 잘못되었다는 것이 드러나 그들은 침묵하게 될 것이고, 하나님의 영광은 크게 드러나게 될 것이다. 하나님의 백성이 겪는 환난들이 끝나고 우리가 그 결말을 볼 때, 우리는 처음에 생각했던 것보다도 그 환난들의 의미를 더 잘 이해할 수 있게 된다. 세상이 다음과 같은 진실을 알게 될 때, 하나님의 영광은 크게 드러나게 될 것이다.

1. 하나님은 그에게 가장 가깝고 소중한 자들 속에 있는 죄를 가장 미워하시기 때문에 자기 백성일지라도 그들 속에 죄가 있다면 그 죄를 벌하신다는 것 (암 3:2). 공평한 것은 정의를 높이는 것이다.

2. 하나님이 자기 백성을 먹잇감으로 내놓으시는 것은 그들의 원수들을 만족시켜 주기 위해서가 아니라 자기 백성을 징계하여 바로잡기 위해서라는 것 (사 10:7; 42:24). 그러므로 원수들은 스스로 자고(自高)하지 말아야 한다.

3. 하나님의 백성이 징계의 회초리 아래에서 스스로 낮아지자마자, 하나님은 다시 그들에게 은혜를 베푸신다는 것.

**Ⅱ. 하나님이 자기 백성을 환난 속으로 몰아넣으셨지만 그들을 위하여 얼마나 큰 은혜를 준비해 두고 계시는지를 그들에게 알게 하시리라는 것**(25-26절). 내가 이제 야곱의 사로잡힌 자를 돌아오게 하리라.

1. 왜 지금인가? 이제 하나님은 다음과 같은 이유 때문에 이스라엘 온 족속에게 긍휼을 베푸실 것이다.

(1) 하나님이 그들의 환난 때문에 손상되었던 그의 영광을 다시 회복하기 위하여 나설 때가 되었기 때문에. 내가 이제 내 거룩한 이름을 위하여 열심을 내어, 더 이상 내 이름이 욕을 당하는 일이 없게 하리라.

(2) 이제야 그들이 그들의 죄를 회개하였기 때문에. 그들은 부끄러움을 품고 내게 범한 죄를 뉘우쳤다. 죄인들이 회개하고 스스로 부끄러워할 때, 하나님은 그들과 화해하시고 그들에게 존귀함을 더하신다. 죄인들이 지난 오랜 세월을 되돌아보며 반성하고 회개하면서, 그 땅에 평안히 거주하고 두렵게 할 자가 없었을 때에 범했던 온갖 죄악들을 부끄러워하는 것은 하나님이 특히 기뻐하시는 일이다. 그들은 그들이 고국 땅에서 누렸던 하나님의 은혜들을 회상하고 거기에서 하나님의 보호 아래 있었다는 것을 새삼스럽게 떠올릴 때에 그들이 그 땅에서 죄악을 저지른 것이 얼마나 악한 일이었는지를 깨닫게 될 것이다. 그들은 그 땅에서 평안히 살았었고, 만약 그들이 그들의 본분과 도리를 계속해서 다하

였다면, 그 누구에 의해서도 방해를 받거나 어지럽혀지지 않는 가운데 계속해서 평안히 살 수 있었을 것이다. 아니, 그들은 평안히 거주하였기 때문에 범죄한 것이었다. 외적인 안전과 평안함은 흔히 내적인 안일의 원인이 되고, 안일은 온갖 죄를 끌어들이는 통로가 된다(시 73편). 이제 그들은 이로 인한 부끄러움을 기꺼이 감내하면서, 하나님이 그들을 환난의 땅으로 보내셔서 온통 그들을 두렵게 할 자들로 둘러싸이게 만드신 것은 그들이 그들을 두렵게 할 자가 아무도 없었던 평안의 땅에서 하나님을 거슬러 범죄하였기 때문이라는 것을 인정하게 될 것이다. 그들이 이렇게 하나님의 낮추시는 섭리들 아래에서 스스로를 낮출 때, 하나님은 그들을 포로 생활에서 돌이키실 것이다.

2. 그렇다면 무엇을? 하나님은 그들을 모아서 원수들의 손에서 건져내어 다시 고국 땅으로 데려오셨을 때, 다음과 같은 일들이 있게 될 것이다.

(1) 하나님은 이 일로 인해서 찬송을 받게 되실 것이다. 내가 많은 민족이 보는 데에서 그들로 말미암아 나의 거룩함을 나타내고 거룩히 여김을 받게 될 것이다(27절). 그들이 포로 생활을 하며 욕을 당하는 동안에 하나님도 그들 때문에 욕을 당하셨던 것처럼, 이제 그들이 삶을 고쳐서 다시 거룩한 백성이 되었을 때에 하나님은 그들로 인해 거룩히 여김을 받으실 뿐만 아니라 그들을 회복시키셔서 다시 복되고 영화로운 백성으로 만드신 일로 인해서 영광을 받게 되실 것이다.

(2) 그들은 이 일로 인해서 유익을 얻게 될 것이다(28절). 그들이 내가 여호와 자기들의 하나님인 줄을 알리라. 하나님이 자기 백성의 유익을 위하여 계획하신 섭리들에는 하나님의 은혜가 수반되기 때문에, 하나님은 그 은혜를 통해서 그들에게 모든 일 속에서 하나님을 여호와 그들의 하나님으로 바라보도록 가르치신다는 것을 명심하라. 그럴 때에 그 섭리들은 그들에게 유익을 가져다 준다. 그들은 다음과 같은 때에 하나님을 여호와 그들의 하나님으로 바라보게 될 것이다.

[1] 환난 가운데에서. 그들이 사로잡혀 여러 나라에 이르게 하신 분은 하나님이셨다. 그러므로 그들은 하나님의 뜻에 순복하여야 할 뿐만 아니라, 하나님이 그렇게 하신 목적에 부응하고자 애써야 한다.

[2] 위로 가운데에서. 그들을 모아 고국 땅으로 돌아오게 하고 그 한 사람도 이방에 남기지 아니하신 분은 하나님이시다. 우리에게 일어나는 여러 가지 다양한

사건들 속에서 우리가 하나님을 바라본다면, 우리는 하나님의 여러 다양한 속성들과 의도들을 더 잘 깨닫게 될 수 있다는 것을 명심하라.

(3) 하나님과 그들은 다시는 결코 헤어지지 않을 것이다(29절).

[1] 하나님은 그들이 다시 그를 떠나서 어리석은 짓을 하는 것을 막고 계속해서 그들의 본분을 다할 수 있도록 하기 위하여 그의 영을 그들에게 쏟으실 것이다.

[2] 하나님은 다시는 그 얼굴을 그들에게 가리지 아니하실 것이고, 이전처럼 그의 은총을 거두는 일도 다시는 없을 것이다. 하나님은 다시는 그들에게 은혜를 베푸는 일을 거두지 않기 위해서, 그들이 그를 섬기는 일에서 떠나는 일이 다시는 없도록 효과적인 조치를 취하실 것이다. 성령의 내주(內住)는 하나님의 은총이 계속될 것임을 확실하게 보증하는 담보라는 것을 명심하라. 하나님은 그의 영을 부은 자들로부터 결코 그 얼굴을 숨기지 않으실 것이다. 그러므로 우리는 우리를 주 앞에서 쫓아내지 마시라고 하나님께 기도할 때에 주의 성령을 우리에게서 거두지 마소서라고 간절히 기도하여야 한다(시 51:11).

제
— 40 —
장

## 개요

　에스겔 선지자가 환상 가운데서 본 성전의 물(47:1)은 여기에 나오는 예언에 대한 적절한 상징이다. 그 물은 지금까지 발목까지 차오르거나 어떤 곳들에서는 무릎이나 허리까지 차오르기도 했지만, 이제는 상당히 불어나서 "건널 수 없는 강"이 되었다. 이 장에서 시작하여 이 책의 끝까지 하나의 연속된 환상이 나오는데, 이 환상은 성경의 모든 책 가운데서 가장 어려운 대목들 중의 하나이다. 유대인들은 서른 살이 될 때까지는 이 대목을 읽지 못하게 하였고, 이 대목을 읽은 자들에게는 거기에 들어 있는 모든 내용을 다 이해하지 못한다고 하여도 "장차 엘리야가 와서 그것을 설명해 줄 것"이라고 말해 주는 것이 관례였다. 고대와 현대의 많은 주석자들은 이 대목을 어떻게 이해해서 어떻게 적용하고 활용해야 하는지를 잘 모르겠다고 고백하곤 하였다. 그러나 이해하기가 어렵다고 해서 우리는 이 대목을 옆으로 제쳐 놓아서는 안 되고, 겸손하게 잘 살펴서 거기에서 얻을 수 있는 교훈들을 최대한 얻어내어야 한다. 우리가 이 대목을 읽을 때에 만나는 모든 어려운 내용들을 다 풀어내지 못하여 절망스러움을 느끼더라도, 우리의 구원은 그런 내용들에 달려 있지 않고, 우리의 구원에 필요한 내용들은 성경에 아주 분명하게 설명되어 있다는 것을 하나님께 감사하고서, 그 어려운 내용들은 하나님이 우리에게 계시하실 때까지 기다려야 한다. 요한계시록 20장이 이 책의 앞에 나온 곡과 마곡에 관한 예언을 간접적으로 인용하고 있는 것과 마찬가지로, 요한계시록의 마지막 두 장은 에스겔서의 이 장들을 분명하게 간접적으로 인용하고 있기 때문에, 우리는 이 장들을 더욱 주목해서 살펴보지 않으면 안 된다.

　여기에는 영광스러운 성전에 관한 환상(40장과 41-42장), 하나님이 성전을 주관하고 계시는 것에 관한 환상(43장), 성전에서 복무하게 될 제사장들에 관한 지시 사항들(44장), 어떤 구역을 성소와 도성에 배정해야 하는지, 백성을 다스리고 하나님을 예배하기 위하여 왕에게 어떤 구역을 배정해야 하는지와 관련해서 이 땅을 분할하는 것에 관한 환상(45장), 왕과 백성을 위한 추가적인 교훈들(46장)이 나온다. 그리고 거룩한 물에 관한 환상에 이어서 거룩한 땅의 경계들, 지파들에게 배정된 구역들, 거룩한 도성의 크기와 성문들에 관한 환상이 나온다(47장). 어떤 이들은 이것을 하나님이 유대 교회가 번성하던 때에 어떠하였는지, 솔로몬의 성전이 그 전성기에 얼마나 영화로웠는지를 보여주심으로써 포로 된 자들이 그들의 죄 때문에 무엇을 잃은 것인지를 똑똑히 알게 하셔서 그들로 하여금 더욱 낮아지게 하고자 하신 것이라고 생각한다. 그러나 그런 해석은 별로 설득력이 없는 것 같다. 나는 이 장들의 전체적인 목적과 취지는 다음과 같은 것이라고 본다.

1. 하나님께서 포로 된 자들에게 앞의 장들에서 자주 약속하셨듯이 그들이 고국 땅으로 돌아가서 거기에서 정착하여 살게 될 뿐만 아니라, 하나님이 인정하시는 또 다른 성전을 짓게 될 것이고, 하나님은 거기에서 그들을 만나 복을 주실 것이며, 예배의 규례들이 다시 부활하고, 제사장들이 그 예배를 맡아 주관하게 될 것임을 약속하시는 것. 그들은 이전처럼 왕을 모시고서 화려하게 살지는 못할지라도, 그들 가운데서 하나님을 섬기는 일을 장려하고 그 일에 솔선수범하는 통치자(이 환상 속에서 자주 언급되는 인물)가 나와서, 통치자와 제사장들과 백성들이 고국 땅에서 먹고 살 걱정 없이 아주 평안하게 잘 정착하여 살게 될 것이다.

2. 하나님께서 그들에게 이 모든 것을 뛰어넘어 그 너머를 보고 메시야가 오실 것을 기대하게 하시는 것. 메시야에 대해서는 앞서 다윗이라는 이름으로 예언되었는데, 이것은 다윗이 성전 건축을 계획하였던 인물이었고, 메시야는 그 영광이 솔로몬 성전을 훨씬 능가하고 종말의 때까지 지속될 영적 성전, 즉 복음 교회를 세우실 것이기 때문이었다. 이 환상 속에 나오는 성전의 치수가 실제의 솔로몬 성전보다 더 크다는 사실(새 성전은 옛 예루살렘 전체보다 더 크고, 새 예루살렘은 가나안 땅 전체보다 더 크다)은, 라이트푸트 박사가 지적하듯이, 이러한 것들이 문자적이 아니라 영적으로 이해되어야 한다는 것을 분명하게 보여주는 것이다. 그리스도와 그의 사도들에 의해서 세워진 복음 성전은 포로기 이후에 실제로 세워진 제2성전과 아주 밀접하게 연관되어 있었고 제2성전이 파괴된 바로 그 때에 맞춰서 세워져서, 제2성전의 영광이 끝났을 때에 그 영광을 이어받게 되어 있었기 때문에, 이 동일한 하나의 환상 속에서 복음 성전과 제2성전이 함께 언급되는 것은 너무나 당연한 일이었다. 하나님은 성전과 제단, 제사장들과 희생제사들이라는 모형과 상징을 통해서 복음 시대에 시행될 영적 예배를 미리 보여주신다. 이 영적 예배는 하나님과 인간의 본성에 더 적합한 예배이고, 이러한 환상들이 온전히 성취될 영광의 나라에서 마침내 완성될 예배이다. 어떤 이들은 말일에 이 땅에서 이루어질 복음 교회의 복되고 영광스러운 모습 속에서 이 환상이 온전히 성취될 것이라고 생각한다.

이 장에는 다음과 같은 내용들이 나온다. I. 성전과 도성에 관한 이 환상에 대한 전체적인 설명(1-4절). II. 다음과 같은 것들에 관한 구체적인 설명과 묘사. 1. 바깥 담(5절). 2. 동문(6-19절). 3. 북문(20-23절). 4. 남문(24-31절)과 이 문들에 딸려 있는 방들과 설비들. 5. 동쪽과 남쪽을 향한 안뜰(32-38절). 6. 상(床)들(39-43절). 7. 노래하는 자들과 제사장들의 방들(44-47절). 8. 성전의 현관(48-49절).

¹우리가 사로잡힌 지 스물다섯째 해, 성이 함락된 후 열넷째 해 첫째 달 열째 날에 곧 그 날에 여호와의 권능이 내게 임하여 나를 데리고 이스라엘 땅으로 가시되 ²하나님의 이상 중에 나를 데리고 이스라엘 땅에 이르러 나를 매우 높은 산 위에 내려 놓으시는데 거기에서 남으로 향하여 성읍 형상 같은 것이 있더라 ³나를 데리시고 거기에 이르시니 모양이 놋 같이 빛난 사람 하나가 손에 삼줄과 측량하는 장대를 가지고 문에 서 있더니 ⁴그 사람이 내게 이르되 인자야 내가 네게 보이는 그것을 눈으로 보고 귀로 들으며 네 마음으로 생각할지어다 내가 이것을 네게 보이려고 이리로 데리고 왔나니 너는 본 것을 다 이스라엘 족속에게 전할지어다 하더라

이 단락에는 다음과 같은 내용들이 나온다.

1. 이 환상이 주어진 연대. 이 환상은 에스겔이 사로잡힌 지 스물다섯째 해에 임하였는데(1절), 어떤 이들은 이 해가 유대인들이 처음으로 포로로 잡혀간 지 33년째 되던 해라고 추정하고, 여기에서는 성이 함락된 후 열넷째 해라고 말한다. 그들이 한창 환난의 깊은 수렁 속에 놓여 있을 때에 그들의 구원에 관한 가장 분명히고 자세한 전망이 주어진 것, 그들이 포로 생활의 깊은 밤을 보내고 있을 때에 그들에게도 아침이 올 것이라는 약속이 주어진 것은 얼마나 시의 적절한 일이었는지를 보라. "그 때에 여호와의 권능이 내게 임하여 나를 데리고, 지금은 폐허로 변하여 황폐해진 채 버려진 예루살렘으로 가셨다." 이것은 선지자에게 비참한 광경이었을 것이다.

2. 이 환상 속에서 보여진 광경. 하나님은 선지자를 하나님의 이상 중에 이스라엘 땅에 데려다 놓으셨다(2절). 에스겔이 환상 가운데서 이스라엘 땅에 데려와진 것은 이번이 처음은 아니었다. 전에도 그는 환상 가운데서 예루살렘으로 이끌려 가서 그 곳에서 벌어지는 죄악되고 부끄러운 모습을 보았었다(8:3). 그러나 이번에 하나님이 그를 그 곳으로 데려가신 것은 비록 예루살렘이 사람들이 살지 않는 곳이 되어서 그 광경이 스산하긴 하였지만 그 장래의 영광에 대

하여 기분 좋은 모습을 그에게 보여주시기 위한 것이었다. 모세가 이 땅을 바라보기 위하여 비스가 산 꼭대기에 올랐듯이, 하나님은 에스겔 선지자를 매우 높은 산 위에 내려 놓으셨다. 이 땅은 이제 두 번째로 아직 차지하지 못한 약속의 땅이었다. 이 산 꼭대기에서 그는 성읍 형상 같은 것, 즉 성읍의 설계도와 모델을 보았다. 그러나 사실 이 성읍은 성읍만큼이나 큰 성전이었다. 새 예루살렘 안에는 성전이 없었다(계 21:22). 우리가 여기에서 보는 성읍은 그 전체가 다 성전이다. 즉, 그것은 사람들이 사는 성읍임과 동시에 하나님이 사시는 성전이다. 왜냐하면, 이 땅의 교회 안에서 하나님이 사람들과 함께 사시듯이, 하늘의 교회 안에서는 사람들이 하나님과 함께 살기 때문이다. 이 둘은 하나님의 모략, 지극히 선한 하나님의 무한한 지혜에 의해서 만들어진 것들이다.

3. 선지자는 처음에 전체적으로만 보았던 이 성읍의 구체적인 모습들을 모양이 놋 같이 빛난 사람 하나(3절)를 통해서 자세하게 보게 되었다. 이 사람은 피조물인 천사가 아니라, 복음 성전을 지으시고 드러내실 분, 즉 사람의 형상을 한 예수 그리스도였다. 그는 선지자를 이 성읍으로 데리고 갔다. 왜냐하면, 우리가 하나님의 전의 유익들과 특권들을 알거나 누리게 되는 것은 그리스도를 통해서이기 때문이다. 그는 여호와의 전을 건축할 자이시다(슥 6:13). 그의 모양이 놋 같았다는 것은 그의 밝음과 힘을 보여주는 것이다. 요한은 환상 가운데서 빛난 주석 같은 그의 발을 보았다(계 1:15).

4. 그 사람은 이 성읍 또는 성전, 그리고 그 몇몇 부분들의 치수를 재기 위한 삼줄과 측량하는 장대를 지니고 있었다(3절) ─ 마치 목수들에게 줄과 자가 있듯이. 하나님의 성전은 이렇게 줄과 자로 건축된다. 다른 사람들에게 그 성전에 대하여 알게 하고자 하는 자들은 바로 이 줄과 자로 알려 주어야 한다. 교회는 성경에 따라, 즉 하나님이 산에서 보인 본을 따라 세워진다. 그리스도의 손에 들려 있는 것은 이러한 줄과 자이다. 가르침이나 법들은 바로 이 줄과 자로 측정되고 시험되어야 한다. 왜냐하면, 하나님의 백성 이스라엘이 그 규례를 따라 행할 때에야 평안이 그들에게 임하기 때문이다.

5. 선지자는 하나님으로부터 이 계시를 받아서 교회에 그대로 전하라는 명령을 받는다(4절).

(1) 그는 이 환상 가운데서 말해지고 행해진 모든 것을 주의 깊게 잘 보아 두어야 한다. 하나님은 그의 주의를 촉구하고 환기시키신다(4절). "내가 네게

보이는 모든 것을 눈으로 보고(단지 그저 보지 말고, 정신을 집중해서 보라) 내가 네게 말하는 모든 것을 귀로 들으라. 내가 하는 말에 귀를 기울이고, 그것을 네 마음으로 생각하며 네 마음에 새기라. 정신을 집중하고 마음을 모아서 경청하라.” 우리가 하나님의 역사(役事)들을 보고 하나님의 말씀을 듣는다고 하여도, 그것들이 우리와 상관이 있는 것들이라 여겨서 어떻게든 그것들을 통해서 우리 영혼에 유익을 얻고자 하는 마음으로 정신을 집중해서 보고 듣지 않는다면, 그 보고 듣는 것들이 우리에게 별 유익이 없게 될 것이다.

(2) 그는 이것을 이스라엘 족속에게 있는 그대로 전하여서, 그들이 이것을 듣고서 위로를 받게 하여야 한다. 하나님이 그에게 보이시고 말씀해 주시는 것은 그로 하여금 전하게 하기 위한 것이기 때문이다. 마찬가지로, 예수 그리스도의 계시가 요한의 손에 맡겨진 것은 그로 하여금 그것을 교회들에게 보이게 하기 위한 것이었다(계 1:1). 에스겔 선지자는 그가 보고 들은 것을 하나님에게서 받은 메시지로 선포해야 했기 때문에 그것을 온전히 깨닫고 스스로 깊은 감화를 받지 않으면 안 된다. 하나님의 말씀을 다른 사람들에게 전해야 하는 자들은 스스로 말씀을 잘 연구해서 마음에 깊이 새겨두어야 한다는 것을 명심하라. 에스겔 선지자가 스스로 잘 보고 듣고서 그것을 이스라엘 족속에게 전해야 하는 이유는 바로 그런 목적으로 하나님이 그를 예루살렘으로 데려오셔서 그러한 것들을 그에게 보여주신 것이기 때문이다. 하나님이 그에게 속한 것들을 우리에게 보여주실 때에는 우리는 하나님이 그런 것들을 무슨 의도로 우리에게 보여주신 것인지를 잘 생각해 보아야 하고, 우리가 말씀을 들을 때에는 우리가 왜 이 자리에 왔는지를 곰곰이 생각해 보아야 한다는 것을 명심하라. 그렇게 할 때에만 우리는 그러한 것들을 우리에게 보여주신 하나님의 은혜를 헛되게 하지 않을 수 있다.

[5]내가 본즉 집 바깥 사방으로 담이 있더라 그 사람의 손에 측량하는 장대를 잡았는데 그 길이가 팔꿈치에서 손가락에 이르고 한 손바닥 너비가 더한 자로 여섯 척이라 그 담을 측량하니 두께가 한 장대요 높이도 한 장대며 [6]그가 동쪽을 향한 문에 이르러 층계에 올라 그 문의 통로를 측량하니 길이가 한 장대요 그 문 안쪽 통로의 길이도 한 장대며 [7]그 문간에 문지기 방들이 있는데 각기 길이가 한 장대요 너비가 한 장대요 각방 사이 벽이 다섯 척이며 안쪽 문 통로의 길이가 한 장대요 그 앞에

현관이 있고 그 앞에 안 문이 있으며 [8]그가 또 안 문의 현관을 측량하니 한 장대며 [9]안 문의 현관을 또 측량하니 여덟 척이요 그 문 벽은 두 척이라 그 문의 현관이 안으로 향하였으며 [10]그 동문간의 문지기 방은 왼쪽에 셋이 있고 오른쪽에 셋이 있으니 그 셋이 각각 같은 크기요 그 좌우편 벽도 다 같은 크기며 [11]또 그 문 통로를 측량하니 너비가 열 척이요 길이가 열세 척이며 [12]방 앞에 간막이 벽이 있는데 이쪽 간막이 벽도 한 척이요 저쪽 간막이 벽도 한 척이며 그 방은 이쪽도 여섯 척이요 저쪽도 여섯 척이며 [13]그가 그 문간을 측량하니 이 방 지붕 가에서 저 방 지붕 가까지 너비가 스물다섯 척인데 방문은 서로 반대되었으며 [14]그가 또 현관을 측량하니 너비가 스무 척이요 현관 사방에 뜰이 있으며 [15]바깥 문 통로에서부터 안 문 현관 앞까지 쉰 척이며 [16]문지기 방에는 각각 닫힌 창이 있고 문 안 좌우편에 있는 벽 사이에도 창이 있고 그 현관도 그러하고 그 창은 안 좌우편으로 벌여 있으며 각 문 벽 위에는 종려나무를 새겼더라 [17]그가 나를 데리고 바깥뜰에 들어가니 뜰 삼면에 박석 깔린 땅이 있고 그 박석 깔린 땅 위에 여러 방이 있는데 모두 서른이며 [18]그 박석 깔린 땅의 위치는 각 문간의 좌우편인데 그 너비가 문간 길이와 같으니 이는 아래 박석 땅이며 [19]그가 아래 문간 앞에서부터 안뜰 바깥 문간 앞까지 측량하니 그 너비가 백 척이며 동쪽과 북쪽이 같더라 [20]그가 바깥뜰 북쪽을 향한 문간의 길이와 너비를 측량하니 [21]길이는 쉰 척이요 너비는 스물다섯 척이며 문지기 방이 이쪽에도 셋이요 저쪽에도 셋이요 그 벽과 그 현관도 먼저 측량한 문간과 같으며 [22]그 창과 현관의 길이와 너비와 종려나무가 다 동쪽을 향한 문간과 같으며 그 문간으로 올라가는 일곱 층계가 있고 그 안에 현관이 있으며 [23]안뜰에도 북쪽 문간과 동쪽 문간과 마주 대한 문간들이 있는데 그가 이 문간에서 맞은쪽 문간까지 측량하니 백 척이더라 [24]그가 또 나를 이끌고 남으로 간즉 남쪽을 향한 문간이 있는데 그 벽과 현관을 측량하니 먼저 측량한 것과 같고 [25]그 문간과 현관 좌우에 있는 창도 먼저 말한 창과 같더라 그 문간의 길이는 쉰 척이요 너비는 스물다섯 척이며 [26]또 그리로 올라가는 일곱 층계가 있고 그 안에 현관이 있으며 또 이쪽 저쪽 문 벽 위에 종려나무를 새겼으며

놋 같이 빛나는 사람의 손에 들려진 측량하는 장대는 앞에서 언급되었었는데(3절), 여기에는 그 장대의 정확한 길이가 나온다(5절). 성전은 이 장대로 측량이 되기 때문에, 우리는 이 장대의 길이를 잘 기억해 두지 않으면 안

된다. 그 길이는 일반 규빗이 아니라 성전을 측량할 때에 사용되는 특별 규빗으로 여섯 규빗이었다. 성전을 측량할 때에 이 특별 규빗을 사용하는 것이 마땅하였는데, 그 길이는 일반 규빗보다 손바닥 너비(즉, 4인치)만큼 더 길었다. 따라서, 일반 규빗은 18인치(약 46센티미터)였고, 이 특별 규빗은 22인치(약 56센티미터)였다(43:13을 보라). 일부 학자들은 이 측량하는 장대는 길이는 일반 규빗으로 여섯 규빗이었고, 거기에 전체적으로 한 손바닥 너비를 더한 것이라고 주장하지만, 전자의 설명이 더 설득력이 있어 보인다. 여기에는 다음과 같은 것들에 관한 설명이 나온다.

**I. 성전의 바깥 담.** 이 담은 성전을 사방으로 두르고 있던 담으로서 그 두께와 높이가 각각 3야드였다(1야드는 0.914미터). 이것은 교회는 세상과 사방으로 분리되어 있고 하나님의 보호하심 아래에 있다는 것을 나타낸다. 이 아주 두터운 담이 교회를 지키지 못하는 경우에는 하나님께서 친히 교회를 불로 둘러싼 성곽이 되어 주실 것이다. 그렇기 때문에 교회를 공격하는 자는 누구든지 위험에 빠지게 될 것이다.

**II. 부속실들이 딸려 있는 몇 개의 문들.** 여기에는 이방인의 뜰이라 불린 바깥뜰에 관한 언급이 전혀 나오지 않는데, 어떤 이들은 복음 시대에는 이방인들이 교회 속으로 대거 유입될 것이기 때문에 바깥 들에서 예배를 드리는 자들이 무수히 많을 것임을 나타내기 위하여 그 뜰을 측량하지 않은 채로 남겨둔 것이라고 생각한다(계 7:9, 11-12).

1. 그 사람은 동문에서 측량을 시작한다. 이것은 우상을 숭배하는 이방인들은 동쪽을 향하여 경배하였던 것과는 반대로, 하나님의 성전에서 동문은 성전으로 들어가는 통상적인 문이었고 지성소는 서쪽 끝에 있었기 때문이었다. 이제 동문에 관한 설명을 살펴보자.

(1) 그 사람은 층계들을 통해서 동문으로 올라갔다(6절). 왜냐하면, 복음 교회는 구약 교회보다 더 높은 곳에 있었고, 우리는 하나님께 예배 드리러 갈 때에 그 높은 곳으로 올라가야 하기 때문이다. 요한도 이런 부르심을 듣는다(계 4:1): 이리로 올라오라. 너희의 마음을 들라.

(2) 문들에 딸려 있는 방들은 대략 10평방피트(약 3평) 정도 되는 작은 방들이었다(7절). 이 방들은 성전에서 봉사하는 자들이 묵는 방들이었다. 하나님을 섬기는 영적 제사장들인 자들은 작은 방들로 만족하고 스스로 큰 것들을 구하

지 않는 것이 합당하다. 하나님의 뜰의 가장자리에 우리가 있을 자리가 있기만 하다면, 비록 그 자리가 작고 초라한 방이거나 단지 문지기에 불과하더라도 우리가 감사해야 할 이유는 충분하다.

(3) 각 방들은 정사각형으로 되어 있었다. 이것은 이 방들이 그것들을 재는 자와 정확히 동일한 길이로서 규범에 맞고 안정되어 있다는 것을 보여주는 것이었다. 각각의 방들은 길이와 너비가 각각 한 장대였고, 이것은 성전에서 봉사하는 자들을 평등하게 대우하기 위한 것이었다.

(4) 방들은 아주 많았다. 왜냐하면, 우리 아버지의 집에는 거할 곳이 많기 때문이다(요 14:2). 위에 있는 하나님의 집에나 여기 땅에 있는 하나님의 집에나 마찬가지로 거할 곳이 많다. 하나님은 평생에 여호와의 집에 살고자 하는 자들을 그의 초막 속에 비밀히 지키시고 그의 장막 은밀한 곳에 숨기실 것이다(시 27:4-5). 어떤 이들은 이 방들이 큰 성전인 보편 교회의 여러 부분들을 형성하고 있는 여러 믿는 자들의 회중들을 나타내는 것이라고 본다. 믿는 자들의 회중들은 성경의 척도에 따라서 형성되고, 예수 그리스도께서는 그 회중들을 측량하시고 아신다. 왜냐하면, 그리스도께서는 일곱 금 촛대 사이를 다니시기 때문이다.

(5) 그가 현관의 문설주들을 만드셨다는 말이 나온다(14절). 왜냐하면, 이것들을 지금 측량하시는 분은 바로 그것들을 만드신 분이시기도 하기 때문이다. 그리스도는 그의 교회의 건축자이시기 때문에, 그의 교회에 대하여 우리에게 가장 잘 알려 주실 수 있는 분이시다. 그가 그것들을 자로 재시는 것은 그가 그것들을 만드시는 것이라고 표현된다. 왜냐하면, 그가 그것들을 자로 재셔서 그것들이 율법과 증거의 말씀에 일치하게 하시기만 하면, 그것들은 그대로 만들어지기 때문이다. 그래서 그것들을 재는 것 외에 그것들을 만드는 것에 관한 설명이 나오지 않는 것이다.

(6) 육십 규빗 되는 문설주들이 있었다. 어떤 이들은 고레스가 예루살렘 성전을 재건하라는 조서를 내릴 때에 그 성전의 높이를 육십 규빗(약 34미터)으로 하라고 명령함으로써 이 예언이 성취되었다고 생각한다(스 6:3).

(7) 작은 방들에 창들이 있었고, 문설주들과 아치형 문들로 이루어진 낭실 아래에도 창들이 있었다(16절). 이것은 교회에 빛을 비춰 주기 위하여 하늘로부터 비치는 빛을 의미한다. 하나님의 계시가 교회에 주어지는 것은 하나님의

전에 거하는 자들을 교훈하고 지도하며 위로하기 위한 것으로서, 그 계시는 그들이 어떻게 일할지를 가르쳐 주는 빛이고 그들이 행할 때에 그들의 길을 비춰 주는 빛이며 자기 자신과 서로를 볼 수 있게 해주는 빛이다. 작은 방들에는 빛들이 있었다. 교회에서는 아무리 보잘것없는 부분들과 지체들에게라도 빛이 주어진다. 네 모든 자녀는 여호와의 교훈을 받을 것이다. 그러나 성전에 있는 창들은 좁은 창들이다(왕상 6:4). 이 땅에서 교회가 깨닫는 것들은 우리가 더 이상 거울로 보는 것 같이 희미하게 보지 않게 될 저 장래에 알게 될 것들에 비하면 불충분하고 옹색한 것들일 뿐이다.

(8) 여기에 여러 뜰들이 언급된다. 가장 바깥에 있는 뜰, 그리고 바깥뜰, 그리고 안뜰, 그리고 오직 제사장들만이 들어갈 수 있었던 가장 안쪽에 있는 뜰이 나온다. 어떤 이들은 이것은 "궁창에 몇몇 영역들로 나뉘어 별들이 있고 그 크기가 서로 다른 별들이 있듯이, 이 땅에 있는 그리스도의 신비의 몸에 속한 지체들 간에 다양한 은사들과 은혜들과 직분들이 있고, 하늘의 궁정과 집들에도 여러 등급의 영광이 있다는 것"을 우리에게 상기시켜 주는 것이라고 생각한다. 어떤 사람들은 다른 사람들보다도 하나님께 더 가까이 나아가서 하나님께 속한 일들을 더 친밀하게 잘 알게 된다. 그러나 하나님의 자녀에게 있어서는 그 곳이 하나님의 뜰이라면 어떤 뜰이 되었든 그 곳에 있는 하루가 다른 곳에 있는 천 날보다 더 낫다. 이 뜰들에는 거기에서 복무하는 자들이 비바람을 피하도록 하기 위해서 사방으로 낭실이 있었다. 우리가 하나님에 대하여 우리의 본분을 다하고 있다면, 우리는 우리기 하나님의 특별한 보호하심 아래에 있다는 것을 믿어도 된다. 하나님은 그 은혜로 우리에게 모든 필요한 것들을 공급해 주실 것이고, 아니 친히 우리에게 풍우를 피하여 숨는 곳이 되어 주실 것이다(사 4:5-6).

(9) 문설주들에는 종려나무가 새겨져 있었다(16절). 이것은 하나님의 전의 뜰에서 의인이 종려나무 같이 번성하리라는 것을 의미한다(시 92:12). 의인들은 환난의 무게에 눌리면 눌릴수록 종려나무처럼 더욱 강하게 성장할 것이다. 또한, 이것은 성도들이 영적인 원수들에 대하여 승리할 것임을 나타내는 것이기도 하다. 요한계시록에서 그들은 손에 종려 가지를 들고 있는 모습으로 나온다(계 7:9). 그러나 그들이 종려 가지를 떨어뜨리거나 그 손에서 낚아채이지 않도록 하기 위하여, 하나님은 성전의 문설주들에 종려나무를 새겨 놓아서 그들

이 지닌 영광을 영원히 기념하는 기념물이 되게 하셨다. 우리에게 승리를 주시는 하나님께 감사하노라(고전 15:57). 아니, 믿는 자들은 우리 하나님의 성전에서 문설주들이 되어서 결코 다시 나가지 아니할 것이고, 하나님은 그 문설주들 위에 그의 이름을 새기셔서 그것이 그들의 존귀함을 드러내 주는 찬란한 장식이 되게 하실 것이다(계 3:12).

(10) 뜰에는 박석이 깔려 있었다(17-18절). 이것은 뜰에 타는 숯불의 빛깔을 띠고 있는 반암석(斑岩石)의 조각들이 깔려 있었다는 것을 보여준다. 왜냐하면, 우리가 하나님께 가까이 나아가서 하나님을 모실 때에는 우리는 불꽃처럼 빛나는 이 세상의 가장 휘황찬란한 영광들을 우리의 발로 밟아야 하기 때문이다. 별들은 타는 숯불들 또는 불타는 빛깔의 돌들이고, 하늘에 있는 하나님의 성전의 뜰에는 바로 그러한 별들이 깔려 있다. 하나님의 성전 뜰이 그토록 밝게 빛나는 것들로 깔려 있다면, 그 성전의 방들은 얼마나 영화로울까!

2. 북쪽을 향한 문들(20절)과 남쪽을 향한 문들(24절), 그리고 그 부속 건물들의 크기는 먼저 측량한 문간, 즉 동문의 크기와 같았다(21절). 그러나 이에 대한 설명은 아주 자세하게 반복된다. 성막의 구조는 출애굽기에, 성전의 구조는 열왕기와 역대기에 아주 상세하게 나와 있는데, 이것은 하나님이 그의 교회에 속한 모든 것을 특별히 자세하게 살피고 계시고, 하나님의 사역자들도 그래야 한다는 것을 보여주는 것이다. 그런 것들은 하나님의 기쁨이기 때문에, 하나님의 눈은 항상 그런 것들에 두어져 있다. 하나님은 그의 성전인 모든 자들, 즉 그의 모든 살아 있는 성전들과 그 성전들에 속한 모든 것을 아신다. 좀 더 살펴보자.

(1) 이 성전에는 부유하고 지혜가 많기로 소문난 동방 사람들을 받아들이기 위한 동문만 있는 것이 아니라, 가난하고 덜 문명화된 나라들을 받아들이기 위한 북문과 남문도 있었다. 새 예루살렘에는 열두 문이 있어서, 세상의 각각의 방향으로 세 개씩의 문이 있다(계 21:13). 왜냐하면, 많은 무리들이 사방에서 와서 거기에 앉을 것이기 때문이다(마 8:11).

(2) 그 문들로 올라가는 층계들, 즉 일곱 층계가 있었다(22-26절). 어떤 이들이 말하듯이, 이것은 우리가 은혜에 은혜를 더하여 힘을 얻고 더 얻어 한 단계에서 다음 단계로 은혜와 거룩함에 있어서 진보를 거듭하여 온전함을 향하여, 즉 천국과 하늘에 있는 성전을 향하여 위로 위로 나아가야 한다는 것을 상기시키

는 것이다.

27안뜰에도 남쪽을 향한 문간이 있는데 그가 남쪽을 향한 그 문간에서 맞은쪽 문간까지 측량하니 백 척이더라 28그가 나를 데리고 그 남문을 통하여 안뜰에 들어가서 그 남문의 너비를 측량하니 크기는 29길이가 쉰 척이요 너비가 스물다섯 척이며 그 문지기 방과 벽과 현관도 먼저 측량한 것과 같고 그 문간과 그 현관 좌우에도 창이 있으며 30그 사방 현관의 길이는 스물다섯 척이요 너비는 다섯 척이며 31현관이 바깥뜰로 향하였고 그 문 벽 위에도 종려나무를 새겼으며 그 문간으로 올라가는 여덟 층계가 있더라 32그가 나를 데리고 안뜰 동쪽으로 가서 그 문간을 측량하니 크기는 33길이가 쉰 척이요 너비가 스물다섯 척이며 그 문지기 방과 벽과 현관이 먼저 측량한 것과 같고 그 문간과 그 현관 좌우에도 창이 있으며 34그 현관이 바깥뜰로 향하였고 그 이쪽, 저쪽 문 벽 위에도 종려나무를 새겼으며 그 문간으로 올라가는 여덟 층계가 있더라 35그가 또 나를 데리고 북문에 이르러 측량하니 크기는 36길이가 쉰 척이요 너비가 스물다섯 척이며 그 문지기 방과 벽과 현관이 다 그러하여 그 좌우에도 창이 있으며 37그 현관이 바깥뜰로 향하였고 그 이쪽, 저쪽 문 벽 위에도 종려나무를 새겼으며 그 문간으로 올라가는 여덟 층계가 있더라 38그 문 벽 곁에 문이 있는 방이 있는데 그것은 번제물을 씻는 방이며

이 단락에는 안뜰에 대한 묘사가 나온다. 바깥뜰에 관한 묘사는 그 남쪽에서 끝이 났다. 따라서 안뜰에 관한 묘사는 남쪽에서부터 시작되어(27절) 동쪽으로 나아갔다가(32절) 북쪽에서 끝난다(35절). 왜냐하면, 바깥뜰이나 안뜰에는 서쪽을 향한 문이 없기 때문이다. 문지기들이 서쪽에도 섰다는 말이 나오는 것으로 보아서(대상 9:24; 26:8), 솔로몬 성전에는 서쪽을 향한 문들이 있었던 것으로 보인다. 그러나 요세푸스(Josephus)는 제2성전에는 서쪽에 문이 없었다고 말한다. 좀 더 살펴보자.

1. 안뜰로 통하는 이 문들은 바깥뜰로 통하는 문들과 정확히 똑같았고, 그 크기도 동일하였으며, 거기에 딸린 방들도 같았고, 뜰을 사방으로 둘러싸고 있던 낭실도 똑같았으며, 문설주들 위에 새겨진 문양도 동일하였다. 은혜의 역사(役事)와 그 구체적인 효력들은 성장한 그리스도인들에게서나 신앙을 가진 지 얼마 되지 않는 어린 신자들에게서나 실질적으로 동일하고, 다만 성장한 그리

스도인들은 온전함에 한층 더 가까이 다가가 있을 뿐이다. 모든 성도들의 신앙은 비록 똑같이 강하지는 않을지라도 똑같이 소중하다. 하나님의 자녀들은 서로 많이 닮아 있다. 왜냐하면, 그들은 모두 형제들이고 동일한 형상을 지니고 있기 때문이다.

2. 각각의 문에서 바깥뜰로 올라가기 위해서는 일곱 층계를 올라가야 했지만, 각각의 문에서 안뜰로 올라가기 위해서는 여덟 층계를 올라가야 했다. 하나님이 이것을 분명하게 지적하시는 것은 우리가 하나님께 더 가까이 나아갈수록 우리는 이 세상과 거기에 속한 것들에서 더욱 초연해져야 한다는 것을 보여주시기 위한 것이다(31, 34, 37절). 바깥뜰에서 예배를 드리는 자들은 다른 사람들보다도 일곱 층계를 더 올라야 하지만, 안뜰에서 섬기는 제사장들은 다른 사람들보다도 여덟 층계를 더 올라야 하고, 바깥뜰에 있는 자들보다 적어도 한 층계를 더 올라야 한다.

[39]그 문의 현관 이쪽에 상 둘이 있고 저쪽에 상 둘이 있으니 그 위에서 번제와 속죄제와 속건제의 희생제물을 잡게 한 것이며 [40]그 북문 바깥 곧 입구로 올라가는 곳 이쪽에 상 둘이 있고 문의 현관 저쪽에 상 둘이 있으니 [41]문 곁 이쪽에 상이 넷이 있고 저쪽에 상이 넷이 있어 상이 모두 여덟 개라 그 위에서 희생제물을 잡았더라 [42]또 다듬은 돌로 만들어 번제에 쓰는 상 넷이 있는데 그 길이는 한 척 반이요 너비는 한 척 반이요 높이는 한 척이라 번제의 희생제물을 잡을 때에 쓰는 기구가 그 위에 놓였으며 [43]현관 안에는 길이가 손바닥 넓이만한 갈고리가 사방에 박혔으며 상들에는 희생제물의 고기가 있더라 [44]안문 밖에 있는 안뜰에는 노래하는 자의 방 둘이 있는데 북문 곁에 있는 방은 남쪽으로 향하였고 남문 곁에 있는 방은 북쪽으로 향하였더라 [45]그가 내게 이르되 남쪽을 향한 이 방은 성전을 지키는 제사장들이 쓸 것이요 [46]북쪽을 향한 방은 제단을 지키는 제사장들이 쓸 것이라 이들은 레위의 후손 중 사독의 자손으로서 여호와께 가까이 나아가 수종드는 자니라 하고 [47]그가 또 그 뜰을 측량하니 길이는 백 척이요 너비는 백 척이라 네모 반듯하며 제단은 성전 앞에 있더라 [48]그가 나를 데리고 성전 문 현관에 이르러 그 문의 좌우 벽을 측량하니 너비는 이쪽도 다섯 척이요 저쪽도 다섯 척이며 두께는 문 이쪽도 세 척이요 문 저쪽도 세 척이며 [49]그 현관의 너비는 스무 척이요 길이는 열한 척이며 문간으로 올라가는 층계가 있고 문 벽 곁에는 기둥이 있는데 하나는 이쪽에 있고 다른 하나

는 저쪽에 있더라

이 단락에는 다음과 같은 것들에 대한 설명이 나온다.

**I. 안뜰의 문들의 현관에 있는 상**(床)**들.** 43장 13절 이전에는 안뜰 가운데에 있는 번제단들에 관한 설명은 나오지 않는다. 율법에서의 한 제단은 복음 아래에서는 여러 상들로 바뀔 것이기 때문에, 여기에서 안뜰로 들어가자마자 가장 먼저 눈에 띄는 것들은 바로 그 상들이다. 우리는 주의 상에 참여하게 될 때까지는 기껏해야 신앙을 말로만 고백한 자들이 될 뿐이다. 우리가 주의 상에 참여하는 것은 안뜰로 들어가는 것이다. 그러나 이 복음 성전에서 우리는 주의 영광이 그 성전을 덮을 때까지는 그 어떤 제단도 만나지 못한다. 왜냐하면, 그리스도는 모든 예물을 거룩하게 하는 우리의 제단이 되시기 때문이다. 여기에는 여덟 개의 상이 준비되어 있었는데, 제사장들은 그 위에서 희생제물을 잡았다(41절). 우리는 성막이나 솔로몬 성전에 이런 용도로 사용된 상이 있었다는 얘기를 듣지 못한다. 그런데도 여기에 많은 상들이 나온다는 것은 복음 시대에는 무수한 영적 제사들이 하나님의 전에 드려지게 되고 무수한 손길들이 이 제사를 드리는 데에 사용되리라는 것을 보여준다. 거기에는 제단에 바칠 제물들을 잡는 곳들이 있었고, 희생제물의 고기를 놓아두는 조리대가 있었으며, 그 고기들을 잡을 때에 사용하는 칼들과 제단에 바칠 고기들을 걸어 두기 위한 갈고리들이 있었다(43절). 또한, 거기에는 번제물을 씻는 방들이 있었는데(38절), 이것은 우리가 하나님의 제단에 나아가기 전에 모든 것을 잘 준비하고 우리의 손과 마음, 우리의 영적 제물을 씻고서 하나님의 제단에 두루 다녀야 한다는 것을 보여준다.

**II. 앞에서 언급된 몇몇 방들의 용도**

1. 노래하는 자들을 위한 방들이 있었다(44절). 그들에게는 성전을 섬기는 다른 누구보다도 먼저 방이 제공된 것으로 보이는데, 이것은 시편들을 노래하는 것이 여전히 복음의 규례를 잇는 것일 뿐만 아니라, 복음은 그것을 받아들인 모든 자들에게 기뻐하고 찬송해야 할 일들을 차고 넘치게 공급해 주고 소리 높여 노래할 기회를 그들에게 제공해 줄 것임을 보여준다(이것은 복음 시대와 관련하여 자주 예언된 것이다, 시 96:1; 98:1). 그리스도인들은 노래하는 자들이 되어야 한다. 주의 집에 사는 자들은 복이 있나니 그들이 항상 주를 찬송하리이

다.

2. 제사장들을 위한 방들이 있었다. 이 제사장들 중 일부는 성전을 지키는 제사장들로서 성전을 정결하게 하고 누군가가 들어와서 성전을 더럽히는 일이 없도록 감시하며 성전을 항상 단정한 상태로 유지시키는 것이 그들의 임무였고(45절), 일부는 제단을 지키는 제사장들로서 여호와께 가까이 나아가 수종드는 자들이었다(46절). 하나님은 그의 모든 종들이 편히 거주할 곳들을 마련해 주신다. 하나님의 전의 일을 하는 자들은 그 전으로 인하여 위로를 얻게 될 것이다.

**III. 안뜰.** 이 안뜰은 제사장들의 뜰로서 길이와 너비가 각각 백 척(약 56 미터)이었다(47절). 성전 앞에 있는 제단은 이 뜰의 한가운데에 있어서, 세 개의 문과 마주보고 있고, 바깥뜰의 세 문과 일직선상에 있었기 때문에, 그 문들이 열려 있을 때에는 바깥뜰의 모든 백성들이 그 문들을 통해서 제단에서 행해지는 제사를 참관할 수 있었다. 그리스도는 우리의 제단이자 희생제물이시다. 우리는 하나님께 나아갈 때마다 그리스도를 믿음의 눈으로 바라보아야 한다. 그리스도는 이 땅의 한가운데에 우뚝 서 계시는 구원이시기 때문에(시 74:12), 사람들이 땅의 사방으로부터 그를 볼 수 있다.

**IV. 성전의 현관.** 성전은 마치 다른 신들은 그렇게 불릴 자격이 없기라도 한 것처럼 그 집이라 불린다. 이 집 앞에 현관이 있다는 것은 우리에게 별 생각 없이 성급하게 하나님의 임재 앞에 불쑥 나서지 말고, 신중하고 엄숙하게 처음에는 바깥뜰을, 다음으로는 안뜰을, 그 다음으로는 현관을 점진적으로 거쳐서 비로소 그 집으로 들어가야 한다는 것을 가르치는 것이다. 이 현관과 제단 사이에는 제사장들이 기도하곤 하는 장소가 있었다(욜 2:17). 현관에는 문들이 달려 있는 문설주들 외에도 야긴(그가 견고히 하시리라는 뜻)과 보아스(능력이 주께 있도다라는 뜻) 같은 기둥들, 아마도 웅장함을 더하기 위한 기둥들이 있었다(49절). 복음 교회에서는 모든 것이 힘 있고 확고하며, 모든 것이 적재적소에서 질서를 따라 품위 있게 행해져야 마땅하다.

# 제 — 41 — 장

## 개요

앞 장의 끝부분에는 성전의 현관에 대한 설명이 나왔었고, 여기에는 성전 자체에 관한 묘사가 나온다. 그런데 여기에 나와 있는 묘사 속에는 주석자들이 해결하기 어려운 많은 난점들이 등장하기 때문에, 주석자들 사이에서는 이것들에 대한 해석이 분분하다. 따라서 여기에 나오는 묘사의 구체적인 내용들이 지닌 의미를 살펴보고자 하는 사람들은 여러 주석자들의 글을 참조하는 것이 좋을 것이기 때문에, 우리는 여기에서 다음과 같은 것들을 살펴보는 것만으로 만족하고자 한다. I. 성전과 문설주들(1절), 문(2절), 벽과 골방들(5-6절), 골방 밑 지대들과 벽과 문들(8-11절), 성전 자체(13절)의 치수. II. 지성소의 치수(3-4절). III. 별관에 관한 설명(12-15절). IV. 성전 건물의 양식(7, 16-17절). V. 성전의 장식물들(18-20절). VI. 향단과 상(22절). VII. 성전과 지성소 사이의 문들(23-26절). 건축 용어와 표준들은 시대와 장소마다 많이 차이가 나기 때문에, 여기에 나오는 묘사와 설명들 속에 이해하기 힘든 부분들이 많이 있고, 그 의미에 대해서도 학자들마다 의견이 서로 다른 것이 우리에게 걸림돌이 되어서는 안 된다. 수학을 전공하지 않은 사람은 오늘날의 건축물에 대한 수학적인 설명조차도 거의 이해가 되지 않을 것이지만, 당시의 유대인들 중에서 평범한 목공이나 석공에게는 여기에 나오는 이 모든 설명이 그대로 다 이해가 되었을 것이다.

[1]그가 나를 데리고 성전에 이르러 그 문 벽을 측량하니 이쪽 두께도 여섯 척이요 저쪽 두께도 여섯 척이라 두께가 그와 같으며 [2]그 문 통로의 너비는 열 척이요 문 통로 이쪽 벽의 너비는 다섯 척이요 저쪽 벽의 너비는 다섯 척이며 그가 성소를 측량하니 그 길이는 마흔 척이요 그 너비는 스무 척이며 [3]그가 안으로 들어가서 내전 문 통로의 벽을 측량하니 두께는 두 척이요 문 통로가 여섯 척이요 문 통로의 벽의 너비는 각기 일곱 척이며 [4]그가 내전을 측량하니 길이는 스무 척이요 너비는 스무 척이라 그가 내게 이르되 이는 지성소니라 하고 [5]성전의 벽을 측량하니 두께가 여섯 척이며 성전 삼면에 골방이 있는데 너비는 각기 네 척이며 [6]골방은 삼 층인데 골방

위에 골방이 있어 모두 서른이라 그 삼면 골방이 성전 벽 밖으로 그 벽에 붙어 있는 성전 벽 속을 뚫지는 아니하였으며 <sup>7</sup>이 두루 있는 골방은 그 층이 높아질수록 넓으므로 성전에 둘린 이 골방이 높아질수록 성전에 가까워졌으나 성전의 넓이는 아래 위가 같으며 골방은 아래층에서 중층으로 위층에 올라가게 되었더라 <sup>8</sup>내가 보니 성전 삼면의 지대 곧 모든 골방 밑 지대의 높이는 한 장대 곧 큰 자로 여섯 척인데 <sup>9</sup>성전에 붙어 있는 그 골방 바깥 벽 두께는 다섯 척이요 그 외에 빈 터가 남았으며 <sup>10</sup>성전 골방 삼면에 너비가 스무 척 되는 뜰이 둘려 있으며 <sup>11</sup>그 골방 문은 다 빈 터로 향하였는데 한 문은 북쪽으로 향하였고 한 문은 남쪽으로 향하였으며 그 둘려 있는 빈 터의 너비는 다섯 척이더라

우리는 여전히 천사의 안내를 받고 있는 선지자를 지켜보고 있는 것이기 때문에, 비록 우리가 종종 그것이 무엇인지, 그것이 우리에게 무엇을 의미하는지를 알기 힘들다고 해도, 공경하는 마음을 지니고서 선지자를 지켜보아야 한다.

1. 선지자는 뜰들을 다 둘러본 후에 마침내 성전에 이르게 되었다(1절). 경건의 쉬운 부분들에 대하여 우리에게 주어진 교훈들을 부지런히 지켜서 유익을 얻는다면, 우리는 마침내 깊은 곳으로 들어가서 천국의 신비들을 알게 될 것이다. 하나님의 뜰에 즐거운 마음으로 거하는 자들은 마침내 하나님의 성전에 다다르게 될 것이다. 에스겔은 제사장이었지만, 그의 시대의 죄악과 재난 때문에 성전에서 복무할 태생적인 권리를 사용할 수 없게 되었다. 그러나 하나님은 그에게 이 예언적이고 복음적인 천상의 성전을 소개시켜 주시고, 그가 보고 들은 것을 그대로 교회에 전하는 사명을 주심으로써, 그의 손실을 만회시켜 주시고, 그를 다른 모든 제사장들보다 존귀하게 하셨다.

2. 우리 주 예수께서 이 성전을 헐라고 말씀하셨을 때에 그 말씀을 들은 자들은 예루살렘의 제2성전을 가리켜 말씀하신 것이라고 이해하였지만, 사실 그는 성전인 그의 몸을 가리켜 말씀하신 것이었다(요 2:19, 21). 예수께서 이렇게 모호하게 말씀하실 수 있었던 것에는 다 그만한 이유가 있었는데, 그것은 에스겔의 환상이 그의 신비의 몸, 즉 하나님의 집(딤전 3:15)이라 불린 교회와 성령이 내주하시는 살아 있는 성전들인 그 몸의 모든 지체들을 둘 다 가리키고 있었기 때문이었다.

3. 이 성전의 문설주들은 서로 간격이 멀었기 때문에, 그 문은 모세의 성막의 전체 너비만큼이나 넓어서(1절) 열두 규빗(약 7미터)이나 되었다(출 26:16, 22, 25). 우리는 율법 아래에 있었던 문과 비교해서 교회로 인도하는 문이 넓다고 말할 수 있다. 왜냐하면, 그 문을 아주 좁게 만들었던 담, 즉 의식법(儀式法)이 무너졌기 때문이다.

4. 지성소는 길이와 너비가 각각 스무 규빗(약 11미터) 되는 반듯한 네모꼴이었다(4절). 왜냐하면, 새 예루살렘이 반듯한 네모꼴이기 때문이다(계 21:16). 이것은 그 안정성을 나타내는 것이다. 우리가 찾는 도성은 요동하지 않는 도성이다.

5. 이 골방들의 위층들은 아래층보다 더 넓었다(7절). 성전의 벽들의 두께는 아래층에서는 여섯 규빗, 중층에서는 다섯 규빗, 위층에서는 네 규빗이었기 때문에, 골방들의 크기는 층이 높아질수록 더 커졌다. 그러나 골방들이 견고하게 유지되게 하되(하나님은 높이 지으시지만 견고하게 지으신다) 어느 한 부분을 강화하기 위해서 다른 부분을 약화시키지 않도록 하기 위한 세심한 주의가 기울여졌다. 지지대들이 사용되었지만, 그 지지대들은 성전 벽 속을 뚫지는 않았다. 이렇게 위로 올라가면서 점점 펼쳐지는 양식이었기 때문에, 가장 위층에 있는 골방들은 여섯 규빗이었던 반면에, 가장 아래층에 있는 골방들은 네 규빗밖에 되지 않아서, 한 층이 올라갈수록 한 규빗만큼 더 넓어졌다. 우리는 우리의 지극히 거룩한 신앙 속에서 우리 자신을 더 높이 쌓아 올라갈수록, 살아 있는 성전인 우리의 마음도 더욱 넓어져야 한다.

[12]서쪽 뜰 뒤에 건물이 있는데 너비는 일흔 척이요 길이는 아흔 척이며 그 사방 벽의 두께는 다섯 척이더라 [13]그가 성전을 측량하니 길이는 백 척이요 또 서쪽 뜰과 그 건물과 그 벽을 합하여 길이는 백 척이요 [14]성전 앞면의 너비는 백 척이요 그 앞 동쪽을 향한 뜰의 너비도 그러하며 [15]그가 뒤뜰 너머 있는 건물을 측량하니 그 좌우편 회랑까지 백 척이더라 내전과 외전과 그 뜰의 현관과 [16]문 통로 벽과 닫힌 창과 삼면에 둘려 있는 회랑은 문 통로 안쪽에서부터 땅에서 창까지 널판자로 가렸고 (창은 이미 닫혔더라) [17]문 통로 위와 내전과 외전의 사방 벽도 다 그러하니 곧 측량한 크기대로며 [18]널판자에는 그룹들과 종려나무를 새겼는데 두 그룹 사이에 종려나무 한 그루가 있으며 각 그룹에 두 얼굴이 있으니 [19]하나는 사람의 얼굴이라 이쪽

종려나무를 향하였고 하나는 어린 사자의 얼굴이라 저쪽 종려나무를 향하였으며 온 성전 사방이 다 그러하여 20땅에서부터 문 통로 위에까지 그룹들과 종려나무들을 새겼으니 성전 벽이 다 그러하더라 21외전 문설주는 네모졌고 내전 전면에 있는 양식은 이러하니 22곧 나무 제단의 높이는 세 척이요 길이는 두 척이며 그 모퉁이와 옆과 면을 다 나무로 만들었더라 그가 내게 이르되 이는 여호와의 앞의 상이라 하더라 23내전과 외전에 각기 문이 있는데 24문마다 각기 두 문짝 곧 접는 두 문짝이 있어 이 문에 두 짝이요 저 문에 두 짝이며 25이 성전 문에 그룹과 종려나무를 새겼는데 벽에 있는 것과 같고 현관 앞에는 나무 디딤판이 있으며 26현관 좌우편에는 닫힌 창도 있고 종려나무도 새겨져 있고 성전의 골방과 디딤판도 그러하더라

이 단락에는 다음과 같은 내용들이 나온다.

1. 서쪽 뜰 뒤에 성전 앞에 있는 건물에 관한 설명(12절). 서쪽 뜰에 있는 건물은 그 치수가 측량이 되어서 성전의 치수와 비교되고 있는데(13절), 둘은 동일한 치수였던 것으로 보인다. 이 건물은 뜰에 있었고, 그 회랑들 또는 거기에 부속된 방들, 그 문설주들과 창들, 그 장식물들이 측량된다(15-17절). 그러나 이 건물을 어떤 용도로 사용하기 위해 지은 것인지는 본문에 나오지 않는다. 아마도 이 환상 속에서 이 건물은 이방인들 가운데에 유대 성전에 비해 결코 뒤지지 않는 전혀 다른 성격을 지닌 교회가 세워져서 머지않아 유대 성전을 대신하게 될 것임을 나타내는 것인 듯하다.

2. 성전의 장식물들과 그 밖의 건물에 관한 설명. 안쪽 벽에는 아래에서부터 위까지 솔로몬 성전에서처럼 그룹들과 종려나무들이 교대로 아로새겨져 있었다(왕상 6:29). 여기에서는 각각의 그룹이 두 개의 얼굴을 가지고 있는데, 사람의 얼굴은 이쪽 종려나무를 향하였고, 어린 사자의 얼굴은 저쪽 종려나무를 향하였다고 말한다(19절). 이것은 사람보다 더 큰 지혜와 사자보다 더 큰 용기를 지닌 천사들을 나타내는 것으로 보인다. 각각의 그룹의 두 얼굴은 그들 앞에 놓여 있는 승리의 종려나무를 바라보고 있는데, 이것은 그들이 흑암의 세력들과 모든 싸움에서 승리를 확신하고 있음을 보여준다. 성도들의 회중에는 천사들이 특별한 방식으로 임재해 있다(고전 11:10).

3. 성소와 지성소의 문설주들에 관한 설명. 이 문설주들은 기둥들처럼 둥글지 않고 네모졌다(21절). 성소와 지성소의 문설주들은 그 모양이 서로 같았다.

성막과 솔로몬 성전에서 지성소의 문은 이 성전의 문보다 더 좁았지만, 여기에서 그 문은 충분히 넓다. 왜냐하면, 복음 시대에는 구약 시대에서보다도 지성소로 들어가는 길이 더 분명하게 나타났기 때문이다(히 9:8). 그러므로 그 문은 더 넓다. 이 문들에 관한 설명이 나온다(23-24절). 성소와 지성소에는 각각 문이 있었는데, 그 문들은 접는 두 문짝으로 된 문들이었다.

4. 향단에 관한 설명. 여기에서 향단은 나무 제단이라 표현되어 있다(22절). 향단이 금으로 덧입혀져 있다는 언급은 나오지 않지만, 분명히 그랬을 것이다. 향단이 단지 향로를 놓아두는 장소로서의 역할만을 하였다면 모르지만, 그렇지 않고 거기에서 향을 피운 것이라면, 금으로 도금되지 않은 향단은 불을 견뎌낼 수 없었을 것이기 때문이다. 또는, 이것은 복음 성전에서 드려질 향은 순전히 영적인 것이 될 것이기 때문에 나무로 된 향단일지라도 타지 않을 것임을 보여주는 것일 수도 있다. 그러므로 이 제단은 상(床)이라 불린다. 이는 여호와의 앞의 상이라. 앞에서처럼 여기에서도 우리는 제단이 상으로 바뀌는 것을 본다. 왜냐하면, 지금 참된 희생제사가 드려지고 있으므로, 우리가 해야 하는 것은 주의 상에서 희생제물을 먹는 것뿐이기 때문이다.

5. 성전의 문들과 창들에는 종려나무들이 새겨져 있는데, 이것은 성전의 벽들에 새겨진 것들과 같았다(25-26절). 마찬가지로, 살아 있는 성전들은 금이나 은, 값비싼 옷들로 치장되지 않고, 오직 썩지 아니할 마음에 숨은 사람으로 치장되다

# 제
## — 42 —
# 장

## 개요

이 장에서는 이 신비의 성전에 대한 설명과 측량이 계속해서 이어지다가 끝이 난다. 이 신비의 성전의 구체적인 구조는 이해하기가 아주 어렵지만, 그것들이 지닌 신비적인 의미를 깨닫는 것은 더욱 어렵다. I. 뜰 근처에 있는 방들에 관한 설명: 그 위치와 구조(1-13절), 그 방들의 용도(13-14절). II. 성전에 할애된 땅과 거기에 속한 뜰들의 전체 면적에 대한 측량(15-20절).

[1]그가 나를 데리고 밖으로 나가 북쪽 뜰로 가서 두 방에 이르니 그 두 방의 하나는 골방 앞 뜰을 향하였고 다른 하나는 북쪽 건물을 향하였는데 [2]그 방들의 자리의 길이는 백 척이요 너비는 쉰 척이며 그 문은 북쪽을 향하였고 [3]그 방 삼층에 회랑들이 있는데 한 방의 회랑은 스무 척 되는 안뜰과 마주 대하였고 다른 한 방의 회랑은 바깥뜰 박석 깔린 곳과 마주 대하였으며 [4]그 두 방 사이에 통한 길이 있어 너비는 열 척이요 길이는 백 척이며 그 문들은 북쪽을 향하였으며 [5]그 위층의 방은 가장 좁으니 이는 회랑들로 말미암아 아래층과 가운데 층보다 위층이 더 줄어짐이라 [6]그 방은 삼층인데도 뜰의 기둥 같은 기둥이 없으므로 그 위층이 아래층과 가운데 층보다 더욱 좁아짐이더라 [7]그 한 방의 바깥 담 곧 뜰의 담과 마주 대한 담의 길이는 쉰 척이니 [8]바깥뜰로 향한 방의 길이는 쉰 척이며 성전 앞을 향한 방은 백 척이며 [9]이 방들 아래에 동쪽에서 들어가는 통행구가 있으니 곧 바깥뜰에서 들어가는 통행구더라 [10]남쪽 골방 뜰 맞은쪽과 남쪽 건물 맞은쪽에도 방 둘이 있는데 [11]그 두 방 사이에 길이 있고 그 방들의 모양은 북쪽 방 같고 그 길이와 너비도 같으며 그 출입구와 문도 그와 같으며 [12]이 남쪽 방에 출입하는 문이 있는데 담 동쪽 길 어귀에 있더라 [13]그가 내게 이르되 좌우 골방 뜰 앞 곧 북쪽과 남쪽에 있는 방들은 거룩한 방이라 여호와를 가까이 하는 제사장들이 지성물을 거기에서 먹을 것이며 지성물 곧 소제와 속죄제와 속건제의 제물을 거기 둘 것이니 이는 거룩한 곳이라 [14]제사장의 의복은 거룩하므로 제사장이 성소에 들어갔다가 나올 때에 바로 바깥뜰로 가지 못

하고 수종드는 그 의복을 그 방에 두고 다른 옷을 입고 백성의 뜰로 나갈 것이니라 하더라

선지자는 성전과 그 부속 건물들을 아주 세밀하게 살펴보고 나서, 이제 다시 바깥뜰로 데려가져서 거기에 있는 방들을 살펴보게 된다.

**I. 이 방들에 관한 설명.** 우리는 당시에 사용되었던 히브리어 건축 용어들과 척도들을 잘 알지 못하기 때문에, 여기에 나오는 설명은 앞에 나온 것들과 마찬가지로 우리에게 아주 복잡하고 난해해 보인다. 따라서 우리는 단지 다음과 같은 것들만을 개략적으로 살펴볼 것이다.

1. 공예배의 장소였던 성전 주변에 개인들이 사용하는 골방들이 있었다는 것. 이것은 우리가 공예배를 통해서 하나님께 나아간다고 해도 골방에서의 기도의 의무가 면제되는 것이 아니라는 것을 우리에게 가르쳐 준다. 우리는 하나님의 집의 뜰에서 예배를 드려야 할 뿐만 아니라, 예배에 참석하기 전후로 우리의 골방에 들어가서 하나님의 말씀을 읽고 묵상하며 은밀한 중에 계신 우리 아버지께 기도하여야 한다. 하나님의 백성들은 지금까지 홀로 하나님과 교제하는 가운데 무수히 많은 위로를 발견하여 왔다.

2. 이 방들이 많았다는 것. 이 방들은 삼층으로 있었고, 위층은 아래층보다 좁긴 했지만, 혼자 물러나 기도하기는 좋은 곳이었다(5-6절). 이렇게 많은 방들이 있었기 때문에, 여선지 안나처럼 경건한 모든 자들에게는 성전을 떠나지 아니하고 주야로 기도하기에 좋았을 것이나(눅 2:37). 내 아버지 집에 거할 곳이 많도다. 이 땅에 있는 하나님의 집에도 거할 곳이 많다. 믿음을 가진 수많은 사람들이 하나님의 성소에 거하고 있지만, 그래도 아직도 자리가 있다.

3. 이 방들은 개인들이 사용하는 방들이었지만 성전 가까이에, 즉 성전을 볼 수 있고 언제라도 달려갈 수 있는 곳에 있었다는 것. 이것은 우리에게 개인 예배보다 공예배를 더 우선시하고 우리의 개인 예배를 공예배와 연결시켜야 한다는 것을 가르쳐 준다(여호와께서 야곱의 모든 거처보다 시온의 문들을 사랑하시는도다). 우리가 골방에서 경건을 연습하는 것은 공적인 경건 활동들을 준비하는 것이 되어서 경건을 행할 기회가 주어질 때마다 그 기회를 더욱 잘 선용하기 위한 것이 되어야 한다.

4. 이 방들 앞에는 너비가 열 척인 산책길이 있었다는 것(4절). 이 방들에 묵

는 사람들은 이 산책길에서 서로 만나 대화를 나누고, 함께 걸으며 서로 덕을 세워 주는 얘기를 하고, 각자가 지닌 지식과 경험을 서로 나누어 줄 수 있었다. 왜냐하면, 우리는 교회와 방을 오가면서 아주 선한 목적으로 많은 시간을 보낼 수 있긴 하지만, 거기에 우리의 모든 시간을 써서는 안 되기 때문이다. 인간은 사귐을 위해 지음 받았고, 그리스도인들은 성도들의 교제를 위하여 지음 받았다. 우리는 이러한 성도들의 교제의 의무를 세심하게 지켜야 하고, 그 교제의 특권과 즐거움들을 통해 위로를 받아야 한다. 제2성전의 대제사장이었던 여호수아에게 하나님은 그로 여기 섰는 자들 가운데에 왕래하게 하리라고 약속하신다 (슥 3:7).

**Ⅱ. 이 방들의 용도**(13-14절).

1. 이 방들은 여호와를 가까이 하는 제사장들이 사용하는 방들이었는데, 이것은 그들이 성전 가까이에 있어서 그들의 직무를 언제라도 행할 수 있도록 하기 위한 것이었다. 이 방들은 직무를 행하는 동안에 성물들을 다루는 제사장들이 사용하게 되어 있었기 때문에 거룩한 방들이라 불린다. 하나님과 인간의 영혼들을 위하여 공적인 일을 행하는 자들은 그 일을 행하는 데에 적합한 자들이 되기 위하여 사적으로도 준비를 많이 해야 한다. 사역자들은 각자의 골방에서 말씀을 읽고 묵상하며 기도하는 일로 많은 시간을 보냄으로써 그들의 성숙함을 모든 사람에게 나타나게 하여야 하고, 사람들은 이러한 목적을 위하여 그들에게 여러 가지 편의들을 제공해 주어야 한다.

2. 제사장들은 지성물, 즉 그들의 몫으로 배정된 제물을 이 방들에 보관해 두어야 했다. 그들과 그들의 가족들은 거기에서 경건하게 지성물을 먹어야 했다. 왜냐하면, 이 방은 거룩한 곳이기 때문이다. 이렇게 그들은 희생제물을 먹는 것과 보통의 식사를 구별하여야 한다.

3. 제사장들은 그들이 제단에서 직무를 행할 때에 입으라고 하나님이 정해 주신 의복들, 즉 그들의 세마포 에봇과 겉옷과 속옷과 모자를 이 방들에 놓아 두어야 했다. 제사장들은 포로 생활에서 돌아온 후에 제사장의 의복들을 지급 받았다(느 7:70, 72). 제사장들이 제단에서 직무를 행하기를 마친 후에는 이 의복들을 이 방들에 놓아 두어야 했다는 것은 이 의복들은 직무를 행할 때에만 사용되어야 한다는 것을 보여주는 것이다. 제사장들이라고 해도 백성의 뜰로 나갈 때에는, 즉 율법을 가르치거나 백성들의 질문에 대답하는 등 백성들과 관련

된 직무를 행할 때에는 일반 백성들이 입는 것과 같은 다른 옷을 입어야 했다. 그들의 거룩한 의복들은 그들이 하나님 앞에서 직무를 행할 때를 위하여 정결한 상태를 유지하기 위하여 이 방들에 두어져야 했다.

[15]그가 안에 있는 성전 측량하기를 마친 후에 나를 데리고 동쪽을 향한 문의 길로 나가서 사방 담을 측량하는데 [16]그가 측량하는 장대 곧 그 장대로 동쪽을 측량하니 오백 척이요 [17]그 장대로 북쪽을 측량하니 오백 척이요 [18]그 장대로 남쪽을 측량하니 오백 척이요 [19]서쪽으로 돌이켜 그 장대로 측량하니 오백 척이라 [20]그가 이같이 그 사방을 측량하니 그 사방 담 안 마당의 길이가 오백 척이며 너비가 오백 척이라 그 담은 거룩한 것과 속된 것을 구별하는 것이더라

우리는 이 신비의 성전이 측량되는 것은 다 지켜 보았기 때문에, 이제는 우리가 밟고 있는 거룩한 땅이 어디까지 미치는지를 보게 될 것이다. 여기에서는 성전이 자리잡고 있는 땅이 측량되는데, 그 땅은 상당히 컸다. 좀 더 자세하게 살펴보자.

1. 성전이 자리잡고 있는 땅의 면적은 어느 정도나 되었는가. 그 구역은 측량하는 장대로 재서 사방으로 각각 500장대의 크기였다(16-19절). 한 장대는 대략 3.3미터 정도 되기 때문에, 각 방향으로 대략 1마일(약 1.6킬로미터), 전체 둘레가 4마일 정도 되었다. 이 신비한 성전의 외곽이 이렇게 크다는 것은 모든 민족들이 제자화 되고 세상 나라들이 그리스도의 나라들이 될 복음 시대에 교회가 대단히 크게 될 것임을 나타내는 것이었다. 선지자가 예언한 대로 (사 49:18; 60:4), 하나님의 뜻에는 거기로 모여 들어올 무수한 이방인들을 받아들일 공간이 충분할 것이다. 이것은 이방인들이 교회로 들어옴으로써 이미 부분적으로 성취되었고, 이방인의 충만한 수가 들어오고 온 이스라엘이 구원을 받게 될 때에 좀 더 온전히 성취될 것이다.

2. 성전 구역의 면적이 왜 이렇게 큰가. 그것은 거룩한 곳과 속된 곳 사이의 거리를 멀리 떨어뜨림으로써 서로를 구별하기 위한 것이었다. 또한, 부정한 자들이 접근하는 것을 막고 귀한 것과 악한 것을 분리하기 위하여 성전 구역의 둘레에는 담이 쳐져 있었다. 속된 것과 거룩한 것, 하나님의 이름과 그 밖의 다른 이름, 하나님의 날과 그 밖의 다른 날들, 하나님의 책과 그 밖의 다른 책들, 하

나님이 세우신 제도들과 그 밖의 다른 제도들은 구별되어야 한다는 것을 명심하라. 또한, 우리는 세상적인 일들과 신앙에 속한 일들을 구별해서 따로 시간을 내어 엄숙하게 하나님의 예배에 임해야 한다.

나님이 세우신 제도들과 그 밖의 다른 제도들은 구별되어야 한다는 것을 명심하라. 또한, 우리는 세상적인 일들과 신앙에 속한 일들을 구별해서 따로 시간을 내어 엄숙하게 하나님의 예배에 임해야 한다.

# 제 43 장

## 개요

선지자는 여호와께로부터 받은 대로 신비의 성전, 즉 복음 교회의 모습을 우리에게 자세하게 전해 준 후에 이제 이 장과 다음 장에서 우리 가운데 세워진 복음 교회가 헛되지 않도록 하기 위해서 거기에서 행해져야 할 예배를 구약의 제사들이라는 모형을 통해서 설명한다. 이 장에는 다음과 같은 내용들이 나온다. I. 하나님의 영광이 이 성전으로 들어와서 가득 채움(1-6절). II. 하나님께서 자기 백성이 우상들과 우상 숭배를 버리고 자기가 정한 예배 방식으로 돌아와서 지킨다면 언제까지나 그들과 함께 계시겠다고 약속하심(7-12절). III. 번제단에 관한 설명(13-17절). IV. 번제단의 성별에 관한 지시들(18-27절). 성막이 처음으로 세워졌을 때에 여호와의 종 모세가 그랬던 것처럼, 에스겔은 여기에서 하나님과 이스라엘 사이에 서 있는 것으로 보인다.

¹그 후에 그가 나를 데리고 문에 이르니 곧 동쪽을 향한 문이라 ²이스라엘 하나님의 영광이 동쪽에서부터 오는데 하나님의 음성이 많은 물 소리 같고 땅은 그 영광으로 말미암아 빛나니 ³그 모양이 내가 본 환상 곧 전에 성읍을 멸하러 올 때에 보던 환상 같고 그발 강 가에서 보던 환상과도 같기로 내가 곧 얼굴을 땅에 대고 엎드렸더니 ⁴여호와의 영광이 동문을 통하여 성전으로 들어가고 ⁵영이 나를 들어 데리고 안뜰에 들어가시기로 내가 보니 여호와의 영광이 성전에 가득하더라 ⁶성전에서 내게 하는 말을 내가 듣고 있을 때에 어떤 사람이 내 곁에 서 있더라

에스겔은 이 땅의 가장 큰 영광인 하나님의 성전을 꼼꼼하게 살펴본 후에 더 높은 곳으로 들어가서 윗 세상의 영광들을 보는 은혜를 입는다. 그는 이리로 올라오라는 음성을 듣는다. 그는 성전을 보았고, 그 성전이 아주 넓고 굉장하다는 것을 알았다. 그러나 하나님의 영광이 그 성전에 임할 때까지는 그 성전은 단지 그가 환상 속에서 보았던 죽은 시체들(37장), 즉 생기가 불어넣어질 때까지는 생기가 없었던 시체들과 다름없었다. 그러므로 그는 여기에서 하

나님의 집이 하나님의 영광으로 가득 채워지는 것을 본다.

**I. 선지자가 하나님의 영광에 관한 환상을 봄**(2절). 이것은 이스라엘과 언약을 맺으신 저 하나님, 그들로부터 섬김과 예배를 받으시는 이스라엘 하나님의 영광이었다. 이교의 우상들은 금세공인이나 그림 그리는 자가 더해준 것 외에는 그 어떤 영광도 지니고 있지 않다. 그러나 선지자가 본 것은 이스라엘의 하나님의 영광이었다. 이 영광은 동쪽에서부터 왔기 때문에, 선지자는 그 영광이 나타나서 가까이 오는 것을 보기 위하여 동쪽을 향한 문으로 데려가졌다. 그리스도께서 탄생하실 때에 그의 별은 동방에서 보여졌고, 말일에 다른 천사, 즉 그리스도는 해 돋는 데로부터 올라왔다(계 7:2). 왜냐하면, 그는 새벽 별이시고 의(義)의 해이시기 때문이다. 선지자는 하나님의 영광이 나타나는 모습 속에서 두 가지를 보았다.

1. 선지자가 들은 하나님의 말씀의 능력. 하나님의 음성이 많은 물 소리 같아서, 비록 아주 멀리서 들려 왔지만 선지자에게 깊은 감화를 주었다. 물이 콸콸 흐르는 소리는 기분 좋고, 포효하는 바다의 소리는 무시무시하다(계 1:15; 14:2). 그리스도의 복음은 그 영광 가운데서 큰 소리로 선포되어야 하고, 그 복음에 관한 소식은 멀리까지 들려져야 하다. 이 복음은 그 사람이 누구냐에 따라서 어떤 이들에게는 생명의 향기가 되고 어떤 이들에게는 사망의 냄새가 된다.

2. 선지자가 본 하나님의 빛나는 모습. 땅은 그의 영광으로 말미암아 빛났다. 왜냐하면, 하나님은 빛이시기 때문이다. 하나님의 빛의 광채를 감당할 수 있는 자는 아무도 없기 때문에, 그 빛을 본 자도 없고 볼 수 있는 자도 없다. 교회 속에서 빛나는 하나님의 영광이 세상을 비춘다는 것을 명심하라. 하나님이 다윗을 위해 나타나셨을 때, 그 앞에 광채로 말미암아 빽빽한 구름이 흩어졌다(시 18:12). 에스겔에게 나타난 하나님의 영광의 이러한 모습은 그가 처음 그의 사명을 받았을 때에 본 환상 속에 나타난 것과 동일하였다(1:4). 그 모양이 그발 강가에서 보던 환상과 같았다(3절). 하나님은 동일하시고 변함도 없으시기 때문에 자기 자신을 언제나 동일한 모습으로 나타내시기를 기뻐하신다. 선지자는 이렇게 말한다. "그것은 내가 전에 성읍을 멸하러, 즉 도성의 멸망을 예언하기 위하여 올 때에 보았던 것과 같았다." 그는 예루살렘이 멸망할 것을 권세 있고 단호하게 예언하였고, 모든 일은 그의 예언대로 될 것이 너무도 확실하였기 때문

에, 그는 도성을 멸하러 왔을 때라고 말할 수 있었다. 그는 재판관으로서 하나님의 이름으로 예루살렘에 대하여 사형을 선고하였고, 그 판결은 곧 집행되었다. 하나님은 경고의 말씀을 전하도록 선지자를 보내실 때나 위로의 말씀을 전하도록 보내실 때나 동일한 모습으로 나타나셨다. 왜냐하면, 이 두 가지 모두를 통해서 하나님은 영광을 받으시고, 또한 받으실 것이기 때문이다. 하나님은 죽이기도 하며 살리기도 하며 상하게도 하며 낫게도 하신다(신 32:39). 우리는 우리를 멸하신 바로 그분이 우리를 구원하실 분이시라는 것을 알아야 한다. 여호와께서 우리를 치셨으나 싸매어 주실 것이다. 상처를 준 자로부터 상처를 치료받는 법이다.

**II. 선지자가 이 영광이 성전으로 들어가는 환상을 봄.**  그는 이 영광을 보았을 때에 얼굴을 땅에 대고 엎드렸는데(3절), 이것은 하나님의 영광의 광채를 감당할 수 없었기 때문이기도 하겠지만, 겸손히 경배하는 태도로 하나님께 영광을 돌리고자 했기 때문일 것이다. 그러나 여호와의 영광이 성전으로 들어가자(4절), 성령은 선지자에게 성전이 그 영광으로 가득 채워지는 모습을 볼 수 있도록 하기 위하여 그를 들어 데리고 안뜰에 들어갔다(5절). 전에 그는 성전이 더럽혀지자 여호와의 영광이 여기서와 동일한 모습으로 성전을 떠나가는 것을 보고 무척 슬퍼하였었는데(10:18-19; 11:23), 이제 그 영광이 다시 성전으로 돌아오는 모습을 보고 크게 만족할 것이었다. 하나님은 잠시 동안은 자기 백성을 떠나실 수 있으시지만, 곧 돌아오셔서 영원한 은혜를 베푸신다는 것을 명심하라. 하나님의 영광이 모세가 세운 성막과 솔로몬의 성전에 충만하였던 것처럼(출 40:34; 왕상 8:10) 이 성전에 가득하였다. 성경에는 하나님의 영광, 즉 셰키나(Shechinah)가 제2성전을 이런 식으로 가득 채웠다는 말이 나오지 않기 때문에, 이것은 복음 교회를 지극히 밝은 빛으로 채우고 있는 하나님의 은혜의 영광 속에서 성취될 것이었다. 여기에는 이전과는 달리 구름이 성전을 가득 채웠다는 언급이 없다. 왜냐하면, 옛적에는 모형들이라는 구름을 통해서 보았던 것과는 달리, 우리는 이제 그리스도의 얼굴에 있는 하나님의 영광을 수건을 벗은 얼굴로 보기 때문이다.

**III. 선지자가 여호와의 영광으로부터 좀 더 직접적으로 가르침을 받음.**  모세도 하나님이 성막에 임재하신 후에 그랬었다(레 1:1). 성전에서 내게 하는 말을 내가 듣고 있었다(6절). 교회 속에서 빛나는 하나님의 영광으로부터 우리는 하나님의 말씀들을 들을 것을 기대하여야 한다. 그 때에 어떤 사람이 내 곁에 서 있었다. 예수 그리스도께서 중보자로서 우리 곁에 서 계시지 않으면, 우리는 하나님의 얼굴을 뵈옵는 것이나 하나님의 음성을 듣는 것을 감당할 수 없게 된다. 또는, 여기에 나오는 어떤 사람이 피조된 천사였다면, 우리가 주목할 것은 하나님이 에스겔에게 말씀하기 시작하시자 천사는 입을 다물고 조용히 옆에 서 있었다는 것이다. 아니, 이 천사는 선지자와 더불어서 배우는 자로서 선지자 옆에 서 있었다. 왜냐하면, 하나님의 각종 지혜는 교회로 말미암아 이러한 것들을 살펴 보고자 하는 통치자들과 권세들, 즉 천사들에게 알려지게 되어 있기 때문이었다(엡 3:10). 그 사람은 더 많은 것들을 볼 수 있는 곳으로 선지자를 이끌기 위해서 그의 곁에 서 있었다(44:1).

[7]그가 내게 이르시되 인자야 이는 내 보좌의 처소, 내 발을 두는 처소, 내가 이스라엘 족속 가운데에 영원히 있을 곳이라 이스라엘 족속 곧 그들과 그들의 왕들이 음행하며 그 죽은 왕들의 시체로 다시는 내 거룩한 이름을 더럽히지 아니하리라 [8]그들이 그 문지방을 내 문지방 곁에 두며 그 문설주를 내 문설주 곁에 두어서 그들과 나 사이에 겨우 한 담이 막히게 하였고 또 그 행하는 가증한 일로 내 거룩한 이름을 더럽혔으므로 내가 노하여 멸망시켰거니와 [9]이제는 그들이 그 음란과 그 왕들의 시체를 내게서 멀리 제거하여 버려야 할 것이라 그리하면 내가 그들 가운데에 영원히 살리라 [10]인자야 너는 이 성전을 이스라엘 족속에게 보여서 그들이 자기의 죄악을 부끄러워하고 그 형상을 측량하게 하라 [11]만일 그들이 자기들이 행한 모든 일을 부끄러워하거든 너는 이 성전의 제도와 구조와 그 출입하는 곳과 그 모든 형상을 보이며 또 그 모든 규례와 그 모든 법도와 그 모든 율례를 알게 하고 그 목전에 그것을 써서 그들로 그 모든 법도와 그 모든 규례를 지켜 행하게 하라 [12]성전의 법은 이러하니라 산 꼭대기 지점의 주위는 지극히 거룩하리라 성전의 법은 이러하니라

하나님은 여기에서 성전을 다시 접수하심으로써 사실상 자기 백성 이스라엘과의 언약을 갱신하시고, 에스겔은 옛적의 모세처럼 이 일을 중재한다. 이것은 포로 생활에서 고국 땅으로 돌아온 자들을 지도하고 힘을 북돋워 주는 데에 크게 유익할 것이었지만, 한 걸음 더 나아가서 복음 성전의 특권들로 축

복을 받는 자들에게 그들이 하나님 앞에서 어떻게 선한 행실을 가져야 하는지를 알 수 있게 해준다.

**I. 하나님이 선지자를 통해서 그들이 전에 어떤 행실들로 그의 진노를 불러일으켰는지를 일깨워 주심.** 그들은 그러한 행실들로 말미암아 오랫동안 하나님의 진노 아래 있었다. 하나님이 그들에게 이렇게 그들의 죄를 다시 일깨워 주시는 것은 그들로 하여금 그들을 위해 준비하신 위로들을 받을 수 있도록 하기 위한 정지 작업이다. 하나님은 후히 주시고 꾸짖지 아니하시지만, 비록 하나님이 우리를 용서하신다고 하여도, 우리는 하나님에 대하여 우리가 합당치 않게 행한 것에 대하여 스스로를 책망하는 것이 마땅하다. 그러므로 그들은 지금 다음과 같은 것들을 기억하여야 한다.

1. 그들이 이전에 하나님의 거룩한 이름을 더럽혔고, 하나님이 자신을 알게 하기 위하여 그들 가운데에 두셨던 온갖 거룩한 것들을 더럽히고 악용하였다는 것(7절). 그들과 그들의 왕들은 영적인 간음을 행하여 우상들을 숭배함으로써 그들이 고백한 신앙과 하나님에 대한 그들의 관계를 경멸하였었다. 그들은 우상들을 그들의 왕들(몰록이라는 우상의 이름은 바로 이런 뜻이었다) 또는 그들의 주들(바알이라는 우상의 이름은 바로 이런 뜻이었다)이라고 불렀지만, 사실 그들이 우상들을 경배하기 위해서 산당들을 세워 놓고 거기에 모셔둔 그런 우상들은 그들의 왕들이 아니라 그 왕들의 시체들로서 생명도 없고 쓸모도 없을 뿐만 아니라 죽은 시체들처럼 역겹고 가증스러운 것들일 뿐이었다. 그들은 그들의 가증한 일들로 하나님의 이름을 더럽혔었다. 그들의 가증한 일들은 어떤 것들이었는가? 그것은 그들의 문지방을 내 문지방 곁에 두며 그들의 문설주를 내 문설주 곁에 둔 것이었다. 즉, 그들은 하나님의 제도들에 그들 자신이 만든 것들을 더해 놓고서, 마치 후자가 전자와 동일한 권위와 효능을 지니고 있는 것처럼 모든 백성들에게 그것들을 따르라고 강요하고 사람의 계명으로 백성들을 가르쳤다(사 29:13). 또는, 그들은 성전 뜰에 우상의 제단들을 세웠는데, 이것은 하나님의 위엄에 대한 가장 무례한 모독이었다. 이렇게 그들은 하나님과 그들 사이를 갈라놓는 담을 세워 놓았기 때문에, 그들을 향하여 흘러가던 하나님의 은총들은 막혀 버렸고, 하나님께 드린 그들의 제사들은 열납될 수 없었다. 죄인들이 하나님을 얼마나 모욕적으로 대우하였는지를 보라. 그들은 하나님이 들어오시지 못하도록 담을 쌓은 후에 하나님이 당연히 계셔야 할 곳으로부터

하나님을 밀쳐내 버렸다. 그들이 그들 자신에 대하여 얼마나 큰 해악을 가하였는지를 보라. 왜냐하면, 죄악들을 지닌 채로 하나님께 가까이 나아오면 올수록, 하나님은 그들을 더욱더 멀리하시기 때문이다. 어떤 이들은 이 본문을 이렇게 해석하기도 한다: 그들의 집들, 따라서 그 집들의 문설주와 문지방은 성전과 붙어 있어서 하나님과 그들 사이에는 겨우 담 하나가 있을 뿐이었기(난외주에서는 이렇게 읽는다) 때문에, 그들은 그런 의미에서 하나님의 이웃들이라고 할 수 있었다. 따라서 그들은 당연히 하나님을 더 잘 알았어야 했고 하나님을 기쁘시게 해 드리는 일에 더 신경을 써야 했지만, 실제로는 그렇게 좋은 이웃들이 되지 못하였다. 교회가 가까울수록 하나님으로부터는 더욱 멀어진다는 말이 사실인 경우가 너무도 비일비재하다는 것을 명심하라. 그들은 입으로는 하나님과 언약을 맺고 있었지만, 하나님이 좌정하시고 다스리시는 그의 보좌의 처소, 그의 발을 두는 처소, 그의 성전을 더럽혔다. 예루살렘은 큰 왕의 성(시 48:2), 여호와 하나님의 발등상(시 99:5; 132:7)이라 불린다. 하나님의 규례들을 속되게 하는 것은 그의 거룩한 이름을 더럽히는 것임을 명심하라.

2. 하나님이 이 때문에 그들이 최근에 겪은 환난들을 통해서 그들과 다투셨다는 것. 하나님은 그들의 죄에 걸맞는 벌을 그들에게 내리신 것이기 때문에, 그들은 하나님을 탓할 수 없었다. 내가 노하여 그들을 멸망시켰다. 하나님의 거룩한 이름을 더럽히는 자들은 그의 의로운 진노 아래 놓이게 되리라는 것을 명심하라.

**Ⅱ. 하나님이 그들에게 회개하고 삶을 고치며, 그렇게 하기 위하여 그들의 죄악들을 부끄러워하라고 요구하심**(9절).  "이제는 그들이 그 음란을 내게서 멀리 제거하여 버려야 할 것이라. 그들이 그 죄악 때문에 아주 호된 벌을 받았고, 나도 다시 나의 성소를 그들 가운데에 세워서 그들에게 은혜를 베풀고 있기 때문에, 그들은 내게서 어렵사리 다시 얻은 특권들, 즉 잃고 나서야 그 소중함을 깨닫게 된 나의 백성으로서의 특권들을 다시 상실하는 일이 없도록 하기 위하여 우상들을 내던지고 다시는 그 우상들과 상관하지 말아야 한다. 그들은 그들의 우상들, 그들의 왕들의 시체들을 내게서 멀리 제거하여 버려서, 다시는 나의 진노를 불러일으키는 일이 없어야 한다." 지금은 선지자가 성전의 모형 또는 양식을 그들 앞에 제시하기 직전이기 때문에, 이것은 시의적절한 조언이었는데, 그 이유는 다음과 같다.

1. 성전의 형상을 본다면, 그들은 분명히 그들의 죄악들을 부끄러워할 것이다(10절). 그들은 은혜를 받을 자격이 전혀 없는데도 불구하고 하나님이 그들을 위하여 은혜를 준비해 두신 것을 보았을 때에 그들이 하나님에 대하여 정직하지 못하게 행한 것이 생각나서 부끄러워하게 될 것이다. 하나님의 선하심은 우리를 회개, 특히 참회하며 부끄러워하는 것으로 이끈다는 것을 명심하라. 그들로 하여금 성전의 형상을 직접 측량하게 하여, 이 성전이 이전의 성전보다 모든 점에서 훨씬 능가한다는 것을 알고서, 하나님이 그들을 위해 얼마나 큰 일들을 준비해 놓고 계시는지를 미루어 짐작하게 하라. 그러면, 그들은 분명히 그들이 저지른 죄악들을 기억하고서, 마땅히 벌을 받아야 하는데도 하나님이 이렇게 그들을 위해 은혜를 준비해 놓고 계시다는 것에 생각이 미쳐서, 부끄럽고 당황스러워서 몸 둘 바를 모르게 될 것이다.

2. 그들이 그들의 죄악들을 부끄러워하면, 그들은 분명히 성전의 형상을 더 잘 보게 될 것이다(11절). 그들이 하나님의 선하심을 깨닫고서 자기들이 행한 모든 일을 부끄러워한다면, 그들은 성전의 형상을 더 뚜렷하고 자세하게 보고 알게 될 것이다. 하나님의 선하심을 보고 알게 된 것을 선용하는 자들은 하나님의 선하심에 대하여 더 잘 보고 알게 될 것임을 명심하라. 우리가 우리 자신의 어리석음을 깨닫고서 진정으로 낮아진 바로 그 때에야 우리는 하나님의 은혜를 받을 자격을 갖춘 것이 된다. "너는 그들에게 성전의 제도를 보이라. 성전이 얼마나 장엄한 구조물이 될지를 그들에게 보여주고, 성전의 규례들과 법두들을 그들에게 보여수라." 우리가 받을 위로들을 기대한다면 먼저 우리의 본분을 알아야 하고, 하나님의 성전의 특권들을 바란다면 먼저 성전의 규례와 법도를 알아야 한다는 것을 명심하라. 그들에게 이러한 규례들을 보여서 지켜 행하게 하라. 우리가 우리의 본분을 행하여서 우리의 행실로 복을 받기 위해서는 먼저 우리의 본분을 알아야 한다는 것을 명심하라.

**III. 그들이 그들의 본분을 다하게 될 것이고, 하나님도 하나님으로서 그들에 대한 본분을 다하실 것이라고 약속하심**(7절).

1. 이스라엘 족속이 다시는 내 거룩한 이름을 더럽히지 아니하리라. 이것은 순전한 복음이다. 왜냐하면, 율법은 너희는 내 이름을 더럽히지 말라고 말하는 반면에, 복음의 은혜는 내가 너희로 내 이름을 더럽히지 않게 하리라고 말하기 때문이다. 하나님은 이렇게 옛 언약에서 그들에게 요구하신 것들을 이제는 새 언약을

통해서 그들에게 이루시겠다고 약속하신다(렘 32:40).

2. 내가 그들 가운데에 영원히 살리라(9절). 하나님은 우리 안에서 그의 선하신 일을 견고히 하시겠다는 그의 선하신 뜻을 우리에게 보장하신다. 우리가 그의 이름을 더럽히지 않는다면, 우리는 그가 우리를 떠나지 않으시리라는 것을 확신할 수 있다.

**IV. 하나님이 성전과 관련된 전체적인 법을 제시하심**(12절). 이전에는 오직 지성소만이 지극히 거룩하였지만 이제는 성전 산 전체가 지극히 거룩할 것이다. 모든 뜰들과 모든 방들을 포함해서 성전 산의 지점의 주위가 다 지극히 거룩한 곳이 되리라는 것은 복음 시대에 있을 다음과 같은 것들을 보여주는 것이다.

1. 교회 전체가 지성소로 나아갈 특권, 즉 하나님께 가까이 나아갈 특권을 지니게 되리라는 것. 모든 믿는 자들은 이제 복음 아래에서 지성소에 들어갈 담력을 얻었다(히 10:19). 구약에서 대제사장이 지성소에 들어갈 수 있었던 것은 황소와 염소의 피 덕분이었지만, 우리는 예수의 피 덕분에 지성소에 들어갈 수 있고, 우리가 어느 곳에 있든지 바로 그 곳에서 예수 그리스도로 말미암아 아버지께 나아갈 수 있다.

2. 교회 전체가 우리를 부르신 이가 거룩하신 것처럼 온전한 거룩함을 향하여 나아가야 하는 막중한 의무 아래 놓이게 되리라는 것. 이제는 모든 믿는 자들이 다 지극히 거룩하여야 한다. 거룩함이 주의 집에 영원히 합당하지만, 복음 시대에는 이전보다 더욱더 그러하다. 보라, 이것이 성전의 법이다. 그러므로 이 법을 따르지 않는 자는 그 누구도 성전의 보호를 받을 생각을 아예 하지 말아야 한다.

[13]제단의 크기는 이러하니라 한 자는 팔꿈치에서부터 손가락에 이르고 한 손바닥 넓이가 더한 것이라 제단 밑받침의 높이는 한 척이요 그 사방 가장자리의 너비는 한 척이며 그 가로 둘린 턱의 너비는 한 뼘이니 이는 제단 밑받침이요 [14]이 땅에 닿은 밑받침 면에서 아래층의 높이는 두 척이요 그 가장자리의 너비는 한 척이며 이 아래층 면에서 이 층의 높이는 네 척이요 그 가장자리의 너비는 한 척이며 [15]그 번제 제단 위층의 높이는 네 척이며 그 번제하는 바닥에서 솟은 뿔이 넷이며 [16]그 번제하는 바닥의 길이는 열두 척이요 너비도 열두 척이니 네모 반듯하고 [17]그 아래층의 길

이는 열네 척이요 너비는 열네 척이니 네모 반듯하고 그 밑받침에 둘린 턱의 너비는 반 척이며 그 가장자리의 너비는 한 척이니라 그 층계는 동쪽을 향하게 할지니라 [18]그가 내게 이르시되 인자야 주 여호와께서 이같이 말씀하셨느니라 이 제단을 만드는 날에 그 위에 번제를 드리며 피를 뿌리는 규례는 이러하니라 [19]주 여호와의 말씀이니라 나를 가까이 하여 내게 수종드는 사독의 자손 레위 사람 제사장에게 너는 어린 수송아지 한 마리를 주어 속죄제물을 삼되 [20]네가 그 피를 가져다가 제단의 네 뿔과 아래층 네 모퉁이와 사방 가장자리에 발라 속죄하여 제단을 정결하게 하고 [21]그 속죄제물의 수송아지를 가져다가 성전의 정한 처소 곧 성소 밖에서 불사를지며 [22]다음 날에는 흠 없는 숫염소 한 마리를 속죄제물로 삼아 드려서 그 제단을 정결하게 하기를 수송아지로 정결하게 함과 같이 하고 [23]정결하게 하기를 마친 후에는 흠 없는 수송아지 한 마리와 떼 가운데에서 흠 없는 숫양 한 마리를 드리되 [24]나 여호와 앞에 받들어다가 제사장은 그 위에 소금을 쳐서 나 여호와께 번제로 드릴 것이며 [25]칠 일 동안은 매일 염소 한 마리를 갖추어 속죄제물을 삼고 또 어린 수송아지 한 마리와 떼 가운데에서 숫양 한 마리를 흠 없는 것으로 갖출 것이며 [26]이같이 칠 일 동안 제단을 위하여 속죄제를 드려 정결하게 하며 드릴 것이요 [27]이 모든 날이 찬 후 제팔일과 그 다음에는 제사장이 제단 위에서 너희 번제와 감사제를 드릴 것이라 그리하면 내가 너희를 즐겁게 받으리라 주 여호와의 말씀이니라

이 단락은 이 신비의 성전에 있는 제단에 대하여 말하고 있지만, 그 제단도 신비를 지니고 있다. 왜냐하면, 그리스도는 우리의 제난이시기 때문이다. 포로 생활에서 돌아온 후에 유대인들에게는 성전을 재건하기 훨씬 전부터 제단이 있었다(스 3:3). 그러나 여기에 나오는 것은 성전 안에 있는 제단이다. 좀 더 살펴보자.

**I. 제단의 크기**(13절). 제단의 위쪽의 길이와 너비는 각각 열두 규빗이었고, 아래쪽은 각각 열네 규빗이었으며, 그 높이는 아홉 규빗이었다. 제사장들은 땅에서 두 규빗 높이에 있는 아래층과 아래층에서 네 규빗 높이에 있는 위층에 서서 직무를 수행하였는데, 이 층들은 그 너비가 각각 한 규빗이었고 양 쪽에 굴대가 있어서, 제사장들은 그 위에서 안전하게 직무를 수행할 수 있었다. 희생제물들은 앞에서 말한 상에서 잡았다(40:39). 번제단에서 태워져야 할 제물은 아래층에 있는 제사장들에게 먼저 건네진 후에 다시 위층에 있는 제사장

들에게 넘겨져서 제단에 올려졌다. 이렇게 하나님을 섬기는 일에 있어서 우리는 서로서로 도와야 한다.

**Ⅱ. 제단의 규례.** 여기에는 다음과 같은 것들에 관한 지시 사항들이 나온다.

1. 제단을 처음으로 봉헌할 때의 규례. 제단을 봉헌하는 의식은 칠 일 동안 계속되었고, 매일 제단 위에 제물들이 드려졌는데, 첫 날에 어린 수송아지를 속죄제물로 드리는 것 외에도(19절) 매일 염소 한 마리가 속죄제물로 드려졌다(25절). 이것은 우리가 하나님께 예배를 드릴 때에는 반드시 우리를 죄를 위해 속죄제물이 되신 그리스도를 바라보아야 한다는 것을 가르쳐 주는 것이다. 죄가 제거됨이 없이는 우리의 존재나 우리의 행위들은 하나님께 결코 받아들여질 수 없고, 죄는 오직 그리스도의 피로서만 제거될 수 있다. 그리스도의 피는 제단을 거룩하게 함과 동시에(그리스도께서는 그의 피로 성소에 들어가셨기 때문에, 히 9:12) 제단 위에 있는 예물을 거룩하게 한다. 또한, 수송아지와 숫양이 번제로 드려져야 했는데(24절), 이것이 순전히 하나님의 영광을 위한 것이었다는 사실은 우리의 모든 섬김 속에서 우리는 하나님의 영광을 염두에 두어야 한다는 것을 가르치는 것이다. 우리가 우리 자신을 산 제물로 드리고 우리의 헌신을 영적인 제사로 드리는 것은 우리와 우리가 드리는 것들이 하나님께 이름과 찬송과 영광이 되게 하기 위한 것이다. 여기에서는 제단을 봉헌하는 것을 제단을 정결하게 하는 것이라고 부른다(20, 26절). 우리의 제단이신 그리스도께서는 정결하게 되어야 할 그 어떤 더러움도 지니고 계시지 않으셨지만 스스로를 거룩하게 하셨다(요 17:19). 우리는 우리의 마음의 제단을 하나님께 성별하여 드려서 거룩한 사랑의 불이 그 제단 위에서 항상 타오를 수 있게 하기 위해서는 우리의 마음의 제단이 세상과 육체의 정욕을 사랑하는 것으로부터 정결하게 되었는지를 늘 살펴보아야 한다. 여기에 나오는 봉헌 의식과 출애굽기 29장에 나오는 봉헌 의식 간에 몇 가지 차이가 있다는 것은 주목할 만한데, 이것은 의식(儀式)과 관련된 제도들은 변할 수 있는 것들이고 그러한 변화들은 그것들이 그리스도 안에서 폐지될 것임을 보여주는 전조들이었다는 것을 말해준다. 모든 제물에 소금을 쳐야 한다는 일반 규례(레 2:13)에 따른 구체적인 지시, 즉 제사장들은 제물들 위에 소금을 치라는 지시가 여기에만 나온다(24절). 우리는 믿음에 의거한 우리의 모든 행위들에 소금을 쳐야 하는데, 그 소금은

바로 은혜를 말한다(골 4:6). 영원한 언약은 썩어서 부패할 수 없는 것이기 때문에 소금 언약이라 불린다(민 18:19). 우리를 위해 예비된 영광은 썩지 않고 더럽혀질 수 없는 영광이다. 우리 속에 이루어진 은혜는 썩지 않는 것으로 된 마음의 숨은 사람이다.

2. 제단이 일단 봉헌된 후에는 늘 그 제단이 사용되어야 한다는 것. 봉헌된 이후로 제사장들은 이 제단 위에서 그들의 번제와 감사제를 드리게 될 것이다(27절). 왜냐하면, 그 제단은 그 위에 드려지는 제물을 거룩하게 하기 위하여 거룩하게 봉헌된 것이기 때문이다. 좀 더 살펴보자.

(1) 누가 그 제단에서 섬겨야 하는가. 사독의 자손 제사장들이 이 제단을 섬겨야 한다(19절). 솔로몬은 아비아달의 자리에 사독 자손을 대신 앉혔고, 하나님은 그것을 승인하신다. 사독이라는 이름은 의로운 자라는 뜻이다. 왜냐하면, 하나님에 대하여 제사장인 자들은 우리의 의이신 주 그리스도로 말미암아 의로운 자손들이기 때문이다.

(2) 그들은 이 섬김을 위하여 어떤 준비를 하여야 하는가(26절). 그들은 그들 자신을 그들이 드리는 제물들과 더불어서 하나님과 그를 섬기는 일에 바친다는 뜻으로 스스로를 성별하고 그들의 손을 제물들로 가득 채워야 한다. 거룩한 일들을 통해 주를 섬기고자 한다면, 우리는 먼저 우리의 손과 마음을 그러한 것들로 가득 채워서 우리 자신을 성별하지 않으면 안 된다는 것을 명심하라.

(3) 그들은 어떤 응답을 빋게 되는가(27절). 내가 니희를 즐겁게 빋으리라. 하나님이 우리의 일들을 즐겁게 받으시고, 우리의 섬김이 하나님을 기쁘시게 해 드리고 있다면, 그것으로 충분하고, 우리에게는 그 이상의 것이 필요하지 않다. 그들 자신을 하나님께 드리는 자들은 중보자 되시는 그리스도로 말미암아 먼저는 그들 자신, 그 다음으로는 그들의 행위들이 하나님으로부터 열납될 것이다.

# 제 — 44 — 장

## 개요

이 장에는 다음과 같은 내용들이 나온다. I. 성전의 동문은 왕만이 사용하게 하라고 명령하심(1-3절). II. 이스라엘 족속이 이전에 하나님의 성소를 더럽힌 일들에 대하여 책망하시고, 장래에는 좀 더 엄격하게 규례를 지킬 것을 당부하심(4-9절). III. 전에 우상 숭배의 죄를 범한 레위인들을 강등시키고, 신앙을 잘 지켰던 사독 가문으로 하여금 제사장직을 수행하게 함(10-16절). IV. 제사장들에 관한 여러 가지 율례들과 규례들(17-31절).

¹그가 나를 데리고 성소의 동쪽을 향한 바깥 문에 돌아오시니 그 문이 닫혔더라 ²여호와께서 내게 이르시되 이 문은 닫고 다시 열지 못할지니 아무도 그리로 들어오지 못할 것은 이스라엘 하나님 나 여호와가 그리로 들어왔음이라 그러므로 닫아 둘지니라 ³왕은 왕인 까닭에 안 길로 이 문 현관으로 들어와서 거기에 앉아서 나 여호와 앞에서 음식을 먹고 그 길로 나갈 것이니라

선지자는 측량하는 장대를 든 사람에게 이끌려서 여기에서 그가 앞서 한 번 보았던 곳들을 다시 둘러보게 된다. 왜냐하면, 우리는 하나님의 것들을 자주 들여다보지만, 그것들 속에는 아주 풍부한 것들이 들어 있어서, 다시 보아도 또 볼 것이 있기 때문이다. 우리는 한 번 배운 교훈들이라고 해도 계속해서 반복하여 되새겨야 한다. 성경에 있는 거룩한 것들에 관한 내용들을 다시 볼 때마다, 우리는 매번 여전히 우리가 앞서 미처 보지 못했던 새로운 것을 발견하게 될 것이다. 선지자는 세 번째로 동문에 이끌려 와서 그 문이 닫혀 있는 것을 본다. 이것은 나머지 문들은 예배자들에게 항상 열려 있었다는 것을 의미한다. 동문이 닫혀 있는 것에 대해서는 다음과 같은 이유들이 제시된다.

1. 이스라엘의 하나님께 존귀함을 돌리기 위한 것. 하나님의 영광이 성전에 임재해 계시기 위하여 성전으로 들어가실 때에 사용하셨던 안뜰의 문을 항상 닫아 놓고 아무도 그 문을 통해서 들어가지 못하게 하신 것은 하나님께서 존귀

히 여김을 받으시기 위한 것이었다(2절). 동문과 그 밖의 다른 문들을 구별해서 다른 문들은 다 열어 놓되 동문은 닫아 놓으라고 하신 것은 백성들로 하여금 여호와의 영광이 성전으로 들어가신 엄숙한 사건을 영원히 기억하게 하시고(동문을 닫아 놓는 것은 대대로 이 사건의 진실성을 보여주는 증거로 남게 될 것이기 때문에) 하나님의 위엄을 공경하는 마음과 하나님의 초월적인 영광에 대하여 경외하는 마음을 갖게 하시기 위한 것이었는데, 이것은 하나님이 모세에게 가시덤불 속에서 네 발에서 신을 벗을지니라고 명령하신 의도이기도 하였다. 하나님은 하나님만의 길을 가지고 계신다.

2. 이스라엘의 왕을 존귀하게 하기 위한 것(3절). 동문으로는 아무도 들어와서는 안 되었기 때문에, 왕이 동문으로 들어올 수는 없다고 하여도, 다음과 같은 것들이 왕에게 허용된 것은 하나님이 왕을 존귀하게 대우하신 것이었다.

(1) 왕은 이 문에 앉아서 여호와 앞에서 음식, 즉 저 거룩한 음식인 화목제물 중 자신의 몫을 먹을 것이다.

(2) 왕은 이 문 현관으로 들어올 것이다. 여기에서 이 문 현관의 길이라 표현되어 있는 것은 동문 자체 또는 그 옆에 나 있는 작은 문 또는 쪽문을 가리킨다. 이것은 하나님이 그의 영광의 일부를 방백들, 즉 자기 백성의 왕들에게 나누어 주신다는 것을 의미하는 것이다. 왜냐하면, 하나님은 왕들에 대하여 너희는 신들이라고 말씀하셨기 때문이다. 어떤 이들은 여기에서 왕이라고 표현된 단어를 대제사장을 가리키는 것이라고 보고, 대제사장은 하나님을 대표하는 인물이었기 때문에 동문을 통해서 들어가는 것이 허용된 것이라고 이해한다. 그리스도께서는 우리가 믿는 도리의 대제사장이 되셔서, 스스로 지성소로 들어가 모든 믿는 자들에게 천국을 열어 주셨다.

[4]그가 또 나를 데리고 북문을 통하여 성전 앞에 이르시기로 내가 보니 여호와의 영광이 여호와의 성전에 가득한지라 내가 얼굴을 땅에 대고 엎드리니 [5]여호와께서 내게 이르시되 인자야 너는 전심으로 주목하여 내가 네게 말하는 바 여호와의 성전의 모든 규례와 모든 율례를 귀로 듣고 또 성전의 입구와 성소의 출구를 전심으로 주목하고 [6]너는 반역하는 자 곧 이스라엘 족속에게 이르기를 주 여호와께서 이같이 말씀하시기를 이스라엘 족속아 너희의 모든 가증한 일이 족하니라 [7]너희가 마음과 몸에 할례 받지 아니한 이방인을 데려오고 내 떡과 기름과 피를 드릴 때에 그들로

내 성소 안에 있게 하여 내 성전을 더럽히므로 너희의 모든 가증한 일 외에 그들이 내 언약을 위반하게 하는 것이 되었으며 <sup>8</sup>너희가 내 성물의 직분을 지키지 아니하고 내 성소에 사람을 두어 너희 직분을 대신 지키게 하였느니라 <sup>9</sup>주 여호와께서 이같이 말씀하셨느니라 이스라엘 족속 중에 있는 이방인 중에 마음과 몸에 할례를 받지 아니한 이방인은 내 성소에 들어오지 못하리라

이 단락의 요지는 우리가 43장의 첫 부분에서 보았던 것과 거의 동일하다. 선지자는 자기가 앞서 보았던 것을 다시 보아야 하는 것처럼 전에 들었던 것도 다시 들어야 한다. 앞에서처럼 여기에서도 그는 여호와의 영광이 성전에 가득한 것을 보았고, 그 광경을 보고서 경외감에 사로잡혀서 얼굴을 땅에 대고 엎드렸는데, 이것은 하나님을 경배하고 거룩한 경외심을 표현하는 가장 겸손한 자세였다. 내가 얼굴을 대고 엎드렸다(4절). 하나님의 영광을 보면 볼수록, 우리는 더욱더 낮아지게 된다는 것을 명심하라. 좀 더 살펴보자.

**I. 하나님이 선지자에게 그가 보고 들은 모든 것을 마음에 깊이 새겨두라고 명령하심**(5절).

1. "너는 네게 보여지는 것들, 특히 성전의 입구와 출구를 주목하라." 그는 그러한 것들을 특히 주목하여야 한다. 우리는 거룩한 것들을 알고자 할 때에 그러한 것들에 대한 추상적인 사변(思辨)이 아니라 그러한 것들과 직접적으로 접할 수 있는 분명하게 정해진 길을 찾아서 들어가며 나오며 꼴을 얻을 수 있도록 하여야 한다는 것을 명심하라.

2. "내가 네게 말하는 바 여호와의 성전의 모든 규례와 모든 율례를 귀로 들으라." 왜냐하면, 그는 이런 것들을 백성들에게 가르쳐야 했기 때문이다. 가르치는 자로 부르심을 받은 자들은 그들에게 맡겨진 것들을 하나라도 잊거나 잘못 알지 않도록 하기 위하여 아주 부지런히 신경을 써서 배우는 자가 되어야 한다는 것을 명심하라.

**II. 하나님이 선지자를 백성들, 즉 반역하는 자 곧 이스라엘 족속에게 그가 보고 들은 모든 것을 전하라고 심부름을 보내심**(6절). 이스라엘 족속이 그들을 완벽하게 알고 계시는 분으로부터 이런 평가를 받고 있다는 것, 하나님과 언약 관계에 있는 백성이 하나님을 거슬러 반역하고 있는 자들이라는 것은 서글픈 일이 아닐 수 없다. 이스라엘 족속이 반역자들이라면, 도대체 누가 하나

님의 신민(臣民)들이라는 말인가? 그러나 그들이 이스라엘 족속으로서 반역하는 자였음에도 불구하고 하나님이 그들을 내치지 않으시고 도리어 그의 사자(使者)를 보내셔서 그들에게 다시 돌아오라고 요청하시고 힘을 불어넣어 주시는 것은 하나님의 차고 넘치는 긍휼하심을 보여주는 한 예이다. 만약 그들을 멸하기를 기뻐하셨다면, 하나님은 이렇게 하지 않으셨을 것이다. 온 인류는 다 타락해서 여기에 나오는 이스라엘 족속과 같은 존재가 되어 있었다. 그러나 우리 주 예수께서는 높은 곳으로 오르실 때에 사람들, 즉 반역자들을 위하여 선물들을 받으셨는데, 이는 여기에서처럼 여호와 하나님이 그들과 함께 계시게 하기 위한 것이었다(시 68:18).

1. 그는 그들에게 그들의 잘못들을 말해 주어야 하고, 그들에게 그들이 어떠한 반역 행위들을 하고 있는지를 보여주어야 하며, 야곱 족속에게 그들의 죄들을 보여주어야 한다. 하나님의 백성을 위로하는 사명을 띠고 보내심을 받은 자들은 먼저 그들의 죄를 깨우쳐서 그들로 하여금 하나님의 위로를 받을 수 있도록 준비를 시켜야 한다는 것을 명심하라. 이스라엘 족속아 너희의 모든 가증한 일이 족하니라(6절). 오랫동안 죄 가운데 머물러 왔던 자들은 죄에 대하여 너무나 오랜 시간을 끌며 충분히 생각해 온 것이기 때문에 이제는 그들의 악한 길을 떠나야 마땅하다는 것을 명심하라. "너희가 음란과 정욕과 술취함과 방탕과 향락과 무법한 우상 숭배를 하여 이방인의 뜻을 따라 행한 것은 지나간 때로 족하도다(벧전 4:3). 왜냐하면, 너희가 지금까지 넌더리가 날 정도로 그런 짓을 해 와서, 지금쯤은 분명히 너희의 가증한 짓들에 대하여 신물이 났을 것이기 때문이다." 하나님이 여기에서 그들이 저지른 가증한 일들로 언급하신 것들은 이런 것들이었다.

(1) 그들이 성소의 특권들을 누릴 자격이 없는 자들에게 그러한 특권들을 허용하였다는 것. 하나님은 외인이 가까이 오면 죽일지니라(민 1:51; 3:10, 38; 18:7)고 말씀하셨지만, 그들은 외인들이 성소에 무단으로 들어오는 것을 묵인하였을 뿐만 아니라, 그들 자신이 외인들을 데리고 들어오기도 하였다(7절). 너희가 몸에 할례 받지 아니한 이방인, 따라서 율법상으로 성소에 들어올 자격이 없는 외인들을 데려왔다. 이것은 할례의 언약을 위반하는 것이었고, 선민(選民)으로서의 그들의 울타리를 무너뜨리는 것이었으며, 그들 자신을 나머지 세상 사람들과 똑같은 반열에 놓는 것이었다. 그렇지만 이 외인늘이 비록 할례를 받

지 않았다고 해도 경건하고 선한 자들이었다면, 그래도 다행히 이것은 그리 큰 범죄가 되지는 않았을지도 모른다. 그러나 이 외인들은 마음에도 할례를 받지 아니한 자들, 즉 하나님 앞에서 낮아지지도 않고 그 삶이 변화 받지도 않은 자들, 하나님과 모든 선에 대하여 진정한 외인들이었다. 그들이 희생제사를 드리러 온 것은 그들이 사람들과 어울려 노는 것을 좋아했기 때문에 희생제물을 가지고 사람들과 잔치하는 것을 즐기기 위해서였다. 이것은 그들의 가증한 일들 중의 하나였고, 이런 일을 통해서 그들은 하나님의 성소를 더럽혔다. 이것은 거룩한 것을 개에게 주는 것이었다(마 7:6). 대놓고 악하며 속된 자들을 하나님을 예배하는 자리에 들어오도록 허용하는 것은 하나님의 성소를 더럽히는 것이고 하나님을 크게 진노하시게 하는 것임을 명심하라.

(2) 그들은 외인들, 즉 이방인들에게 성소의 일을 맡겨서는 안 되는데도 그렇게 하였다는 것. 제사장들과 레위인들 외에는 그 누구도 성소에서 수종을 들어서는 안 되게 되어 있었다. 또한, 제사장이나 레위인이라고 해서 누구나 성소에서 섬길 수 있었던 것은 아니고, 오직 그 일을 할 자격을 갖춘 자들, 즉 아주 지혜롭고 정직하고 양심적이어서 거룩한 일들을 성심을 다해서 담당하기에 적합한 자들만이 성소에서 수종을 드는 것이 마땅한 일이었다. 그러나 그들은 담당자들을 선별할 때에 성소의 일을 할 만한 성품과 자격이 충분한지를 전혀 고려하지 않았다. "너희는 내 성소에 너희 마음에 드는 자들이나 뇌물을 바쳤거나 돈을 뜯어낼 가능성이 있는 자들이나 너희에게 아부하거나 성소의 율례들을 지키기보다는 너희를 기쁘게 해주는 자들을 두어 너희 직분을 대신 지키게 하였느니라. 이런 식으로 너희가 내 성물의 직분, 즉 나의 거룩한 것들에 대한 책무를 지키지 아니하였다." 거룩한 일들을 맡을 자들을 선별하는 책임을 맡은 자들이 어떤 속되고 이기적인 목적을 위해서 그 일에 부적합한 신실하지 않은 자들을 택하였다면, 그것은 거룩한 일들을 악한 손에 맡김으로써 그 일들을 망친 것이기 때문에, 그 책임은 그 악한 자들을 택한 자들에게 있다는 것을 명심하라.

2. 그는 그들에게 그들의 본분을 말해 주어야 한다(9절). "이방인은 먼저 성소의 율례들에 복종할 때까지는 내 성소에 들어오지 못하리라." 그러나 이 규례가 회개하고 믿는 이방인들까지도 교회에 들어올 수 없다는 것을 의미한다고 생각하는 사람이 있을까봐, 여기에서 이방인은 마음에 할례 받지 아니한 자, 하

나님과 이스라엘 간의 언약에 진심으로 동의하지 않은 자, 육체의 더러움을 벗어 버리지 않은 자라고 설명된다. 반면에, 믿음을 갖게 된 이방인들은 손으로 하지 아니한 할례를 받은 자들이다(골 2:11). 영에 있고 율법 조문에 있지 아니한 이 마음의 할례에 대해서는 믿음을 지니지 않은 유대인들이 외인이었고 아무런 상관도 없는 자들이었기 때문에, 그들은 할례를 받지 않은 이방인들이 성소에 들어오지 못하도록 하는 데에 대단한 열심을 보였는데, 이것은 그들이 헬라인들을 데리고 성전에 들어갔다고 의심해서 바울에 대하여 격분한 사건 속에서 잘 드러난다(행 21:28).

[10]이스라엘 족속이 그릇 행하여 나를 떠날 때에 레위 사람도 그릇 행하여 그 우상을 따라 나를 멀리 떠났으니 그 죄악을 담당하리라 [11]그러나 그들이 내 성소에서 수종들어 성전 문을 맡을 것이며 성전에서 수종들어 백성의 번제의 희생물과 다른 희생물을 잡아 백성 앞에 서서 수종들게 되리라 [12]그들이 백성을 위하여 그 우상 앞에서 수종들어 이스라엘 족속이 죄악에 걸려 넘어지게 하였으므로 내가 내 손을 들어 쳐서 그들이 그 죄악을 담당하였느니라 주 여호와의 말씀이니라 [13]그들이 내게 가까이 나아와 제사장의 직분을 행하지 못하며 또 내 성물 곧 지성물에 가까이 오지 못하리니 그들이 자기의 수치와 그 행한 바 가증한 일을 담당하리라 [14]그러나 내가 그들을 세워 성전을 지키게 하고 성전에 모든 수종드는 일과 그 가운데에서 행하는 모든 일을 맡기리라 [15]이스라엘 족속이 그릇 행하여 나를 떠날 때에 사독의 자손 레위 사람 제사장들은 내 성소의 직분을 지켰은즉 그들은 내게 가까이 나아와 수종을 들되 내 앞에 서서 기름과 피를 내게 드릴지니라 주 여호와의 말씀이니라 [16]그들이 내 성소에 들어오며 또 내 상에 가까이 나아와 내게 수종들어 내가 맡긴 직분을 지키되

성전의 주인 되시는 하나님은 성전을 다시 세우고자 하시는 지금 그의 종들인 제사장들을 살펴보시면서 어떤 자들의 직분을 박탈하고 어떤 자들에게 성소의 직무를 맡겨야 합당한지를 말씀하시며 그 기준에 따라 제사장들에 대하여 조치를 취하신다.

**I. 하나님을 배반한 제사장들은 강등되고 좌천되었다.** 이 제사장들은 전에 이스라엘이 배교할 때에 그 풍조를 따라서 그릇 행하여 그 우상을 따라 하나님을

멀리 떠난 자들이었다(10절). 그들은 우상을 섬긴 이스라엘이나 유다의 왕들을 따라서 그 왕들을 위하여 그들의 우상 앞에서 수종든(12절) 자들로서 우리야가 아하스 왕을 위하여 그랬듯이 그런 왕들과 더불어서 림몬 신전에 절하거나 우상들을 위하여 제단을 세움으로써 이스라엘 족속이 죄악에 걸려 넘어지게 하였고, 백성들을 죄로 이끌었으며, 백성들을 완악하게 하여 죄에 머물게 하였다. 왜냐하면, 제사장들이 그릇 행하면, 많은 사람들이 그들의 해로운 길들을 따르게 되는 법이기 때문이다. 아마도 바벨론에서도 일부 유대인 제사장들은 그곳의 우상 숭배자들과 야합하여 유대인들의 신앙에 큰 치욕이 되었을 것이다. 이렇게 기만적으로 행한 제사장들이 이제 하나님의 진노 아래 놓이게 된 것은 마땅한 일이었다. 또는, 그들이 죽었다면(이 범죄가 포로기 이전에 저질러진 것이라면, 그랬을 가능성이 높다), 그 죄악에 대한 벌은 그들의 자손들이 담당하게 될 것이었다. 또는, 이러한 범죄를 저지른 자들은 아비아달의 가문 전체였고, 이제 하나님이 그들에게 그 죄를 물으시는 것일 수도 있다.

1. 하나님은 그들에게서 그들의 직분을 부분적으로 박탈하여 제사장의 위엄을 빼앗아 평범한 레위인으로 강등시키는 선고를 내리신다. 하나님은 손을 들어 그들을 쳐서, 그들이 그 죄악을 담당하게 될 것이라고, 즉 그들이 반드시 그 죄악으로 인하여 고통과 수치를 겪게 될 것이라고 맹세로써 말씀하셨다(12절). 그들이 자기의 수치를 담당하리라(13절). 왜냐하면, 그들은 비록 그 죄악을 회개하였다고 할지라도(우리는 그랬을 것이라고 기대한다), 하나님께 가까이 나아와 제사장의 직분, 즉 제사장들의 고유한 직분을 행하지 못하며, 성소 안에 있는 성물에 가까이 오지 못하게 될 것이기 때문이다(13절). 하나님에게서 그 존귀하심을 빼앗은 자들이 그들의 존귀함을 빼앗기게 되는 것은 마땅한 일이다. 하나님께 가까이 나아가는 것을 금지당하는 것은 정말 큰 벌인데, 한 번 하나님을 떠난 자들에게 다시는 하나님께 가까이 나아갈 수 없게 되고 영원히 멀리 떨어져 있어야 하는 벌이 내려지는 것은 합당하다.

2. 그렇지만 하나님의 이러한 선고 속에는 긍휼도 같이 섞여 있다. 하나님을 배반한 자들을 마땅히 엄하게 다스리셔야 하는데도, 하나님은 그렇게 하지 않으시고 그 벌을 완화시켜 주신다(11, 14절). 그들은 단지 그들의 직분 중 일부를 박탈당했을 뿐이고, 그들의 보수는 전혀 줄어들지 않은 것으로 보인다. 그들은 레위인들에게 허용되었던 희생물을 잡는 일을 하게 되었다. 이 성전에서 이

일은 제단이 아니라 상에서 행해졌다(40:39). 그들은 성전 문에서 짐꾼들이 될 것이고, 성전에 모든 수종드는 일을 행하는 자들이 될 것이다. 어떤 일에 쓰임 받기에 적합하지 않은 자들이 또 다른 일에는 적합할 수 있다는 것을 명심하라. 한 번 범죄한 자들조차도 완전히 내쳐지거나 한쪽으로 밀쳐내지 않고 하나님의 일에 사용될 수 있다.

**Ⅱ. 믿음을 지킨 자들은 존귀함을 받고 그 직분이 더욱 견고해졌다**(15-16절). 이런 자들은 다른 자들과 뚜렷하게 구별이 된다. "사독의 자손들은 다른 사람들이 모두 배교하던 때에 그들의 신앙을 지켰고 남들이 다 어그러진 길로 갈 때에 그릇 행하지 아니하였기 때문에 내게 가까이 나아오고 내 상에 가까이 나아올 것이니라." 하나님은 흔들어 보시고 시험해 보시는 때에 변함없이 그에게 충성을 다하고 있다는 증거들을 보인 자들에게 존귀함을 더하실 것이고, 남들이 그를 배반하고 뒤로 물러갈 때에 변함없이 그를 섬긴 자들을 계속해서 그의 일에 쓰실 것임을 명심하라. 시험의 때에 자신의 본분을 지킨 자들에게 하나님이 주시는 참되고 큰 상급은 그들로 하여금 자신의 본분을 더욱 견고히 지켜 나갈 수 있도록 해주시는 것이다. 우리가 하나님께 충성하면, 하나님은 우리가 계속해서 하나님께 충성할 수 있게 해주실 것이다.

[17]그들이 안뜰 문에 들어올 때에나 안뜰 문과 성전 안에서 수종들 때에는 양털 옷을 입지 말고 가는 베 옷을 입을 것이니 [18]가는 베 관을 머리에 쓰며 가는 베 바지를 입고 땀이 나게 하는 것으로 허리를 동이지 말 것이며 [19]그들이 바깥뜰 백성에게로 나갈 때에는 수종드는 옷을 벗어 거룩한 방에 두고 다른 옷을 입을지니 이는 그 옷으로 백성을 거룩하게 할까 함이라 [20]그들은 또 머리털을 밀지도 말며 머리털을 길게 자라게도 말고 그 머리털을 깎기만 할 것이며 [21]아무 제사장이든지 안뜰에 들어갈 때에는 포도주를 마시지 말 것이며 [22]과부나 이혼한 여인에게 장가 들지 말고 오직 이스라엘 족속의 처녀나 혹시 제사장의 과부에게 장가 들 것이며 [23]내 백성에게 거룩한 것과 속된 것의 구별을 가르치며 부정한 것과 정한 것을 분별하게 할 것이며 [24]송사하는 일을 재판하되 내 규례대로 재판할 것이며 내 모든 정한 절기에는 내 법도와 율례를 지킬 것이며 또 내 안식일을 거룩하게 하며 [25]시체를 가까이 하여 스스로 더럽히지 못할 것이로되 부모나 자녀나 형제나 시집 가지 아니한 자매를 위하여는 더럽힐 수 있으며 [26]이런 자는 스스로 정결하게 한 후에 칠 일을 더 지낼 것이

요 27성소에서 수종들기 위해 안뜰과 성소에 들어갈 때에는 속죄제를 드릴지니라 주 여호와의 말씀이니라 28그들에게는 기업이 있으리니 내가 곧 그 기업이라 너희는 이스라엘 가운데에서 그들에게 산업을 주지 말라 내가 그 산업이 됨이라 29그들은 소제와 속죄제와 속건제의 제물을 먹을지니 이스라엘 중에서 구별하여 드리는 물건을 다 그들에게 돌리며 30또 각종 처음 익은 열매와 너희 모든 예물 중에 각종 거제 제물을 다 제사장에게 돌리고 너희가 또 첫 밀가루를 제사장에게 주어 그들에게 네 집에 복이 내리도록 하게 하라 31새나 가축이 저절로 죽은 것이나 찢겨서 죽은 것은 다 제사장이 먹지 말 것이니라

하나님의 제사장들은 속인(俗人)들이 아니라 성직자들이다. 그래서 하나님은 여기에서 그들이 스스로 지켜 나가야 할 규칙들을 제시하시며, 그들에게 이러한 규칙들을 따라 살아가도록 격려하신다. 여기에 주어진 지시 사항들은 이런 것들이다.

I. **의복에 대하여.** 그들은 안뜰에 들어올 때에나 안뜰과 성소에서 수종들 때에는 양털 옷이 아니라 가는 베 옷을 입어야 한다. 왜냐하면, 양털 옷은 땀이 나게 하는 것이기 때문이다(17-18절). 그들은 그들의 일에 좀 더 집중할 수 있도록 시원한 옷을 입어야 한다. 그들은 제단에서 일을 해야 해서 항상 불을 가까이 하고 있었기 때문에 더더욱 그럴 필요가 있었다. 그들은 항상 청결하고 단정하게 옷을 입어야 했고 땀이 나게 하거나 더러운 것은 어떤 것이라도 피해야 했는데, 이것은 우리가 하나님을 섬길 때에는 정결한 마음을 지녀야 한다는 것을 보여주는 것이었다. 땀은 죄로 말미암아 온 것으로서 저주의 일부였다. 네가 얼굴에 땀을 흘려야 먹을 것을 먹으리라(창 3:19). 옷도 죄로 말미암아 온 것이었고, 가죽옷도 마찬가지였다(창 3:21). 그러므로 제사장들은 가능한 한 얇고 가벼운 옷을 입어야 하고, 땀이 나게 하는 옷은 피해야 했다. 그들은 직무를 다 행하고 나서는 옷을 다시 바꿔 입고, 가는 베 옷은 그러한 용도로 사용되는 거룩한 방에 두어야 했다(19절; 42:14). 그들은 그들의 거룩한 옷을 입은 채로 백성들 가운데로 나가서는 안 되었는데, 이는 백성들이 그 거룩한 옷을 만지고서는 그들 자신이 거룩해졌다고 괜한 생각을 하지 않도록 하기 위한 것이었다. 또는, 제사장의 의복은 거룩하기 때문에, 그들은 백성의 뜰로 나갈 때에는 다른 옷, 즉 평상복으로 갈아 입어야 했다(42:14).

**II. 머리털에 대하여.**   그들은 양쪽의 극단을 피해야 하기 때문에 이방의 제관들이나 로마 가톨릭 교회의 사제들처럼 머리털을 밀지도 말며, 사실은 나실인이 아닌데도 그렇게 오인될 수 있기 때문에 머리털을 길게 자라게도 말아야 하고(20절), 단지 위엄 있고 단정하게 그 머리털을 짧게 깎아야 한다. 남자, 특히 성직자에게 긴 머리가 있으면, 그것은 합당하지 않다(고전 11:14). 긴 머리는 여자 같은 모양새이다.

**III. 음식에 대하여.**   그들은 성소에 직무를 행하러 들어갈 때에는 포도주를 마시지 말아야 하는데, 이는 그들이 술을 많이 마시고서 규례를 잊어버리는 일이 없도록 하기 위한 것이었다(21절). 왕들도 포도주를 마시지 않는 편이 더 좋다고 되어 있기 때문에, 제사장들의 경우는 더더욱 두말할 필요가 없다(레 10:9; 잠 31:4-5).

**IV. 혼인에 대하여**(22절).   이 일에 있어서 그들은 그들의 직분을 고려해서, 적어도 천박하고 뻔뻔스럽다는 의심의 눈초리 아래에 있었던 이혼한 여인이나 과부와 결혼해서는 안 된다. 다만, 제사장 가문의 법도가 몸에 배어 있는 제사장의 과부와 혼인하는 것은 허용되었다. 성직자들에게 금지된 이런 혼인이 일반 사람들에게는 허용될 수 있지만, 이 일에서 성직자들은 그들의 직분을 존귀하게 여겨서 그들 자신을 부인하여야 마땅하다. 제사장들 자신과 마찬가지로 그들의 아내들도 사람들로부터 좋은 평판을 얻어야 그들의 직분이 훼방을 받지 않는다.

**V. 가르치는 일과 치리(治理)에 대하여.**

1. 백성들을 가르치는 것은 그들의 직무의 일부였다. 이 일에서 그들은 그들이 능숙하고 믿을 만하다는 것을 나타내 보여야 한다(23절). 그들은 내 백성에게 거룩한 것과 속된 것의 구별을 가르치며, 선과 악, 합법적인 일과 불법적인 일을 가르쳐서, 백성들로 하여금 합법적인 일을 주저하지 않게 하고 불법적인 일을 감행하지 않게 하며, 거룩한 것을 더럽히거나 속된 것으로 그들 자신을 더럽히지 않게 하여야 한다. 사역자들은 사람들로 하여금 부정한 것과 정한 것을 분별하게 하는 일에 힘써서, 그들로 하여금 옳은 것과 잘못된 것을 분명하게 구별하고 그 점에서 실수가 없게 하여서 악을 선하다 하며 선을 악하다 하는 일이 일어나지 않게 하고, 그들 자신의 행위에 대하여 올바르게 분별하고 판단할 수 있게 하여야 한다.

2. 고소 사건들을 재판하는 것은 그들의 직무의 일부였다(신 17:8-9). 그들은 백성들이 송사하는 일을 재판할 것이다(24절). 그들은 옳은 것을 옹호하는 정직성을 지녀야 할 것이고, 옳은 판결을 내렸을 때에는 그 판결을 끝까지 지키는 용기를 지녀야 할 것이다. 그들은 그들 자신의 생각이나 성향이나 세속적인 이해관계에 따라서가 아니라 하나님의 규례대로 재판하여야 한다. 이것은 그들의 준칙이자 기준이 되어야 한다. 사역자들은 성도들 간의 분쟁을 하나님의 말씀, 즉 율법과 증거의 말씀을 따라 해결하여야 한다는 것을 명심하라. 재판관은 치우침이 없어야 한다. 제사장들의 직무는 하나님의 이름으로 재판을 하고 하나님의 백성의 회합을 주재하는 것이다. 그들은 그러한 것들을 율례집을 따라서 행하여야 한다. 그들은 하나님의 모든 성회에서 하나님의 율례를 지켜야 한다. 하나님은 자기 백성의 성회를 그의 성회라고 부르신다. 왜냐하면, 성회들은 하나님께 영광을 돌리기 위하여 하나님의 이름으로 열리는 것이기 때문이다. 사역자들은 이 성회들을 주재하는 자들이기 때문에, 그들의 모든 행위는 하나님의 율법에 맞아야 한다. 교회를 다스리는 자들로서의 그들의 또 다른 일은 하나님의 안식일을 거룩하게 하고, 거룩한 날에 걸맞는 세심함과 공경하는 마음으로 안식일의 공적인 사역을 행하며, 하나님의 백성이 그 날을 거룩하게 지키고 그 날을 더럽히는 그 어떤 일도 하지 않도록 살피는 것이다.

**VI. 가족이 죽었을 때의 애곡에 대하여.** 여기에 나오는 법도는 모세의 율법과 일치한다(레 21:1, 11). 제사장은 자신의 가족이 죽은 경우를 제외하고는 그 어떤 시체도 가까이 해서는 안 된다(25절) ― 그들은 죽은 행실에서 정결하게 되어야 하기 때문에. 사랑하는 가족이 죽었을 때에 경건한 슬픔을 고상하게 표현하는 일은 사역자로서의 품위에 어긋나는 것이 아니다. 그렇지만 이렇게 가족의 시체를 접촉한 경우에는 제의적으로 부정하게 된 것이기 때문에, 그들은 다시 직무에 복귀하기 전에 속죄제를 드려서 정결함을 얻어야 한다(26-27절). 죽은 자를 애도하는 것은 지극히 합당하고 칭찬할 만한 일이지만, 지나치게 슬퍼하거나 슬픔을 위장함으로써 범죄할 위험성이 있다는 것을 명심하라.

**VII. 생계에 대하여.** 그들은 그들이 섬기는 제단에 의지해서 살아야 하고, 평안히 살아야 한다(28절). "너희는 이스라엘 가운데에서 그들에게 땅이나 집 같은 산업을 주지 말아서, 그들이 이 세상 일에 얽매이고 휘말리는 일이 없게 하라." 왜냐하면, 하나님은 내가 곧 그들의 기업이라고 말씀하셨으므로 그들에게는 다른 기업이 있을 필요가 없고, 내가 그들의 산업이 됨이라고 말씀하셨으므로 그들은 다른 것들을 소유할 필요가 없기 때문이다. 일정 정도의 땅은 그들에게 주어졌지만(48:10), 그들의 주된 수입원은 그들이 행하는 직무를 통해서 얻어졌다. 그들은 백성들이 하나님의 것으로 바친 것들을 받아서 그것들로 생활을 하였다. 그들은 성물(聖物)들로 생활하였기 때문에, 하나님 자신이 그들의 기업이자 그들의 잔이었다. 하나님을 자신의 기업이자 산업으로 삼는 자들은 이 땅의 소유나 기업의 많은 것을 탐하지 말아야 하고, 적은 것으로 만족하여야 한다는 것을 명심하라. 우리에게 하나님이 계시다면, 우리는 전부를 가진 것이기 때문에, 우리는 차고 넘치게 가지고 있다고 생각하는 것이 마땅하다. 좀 더 살펴보자.

1. 제사장들은 생계를 유지하기 위해서 백성들로부터 무엇을 받게 되어 있었는가.

(1) 속죄제와 속건제의 제물들에서 나온 고기는 제사장들과 그들의 가족들이 먹는 고기가 되었고, 소제로 드려진 제물들은 그들에게 떡을 만들 재료를 공급해 주었다. 우리가 하나님께 바치는 것들은 결국 우리의 유익으로 되돌아온다.

(2) 이스라엘 중에서 구별하여 드려진 모든 물건들은 제사장들의 것이 되었다. 그것들은 많은 경우에 돈으로 바뀌어져서 제사장들에게 주어졌다. 이것은 30절에 설명되어 있다. 너희는 너희 모든 예물 중에 각종 거제 제물(이러한 예물들은 개혁과 헌신의 때에는 상당히 많을 것이었다)을 제사장에게 돌리라. 이 예물들에 관한 율법은 레위기 27장에 나온다.

(3) 밀가루를 만들거나 열매들을 거두어들였을 때에 첫 밀가루와 각종 처음 익은 열매는 제사장들의 것이었다. 첫째이신 하나님은 첫 번째의 것을 가지셔야 마땅하다. 첫 번째의 것이 하나님의 것이라면, 그것은 곧 그의 제사장들의 몫이다. 우리는 우리가 가진 것의 일부를 먼저 경건과 구제의 일들을 위하여 따로 떼어 놓은 후에야 비로소 그것을 평안히 누릴 수 있다. 사도 바울이 성도들에게 매주 첫날에 경건한 용도를 위해서 각 사람이 수입에 따라 모아 두게 한 것은 여기에 나온 규례와 상당히 유사하다(고전 16:2). 제사장들은 이렇게 아주 잘 공급을 받았기 때문에, 만약 그들이 저절로 죽은 것이나 찢겨서 죽은 것을 먹는다면(이것은 모든 이스라엘 사람을 구속하는 율법을 거스르는 일이었다), 그들은 변명할 말이 없을 것이었다(31절). 일용할 양식이 없어서 그랬다면 그런 경

우에 면죄부를 기대할 수도 있을지 모르지만, 제사장들은 그런 경우에 결코 해당될 수 없었다. 사람이 가난하면 죄에 대한 많은 유혹을 받게 되지만, 제사장들은 필요한 것들을 아주 충분히 공급받았기 때문에, 그들에게는 변명의 여지가 있을 수 없었다.

2. 백성들은 그러한 것들에 대한 보답으로 제사장들로부터 무엇을 기대할 수 있었는가. 선지자나 제사장에게 은혜를 베푼 자들은 선지자나 제사장의 상을 받게 될 것이다. 제사장은 그들의 집에 복이 내리도록 할 것이다(30절). 하나님은 복을 명하심으로써 복을 내리실 수 있으시고, 제사장은 그들의 집이 복받기를 기도해 줌으로써 복을 내릴 수 있다. 백성들을 위하여, 즉 회중들만이 아니라 백성들의 가족들을 위해서도 여호와의 이름으로 복을 빌어 주는 것은 제사장의 직무 중의 하나였다. 하나님의 복이 어느 집에 임하여 그 복이 계속해서 그 집에 머물게 하고, 우리가 거하는 곳에 그 복이 거할 뿐만 아니라 우리의 후손들의 집에도 그 복이 대대로 이어진다면, 그것보다 더한 위로가 없을 것이다. 하나님의 축복이 우리의 재물에 머물게 하는 길은 그 재물로 하나님을 존귀하게 해 드리고, 거기에서 일부를 하나님과 그의 사역자들, 하나님과 그의 가난한 자들에게 나눠 주는 것이다. 하나님은 이렇게 의로운 자들의 집을 반드시 축복하신다(잠 3:33). 사역자들은 그들에게 은혜를 베푸는 가정들을 말씀으로 가르치고 그들을 위하여 기도함으로써 그 가정들에 하나님의 축복이 임하도록 하기 위한 자신의 역할을 다하여야 한다. 이 집이 평안할지어다.

제
— 45 —
장

## 개요

하나님은 이 장에서 환상 가운데서 선지자에게 추가적으로 다음과 같은 것들을 보이신다. I. 거룩한 땅의 분할. 성전과 그 성전을 섬기는 제사장들을 위한 땅(1-4절), 레위인들을 위한 땅(5절), 성읍을 위한 땅(6절), 왕과 나머지 백성을 위한 땅(7-8절). II. 왕과 백성에게 주어진 공의의 규례들(9-12절). III. 그들이 드릴 예물들과 이 예물들 중에서 왕의 몫(13-17절). 특히, 정월 초하룻날(18-20절)과 유월절과 장막절에 드릴 예물들(21-25절). 이 모든 것은 그 범위와 정결함에 있어서 구약 교회를 훨씬 능가하게 될 복음 아래에서 세워질 새로운 교회의 모습을 나타내는 것으로 보인다.

[1]너희는 제비 뽑아 땅을 나누어 기업으로 삼을 때에 한 구역을 거룩한 땅으로 삼아 여호와께 예물로 드릴지니 그 길이는 이만 오천 척이요 너비는 만 척이라 그 구역 안 전부가 거룩하리라 [2]그 중에서 성소에 속할 땅은 길이가 오백 척이요 너비가 오백 척이니 네모가 반듯하며 그 외에 사방 쉰 척으로 전원이 되게 하되 [3]이 측량한 가운데에서 길이는 이만 오천 척을 너비는 만 척을 측량하고 그 안에 성소를 둘지니 지극히 거룩한 곳이요 [4]그 곳은 성소에서 수종드는 제사장들 곧 하나님께 가까이 나아가서 수종드는 자들에게 주는 거룩한 땅이니 그들이 집을 지을 땅이며 성소를 위한 거룩한 곳이라 [5]또 길이는 이만 오천 척을 너비는 만 척을 측량하여 성전에서 수종드는 레위 사람에게 돌려 그들의 거주지를 삼아 마을 스물을 세우게 하고 [6]구별한 거룩한 구역 옆에 너비는 오천 척을 길이는 이만 오천 척을 측량하여 성읍의 기지로 삼아 이스라엘 온 족속에게 돌리고 [7]드린 거룩한 구역과 성읍의 기지 된 땅의 좌우편 곧 드린 거룩한 구역의 옆과 성읍의 기지 옆의 땅을 왕에게 돌리되 서쪽으로 향하여 서쪽 국경까지와 동쪽으로 향하여 동쪽 국경까지니 그 길이가 구역 하나와 서로 같을지니라 [8]이 땅을 왕에게 돌려 이스라엘 가운데에 기업으로 삼게 하면 나의 왕들이 다시는 내 백성을 압제하지 아니하리라 그 나머지 땅은 이스라엘 족속에게 그 지파대로 줄지니라

이 단락에는 유대인들이 고국으로 돌아온 후에 그 땅을 어떻게 나누어야 하는지에 대한 지시 사항들이 나온다. 그들이 그 땅을 다시 차지하기도 전에 하나님이 이렇게 그 땅을 어떻게 나누어야 하는지를 지시하시는 것은 결코 어리석은 일이 아니라 믿음의 일이었다. 바벨론에 잡혀 있는 포로들에게는 그들이 고국 땅으로 돌아가게 될 뿐만 아니라 비록 그들의 수가 지금 적다고 하여도 생육하고 번성하여 머지않아 그 땅을 가득 채우게 되리라는 말씀을 듣는 것은 환영할 만한 소식이었을 것이다. 그러나 이것은 유대인들이 포로 생활에서 돌아온 후에 유대 나라에서는 결코 성취되지 않았고, 기독교회를 통해서 성취될 것이었다. 왜냐하면, 기독교회는 이방인들이 들어옴으로써 완전히 새로운 모습을 띠었고(여기에 나오는 거룩한 땅의 분할은 여호수아 시대 때의 땅의 분할과 판이하게 다르다) 아주 많이 커졌기 때문이다. 그리고 가나안 땅은 언제나 천국의 모형이었기 때문에, 여기에 나오는 것은 천국에서 완전하게 성취될 것이다.

1. 성소에 배정된 구역. 거기에는 성전이 지어지고, 성전의 모든 뜰들과 주변 설비가 들어설 것이었다. 성전 주변의 나머지 땅은 제사장들의 몫이었다. 이 성소 구역은 여호와께 드려진 예물이라 불린다(1절). 왜냐하면, 하나님의 예배를 유지하고 밑받침하며 거룩한 신앙의 진보를 위하여 경건의 일들에 드려진 것은 순전한 마음으로 드려진 것이기만 하면 하나님은 그에게 드려진 것으로 여겨 기쁘게 받으시기 때문이다. 이 구역은 떡덩이 전체를 거룩하게 하는 처음 익은 곡식 가루처럼 가장 먼저 구별되어야 하는 이 땅의 거룩한 구역이다. 거룩한 신앙과 성직자들을 밑받침하는 일에 땅들을 바치는 것은 영원히 칭찬받을 만하고 후손에게 유익을 끼치는 경건의 행위이다. 이 땅의 거룩한 구역은 측량을 통해서 그 경계를 확정하여, 성소가 세월이 흐르면서 정해진 구역을 넘어서서 이 땅 전체를 잠식하는 일이 없게 하여야 한다. 교회의 땅은 거기까지만 미치고 그 이상으로는 확장되어서는 안 된다. 우리나라에서도 교회에 땅을 기부하는 일은 옛적부터 영구양도법(statute of mortmain)의 제한을 받아 왔다. 성소에 할당된 땅은 그 길이가 25,000장대(어떤 이들은 여기에서 사용된 단위는 장대가 아니라 규빗이라고 주장한다), 그 너비는 10,000장대였다(대략적으로 길이가 80마일이고 너비가 30마일이라고 말하는 이들도 있고, 25마일과 10마일이라고 말하는 이들도 있다). 성전에서 섬기기 위해서 가까이에 있어

야 했던 제사장들과 레위인들은 이 땅의 거룩한 구역에서 성소 주변에 그들의 거처를 두었다. 반면에, 여호수아 시대에 이 땅을 분배할 당시에는 제사장들과 레위인들의 성읍들은 전국에 걸쳐 흩어져 있었다. 이것은 복음 사역자들은 그들이 담당한 구역에 거주하여야 한다는 것을 보여주는 것이다. 복음 사역자들은 그들의 사역지에 살아야 한다.

2. 성소 구역 옆에 있는 땅은 성읍의 기지로 배정되었다. 거기에는 거룩한 도성이 세워질 것이었고, 시민들은 성읍에 배정된 땅에서 나는 것들로 생계를 꾸려나가도록 되어 있었다(6절). 성읍의 기지는 이전과는 달리 어느 특정 지파의 몫이 아니라 이스라엘 온 족속에게 돌려질 것이었다. 실제로 유대인들이 포로 생활에서 돌아온 후에 모든 지파의 사람들 가운데 일부가 도성에 거주하였다(느 11:1-2). 도성 구역은 그 길이는 성소와 동일하였지만 너비는 성소의 절반 밖에 되지 않았다. 왜냐하면, 도성은 교역으로 부유하게 되어서, 땅이 그리 많이 필요하지 않았기 때문이었다.

3. 성소 구역과 성읍 구역 옆의 땅은 왕의 땅으로 할당되었다(7-8절). 왕의 땅은 측량이 되지 않고, 단지 거룩한 구역과 성읍의 기지 된 땅의 좌우편에 있다고만 말해지는데, 이것은 왕에게는 그의 재력과 권세로 이 두 구역을 보호해야 할 책무가 있다는 것을 말해 주는 것이다. 어떤 이들은 왕의 몫이 성소 구역과 도성 구역을 합한 것과 같았다고 보고, 어떤 이들은 이 두 구역을 제외한 나머지 땅이 동일한 면적으로 된 13개의 구역으로 나뉘어 왕과 열두 지파가 각각 한 구역씩을 차지하였다고 본다. 나랏일을 끊임없이 돌보아야 하는 왕은 백성들을 압제하고 착취하고자 하는 유혹에 빠지지 않도록 자신의 위엄을 지킬 수 있을 만한 재력을 가져야 한다. 물론, 큰 재력을 가지고 있으면서도 백성들을 압제하는 자들이 많았지만, 하나님의 은혜가 그것을 막아줄 것이었다. 왜냐하면, 하나님은 나의 왕들이 다시는 내 백성을 압제하지 아니하리라고 약속하시기 때문이다. 하나님은 화평을 세워 관원으로 삼으며 공의를 세워 감독으로 삼으실 것이다. 그럼에도 불구하고, 우리는 유대인들이 고국 땅으로 돌아온 후에 그들의 통치자들이 착취한다고 불평하는 것을 본다 ― 느헤미야는 먼저 있었던 총독들과는 달리 훌륭한 정사(政事)를 펼쳤지만(느 5:15, 18). 그러므로 이 신비의 거룩한 나라의 왕에 대한 내용들 중 많은 부분은 복음 교회 시대에 방백들은 교회의 양부들이 되고 기독교인 왕들은 교회의 후견인과 보호자들이 될 것임을

보여주는 것이다. 왕들이 고백하는 거룩한 종교는 그들이 하나님의 백성을 압제하는 것을 막아줄 것이다. 왜냐하면, 그들은 왕의 백성이기 이전에 하나님의 백성이기 때문이다.

4. 나머지 땅은 이스라엘 족속에게 그 지파대로 분배되었다. 그들은 이스라엘의 증언과 심판의 보좌를 곁에 가까이 두고 있었기 때문에 그들이 잘 정착할 수 있으리라고 생각했을 것이다.

9주 여호와께서 이같이 말씀하셨느니라 이스라엘의 통치자들아 너희에게 만족하니라 너희는 포악과 겁탈을 제거하여 버리고 정의와 공의를 행하여 내 백성에게 속여 빼앗는 것을 그칠지니라 주 여호와의 말씀이니라 10너희는 공정한 저울과 공정한 에바와 공정한 밧을 쓸지니 11에바와 밧은 그 용량을 동일하게 하되 호멜의 용량을 따라 밧은 십분의 일 호멜을 담게 하고 에바도 십분의 일 호멜을 담게 할 것이며 12세겔은 이십 게라니 이십 세겔과 이십오 세겔과 십오 세겔로 너희 마네가 되게 하라

이 단락에서는 왕과 백성들을 위한 몇몇 공의의 일반 원칙들, 분배 정의와 교환 정의에 관한 원칙들이 제시되고 있다. 왜냐하면, 정직함이 없는 경건은 단지 경건의 모양일 뿐이어서, 하나님을 기쁘시게 해 드리지도 못하고 그 누구에게도 유익이 되지 못하기 때문이다. 그러므로 여호와 하나님께서는 교회의 왕으로서의 권위로 다음과 같은 법들을 제정하신다.

1. 통치자들은 그들의 신민(臣民)을 압제하지 말고, 공명정대하고 충실하게 공의를 베풀어야 한다는 것(9절). "이스라엘의 통치자들아, 너희가 백성들을 압제하고 폭력으로 강탈하여 재물을 모으고 오랫동안 양 무리인 백성들을 먹이기는커녕 그들을 속여 빼앗아 온 것으로 충분하지 않는가. 그러니 이제부터는 다시는 그런 짓들을 하지 말라." 오랫동안 그릇 행하여 왔던 왕들과 큰 자들에게도 지금은 마음을 고쳐먹고 행실을 바로해야 할 적절한 때라는 것을 명심하라. 왜냐하면, 잘못된 것을 옳다고 하는 그런 법은 없을 것이기 때문이다. 그들은 오랫동안 백성들을 압제하는 데에 습관이 되어 있고, 그러한 관습이 그들을 지지해 줄 것이기 때문에, 계속해서 그렇게 행하여도 괜찮을 것이라고 말하지 말고, 그들이 오랫동안 그런 일을 해왔기 때문에 여기에서 말씀하고 있는 것처럼

그런 일은 지나간 때로 족하니 이제 포악과 겁탈을 버려야 하겠다고 말해야 한다. 그들은 잘못된 요구들을 취소하고 잘못된 관행들을 버리며 폭력을 행하는 자들을 그들 곁에서 몰아내어야 한다. 또한, 그들은 백성에게 속여 빼앗는 것을 그치고, 무겁게 매긴 세금들을 덜어 주어서 백성들의 짐을 덜어 주어야 하며, 권세를 지닌 자들이 마땅히 그래야 하듯이 율법을 따라 정의와 공의를 행하여야 한다. 모든 왕들, 특히 이스라엘의 왕들은 정의를 행하는 데에 관심을 기울여야 한다는 것을 명심하라. 왜냐하면, 그들이 다스리는 백성들에 대하여 하나님은 그 백성은 내 백성이라고 말씀하고 계시고, 그들은 하나님을 대신하여 다스리는 것이기 때문이다.

2. 장사하는 자들은 서로 속이는 일이 없어야 한다는 것(10절). 너희는 돈이나 물건의 무게를 달기 위해 공정한 저울과 곡식이나 밀가루 같은 것들을 달기 위해 공정한 에바와 액체나 포도주, 기름 같은 것들을 달기 위해 공정한 밧을 쓸지니라. 에바와 밧은 그 용량을 동일하게 해서 십분의 일 호멜 또는 고르로 하여야 한다(11절). 따라서 에바와 밧은 7와인 갤런(즉, 약 26.5리터)에 4파인트(즉, 2.28리터)를 더한 것보다 약간 더 많은 용량이었다(컴버랜드 박사의 계산에 의하면). 한 오멜은 십분의 일 에바(출 16:36)이자 백분의 일 호멜로서 대략 6파인트(1파인트는 0.57리터)의 용량이었다. 세겔은 이십 게라(13절), 이분의 일 로마 온스, 영국 돈으로는 2실링 4와 1/4페니, 앞에서 말한 컴버랜드 박사의 정확한 계산에 의하면 약 팔분의 일 파싱(farthing)이었다. 마네는 세겔을 기준으로 정해졌는데, 화폐가 아니라 단지 무게 단위일 때에는 정확히 100세겔이었다. 이것은 매 방패에 든 금이 삼 마네라고 말하고 있는 열왕기상 10:17과 방패 하나에 든 금이 삼백 세겔이라고 말하고 있는 역대하 9:16을 비교해 보면 알 수 있다. 그러나 마네가 화폐 단위로 사용될 때에는 육십 세겔이었고, 여기에서는 이것을 이십 세겔과 이십오 세겔과 십오 세겔로 너희 마네가 되게 하라고 말하고 있는데, 이런 식의 셈법을 사용한 것은 당시에는 20세겔, 25세겔, 15세겔짜리 동전들이 통용되고 있었고, 이 세 가지 동전을 하나씩 모았을 때에 한 마네가 되기 때문이었다(컴버랜드 박사가 지적하고 있듯이). 하나님의 백성 이스라엘은 그들의 모든 거래에서 아주 정직하고 공정해야 하고, 그들이 내야 할 모든 것들의 계산에서 아주 정확해야 하며, 아무에게도 잘못을 행하는 일이 없도록 대단히 조심해야 한다. 왜냐하면, 그렇게 하지 않았을 때에는 그들의 신앙은 하

나님께는 열납되지 않고 사람들 앞에서는 평판이 나빠지기 때문이다.

[13]너희가 마땅히 드릴 예물은 이러하니 밀 한 호멜에서는 육분의 일 에바를 드리고 보리 한 호멜에서도 육분의 일 에바를 드리며 [14]기름은 정한 규례대로 한 고르에서 십분의 일 밧을 드릴지니 기름의 밧으로 말하면 한 고르는 십 밧 곧 한 호멜이며 (십 밧은 한 호멜이라) [15]또 이스라엘의 윤택한 초장의 가축 떼 이백 마리에서는 어린 양 한 마리를 드릴 것이라 백성을 속죄하기 위하여 이것들을 소제와 번제와 감사 제물로 삼을지니라 주 여호와의 말씀이니라 [16]이 땅 모든 백성은 이 예물을 이스라엘의 군주에게 드리고 [17]군주의 본분은 번제와 소제와 전제를 명절과 초하루와 안식일과 이스라엘 족속의 모든 정한 명절에 갖추는 것이니 이스라엘 족속을 속죄하기 위하여 이 속죄제와 소제와 번제와 감사 제물을 갖출지니라 [18]여호와께서 이같이 말씀하셨느니라 첫째 달 초하룻날에 흠 없는 수송아지 한 마리를 가져다가 성소를 정결하게 하되 [19]제사장이 그 속죄제 희생제물의 피를 가져다가 성전 문설주와 제단 아래층 네 모퉁이와 안뜰 문설주에 바를 것이요 [20]그 달 칠일에도 모든 과실범과 모르고 범죄한 자를 위하여 역시 그렇게 하여 성전을 속죄할지니라 [21]첫째 달 열나흘날에는 유월절을 칠 일 동안 명절로 지키며 누룩 없는 떡을 먹을 것이라 [22]그 날에 왕은 자기와 이 땅 모든 백성을 위하여 송아지 한 마리를 갖추어 속죄제를 드릴 것이요 [23]또 명절 칠 일 동안에는 그가 나 여호와를 위하여 번제를 준비하되 곧 이레 동안에 매일 흠 없는 수송아지 일곱 마리와 숫양 일곱 마리이며 또 매일 숫염소 한 마리를 갖추어 속죄제를 드릴 것이며 [24]또 소제를 갖추되 수송아지 한 마리에는 밀가루 한 에바요 숫양 한 마리에도 한 에바며 밀가루 한 에바에는 기름 한 힌 씩이며 [25]일곱째 달 열다섯째 날에 칠 일 동안 명절을 지켜 속죄제와 번제며 그 밀가루와 기름을 드릴지니라

하나님은 참된 신앙의 한 모습으로서 사람들에 대한 의(義)의 기준들을 제시하신 후에, 다음으로는 보편적인 의의 한 모습으로서 하나님에 대한 그들의 신앙을 위한 몇 가지 준칙들을 지시하신다.

I. 그들이 가지고 있는 것 중에서 **여호와께 예물을 드려야 한다는 것**(13절). 이 땅 모든 백성은 예물을 드려야 한다(16절). 하나님의 소작인들로서 그들은 대지주이신 하나님께 소작료를 내야 한다. 그들은 그들의 땅 가운데서 거룩한

구역을 하나님께 예물로 바쳤었다(1절). 이제 그들은 땅을 제외하고 그들이 갖게 된 물질이나 소산들에 대해서도 그것들을 하나님께로부터 받았고 그들이 하나님께 의존되어 있으며 빚을 지고 있다는 것을 인정한다는 의미로 개인적인 소유 중에서 일부를 하나님께 예물로 드리라는 명령을 받는다. 우리가 무엇을 갖게 되었든, 우리는 그것 가운데서 하나님의 몫을 하나님께 드림으로써 하나님을 존귀하게 해 드려야 한다는 것을 명심하라. 우리가 아무리 귀한 것들을 바친다고 하여도, 하나님은 그런 것들을 필요로 하지도 않으시고 그런 것들로 인해서 어떤 유익을 얻지도 않으신다(시 50:9). 그것은 단지 예물일 뿐이고, 우리는 단지 하나님께 그것을 드릴 뿐이다. 그 예물로 인한 유익은 우리가 내 몸처럼 여겨야 할 이웃들인 하나님의 가난한 자들이나, 우리가 잘 되게 하기 위하여 끊임없이 섬기는 하나님의 사역자들에게 주어져서 결국에는 우리 자신에게로 되돌아온다.

**II. 그들이 드려야 할 예물의 비율.** 이러한 비율은 모세의 율법에는 정해져 있지 않았다. 예물의 종류에 대해서는 전혀 언급이 없고, 단지 너희가 마땅히 드릴 예물이라고만 되어 있다. 이 예물의 양은 다음과 같이 정해져 있다.

1. 그들은 곡물의 경우에는 육십분의 일을 드려야 했다. 밀과 보리 한 호멜은 십 에바였고, 그들은 여기에서 육분의 일 에바를 드려야 했는데, 이것은 전체의 육십분의 일에 해당하는 양이었다(13절).

2. 그들은 기름(또는, 포도주)의 경우에는 백분의 일을 이 예물로 드려야 했다. 즉, 한 호멜 또는 고르는 십 밧이었는데, 그들은 거기에서 십분의 일 밧을 드려야 했다(14절). 이것은 제단에 드려졌다. 왜냐하면, 소제를 드릴 때에는 기름을 섞은 고운 가루를 드렸기 때문이다.

3. 그들은 가축 떼의 경우에는 이백 마리 중에서 어린 양 한 마리를 드려야 했다. 이것은 모든 예물 중에서 가장 적은 비율이었다(15절). 그러나 이 예물은 이스라엘의 윤택한 초장에서 나오는 것이어야 했다. 그들은 그들이 가지고 있는 것들 중에서 아무것이나 가져오는 것이 아니라 가장 살지고 좋은 것들을 하나님께 번제물과 화목제물로 드려야 한다. 번제는 하나님께 영광을 돌리기 위하여 드려지는 제사였고, 화목제는 하나님으로부터 긍휼과 은혜와 평안을 얻기 위한 제사였는데, 우리의 영적 제사에 있어서 이 두 가지는 은혜의 보좌 앞에서 우리가 드려야 할 가장 중요한 두 제사이다. 그러나 우리가 드리는 이 두 제

사가 열납되기 위해서는 우리를 하나님과 화목하게 만들어 주는 속죄 제물이 필요하였다. 그리스도는 우리를 하나님과 화목하게 만들어 준 우리의 속죄 제물이시다. 그러므로 우리의 제사가 하나님께 열납되도록 하기 위해서는 우리는 그리스도를 바라보지 않으면 안 된다.

**III. 이 예물은 이스라엘의 군주에게 드려져야 한다는 것**(16절). 어떤 이들은 여기에 나오는 군주 또는 왕을 그리스도를 가리키는 것으로 이해한다. 그리스도는 이스라엘의 진정한 왕이시고, 우리는 우리의 예물들을 그리스도께 드리고 그의 손에 두어서, 그가 우리를 위하여 그 예물들을 받으셔서 아버지 하나님께 드리시게 하여야 한다. 또는, 이것은 이스라엘 백성들이 왕과 더불어서 하나님께 예물을 드려야 한다는 뜻일 수도 있다. 모든 백성은 각자의 예물을 가져와서 왕의 예물과 함께 하나님 앞에 드려야 한다. 왜냐하면, 모든 제사들을 준비해서 이스라엘 족속을 속죄하는 것은 군주의 본분이기 때문이다(17절). 백성들은 앞서의 규례들을 따라서 각자의 예물을 왕에게로 가져와야 했고, 왕은 부족한 것들을 스스로 보충해서 그 예물들을 성소로 가져가게 되어 있었다. 나라 전체의 신앙이 제대로 지켜지고 있는지를 살피고, 마땅히 행해야 할 신앙의 의무들이 자신의 책임 아래 있는 백성들에 의해서 정성을 다해서 제대로 행해지고 있는지를 살피며, 거기에서 꼭 있어야 할 것들이 하나도 빠지지 않도록 살피는 일은 통치자들의 본분이라는 것을 명심하라. 한 나라의 군주는 십계명의 두 돌판 모두가 제대로 지켜지는지를 살피는 자이다. 다른 어떤 사람들보다도 큰 권세와 위엄을 지닌 자들이 하나님을 섬기는 일에 가장 앞장선다면, 그것은 참으로 복된 일이다.

**IV. 하나님이 몇몇 절기들과 성일들의 의식을 구체적으로 정하심.**

1. 정월 초하룻날에 행해져야 할 의식(儀式). 이것은 모세의 율법에 의해서 제정되지 않은 것으로서 완전히 새로운 의식인 것으로 보인다. 이 의식은 성소를 정결하게 하는 연례 의식이었다.

(1) 첫째 달 초하룻날에(즉, 설날에) 그들은 성소를 정결하게 하기 위한 희생제사를 드려야 했다(18절). 즉, 그들은 지나간 한 해에 성물들과 관련된 죄악을 속죄하기 위한 희생제사를 드려서 그 죄책이 조금도 신년의 제사들로 넘어오지 않게 하고, 신년에는 그러한 죄악이 미리 막아져서 더 나은 제사를 드릴 수 있는 은혜를 주시기를 간구하여야 했다. 이를 위해서 제사장은 이 속죄제 희생

제물의 피를 가져다가 안뜰 문설주에 발라야 했는데(19절), 이것은 이 의식이 성전을 드나드는 모든 종들, 즉 제사장들과 레위인들과 백성들의 죄들, 즉 하나님께 드리는 모든 제사들 속에서 발견된 죄들을 속죄하기 위한 것이었음을 보여준다. 하나님의 성소라고 할지라도 그 성소가 이 땅에 있기 때문에 반복해서 정결하게 하는 의식이 필요했다는 것을 명심하라. 하지만, 위에 있는 성소는 그럴 필요가 없다. 하나님을 함께 예배하고 섬기는 자들은 종종 그들의 갖가지 잘못들과 결함들을 주기적으로 회개하고, 그리스도의 피를 의지하여 그 잘못들을 용서해 주실 것을 간구하며, 하나님에 대한 그들의 언약을 다시 갱신하면서 장래에는 더욱 조심할 것을 다짐하는 일을 공동체적으로 행하여야 한다. 이런 의식은 이스라엘에서 오랫동안 끊겨 있다가 히스기야가 다시 시작하였는데(대상 29:17), 이런 의식으로 한 해를 시작하는 것은 아주 시의적절한 것이다. 또한, 여기에는 첫째 달 열나흘날에 유월절을 지켜야 했기 때문에 그 달의 초하룻날에 성소를 정결하게 하라는 명령이 나온다. 유월절은 구약의 모든 제도들 가운데서 그리스도와 복음 은혜에 관한 내용을 가장 많이 담고 있는 절기였기 때문에, 그들이 2주일 전에 성소를 정결하게 함으로써 이 절기의 준비를 시작하는 것은 아주 합당한 일이었다.

(2) 이 희생제사는 첫째 달 칠일에도 다시 드려져야 했다(20절). 이 때에 드려지는 제사는 모든 과실범과 모르고 범죄한 자를 속죄하기 위한 것이었다. 죄를 짓는 자는 잘못을 저지르는 것이고 어리석은 것이다. 그런 자는 잘못을 저질러서 정도에서 벗어남으로써 자신이 어리석고 지혜롭지 못하다는 것을 보여준다. 그러나 여기에서 말하고 있는 것은 제사장이나 레위인이나 백성이 모르는 사이에 실수 또는 부주의로 저지르게 된 죄들이다. 하나님은 여기에서 사람들이 자기도 모르는 사이에 저지른 죄들을 속죄하기 위한 희생제사를 드리라고 명령하신다. 왜냐하면, 만약 그들이 그들에 의해서 이 죄들이 저질러지고 있다는 것을 알았다면, 그들은 그런 식으로 행하지 않았을 것이지만, 어쨌든 그들은 죄들을 저지른 것이기 때문에, 그 죄들이 속죄되지 않는다면, 나중에 그 죄들에 대한 벌을 받게 될 것이기 때문이었다. 그러나 고의로 범한 죄들에 대해서는 그 죄들을 속죄하기 위한 그 어떤 희생제사도 정해져 있지 않았다(민 15:30). 여기에 나오는 반복적인 희생제사들을 통해서 성전은 속죄될 것이었다. 즉, 하나님은 성전을 용납하셔서 그가 계속하여 성전에 임재해 계시나는 증표

들을 보여주실 것이고, 성전을 금년에도 그대로 두실 것이다.

2. 유월절은 정해진 때에 경건하게 지켜져야 했다(21절). 그리스도는 우리를 위해 희생되신 우리의 유월절 양이시다. 우리의 유월절 잔치인 성찬식에서 우리는 우리가 애굽에서 죄의 종살이 하던 것에서 벗어난 것과 멸망시키는 천사의 칼, 하나님의 공의의 칼에서 살아남은 것을 기뻐하며, 그리스도의 희생제사를 기념하고 그의 희생제물로 잔치를 벌인다 ─ 이렇게 그리스도인들의 삶 전체는 누룩 없는 떡의 잔치가 되어야 한다. 여기에서는 왕에게, 유월절의 첫 날에 자기와 이 땅 모든 백성을 위하여 송아지 한 마리를 준비해서 속죄제를 드려야 하고(22절), 유월절을 지키는 칠 일 동안에는 매일 숫염소 한 마리를 드리라고 명령한다(23절). 이것은 우리가 하나님과의 교제를 위하여 예배로 나아갈 때마다 우리의 허물을 그치게 하고 우리에게 영원한 의를 가져다 주신 그리스도의 저 유일한 속죄 제사를 바라보아야 한다는 것을 가르쳐 준다. 또한, 그들은 유월절을 지키는 칠 일 동안 순전히 하나님을 존귀하게 해드리기 위하여 매일 수송아지 일곱 마리와 숫양 일곱 마리를 제단에서 완전히 태워서 번제로 드려야 했다(23-24절).

3. 초막절. 유월절 다음에는 초막절이 언급된다(25절). 유월절과 초막절 사이에 있었던 오순절에 대한 언급은 없다. 여기에서는 초막절 기간 동안에도 유월절을 지키는 칠 일 동안과 마찬가지로 동일한 희생제사들을 드려야 한다고 규정하고 있다(모세의 율법에서 정한 것 이외에). 죄를 위해 드려지는 율법의 제사들이 얼마나 불충분한 것이었는지를 보라. 해마다 늘 드리는 같은 제사로는 나아오는 자들을 언제나 온전하게 할 수 없었기 때문에, 그 제사들은 해마다만이 아니라 절기마다, 그리고 절기를 지키는 매일마다 반복되어야 했다(히 10:1, 3). 우리는 동일한 경건의 일들을 자주 반복할 필요성이 있다는 것을 명심하라. 속죄 제사는 단번에 드려졌지만, 죄를 고백하는 제사, 통회하는 심령의 제사, 감사하는 마음의 제사 같이 그리스도 예수로 말미암아 하나님께 열납되는 이러한 영적 제사들은 매일 드려져야 한다. 우리는 여기에서처럼 거룩한 의무들의 체계 속으로 들어가서 거기에 꼭 붙어 있어야 한다.

제
— 46 —
장

## 개요

이 장에는 다음과 같은 내용들이 나온다. I. 예배와 관련해서 제사장들과 백성들에게 주어진 몇몇 추가적인 준칙들(1-15절). II. 왕이 그의 기업을 처분하는 것과 관련된 율법(16-18절). III. 희생제물들을 삶고 소제물을 굽기 위해 준비된 장소들에 관한 설명(19-24절).

¹주 여호와께서 이같이 말씀하셨느니라 안뜰 동쪽을 향한 문은 일하는 엿새 동안에는 닫되 안식일에는 열며 초하루에도 열고 ²군주는 바깥 문 현관을 통하여 들어와서 문 벽 곁에 서고 제사장은 그를 위하여 번제와 감사제를 드릴 것이요 군주는 문 통로에서 예배한 후에 밖으로 나가고 그 문은 저녁까지 닫지 말 것이며 ³이 땅 백성도 안식일과 초하루에 이 문 입구에서 나 여호와 앞에 예배할 것이며 ⁴안식일에 군주가 여호와께 드릴 번제는 흠 없는 어린 양 여섯 마리와 흠 없는 숫양 한 마리라 ⁵그 소제는 숫양 하나에는 밀가루 한 에바요 모든 어린 양에는 그 힘대로 할 것이며 밀가루 한 에바에는 기름 한 힌 씩이니라 ⁶초하루에는 흠 없는 수송아지 한 마리와 어린 양 여섯 마리와 숫양 한 마리를 드리되 모두 흠 없는 것으로 할 것이며 ⁷또 소제를 준비하되 수송아지에는 밀가루 한 에바요 숫양에도 밀가루 한 에바며 모든 어린 양에는 그 힘대로 할 것이요 밀가루 한 에바에는 기름 한 힌씩이며 ⁸군주가 올 때에는 이 문 현관을 통하여 들어오고 나갈 때에도 그리할지니라 ⁹그러나 모든 정한 절기에 이 땅 백성이 나 여호와 앞에 나아올 때에는 북문으로 들어와서 경배하는 자는 남문으로 나가고 남문으로 들어오는 자는 북문으로 나갈지라 들어온 문으로 도로 나가지 말고 그 몸이 앞으로 향한 대로 나갈지며 ¹⁰군주가 무리 가운데에 있어서 그들이 들어올 때에 들어오고 그들이 나갈 때에 나갈지니라 ¹¹명절과 성회 때에 그 소제는 수송아지 한 마리에 밀가루 한 에바요 숫양 한 마리에도 한 에바요 모든 어린 양에는 그 힘대로 할 것이며 밀가루 한 에바에는 기름 한 힌씩이며 ¹²만일 군주가 자원하여 번제를 준비하거나 혹은 자원하여 감사제를 준비하여 나 여호

와께 드릴 때에는 그를 위하여 동쪽을 향한 문을 열고 그가 번제와 감사제를 안식일에 드림 같이 드리고 밖으로 나갈지며 나간 후에 문을 닫을지니라 <sup>13</sup>아침마다 일 년 되고 흠 없는 어린 양 한 마리를 번제를 갖추어 나 여호와께 드리고 <sup>14</sup>또 아침마다 그것과 함께 드릴 소제를 갖추되 곧 밀가루 육분의 일 에바와 기름 삼분의 일 힌을 섞을 것이니 이는 영원한 규례로 삼아 항상 나 여호와께 드릴 소제라 <sup>15</sup>이같이 아침마다 그 어린 양과 밀가루와 기름을 준비하여 항상 드리는 번제물로 삼을지니라

하나님이 여기에서 명령하신 공예배를 위한 규례들을 비록 그것들이 모세의 율법과 다른 것들이 있다고 하여도 그대로 지키기를 원하셨던 것인지, 그리고 이 준칙들이 실제로 제2성전에서 그대로 지켜졌는지는 확실하지 않다. 유대 교회의 후반기의 역사 속에서 우리는 그들이 여기에 나오는 규례들을 따라서 예배를 드린 것이 아니라 오직 모세의 율법에 의거해서 예배를 드렸다는 것을 보게 된다. 따라서 여기에 나오는 것들은 문자적인 의미가 아니라 신비적인 의미를 지닌 것으로서 다음 세대, 즉 복음 시대를 내다보고 있는 것들이라고 할 수 있다. 이 단락에서 우리는 다음과 같은 것들을 볼 수 있다.

**I. 하나님이 예배 장소를 정하시고, 왕과 백성들에게 그 장소와 관련된 규례들을 주심.**

1. 동문은 다른 때에는 항상 닫아 두었다가 안식일과 초하루(1절), 그리고 왕이 자원하여 제사를 드리고자 할 때에만 열어야 했다(12절). 동문을 평상시에는 닫아 두게 되어 있었다는 것에 대해서는 우리가 이미 앞에서 살펴보았었다(44:2). 뜰의 다른 문들은 매일 열어 두었던 반면에, 동문은 큰 날들과 특별한 때에만 열었는데, 왕은 자원하여 제사를 드리고자 할 때에는 이 문 현관을 통하여 들어올 수 있었다(46:2, 8). 어떤 이들은 왕이 제사장 및 레위인들과 함께 안뜰로 들어왔는데(이 문은 안뜰로 통하는 입구였기 때문에), 통치자와 사역자들이 이런 식으로 하나님에 대한 예배를 장려하기 위하여 서로 힘을 합쳐서 손에 손을 잡고 같은 길로 들어왔을 것이라고 생각한다. 그러나 동문이 열려 있기는 하였지만, 왕은 그 문을 통과해서 온 것이 아니라(여호와의 영광이 그 문을 통과해서 들어온 것과는 달리), 그 문의 현관의 길을 통해서 들어와서 문설주 곁에 서서 문 통로에서 예배를 드렸던 것으로 보인다(2절). 거기에서는 제사장

들이 왕과 이 땅의 백성을 위하여 제단에서 제사를 드리는 모습을 한 눈에 볼 수 있었기 때문에, 왕은 그 제사에 동참하는 의미로 거기에 서 있었고, 백성들도 왕의 뒤편인 이 문 입구에 서 있었다(3절). 이런 식으로 왕은 자신의 마음이 악인의 장막에 사는 것보다 하나님의 성전 문지기로 있기를 바랐던(여기에 나오는 표현을 빌리면, 문 통로에서라도 예배를 드리기를 바랐던) 다윗의 마음과 같다는 것을 보여야 했다(시 84:10). 아무리 위대하고 큰 인물이라도 하나님의 예배에 참석한 가장 작은 자보다 못하다는 것을 명심하라. 왕이라 할지라도 하나님 앞에 나아가서는 자기가 하나님께 나아갈 자격조차 없는 자라는 것을 고백하는 가운데 경건함과 두려움으로 예배를 드려야 한다. 그러나 우리의 왕은 그리스도이시고, 하나님은 그를 자기에게 가까이 오게 하신다(렘 30:21).

2. 안뜰이 아니라 백성의 뜰로 통하는 입구였던 북문과 남문에 대해서는 북문으로 들어온 자들은 반드시 남문으로 나가고, 남문으로 들어온 자들은 반드시 북문으로 나가야 한다는 것이 하나님이 주신 규례였다(9절). 어떤 이들은 이것이 사람들끼리 서로 밀치고 부딪치는 일을 미연에 방지하기 위한 조치였다고 생각한다. 왜냐하면, 하나님은 무질서가 아니라 질서의 하나님이시기 때문이다. 나는 백성들이 들어올 때에는 자신의 집과 가까운 문을 통해서 들어 왔지만, 예배가 끝나고 나갈 때에는 묵상할 시간을 갖도록 하기 위하여 하나님이 그들을 먼 길로 돌아가게 하셨을 것이라고 생각한다. 이 규례로 말미암아 백성들은 성소를 빙 돌아서 집으로 가야 했을 것이기 때문에 성소의 구석구석을 살펴볼 기회를 갖게 되었을 것이고, 그들이 이렇게 우회해서 집으로 가는 길을 잘 선용하였다면, 그들은 그 길을 집으로 가는 가장 가까운 길이라고 생각하였을 것이다. 어떤 이들은 이러한 규례는 우리에게 하나님을 섬김에 있어서 뒤를 돌아보지 말고 계속해서 앞으로 나아가야 한다는 것, 즉 우리는 예배를 드린 후에 다시 우리의 이전의 모습으로 되돌아가는 것이 아니라 더 거룩하고 영적이며 하늘에 속한 모습으로 나아가야 한다는 것을 일깨워 주기 위한 것이라고 생각한다(빌 3:13).

3. 백성도 안식일과 초하루에 왕이 예배를 드리는 곳인 동문 입구에서 왕이 맨 앞에 서고 백성들은 그 뒤에서 모셔 서는 형태로 예배를 드리도록 한 것(3절)과 백성이 들어오고 나갈 때에 왕이 그 무리 가운데에 있어야 한다는 것(10절)이 하나님의 규례였다. 큰 자들은 공예배에서 늘 변함없이 경건하게 하나님을

예배함으로써 아랫사람들에게 선한 모범을 보여서 아랫사람들로 하여금 힘을 입어서 그들과 똑같이 행하도록 하여야 한다는 것을 명심하라. 신분이 높은 자들이 그들의 종들과 소작인들과 가난한 이웃들을 데리고 함께 교회에 가서 진실하고 경건한 태도로 예배를 드리는 모습을 보여주는 것은 참으로 은혜롭고 합당한 처신이다. 자기가 지닌 신분과 명예를 가지고 이렇게 하나님을 높이고 존귀하게 해 드리는 자들에게 하나님은 기쁜 마음으로 존귀함을 더하실 것이다.

**II. 하나님이 예배의 규례들을 확정하심.** 왕이 아무리 성소를 진심으로 위하고 열심으로 섬기는 자라고 하더라도, 하나님은 어떤 제사들을 드려야 하는지를 왕에게 일임하지도 않으시고, 왕이 제사장들과 협의해서 정하라고 하지도 않으시며, 직접 정하신다. 왜냐하면, 거룩한 신앙의 의식들과 예식들을 제정하시는 것은 하나님의 대권이기 때문이다.

1. 그들은 아침마다 마치 아침이 오는 것이 당연하듯이 그렇게 당연하게 어린 양 한 마리를 번제로 드려야 한다(13절). 저녁 제사에 대해서는 아무런 언급이 없는 것이 이상하다. 그러나 그리스도께서 세상 끝에 나타나셔서 자기를 제물로 드리셨기 때문에(히 9:26), 우리는 그것을 저녁 제사로 보아야 할 것이다. 그리스도께서는 저녁 제사를 드릴 무렵에 돌아가셨다.

2. 안식일에는 모세 율법에서는 어린 양 두 마리를 드리게 되어 있었지만(민 28:9) 여기에서는 왕의 책임 하에 어린 양 여섯 마리와 숫양 한 마리를 드리도록 되어 있다(4절). 이것은 우리가 지금 복음 시대에 안식과 관련된 일에 있어서 얼마나 풍성해야 하는지, 그 날에 기도와 찬송의 영적 제사를 얼마나 풍성하게 하나님께 드려야 마땅한지를 보여주는 것이다. 하나님이 그러한 제사를 기뻐하신다면, 우리도 그러한 제사를 드리기를 기뻐하는 것이 마땅하다.

3. 새 달이 시작되는 초하루에는 통상적인 안식일에 드리는 제물 외에 추가적으로 수송아지 한 마리를 드리게 되어 있다(6절). 정기적으로 늘 하나님과 자신의 영혼을 위하여 많은 일을 하는 자들이라고 해도 또 어떤 특별한 날들에는 한층 더 많은 일을 하는 것이 마땅하다.

4. 모든 제물들은 흠이 없어야 했다. 우리를 위해 희생제물이 되셨던 그리스도께서는 흠이 없으셨다(벧전 1:19). 그러므로 자신을 하나님께 산 제물로 바쳐야 하는 그리스도인들도 흠이 없고 순전하여 책망할 것이 없는 자들이 되고자

애써야 한다.

5. 모든 희생제사에는 소제가 따라야 한다. 왜냐하면, 모세의 율법이 그렇게 정해 놓았기 때문이다. 이것은 하나님이 그의 성전에 얼마나 좋은 상(床)을 베풀어 놓으셨는지를 보여주고, 하나님이 짐승의 새끼만이 아니라 토지의 소산으로도 우리에게 복을 주셨기 때문에 우리가 이 두 가지로 하나님께 영광을 돌리는 것이 마땅하다는 것을 보여주는 것이다(신 28:4). 시초에 가인은 토지의 소산으로, 아벨은 짐승의 새끼로 제사를 드렸다. 어떤 이들은 여기에서 규정하고 있는 소제들은 모세의 율법에 규정된 것들보다 그 드려야 할 비율이 훨씬 커졌다는 점을 지적한다. 모세의 율법에서는 그 비율이 수송아지에는 고운 가루 십분의 삼 에바였고 숫양에는 십분의 이 에바였으며 기름도 아무리 많아도 반 힌을 넘지 않았지만(민 15:6-9), 여기에서는 수송아지와 숫양 한 마리에 각각 한 에바와 기름 한 힌씩이다(7절). 이것은 복음 시대에는 큰 속죄제가 이미 드려진 후이기 때문에 이러한 피로 드리지 않는 제사들이 더 풍성하게 드려지게 될 것임을 보여주는 것이다. 또는, 이것은 지금 복음 아래에서 하나님이 율법 아래에서보다도 우리에게 더 풍성한 은혜를 베풀어 주시기 때문에 우리도 그 보답으로 하나님을 찬송하고 우리의 본분을 다하는 일에 풍성해야 한다는 것을 보여주는 것이다.

그러나 주목할 만한 것은 어린 양들을 드릴 때의 소제에 있어서는 왕이 그 힘대로 해도 좋은 것으로 되어 있다는 것이다(5-6, 11절). 왕들은 그 힘이 되기만 하다면 하나님이 정하신 것보다 더 넘치게 드려야 한다는 것을 명심하라. 예물이나 예물을 드리는 일에 있어서 하나님이 기대하시고 요구하시는 수준이 정해져 있다고 하더라도, 우리는 우리의 힘이 닿는 데까지 더 넘치게 하여야 하고, 각 사람은 하나님이 그들에게 주신 수입에 따라 하여야 한다(고전 16:2). 하나님은 우리의 형편과 처지를 고려하시기 때문에, 제물로 말미암아 우리를 수고롭게 하지 않으신다(사 43:23). 그렇지만 이것은, 실제로는 그렇지 않은데도 예물을 드릴 능력이 없는 체하거나, 다른 일들에는 돈을 펑펑 쓰면서도 그들이 당연히 해야 하는 선한 일에는 인색한 자들의 행위를 정당화해 주는 것은 아니다. 우리는 구제하는 일에 있어서 힘대로 할 뿐 아니라 힘에 지나도록 자원하여 행한 자들이 칭찬을 받고 있는 것을 본다.

[16]주 여호와께서 이같이 말씀하셨느니라 군주가 만일 한 아들에게 선물을 준즉 그의 기업이 되어 그 자손에게 속하나니 이는 그 기업을 이어 받음이어니와 [17]군주가 만일 그 기업을 한 종에게 선물로 준즉 그 종에게 속하여 희년까지 이르고 그 후에는 군주에게로 돌아갈 것이니 군주의 기업은 그 아들이 이어 받을 것임이라 [18]군주는 백성의 기업을 빼앗아 그 산업에서 쫓아내지 못할지니 군주가 자기 아들에게 기업으로 줄 것은 자기 산업으로만 할 것임이라 백성이 각각 그 산업을 떠나 흩어지지 않게 할 것이니라

이 단락에는 왕이 그의 기업을 처분하는 권한을 제한하는 법이 나온다.

1. 왕에게 총애하는 아들 또는 상을 줄 만한 일을 한 아들이 있다면, 왕은 자신의 뜻을 따라서 자신의 총애의 증표로, 또는 칭찬할 만한 일을 한 것에 대한 보상으로 자신의 땅 중에서 일부를 선물로 주어서, 영원히 그 아들과 그 아들의 자손들의 기업이 되게 할 수 있다 ― 그 땅이 왕의 가문의 소유에서 떨어져 나가지만 않는다면(16절). 야곱이 요셉에게 그의 형제들보다 한 몫을 더 주었듯이(창 48:22), 자녀들이 다 자랐을 때에 어떤 이유가 있어서 부모가 어떤 자녀에게 다른 자녀들보다 더 많은 몫을 주고 싶을 경우가 있을 수 있다.

2. 왕에게 총애하는 종이 있다고 하더라도, 왕은 아들의 경우와는 달리 그 종에게 자신의 땅의 일부를 선물로 주어 그 종의 영원한 기업이 되게 할 수 없다(17절). 그 종은 자기에게 선물로 주어진 땅과 관련하여 일정 기간 동안 지대(地代)나 소산들이나 이익들을 가질 수는 있지만, 그 땅에 대한 소유권은 여전히 왕과 그의 상속자들에게 속한다. 종은 영원히 집에 거하지 못하되 아들은 영원히 거한다(요 8:35)라는 말씀처럼 아들과 종을 달리 대우하는 것은 합당한 일이다.

3. 왕은 아들에게 기업으로 물려주는 땅은 반드시 자기 땅이어야 한다(18절). 왕은 자신의 많은 아들들에게 땅을 나눠 주어야 한다는 미명 하에 백성의 기업을 빼앗아서는 안 된다. 왕은 백성들의 땅을 빼앗거나 그들로 하여금 땅을 팔지 않을 수 없게 만들어서 백성들을 그 산업에서 쫓아내어서는 안 된다. 왕과 그의 아들들은 자기 자신의 것으로 만족하여야 한다. 백성들의 권리와 재산을 잠식함으로써 왕가의 부를 늘리는 것은 결코 왕으로서 자랑스러운 일이 아니

고, 왕은 결국에는 그러한 행위를 통해서 이득을 보는 자가 되지 못할 것이다. 왜냐하면, 백성들이 각각 그 산업을 떠나 흩어지고, 압제 때문에 고향을 등지고 고국을 떠나서 자유민들 가운데서 거류민으로 살거나 작은 땅덩어리라도 그들의 것으로 만들 수 있는 곳에 사는 쪽을 택한다면, 왕은 결국 가난한 왕이 되고 말 것이기 때문이다. 따라서 백성들을 진정으로 위하는 마음으로 다스리는 것이야말로 왕에게 이익이 된다. 그렇게 할 때, 백성들이 가진 모든 것은 가장 바람직한 방향에서 왕에게 이롭게 작용하게 될 것이다. 백성들의 권리를 침해하여 그들의 땅을 빼앗아 갖는 것보다 그들의 권리를 보호해 주어서 그들의 사랑을 얻는 것이 왕에게 더 좋고 이로운 일이다.

[19]그 후에 그가 나를 데리고 문 곁 통행구를 통하여 북쪽을 향한 제사장의 거룩한 방에 들어가시니 그 방 뒤 서쪽에 한 처소가 있더라 [20]그가 내게 이르시되 이는 제사장이 속건제와 속죄제 희생제물을 삶으며 소제 제물을 구울 처소니 그들이 이 성물을 가지고 바깥뜰에 나가면 백성을 거룩하게 할까 함이니라 하시고 [21]나를 데리고 바깥뜰로 나가서 나를 뜰 네 구석을 지나가게 하시는데 본즉 그 뜰 매 구석에 또 뜰이 있는데 [22]뜰의 네 구석 안에는 집이 있으니 길이는 마흔 척이요 너비는 서른 척이라 구석의 네 뜰이 같은 크기며 [23]그 작은 네 뜰 사방으로 돌아가며 부엌이 있고 그 사방 부엌에 삶는 기구가 설비되었는데 [24]그가 내게 이르시되 이는 삶는 부엌이니 성전에서 수종드는 자가 백성의 제물을 여기서 삶을 것이니라 하시더라

우리는 여기에서 우리가 앞서 보지 못했던 성전의 설비들을 추가적으로 보게 되는데, 이 설비들은 제물들을 삶거나 굽는 데에 사용되는 곳들이었다(20절). 자신의 제단에 많은 상이 있었기 때문에 거기에는 큰 부엌이 필요하였다. 지혜로운 건축자는 그런 설비를 빼놓지 않는 법이다. 좀 더 자세하게 살펴보자.

1. 이렇게 제물을 삶는 곳들은 어디에 위치해 있었는가. 그 곳들은 일부는 안뜰로 들어가는 입구에 있었고(19절), 일부는 바깥뜰의 네 모퉁이에 사방으로 돌아가며 있었다(21-23절). 그 곳들은 이런 용도로 사용되지 않았다면 그대로 버려 두어야 했을 그런 곳들이었을 것이다. 그런데 이렇게 남는 땅이 이런 용도로 사용된 것은 성전의 그 어떤 땅도 쓸모없이 버려지는 일이 없게 하기 위

한 것이었다. 거룩한 땅에 쓸모없이 방치되는 부분이 있다면, 그것은 애석한 일일 것이다.

2. 그 곳들은 어떠한 용도에 사용되었는가. 그 곳들은 제사장들의 몫으로 할당된 속건제와 속죄제 희생제물을 삶는 곳들이었는데, 이 제물들은 제사를 드리는 자들도 한 몫을 차지하였던 화목제물의 살고기보다 더 거룩한 것들이었다. 또한, 그 곳들은 제사장들이 그들의 식탁에 사용하려고 제단에서 가져온 그들의 몫인 소제 제물을 굽는 곳이기도 하였다(20절). 이것은 제사장들이 이 성물을 가지고 바깥뜰에 나가서 백성을 거룩하게 하지 못하도록 하기 위한 세심한 조치였다. 제사장들이 이 성물로 백성들을 거룩하게 할 수 있는 체하면서 이 성물을 악용해서는 안 되었기 때문이다. 또는, 백성들이 이 성물에 접촉하면 그들이 거룩해지고 하나님께 더 열납될 수 있게 된다고 생각하는 일이 없도록 사전에 원천적으로 차단하는 조치가 필요하였다. 학개 2:12을 보면, 실제로 그러한 생각을 가진 자들이 있었던 것으로 보인다(사람이 옷자락에 거룩한 고기를 쌌는데 그 옷자락이 만일 떡에나 국에나 포도주에나 기름에나 다른 음식물에 닿았으면 그것이 성물이 되겠느냐 하라 학개가 물으매 제사장들이 대답하여 이르되 아니라 하는지라). 그러므로 제사장들은 백성들이 그러한 헛된 생각을 품지 않도록 하기 위하여 하나님께 드려진 제물, 즉 성물은 그 어떤 것이라도 밖으로 가져나가서는 안 되었다. 사역자들은 무지한 백성들의 미신적이고 헛된 생각들을 부추기는 일은 조금이라도 하지 않도록 주의를 기울여야 한다.

# 제
— 47 —
# 장

## 개요

이 장에서 우리는 다음과 같은 내용들을 본다. I. 거룩한 물에 관한 환상. 그 물이 솟아오른 높이와 범위와 깊이, 그 물이 지닌 치유의 효능, 그 물 속에 있는 많은 물고기, 그 물의 좌우로 나무들이 자라고 있었다는 것(1-12절). II. 제비를 뽑아서 이스라엘의 지파들과 그들 가운데 거주하는 타국인들에게 분배될 가나안 땅의 경계들을 정해 주심(13-23절).

¹그가 나를 데리고 성전 문에 이르시니 성전의 앞면이 동쪽을 향하였는데 그 문지방 밑에서 물이 나와 동쪽으로 흐르다가 성전 오른쪽 제단 남쪽으로 흘러 내리더라 ²그가 또 나를 데리고 북문으로 나가서 바깥 길로 꺾여 동쪽을 향한 바깥 문에 이르시기로 본즉 물이 그 오른쪽에서 스며 나오더라 ³그 사람이 손에 줄을 잡고 동쪽으로 나아가며 천 척을 측량한 후에 내게 그 물을 건너게 하시니 물이 발목에 오르더니 ⁴다시 천 척을 측량하고 내게 물을 건너게 하시니 물이 무릎에 오르고 다시 천 척을 측량하고 내게 물을 건너게 하시니 물이 허리에 오르고 ⁵다시 천 척을 측량하시니 물이 내가 건너지 못할 강이 된지라 그 물이 가득하여 헤엄칠 만한 물이요 사람이 능히 건너지 못할 강이더라 ⁶그가 내게 이르시되 인자야 네가 이것을 보았느냐 하시고 나를 인도하여 강 가로 돌아가게 하시기로 ⁷내가 돌아가니 강 좌우편에 나무가 심히 많더라 ⁸그가 내게 이르시되 이 물이 동쪽으로 향하여 흘러 아라바로 내려가서 바다에 이르리니 이 흘러 내리는 물로 그 바다의 물이 되살아나리라 ⁹이 강물이 이르는 곳마다 번성하는 모든 생물이 살고 또 고기가 심히 많으리니 이 물이 흘러 들어가므로 바닷물이 되살아나겠고 이 강이 이르는 각처에 모든 것이 살 것이며 ¹⁰또 이 강 가에 어부가 설 것이니 엔게디에서부터 에네글라임까지 그물 치는 곳이 될 것이라 그 고기가 각기 종류를 따라 큰 바다의 고기 같이 심히 많으려니와 ¹¹그 진펄과 개펄은 되살아나지 못하고 소금 땅이 될 것이며 ¹²강 좌우 가에는 각종 먹을 과실나무가 자라서 그 잎이 시들지 아니하며 열매가 끊이지 아니하

고 달마다 새 열매를 맺으리니 그 물이 성소를 통하여 나옴이라 그 열매는 먹을 만하고 그 잎사귀는 약 재료가 되리라

에스겔이 본 환상 중에서 이 부분은 신비적이고 영적인 의미를 지니고 있다는 것이 너무도 분명하기 때문에, 우리는 이것으로부터 그가 본 환상의 다른 부분들도 틀림없이 신비적이고 영적인 의미를 지니고 있을 것이라는 결론을 내릴 수 있다. 왜냐하면, 이 환상은 희생제물들을 씻거나 성전을 청소하기 위해서 수도관을 통해서 물을 성전으로 들여온 것 또는 그렇게 사용된 물을 하수관을 통해서 밖으로 내보낸 것에 적용될 수 없기 때문이고, 만약 그런 식으로 적용을 한다면, 여기에서 묘사된 거룩한 물은 평범한 생활하수로 전락해 버릴 것이기 때문이다. 스가랴 14:8에 나오는 예언, 즉 생수가 예루살렘에서 솟아나서 절반은 동해로, 절반은 서해로 흐를 것이라는 예언이 여기에 나오는 환상에 대한 설명이 될 수 있다. 또한, 요한이 환상 속에서 본 수정 같이 맑은 생명수의 강(계 22:1)도 분명히 여기에 나오는 환상과 연관이 있다. 요한계시록에 나오는 강은 은혜로 말미암아 영광과 기쁨이 완성된 모습을 나타내는 것으로 보이고, 여기에 나오는 강은 하나님의 영광으로 인하여 은혜와 기쁨이 시작되는 모습을 나타내는 것으로 보인다. 대부분의 해석자들은 이 강이 예루살렘으로부터 시작되어서 만국으로 퍼져 나간 그리스도의 복음, 거기에 수반된 성령의 은사들과 능력들, 이 성령으로 말미암아 복음이 널리 퍼져나가서 기이하고 복된 열매들을 맺게 된 것을 가리키는 것이라는 데에 동의한다. 에스겔은 걸어서 성전을 돌고 또 돌았지만, 지금에서야 이 강이 그의 시야에 들어왔다. 왜냐하면, 하나님은 그의 마음과 뜻을 자기 백성에게 알게 하실 때에 단번에 다 보여주시는 것이 아니라, 단계별로 차근차근 보여주시기 때문이다. 좀 더 살펴보자.

**I. 성전에서 물이 솟아남.** 하나님은 선지자로 하여금 물줄기들을 추적하여 물의 근원을 찾아가게 하시는 것이 아니라, 곧장 강의 근원을 선지자에게 보여주신다(1절). 동향한 성전의 문지방 밑에서, 즉 성전 오른쪽이자 제단 남쪽으로부터 물이 나왔다. 이것을 2절에서는 물이 그 오른쪽에서 스며 나오더라라고 말하는데, 이것은 율법이 시온에서부터 나올 것이요 여호와의 말씀이 예루살렘에서부터 나올 것임을 의미하는 것이었다(사 2:3). 사도들이 이 물을 만국에 전달할 수

있도록 하기 위하여 성령이 사도들에게 부어지고 방언의 은사가 주어진 것도 바로 그 곳이었다. 사도들은 가장 먼저 성전에 서서 이 생명의 말씀을 전하라는 명령을 받았다(행 5:20). 그들은 이 복음을 모든 족속에게 전해야 했지만, 예루살렘에서 시작하여야 했다(눅 24:47). 그러나 이것이 전부가 아니다. 그리스도는 성전이시고 문이시다. 이 생명수는 그리스도로부터, 즉 창에 찔린 그의 옆구리에서 흘러 나온다. 그가 우리에게 주시는 물은 영생하도록 솟아나는 샘물이다(요 4:14). 그를 믿을 때에 우리는 그로부터 생수의 강을 받는데, 이는 그를 믿는 자들이 받을 성령을 가리켜 말씀하신 것이다(요 7:38-39). 여기에 나오는 강의 수원(水原)은 땅 위가 아니었고, 이 물은 문지방에서 솟아 올랐다. 왜냐하면, 믿는 자의 생명의 근원은 신비이기 때문이다. 그 생명은 그리스도와 함께 하나님 안에 감추어져 있다(골 3:3). 어떤 이들은 그 강이 성전 오른쪽에서 나왔다는 것은 복음의 축복들이 믿을 만한 축복들이라는 것을 보여주는 것이라고 말한다(영어에서 오른쪽은 믿을 만한 것을 의미하기도 하기 때문에). 또한, 지혜의 문, 즉 지혜의 문의 문설주에 서서 예배를 드리는 자들, 다윗처럼 하나님의 성전의 문지방에서 문지기라도 하기를 원하는 자들에게는 그들이 바로 위로와 은혜의 원천 곁에 서 있는 것이라는 사실은 큰 힘이 된다. 하나님의 말씀 속으로 들어가는 입구에만 서 있어도 거기에서 빛과 생명이 비쳐 나온다(시 119:130). 다윗은 나의 모든 근원이 네게 있다고 말하며 시온을 찬송하였다(시 87:7). 여기에 나오는 거룩한 물은 제단 옆에서 나왔는데, 이는 하나님이 하늘에 속한 모든 신령한 복을 우리에게 주신 것은 참된 제단이신 예수 그리스도로 인한 것이기 때문이다(그리스도는 하나님께 드리는 우리의 예물을 거룩하게 하는 제단이시다). 이 강은 근원이신 하나님에게서 흘러나와서 수로(水路)이신 그리스도를 통하여 우리 하나님의 성 곧 지존하신 이의 성소를 기쁘게 한다(시 46:4). 그러나 하늘에서 이미 영화롭게 된 성도들이 누리는 지극한 복과 기쁨은 이 땅에서 가장 복된 성도들이 누리는 복과 기쁨을 훨씬 능가한다는 것을 주목하라. 우리의 위로의 물줄기들이 이 땅에서는 문지방 밑에서 솟아나지만, 하늘에서는 하나님과 및 어린 양의 보좌로부터 흘러나온다(계 22:1).

Ⅱ. **이 물이 흘러가면서 점점 불어남.** 측량하는 장대를 든 사람과 선지자는 동쪽으로 나아갔다(3, 8절). 왜냐하면, 이 물이 그 방향으로 흘러가고 있었기 때문이다. 선지자와 그를 안내하는 사람은 거룩한 산에서 흘러나올 때부터 그 물

줄기를 따라갔다. 그들은 그렇게 따라가다가 천 척(즉, 일천 규빗) 쯤 되는 지점에서 그 깊이를 재기 위해서 그 물을 건넜는데, 물은 발목까지 찼다(3절). 그런 후에 그들은 다시 강의 맞은편 둑을 따라 천 규빗을 더 걸어간 다음에, 다시 그 깊이를 재기 위해서 두 번째로 강을 건넜는데, 이번에는 강물이 무릎에까지 올라왔다(4절). 그들이 다시 천 규빗을 더 걷고나서 세 번째로 그 강을 건넜을 때에는 물이 허리에 올랐다. 그런 후에 그들은 다시 천 규빗을 더 걸어가서 네 번째로 그 강을 건너고자 했지만 물이 깊어서 건널 수가 없었다. 지표면에 있던 시내들이나 땅 밑의 샘물들이 그 강에 합류해서 강은 그 물이 가득하여 헤엄칠 만한 물이요 사람이 능히 건너지 못할 강이 되어 있었다(5절). 좀 더 살펴보자.

1. 성소의 물은 강물처럼 흐르는 물이고 연못의 물처럼 고인 물이 아니라는 것. 복음은 처음에 전파된 이래로 계속해서 퍼져 나가고, 영혼에 주어진 은혜도 계속해서 앞으로 뻗어 나간다. 복음은 만민에게 전파될 때까지, 그리고 은혜는 온전함에 도달할 때까지 계속해서 앞으로 전진하는 속성을 지니고 있다.

2. 그 물은 점점 불어나는 물이라는 것. 이 강은 끊임없이 흐르는 속성을 지닌 것과 마찬가지로 흘러가면서 계속해서 불어나는 속성을 지닌다. 복음 교회는 졸졸 흐르는 작은 시내처럼 처음에는 아주 작았지만, 점점 불어나서 발목과 무릎까지 차 올라왔다. 많은 사람들이 날마다 복음 교회에 더해져서, 겨자씨 한 알 같던 교회는 자라서 큰 나무가 되었다. 성령의 은사들은 쓰면 쓸수록 풍성해지고, 은혜에 거하면 거할수록 그 은혜는 점점 더 빛나서 한낮의 광명에 이르는 돋는 햇살 같이 자라간다.

3. 우리는 이 물을 따라가야 한다는 것. 세상에서 복음이 어떻게 널리 퍼져 나가고 있는지를 주목하고, 우리의 마음속에서 은혜의 역사(役事)가 어떻게 진전되어 가고 있는지를 주목하라. 에스겔이 여기에서 그랬던 것처럼, 찬송 받으실 성령의 움직임들을 주시하면서, 하나님의 인도하심 아래에서 그 움직임들을 좇아가라.

4. 종종 하나님의 일들을 살펴서 그 깊이를 헤아려 보아야 한다는 것. 우리는 이 물의 표면을 바라보는 것이 아니라, 할 수 있는 한 이 물의 밑바닥까지 내려가 보아야 한다. 우리는 천국의 신비들을 잘 알기를 간절히 원하는 자들이 되어서 종종 그 신비들을 캐내어 보거나 그 신비들 속으로 뛰어들어 깊이 잠수해 보아야 한다.

5. 하나님의 일들을 살펴보면, 발목까지밖에 차지 않는 물처럼 아주 분명하고 이해하기가 쉬운 것들도 있고, 무릎이나 허리까지 차오르는 물처럼 이해하기가 쉽지 않아서 좀 더 깊은 탐구가 필요한 것들도 있으며, 그 밑바닥을 알 수 없는 물처럼 우리의 이해 범위를 넘어서 있어서 아무리 살펴보아도 알 수가 없기 때문에 강가에 주저앉아 사도 바울처럼 깊도다 하나님의 지혜와 지식의 풍성함이여, 그의 판단은 헤아리지 못할 것이며 그의 길은 찾지 못할 것이로다(롬 11:33)라고 하나님을 경배할 수밖에 없는 것들도 있다는 것을 우리는 알게 될 것이다. 성소의 이 물처럼 성경 속에는 어린 양이라도 쉽게 건널 수 있을 정도로 아주 얕은 지점들도 있고 코끼리도 헤엄을 쳐야 건널 수 있을 정도로 아주 깊은 지점들도 있다고 흔히 말해져 왔다. 선지자가 여기에서 하고 있는 것처럼, 가장 쉬운 것들로부터 시작해서 그런 것들로 우리의 마음을 씻은 후에, 깨닫기 힘든 것들로 나아가는 것이 지혜로운 일이다. 우리가 쉽게 할 수 있는 일부터 해나가는 것이 순리이다.

**III. 이 강이 미치는 범위.** 이 물은 동쪽으로 향하여 흘러, 거기에서 몇 개의 강줄기로 나뉘거나 빙 둘러 우회하여, 아라바 광야로 내려가서 바다, 즉 남동쪽에 있는 사해나 북동쪽에 있는 디베랴 바다나 서쪽에 있는 대해에 이른다(8절). 이 말씀은 복음이 유대와 사마리아의 모든 지역에 성공적으로 전파되었을 때에 성취되었다(행 8:1). 그리고 나중에는 주변의 여러 나라들, 아니 아주 멀리 있던 나라들, 심지어 바다의 섬들까지도 복음의 빛이 전해졌다. 복음의 소리는 세상 끝까지 이르렀디(시 19:4). 도도한 강물의 흐름을 막을 수 없듯이, 원수들은 복음이 앞으로 전진해 나아가는 것을 막을 수가 없었다.

**IV. 이 강이 지닌 치유의 효능.** 이 성소의 물이 다다르고 자유롭게 통과하는 곳들마다 놀라운 회복의 역사(役事)가 일어날 것이다. 하나님의 원수 갚으심을 생생하게 증언해 주는 기념비인 소돔의 유황 연못조차도 이 흘러내리는 물로 되살아나서(8절) 신선하고 달고 건강에 좋은 물로 변하게 될 것이다. 이것은 복음이 능력으로 임하는 곳마다 놀랍고 복된 변화가 일어나리라는 것, 마치 죽은 사해의 물이 동산을 적시는 샘물로 바뀌듯이 사람들의 심령에 큰 변화가 일어나리라는 것을 보여주는 것이다. 진노의 자녀들이 사랑의 자녀들이 되고, 죄와 허물로 죽었던 자들이 살아나게 되었을 때, 이것은 성취되었다. 옛적에 엘리사는 여리고의 샘물에 소금을 던져서 그 물을 고쳤는데(왕하 2:20-21), 복음은 바로 그 소금과 같은 것이었다. 그리스도께서는 이 세상을 고치시기 위하여 오셔서 이 세상을 고칠 영약(靈藥)으로 복음을 주셨다. 복음 속에는 온갖 질병을 고칠 수 있는 치료제가 들어 있다. 아니, 이 강물이 이르는 곳마다 식물이든 동물이든 모든 것이 살아난다(9절). 이 강물은 생명수이다(계 22:1, 17). 그리스도께서는 우리로 생명을 얻게 하시기 위하여 오셨고, 바로 그런 목적으로 그의 복음을 전해 주셨다. 이 강이 이르는 각처에 모든 것이 살 것이다. 하나님의 은혜는 죽은 죄인들을 살아나게 만들고, 살아 있는 성도들을 생기 있게 만든다. 이 강이 이르는 곳마다 땅은 비옥해지고 생물은 번성할 것이다. 그러나 그 효과는 그 강물을 어떻게 받아들이느냐와 그 강물을 받아들일 마음의 준비가 되어 있느냐에 따라 달라질 것이다. 왜냐하면, 자신의 죄악의 진흙탕 속에 안주하여 고침을 받고자 하지 않거나 자신의 의(義)의 습지에 만족하며 자기는 고침 받을 필요가 없다고 생각하는 진펄과 개펄은 되살아나지 못할 것이기 때문이다(11절). 어떤 사람들에게는 생명으로부터 생명에 이르는 냄새인 바로 그 동일한 복음이 진펄이나 개펄 같은 그들에게는 사망으로부터 사망에 이르는 냄새가 될 것이다. 그들은 소금 땅이 되어 영원히 열매를 맺지 못하는 불모지가 될 것이다(신 29:23). 하나님의 은혜로 촉촉이 적셔져서 열매를 맺는 것을 거부하는 자들을 하나님은 그들 자신의 마음의 정욕대로 행하도록 내버려두셔서 영원히 열매를 맺지 못하게 하실 것이다. 더러운 자는 그대로 더럽게 하라. 네게서는 이제부터 영원히 열매가 자라지 못하리라. 그들은 소금 기둥으로 변해 버린 롯의 아내처럼 소금 땅이 되어, 하나님의 공의의 기념비들로서 다른 사람들에게 타산지석이 될 것이다.

**V. 이 강에 고기가 아주 많으리라는 것.** 온갖 살아 움직이는 생물이 이 강에서 발견될 것이고 그 곳에서 살 것이며(9절), 이 강에 와서 크게 번성하고 가장 좋은 품종들로 변할 것이다. 따라서 이 강에는 고기가 심히 많으리니, 그 고기가 각기 종류를 따라 큰 바다의 고기 같이 심히 많을 것이다. 거기에는 바다의 고기가 많은 것처럼 그렇게 많은 민물 고기들이 있을 것이다(10절). 교회 속에는 아주 많은 수의 그리스도인들이 있을 것이고, 자라나는 세대들과 새벽 이슬 같은 청년들 가운데서 그리스도인들이 물고기처럼 많을 것이다. 하나님이 천지를 창조하실 때에 물들은 많은 물고기를 내어서 번성하게 하였다(창 1:20-21). 이 물고기들은 그들을 낸 물에서 여전히 살고 있다. 마찬가지로, 믿는 자들은 하

나님의 강인 진리의 말씀으로 낳음을 입었고(약 1:18) 거듭났다(벧전 1:23). 그들은 하나님의 생명수인 진리의 말씀에 의지해서 살아가고 생명을 유지해 간다. 그들이 성소의 물에 있는 것은 그들의 본성이기 때문에, 그들이 그 물 밖으로 나오는 것은 물고기가 마른 땅으로 나와 있는 것과 같다. 다윗은 살아 계신 하나님을 목말라하며 헐떡거릴 때에 바로 그런 모습이었다. 물고기가 많다는 것이 알려지면, 그 곳으로 어부들이 몰려들어서 그물을 던지게 될 것이다. 이 강이 물고기가 많고 여러 모로 유익하다는 것을 나타내기 위해서 여기에서는 어부들이 사해에 접해 있는 엔게디에서부터 사해와 붙어 있는 또 다른 성읍인 에네글라임까지 이 강의 둑에 서서 그물을 칠 것이라고 말한다. 사람들은 이전에는 썩어서 악취가 나는 물이라고 하여 피하였던 사해였지만 그 때에는 빈번하게 찾게 될 것이다. 복음의 은혜는 무익하고 아무짝에도 쓸모가 없었던 사람들과 장소들을 하나님과 인간에게 유익한 것들로 만든다.

**VI. 이 강의 양쪽 둑에 있는 나무들.** 강 좌우편에 나무가 심히 많았고(7절), 이 나무들은 강의 풍경을 아주 보기 좋고 유쾌하게 만들어 주었다. 또한, 이 나무들이 만드는 그늘은 어부들에게 좋은 휴식처가 되었다. 그러나 이것이 전부가 아니었다. 강 좌우 가에는 각종 먹을 과실나무가 자라서 열매가 끊이지 아니할 것이다(12절). 왜냐하면, 그 나무들은 달마다 새 열매를 맺을 것이기 때문이다. 그 나무들의 잎은 시들지 아니하며, 그 잎사귀는 약 재료가 될 것이다. 에스겔이 본 환상 중에서 이 부분은 요한의 환상 속에서도 정확히 그대로 재현되는데(계 22:2), 거기에서는 강 좌우에 생명나무가 있어 달마다 그 열매를 맺고 그 나무 잎사귀들은 만국을 치료하기 위하여 있더라고 말한다. 성경에서는 그리스도인들, 특히 사역자들을 바로 이러한 나무들, 여호와께서 시냇가에, 즉 성소의 물 가에(시 1:3) 심으신 의의 나무(사 61:3)라고 말한다. 그들은 생명나무이신 그리스도에게 접붙임을 받아 그와 연합함으로써 그 안에 뿌리를 박은 생명나무가 되었다(골 2:7). 그들은 모든 것을 모든 사람 가운데서 이루시는 한 분 성령에 의해서 수여된 다양한 은사들로 말미암아 온갖 다양한 각종 나무들이 된다. 그들은 강 가에서 자란다. 즉, 그들은 거룩한 규례들을 가까이 하고 있고, 그 규례들을 통해서 그리스도로부터 진액과 힘을 얻는다. 그들은 무화과나무와 감람나무처럼 그 열매로 하나님과 사람을 영화롭게 하기 위한 과실나무들이고(삿 9:9), 그 열매는 먹을 만할 것이다. 왜냐하면, 의인의 입술은 여러 사람을 먹이기 때문이다. 그들의 의의 열매는 이런저런 방식으로 남들에게 유익을 끼친다. 이 나무들의 잎사귀는 상처들과 염증들을 고치는 약 재료가 된다. 선한 그리스도인들은 그들의 열매라고 할 수 있는 사랑이 넘치는 행위들을 통해서만이 아니라 그들의 잎사귀라고 할 수 있는 선한 말들을 통해서 주변 사람들에게 유익을 끼친다. 그들은 약한 자들에게 힘을 주고 마음이 상한 자들을 싸매 준다. 그들이 지닌 명랑함은 그들 자신에게만이 아니라 다른 사람들에게도 양약이 된다. 그들은 하나님의 은혜로 말미암아 힘을 얻어서 그들의 선함과 유익함을 지켜 나갈 수 있게 될 것이다. 그들은 뿌리에만 생명이 있는 것이 아니라 모든 가지에도 진액이 충분하여서, 그들의 잎은 시들지 아니할 것이다. 그들의 신앙 고백은 마르지 아니하고 (시 1:3), 그 열매는 끊이지 아니할 것이다. 즉, 그들은 늙어도 열매를 맺는 힘을 잃지 않고 여전히 결실하여 여호와의 정직하심을 선포할 것이다(시 92:14-15). 또는, 그들이 열매 맺는 삶을 산 것에 대한 상급은 영원히 없어지지 않을 것이다. 그들은 저 큰 날에 그들에게 상급으로 돌아올 열매, 즉 영생의 열매를 맺을 것인데, 이것은 정말 없어지지 않을 열매이다. 그들은 달마다 새 열매를 맺을 것인데, 어떤 이들은 이 달에, 어떤 이들은 저 달에 열매를 맺을 것이다. 따라서 이런저런 열매들이 항상 끊이지 않아서 하나님이 의도하신 대로 하나님께 영광을 돌리게 될 것이다. 또는, 이 나무들은 각각 달마다 열매를 맺게 될 것이다. 이것은 이 나무들이 열매를 맺는 힘이 풍성하다는 것(그들은 선한 일을 하는 데에 결코 지치는 일이 없을 것이다)과 그 곳은 아주 좋은 기후를 갖고 있어서 언제나 봄과 여름일 것임을 보여주는 것이다. 나무들이 이렇게 놀라울 정도로 열매를 잘 맺는 이유는 그 물이 성소를 통하여 나오기 때문이다. 풍성한 열매를 맺는 것은 결코 나무들 속에 있는 그 무엇 때문이 아니라, 그 나무들에 때를 따라 물을 주시는 하나님의 은혜가 지속적으로 공급되기 때문이다(사 27:3). 왜냐하면, 그 나무들을 누가 심었든, 자라나게 하신 분은 하나님이시기 때문이다.

[13]주 여호와께서 이같이 말씀하셨느니라 너희는 이 경계선대로 이스라엘 열두 지파에게 이 땅을 나누어 기업이 되게 하되 요셉에게는 두 몫이니라 [14]내가 옛적에 내 손을 들어 맹세하여 이 땅을 너희 조상들에게 주겠다고 하였나니 너희는 공평하게 나누어 기업을 삼으라 이 땅이 너희의 기업이 되리라 [15]이 땅 경계선은 이러하니라 북쪽은 대해에서 헤들론 길을 거쳐 스닷 어귀까지니 [16]곧 하맛과 브로다며 다메섹

경계선과 하맛 경계선 사이에 있는 시브라임과 하우란 경계선 곁에 있는 하셀핫디곤이라 <sup>17</sup>그 경계선이 바닷가에서부터 다메섹 경계선에 있는 하살에논까지요 그 경계선이 또 북쪽 끝에 있는 하맛 경계선에 이르렀나니 이는 그 북쪽이요 <sup>18</sup>동쪽은 하우란과 다메섹과 및 길르앗과 이스라엘 땅 사이에 있는 요단 강이니 북쪽 경계선에서부터 동쪽 바다까지 측량하라 이는 그 동쪽이요 <sup>19</sup>남쪽은 다말에서부터 므리봇 가데스 물에 이르고 애굽 시내를 따라 대해에 이르나니 이는 그 남쪽이요 <sup>20</sup>서쪽은 대해라 남쪽 경계선에서부터 맞은쪽 하맛 어귀까지 이르나니 이는 그 서쪽이니라 <sup>21</sup>그런즉 너희가 이스라엘 모든 지파대로 이 땅을 나누어 차지하라 <sup>22</sup>너희는 이 땅을 나누되 제비 뽑아 너희와 너희 가운데에 머물러 사는 타국인 곧 너희 가운데에서 자녀를 낳은 자의 기업이 되게 할지니 너희는 그 타국인을 본토에서 난 이스라엘 족속 같이 여기고 그들도 이스라엘 지파 중에서 너희와 함께 기업을 얻게 하되 <sup>23</sup>타국인이 머물러 사는 그 지파에서 그 기업을 줄지니라 주 여호와의 말씀이니라

우리는 이제 성소와 관련된 일에서 나라와 관련된 일로, 도성에서 촌락으로 넘어가게 된다.

1. 가나안 땅이 그들에게 기업으로 주어짐(14절). 내가 옛적에 내 손을 들어 맹세하여 이 땅을 너희 조상들에게 주겠다고 하였다. 즉, 내가 그들과 그들의 후손들에게 이 땅을 주겠다고 맹세로 약속하였다. 유대인들은 이 땅을 아주 오랫동안 빼앗겼지만, 하나님은 그들의 조상들에게 맹세하신 맹세를 잊지 않으셨다. 하나님의 섭리들은 한동안 그의 약속들을 거스르는 것처럼 보일지라도, 그 약속은 결국 반드시 이루어진다. 왜냐하면, 하나님은 그의 언약을 영원히 기억하시기 때문이다. 내가 내 손을 들어 이 땅을 주겠다고 하였기 때문에, 이 땅은 어김없이 너희의 기업이 될 것이다. 마찬가지로, 하늘의 가나안은 하나님의 모든 자녀들에게 확실하게 보장되어 있다. 왜냐하면, 그것은 거짓이 없으신 하나님이 약속하신 것이기 때문이다.

2. 그들에게 주어진 땅의 범위와 경계를 확정해 주심. 그들은 이 경계를 넘어서 이웃 나라들을 침범해서는 안 되고, 그들의 이웃 나라들도 이 경계를 짓밟고 그들을 침범해서는 안 된다. 여호수아는 이스라엘 백성이 가나안 땅으로 들어가기 직전에 그들의 기업이 될 땅의 개략적인 경계를 말해 주는데(민 34장), 거기에서는 그들의 땅의 경계가 남쪽의 염해에서 시작하여 한 바퀴 빙 돌

아서 다시 염해에서 끝난다. 하지만 여기에서는 북쪽의 다메섹 근방에 있던 하맛에서 시작하여 한 바퀴 빙 돌아서 다시 하맛에서 끝난다(20절). 우리의 거주의 경계를 한정하시는 분은 하나님이시라는 것을 명심하라. 하나님의 백성 이스라엘은 하나님이 그들에게 줄로 재어 준 구역은 아름다운 곳에 있다고 말하지 않을 수 없었다. 소돔 호수는 여기에서 동쪽 바다라 불린다. 왜냐하면, 이 호수는 성소의 물에 의해서 치유를 받아서 민수기에서와는 달리 이제 더 이상 염해라 불려서는 안 되었기 때문이다.

3. 이 땅을 이스라엘 모든 지파에게 나누어 주라고 명령하심. 레위 지파는 성소를 섬기기 위하여 성소 주변에 기업을 가졌기 때문에, 열둘이라는 숫자를 맞추기 위해서 요셉에게는 두 몫이 주어졌다(13, 21절). 너희는 이 땅을 공평하게 나누어 기업을 삼으라(14절). 각 지파는 동일한 몫을 갖게 될 것이다. 지파들이 바벨론에서 돌아왔을 때에 어떤 지파들은 다른 지파보다도 그 수가 훨씬 많았고, 실제로 유다와 베냐민 지파에 속한 사람들의 수는 아주 많았던 반면에 다른 열 지파에 속한 사람들의 수는 아주 적었기 때문에, 이 조치는 불공평한 것으로 보일 수 있다. 그러나 여기에서 열두 지파는 하나님의 참 이스라엘인 복음 교회를 가리키는 모형이라는 점에서, 그것은 아주 공평한 것이었다. 왜냐하면, 우리는 또 다른 환상 속에서 살아 계신 하나님을 위하여 인침을 받은 자가 각 지파마다 동일하게 12,000명이라는 것을 발견하게 되기 때문이다(계 7:5 이하). 이 땅은 바로 이 인침을 받은 자들에게 분배될 땅이었다. 또한, 이것은 그리스도의 나라에 속한 모든 신민(臣民)들이 각각 동일하게 보배로운 믿음을 받은 것임을 보여주는 것이다. 남자든 여자든, 유대인이든 이방인이든, 종이든 자유인이든, 누구나 다 동일하게 그리스도께로 오는 것을 환영을 받고, 그리스도에 참여하는 자들이 된다.

4. 그들 가운데 머물러 살면서 자녀를 낳고 가족을 이루어서 이 나라에 일조하고 있는 타국인들은 본래의 이스라엘 족속과 똑같이 지파들 중에서 기업을 얻게 하라는 것(22-23절). 이것은 여호수아가 가나안 땅을 분배할 때에는 결코 허용되지 않은 것이었다. 이것은 일반적인 귀화와 관련된 법으로서 유대인들에게 누가 그들의 이웃인지를 가르쳐 주기 위한 것이었는데, 그 취지는 혈통과 종교가 동일한 자들만이 아니라 그들이 자비를 베풀 기회가 있는 모든 자들이 그들의 이웃이라는 것이다(그렇게 했을 때에 그들은 그 보답으로 그 사람들로

부터 자비를 얻게 될 것이다). 또한, 이것은 타국인들에게 그들 가운데로 와서 정착해 살며 엄위하신 하나님의 날개 아래에 그들의 몸을 의탁하라고 초청하고자 하는 것이기도 하였다. 그러나 이것은 유대인과 이방인을 갈라놓고 있던 담이 무너지고 이 둘이 그리스도 안에서 차별이 없이 하나가 된 복음 시대를 보여주는 것이다(롬 10:12). 이 땅은 더 나은 본향인 하늘의 가나안을 나타내는 모형이었다(히 11:16). 하늘의 가나안에서는 믿는 이방인들은 믿는 유대인들과 마찬가지로 복된 분깃을 갖게 될 것이다(사 56:3).

# 제
## — 48 —
# 장

## 개요

우리는 앞 장에서 이스라엘 지파들에게 주어진 가나안 땅의 범위와 경계를 보았는데, 여기에는 그 땅의 분배와 관련된 구체적인 지시들이 나온다. I. 열두 지파의 몫. 성소의 북쪽으로 일곱 지파(1-7절)와 남쪽으로 다섯 지파(23-29절)의 몫. II. 성소를 위한 땅의 분배. 제사장들(8-11절), 레위인들(12-14절), 도성(15-20절), 왕(21-22절)을 위한 몫. 우리는 이 내용의 많은 부분을 앞서 살펴 보았었다(45장). III. 도성 및 그 문들의 설계도와 도성에 주어진 새로운 이름(30-35절). 이것은 에스겔서에 나오는 환상과 예언을 마무리하며 인을 치는 것이다.

[1]모든 지파의 이름은 이와 같으니라 북쪽 끝에서부터 헤들론 길을 거쳐 하맛 어귀를 지나서 다메섹 경계선에 있는 하살에논까지 곧 북쪽으로 하맛 경계선에 미치는 땅 동쪽에서 서쪽까지는 단의 몫이요 [2]단 경계선 다음으로 동쪽에서 서쪽까지는 아셀의 몫이요 [3]아셀 경계선 다음으로 동쪽에서 서쪽까지는 납달리의 몫이요 [4]납달리 경계선 다음으로 동쪽에서 서쪽까지는 므낫세의 몫이요 [5]므낫세 경계선 다음으로 동쪽에서 서쪽까지는 에브라임의 몫이요 [6]에브라임 경계선 다음으로 동쪽에서 서쪽까지는 르우벤의 몫이요 [7]르우벤 경계선 다음으로 동쪽에서 서쪽까지는 유다의 몫이요 [8]유다 경계선 다음으로 동쪽에서 서쪽까지는 너희가 예물로 드릴 땅이라 너비는 이만 오천 척이요 길이는 다른 몫의 동쪽에서 서쪽까지와 같고 성소는 그 중앙에 있을지니 [9]곧 너희가 여호와께 드려 예물로 삼을 땅의 길이는 이만 오천 척이요 너비는 만 척이라 [10]이 드리는 거룩한 땅은 제사장에게 돌릴지니 북쪽으로 길이가 이만 오천 척이요 서쪽으로 너비는 만 척이요 동쪽으로 너비가 만 척이요 남쪽으로 길이가 이만 오천 척이라 그 중앙에 여호와의 성소가 있게 하고 [11]이 땅을 사독의 자손 중에서 거룩하게 구별한 제사장에게 돌릴지어다 그들은 직분을 지키고 이스라엘 족속이 그릇될 때에 레위 사람이 그릇된 것처럼 그릇되지 아니하였느니라 [12]땅의 예물 중에서 그들이 예물을 받을지니 레위인의 접경지에 관한 가장 거룩

한 예물이니라 <sup>13</sup>제사장의 경계선을 따라 레위 사람의 몫을 주되 길이는 이만 오천 척이요 너비는 만 척으로 할지니 이 구역의 길이가 이만 오천 척이요 너비가 각기 만 척이라 <sup>14</sup>그들이 그 땅을 팔지도 못하며 바꾸지도 못하며 그 땅의 처음 익은 열매를 남에게 주지도 못하리니 이는 여호와께 거룩히 구별한 것임이라 <sup>15</sup>이 이만 오천 척 다음으로 너비 오천 척은 속된 땅으로 구분하여 성읍을 세우며 거주하는 곳과 전원을 삼되 성읍이 그 중앙에 있게 할지니 <sup>16</sup>그 크기는 북쪽도 사천오백 척이요 남쪽도 사천오백 척이요 동쪽도 사천오백 척이요 서쪽도 사천오백 척이며 <sup>17</sup>그 성읍의 들은 북쪽으로 이백오십 척이요 남쪽으로 이백오십 척이요 동쪽으로 이백오십 척이요 서쪽으로 이백오십 척이며 <sup>18</sup>예물을 삼아 거룩히 구별할 땅과 연접하여 남아 있는 땅의 길이는 동쪽으로 만 척이요 서쪽으로 만 척이라 곧 예물을 삼아 거룩하게 구별할 땅과 연접하였으며 그 땅의 소산을 성읍에서 일하는 자의 양식을 삼을지라 <sup>19</sup>이스라엘 모든 지파 가운데에 그 성읍에서 일하는 자는 그 땅을 경작할지니라 <sup>20</sup>그런즉 예물로 드리는 땅의 합계는 길이도 이만 오천 척이요 너비도 이만 오천 척이라 너희가 거룩히 구별하여 드릴 땅은 성읍의 기지와 합하여 네모 반듯할 것이니라 <sup>21</sup>거룩하게 구별할 땅과 성읍의 기지 좌우편에 남은 땅은 군주에게 돌릴지니 곧 거룩하게 구별할 땅의 동쪽을 향한 그 경계선 앞 이만 오천 척과 서쪽을 향한 그 경계선 앞 이만 오천 척이라 다른 몫들과 연접한 땅이니 이것을 군주에게 돌릴 것이며 거룩하게 구별할 땅과 성전의 성소가 그 중앙에 있으리라 <sup>22</sup>그런즉 군주에게 돌려 그에게 속한 땅은 레위 사람의 기업 좌우편과 성읍의 기지 좌우편이며 유다 지경과 베냐민 지경 사이에 있을지니라 <sup>23</sup>그 나머지 모든 지파는 동쪽에서 서쪽까지는 베냐민의 몫이요 <sup>24</sup>베냐민 경계선 다음으로 동쪽에서 서쪽까지는 시므온의 몫이요 <sup>25</sup>시므온 경계선 다음으로 동쪽에서 서쪽까지는 잇사갈의 몫이요 <sup>26</sup>잇사갈 경계선 다음으로 동쪽에서 서쪽까지는 스불론의 몫이요 <sup>27</sup>스불론 경계선 다음으로 동쪽에서 서쪽까지는 갓의 몫이며 <sup>28</sup>갓 경계선 다음으로 남쪽 경계선은 다말에서부터 므리바가데스 샘에 이르고 애굽 시내를 따라 대해에 이르나니 <sup>29</sup>이것은 너희가 제비 뽑아 이스라엘 지파에게 나누어 주어 기업이 되게 할 땅이요 또 이것들은 그들의 몫이니라 주 여호와의 말씀이니라 <sup>30</sup>그 성읍의 출입구는 이러하니라 북쪽의 너비가 사천오백 척이라

이 단락에는 열두 지파에게 땅을 분배하는 것과 관련하여 아주 간결

하고 편리한 방식이 제시되고 있는데, 이것은 여호수아 시대에 취해진 방식처럼 장황하거나 아주 세세하게 되어 있지 않다. 왜냐하면, 하늘에 속한 영적인 복들을 분배함에 있어서는 세상적인 복들을 나눌 때와는 달리 불평과 시비가 일어날 가능성이 없기 때문이다. 하나님은 품꾼들에게 모두 동일하게 한 데나리온씩을 품삯으로 주었을 때에 그것에 대하여 불평하는 자들을 내 것을 가지고 내 뜻대로 할 것이 아니냐는 말씀으로 즉시 그 불평을 잠재우셨다. 여기에서 하나님이 열두 지파에게 각각 동일한 몫을 분배하신 것도 그런 것이다. 땅의 분배와 관련해서 우리가 살펴보아야 할 것들은 다음과 같다.

1. 이 땅의 분배는 여호수아 시대에 있었던 땅의 분배와 아주 많이 다르고, 이 지파들의 조상들이 탄생한 순서나 야곱이나 모세가 그들을 축복한 내용과 일치하지 않는다는 것. 여기에서와는 달리 야곱의 축복 기도 속에서는 시므온은 땅을 분배 받지 못하고, 스불론은 배 매는 해변으로서 땅을 분배 받지 못하는데, 이것은 여기에 나오는 것이 문자적으로가 아니라 영적으로 해석되어야 한다는 것을 분명하게 보여주는 것이다 — 비록 그 신비의 대부분이 우리에게 감춰져 있다고 할지라도. 복음 시대에는 옛 것은 지났다. 이전 것은 지나갔으니 보라 새 것이 되었도다(고후 5:17). 이제 하나님의 백성 이스라엘은 새로운 모습으로 탈바꿈되었다.

2. 여호수아가 처음으로 땅을 분배하였을 때에는 마지막으로 땅을 분배 받은 단 지파(수 19:40)가 여기에서는 가장 먼저 분배를 받는다는 것(1절). 이렇게 복음 안에서는 나중 된 자가 먼저 될 것이다(마 19:30). 하나님은 그의 은혜를 나누어 주심에 있어서는 그의 섭리를 운용하실 때와 동일한 방법을 따르시지 않는다. 그러나 지금 단은 전에 오직 한 성읍만을 기업으로 가지고 있었던 그 근처, 즉 북쪽으로 다메섹과 접하고 있는 지역에 그의 기업을 갖게 되었는데, 이렇게 단지 성소에서 가장 먼 곳을 기업으로 받게 된 것은 그들이 여호와를 배반하고 우상 숭배를 자행하였기 때문이었다.

3. 앗수르의 왕에 의해 끌려 갔던 열 지파가 그로부터 오랜 후에 바벨론으로 끌려 갔던 두 지파와 마찬가지로 모두 이 환상 속에 나오는 땅에서 자신의 기업을 할당받는다는 것. 어떤 이들은 이것이 에스라서와 느헤미야서에서 자주 보듯이 열 지파에 속한 개인들과 가족들이 유다와 베냐민 지파 사람들과 함께 포로 생활에서 돌아온 것을 통해서 성취되었다고 생각한다. 성경에는 기록

되어 있지 않지만, 열 지파에 속한 사람들은 나중에 여러 번에 걸쳐서 훨씬 더 많은 수가 고국 땅으로 되돌아왔을 것이다. 전에 열 지파의 소유였던 갈릴리를 비롯한 여러 지역들은 유대인들의 수중에 들어가서 열 지파에 속한 사람들과 두 지파에 속한 사람들이 함께 향유하였다. 그로티우스(Grotius)는 열 지파에 속한 사람들이 유다와 베냐민 족장들과 제사장들과 레위 사람들처럼 회개하고 하나님께로 돌아왔더라면(스 1:5), 그들은 두 지파에 속한 사람들과 마찬가지로 잘 살았겠지만, 실제로는 죄로 말미암아 이 영광스러운 예언의 혜택을 상실해 버리고 말았다고 말한다. 하지만, 우리는 여기에 나오는 말씀이 복음 교회가 굳건히 세워지고 널리 확장되어서 참 이스라엘 사람들인 모든 자들이 거기에 복되게 뿌리를 내리고 넘치는 풍성함을 지닌 새 언약의 특권들을 확실하고 달콤하게 향유하며 살게 된 것을 통해서 성취되었다고 믿는다.

4. 이 환상 속에서 각각의 지파는 하나님의 정하심을 따라서 각자에게 할당된 구체적인 몫을 지니고 있었다는 것. 왜냐하면, 소유의 경계선을 다 허물어 버리고 모든 것을 공동으로 사용하도록 하는 것은 결코 복음의 의도가 아니기 때문이다. 최초의 그리스도인들이 모든 물건을 공동으로 소유하고 통용한 것은 법적인 권리라는 차원에서가 아니라 사랑이라는 차원에서 이루어진 것이었다(행 2:44). 복음의 많은 교훈들은 각자가 자신의 몫이 무엇인지를 알아야 한다는 것을 전제한다. 우리는 하나님의 손길이 우리에게 우리의 몫을 정해 주셨다는 것을 인정할 뿐만 아니라, 그 몫이 우리에게 가장 적절한 것이라고 믿고서 기쁜 마음으로 흔쾌히 받아늘여야 한다. 하나님이 우리를 위하여 우리의 기업을 택하셔서 골라 주실 것이다(시 47:4).

5. 지파들은 서로 인접해 있었다는 것. 한 지파의 경계선 옆에는 다른 지파의 기업이 있어서, 모든 지파는 정확한 순서로 연속적으로 서로 붙어 있었다. 따라서 지파들은 하나의 아치형 문을 이루고 있는 돌들처럼 서로가 서로를 견고하게 받쳐 주어서 서로의 힘을 더하여 주는 형국을 이루고 있었다. 보라 형제가 연합하여 동거함이 어찌 그리 선하고 아름다운고(시 133:1). 이것은 복음의 통치 아래에서 교회들과 성도들이 교통하는 모습을 보여주는 비유였다. 그들의 수는 많지만, 그들은 본래 하나이기 때문에, 거룩한 사랑과 서로 돕는 모습 속에서 함께 연합되어 있어야 한다.

6. 르우벤 지파의 기업은 전에는 요단 저편 멀리 있었지만 지금은 성소

옆에 있는 유다 지파의 기업에 바로 붙어 있다는 것. 이것은 르우벤이 전에 저지른 추문 때문에 탁월하지 못하리라는 말을 들었지만 이제는 세월이 흘러서 그 추문이 거의 씻겨 나갔기 때문이었다. 우리는 어떤 사람이나 민족에게 수치를 안겨준 일을 영원히 기억해서는 안 되고, 시간이 어느 정도 흐른 뒤에는 결국 인자한 마음으로 용서해 주어야 한다.

7. 성소가 그들의 중앙에 있었다는 것. 성소의 북쪽으로는 일곱 지파의 기업이 있었고, 남쪽으로는 다섯 지파의 기업과 함께 레위인, 왕, 도성에 할당된 기업이 있었다. 따라서 성소는 마땅히 그래야 하듯이 나라의 심장부에 자리잡고서 그 선한 감화력을 나라 전체에 퍼뜨리며 모든 백성과 지파의 중심이 될 수 있었다. 서로 멀리 떨어져 있는 지파들이라도 성소에서 서로 만나 사귀며 교제할 수 있었다. 동일한 교구 또는 교회에 속한 자들은 서로 흩어져 살고 있어서 서로를 알 기회가 없다고 할지라도 정기적으로 만나서 함께 하나님께 예배 드림으로써 그들의 마음이 거룩한 사랑 안에서 서로서로 엮여 짜여져야 한다.

8. 성소가 있는 곳에 제사장들이 있었다는 것. 이 드리는 거룩한 땅은 제사장들에게 돌릴지라(10절). 성직자들이 먹고 쓸 것을 공급하는 것은 여호와께 드리는 거룩한 예물로 간주된다는 사실은 한편으로는 성직자들의 존귀함과 그들이 얻는 위로를 보여주는 것임과 동시에, 다른 한편으로는 하나님이 그들을 먹이시고 입히시는 것은 그들로 하여금 성소를 섬기는 일을 행하기 위한 것이기 때문에 그들은 바로 그 일에 항상 힘쓰는 본분을 다해야 한다는 것을 보여주는 것이다. 제단에 의지해서 살아가는 자들은 제단에서 섬겨야 하고, 삯을 받거나 그 일을 다른 사람에게 맡겨서는 안 된다. 그러나 그들이 제단 가까이에서 살지 않는다면, 그들이 어떻게 제단을 섬길 수 있겠으며 하나님의 제단에 의지해서 살아갈 수 있겠는가?

9. 시험의 때에 하나님께 충성된 자로 인정을 받은 제사장들은 이 땅 중에서 제사장의 몫을 받았다는 것(11절). 이 땅을 사독의 자손에게 돌릴지어다. 사독의 자손들은 어떤 결정적인 갈림길에서 이스라엘 족속과 그 밖의 다른 레위인들이 그릇될 때에 그들의 신앙과 직분을 지킴으로써 유명하게 되었던 것으로 보인다. 모두가 배교하는 때에 자신의 신앙을 지키는 자들에게 하나님은 존귀를 더하실 것이고, 그들에게 특별한 은혜를 준비해 두실 것이다. 물줄기를 거

슬러 헤엄을 치고 있는 자들은 위를 향하여 헤엄치고 있는 것이기 때문에 마침내 위로부터 주어지는 은혜를 만나게 될 것이다.

10. 성소를 섬기는 자들의 것으로 주어진 땅은 결코 남에게 양보될 수 없다는 것. 그 땅은 이 땅의 처음 익은 열매로서의 성격을 지니고 있는 땅이기 때문에 여호와께 거룩히 구별된 땅이었다. 따라서 제사장들과 레위인들은 직접 그 땅을 사용하기도 하고 후손들에게 물려줄 수도 있었지만, 그 땅을 팔지도 못하며 바꾸지도 못하게 되어 있었다(14절). 하나님께 봉헌된 것을 다른 용도로 돌려서 사용하는 것은 신성모독이 된다.

11. 도성에 할당된 땅과 그 전원(田園)은 속된 땅으로 불리고 있다는 것(15절). 이것은 도성은 다른 성읍들과는 달리 거기에 여호와께서 계셨기 때문에 거룩한 성읍이었지만, 성소와 비교할 때에는 속된 곳이었기 때문이었다. 그렇지만 큰 성읍들, 심지어 이 도성과 마찬가지로 성소를 가까이에 두고 있는 큰 성읍들조차도 속된 곳인 경우가 너무나 허다한데, 이것은 정말 통탄할 일이 아닐 수 없다. 하나님은 전에 사악(또는, 속된 것)이 예루살렘 선지자들로부터 나와서 온 땅에 퍼짐이라(렘 23:15)고 한탄하기도 하셨다.

12. 이 땅의 첫 번째 구역에 있는 레위인들의 성읍이 그랬듯이, 도성도 네모 반듯한 모습이었고, 그 전원은 사방으로 똑같은 길이로 뻗어 있었다는 것(16-17절). 이것은 그 어떤 성읍에서도 문자 그대로 성취된 적이 없기 때문에, 영적으로 해석해서 하나님의 지혜와 모략에 따라 형성되고 그의 약속에 의해서 견고하게 되어 결코 요동할 수 없는 저 살아 계신 하나님의 도성, 즉 복음 교회의 아름다움과 안정된 모습을 보여주는 것이라고 해야 한다는 것을 말해 준다.

13. 예루살렘은 전에는 유다와 베냐민 지파의 땅에 있었기 때문에 그 주민들이 주로 이 두 지파에 속한 사람들이었던 반면에, 이제는 어느 특정한 지파의 기업 속에 있지 않고, 이스라엘 모든 지파 가운데에 그 성읍에서 일하고 거기에 직분을 갖고 있는 자들의 몫이라는 것(19절). 이스라엘의 모든 지파로부터 가장 뛰어난 사람들이 차출되어서 도성에서 일하는 것이 마땅하였다. 왜냐하면, 많은 눈이 도성을 지켜 보고 있었고, 이 나라의 방방곡곡에서만이 아니라 다른 열방들에서도 많은 사람들이 빈번히 이 곳을 드나들었기 때문이다. 여기에서는 도성에 사는 자들을 도성을 섬기는 자들이라고 표현하는데, 이는 우리가 어디에 있든 우리는 우리의 힘이 닿는 대로 이런저런 방식으로 우리가 지금 있는

곳에 도움이 되고 유익이 되도록 애써야 하기 때문이다. 그들은 도성에서 편안히 살면서 쾌락을 즐기기 위해서가 아니라, 도성을 섬기고 그들이 거기에서 할 수 있는 온갖 선을 행하며, 그렇게 함으로써 이 나라에 선한 감화력을 끼치기 위해서, 그들이 속한 이스라엘의 지파들에서 나와 도성에 거주하여야 한다.

14. 하나님은 성소나 도성에서 공무를 담당하는 자들이 생활에 어려움이 없이 존귀하게 살아갈 수 있도록 배려해 주셨다는 것. 하나님은 일정한 땅을 정하셔서 그 땅의 소산을 성읍에서 일하는 자의 양식을 삼게 하셨다(18절). 자비량을 하고서 전쟁에 나가는 사람이 누가 있겠는가? 교회를 섬기는 성직자들이나 나라를 섬기는 위정자들은 모두 생계를 걱정하지 않고 자신의 일에 전념할 수 있도록 지원을 받아야 마땅하다. 우리가 조세를 바치는 것도 이로 말미암음이라(롬 13:6).

15. 왕에게는 그의 높은 지위가 지닌 위엄에 걸맞는 몫이 할당되었다는 것(21절). 우리는 이것에 대해서 이미 앞에서 살펴본 바 있다(45장). 왕이 이스라엘의 증거가 있는 성소와 심판의 보좌가 있는 도성 옆에 자리잡고 있는 것은 이 둘을 보호함과 동시에 이 둘과 관련된 의무가 주의깊고 신실하게 수행되고 있는지를 살펴보기 위한 것이었다. 이 점에서 왕은 공동체 전체를 위한 선을 이루는 하나님의 사역자였다. 그리스도는 사방으로부터의 공격에서 교회를 지키시고 방어해 내시는 교회의 왕이시다. 아니, 그리스도는 그 자신이 교회의 모든 영광을 지켜내는 방비(防備)이시고, 교회를 그의 은총으로 둘러싸신다.

16. 모든 지파들 중에서 유다는 한 쪽 면에서 성소와 인접해 있었고 베냐민은 다른 쪽 면에서 성소와 인접해 있었다는 것. 이러한 영광은 다른 열 지파가 다윗 가문과 예루살렘 성전을 떠나 어그러진 길로 갔을 때에 끝까지 이 둘을 붙잡고 있었던 이 두 지파에게 돌아갔다. 속이고 배교한 자들이 회개하면 하나님은 그 죄를 용서하시는 것으로 끝나지만, 끝까지 신앙을 지킨 자들에게는 상을 주시고 존귀함을 더해 주신다.


[31]그 성읍의 문들은 이스라엘 지파들의 이름을 따를 것인데 북쪽으로 문이 셋이라 하나는 르우벤 문이요 하나는 유다 문이요 하나는 레위 문이며 [32]동쪽의 너비는 사천오백 척이니 또한 문이 셋이라 하나는 요셉 문이요 하나는 베냐민 문이요 하나는 단 문이며 [33]남쪽의 너비는 사천오백 척이니 또한 문이 셋이라 하나는 시므온 문

이요 하나는 잇사갈 문이요 하나는 스불론 문이며 <sup>34</sup>서쪽도 사천오백 척이니 또한 문이 셋이라 하나는 갓 문이요 하나는 아셀 문이요 하나는 납달리 문이며 <sup>35</sup>그 사방의 합계는 만 팔천 척이라 그 날 후로는 그 성읍의 이름을 여호와삼마라 하리라

이 단락에는 이 영광스러운 땅의 큰 도시로서 거기에 있는 성소에서 예배를 드리기 위하여 전국 방방곡곡에서 올라올 자들을 잘 모실 곳으로 지어져야 할 도성에 대한 추가적인 설명이 나온다. 이 도성은 그 어디에서도 예루살렘이라 불리지 않고, 우리가 지금까지 그 분배에 대하여 아주 구체적으로 들어 왔던 땅은 그 어디에서도 가나안 땅이라 불리지 않는다. 왜냐하면, 옛 이름들은 잊혀졌기 때문이다. 이것은 이전 것은 지나갔고 모든 것이 새 것이 되었다는 것을 보여주는 것이다. 그러면 이제 이 도성에 관하여 좀 더 자세하게 살펴보자.

1. 이 도성의 출입구들, 도성에 속한 부지들, 도성의 몇몇 설비들의 크기. 도성의 출입구들은 각각 4,500척의 크기였기 때문에, 그 사방 출입구의 합계는 18,000척이었다(35절). 그러나 여기에서 어떤 측량 단위가 사용되었는지가 불분명하다(개역에서는 척이라는 단위를 붙였지만, 원문에는 그런 단어가 나오지 않는다 – 역주). 이 장 전체에는 이렇게 측량 단위가 전혀 나오지 않기 때문에, 그 단위가 이제까지 많이 사용되었던 장대인 것인지(흠정역에서는 바로 이 장대라는 단위를 삽입해서 번역해 놓고 있는데[8절], 한 장대는 여섯 규빗에 한 손바닥 너비를 너한 길이로서[40:5], 에스겔 선시사를 안내하고 있는 사람이 손에 측량하는 장대를 괜히 들고 다니는 것이 아니라면, 본문에서 규빗이라는 단위를 사용하고 있음을 명확히 밝힌 경우가 아니면 그 단위가 장대라고 보는 것이 옳을 것이다), 아니면 어떤 사람들의 주장대로 규빗이라는 단위가 45:2과 47:3에서 사용되고 있는 것으로 보아서 여기에서의 단위도 규빗인 것인지를 확실히 결정하기는 어렵다. 그렇지만 나는 앞에서 설명한 이유를 근거로 본문에 규빗이라는 단위가 명시적으로 나와 있는 경우를 제외한다면 에스겔을 안내하는 사람이 들고 있던 측량하는 장대의 길이가 단위로 사용되고 있는 것으로 보는 것이 타당하다고 본다. 여기에서 규빗이라는 단위가 사용되고 있는 것으로 보는 사람들도 본문이 일반 규빗(약 46센티미터)을 말하는 것인지, 아니면 땅을 측량할 때에서 보통 사용되는 규빗을 말하는 것인지에 대하여 서로 이

견이 있고, 측량용 규빗의 길이에 대해서도 여섯 규빗이라고 주장하는 사람들과 세 규빗에 반 규빗을 더한 길이라고 주장하는 사람들이 있는데, 후자의 견해에 의하면 1,000규빗은 1,000보, 즉 영어의 1마일(1.609킬로미터)과 같게 된다. 그러나 이것이 우리에게 불분명하다는 것은 우리가 여기에 나오는 것들을 영적으로 이해해야 한다는 것을 보여주는 것임과 동시에, 여기에서 본문의 일차적인 의도는 무한한 지혜를 지니신 하나님이 복음 교회를 형성하실 때에 정확하고 적절한 비례를 따라 만드셨다는 것을 나타내기 위한 것임을 보여주는 것이다.

2. 도성의 문들의 수. 도성에는 각 방향으로 세 개씩 모두 합해서 열두 개의 문이 있었는데, 네모 반듯한 도성에 정연하게 자리잡고 있는 이 문들은 그야말로 장관(壯觀)이었다. 이 열두 문은 이스라엘 열두 지파 중에서 각각 한 지파의 이름이 새겨져 있었다. 이스라엘 모든 지파에서 온 사람들이 도성을 섬기며 일하였기 때문에(19절), 각 지파가 도성의 문을 하나씩 갖고 있는 것은 적절한 일이었다. 여기에서는 레위 지파에게도 하나의 문이 배정되었기 때문에, 열둘이라는 수를 맞추기 위해서 에브라임 지파와 므낫세 지파에게는 요셉 문 하나만이 배정되었다(32절). 북쪽으로는 르우벤 문, 유다 문, 레위 문이 있었고(31절), 동쪽으로는 요셉 문, 베냐민 문, 단 문이 있었으며(32절), 남쪽으로는 시므온 문, 잇사갈 문, 스불론 문이 있었고(33절), 서쪽으로는 갓 문, 아셀 문, 납달리 문이 있었다(34절). 여기에 나오는 것과 비슷하게, 요한의 환상 속에서도 새 예루살렘(이 거룩한 성은 여기에서와는 달리 거기에서는 그렇게 불린다)에는 각 방향으로 세 개씩 모두 열두 문이 있고, 그 문들 위에는 이스라엘 자손 열두 지파의 이름들이 씌어져 있다(계 21:12-13). 전투하는 교회이든 승리한 교회이든 그리스도의 교회는 어느 지방에 있는 어느 지파의 사람이든 믿음만 가지고 있으면 얼마든지 자유롭게 출입할 수 있다는 것을 명심하라. 그리스도께서는 모든 믿는 자들을 위하여 천국을 활짝 열어 놓으셨기 때문에, 누구든지 원하는 자는 와서 값없이 생명수를 받을 수 있고 생명 나무의 열매를 먹을 수 있다.

3. 이 도성에 붙여진 이름. 도성이 이 설계도에 따라서 새롭게 세워질 그 날 후로는 도성의 이름은 이전과는 달리 예루살렘(평화의 환상 또는 터)이 아니라 그것보다 더 굉장한 이름인 여호와삼마(여호와께서 거기에 계신다)가 될 것이다(35절). 이것은 다음과 같은 것들을 보여주는 것이다.

(1) 유대인 포로들은 고국 땅으로 돌아온 후에 하나님의 규례들과 섭리들을 통해서 하나님이 그들과 함께 하시고 그들 가운데 계신다는 것을 보여주는 명백한 증표들을 갖게 되리라는 것. 그들은 그들의 조상들이 그랬던 것과는 달리 여호와께서 우리 중에 계신가 안 계신가라고 반문할 여지가 없게 될 것이다. 왜냐하면, 그들은 하나님이 정말로 그들과 함께 계시는 것을 눈으로 보고 그들의 입으로 직접 그렇다는 것을 말하게 될 것이기 때문이다. 그 때에 그들의 환난이 많고 위협적이라고 해도, 그 환난들은 불이 붙어 있기는 하지만 타지는 않는 가시덤불 같을 것이다. 왜냐하면, 여호와께서 거기에 계실 것이기 때문이다. 그러나 전에 하나님이 그들의 성전을 떠나시면서 여기를 떠나자라고 말씀하셨을 때, 그들의 성전은 곧 폐허로 변하여 버렸었다. 성전에 하나님이 계시지 않게 되었을 때, 그들의 성전은 머지않아 사라져 버리고 말았다.

(2) 복음 교회에도 마찬가지로 하나님의 임재가 있으리라는 것. 하나님은 옛적에처럼 세키나(하나님의 영광)로 임재하시는 것은 아니지만, 하나님의 임재의 증표로서 세키나에 결코 못지 않게 확실한 증표인 성령으로 복음 교회에 임재해 계신다. 복음이 충실하게 선포되고, 복음의 규례들이 올바르게 행해지며, 하나님이 오직 예수 그리스도의 이름으로 예배를 받으시는 곳에는 여호와께서 거기에 계신다고 우리는 진정으로 말할 수 있다. 왜냐하면, 볼지어다 내가 세상 끝날까지 너희와 항상 함께 있으리라(마 28:20)고 말씀하신 분은 신실하시고, 반드시 그가 말한 것을 이루시는 분이시기 때문이다. 주는 거기에, 즉 그의 교회에 계셔서, 그의 교회를 다스리시고 보호하시며 지키시고, 그를 진심으로 예배하는 자들을 은혜로 받으시고 시인하시며, 그의 이름을 부르는 모든 자들에게 가까이 다가가신다. 주께서 거기에 계시기 때문에, 우리는 성도들의 교제를 떠나지 말고 거기에 꼭 붙어 있어야 한다. 우리가 이 교제를 떠나서 어디로 간들 우리에게 유익이 있겠는가? 이것은 모든 선한 그리스도인에게 적용되는 말이다. 그는 하나님 안에 거하고 하나님은 그 안에 거하신다. 어떤 사람의 영혼에 은혜가 생생히 살아 있다면, 우리는 주께서 거기에 계신다고 진정으로 말할 수 있다.

(3) 천국의 영광과 복은 주로 이것, 즉 여호와께서 거기에 계신다는 것에 있다는 것. 이 복된 상태에 대한 요한의 묘사는 여러 가지 점에서 여기에 나오는 것을 훨씬 능가한다. 거기에 묘사된 천국은 온통 금과 진주, 보석들로 되어 있고,

여기에 나오는 것보다 훨씬 더 크고 밝다. 왜냐하면, 천국에는 주 하나님이 비치고 계셔서 햇빛이 쓸 데 없기 때문이다. 그러나 하나님의 임재를 천국의 지극한 복의 핵심으로 삼고 있다는 점에서는 이 두 가지 묘사가 서로 일치한다. 요한계시록에서도 영화롭게 된 성도들의 복은 하나님이 그들과 함께 계신다는 것(계 21:3), 보좌에 앉으신 이가 그들 가운데 거하신다는 것(계 7:15)에 있다고 말하고, 여기에서도 여호와께서 거기에 계신다는 것을 거룩한 성의 지극한 복의 최고의 절정으로 삼는다. 그러므로 우리가 영원토록 주와 함께 할 수 있으려면, 우리는 저 도성에 우리의 자리를 확실하게 확보해 놓기 위하여 부지런히 애쓰고 최선을 다해야 할 것이다.

# 다 니 엘

# 서론

에스겔서는 예루살렘이 완전히 폐허가 되어 있는 가운데 암울한 모습을 지니고 있었던 때에 예루살렘이 다시 모든 영광을 되찾게 되리라는 기쁜 전망을 제시하였다면, 다니엘서는 에스겔서의 적절한 후속편으로서 에스겔서의 분위기를 그대로 이어받고 있다고 할 수 있다. 에스겔은 포로기 전기에 그가 보았거나 미리 본 것들을 우리에게 전해 주었다면, 다니엘은 포로기 후기에 그가 보았거나 미리 본 것들을 우리에게 전해 준다. 하나님은 서로 다른 일손들을 쓰시기는 하시지만, 그 일손들을 동일한 일에 쓰신다. 비참한 처지에 있었던 유대인 포로들에게 선지자들이 그들 가운데 연이어 등장해서 그들의 포로 생활이 얼마나 오랠는지를 보여주고 하나님이 그들을 완전히 내치지는 않으셨다는 증표를 보여준 것은 큰 위로가 되었다. 그러면, 이제 다음과 같은 것들을 살펴보자.

**I. 다니엘 선지자에 관하여.** 그의 히브리식 이름은 다니엘이었는데, 다니엘은 하나님의 심판을 의미하였다. 그의 갈대아식 이름은 벨드사살이었다. 그는 유다 지파 사람이었고, 아마도 왕족이었던 것으로 보인다. 그는 당대에 지혜와 경건으로 이름을 날렸다. 그의 동시대인이었으면서도 그보다 훨씬 연장자였던 에스겔은 하나님이 수신 말씀을 받아 전하면서, 두로의 왕이 사기가 다니엘보다 지혜롭다고 자부하며 스스로 교만한 것에 대하여 책망할 때에 다니엘이라는 이름을 언급한다(겔 28:3). 또한, 에스겔서에서 다니엘은 노아 및 욥과 더불어서 하늘의 하나님을 움직일 수 있는 가장 큰 영향력을 지닌 세 명의 인물 중의 한 사람으로 열거됨으로써 기도 응답을 잘 받는 것으로 유명한 인물로 등장한다(겔 14:14). 다니엘은 에스겔이 활동하던 때부터 유명해지기 시작해서, 그 후로 오랫동안 그 명성을 유지하였다. 일부 유대 랍비들은 다니엘을 정통 선지자로 인정하기를 싫어해서, 다니엘서를 예언서가 아니라 성문서로 분류했고, 제자들로 하여금 다니엘서를 중요시하지 않게 하고자 하였다. 이 랍비들이 다니엘을 그런 식으로 취급한 이유 중의 하나는 다니엘이 예레미야를 비롯해서 다른 여러 선지자들과 같이 고난을 당하거나 비천한 삶을 살지 않고 한 나라의 재상으로서 고관대작의 삶을 살았다는 것이었다. 하지만, 다니엘은 다른 선지

자들과 마찬가지로 박해를 받기도 하였고(6장), 좋은 떡을 먹지 아니하며(10:3) 예언의 영의 권능 아래 있을 때에는 지쳐서 여러 날 앓기도 하는 등(8:27) 고난을 당하기도 하였다. 이 랍비들이 다니엘을 탐탁지 않게 생각하게 된 또 하나의 이유는 다니엘이 이스라엘 땅이 아니라 이방 땅에서 환상들을 보고 그의 책을 썼다는 것이었다. 그러나 그런 이유라면, 에스겔도 선지자의 반열에서 추방되어야 마땅하다. 사실 이 랍비들이 이렇게 행한 진짜 이유는 다니엘이 메시야가 오실 때에 대하여 너무도 분명하게 말하고 있기 때문에 유대인들은 다니엘서를 읽으면 메시야가 오실 것임을 확신하게 될 수밖에 없기 때문에 애써서 그러한 메시지를 피하고자 했기 때문이다. 랍비들과는 달리, 요세푸스(Josephus)는 다니엘을 가장 위대한 선지자들 중의 한 사람이라고 평가하였고, 천사 가브리엘은 다니엘을 큰 은총을 받은 사람이라고 부른다(10:11). 다니엘은 인류 역사상 가장 위대한 군주들이었던 느부갓네살, 고레스, 다리오의 궁정에서 오랫동안 활발한 활동을 하며 살았다. 우리는 종종 하늘과 교통하는 특권은 묵상 속에서 시간을 보내는 자들이나 누리는 것처럼 잘못 생각한다. 그런데 사실은 결코 그렇지 않다. 이방의 왕을 모시는 대신(大臣)이자 정치가로서 열심히 국사를 돌보았던 다니엘보다 하나님의 마음을 더 친밀하게 알고 있었던 사람이 과연 누가 있었는가? 성령은 바람처럼 불고 싶은 곳으로 분다. 세상에서 할 일이 많은 자들이 그것을 핑계로 삼아서 하나님과 교통하는 일을 경시해서 별로 하지 않는다면, 다니엘은 그 자들을 정죄할 것이다. 다니엘은 나중에 예루살렘으로 돌아와서 헬라 회당의 책임자들 중의 한 사람이 되었다고 생각하는 사람들이 종종 있어 왔지만, 그런 내용은 성경에 나오지 않는다. 그러므로 다니엘은 바사(페르시아)의 수산 궁에서 아주 나이 들 때까지 살다가 거기에서 죽었다고 보는 것이 통설이다.

**II. 다니엘서에 관하여.** 다니엘서는 처음 여섯 장은 역사적인 이야기이기 때문에 평이하고 쉽지만, 마지막 여섯 장은 예언들로 되어 있고 거기에는 모호하고 깨닫기 힘든 것들이 많이 들어 있다. 그렇지만 만약 우리가 열국들, 특히 다니엘 때로부터 메시야가 오실 때까지의 유대 나라에 관한 좀 더 자세한 역사를 가지고 있었다면, 그 예언들은 깨닫기가 좀 더 쉬웠을 것이다. 우리 구주께서는 다니엘의 예언들을 얘기하시면서 읽는 자는 깨달을진저(마 24:15)라고 말씀하심으로써 그 예언들이 이해하기가 어렵다는 것을 넌지시 나타내신다. 다니엘서는 1장부터 2장의 처음 세 절까지는 히브리어로 되어 있고, 그 이후부터 18장까지는 갈대아 방언으로 되어 있으며, 19장부터 마지막까지는 다시 히브리어로 되어 있다. 브로턴(Broughton) 목사는 갈대아인들이 다니엘을 선하게 대하여 그의 요청을 받아들여서 왕의 포도주 대신에 생수가 든 잔을 주었기 때문에 하나님은 그들로 하여금 선지자를 대접한 상급을 잃지 않게 하셔서, 그들이 다니엘에게 가르친 그들의 언어가 그의 책에 사용되어서 오늘날까지도 온 세상에 알려지게 하신 것이라고 말한다. 브로턴 목사의 계산에 의하면, 다니엘은 역사상의 바벨론에 해당하는 갈대아 사람들에 의해서 예루살렘이 처음으로 침략을 당한 때로부터(이 때에 그도 포로로 끌려갔다) 영적 바벨론인 로마에 의해서 예루살렘이 최종적으로 멸망을 당할 때까지의 거룩한 이야기를 이어가고 있다. 다니엘의 예언들은 이렇게 아주 멀리까지 내다보고 있는 것이다 (9:27). 수산나(Susannah) 이야기나 벨과 용의 이야기 같은 외경(外經)에 속한 것에 나오는 내용들은 히브리어나 갈대아어로 기록된 것은 전혀 발견되지 않고 오직 헬라어로만 기록되어 있고, 유대 교회에 의해서도 정경으로 받아들여진 적이 없기 때문에, 비록 거기에 다니엘이 등장한다고 하여도, 우리는 그러한 이야기들을 신뢰할 이유가 전혀 없다. 다니엘서의 역사 부분과 예언 부분은 둘 다 그 연대가 일부는 갈대아 왕조의 후기로 되어 있고, 일부는 바사 왕조의 초기로 되어 있다. 그러나 다니엘이 해석하였던 느부갓네살의 꿈을 비롯해서 다니엘 자신이 본 환상들은 헬라와 로마의 왕조들 이레에서의 상황, 특히 유대인들이 안티오코스(Antiochos) 치하에서 환난을 겪게 될 것을 아주 구체적으로 보여준다 — 이것은 유대인들이 장래를 준비하는 데에 아주 유용하게 사용되었을 것이다. 또한, 다니엘이 메시야가 오실 때를 구체적으로 확정해 놓은 것은 이스라엘의 위로를 기다리던 모든 자들에게 유익하였고, 오실 분이 이 분이기 때문에 다른 사람을 기다릴 필요가 없다는 우리의 믿음을 확증해 주는 유익을 지금 우리에게도 주고 있다.

제
— 1 —
장

## 개요

이 장에는 다니엘의 초기의 삶과 출신 성분, 그리고 교육에 대하여 다른 어떤 선지자에 대한 것보다도 더 자세한 설명이 나와 있다. 이사야, 예레미야, 에스겔은 하나님으로부터 주어진 환상을 봄으로써 곧장 선지자로서의 삶을 시작하였지만, 다니엘은 인간의 학문을 연구하는 것으로 시작해서, 나중에 가서야 하나님이 주신 환상들을 보는 영광을 받았다. 하나님은 그의 교회를 섬길 사람들을 훈련시킴에 있어서 이렇게 다양한 방법들을 사용하신다. 이 장에서 우리는 다음과 같은 내용들을 본다. I. 여호야김 왕 때에 유대인들이 처음으로 포로로 끌려감(1-2절). 이 때에 다니엘과 그 밖의 다른 왕족들도 바벨론으로 끌려갔다. II. 다니엘과 몇몇 소년들이 궁정에서 바벨론 왕을 섬기기 위하여 선발되어서 갈대아 학문으로 양육을 받게 되고, 거기에 필요한 것들이 그들에게 공급됨(3-7절). III. 그들은 왕이 지정한 음식을 거부하고 채식과 물만을 먹을 수 있도록 요청하고, 환관장은 그들이 말한 대로 시험 삼아서 해본 결과가 아주 좋은 것을 발견하고서 그들에게 그렇게 하도록 허락함(8-16절). IV. 그들이 지혜와 지식에 있어서 다른 모든 동료들보다 월등히 뛰어남(17-21절).

¹유다 왕 여호야김이 다스린 지 삼 년이 되는 해에 바벨론 왕 느부갓네살이 예루살렘에 이르러 성을 에워쌌더니 ²주께서 유다 왕 여호야김과 하나님의 전 그릇 얼마를 그의 손에 넘기시매 그가 그것을 가지고 시날 땅 자기 신들의 신전에 가져다가 그 신들의 보물 창고에 두었더라 ³왕이 환관장 아스부나스에게 말하여 이스라엘 자손 중에서 왕족과 귀족 몇 사람 ⁴곧 흠이 없고 용모가 아름다우며 모든 지혜를 통찰하며 지식에 통달하며 학문에 익숙하여 왕궁에 설 만한 소년을 데려오게 하였고 그들에게 갈대아 사람의 학문과 언어를 가르치게 하였고 ⁵또 왕이 지정하여 그들에게 왕의 음식과 그가 마시는 포도주에서 날마다 쓸 것을 주어 삼 년을 기르게 하였으니 그 후에 그들은 왕 앞에 서게 될 것이너라 ⁶그들 가운데는 유다 자손 곧 다니엘과 하나냐와 미사엘과 아사랴가 있었더니 ⁷환관장이 그들의 이름을 고쳐 다니엘

은 벨드사살이라 하고 하나냐는 사드락이라 하고 미사엘은 메삭이라 하고 아사랴는 아벳느고라 하였더라

이 단락에서 다음과 같은 내용들이 나온다.

**I. 여호야김 왕의 재위 제3년에 바벨론 왕 느부갓네살이 왕위에 오른 첫 해에 유다와 예루살렘을 처음으로 침공해서 성공을 거둠**(1-2절).  느부갓네살은 예루살렘을 에워쌌더니, 이내 도성을 함락시키고 왕을 사로잡았다. 그는 자기 마음에 드는 사람들과 물건들을 자기 나라로 끌고 갔고, 여호야김을 그대로 왕위에 두고서 그에게 조공을 바치게 하였다. 여호야김은 이 때부터 대략 8년 정도 더 왕위에 있다가 바벨론 왕에게 반기를 들었고, 이 반란 때문에 완전히 파멸하였다. 대부분의 해석자들은 비록 예루살렘이 멸망을 당하고 유대인들이 포로로 끌려가는 것은 이 때로부터 19년이 지나서였기는 하지만 하나님이 정하신 칠십 년 간의 포로 생활은 유대인들이 처음으로 포로로 끌려갔던 이 때를 기점으로 해서 계산되어야 한다고 생각한다. 바로 이 포로기의 첫 해에 다니엘은 바벨론으로 끌려갔고, 거기에서 꼬박 칠십 년을 보냈다(1:21). 이 기간 동안에 모든 나라는 느부갓네살과 그의 아들과 손자를 섬기게 되어 있었다(렘 25:11). 그러므로 다니엘이라는 선지자 한 명이 바벨론 왕조의 출현과 전성기와 몰락을 자신의 일생에 걸쳐서 직접 눈으로 본 것이었다. 이렇게 세상 나라들은 한 세대라는 아주 짧은 기간 동안에 생겨났다가 사라지고 만다. 하지만 하늘나라는 영원하다. 세상 나라들이 뿌리를 내리는 것을 본 의인들은 죽기 전에 그 나라들이 망하는 것을 보게 될 것이다(욥 5:3; 잠 29:16). 브로턴 목사는 하나님의 통치에 있어서 여러 기간들이 서로 일정한 비율로 조화를 이루고 있다는 것을 지적한다: 애굽에서 나온 때로부터 가나안 땅에 들어가기까지가 40년, 그 때부터 가나안 땅을 분배할 때까지가 7년, 그 때부터 사무엘이 예언을 시작한 첫 해까지가 7번의 희년, 그 때부터 유대인들이 처음으로 포로로 잡혀간 해까지가 7번의 70년, 즉 490년(10번의 희년), 그 때부터 포로에서 돌아올 때까지가 70년, 그 때부터 그리스도께서 죽으신 때까지가 7번의 70년, 그 때부터 예루살렘이 멸망할 때까지가 40년.

**II. 예루살렘을 함락시킨 후에 느부갓네살 왕이 한 일.**  그는 도성이나 나라를 파괴하지 않았고, 바벨론에 의해서 재난을 당하게 될 것이라는 하나님의 최

초의 경고의 말씀을 성취하는 수준에서 이 원정은 마무리되었다. 하나님은 전에 히스기야 왕이 그의 보물들을 바벨론의 사자들에게 다 보여준 것에 대하여 책망하시면서, 장차 바벨론 왕이 와서 그들의 보물들과 자녀들을 끌고 갈 것이라고 경고하셨었다(사 39:6-7). 만약 그들이 이 경고의 말씀을 듣고서 스스로 낮아져서 삶을 고쳤더라면, 바벨론 왕의 권세는 거기까지 미쳤을 것이고, 더 이상의 재난은 그들에게 없었을 것이다. 작은 심판이 효력이 있을 경우에는 하나님은 더 큰 심판을 보내지 않으신다. 그러나 작은 심판이 효력이 없으면, 하나님은 풀무불을 일곱 배나 더 뜨겁게 달구실 것이다. 그러면, 느부갓네살이 정복 후에 무엇을 했는지를 살펴보자.

1. 성전의 그릇들 중 얼마를 가져감(2절). 그들은 계속해서 죄를 지으면서도 어리석게도 성전이 그들을 지켜 줄 것이라고 믿었다. 이제 그들의 기대가 얼마나 헛된 것인지를 보여주기 위해, 하나님은 성전이 가장 먼저 약탈을 당하게 하신다. 바벨론 왕은 하나님을 예배할 때에 사용되곤 하던 많은 거룩한 그릇들, 특히 그 중에서도 가장 귀한 그릇들을 전리품으로 삼아서 자기 신의 신전에 가져다 바치며, 맹목적인 신앙심으로 자기 신이 그에게 승전을 안겨 주었다고 생각하여 자기 신을 찬양하였다. 바벨론 왕은 자기 신에게 감사하는 뜻에서 이 그릇들을 가져다가 자기 신의 보물 창고에 두었다. 하나님의 의(義)를 보라. 하나님의 백성이 다른 신들의 우상을 하나님의 성전으로 들여오자, 이제 하나님은 그의 성전의 그릇들을 이 다른 신들의 보물 창고 속으로 들어가게 하신다. 사람들이 성전의 그릇들을 그들의 죄로 더럽힐 때, 하나님이 그의 심판들을 통해서 그 그릇들을 욕되게 하시는 것은 마땅한 일이라는 것을 명심하라. 하나님이 예언하신 대로 이 때에 왕궁의 보물 창고도 약탈을 당했을 것이지만, 여기에서 하나님의 전 그릇들이 약탈당한 것만이 구체적으로 언급된 것은 우리가 나중에 보듯이 성전 그릇들을 더럽힌 것이 갈대아 사람들의 죄악의 분량을 채운 죄였기 때문이었다(5:3). 본문에서 우리가 주목할 것은 지금 약탈당한 것은 성전의 그릇들 중 얼마, 즉 단지 일부였다는 것이다. 하나님은 성전의 나머지 그릇들이 약탈당하는 것을 막기 위해 과연 그들이 행실을 고치는지를 보시기 위해서 시험 삼아 일부를 남겨 두셨다(렘 27:18을 보라).

2. 소녀들과 청년들, 특히 왕족이나 귀족의 자제들로서 잘 생기고 장래가 유망하며 성품이 훌륭한 자들이 끌려감. 이렇게 아버지의 죄악에 대한 벌이 자녀

들에게 미쳤다. 느부갓네살이 이들을 잡아간 이유는 다음과 같은 것들이었다.

(1) 그들은 바벨론 왕이 대단한 승전을 거두었다는 것을 보여주기 위한 전리품이었다.

(2) 그들은 고국 땅에서 그들의 부모들이 바벨론 왕에게 충성을 바치도록 하기 위한 볼모였다. 부모들은 포로로 잡혀간 자녀들이 무사하고 더 나은 대우를 받도록 하기 위해서는 어쩔 수 없이 바벨론 왕에게 충성하며 잘 처신을 할 수밖에 없을 것이었다.

(3) 그들은 바벨론 왕을 섬기는 자들로 쓰임 받을 자들이었다. 바벨론 왕은 그들을 훈련시켜서 자기 밑에서 일하고 출세할 수 있도록 하기 위하여 끌고 갔는데, 이는 큰 자들이 흔히 그렇듯이 본국 사람들이 아니라 외국인들을 종으로 삼아서 섬김을 받으면서 이루 말할 수 없는 우월감을 느끼고 으스대기 위해서였거나, 이스라엘의 젊은이들 가운데에는 많은, 기지(機智)가 넘치고 기운차며 영리한 자들이 갈대아인들 가운데는 없다는 것을 알고 있었기 때문이었다. 만약 후자의 경우라면, 유대 민족이 다른 민족들보다 월등하게 뛰어난 재능을 지니고 있었다는 것은 하나님의 축복의 열매로서 영광스러운 일이 아닐 수 없었다. 하지만 그토록 뛰어난 재능을 지닌 민족이 그토록 지혜와 은혜가 없었다는 것은 부끄러운 일이었다. 좀 더 살펴보자.

[1] 바벨론 왕이 이 소년들을 선별함에 있어서 적용한 기준들(4절). 신체가 기형인 자들이 아니라 용모가 준수하고 아름다운 자들이어야 했다. 왜냐하면, 사람의 용모는 뛰어난 재능과 좋은 성품을 나타내는 지표들이었기 때문이다. 그러나 이것으로 충분한 것은 아니었다. 모든 지혜를 통찰하며 지식에 통달하며 학문에 익숙한 자들이어야 했다. 즉, 머리가 잘 돌아가고 날카로워서, 자신의 나라에 대해서나 그들이 이제까지 배운 학문에 대하여 언제든지 남들이 잘 알아들을 수 있게 잘 설명할 수 있는 자들이어야 했다. 바벨론 왕이 이렇게 소년들을 선택한 것은 소년들은 유순하여 교육 받은 대로 잘 따라오고 자신의 민족을 잊고서 갈대아 사람들과 쉽게 동화될 수 있었기 때문이었다. 바벨론 왕은 그 소년들과 청년들을 어디에 쓸 것인지 명확한 목적을 지니고 있었다. 그들은 왕궁에 설 만한 역량과 자질을 갖춘 자들이어야 했다. 왜냐하면, 그들은 바벨론 왕을 옆에서 모실 뿐만 아니라 국사(國事)에 대하여 조언할 능력도 있어야 했기 때문이다. 바벨론 왕이 이렇게 국사를 담당할 젊은 인재들을 키우는 일에

큰 관심을 지니고 있었다는 것은 이제 왕위에 오른 이 떠오르는 군주의 생각이 무엇이었는지를 보여주는 한 예였고, 그가 앞으로 승승장구해 나갈 것임을 보여주는 좋은 징조였다. 느부갓네살은 신하들에게 아하수에로 왕과 달리 젊은 여자들 중에서 자기를 보좌할 자들을 선별하여 데려오라고 명령하지 않았다. 지혜로운 인재들을 자기 밑에 두는 것은 군주들에게 큰 유익이 된다. 그러므로 군주가 그러한 인재들을 발굴해서 훈련시키는 데에 큰 관심을 두는 것은 지혜로운 일이다. 국사를 담당하기에 적합한 무수한 인재들이 공직에 오르지도 못하고 이름 없이 살다가 죽고, 공무를 담당하기에 부적합한 무수한 자들이 공직에 오르는 것이 이 세상의 참상이다.

[2] 바벨론 왕이 그들에 대하여 가졌던 관심들.

**첫째**, 바벨론 왕은 그들의 교육에 대하여 관심을 가졌다. 그는 그들에게 갈대아 사람의 학문과 언어를 가르치도록 명령하였다. 그들은 지혜롭고 지식이 있는 소년들로 인정을 받고 있었는데도, 계속해서 가르침을 받아야 했다. 지혜 있는 자에게 교훈을 더하라 그가 더욱 지혜로워질 것이요(잠 9:9). 어른이 되어서 이 세상에서 선한 일을 하고자 하는 자들은 어렸을 때에 배워야 한다는 것을 명심하라. 어린 시절은 배우는 시기이다. 그 시기를 놓치면, 배울 기회를 다시 얻기가 몹시 어려워진다. 느부갓네살은 그들로 하여금 갈대아 사람들 가운데서 사용되었던 사악한 술법들인 주술과 점술을 배우게 하지 않았던 것으로 보인다. 만약 바벨론 왕이 그런 것들을 배우도록 강요하였다면, 다니엘과 그의 친구들은 그런 술법들을 배움으로써 *스스로*를 더럽히는 일을 하고자 하지 않았을 것이다. 아니, 우리는 바벨론 왕이 그들에게 갈대아 사람들의 종교를 가르치도록 명령한 것을 보지 못한다. 이것으로 보아서, 이 당시에 느부갓네살은 완고한 편견에 사로잡힌 인물이 아니었던 것으로 보인다. 사람들이 지혜에 능하고 신실하여 그의 일을 보좌하는 데에 적합한 인물이고 경건한 신앙심만 지니고 있기만 하다면, 그들이 어떤 종교를 지니고 있는지는 그에게 중요한 문제가 아니었다. 그들은 그들의 세대를 섬길 수 있는 역량을 갖출 수 있게 해줄 그러한 학문들, 즉 그 나라의 언어와 법률, 역사, 철학, 수학, 농업, 전쟁, 항해술을 배워야 했다. 소년들에게 좋은 교육을 받을 수 있도록 해주는 것이야말로 백성들을 진정으로 섬기는 것임을 명심하라.

**둘째**, 바벨론 왕은 그들의 의식주에 관심을 가졌다. 그는 그들이 교육을 받는 삼 년 동안 배우는 일에만 전념할 수 있도록 단지 생계를 유지하는 데에 필요한 양식만이 아니라 진수성찬을 공급해 주었다. 바벨론 왕은 그들에게 왕의 음식과 그가 마시는 포도주에서 날마다 쓸 것을 지정하여 공급해 주었다(5절). 이것은 바벨론 왕의 후한 마음과 인간성을 보여주는 한 예였다. 비록 그들은 포로들이었지만, 바벨론 왕은 그들의 고귀한 태생과 자질, 그들의 정신과 재능을 높이 사서 예를 갖추어 대우하였고, 포로 생활이 그들에게 힘든 짐이 되지 않게 해주기 위해서 애썼다. 좋은 가문에서 태어나서 잘 양육을 받은 자들은 비록 곤경을 만나서 어려운 처지가 되었다고 해도 존중을 받는 것이 마땅하다. 충분히 잘 교육을 받으려면 충분한 뒷받침이 있어야 한다.

**Ⅲ. 다니엘과 그의 친구들에 관한 구체적인 설명.** 그들은 유다 자손, 즉 왕가가 속한 유다 지파 사람들이었다. 아마도 그들은 당시에 많은 자손들을 거느린 가문으로 성장한 다윗 왕가에 속한 왕족들이었을 것이다. 하나님은 전에 히스기야 왕에게 그에게서 태어날 자손 중에서 일부가 **바벨론 왕궁의 환관 또는 시종들이 될 것**이라고 말씀하셨었다(왕하 20:18; 사 39:7). 환관장은 다니엘과 그의 친구들의 이름을 고쳐 주었는데, 이것은 그가 그들을 다스릴 권세가 있다는 것과 그들이 그에게 복종해야 한다는 것을 보여줌과 동시에 그들이 귀화하여 갈대아 사람들이 되었다는 것을 나타내는 것이었다. 그들이 할례 때에 받았던 히브리식 이름 속에는 하나님 또는 여호와와 관련된 요소가 들어가 있었다: 다니엘(하나님은 나의 재판장이시다), 하나냐(여호와의 은혜), 미사엘(강하신 하나님이신 분), 아사랴(여호와는 도움이시다). 환관장은 그들로 하여금 그들의 조상들의 하나님, 그들의 어린 시절의 안내자이신 하나님을 잊어버리게 하려고, 그들에게 갈대아 사람들의 우상 숭배의 냄새가 나는 이름들을 새롭게 지어 주었다. 벨드사살은 벨의 감춰진 보화들을 지키는 자, 사드락은 갈대아 사람들이 숭배하였던 태양의 영감, 메삭은 비너스 여신의 다른 이름인 여신 삭에 속한 자, 아벳느고는 마찬가지로 갈대아 사람들이 숭배하였던 빛나는 불의 종을 의미한다. 이렇게 갈대아 사람들은 다니엘과 그의 친구들에게 그들의 조상들의 종교를 버리고 그들의 정복자들의 종교로 개종하도록 강요하지는 않았지만, 은연중에 그들을 전자의 종교에서 떼어내어 후자의 종교에 기울도록 하기 위하여 합법적인 수단들을 동원하여 나름대로 힘을 썼다. 그렇지만 하나님께서 다니엘과 그의 친구들을 위하여 얼마나 좋은 환경을 만들어 주셨는지를 보라. 그들은 비록

그들의 조상들의 죄 때문에 고난을 겪었지만, 그들 자신의 공로로 인하여 좋은 자리로 나아가게 되었다. 왜냐하면, 그들이 포로로 잡혀와서 살게 된 땅은 당시에 극도로 혼란스러웠던 그들의 고국 땅보다 그들에게 더 편안한 곳이 되었기 때문이다.

[8]다니엘은 뜻을 정하여 왕의 음식과 그가 마시는 포도주로 자기를 더럽히지 아니하리라 하고 자기를 더럽히지 아니하도록 환관장에게 구하니 [9]하나님이 다니엘로 하여금 환관장에게 은혜와 긍휼을 얻게 하신지라 [10]환관장이 다니엘에게 이르되 내가 내 주 왕을 두려워하노라 그가 너희 먹을 것과 너희 마실 것을 지정하셨거늘 너희의 얼굴이 초췌하여 같은 또래의 소년들만 못한 것을 그가 보게 할 것이 무엇이냐 그렇게 되면 너희 때문에 내 머리가 왕 앞에서 위태롭게 되리라 하니라 [11]환관장이 다니엘과 하나냐와 미사엘과 아사랴를 감독하게 한 자에게 다니엘이 말하되 [12]청하오니 당신의 종들을 열흘 동안 시험하여 채식을 주어 먹게 하고 물을 주어 마시게 한 후에 [13]당신 앞에서 우리의 얼굴과 왕의 음식을 먹는 소년들의 얼굴을 비교하여 보아서 당신이 보는 대로 종들에게 행하소서 하매 [14]그가 그들의 말을 따라 열흘 동안 시험하더니 [15]열흘 후에 그들의 얼굴이 더욱 아름답고 살이 더욱 윤택하여 왕의 음식을 먹는 다른 소년들보다 더 좋아 보인지라 [16]그리하여 감독하는 자가 그들에게 지정된 음식과 마실 포도주를 제하고 채식을 주니라

우리는 여기에서 다음과 같은 것들을 보면서 큰 만족을 얻게 된다.

I. 다니엘이 환관장의 총애를 받게 됨(9절).    이것은 요셉이 간수장의 총애를 받게 된 것과 동일한 하나님의 역사였다(창 39:21). 다니엘은 환관장에게 은혜와 긍휼을 얻었다. 틀림없이 다니엘은 재능이 뛰어나고 성품이 좋았기 때문에 환관장으로부터 총애를 얻을 만하였을 것이다(그는 크게 은총을 입은 자였다, 9:23). 그렇지만, 여기에서는 하나님이 다니엘로 하여금 환관장에서 은혜와 긍휼을 얻게 하셨다고 말한다. 왜냐하면, 사람은 자기가 잘나서 은총을 입는 것이 아니기 때문이다. 우리가 은혜나 은총을 입었다면, 우리는 우리 자신이 잘나서 그런 것이 아니라 그것이 다 하나님의 선물이라는 것을 인정하고서 그것으로 인하여 하나님께 영광을 돌려야 한다는 것을 명심하라. 은총을 입는 자들이 있다면, 그들로 하여금 은총을 입게 하시는 분은 하나님이시다. 그들이 귀중히 여

김을 받은 것은 하나님 덕분이었다. 그들을 사로잡은 모든 자에게서 긍휼히 여김을 받게 하셨도다(시 106:46)라는 말씀이 진실임이 여기에서 다시 한 번 입증된다. 젊은이들은 하나님과 사람들로부터 예쁨을 받는 비결은 유순하고 고분고분하며 자신의 본분과 도리를 다하는 것임을 알아야 한다.

**II. 다니엘이 계속해서 그의 신앙을 굳게 지킴.** 갈대아 사람들은 그의 이름을 바꿀 수는 있었지만, 그의 본성을 바꿀 수는 없었다. 그들이 그를 무엇이라 부르든, 그는 여전히 참된 이스라엘 사람으로서의 정신을 굳게 지켰다. 그는 다른 소년들처럼 그에게 주어진 책들을 열심히 읽었을 것이고, 갈대아 사람의 학문과 언어에 능통하고자 애를 썼을 것이지만, 왕의 음식과 그가 마시는 포도주로 자기를 더럽히지 아니하리라고 단단히 결심하였다(8절). 그가 자신의 결심을 그 이유들과 함께 그의 친구들에게 전하였기 때문에, 그들은 한 마음으로 그렇게 하기로 결심하였다(11절). 이것은 성미가 맞지 않거나 기분이 언짢아서 토라져서 나온 결심이거나 무조건 반대하고 거스르는 기질에서 나온 결심이 아니라 양심에 의거한 결심이었다. 그들이 왕의 음식을 먹거나 그가 마시는 포도주를 마시는 것은 아마도 그 자체로는 불법적인 것이 아니었을 것이지만, 그들은 다음과 같은 이유들에서 그런 결심을 하였다.

1. 그들은 혹시라도 죄가 될 것을 염려하여 음식에 대해서 무척 조심하였다. 왕의 음식을 먹다 보면, 돼지고기 같이 하나님의 율법에서 명시적으로 금지한 음식이 종종 그들 앞에 차려질 수 있는 일이었다. 또는, 그들은 우상에게 제물로 드려진 것이거나 우상의 이름으로 축사된 음식이 그들에게 나올 수 있다는 것도 염려하였다. 유대인들은 그들이 먹는 음식을 통해서 다른 나라들과 아주 분명하게 구별되었다(레 11:45-46). 이 경건한 젊은이들은 비록 그들이 이방 땅에서 살고 있지만 선민(選民)으로서의 자긍심을 지켜 나가야 한다고 생각하였다. 그들은 왕족으로서의 위엄을 지킬 수는 없었지만 이스라엘 사람으로서의 존엄을 잃고자 하지 않았다. 왜냐하면, 그들은 그들이 이스라엘 사람이라는 것을 아주 소중히 여겼기 때문이었다. 하나님의 백성은 바벨론에 있을 때에 바벨론의 죄에 참여하지 않도록 특별히 신경을 쓸 필요가 있다는 것을 명심하라. 언뜻 보면, 왕의 음식을 먹는 것이 그들에 대한 섭리인 것처럼 보였다. 그들은 포로의 신분이었기 때문에 주는 대로 먹을 수밖에 없었고 그들을 다스리는 주인들의 명령을 거역할 수 없었다. 그러나 섭리가 하나님의 명령과 다르다면,

그들은 마땅히 섭리가 아니라 하나님의 명령을 따라야 한다. 섭리가 잡아 먹어라(행 10:13)고 말하더라도, 양심은 주님 그럴 수 없나이다 속되거나 깨끗하지 아니한 것은 결코 내 입에 들어간 일이 없나이다(행 11:8)라고 말한다.

2. 그들은 이러한 진수성찬을 먹는 것 자체가 죄는 아니더라도 그들이 그런 것을 먹는 것이 죄를 짓는 계기가 되어 거기에 맛이 들려서 점점 육체의 소욕을 따라 죄악된 자가 되어 가고 바벨론의 쾌락들을 즐기는 자가 되어 가게 될까봐 무척 조심하였다. 그들은 나로 하여금 그들의 진수성찬을 먹지 말게 하소서(시 141:4)라고 기도하였던 다윗의 기도와 맛 있는 음식을 탐하지 말라 그것은 속이는 음식이니라(잠 23:3)는 솔로몬의 교훈을 배워 알고 있었고, 거기에 따라 그들이 어떻게 행할지를 결정하였다. 사람들, 특히 젊은이들이 감각을 즐겁게 하는 것들을 탐하는 것이 아니라 그런 것들에 대하여 죽고, 그런 것들을 즐기는 것이 아니라 무관심하게 대한다면, 그것은 지극히 칭찬 받을 만한 일임을 명심하라. 지혜와 경건에 있어서 뛰어나고자 하는 자들은 일찌감치 자기 몸을 쳐 복종하게 하는 법을 배워야 한다.

3. 그들은 예루살렘이 환난에 처해 있고 그들 자신도 포로로 잡혀와 있는 지금 그런 진수성찬을 먹는 것은 부적절하다고 생각하였다. 그들은 요셉의 환난에 대하여 너무도 깊이 근심하고 있었기 때문에 대접으로 포도주를 마실 생각이 전혀 없었다. 그들은 왕족의 피를 타고 났지만, 그들의 나라와 그들 자신이 이렇게 비천해져 있는 때에 왕의 진미를 먹는 것이 부적절하다고 생각하였다. 하나님의 낮추시는 섭리들 아래에서는 낮아지는 것이 합당하다는 것을 명심하라. 나를 나오미라 부르지 말고 나를 마라라 부르라 이는 전능자가 나를 심히 괴롭게 하셨음이니라(룻 1:20). 환난이 가져다 준 유익을 보라. 예레미야가 당시에 예루살렘에 남아 있던 고관대작들에 대하여 묘사한 글을 보면, 그들은 형편없이 타락하고 악해져서 우상에게 바쳐진 것들로 스스로를 더럽혔다. 반면에, 포로로 잡혀온 이 젊은 신사들은 왕의 음식으로 그들 자신을 더럽히지 않고자 하였다. 죄악을 저지르며 잘 먹고 잘 사는 자들보다 깊은 환난 가운데서 자신의 신앙을 지키는 자들이 훨씬 더 낫다! 다니엘이 피하고자 했던 큰 일은 더러운 죄로 자기를 더럽히는 것이었음을 주목하라. 우리가 외부의 그 어떤 환난이나 고생보다도 더 두려워해야 할 것은 바로 그것이다. 다니엘은 이러한 결심을 하고 나서 자기를 더럽히지 아니하도록 환관장에게 구하였다. 이것은 그가 어쩔 수 없

이 왕의 음식으로 자기를 더럽히는 일이 일어나는 것을 미리 막기 위한 것일 뿐만 아니라, 왕의 음식이 자기 앞에 놓이고 그가 빨간 포도주를 봄으로써 그 것들을 먹고 마시고자 하는 유혹을 받지 않도록 아예 미끼 자체가 자기 앞에 놓이지 않도록 하기 위한 것이었다. 음식이 차려진 후에 우리의 목에 칼을 두어 먹지 않으려고 하는 것보다는 그러한 유혹을 아예 멀리 두는 편이 더 쉬울 것 이다. 우리에게 호의적인 사람의 그 호의를 선용해서 우리가 범죄하는 것을 피 할 수 있다면, 그것은 우리에 대한 그 사람의 호의를 가장 잘 선용하는 것임을 명심하라.

**III. 하나님이 이 일에 있어서 놀랍도록 다니엘의 편이 되어 주심.** 다니엘 이 왕의 음식이나 포도주를 자기 앞에 차려 놓지 말 것을 요청하자, 환관장은 다니엘과 그의 친구들의 얼굴이 다른 소년들보다 초췌하게 되면 자기가 왕의 노여움을 사서 목이 달아나게 될 것이라고 말하며 반대하였다(10절). 다니엘 은 그렇게 될 위험이 전혀 없다는 것을 보여주기 위해서 환관장에게 그것을 한 번 시험해 보아 주기를 청한다. 다니엘은 그들을 감독하는 책임을 맡은 환관에 게 이렇게 부탁한다. "우리를 열흘 동안 시험하여, 그동안에 우리에게 오직 채소 와 과일 또는 말린 콩 같은 채식을 주어 먹게 하고, 거기에 오직 물을 주어 마시게 한 후에, 그런 식으로 먹은 우리의 상태가 어떠한지를 보시고, 거기에 따라 결 정하소서(13절)." 사람들은 시험해 보지 않고서는 검소한 식사와 적게 먹는 소 식이 가져다 주는 유익을 믿으려 하지도 않고, 그러한 식생활이 우리 몸의 건 강에 얼마나 큰 도움이 되는지를 알지도 못한다. 이렇게 해서 이 시험이 행해 졌다. 다니엘과 그의 친구들은 열흘 동안 채식과 물로 살았는데, 이것은 명문가 의 자제들에게 어울리지 않는 열악한 식단으로서 그들이 일부러 나서서 요청 하기는커녕 발 벗고 나서서 반대했어야 할 식단이었다. 그러나 열흘 후에 그들 과 다른 소년들을 비교해 보니 그들의 얼굴이 더욱 아름답고 건강하며 살이 더욱 윤택하여 그 용모와 혈색이 왕의 음식을 먹는 다른 소년들보다 더 좋아 보였다(15 절). 이것은 부분적으로는 그들의 절제된 식사의 자연스러운 효과였지만, 신앙 을 지키며 채소를 먹는 것이 우상을 섬기며 살진 소를 먹는 것보다 훨씬 낫다는 것을 보여주시기 위한 하나님의 특별한 축복이었음에 틀림없다. 이것을 통해 서 사람이 떡으로만 사는 것이 아니라는 것이 분명하게 드러난다. 하나님이 말씀 하시면, 채식과 물이 가장 영양분 있는 음식이 된다. 우리 자신을 더러운 죄로부터 깨끗하게 지키면 무슨 일이 일어나는지를 보라. 그것은 몸에 양약이 되어 골수를 윤택하게 할 그러한 위로와 만족을 얻는 길인 반면에, 죄의 쾌락은 뼈를 썩게 한다.

**IV. 감독하는 자가 다니엘의 청을 들어줌.** 감독하는 자는 그들에게 양심을 거슬러서 강제로 먹게 하지 않고, 그들이 원한 대로 채식과 물을 주었다(16절). 그들은 이 채식과 물을 맛있게 먹었겠지만, 아마도 다른 사람들은 그들이 그런 음식을 맛있게 먹는 것을 시기하지 않았을 것이다. 여기에 절제하며 검소하게 사는 것으로 만족하는 것을 보여주는 좋은 본보기가 있다. 에피쿠로스(Epicuros)는 "자연을 따라 사는 자는 결코 가난해지지 않을 것이지만, 자신의 생각을 따라 사는 자는 결코 부해지지 않을 것이다"라고 말하였다. 이 소년들이 어린 시절에 이렇게 놀라운 절제의 삶을 산 것은 그들에게 다음과 같은 유익을 가져다 주었다.

1. 그들에게 맡겨진 일들을 월등하게 잘 할 수 있게 됨. 그들은 이러한 절제된 삶을 익힘으로써 그들의 마음을 맑고 깨끗하게 유지하여 깊이 묵상하기에 적합하였기 때문에 시간과 생각을 많이 아끼면서도 일들을 가장 훌륭하게 해 낼 수 있었다. 이렇게 해서 그들은, 젊은 시절에 무절제한 삶을 살아서 나이가 들어서도 일하기를 꺼리게 되는 병을 미연에 방지할 수 있었다.

2. 고난을 누구보다도 잘 견뎌낼 수 있게 냄. 이렇게 고생에 단련되고 자기 부인과 금욕의 삶을 산 자들은 역경에 처했을 때에, 하나님을 거슬러서 죄를 범하는 것이 아니라 차라리 다는 풀무불이니 사자 굴에 뛰어들기가 훨씬 더 수월해진다.


[17]하나님이 이 네 소년에게 학문을 주시고 모든 서적을 깨닫게 하시고 지혜를 주셨으니 다니엘은 또 모든 환상과 꿈을 깨달아 알더라 [18]왕이 말한 대로 그들을 불러들일 기한이 찼으므로 환관장이 그들을 느부갓네살 앞으로 데리고 가니 [19]왕이 그들과 말하여 보매 무리 중에 다니엘과 하나냐와 미사엘과 아사랴와 같은 자가 없으므로 그들을 왕 앞에 서게 하고 [20]왕이 그들에게 모든 일을 묻는 중에 그 지혜와 총명이 온 나라 박수와 술객보다 십 배나 나은 줄을 아니라 [21]다니엘은 고레스 왕 원년까지 있으니라

우리는 이 단락에서 다니엘과 그 친구들에 대하여 다음과 같은 내용들을 알게 된다.

**I. 그들이 학문에서 큰 성취를 이룸**(17절).   그들은 대단히 건실하고 부지런하였고, 열심히 공부를 하였다. 그들을 가르치는 선생들은 그들에게 비상한 재능이 있다는 것을 알아차리고서 열과 성을 다해서 그들을 가르쳤을 것이지만, 결국 그들이 이룬 성취는 오직 하나님의 공(功)으로 돌려진다. 그들에게 학문을 주시고 모든 서적을 깨닫게 하시고 지혜를 주신 분은 하나님이셨다. 왜냐하면, 온갖 좋은 은사와 온전한 선물이 다 위로부터 빛들의 아버지께로부터 내려오기 때문이다(약 1:17). 사람들에게 이러한 풍성한 것들을 얻을 능력을 주시는 분은 여호와 우리 하나님이시다. 지혜와 지식을 얻게 해주는 사고력은 오직 하나님만이 공급해 주신다. 하나님이 이 네 소년에게 학문을 크게 이루게 하신 것은 다음과 같은 성격을 지닌 것이었다.

1. 그들이 감수한 손실을 상쇄시켜 주신 것. 그들은 왕족이나 귀족의 혈통을 타고 났으면서도 그들의 조상들의 죄악 때문에 당연히 누렸어야 할 부귀영화를 박탈당하였었다. 그러나 하나님은 그런 손실에 대한 보상으로 그들에게 학문을 주셔서, 그들이 박탈당했던 것들보다 더 큰 명예와 기쁨을 그들에게 주셨다.

2. 그들이 신앙을 지킨 것에 대한 보상. 그들은 아주 세세한 부분에 이르기까지 그들의 신앙을 철저하게 지켰고, 바벨론 왕의 음식이나 포도주로 그들을 더럽히고자 하지 않아서 사실상 나실인들이 되었다. 그러자 하나님은 그들로 하여금 학문에서 탁월한 성취를 이루게 하셔서 그들의 그러한 행동에 대하여 상을 주셨다. 왜냐하면, 하나님은 그가 기뻐하시는 자에게는 지혜와 지식과 희락을 주시기 때문이다(전 2:26). 다니엘에게는 모든 환상과 꿈을 깨달아 아는 은사를 주심으로써 하나님은 그에게 두 몫을 주셨다. 요셉과 마찬가지로 다니엘은 인간적인 해몽법을 익혀서가 아니라 하나님이 주신 거룩한 지혜와 영감을 따라서 꿈을 해석하는 법을 알게 되었다. 아니, 다니엘은 예언의 영을 수여받았고, 그 예언의 영으로 말미암아 하나님과 대화하며 꿈과 환상으로 고지되는 하나님의 일들을 알 수 있었다(민 12:6). 다니엘에게 이러한 은사가 주어졌기 때문에, 우리는 다니엘서에서 그가 내내 꿈과 환상을 해석하거나 보는 일에 쓰임 받고 있는 것을 본다. 왜냐하면, 우리는 각각 은사를 받은 대로 서로 봉사할 기회

를 갖게 될 것이고, 또한 각자가 받은 은사를 적극적으로 활용하여 섬겨야 하기 때문이다(벧전 4:10).

**Ⅱ. 그들이 바벨론 왕에게 크게 인정을 받음.**  그들은 삼 년 동안 교육을 받은 후에(그들은 스무 살 정도에 포로로 잡혀 와서 이제는 어엿한 성인으로 성장했을 것이다) 그들과 함께 교육을 받았던 다른 젊은이들과 함께 바벨론 왕을 알현하게 되었다(18절). 왕은 그들을 시험하기 위해서 직접 그들과 말하여 보았다(19절). 이 바벨론 왕은 그 자신이 재능이 뛰어나고 학문을 익힌 인물이었기 때문에 그렇게 할 수 있었을 것이다. 재능과 학문을 겸비한 인물이 아니었다면, 이 바벨론 왕이 이토록 위대한 인물이 될 수는 없었을 것이다. 그는 젊은이들을 시험하는 일을 직접 행하고자 하였다. 군주들이 자기가 쓸 인물들을 고르기 위해서 다른 사람들의 보고에 지나치게 의존하지 않고 직접 자기 눈으로 보고 자신의 판단력으로 판단하는 것이야말로 지혜로운 처사이다. 왕은 언어나 웅변술이나 시학 같은 것이 아니라, 지혜와 총명에 속한 모든 일들, 지혜롭게 살고 참된 정치를 행하는 방법들을 물어서 그들을 시험하였다. 왕은 인간의 삶과 나랏일을 어떻게 행하여야 마땅한 것인지에 대하여 그들의 생각과 판단을 물어서, "그들이 재주꾼인가"가 아니라 "그들이 지혜로운가"를 살피고 따졌다. 왕은 다니엘과 그의 친구들이 그들과 함께 교육을 받은 다른 젊은이들보다 훨씬 뛰어나다는 것뿐만 아니라, 그들의 명철함이 그들의 모든 스승보다 나으며 노인보다 낫다는 것을 알게 되었다(시 119:99-100). 왕은 자신의 동족이나 연장자나 자신의 종교를 지닌 사들이나 유명인이라고 해서 편파적인 생각을 하는 자가 결코 아니었기 때문에 시험을 해보고서 이 보잘것없어 보이는 젊은 유대인 포로들이 그의 온 나라 박수와 술객보다 십 배나 낫다는 것을 거리낌 없이 인정하였다(20절). 왕은 이 젊은이들 속에 남들보다 월등한 그 무엇이 있다는 것을 곧 알아차리고서 깜짝 놀라며 흡족해 하였고, 그들이 잠깐 보여준 참된 영감이 그가 이제까지 보아 왔던 무수한 점술보다 낫다는 것을 금방 알아차렸다. 겨가 어찌 알곡과 같겠느냐(렘 23:28)? 박수와 술객의 지팡이가 어찌 아론의 지팡이와 같겠느냐? 이 둘은 서로 비교할 가치조차 없었다. 이 네 명의 젊은 학도(學徒)는 바벨론 온 나라에 있는 모든 나이 든 박수와 술객들 ─ 이들은 결코 적지 않은 수였을 것이다 ─ 을 다 합친 것보다도 **십 배나 더 나았다.** 하나님은 이런 식으로 갈대아 사람들의 교만에 멸시를 더하시고, 자기 백성의 비천한 처지에

존귀함을 더하셨다. 이렇게 해서 하나님은 다니엘과 그의 친구들만이 아니라 그들로 인해서 유대 민족 전체가 포로 된 땅에서 존중을 받게 만드셨다. 끝으로, 그들에 대한 시험 결과가 앞에서 말한 바와 같았기 때문에, 그들은 왕 앞에 서게 되었다(19절). 그들은 어전(御前)에서, 아니 조정에서 왕을 모셨다. 왜냐하면, 왕의 얼굴을 본다는 것은 추밀고문관(樞密顧問官)이 되었다는 것을 우회적으로 표현한 말이기 때문이다(에 1:14). 이것은, 네가 자기의 일에 능숙하고 건실하며 겸손한 사람을 보았느냐 이러한 사람은 왕 앞에 설 것이요 천한 자 앞에 서지 아니하리라(잠 22:29)고 말한 솔로몬의 통찰이 옳다는 것을 확증해 준다. 근면하고 성실한 것은 출세의 지름길이다. 다니엘을 제외한 다른 세 사람이 얼마나 오랫동안 궁정에 있었는지는 본문에 나오지 않는다. 그러나 다니엘은 비록 항상 왕의 총애를 받고 명성이 높았던 것은 아닐지라도 고레스 왕 원년까지 궁정에 있었다(21절). 그는 고레스 왕 원년 이후에도 살아 있어서 예언 활동을 계속하였다. 그러나 본문에서 이 점을 특별히 언급한 것은 다니엘이 그 때까지 살아서 그의 백성이 포로 생활에서 구원을 받아 고국 땅으로 돌아간 것을 목격하였다는 것을 보여주기 위한 것이다. 하나님은 시온이 고난을 당할 때에 시온과 함께 슬퍼한 그의 종들에게 종종 은혜를 베푸셔서, 그들로 하여금 그들이 처음에 보았던 것보다 더 나아진 교회의 모습을 살아생전에 보게 하시고 교회와 더불어 기뻐할 수 있게 해주신다.

제

— 2 —

장

## 개요

앞 장에는 다니엘이 모든 꿈을 깨달아 아는 은사를 지니고 있었다는 말이 나왔었는데 (1:17), 여기에는 그것이 사실임을 실제로 보여주는 초기의 유명한 예가 나온다. 요셉이 비슷한 경로를 통하여 애굽의 궁정에서 유명하게 되었던 것과 마찬가지로, 다니엘은 이 일을 통해서 바벨론의 궁정에서 이내 유명해지게 되었다. 이 장은 역사적인 이야기이긴 하지만, 꿈과 해석을 통한 예언과 관련된 역사적 이야기이다. 애굽의 바로 왕의 꿈과 그 꿈에 대한 요셉의 해석은 오직 풍년과 흉년, 그리고 그것이 하나님의 백성 이스라엘에게 끼칠 영향에 대한 것만 관련되어 있었다. 그러나 여기에 나오는 느부갓네살의 꿈과 그 꿈에 대한 다니엘의 해석은 그것보다 훨씬 더 규모가 커서 네 개의 왕조의 흥망성쇠, 그 왕조들과 관련된 이스라엘의 운명, 이 왕조들이 다 멸망한 후에 이 세상에 세워지게 될 메시야의 나라를 전망하는 내용이다. 이 장에서 우리는 다음과 같은 내용들을 본다.

I. 느부갓네살이 꿈을 꾸고 몹시 번민하였는데, 그것이 어떤 꿈이었는지를 잊어버렸기 때문에, 술사들에게 자기가 어떤 꿈을 꾸었는지를 알려 달라고 명령하였으나, 그들이 알아내지를 못함(1-11절). II. 느부갓네살이 바벨론의 모든 지혜자들을 다 죽이라고 명령하였고, 다니엘과 그 친구들도 죽을 운명에 처하게 됨(12-15절). III. 하나님이 다니엘의 기도에 응답하셔서 그에게 그 비밀을 알려 주시고, 다니엘이 하나님께 감사를 드림(16-23절). IV. 다니엘이 허락을 받고 왕에게 나아가서 왕이 꾼 꿈과 그 꿈에 대한 해석을 알려 줌(24-45절). V. 느부갓네살이 이 일로 인해 다니엘을 크게 높이고, 그의 친구들에게도 높은 자리를 줌(46-49절).


¹느부갓네살이 다스린 지 이 년이 되는 해에 느부갓네살이 꿈을 꾸고 그로 말미암아 마음이 번민하여 잠을 이루지 못한지라 ²왕이 그의 꿈을 자기에게 알려 주도록 박수와 술객과 점쟁이와 갈대아 술사를 부르라 말하매 그들이 들어가서 왕의 앞에 선지라 ³왕이 그들에게 이르되 내가 꿈을 꾸고 그 꿈을 알고자 하여 마음이 번민하도다 하니 ⁴갈대아 술사들이 아람 말로 왕에게 말하되 왕이여 만수무강 하옵소서

왕께서 그 꿈을 종들에게 이르시면 우리가 해석하여 드리겠나이다 하는지라 5왕이 갈대아인들에게 대답하여 이르되 내가 명령을 내렸나니 너희가 만일 꿈과 그 해석을 내게 알게 하지 아니하면 너희 몸을 쪼갤 것이며 너희의 집을 거름더미로 만들 것이요 6너희가 만일 꿈과 그 해석을 보이면 너희가 선물과 상과 큰 영광을 내게서 얻으리라 그런즉 꿈과 그 해석을 내게 보이라 하니 7그들이 다시 대답하여 이르되 원하건대 왕은 꿈을 종들에게 이르소서 그리하시면 우리가 해석하여 드리겠나이다 하니 8왕이 대답하여 이르되 내가 분명히 아노라 너희가 나의 명령이 내렸음을 보았으므로 시간을 지연하려 함이로다 9너희가 만일 이 꿈을 내게 알게 하지 아니하면 너희를 처치할 법이 오직 하나이니 이는 너희가 거짓말과 망령된 말을 내 앞에서 꾸며 말하여 때가 변하기를 기다리려 함이라 이제 그 꿈을 내게 알게 하라 그리하면 너희가 그 해석도 보일 줄을 내가 알리라 하더라 10갈대아인들이 왕 앞에 대답하여 이르되 세상에는 왕의 그 일을 보일 자가 한 사람도 없으므로 어떤 크고 권력 있는 왕이라도 이런 것으로 박수에게나 술객에게나 갈대아인들에게 물은 자가 없었나이다 11왕께서 물으신 것은 어려운 일이라 육체와 함께 살지 아니하는 신들 외에는 왕 앞에 그것을 보일 자가 없나이다 한지라 12왕이 이로 말미암아 진노하고 통분하여 바벨론의 모든 지혜자들을 다 죽이라 명령하니라 13왕의 명령이 내리매 지혜자들은 죽게 되었고 다니엘과 그의 친구들도 죽이려고 찾았더라

우리는 여기에 나오는 이야기의 연대와 관련해서 큰 어려움을 만난다. 본문에서는 이 일이 느부갓네살 제2년에 일어났다고 말한다(1절). 한편, 다니엘은 느부갓네살 원년에 바벨론으로 끌려 왔고, 왕 앞에 서기 전에 삼 년 동안 선생들과 감독자들 아래에서 교육을 받았다(1:5). 그런데 어떻게 이 일이 느부갓네살이 다스린 지 이 년이 되는 해에 일어날 수 있단 말인가? 원래는 교육 기간이 삼 년으로 정해져 있었지만, 다니엘은 워낙 특출나서 진도를 빨리 나가서 일 년만에 모든 과정을 다 마치고 왕 앞에 서게 되었고, 이 때문에 제2년에 벌써 이렇게 대단한 인물이 되어 있었을 수 있다. 어떤 이들은 이 본문에 나오는 연대는 느부갓네살이 단독으로 통치하기 시작한 후로 제2년을 의미하는 것이기 때문에 그의 부왕의 섭정 하에 다스리기 시작한 때로부터는 제5년 또는 제6년이 된다고 본다. 또는, 어떤 이들은 이 본문을 느부갓네살의 왕국에서 또는 느부갓네살의 통치 하에서 다니엘과 그의 친구들이 왕 앞에 선 지 이 년이 되는 해

에 이 일이 일어난 것으로 읽는다. 요셉이 꿈을 해석하는 은사를 받은 지 이 년이 되는 해에 바로의 꿈을 보이고 해석해 주었듯이, 다니엘도 해몽의 은사를 받은 지 이 년이 되는 해에 바벨론 왕의 꿈을 보이고 해석해 주었다. 나는 본문에 나오는 제2년은 느부갓네살이 애굽을 정복한 지 제2년, 즉 느부갓네살 재위 제36년을 가리킨다고 추정하는 견해보다는 앞에서 제시된 견해들 중 하나를 취하는 것이 더 낫다고 본다. 왜냐하면, 에스겔서에 나오는 기사(記事) 내용으로 볼 때, 다니엘은 느부갓네살이 애굽을 정복하기 오래 전부터 이미 지혜가 뛰어나고 기도 응답을 잘 받는 것으로 이름을 날리고 있었던 것으로 보이기 때문이다. 그러므로 다니엘이 어떻게 이 두 가지로 이름을 날리게 되었는지를 보여주는 이 이야기는 느부갓네살의 재위 초기에 있었던 일로 보는 것이 마땅하다. 그러면, 이 단락에 나오는 내용들을 좀 더 자세하게 살펴보자.

**I. 느부갓네살이 꿈을 꾸고 번민에 빠졌는데 그 꿈이 어떤 내용이었는지를 잊어버림**(1절).　느부갓네살이 꿈들을 꾸었다. 즉, 그는 여러 부분으로 이루어진 꿈 또는 마치 많은 꿈들을 한꺼번에 꾼 것처럼 그의 머리를 꽉 채운 꿈을 꾸었다. 솔로몬은 서로 잘 연결이 되지 않는 꿈들이 많으면 헛된 일들이 많아진다고 말한다(전 5:7). 느부갓네살이 꾼 이 꿈 그 자체 속에는 수많은 평범한 꿈과 유사하다고 할 수 있는 현상 외에 그 어떤 특별한 것은 없었다. 그러나 이 꿈이 느부갓네살에게 준 감화력 속에는 이 꿈이 하나님에게서 왔고 예언적 의미를 지니고 있다는 것을 분명하게 보여주는 증거가 될 수 있는 그 무엇이 있었다. 큰 자들은 밤의 휴식을 방해하는 마음의 염려와 괴로움에서 벗어나 있는 것이 아니라 도리어 그런 것들에 더 빠지기 쉬운 반면에, 노동자는 잠을 달게 자고(전 5:12) 건전하고 절제하는 사람은 자면서 혼란스러운 꿈들을 꾸지 않는다. 부자들이 지닌 풍부한 재물이 그들로 하여금 근심 없이 잘 수 있게 해주지 못하고, 많이 먹고 술에 취한다고 해서 괴로운 꿈을 꾸지 않고 평안히 잘 수 있는 것도 아니다. 그러나 여기에 기록된 일은 자연적인 원인들로부터 생겨난 것이 아니었다. 느부갓네살은 하나님의 백성 이스라엘을 괴롭히는 자였지만, 하나님은 이제 그를 괴롭히신다. 왜냐하면, 영혼을 지으신 하나님은 자기의 칼을 그 영혼에 들이대실 수 있으시기 때문이다. 느부갓네살의 주위에는 호위병들이 많았지만, 그들은 번민이 그의 영혼 속으로 들어오는 것을 막아낼 수는 없는 노릇이었다. 우리는 부귀영화를 누리거나 쾌락에 빠져 살아가는 많은 사람들이 겪

는 불안에 대해서는 알지 못하고, 그들의 저택 속을 들여다보며 부러워하고 시기하기 쉽다. 그러나 그들의 마음속을 들여다 볼 수 있다면, 우리는 그들을 부러워하는 것이 아니라 불쌍히 여겨야 한다. 이 힘 있는 군주는 인생들이 향유하며 누릴 수 있는 온갖 보화와 좋은 것들을 다 가지고 있었지만, 그런 것들은 그가 마음의 번민으로 인하여 잠을 이루지 못할 때에 그에게 조금의 안식도 가져다 줄 수 없었다. 그러나 하나님은 그의 사랑하시는 자, 즉 하나님께 돌아와서 그를 안식처로 삼는 자들에게 잠을 주신다.

**Ⅱ. 느부갓네살이 박수와 술객들을 불러서 자기가 꾸고 잊어버린 꿈이 무엇인지를 알아낼 수 있는지를 시험함.** 왕은 즉시 그의 꿈을 자기에게 알려 주도록 하기 위하여 갈대아의 박수와 술사들을 다 불러들였다(2절). 우리에게도 무슨 일이었는지는 잊어버렸어도 그 일이 남겨준 느낌이나 감화는 그대로 우리에게 남아 있는 경우가 많다. 그럴 때에 우리는 그 일이 무슨 일이었는지는 말할 수 없지만, 우리가 그 일로 어떤 느낌이나 감화를 받았는지는 안다. 느부갓네살 왕도 마찬가지였다. 그가 꾼 꿈은 그의 의식에서 빠져나가 버렸기 때문에, 그는 그 꿈이 무슨 꿈이었는지를 기억해 낼 수는 없었지만, 누군가로부터 그 꿈의 내용을 다시 듣는다면 즉시 자기가 무슨 꿈을 꾸었는지를 아주 분명하게 알 수 있을 것이었다. 사실 이 일은 하나님이 다니엘에게 존귀함을 더하시고 다니엘을 통해서 하나님 자신도 영광을 받으시기 위하여 작정하신 일이었다. 하나님은 어떤 일들을 사람들의 마음속에 집어넣으심으로써 자신의 뜻을 이루시기도 하시고, 어떤 일들을 사람들의 마음에서 지우심으로써 자신의 뜻을 이루시기도 하신다는 것을 명심하라. 갈대아의 박수와 술객들은 왕의 침실로 부르심을 받은 것을 자랑스러워하며, 이번 기회가 그들의 직분이 얼마나 중요한지를 보여줄 좋은 기회라 여기고, 이 일로 인해서 그들이 영광을 받게 될 것을 의심하지 않았을 것이다. 왕은 그들에게 자기가 꿈을 꾸었다고 말한다(3절). 갈대아어와 아람어는 지금은 서로 많이 다르지만, 당시에는 동일한 언어였기 때문에, 왕을 비롯해서 박수와 술객들은 이 때에 아람어를 사용하여 말하였다. 따라서 이 때부터 다니엘은 예레미야 10:11에 나오는 말씀(너희는 이같이 그들에게 이르기를 천지를 짓지 아니한 신들은 땅 위에서, 이 하늘 아래에서 망하리라 하라)이 아람어로 기록된 것과 동일한 이유에서 히브리어의 한 방언인 아람어를 사용해서 내용을 기록해 나가는데, 이것은 지금부터 여러 장에 걸쳐서 나오는 이야기

들을 통해서 갈대아 사람들에게 우상 숭배가 얼마나 어리석은 일인지를 깨우쳐 줌과 동시에 그들로 하여금 참되고 살아 계신 하나님을 알고 예배하게 하기 위한 것이었다. 그러나 8장부터는 유대인들을 위로하는 내용이 나오기 때문에, 다시 그들의 고유한 언어인 히브리어가 사용된다. 갈대아의 박수와 술객들은 왕의 말을 듣고서 왕에게 의례적인 인사말로 예를 올린 후에 왕이 꾼 꿈이 무엇인지를 말해 주면 그 꿈을 확실하게 해석해 드리겠다고 말한다(4절). 그러나 왕은 자기가 무슨 꿈을 꾸었는지를 잊어버려서 말해 줄 수 없기 때문에 그들이 그 꿈 자체를 자기에게 알려 주어야 한다고 강력하게 요구한다. 왕은 만약 그들이 그렇게 하지 못한다면 그들을 모두 속이는 자들로 단죄하여 처형하되, 그들의 몸을 쪼갤 것이며 그들의 집을 거름더미로 만들 것이고(5절), 만약 이 일을 해낸다면 그들에게 상을 내리고 직위를 올려 줄 것이라고 말한다(6절). 그들은 발람이 발락에 대하여 기대했듯이 왕이 그들을 높여 크게 존귀하게 하고 그들이 그토록 사랑하는 불의의 삯을 그들에게 줄 수 있다는 것을 알고 있었다. 그러므로 그들이 왕을 만족시키기 위하여 그들의 최선을 다하고자 했다는 것은 의심의 여지가 없다. 그들이 이 일을 해내지 못한다면, 그것은 의지가 없거나 부족해서가 아니라 능력이 없기 때문일 것이었다. 하나님은 바벨론의 술객들이 옛적에 애굽의 술객들과 마찬가지로 낭패와 수치를 당하게 하여서, 하나님의 백성이 비록 애굽과 바벨론에서 아무리 천대받고 멸시를 당한다고 하더라도, 하나님의 말씀이 영광과 존귀함을 얻고, 거기에 대적하는 자들은 다 할 말을 잃게 만드시기 위하여, 지금 섭리를 통해서 이런 일을 일으키신 것이있다. 갈대아의 박수와 술객들은 당연히 왕이 그들에게 어떤 꿈을 꾸었는지를 일러주기를 간청하면서, 그런데도 그들이 그 꿈을 해석해 내지 못한다면 그것은 그들의 잘못이 될 것이라고 말하였고(7절), 이것은 이치에 맞는 말이었다. 그러나 독재 권력은 이성의 소리에 귀를 막아 버리는 법이다. 왕은 그들이 하는 말을 듣고서 몹시 화를 내며 거친 말을 쏟아내고서는 그 어떤 이유도 없이 그들이 그가 꾼 꿈을 알아낼 수 없는 것이 아니라 그렇게 하고자 하지 않는 것이라고 의심한다. 왕은 마땅히 그들에게 능력이 없다는 것을 알아차리고서 그들을 책망해야 하는데도 그렇게 하지 않고, 느닷없이 너희가 거짓말과 망령된 말을 내 앞에서 꾸며 말하고자 하고 있다는 식으로 그들을 몰아부치며 모욕하였다. 그들에게 이러한 누명을 씌우는 것은 얼마나 비이성적이고 터무니없는 일인가! 만약 그들이 그가 꾼 꿈이 무엇이었는지를 그에게 고하고자 하면서 거짓된 이야기를 꾸며내서 말하였다면, 그가 그들에게 거짓말과 망령된 말을 꾸며대고 있다고 비난하여도, 그것은 옳은 말이 되었을 것이다. 그러나 그들이 그들에게 능력이 없다는 것을 솔직하게 고백하였는데도 그들에 대하여 이런 식으로 말하는 것은, 분노하면 이성을 잃고 얼마나 지각 없는 말들을 쏟아내게 되는지, 큰 자들은 자신의 기분과 변덕을 좇아서 이성과 공평을 내팽개치고 이 둘의 명령을 따르지 않는 것을 그들의 특권이라고 생각하기가 얼마나 쉬운지를 보여줄 뿐이다. 박수와 술객들이 왕에게 무슨 꿈을 꾸셨는지를 일러 달라고 요청하자, 그 요청이 지극히 합리적이고 정당함에도 불구하고, 왕은 그들이 때가 변하기를 기다리며 시간을 벌기 위해서 자기를 가지고 장난치고 있는 것이라고 말한다(8-9절). 즉, 그들은 왕이 지금은 그 꿈을 알고 싶어서 안달이 나 있지만 시간이 지나면 무관심해져서 그런 마음이 없어질 것이라고 생각하고 있는 것이거나, 그 꿈에 대한 왕의 기억이 점차 희미해져서 그에게서 완전히 떠나가 버림으로써 왕이 나중에는 그 꿈을 까맣게 잊어버리고 기억해 낼 수 없게 되어서 그들이 무슨 말을 해도 그것이 바로 그의 꿈이었다고 믿게 될 때가 올 것이라고 생각하고 있다고 왕은 그들을 의심하고 있는 것이다. 그러므로 왕은 그들에게 그 꿈을 지체 없이 그에게 고하라고 명령한다. 그들이 다음과 같은 이유들을 들어서 항변을 해보아도, 그들의 항변은 아무 소용이 없었다.

1. 왕의 꿈을 다시 재현해 낼 수 있는 자가 세상에는 한 사람도 없다는 것(10절). 꿈의 의미가 무엇인지를 알아낼 때에 사용되는 정해진 법칙들이 존재한다 — 이 법칙들이 맞는지는 의문이지만. 그러나 어떤 사람이 무슨 꿈을 꾸었는지를 알아낼 때에 사용할 수 있는 법칙은 인류 역사상에서 결코 단 한 번도 제시된 적이 없었다. 갈대아의 박수와 술객들이 사용할 법칙들이 아예 존재하지 않는데, 어떻게 그들이 그 꿈이 무엇이었는지를 알아낼 수 있겠는가. 그들은 신들이 자기 뜻을 사람에게 보일 수 있다는 것을 인정한다(암 4:13). 왜냐하면, 하나님은 멀리서도 우리의 생각을 밝히 아시고(시 139:2), 우리가 생각하기도 전에 그 생각을 아시며, 우리가 잠깐 스치듯이 생각하고서는 별 관심을 두지 않고 잊어버렸다고 해도 그 생각을 다 아시기 때문이다. 그러나 이렇게 할 수 있는 것은 육체를 가지고 살지 아니하는 신들뿐이다(11절). 오직 신들만이 그런 일을 할 수 있다. 사람은 육체와 함께 살아 간다. 아무리 지혜롭고 위대한 사람이라도

육체라는 가리개로 덮여 있고, 그 육체는 그들이 영의 세계를 아는 것을 방해하고 교란시키며 영의 능력과 활동을 가로막는다. 그러나 신들은 순수한 영 자체이기 때문에 사람 속에 무엇이 들어 있는지를 안다. 여기에서 이 박수와 술객들의 무지를 보라. 즉, 오직 한 분 무한하신 하나님이 존재할 뿐인데도, 그들은 많은 신들에 대하여 말하고 있는 것이다. 그렇지만 자연의 빛이 가르쳐 주고 자연의 일들이 증명해 주는 사실, 즉 하나님은 영이시기 때문에 사람들의 영과 그들의 모든 생각을 다 알지만 사람은 그 누구도 그럴 수 없다는 것을 아는 그들의 지식을 보라. 하나님이 모든 것을 아신다는 이 고백은 여기에서 우상 숭배자들의 입에서 나와서 하나님께 영광을 돌리고 그들 자신을 단죄하고 있다. 왜냐하면, 그들은 하늘에 한 분 하나님이 계셔서 모든 사람들의 마음과 생각하는 것을 다 아시고 그 어떤 것도 그에게 숨겨질 수 없다는 것을 잘 알면서도 말 못하는 우상들, 눈이 있어도 보지 못하고 귀가 있어도 듣지 못하는 우상들에게 기도와 찬송을 드려 왔기 때문이다.

2. 세상에는 지금까지 그런 것을 기대하거나 요구하는 왕이 없었다는 것(10절). 이것은 박수와 술객들이 주로 상대하고 헌신했던 자들이 크고 권력 있는 왕들과 주(主)들과 군주들이었다는 것을 보여준다. 반면에, 하나님의 말씀과 그리스도의 복음은 가난한 자들에게 베풀어진다. 왕과 군주들은 그들의 신민들에게 비이성적인 일들을 비일비재하게 요구하여 왔지만, 이와 같이 비이성적인 것을 요구한 예는 한 번도 없었기 때문에, 느부갓네살 왕도 그런 요구를 고집하지 말아 주기를 박수와 술객들은 바랐다. 그러나 왕은 막무가내였다. 격정이 보좌에 오르면, 이성은 발 밑에 짓밟히는 법이다. 왕은 진노하고 통분하였다(12절). 이성적인 말에 설득되지 않는 자들이 도리어 그런 말에 격분하고 분노해서, 이성으로는 도무지 말이 안 되는 일을 감정적으로 격렬하게 몰아부치는 일은 비일비재하다.

**III. 느부갓네살이 바벨론의 모든 박수와 술사들을 죽이라고 명령함.** 그들 모두를 처치할 법이 오직 하나가 있다(9절). 그들은 모두 예외 없이 무차별적으로 처형당할 처지에 놓이게 되었다. 그들을 모두 죽이라는 왕의 명령이 내려졌고(13절), 이 일을 전혀 모르고 있었던 다니엘과 그의 친구들도 예외가 될 수 없었다. 다음과 같은 것들을 살펴보자.

1. 독재 권력의 부당한 행사가 이루어지는 방식. 느부갓네살은 여기에서 진

정한 의미에서 폭군의 모습이다. 그는 자기가 이치에 맞게 말할 수 없게 되자 상대방을 죽이라고 명령하였고, 그를 섬기고자 했지만 능력이 없어서 섬길 수 없었던 것이 잘못이라면 유일한 잘못인 자들을 역적으로 몰았다.

2. 위선자들에 대한 의로운 형벌이 이루어지는 방식. 사기꾼의 우두머리들인 박수와 술객들에 대한 느부갓네살의 처형 명령이 아무리 불의한 것이었다고 해도, 하나님은 의로우셨다. 사람들이 할 수 없는 일을 할 수 있는 체하며 사람들을 속이고 기만한 자들은 지금 그들이 감히 할 수 있는 체할 수 없었던 일 때문에 죽임을 당할 처지에 놓이게 되었다.

[14]그 때에 왕의 근위대장 아리옥이 바벨론 지혜자들을 죽이러 나가매 다니엘이 명철하고 슬기로운 말로 [15]왕의 근위대장 아리옥에게 물어 이르되 왕의 명령이 어찌 그리 급하냐 하니 아리옥이 그 일을 다니엘에게 알리매 [16]다니엘이 들어가서 왕께 구하기를 시간을 주시면 왕에게 그 해석을 알려 드리리이다 하니라 [17]이에 다니엘이 자기 집으로 돌아가서 그 친구 하나냐와 미사엘과 아사랴에게 그 일을 알리고 [18]하늘에 계신 하나님이 이 은밀한 일에 대하여 불쌍히 여기사 다니엘과 친구들이 바벨론의 다른 지혜자들과 함께 죽임을 당하지 않게 하시기를 그들로 하여금 구하게 하니라 [19]이에 이 은밀한 것이 밤에 환상으로 다니엘에게 나타나 보이매 다니엘이 하늘에 계신 하나님을 찬송하니라 [20]다니엘이 말하여 이르되 영원부터 영원까지 하나님의 이름을 찬송할 것은 지혜와 능력이 그에게 있음이로다 [21]그는 때와 계절을 바꾸시며 왕들을 폐하시고 왕들을 세우시며 지혜자에게 지혜를 주시고 총명한 자에게 지식을 주시는도다 [22]그는 깊고 은밀한 일을 나타내시고 어두운 데에 있는 것을 아시며 또 빛이 그와 함께 있도다 [23]나의 조상들의 하나님이여 주께서 이제 내게 지혜와 능력을 주시고 우리가 주께 구한 것을 내게 알게 하셨사오니 내가 주께 감사하고 주를 찬양하나이다 곧 주께서 왕의 그 일을 내게 보이셨나이다 하니라

왕이 사람들을 보내어서 지혜자들을 불러 모아, 그의 꿈이 무엇이었는지를 알아내어 그에게 알려 주고 그 꿈을 해석하게 하였을 때(2절), 다니엘은 왕 앞에 부르심을 받지 않은 것으로 보인다. 왕은 다니엘을 시험하였을 때에는 그를 대단히 기뻐하였고, 그가 다른 지혜자들보다 십 배나 더 지혜롭다고 생각하였지만, 정작 그가 가장 필요할 때에는 그를 잊고 있었다. 온통 분노 가

운데서 모든 일이 진행되었기 때문에 차분하고 깊은 생각이 들어설 여지가 없었다는 것은 전혀 이상한 일이 아니다. 그러나 하나님은 갈대아의 박수와 술객들이 무력하다는 것을 더욱 뚜렷하게 드러내심으로써 다니엘의 하나님께 더 큰 영광이 돌아갈 수 있도록 하기 위하여 섭리를 통해서 이 모든 일을 지휘하고 계신 것이었다. 다니엘은 다른 지혜자들과 더불어서 왕 앞에 불려가지 않았는데도, 모든 법과 정의에 어긋나는 왕의 무차별적인 처형 명령 때문에, 그들과 함께 죽임을 당할 처지에 놓이게 되었지만, 왕의 명령을 따라서 근위대가 부산하게 움직일 때까지는 이 일에 대하여 까맣게 모르고 있었다. 여기에 나오는 느부갓네살의 통치 같은 폭정 아래에서 살아가는 사람들의 처지는 얼마나 비참한가! 법과 사법제도의 보호 아래에서 살면서 여기에서처럼 변덕스러운 군주의 감정과 기분에 따라 목숨이 왔다 갔다 하는 처지에 있지 않은 우리는 얼마나 행복한 자들인가!

우리는 에스겔서에서 다니엘이 지혜와 기도로 유명하였다는 것을 이미 보았다. 그는 하나님과 사람에 대하여 힘을 가지고 있었다. 그는 기도를 통해서 하나님에 대하여 힘을 가지고 있었고, 지혜를 통해서 사람에 대하여 힘을 가지고 있었다. 즉, 그의 기도와 지혜에는 힘이 있었다. 이렇게 그는 하나님과 사람 앞에서 은총과 귀중히 여김을 받았다(잠 3:4). 이 단락에서 우리는 이 두 가지를 보여주는 주목할 만한 예를 본다.

**Ⅰ 다니엘은 사람들을 어떻게 상대하여야 하는지를 아는 지혜를 가졌고, 이 지혜를 통해서 사람들의 마음을 얻었다는 것.** 왕의 근위대장 아리옥이 바벨론의 모든 지혜자들을 다 죽이라는 명령을 받고서 다니엘을 붙잡았을 때(폭정의 칼날은 전쟁의 칼날과 마찬가지로 이 사람이나 저 사람이나 삼키기 때문에), 다니엘은 명철하고 슬기로운 말로 대답하였다(14절). 그는 격한 감정에 빠져서 왕의 처사가 부당하고 야만적이라고 성토하거나 어떻게 저항할 것인지를 궁리하지 않았고, 도리어 왕의 명령이 어찌 그리 급하냐고 상냥하게 물었다(15절). 다른 지혜자들은 왕의 요구를 만족시키는 것은 절대적으로 불가능하다는 말을 되풀이하며 완강하게 버팀으로써 왕을 더욱 노하게 만들었지만, 다니엘은 자기에게 시간을 조금 준다면 왕이 원하는 모든 것을 만족시켜 드리겠다고 말하였다(16절). 왕은 그제서야 다니엘이 어떤 인물이었는지가 생각이 나서 그를 더 일찍 부르지 않은 것이 자신의 불찰임을 깨닫고, 곧 지혜자들을 모두 죽이는 일

을 잠시 중단시킨 후에, 다니엘이 과연 이 일을 해낼 수 있는지를 일단 지켜 보기로 하였다. 유순한 대답이야말로 분노를 쉽게 하기 때문에 죽음의 사자(使者)인 왕의 분노조차도 가라앉힐 수 있는 가장 좋은 방법임을 명심하라. 왕의 말은 권능이 있지만, 유순한 대답은 그런 말조차도 격퇴해서 철회시킬 수 있다. 따라서 어떤 이들은 이 본문을 이렇게 읽는다(14절): 그 때에 다니엘이 돌아와서 왕의 근위대장 아리옥을 통해서 왕이 내린 영을 연기시켰다.

**II. 다니엘은 기도를 통해서 하나님과 교제하는 법을 알고 있었다는 것.** 그는 기도의 두 중요한 부분인 간구와 감사 기도를 통해서 하나님의 은총을 입고 응답을 받았다. 좀 더 살펴보자.

1. 다니엘이 하나님께 왕의 꿈이 무엇이었는지와 그 꿈에 대한 해석을 알려 주시는 긍휼을 베풀어 주실 것을 겸손히 간구함. 다니엘은 왕으로부터 말미를 얻자, 다른 지혜자들을 찾아가서 그들의 기술이나 책들에 혹시 이 문제를 해결하는 데에 도움이 될 수 있는 것들이 있는지를 논의한 것이 아니라, 자기 집으로 돌아가서 거기에서 하나님과만 홀로 있었다. 왜냐하면, 빛들의 아버지이신 하나님으로부터만 그는 이 큰 선물을 기대하였기 때문이다.

(1) 그는 이 일을 알려 주시도록 하나님께 자기만 기도한 것이 아니라, 그의 친구들도 이 기도하는 일에 동참시켰다. 그는 죽마고우인 세 친구에게 그 일을 알리고, 하나님이 이 은밀한 일에 대하여 그들을 불쌍히 여기사 응답해 주시기를 간구하게 하였다(17-18절). 다니엘은 그들보다 연장자였을 것이고 모든 면에서 그들보다 뛰어났지만 이 일에 있어서 그들을 그의 동반자들로 참여시켰다. 힘들을 하나로 모으면 더 큰 힘이 나오는 법이다. 에스더 4:16을 보라: 당신은 가서 수산에 있는 유다인을 다 모으고 나를 위하여 금식하되 밤낮 삼 일을 먹지도 말고 마시지도 마소서 나도 나의 시녀와 더불어 이렇게 금식한 후에 규례를 어기고 왕에게 나아가리니 죽으면 죽으리이다. 기도하는 친구들은 정말 귀한 친구들이라는 것을 명심하라. 하나님과 교제하고 은혜의 보좌를 움직이는 힘을 지닌 자들과 친밀하게 사귀는 것은 참으로 좋은 일이다. 아무리 위대하고 선한 자들이라도 다른 사람들에게 자기를 위하여 기도해 줄 것을 부탁하여 도움을 얻고자 하는 것이 마땅하다. 사도 바울은 종종 그의 친구들에게 자기를 위하여 기도해 줄 것을 부탁하곤 하였다. 이런 식으로 우리는 우리의 친구들, 기도, 그들의 기도를 소중히 여긴다는 것을 보여주어야 한다.

(2) 그는 구체적인 문제로 기도하였지만, 하나님의 일반적인 긍휼하심을 바라보고 거기에 의지하였다. 하늘에 계신 하나님이 이 은밀한 일에 대하여 불쌍히 여기시기를 그들로 하여금 구하게 하나라(18절). 우리는 기도할 때에 하늘에 계신 하나님, 우리 위에 계셔서 우리를 다스리시는 하나님, 우리가 경배와 충성을 드려야 마땅한 하나님, 모든 것을 다 하실 수 있으신 능력의 하나님을 바라보아야 한다. 우리 구주께서는 우리에게 하늘에 계신 우리 아버지이신 하나님께 기도하라고 가르치셨다. 우리가 무슨 선한 것을 위하여 기도하든, 우리는 하나님의 긍휼하심을 의지하여 그것을 구하여야 하고, 그 긍휼하심을 받기를 원하여야 한다. 우리는 우리의 공로에 대한 보상이라는 개념으로는 아무것도 기대할 수 없지만, 하나님의 긍휼의 선물로는 그 어떤 것이든 기대할 수 있다. 그들은 이 은밀한 일에 대하여 긍휼을 베풀어 주시기를 바랐다. 우리에게 어떤 근심이나 걱정거리가 있다면, 그것은 무엇이 되었든 우리의 기도 제목이 되어야 한다는 것을 명심하라. 우리는 우리에게 괴로움이나 두려움을 가져다 주는 이런 일 저런 일에 대하여 하나님의 긍휼을 구하여야 한다. 하나님은 우리에게 우리가 겸손히 마음을 열고 하나님과 만나서 기도를 통하여 우리의 구체적인 고민과 걱정들을 다 털어놓을 말미를 주신다. 감추어진 일은 우리 하나님 여호와께 속하였기 때문에, 은밀한 일에 대하여 우리에게 그 어떤 긍휼이 필요하다면, 우리는 하나님을 찾아야 한다. 우리는 이적들을 베풀어 주시라고 믿음으로 기도할 수는 없을지라도, 하나님에게는 아무것도 감추어진 것이 없고 그 어떤 어려운 일도 없다는 것을 믿고서, 모든 사람의 마음을 자기 손바닥처럼 아시고 이적을 베푸심이 없이도 섭리를 통해서 기이한 일들을 행하시는 하나님께 우리가 보지 못하는 것들을 밝히 드러내어 주시고 우리가 얻을 수 없는 것들을 얻게 해 주시라고 — 이것이 하나님의 영광과 우리의 선이 되는 한에서 — 믿음으로 기도할 수는 있다.

(3) 그들이 하나님께 기도하면서 응답해 주셔야 할 근거로 내세운 것은 그들이 지금 급박한 위험에 처해 있다는 것이었다. 그들은 다니엘과 그의 친구들이 바벨론의 다른 지혜자들과 함께 죽임을 당하지 않게 하셔서 의인들이 악인들과 함께 죽는 일이 생기지 않도록 이 일에 있어서 하나님이 긍휼을 베풀어 주시기를 바랐다. 베드로가 옥에 갇혔을 때에 교회가 그를 위하여 간절히 기도하였듯이(행 12:5), 선하고 유익한 사람들의 목숨이 위험에 처했을 때는 그들에게 긍

휼을 베풀어 주시라고 하나님께 간절히 기도해야 할 때라는 것을 명심하라.

(4) 다니엘과 그의 친구들이 기도한 대로 하나님의 긍휼이 그들에게 베풀어졌다. 이 은밀한 것이 밤에 환상으로 다니엘에게 나타나 보였다(19절). 어떤 이들은 다니엘이 밤에 잠들었을 때에 느부갓네살이 꾸었던 것과 똑같은 꿈을 꾼 것이라고 생각한다. 하지만, 다니엘이 깨어서 밤낮으로 쉬지 않고 기도하였을 때, 왕이 꾼 꿈과 그 꿈에 대한 해석이 천사의 사역을 통해서 그에게 전달되었고, 그는 크게 만족하였을 것이라고 보는 것이 더 낫다. 의인의 간구는 역사하는 힘이 크다는 것을 명심하라. 우리가 기도를 통해서 들어가야 하는 신비들과 은밀한 일들이 있고, 하늘의 문은 바로 이 기도라는 열쇠로 열린다. 왜냐하면, 그리스도께서 문을 두드리라 그리하면 너희에게 열릴 것이라고 말씀하셨기 때문이다.

2. 다니엘이 응답을 받은 후에 이렇게 긍휼을 베풀어 주신 것에 대하여 하나님께 감사를 드림. 다니엘이 하늘에 계신 하나님을 찬송하니라(19절). 그는 이렇게 응답 받은 내용을 왕에게 말해서 왕이 그것이 정말 그의 꿈이라고 시인하는지 안 하는지를 확인해 볼 때까지 기다리지 않고, 이 응답이 정확하다는 것을 확신하고서 자기가 소기의 목적을 이루었다고 생각했기 때문에 즉시 그의 기도를 찬송으로 바꾸었다. 그는 하나님이 자기를 위하여 응답하실 것임을 온전히 확신하는 가운데 기도하였던 것처럼, 이번에는 하나님이 정확히 응답하셨다는 것을 온전히 확신하는 가운데 감사와 찬송을 올려 드렸다. 그는 기도할 때나 찬송할 때나 하나님을 하늘에 계신 하나님으로 바라보았다. 그의 간구하는 기도는 구체적으로 기록되어 있지 않지만, 그의 감사 기도는 여기에 구체적으로 기록되어 나온다. 좀 더 자세하게 살펴보자.

(1) 이 감사 기도를 통해서 다니엘이 하나님을 높이고 영광을 돌림. 그는 갖가지 다양하고 풍부한 표현들을 동원해서 하나님의 존귀하심을 드러내고자 애쓴다. 영원부터 영원까지 하나님의 이름을 찬송할지어다. 하나님 안에는 우리가 찬송해야 할 것이 영원히 존재한다. 그것은 조금도 변함이 없이 영원토록 하나님 안에 있다. 그것은 영원부터 영원까지 찬송 받아야 마땅한 것이다. 하나님의 완전하심이 영원토록 찬송 받으셔야 할 것임과 마찬가지로, 찬송하는 일은 영원토록 현재진행형이 될 것이다.

[1] 다니엘은 하나님이 어떤 분이신지를 말하며 하나님께 영광을 돌린다. 지

혜와 능력이 그에게 있음이로다. 어떤 일이 마땅히 행해져야 할 일이라면, 하나님은 그 일을 반드시 하실 것이다. 어떤 일이 하나님이 행하시고자 하시는 일이라면, 하나님은 그 일을 하실 수 있으시고, 반드시 그 일을 가장 좋은 방식으로 행하실 것이다. 왜냐하면, 하나님은 그 일을 계획하고 방법을 생각해 내실 수 있는 무한한 지혜를 지니고 계시고, 그 일을 반드시 이루실 수 있는 무한한 능력을 지니고 계시기 때문이다. 사람에게는 지혜와 힘이 흔히 분리되어 있지만, 하나님께는 지혜와 능력이 함께 있다.

[2] 다니엘은 하나님이 인간 세상에 대하여 어떤 분이신지를 말하며 하나님께 영광을 돌린다. 하나님은 모든 인생들, 그리고 그들의 모든 행위와 일들에 전반적으로 작용하는 힘을 갖고 계신다. 시절이 바뀌고, 상황이 바뀌며, 모든 것이 다 변하는가? 때와 계절을 바꾸시며 그 면모들을 바꾸시는 분은 하나님이시다. 그 어떤 변화도 우연히 생겨나는 것이 아니고, 모든 변화는 하나님의 뜻과 계획에 따라 생겨난다. 왕이었던 자들이 제거되거나 폐위되는가? 그들이 권좌에서 물러나거나 쫓겨나는가? 왕들을 폐하시는 분은 하나님이시다. 가난한 자가 진토에서 일어나 왕들과 함께 앉게 되었는가? 왕들을 세우시는 분은 하나님이시다. 세움을 입거나 폐하여지는 왕들은 모든 권세의 원천이신 분, 만왕의 왕이요 만주의 주이신 분이 쓰신 면류관을 장식하고 있는 꽃들이다. 지혜에 있어서 남들보다 뛰어난 자들, 보통 이상으로 뛰어난 통찰력을 지닌 철학자들이나 정치가들이 있는가? 그들이 인정하든 안 하든, 지혜자에게 지혜를 주시는 분은 하나님이시다. 그들의 지식은 그들이 스스로의 힘으로 얻은 것이 아니라, 하나님이 총명한 자에게 지식을 주신 것이다. 이것은 우리가 우리의 지식을 자랑하지 말아야 하는 이유이기도 하고, 그 지식으로 하나님을 섬기고 영화롭게 해 드려야 하는 이유이기도 하며, 하나님을 아는 것을 우리의 일로 삼아야 하는 이유이기도 하다.

[3] 다니엘은 하나님이 이번에 이 은밀한 일을 나타내신 것에 대하여 하나님께 영광을 돌린다.

**첫째**, 그는 하나님이 이렇게 은밀한 일을 나타내실 수 있으시다는 것에 대하여 하나님을 찬송한다(22절). 그는 모든 산 자들의 눈에 감춰져 있는 깊고 은밀한 일을 나타내신다. 아무도 참된 지혜를 알 수 없었을 때에 참된 지혜가 무엇인지를 인간에게 나타내신 분은 하나님이셨다(욥 28:27-28). 자기 종들과 선지자들에게 장래의 일들을 나타내시는 분도 하나님이시다. 하나님은 아주 은밀하게 감쪽같이 숨겨지고 은폐된 것들을 완벽하게 알아내신다. 왜냐하면, 하나님은 모든 은밀한 일을 심판하실 것이기 때문이다. 진실은 저 큰 날에 분명하게 밝혀지게 될 것이다. 하나님은 어두운데에 있는 것, 어둠 속에서 행해지는 것을 아신다. 왜냐하면, 하나님에게서는 흑암이 숨기지 못하기 때문이다(시 139:11-12). 빛이 하나님과 함께 있고, 하나님은 빛에 거하시며(딤전 6:16), 흑암을 장막 같이 자기를 두르게 하신다. 어떤 이들은 여기에 나오는 빛을 하나님과 함께 거하고 하나님에게서 나오는 예언과 신령한 계시의 빛을 가리키는 것으로 이해한다. 왜냐하면, 하나님은 빛들의 아버지, 모든 빛의 아버지이시기 때문이다. 빛들은 모두 하나님 안에 있다.

둘째, 그는 하나님이 이렇게 은밀한 일을 그에게 나타내 주신 것에 대하여 하나님을 찬송한다. 여기에서 그는 하나님을 그의 조상들의 하나님으로 바라본다. 왜냐하면, 유대인들은 지금 바벨론으로 잡혀와 포로 생활을 하고 있지만 조상들로 말미암아 사랑을 입은 자들이었기 때문이다. 그는 지혜와 능력의 원천이신 하나님이 그에게 이 크고 은밀한 일을 깨닫는 지혜와 그 계시를 감당할 수 있는 능력을 주신 것을 찬송한다. 우리에게 어떤 지혜와 능력이 발견되든, 우리는 그것이 하나님의 선물이라는 것을 알고 감사하여야 한다는 것을 명심하라. 주께서 내게 이것을 알게 하셨나이다(23절). 꿈을 해석하는 일을 직업으로 삼고 있던 저 유명한 갈대아 박수와 술사들에게 감춰져 있던 은밀한 일이 아직 어리고 풋내기에 지나지 않았던 유대인 포로 신분인 다니엘에게 계시되었다. 하나님은 이렇게 하심으로써 예언의 성령에 존귀함을 더하심과 아울러 점술의 영을 멸시하셨다. 다니엘은 이 은밀한 일을 그에게 알게 하셔서 그와 그의 친구들의 목숨을 구해 주신 것에 대하여 하나님께 이렇게 감사하고 있는 것이 아닌가? 하물며, 우리는 세상을 향해서가 아니라 우리에게, 그리고 지혜롭고 슬기 있는 자들에게가 아니라 우리에게 영혼의 큰 구원의 도를 알게 하신 것에 대하여 하나님께 감사해야 마땅하지 않겠는가?

(2) 이 감사 기도를 통해서 다니엘이 그의 친구들을 높임. 하나님이 이 은밀한 일을 계시하신 것은 주로 그의 기도 때문이었고, 그 계시를 받은 것도 바로 그였지만, 그는 이 일을 위해 하나님께 기도하고(이것은 우리가 주께 구한 것이다) 그 응답을 받을 수 있었던 공(功)을 그의 친구들과 함께 나눈다(주께서 왕의

그 일을 우리에게 보이셨나이다). 그들은 이 일이 다니엘에게 계시될 때에 그와 함께 있었던 것일 수도 있고, 아니면 다니엘은 하나님이 그에게 응답하시자마자 그를 기도로 도와준 친구들이 찬송으로도 그를 도울 수 있도록 즉시 그 사실을 그들에게 알렸을 것이다(휴레카 휴레카 — 내가 발견하였도다 내가 발견하였도다). 다니엘이 이 일을 그의 친구들과 함께 한 것은 그가 얼마나 겸손했는지를 보여주는 한 예로서, 이러한 겸손은 하나님과 교제하는 자들에게 합당한 일이다. 사도 바울도 종종 그의 여러 서신의 인사말에서 실루아노, 디모데 등과 같은 그의 동역자들을 자기와 더불어서 언급한다. 하나님이 우리에게 어떤 존귀함을 더해주실 때에 우리는 기꺼이 그 존귀함을 우리의 형제들과 나눌 수 있어야 한다는 것을 명심하라.

[24]이에 다니엘은 왕이 바벨론 지혜자들을 죽이라 명령한 아리옥에게로 가서 그에게 이같이 이르되 바벨론 지혜자들을 죽이지 말고 나를 왕의 앞으로 인도하라 그리하면 내가 그 해석을 왕께 알려 드리리라 하니 [25]이에 아리옥이 다니엘을 데리고 급히 왕 앞에 들어가서 아뢰되 내가 사로잡혀 온 유다 자손 중에서 한 사람을 찾아내었나이다 그가 그 해석을 왕께 알려 드리리이다 하니라 [26]왕이 대답하여 벨드사살이라 이름한 다니엘에게 이르되 내가 꾼 꿈과 그 해석을 네가 능히 내게 알게 하겠느냐 하니 [27]다니엘이 왕 앞에 대답하여 이르되 왕이 물으신 바 은밀한 것은 지혜자나 술객이나 박수나 점쟁이가 능히 왕께 보일 수 없으되 [28]오직 은밀한 것을 나타내실 이는 하늘에 계신 하나님이시라 그가 느부갓네살 왕에게 후일에 될 일을 알게 하셨나이다 왕의 꿈 곧 왕이 침상에서 머리 속으로 받은 환상은 이러하니이다 [29]왕이여 왕이 침상에서 장래 일을 생각하실 때에 은밀한 것을 나타내시는 이가 장래 일을 왕에게 알게 하셨사오며 [30]내게 이 은밀한 것을 나타내심은 내 지혜가 모든 사람보다 낫기 때문이 아니라 오직 그 해석을 왕에게 알려서 왕이 마음으로 생각하던 것을 왕에게 알려 주려 하심이니이다

우리는 여기에서 다니엘이 왕의 꿈과 그 해석을 고하게 된 과정에 관한 이야기를 듣는다.

**Ⅰ. 다니엘이 바벨론의 지혜자들을 죽이라는 왕의 명령을 즉시 거두어 달라고 주문함**(24절).  그는 아주 신속하게 달려가서, 왕의 근위대장인 아리옥에게

그가 받은 왕의 명령을 집행하는 일을 보류해 달라고 요청하였다. 바벨론 지혜 자들을 죽이지 말라. 지혜자들 중에는 하나님의 율법에 의거하여 주술사로서 죽어 마땅한 자들이 있을 것이었지만, 이 경우에 그들이 죽임을 당하거나 옥에 갇힐 만한 범죄를 저질러서 왕으로부터 처형 명령을 받은 것이 아니었기 때문에, 여기에서 그들이 죽는다면, 그것은 억울한 죽음이 될 수밖에 없었다. 따라서 그들은 살아서, 여호와의 선지자 한 사람이 할 수 있는 일을 그들 모두의 힘을 합쳐서도 할 수 없었다는 것을 똑똑히 지켜 보고서 수모를 감내하는 것이 마땅한 일이었다. 하나님은 일반 은총과 관련해서는 악인에게나 선인에게나 똑같이 은총을 베푸시는 분이시기 때문에, 우리도 마땅히 그래야 하고, 우리가 할 수만 있다면, 비록 악인들의 목숨이라도 기꺼이 구해 주어야 한다는 것을 명심하라(마 5:45). 선한 자는 누구에게나 선한 법이다. 하나님은 배를 타고 항해 중이던 바울에게 그와 함께 배에 있던 모든 자들의 영혼을 주셨다. 즉, 그들은 바울 덕분에 목숨을 건진 것이다. 마찬가지로, 바벨론의 모든 지혜자들은 다니엘 덕분에 목숨을 건지게 되었다. 하지만, 그들은 나중에 이러한 은혜도 모르고 다니엘에 대하여 배은망덕하게 행하였다(3:8).

**II. 다니엘이 왕에게 가서 왕이 꾼 꿈과 그 해석을 고하겠으니 왕의 앞으로 인도해 달라고 큰 확신으로 아리옥에게 요청하여 승락을 받아냄**(24-25절).   아리옥은 다니엘을 천거하여 이 문제를 해결함으로써 왕의 환심을 살 요량으로 그를 급히 왕에게로 데리고 갔다. 그는 사실 왕의 명령을 집행하기 위해서 다니엘을 찾아내서 죽이고 한 것이었지만, 마치 왕의 꿈을 해석해 낼 방법을 찾고자 노심초사하는 가운데 마침내 그 일을 할 수 있는 자를 찾아낸 것처럼 왕에게 고하였다. 예로부터 조신(朝臣)들이 하는 일이라는 것이 이렇게 왕의 비위를 맞추어서 어떻게든 고관대작의 지위를 지키려는 것뿐인 경우가 많았다.

**III. 다니엘이 이 기회에 주술사들에게 부끄러움을 안겨 주고 하나님께 존귀함을 돌려 드리기 위해서 애씀.**   왕은 자기가 요구하는 것이 무모한 일이라는 것을 알고 있었기 때문에, 다니엘에게 이 일을 정말 해낼 수 있느냐고 물었다(26절). 내가 꾼 꿈을 네가 능히 내게 알게 하겠느냐. 참으로 말도 안 되는 일이다! 이 방면에 지식이 얕은 너 같은 애송이, 이런 일에 있어서 풋내기에 지나지 않는 네가 하늘 같은 너의 선배들도 다 실패한 이 일을 해낼 수 있다는 것이냐? 왕에게는 다니엘이 도저히 이 일을 해낼 것 같지 않았기 때문에, 정작 다니엘이 이 일을 해냈을 때에는 하나님이 더 큰 영광을 받으실 수 있으실 것이었다. 하나님이 인생들에게 그의 계시를 전하실 때에 세상의 약하고 미련한 것들과 사람들, 남들이 보기에 멸시받을 만하고 도저히 해낼 것 같지 않은 그런 자들을 사용하시는 것이 통상적인 방식인데, 이것은 세상의 지혜 있는 자들과 강한 것들을 부끄럽게 하시고, 능력의 큰 것이 하나님께 있다는 것을 알게 하시기 위한 것이다(고전 1:27-28). 다니엘은 이 일을 통해서 다음과 같은 기회를 얻게 되었다.

1. 이 일은 바벨론 왕으로 하여금 그가 그토록 신임하고 큰 기대를 걸어 왔던 술객이나 박수나 점쟁이들에 대한 환상으로부터 벗어날 수 있게 해줄 기회였다(27절). "왕이 물으신 바 은밀한 것은 그들이 능히 왕께 보일 수 없나이다. 그런 일은 그들의 능력을 벗어나 있는 일이고, 그들의 술법이 통하지 않는 일이나이다. 그러므로 그들은 능력이 없어서 이 일을 할 수 없었던 것이기 때문에 왕께서는 그들에 대한 진노를 거두시고, 도리어 그들의 진면목을 똑똑히 보시고서 그들을 멸시하시며 내치소서." 브로턴(Broughton) 목사는 이 본문을 일반적인 사실을 서술하는 문장으로 보고 이렇게 해석한다: "이 은밀한 일은 그 어떤 지혜자나 술객이나 박수나 점쟁이도 능히 왕께 보일 수 없나이다. 그러므로 왕께서는 이제 더 이상 그들에게 물어보지 마소서." 우리가 모든 피조물들은 우리에게 참된 만족을 줄 수 없다는 것을 경험했다면, 그 경험을 계기로 우리는 이 세상의 것들을 좋아하거나 기대하던 마음을 줄여나가거나 버려야 한다는 것을 명심하라. 바벨론의 박수와 술객들이 뭔가를 아는 듯이 행동했다가 낭패를 당하였듯이, 우리도 피조물들에게 소망을 둔다면 낭패를 당하게 될 것이다. 사람들이나 피조물들은 하나님이 정해 주신 일정한 한계가 있어서 그 이상으로는 나아가지 못한다. 그러므로 우리는 욥이 그의 친구들에게 말했듯이 "이제 너희는 아무것도 아니고 다 재난을 주는 위로자들, 즉 전혀 위로가 되지 않는 자들이로구나"라고 사람들과 피조물들에게 말하여야 한다.

2. 이 일은 다니엘이 섬기는 하나님, 유일하게 살아 계신 한 분 참 하나님을 바벨론의 왕에게 알게 할 기회였다. "바벨론의 지혜자들이 이 은밀한 일을 알아내지 못하였다고 해서, 왕께서는 이제 그것을 알아낼 길이 없다고 절망하지 마옵소서. 왜냐하면, 오직 은밀한 것을 나타내실 이가 계시니 이는 하늘에 계신 하나님이시기 때문이나이다(28절)." 피조물들의 무능력을 경험하면 할수록 우리

는 모든 것을 다 하실 수 있으신 창조주의 능력을 의지하게 될 수밖에 없다는 것을 명심하라. 이 땅의 그 누구도 할 수 없는 일, 특히 구속 사역과 관련된 은밀한 역사(history)와 그 일을 통해서 우리에게 하나님의 사랑을 나타내시고자 하시는 은밀한 계획들, 만세와 만대로부터 감추어졌던 바로 그 비밀(골 1:26)을 우리를 위하여 하실 수 있으시고, 또한 우리에게 알려 주실 수 있으신 한 분 하나님이 하늘에 계신다(이런 하나님이 계시다는 것은 우리에게 얼마나 다행스러운 일인가). 하나님의 계시는 인간의 이성이 막다른 곳에 이르러 어쩔 줄 몰라 하는 바로 그 지점에서 우리를 도와 구원해 주고, 이방의 철학자들이나 정치가들이 온갖 주술과 점술의 도움을 받고서도 결코 우리에게 일말의 힌트조차 줄 수 없었던 일을 왕들에게만이 아니라 이 세상의 가난한 자들에게 알게 해준다(롬 16:25-26).

**IV. 다니엘이 그 꿈을 그토록 다시 기억해 내고 싶어하는 왕의 생각이 옳다는 것을 확증해 줌.**  왜냐하면, 왕이 꾼 꿈은 평범한 개꿈이거나 인간의 상상력이 만들어낸 쓸데없는 허구여서 다시 기억해 내거나 남들에게 말할 가치가 없는 것이 아니라, 이 아랫 세상에서 일어날 큰 일들과 변혁들을 왕에게 말해 주기 위하여 윗 세상으로부터 그의 마음속으로 날아들어온 한 줄기 빛인 하나님의 계시로서 아주 귀하고 중대한 꿈이기 때문에 반드시 다시 살펴볼 가치가 있는 것이었기 때문이다. 하나님은 이 꿈을 통해서 후일에, 즉 이 모든 날 마지막에(히 1:2) 그리스도의 나라가 세상에 세워지게 될 때까지에 이르는 이후의 모든 날들에 될 일을 왕에게 알게 하셨다(28절). "왕이 잠잘 때에 그 마음에 들어온 생각들은 우리가 꾸는 평범한 꿈들과는 달리 과거에 경험한 것들이 꿈속에서 반복되어 나온 것이 아니니이다(우리가 하루 종일 뭔가를 골똘히 생각하게 되면, 그 일은 흔히 우리가 밤에 잘 때에 꿈속에도 나타나는 법이다 — 클라우디우스). 그것들은 장래 일에 대한 예언들로서, 은밀한 것을 나타내시는 이가 장래 일을 왕에게 알게 하신 것이나이다. 그러므로 왕께서 이렇게 그 꿈을 어떻게든 알아내서 해석하고자 하시는 것은 옳은 일이나이다." 장래에 일어날 일들은 은밀한 일들로서 오직 하나님만이 나타내실 수 있으시다는 것을 명심하라. 하나님이 이러한 일들, 특히 모든 날들의 말일이나 종말에 일어날 일들에 대하여 계시하신 것들은 우리가 누구나 아주 진지한 마음으로 부지런히 살피고 깊이 생각해 보지 않으면 안 되는 것들이다. 어떤 이들은 왕이 침상에서 잠자기 전에 장래 일을 생각할 때에 그의 마음속에 들어온 생각들이라는 것은 왕 자신의 생각들이었다고 생각한다. 바벨론 왕은 이 날 밤에 잠이 들어 꿈을 꾸기 직전에 자기가 점점 위대한 군주가 되어가고 있는 현재의 상황 속에서 그와 그의 나라의 장래가 어떻게 될 것인가를 마음속에서 생각해 보고 있었다. 그리고 그가 꾼 꿈은 그의 이러한 생각들에 대한 대답이었다: 하나님은 이렇게 어떤 계시를 주시고자 하실 때에 사람들이 그 계시를 받을 수 있도록 미리 준비를 시키신다.

Ⅴ. **다니엘이 자기는 이러한 계시를 하나님으로부터 받을 만한 자격도 없는 자라는 것과 자신의 지혜로 이 은밀한 일을 알아낸 것도 아니라는 것을 단호하게 고백함**(30절). "이 은밀한 일은 내가 알아낸 것이 아니고, 하나님이 내게 이 은밀한 것을 나타내신 것인데, 이것은 내 지혜가 모든 사람보다 나아서 이러한 계시를 받을 자격이 내게 있기 때문이 아니나이다." 하나님으로부터 어떤 일을 통해서 크게 은혜를 받고 높임을 받은 자들은 스스로를 지극히 낮추어서 자기는 그러한 은혜나 존귀함을 받을 어떠한 지혜나 자격도 없다는 것을 인정하고 고백함으로써, 오직 하나님만이 그 일로 인하여 찬송을 받으실 수 있게 하고, 모든 것이 하나님이 그들에게 은혜를 차고 넘치게 부어 주시고 그들 가운데서 선한 일을 풍성하게 행하신 덕분이라는 것을 사람들로 알게 하는 것이 합당하다는 것을 명심하라. 하나님이 이 은밀한 일을 알게 하신 것은 다니엘 자신을 위해서가 아니라 다음과 같은 것을 위해서였다.

1. 그것은 하나님의 백성을 위한 것이었다. 왜냐하면, 하나님이 왕에게 그 해석을 일리시는 것은 다니엘이 이 계시를 받도록 기도로 도와 주었던 환난 중에 있는 그의 친구들을 위한 것이었고, 이 친구들이 왕의 총애를 입어 더 출세하게 되면, 모든 유대 백성들이 그들 덕분에 포로 생활 가운데서도 그나마 더 형편이 좋아질 것이었기 때문이었다. 겸손한 자들은 하나님이 그들을 위하여, 또는 그들을 통해서 하시는 일은 그들 자신을 위한 것이라기보다는 다른 사람들을 위한 것이라고 언제나 생각하여야 한다는 것을 명심하라.

2. 그것은 왕을 위한 것이었다. 어떤 이들은 이 구절을 이런 의미로 읽는다. "하나님이 이 은밀한 일을 내게 나타내신 것은 내 지혜가 뛰어나서가 아니라, 그 해석을 왕에게 알려서 왕이 마음으로 생각하던 것을 왕에게 알려 주어, 왕이 전에 무슨 생각을 하고 있었는지를 알게 해주시고, 앞으로 하나님의 교회에 대하여 어떻게 처신해야 하는지를 가르쳐 주시기 위한 것이나이다." 하나님이 이 일

을 다니엘에게 계시하신 것은 다니엘로 하여금 이 일을 왕에게 알게 하기 위한 것이었다. 하나님은 다른 사람들에게 전하도록 하기 위하여 선지자들에게 계시와 말씀을 주시는 것이기 때문에, 선지자들은 자기가 받은 계시를 마음속에 담아 두어서는 안 되고, 관련된 모든 사람들에게 전해야 한다.

[31]왕이여 왕이 한 큰 신상을 보셨나이다 그 신상이 왕의 앞에 섰는데 크고 광채가 매우 찬란하며 그 모양이 심히 두려우니 [32]그 우상의 머리는 순금이요 가슴과 두 팔은 은이요 배와 넓적다리는 놋이요 [33]그 종아리는 철이요 그 발은 얼마는 철이요 얼마는 진흙이었나이다 [34]또 왕이 보신즉 손대지 아니한 돌이 나와서 신상의 철과 진흙의 발을 쳐서 부서뜨리매 [35]그 때에 철과 진흙과 놋과 은과 금이 다 부서져 여름 타작 마당의 겨 같이 되어 바람에 불려 간 곳이 없었고 우상을 친 돌은 태산을 이루어 온 세계에 가득하였나이다 [36]그 꿈이 이러한즉 내가 이제 그 해석을 왕 앞에 아뢰리이다 [37]왕이여 왕은 여러 왕들 중의 왕이시라 하늘의 하나님이 나라와 권세와 능력과 영광을 왕에게 주셨고 [38]사람들과 들짐승과 공중의 새들, 어느 곳에 있는 것을 막론하고 그것들을 왕의 손에 넘기사 다 다스리게 하셨으니 왕은 곧 그 금 머리니이다 [39]왕을 뒤이어 왕보다 못한 다른 나라가 일어날 것이요 셋째로 또 놋 같은 나라가 일어나서 온 세계를 다스릴 것이며 [40]넷째 나라는 강하기가 쇠 같으리니 쇠는 모든 물건을 부서뜨리고 이기는 것이라 쇠가 모든 것을 부수는 것 같이 그 나라가 뭇 나라를 부서뜨리고 찧을 것이며 [41]왕께서 그 발과 발가락이 얼마는 토기장이의 진흙이요 얼마는 쇠인 것을 보셨은즉 그 나라가 나누일 것이며 왕께서 쇠와 진흙이 섞인 것을 보셨은즉 그 나라가 쇠 같은 든든함이 있을 것이나 [42]그 발가락이 얼마는 쇠요 얼마는 진흙인즉 그 나라가 얼마는 든든하고 얼마는 부서질 만할 것이며 [43]왕께서 쇠와 진흙이 섞인 것을 보셨은즉 그들이 다른 민족과 서로 섞일 것이나 그들이 피차에 합하지 아니함이 쇠와 진흙이 합하지 않음과 같으리이다 [44]이 여러 왕들의 시대에 하늘의 하나님이 한 나라를 세우시리니 이것은 영원히 망하지도 아니할 것이요 그 국권이 다른 백성에게로 돌아가지도 아니할 것이요 도리어 이 모든 나라를 쳐서 멸망시키고 영원히 설 것이라 [45]손대지 아니한 돌이 산에서 나와서 쇠와 놋과 진흙과 은과 금을 부서뜨린 것을 왕께서 보신 것은 크신 하나님이 장래 일을 왕께 알게 하신 것이라 이 꿈은 참되고 이 해석은 확실하니이다 하니

다니엘은 여기에서 느부갓네살이 꾼 꿈과 그 해석을 고함으로써 왕을 온전히 흡족하게 해준다. 이 위대한 군주는 다니엘을 먹여 살려 주고 교육을 시켜 주는 등 이 가난한 선지자에게 선을 베풀어 왔었다. 다니엘은 왕이 대는 비용으로 양육을 받았고 나아가 궁정에서 출사(出仕)하였기 때문에, 포로로 잡혀온 땅에서 다른 형제들보다도 훨씬 마음 편하게 지낼 수 있었다. 이제 왕은 지금까지 그가 다니엘을 위하여 쓴 모든 비용을 다 상쇄하고도 남을 정도로 차고 넘치게 보상을 받게 된다. 바벨론의 이 부강한 왕은 비록 선지자의 이름으로는 아니었지만 이 선지자를 영접함으로써 오직 선지자만이 줄 수 있는 그러한 상을 받게 되었고, 이제 그러한 상을 받게 된 것을 기뻐한다. 좀 더 자세하게 살펴보자.

**I. 느부갓네살이 꾼 꿈**(31, 45절).   느부갓네살은 아마도 신상들을 숭배하는 자여서 그의 왕궁과 정원들을 신상들로 장식하였던 것 같다. 그는 우상들을 숭배하는 자였기 때문에 지금 꿈속에서 자기 앞에 우뚝 서 있는 큰 신상을 보게 된 것이다. 이것은 그가 그토록 많은 비용을 쏟아 붓고 정성을 기울였던 우상들이라는 것의 정체가 어떤 것인지를 그에게 보여주기 위한 것이었다. 우상들이라는 것은 단지 꿈에 불과한 것들이었다. 실제로 있지도 않은 것을 인간의 상상력으로 만들어낸 것인 우상들은 오직 인간의 상상력만을 기쁘게 해줄 수 있을 뿐이다. 왕은 많은 돈을 들여서 고생하며 조각가의 힘을 빌려 우상을 만들지 않아도, 오직 눈을 감고 상상력의 힘만으로도 얼마든지 자신의 마음에 드는 우상의 모양을 그려낼 수 있고 그 우상을 아름답게 꾸밀 수가 있다. 왕에게 보인 큰 신상은 우뚝 선 사람의 모양을 하고 있었다. 그 신상은 살아 있는 사람처럼 왕의 앞에 섰다. 이 신상을 통해서 나타내고자 의도된 왕조들은 이 왕조들의 친구들이 보기에 놀랍고 훌륭한 나라들이었기 때문에, 이 신상의 광채가 매우 찬란하였다. 또한, 이 왕조들은 그들의 원수들에게는 심히 두려운 존재들이었고 주변의 모든 사람들을 두렵게 만드는 나라들이었기 때문에, 이 신상의 모양은 심히 두려운 것이었다고 본문에서는 말한다. 그 얼굴의 여러 특징들과 그 몸이 취하고 있는 자세들이 이 신상으로 하여금 심히 두려운 모습을 띠게 하였다. 그러나 가장 주목할 만한 것은 이 신상이 여러 가지 서로 다른 금속들로 구성되어 있었다는 것이었다: 머리는 순금(가장 귀하고 오래 가는 금속), 가슴과 두 팔은 은(금 다음으로 귀한 금속), 배와 넓적다리는 놋, 종아리는 철(별로 귀하

지 않은 금속), 마지막으로 발은 얼마는 철이요 얼마는 진흙. 이 세상의 것들이 어떤 것들인지를 보라. 우리가 세상의 것들로 들어가면 갈수록, 그것들의 가치가 형편없다는 것이 점점 드러나게 된다. 한 사람의 일생에서 청년기는 금으로 된 머리이지만, 그 일생은 점점 더 가치가 없어져 가서, 노년은 반쯤은 흙인 존재가 되어, 이 때에 사람은 죽은 자와 같게 된다. 세상도 마찬가지이다. 역사는 뒤로 갈수록 점점 타락해 간다. 모든 것이 새로워진 기독교회의 첫 세대는 금으로 된 머리였지만, 우리는 철과 진흙이 섞인 시대를 살아가고 있다. 어떤 이들은 아는 것과 행하는 것이 서로 일치하지 않는 위선자를 애기할 때에 이 비유를 사용하기도 한다. 위선자는 금으로 된 머리를 가지고 있지만, 그의 발은 철과 흙이 섞인 발이다. 그는 자신의 도리와 본분을 알지만 행하지는 않는다. 어떤 이들은 다니엘이 본 환상들 속에서는 이 왕조들이 네 짐승으로 상징되고 있다는 점을 지적한다(7장). 이것은 다니엘은 이 왕조들이 아래로부터의 지혜로 말미암아 세상적이고 육적인 독재 권력이 되었고, 그러한 왕조들은 사람이 아니라 짐승의 성격을 더 많이 지니고 있다고 보았기 때문이다. 이렇게 환상이라는 것은 그 환상을 본 사람이 사물에 대하여 어떤 개념을 지니고 있느냐에 따라서 형태가 달라진다. 따라서 이방의 왕인 느부갓네살에게 이 왕조들은 사람의 모양을 한 거대하고 화려한 신상으로 상징되고 표현되었다. 왜냐하면, 이 왕은 이 세상 나라들과 그 영광을 흠모하는 자였기 때문이다. 이 신상은 그에게 너무나 매력적인 것이었기 때문에, 그는 이 신상을 다시 한 번 보고 싶어서 견딜 수가 없었다. 그러나 이 신상은 어떻게 되었을까? 이 꿈의 다음 부분은 이 신상이 부서져서 가루가 되어 아무것도 남아 있지 않게 되었다는 것을 우리에게 보여준다. 왕은 꿈속에서 돌 하나가 사람의 손이 사용되지 않는 가운데 보이지 않는 힘에 의해서 채석장에서 떠져서 이 돌이 철과 진흙으로 이루어진 신상의 발에 떨어져서 산산조각을 내버리는 광경을 보았다. 그러자 이 신상은 당연히 무너졌고, 그 때에 이 신상을 이루고 있던 금과 은과 놋과 철은 다 부서져서 가루가 되다시피 하여, 여름 타작 마당의 겨 같이 되어서, 아주 작은 잔재조차도 남아 있지 않게 되었다. 반면에, 산에서 떠진 돌은 태산을 이루어 온 세계에 가득하였다. 하나님께서는 그 어떤 일도 할 수 없을 것 같아 보이는 약한 것들을 사용하셔서 얼마나 큰 일들을 이루실 수 있는지를 보라. 하나님이 마음만 먹으신다면, 작은 자 한 명이 천 명을 이루게 될 것이다(사 60:22). 금과 은과 놋과 철로 된 이 신상이 이런 식으로 파괴된 것은 아마도 때가 되면 이 세상에서 우상 숭배가 없어질 것임을 나타내는 것인 것 같다. 열국의 우상은 이 신상과 마찬가지로 은금이고, 그 우상들은 땅 위에서, 이 하늘 아래에서 망하여 없어질 것이다(렘 10:11; 사 2:18). 여기에 나오는 돌이 이 신상을 산산조각 낸 후에 태산을 이루었듯이, 우상 숭배를 멸하는 세력은 어떤 세력이 되었든 높아질 것이다.

**Ⅱ. 이 꿈에 대한 해석.** 이제 우리는 이 꿈이 무엇을 의미하는 것인지를 보게 된다. 이 꿈은 하나님으로부터 왔다. 그러므로 우리는 이 꿈에 대한 해석도 하나님으로부터 가져 오는 것이 합당하다. 우리가 이제 그 해석을 왕 앞에 아뢰리이다(36절)라고 말한 것으로 보아서, 다니엘은 그의 친구들과 함께 왕 앞에 서서 친구들을 대표해서 이 해석을 왕에게 고하는 모양새를 취한 것으로 보인다. 좀 더 자세하게 살펴보자.

1. 이 신상은 역사상에서 연속적으로 등장해서 열방들을 다스리고 유대 교회에 영향을 미치게 될 이 세상의 제국들을 상징하는 것이었다. 네 제국이 네 개의 서로 다른 신상이 아니라 하나의 신상으로 표현된 것은 그 제국들이 모두 다 동일한 영과 정신을 지니고서, 정도 차이는 있겠지만 교회를 대적하는 나라들이기 때문이었다. 이 네 제국은 동일한 세력이 서로 다른 네 나라의 형태로 나타난 것으로서, 앞의 두 나라는 유다의 동쪽에 있었고, 뒤의 두 나라는 서쪽에 있었다.

(1) 금 머리는 당시에 존재하고 있었던 갈대아 제국을 가리켰다(37-38절). 왕이어, 왕은 여러 왕들 중의 왕이시라. 왕은 장차 왕 중의 왕이 되실 것이고, 모든 왕과 왕국들이 왕께 조공을 바치게 될 것이니이다. 또는, 왕은 지금 이 세상에 있는 왕들 중 가장 높은 자이시라(여러 종들 중의 종이 가장 미천한 종을 의미하는 것과 마찬가지로). 왕은 다른 모든 왕보다 뛰어나시나이다. 그러나 그는 자기가 이렇게 높아진 것이 자신의 정치나 불굴의 용기 때문이라고 생각해서는 안 된다. 결코 그렇지 않다. 나라와 권세와 능력과 영광을 왕에게 주신 분, 탄탄한 토대 위에서 막강한 군대를 기반으로 절대 권력을 휘두르며 온 천하를 호령하는 나라를 왕에게 주신 분은 하늘의 하나님이시다. 아무리 위대한 왕이라 할지라도 위로부터 그에게 주어진 권세 외에는 그 어떤 권세도 가질 수 없다는 것을 명심하라. 이 왕의 통치가 미치는 범위가 제시된다. 하나님은 사람들이 어느 곳에 있는 것을 막론하고 이 세상의 도처에 있는 모든 나라들에 속한 사람들, 그

리고 가축들을 비롯해서 그 사람들이 재산으로 가지고 있는 모든 것들만이 아니라 사람들에게 속하지 않은 들짐승과 공중의 새들까지도 왕의 손에 넘기사 다 다스리게 하셨다(38절). 느부갓네살은 모든 삼림과 숲과 사냥터의 주인이었고, 그의 허락 없이는 그 누구도 짐승을 사냥하거나 새를 잡을 수 없었다. "이렇게 왕은 곧 그 금 머리이고, 왕과 왕의 아들과 손자가 칠십 년 동안 그러할 것이나이다"(이것을 예레미야 25:9, 11, 특히 27:5-7과 비교해 보라). 당시에 세상에는 스구디아인들의 왕국 같은 다른 강력한 왕국들도 있었다. 그러나 유대인들을 다스렸던 것은 바벨론 제국이었고, 이것은 여기에 나와 있는 대로 유대인들이 그리스도께서 오실 때까지 연이어서 이방의 왕국들에 의해서 통치를 받게 된 것의 시작이었다. 바벨론 제국이 머리라는 것은 그 나라의 지혜와 탁월함과 절대적인 권력을 나타내는 것이었고, 금으로 된 머리라는 것은 그 나라가 부강하다는 것을 나타내는 것이었다(사 14:4). 바벨론은 황금의 도시였다. 어떤 이들은 바벨론 제국이 니므롯(Nimrod)에서 시작된 것으로 보고, 대략 50여 명에 달하는 앗수르 왕국의 모든 왕들을 여기에 포함시켜서, 이 왕국이 1,600여년 동안 지속된 것으로 계산한다. 그러나 여기에 묘사된 것과 같은 그러한 방대한 영토와 막강한 권력을 지니고서 그렇게 오랫동안 지속되었던 왕국은 이 세상에 존재한 적이 없었다. 그러므로 어떤 이들은 오직 느부갓네살과 에윌므로닥, 벨사살만이 이 금 머리에 속하는 것으로 본다. 이 세 왕은 지극히 높고 영화로운 보좌에서 이전의 그 어떤 왕보다도 더 절대적인 권력을 누렸다. 느부갓네살은 45년, 에윌므로닥은 33년, 벨사살은 3년 동안 왕위에 있었고, 바벨론은 이 왕들의 수도였으며, 다니엘은 바로 그 수도에서 칠십 년 동안 이 왕들과 함께 하였다.

(2) 은으로 된 가슴과 두 팔은 메대와 바사의 제국을 가리켰다. 왕을 뒤이어 왕보다 못한 다른 나라가 일어날 것인데, 그 나라의 왕은 바벨론의 왕만큼 부유하거나 강력하거나 승승장구하지 못할 것이다(39절). 이 왕국은 메대의 다리오와 바사(페르시아)의 고레스가 연합하여 세운 나라였기 때문에, 가슴에서 서로 만나는 두 팔로 표현되었다. 고레스의 아버지는 바사 사람이었고 어머니는 메대 사람이었다. 어떤 이들은 이 두 번째 왕국이 130년 동안 지속되었다고 보고, 또 어떤 이들은 204년 동안 계속되었다고 본다. 전자의 계산이 성경의 연대기와 가장 잘 들어맞는다.

(3) 놋으로 된 배와 넓적다리는 알렉산더 대왕이 바사의 마지막 황제였던 다리오 코도만누스(Darius Codomannus)를 정복하고 세운 헬라 제국을 가리켰다. 이 세 번째 제국은 그 부강함과 영토에 있어서는 바사 제국보다 못해서 놋 같은 나라로 불리고 있지만, 알렉산더 시대에 이 나라는 칼의 힘으로 온 세계를 다스릴 것이다. 실제로 알렉산더 대왕은 자기가 세계를 다 정복했다고 뽐낸 후에, 더 이상 정복할 땅이 없다고 하며 주저앉아 통곡하였다고 한다.

(4) 쇠로 된 두 다리와 발은 로마 제국을 가리켰다. 어떤 이들은 이것이 헬라 제국의 후기에 나타난 두 제국, 즉 셀레우코스(Seleucos)에 의해 세워진 셀레우코스 왕조가 다스렸던 수리아 제국과 프톨레마이오스 라고스(Ptolemaeos Lagos)에 의해 세워진 라고스 왕조가 다스렸던 애굽 제국을 가리키는 것이라고 본다. 그들은 이 두 제국이 바로 이 신상의 두 다리와 발을 나타내는 것이라고 생각하는데, 그로티우스(Grotius), 유니우스(Junius), 브로턴(Broughton)이 이 견해를 따르고 있다. 그러나 여기에서 가리키는 것은 로마 제국이라는 것이 좀 더 일반적으로 받아들여져 온 견해이다. 왜냐하면, 그리스도의 나라가 영원한 복음의 전파를 통해서 이 세상에 우뚝 서게 된 것은 로마 제국이 전성기를 맞이하였을 때였기 때문이다. 로마 제국은 강하기가 철 같아서(40절), 오랜 세월 동안 로마와 다투어 왔던 모든 나라들을 완전히 제압하였다. 로마는 헬라 제국을 부서뜨렸고, 나중에는 유대인들의 나라를 완전히 멸망시켰다. 로마 제국은 말기에 그 힘이 아주 약해져서, 이 신상의 열 발가락처럼 열 나라로 나뉘었다. 열 발가락들로 표현된 이 나라들 중 일부는 진흙처럼 약했고, 일부는 쇠처럼 강했다(42절). 로마 제국의 힘을 강화하기 위하여 이 나라들을 통합하고자 하는 노력들이 있었지만, 결국 이루어지지 못하였다. 그들이 피차에 합하지 아니할 것이다(43절). 로마 제국은 원로원과 민회(民會), 즉 상원과 하원이 그 통치권을 나누어 가졌지만, 그들은 완전히 연합되지는 못하였다. 마리우스와 실라, 카이사르와 폼페이우스 간에 내전이 있었고, 이 두 당파는 쇠와 진흙 같았다. 어떤 이들은 이 본문에서 말하는 것이 로마 제국이 이민족들의 침입에 대항하여 제국의 국력을 강화시키기 위해서 여러 왕가들 사이에 통혼이 이루어졌던 제국 말기의 쇠퇴기를 가리키고 있는 것으로 본다. 그러나 로마 제국이 몰락할 날이 다가왔을 때, 사람들의 책략은 그들의 의도대로 되지 않았다.

2. 손대지 아니하고 산에서 떠진 돌은 로마 제국의 시대에 사탄의 나라의 폐

허 위에 세상 나라들 속에 세워지게 될 예수 그리스도의 나라를 상징하는 것이 었다. 이것은 손대지 아니한 가운데 산에서 떠진 돌이다. 왜냐하면, 이 나라는 인간의 권력이나 책략에 의해서 세워지거나 유지되는 나라가 아닐 것이기 때문이다. 그 어떤 가시적인 손길도 이 나라를 세우는 데에 아무런 역할을 하지 못할 것이고, 그 나라는 오직 만군의 여호와의 영에 의해서 눈에 보이지 않는 과정을 통해 세워질 것이다. 건축자들은 이 돌을 그들의 손으로 뜬 것이 아니라는 이유로 버렸지만, 그 돌은 이제 이 집, 즉 그리스도의 나라에서 모퉁이의 머릿돌이 되었다(시 118:22).

(1) 복음 교회는 하나의 나라이다. 그리스도는 이 나라의 유일한 왕이시고, 그의 말씀과 성령으로 이 나라를 보호하고 다스리시며, 이 나라로부터 충성 맹세와 조공을 받으시고, 이 나라에 법을 주신다. 이 나라는 이 세상에 속한 나라가 아니지만, 이 세상 속에 세워져 있다. 이 나라는 사람들 가운데에 있는 하나님의 나라이다.

(2) 하늘의 하나님은 이 나라를 세우셔서, 그리스도에게 심판을 행할 권세를 주시고, 그리스도를 그의 거룩한 산 시온에 왕으로 세우셔서 자기 백성으로 하여금 그리스도께 복종하게 하실 것이었다. 이 나라는 하늘의 하나님에 의해서 세워진 것이기 때문에, 신약에서는 흔히 천국이라 부른다. 왜냐하면, 이 나라의 출발점은 하늘로부터 왔을 뿐만 아니라, 이 나라는 하늘을 향하여 나아가고 있기 때문이다.

(3) 이 나라는 이 여러 왕들의 시대, 즉 네 번째 왕국에 속한 왕들의 시대에 세워질 것이었다. 이것과 관련해서, 성경에서는 로마의 황제인 가이사 아구스도가 천하로 다 호적하라는 영을 내렸을 때에 그리스도께서 태어나셨다고 아주 구체적으로 언급한다(눅 2:1). 이것은 로마 제국이 이전에 있었던 그 어떤 제국에 못지않게 천하를 통치하는 나라가 되어 있었다는 것을 분명하게 보여주는 것이다. 이 여러 왕들이 각자의 계산을 따라서 파당을 지어 서로 다투고 있을 때, 하나님은 자신의 일을 행하시고 자신의 계획을 이루어 가실 것이다. 이 여러 왕들은 모두 그리스도의 나라를 대적하는 원수들이지만, 그리스도의 나라는 그 왕들의 방해에도 불구하고 세워지게 될 것이다.

(4) 이 나라는 망하는 것을 알지 못하고 결코 멸망할 위험이 없으며 흥망성쇠가 없는 나라가 될 것이다. 이 나라가 다른 많은 나라들처럼 외적의 침략에

의해서 망하는 일은 결코 없을 것이다. 불과 칼도 이 나라를 없앨 수 없다. 세상과 음부의 권세가 다 힘을 합쳐도 이 나라의 왕에게서 그 신민(臣民)들을 빼앗을 수 없고 이 나라의 신민들에게서 그 왕을 빼앗을 수 없다. 또한, 세상의 나라들과는 달리, 그 국권이 다른 백성에게로 돌아가지도 아니할 것이다. 그리스도가 후계자가 없는 왕이시듯이(그는 영원히 다스리실 것이기 때문에), 그의 나라도 흥망성쇠가 없는 나라가 될 것이다. 사실 하나님의 나라는 유대인들로부터 빼앗아져서 이방인들에게 주어진 나라였지만(마 21:43), 기독교 신앙이 지배하게 된 그 나라는 여전히 메시야의 나라였다. 기독교회는 예나 지금이나 동일하다. 교회는 반석 위에 견고하게 세워져 있고, 음부의 권세가 이 교회를 대적하여 무수하게 싸웠지만 결코 이기지 못하였다.

(5) 이 나라는 모든 반대 세력을 다 물리치고 승승장구하게 될 나라이다. 손대지 아니한 돌이 산에서 나와서 저 신상을 부서뜨렸듯이, 이 나라는 이 모든 나라를 쳐서 멸망시킬 것이다(44-45절). 그리스도의 나라는 다른 모든 나라들을 쇠하게 만들 것이고, 그 나라들이 자신의 무게를 이기지 못하고 무너져 내려서 흔적도 없이 사라져 버릴 때에 끝까지 살아 남아서 영원히 번성할 것이다. 그리스도의 나라를 대적하는 모든 나라들은 철장에 맞아서 질그릇 같이 부서질 것이다(시 2:9). 그리스도의 나라에 순복하는 나라들에서는 그리스도의 복음이 뿌리를 내리는 것에 비례해서 폭정과 우상 숭배를 비롯해서 그 나라들에 욕이 될 만한 모든 일은 무너지고 부서지게 될 것이다. 예수 그리스도께서 모든 통치와 모든 권세와 능력을 멸하시고 모든 원수를 그 발 아래에 두실 날이 다가오고 있다(고전 15:24-25). 그 때에 가서야 비로소 이 예언은 온전히 성취될 것이다. 우리 구주께서는 자기 자신에 대하여 유대 건축자들이 버린 돌이라고 하시며 이 돌이 사람 위에 떨어지면 그를 가루로 만들 것이라고 말씀하셨을 때에 바로 이 본문을 염두에 두고 계셨던 것으로 보인다(마 21:44).

(6) 이 나라는 영원한 나라가 될 것이다. 주변의 모든 나라들을 멸망시키고 부수었던 세상의 제국들은 결국 그들의 차례가 되면 다른 나라들과 마찬가지로 멸망을 당하였다. 그러나 그리스도의 나라는 다른 나라들을 쳐서 멸망시킬 것이지만, 스스로는 영원히 설 것이다. 그리스도의 보좌는 하늘의 날들과 같을 것이고, 그의 자손이자 신민(臣民)인 사람들은 하늘의 별들과 같아서 무수히 많을 뿐만 아니라 영원히 변치 않게 될 것이다. 그리스도의 정사와 평강의 더함은

무궁할 것이다. 즉, 그리스도의 통치와 그 통치로 인한 평화는 점점 더 커질 것이고, 그 커지는 것에 끝이 없을 것이다. 여호와께서 영원무궁하도록 다스리시도다(출 15:18). 여호와의 통치는 단지 역사가 지속되는 동안에만 이루어지는 것이 아니라, 시간과 날들이 더 이상 존재하지 않게 될 때에도 하나님은 만유의 주로서 만유 안에 영원토록 계실 것이다.

**III. 다니엘이 꿈에 대한 해석을 마무리함.** 다니엘이 이렇게 꿈을 해석하자 느부갓네살은 만족하였기 때문에 다니엘의 말을 중간에 끊지 않았다. 그 해석은 아주 자세하고 충실했기 때문에 그는 질문할 것이 하나도 없었고, 그 해석은 너무나 분명했기 때문에 그는 그 어떤 반론도 제기할 수 없었다. 그러자 다니엘은 이 모든 해석을 다음과 같은 것에 대한 엄숙한 단언으로 끝을 맺는다.

1. 이 꿈이 하나님에게서 왔다는 것. 크신 하나님이 주술사들의 신들이 말해 줄 수 없는 장래 일을 왕께 알게 하신 것이라(다니엘이 하나님을 이렇게 크신 하나님이라 부르는 것은 그가 하나님을 지극히 공경한다는 것을 표현함과 동시에 이 큰 왕의 마음에도 그와 같은 공경심이 생겨나게 하기 위한 것이다). 다니엘은 이런 식으로 해서 오래 전에 이사야가 우상 숭배자들, 특히 바벨론의 우상 숭배자들을 대적할 때에 제시했던 저 위대한 논증이 옳다는 것을 다시 한 번 온전히 재확인해 주었다. 옛적에 이사야는 당시에 우상 숭배자들이 섬기던 신들에게 뒤에 올 일을 알게 하라 그리하면 너희가 신들인 줄 우리가 알리라(사 41:23)고 도전하면서, 이스라엘의 하나님은 시초부터 종말을 알리시는 분, 즉 일을 시작하실 때에 그 결말을 미리 말씀해 주실 수 있으신 분이라고 말함으로써 바로 그 하나님이 참 하나님이시라는 것을 증명하는 논거로 삼았었다(사 46:10).

2. 이 꿈에 의해서 예언된 일들은 조금도 의심할 여지 없이 확실하다는 것. 이 일들을 알게 하신 하나님은 이 일들을 직접 계획하시고 결정하신 분이시고 장차 그의 섭리를 통해서 이 일들을 이루실 바로 그분이시다. 여호와의 계획은 영원히 서고 변경될 수 없는 것이기 때문에, 느부갓네살이 꾼 꿈은 참되고 이 해석은 확실하다. 하나님이 우리에게 무엇을 알게 하셨든지, 우리는 그것을 믿고 의지해도 좋다는 것을 명심하라.

⁴⁶이에 느부갓네살 왕이 엎드려 다니엘에게 절하고 명하여 예물과 향품을 그에게

주게 하니라 [47]왕이 대답하여 다니엘에게 이르되 너희 하나님은 참으로 모든 신들의 신이시요 모든 왕의 주재시로다 네가 능히 이 은밀한 것을 나타내었으니 네 하나님은 또 은밀한 것을 나타내시는 이시로다 [48]왕이 이에 다니엘을 높여 귀한 선물을 많이 주며 그를 세워 바벨론 온 지방을 다스리게 하며 또 바벨론 모든 지혜자의 어른을 삼았으며 [49]왕이 또 다니엘의 요구대로 사드락과 메삭과 아벳느고를 세워 바벨론 지방의 일을 다스리게 하였고 다니엘은 왕궁에 있었더라

느부갓네살은 그의 나라를 영원한 나라로 만들려고 애를 쓰고 있었기 때문에, 그의 나라가 망하고 전혀 다른 성격의 나라가 세워져서 영원한 나라가 될 것이라고 예언한 다니엘의 말에 격노했을 법도 하였다. 그러나 그는 다니엘의 말을 그에 대한 모욕으로 받아들여 진노한 것이 아니라, 그 말을 신의 말씀으로 받아들였다. 이 단락에서 우리는 다니엘의 해석이 느부갓네살 왕에게 준 감화가 어떤 것이었는지를 여러 가지 표현을 통해서 듣게 된다.

1. 그에게는 다니엘을 신처럼 떠받들고자 하는 마음이 생겨났다. 그는 다니엘이 사람이라는 것을 분명히 알고 있었지만, 다니엘이 그가 꿈속에서 본 것들을 얘기해 주면서 그의 은밀한 생각들을 놀랍게도 다 드러내고 그 꿈을 해석해 주면서 장래의 놀라운 일들을 예언하는 것을 보고서, 다니엘 속에는 분명히 신성(神性)이 깃들어 있는 것이기 때문에 자기의 경배를 받아도 될 존재임에 틀림없다고 결론을 내렸다. 그래서 그는 엎드려 다니엘에게 절하였다(46절). 이 나라에서는 왕에게 예를 올릴 때에는 땅에 엎드려 절하는 것이 관습이었다. 왜냐하면, 그들은 왕들 속에는 신적인 능력이 깃들어 있다고 생각하였기 때문이었다(내가 말하기를 너희는 신들이라 하였다, 시 82:6). 다른 사람들로부터 자주 그러한 경배를 받아 왔던 이 왕은 지금 다니엘 속에 신이 있다고 여겨서 그에게 똑같은 경배를 드렸다. 느부갓네살 왕은 다니엘의 신적인 지식에 대한 경외감에 사로잡혀서 그 경외감을 마음속에 담아둘 수 없었고, 다니엘은 사람일 뿐이고 자기는 왕이라는 사실조차 잊어버렸다. 하나님은 이렇게 단 한 번의 계시로 교만한 군주로 하여금 경배하게 만들 정도로 그의 계시를 높이고 존귀하게 하신다. 왕은 다니엘에게 절하고 명하여 그에게 예물을 바치고 분향하게 하였다. 왕의 이러한 행동은 옳은 것이라 할 수 없었지만, 하나님에 대하여 이 왕보다 더 잘 알고 있었던 고넬료가 베드로를 이렇게 경배하고자 했고 요한도 천사를 경

배하고자 했다는 것을 감안하면 어느 정도 이해될 수 있는 행동이었다. 여기에
는 언급되어 있지 않지만, 아마도 다니엘은 왕의 경배를 사양하고서, 베드로가
고넬료에게 그랬듯이 일어서라 나도 사람이라고 말하였거나(행 10:26) 천사가
요한에게 그랬듯이 삼가 그리하지 말라고 말하였을 것이다(계 19:10). 왜냐하면,
왕이 명령하긴(원문에는 말하였다) 했지만, 다니엘에게 예물이 드려졌다는 얘
기는 나오지 않기 때문이다. 왕은 엉겁결에 예물을 그에게 바치라고 말하였지
만, 다니엘은 왕의 눈과 생각을 다른 방향으로 돌릴 수 있는 어떤 내용을 왕에
게 말하였다. 이것은 왕이 대답하여 다니엘에게 일렀다(47절)는 그 다음에 나오
는 말 속에 암시되어 있다. 하나님의 말씀에 대한 참된 사랑을 지니고 있지 않
은 자들이라도 그 말씀의 사역자들에 대한 큰 공경심을 나타내는 것은 얼마든
지 가능하다는 것을 명심하라. 헤롯은 요한을 두려워하여 그의 말을 달갑게 들었
지만(막 6:20), 자신의 죄악된 행실을 버리지는 않았다.

2. 그는 다니엘의 하나님이야말로 크신 하나님, 참 하나님, 유일하게 살아
계시고 참된 하나님이시라는 것을 기꺼이 인정하였다. 다니엘이 경배 받기를
사양하고 하나님께 경배를 드려야 한다는 것을 가르쳐주자, 왕은 너희 하나님
은 참으로 모든 신들의 신이시요 그 위엄과 통치권에 있어서 다른 모든 신들을
능가하는 신이시니 하나님 같은 신이 없다고 고백하며 하나님을 경배하였다(47
절). 하나님은 모든 왕의 주재이시기 때문에, 왕들의 모든 권력은 하나님에게서
나오고, 왕들은 하나님께 책임을 져야 한다. 하나님은 은밀한 것들을 드러내시
는 자이시기도 하고 나타내시는 이이시기도 하다. 아무리 은밀한 것이라도 하
나님은 그것을 보시고 나타내실 수 있으시며, 하나님이 나타내신 것은 은밀한
것으로서 그 누구도 나타낼 수 없는 것이다(고전 2:10).

3. 그는 다니엘을 높여서 큰 자로 삼았다(48절). 사실 하나님은 다니엘로 하
여금 자기와 교제하게 하셨을 때에 이미 그를 큰 자, 즉 느부갓네살이 다니엘
을 큰 자로 삼은 것보다 더 큰 자로 삼으신 것이었다. 하나님이 이렇게 다니엘
을 이미 높이셨기 때문에, 왕도 다니엘을 높였다. 재물과 부가 어떤 사람을 큰
자로 만들어 주는가? 왕은 다니엘에게 귀한 선물을 많이 주었다. 그러한 재물들은
다니엘이 포로로 잡혀 있는 그의 형제들에게 선을 행할 수 있는 더 큰 역량을
제공해 주는 것이기 때문에, 다니엘은 그 재물들을 사양할 이유가 없었다. 이
귀한 선물들은 다니엘이 행한 선한 섬김에 대한 감사의 보답이었고, 다니엘은

발람과는 달리 그러한 재물을 얻을 목적으로 하나의 거래로서 이 일을 한 것이 아니었다. 권력이 어떤 사람을 큰 자로 만들어 주는가? 왕은 다니엘로 하여금 다른 모든 지방들에 대하여 큰 영향력을 끼치는 바벨론 온 지방을 다스리게 하였다. 또한, 왕은 다니엘을 바벨론 모든 지혜자를 다스리는 감독들의 어른, 즉 우두머리로 삼아서 그보다 못한 자들을 가르치게 하였다. 그들은 왕이 그들에게 요구한 일을 할 수 없었기 때문에 다니엘이 시키는 일을 할 수밖에 없게 되었다. 이렇게 미련한 자는 마음이 지혜로운 자의 종이 되는 것이 마땅하다(잠 11:29). 왕은 다니엘이 능히 이 은밀한 것을 나타내는 것을 보고서 이렇게 그를 높였다(47절). 하나님의 계시를 받는 자들, 그러한 계시에 능한 자들, 여기에서의 다니엘처럼 천국을 잘 알고 있음을 실제로 증명해 보일 수 있는 자들을 높은 자리에 앉혀서 사용하는 것이 왕들의 지혜라는 것을 명심하라. 요셉도 여기에서의 다니엘처럼 애굽 왕의 꿈들을 해석해 냄으로써 애굽의 궁정에서 높은 자리에 오를 수 있었다. 느부갓네살 왕이 여기에서 다니엘을 은밀한 것을 나타내는 자라고 부르듯이, 애굽의 왕은 요셉을 자파나트 파아네아(은밀한 것을 나타내는 자)라고 불렀다. 이렇게 요셉이나 다니엘이 높은 자리에 오르게 된 비법은 동일하였는데, 그것은 그들이 은밀한 것들을 나타냄으로써 왕을 선하게 섬긴 것이었다.

4. 그는 다니엘의 특별한 부탁을 들어주어서 다니엘의 친구들을 높은 자리에 앉혔다(49절). 다니엘은 총리대신이나 대법원장, 또는 시종장(侍從長)이라는 관직을 받아서 왕궁에서 왕의 문에 앉아 있게 되었고, 왕에게 부탁을 해서 사드락과 메삭과 아벳느고도 꽤 높은 관직에 오를 수 있게 하였는데, 다니엘이 그의 친구들에게 이렇게 한 것은 선한 자에게 마땅한 일이었다. 기도로 다니엘을 도운 자들이 다니엘이 받은 영광을 나누어 갖는 것은 마땅한 일이고, 다니엘은 그들의 그러한 섬김에 대하여 감사하는 마음을 지니고 있었다. 또한, 친구들이 이렇게 높은 관직에 오르게 됨으로써 다니엘은 그의 직무를 행하는 데에 큰 의지(依支)와 도움이 될 것이었다. 이 경건한 유대인들은 이렇게 바벨론에서 높은 관직에 오름으로써 포로로 잡혀와 있는 그들의 형제들을 섬기고 그 형제들에게 많은 선한 일들을 행할 수 있는 아주 좋은 기회를 얻게 되었고, 또한 그들은 기꺼이 그렇게 하고자 하는 마음을 지니고 있었다. 이런 식으로 하나님은 종종 자기 백성을 환난 속으로 집어넣으시기 전에 그 환난이 그들에게 가벼운 것이 되게 하기 위하여 그들을 준비시키신다.

# 제 — 3 — 장

## 개요

앞 장의 끝부분에서 우리는 다니엘의 친구들인 사드락, 메삭, 아벳느고가 그들이 이스라엘의 하나님과 맺고 있던 관계와 그 하나님 안에서 그들이 갖고 있던 힘 덕분에 바벨론 제국의 여러 속주들의 총독들이 되어 큰 존귀와 권세를 얻게 된 것을 보았다. 나는 이것에 대하여 무엇이라 말해야 할지를 모르겠다. 모든 성도들이 이러한 존귀를 얻는다면, 그것은 좋은 일이지 않겠는가라고 생각할 수도 있겠지만, 사실 이렇게 존귀를 얻는 것은 대부분의 성도들에게는 별로 좋은 일이 아니다. 성도들은 이 세상이 아니라 저 세상에서 존귀를 얻는 것이 마땅하다. 우리는 이 세 사람이 앞에서는 왕의 은총을 입었지만 여기에서는 왕의 진노를 사서 환난을 당하는 모습을 본다. 하지만 이 세 사람은 하나님의 은혜로 말미암아 힘을 얻어서 범죄하느니 차라리 환난을 당하는 쪽을 택하게 되고, 하나님은 이러한 그들을 놀라운 이적의 역사를 통해서 환난에서 구원하심으로써, 그들이 왕에게서 받았던 존귀함보다도 더 크고 참된 존귀함을 그들의 하나님으로부터 받게 된다. 이 이야기는 하나님의 능력과 선하심을 보여주는 놀라운 예로서 하나님의 백성이 환난과 시험을 당할 때에 신앙을 견고히 지키는 데에 큰 힘이 되는 이야기이기 때문에 우리가 꼭 기억해 둘 필요가 있다. 사도 바울이 믿음의 영웅들을 열거하면서 믿음으로 "불의 세력을 멸한" 자들을 언급한 것은 바로 이 일을 염두에 둔 것이다(히 11:34). 이 장에서 우리는 다음과 같은 내용들을 본다.

I. 느부갓네살이 금 신상을 세워서 봉헌한 후에, 그의 모든 신민들에게 지위고하를 막론하고 모두 그 신상 앞에 엎드려 경배할 것을 요구하였고, 그의 백성들은 다 이 명령을 따름(1-7절). II. 유대인 총독들이 이 금 신상을 경배하기를 거부한다는 고발이 들어옴(8-12절). III. 왕의 진노와 위협에도 불구하고 유대인 총독들이 신상에게 경배하기를 완강하게 거부함(13-18절). IV. 왕의 명령을 거역한 세 사람이 뜨거운 풀무불 속으로 던져짐(19-23절). V. 이 세 사람이 하나님의 능력으로 말미암아 불 속에서 기적적으로 목숨을 보존하였고, 이 이적을 본 왕은 그들을 풀무불 속으로 던진 것이 잘못된 일임을 깨닫고서 그들을 불 속에서 끌어내게 함(24-27절). VI. 이 일로 말미암아 왕이 하나님께 영광을 돌

리고, 그들 자신의 하나님께 충성한 자들에게 은총을 베품(28-30절).

[1]느부갓네살 왕이 금으로 신상을 만들었으니 높이는 육십 규빗이요 너비는 여섯 규빗이라 그것을 바벨론 지방의 두라 평지에 세웠더라 [2]느부갓네살 왕이 사람을 보내어 총독과 수령과 행정관과 모사와 재무관과 재판관과 법률사와 각 지방 모든 관원을 느부갓네살 왕이 세운 신상의 낙성식에 참석하게 하매 [3]이에 총독과 수령과 행정관과 모사와 재무관과 재판관과 법률사와 각 지방 모든 관원이 느부갓네살 왕이 세운 신상의 낙성식에 참석하여 느부갓네살 왕이 세운 신상 앞에 서니라 [4]선포하는 자가 크게 외쳐 이르되 백성들과 나라들과 각 언어로 말하는 자들아 왕이 너희 무리에게 명하시나니 [5]너희는 나팔과 피리와 수금과 삼현금과 양금과 생황과 및 모든 악기 소리를 들을 때에 엎드리어 느부갓네살 왕이 세운 금 신상에게 절하라 [6]누구든지 엎드려 절하지 아니하는 자는 즉시 맹렬히 타는 풀무불에 던져 넣으리라 하였더라 [7]모든 백성과 나라들과 각 언어를 말하는 자들이 나팔과 피리와 수금과 삼현금과 양금과 및 모든 악기 소리를 듣자 곧 느부갓네살 왕이 세운 금 신상에게 엎드려 절하니라

이 이야기의 연대와 관련해서는 확실한 것이 없기 때문에, 단지 우리는 느부갓네살이 세운 이 신상이 그가 꾼 꿈과 연관이 있는 것이라면 이 일은 다니엘이 그 꿈을 해석하고 나서 오래지 않아 일어났을 가능성이 있다고밖에는 달리 할 말이 없다. 어떤 이들은 이 일이 여호야긴 왕과 에스겔이 끌려오기 한 해 전인 느부갓네살 제7년에 일어난 것으로 본다. 좀 더 자세하게 살펴보자.

I. 느부갓네살 왕이 신민들로 하여금 경배하게 할 금 신상을 세움. 바벨론은 이미 우상들로 가득한 곳이었지만, 이 전제 군주는 한 우상을 더 세워야 직성이 풀릴 것이었다. 왜냐하면, 유일하게 살아 계신 한 분 하나님을 버리고 많은 신들을 세우기 시작한 자들은 그들이 세운 신들에게서 만족을 얻지 못하고 그 욕구가 채워지지 않기 때문에 계속해서 우상들의 수를 늘려 나가고 우상들의 꽁무니를 좇아 끝없이 방황하지만 결코 만족을 얻지 못하기 때문이다. 우상 숭배자들은 새롭고 신기한 것과 다양한 것을 좋아한다. 그들은 새 신들을 택하였다(삿 5:8). 많이 가진 자들은 더 많이 갖고자 하는 법이다. 느부갓네살 왕은

왕으로서의 대권을 행사하여 자기 마음에 맞는 신을 하나 만들어서 이 신상을 세웠다(1절). 좀 더 살펴보자.

1. 이 신상은 돈을 많이 들여서 만들어졌다는 것. 그것은 전체가 다 금인 것은 아니었지만 금으로 된 신상이었다. 느부갓네살 왕은 비록 큰 부자이긴 했지만 온통 금으로 된 신상을 만들 만한 재력은 되지 못하였을 것이기 때문에 단지 신상을 금으로 덧입혔을 것이다. 거짓 신들을 숭배하는 자들은 신상들을 세우고 경배하는 일에 아무리 많은 돈이 들어간다고 해도 별 신경을 쓰지 않는다. 그들은 주머니에서 금을 아낌없이 쏟아내어 그런 일에 쓰는데(사 46:6), 이에 비하면 참 하나님을 섬기는 일에 재물을 쓰기를 아까워하고 인색한 우리의 모습은 부끄러울 뿐이다.

2. 이 신상은 대단히 컸다는 것. 이 신상의 높이는 육십 규빗이요 너비는 여섯 규빗이었다. 이 신상은 마치 그 기괴한 모습으로 생명이 없는 약점을 보완이라도 하려는 듯이, 그 높이가 보통 사람의 키(대략 네 규빗 또는 여섯 피트)의 15배나 되었다. 그런데 느부갓네살은 왜 이 신상을 세운 것일까? 어떤 이들은 느부갓네살이 최근에 이스라엘의 하나님을 크게 높이는 발언을 하고, 그 하나님을 섬기는 자들 중 몇몇을 높은 관직에 등용시킴으로써 사람들로부터 유대인이 다 되었다는 비난을 듣게 되자 그러한 비난에서 벗어나고자 하여 이 신상을 세우게 된 것이라고 주장한다. 또는, 느부갓네살은 자기 자신의 형상을 닮은 신상을 세워서, 그 신상을 통해 자기 자신이 경배를 받고자 하였던 것일 수도 있다. 교만한 군주들은 예로부터 백성들로부터 신으로 추앙받는 것을 좋아하였다. 한 예로, 알렉산더 대왕은 제우스 신의 아들로 자처하고서 신으로 추앙받고자 하였다. 느부갓네살 왕은 그가 꿈에서 본 신상에서 금으로 된 머리가 자기이고, 자기 뒤로는 값어치가 떨어지는 금속들로 상징된 왕국들이 출현하게 될 것이라는 말을 다니엘로부터 들었었다. 그러나 여기에서 그는 이 신상 전체에 금을 입혀서 마치 그 신상 전체가 자기인 양 세워 놓은 것이었다. 좀 더 살펴보자.

(1) 다니엘의 해석을 들을 때에 느부갓네살 왕이 받았던 선한 감화들은 아주 신속하게 까마득히 사라졌다는 것. 그 때에 왕은 이스라엘의 하나님이야말로 진정으로 모든 신들의 신이요 모든 왕의 주재시라는 것을 인정하였었다. 그래놓고 이제 와서 그는 바로 그 하나님의 율법에 정면으로 도전하여, 단지 이전

의 우상 숭배를 계속할 뿐만 아니라 새로운 신상을 만들어 세워 놓고 신민들에게 경배하게 하였다. 강력한 깨달음이 왔다고 해도 그것이 그대로 올바른 회심으로 이어지지 않는 경우가 많다는 것을 명심하라. 죄가 지닌 어리석음과 위험성 때문에 사람들은 많은 고통을 당하지만, 그럼에도 불구하고 여전히 죄 속에서 살아간다.

(2) 느부갓네살 왕이 꾼 꿈과 다니엘에 의한 그 해석은 당시에는 그에게 그토록 선한 감화를 주었지만, 이제는 완전히 역효과를 내게 되었다는 것. 당시에 그는 그의 꿈에 대한 해석을 듣고서 땅에 엎드려 겸손히 하나님을 경배하였었지만, 지금은 그 마음이 변하여 하나님을 대적하는 신상을 세웠다. 당시에 그는 자기가 꿈속의 신상의 금 머리라는 사실에 감격하여 그것만으로도 크게 감사할 일로 여겨서 하나님을 경배하였었다. 그러나 시간이 흐르면서 그의 마음이 높아지자, 이제 그는 금 머리로는 부족하다고 생각해서, 하나님과 그의 예언의 말씀을 거슬러서 그 신상 전체가 되고자 한다.

**Ⅱ. 느부갓네살 왕이 제국의 모든 고관들을 불러 모아 이 신상의 낙성식에 참석하게 함**(2-3절). 왕은 제국의 방방곡곡에 사자들을 보내서, 각 속주들의 총독과 고관들, 그 지역의 모든 귀족들 및 관리들과 군 간부들, 군대의 총사령관과 휘하의 고위 지휘관들, 재판관, 재무관, 모사, 치안관, 그리고 각 지방의 모든 관원을 불러 모았다. 그들은 모두 먼 길을 여행하는 수고와 위험을 무릅쓰고 왕이 세운 신상의 낙성식에 참석하여야 했다. 왕은 그기 세운 신상에 큰 존귀함을 더하기 위해서 제국의 큰 자들을 모두 불러 모은 것이다. 그러므로 그리스도의 영광을 말할 때에 성경에서는 왕들이 주께 예물을 드리리이다(시 68:29)라고 말한다. 왕은 제국의 모든 고관대작들이 그가 세운 금 신상을 향하여 예를 올리게 한다면 제국의 백성들은 당연히 따라올 것이라고 믿어 의심치 않았다. 이 방대한 제국의 모든 방백들과 관리들은 왕의 호출에 복종해서 각 지역의 일들을 그대로 놓아둔 채로 이 금 신상의 낙성식에 참석하기 위해서 바벨론으로 올라 왔다. 그들 중 다수는 이 너무도 어이없는 일 때문에 많은 비용을 들여서 바벨론까지 긴 여행을 해야 했다. 그러나 우상들이 몰지각한 것들인 것과 마찬가지로, 우상을 숭배하는 자들도 마찬가지로 몰지각한 자들일 수밖에 없다.

**Ⅲ. 정해진 신호인 음악 소리가 울리면 이 신상 앞에서 제국의 각양각색의 사람들이 땅에 무릎을 꿇고 엎드려서 느부갓네살 왕이 세운 금 신상에게 절하**

**라는 영이 내려짐.** 왕의 포고를 전하는 자는 제국의 모든 고관대작들과 그들을 수행한 무수한 시종들과 수행원들, 그리고 자발적으로 모여온 구름 같은 백성들에게 이 영을 큰 소리로 전하였다. 그들은 모두 다음과 같은 것을 명심하여야 했다.

1. 왕이 제국의 모든 신민들에게 왕이 세운 금 신상에게 엎드려 절하라고 엄하게 명령을 내린다는 것. 그들이 이전에는 다른 어떤 신을 섬겼든지 간에, 이제 그들은 이 신상에게 경배하여야 한다.

2. 그들은 그들 모두가 한 마음으로 이 우상을 섬긴다는 것을 보이기 위한 표시로 동시에 그렇게 해야 하고, 이를 위해서 풍악 소리가 그 신호로 주어지리라는 것. 풍악은 이러한 용도 외에도 엄숙한 의식을 빛내주고, 왕의 명령을 따르기 싫어하는 자들의 마음을 녹여서 부드럽게 해주는 역할도 할 것이었다. 이교의 예배에서 풍악을 울려 사람들을 즐겁고 유쾌하게 만들어 주는 것은 영이신 하나님께 합당한 영적 예배에 대하여 낯선 육적이고 감각적인 마음을 지닌 자들에게 너무나 기분 좋은 일일 것이었다.

**IV. 낙성식에 참석한 모든 자들이 다 이 명령을 따름**(7절). 음악 소리, 즉 나팔과 피리 같은 취주악기들과 수금과 삼현금과 양금 같은 현악기들의 소리가 들리자, 그들은 너무도 황홀한 그 음율에 취해서(이 풍악은 이 신상 앞에 엎드려 절하고자 하는 마음을 불러일으키기에 충분할 정도로 장엄하였을 것이다), 모든 백성과 나라들과 각 언어를 말하는 자들이 마치 북소리에 맞춰 행진하는 군인들처럼 모두 일사불란하게 즉시 금 신상에게 엎드려 절하였다. 누구든지 이 금 신상에게 엎드려 절하지 아니하는 자는 이러한 목적을 위하여 미리 준비된 맹렬히 타는 풀무불에 즉시 던져 넣어질 것이라는 영이 선포된 것은 전혀 이상한 일이 아니었다(6절). 한편으로는 황홀하고 장엄한 음악이라는 주문(呪文)을 통해서 사람들을 홀리고, 다른 한편으로는 맹렬히 타는 풀무불이라는 무시무시한 벌로 위협하여 사람들에게 겁을 주어서, 왕의 명령에 순순히 따르게 하는 방법이 여기에서 사용되고 있는 것이다. 이렇게 해서 그들은 모두 꼼짝없이 왕의 명령에 복종하게 되었다. 대부분의 사람들은 피부에 와서 느껴지는 바로 그 길로 가게 되어 있는 법이다. 황홀한 음악이나 맹렬히 타는 풀무불로 어르고 달래면, 별 생각 없이 살아가는 세상 사람들은 그 어떤 나쁜 짓도 다 하게 된다. 지금까지 이러한 방법들을 통해서 거짓된 종교가 세워지고 유지되어 왔다.

[8]그 때에 어떤 갈대아 사람들이 나아와 유다 사람들을 참소하니라 [9]그들이 느부갓네살 왕에게 이르되 왕이여 만수무강 하옵소서 [10]왕이여 왕이 명령을 내리사 모든 사람이 나팔과 피리와 수금과 삼현금과 양금과 생황과 및 모든 악기 소리를 듣거든 엎드려 금 신상에게 절할 것이라 [11]누구든지 엎드려 절하지 아니하는 자는 맹렬히 타는 풀무불 가운데에 던져 넣음을 당하리라 하지 아니하셨나이까 [12]이제 몇 유다 사람 사드락과 메삭과 아벳느고는 왕이 세워 바벨론 지방을 다스리게 하신 자이거늘 왕이여 이 사람들이 왕을 높이지 아니하며 왕의 신들을 섬기지 아니하며 왕이 세우신 금 신상에게 절하지 아니하나이다 [13]느부갓네살 왕이 노하고 분하여 사드락과 메삭과 아벳느고를 끌어오라 말하매 드디어 그 사람들을 왕의 앞으로 끌어온지라 [14]느부갓네살이 그들에게 물어 이르되 사드락, 메삭, 아벳느고야 너희가 내 신을 섬기지 아니하며 내가 세운 금 신상에게 절하지 아니한다 하니 사실이냐 [15]이제라도 너희가 준비하였다가 나팔과 피리와 수금과 삼현금과 양금과 생황과 및 모든 악기 소리를 들을 때 내가 만든 신상 앞에 엎드려 절하면 좋거니와 너희가 만일 절하지 아니하면 즉시 너희를 맹렬히 타는 풀무불 가운데에 던져 넣을 것이니 능히 너희를 내 손에서 건져낼 신이 누구이겠느냐 하니 [16]사드락과 메삭과 아벳느고가 왕에게 대답하여 이르되 느부갓네살이여 우리가 이 일에 대하여 왕에게 대답할 필요가 없나이다 [17]왕이여 우리가 섬기는 하나님이 계시다면 우리를 맹렬히 타는 풀무불 가운데에서 능히 건져내시겠고 왕의 손에서도 건져내시리이다 [18]그렇게 하지 아니하실지라도 왕이여 우리가 왕의 신들을 섬기지도 아니하고 왕이 세우신 금 신상에게 절하지도 아니할 줄을 아옵소서

사드락과 메삭과 아벳느고는 왕이 어떤 의도로 제국의 모든 고관들을 불러 모은 것인지를 잘 알고 있었을 것이기 때문에 이 집회에 그들이 참석하였다면 그것은 이상한 일일 것이었다. 아마도 추측하건대, 다니엘이 너무도 왕의 총애를 입고 있어서 이 집회에 참석하지 않았다고 해서 감히 그를 참소할 자가 아무도 없었던 것이든, 아니면 나랏일 때문에 먼 곳으로 갔거나 왕의 허락을 얻어서 관직에서 물러나 있어서였든, 그도 이 자리에 참석하지 않았을 것이다. 그런데 다니엘의 친구들은 왜 몸을 피하지 않았던 것인가? 그것은 분명히 그들이 할 수 있는 한 왕의 명령에 순종하고자 하였고, 이 말도 안 되는 우상 숭배가 얼마나 잘못된 것인지를 기꺼이 공개적으로 증언하고자 했기 때문일 것이

다. 그들은 단지 이 신상에게 절하지 않는 것으로는 충분하지 않고, 비록 이 신상이 그들의 주(主)인 왕이 직접 세운 신상이었고 그것을 숭배하는 자들에게는 소중한 금 신상이었을 것이지만, 관직에 있는 자들로서 이 우상 숭배가 잘못된 것임을 알릴 의무가 있다고 생각하였다.

**I. 어떤 갈대아 사람들이 왕에게 당시 고위직에 있던 다니엘의 세 친구가 왕의 영에 복종하지 않았다고 고발함**(8절). 아마도 그들을 고발한 이 갈대아 사람들은 박수와 술객들 중에서 특히 갈대아 술사라 불렸던 자들이었을 것이다(2:2). 이 술사들은 다니엘로 인해서 한직으로 밀려나 처량한 신세가 되어 있었기 때문에 그의 친구들에 대하여 불만을 품고 있었을 것이다. 이 술사들은 다니엘과 그의 친구들의 기도 덕분에 목숨을 건지는 은혜를 입었었다. 그런데도 그들이 어떤 식으로 선을 악으로 갚는지를 보라. 다니엘의 친구들은 이 술사들에게 은혜를 베풀었기 때문에 도리어 이 술사들의 대적이 된 것이었다. 마찬가지로, 예레미야도 하나님 앞에 서서 그들을 위하여 유익한 말을 하였지만, 그들은 나중에 그의 생명을 해하려고 구덩이를 팠다(렘 18:20). 우리는 이러한 배은망덕한 자들을 만나더라도 그것을 이상한 일로 여기지 말아야 한다. 또는, 이 갈대아 사람들은 그들이 얻고자 했던 관직들이 있어서 기대하고 있다가, 졸지에 다니엘의 친구들이 그 자리를 차지하게 되자 시기하는 마음이 불타올랐던 것일 수도 있다. 투기 앞에야 누가 서리요(잠 27:4). 그들은 왕 앞에서 지극한 예를 갖추어 왕이여 만수무강 하옵소서라고 말하며, 실제로는 그들 자신이 왕과 왕의 나라를 위태롭게 만들 일을 행하고 있으면서도, 마치 왕의 존엄과 이익만을 생각하여 이 일을 고한다는 듯이, 왕이 직접 내린 포고령을 전면에 내세운다.

1. 그들은 왕이 최근에 만든 법, 즉 나라나 언어와는 상관없이 누구든지 이 금 신상에게 엎드려 절하여야 한다는 법을 왕에게 상기시킨다. 또한, 그들은 이 법이 왕의 이 명령에 복종하지 않은 자들에게 가할 형벌로 정해 놓은 것, 즉 이 명령을 따르지 않는 자들은 맹렬히 타는 풀무불에 던져 넣음을 당하리라고 한 것을 상기시킨다(10-11절). 이것이 법이라는 것은 아무도 부정할 수 없고, 의로운 법이든 의롭지 않은 법이든 법은 지켜져야 한다.

2. 그들은 이 세 사람, 즉 사드락과 메삭과 아벳느고가 이 영을 따르지 않았다고 고발한다(12절). 느부갓네살은 이 사람들을 옭아매려는 특별한 의도를

가지고서 이 법을 만든 것이 아니라는 것은 거의 분명한 것 같다. 왜냐하면, 왕이 그런 의도를 가지고 있었다면 스스로 그들을 눈여겨 보았을 것이고, 이 갈대아 사람들의 참소를 들을 필요가 없었을 것이기 때문이다. 그러나 이 세 사람을 무너뜨릴 기회만을 엿보고 있던 대적들은 이 기회를 놓치지 않고 적극적으로 나서서 이 세 사람을 고발하였다. 이 문제를 더욱 크게 만들고 이 세 사람에 대한 왕의 분노를 더 부추기기 위해서 그들은 다음과 같이 한다.

(1) 그들은 왕의 영을 어긴 자들이 다름 아닌 왕에 의해서 직접 고위 관직에 임명된 자들이라는 점을 부각시킨다. 이 세 사람은 유대인이고 외국인이며 포로이고 보잘것없는 나라 출신인데다 종교도 다른 자들이었는데, 그럼에도 불구하고 왕은 그들을 세워 바벨론 지방을 다스리게 하였었다는 것이다. 그러므로 왕의 은총을 이토록 많이 받은 그런 자들이 왕의 명령에 불복종한 것은 그야말로 지극히 배은망덕한 일이고 도저히 참을 수 없는 모욕이라는 것이다. 게다가, 이 세 사람은 고위 관직에 있는 자들이었기 때문에 그들이 왕의 영을 어긴 것은 더욱 큰 문제가 될 것이었다. 그것은 나쁜 본보기가 되어서 백성들에게 나쁜 영향을 미칠 것이었다. 그러므로 이 일은 일벌백계로 엄하게 다스려지지 않으면 안 된다. 이렇게 죄 없는 백성에 대하여 크게 진노하는 군주들 곁에는 보통 그 군주들의 진노를 부추기는 자들이 많은 법이다.

(2) 그들은 이 일이 왕과 왕의 권위를 멸시하여 악의적으로 행해진 항명이라는 점을 부각시킨다. "이 사람들이 왕을 안중에도 두지 않고 왕을 높이지 아니하였나이다. 왜냐하면, 그들은 왕 자신이 섬김은 물론이고 그 신민들에게도 섬기라고 명을 내린 왕의 신들을 섬기지 아니하며 왕이 세우신 금 신상에게 절하지 아니하기 때문이나이다."

**Ⅱ. 이 세 명의 경건한 유대인들이 즉시 왕 앞에 끌려와서 그 고발된 내용에 따라 심문을 받음.** 느부갓네살은 노하고 분하여 그 세 사람을 잡아오라고 명령하였다(13절). 이 막강한 왕은 그토록 많은 나라들을 정복하여 다스리고 있었지만 자기의 마음을 제어하지 못하였고, 그토록 많은 신민들과 포로들이 그에게 있었지만 그 자신은 자신의 야비한 감정들의 완벽한 노예가 되어서 그 감정들의 포로가 되어 있었기 때문에, 이 왕이 지닌 존귀함이라는 것은 참으로 보잘것없는 것이었다. 자기 자신을 이성으로 다스리지 못하는 자가 이성적인 인간들을 다스린다는 것은 어불성설이 아니겠는가! 왕은 이 세 사람이 지금 그의

신들을 섬기지 않는다는 말을 듣고서 놀랄 필요가 전혀 없었다. 왜냐하면, 그는 그들이 그의 신들을 섬긴 적이 없다는 것과 그들이 언제나 꼭 붙잡고 있는 그들의 종교가 그의 신들을 섬기는 것을 금지하고 있다는 것을 너무도 잘 알고 있었을 것이기 때문이다. 또한, 그들은 지금까지 모든 일에서 그들의 왕인 그에게 공경을 다하고 의무를 다하고 있음을 보여주었기 때문에, 그는 그들에게 그의 권위를 멸시하고자 하는 의도가 있다고 생각할 이유가 전혀 없었다. 그러나 왕이 이 때에 이토록 격노해서 이성을 잃은 것이 무엇보다도 특히 부적절한 처신인 이유는 그가 지금 그의 금 신상을 봉헌하는 낙성식을 거행하고 나서 경건한 마음을 유지하여야 마땅하였다는 것이다. 왕이 사람의 슬기를 지니고 있는 자였다면, 그는 적어도 노하기를 더디 하여야 했다. 참된 경건은 마음을 차분하고 고요하게 하며 온유하게 만들어 준다. 그러나 미신을 믿거나 거짓 신들에 헌신하게 되면, 그것들은 사람들의 격정에 불을 질러 분노로 타오르게 만들어서 사람들을 짐승 같은 자들로 변하게 한다. 왕의 노함은 사자의 부르짖음 같다. 느부갓네살 왕의 진노도 마찬가지였다. 왕이 이렇게 노기(怒氣)가 등등하였지만, 왕 앞에 끌려온 이 세 사람의 용기는 꺾이지 않았고 그들의 믿음도 흔들림이 없었다.

**III. 왕이 그들에 대하여 들어온 고발 내용을 간단하게 말해주고, 그것이 사실인지 아닌지를 물음.**

1. 왕은 그들에게 다른 사람들이 다 금 신상에게 절하는데 그들만 절하지 않는다는 것이 사실인지를 물었다(14절). "너희가 내 신들을 섬기지 않은 것이 의도적인 것이냐(어떤 이들은 본문을 이렇게 읽는다), 아니면 어쩌다 보니 실수로 그런 것이냐? 내가 나의 비용으로 먹이고 입히며 교육을 시켰고 지금까지 많은 은혜를 베풀어 왔던 너희, 지혜로 명성이 자자해서 그 누구보다도 왕에 대한 본분을 잘 알고 있을 너희가 내 신을 섬기지 아니하며 내가 세운 금 신상에게 절하지 아니한다는 말이 들리니, 이것이 도대체 어떻게 된 일이냐?" 하나님의 종들이 하나님께 충성을 다하는 모습은 흔히 원수들과 박해자들에게 경이로운 일이기 때문에, 그런 자들은 하나님의 종들이 그들과 함께 그런 극한 방탕에 달음질하지 아니하는 것을 이상히 여겨 비방한다는 것을 명심하라.

2. 왕은 그들이 지금이라도 그의 명령을 따르면 기꺼이 모든 것을 용서해 줄 용의가 있었다. 그들이 의도적으로 그렇게 한 것이 아니라면, 그들은 다시

한 번 숙고해서 그들의 마음을 바꾸면 되는 것이었다. 그러므로 왕은 그들이 어떤 선택의 기로에 서 있는지를 다시 한 번 그들에게 들려준다(15절).

(1) 왕은 그들의 마음을 누그러뜨려서 그의 영을 따르게 하기 위해서 오직 그들만을 위하여 음악을 다시 연주하게 할 의향이 있었다. 만약 그들이 귀 먹은 독사처럼 그들의 귀를 막으려 하지 않고 피리 부는 자들의 주문에 귀를 기울여서 금 신상에게 절한다면, 그들이 이제까지 범한 잘못들은 용서를 받게 될 것이고, 모든 것이 잘 될 것이었다.

(2) 왕은 그들이 계속해서 거부한다면 단 한 시간의 유예도 없이 즉시 그들을 맹렬히 타는 풀무불 가운데에 던져 넣을 것이라고 단호하게 말한다. 이렇게 이 세 사람은 살아서 돌아가느냐 불타 죽느냐(turn or burn)라는 일촉즉발의 위기 속에 놓여 있었다. 왕은 그들이 그들의 하나님께 희망을 걸고서 완강하게 그의 명령을 거부하고 있다는 것을 알고 있었기 때문에 그들에게 이렇게 모욕적으로 도전한다. "능히 너희를 내 손에서 건져낼 신이 누구이겠느냐? 그런 신이 있다면, 어디 한번 해보라고 해라." 왕은 지금 그가 그 자신의 입으로 그들의 하나님이 모든 신들의 신이시요 모든 왕의 주재시로다라고 고백하였던 일을 잊어버리고 있는 것이다(2:47). 교만한 자들은 애굽의 바로가 그랬던 것처럼 여호와가 누구이기에 내가 그의 목소리를 듣겠느냐고 서슴없이 말하거나, 느부갓네살이 그랬던 것처럼 여호와가 누구이기에 내가 그의 권능을 두려워 하겠느냐고 말한다.

**Ⅳ. 그들이 모두 한결같이 금 신상에게 절하지 않겠다는 그들의 결심에 변함이 없다고 대답함**(16-18절). 우리는 역사상에서 그 유례를 찾아보기 힘들 정도의 불굴의 용기와 넓은 도량(度量)을 보여주는 예를 여기에서 만난다. 우리는 그들을 세 소년이라고 부르지만(그들은 실제로 나이가 어린 사람들이었다), 사실 사람들 가운데 세워진 하나님의 나라에서 존귀한 자들 중에서 으뜸 가는 세 사람, 세 명의 용사라 불러야 마땅할 것이다. 그들은 금 신상에게 절한 자들에 대하여 분노하거나 격한 감정을 보이지 않았고, 그런 자들을 모욕하거나 경멸하지도 않았다. 또한, 그들은 그들의 신앙을 위해 죽겠다고 무모하고 경솔하게 덤벼들거나 일부러 순교하기 위해서 멋대로 뛰어들지도 않았다. 그들은 불 같은 시험을 감당해야 하는 때가 자연스럽게 다가오자 지극히 선한 이유로 고난을 당하는 자들에게 합당한 태도와 담대함으로 당당하게 순순히 그 시험을 받아들였다. 느부갓네살 왕은 이 우상을 만드는 악한 일에 아주 담대한 것

이 아니었지만, 이 세 사람은 이 우상을 숭배하는 것이 잘못되었음을 증언하는 일에 아주 담대하였다. 그들은 놀라울 정도로 평정을 유지하였고, 왕을 폭군이라거나 우상 숭배자라고 욕하지 않았으며(하나님의 일은 인간의 분노로 이루어지는 것이 아니다), 도리어 차분하고 평안한 마음의 모범을 보이는 가운데 그들의 결심이 어떤 것인지를 또박또박 왕에게 고하였다. 좀 더 살펴보자.

1. 그들이 은혜 가운데 죽음을 받아들일 수 있다는 너그러움 속에서 죽음을 멸시하고, 고상한 믿음 가운데서 그들이 처한 딜레마를 아무렇지도 않게 무시함. 느부갓네살이여 우리가 이 일에 대하여 왕에게 대답할 필요가 없나이다. 그들은 퉁명스럽게 대답을 거부하거나 아무 말도 없이 버티고 서 있지 않았고, 이 일과 관련해서 그들의 결심이 확고하기 때문에 그들이 어떻게 되든 그런 것은 상관이 없다는 것을 왕에게 확실하게 밝힌다. 이 일에 대해서는 대답이 필요하지 않나이다(어떤 이들은 이렇게 읽는다). 그들은 왕의 명령을 따르지 않기로 굳게 결심하였고, 왕은 그들이 명령을 듣지 않는다면 그들을 죽이기로 굳게 결심한 상태였다. 이렇게 이 일은 이미 결정이 난 것이나 다름없는데, 이 일을 두고 왈가왈부 해보아야 무슨 소용이 있겠는가? 그러나 이 본문은 이렇게 읽는 편이 더 낫다. "이 일에 대한 우리의 대답은 이미 준비되어 있기 때문에, 왕께서 물으실 필요도 없고, 우리가 이 일에 대하여 왕에게 대답할 필요도 없나이다."

(1) 그들은 이 일과 관련해서 어떤 대답을 해야 할지를 깊이 생각할 시간을 필요로 하지 않았다. 왜냐하면, 그들이 왕의 명령을 따를 것인지 따르지 않을 것인지에 대해서 그들의 대답은 일말의 주저함도 있을 수 없었기 때문이다. 이것은 사느냐 죽느냐의 문제였기 때문에, 우리는 그들이 결심을 하기 전에 시간을 두고서 깊이 생각해 보았어야 하는 것이 아니냐고 말할지도 모른다. 사는 것은 좋은 일이고, 죽는 것은 두려운 일이다. 그러나 이 경우에 있어서 무엇이 죄이고 무엇이 신앙의 본분인지가 십계명의 두 번째 계명에 의해서 이미 결정되어 있어서, 무엇이 옳은지에 대하여 그 어떤 의문의 여지도 남아 있지 않았기 때문에, 이 경우에 있어서 사느냐 죽느냐의 문제는 고려의 대상이 될 수 없었다. 죄를 피하고자 하는 자들은 유혹과 협상을 해서는 안 된다는 것을 명심하라. 사람들이 우리를 유혹하거나 우리에게 겁을 주어서 하게 하고자 하는 일이 명백하게 악한 일일 때, 우리는 그 일을 놓고 이런저런 생각을 해보아서는 안 되고, 거룩한 분노와 혐오감으로 즉시 거부하여야 한다. 그 일에 대하여 생

각해 보려고 잠시 멈춰 서지 말고, 그리스도께서 우리에게 가르치셨던 것처럼 사탄아 내 뒤로 물러 가라고 말하라.

(2) 그들은 어떤 말로 대답을 해야 할 것인지를 궁리할 시간을 필요로 하지 않았다. 그들은 하나님을 옹호하는 자들이었고 하나님을 증언하도록 부르심을 받은 자들이었지만, 꼭 필요한 그 때에 하나님이 그들에게 할 말을 주실 것을 의심하지 않았다(마 10:19). 그들은 왕으로부터 직설적인 대답을 요구받고 있는 상황에서 교묘히 피해가는 대답을 궁리해 내고자 하지 않았다. 또한, 그들은 왕의 비위를 맞추고자 하거나 왕을 이겨 먹고자 하는 마음도 없었던 것으로 보인다. 그들의 대답 속에는 아부처럼 보이는 말이 전혀 없다. 그들은 그들을 고발한 자들과는 달리 왕의 기분을 좋게 하여서 교묘하게 왕의 환심을 사기 위해서 왕이여 만수무강 하옵소서라는 말로 그들의 대답을 시작한 것이 아니라, 모든 것을 단도직입적으로 아주 분명하게 말하였다. 느부갓네살이여 우리가 이 일에 대하여 왕에게 대답할 필요가 없나이다. 자신의 본분을 다하는 것을 주된 관심으로 삼고 있는 자들은 주변에서 일어나는 일에 대하여 관심을 쏟을 필요가 없는 법이다.

2. 그들이 하나님을 믿고 신뢰하며 의지함(17절). 그들이 거대한 공포로 다가오는 죽음을 아무렇지도 않게 멸시할 수 있었던 것은 살아 계신 하나님을 의뢰하는 가운데 그 믿음으로써 범죄하느니 차라리 죽는 쪽을 택하였기 때문이었다. 그들은 믿음으로 보이지 아니하는 자를 바라보았기 때문에 왕의 노함을 무서워하지 아니하고 건너낼 수 있었다(히 11:25, 27). "왕께서 그러실지라도, 즉 우리가 왕의 신들을 섬기지 않는다고 하여 맹렬히 타는 풀무불 가운데로 던져질 수밖에 없다고 하더라도, 왕께서는 다음과 같은 것들을 아옵소서."

(1) "왕의 신들에게 절하지 않는다고 하여도, 우리는 무신론자들이 아니다. 우리에게는 우리의 하나님이 계시고, 우리는 그 하나님께 충성을 다하고 있다."

(2) "우리는 이 하나님을 섬긴다. 우리는 전적으로 이 하나님께 영광을 돌리는 삶을 살아 왔다. 우리는 이 하나님의 일에 쓰임 받고 있기 때문에, 이 하나님께서 우리를 보호하시고 모든 쓸 것을 공급하시며 우리에게 상 주실 것을 믿는다."

(3) "우리는 이 하나님이 우리를 맹렬히 타는 풀무불 가운데에서 능히 건져 내실

줄을 확신한다. 하나님이 그렇게 하시든지 안 하시든지, 우리는 하나님이 우리가 풀무불 속으로 던져지는 것을 막으실 수 있고, 풀무불 속에서 우리를 건지실 수 있으시다는 것을 확신한다." 하나님의 충성된 종들은 하나님이 그를 섬기는 자들을 견고하게 붙잡아 주실 수 있고 그들을 대적하는 모든 세력들을 꼼짝못하게 다스리실 수 있는 주인이시라는 것을 발견하게 될 것임을 명심하라. 주여 원하시면 하실 수 있나이다.

(4) "우리에게는 하나님이 우리를 건져 내실 것이라는 소망을 가질 충분한 이유가 있다." 왜냐하면, 우상 숭배자들이 구름 같이 모여 있는 앞에서, 그리고 느부갓네살이 능히 너희를 내 손에서 건져낼 신이 누구이겠느냐고 말하며 하나님께 한번 해보시라고 무시하며 도전한 상황에서, 그들을 건져 내시면, 하나님의 크신 이름은 아주 큰 영광을 받으실 것이기 때문이다. 하나님은 자기 백성의 기도에 응답하셔서 나타나시기도 하시지만, 그를 모독하는 원수들을 침묵시키기 위해서도 종종 놀라운 이적으로 나타나신다(시 74:18-22; 신 32:27). "그러나 하나님이 우리를 맹렬히 타는 풀무불에서 건져 내시지 아니하신다고 하여도, 우리를 왕의 손에서 건져 내실 것이다." 느부갓네살은 단지 사람들의 몸만을 괴롭히고 죽일 수 있을 뿐이고, 그런 후에 그가 할 수 있는 것은 아무것도 없기 때문에, 일단 죽고 나면, 사람들은 느부갓네살의 손아귀에서 벗어나게 된다. 하나님을 공경하고 끝까지 신뢰하는 마음과 우리가 하나님과 함께 하는 한 하나님께서도 우리와 함께 하실 것이라는 온전한 확신은 우리가 고난을 통과하는 데에 아주 큰 도움이 된다는 것을 명심하라. 하나님이 우리 편이라면, 우리는 사람들이 우리에게 무슨 짓을 하든 그런 것을 두려워할 필요가 없다. 사람들로 하여금 우리를 그들의 마음대로 하게 하라. 하나님은 우리를 죽음에서 건져 내시거나 죽음을 이용해서 건져 내실 것이다.

3. 그들이 어떤 결과가 생기더라도 그들의 종교적 신념을 끝까지 지키겠노라고 단단히 결심함(18절). "그렇게 하지 아니하실지라도, 즉 하나님이 우리를 맹렬히 타는 풀무불 가운데에서 건져 내는 것이 적절하지 않다고 생각하셔서(우리는 하나님이 우리를 건져 내실 수 있으시다는 것을 알지만), 우리를 왕의 손에 넘겨주셔서 왕의 손에 죽게 하신다고 하여도, 왕이여 이것을 아옵소서. 이 신들은 왕의 신들일지라도 우리가 그 신들을 섬기지도 아니하고, 이 신상이 왕께서 직접 세우신 것일지라도 우리가 금 신상에게 절하지도 아니할 줄을 아옵소서."

그들은 그들이 지닌 신앙을 고백하는 것을 부끄러워하거나 두려워하지 않고, 왕의 면전에서 대놓고 그들이 왕을 두려워하지 않으며 왕의 명령에 굴복하지 않을 것이라고 말한다. 만약 그들이 사람들과 상의했더라면, 사람들은 왕의 명령을 거역하면 죽음, 그것도 이같이 큰 사망을 피할 길이 달리 없다는 것을 너무도 잘 알고 있어서, 그들에게 다음과 같이 많은 이유들을 들이대며 왕의 명령에 순순히 따르라고 권하였을 것이 뻔하였다.

(1) 그들은 그들의 하나님을 부정하라거나 하나님을 예배하기를 버리라거나 신앙고백이나 선언을 통해서 이 금 신상이 그들의 하나님이라고 시인하라고 요구받은 것이 아니기 때문에, 나아만이 림몬 신의 신전에서 절한 것과 마찬가지로 마음속으로는 이스라엘의 하나님에 대한 마음을 은밀하게 간직하고 이 우상 숭배를 혐오하는 마음을 지닌 채 단지 겉으로 신상 앞에 절을 하기만 하면 되는 것이었다.

(2) 그들은 계속해서 우상 숭배를 하도록 강요받은 것이 아니었다. 그들에게 요구된 것은 딱 한 번 금 신상 앞에 절하는 것이었고, 이것은 순식간에 지나갈 일이었다. 이렇게 눈 딱 감고 한 번 절하기만 하면 모든 위험은 지나갈 것이었고, 나중에 그들은 이 일에 대하여 슬퍼하며 회개하면 될 일이었다.

(3) 이 일을 명령한 왕은 절대적인 권력을 지니고 있었다. 그들은 신민(臣民)으로서만이 아니라 포로로서 이 권력 아래에 놓여 있는 몸이었다. 그들이 왕의 명령을 따른다고 해도, 그것은 순전히 강요와 협박에 의한 것이기 때문에, 그들에게는 얼마든지 변명할 거리가 될 수 있을 것이었다.

(4) 느부갓네살 왕은 그들의 은인으로서 많은 돈을 들여서 그들을 교육시키고 높은 관직에 등용해 주었기 때문에, 그들은 비록 이 일이 양심에 좀 걸리기는 하더라도 할 수 있는 한 왕에게 은혜를 갚는다는 생각으로 왕의 명령을 따라 주어야 할 상황이었다.

(5) 그들은 지금 고국 땅에서 쫓겨나서 이방 땅으로 내쳐졌고, 이것은 그렇게 쫓겨난 자들에게는 사실상 너희는 가서 다른 신들을 섬기라고 말한 것이나 마찬가지였다(삼상 26:19). 그리고 사실 성경에서는 그들이 이방 땅으로 쫓겨 가서 거기에서 다른 신들을 섬기게 될 것이고, 그것이 그들에 대한 심판의 일부가 되리라는 것을 기정사실인 것처럼 말하고 있지 않는가(신 4:28). 대세가 너무나 강해서 그 대세를 따라갈 수밖에 없다면, 설령 그늘이 그 대세를 좇는다고

하여도, 그것은 어느 정도 용서를 받을 수 있는 일이었다.

(6) 그들의 왕들과 고관들과 조상들, 아니 그들의 제사장들조차도 심지어 하나님의 성전에다 우상들을 세워 놓고 경배하며, 그 우상들 앞에 절할 뿐만 아니라 제단을 세우고 분향하며 희생제물을 바치되 그들의 자녀들까지도 우상들에게 제물로 바치지 않았던가? 북왕국의 열 지파들은 모두 오랜 세월 동안 단과 벧엘에서 금 송아지 신들을 숭배하지 않았던가? 그런데, 그들이 그들의 조상들보다 더 엄격하게 신앙을 지킬 이유가 어디 있는가? 모두가 그렇게 행한다면, 그 일은 옳은 일이 아닌가.

(7) 왕의 명령에 따르기만 한다면, 그들은 그들의 목숨을 건지고 그들의 높은 관직을 유지할 수 있게 되어서, 이후로도 오랫동안 바벨론에 있는 그들의 동포들에게 아주 큰 봉사를 할 수 있는 힘을 갖게 될 것이었다. 왜냐하면, 그들은 아직 젊은 사람들이었고 한창 승승장구하는 사람들이었기 때문이다. 그러나 하나님께서 주신 다음과 같은 한 마디 말씀은 그들에게 제시된 이와 같은 무수한 육적인 주장들을 단번에 침묵시키기에 충분한 것이었다. 그 어떤 우상들에게도 절하지 말며 그것들을 섬기지 말라. 그들은 사람이 아니라 하나님께 순종하여야 한다는 것, 범죄하느니 차라리 고난을 당하는 쪽을 택해야 한다는 것, 선을 위한 목적으로 악을 행해서는 안 된다는 것을 잘 알고 있었다. 그러므로 우리가 지금까지 살펴본 사람들이 제시한 온갖 이유들은 그 어느 것도 그들의 마음을 움직일 수 없었다. 그들은 죄악을 범하며 살아가느니 차라리 신앙을 지키는 가운데 죽기로 결심하였다. 아직 고국 땅에 남아 있던 그들의 형제들은 자발적으로 우상들을 숭배하고 있었던 반면에, 그들은 바벨론에서 우상 숭배를 강요당하고 있는 상황 속에서 마치 주변이 다 악하기 때문에 그들만이라도 선해야 한다고 결심이라도 한 듯이 우상의 땅에서 우상 숭배에 맞서서 치열하게 싸우고 있었다. 사실, 모든 정황을 고려할 때, 그들이 맹렬히 타는 풀무불 가운데서 구원을 받은 것이 자연의 세계에서 큰 이적이었던 것과 마찬가지로, 그들이 죄악이 만연된 이방 땅에서 범죄로부터 구원받은 것은 은혜의 나라에서 큰 이적이 아닐 수 없었다. 이 세 사람은 전에 왕의 음식으로 그들 자신을 더럽히지 않겠다고 결심했던 자들이었는데, 지금은 그 때처럼 용감하게 왕의 신들로 그들 자신을 더럽히지 않겠다고 결심한다. 작은 일들 속에서 자기를 부인하고 하나님과 하나님에 대한 본분을 굳게 지킨 자들은 더 큰 일들을 만나서도

그렇게 할 수 있게 된다는 것을 명심하라. 우리는 이 세 사람을 본받아서 그 어떤 명분으로라도 결코 우상을 섬기거나 우상을 섬기는 자들과의 "동맹"을 말하지 않도록 단단히 결심하여야 한다.

[19]느부갓네살이 분이 가득하여 사드락과 메삭과 아벳느고를 향하여 얼굴빛을 바꾸고 명령하여 이르되 그 풀무불을 뜨겁게 하기를 평소보다 칠 배나 뜨겁게 하라 하고 [20]군대 중 용사 몇 사람에게 명령하여 사드락과 메삭과 아벳느고를 결박하여 극렬히 타는 풀무불 가운데에 던지라 하니라 [21]그러자 그 사람들을 겉옷과 속옷과 모자와 다른 옷을 입은 채 결박하여 맹렬히 타는 풀무불 가운데에 던졌더라 [22]왕의 명령이 엄하고 풀무불이 심히 뜨거우므로 불꽃이 사드락과 메삭과 아벳느고를 붙든 사람을 태워 죽였고 [23]이 세 사람 사드락과 메삭과 아벳느고는 결박된 채 맹렬히 타는 풀무불 가운데에 떨어졌더라 [24]그 때에 느부갓네살 왕이 놀라 급히 일어나서 모사들에게 물어 이르되 우리가 결박하여 불 가운데에 던진 자는 세 사람이 아니었느냐 하니 그들이 왕에게 대답하여 이르되 왕이여 옳소이다 하더라 [25]왕이 또 말하여 이르되 내가 보니 결박되지 아니한 네 사람이 불 가운데로 다니는데 상하지도 아니하였고 그 넷째의 모양은 신들의 아들과 같도다 하고 [26]느부갓네살이 맹렬히 타는 풀무불 아귀 가까이 가서 불러 이르되 지극히 높으신 하나님의 종 사드락, 메삭, 아벳느고야 나와서 이리로 오라 하매 사드락과 메삭과 아벳느고가 불 가운데에서 나온지라 [27]총독과 지사와 행정관과 왕의 모사들이 모여 이 사람들을 본즉 불이 능히 그들의 몸을 해하지 못하였고 머리털도 그을리지 아니하였고 겉옷 빛도 변하지 아니하였고 불 탄 냄새도 없었더라

이 단락에서 우리는 다음과 같은 내용들을 본다.

**I. 하나님의 충성된 종들인 이 세 사람이 맹렬히 타는 풀무불 속으로 던져짐.** 느부갓네살은 참 하나님에 대하여 많은 것을 알고 있었을 뿐만 아니라 그렇게 고백한 적도 있었기 때문에, 비록 그의 교만과 허영 때문에 이 금 신상을 세워서 백성들로 하여금 숭배하게 하였다고 할지라도, 이 세 사람이 지금 말하는 것을 듣고서(왕은 이 세 사람이 그의 모든 지혜자들보다 더 지혜롭다는 것을 이미 익히 알고 있었다), 자신의 잘못을 깨닫고 적어도 그들을 그대로 놓아줄 수 있었을 것이다. 그러나 실제의 상황은 완전히 달랐다.

1. 왕은 그들의 말을 듣고서 잘못을 깨닫기는커녕 도리어 더욱 격노하여 광분하였다(19절). 느부갓네살이 분이 가득하여 이 세 사람을 향하여 얼굴빛을 바꾸었다. 사람이 짐승 같은 분노에 사로잡힐수록 그 분노는 더욱 격해져서, 사람으로서의 지혜와 이성을 다 팽개쳐 버리고, 나중에는 얼굴빛까지 변하게 된다는 것을 명심하라. 느부갓네살은 분노에 사로잡혀서 보좌 위에 앉아 있는 왕으로서의 위엄이나 법정에 앉은 재판장으로서의 체통도 다 버리고 그물에 걸린 황소 같이 길길이 날뛰었다. 사람들이 화가 났을 때에 단지 거울에 비친 자신의 얼굴 모습을 보기만 해도, 그들의 어리석음을 금방 깨닫고 얼굴을 붉히며 그들 자신에 대한 모든 분노를 떨쳐 버릴 수 있게 될 것이다.

2. 왕은 그들의 자질과 직위를 고려해서 그들에 대한 벌을 완화시켜주기는커녕 도리어 그 벌의 수위를 높여서 그 풀무불을 뜨겁게 하기를 평소에 다른 행악자들을 벌할 때보다도 칠 배나 뜨겁게 하라고 명령하였다. 풀무불에 평소보다 칠 배나 많은 연료를 넣게 되면 그들은 순식간에 불에 타서 죽게 될 것이기 때문에 그들은 오히려 덜 고통스럽게 죽게 될 것이었지만, 이것은 왕이 그들의 범죄를 다른 자들의 범죄보다 칠 배나 더 극악무도한 것으로 여겼다는 것을 보여줌으로써 그들의 죽음이 한층 더 수치스러운 것이 되게 하기 위한 것이었다. 그러나 하나님은 이 폭군이 광분하여 저지른 이 어리석은 일을 하나님 자신이 더욱 큰 영광을 받으시는 데에 사용하셨다. 왜냐하면, 왕의 이러한 조치는 그들의 죽음을 더 고통스럽게 하지는 못했지만, 그들이 거기에서 구원받은 것을 훨씬 더 빛나게 해주었기 때문이다.

3. 왕은 그들을 옷 입은 채로 결박하여서 맹렬히 타는 풀무불 가운데로 던지라고 명령하였고, 이 명령은 그대로 시행되었다(20-21절). 그들을 결박한 것은 그들이 몸부림을 치거나 저항하지 못하도록 하기 위한 것이었고, 그들을 옷 입은 채로 결박한 것은 지체없이 영을 집행하기 위해서였거나 그들이 좀 더 서서히 불에 타게 하기 위한 것이었다. 그러나 이것은 그들의 옷이 조금도 그을리지 않게 하여 이 이적의 경이로움을 더하기 위한 하나님의 섭리에 의해서 작정된 일이었다. 마치 그들의 범죄가 너무도 혐오스러워서 그들의 옷까지도 다 태워서 없애 버리려는 듯이, 왕은 그들을 겉옷과 속옷과 모자와 다른 옷을 입은 채 결박하게 하였다. 결박된 채 맹렬히 타는 풀무불 가운데에 던져지는 것은 얼마나 끔찍한 일이었겠는가(23절)! 그것은 생각만 해도 살이 떨리고 공포스러운

일이다. 이 폭군이 이러한 형벌을 가할 정도로 완악한 마음을 지니고 있었다는 것도 놀라운 일이고, 하나님을 고백한 이 세 사람이 하나님을 거슬러 범죄하느니 차라리 그런 형벌을 받겠다고 할 정도로 강건한 마음을 지니고 있었다는 것도 놀라운 일이다. 하지만 이러한 죽음은 가라지들이 단으로 묶여서 저 풀무불에 던져지고 불과 유황으로 영원히 타오르는 불못에 던져질 **둘째 사망**에 비하면 아무것도 아니지 않는가? 느부갓네살이 그의 풀무불의 뜨겁기를 그가 할 수 있는 한 최대한으로 높인다고 하여도, 그 속으로 던져진 자들이 당하는 고통은 아무리 길어도 몇 분이면 끝이 난다. 그러나 지옥의 불은 사람을 죽이지는 않고 영원토록 고통스럽게만 한다. 저주받은 죄인들이 받을 고통은 훨씬 극렬해서, 그들이 받는 고난의 연기가 세세토록 올라갈 것이고, 짐승과 그의 우상에게 경배한 자들은 쉼을 얻지 못하고 끊임없이 고통을 받게 될 것이다(계 14:10-11). 반면에, 이 바벨론의 짐승과 그의 우상에게 절하지 않았다고 해서 이 풀무불 가운데에 던져진 자들이 받는 고통은 순식간에 끝나고 말 것이다.

4. 이 세 사람을 결박해서 풀무불 속에 던진 용사들이 그 불길 때문에 타죽었다는 것은 주목할 만한 섭리였다(22절). 왕의 명령이 엄하고 급박했기 때문에, 왕의 군대에 속한 이 용사들은 세 사람을 신속하게 결박하여 끌고 가서 풀무불 가운데로 확실하게 던져 넣기 위해서 바짝 다가갔고, 시간이 너무 촉박해서 그 불길로부터 그들 자신을 보호해 줄 장비를 착용할 여유가 없었기 때문에, 이런 변을 당하게 된 것이었다. 다니엘과 관련된 일화들을 소개한 외경에서는 이 때에 그 불길이 풀무불의 입구 위로 49규빗(즉, 약 22미터)이나 치솟아 올랐다고 전한다. 아마도 하나님은 아주 거센 바람을 풀무불 입구 속에 직접적으로 불게 하셨고, 그 불길로 인해 이 용사들이 타죽게 되었을 것이다. 하나님은 이런 식으로 그의 무죄한 종들을 괴롭히고 박해하는 자들이 저지른 바로 그 죄악된 행위를 이용해서 즉시 박해자들에 대하여 보복을 행하셨고 그의 종들의 무죄를 나타내셨다. 이 용사들은 단지 죄악에 이용된 도구들일 뿐이었고, 더 큰 죄는 이 일을 그들에게 명령한 왕에게 있었지만, 어쨌든 이 용사들은 불의한 명령을 집행한 대가를 치른 것이었고, 그리고 아마도 그들도 이 일에 기쁜 마음으로 동참하여 이 일에 쓰임 받는 것을 기뻐하였을 것이다. 하나님은 느부갓네살이 저지른 죄악에 대해서는 나중에 그 책임을 물으실 것이었다. 교만한 폭군들이 스스로 저지른 잔혹한 죄악들에 대해서만이 아니라 자기 주변의 사람들을 그

러한 잔혹한 일들에 동참시켜서 하나님의 심판을 받게 만든 죄에 대해서도 벌을 받게 될 날이 다가오고 있다.

**II. 하나님의 충성된 종들인 이 세 사람이 풀무불 가운데에서 건져 내짐.** 그들이 결박된 채 저 맹렬히 타는 불길 가운데로 던져졌을 때, 우리는 그들이 뼈까지 다 타 버렸을 것이기 때문에 이제 더 이상 그들에 대한 얘기를 들을 수 없게 되었다고 결론을 짓는 것이 당연한 일이었다. 그러나 놀랍게도 우리는 여기에서 사드락과 메삭과 아벳느고가 아직 살아 있다는 것을 발견한다.

1. 느부갓네살은 그들이 불 속에서 걸어다니고 있는 모습을 발견한다. 느부갓네살 왕이 놀라 급히 일어났다(24절). 왕은 그의 명령을 집행하던 용사들이 불에 타죽는 것을 보고서 혹시 자기에게도 그런 변이 생기지 않을까 해서 깜짝 놀랐을 것이다. 또는, 뭔가 설명할 수 없는 불길한 기운이 왕의 뇌리를 스치고 지나가서, 왕은 깜짝 놀라 일어나서, 풀무불 속에 던져진 자들이 어떻게 되었는지를 살펴보기 위해서 황급히 풀무불 가까이 다가갔던 것일 수도 있다. 하나님은 그와 그의 백성을 대적하여 딱딱하게 굳어진 마음을 지닌 자들조차도 깜짝 놀라게 만드실 수 있다는 것을 명심하라. 사람의 영혼을 지으신 하나님은 제아무리 강심장인 폭군일지라도 그 폭군의 영혼에 하나님의 칼을 들이대실 수 있으시다. 왕은 깜짝 놀라서 곁에 있던 모사들에게 사실을 확인하는 질문을 한다. 우리가 결박하여 불 가운데에 던진 자는 세 사람이 아니었느냐. 이 일은 왕만이 아니라 조정 전체의 명령에 의해서 이루어진 것으로 보인다. 조정 중신들은 왕의 조치에 동의하고 싶은 마음이 없었을 것이지만, 왕은 이 죄악과 이로 인한 오명을 혼자 뒤집어쓰지 않으려고 그들을 억지로 끌어들였을 것이다. 조정 중신들은 이렇게 말한다. "왕이여 옳소이다. 우리가 이 일을 집행하도록 명령하였고, 그 명령은 그대로 집행되었나이다." 그러자 왕은 이렇게 말하였다. "그런데 지금 내가 풀무불 속을 들여다보고 있자니, 결박되지 아니한 네 사람이 불 가운데로 다니는도다(25절)."

(1) 그들은 결박이 풀려 있었다. 불은 그들의 옷은 그을리지도 못하고, 도리어 그들을 결박하였던 밧줄들을 태워 버려서, 그들은 자유롭게 움직일 수 있게 되었다. 이렇게 하나님은 원수들이 그의 백성을 꼼짝 못하게 하고 족쇄를 채워 놓기 위해서 그의 백성에게 가하는 온갖 환난과 곤경을 사용하셔서 그의 백성에게 은혜를 주어 그들의 마음이 더욱 활짝 열리게 하신다.

(2) 그들에게는 상처도 없었고 불만도 없었으며, 조금의 고통이나 불편함도 없었다. 그 불길은 그들을 태우지 못하였고, 그들은 연기에 질식되지도 않았다. 그들은 불길 속에서도 이전처럼 살아 있었다. 자연의 하나님께서 어떤 식으로 자연의 힘들을 다스리셔서 그의 목적에 봉사하도록 만드시는지를 보라. 네가 불 가운데로 지날 때에 타지도 아니할 것이요 불꽃이 너를 사르지도 못하리라(사 43:2)고 하신 하나님의 은혜로운 약속이 여기에서 문자 그대로 성취되었다. 그들은 믿음으로 불의 세력을 멸하기도 하며 악한 자의 모든 불화살을 소멸하기도 하였다(히 11:34; 엡 6:16).

(3) 그들은 불 가운데로 다녔다. 풀무불 속은 넓었기 때문에 그들이 걸어다닐 공간이 충분히 있었다. 그들은 아무런 해(害)도 입지 않았기 때문에 걸어다닐 수가 있었다. 그들은 마음이 편했기 때문에 마치 낙원이나 아름다운 동산을 거닐듯이 풀무불 속을 걸어다닐 수 있었다. 사람이 숯불을 밟고서야 어찌 그의 발이 데지 아니하겠느냐(잠 6:28). 하지만 그들은 두로 왕이 불타는 돌들, 즉 불처럼 반짝이는 그의 보석들 사이에 왕래하였을(겔 28:14) 때에 가졌을 그러한 즐겁고 유쾌한 마음으로 풀무불 속을 거닐었다. 그들은 그들이 아무런 해도 입지 않는 것을 보고서 굳이 풀무불 속을 빠져나가려고 애쓰지 않았고, 그들을 풀무불로부터 건져주시는 것은 불 속에서 그들을 지키신 하나님께 맡긴 채 그런 일에는 신경 쓰지 않고 풀무불 가운데를 거닐었다. 외경에서는 이 세 사람 중의 하나였던 아사랴가 불길 가운데서 드렸던 기도(이스라엘의 재난과 죄악을 탄식하고 이 백성에게 하나님의 은총을 베풀어 달라고 긴구하는 내용)와 이 세 사람이 불길 속에서 함께 불렀던 찬송을 자세하게 표현하고 있는데, 이 기도와 찬송 속에는 그들의 경건을 보여주는 표현들이 두드러지게 나타나 있다. 그러나 그로티우스(Grotius)의 말대로, 이 기도와 찬송은 이 때에 실제로 이 세 사람이 사용했던 것이 아니라 후대의 어떤 유대인의 상상력에 의해서 만들어진 것이라고 보아야 하기 때문에, 우리는 그것들을 거룩한 글의 일부로 받아들이지 않는 것이 마땅하다.

(4) 불 속에는 이 세 사람 외에도 한 명이 더 있었다. 느부갓네살은 이 사람의 모양이 신들의 아들과 같다고 말하였다. 신적인 인물이었던 이 사람은 하늘로부터 보내심을 받은 사자(使者)로서 종이 아니라 아들로 나타났다. 그 넷째의 모양은 천사와 같도다(어떤 이들은 이렇게 읽는다). 천사들은 하나님의 아들들이

라 불린다(욥 38:7). 외경에는 여호와의 천사가 풀무불 속으로 강림하였다고 되어 있다. 느부갓네살은 여기에서 하나님이 그의 천사를 보내사 그들을 구원하셨도다 라고 말한다(28절). 다니엘이 사자 굴에 있을 때에 사자들의 입을 봉한 것도 천사였다(6:22). 그러나 어떤 이들은 여기에 나타난 이 사람은 피조물인 천사가 아니라 영원하신 하나님의 아들, 언약의 사자(使者)였을 것이라고 생각한다. 이 하나님의 아들은 성육신을 통해서 사람의 몸을 입으시기 전에도 종종 우리와 같은 모양으로 나타나시곤 하셨는데, 지금 그의 택하신 자들을 불 속에서 건져 내시기 위하여 풀무불 속에 오셔서 그들과 더불어 불 속을 거니신 것은 때가 차서 그가 이 세상에 오셔서 큰 구원을 베푸실 것을 하나의 전조(前兆)로 보여주기에 더할 나위 없이 좋은 기회였다. 그리스도를 위하여 고난을 받는 자들은 그 곳이 풀무불 속이든 사망의 골짜기 속이든 그리스도께서 고난 받는 그들과 함께 하시기 때문에 해를 두려워할 필요가 없다는 것을 명심하라. 이것을 통해서 그리스도께서는 자기 백성을 대적하여 행해지는 모든 일은 곧 그리스도를 대적하여 행해지는 일로 여기신다는 것을 보여주셨다. 이 세 사람을 풀무불 속으로 던진 자들은 사실상 그리스도를 거기로 던진 것이다. 나는 네가 박해하는 예수라(행 9:5; 사 63:9).

2. 느부갓네살은 그들에게 풀무불 밖으로 나오라고 부른다(26절). 왕은 맹렬히 타는 풀무불 아귀 가까이 가서, 그들에게 나와서 이리로 오라고 명령한다. 왕은 자애로움과 깊은 관심이 가득 담긴 목소리로 그렇게 말하고서, 그들의 손을 잡아서 얼른 불길 속에서 끄집어 낼 태세로 서 있었다. 왕은 그들이 멀쩡하게 살아 있는 이적을 보고서야 자기가 그들을 풀무불 가운데로 던져 넣은 것이 잘못된 것임을 깨달았다. 그러므로 왕은 그들을 가만히 내보내지 않고, 자기가 친히 가서 그들을 데리고 나오고자 하였다(행 16:37). 왕이 그들을 아주 존귀한 칭호로 부르고 있는 것을 주목해 보라. 왕은 그들에게 대하여 격노하였을 때에는 반역자들, 역도(逆徒)들, 또는 그가 생각해 낼 수 있는 온갖 악한 이름으로 그들을 불렀을 것이다. 그러나 이제 왕은 그들이 지극히 높으신 하나님의 종, 풀무불 속에 나타나셔서 그들을 그의 손에서 구원하신 하나님의 종이라는 것을 인정한다. 하나님은 아무리 교만한 자들이라도 언젠가는 하나님이 지극히 높으신 하나님이시고, 그들이 마음대로 할 수 있을 것 같은 그런 일들에서조차도 그들을 능가하시며 그들이 도저히 상대할 수 없는 분이시라는 것을 깨닫게 하실 것

임을 명심하라(출 18:11). 또한, 하나님은 누가 그의 종들인지를 그들에게 알게 하셔서, 그들로 하여금 하나님의 종들을 인정하고 돕게 하신다. 엘리야는 주께서 하나님이신 것과 내가 주의 종인 것을 알게 하옵소서라고 기도하였다(왕상 18:36). 이제 느부갓네살은 자기가 버렸던 자들이 하늘의 은총을 받는 자들이라는 것을 깨닫고서, 그들을 다시 껴안으며 지극한 호의를 보인다. 박해자들이 하나님의 종들을 대적하여 무슨 짓을 했든, 하나님이 그들의 눈을 열어 주시면, 그들은 그들이 이제까지 한 짓을 모두 원점으로 되돌려야 한다는 것을 명심하라. 신들의 아들과 같은 모양을 하고 있던 네 번째 사람이 어떻게 물러갔는지, 그가 홀연히 사라진 것인지 아니면 사람들이 보는 앞에서 하늘로 올라간 것인지는 본문에 나오지 않지만, 우리는 나머지 세 사람에 대해서는 다음과 같은 애기를 듣는다.

(1) 그들이 불 가운데에서 나왔다는 것. 이것은 그들의 조상인 아브라함이 갈대아의 우르(즉, 불)에서 나온 것과 같은 것이었다. 유대인들의 전승에서는 아브라함도 여기에 나오는 세 사람처럼 우상을 숭배하기를 거부해서 불 속에 던져졌다가 구원을 받았다고 한다. 그들은 풀무불에서 나오라는 왕의 명령을 듣자, 계속해서 불 가운데 머물러서 하나님을 시험한 것이 아니라, 불 속에서 꺼내진 장작들처럼 거기에서 나왔다.

(2) 그들이 불에 의해서 조금도 해를 입지 않은 모습으로 나왔기 때문에, 거기에 있던 고관대작들이 모두 다 경악을 금치 못하였다는 것(27절). 모든 큰 사들이 그들의 모습을 보기 위해서 몰려들었고, 그들이 머리털도 그을리지 아니한 것을 발견하였다. 우리 구주께서 그의 고난당하는 종들을 격려하시기 위하여 너희 머리털 하나도 상하지 아니하리라(눅 21:18)고 비유적으로 말씀하신 것이 여기에서 문자 그대로 실현되었다. 그들이 입고 있던 옷이 빛도 변하지 않았고 불 탄 냄새도 없었기 때문에, 두말 할 필요도 없이 그들의 몸은 털끝만큼도 불에 타거나 연기에 그을리지 않았다. 아니, 불이 능히 그들의 몸을 해하지 못하였다. 갈대아 사람들은 태양신의 일종으로 불의 신을 숭배하고 있었기 때문에, 하나님이 지금 그 불의 힘을 다스리신 일은 그들의 왕만이 아니라 그들의 신까지 멸시하신 것이었고, 여호와의 소리는 자기 백성이 지나가도록 길을 내주기 위하여 많은 물을 가르실 뿐만 아니라 화염도 가르신다는 것을 보여주는 것이었다(시 29:7). 모든 것을 태워서 소멸시키는 불은 오직 하나님뿐이시다(히

12:29). 다른 불은 하나님이 말씀 한 마디 하시면 모든 것을 태우는 힘을 잃고 만다.

[28]느부갓네살이 말하여 이르되 사드락과 메삭과 아벳느고의 하나님을 찬송할지로다 그가 그의 천사를 보내사 자기를 의뢰하고 그들의 몸을 바쳐 왕의 명령을 거역하고 그 하나님 밖에는 다른 신을 섬기지 아니하며 그에게 절하지 아니한 종들을 구원하셨도다 [29]그러므로 내가 이제 조서를 내리노니 각 백성과 각 나라와 각 언어를 말하는 자가 모두 사드락과 메삭과 아벳느고의 하나님께 경솔히 말하거든 그 몸을 쪼개고 그 집을 거름터로 삼을지니 이는 이같이 사람을 구원할 다른 신이 없음이니라 하더라 [30]왕이 드디어 사드락과 메삭과 아벳느고를 바벨론 지방에서 더욱 높이니라

총독들과 지사들을 비롯해서 이 공적인 자리에 있던 모든 큰 자들, 이 세 사람을 편들 것이라고는 도저히 생각할 수 없는 자들이 이 세 사람의 몸을 샅샅이 살펴본 것은 이 이적이 틀림없는 사실이라는 것을 분명히 하고 이 이적을 일으키신 하나님의 권능과 은혜가 더욱 뚜렷이 부각되는 데에 큰 기여를 하였다. 그들로 말미암아 유명한 표적 나타난 것이 모든 사람에게 알려졌으니 우리도 부인할 수 없다(행 4:16). 이제 이것이 느부갓네살에게 어떤 영향을 미쳤는지를 살펴보기로 하자.

I. 느부갓네살 왕이 이스라엘의 하나님은 그를 섬기는 자들을 보호하실 수 있으시고 또 기꺼이 보호하시고자 하신다고 말하며 하나님께 영광을 돌림(28절). "사드락과 메삭과 아벳느고의 하나님을 찬송할지로다. 하나님께서 그의 백성들이 그에게 드리는 충성과 헌신으로 인하여 영광을 받으시고, 그가 그들에게 베푸시는 강력한 보호하심으로 인하여 영광을 받으실지라. 이 둘은 어느 나라 어느 신에게서도 그 유례를 찾아볼 수 없도다." 느부갓네살 왕은 스스로 하나님을 인정하고 경배하였을 뿐만 아니라, 하나님이 모든 사람의 인정과 경배를 받아야 마땅하다고 생각하였다. 사드락의 하나님을 찬송할지로다. 하나님은 면전에서 대놓고 그를 욕하여 왔던 자들로부터 그를 찬송하는 고백을 이끌어 내실 수 있으시다는 것을 명심하라.

1. 왕은 하나님이 아주 힘 있고 악의적인 원수들을 물리치시고 그를 예배하

는 자들을 보호하실 수 있으셨다는 점을 들어서 하나님의 권능에 영광을 돌린다. 이같이 사람을 구원할 다른 신이 없고(29절), 그가 세운 이 금 신상도 그렇게 하지 못한다. 그렇기 때문에 이스라엘의 하나님 외에는 자기를 예배하는 자들로 하여금 오직 자기에게만 충성하고 다른 신을 경배하느니 차라리 죽음을 택하게 할 수 있는 다른 신이 없었다. 왜냐하면, 다른 신들은 이스라엘의 하나님과는 달리 그런 상황에서 그들을 지켜줄 수 없기 때문이다. 하나님은 다른 신들이 할 수 없는 그런 구원을 베푸실 수 있으시기 때문에 그의 백성에게 다른 신들이 요구할 수 없는 그런 순종을 요구하실 수 있으시다.

2. 왕은 하나님이 기꺼이 그런 구원을 베푸시고자 하신 점을 들어서 하나님의 선하심에 영광을 돌린다(28절). 그가 그의 천사를 보내사 그의 종들을 구원하셨도다. 바벨론의 신인 벨(Bel)은 그를 예배하는 자들을 풀무불 아귀 가까이에서 불에 타죽는 것으로부터 구원할 수 없었지만, 이스라엘의 하나님은 그를 예배하는 자들이 다른 신을 섬기기를 거부했다는 이유로 풀무불 가운데로 던져졌을 때에 그들을 타죽는 것으로부터 구원하셨다. 이 일을 통해서 느부갓네살은 그가 지금까지 이스라엘 백성에 대하여 거두었던 온갖 승리들, 그로 하여금 이스라엘의 하나님을 눌러 이겼다고 자랑하게 만들었던 그런 승리들이 사실은 순전히 이스라엘 백성 자신들의 죄 덕분이었다는 것을 분명하게 깨닫게 되었다. 만약 이스라엘 백성이 이 세 사람처럼 그들의 하나님께 충성하여 오직 하나님만을 섬겼다면, 그들은 이 세 사람처럼 느부갓네살 왕의 손에서 모두 건짐을 받았을 것이었다. 그리고 이것은 그 때에 느부갓네살 왕에게 꼭 필요한 교훈이었다.

**II. 느부갓네살 왕이 이 세 사람이 자신의 신앙을 굳게 지키고 변치 않은 것을 칭찬하고 그들을 높임**(28절). 왕은 그들의 하나님을 자신의 하나님으로 받아들여서 섬기고자 한다면 오직 하나님만을 섬기고 다른 모든 신들을 버려야 한다는 것을 알고 있었기 때문에 그런 결심을 하지는 못하고 하나님을 나의 하나님이 아니라 사드락의 하나님이라 부르고 있긴 하지만, 그들이 하나님만을 섬기고 그 하나님 밖에는 다른 신을 섬기지 아니한 것을 칭찬한다. 스스로는 신앙을 지니고 있지 않으면서도, 신앙이 깊고 자신의 신앙을 굳게 지키는 자들을 보면, 그들이 옳다는 것을 인정하는 자들이 많이 있다. 그런 자들은 스스로는 자신의 신앙을 지키고자 하지는 않으면서, 신앙을 지키는 자들을 보면 칭찬을 한다. 사람들이 섬겨야 할 오직 한 분 하나님께 자신의 이름을 건 자들은 어떤 희생을 치르더라도 자신의 신앙을 지켜서 오직 하나님만을 섬겨야 한다. 이렇게 참된 신앙을 굳게 지켜서 변함이 없는 자들은 심지어 하나님을 믿지 않는 자들로부터도 칭찬을 받게 된다. 왜냐하면, 변절과 배신, 이중적인 처신은 모든 사람들이 한 목소리로 비난하는 행위이기 때문이다.

1. 왕은 그들이 기꺼이 그들의 목숨을 내놓을 각오를 하고서 편한 마음으로 자신의 신앙을 지킨 것을 칭찬한다. 그들은 그들 자신의 목숨보다도 하나님의 은총과 선한 양심의 증언을 더 소중히 여겼다. 그들은 오직 하나님께만 바쳐야 하는 그러한 경배를 다른 신에게 한 번 바침으로써 그들의 하나님을 버릴 뿐만 아니라 모독하는 일을 하느니 차라리 그들의 몸을 바쳐 풀무불 가운데로 던져지는 쪽을 택하였다. 자신의 영혼의 운명을 자신의 몸의 운명보다도 더 소중히 여기고, 자신의 하나님을 버리느니 차라리 자신의 목숨을 버리는 쪽을 택하는 자들은 사람들이 아니라 하나님으로부터 칭찬을 받게 되리라는 것을 명심하라. 신앙을 지키기 위하여 고난 당하는 일을 감수하고자 하지 않는 자들은 신앙이 얼마나 가치 있고 소중한지를 모르는 자들이다.

2. 왕은 그들이 왕의 명령을 어기면서까지 신앙을 지킨 것을 칭찬한다. 그들은 왕의 명령을 거역하였다. 즉, 그들은 왕의 말을 거역함으로써 왕의 명령과 위협을 둘 다 멸시하였고, 왕으로 하여금 그가 금 신상에게 절하라고 명령한 것과 그렇게 하지 않는 자를 풀무불 속에 던지겠다고 위협한 것을 후회하고 철회하게 만들었다. 아무리 왕이라도 해도 그의 명령이 하나님의 명령에 어긋날 때에는 마음을 바꾸어 순종해야 할 자는 백성들이 아니라 왕 자신이라는 것을 시인하여야 한다는 것을 명심하라.

3. 왕은 그들이 은혜에 의지해서 그들의 하나님을 신뢰하는 가운데 신앙을 지킨 것을 칭찬한다. 그들은 그들이 무엇을 행하든 하나님이 그들 곁에서 그들을 도우시리라는 것, 하나님이 그들을 맹렬히 타는 풀무불 가운데서 꺼내어서 다시 이 땅에서 그들의 자리로 되돌려 보내시거나 맹렬히 타는 풀무불을 거쳐서 천국에 있는 그들의 자리로 인도하시리라는 것을 믿고서 하나님을 의뢰하였다. 그들은 하나님에 대한 이러한 신뢰 때문에 왕의 진노도 두려워하지 않게 되었고 그들의 목숨도 소중히 여기지 않을 수 있었다. 하나님에 대한 변함없는 믿음은 하나님에 대한 변함없는 충성을 낳는 법이라는 것을 명심하라. 왕이 직

접 하나님의 종들에 대하여 이렇게 공개적으로 표현한 이 귀한 증언은 바벨론에서 포로로 살아가고 있거나 장차 그렇게 될 유대인들에게 선한 영향을 미쳤을 것이다. 갈대아 사람들은 유대인들에게 금 신상에게 절하라고 강요할 수 없었을 것이고, 유대인들은 금 신상에게 절하지 않은 그들의 형제들이 왕으로부터 직접 이렇게 극찬을 받은 상황에서 감히 신상에게 절하는 일을 할 수 없었을 것이다. 아니, 하나님이 그의 종들인 이 세 사람을 위하여 행하신 일은 유대인들로 하여금 포로 생활을 하면서 그들의 신앙을 견고히 지켜 나가게 하는 데에 도움이 되었을 뿐만 아니라, 우상 숭배에 이끌리는 그들의 성향을 고침 받는 데에도(하나님이 그들을 포로로 보내신 것은 바로 이 목적을 위해서였다) 도움이 되었을 것이다. 또한, 이 일이 그들에게 이러한 복된 결과를 가져다 준 것을 보았을 때, 그들은 지금 하나님이 그들의 형제인 이 세 사람을 풀무불 가운데서 건져 내신 것처럼 장차 그들도 바벨론이라는 풀무불 속에서 건져 내시리라는 믿음을 갖게 되었을 것이다.

**III. 느부갓네살 왕이 이스라엘의 하나님에 대하여 악한 말을 하는 것을 엄히 금지하는 조서를 내림**(29절).   이스라엘이 저지른 죄악들과 그들이 겪는 환난들은 갈대아 사람들에게 이스라엘의 하나님에 대하여 불경스러운 말들을 하며 모독할 수 있는 좋은 기회를 주었을 것이고, 느부갓네살 자신도 그렇게 하는 것을 조장했었을 것이다. 그러나 이제 왕은 진정으로 회심하여 하나님을 섬기게 된 것은 아니었지만, 자기가 다시는 하나님에 대하여 나쁘게 말하지 않는 것은 물론이고 그의 백성들에게도 그렇게 하지 않도록 해아 하겠다고 단단히 결심하게 되었다. "사드락과 메삭과 아벳느고의 하나님께 경솔히 말하거나 그 하나님에 대하여 욕하거나 모독하거나 경멸하는 말을 하는 자들은 가장 극악무도한 자로 간주하여, 사무엘이 칼로 아각에게 그랬듯이 그 몸을 쪼개고, 그 집을 완전히 허물어서 거름터로 삼을지니라." 바벨론의 수많은 고관대작들이 보는 앞에서 이 하나님이 그를 예배하는 자들을 구원하시기 위하여 그의 능력으로 행하신 그 이적은 왕의 이 조서를 정당화시키기에 충분한 것이었다. 포로로 잡혀 온 유대인들은 그동안 하나님을 모독하는 무수한 불화살들로 인해서 끊임없이 괴롭힘을 당해 왔었지만, 이제 왕의 이 조서로 말미암아 한숨 돌리며 안도할 수 있게 되었을 것이다. 원수들이 비록 그 마음을 바꾸지는 않았더라도 하나님과 그 백성을 비방하는 그들의 입을 다물고 그들의 혀를 밝어 놓기만 해도, 그것은 하나님이 교회에 주신 큰 은혜로서 교회에 큰 힘이 된다는 것을 명심하라. 이방의 왕인 느부갓네살도 하나님을 모독하는 자들의 교만한 입을 이렇게 막아 놓았는데, 그리스도인인 왕은 더욱더 마땅히 그렇게 해야 하지 않겠는가. 아니, 사람들이 하나님을 별로 사랑하지 않기 때문에 하나님에 대하여 적극적으로 좋게 얘기하지는 않는다고 하여도, 그들의 마음속을 스스로 잘 살펴보면, 하나님에 대하여 나쁘게 얘기할 이유도 결코 발견할 수 없다는 것을 알게 될 것이다.

Ⅳ. 느부갓네살 왕이 이 세 사람을 파직시킨 것을 취소해서 원래의 지위로 복직시키고 이전보다 그들을 더욱 신임하게 됨. 왕이 그들을 바벨론 지방에서 더욱 높였다. 이것은 그들에게 큰 영광이었고, 바벨론에 포로로 잡혀온 그들의 동포들에게는 큰 위로가 되었다. 변함없이 신앙을 견고히 지키는 자들을 총애하고 등용하는 것이 군주 된 자들의 지혜라는 것을 명심하라. 왜냐하면, 하나님께 충성하는 자들은 왕들에게 충성할 가능성이 아주 높고, 왕이 하나님의 은총을 받는 자들을 총애하면 그런 왕들은 잘 될 가능성이 높기 때문이다.

# 제
— 4 —
장

## 개요

이 장을 쓴 사람은 다름아닌 느부갓네살 왕 자신이다. 여기에서 그에 대하여 기록된 이야기는 그가 직접 작성하고 공표한 그대로의 그의 말들로 표현되어 있다. 그러나 다니엘은 선지자로서 영감을 받아서 이 이야기를 그의 책에 끼워 넣었기 때문에, 이 이야기는 성경의 일부가 되었고 대단히 기억할 만한 부분이 되었다. 느부갓네살은 무모하게도 세계의 주권을 놓고서 전능하신 하나님과 경쟁을 벌인 역사상의 그 어떤 인물과 비교해서도 결코 뒤지지 않는 인물이었다. 그러나 여기에서 그는 자기가 졌다는 것을 깨끗이 인정하고, 이스라엘의 하나님이 자기보다 위라는 사실을 제손으로 기록한다.

I. 그의 이야기에 대한 서문. 여기에서 그는 그에 대한 하나님의 지배권을 인정한다(1-3절). II. 이야기의 본론. 여기에서 그는 다음과 같은 것들에 대하여 얘기한다. 1. 주술사들을 당혹스럽게 만들었던 그의 꿈(3-18절). 2. 다니엘이 그의 꿈을 해석함. 여기에서 다니엘은 그 꿈이 그가 멸망할 것을 미리 알려주는 예지몽이라는 것을 알려주고서 그에게 회개하여 행실을 고치라고 권면한다(19-27절). 3. 그가 칠 년 동안 미쳐 있다가 다시 제정신으로 돌아옴으로써 이 꿈이 그대로 이루어짐(28-36절). 4. 하나님이 만유의 주(主)이시라는 것을 겸손하게 인정하고 경배하는 것으로 이야기를 마침(37절). 이 이야기는 모든 사람들의 마음을 그의 수중에 가지고 계신 하나님이 느부갓네살 왕을 압도하셔서 그로 하여금 토해내게 하신 이야기로서 하나님이 만유 위에 계시다는 것을 증언하는 영원한 증거, 하나님의 영광을 나타내 주는 기념비, 하나님의 승리를 보여주는 기념물, 하나님을 대적하여 높아지거나 완악해진 마음을 지닌 자들은 형통하리라고 생각하지 말아야 한다는 경고의 말씀으로 기록된 것이다.

¹느부갓네살 왕은 천하에 거주하는 모든 백성들과 나라들과 각 언어를 말하는 자들에게 조서를 내리노라 원하노니 너희에게 큰 평강이 있을지어다 ²지극히 높으신 하나님이 내게 행하신 이적과 놀라운 일을 내가 알게 하기를 즐겨 하노라 ³참으로 크도다 그의 이적이여, 참으로 능하도다 그의 놀라운 일이여, 그의 나라는 영원한 나

라요 그의 통치는 대대에 이르리로다

이 단락에는 다음과 같은 내용들이 나온다.

**I. 느부갓네살 왕이 내린 칙서나 포고문이나 조서에서 통상적으로 사용된 서문**(1절).   느부갓네살이 사용한 이 문체는 그 속에 자신을 돋보이게 하고 과시하기 위해서 과장하여 꾸며낸 표현이 전혀 없고 아주 평이하며 간결하고 꾸밈이 없이 소박하다: 느부갓네살 왕은 …. 그가 평소에는 자기를 과시하기 위하여 극히 과장되고 헛된 표현들을 그의 칭호 속에 사용하였다면, 어째서 지금 그는 그 모든 과장된 표현들을 다 버리게 되었던 것일까. 이것은 그가 나이가 많이 들었고, 오랫동안 미친 사람이 되었다가 최근에야 회복되는 일을 겪고나서 그동안의 고생으로 많이 낮아지고 자신을 부인하게 되어 이제는 하나님이 크시다는 것과 만유의 주가 되신다는 것을 진정으로 묵상하게 되었기 때문일 것이다. 이 조서는 단지 그의 신민(臣民)들만이 아니라 이 글을 읽게 될 모든 사람들을 대상으로 하고 있다: 천하에 거주하는 모든 백성들과 나라들과 각 언어를 말하는 자들. 왕은 이 조서가 그에게 불명예를 가져다 주는 한이 있더라도 (왕 자신이 이 조서를 공개하지 않았다면 그 누구도 감히 이 조서를 공표하지 못했을 것이기 때문에 다니엘은 지금 그 원본을 공개하고 있는 것이다) 모든 사람들이 이 조서를 듣게 되기를 원했을 뿐만 아니라, 각계각층의 모든 사람들이 이 조서에 주목하도록 엄히 명하고 당부한다. 이것은 모든 사람이 이 조서에 주의를 기울인다면 이 조서가 모든 사람들에게 유익을 가져다 줄 수 있을 것이기 때문이었다. 왕은 이 조서를 읽을 자들에게 통상적인 방식으로 인사를 한다. 너희에게 큰 평강이 있을지어다. 왕들은 한 나라의 아버지로서 그들의 신민들이 잘 되기를 기원하고 축복하는 것이 합당하다. 이것은 우리의 통상적인 인사말이기도 하다. 우리는 이 글을 읽는 모든 자들에게 평강이 있기를 기원하나이다, 또는 평강과 구원이 영원히 있기를 기원하나이다라고 인사말을 보낸다.

**II. 본론적인 내용.**   왕이 이 조서를 내린 것은 다음과 같은 이유에서였다.

1. 사람들에게 그와 관련된 하나님의 섭리들을 알게 하기 위해서(2절). 지극히 높으신 하나님(그는 참 하나님을 이렇게 부른다)이 내게 행하신 이적과 놀라운 일을 내가 알게 하기를 즐겨 하노라. 느부갓네살 왕은 미친 사람이 되었다가 다시 회복이 된 지금 하나님이 그동안 그를 어떻게 낮추셨다가 한참 후에 마침내 은

혜를 베푸셔서 어떻게 그를 회복시키셨는지를 온 세상에 널리 알리고 장래 세대를 위하여 기록해 두는 것이 합당하다(원어의 의미는 이것이다)고 생각하였다. 즉, 그는 그렇게 하는 것이 그에게 마땅한 의무요, 하나님과 이 세상에 대하여 그가 진 빚이라고 생각하였다. 물론, 모든 나라들이 느부갓네살 왕에게 일어난 일을 이미 들었을 것이고, 이 일은 온 세상에 알려져 있었을 것이다. 그러나 느부갓네살은 온 천하 사람들로 하여금 그의 일 속에서 하나님의 손길을 느끼고, 이 일을 통해서 그의 심령이 어떤 감화들을 받았는지를 알아서, 이 일을 단지 하나의 흥미거리가 아니라 신앙의 문제로 받아들이게 하기 위해서는 이 일을 자기가 직접 나서서 분명하게 설명할 필요가 있다고 생각하였다. 그에게 일어난 일들은 단지 세상 사람들을 깜짝 놀라게 만든 기이한 일로 그치는 것이 아니라, 여호와 하나님이야말로 모든 신들보다 더 크시다는 것을 온 천하 사람들에게 보여주고 가르쳐 준 표적이었다. 우리는 하나님이 우리에게 행하신 일들, 즉 우리가 어떠한 책망들을 받았고 어떤 은총들을 입었는지를 둘 다 다른 사람들에게 알려야 한다는 것을 명심하라. 그렇게 알리는 것이 여기에서의 느부갓네살의 경우처럼 우리 자신에게 불명예를 안겨줄 수 있다고 할지라도, 그것이 하나님께 영광이 된다면, 우리는 그것을 숨겨서는 안 된다. 많은 사람들이 하나님이 그들의 영혼을 위하여 행하신 일들 중에서 사람들에게 칭찬을 들을 만한 것들에 대해서는 아주 적극적으로 알리려고 하면서도, 그들에게 불명예가 될 만한 것들에 대해서는 알리려고 하지 않는다. 하지만 우리는 여기에서 이 강력한 군주가 행하고 있듯이 하나님이 베푸신 긍휼들을 찬송함을 통해서만이 아니라, 부끄러움을 무릅쓰고서 우리의 죄악들을 고백하고 그 죄악에 대한 하나님의 벌이 어떠하였는지를 낱낱이 알림으로써 하나님께 영광을 돌려야 한다.

2. 왕 자신이 그 섭리들로 인해 얼마나 깊은 감화와 깨달음을 얻었는지를 나타내 보이기 위해서(3절). 우리는 하나님의 말씀과 역사(役事)들을 전할 때에는 언제나 혼신의 힘을 쏟아서 진지하게 하여야 하고, 사람들에게 알리고자 하는 하나님의 크신 일들에 우리 자신이 얼마나 큰 감화를 입었는지를 나타내 보여야 한다.

(1) 왕은 하나님께서 행하신 일들을 찬양한다. 그는 그 일들이 놀라운 것이었다고 말한다. 참으로 크도다 그의 이적이여, 참으로 능하도다 그의 놀라운 일이

여. 느부갓네살은 지금 나이가 많이 들었고 40년이 넘게 제국을 통치해 왔기 때문에, 대부분의 노인들과 마찬가지로 이 세상에서 산전수전을 다 겪었다. 그런데도 그는 이제서야 겨우 하나님의 감동을 입어서 지금까지 일어난 놀라운 사건들이 하나님의 이적과 기사(奇事)들이었다는 것을 인정하며 찬양하게 된 것이었다. 하나님께서 행하신 일들이 참으로 크고 능하도다! 우리가 세상에서 일어나는 사건들을 여호와께서 행하신 일들로 보고서 그 일들 속에서 하나님의 권능과 지혜를 보게 될수록, 그 사건들은 우리의 눈에 더욱 기이하게 보이게 된다는 것을 명심하라(시 118:23; 66:2).

(2) 왕은 이러한 이적들과 기사들 속에서 하나님의 통치권을 추론해 낸다. 그가 마침내 동의하게 된 것은 이런 것이었다: 하나님의 나라는 영원한 나라여서, 그가 이미 오래 전에 꿈속에서 미리 보았을 뿐만 아니라 오랜 세월 동안 직접 보아 왔듯이 멸망을 향하여 치닫고 있는 그의 나라와는 본질적으로 다르다는 것. 그는 이제 세계를 다스리시는 하나님, 모든 인간사를 절대적으로 주관하시는 하나의 보편적인 통치권이 존재한다는 것을 인정한다. 그리고 그 통치권이 영원하다는 것은 이 나라의 영광이다. 왕들의 치세는 한 세대에 국한되어 있고, 왕조의 수명은 불과 몇 세대에 한정되어 있지만, 하나님의 통치는 대대에 이른다. 느부갓네살은 여기에서 다니엘이 미리 예언하였던 나라, 즉 하늘의 하나님이 세우실 영원히 망하지 아니할 나라(2:44)를 염두에 두고 있는 것으로 보인다. 본래 이 나라는 메시야의 나라를 가리키는 것이었지만, 느부갓네살은 하나님의 섭리 속에서 역사 속에 출현할 나라로 이해하였다. 이렇게 우리는 성경에 나오는 예언들의 의미를 온전히, 그리고 전적으로 올바르게 이해하지는 못한다고 하여도, 그 예언들을 우리의 삶에 구체적으로 적용하여 유익을 얻을 수 있다.

[4]나 느부갓네살이 내 집에 편히 있으며 내 궁에서 평강할 때에 [5]한 꿈을 꾸고 그로 말미암아 두려워하였으니 곧 내 침상에서 생각하는 것과 머리 속으로 받은 환상으로 말미암아 번민하였었노라 [6]이러므로 내가 명령을 내려 바벨론의 모든 지혜자들을 내 앞으로 불러다가 그 꿈의 해석을 내게 알게 하라 하였더라 [7]그 때에 박수와 술객과 갈대아 술사와 점쟁이가 들어왔으므로 내가 그 꿈을 그들에게 말하였으나 그들이 그 해석을 내게 알려 주지 못하였느니라 [8]그 후에 다니엘이 내 앞에 들어왔

으니 그는 내 신의 이름을 따라 벧드사살이라 이름한 자요 그의 안에는 거룩한 신들의 영이 있는 자라 내가 그에게 꿈을 말하여 이르되 9박수장 벨드사살아 네 안에는 거룩한 신들의 영이 있은즉 어떤 은밀한 것이라도 네게는 어려울 것이 없는 줄을 내가 아노니 내 꿈에 본 환상의 해석을 내게 말하라 10내가 침상에서 나의 머리 속으로 받은 환상이 이러하니라 내가 본즉 땅의 중앙에 한 나무가 있는 것을 보았는데 높이가 높더니 11그 나무가 자라서 견고하여지고 그 높이는 하늘에 닿았으니 그 모양이 땅 끝에서도 보이겠고 12그 잎사귀는 아름답고 그 열매는 많아서 만민의 먹을 것이 될 만하고 들짐승이 그 그늘에 있으며 공중에 나는 새는 그 가지에 깃들이고 육체를 가진 모든 것이 거기에서 먹을 것을 얻더라 13내가 침상에서 머리 속으로 받은 환상 가운데에 또 본즉 한 순찰자, 한 거룩한 자가 하늘에서 내려왔는데 14그가 소리 질러 이처럼 이르기를 그 나무를 베고 그 가지를 자르고 그 잎사귀를 떨고 그 열매를 헤치고 짐승들을 그 아래에서 떠나게 하고 새들을 그 가지에서 쫓아내라 15그러나 그 뿌리의 그루터기를 땅에 남겨 두고 쇠와 놋줄로 동이고 그것을 들풀 가운데에 두어라 그것이 하늘 이슬에 젖고 땅의 풀 가운데에서 짐승과 더불어 제 몫을 얻으리라 16또 그 마음은 변하여 사람의 마음 같지 아니하고 짐승의 마음을 받아 일곱 때를 지내리라 17이는 순찰자들의 명령대로요 거룩한 자들의 말대로이니 지극히 높으신 이가 사람의 나라를 다스리시며 자기의 뜻대로 그것을 누구에게든지 주시며 또 지극히 천한 자를 그 위에 세우시는 줄을 사람들이 알게 하려 함이라 하였느니라 18나 느부갓네살 왕이 이 꿈을 꾸었나니 너 벨드사살아 그 해석을 밝히 말하라 내 나라 모든 지혜자가 능히 내게 그 해석을 알게 하지 못하였으나 오직 너는 능히 하리니 이는 거룩한 신들의 영이 네 안에 있음이라

느부갓네살은 그의 교만 때문에 그에게 내려진 하나님의 심판을 말하기에 앞서서 그 심판이 있기 전에 경고를 받았었다는 것과 그가 그 경고를 존중하여 적절한 조치를 취하였다면 심판을 막을 수 있었을 것임을 설명한다. 그러나 하나님이 느부갓네살에게 이 심판이 임하기 전에 그 심판과 그 결과에 대하여 미리 말씀해 주신 것은 그 심판이 임하였을 때에 느부갓네살로 하여금 실제로 일어난 심판과 그 예언을 비교해 보고서 이 심판이 여호와께서 행하신 일이라는 것과 세상에는 하나님의 섭리만이 아니라 하나님의 계시도 존재한다는 것과 하나님의 역사(役事)들은 그의 말씀과 일치한다는 것을 알게 하기 위한

것이었다.

하나님이 장차 있을 일을 알려 주시기 위하여 주신 꿈에 대하여 이제 느부갓네살이 얘기하는 내용 속에서 우리는 다음과 같은 것들을 살펴볼 수 있다.

**I. 하나님의 경고가 그에게 임한 때**(4절). 이 경고는 그가 그의 집에 편히 있으며 그의 궁에서 평강할 때에 그에게 왔다. 그는 최근에 애굽을 정복함으로써 모든 전쟁을 다 끝내고 천하를 평정하여 패자(覇者)가 되었는데, 이 때가 대략 그의 재위 제34년 또는 제35년이었다(겔 29:17). 이 때에 그는 이 꿈을 꾸었고, 이 꿈은 일 년 후쯤에 실제로 이루어졌다. 그는 칠 년 동안 미쳐서 살다가 제정신으로 돌아온 후에 이 조서를 썼고, 그 후로 2년을 더 살다가 재위 제45년에 죽었다. 그는 정복 전쟁을 하느라 피로가 누적되어 있었고, 전쟁터에서 길고 위험한 전쟁을 무수히 치렀었다. 그러나 이제 그에게는 원수도 없고 재앙도 없었기 때문에 그는 그의 집에서 편히 쉬고 있었다. 사람들이 가장 편안한 때를 만나서 온갖 번영을 구가하며 편히 쉬고 있을 때에도 하나님은 아무리 큰 자들이라도 그의 두려움으로 두렵게 만드실 수 있으시다는 것을 명심하라.

**II. 이 경고가 그에게 미친 영향**(5절). 내가 한 꿈을 꾸고 그로 말미암아 두려워하였다. 느부갓네살 왕은 어릴 적부터 전쟁터에서 크다시피하였고 전쟁의 온갖 위험들을 눈 하나 깜짝 하지 않고 정면으로 맞서온 인물이라서, 우리는 그가 어떤 일을 만나도 결코 겁을 집어먹지 않을 것이라고 생각하게 된다. 그렇지만 하나님은 마음만 먹으신다면 꿈 하나로도 그를 공포에 떨게 하실 수 있으시다. 그의 침상은 두말 할 것도 없이 부드럽고 편안하며 잘 보호를 받고 있었지만, 그는 그의 침상에서 그가 스스로 생각한 것과 머리 속으로 받은 환상, 즉 자신의 상상력으로 만들어 낸 것으로 말미암아 번민하였다. 사람들이 그들의 영혼에게 평안히 쉬고 먹고 마시고 즐거워하자고 말할지라도, 하나님은 아무리 큰 자들이라도 불안하게 만드실 수 있으시다는 것을 명심하라. 하나님은 천하를 시끄럽게 하고 무수한 사람들을 괴롭혀 온 자들이 자기 자신을 시끄럽게 하고 괴롭히도록 만드실 수 있으시고, 용사들의 두려움이 되었던 자들이 스스로 공포에 사로잡히게 만드실 수 있으시다. 느부갓네살은 이 꿈이 그를 크게 놀라게 하고 그에게 특별한 인상을 남기자 평범한 꿈이 아니라 하나님이 특별한 목적으로 보내신 꿈이라는 것을 알아차렸다.

**III. 그가 갈대아의 박수와 술객들을 불러서 이 꿈의 의미를 물었지만 별 소

**용이 없었음.**   그는 지난 번에 꾸었던 꿈(2장)과는 달리 그 꿈의 내용을 잊지 않았다. 그는 그가 꾼 꿈의 내용을 다 기억하고 있었지만, 그 꿈에 대한 해석, 즉 그 꿈이 어떤 사건을 예지해 주고 있는지를 알고자 하였다(6절). 그는 주술이나 점술을 통해서, 또는 짐승들의 내장이나 별들을 살펴서 장래의 일을 예측할 수 있는 체하는 우매한 자들이었던 바벨론의 모든 지혜자들을 불러들이라고 즉시 명령하였고, 그들은 함께 머리를 짜내서 그의 꿈을 해석해 내기 위하여 모두 모여들었다. 이 지혜자들은 평소에도 비슷한 경우에 종종 그들의 술법을 사용해서 그의 물음들에 대답하여 왕을 만족시키고 기쁘게 해주었을 것이다 — 그들의 대답이 옳은 것이었는지 틀린 것이었는지와는 상관없이. 그러나 이번에는 그들에 대한 그의 기대는 여지없이 무너졌다. 그들은 전에 꿈의 내용을 알려주기만 한다면 틀림없이 그 꿈을 해석해 드릴 수 있다고 큰소리쳤던 것과는 달리(2:4, 7), 그가 그 꿈을 그들에게 말하였으나, 그들은 그 해석을 그에게 알려주지 못하였다(7절). 이 꿈을 푸는 열쇠는 앗수르 사람(여기에서는 느부갓네살)을 그 교만으로 인해서 베어진 나무에 비유한 하나님의 예언 속에 있었다(겔 31:3 이하). 바벨론의 지혜자들은 이 예언이 들어 있는 책을 연구한 적도 없었고 알지도 못하였다. 만약 그들이 그 책을 연구했더라면, 그들은 이 꿈의 비밀을 풀 수 있었을 것이다. 그들이 먼저 와서 이 꿈 얘기를 듣고서 해석해 내지 못한 것은 다니엘이 나중에 와서 그 꿈을 해석해 냄으로써 다니엘의 하나님이 영광을 받으시도록 하기 위한 섭리였다. 바벨론의 멸망이 가까이 다가왔는데도 이 나라의 무수한 주문과 낳은 주술들, 박수와 술사들이 그 어떤 역할도 할 수 없었던 것은 이사야의 예언이 성취된 것이었다(사 47:12-13).

　**IV. 그가 다니엘을 불러들여서 그의 꿈을 해석하게 함.**   그 후에 다니엘이 내 앞에 들어왔다(8절). 다니엘이 다른 지혜자들과 행동을 같이 하지 않은 것은 바벨론의 지혜자들이 악했기 때문에 다니엘이 그들과 어울리지 않았거나, 다니엘이 선했기 때문에 그들이 다니엘과 어울리기를 싫어하였기 때문일 것이다. 또는, 느부갓네살 왕은 할 수만 있다면 다니엘보다는 자신의 박수와 술객들이 그의 꿈을 해석해 내는 영광을 얻을 수 있기를 바란 것일 수도 있다. 또는, 다니엘은 지혜자들을 통솔하는 어른이었기 때문에(2:48) 관례에 따라 가장 마지막으로 왕의 하문(下問)을 받은 것일 수 있다. 하나님의 말씀을 자신의 마지막 피난처로 삼아서, 다른 모든 수단들이 다 막힐 때까지는 결코 하나님의 말씀을 의지하지 않는 자들이 많다. 느부갓네살은 다니엘을 소개하면서 극찬을 아끼지 않고, 그의 이름을 자기가 직접 지어준 것을 아주 자랑스럽게 여기며, 그 이름이 아주 좋은 이름임을 강조한다: "그는 내 신의 이름인 벨을 따라 벨드사살이라 이름한 자였다." 느부갓네살은 다니엘이 지닌 보기 드문 천부적인 재능을 칭찬한다: "그의 안에는 거룩한 신들의 영이 있는 자라." 왕은 다니엘의 면전에서도 이 말을 그대로 한다(9절). 다니엘은 이 말을 듣고서 기고만장하기는커녕, 그가 이스라엘의 하나님, 유일하게 살아 계시고 참되신 하나님으로부터 은사로 받은 것이 느부갓네살의 쓰레기 같은 신의 덕분으로 돌려지는 것에 대하여 몹시 가슴 아파하였을 것이다. 느부갓네살 속에도, 뭔가를 깨닫긴 하였지만 부패한 심성을 그대로 지니고 있는 자들 속에서 흔히 발견되는 괴상하고 혼잡스러운 것들이 어김없이 존재해 있었다.

1. 우상 숭배에 사용되던 언어와 특별한 표현들을 여전히 사용하고 있는 것으로 보아서, 그는 진정으로 회심하여 살아 계신 하나님을 믿고 예배하게 되었다고 할 수 없다. 그는 우상 숭배자였고, 그의 언어가 그것을 보여준다. 왜냐하면, 그는 많은 신들에 대하여 말하고 있고, 모든 것이 충족하신 한 분 하나님으로 충분하다는 것을 인정하고 있지 않기 때문이다. 어떤 이들은 그가 거룩한 신들의 영이라고 말한 것은 이 세상에는 사람들에게 해코지를 하는 악신들도 있고(사람들은 해코지를 당하지 않기 위해서 이 악한 영들을 섬긴다) 사람들에게 좋은 일을 베풀어 주는 신들도 있는데 다니엘은 바로 이 후자의 거룩한 신들의 영을 받은 것이라고 생각하고 있음을 보여준다고 생각한다. 또한, 그는 비록 여러 차례 이스라엘의 하나님이 모든 신들의 신이라는 것을 인정하긴 했지만(2:47; 3:29) 여전히 벨이 그가 섬기는 신이라는 것을 고백한다. 또한, 그는 다니엘을 하나님의 종이 아니라 박수장으로 칭찬하고 있는데(9절), 이것은 그가 다니엘의 지식이 다른 박수들의 지식과 다르기는 하지만 그 차이는 질적인 것이 아니라 양적인 것이라고 생각하고 있음을 보여주는 것이다. 그는 다니엘을 선지자로 대한 것이 아니라, 주술의 대가들이 모두 그의 꿈을 해석하지 못해서 궁지에 몰리게 되었을 때에 주술가들의 위신을 세우기 위해서 애쓰는 명망 높은 박수(마술사)로 대하였다. 우상 숭배가 느부갓네살의 삶 속에 얼마나 깊이 자리잡고 있었는지를 보라. 그는 다신론 사상에 젖어 있었고 벨(Bel)을 자신의 신으로 택하여 살아 왔기 때문에, 비록 다신론과, 벨이라는 우상을 신으로 선

택하여 섬기는 것이 완전히 잘못되었다는 것이 여러 차례 의심할 여지 없이 그에게 보여졌는데도, 그는 이 두 가지를 버릴 수가 없었다. 그는 다른 이교도들과 마찬가지로 자기가 섬기는 신이 결코 신이 아닌데도 불구하고 자신의 신을 바꾸고자 하지 않았다(렘 2:11). 많은 사람들이 자기가 선택한 길이 잘못된 길임을 알면서도 지금 와서 그 길을 떠난다면 체면이 안 선다고 생각해서 계속해서 그 길을 간다. 그가 얻은 깨달음이라는 것이 그의 마음속에 자리잡기가 얼마나 힘든 것이었고, 얼마나 쉽게 그의 마음에서 떨어져 나가 버렸는지를 보라. 그는 한때 이스라엘의 하나님을 모든 신들의 신이라고 불렀었지만(2:47), 이제 와서는 그 하나님을 그가 거룩한 신들이라 부르는 것들과 동일한 반열에 놓는다. 깨달음이 왔을 때에 신속하게 그대로 행하지 않으면, 백이면 백 그 깨달음은 얼마 가지 않아서 완전히 잊혀지고 망각되리라는 것을 명심하라. 느부갓네살은 참 하나님의 주권을 깨닫고 나서 거기에서 더 앞으로 나아가지를 못했기 때문에, 이내 도리어 뒤로 물러나서 거짓된 신들을 숭배했던 지난날의 습관으로 되돌아가 버리고 말았다.

2. 그는 다니엘을 참 하나님의 종으로 인정하며 높이 평가한다. 그는 다니엘을 그 어떤 박수도 가지고 있지 못한 통찰력과 예지력을 가진 인물로 여겼다. 어떤 은밀한 것이라도 네게는 어려울 것이 없는 줄을 내가 안다. 예언의 영은 점술의 영을 월등하게 능가하고, 원수들조차도 이 점을 인정하지 않을 수 없었다는 것을 명심하라. 왜냐하면, 여기에서 이러한 평가는 공정한 시합을 통해서 내려신 섯이기 때문이나.

**V. 그가 다니엘에게 그의 꿈을 자세하게 얘기해 줌.**

1. 그는 숲의 모든 나무들 위로 우뚝 솟아서 우람하고 무성하게 서 있는 한 나무를 보았다. 이 나무는 땅의 중앙에 심겨져 있었는데(10절), 이것은 당시에 알려져 있던 세계의 한복판이라 할 수 있는 바벨론에서 통치하고 있던 느부갓네살 왕을 나타내는 데에 잘 어울리는 표현이었다. 모든 나라의 왕들보다 뛰어난 그의 위엄은 이 나무의 높이, 즉 이 나무의 높이가 지극히 높았다는 말로 표현되고 있다. 이 나무의 높이는 하늘에 닿았다. 그는 모든 사람들 위로 우뚝 솟아서 신적인 위엄을 넘보았다. 또한, 그가 강력한 군대를 이끌고 모든 사람들을 호령하며 압도했다는 것이 이 나무가 지닌 힘으로 표현되고 있다: 그 나무가 자라서 견고하여졌다. 날로 강성해지는 느부갓네살에 관한 이야기는 열방에 널

리 회자되었고, 세상 사람들의 눈은 그를 주시하고 있었기 때문에(일부는 시기하는 눈으로, 일부는 놀라는 눈으로), 본문에서는 이 나무의 모양이 땅 끝에서도 보였다고 말한다. 이 나무는 눈으로 보기에 아름답고 먹기에도 좋은 온갖 것들을 다 갖추고 있었다(12절). 그 잎사귀는 아름다웠는데, 이것은 느부갓네살의 궁전이 지닌 화려함과 휘황찬란함을 나타내는 것으로서 타국인들에게는 경이로운 것이었고 그의 신민들에게는 영광스러운 것이었다. 이 나무는 단지 보기에 아름다우며 거대하고 웅장한 모습을 지니고 있었을 뿐만 아니라, 모든 이들에게 다음과 같은 유익을 끼쳤다.

(1) 보호막이 되어 줌. 이 나무의 가지들은 짐승들과 새들에게 피난처가 되어 주었다. 왕들은 그들의 신민들을 더위와 풍우로부터 지켜 주는 보호막이 되어야 하고, 신민들을 안전하게 보호하기 위하여 위험을 무릅써야 하며, 어떻게 하면 신민들을 안전하고 편안하게 해줄 수 있을까를 애를 써서 궁리하여야 한다. 가시나무는 나무들에게 자기를 왕으로 삼고자 한다면 자기에게로 와서 그의 그늘에 피하라고 청한다(삿 9:15). 보호막이 되어 주어야 충성을 이끌어 낼 수 있는 법이다. 세상의 왕들은 그들의 백성들에게 단지 큰 나무 그늘일 뿐이지만, 그리스도께서는 그의 백성들에게 큰 바위 그늘과 같으시다(사 32:2). 아니, 큰 바위는 견고하기는 하지만 차가울 수 있기 때문에, 하나님은 자기 백성을 그의 날개 그늘 아래에 감추셔서(시 17:8) 안전할 뿐만 아니라 따뜻하게 지켜주실 것이라고 말씀하신다.

(2) 모든 쓸 것을 공급해 줌. 앗수르 사람은 오직 그늘만을 제공해 줄 수 있는 백향목에 비유되었지만(겔 31:6), 여기에 나오는 이 나무는 그 열매가 많아서 만민의 먹을 것이 될 만하였고, 육체를 가진 모든 것이 거기에서 먹을 것을 얻었다. 이러한 표현을 보건대, 이 강력한 군주는 힘 있고 위대했을 뿐만 아니라 선정을 베풀기까지 하였던 것으로 보인다. 그는 그의 제국을 빈곤하게 한 것이 아니라 부하게 하였고, 그의 권력과 영향력을 사용해서 그의 제국에 부를 가져다 주었다. 권력을 행사하는 집권자들은 은인이라 불리기를 좋아했는데(눅 22:25), 그들이 자신의 권세를 유지하기 위하여 취할 수 있는 가장 효과적인 방법은 진정으로 백성들에게 은인이 되는 것이다. 큰 자들이 자기가 지닌 부와 권세로 이룰 수 있는 최고의 것이 무엇인지를 보라. 그것은 수많은 사람들이 그들 덕분에 잘 먹고 잘 살게 되었다고 고마워하는 명예를 얻는 것이다. 왜냐

하면, 재산이 많아지면 먹는 자들도 많아지는 법이기 때문이다.

2. 그는 이 나무의 운명이 선고되는 것을 들었다. 그는 이것을 잘 기억해 두었다가, 여기에서 자기가 들은 그대로 한 마디도 빠짐이 없이 다 기록하였다. 이 나무에 대한 선고는 한 천사에 의해서 이루어졌는데, 느부갓네살 왕은 하늘에서 천사가 내려오는 것을 보았고, 이 천사가 큰 소리로 이러한 선고를 하는 것을 들었다. 이 천사는 여기에서 순찰자 또는 파수꾼이라 불리고 있는데, 이것은 천사들은 본질적으로 영들이어서 졸거나 자지 않기 때문만이 아니라 섬기는 영들로서 그들의 크신 주(主)를 섬길 기회가 있는지를 살피며 끊임없이 그들의 관할 구역을 순찰하기 때문이다. 그들은 순찰자 또는 파수꾼으로서 하나님을 경외하는 자들의 주변을 지키다가 그들을 건져주고 손으로 그들을 붙들어 준다. 이 천사는 사자(使者) 또는 대사(어떤 이들은 이렇게 읽는다)이자 거룩한 자였다. 거룩함은 주의 집에 합당하다(시 93:5). 그러므로 하나님을 모시면서 시중을 드는 천사들은 거룩한 자들이다. 천사들은 그들의 본성의 순전함과 올곧음을 그대로 간직하고 있어서 모든 일에서 하나님의 뜻을 그대로 받들어 시행할 수 있다. 그러면, 이 나무에 대하여 선고된 운명이 어떤 것인지를 살펴보자.

(1) 이 나무를 베라는 명령이 내려짐(14절). 이제 도끼가 이 나무의 **뿌리에** 놓였다. 이 나무가 아무리 높고 견고하여도, 그런 것은 베일 날이 왔을 때에 이 나무를 지켜줄 수 없다. 이 나무와 그 가지들을 피난처로 삼았던 짐승들과 새들은 쫓겨나서 흩어질 것이다. 가지들은 잘라지고, 잎사귀들은 떨어지며, 열매는 헤쳐질 것이나. 세상에서의 힁동이 극에 달할 때에 그것은 아주 불안정한 것임을 명심하라. 세상에서 지극히 큰 부귀영화와 권세를 누리며 살던 자들이 그들이 그토록 의지하고 자랑하던 그 모든 것들을 다 빼앗긴 채 빈털터리가 되어 버리는 것은 드문 일이 아니다. 섭리가 변하면, 상전으로 떵떵거리던 자들이 하인이 되고, 돈을 물 쓰듯이 하며 부족함을 모르고 살던 자들이 곤궁해져서 끼니를 걱정하게 되며, 한때 수많은 사람들의 생계를 좌지우지하는 위치에 있어서 많은 사람들이 그 앞에서 굽신거렸던 자들이 이제는 도리어 남의 신세를 지는 처지가 된다. 그러나 여호와의 집에 심겨져서 그를 위하여 열매를 맺는 의의 나무들은 베임을 당하지 않을 것이고, 그 잎사귀들은 시들지 않을 것이다.

(2) 뿌리는 남겨두라는 지시가 덧붙여짐(15절). "그 뿌리의 그루터기를 땅에 남겨 두고 온갖 풍상(風霜)을 겪게 하라. 그 뿌리가 땅 속에 묻히고 그 그루터기

가 잡목들에 가려 누구에게도 보이지 않는 상태로 두어라. 이전에 그 가지들 아래에 몸을 피하였던 짐승들이 이제는 그 그루터기 위에서 쉬게 하라. 그러나 짐승들이나 새들이 그 그루터기를 파헤치거나 밟아서 산산조각이 나지 않도록 하고, 그 그루터기가 더 좋은 날들을 위해 보존되고 있다는 것을 보여주기 위하여, 그 그루터기를 쇠와 놋줄로 동여서 확실하게 지키라." 하나님은 심판을 행하시는 가운데서도 긍휼을 베푸시는 것을 잊지 않으시고, 거의 버림 받은 처지에 있는 것 같아 보이는 자들을 위해서도 선한 일들을 준비해 나가신다는 것을 명심하라. 나무는 희망이 있나니 찍힐지라도 다시 싹이 터서 물 기운에 움이 돋는다(욥 14:7-9).

(3) 이 선고의 의미가 천사 자신에 의해서 느부갓네살에게 설명됨(16절). 이 나무로 상징된 자가 누구이든, 그는 인간으로서의 존엄성과 이성을 박탈당한 채로 일곱 때가 지날 때까지 짐승처럼 살게 될 것이라는 선고를 받는다. 그가 짐승의 마음을 받으리라. 이것은 분명히 이 세상에서 받는 심판들 중에서 가장 슬프고 혹독한 심판으로서 죽는 것보다 천 배는 더 심한 심판이다. 이 심판은 실제로 이 심판을 당하는 자들은 그 실상을 잘 느끼지 못한다고 하더라도 다른 어떤 심판보다도 더 무시무시한 것으로서 제발 이런 심판만은 내리지 말아 주시라고 빌어야 할 그런 심판이다. 이것을 볼 때, 우리는 하나님이 우리에게 어떠한 외적인 환난을 주신다고 하여도, 우리가 계속해서 제정신으로 행하고 양심의 평안을 누릴 수 있게 해주시는 것을 감사하며, 그 환난을 인내로써 잘 감당하는 것이 마땅하다. 그러나 그들의 마음이 하나님의 마음 같은 체한 저 교만한 폭군들은 사람의 마음을 빼앗기고 짐승의 마음을 받는 것이 마땅한 일일 것이다(겔 28:2).

(4) 이 선고가 참이라는 것을 재확인해 줌(17절). 이는 순찰자들의 명령대로요 거룩한 자들의 말대로이다. 하나님은 의로우신 재판장으로서 이것을 결정하셨고 이 조서(詔書)에 서명하셨다. 하나님의 영원하신 모략에 따라서 이 일이 작정되었다.

[1] 하늘의 천사들은 이 일에 동의하고 찬성한다는 뜻으로 이 조서에 서명하였다. 이 일은 순찰자들의 명령대로 되는 일이다. 크신 하나님은 그가 결정하시거나 행하시는 일에 있어서 천사들의 모략이나 동의를 필요로 하지 않으시지만, 그의 모략들을 집행하심에 있어서 천사들의 사역을 사용하시는 것과 마찬

가지로, 종종 사람의 방식대로 천사들에게 조언을 구하는 모습으로 표현된다: 내가 누구를 보낼꼬(사 6:8). 누가 아합을 꾀어 죽게 할꼬(왕상 22:20). 따라서 이 것은 이 선고의 엄숙성을 나타내는 것이다. 왕이 발부하는 영장(令狀)은 왕의 서명으로 발부되지만, 헌장(憲章)들은 아래에 그 이름이 있는 자들 앞에서 서명되어야 했다. 느부갓네살의 운명도 마찬가지로 중요한 사안이어서 하나님의 작정하심과 순찰자들의 서명으로 이루어졌다.

[2] 땅에 있는 성도들도 하늘의 천사들과 마찬가지로 이 일을 청원하였다. 이는 거룩한 자들의 말대로이다. 느부갓네살의 폭정이라는 무거운 멍에 아래에서 오랫동안 신음하여 왔던 하나님의 고난 받는 백성들은 원수를 갚아 달라고 하나님께 부르짖었다. 그들이 이렇게 간절하게 청하자, 하나님은 그들의 청에 응답하셨다. 왜냐하면, 학대 받는 자들이 부르짖으면 하나님은 들으시기 때문이다 (출 22:27). 아합의 때에는 엘리야가 이스라엘을 고발하여 중보기도를 하였을 때에 하나님은 그의 기도에 응답하셔서 엘리야의 말 한 마디에 이스라엘에 비가 내리지 않게 하셨다(왕상 17:1).

(5) 이 선고의 의도를 밝힘. 이 나무를 베라는 명령이 내려진 것은 지극히 높으신 이가 사람의 나라를 다스리시는 줄을 사람들이 알게 하려는 것이었다. 진실로 땅에서 심판하시는 하나님, 세상을 다스리시는 하나님, 세상 속에 자신의 나라를 가지고 계셔서 그 나라의 일들을 이루어 나가실 뿐만 아니라 사람들의 나라를 다스리시고 그 통치권을 자기 뜻대로 누구에게든지 주시는 하나님이 계시다는 것을 별 생각도 없고 믿음도 없는 세상 사람들에게 깨우쳐 주기 위헤서는 이 심판이 집행되지 않으면 안 되었다. 무릇 높이는 일이 동쪽에서나 서쪽에서 말미암지 아니하며 남쪽에서도 말미암지 아니하고 오직 재판장이신 하나님이 이를 낮추시고 저를 높이시느니라(시 75:6-7). 하나님은 권력과 통치권을 거의 기대하지 않고 있던 자들에게 하사하시고, 권력에 대하여 야망이 있고 동경하는 자들의 계획들을 좌절시키신다. 종종 하나님은 지극히 천한 자들을 세우셔서 그들을 통하여 그의 목적을 이루시기 때문에, 양 떼를 키우고 있던 다윗 같은 보잘것없는 자들을 들어서 사용하셨다. 그는 가난한 자들을 먼지 더미에서 일으키셔서 지도자들로 세우신다(시 113:7-8). 아니, 하나님은 종종 악한 자들을 왕으로 세우셔서 하나님을 진노하게 한 백성을 치는 채찍으로 삼으신다. 이렇게 하나님은 자기가 하시는 일에 대하여 설명하지 않으실 수 있으시고, 설명하지 않으셔도 되

며, 또한 흔히 설명하지 않으신다. 하나님이 느부갓네살을 낮추시는 것은 산 자들로 하여금 이것을 알게 하시기 위한 것이었다. 죽은 자들, 즉 영들의 세계, 응보의 세계로 이미 가 있는 자들은 이것을 알고 있다. 그들은 지극히 높으신 이가 다스리신다는 사실을 잘 안다. 그러나 산 자들은 때가 늦기 전에 하나님과 화해하기 위해서는 이 사실을 알아야 하고 가슴에 새겨야 한다.

느부갓네살은 이렇게 꿈속에서 그가 보고 들은 것을 아주 자세하고 충실하게 얘기한 후에, 다니엘에게 그 꿈을 해석해 줄 것을 요구한다(18절). 왜냐하면, 왕은 그 누구도 그 꿈을 해석할 수 없다는 것을 이미 확인하였지만, 다니엘 안에는 거룩한 신들의 영 또는 정확히 얘기하면 거룩한 하나님(이스라엘의 하나님을 가리키는 올바른 칭호)의 영이 있어서 그 꿈을 해석할 수 있을 것이라고 확신하였기 때문이다. 우리는 거룩한 하나님의 영이 그 속에 있는 자들로부터는 많은 것을 기대할 수 있다. 이 꿈속에서 보여진 것이 그의 운명이라는 것을 느부갓네살이 이미 알고 경계심을 갖고 있었는지는 본문에 나오지 않지만, 아마도 그는 자만심이 강하였고 안일한 상태에 있었기 때문에 이 꿈이 그와 경쟁 관계에 있는 어떤 다른 왕에 대한 것이고, 신들이 그를 기쁘게 해주기 위해서 그 왕이 몰락할 것을 그의 꿈에서 보여준 것이라고 생각하였을 것이다. 그러나 이 꿈이 길조이든 흉조이든, 그는 이 꿈의 진짜 의미를 몹시 알고 싶어하였기 때문에, 다니엘에게 잔뜩 기대를 걸고 있었다. 하나님이 우리에게 그의 심판에 대하여 일반적인 경고를 주실 때, 우리는 그 심판을 내리시고자 하시는 하나님의 뜻을 깨닫고자 하여 성읍을 향하여 외쳐 부르시는 여호와의 음성에 귀를 기울여야 한다.

[19]벨드사살이라 이름한 다니엘이 한동안 놀라며 마음으로 번민하는지라 왕이 그에게 말하여 이르기를 벨드사살아 너는 이 꿈과 그 해석으로 말미암아 번민할 것이 아니니라 벨드사살이 대답하여 이르되 내 주여 그 꿈은 왕을 미워하는 자에게 응하며 그 해석은 왕의 대적에게 응하기를 원하나이다 [20]왕께서 보신 그 나무가 자라서 견고하여지고 그 높이는 하늘에 닿았으니 땅 끝에서도 보이겠고 [21]그 잎사귀는 아름답고 그 열매는 많아서 만민의 먹을 것이 될 만하고 들짐승은 그 아래에 살며 공중에 나는 새는 그 가지에 깃들었나이다 [22]왕이여 이 나무는 곧 왕이시라 이는 왕이 자라서 견고하여지고 창대하사 하늘에 닿으시며 권세는 땅 끝까지 미치심이니

이다 [23]왕이 보신즉 한 순찰자, 한 거룩한 자가 하늘에서 내려와서 이르기를 그 나무를 베어 없애라 그러나 그 뿌리의 그루터기는 땅에 남겨 두고 쇠와 놋줄로 동이고 그것을 들 풀 가운데에 두라 그것이 하늘 이슬에 젖고 또 들짐승들과 더불어 제 몫을 얻으며 일곱 때를 지내리라 하였나이다 [24]왕이여 그 해석은 이러하나이다 곧 지극히 높으신 이가 명령하신 것이 내 주 왕에게 미칠 것이라 [25]왕이 사람에게서 쫓겨나서 들짐승과 함께 살며 소처럼 풀을 먹으며 하늘 이슬에 젖을 것이요 이와 같이 일곱 때를 지낼 것이라 그 때에 지극히 높으신 이가 사람의 나라를 다스리시며 자기의 뜻대로 그것을 누구에게든지 주시는 줄을 아시리이다 [26]또 그들이 그 나무 뿌리의 그루터기를 남겨 두라 하였은즉 하나님이 다스리시는 줄을 왕이 깨달은 후에야 왕의 나라가 견고하리이다 [27]그런즉 왕이여 내가 아뢰는 것을 받으시고 공의를 행함으로 죄를 사하고 가난한 자를 긍휼히 여김으로 죄악을 사하소서 그리하시면 왕의 평안함이 혹시 장구하리이다 하니라

이 단락에는 느부갓네살이 꾼 꿈에 대한 해석이 나온다. 일단 이 꿈이 느부갓네살에 대한 것이고, 바로 그가 꿈속에 나오는 나무라는 것이 밝혀져서 (주인공의 이름만 바꾸면 우화는 바로 당신에 대한 이야기가 된다) 당신이 그 사람이라는 말이 떨어지자, 이 꿈을 해석함에 있어서 더 이상의 말은 필요없게 된다. 그는 꿈을 얘기하면서 자신의 입으로 말한 대로 심판을 받을 것이기 때문에, 그의 운명이 어떻게 될 것이지는 이미 스스로 결정한 것이다. 상황은 너무나 분명했기 때문에, 다니엘은 그 꿈 얘기를 들으면서 힌동안 놀라며 번민하였다 (19절). 다니엘은 이토록 위대한 왕에게 이토록 큰 심판이 내리리라고는 생각하지 못했기 때문에 놀라움과 공포에 사로잡혔다: 내 육체가 주를 두려워함으로 떨며 내가 또 주의 심판을 두려워하나이다(시 119:120). 또한, 다니엘은 자기는 왕으로부터 이제까지 무수한 은총을 입어 온 몸인데 다른 사람이 아니라 바로 자기가 이와 같은 흉한 일을 왕에게 전해야 한다고 생각하니 몹시 곤혹스러워서 정신이 아득해졌다. 다니엘은 재앙의 날을 결코 원하지 않았기 때문에 그런 날을 생각하는 것만으로도 두렵고 괴로웠다. 죄인이 이미 망한 것을 본 자들은 그 죄인이 재앙을 당한 날을 보고서 깜짝 놀랄 것이지만, 그 재앙의 날을 미리 앞서서 본 자들(여기에서의 다니엘처럼)도 깜짝 놀라기는 마찬가지였다(욥 18:20).

**I. 다니엘이 신하로서 해석에 앞서서 왕에게 정중한 예를 갖추어 인사말을 함.** 느부갓네살 왕은 다니엘이 깜짝 놀라서 멍 하니 서 있는 것을 보고, 그가 자신의 심기를 거스르지 않기 위해서 말하기를 꺼려하는 것이라고 생각해서, 허심탄회하게 자기에게 말해 달라고 격려하였다. 너는 이 꿈과 그 해석으로 말미암아 번민할 것이 아니니라. 그가 이렇게 말한 이유는 다음 두 가지 중의 하나였을 것이다.

1. 그가 진실을 알고자 간절히 원하였기 때문에. 하나님의 말씀을 구하는 자들은 그 말씀이 그들에게 유리하든지 불리하든지를 상관하지 말고 있는 그대로 말씀을 받을 준비가 되어 있어야 하고, 사역자들에게도 하나님의 말씀을 허심탄회하게 전할 수 있는 여건을 만들어 주어야 한다는 것을 명심하라.

2. 그가 진리를 멸시하고 도전하는 자였기 때문에. 그가 나중에 하나님의 이러한 경고를 완전히 무시하는 행동을 한 것을 보면, 우리는 이것이 그가 한 말의 의도였을 것이라고 생각하게 된다. "다니엘아, 네가 무슨 말을 해도 나는 아무렇지도 않을 것이고 마음에 새겨 두지도 않을 것이니, 괜히 고민하지 말라." 그러나 왕은 이 꿈이 자기 자신에 대하여 어떤 말을 하고 있든 그런 것에 전혀 신경을 쓰지 않았을지 몰라도, 다니엘은 이 일에 신경이 쓰였기 때문에 이렇게 말한다. "그 꿈은 왕을 미워하는 자에게 응하기를 원하나이다. 이 흉조가 왕의 머리가 아니라 왕의 대적들의 머리로 돌아가기를 내가 원하나이다." 느부갓네살은 우상 숭배자였고 하나님의 백성을 박해하고 압제하는 자였지만, 어쨌든 현재로서는 다니엘의 주군이었다. 그러므로 다니엘은 왕에게 불길한 일이 닥칠 것을 내다보고 이제 그 예언을 시작하려 하긴 하지만, 왕에게 불길한 일이 일어나지 않기를 바라는 마음을 표현한다.

**II. 다니엘의 해석 자체는 꿈의 내용을 왕에게 적용해서 그대로 반복한 것이었음.** "왕이여, 왕께서 보신 그 무성한 나무는 곧 왕이시라(20-22절)." 왕은 전에 왕은 곧 그 금 머리니이다(2:38)라는 말을 들었을 때처럼 지금도 이후에 뒤따라 나오는 말이 아니라면 이 말을 흡족한 마음으로 들었을 것이다. 다니엘은 왕의 꿈속에 보여진 것들을 통해서 왕의 현재의 형통한 모습을 설명해 준다. "왕이 창대하사 그 위대함이 인간으로서 도달할 수 있는 한계 내에서는 최고로 하늘에 닿으셨고, 왕의 권세는 땅 끝까지 미치셨나이다(2:37-38). 이제 나무에게 내려진 선고는 지극히 높으신 이가 명령하신 것으로서 내 주 왕에게 미칠 것이라

(23-24절).” 느부갓네살 왕은 폐위될 뿐만 아니라, 사람들에게서 쫓겨나서 이성을 박탈당하고 짐승의 마음을 지닌 채로 들짐승과 함께 거처하며 먹게 될 것이다. 그는 소처럼 풀을 먹으며, 비가 오나 눈이 오나 항상 바깥에 있어서 하늘 이슬에 젖을 것인데, 이와 같이 일곱 때, 즉 칠 년을 지낼 것이다. 그런 후에야 왕은 지극히 높으신 이가 다스리신다는 것을 알게 될 것이고, 이 사실을 알고 시인하게 되었을 때에 다시 왕으로 복위될 것이다(26절). “하나님(또는, 하늘)이 다스리시는 줄을 왕이 깨달은 후에야, 왕의 나라가 견고하겠고, 땅 속의 그 나무뿌리의 그루터기처럼 견고할 것이며, 왕께서 그 나라를 다시 갖게 되실 것이나이다.” 하나님은 여기에서 하늘로 표현되고 있는데, 이것은 하나님이 하늘에 그의 보좌를 세우시고(시 103:19) 거기에서 모든 인생을 살피시기 때문이다(시 33:13). 하늘은 여호와의 하늘이라도 땅은 사람에게 주셨도다(시 115:16). 눈에 보이는 하늘이 이 땅에 대하여 갖고 있는 영향력은 하늘의 하나님이 이 아랫 세상에 대하여 갖고 계시는 통치권을 희미하게 보여주기 위한 것이다. 탕자의 비유에서, 탕자는 내가 하늘에 죄를 지었다고 말한다(눅 15:18). 우리가 우리와 우리가 가진 모든 것에 대한 하나님의 소유권과 통치권을 인정할 때에만, 우리는 우리 자신과 다른 사람들에 대한 우리의 권리와 통치권을 편하게 행사할 수 있다는 것을 명심하라.

**Ⅲ. 다니엘이 꿈에 대한 해석을 마치면서 선지자로서 왕에게 경건한 권면을 줌**(27절). 왕이 꿈에 대한 해석에 관심을 보였든지 안 보였든지와는 상관없이, 다니엘이 준 권면의 말씀은 아주 적절한 것이었다. 왜냐하면, 그 권면은 왕이 별 생각 없이 해석을 듣고 있었다면 그를 일깨워 주는 것이 되었을 것이고, 왕이 이 해석을 듣고 괴로워하고 있었다면 그를 위로해 주는 것이 되었을 것이기 때문이다. 다니엘의 권면은 왕이 꾼 꿈 및 그 해석과 모순되는 것이 아니었다. 왜냐하면, 다니엘은 이 예언이 니느웨의 멸망에 관한 예언과 마찬가지로 조건부 예언이라는 것을 알았기 때문이다. 좀 더 살펴보자.

1. 다니엘은 얼마나 겸손하고 사랑과 존경심이 넘치는 태도로 권면을 하였는가. “왕이여 내가 아뢰는 것을 받으소서. 이 권면을 사랑과 선의에서 나온 것으로 좋게 여기시고 오해하지 마옵소서.” 죄인들에게 권면할 때에는 그 권면이 그들에게 유익이 된다는 점을 강조하고, 그들을 존중하는 가운데 그들 자신에게 좋은 일을 행하라고 간곡히 부탁하여야 한다는 것을 명심하라. 사도 바울은

형제들에게 자기가 권면의 말을 하는 것을 용납하라고 간곡히 부탁한다(히 13:22). 우리가 사람들로 하여금 우리의 선한 권면을 기분 좋게 받아들일 수 있도록 설득할 수 있다면, 그것은 참으로 좋은 일이다. 아니, 그들이 선한 권면을 마지못해 받아들인다고 해도, 그것은 좋은 일이다.

2. 다니엘이 준 권면은 무엇이었는가. 다니엘은 왕에게 그의 머리 속이 이상해지는 것을 방지하기 위해서 치료에 들어가라고 권면하는 것이 아니라, 그의 죄악된 행실을 끊어내 버리고 그의 삶을 고치라고 권면한다. 왕은 그의 신민들에게 잘못을 행하였고, 그의 동맹국들을 부당하게 대하였다. 그는 의를 행함으로, 즉 모든 사람을 정당하게 대하고, 잘못한 일들을 고치며, 힘으로 정의를 누르는 일을 그만둠으로써 그의 죄악들을 끊어내야 한다. 그는 가난한 자들, 하나님의 가난한 자들, 가엾은 유대인들에게 잔인하게 대해 왔었다. 따라서 그는 이 가난한 자들을 긍휼히 여기고 저 압제 받는 자들을 불쌍히 여겨서 그들을 자유의 몸이 되게 해주거나 그들의 포로 생활을 편안하게 해줌으로써 그의 죄를 끊어내야 한다. 우리가 회개하였을 때에는 악행을 그치는 것만이 아니라 선행을 배워야 하고, 그 누구에게도 잘못을 행하지 않을 뿐만 아니라 모든 이에게 선을 행하여야 한다는 것을 명심하라.

3. 다니엘이 이러한 권면을 하게 된 동기는 무엇이었는가. 그리하시면 왕의 평안함이 혹시 장구하리이다. 다니엘이 준 권면을 왕이 그대로 행한다면, 그 심판이 완전히 취소되지는 않을지라도, 아합이 하나님 앞에서 자신을 낮추고 겸비하였을 때에 그랬던 것처럼(왕상 21:29), 그 때가 상당 기간 연기될 수는 있을 것이었다. 환난이 원래 정해졌던 것보다 더 늦게 찾아오거나 환난의 기간이 예정되었던 것보다 더 짧아질 수도 있는 노릇이었다. 그렇지만 다니엘은 왕에게 이 점을 확실하게 말할 수는 없었기 때문에, 혹시라는 말을 덧붙인다. 이 세상에서의 심판을 막을 수 있는 가능성이 있기만 해도, 그것은 우리로 하여금 죄에서 떠나서 우리의 삶을 고치게 만드는 충분한 유인책이 될 수 있을진대, 하물며 영원히 멸망당하는 것을 확실하게 막아준다는 하나님의 약속은 우리의 죄를 회개하고 삶을 고치게 만드는 충분한 유인책이 되지 못할 이유가 어디에 있겠는가. "그것은 왕의 잘못을 치유해 주는 약이 될 것이나이다(어떤 이들은 이렇게 읽는다). 그렇게 하시면, 불화가 제거되고, 모든 것이 다시 잘 될 것이나이다."

²⁸이 모든 일이 다 나 느부갓네살 왕에게 임하였느니라 ²⁹열두 달이 지난 후에 내가 바벨론 왕궁 지붕에서 거닐새 ³⁰나 왕이 말하여 이르되 이 큰 바벨론은 내가 능력과 권세로 건설하여 나의 도성으로 삼고 이것으로 내 위엄의 영광을 나타낸 것이 아니냐 하였더니 ³¹이 말이 아직도 나 왕의 입에 있을 때에 하늘에서 소리가 내려 이르되 느부갓네살 왕아 네게 말하노니 나라의 왕위가 네게서 떠났느니라 ³²네가 사람에게서 쫓겨나서 들짐승과 함께 살면서 소처럼 풀을 먹을 것이요 이와 같이 일곱 때를 지내서 지극히 높으신 이가 사람의 나라를 다스리시며 자기의 뜻대로 그것을 누구에게든지 주시는 줄을 알기까지 이르리라 하더라 ³³바로 그 때에 이 일이 나 느부갓네살에게 응하므로 내가 사람에게 쫓겨나서 소처럼 풀을 먹으며 몸이 하늘 이슬에 젖고 머리털이 독수리 털과 같이 자랐고 손톱은 새 발톱과 같이 되었더라

이 단락에서 우리는 느부갓네살의 꿈이 이루어지고, 그 꿈에 대한 다니엘의 해석이 옳았다는 것이 확증되는 것을 본다. 왕이 다니엘의 해석을 어떻게 받아들였는지, 즉 왕이 다니엘을 기뻐하였는지 진노하였는지는 본문에 나오지 않지만, 우리는 여기에서 다음과 같은 것들을 본다.

**I. 하나님이 느부갓네살 왕에 대하여 오래 참으심.** 느부갓네살은 가난한 자들, 즉 가엾은 포로들을 긍휼히 여기지 아니하였기 때문에 자신의 죄악들을 끊어낸 것이 아니었고, 그에게 사로잡힌 자들을 집으로 놓아 보내지 아니하였기(사 14:17) 때문에 아직도 여전히 하나님이 그와 다투고 계시는 중이었음에도 불구하고, 열두 달이 지난 후에야 이 모든 일이 다 그에게 임하였기 때문에 왕의 평안함은 꽤 오랫동안 지속되었다(29절). 다니엘은 왕에게 회개하라고 권면하였고, 하나님은 왕에게 회개할 수 있는 충분한 말미를 주셨다. 하나님은 느부갓네살에게 이 심판을 내리시기 전에 금년에도 한 해 더 그대로 두셨다. 하나님은 아무도 멸망하지 아니하고 다 회개하기에 이르기를 원하시기 때문에 진노를 불러일으키는 죄인들에 대하여 오래 참으신다는 것을 명심하라(벧후 3:9).

**II. 느부갓네살 왕이 교만하고 오만하여 하나님의 이러한 오래 참으심을 악용함.** 그는 바벨론 왕궁 지붕에서 거닐며 그의 제국의 모든 영토와 더불어서 그의 통치 아래 있던 저 광대한 도성을 흡족한 마음으로 바라보며, 혼잣말로, 또는 주변 사람들에게, 또는 외국인들에게 그의 왕국과 그 영광을 보여주면서,

이 큰 바벨론은 내 위엄의 영광을 나타낸 것이 아니냐고 말하였다. 정말, 바벨론은 성벽의 둘레만 해도 45마일(72km)이나 되는 광대한 성이었다. 그 곳은 사람들로 붐볐고, 재물이 가득하였다. 바벨론은 황금성이었기 때문에, 그 성을 크다고 하는 것도 과장된 말은 아니었다(사 14:4). 성 안의 웅장한 저택들과 성벽들과 망대들과 공공 건물들을 보라. 느부갓네살 왕은 바벨론에 있는 모든 것이 커보인다고 생각하였다. "이 큰 바벨론을 내가 건설하였다." 바벨론은 느부갓네살이 태어나기 훨씬 오래 전에 건설되었지만, 그가 태평성대를 맞이한 그의 오랜 치세 동안에 바벨론의 많은 부분을 재건하고 요새화하며 아름답게 장식하였기 때문에, 그는 마치 아우구스투스 카이사르(Augustus Caesar)가 로마에 대하여, 내가 로마를 처음 보았을 때에는 벽돌뿐이었지만 지금은 온통 대리석이다라고 자랑하였듯이 자기가 바벨론을 건설하였다고 자랑한다. 그는 그의 제국의 도성(원문에서는 집)으로 삼기 위하여 바벨론을 건설한 것이라고 자랑한다. 이 광대한 성은 그가 통치하고 있던 여러 나라들에 비하면 단지 하나의 집에 불과한 것이었다. 그는 그의 신민들의 도움으로 바벨론을 건설한 것이지만, 그가 그의 능력과 권세로 건설하였다고 자랑한다. 그는 자신의 안전과 편의를 위해서 바벨론을 건설한 것이었지만, 순전히 그의 위엄의 영광을 나타내기 위하여 건설한 듯이 자랑한다. 교만과 자부심은 세상에서 큰 일들을 이룬 큰 자들이 아주 쉽게 빠지는 죄들이라는 것을 명심하라. 그런 자들은 하나님만이 받으셔야 할 영광을 그들 자신에게 돌리기 쉽다.

**III. 하나님이 느부갓네살 왕의 교만을 벌하심.** 느부갓네살이 이렇게 자신이 이룬 업적에 도취되어 헛된 말들을 떠들어대며 으스대고 있는 동안에 이 교만한 말이 아직도 왕의 입에 있을 때, 하늘로부터 강력한 말씀이 내려왔고, 이 말씀에 의해서 다음과 같은 일들이 일어났다.

1. 그는 왕으로서의 그의 존엄을 박탈당한다. 나라의 왕위가 네게서 떠났느니라. 그가 그의 나라를 보존해줄 난공불락의 성채를 세워 놓았다고 생각했을 바로 그 순간에, 그 나라가 그에게서 떠났다. 그의 나라가 철통 같은 방비를 갖추었기 때문에 아무도 그에게서 그 나라를 빼앗을 수 없다고 그가 생각한 순간, 그 나라는 저절로 그에게서 떠나가 버렸다. 그가 그 나라를 경영하기에 철저히 부적절한 자가 되는 순간, 그 나라는 그의 손에서 떠난 것이다.

2. 그는 인간으로서의 그의 존엄을 박탈당한다. 그는 이성을 잃게 되고, 그

결과 그의 통치권도 잃는다. 네가 사람들에게서 쫓겨나리라(32절). 이 예언은 그대로 성취되었다. 바로 그 때에 그가 사람들에게 쫓겨났다(33절). 갑자기 그는 정신 이상 증세를 일으키며 완전히 미쳐 버렸다. 그의 총명과 기억력은 없어졌고, 이성의 모든 기능들은 망가졌기 때문에, 그는 사람의 모습을 하고 있기는 했지만 완전한 짐승이 되어 버렸다. 그는 발가벗고서 짐승처럼 네 발로 기어다녔고, 스스로 사람들을 피하여 들과 산으로 헤매고 다녔다. 그의 신하들은 얼마 동안 지켜 보다가 제정신으로 돌아올 가망이 없다고 생각해서 그를 쫓아내 버리고 다시는 그를 찾지 않았다. 그는 소처럼 풀을 먹은 것으로 보아서, 맹수(짐승의 왕인 사자 같은)의 영을 받은 것이 아니라, 힘 없고 보잘것없는 짐승의 영을 받았다. 그리고 아마도 그는 인간의 목소리로 말하지도 못하고, 소처럼 음메 하고 낮은 소리로 울었을 것이다. 어떤 이들은 그의 몸이 온통 털로 뒤덮여 있었을 것이라고 생각한다. 그의 머리털과 수염은 깎거나 손질하지 않아서 독수리 털처럼 자랐고, 그의 손톱은 새 발톱과 같이 되었다. 여기에서 잠시 멈추고서 이 비참한 광경을 떠올려 보면서 그것으로부터 교훈을 받도록 하자.

(1) 우리는 여기에서 우리의 정신이 온전하다는 것이 얼마나 큰 은혜인지, 우리의 그런 모습에 대하여 하나님께 얼마나 깊이 감사해야 하는지, 하나님을 진노하시게 하거나 우리를 제정신이 아니게 만들 수 있는 성향을 지닌 일들을 하지 않도록 얼마나 조심해야 하는지를 깨닫는다. 또한, 우리는 여기에서 우리의 이성을 수중히 여기고, 우울증이나 정신 이상이나 착란에 걸려 있는 자들을 불쌍히 여기며, 그런 사람들을 아주 자상한 밀과 행동으로 대하여야 한다는 것을 배워야 한다. 왜냐하면, 이런 일은 사람이라면 누구에게나 닥칠 수 있는 일이고, 언젠가는 우리 자신의 일이 될지도 모르는 일이기 때문이다.

(2) 우리는 여기에서 인간의 영광과 위대함이 얼마나 덧없는 것인지를 깨닫는다. 이 사람은 저 위대한 느부갓네살 왕이 아니던가? 지극히 가난한 거지보다 더 못한 이 보잘것없는 짐승이 무엇이란 말인가? 지금 자기 옷조차 제대로 챙겨 입지 못할 정도로 지각이 없는 이 사람이 보좌 위에 그토록 위엄 있게 앉아서 만민이 우러러 보던 바로 그 왕, 전쟁터에서 모든 용사들을 떨게 만들었던 바로 그 왕, 놀라운 지략으로 많은 나라들을 복속시키시고 다스려 왔던 바로 그 왕이란 말인가? 이 사람이 땅을 진동시키며 열국을 놀라게 하던 자란 말인가(사 14:16)? 그러므로 지혜로운 자는 그의 지혜를 자랑하지 말고 용사는 그의 용맹

을 자랑하지 말라.

(3) 우리는 여기에서 어떻게 하나님이 교만한 자를 대적하셔서 비천하게 하시며 멸시하시는지를 깨닫는다. 느부갓네살은 인간 이상의 존재가 되어 창조주와 동일한 반열에 들고자 하였기 때문에, 하나님이 그를 인간 이하의 존재로 낮추셔서 짐승의 반열에 두신 것은 마땅한 일이었다(욥 40:11-13을 보라).

[34]그 기한이 차매 나 느부갓네살이 하늘을 우러러 보았더니 내 총명이 다시 내게로 돌아온지라 이에 내가 지극히 높으신 이에게 감사하며 영생하시는 이를 찬양하고 경배하였나니 그 권세는 영원한 권세요 그 나라는 대대에 이르리로다 [35]땅의 모든 사람들을 없는 것 같이 여기시며 하늘의 군대에게든지 땅의 사람에게든지 그는 자기 뜻대로 행하시나니 그의 손을 금하든지 혹시 이르기를 네가 무엇을 하느냐고 할 자가 아무도 없도다 [36]그 때에 내 총명이 내게로 돌아왔고 또 내 나라의 영광에 대하여도 내 위엄과 광명이 내게로 돌아왔고 또 나의 모사들과 관원들이 내게 찾아오니 내가 내 나라에서 다시 세움을 받고 또 지극한 위세가 내게 더하였느니라 [37]그러므로 지금 나 느부갓네살은 하늘의 왕을 찬양하며 칭송하며 경배하노니 그의 일이 다 진실하고 그의 행하심이 의로우시므로 교만하게 행하는 자를 그가 능히 낮추심이라

우리는 여기에서 느부갓네살이 하나님이 앞에서 정하신 그 기한이 차매, 즉 칠 년이 지나자 정신 이상에서 회복되어 제정신으로 돌아오게 된 것을 본다. 이 긴 기간 동안에 그는 계속해서 하나님의 공의를 나타내는 기념비이자 교만한 자들에 대한 하나님의 승리를 나타내는 기념물 역할을 하였는데, 그가 이렇게 하나님께 얻어 맞고 미친 상태에서 칠 년을 살게 된 것은 벼락을 맞아서 즉사한 것보다도 더 큰 효과가 있었다. 그렇지만 어쨌든 그가 계속해서 살아 있게 된 것은 하나님이 그에게 베푸신 긍휼이었다. 왜냐하면, 그가 여기에서 말하고 있듯이, 생명이 있는 동안에는 우리가 하나님을 찬송할 수 있는 소망이 있기 때문이다. 그 기한이 차매 나 느부갓네살이 하늘을 우러러 보았다(34절). 즉, 그는 이제 더 이상 짐승으로서 땅을 내려다 보지 않고, 사람으로서 하늘을 올려다 보게 되었다. 하늘은 사람에게 똑바로 설 수 있는 힘을 주셨다. 그러나 이 말 속에는 그런 것보다 더 큰 의미가 담겨져 있었다. 느부갓네살은 전과

는 완전히 달라져서 이제 자신이 얼마나 보잘것없는 존재인지를 깨닫고서 회개하는 자, 경건한 자, 겸손히 긍휼을 구하는 자로서 하늘을 우러러 보았다.

**I. 느부갓네살이 이제 이성이 되돌아오자 하나님의 능하신 손 아래에서 그 이성으로 스스로를 낮추고 하나님께 영광을 돌림.** 그는 지극히 높으신 이가 다스리신다는 사실을 알 때까지는 계속해서 이 비참한 상태에 있게 될 것이라는 말씀을 들었었는데, 여기에서 우리는 그가 그 사실을 알게 된 것을 본다. 내 총명이 다시 내게로 돌아온지라 이에 내가 지극히 높으신 이에게 감사하였다. 하나님을 찬송하며 감사하지 않는 자들이 총명이 없어지는 벌을 받는 것은 마땅하다는 것을 명심하라. 사람들은 신앙을 갖게 될 때까지는 그들의 이성을 올바르게 사용하는 것이 아니고, 하나님께 영광을 돌리는 삶을 살 때까지는 사람으로 사는 것이 아니다. 이성이 신앙의 토대라면(따라서 이성이 없는 피조물들은 신앙을 가질 수 없다), 신앙은 이성의 면류관이자 영광이기 때문에, 만약 우리가 우리의 이성으로 하나님을 영화롭게 해 드리지 않는다면, 언젠가는 우리가 이성을 아예 가지고 있지 않았다면 좋았을 것이라고 생각하게 될 것이다. 여기에 나오는 행동은 느부갓네살이 이성을 회복한 후에 처음으로 한 행동이었다. 이렇게 하나님께 감사하는 데에 이성을 가장 먼저 사용했기 때문에, 그는 그 때부터는 이성이 주는 다른 모든 것들을 누릴 수 있는 자격을 얻게 되었다. 하나님을 찬송하고 감사하는 것은 하나님이 우리에게 이성을 주신 큰 목적인데도, 느부갓네살은 꽤 긴 기간 동안 이성을 다른 일들에 사용할 수 없게 될 때까지는 결코 이러한 목적에 이성을 사용한 적이 없었다. 그는 어리석음을 겪고 나서야 비로소 진정으로 지혜로운 것이 무엇인지를 알게 되었다. 그는 그에게 임할 심판에 관한 꿈을 꾼 것만으로는 정신을 차리지 못하였고(그 꿈은 말 그대로 꿈처럼 금방 잊혀졌다), 그 심판을 몸으로 직접 겪은 후에야 하나님의 교훈을 들을 수 있는 귀가 열린 것이었다. 그는 정신을 차리기 위해서는 먼저 미치지 않으면 안 되었다. 그가 이 일을 겪으면서 분명해진 것은 그의 마음속에 어떤 선한 생각이 있었거나 그가 어떤 선한 일을 한 것이 있었다면 그런 것들은 그에게서 나온 것이 아니라 하나님의 선물이었다는 것이다(그가 자기 자신의 주인이 아니라는 것이 분명해졌기 때문에). 이제 느부갓네살이 마침내 어떤 것들을 체험적으로 깨닫게 되었는지를 살펴보자. 우리는 그가 하나님에 대하여 어떤 것들을 믿게 되었는지를 봄으로써 그가 무엇을 깨달았는지를 알 수 있다.

1. 지극히 높으신 하나님이 영생하시고, 하나님은 스스로 존재하는 분이시기 때문에 그 존재에 변함이나 기한이 없으시다는 것. 왕은 흔히 그에게 아부하는 자들로부터 왕이여 만수무강 하옵소서라는 말을 들어 왔었다. 그러나 이제 그는 그 어떤 왕도 영원히 살 수 없고, 오직 어제나 오늘이나 영원토록 동일하신 이스라엘의 하나님만이 영원히 사실 수 있으시다는 것을 깨닫는다.

2. 하나님의 나라도 하나님 자신과 마찬가지로 영원하고, 그 권세가 대대에 이르리라는 것. 하나님의 나라에는 흥망성쇠라는 것이 없다. 하나님은 영원히 살아 계시기 때문에 영원히 다스리시고, 그의 통치도 끝이 없다.

3. 하나님 앞에서 모든 나라들은 없는 것과 같다는 것. 하나님에게는 나라들이 필요하지 않고, 하나님은 나라들을 중요하게 생각하지 않으신다. 이 땅에서 아무리 큰 자라고 하여도 하나님에 비하면 없는 것만도 못하다. 하나님을 대단하게 생각하는 자들은 자기 자신을 보잘것없게 생각하기 마련이다.

4. 하나님의 나라는 우주적이어서, 하늘의 군대와 땅의 주민들이 그의 신민들로서 그의 통제와 지휘를 받는다는 것. 하나님은 천사들과 사람들을 사용하시고, 그들은 하나님께 책임을 지는 존재들이다. 아무리 높은 천사라도 하나님의 지휘 아래 있고, 아무리 비천한 사람이라도 하나님이 모르시는 자는 없다. 하늘의 천사들은 하나님의 군대들이고, 땅의 주민들은 하나님의 소작인들이다.

5. 하나님의 권능은 아무도 거역할 수 없고, 하나님의 주권은 아무도 통제할 수 없다는 것. 왜냐하면, 하나님은 자기 뜻대로, 그의 계획과 목적을 따라서, 그의 작정하심과 모략을 따라서 행하시기 때문이다. 하나님은 그가 기뻐하시는 대로 행하시고, 그가 정하신 대로 시행하신다. 그 누구도 하나님의 뜻을 거역할 수 없고, 그의 모략을 바꿀 수 없으며, 그의 손을 금하든지 혹시 네가 무엇을 하느냐고 할 자가 아무도 없다. 그 누구도 하나님이 처리해 나가시는 일들에 대하여 잘못되었다고 따지거나 그 의미를 묻거나 그 이유를 말하라고 요구할 수 없다. 창조주에게 시비를 걸며 네가 무엇을 하느냐, 또는 네가 어찌하여 그리 하는 것이냐고 말하는 자에게는 화가 있으리로다.

6. 하나님이 하시는 모든 일은 다 옳다는 것. 하나님의 일은 그의 말씀과 일치하기 때문에 다 진실하고, 하나님의 행하심은 다 사려분별과 공평의 법칙들에 정확히 맞아서 아무런 흠도 발견할 수 없기 때문에 지혜롭고 의로우시다.

7. 하나님은 그에게 대적하거나 그와 경쟁하는 원수들이 아무리 오만하다

고 하더라도 그들을 낮추실 능력을 가지고 계시다는 것. 교만하게 행하는 자들을 그가 능히 낮추신다(37절). 하나님께는, 자신의 능력을 믿고 자신만만하게 그와 다투는 자들을 다루실 수 있는 능력이 있으시다.

**Ⅱ. 느부갓네살이 이제 이성이 되돌아오자 그 이성으로 다시 자신의 지위를 회복하고 위엄을 되찾게 됨**(36절). 그 때에 내 총명이 내게로 돌아왔다. 그가 앞에서도 그의 총명이 그에게 돌아왔다고 말했었지만(34절), 여기에서 다시 한 번 그 말을 반복하고 있는 것은 우리에게 이성과 총명이 있다는 것은 하나님께 아무리 감사해도 결코 충분할 수 없는 은혜이기 때문이다. 그가 제정신으로 돌아오자, 이제 그의 관원들이 그에게 찾아왔다. 그는 스스로 그의 신하들을 찾을 필요가 없었다. 왜냐하면, 그들은 그가 제정신으로 돌아와서 나라를 다스리기에 합당하게 되었을 뿐만 아니라, 이전보다 더 좋아져서 나라를 더 잘 다스릴 수 있게 되었다는 것을 금방 알아차렸기 때문이다. 아마도 왕이 꾼 꿈과 그 해석은 궁정에 잘 알려져 있었고 신하들 사이에서 많은 얘기가 되었을 것이고, 왕의 꿈 속에서 주어진 예언의 전반부, 즉 왕이 미치게 되리라는 예언이 성취된 것을 보고서, 왕의 신하들은 그 예언에 따라 왕이 칠 년이 지나면 다시 제정신으로 되돌아올 것을 의심치 않고 확신하였기 때문에, 그 기간이 끝날 즈음에 이미 왕을 영접할 준비가 다 끝나 있었을 것이다. 이 때에 그가 미치기 전에 그에게 있었던 그의 위엄과 광명이 그에게로 돌아왔다. 그는 마치 아무 일도 없었다는 듯이 이제 그의 나라에서 견고한 입지를 확립하였다. 그는 어리석은 자가 되어 보았기 때문에 이전보다 더 지혜로운 자가 될 수 있었나. 바로 어제까시만 해도 이루 말할 수 없이 깊은 수치와 불명예 속에 있었던 그는 이제, 이 나라 저 나라를 정복하고 또 정복하며 승승장구하였을 때보다도 더 지극한 위세를 갖게 되었다. 우리는 여기에서 다음과 같은 교훈을 배운다.

1. 사람들은 자신의 죄를 회개하고 하나님의 주권을 믿고 인정함으로써 하나님을 높이게 되었을 때에야 비로소 하나님이 그들에게 존귀함을 더하셔서, 그들이 첫째 아담의 범죄로 인하여 잃어버렸던 위엄을 그들에게 회복시키실 뿐만 아니라, 둘째 아담의 의와 은혜로 인하여 지극한 위세를 그들에게 더하실 것을 기대할 수 있다.

2. 환난들은 하나님이 그 환난들을 보내신 목적이 이루어졌을 때에는 더 이상 계속되지 않는다. 느부갓네살 왕이 자기 자신에 대한 하나님의 통치권을 인

정하게 되었을 때, 그에게 임한 환난의 목적은 이루어졌다.

3. 하나님이 우리를 어떻게 다루셨는지를 전하는 우리의 모든 이야기들은 하나님에 대한 찬양으로 끝나는 것이 마땅하다. 느부갓네살은 왕권을 회복하고 나서 나랏일을 돌보기 전에 먼저 **하늘의 왕을 찬양하며 칭송하며 경배한다**(37절). 우리에게 이성이 있는 것은 우리로 하여금 하나님을 찬송할 수 있게 하기 위한 것임과 마찬가지로, 우리를 형통하게 하시는 것은 우리에게 하나님을 찬송할 제목을 주시기 위한 것이다.

이 일이 있은 지 오래지 않아서 느부갓네살은 그의 일생과 통치를 끝마쳤다. 에우세비우스(Eusebius)는 아비데누스(Abydenus)가 갈대아인들의 전승에 의거해서 느부갓네살 왕이 죽을 때에 바벨론이 고레스에 의해서 함락될 것임을 예언하였다고 말한 것을 기록해 놓고 있다. 느부갓네살이 여기에서 보여주고 있는 것처럼 선한 마음을 계속해서 지니고 있었는지는 우리가 알 수 없지만, 그 정반대의 모습을 보여주는 어떤 일도 우리는 그에게서 찾아볼 수 없다. 어쨌든 이토록 지독한 **비방자요 박해자**(딤전 1:13)였던 인물이 하나님의 긍휼을 얻은 것은 그가 마지막은 아니었다. 만약 느부갓네살 왕이 끝까지 선한 마음이 변치 않았다고 한다면, 우리는 하나님의 거저 주시는 은혜를 찬양하지 않을 수 없다. 왜냐하면, 은혜로우신 하나님은 느부갓네살로 하여금 그의 영혼을 영원히 구원하도록 하시기 위하여 잠시 그의 이성을 앗아 가신 것이기 때문이다.

제
— 5 —
장

## 개요

바벨론 제국의 멸망은 오래 전부터 자주 예언되어 왔었다. 이 장에서 우리는 그러한 예언이 성취되는 것을 보는데, 바벨론이 멸망하는 바로 그 밤에도 동일한 예언이 다시 한 번 주어진다. 지금 바벨론을 통치하는 왕은 벨사살이었다. 어떤 이들은 이 때가 그가 통치한 지 17년이 된 때라고 하고, 어떤 이들은 그의 재위 제3년이라고 한다. 우리는 여기에서 벨사살 왕과 그의 나라가 종말을 맞이하는 이야기를 듣는다. 우리는 대략 2년 전쯤에 한창 강성해져 가고 있던 바사 왕 고레스가 대군을 이끌고 바벨론으로 쳐들어 왔다는 사실을 알아야 한다. 그 때에 벨사살은 나가서 그를 맞아 싸웠으나, 정면으로 맞붙은 대회전(大會戰)에서 패주하였다. 그와 그의 패잔병들은 바벨론 성으로 후퇴하였고, 고레스는 그 곳을 포위하였다. 유프라테스 강이 바벨론 성을 휘감아서 그들의 든든한 성채 역할을 하고 있었고, 성 안에는 20년치의 식량이 넉넉히 있었기 때문에, 그들은 별 걱정을 하지 않은 채 안심하고 있었다. 그러나 고레스는 여기에서 얘기하고 있는 것처럼 바벨론 성을 포위한 지 2년이 되던 해에 그 성을 마침내 함락시켰다. 이 장에는 다음과 같은 내용들이 나온다. I. 벨사살이 우상 숭배적이고 흥청망청하며 신성을 모독하는 잔치를 베풀어서 그의 쇠악의 분량을 재움(1-4절). II. 산치가 한창 흥이 올랐을 때에 손가락이 나타나서 벽에 벨사살에게 경고하는 글씨를 썼고, 그의 지혜자들 중에서는 아무도 그 의미를 해독해 내지 못함(5-9절). III. 다니엘이 결국 불려와서 그 신비의 글자들을 명확하게 해석해서 벨사살 왕의 운명이 거기에 기록된 것임을 보여줌(10-28절). IV. 그 밤에 왕이 죽임을 당하고 바벨론 제국이 멸망 당함으로써 그 해석이 즉시 성취됨(30-31절).

[1]벨사살 왕이 그의 귀족 천 명을 위하여 큰 잔치를 베풀고 그 천 명 앞에서 술을 마시니라 [2]벨사살이 술을 마실 때에 명하여 그의 부친 느부갓네살이 예루살렘 성전에서 탈취하여 온 금, 은 그릇을 가져오라고 명하였으니 이는 왕과 귀족들과 왕후들과 후궁들이 다 그것으로 마시려 함이었더라 [3]이에 예루살렘 하나님의 전 성소 중에서 탈취하여 온 금 그릇을 가져오매 왕이 그 귀족들과 왕후들과 후궁들과 더불

어 그것으로 마시더라 ⁴그들이 술을 마시고는 그 금, 은, 구리, 쇠, 나무, 돌로 만든 신들을 찬양하니라 ⁵그 때에 사람의 손가락들이 나타나서 왕궁 촛대 맞은편 석회벽에 글자를 쓰는데 왕이 그 글자 쓰는 손가락을 본지라 ⁶이에 왕의 즐기던 얼굴 빛이 변하고 그 생각이 번민하여 넓적다리 마디가 녹는 듯하고 그의 무릎이 서로 부딪친지라 ⁷왕이 크게 소리 질러 술객과 갈대아 술사와 점쟁이를 불러오게 하고 바벨론의 지혜자들에게 말하되 누구를 막론하고 이 글자를 읽고 그 해석을 내게 보이면 자주색 옷을 입히고 금사슬을 그의 목에 걸어 주리니 그를 나라의 셋째 통치자로 삼으리라 하니라 ⁸그 때에 왕의 지혜자가 다 들어왔으나 능히 그 글자를 읽지 못하며 그 해석을 왕께 알려 주지 못하는지라 ⁹그러므로 벨사살 왕이 크게 번민하여 그의 얼굴빛이 변하였고 귀족들도 다 놀라니라

우리는 여기에서 벨사살 왕의 아주 즐거워하는 광경을 보지만, 그 광경은 갑자기 흥청망청하는 가운데서 아주 암울하고 답답한 모습으로 바뀐다. 벨사살 왕이 어떻게 하나님을 모독하는지, 그리고 하나님께서 벨사살을 어떤 식으로 혼비백산하게 만드시는지를 보라. 이 시합의 결과가 어떻게 되었는지, 하나님을 대적하여 그 마음을 완악하게 한 자가 과연 형통했는지를 지켜 보라.

**I. 벨사살 왕이 어떻게 하나님을 모독하고 멸시하였는지를 보라.** 그는 큰 잔치, 즉 주연(酒筵)을 베풀었다. 아마도 이 잔치는 그의 탄신일이나 대관식, 또는 그들의 어떤 우상을 기념해서 열린 연례 행사였을 것이다. 역사가들은 당시에 군대를 이끌고 바벨론을 포위하고 있었던 고레스가 이 잔치가 열리는 것을 알고서 적들이 잠과 술에 빠져서 방비가 허술할 것이라고 짐작하여 그 기회를 타서 바벨론 성을 공격해서 좀 더 쉽게 함락시킬 수 있었다고 말한다. 이 때에 벨사살은 그의 귀족 천 명을 초청해서 주연을 베풀었다. 아마도 이 천 명의 귀족은 성을 포위한 적군을 방어하는 데에 중추적인 역할을 하고 있었던 자들이었거나 왕의 전쟁 참모진이었을 것이다. 그러나 그들이 술에 취하였기 때문에, 적군이 쳐들어왔어도, 벨사살 왕은 어떤 조치를 취해야 할지를 그들과 의논할 수 없었을 것이다. 그들은 왕 앞에서 술을 마시는 것을 대단한 영광으로 여겼을 것이다. 왜냐하면, 동방의 왕들은 위엄을 갖추느라 백성이나 신하들에게 좀처럼 그 모습을 보이지 않았기 때문이다. 벨사살 왕은 아하수에로 왕과 마찬가지로 그의 위엄의 영광을 과시하기 위해서 이 잔치를 베풀고 신하들 앞에서 술을

마셨다. 이 사치스러운 주연에서는 그는 다음과 같은 짓을 행하였다.

1. 그는 하나님의 섭리를 모욕하고 하나님의 심판에 도전하였다. 그의 도성은 지금 포위되어 있었고, 강력한 적군이 그의 성문 앞에 진을 치고 있었기 때문에, 그의 목숨과 그의 나라는 풍전등화의 위기 속에 있었다. 이 모든 것은 그를 치기 위하여 뻗쳐진 여호와의 손이었고, 하나님은 이 손길을 통해서 그에게 통곡하며 애곡하며 굵은 베를 띠라고 명령하신 것이었다. 요나가 니느웨를 향하여 외쳤듯이, 사십 일이 지나면 바벨론이 무너지리라는 하나님의 음성이 성 안에 울려퍼졌다. 그러므로 벨사살 왕은 니느웨의 왕과 마찬가지로 금식을 선포했어야 하는데도, 하나님의 뜻을 정면으로 거스르기로 작정한 자처럼 큰 잔치를 열겠다고 선포하였고, 마치 전능자께서 어디 한번 해 볼테면 해보시라는 듯이 기뻐하며 즐거워하여 소를 죽이고 양을 잡아 고기를 먹고 포도주를 마셨다(사 22:12-13). 그는 양식이 떨어져서 항복할 수밖에 없게 되는 일은 결코 벌어지지 않을 것임을 과시하기 위해서 이렇게 흥청망청 소비하였다. 안일함과 방탕함은 멸망이 가까웠다는 것을 보여주는 슬픈 전조(前兆)들이라는 것을 명심하라. 하나님의 심판을 알리는 전조들을 보고서 그 경고를 받아들이고자 하지 않는 자들은 결국 그 심판을 몸으로 겪게 될 것임을 알아야 한다.

2. 그는 하나님의 성전을 모욕하고 하나님의 성소에 도전하였다(2절). 벨사살이 술을 마실 때에 명하여 예루살렘 성전에서 탈취하여 온 그릇을 가져오라고 명하였는데, 이것은 그 그릇들에 술을 담아서 마시기 위함이었다. 그는 술맛이 기가 막히게 좋은 것을 보고서, "이렇게 맛있는 술을 기록한 대접들에 부어서 미시지 못하는 것이 애석하도다"라고 반쯤은 농담으로 말하였을 것이고, 이 농담이 실마리가 되어 진짜 그렇게 해보자는 분위기가 형성되자, 예루살렘 성전에서 탈취해 온 그릇들을 즉시 가져 오게 하였을 것이다. 아니, 이러한 행동 속에는 단순히 시시덕거리며 희롱하는 것 이상으로 이스라엘의 하나님을 악의적으로 경멸하고자 하는 의미가 담겨져 있었던 것으로 보인다. 하나님의 백성의 마음 속에는 이 성전의 그릇들을 지극히 소중히 여기며 안타까워하는 마음이 있었는데(렘 27:16, 18), 이것은 그들이 포로 생활에서 돌아오게 되었을 때에 가장 먼저 이 그릇들의 행방에 큰 관심을 보인 것에서 드러난다(스 1:7). 이제 그들은 칠십 년에 걸친 포로 기간이 다 끝나가는 것을 보고서, 그들이 곧 구원 받게 될 것을 기대하고 있었을 것이기 때문에, 그들 중 어떤 이들은 머지않아 성전

의 그릇들이 그들에게로 돌아오게 될 것이라는 취지의 말들을 했을 것이다. 그러자 벨사살 왕은 유대인들의 이러한 기대에 도전하여, 여기에서 그 그릇들은 그들의 것이 아니라 그의 것이라고 선포하고는, 그 그릇들을 창고에 보관해 두는 것에서 더 나아가 이제는 그가 베푼 잔치에서 술을 마시는 데에 직접 사용하게 하였다. 성물(聖物)을 더럽히고 희롱하며 시시덕거리며 즐거워하는 것은 정말 죄악된 일이고 사람들의 죄악의 분량을 신속하게 채우는 일임을 명심하라. 바벨론의 왕과 신민들이 시온의 노래들을 희롱하고(시 137:3) 예루살렘 성전의 그릇들을 더럽힌 것은 바벨론의 멸망의 때를 무르익게 하였다. 하나님과 그의 존귀하심을 위하여 봉헌된 것들을 이런 식으로 더럽히는 자들은 하나님은 결코 우롱당하시는 분이 아니시라는 것을 알아야 한다.

3. 그는 하나님 자신을 모독하고 하나님의 신성에 도전하였다. 왜냐하면, 그들은 술을 마시고는 그 금,은,구리,쇠,나무,돌로 만든 신들을 찬양하였기 때문이다(4절). 그들은 그들의 머릿속에서 생각해 내서 그들 자신의 손으로 만든 우상들에게 오직 살아 계신 참 하나님만이 받으실 수 있는 그런 영광을 돌렸다. 그들은 희생제물들을 바치거나 찬양하는 노래들을 부름으로써 우상들에게 영광을 돌렸다. 술을 많이 마셔서 그들의 머리는 어질어질했고 그들의 마음은 흥에 젖어 있었기 때문에, 그들은 그 금,은,구리,쇠,나무,돌로 만든 신들을 찬양하기에 아주 적절한 상태에 있었다. 왜냐하면, 말짱한 정신을 가지고서 맑고 건전한 사고를 하는 사람들이었다면 그들이 이렇게까지 극악무도하고 어이없는 악을 저지른다는 것은 차마 생각할 수 없는 일이기 때문이고, 술에 잔뜩 취한 후에는 그 어떤 얼빠진 짓도 저지를 수 있는 것이 사람이기 때문이다. 술에 취하면 사람이 아니라 짐승이 되기 때문에 신들이 아니라 마귀들인 쓰레기 같은 우상들을 섬기기에 아주 적합한 상태가 만들어진다. 그들은 포도주로 말미암아 옆 걸음 쳤다(사 28:7). 그들은 술을 마시고서, 마치 그들이 섬기는 우상들이 그들에게 이 잔치를 열어주고 모든 좋은 것들을 준 존재들인 것처럼 우상들을 찬양하였다. 또는, 그들은 술을 마시면서 우상들을 위하여 축배를 드는 방식으로 그들의 신들을 찬양하였다. 벨사살 왕은 그의 신들 앞에서 술을 마시면서(1절), 금으로 만든 신을 위하여 축배를 드는 것을 시작으로 해서 마지막으로 나무와 돌로 만든 신에 이르기까지 각각의 신들을 위하여 축배를 들었다. 악인들이 함께 모여서 악을 행하면, 음행과 불경, 악덕과 신성모독은 점점 점입가경이 된다는

것을 명심하라. 술에 취해서 하는 농지거리들은 우상 숭배로 이어졌고, 우상들을 위한 축배는 사람들을 더욱 취하게 만들었다.

**Ⅱ. 하나님이 벨사살 왕을 어떤 식으로 두렵게 하시고 그에게 공포가 임하게 하셨는지를 보라.** 벨사살 왕과 그의 대신들은 모두가 빠르게 돌아가는 술잔들 속에서 취흥이 한창 고조되어, 고레스와 그의 군대가 신속하게 포위를 풀게 될 것을 확신하면서, 술잔을 서로 부딪치며 브라보를 큰 소리로 외쳐댔다. 그러나 바벨론의 왕에 대하여 오래 전부터 예언되었던 것, 즉 그의 도성이 바사인들과 메대인들에 의해서 함락될 것이라는 예언이 성취될 시간이 다가왔다(사 21:2-4). 나의 즐거운 밤이 내게 두려움으로 변하였도다. 왕이 직접 주연(酒宴)을 베풀고 흥청망청하고 있는 그 때에 궁정에서의 이 환락의 밤은 갑자기 망쳐지게 되어 있었고, 그들의 웃고 떠드는 모습 위에는 찬물이 끼얹어지게 되어 있었다. 우리는 하나님이 말씀을 발하시자마자 즉시 벨사살 왕과 이 잔치에 참석했던 모든 고관들이 극도의 혼란에 빠지고 흥청망청하던 그들의 모습은 순식간에 온데간데 없이 사라져 버리는 것을 본다.

1. 그 때에 사람의 손가락들이 나타나서 왕 앞에서 석회벽에 글자를 썼다(5절). 유대인 랍비들은 "천사 가브리엘이 이 손가락들을 움직여서 글자를 쓴 것"이라고 말하고, 우리 시대의 랍비인 라이트푸트 박사(Dr. Lightfoot)는 "하나님의 백성을 위하여 십계명의 두 돌판을 썼던 바로 그 하나님의 손이 지금 바벨론과 벨사살의 운명을 벽에 글자로 쓴 것"이라고 말한다. 하나님은 그들에게 겁을 주기 위해서 큰 소리가 나기나 그들의 목숨을 위협하는 이떤 것, 친둥 소리나 번개를 보내시지도 않으셨고, 멸망시키는 천사로 하여금 칼을 빼들고 나타나게 하지도 않으셨다. 하나님은 단지 그들이 모두 다 잘 볼 수 있도록 촛대 맞은 편 석회벽에 손가락으로 글자를 쓰게 하셨을 뿐이다. 하나님이 하시고자 하신다면, 하나님이 기록하신 말씀만으로도 아무리 교만하고 대담한 죄인들이라도 겁을 집어먹게 하기에 충분하다는 것을 명심하라. 벨사살 왕은 그 글자 쓰는 손가락을 보았지만, 그 손가락의 주인인 사람의 모습을 보지 못하였고, 이것이 그를 더욱 두렵게 만들었다. 우리는 피조물들의 책, 즉 성경 책에서 그것을 기록하신 하나님의 손가락만을 볼 수 있기 때문에(보라 이런 것들은 그의 행사의 단편일 뿐이요, 욥 26:14) 우리의 눈에 보이지 않는 하나님에 대하여 더욱 큰 경외심을 지닐 수 있다는 것을 명심하라. 하나님의 손가락이 이 정도라면, 하나님의

팔이 나타난다면 어찌 되겠으며, 하나님은 어떤 분이시겠는가?

2. 왕은 즉시 극도의 공포에 사로잡혔다(6절). 왕의 얼굴 빛이 변하고 넓적다리 마디가 녹는 듯하여서 다리에 힘이 풀리고 등에 통증이 찾아 왔다. 이것은 사람이 크게 놀랐을 때에 통상적으로 일어나는 증상이다. 그의 무릎이 서로 부딪쳤다. 그는 무서워서 사시나무 떨듯 아주 심하게 떨었다. 그러나 도대체 이것이 무슨 일이란 말인가? 왜 그는 이토록 겁을 집어먹은 것인가? 그는 벽에 씌어진 글자들이 무슨 내용인지를 알지 못하고 있었다. 그것이 그와 그의 나라가 구원받게 될 것을 보여주는 길조일지도 모르지 않는가? 그러나 문제는 그의 생각이 번민하였다는 것이다. 죄책감을 지니고 있던 그의 양심은 그가 하늘로부터 그 어떤 좋은 소식도 기대할 수 없다는 것, 천사의 손가락이 그에게 공포가 될 내용 외에는 쓸 것이 없다는 것을 그에게 대놓고 증언하고 있었다. 자기가 하나님의 심판을 받을 것임을 알고 있었던 그는 이 이변이 하나님의 이름으로 발부된 체포영장이자 하나님 앞에 출두하라는 소환장이라는 것을 직감적으로 깨달았다. 하나님은 아무리 안일한 자들도 순식간에 일깨울 수 있고, 아무리 대담한 죄인의 마음도 두려워 떨게 하실 수 있다는 것을 명심하라. 그렇게 하는 데에는 그런 자들이 속으로 지니고 있는 생각들을 겉으로 드러내어서 그들로 하여금 의식하게 하는 것 이상의 조치가 필요하지 않다. 그렇게 하면, 그 생각들은 곧 폭군 역할을 해서 그들을 충분히 괴롭게 할 것이다.

3. 벽에 씌어진 글자들을 해석해 내도록 바벨론의 지혜자들이 즉시 호출되었다(7절). 벨사살 왕은 다급하고 절박해져서 크게 소리 질러 바벨론의 모든 술사들을 다 불러 오게 하여서, 이 글자를 읽고 그 해석을 보이게 하였다. 왜냐하면, 그런 일은 왕과 그의 모든 신하들의 영역이 아니어서 그들에게는 불가능한 일이었기 때문이다. 신적인 계시(그들은 그러한 계시를 그들이 받고 있다고 생각하였다)를 연구하고 영들의 세계와 소통하는 일은 이방 나라들에서는 하나의 직업에 속해 있었고, 다른 사람들은 그 일에 개입할 수 없었다. 그러나 하나님의 손가락이 우리를 위해 기록하신 것은 누구나 다 읽을 수 있다. 원하는 사람은 누구나 성경 속에서 하나님의 마음을 읽을 수 있는 것이다. 벨사살 왕은 이 지혜자들이 이 글자들을 해석하는 일에 모든 힘을 쏟을 수 있게 하고 그들 간에 경쟁을 붙이기 위해서 이 글자들을 만족스럽게 해석해 내는 자에게는 최고의 관직을 수여하겠다고 약속하였다. 그는 지혜자라고 자처하는 그들이 무엇

을 원하고 기뻐하는지를 잘 알고 있었기 때문에, 더 좋은 것들을 알지 못하는 자들의 눈에 대단히 영광스러운 것들로 보이는 자주색 옷과 금사슬을 하사하겠다고 그들에게 약속하였다. 아니, 왕은 이 글자들을 해석해 내는 자를 바벨론 제국에서 왕과 그의 후계자 다음 가는 지위인 나라의 셋째 통치자로 삼겠다고 약속하였다.

4. 바벨론의 지혜자들에 대한 왕의 기대는 완전히 무너졌다. 그들은 단 한 사람도 그 글자를 해석해 내기는커녕 읽지도 못하였고(8절), 이 때문에 왕은 더욱 큰 혼란에 빠져들었다(9절). 그는 일이 점점 더 잘못되어 가고 있다고 느끼고서, 화(禍)가 그에게 미칠 것을 두려워하였다. 왕과 함께 주연을 즐기며 흥청댔던 그의 귀족들은 이제는 왕이 느끼는 공포를 함께 느껴야 하는 처지가 되었다. 그들도 위기 위식을 느끼고 다 놀랐다. 그들의 수가 많다는 것이나 그들이 술을 마셔서 기분이 유쾌해져 있다는 것은 그들에게서 두려움을 쫓아내 주는 일을 해주지 못하였다. 이 지혜자들이 그 글자들을 읽을 수 없었던 것은 그것이 그들이 모르는 언어나 글자로 씌어져 있었기 때문이 아니라, 하나님이 이 신비한 글자들을 해석해 내는 영광을 다니엘에게 주시기 위하여 지혜자들의 눈을 흐리게 하거나 그들의 정신을 혼미하게 하여 그 글자들을 읽을 수 없게 하셨기 때문이었다. 깨어나서 죄악을 깨달은 양심이 느끼는 공포는 모든 피조물들이 그 공포를 결코 없애주거나 완화시켜 줄 수 없다는 사실에 의해서 더욱 커진다는 것을 명심하라.

[10]왕비가 왕과 그 귀족들의 말로 말미암아 잔치하는 궁에 들어왔더니 이에 말하여 이르되 왕이여 만수무강 하옵소서 왕의 생각을 번민하게 하지 말며 얼굴빛을 변할 것도 아니니이다 [11]왕의 나라에 거룩한 신들의 영이 있는 사람이 있으니 곧 왕의 부친 때에 있던 자로서 명철과 총명과 지혜가 신들의 지혜와 같은 자니이다 왕의 부친 느부갓네살 왕이 그를 세워 박수와 술객과 갈대아 술사와 점쟁이의 어른을 삼으셨으니 [12]왕이 벨드사살이라 이름하는 이 다니엘은 마음이 민첩하고 지식과 총명이 있어 능히 꿈을 해석하며 은밀한 말을 밝히며 의문을 풀 수 있었나이다 이제 다니엘을 부르소서 그리하시면 그가 그 해석을 알려 드리리이다 하니라 [13]이에 다니엘이 부름을 받아 왕의 앞에 나오매 왕이 다니엘에게 말하되 네가 나의 부왕이 유다에서 사로잡아 온 유다 자손 중의 그 다니엘이냐 [14]내가 네게 대하여 들은즉 네

안에는 신들의 영이 있으므로 네가 명철과 총명과 비상한 지혜가 있다 하도다 [15]지금 여러 지혜자와 술객을 내 앞에 불러다가 그들에게 이 글을 읽고 그 해석을 내게 알게 하라 하였으나 그들이 다 그 해석을 내게 보이지 못하였느니라 [16]내가 네게 대하여 들은즉 너는 해석을 잘하고 의문을 푼다 하도다 그런즉 이제 네가 이 글을 읽고 그 해석을 내게 알려 주면 네게 자주색 옷을 입히고 금 사슬을 네 목에 걸어 주어 너를 나라의 셋째 통치자로 삼으리라 하니 [17]다니엘이 왕에게 대답하여 이르되 왕의 예물은 왕이 친히 가지시며 왕의 상급은 다른 사람에게 주옵소서 그럴지라도 내가 왕을 위하여 이 글을 읽으며 그 해석을 아뢰리이다 [18]왕이여 지극히 높으신 하나님이 왕의 부친 느부갓네살에게 나라와 큰 권세와 영광과 위엄을 주셨고 [19]그에게 큰 권세를 주셨으므로 백성들과 나라들과 언어가 다른 모든 사람들이 그의 앞에서 떨며 두려워하였으며 그는 임의로 죽이며 임의로 살리며 임의로 높이며 임의로 낮추었더니 [20]그가 마음이 높아지며 뜻이 완악하여 교만을 행하므로 그의 왕위가 폐한 바 되며 그의 영광을 빼앗기고 [21]사람 중에서 쫓겨나서 그의 마음이 들짐승의 마음과 같았고 또 들나귀와 함께 살며 또 소처럼 풀을 먹으며 그의 몸이 하늘 이슬에 젖었으며 지극히 높으신 하나님이 사람 나라를 다스리시며 자기의 뜻대로 누구든지 그 자리에 세우시는 줄을 알기에 이르렀나이다 [22]벨사살이여 왕은 그의 아들이 되어서 이것을 다 알고도 아직도 마음을 낮추지 아니하고 [23]도리어 자신을 하늘의 주재보다 높이며 그의 성전 그릇을 왕 앞으로 가져다가 왕과 귀족들과 왕후들과 후궁들이 다 그것으로 술을 마시고 왕이 또 보지도 듣지도 알지도 못하는 금, 은, 구리, 쇠와 나무, 돌로 만든 신상들을 찬양하고 도리어 왕의 호흡을 주장하시고 왕의 모든 길을 작정하시는 하나님께는 영광을 돌리지 아니한지라 [24]이러므로 그의 앞에서 이 손가락이 나와서 이 글을 기록하였나이다 [25]기록된 글자는 이것이니 곧 메네 메네 데겔 우바르신이라 [26]그 글을 해석하건대 메네는 하나님이 이미 왕의 나라의 시대를 세어서 그것을 끝나게 하셨다 함이요 [27]데겔은 왕을 저울에 달아 보니 부족함이 보였다 함이요 [28]베레스는 왕의 나라가 나뉘어서 메대와 바사 사람에게 준 바 되었다 함이니이다 하니 [29]이에 벨사살이 명하여 그들이 다니엘에게 자주색 옷을 입히게 하며 금 사슬을 그의 목에 걸어 주고 그를 위하여 조서를 내려 나라의 셋째 통치자로 삼으니라

이 단락에는 다음과 같은 내용들이 나온다.

**I. 태후가 이 어려운 일을 다니엘에게 맡기는 것이 적절하다는 것을 왕에게 알려 줌.** 이 태후는 에윌므로닥 왕의 왕비였던 여인으로서 헤로도토스 (Herodotos)가 탁월한 지혜를 지닌 여인으로 언급하고 있는 바로 그 유명한 니토크리스(Nitocris)였을 것으로 추정된다. 이 잔치에는 왕후들과 후궁들은 참석하였지만, 그녀는 참석하지 않았다(2절). 이 흥청대는 잔치 속에서 밤을 보내는 것은 그녀의 나이에도 맞지 않고 도리(道理)에도 맞지 않는 일이었기 때문이다. 그러나 벨사살 왕과 그의 신하들을 깜짝 놀라게 만든 일이 벌어졌다는 소식이 그녀의 거처로 전해지자, 그녀는 왕의 근심을 덜어줄 묘책을 알려 주기 위해서 직접 연회장으로 왔다. 그녀는 부왕이 이와 비슷한 일로 곤경에 처했을 때에 여러 번 그를 도와 주었던 사람이 왕의 나라에 있으니 그가 틀림없이 왕도 도울 수 있을 것이라고 말하며, 바벨론의 지혜자들이 이 수수께끼를 풀지 못하였다고 해서 낙심할 것이 없다고 왕을 위로하였다(11-12절). 그녀는 벽에 씌어진 글자를 해독해 낼 수는 없었지만, 그 일을 해낼 수 있는 사람을 왕에게 소개해 주었다: 이제 사실은 가장 먼저 불렀어야 할 다니엘을 부르소서. 좀 더 살펴보자.

1. 그녀는 다니엘을 대단한 인물로 소개한다. 다니엘은 거룩한 신들의 영이 있는 사람이다. 즉, 그는 자기 속에 사람의 영 이상의 그 무엇을 지니고 있어서, 단지 여호와의 등불인 사람의 영혼만이 아니라 하나님의 영도 지니고 있다는 것이다. 그녀의 나라와 종교에서 사용된 언어를 감안한다면, 이것은 그녀가 어떤 사람에 대하여 할 수 있는 최고의 찬시를 한 것이었다. 그녀는 다니엘을 다음과 같은 사람으로 극찬한다.

(1) 다니엘은 놀라울 정도로 좋은 머리를 지니고 있다는 것. 명철과 총명과 지혜가 신들의 지혜와 같은 자니이다. 은밀한 일들을 꿰뚫어 보는 그의 통찰력과 장래 일들을 미리 내다보는 그의 예지력은 그가 신의 영감을 받고 있다는 것을 분명하게 보여주는 증거라는 말이다. 다니엘은 꿈을 해석하고 수수께끼 같은 일들이나 난해한 글들을 설명하며 매듭들을 풀고 의문들을 해결해 주는 데에 다른 모든 지혜자들을 능가하는 지식과 총명을 지니고 있었다. 솔로몬도 이런 일들에 놀라운 총명을 지니고 있었지만, 다니엘은 이런 일들에 있어서 좀 더 직접적인 하나님의 지시를 받고 있었던 것으로 보인다. 솔로몬보다 더 큰 이가 여기 있느니라. 그렇지만, 이 두 사람의 지혜는 그리스도 안에 감춰진 지혜의

보화들에 비하면 작은 것이었다.

(2) 다니엘은 놀라울 정도로 선한 마음을 지니고 있다는 것. 그에게는 훌륭한 심령이 있어서 그 마음이 민첩하였다. 이것은 그의 지혜와 지식을 아름답게 해 주는 최고의 장식이었고, 그로 하여금 그러한 은사를 받을 수 있게 해준 것이었다. 왜냐하면, 하나님은 그가 보시기에 선한 자에게 지혜와 지식과 희락을 주시기 때문이다. 그는 겸손하고 거룩하고 하늘에 속한 심령, 경건하고 은혜로운 심령, 하나님의 영광과 사람들의 유익을 위하여 열심을 내는 심령을 지니고 있었다. 이것은 정말 훌륭한 심령이었다.

2. 그녀는 느부갓네살이 다니엘을 아주 소중히 여겼다는 것을 왕에게 말해 준다. 다니엘은 느부갓네살의 총애를 많이 받았다. "왕의 부친(느부갓네살은 사실은 벨사살 왕의 조부였지만, 바벨론 제국을 반석에 올려 놓은 인물이었기 때문에 이 왕조의 아버지로 불렸다)이 그를 세워 박수의 어른을 삼으셨나이다." 아마도 벨사살은 종종 자부심이 지나쳐서 느부갓네살과 그의 정책들, 그의 통치 방식들, 그가 등용하였던 관리들을 무시하는 발언을 했었을 것이고, 자기가 느부갓네살보다 더 지혜롭다고 생각하였을 것이다. 그래서 벨사살 왕의 모후인 그녀는 이 점을 되풀이해서 강조한다. "왕이 지금 누리고 있는 이 모든 것을 물려주신 느부갓네살 왕, 곧 왕의 부친이 다니엘을 바벨론의 모든 지혜자들의 어른으로 삼으셨고, 그에게 존귀함을 더할 생각으로 그의 신의 이름을 따라서 다니엘에게 벨드사살이라는 이름을 붙여 주셨나이다." 그러나 다니엘은 늘 변함없이 자신의 유대식 이름을 사용하였기 때문에(그는 그의 신앙에 충성한다는 표시로 이렇게 하기로 결심하였다) 벨드사살이라는 이름은 사람들의 뇌리에서 잊혀졌고, 오직 태후만이 그 이름을 기억하고 있었다. 이 태후마저 그 이름을 기억하고 있지 않았다면, 그는 그저 다니엘로 불려졌을 것이다. 많은 사람들에게 유익을 끼친 자들은 스스로 겸손하여 그들이 한 일들이 잊혀지기를 바라지만, 그들이 행하였던 지난날의 선한 섬김들을 기억해 내는 것은 참으로 좋은 일이라는 것을 명심하라.

3. 그녀는 다니엘을 불러 물으라고 왕에게 권한다. 이제 다니엘을 부르소서 그리하시면 그가 그 해석을 알려 드리리이다. 이것으로 보아서, 다니엘은 그 때에 궁정에서 잊혀져 있었던 것으로 보인다. 벨사살은 다니엘을 전혀 알지 못하였고, 그의 나라에 그런 보석이 있다는 것을 알고 있지 못하였다. 새로운 왕이 등

극하면서 새로운 신하들이 등장하였었고, 옛 신하였던 다니엘은 물러났던 것이다. 많은 사람들에게 큰 유익을 끼칠 수 있는 자들인데도 오랫동안 묻혀 살고 있는 자들이 아주 많고, 사람들의 유익을 위하여 대단한 일들을 한 자들인데도 사람들의 관심에서 벗어나 주목을 받지 못하고 살아가는 자들도 있다. 그러나 사람들은 그들을 어떻게 대하든지 간에, 하나님은 불의하지 않으시기 때문에 그의 나라를 섬겨 애쓴 자들의 그 섬김들을 결코 잊지 않으신다. 다니엘은 관직에서 물어나서 사인(私人)으로 살아가고 있었고, 다시 유명해질 기회를 찾지 않았다. 그렇지만 바벨론이 지금 적군에 의해서 포위되어 있는 상황에서 그는 혹시라도 지금껏 그가 받은 은혜를 생각하고 자기 백성을 생각해서 기회가 된다면 언제라도 선한 직분을 감당하기 위해서 궁정 근처에서 언제라도 부르면 달려갈 준비를 한 채 살아가고 있었다. 그런데 이제 바벨론 왕조가 몰락하기 직전에 다니엘은 태후가 왕에게 준 조언에 따라서 다시 왕궁으로 불려가게 되었는데, 이것은 다음 왕조에서 다니엘이 활동할 수 있는 여건을 만들어 주시기 위한 하나님의 섭리에 의해 이루어진 일이었다. 이렇게 의인들은 어두운 곳에서 빛나고, 겸손은 존귀의 길잡이가 된다.

**II. 다니엘이 왕에게 부름을 받고, 왕은 그에게 그 글자들을 읽고 해석해 줄 것을 요청함.** 다니엘이 부름을 받아 왕의 앞에 나왔다(13절). 그는 지금 거의 아흔 살이 되어 있었다. 그는 나이가 많고 이전에 그가 누렸던 높은 관직과 존귀함 때문에 언제든지 왕을 알현할 수 있었을 것이지만, 현재 관직을 갖지 않은 외인(外人)으로서 기꺼이 궁중의 시종장의 인내를 받았다.

1. 왕은 거만한 태도로 다니엘에게 묻는다. 네가 나의 부왕이 유다에서 사로잡아 온 유다 자손 중의 그 다니엘이냐. 벨사살은 유다 자손이고 포로였던 다니엘에게 될 수 있는 한 신세를 지기 싫어하는 마음을 노골적으로 드러낸 것이었다.

2. 왕은 자기가 그에 대하여 어떠한 찬사를 들었는지, 즉 그 안에 신들의 영이 있다는 말을 들었다는 것을 밝힌다(14절). 벨사살은 다니엘이 과연 그토록 대단한 인물인지를 시험해 보기 위해서 사람을 보내어 그를 불러들인 것이었다.

3. 왕은 바벨론의 모든 지혜자들이 실패하였다는 것을 인정한다. 그들은 이 글을 읽지도 못하였고 그 해석을 보이지도 못하였다(15절).

4. 왕은 다니엘에게 이 일을 해낸다면 그가 다른 지혜자들에게 약속했던 바로 그 상을 내릴 것이라고 약속한다(16절). 박수들이 지금이나 느부갓네살의

때에나 한 번도 아니고 두 번씩이나 실패하고서도 그들의 명성을 만회하려고 뭔가를 시도하지 않았다는 것은 이상한 일이었다. 만약 그들이 자신만만하게 "이것이 그 꿈의 의미이고 이 글자의 의미이나이다"라고 말했다면, 누가 그 해석이 틀렸다는 것을 증명할 수 있겠는가? 그러나 하나님은 그리스도께서 태어나셨을 때에 이방의 신탁(神託)들이 모두 침묵하였던 것과 마찬가지로 여기에서도 바벨론의 박수들이 아무 말도 할 수 없게 만들어 놓으셨던 것이다.

**III. 다니엘이 이 신비로운 글자들을 해석함.** 이 해석은 왕의 두려움을 없애주기는커녕 한층 더 커지게 만들었을 것이다. 다니엘은 지금 나이가 아주 많았고, 벨사살은 어렸다. 그러므로 다니엘은 느부갓네살을 대했던 때보다는 더 자유스럽고 허심탄회하게 벨사살을 상대할 수 있었던 것으로 보인다. 사람들, 특히 큰 자들을 책망할 때에는 모든 상황을 다 고려하는 지혜가 필요하다. 훈계의 책망은 곧 생명의 길이다. 여기에 나오는 다니엘의 말 속에서 우리는 다음과 같은 것들을 본다.

1. 다니엘은 그들에게 경고로 주어진 이 글을 읽고 그 해석을 보이는 일을 착수한다(17절). 그는 왕이 그에게 상을 주겠다고 제안한 것을 사양하고, 상을 언급한 것 자체를 기뻐하지 않는다. 왜냐하면, 그는 돈을 위하여 점을 치는 그런 부류가 아니었기 때문이다. 그는 그가 꿈을 해석해 준 후에 느부갓네살이 감사의 뜻으로 그에게 하사한 것들은 기쁘게 받았지만, 벨사살 왕이 상을 내걸고 해석하게 하거나 왕이 약속한 높은 관직을 얻으려고 왕을 위하여 이 글을 해독해 주는 것을 경멸하였다. "왕의 예물은 왕이 친히 가지시며(그럴지라도 그것들은 머지않아 왕의 것이 되지 못할 것이다) 왕의 상급은 다른 사람, 곧 왕이 그 상급을 가장 주고 싶어하시는 지혜자에게 주옵소서. 내게는 그런 것들이 별 필요가 없나이다." 다니엘은 지금 이 나라가 최후의 숨을 가쁘게 내쉬고 있는 모습을 보고 있었기 때문에, 왕이 내건 예물과 상급을 멸시하였다. 마찬가지로, 우리는 이 세상의 최후의 종말이 신속하게 다가오고 있는 모습을 믿음으로 볼 수 있기 때문에, 이 세상이 줄 수 있는 온갖 예물과 상급을 멸시하여야 한다. 이 세상의 썩어져 가는 것들은 다른 사람이 갖게 하라. 우리에게는 우리의 눈이 바라보고 있고 우리의 마음이 가 있는 더 나은 선물들이 있다. 그러나 우리는 이 세상에서의 우리의 본분과 도리를 다하여야 하고, 우리가 할 수 있는 한 모든 진정한 섬김을 다하여야 한다. 우리는 믿음으로 하나님의 글을 이 세상을

향하여 읽어 주고, 사랑이 담긴 말로 그 해석을 알게 해준 후에, 이 세상이 줄 수 있는 쓰레기 같이 보잘것없는 선물이 아니라 하나님이 우리에게 주실 선물을 기대하여야 한다.

2. 다니엘은 하나님이 왕의 부친인 느부갓네살에게 교훈과 경고를 주시기 위하여 그를 어떻게 하셨는지를 왕에게 자세하게 설명한다(18, 21절). 이것은 멋진 수사(修辭)나 귀를 즐겁게 하기 위한 것이 아니라, 벽에 씌어진 글을 해석하는 데에 꼭 필요한 서론이었다. 하나님이 우리에게 무엇을 행하고 계시는지를 올바르게 깨닫기 위해서는 하나님이 다른 사람들에게 어떻게 행하셨는지를 살펴보는 것이 좋다는 것을 명심하라.

(1) 다니엘은 하나님의 섭리에 의해서 느부갓네살이 큰 위엄과 권세를 지니게 되었다는 것을 얘기한다(18-19절). 느부갓네살은 우리가 알고 있는 한 그 이전의 이방의 그 어떤 왕보다 더 큰 나라와 권세와 영광과 위엄을 갖게 되었다. 그는 자신의 뛰어난 품성과 용기로 그 영광을 얻었다고 생각하였고, 그의 성공을 그 자신의 불굴의 투지와 천부적인 재능 덕분이라고 여겼다. 그러나 다니엘은 느부갓네살이 애써서 이루어 놓은 것을 지금 누리고 있는 벨사살에게 이 나라와 저 광대한 영토, 이 제국을 다스리는 그에게 주어진 저 권세와 영광과 위엄을 주신 분은 바로 지극히 높으신 하나님, 모든 신들의 신이시요 모든 왕의 주재이신 하나님(느부갓네살이 친히 하나님을 이렇게 불렀다)이시라고 말한다. 외적으로 어떤 형통함에 이르렀든지, 사람들은 그것이 그들 스스로의 힘으로 얻은 것이 아니라 하나님이 주신 것이라고 고백하여야 한다는 것을 명심하라. 내 능력과 내 손의 힘으로 내가 이 재물을 얻었고 이렇게 출세하였다고 결코 말하지 말고, 사람들에게 재물 얻을 능력을 주시고 사람들의 노력을 성공으로 이끄시는 분은 하나님이시라는 것을 항상 기억하라. 하나님이 느부갓네살에게 주신 권세는 여기에서 그 힘과 권위라는 두 면에 있어서 지극히 큰 것이었던 것으로 묘사된다.

[1] 그의 힘은 대단히 강해서 그 누구도 거역할 수 없었다. 하나님이 그에게 주신 위엄이 지극히 컸고, 그의 휘하에 있는 군대는 그 수가 모래알 같았으며, 그는 그 군대를 놀라울 정도로 능숙하게 지휘하였기 때문에, 그의 칼이 어디를 향하든 그는 늘 형통하였다. 모든 민족이 그의 앞에서 떨며 두려워해서 어떤 조건으로라도 목숨을 건지기 위해서 그와 타협하고자 했기 때문에, 그는 칼 한 번

휘두르지 않고도 나라들을 복속시킬 수 있었다. 힘이라는 것이 무엇인지, 힘에 대한 두려움 때문에 어떤 일이 일어나는지를 보라. 짐승의 세계, 심지어 인간의 세계조차도 힘에 의해서 지배된다.

[2] 그의 권세는 아주 절대적이었기 때문에 아무도 통제할 수 없었다. 그에게 허락된 권세, 그에게 내려진 권세, 또는 적어도 그가 쥐고 있었던 권세는 절대적이고 전제적인 것이어서 그 누구도 반대할 수 없었고, 입법이나 행정에서 그의 권세에 간섭할 수 있는 자도 아무도 없었다. 형벌을 베풀 때에도 그는 자기 마음대로 사형을 선고하기도 하고 무죄로 방면하기도 하였다. 그는 임의로 죽이며 임의로 살렸다. 두 사람이 다 무죄일 때나 다 유죄일 때나 그는 마음 내키는 대로 한 사람은 죽이고 다른 한 사람은 살려 주었다. 살리고 죽이는 권한이 온전히 그의 수중에 있었다. 상을 줄 때에도 그는 자기 마음대로 승진시키기도 하고 좌천시키기도 하였다. 그는 아무런 이유도 없이 단지 기분에 따라서 임의로 높이며 임의로 낮추었다. 모든 것은 그의 뜻에 따라 좌지우지 되었고, 그의 뜻은 이성을 대신하였다. 동방의 군주국들의 체제가 그랬고, 그 나라들의 왕이 행하는 방식이 그랬다.

(2) 다니엘은 벨사살 왕 앞에 느부갓네살이 지은 죄들, 하나님을 진노하게 만들어서 화를 불러들이는 원인이 되었던 죄들이 무엇이었는지를 제시한다.

[1] 느부갓네살은 그의 통치 아래 있던 자들에 대하여 오만방자하게 행하여서 점점 포악하고 압제적이 되어 갔다는 것. 그의 권세에 관한 묘사, 즉 그가 사리에 맞고 공평하게가 아니라 기분과 감정에 따라서 그의 권력을 휘둘렀다는 앞서의 설명은 그가 그의 권세를 남용하였다는 것을 보여준다. 따라서 그는 자주 죄 없는 자를 단죄하고 죄 있는 자를 풀어 주었는데, 이것은 둘 다 여호와께 가증한 일이었다. 그는 덕 있고 유능한 인물들을 관직에서 쫓아내고 부도덕하고 무능한 자들을 관직에 등용함으로써 백성들에게 큰 손해를 끼쳤기 때문에, 그에게 권세를 주신 지극히 높으신 하나님께 그 일을 책임져야 했다. 사람이 절대 권력을 가지고 있으면서 그 권력을 남용하지 않는다는 것은 너무나 어려운 일이고 드문 일이라는 것을 명심하라. 캠든(Camden)은 자신의 시에 나오는 한 대구(對句)에서 영국의 헨리 2세의 경우를 아주 희귀한 예로 들면서, 세상의 왕들 중에서 헨리 2세만한 권력을 지니고서 그 권력으로 백성들에게 거의 해를 끼치지 않은 왕은 없었다고 말한다: 나는 그에 대하여 큰 기쁨으로 말할

수 있노니, 그가 가진 것과 같은 권력으로 해를 끼치지 않은 자는 아무도 없었다. 그러나 이것이 전부가 아니었다.

[2] 느부갓네살은 자기 위에 계신 하나님에 대해서도 오만방자하게 행하여서 점점 교만하고 오만하게 되어 갔다는 것(20절). 그가 마음이 높아졌다. 거기에서 그의 죄와 파멸이 시작되었다. 그의 뜻이 교만 가운데서 완악하여, 하나님의 명령과 심판에 대적하였다. 그는 고집스러워지고 완고해져서, 하나님의 말씀이나 매도 그에게는 지속적인 효력이 없었다. 교만은 마음을 완악하게 하여 다른 모든 죄를 짓게 만드는 죄이고, 회개하고 삶을 고치게 하기 위하여 하나님이 주신 은혜의 수단들을 무력화시켜 버린다는 것을 명심하라.

(3) 다니엘은 하나님이 느부갓네살에게 그의 교만과 완악함으로 인해서 어떤 심판을 내리셨는지, 즉 느부갓네살이 어떻게 이성을 빼앗겨 미치게 되었고, 그의 왕위가 폐한 바 되며(20절), 사람 중에서 쫓겨나서 들나귀와 함께 살게(21절) 되었는지를 벨사살 왕에게 상기시킨다. 그는 이성의 법칙들을 따라서 신민들을 다스리지 않았기 때문에 스스로를 다스리기에 충분한 이성도 갖지 못하게 되었다. 사람들이 그들의 이성을 사용하지 않고 비이성적인 자들이 되어 버릴 때에 하나님이 그들에게서 이성을 빼앗으시는 것은 합당한 일이고, 사람들이 그들의 권세를 악용하여 다른 사람들을 압제하는 데에 사용할 때에 그들에게서 그 권세를 빼앗으시는 것은 합당한 일이라는 것을 명심하라. 느부갓네살은 신앙의 첫 번째 원리, 즉 지극히 높으신 하나님이 다스리신다는 원리를 알고 받아들이게 될 때까지 계속해서 짐승 같은 삶을 살았다. 사람이 짐승과 구별되고 짐승보다 더 존귀한 것은 이성이 아니라 신앙이 있기 때문이다. 열등한 피조물들을 다스리는 만물의 영장인 것보다 지극히 높으신 창조주의 백성이라는 것이 사람에게는 더 큰 영광이다. 왕들은 지극히 높으신 하나님이 그들의 나라들을 다스리신다는 것(하나님의 나라는 제국을 다스리는 제국으로서 그 누구도 그 나라에 이의를 제기할 수 없다), 하나님은 그가 원하는 자를 그 나라들을 다스리도록 임명하신다는 것을 알아야 하고, 또한 알게 될 것이다. 후계자들을 만드시는 것도 하나님이시고, 왕들을 만드시는 것도 하나님이시다.

3. 다니엘은 하나님의 이름으로 벨사살 왕의 죄목들을 열거한다. 다니엘은 손가락이 나와서 벽에 쓴 글을 통해서 벨사살에 대한 판결 내용을 읽어내려 가기 전에, 먼저 하나님께서 말씀하실 때에 의로우시고 심판하실 때에 순전하시다는

것을 나타내기 위해서 벨사살이 어떤 죄를 범하였는지를 지적한다. 이제 다니엘이 벨사살의 죄목으로 열거하는 것은 다음과 같은 것들이다.

(1) 벨사살이 부왕에 대한 하나님의 심판을 알고서도 경고를 받아들이지 않았다는 것(22절). 벨사살이여 왕은 이것을 다 알고도 마음을 낮추지 아니하였나이다. 하나님의 교훈들과 그의 섭리들을 알면서도 하나님 앞에 낮아져서 그 뜻을 받들어 회개하고 순종하며 인내하지 않을 때, 그것은 하나님에 대한 큰 죄라는 것을 명심하라. 아니, 하나님은 세상에서 지극히 큰 자들이 그 앞에서 낮아져서 비록 그들이 큰 자들이지만 하나님께 책임을 져야 한다는 것을 인정하게 되기를 기대하신다. 우리가 우리의 마음을 낮추어야 한다는 것을 충분히 알면서도 그 충분한 지식을 깊이 숙고하지도 않고 사용하지도 않을 때, 특히 우리가 다른 사람들이 고개를 숙이지 않으려 하다가 꺾여지고 몸을 굽히지 않으려 하다가 망한 것을 알고서도 여전히 목과 허리를 뻣뻣이 하고 있을 때, 그것은 우리의 마음이 낮아지지 않은 죄를 한층 더 가중시킨다. 자녀들이 그들의 부모가 악한 길로 행하여 얼마나 혹독한 대가를 치렀는지, 그 결과가 얼마나 치명적인 것이었는지를 두 눈으로 똑똑히 보았으면서도, 부모의 전철을 그대로 밟는다면, 그것은 자녀들의 죄를 더욱 가증스러운 것으로 만든다. 우리는 이것을 알고 이 모든 것을 알고도 낮아지지 않고 있는가?

(2) 벨사살이 이 두려운 일을 겪게 된 이 밤에 주연을 열어서 흥청거리며 행한 일을 통해서 부왕인 느부갓네살보다도 더 뻔뻔스럽게 하나님을 모독하였다는 것(23절). "왕은 자신을 하늘의 주재보다 높이며 분노로 가득 차서 하나님을 대적하고 하나님의 왕권과 위엄에 도전해서, 지금 하나님의 성전 그릇을 더럽히고 그 성전 그릇들을 왕의 죄악의 도구로 만들었으며, 하나님을 멸시하고자 하는 의도를 가지고서 마치 보기도 하시고 듣기도 하시며 모든 것을 아시는 하나님보다 우상들이 더 낫다는 듯이 그 어떤 것도 보지도 듣지도 알지도 못하는 금,은으로 만든 신상들을 찬양하였나이다." 계속해서 죄를 짓고자 결심한 죄인들은 보지도 듣지도 알지도 못하는 신들을 아주 좋아한다. 왜냐하면, 그래야만 그들이 마음 놓고 죄를 지을 수 있기 때문이다. 그러나 장차 그들은, 그 우상들이 그들이 선택한 신들이기는 하지만, 나중에 그들을 심판할 이는 그 우상들이 아니라, 만물이 그 앞에서 벌거벗은 것 같이 드러나게 될 한 분 하나님이시라는 것을 알고서 낭패를 당하게 될 것이다.

(3) 벨사살이 하나님이 그를 지으시고 먹이시며 입히신 목적에 부응하지 못하였다는 것. 왕은 왕의 호흡을 주장하시고 왕의 모든 길을 작정하시는 하나님께는 영광을 돌리지 아니한지라(23절). 이것은 우리 모두에게도 그대로 적용되는 일반적인 고소이다. 어떻게 하면 우리가 하나님이 우리를 지으신 목적에 부응하게 되는 것인지를 살펴보기로 하자.

[1] 하나님은 우리의 창조주, 보존하시는 자, 은혜를 베푸시는 자, 주인, 다스리시는 자이시기 때문에, 우리는 철저히 하나님을 의존하여 살아가게 되어 있다는 것. 우리의 호흡은 맨 처음에 하나님의 손으로부터 왔을 뿐만 아니라, 지금도 여전히 하나님의 손 안에 있다. 우리 영혼을 살려 두시는 분은 하나님이시고, 하나님이 우리의 호흡을 거두어 가시면 우리는 죽는다. 우리의 수명은 하나님의 손 안에 있기 때문에, 우리의 수명을 측정할 때에 기준이 되는 우리의 호흡도 하나님의 손 안에 있다. 우리가 그를 힘입어 살며 기동하며 존재하느니라(행 17:28). 우리는 하나님으로 말미암아 살고 하나님을 의지하여 살기 때문에 하나님 없이는 살 수가 없다. 사람의 길은 자신에게 있지 아니하기 때문에 자신의 뜻대로 되는 것이 아니다. 우리의 모든 길은 하나님께 있다. 왜냐하면, 우리의 마음은 하나님의 손 안에 있고, 모든 사람들의 마음, 심지어 가장 자유롭게 행하는 것처럼 보이는 왕들의 마음조차도 하나님의 손 안에 있기 때문이다.

[2] 우리는 이렇게 하나님을 의존하여 살아가게 되어 있기 때문에, 우리에게는 하나님께 마땅히 해야 할 본분과 도리가 있다는 것. 우리는 하나님을 영화롭게 하여야 하고, 하나님이 높임을 받으실 일에 우리 자신을 헌신하고, 하나님을 섬기는 일에 우리 자신을 사용하여야 하며, 하나님을 기쁘시게 해 드리는 것을 우리의 관심사로 삼고, 하나님을 찬송하는 것을 우리의 일로 삼아야 한다.

[3] 우리는 이렇게 하나님을 의존하여 살아가게 되어 있는데도 우리의 마땅한 본분과 도리를 다하지 못하고 있다는 것. 우리는 우리의 도리를 다하지 못하였다. 왜냐하면, 우리는 모두 죄를 범하여 하나님의 영광에 이르지 못하였기 때문이다. 이것이 벨사살을 고소하는 죄목이었다. 이 죄목은 너무도 명명백백한 사실에 의해서 그대로 드러나고, 그의 양심이 유죄로 인정할 수밖에 없는 죄목이기 때문에 아무런 증거도 필요로 하지 않는다.

4. 다니엘은 이제 벽에 기록된 대로 벨사살에 대한 하나님의 판결을 읽어 내

려간다. "왕이 하나님을 모독하고 우상을 높이는 큰 잔치를 열어서 가장 신성한 하나님의 성물들을 짓밟을 정도로 하나님에 대한 왕의 불경(不敬)이 극에 달했기 때문에, 이러므로 왕이 그토록 무모하게 모독하였던 바로 그 하나님, 왕에 대하여 아주 오랫동안 참아 오시다가 이제는 더 이상 참을 수 없으시게 된 그 하나님으로부터 벽에 글을 기록한 이 손가락이 나왔나이다. 하나님이 이 손가락을 보내셨고, 이 손가락이 벽에 이 글을 기록하였나이다(24절). 지금 왕을 대적하사 괴로운 일들을 기록하시며 왕으로 하여금 왕이 지은 죄를 받게 하시는 분은 하나님이시나이다(욥 13:26)." 죄인들의 죄는 모든 것을 아시는 하나님이 모든 일을 낱낱이 적어 놓으신 책에 기록되어 있고, 죄인들에 대한 판결은 하나님의 율법책에 기록되어 있다. 이 책들이 펴져서 죄인들이 그 책들에 따라 심판을 받게 될 날이 다가오고 있다. 벽에 씌어진 글귀는 메네 메네 데겔 우바르신이었다(25절). 성경에 이 단어들에 대한 공식적인 설명이 덧붙여져 있는 것은 다행스러운 일이다. 그렇지 않았다면, 이 단어들은 아주 간결하게 제시되고 있기 때문에, 우리는 이 단어들에 대하여 거의 알지 못하였을 것이다. 이 단어들로 이루어진 글귀의 의미는 그가 세셨고, 그가 저울에 달아 보셨으며, 그것들이 나뉜다는 것이었다. 갈대아의 지혜자들은 오직 한 분 하나님이 계신다는 것을 알지 못하였기 때문에 이 글귀에 나오는 그가 누구를 가리키는지를 이해할 수 없었고, 이 때문에 이 글귀의 의미도 알 수 없었던 것이라고 어떤 이들은 생각한다.

(1) 메네. 이 글귀가 말하고 있는 일은 아주 확실한 일이었기 때문에, 이 단어는 두 번 반복된다: 메네 메네. 다니엘이 설명하고 있듯이, 이것은 히브리어와 갈대아어로 그가 세었고 끝나게 하셨다를 의미한다(26절). "하나님이 이미 왕의 나라의 시대, 즉 이 나라가 지속될 연한과 날수를 세셨나이다. 그 날수는 하나님의 모략 속에서 정해져 있었는데, 지금 그 날수가 끝이 났나이다. 왕께서 이 나라를 다스리실 기한이 끝났기 때문에, 이제 이 나라를 내놓아야 하나이다. 왕의 나라의 끝이 이르렀나이다."

(2) 데겔(정확한 발음은 '테켈'). 이것은 갈대아어로는 네가 저울에 달아졌다를 의미하고, 히브리어로는 네가 너무 가볍다를 의미한다(라이트푸트 박사). 왜냐하면, 벨사살 왕과 그의 행위가 한 치의 틀림도 없는 하나님의 공평한 저울에 달아졌기 때문이다. 금장색(goldsmith)이 그가 가장 정확한 저울에 달아본

금의 무게를 정확히 알고 있듯이, 하나님은 벨사살 왕의 진면목을 완벽하게 알고 계신다. 하나님은 먼저 그의 행위들을 이모저모로 뜯어보아서 그 공과(功過)를 다 따져보시고 나서야 비로소 그에 대하여 판단을 내리신다. "너는 부족함이 보였다. 너는 내가 네게 맡긴 나라를 다스리기에 부적당한 자, 허영심이 가득 하고 경솔하며 실없는 자, 그 어떤 무게나 사려깊음도 없는 자임이 드러났다."

(3) 우바르신(정확한 발음은 '우파르신'). 이 어구는 "그리고"를 뜻하는 우와 바르신('파르신') 또는 베레스('페레스')라는 단어가 결합된 것이다. 파르신은 히브리어로 바사 사람들을 의미하고, 페레신은 갈대아어로 나뉘다를 의미한다. 다니엘은 이 둘을 한데 결합해서 이 어구를 해석한다(28절). "왕의 나라가 나뉘고 왕으로부터 빼앗아져서, 마치 노략물이 분배되듯이 메대와 바사 사람들에게 준 바 되었다." 이것은 별 무리 없이 죄인들의 운명에 그대로 적용될 수 있다. 메네 데겔 베레스는 죽음, 심판, 지옥을 의미하는 것이라고 할 수도 있다. 죽을 때에 죄인의 날수는 세어져서 끝이 난다. 죽고 나서 심판을 받을 때에 죄인은 저울에 달아져서 그 부족함이 발견될 것이다. 심판 후에 죄인은 갈가리 찢겨져서 마귀와 그 사자들의 밥으로 주어질 것이다. 다니엘은 여기에서 이 일이 이미 작정되어서 벨사살에게 그 어떤 회개의 말미도 허락되지 않고 있는 것을 알았기 때문에 느부갓네살의 경우와는 달리 벨사살에게는 회개하라는 권면과 격려를 하지 않는다.

벨사살은 그의 성질로 보이서는 자신의 운명이 절망적인 것을 알고서 울화통이 치밀어서 다니엘에게 불 같이 화를 내며 분풀이를 하여야 했지만, 다니엘이 한 모든 말이 지당하다는 것을 자신의 양심으로 너무나 잘 깨닫고 있었기 때문에, 한 마디도 반론을 제기하지 못하였다. 그는 격분하기는커녕 도리어 다니엘에게 그가 약속한 상을 내려서, 다니엘에게 자주색 옷을 입히게 하고 금 사슬을 목에 걸어 주며 다니엘을 나라의 셋째 통치자로 삼았다(29절). 왜냐하면, 벨사살은 자기가 한 말을 지켜야 했고, 벽에 씌어진 글에 대한 해석이 그가 바랐던 것과 같지 않았지만, 그것은 다니엘의 잘못이 아니었기 때문이었다. 하나님의 말씀은 존중하지 않으면서도 하나님의 선지자들은 극진하게 대접하는 자들이 많다. 다니엘은 존귀함을 나타내는 이러한 직함과 증표를 소중한 것으로 여기지 않았지만, 그것들은 왕의 호의의 표시였기 때문에 거절하지는 않았다.

그러나 다니엘은 그것들이 그것들을 수여한 벨사살 왕과 더불어서 아주 신속하게 사라지게 될 것을 미리 내다보고 있었기 때문에 실소를 머금으며 그것들을 받았을 것이다. 그런 것들은 하룻밤 사이에 크게 자랐다가 하룻밤 사이에 시들어 버린 요나의 박넝쿨과 같은 것이었다. 다니엘이 그런 것들을 크게 기뻐하였다면, 그것은 어리석은 일이었을 것이다.

³⁰그 날 밤에 갈대아 왕 벨사살이 죽임을 당하였고 ³¹메대 사람 다리오가 나라를 얻었는데 그 때에 다리오는 육십이 세였더라

이 단락에는 다음과 같은 내용들이 나온다.

1. 벨사살 왕의 죽음. 그에게는 두려워 떨 만한 충분한 이유가 있었다. 왜냐하면, 그는 공포의 왕의 수중에 막 떨어질 찰나에 있었기 때문이다(30절). 그의 마음이 술로 흥이 겨워 있던 그 날 밤에 바벨론 성을 포위하고 있던 적군은 성으로 쳐들어와서 왕궁을 향하였다. 거기에서 그들은 왕을 찾아내서 죽였다. 벨사살 왕에는 몸을 숨길 만한 은밀한 곳도 없었고, 그를 보호해 줄 아주 견고한 피신처도 없었다. 이방의 저술가들에 의하면, 고레스는 바벨론 성의 지리를 아주 잘 알고 있던 두 명의 변절자의 도움으로 바벨론을 기습적으로 함락시켰다고 한다. 이 소식을 듣고 궁중이 얼마나 대경실색하게 될지는 이미 예언되어 있었다(렘 51:11, 39). 그 마음이 먹고 마시며 취하는 데에 몰두해 있는 자들에게는 죽음이 덫처럼 찾아온다는 것을 명심하라.

2. 나라가 다른 사람들의 손으로 넘어감. 이제 우리는 금으로 된 머리에서 은으로 된 가슴과 두 팔로 내려오게 된다. 메대 사람 다리오가 바벨론을 점령한 고레스와 연합하여 그 나라를 얻었다(31절). 이 두 사람은 전쟁과 정복에 있어서 서로 연합하였고 통치에 있어서도 서로 연합하였다(6:28). 다리오의 나이를 주목해 보라. 그는 지금 62세였다. 그래서 그의 조카였던 고레스는 그에게 윗자리를 내주었다. 어떤 이들은 유대인들의 포로 생활의 마지막 해에 다리오가 62세인 것으로 보아서 그는 포로 생활이 8년이 되던 해에 태어났고, 그 해는 여고냐와 그의 모든 귀족들이 포로로 잡혀간 해이기도 하였다는 것을 지적한다(왕하 24:13-15을 보라). 바벨론이 유다에 가장 치명적인 타격을 가했던 바로 그 때에 장차 세월이 흘러서 예루살렘을 대신하여 바벨론에 대하여 복수를

해줄 왕, 바벨론에 의해서 예루살렘이 입은 상처를 치유해 줄 왕이 태어난 것
이었다. 자기 백성에 대한 하나님의 모략은 이렇게 깊고, 자기 백성을 향한 하
나님의 뜻은 이렇게 인자하시다.

제
— 6 —
장

## 개요

다니엘은 그 자신이 바벨론과 바사 제국의 국사(國事)에 깊숙이 관여한 인물이었는데도, 그가 살았던 여러 왕들의 치세나 두 제국의 국사에 대하여 연속적인 역사를 기록하지는 않는다. 그 역사가 우리와 무슨 상관이 있단 말인가? 따라서 그는 하나님에 대한 우리의 신앙을 더욱 견고히 해주고 하나님에 대한 우리의 순종을 더욱 격려해주는 데에 도움이 되는 그런 대목들만을 골라서 기록해 놓는다. 왜냐하면, 옛적에 기록된 것들은 우리의 교훈을 위해 기록된 것이기 때문이다. 이 장에서 우리가 보는 이야기, 즉 다니엘이 어떻게 믿음으로 "사자들의 입을 막아서 증거를 받았는지"에 관한 이야기는 매우 주목할 만하고 유익한 이야기이다(히 11:33). 다니엘의 세 친구는 명백한 죄를 범하기를 거부하였다는 이유로 맹렬히 타는 풀무불 가운데로 던져졌고, 다니엘은 명백한 도리를 행하지 말라는 명령을 거부하였다는 이유로 사자 굴에 던져졌는데, 하나님이 다니엘과 그 세 친구를 이적에 의해 구원하신 것이 여기에 기록된 것은 모든 세대의 하나님의 종들이 그 어떤 대가를 치르더라도 단호하고 변함없이 악한 것을 혐오하고 선한 것을 꼭 붙잡도록 힘을 주기 위한 것이다. 이 장에는 다음과 같은 내용들이 나온다.

I. 다니엘이 다리오의 궁정에서 총리가 됨(1-3절). II. 원수들이 다니엘을 시기하고 악의를 품음(4-5절). III. 그들이 왕으로부터 30일 동안 기도를 금지하는 조서(詔書)를 받아냄(6-9절). IV. 다니엘이 왕의 조서에도 불구하고 변함없이 계속해서 기도함(10절). V. 다니엘이 왕의 조서를 어겼다는 고발이 들어와서 사자 굴에 던져지게 됨(11-17절). VI. 다니엘이 사자 굴 속에서 기적적으로 목숨을 보존하고 구원 받음(18-23절). VII. 다니엘을 참소했던 자들이 사자 굴 속으로 던져져서 거기에서 죽음(24절). VIII. 다리오 왕이 이 일을 계기로 다니엘의 하나님을 높이는 조서를 내리고, 그 후로 다니엘이 형통함(25-28절). 바로 이 하나님이 영원히 우리의 하나님이시다.

¹다리오가 자기의 뜻대로 고관 백이십 명을 세워 전국을 통치하게 하고 ²또 그들 위에 총리 셋을 두었으니 다니엘이 그 중의 하나이라 이는 고관들로 총리에게 자기

의 직무를 보고하게 하여 왕에게 손해가 없게 하려 함이었더라 [3]다니엘은 마음이 민첩하여 총리들과 고관들 위에 뛰어나므로 왕이 그를 세워 전국을 다스리게 하고자 한지라 [4]이에 총리들과 고관들이 국사에 대하여 다니엘을 고발할 근거를 찾고자 하였으나 아무 근거, 아무 허물도 찾지 못하였으니 이는 그가 충성되어 아무 그릇됨도 없고 아무 허물도 없음이었더라 [5]그들이 이르되 이 다니엘은 그 하나님의 율법에서 근거를 찾지 못하면 그를 고발할 수 없으리라 하고

우리는 여기에서 다니엘에 관하여 다음과 같은 것들을 듣는다.

**I. 다니엘이 얼마나 큰 자였는가.** 다리오는 바벨론 제국을 정복하고 권좌에 올라 정부를 새롭게 구성하면서, 다니엘을 총리로 삼아서 국정을 이끌게 하고 제국의 살림살이와 국새를 맡은 최고 책임자가 되게 하였다. 다리오가 통치하는 영토는 대단히 방대하였다. 그가 정복에 의해서 얻은 나라는 무수히 많았기 때문에, 그는 그 나라들을 다 보살펴야 했다. 하지만 다리오 한 사람으로는 그 많은 속국들을 다 살필 수 없었기 때문에, 다른 사람들이 그를 보필하지 않으면 안 되었다. 그는 고관 백이십 명을 세워 전국을 통치하게 하였는데(1절), 그들을 각 지방의 수령으로 임명하여 그들로 하여금 송사를 처리하고 치안을 유지하며 왕의 세입(稅入)을 징수하게 하였다. 관원들은 왕과 마찬가지로 선을 위하여 왕이 사용하시는 일꾼들이라는 것을 명심하라. 그러므로 우리는 최고의 권세인 왕만이 아니라 왕이 임명하여 세운 관리들에게도 순종하여야 한다(벧전 2:13-14). 다리오 왕이 세운 이 고관들 위에는 총리 셋이 있었는데, 그들의 임무는 국사를 총괄하는 가운데 고관들로부터 직무에 관한 보고를 듣고 잘못된 일들을 시정하도록 조치하여 왕에게 손해가 없게 하고(2절), 왕의 수입에 지속적으로 손실이 발생하지 않게 하며, 고관들에게 위임된 권력이 백성들을 억압하는 데에 악용되지 않게 하는 것이었다. 왜냐하면, 왕이 위임한 권력을 고관들이 악용하게 되면, 그것은 민심을 이반시킴은 물론이고 왕에 대한 하나님의 진노를 불러일으켜서, 왕이 그렇게 생각하든 안 하든 실질적으로 타격을 입기 때문이다. 이 세 명의 총리 가운데서 다니엘이 가장 어른이 되었는데, 이것은 그가 모든 자격 면에서 다른 총리들을 능가한다는 것이 밝혀졌기 때문이었다. 다니엘은 총리들과 고관들 위에 뛰어나 가장 윗자리에서 나랏일을 너무도 기가 막히게 처리하여 왕을 기쁘게 하였기 때문에, 왕이 그를 세워 전국을 다스

리며 그의 뜻대로 관리들을 임면(任免)하게 하고자 하였다(3절).

1. 다리오가 이렇게 순전히 개인적인 능력과 일을 잘 처리하는 것만을 보고서 다니엘을 높은 관직에 등용한 것은 칭찬받을 만한 일이었다. 아랫사람들로부터 잘 섬김을 받고자 하는 왕들은 이러한 원칙을 따르지 않으면 안 된다. 다니엘은 정복당한 나라에서 고관을 지낸 인물이었기 때문에, 적으로 간주되어서 투옥되거나 추방되었어야 했다. 그는 다른 나라의 백성이었고 패망한 나라의 백성이었기 때문에, 바로 그 이유만으로도 이방인이자 포로로 취급 받아서 얼마든지 멸시를 당할 수 있었다. 그러나 다리오는 사람들의 능력을 판단하는 일에 대단히 뛰어나서, 이 다니엘이 비범한 인물이라는 것을 곧 알아차렸기 때문에, 이 새롭게 정복한 나라에서 높은 관직을 기대하면서 학수고대하고 있던 본국 출신의 인물들이 적지않이 있었고, 오랫동안 왕의 측근이었던 자들도 이제는 총리직에 오를 수 있을 것이라고 믿고 있는 상황인데도, 다니엘이 지혜와 덕에 있어서 다른 모든 사람들을 능가하는 것을 보았고 그가 하나님의 영을 지닌 자라는 말을 들었기 때문에, 나라와 백성이 잘 되는 것을 가장 우선적으로 생각해서 다니엘을 그의 오른팔로 삼았다.

2. 다니엘이 지금 나이가 아주 많았음에도 불구하고(그가 바벨론에 포로로 잡혀온 지 어언 70년이 넘었다) 신체적으로나 정신적으로 여전히 나랏일을 잘 처리할 수 있었다는 것과 이전의 여러 왕들 때에 온갖 시험을 잘 통과하여 자신의 신앙을 계속해서 잘 지켰듯이 새로운 정부에서도 이전과 마찬가지로 많은 존경을 받았다는 것은 하나님께 영광이었다. 그는 버드나무가 아니라 상수리 나무였고, 악덕에 기울지 않고 언제나 변함없이 덕을 지켰다. 이러한 정직함이야말로 최선의 방책이다. 왜냐하면, 정직은 명성을 유지시켜 주기 때문이다. 사람이 하나님을 이렇게 높여 드리면, 하나님은 그 사람을 반드시 높여 주신다.

**Ⅱ. 다니엘이 얼마나 훌륭한 자였는가.** 다니엘은 마음이 민첩하였다(3절). 그는 그에게 맡겨진 모든 일에 신실하였고, 왕과 백성 사이에서 공정하게 일을 처리하였으며, 어느 쪽도 손해를 보거나 해를 입지 않도록 신경을 썼기 때문에, 누구도 그에게서 아무 근거,아무 허물도 찾지 못하였다(4절). 대적들은 그에게서 어떤 속임수나 부정직을 찾아낼 수 없었을 뿐만 아니라, 그 어떤 실수나 경솔한 행동도 찾아낼 수 없었다. 그는 결코 실책을 범하지 않았고, 부주의나

건망증으로 실수하는 일도 전혀 없었다. 이것은 공직에 있는 자들이 모든 일에서 주의 깊고 꼼꼼하게 일을 처리하여서 범죄나 잘못은 물론이고 실수나 오류도 없게 하여야 한다는 것을 보여주기 위하여 하나의 모범으로 기록된 것이다.

**Ⅲ. 사람들이 다니엘의 출세와 선함을 시기하여 어떠한 악의를 품었는가.**
총리들과 고관들은 다니엘이 그들보다 높은 자리로 올라갔기 때문에 그를 시기하였고, 다니엘이 그들을 낱낱이 살피면서 그들이 정부에 해를 끼치고 자신의 배를 불리는지를 감시하였기 때문에 그를 미워하였을 것이다.

1. 시기의 이유. 그 이유라는 것들은 다 한결같이 말도 되지 않는 것들이었다. 솔로몬은 사람이 모든 옳은 일로 말미암아 이웃에게 시기를 받는 것, 선한 자일수록 그의 경쟁자들에 의해서 더 나쁜 말을 듣는 것은 분한 일이라고 탄식한다(전 4:4). 다니엘은 다른 사람들보다 더 훌륭한 심성을 지니고 있었기 때문에 시기를 받았다.

2. 시기의 결과. 시기로 인해서 벌어진 일들은 다 악한 것들뿐이었다. 다니엘을 시기한 자들은 시기하는 것 자체에서 그친 것이 아니라 그를 아예 파멸시키고자 하였다. 다니엘이 망신을 당하는 것만으로는 그들의 성이 차지 않을 것이었기 때문에, 그들이 바란 것은 그의 죽음이었다. 분은 잔인하고 노는 창수 같거니와 투기 앞에야 누가 서리요(잠 27:4). 대적들은 염탐꾼을 보내서 다니엘이 그의 직무를 어떻게 처리하는지를 낱낱이 지켜보게 하였다. 그들은 국사에 대하여 다니엘을 고발할 근거를 찾고자 하여, 직무를 태만히 하거나 불공평하게 처리한 예는 없는지, 경솔한 말을 내뱉은 것은 없는지, 그에게 원한을 품은 자는 없는지, 어떤 중요한 일을 간과한 것은 없는지 등등을 꼼꼼히 살펴보게 하였다. 만약 그들이 다니엘이 잘못한 것을 티끌 한 점이나 흠 한 줌이라도 발견할 수 있었다면, 그 잘못은 이내 들보나 태산 같은 잘못으로 부풀려져서 결코 용서할 수 없는 대죄가 되어 버렸을 것이다. 그러나 그들은 다니엘을 고발할 근거를 찾지 못하였다. 그들은 다니엘에게서 그 어떤 허물도 찾을 수 없다는 것을 인정하였다. 다니엘은 언제나 정직하게 행하였고, 지금은 그를 지켜보는 원수들을 생각해서 더욱 조심하고 조심하였다(시 27:11). 우리는 모든 일에 아주 조심성있게 행할 필요가 있다는 것을 명심하라. 왜냐하면, 우리를 지켜보는 많은 눈들이 있고, 그들 중에는 우리를 끌어 내리기 위해서 호시탐탐 기회를 노리는 자들도 있기 때문이다. 특히 자신의 잔이 가득 차 있는 자들은 그 잔을 항상 반

듯하게 유지해야 한다. 대적들은 결국 다니엘이 섬기는 하나님의 율법과 관련된 것을 제외하면 그를 고발할 그 어떤 근거도 찾을 수 없을 것이라는 결론을 내렸다(5절). 이것으로 보건대, 다니엘은 당시에도 여전히 자신의 신앙을 지니고 있었고, 흔들림이나 움츠러듦이 없이 그 신앙을 견고하게 붙잡고 있었지만, 그것이 그의 출세에 장애물이 되지는 않았던 것으로 보인다. 왕이 정한 종교를 따를 것을 요구하거나 그렇지 않을 경우 관직에 오를 수 없게 하는 법이 제정되어 있지 않았을 것이다. 다니엘이 자신의 직무를 충성되게 잘 수행해 주기만 한다면, 그가 어떤 신에게 기도를 드리느냐 하는 것은 왕에게 전혀 문제가 되지 않았다. 다니엘은 모든 일에 있어서 충성을 다 바쳐서 왕을 섬겼지만, 제단과 관련해서는 왕보다 하나님이 우선이었다. 그러므로 대적들은 이 신앙의 문제와 관련해서는 다니엘을 함정에 빠뜨릴 수도 있겠다고 생각하게 되었다. 그들은 그를 반역죄로는 걸 수가 없게 되자 불경죄로 걸었다(그로티우스). 신앙을 고백한 자들이 그들의 모든 행실에서 아무에게도 해를 끼치거나 거슬리게 행하지 않음으로써 그들에게 앙심을 품고 그들을 무너뜨리려고 호시탐탐 노리는 대적들이 오직 양심에 따라 행하는 신앙 문제를 제외하고는 그 어떤 흠 잡을 것도 발견할 수 없다는 것은 정말 훌륭한 일이고 하나님께서 큰 영광을 받으시는 일이라는 것을 명심하라. 우리가 여기에서 주목할 만한 것은, 대적들은 국사(國事)에 대하여 다니엘을 고발할 근거를 찾을 수 없었을 때에, 그에게 죄가 없음에도 불구하고 돈으로 매수하여 거짓 증인들을 세워서 그가 반역죄를 저질렀다고 맹세로써 증언하게 할 수도 있었는데, 그들에게 적어도 정의감이 어느 정도는 남아 있어서 그렇게 하지 않은 것은 유대인 또는 그리스도인이라 불린 많은 사람들을 부끄럽게 만든다는 것이다.

[6]이에 총리들과 고관들이 모여 왕에게 나아가서 그에게 말하되 다리오 왕이여 만수무강 하옵소서 [7]나라의 모든 총리와 지사와 총독과 법관과 관원이 의논하고 왕에게 한 법률을 세우며 한 금령을 정하실 것을 구하나이다 왕이여 그것은 곧 이제부터 삼십일 동안에 누구든지 왕 외의 어떤 신에게나 사람에게 무엇을 구하면 사자 굴에 던져 넣기로 한 것이니이다 [8]그런즉 왕이여 원하건대 금령을 세우시고 그 조서에 왕의 도장을 찍어 메대와 바사의 고치지 아니하는 규례를 따라 그것을 다시 고치지 못하게 하옵소서 하매 [9]이에 다리오 왕이 조서에 왕의 도장을 찍어 금령을 내

나라 [10]다니엘이 이 조서에 왕의 도장이 찍힌 것을 알고도 자기 집에 돌아가서는 윗 방에 올라가 예루살렘으로 향한 창문을 열고 전에 하던 대로 하루 세 번씩 무릎을 꿇고 기도하며 그의 하나님께 감사하였더라

대적들은 당시에 있는 법으로는 다니엘을 고발할 그 어떤 빌미도 찾 아낼 수 없었기 때문에, 신앙의 문제와 관련해서 다니엘을 확실하게 덫에 걸리 게 할 수 있는 새로운 법을 궁리해 내었다. 아닌 게 아니라, 다니엘은 하나님께 충성을 다하는 자였기 때문에, 그들은 그들의 목적을 이룰 수 있었다. 좀 더 자 세하게 살펴보자.

**I. 다리오가 제정한 불경스러운 법.**　나는 이 법을 다리오의 법이라고 부른 다. 왜냐하면, 다리오가 왕으로서 그 법에 동의하지 않았다면, 그 법은 시행될 수 없었을 것이기 때문이다. 그러나 사실 엄밀하게 따지면, 이 법은 그의 법이 아니었다. 그는 이 법을 궁리해 내지도 않았을 뿐더러, 신하들의 감언이설에 감쪽같이 속아서 이 법에 동의한 것이었다. 총리들과 고관들은 이 조서(詔書) 의 틀을 잡고 법안으로 작성해서, 이 때에 어떤 공적인 문제로 소집된 제국 회 의에서 그 법안을 통과시켰다. 다니엘의 대적들은, 나라의 모든 총리와 지사와 총독과 법관과 관원이 다 함께 모여서 이 법안에 대하여 의논해서 이 법안에 동 의하였을 뿐만 아니라 여러 가지 선한 이유들과 고려들을 제시하며 적극적으로 권하였으며, 이 법안을 한 법률로 세우며 한 금령으로 정하기 위해서 그들이 할 수 있는 최선을 다하였다고 말하면서, 마치 이 법안이 깊은 숙고 끝에 작성된 것 인 체하였다. 아니, 그들은 마치 이 법안이 만장일치로 통과된 것처럼 왕에게 말하였다. "모든 총리가 이 법안에 뜻을 모았나이다." 그렇지만 우리는 세 명의 총리 중에서 어른인 다니엘이 이 법안에 동의하지 않았고, 고관들 중에서 상당 수가 이 터무니없고 말도 되지 않는 법안에 반대하였을 것이라고 확신한다. 어 떤 악법이 나라 전체의 견해와는 거리가 먼 데도 불구하고 마치 그런 것인 양 큰 확신으로 말하는 것은 새삼스러운 일이 아니다. 악한 자들은 거기에 찬성하 는 사람들이 거의 없는 그런 법에 대해서도 종종 모두가 동의하는 법이라고 자 신 있게 말하곤 한다. 왕들은 다른 사람들의 눈과 귀를 빌려서 보고 들을 수밖 에 없는 처지에 놓여 있기는 하지만, 왕들이 종종 형편없이 기만당하는 모습을 보면, 그것은 안타까운 일이 아닐 수 없다. 음모를 꾸민 이 자들은 실제로는 왕

이 총애하는 신하를 죽이기 위한 것이면서도 왕에게 위엄을 더한다는 미명 하에 이제부터 삼십일 동안에 누구든지 왕 외의 어떤 신에게나 사람에게 무엇을 구하면 사자 굴에 던져 넣어 가장 야만적인 방식으로 죽임을 당하게 할 것이라는 법을 왕의 조서(詔書)로 공포하도록 압력을 넣었다(7절). 이것이 그들이 궁리해 낸 법안이었고, 그들은 이 법안을 왕 앞에 내밀어서 거기에 서명하여 법률로 시행되게 하였다.

1. 이 법률 속에는 선하게 보이는 것이 조금도 들어 있지 않았고, 오직 왕의 존재를 지나치게 과장해서 왕을 그의 백성들에게 대단히 크고 자비로운 존재로 보이게 만드는 것만이 들어 있었는데, 그들은 이것이 얼마 전에 등극한 왕에게 좋고 이로운 결과를 가져다 줄 것이라고 말하였다. 하지만 이 법률은 모든 백성들에게 왕이 아주 부자여서 궁핍하거나 곤란에 처한 사람들이 부탁하기만 하면 뭐든지 아낌없이 내줄 것이기 때문에 그들이 하나님이나 사람에게 도와 달라고 손을 벌릴 필요가 없고 오직 왕에게 도움을 청하기만 하면 된다고 믿게 할 것임에 틀림없었다. 그리고 왕은 삽십일 동안 꼬박 그에게 청원할 것이 있는 모든 자들의 말을 다 들어주어야 한다. 사실 백성들에게 은혜를 베푸는 은인이 되고 귀를 열어서 그들의 하소연이나 부탁을 기꺼이 다 들어준다면, 그것은 왕들에게 존귀함을 많이 더해줄 것이다. 그러나 왕들이 백성들에게 은혜를 베푸는 유일한 존재인 체하고, 백성들에 대하여 하나님 노릇을 하고자 하며, 오직 하나님께만 드려져야 할 공경을 백성들에게 요구한다면, 그것은 왕들에게 존귀함이 아니라 욕(辱)이 된다.

2. 이 법률 속에는 명백하게 악한 것들이 많이 들어 있었다. 어떤 사람에게 청을 하는 것을 금지하는 것은 정말 나쁜 일이다. 거지는 사람들에게 구걸해서는 안 되고, 사람들은 이웃에게 도움을 청해서도 안 된다는 말인가? 아이들은 밥이 먹고 싶으면 부모에게 밥을 달라고 해야 하는데, 그런 아이들도 사자 굴에 던져 넣겠다는 말인가? 아니, 왕에게 볼 일이 있는 자들이 왕의 측근들에게 왕을 알현하게 해 달라고 부탁을 해도 안 된다는 말인가? 하지만 더더욱 악한 것은 어떤 신에게나 구해서는 안 된다고 한 것이었는데, 이러한 금령은 모든 종교에 대한 뻔뻔스러운 모독이었다. 우리는 기도를 통해서 하나님과의 교통을 유지하면서 하나님께 영광을 돌리고 하나님으로부터 은혜를 얻는다. 삼십일 동안 기도를 금지시키는 것은 이 긴 기간 동안 하나님에게서 그가 사람들로부

터 받은 모든 제사와 예물을 빼앗아 버리고 사람들에게서 그들이 하나님으로부터 얻는 모든 위로를 빼앗아 버리는 것이다. 자연의 빛이 우리에게 하나님의 섭리가 우리의 모든 일들을 주관하신다는 것을 가르친다면, 자연의 법은 우리로 하여금 기도를 통해서 하나님을 고백하고 찾아야 한다고 말해 주는 것이 아니던가? 사람이 궁핍하거나 곤경에 처했을 때에는 그 마음이 자연스럽게 하나님을 향하게 되고 하나님의 이름을 부르게 되지 않던가? 그런데 그런 사람이 대역죄로 다스려져야 한다는 말인가? 우리는 하나님 없이는 하루도 살아갈 수 없는데, 어떻게 기도 없이 삼십일을 살아갈 수 있겠는가? 왕 자신도 이 긴 시간 동안 이 법률에 묶여서 신에게 기도하지 못하게 되는 것이 아닌가? 만약 왕에게는 기도하는 것이 허락된 것이라면, 왕은 당연히 그의 신민들에게도 기도하는 것을 허락해야 마땅하지 않는가? 역사상에서 어느 나라가 이렇게 그들의 신들을 무시한 적이 있었는가? 그러나 악의가 사람들을 얼마나 어처구니없는 짓을 하도록 내모는지를 보라. 결국, 그들은 하나님께 기도하는 다니엘을 곤경에 빠뜨리게 되는 것이 아니라, 그들이 섬기는 신들에게 기도함으로써 얻는 만족감을 그들 자신과 그들의 모든 친구들에게서 빼앗은 꼴이 되고 말 것이다. 만약 그들이 오직 유대인들에 대해서만 여호와 하나님께 기도하는 것을 금지하는 법률을 제안했더라면, 다니엘을 효과적으로 함정에 빠뜨리는 것이 가능했을지도 모르는 일이었다. 그러나 그들은 왕이 그런 법을 통과시키고자 하지 않을 것임을 알고 있었기 때문에, 이렇게 모든 백성들에게 적용되는 법률을 만든 것이있다. 왕은 이 법률이 그를 작은 신으로 우뚝 세워줄 것이라는 헛된 생각으로 우쭐해서, 그의 면류관의 꽃이 아니라 그의 모자의 깃털에 불과한 이 법률에 미혹되어, 조서에 왕의 도장을 찍어 금령을 내렸다(9절). 메대와 바사의 연합 왕국의 규례를 따르면, 일단 조서에 왕의 도장이 찍힌 후에는 그 어떤 이유로도 그 조서를 고치거나 시행하지 않거나 범하는 것은 용서받을 수 없게 되어 있었다.

**Ⅱ. 다니엘이 신앙상의 이유로 이 법에 불순종함**(10절).   그는 이 법이 그를 겨냥하여 만들어졌다는 것을 알고 있었으면서도 한적한 시골로 물러가 있거나 한동안 몸을 피하거나 하지 않았다. 그러나 그는 이러한 사실을 잘 알고 있었기 때문에, 이제 사람들 앞에서 하나님을 영화롭게 해 드림과 동시에 자기가 하나님의 은총과 하나님에 대한 그의 도리를 자신의 목숨보다 더 소중히 여긴

다는 것을 보여줄 좋은 기회가 온 것을 알고서, 평소처럼 자신의 믿음대로 흔들림 없이 행하였다. 다니엘은 이 조서에 왕의 도장이 찍힌 것을 알았을 때에 왕 앞에 나아가서 그 조서에 대하여 간언을 할 수도 있었을 것이다. 아니, 그는 총리들의 수장(首長)인 그가 이 법률에 대하여 전혀 모르고 있는 상황에서 모든 총리들이 이 법률에 동의하였다는 잘못된 정보를 토대로 해서 이 조서가 시행된 것을 항의할 수도 있었을 것이다. 그러나 그는 흔쾌히 이 일을 하나님께 맡기고, 자기 집에 돌아가서는 자신의 본분을 다할 뿐이었다. 좀 더 살펴보자.

1. 다니엘이 늘 하던 일. 우리는 이 일이 있기 전에 다니엘이 늘 하루에 세 번씩 기도하였다는 말을 듣지 못하였으나, 이것은 경건한 유대인이라면 누구나 다 했던 일이었을 것이다.

(1) 그는 어떤 때는 혼자서, 어떤 때는 가족들과 함께 그의 집에서 기도하였고, 그것을 아주 중요한 일로 삼았다. 고넬료는 그의 집에서 기도하는 사람이었다(행 10:30). 모든 집은 기도의 집일 수 있을 뿐만 아니라 기도의 집이어야 한다는 것을 명심하라. 우리의 장막이 있는 곳에는 하나님을 위한 제단이 있어야 하고, 우리는 그 제단 위에 영적인 제사를 드려야 한다.

(2) 그는 기도할 때마다 하나님께 감사를 드렸다. 우리는 하나님께 은혜를 베풀어 주시라고 기도하기 전에 먼저 우리가 받은 은혜에 대하여 하나님께 감사하여야 한다. 감사는 모든 기도의 일부가 되어야 한다.

(3) 그는 기도하고 감사할 때에 하나님을 그의 하나님, 그와 언약 관계에 있으신 하나님으로 바라보고, 자기 자신을 하나님 앞에 두었다. 그는 하나님 앞에서 하나님을 바라보며 기도하였다.

(4) 그는 기도하고 감사할 때에 무릎을 꿇었는데, 이것은 기도하기에 가장 적합한 자세이고, 하나님을 향한 겸손과 경외와 복종을 가장 잘 표현해 주는 자세이다. 무릎을 꿇는 것은 구걸하는 자세이다. 우리는 우리의 생명을 구걸하는 자로서 하나님께 나아간다. 우리는 우리의 생명을 하나님께 끈질기게 구걸해야 한다.

(5) 그는 그의 눈으로 하늘을 보면서 하늘 위에 계시는 하나님에 대한 경외심으로 그의 마음을 채우기 위해서 그의 방의 창문을 열었다. 그러나 그것이 전부가 아니었다. 그는 지금은 폐허가 되어 있는 거룩한 성 예루살렘으로 향한 창문을 열었는데, 이것은 예루살렘의 돌들과 티끌들에 대하여 그가 지닌 애정(시

102:14)을 나타내는 것임과 동시에 예루살렘과 관련된 일들을 그의 기도 속에서 매일 기억하고 있었음을 나타내는 것이었다. 이렇게 그는 바벨론에서 출세하여 살고 있었지만, 예루살렘을 기억하고 그 예루살렘을 그가 가장 즐거워하는 것보다 더 소중히 여김에 있어서는 포로로 잡혀온 그의 형제들 중의 가장 비천한 자와 전혀 다름이 없었다(시 137:5-6). 예루살렘은 하나님이 그의 이름을 두시기 위하여 택하신 곳이었다. 성전을 봉헌할 때에 솔로몬은 그의 백성이 적국의 땅에서 하나님이 그들에게 주신 땅과 하나님이 택하신 성읍과 하나님의 이름을 위하여 건축된 성전이 있는 쪽을 바라보고 기도하거든 하나님께서는 그들의 기도와 간구를 들으시고 그들의 일을 돌아보아 주시라고 하나님께 기도하였었다(왕상 8:48-49). 다니엘은 솔로몬의 이 기도에 의거하여 그의 기도를 드려온 것이었다.

(6) 그는 하루 세 번씩, 즉 저녁과 아침과 정오에 내가 기도하리이다(시 55:17)라고 하였던 다윗의 모범을 따라 매일 세 차례씩 이렇게 기도를 드렸다. 우리가 정해 놓은 기도 시간들이 우리의 양심에 구속(拘束)이 되는 것이 아니라 일깨움이 되기만 한다면, 이렇게 기도 시간을 정해 놓고 기도하는 것은 좋은 일이다. 하루에 세 번씩 음식을 먹어야 우리의 몸이 기운을 얻을 수 있듯이, 우리의 영혼은 하루에 적어도 세 번씩 기도를 해야 기운을 얻을 수 있지 않겠는가? 그렇지만 이것도 항상 기도하라는 명령에 대한 응답이 되기에는 분명히 부족할 것이다.

(7) 그는 공공연히 공개적으로 이렇게 하였기 때문에, 그를 아는 모든 자들은 그것이 그의 습관이라는 것을 알고 있었다. 그가 그의 이런 모습을 사람들에게 보일 수 있었던 것은 그것을 자랑하기 위해서가 아니라(그가 살고 있는 곳에서는 하나님께 기도하는 것이 자랑이 아니라 수치였기 때문에 그럴 여지는 전혀 없었다) 그것을 부끄러워하지 않았기 때문이었다. 다니엘은 이 나라에서 큰 자였지만, 하루에 세 번씩 창조주 앞에 무릎을 꿇고서 예배를 드리는 것을 자신의 위신을 떨어뜨리는 일이라고 생각하지 않았다. 그는 이미 나이 많은 노인이었지만, 이제는 그런 일을 하지 않아도 된다고 생각하지 않았다. 또한, 이 일은 그가 어릴 때부터 해오던 습관이었지만, 그는 이 일을 지겹다고 생각하지 않았다. 그는 나랏일을 돌보느라 눈코 뜰 새 없이 바쁜 사람이었지만, 그런 것이 하루에 세 번씩 기도를 드리는 일을 빼먹어도 되는 핑계가 될 수 있다

고 생각하지 않았다. 그러니, 이 세상에서 별로 일도 하지 않으면서도 하나님과 자신의 영혼을 위해서도 별 일을 하지 않는 자들은 변명의 여지가 없지 않겠는가! 다니엘은 기도로 유명한 인물이었고 기도 응답을 잘 받기로 유명한 인물이었는데(겔 14:14), 그가 이런 명성을 얻게 된 것은 이렇게 매일 세 차례씩 기도하는 일을 잊지 않고 꼼꼼히 챙겨 행한 덕분이었다. 그가 이렇게 행하였기 때문에, 하나님은 그를 놀랍게 축복하셨다.

2. 하나님께 기도하는 것을 중죄로 규정한 법률이 시행되었어도 다니엘은 변함없이 늘 하던 대로 기도함. 그는 이 조서에 왕의 도장이 찍힌 것을 알고서도 계속해서 전에 하던 대로 하였고, 평소와 달리 행하는 것이 하나도 없었다. 많은 사람들, 아니 많은 선한 자들조차도, 목숨이 위태로울 수 있으니 이 삼십일 동안만은 기도하는 것을 잠시 중단했다가 그 기간이 끝나서 위험이 지나가고 나면 그 기간 동안 못한 것까지 다 채워서 더 자주 기도하거나, 정 기도를 하고자 한다면 대적들이 알아내지 못하도록 장소와 시간을 바꿔서 은밀하게 기도를 하는 것이 현명한 일이라고 생각했을 것이다. 그들은 다니엘이 이렇게 한다면 자신의 양심도 만족시키고 하나님과의 교제도 유지할 수 있을 뿐만 아니라, 법망도 피하고 관직도 유지할 수 있을 것이라고 생각했을 것이다. 그러나 만약 그가 그렇게 하였다면, 그의 친구들과 대적들은 양쪽 다 그가 겁을 집어먹고 비겁하게 이 기간 동안에 그의 도리를 내팽개쳐 버렸다고 생각했을 것이고, 이것은 하나님께는 큰 욕이 되고 그의 친구들에게는 큰 낙심을 가져다 주었을 것이다. 평범하게 살아가는 유대인들은 조심을 해가며 얼마든지 하나님께 기도할 수 있었겠지만, 수많은 눈들이 지켜보고 있는 다니엘은 담대하게 행하지 않으면 안 되었다. 그는 이 법률이 특별히 그를 겨냥하여 만들어졌다는 것을 알고 있었기 때문에 더욱 그렇게 행하지 않으면 안 되었다. 우리는 고난 받는 것이 두려워서 우리의 본분을 저버리거나 우리의 본분에 못 미치게 행하여서는 안 된다는 것을 명심하라. 시험의 때에는 우리가 사람 앞에서 그리스도를 시인하는 것이 대단히 중요하다(마 10:32). 우리는 하나님을 시인하는 일에 있어서 분별이라는 미명 하에 비겁하게 행하는 죄를 범하지 않도록 조심하여야 한다. 우리는 다니엘의 이러한 모범을 우리도 따라야 한다고 생각해야 하지만, 그런 생각이 들지 않는다면, 적어도 그렇게 하는 자들을 비난해서는 안 된다. 왜냐하면, 하나님은 다니엘이 그렇게 행한 것을 옳다고 시인하셨기 때문이다. 다니

엘이 이런 때에도 자신의 본분을 변함없이 행한 것을 보면, 그는 틀림없이 그 어떤 이유로도 기도하는 일을 쉬지 않았다는 것을 우리는 알 수 있다. 왜냐하면, 그가 전에 어떤 이유로 한 번이라도 기도하는 일을 쉬었다면, 이 일도 그가 기도를 쉴 만한 충분한 이유가 되었을 것이기 때문이다.

(1) 기도를 금지시킨 것은 그의 주인인 왕이었고, 이 일은 왕의 존귀함을 위한 것이었다는 것. 그러나 이러한 이유에 대하여 하나님이 우리에게 주신 움직일 수 없는 공리(公理)는 우리는 사람이 아니라 하나님께 순종하여야 한다는 것이다.

(2) 기도를 계속한다면, 그의 목숨을 잃게 되리라는 것. 그러나 이러한 이유에 대하여 하나님이 우리에게 주신 움직일 수 없는 공리(公理)는 자신의 목숨을 구하기 위해서 자신의 영혼을 내팽개치는 자들(기도 없이 살아가는 자들은 반드시 그렇게 하게 되어 있다)은 자기 자신을 위하여 형편없는 거래를 하고 있는 자들이라는 것이다. 어쨌든 여기에서 대적들은 두로의 왕처럼 그들이 다니엘보다 지혜롭다고 생각하고 있지만, 결국에는 그들이 어리석은 자들이었다는 것이 드러나게 될 것이다.

[11]그 무리들이 모여서 다니엘이 자기 하나님 앞에 기도하며 간구하는 것을 발견하고 [12]이에 그들이 나아가서 왕의 금령에 관하여 왕께 아뢰되 왕이여 왕이 이미 금령에 왕의 도장을 찍어서 이제부터 삼십 일 동안에는 누구든지 왕 외의 어떤 신에게나 사람에게 구하면 사자 굴에 던져 넣기로 하지 아니하였나이까 하니 왕이 대답하여 이르되 이 일이 확실하니 메대와 바사의 고치지 못하는 규례니라 하는지라 [13]그들이 왕 앞에서 말하여 이르되 왕이여 사로잡혀 온 유다 자손 중에 다니엘이 왕과 왕의 도장이 찍힌 금령을 존중하지 아니하고 하루 세 번씩 기도하나이다 하니 [14]왕이 이 말을 듣고 그로 말미암아 심히 근심하여 다니엘을 구원하려고 마음을 쓰며 그를 건져 내려고 힘을 다하다가 해가 질 때에 이르렀더라 [15]그 무리들이 또 모여 왕에게로 나아와서 왕께 말하되 왕이여 메대와 바사의 규례를 아시거니와 왕께서 세우신 금령과 법도는 고치지 못할 것이니이다 하니 [16]이에 왕이 명령하매 다니엘을 끌어다가 사자 굴에 던져 넣는지라 왕이 다니엘에게 이르되 네가 항상 섬기는 너의 하나님이 너를 구원하시리라 하니라 [17]이에 돌을 굴려다가 굴 어귀를 막으매 왕이 그의 도장과 귀족들의 도장으로 봉하였으니 이는 다니엘에 대한 조치를

고치지 못하게 하려 함이었더라

이 단락에는 다음과 같은 내용들이 나온다.

1. 온 나라에 내려진 최근의 조서에도 불구하고 다니엘이 그의 하나님께 기도하고 있다는 것이 드러남(11절). 그 무리들이 모였다(원문에는 그들이 왁자지껄하게 모여 들었다). 이 단어는 6절에서 사용된 것과 동일한 것으로서 시편 2:1에 나오는 어찌하여 이방 나라들이 분노하는가라는 어구에서 가져온 것이다. 그들은 함께 모여서, 다니엘이 기도를 드리는 바로 그 시간에 볼 일이 있다는 핑계로 다니엘을 찾아 왔다. 그들은 다니엘이 기도를 하고 있지 않은 것을 보았다면 마음이 허약해서 그의 하나님을 신뢰하지 못하고 기도를 하지 않는 것이라고 그를 책망하였을 것이지만, 그들이 바라던 대로 그가 자기 하나님 앞에 기도하며 간구하는 것을 발견하였다. 다니엘은 그들을 진정으로 사랑하였지만, 그 사랑으로 말미암아 그들은 그의 대적들이 되었다. 그러나 다니엘은 그의 조상 다윗처럼 기도할 뿐이었다(시 109:4).

2. 무리들이 왕에게 다니엘을 고발함. 그들은 하나님의 율법과 관련해서 다니엘을 고발할 빌미를 찾고 있었기 때문에 결코 이 기회를 놓칠 리가 없었다. 그들은 즉시 왕에게 나아가서, 먼저 기도를 금지하는 조서가 내려진 사실과 그 조서를 고치지 못하는 것이 규례라는 것을 왕으로부터 확인을 받고 나서(12절), 다니엘을 고발하는 수순을 밟았다(13절). 그들은 다니엘을 왕에게 고발하면서 그에 대한 왕의 분노를 더욱 부추기는 방향으로 그에 대하여 말하였다. "다니엘은 사로잡혀 온 유다 자손 중의 한 사람이나이다. 그는 저 경멸받아 마땅한 유다 민족에 속한 자로서 지금은 왕의 은총으로 주어진 것 외에는 아무것도 자신의 것이라 주장할 수 없는 비천한 포로의 신분인데도, 왕과 왕의 도장이 찍힌 금령을 존중하지 아니하였나이다." 하나님을 향하여 신실하고 양심적으로 행한 일이 세상 권세를 멸시하는 가운데 악한 의도로 행해진 일이라고 모함을 받는 것, 즉 가장 선한 성도들이 가장 극악무도한 자들로 비난을 받는 것은 새삼스러운 일이 아니다. 다니엘은 하나님을 공경하였기 때문에 기도하였고, 아마도 이 때에 틀림없이 왕과 그의 정부를 위하여 기도하였을 것인데도, 다니엘의 그러한 행위는 왕을 무시한 행위로 해석되었다. 다니엘이 수여받은 저 훌륭한 심성이나 그가 지금까지 쌓은 탄탄한 명성도 그를 이 독화살들로부터 보호해

줄 수 없었다. 그들은 다리오 왕에게 다니엘을 감쌀 빌미를 주지 않기 위해서 다니엘이 그의 하나님께 기도하고 있다고 고하지 않고, 단지 왕의 조서에서 금지하고 있는 기도를 하고 있다고만 고하였다.

3. 왕이 이 말을 듣고서 크게 근심함. 왕은 그제서야 그들이 그를 존귀하게 하고자 한다는 핑계로 다니엘에 대한 앙심으로 이 법률을 제안하였다는 것을 깨닫고서, 그들의 잔단에 자기가 놀아난 것에 대하여 몹시 기분이 상하였다(14절). 사람들은 교만과 허영에 빠져서 그런 마음을 만족시켜 주는 것들을 기뻐하게 되면 자기도 모르는 사이에 그들 자신을 괴롭게 만들 일들을 쌓아가게 된다는 것을 명심하라. 그들을 기분 좋게 만들어 주는 것들은 사실 나중에 그들을 괴롭히게 될 것들로서 그들의 발 앞에 그물을 치는 것일 뿐이다. 이제 왕은 다니엘을 구원하려고 마음을 쓴다. 왕은 그를 건져 내려고 자신의 권위와 여러 가지로 설득하는 말들을 동원해서 어떻게든 다니엘에 대한 일을 문제삼지 말도록 해가 질 때까지 그들을 설득하고자 애를 썼다. 우리는 별 생각 없이 어떤 일을 저질렀다가 나중에야 그 일을 취소하려고 무진 애를 쓰는 경우가 종종 있다. 이것이 우리가 우리의 발이 행할 길을 깊이 숙고해야 하는 이유이다. 그럴 때에만, 우리의 모든 길은 든든히 서게 될 것이다.

4. 그들이 다니엘에게 벌을 주어야 한다고 왕을 압박함(15절). 다니엘이 무슨 말을 했는지는 본문에 나와 있지 않다. 왕 자신이 그를 옹호하고 대변하는 자였기 때문에, 그는 스스로 나서서 변명할 필요가 없었고, 단지 의롭게 판단하시는 하나님께 모든 것을 맡기고서 조용히 있었다. 그러나 내적들은 왕이 세운 금령과 법도는 고치지 못한다는 것이 지금은 세계적인 제국이 된 메대와 바사의 기본적인 규례라는 점을 강조하며, 다니엘을 법대로 처결하여야 한다고 목소리를 높였다. 우리는 이 규례에 대한 언급을 에스더 1:19과 8:8에서도 찾아볼 수 있다. 갈대아 사람들은 왕에게 마음대로 법률들을 만들거나 폐지하고 사람을 죽이거나 살릴 수 있는 권한을 줌으로써 왕의 뜻에 지나치게 절대적인 의미를 부여하였고, 바사 사람들은 왕이 재가한 법률은 그 어떤 법률이든 아주 잘 만들어진 것이기 때문에 그 법률을 고치거나 배제할 수 없다고 함으로써(마치 사람이 어떤 법률을 만들 때에 모든 경우들을 미리 다 고려해서 완벽하게 법률을 만들 수 있다는 듯이) 왕의 지혜를 과장하였다. 그러나 이 규례가 다니엘의 경우에 그대로 적용된다면(사실 이 경우에는 그대로 정당하게 적용될 수

는 없고 왜곡되게 적용될 수밖에 없지만), 그것은 왕의 입법권에는 힘을 실어 줄지 모르지만 왕의 집행권에는 상당한 짐이 되어서, 보좌를 떠받치고 있는 덕목인 자비를 베풀거나 한 왕의 치세의 꽃인 사면법을 통과시키는 것은 불가능하게 만들 것이다. 사문화된 법령을 배제할 수 있는 왕의 권한을 인정하지 않는 자들이라도 형벌과 관련된 법령을 위반한 범죄를 사면할 수 있는 왕의 권한에는 결코 의문을 제기하지 않는 법이다. 그러나 그들은 다리오 왕의 이러한 권한을 부정하고 있다. 여기에서 우리는 왕들을 위하여 하나님이 그들에게 지혜를 주시라고 기도해야 할 필요성을 본다. 왜냐하면, 왕들은 아무리 지혜롭고 선한 자들이라도 자주 큰 난제들로 골치를 썩기 때문이다.

5. 다니엘에 대하여 법을 집행함. 왕은 정말 하기 싫고 그의 양심에도 어긋나는 것이었지만 어쩔 수 없이 다니엘에 대한 형집행 영장에 서명을 하였다. 위엄과 온화함을 동시에 갖춘 덕망 있는 인물이었고, 법정이나 어전회의에서 너무도 자주 위대해 보였고 하나님 앞에 무릎을 꿇을 때에는 더욱 위대해 보였던 인물이었으며, 하나님과 사람을 움직일 수 있는 힘을 갖고 있었던 인물이었던 다니엘은 순전히 그의 하나님을 예배하였다는 이유만으로 마치 극악무도한 행악자인 것처럼 사자 굴에 던져질 처지에 놓이게 되었다(16절). 우리는 이 일을 보고서, 죄 없이 고난을 당하는 자에 대한 극도의 연민과 악의를 가지고 죄 없는 자를 박해하는 자들에 대한 극도의 분노를 느끼지 않을 수 없다. 일을 확실히 하기 위해서 그들은 돌을 굴려다가 굴 어귀를 막았고, 왕으로 하여금 그의 도장, 즉 다니엘을 함정에 빠뜨리기 위한 법률을 왕이 재가할 때에 사용하였던 바로 그 도장으로 그 굴을 봉인하게 하였다(17절). 그러나 그들은 왕을 믿을 수 없었기 때문에 거기에 그들의 도장도 함께 찍어서 굴 입구를 봉인하였다. 마찬가지로, 그리스도를 매장할 때에도 대적들은 돌을 굴려다가 무덤으로 사용된 굴 입구를 막았다.

6. 다리오가 다니엘에게 하나님을 의지하라고 격려함. 네가 항상 섬기는 너의 하나님이 너를 구원하시리라(16절).

(1) 왕은 다니엘이 지은 죄라고는 그의 하나님을 늘 섬기고 그런 행위를 범죄로 규정한 법이 만들어졌을 때에도 이전처럼 변함없이 하나님을 섬긴 것밖에 없다는 것을 인정하고서 다니엘이 무죄라는 것을 밝힌다.

(2) 왕은 자기가 다니엘을 구할 수 없었기 때문에 다니엘을 구하는 일을 하

나님께 맡긴다. 하나님이 너를 구원하시리라. 다리오 왕은 하나님이 그를 구원
하실 수 있다는 것을 확신한다. 왜냐하면, 왕은 하나님이 전능하신 하나님이시
라는 것을 믿고 있었고, 다니엘의 친구들이 이와 똑같은 경우를 당하였을 때에
맹렬히 타는 풀무불에서 하나님이 그들을 건지신 이야기를 들었으므로, 하나
님은 그에게 충성된 자로 인정받은 자들에게는 언제나 신실하시다는 결론을
내리고서, 그 하나님이 반드시 다니엘을 구원하실 것이라고 확신하였기 때문
이다. 하나님은 그를 늘 변함없이 섬기는 자들을 끝까지 지켜 주시고, 그들로
하여금 계속해서 그를 섬길 수 있도록 그들을 끝까지 붙들어 주실 것임을 명심
하라.

[18]왕이 궁에 돌아가서는 밤이 새도록 금식하고 그 앞에 오락을 그치고 잠자기를 마
다하니라 [19]이튿날에 왕이 새벽에 일어나 급히 사자 굴로 가서 [20]다니엘이 든 굴에
가까이 이르러서 슬피 소리 질러 다니엘에게 묻되 살아 계시는 하나님의 종 다니
엘아 네가 항상 섬기는 네 하나님이 사자들에게서 능히 너를 구원하셨느냐 하니라
[21]다니엘이 왕에게 아뢰되 왕이여 원하건대 왕은 만수무강 하옵소서 [22]나의 하나님
이 이미 그의 천사를 보내어 사자들의 입을 봉하셨으므로 사자들이 나를 상해하지
못하였사오니 이는 나의 무죄함이 그 앞에 명백함이오며 또 왕이여 나는 왕에게도
해를 끼치지 아니하였나이다 하니라 [23]왕이 심히 기뻐서 명하여 다니엘을 굴에서
올리라 하매 그들이 다니엘을 굴에서 올린즉 그의 몸이 조금도 상하지 아니하였으
니 이는 그가 자기의 하나님을 믿음이었더라 [24]왕이 말하여 다니엘을 참소한 사람
들을 끌어오게 하고 그들을 그들의 처자들과 함께 사자 굴에 던져 넣게 하였더니
그들이 굴 바닥에 닿기도 전에 사자들이 곧 그들을 움켜서 그 뼈까지도 부서뜨렸
더라

이 단락에는 다음과 같은 내용들이 나온다.

**I. 왕이 다니엘 때문에 밤새도록 근심함**(18절).　　그는 하나님이 다니엘을 위
험에서 건져주실 것이라고 말했지만, 다니엘을 그 위험 속으로 던져 넣은 자기
자신을 용서할 수 없었다. 그가 이렇게 그의 친구에게 너무도 야만적으로 대하
였기 때문에, 하나님은 그에게서 그 친구를 빼앗아가 버리실지도 모르는 일이
었다. 그는 궁에 돌아가서는 자기가 한 일에 대하여 자기 자신에게 화가 났고,

메대와 바사의 부당한 규례를 부정하고 하나님과 자연의 법을 따르지 못한 자신을 못난 놈이라고 부르며 자책하였다. 그는 저녁 식사도 하지 않고 밤이 새도록 금식하였다. 그의 마음은 이미 근심과 두려움으로 가득 차 있었다. 그는 유흥을 그쳤다. 근심으로 가득 찬 마음에 대고 노래를 불러 주는 것보다 화가 치미는 일은 없다. 그는 침상으로 갔지만 잠이 오지 않았고, 날이 샐 때까지 이러 뒤척,저리 뒤척 하였다. 잠을 잘 자는 가장 좋은 방법은 선한 양심을 지키는 것이다. 그럴 때에 우리는 평안 중에 누울 수 있다는 것을 명심하라.

**II. 왕이 이튿날 새벽에 사자 굴로 가서 다니엘의 안부를 물음**(19-20절). 그는 아주 일찍 새벽에 일어났다. 다니엘을 생각하느라 잠을 한숨도 못 잔 상태로 어떻게 그가 아침까지 침상에 누워 있을 수 있었겠는가? 그는 일어나자마자 급히 사자 굴로 갔다. 이것은 종을 보내는 것으로는 그의 성이 차지 않았거나(그런 것으로는 다니엘에 대한 그의 애정을 충분히 전할 수 없을 것이었다), 종이 돌아올 때까지 기다릴 수 있는 인내심을 그가 갖고 있지 못했기 때문이었다. 그는 자기가 한 악한 일을 하나님이 은혜로 무효화시키셨을 것이라는 소망을 어느 정도 지닌 채 사자 굴로 가서, 근심과 괴로움이 가득 찬 목소리로 슬피 소리 질러 "다니엘아, 네가 살아 있느냐"고 물었다. 그는 다니엘의 생사가 무척이나 알고 싶었지만, 더 많은 먹이를 원하는 사자들의 포효 소리를 그 대답으로 듣게 될까봐 두렵고 떨리는 목소리로 물었다. 살아 계시는 하나님의 종 다니엘아 네가 항상 섬기는 네 하나님이 사자들에게서 능히 너를 구원하실 수 있으시다는 것을 나타내 보이셨느냐? 그가 하나님을 살아 계시는 하나님이라고 불렀을 때에 그 말뜻을 제대로 이해하고 있었다면, 그는 하나님께는 다니엘을 살아 있게 하실 수 있는 능력이 있으시다는 것을 의심하지 않았을 것이다. 왜냐하면, 자기 자신 안에 생명을 지닌 분은 자기가 원하는 자에게 생명을 주실 수 있으시기 때문이다. 그러나 다리오 왕은 정말 하나님이 이 경우에 이 능력을 사용하실 것이라고 믿었는가? 살아 계시는 하나님의 종들에게는 그들을 보호하실 수 있으시고 그들을 붙드셔서 그를 섬기게 하실 수 있으신 주인이 계시다는 것을 다리오 왕은 의심했지만 우리는 확신한다.

**III. 왕이 기쁜 소식을 접함**. 다니엘은 사자 굴 속에서 아무 해(害)도 입지 않은 채로 안전하고 건강하게 살아 있었다(21-22절). 왕은 슬픈 목소리로 소리를 질렀지만, 다니엘은 왕의 목소리를 알아듣고, 왕에게 합당한 지극히 정중한 예를 갖추어서 대답하였다. 왕은 만수무강 하옵소서. 다니엘은 왕이 그에게 서운하게 한 것과 그를 박해하는 자들의 악의에 너무도 쉽게 굴복한 것에 대하여 왕을 비난하지 않았다. 도리어, 다니엘은 왕에게 극진한 예를 갖추어 대답함으로써 그가 진심으로 왕을 용서하였다는 것을 보여주었다. 어떤 사람이 어쩔 수 없는 상황에서 우리를 매정하게 대해 놓고서는 나중에 스스로 자책하였다면, 우리는 그 사람을 꾸짖어서는 안 된다는 것을 명심하라. 다니엘이 왕에게 해준 얘기는 아주 기분 좋은 것이었다. 그것은 승전보였다.

1. 하나님은 이적을 통해서 다니엘의 목숨을 지켜 주셨다. 다리오 왕은 하나님을 다니엘의 하나님이라 불렀고(네가 섬기는 하나님), 다니엘도 그것에 호응하여 나의 하나님이라고 화답한다: 내가 내 하나님으로 고백하고 나를 자신의 자녀로 인정하는 나의 하나님이 그의 천사를 보내셨나이다. 맹렬히 타는 풀무 불 속에서 다니엘의 세 친구들과 함께 있었던 하나님의 아들의 모양을 한 그 빛나고 영광스러운 존재(3:25)가 다니엘을 찾아와서, 밤새도록 다니엘 곁에서 그 빛나는 모습으로 어두운 사자 굴을 밝히며 함께 있어 주었고, 사자들이 조금도 그를 상해하지 못하도록 사자들의 입을 봉하였다. 천사가 함께 있어 주었기 때문에 사자 굴조차도 다니엘에게는 그의 요새요 궁정이요 낙원이 되었다. 그는 지금까지 살아 오면서 이보다 더 좋은 밤을 지낸 적이 없었다. 맹수 중의 왕이라고 하는 사자들을 다스리시는 하나님의 권세를 보았다면, 우리는 하나님께는 삼킬 자를 찾아서 두루 다니는 우는 사자가 자기 백성을 해칠 수 없게 하실 수 있는 권능이 있으시다는 것을 믿어야 한다. 하나님께서 그를 충성되게 예배하는 자들로 하여금 그를 위하여 고난 받게 하실 때에 어떻게 그들을 보호해 주시는지를 보라. 하나님이 그들의 영혼을 지켜 주셔서 죄를 범하지 않게 하시고, 그들의 영혼을 하늘의 평강으로 위로해 주시며, 그들의 영혼을 그에게 나아오게 하셨다면, 그것은 하나님이 사실상 사자들의 입을 봉하여서 그들을 해칠 수 없게 하신 것이다. 천사들이 하나님의 백성의 유익을 위하여 얼마나 기꺼이 봉사하고 섬기고자 하는지를 보라. 왜냐하면, 천사들은 하나님의 백성들과 똑같은 종들로 자처하기 때문이다.

2. 하나님은 다니엘을 구원하심으로써 다니엘이 죄가 없다는 것을 보여주셨다. 대적들은 다니엘이 왕과 그의 통치에 불만을 지니고 있는 것으로 왕에게 참소하였다. 그렇지만 다니엘은 자기가 아무 죄도 없다는 말을 한 마디도 하지

않고, 자신의 결백을 대낮의 빛처럼 명백하게 밝혀 주시는 일을 하나님께 맡겼다. 하나님은 다니엘의 목숨을 지켜 주시는 이적을 행하심으로써 그 일을 효과적으로 행하셨다. 다니엘은 하나님이나 왕에게 잘못한 것이 하나도 없었다. 나의 무죄함이 내가 기도드리는 그 앞에 명백하였나이다. 다니엘은 자기가 훌륭하고 고결한 인물인 체하지 않았지만, 그의 양심이 자신의 결백을 증언해 주고 있다는 것이 그에게 힘이요 위로였다. 또 왕이여 나는 왕에게도 해를 끼치지 아니하였고 왕을 모독하고자 하는 그 어떤 의도도 없었나이다.

IV. **다니엘이 풀려남.** 다니엘의 대적들은 비록 그들은 만족하지 못하였지만 왕의 법률은 어김없이 그대로 만족스럽게 시행되었다는 것을 인정할 수밖에 없었다. 만약 그 법률이 고쳐졌다고 말할 수 있다면, 그것은 메대와 바사의 규례보다 더 우월한 권세에 의해서 된 것이었다. 그러므로 다니엘을 사자 굴에서 끌어 올리지 않을 근거가 없었다(23절). 다니엘이 살아 있는 것을 보고서 왕이 심히 기뻐서, 마치 예레미야가 지하 감옥에서 끌어 올려졌듯이 다니엘을 굴에서 올리라고 즉시 명령하였다. 사람들이 샅샅이 살펴보았지만, 다니엘의 몸은 조금도 상하지 아니하였다. 그는 단 한 곳도 으깨지거나 상처가 나지 않고 완벽하게 멀쩡하였는데, 이는 그가 자기의 하나님을 믿었기 때문이었다. 자신의 본분을 다하는 가운데 자기를 보호해 주실 것을 담대하고 기쁜 마음으로 하나님께 의뢰하는 자들은 그들이 하나님을 믿고 의지한 것으로 인해서 결코 부끄러움을 당하지 않을 것이고, 도리어 하나님이 그들의 즉각적인 도움이시라는 것을 언제나 발견하게 될 것임을 명심하라.

V. **다니엘의 대적들이 똑같은 형벌을 받게 됨**(24절). 다리오 왕은 다니엘에게 임한 이 이적을 보고서 다시 담력을 얻어서 왕답게 행동하기 시작한다. 왕이 다니엘에게 긍휼을 베풀어 주기를 원하였으나 왕을 압박하여 그렇게 하지 못하게 하였던 자들은 이제 왕 대신 하나님이 그 일을 하신 지금 왕의 분노를 받게 될 것이었다. 하나님이 왕을 대신하여 긍휼을 베풀어 주셨으니, 이제 왕은 하나님을 대신하여 공의를 행할 것이었다. 다니엘의 무죄함이 분명해지고 하늘이 직접 나서서 다니엘이 죄가 없다는 것을 증언해 준 이제, 다니엘의 대적들은 무고죄에 대한 응보의 법에 따라서 그들이 다니엘에게 가하고자 했던 바로 그 형벌을 그들 자신이 당하게 되었다(신 19:18-19). 다니엘이 죄가 없는 것으로 판명이 났기 때문에, 이제 그들이 그 벌을 받아야 했다. 왜냐하면,

다니엘이 기도한 것은 사실이었지만, 그것이 잘못인 것은 아니었기 때문이다. 그들은 사자 굴에 던져졌는데, 이것은 아마도 그들이 직접 새롭게 만든 형벌이었을 것이다. 하지만 그 형벌은 그들이 다니엘을 죽이기 위해서 악의적으로 고안해 낸 형벌이었다. 야만적이고 잔인한 법을 고안해 낸 자들을 그 법에 의거해서 죽게 하는 법보다 더 의로운 법은 없다(시 7:15-16; 9:15-16). 의인은 환난에서 구원을 얻으나 악인은 의인 대신에 그 환난 속에서 죽는다는 솔로몬의 잠언이 옳다는 것이 여기에서 그대로 입증되었다(잠 11:8). 대적들이 처형당한 일 속에서 우리는 다음과 같은 것들을 볼 수 있다.

1. 왕의 가혹함. 왕은 그들과 더불어서 그들의 처자식들도 사자 굴에 던져 넣으라고 명령하였다. 하나님의 율례들은 열방들의 율례들보다 얼마나 의로운가! 왜냐하면, 하나님은 아버지의 범죄로 자식들을 죽여서는 안 된다고 명령하셨기 때문이다(신 24:16). 그렇지만 아간이나 사울, 하만 같은 자들은 특별히 참혹하게 죽임을 당하였다.

2. 사자의 사나움. 사자들은 즉시 그들을 움켜서, 그들이 굴 바닥에 닿기도 전에 그들을 산산이 부서뜨렸다. 이것은 다니엘이 사자들로부터 무사한 것이 얼마나 기가 막힌 이적이었는지를 더욱 분명하게 보여주었다. 왜냐하면, 사자들이 다니엘을 건드리지 못한 것은 사자들에게 식욕이 없었기 때문이 아니라 허락을 받지 못했기 때문이라는 것이 이 일을 통해서 분명하게 드러났기 때문이다. 맹견들의 입에 재갈을 물려 놓았다가 그 재갈을 제거하면 맹견들은 더욱 사나워지는 법인데, 이 사자들의 경우도 마찬가지였다. 여호와 하나님께서는 그가 집행하시는 이러한 심판들을 통해서 사람들에게 그를 알게 하신다.

²⁵이에 다리오 왕이 온 땅에 있는 모든 백성과 나라들과 언어가 다른 모든 사람들에게 조서를 내려 이르되 원하건대 너희에게 큰 평강이 있을지어다 ²⁶내가 이제 조서를 내리노라 내 나라 관할 아래에 있는 사람들은 다 다니엘의 하나님 앞에서 떨며 두려워할지니 그는 살아 계시는 하나님이시요 영원히 변하지 않으실 이시며 그의 나라는 멸망하지 아니할 것이요 그의 권세는 무궁할 것이며 ²⁷그는 구원도 하시며 건져 내기도 하시며 하늘에서든지 땅에서든지 이적과 기사를 행하시는 이로서 다니엘을 구원하여 사자의 입에서 벗어나게 하셨음이라 하였더라 ²⁸이 다니엘이 다리오 왕의 시대와 바사 사람 고레스 왕의 시대에 형통하였더라

다리오 왕은 여기에서 그가 다니엘을 사자 굴에 던짐으로써 하나님과 다니엘에게 불명예를 안겨준 것을 사죄하는 의미에서 하나님과 다니엘의 명예를 회복시키는 조치를 취한다.

**I. 다리오 왕이 만국에 조서를 내려서 하나님을 높임.** 그는 이 조서를 통해서 모든 사람들에게 하나님 앞에서 두려워하라고 명령한다. 사실 이 조서야말로 메대와 바사의 규례에 따라서 고칠 수 없는 것이 되어야 마땅한 것이었다. 왜냐하면, 하나님을 두려워하며 그에게 영광을 돌리라는 말씀이야말로 땅에 거주하는 모든 자들에게 전파되어야 마땅한 영원한 복음이기 때문이다(계 14:6). 좀 더 자세하게 살펴보자.

1. 왕은 이 조서를 누구에게 내렸는가. 다리오 왕은 이 조서를 온 땅에 있는 모든 백성과 나라들과 언어가 다른 모든 사람들에게 내렸다(25절). 이 조서에 나오는 것들은 아주 중요한 내용이었고, 땅의 모든 사람들은 이 조서에서 명령하고 있는 대로 행하는 것이 마땅한 일이었다. 그러나 이 조서가 내려진 것은 다리오 왕의 나라 관할 아래에 있는 사람들에 국한되어 있었기 때문에, 많은 나라들이 거기에 포함되긴 하였지만 모든 나라가 다 포함된 것은 아니었다. 그런데도 다리오 왕은 마치 모든 나라에 대하여 그의 조서를 내리는 것처럼 말한다. 많이 가진 자들은 자기가 다 가졌다고 생각하는 경향이 있다.

2. 이 조서의 내용은 무엇이었는가. 그것은 사람들은 다 다니엘의 하나님 앞에서 떨며 두려워하라는 것이었다. 이것은 비슷한 경우에 느부갓네살이 내린 조서보다 한 걸음 더 나아간 것이었다. 왜냐하면, 후자는 이 하나님에 대하여 경솔히 말하는 것을 금지하는 내용이었던 것에 반하여 전자는 하나님 앞에서 두려워하고 하나님에 대하여 경외하는 마음을 품으며 말도 그런 식으로 하라고 명령하는 내용이기 때문이다. 다리오 왕이 그의 조서의 서문에서 너희에게 큰 평강이 있을지어다라고 쓴 것은 아주 적절한 것이었다. 왜냐하면, 참되고 풍성한 평안의 유일한 토대는 하나님을 두려워하는 것이고, 그것이 참된 지혜이기 때문이다. 우리가 하나님을 두려워하는 가운데 살아가고 그런 마음으로 행한다면, 평안이 우리에게 임하는 것은 물론이고, 날로 평안이 우리에게 더해질 것이다. 그러나 이 조서는 상당한 진척을 보여주고 있기는 하지만 충분히 나아가고 있지는 않다. 다리오 왕이 하나님에 대하여 뭔가를 제대로 깨달았다면, 그는 모든 사람들에게 단지 이 하나님 앞에서 떨며 두려워하라고 명령하는 것에서 그

치지 않고, 더 나아가 하나님을 사랑하고 의지하며 그들의 우상 숭배를 버리고 오직 하나님만을 섬기며 다니엘과 마찬가지로 하나님의 이름을 부르라고 명령했어야 했다. 그러나 우상 숭배는 인간 세상에서 너무도 오랫동안 아주 뿌리 깊이 자리잡고 있었기 때문에 왕들의 조서에 의해서나, 영광스러운 그리스도의 복음을 따라다니는 능력 이외의 그 어떤 열등한 능력에 의해서 근절될 수 있는 성질의 것이 아니었다.

3. 왕으로 하여금 이 조서를 내리게 만든 원인이나 고려들은 무엇이었는가. 그 원인들은 다리오 왕이 우상 숭배를 완전히 근절시키는 조서를 내렸더라도 사람들이 아무런 이의도 제기할 수 없었을 그런 것들이었기 때문에, 그 원인들에 비추어 볼 때에 다리오 왕이 이 조서를 내린 것은 너무나 당연한 일이었다. 모든 사람들이 이 하나님 앞에서 두려워해야 할 이유들이 있는데, 그것은 다음과 같은 것들이다.

(1) 하나님은 초월적인 분이시라는 것. "그는 살아 계시는 하나님이시다. 그는 하나님으로서 살아 계시는 반면에, 우리가 섬기는 우상들은 죽은 것들이기 때문에 짐승의 목숨조차도 가지고 있지 않다."

(2) 하나님의 통치는 아무도 이의를 제기할 수 없다는 것. 그는 나라와 권세를 가지고 계신다. 그는 살아 계실 뿐만 아니라, 절대 군주로서 다스리고 계신다.

(3) 하나님이라는 존재와 그의 통치는 변할 수 없다는 것. 하나님 자신은 영원히 변하지 않으시고, 하나님에게는 회전하는 그림자도 없으시다. 그의 나라도 그 어떤 외부 세력에 의해서 멸망하지 아니할 그런 나라이고, 그의 권세는 그 속에 쇠퇴해 가는 그 어떤 요소를 조금도 갖고 있지 않기 때문에, 그의 나라와 권세는 무궁할 것이다.

(4) 하나님은 그러한 권세를 밑받침하기에 충분한 능력을 지니고 계시다는 것(27절). 그는 그의 신실한 종들을 구원하셔서 환난을 당하지 않게 하시고 그들을 환난으로부터 건져 내신다. 그는 하늘에서든지 땅에서든지 자연의 최고의 힘을 훨씬 능가하는 이적과 기사를 행하시고, 이것을 통해서 그가 천지의 주재시라는 것을 드러내 보이신다.

(5) 하나님은 그의 종 다니엘을 구원하여 사자의 입에서 벗어나게 하심으로써 이 모든 것이 참임을 보여주는 새로운 증거를 제시하셨다는 것. 이 이적과 다

니엘의 세 친구를 구원하신 이적은 세상 사람들이 보는 앞에서 행해지고 역사 상 가장 위대한 군주에 속한 두 인물에 의해서 널리 공표되고 증언됨으로써, 유대교의 협소한 도식에서 추출된 신앙의 첫째가는 원리들을 기가 막히게 확 증한 사건들이자 이교(異敎)의 온갖 오류들을 명확하게 반박한 사건들이 되었 고, 보편적인 기독교 신앙을 위하여 아주 적절한 정지 작업을 행한 사건들이 되었다.

**Ⅱ. 다리오 왕이 다니엘을 높임.** 이 다니엘이 형통하였더라(28절). 하나님이 어떻게 다니엘에게 화(禍)를 복이 되게 해주셨는지를 보라. 원수들이 다니엘을 죽이기 위해서 날린 이 큰 한 방의 타격은 그의 원수들과 그들의 자녀들이 다 제거되는 복된 기회가 되었다. 이 일이 없었더라면, 그들은 다니엘이 승승장구 하는 것을 계속해서 방해하며 사사건건 그를 괴롭혔을 것이다. 이제 다니엘은 이전보다 더욱 형통하여, 왕으로부터는 더 큰 총애를 받았고, 백성들로부터는 더 큰 명성을 얻게 되었다. 이것은 다니엘에게 그의 형제들에게 선을 행할 수 있는 좋은 기회를 마련해 주었다. 이렇게 먹는 자(즉, 사자)에게서 먹는 것이 나 오고 강한 자에게서 단 것이 나왔느니라(삿 14:14).

$$제 7 장$$

## 개요

지금까지 다니엘서의 처음 여섯 장은 역사에 관한 것이었다. 우리는 이제 두렵고 떨리는 마음으로 예언에 속한 나머지 여섯 장으로 들어갈 것이다. 이 장들 속에는 비밀스럽고 깨닫기 힘든 내용들이 많이 나오는데, 우리는 이 난해한 대목들의 의미를 억지로 정하려고 하지는 않을 것이다. 하지만 이 장들 속에는 그 의미가 분명하고 유익이 되는 내용들도 많이 나오고, 나는 하나님이 우리에게 그러한 내용들을 잘 선용할 수 있도록 해 주실 것이라고 믿는다. 이 장에서 우리는 다음과 같은 것들을 본다.

I. 네 짐승에 관한 다니엘의 환상(1-8절). II. 하나님의 통치와 심판의 보좌에 관한 다니엘의 환상(9-14절). III. 천사가 다니엘의 곁에 서서 이 환상들을 해석해 줌(15-28절). 이 환상들이 저 멀리 종말의 때에 관하여 말해 주고 있는 것인지, 아니면 신속하게 성취될 일들을 말해 주고 있는 것인지는 말하기가 어렵고, 지극히 분별력이 있는 해석자들 사이에서도 이 문제와 관련해서는 견해가 서로 일치하지 않는다.

[1]바빌론 벨사살 왕 원년에 다니엘이 그의 침상에서 꿈을 꾸며 머리 속으로 환상을 받고 그 꿈을 기록하며 그 일의 대략을 진술하니라 [2]다니엘이 진술하여 이르되 내가 밤에 환상을 보았는데 하늘의 네 바람이 큰 바다로 몰려 불더니 [3]큰 짐승 넷이 바다에서 나왔는데 그 모양이 각각 다르더라 [4]첫째는 사자와 같은데 독수리의 날개가 있더니 내가 보는 중에 그 날개가 뽑혔고 또 땅에서 들려서 사람처럼 두 발로 서게 함을 받았으며 또 사람의 마음을 받았더라 또 보니 [5]다른 짐승 곧 둘째는 곰과 같은데 그것이 몸 한쪽을 들었고 그 입의 잇사이에는 세 갈빗대가 물렸는데 그것에게 말하는 자들이 있어 이르기를 일어나서 많은 고기를 먹으라 하였더라 [6]그 후에 내가 또 본즉 다른 짐승 곧 표범과 같은 것이 있는데 그 등에는 새의 날개 넷이 있고 그 짐승에게 또 머리 넷이 있으며 권세를 받았더라 [7]내가 밤 환상 가운데에 그 다음에 본 넷째 짐승은 무섭고 놀라우며 또 매우 강하며 또 쇠로 된 큰 이가 있어서 먹고 부서뜨리고 그 나머지를 발로 밟았으며 이 짐승은 전의 모든 짐승과 다르

고 또 열 뿔이 있더라 <sup>8</sup>내가 그 뿔을 유심히 보는 중에 다른 작은 뿔이 그 사이에서 나더니 첫번째 뿔 중의 셋이 그 앞에서 뿌리까지 뽑혔으며 이 작은 뿔에는 사람의 눈 같은 눈들이 있고 또 입이 있어 큰 말을 하였더라

이 장에 기록된 일이 일어난 연대는 벨사살 왕의 말년에 있은 일을 기록한 5장과 다리오 왕 원년에 있었던 일을 기록한 6장보다 앞선다. 왜냐하면, 다니엘은 바벨론에서의 유대인들의 포로 생활이 점차 끝나가고 있던 무렵인 벨사살 왕 원년에 이 환상들을 보았기 때문이다. 원문을 보면, 여기에 나오는 벨사살이라는 이름의 철자는 앞서 사용되던 것과는 다르다. 앞에서 이 왕의 이름은 벨셰아자르(벨은 재물을 쌓아놓은 이이다)로 표기가 되었지만, 여기에서는 벨에세자르(벨이 적군에 의해서 불타고 있다)로 나온다. 벨(Bel)은 갈대아인들이 숭배하던 신이었다. 이 신은 지금까지 형통하였었지만, 이제 불에 탈 운명에 놓이게 된 것이다.

우리는 이 단락에서 유대인들을 압제하였던 네 왕국에 관한 다니엘의 환상을 보게 된다. 좀 더 자세하게 살펴보자.

**I. 다니엘이 이 환상을 보게 된 정황.** 다니엘은 전에 느부갓네살의 꿈을 해석한 적이 있었는데, 이제는 직접 그것과 비슷한 내용의 하나님의 계시를 받는 영광을 누린다(1절). 다니엘이 잠을 자고 있을 때에 그의 침상에서 머리 속으로 환상을 받았다. 이렇게 하나님은 종종 사람들이 깊은 잠에 빠져 있을 때 하나님 자신과 그의 뜻을 계시하신다(욥 33:15). 왜냐하면, 우리가 세상으로부터 가장 멀찍이 물러나 있고 감각을 자극하는 것들로부터 가장 떨어져 있을 때가 바로 하나님과 교통하기에 가장 적합한 때이기 때문이다. 그러나 다니엘은 잠에서 깨어나자, 그대로 두면 그 꿈을 잊어버릴 것이기 때문에, 자신의 유익을 위해서 그 꿈을 기록하였고, 그의 형제들인 유대인들의 유익을 위하여 그 일의 대략을 진술하였다. 다니엘이 이렇게 글로 기록해서 그들에게 남겨 주어야, 그 꿈의 내용이 멀리 떨어져 있는 자들에게도 전해질 수 있을 것이고, 그들의 자녀들도 나중에 그 꿈에서 계시된 내용들이 성취되는 것을 보게 될 것이기 때문이었다. 유대인들은 예레미야와 에스겔의 몇몇 예언들을 오해해서, 그들이 고국 땅으로 돌아간 후에는 그 누구의 방해도 받지 않는 가운데 완벽한 평화를 누리게 될 것이라는 헛된 희망으로 부풀어 있었다. 그러나 하나님은 그들이 이렇게 헛

된 희망을 품고 있다가 나중에 실망함으로써 그들의 비참함이 두 배로 극심해지지 않도록 하기 위해서, 그들에게는 어느 정도의 환난은 계속될 것이고, 그들의 형통에 대한 약속들은 은혜의 나라의 영적인 축복들 가운데서 성취되리라는 것을 다니엘을 통해서 그들에게 알려 주신다. 그리스도께서 그의 제자들에게 말씀하셨듯이, 그들은 이 땅에서 박해받을 것을 예상하여야 하고, 그들이 기대를 걸고 있는 하나님의 약속들은 영광의 나라의 영원한 축복들을 통해서 성취될 것이다. 다니엘이 이 일들을 글과 말, 이 두 가지를 통해서 그들에게 전한 것은 교회가 성경과 목회자들의 설교, 즉 기록된 말씀과 입으로 전하는 말씀 이 두 가지를 통해서 가르침을 받아야 한다는 것을 보여주는 것이다. 목회자들은 설교를 통해서 기록된 일들의 대략을 진술하여야 한다.

**II. 환상의 내용.** 다니엘이 본 이 환상은 향후에 유대인들의 교회에 영향을 미치게 될 여러 나라들의 흥망성쇠를 보여주고 있다.

1. 다니엘은 하늘의 네 바람이 큰 바다로 몰려 부는 것을 보았다(2절). 이 네 바람은 어느 쪽이 가장 강하게 부는지를 놓고서 서로 각축하다가, 나중에는 각각 따로 불었다. 이것은 여러 왕들이 제국을 차지하기 위해서 서로 각축하게 되리라는 것과 이러한 각축으로 인해서 나라들이 요동하게 되리라는 것을 보여주는 것이었다. 왕들이 이렇게 각축하다가 그 와중에서 이제부터 그 모습을 드러내게 될 강력한 왕국들이 출현하게 된다. 한 줄기 바람이 어느 지점에서 일어나서 강하게 불어도 바다에서는 큰 요동이 일어난다. 그런데 네 줄기의 바람이 서로 우위를 차지하기 위해서 각축을 벌인다면, 그 요동함은 얼마나 크겠는가! 이것은 열국의 왕들이 전쟁을 통해서 패권을 다투고 있는 모습을 묘사한 것이다. 그들이 벌이는 전쟁들은 바람들이 서로 각축하며 싸우는 것만큼이나 요란하고 격렬하다. 바다를 휘저어 놓을 수 있는 유일한 세력인 바람들이 서로 다툰다면, 저 가엾은 바다는 얼마나 심하게 요동치고 그 격랑은 얼마나 무시무시하고 격렬하겠는가! 교만하고 야망에 찬 바람들 때문에 이 세상은 폭풍우가 휘몰아치는 바다와 같이 괴로워진다는 것을 명심하라.

2. 다니엘은 큰 짐승 넷이 풍랑이 이는 바다에서 나오는 것을 보았다. 야망을 지닌 자들은 이런 바다에서 낚시질 하는 것을 좋아한다. 왕들과 왕국들은 짐승들로 표현되고 있는데, 이것은 왕과 왕국들은 너무도 자주 짐승 같은 분노와 폭정을 통해서 출현하고 그런 것들을 통해서 유지되기 때문이다. 이 짐승들이

그 모양이 각각 달랐다는 것(3절)은 세상을 지배하게 될 왕이나 왕국들의 모습이나 특성이 서로 다 다를 것임을 보여주는 것이다.

(1) 첫째 짐승은 **사자와 같았다**(4절). 이 짐승은 왕들이 절대적인 권력을 쥐고 있었던 사납고 힘 센 갈대아 왕국이었다. 이 사자에게는 쏜살같이 날아가서 먹잇감을 낚아채는 데에 필요한 독수리의 날개가 있었는데, 이것은 느부갓네살이 놀라운 기동력으로 여러 나라들을 정복한 것을 나타낸다. 그러나 다니엘은 곧 그 날개가 뽑힌 것을 보았다. 이것은 승승장구하던 갈대아 왕국이 갑자기 몰락한 것을 나타낸다. 갈대아 사람들에게 조공을 바쳤던 여러 나라들은 반기를 들고서 갈대아 왕국에 정면으로 도전하였다. 이렇게 해서 이 괴물 같은 짐승, 즉 독수리의 날개를 지닌 사자는 사람처럼 두 발로 서게 함을 받았으며 또 사람을 마음을 받게 되었다. 즉, 갈대아 왕국은 용맹함을 상징하는 사자의 마음(영국의 한 용맹한 왕은 사자 왕, 즉 **사자의 마음**을 지닌 왕으로 불렸다)과 사자의 담력을 잃고서, 모든 것을 두려워하고 아무것도 과감하게 하지 못하는 연약하고 미약한 존재가 되었다는 것이다. 갈대아 사람들은 겁을 집어먹게 되었고, 그들이 사람에 불과하다는 것을 알게 되었다. 용맹스러웠던 한 나라가 이상하리만치 그 용맹성을 상실하고 겁 많고 나약한 나라가 되어 버려서, 한두 세대 동안 열방의 머리였던 나라가 졸지에 꼬리가 되는 일이 종종 있다.

(2) 둘째 짐승은 **곰과 같았다**(5절). 이 짐승은 갈대아 왕국보다는 덜 강하고 관대하면서 탐욕스러움에 있어서는 뒤지지 않았던 바사 왕국이었다. 이 곰은 몸 한쪽을 들어 사자를 쳐서 이내 제압하였다. 이 곰은 하나의 통치권을 일으켰다(어떤 이들은 이렇게 읽는다). 느부갓네살이 꾼 꿈 속에서 하나의 가슴에 붙은 두 팔로 표현되었던 바사와 메대는 이제 연합 정권을 세웠다. 이 곰의 입의 잇사이에 세 갈빗대가 물려 있었는데, 이것은 바사 왕국이 삼켜 버린 나라들의 흔적을 나타내는 것으로서 이 왕국의 탐욕스러움을 보여주는 것임과 동시에 이 왕국이 많은 나라들을 삼키기는 했지만 모든 나라를 다 삼킬 수는 없었다는 것을 보여주는 것이었다. 곰의 잇사이에 아직도 끼어 있는 갈빗대들은 바사 왕국이 정복할 수 없었던 나라들을 나타낸다. 이 때에 어떤 무리가 이 곰에게 말하는 소리가 들렸다. "일어나서 많은 고기를 먹으라. 먹을 수 없는 뼈나 갈빗대들은 그냥 놔두고, 손쉽게 먹을 수 있는 것들로 눈을 돌려라." 이것은 고관들이 계속해서 정복해서 그들 앞에 그 누구도 설 수 없게 하라고 왕이나 백성들을 부추

길 것임을 보여주는 것이다. 정복은 맹수들이 먹잇감을 사냥하는 것과 같아서, 악하고 비이성적인 자들의 맹목적인 정복은 짐승들이 자기들이 먹을 수 있는 것이 아닌데도 닥치는 대로 사냥하는 것과 같이 악한 것임을 명심하라.

(3) 셋째 짐승은 표범과 같았다(6절). 이 짐승은 표범 같이 날쌔고 영악하며 잔혹한 알렉산더 대왕에 의해서 세워진 헬라 왕국이었다. 그에게는 새의 날개 넷이 있었다. 앞에 나온 사자에게는 단지 두 개의 날개만이 있었지만, 이 표범은 네 개의 날개를 가지고 있었다. 왜냐하면, 느부갓네살은 광대한 영토를 정복하여 큰 제국을 이루었지만, 알렉산더 대왕은 훨씬 더 큰 영토를 정복하여 더 큰 제국을 만들었기 때문이다. 알렉산더는 불과 6년이라는 기간 동안에 바사 제국 전체를 얻었고, 수리아와 애굽과 인도와 그 밖의 여러 나라들의 지배자가 되었다. 이 짐승에게는 머리 넷이 있었다. 알렉산더가 죽은 후에 그가 정복한 나라들은 그의 휘하에 있던 네 명의 대장군들에 의해서 분할 통치되었다. 셀레우코스 니카노르(Seleucos Nicanor)는 대(大)아시아를; 페르디카스(Perdiccas), 그리고 그의 사후에는 안티고누스(Antigonus)가 소아시아를; 카산더(Cassander)는 마케도니아를; 프톨레마이오스(Ptolemaeos)는 애굽을 다스렸다. 이 짐승은 제국을 다스릴 권세를 받았다. 권세는 하나님으로부터 오는 것이고, 높은 자리는 오직 하나님에 의해서만 주어진다.

(4) 넷째 짐승은 앞에 나왔던 그 어느 짐승보다도 더 사납고 무시무시하며 해악을 많이 끼쳤는데, 앞의 짐승들과는 달리 맹수들 가운데서 이 짐승에 비유될 수 있는 짐승이 없었다(7절). 본문에 이름이 나와 있지 않은 이 짐승의 정체를 놓고 해석자들 사이에서는 의견이 분분하다. 어떤 이들은 이 짐승이 로마 제국을 가리키는 것으로 본다. 로마는 전성기 때에 열 개의 나라, 즉 이탈리아, 프랑스, 스페인, 독일, 영국, 사르마티아(Sarmatia), 판노니아(Pannonia), 헬라, 애굽을 포괄하는 제국이었다. 그들은 열 개의 뿔 중에서 세 개의 뿔이 뽑히고 나서 그 자리에 난 작은 뿔(8절)은 아시아, 그리스, 애굽을 아우르며 출현한 터키 제국을 가리킨다고 본다. 어떤 이들은 이 넷째 짐승이 셀레우코스 왕조가 다스렸던 수리아 왕국을 가리키는 것으로 본다. 요세푸스와 마카베오 가의 역사 속에서 볼 수 있듯이, 이 왕조는 유대 민족을 아주 잔혹하게 짓밟았다. 그리고 앞에 나온 여러 제국들 중에는 유대인들에게 신앙을 버리라고 강요한 나라가 없었는데, 이 수리아의 왕들은 유대인들에게 신앙을 버릴 것을 강요하였고

그들을 야만적으로 학대하였다는 점에서 이전의 모든 제국들과 달랐다. 수리아 왕국의 군대와 사령관들은 쇠로 된 큰 이와 같아서 하나님의 백성을 먹고 부서뜨리고 그 나머지를 발로 밟았다. 따라서 이 견해에 의하면, 이 짐승이 지닌 열 뿔은 아람 왕국을 다스렸던 열 명의 왕을 가리키고, 작은 뿔은 이 열 명의 왕들 중에서 마지막 왕, 즉 이런저런 방법으로 세 명의 왕을 제거하고 정권을 장악한 안티오코스 에피파네스(Antiochos Epiphanes)를 가리키는 것이 된다. 안티오코스는 대단히 영리한 인물이었기 때문에 사람의 눈 같은 눈들을 가지고 있는 것으로 묘사된다. 또한, 그는 아주 대담하고 과감하였기 때문에 큰 일들을 말하는 입을 가지고 있는 것으로 묘사되고 있다. 우리는 이 예언들 속에서 그를 또다시 만나게 될 것이다.

[9]내가 보니 왕좌가 놓이고 옛적부터 항상 계신 이가 좌정하셨는데 그의 옷은 희기가 눈 같고 그의 머리털은 깨끗한 양의 털 같고 그의 보좌는 불꽃이요 그의 바퀴는 타오르는 불이며 [10]불이 강처럼 흘러 그의 앞에서 나오며 그를 섬기는 자는 천천이요 그 앞에서 모셔 선 자는 만만이며 심판을 베푸는데 책들이 펴 놓였더라 [11]그 때에 내가 작은 뿔이 말하는 큰 목소리로 말미암아 주목하여 보는 사이에 짐승이 죽임을 당하고 그의 시체가 상한 바 되어 타오르는 불에 던져졌으며 [12]그 남은 짐승들은 그의 권세를 빼앗겼으나 그 생명은 보존되어 정한 시기가 이르기를 기다리게 되었더라 [13]내가 또 밤 환상 중에 보니 인자 같은 이가 하늘 구름을 타고 와서 옛적부터 항상 계신 이에게 나아가 그 앞으로 인도되매 [14]그에게 권세와 영광과 나라를 주고 모든 백성과 나라들과 다른 언어를 말하는 모든 자들이 그를 섬기게 하였으니 그의 권세는 소멸되지 아니하는 영원한 권세요 그의 나라는 멸망하지 아니할 것이니라

넷째 짐승이 수리아 제국이나 로마 제국, 또는 후자의 전조(前兆)로서의 전자 중에서 어느 것을 의미하든, 이 단락이 수리아 제국과 로마 제국, 그리고 모든 시대에 있어서 온갖 교만한 원수들로부터 받게 될 박해들과 관련해서 하나님의 백성을 위로하고 붙잡아 주기 위한 것임은 분명하다. 왜냐하면, 이 글은 세상의 종말의 때가 왔을 때에 하나님의 백성으로 하여금 여기에 나와 있는 사실을 알고서 이 글이 주는 위로와 소망을 품고서 인내할 수 있도록 하기

위하여 기록된 것이기 때문이다. 여기에서는 우리에게 아주 큰 힘이 될 세 가지 사실이 계시된다.

**I. 장차 심판이 있을 것이고, 그 때에 재판장은 하나님이 되시리라는 것.** 지금은 사람들의 날, 즉 사람들이 이 세상에서 자신의 야망을 펼치는 것이 어느 정도 허용된 때이기 때문에, 야망이 있는 자들은 이 세상을 지배하기 위해서 각축을 벌이고 서로 싸운다. 그러나 하늘에 앉아 계신 이가 그들을 비웃고 계신다. 왜냐하면, 하나님은 그의 날이 다가옴을 보고 계시기 때문이다(시 37:13). 내가 보니(9절) 이 짐승들의 보좌만이 아니라 사람들 가운데에 하나님의 나라에 대적하여 세워진 모든 통치와 권세와 능력이 쓰러졌다(고전 15:24). 하나님의 나라는 영원하지만, 세상의 나라들의 보좌는 곧 무너진다. 우리가 보좌들이 세워지는 것을 보았다면, 잠시만 기다리라. 그러면 우리는 그 보좌들이 쓰러지는 것을 보게 될 것이다. 이 본문은, 내가 보니 보좌들, 즉 그리스도의 보좌와 그의 아버지의 보좌가 놓였다로 읽을 수도 있다. 한 랍비는 이 보좌들은 하나는 하나님을 위하여, 다른 하나는 다윗의 자손을 위하여 놓여진 것이라고 고백한다. 이 보좌들은 심판을 베푸는 보좌들이다(10절). 좀 더 살펴보자.

1. 이것은 하나님이 그의 섭리를 통해서 이 세상을 지혜롭고 의롭게 통치하고 계시다는 것을 보여주기 위한 것이다. 세상의 나라들과 민족들이 격동하며 흥망성쇠를 거듭하는 가운데서, 여호와께서 그의 보좌를 하늘에 세우시고 그의 왕권으로 만유를 다스리신다는 것(시 103:19), 진실로 땅에서 신판하시는 하나님이 계신다는 것(시 58:11)은 모든 선한 자들에게 이루 말할 수 없는 위로가 된다.

2. 이것은 하나님의 백성에 대하여 폭정을 일삼았던 수리아 제국이나 로마 제국이 하나님의 섭리에 의해서 멸망을 당하게 되리라는 것을 보여주는 것일 수 있다.

3. 하지만, 이것은 주로 마지막 심판을 묘사하기 위한 것으로 보인다. 왜냐하면, 이 일은 넷째 짐승의 통치가 끝난 직후에 있을 일이 아니라 아마도 아주 오랜 후에 있을 일이기는 하지만, 모든 시대에서 하나님의 백성이 환난 가운데서도 이 일을 믿음으로 바라보고서 힘을 얻게 하기 위한 것이기 때문이다. 아담의 칠대 손 에녹도 이 일을 예언하였다(유 1:14). 앞에서 보았듯이, 원수의 입은 큰 일들을 말하였지만(8절), 여기에 여호와의 입이 말씀하신 훨씬 더 큰 일들이 있다. 신약에 나오는 장래의 심판에 관한 많은 예언들, 특히 이 심판에

관하여 요한이 본 환상(계 20:11-12)은 여기에 나오는 환상과 연관되어 있다.

(1) 재판장은 옛적부터 항상 계신 이, 즉 아버지 하나님이시다. 하나님의 임재의 영광이 여기에서 묘사되고 있다. 그는 영원부터 영원까지 하나님이시기 때문에(시 90:2) 옛적부터 항상 계신 이라 불린다. 사람들의 경우에도 늙은 자에게 지혜가 있기 때문에, 연륜이 많은 자가 지혜를 가르쳐야 한다고 하지 않는가. 그런데 하물며 옛적부터 항상 계신 이 앞에서 모든 육체가 침묵하지 않겠는가? 재판장이 지닌 영광은 여기에서 그가 입은 옷으로 표현된다. 그의 옷이 희기가 눈 같았다는 것은 공의를 베풀 때에 그에게서 빛이 나고 정결했음을 보여주는 것이고, 그의 머리털이 깨끗한 양의 털 같이 깨끗하고 희었다는 것은 그가 백발이 성성한 머리처럼 숭고해 보였다는 것을 보여주는 것이다.

(2) 그의 보좌는 아주 무시무시하였다. 그것은 불꽃이어서, 그 앞에 불려온 악인들로 하여금 겁을 집어먹게 하기에 충분하였다. 그 보좌는 바퀴가 달려 있어서 이동할 수 있게 되어 있었거나 적어도 그가 순회할 때에는 병거 역할을 하였는데, 그 바퀴는 대적들을 삼키는 타오르는 불이었다. 왜냐하면, 우리 하나님은 소멸시키는 불이시고, 하나님은 영영히 타는 분이시기 때문이다(사 33:14). 이것은 10절에서 자세하게 묘사된다. 하나님의 모든 신실한 벗들에게는 하나님과 어린 양의 보좌로부터 생명수의 강이 흘러 나오듯이(계 22:1), 하나님의 모든 불구대천의 원수들에게는 하나님의 보좌로부터 유황 개천(사 30:33)이 흘러 나오거나 자기 앞에 있는 모든 것을 삼키는 불이 강처럼 흘러 나온다. 하나님은 아주 신속한 증인이시고, 그의 말씀은 바퀴가 달린 말씀이다.

(3) 하나님을 모셔 선 자들은 그 수가 셀 수 없이 많고 그 모습이 눈부셨다. 하나님의 영광('셰키나') 앞에는 언제나 천사들이 모셔 서 있는데, 여기에서도 마찬가지이다. 그를 섬기는 자는 천천이요 그 앞에서 모셔 선 자는 만만이었다(10절). 하나님께 이렇게 모셔 선 천사들이 있다는 것은 분명히 하나님이 지니신 큰 영광이지만, 하나님께는 그런 천사들이 필요하지도 않고 그 천사들이 모셔 서 있다고 해서 유익이 될 것도 없다는 사실은 하나님이 지니신 더욱 큰 영광이다. 하늘의 천군 천사들의 수가 얼마나 많은지(천천의 천사들), 그들이 하나님의 명령이 떨어지기가 무섭게 그 명령을 실행에 옮기기 위해서 얼마나 만반의 준비를 다 갖추고서 하나님 앞에 모셔 서 있는지를 보라. 그들은 특히 인자가 모든 천사와 함께 올 저 마지막 심판의 날에 하나님의 판결을 집행하는 자들로

서 쓰임 받게 될 것이다. 에녹은 주께서 그 수만의 거룩한 자와 함께 임하실 것이라고 예언하였다(유 1:14).

(4) 심판 절차는 예외 없이 공정하였다. 심판은 많은 자들 앞에서 공개적으로 베풀어져서, 누구나 다 그 심판 절차를 볼 수 있고 이용할 수 있게 되어 있었다. 그리고 책들이 펴 놓여 있었다. 인간 세상의 법정에서 소송과 관련된 내용들이 문건들로 다 기록이 되어서, 어떤 사건을 심리하거나 증인들을 심문하거나 진술서들을 읽을 때에 사실 관계를 분명히 하기 위해서 그 기록들을 펼쳐 놓고, 또한 법이 어떻게 되어 있는지를 찾아내기 위해서 의회에서 제정한 법률들과 관습법을 기록한 책들을 참조하려고 펼쳐 놓듯이, 저 큰 날의 심판 때에도 각 사람에 대한 사실 관계를 다 기록한 책들이 펼쳐져 있어서 판결의 공정성은 그 누구도 이의를 제기할 수 없을 정도로 분명하게 확보될 것이다.

**II. 하나님의 교회를 대적하는 교만하고 잔혹한 원수들은 때가 되면 반드시 벌을 받아 몰락하게 되리라는 것**(11-12절). 이것은 여기에서 우리에게 다음과 같은 것들을 통해서 제시된다.

1. 넷째 짐승이 죽임을 당함. 하나님이 이 짐승과 다투신 것은 그 작은 뿔이 말하는 큰 목소리, 즉 그 짐승이 하늘에 도전하며 거룩한 모든 것을 짓밟으며 큰 소리를 쳤기 때문이었다. 원수가 잘못 생각하여 스스로 교만하게 행하는 것이야말로 그 무엇보다도 하나님을 진노하시게 하는 일이다(신 32:27). 하나님이 애굽 왕 바로를 낮추실 수밖에 없으셨던 것은 그가 여호아가 누구냐라고 말했고 내가 뒤쫓아 따라잡으리라고 말했기 때문이었다. 에녹은 뭇 사람을 심판하사 무는 경건하지 않은 자들을 그들이 주를 거슬러 한 모든 완악한 말로 말미암아 정죄하려고 주께서 임하실 것이라고 예언하였다(유 1:15). 거창한 말들은 한낱 허풍을 떠는 말들일 뿐이고, 사람들은 그런 말들에 대하여 저 큰 날에 책임을 져야 한다는 것을 명심하라. 이렇게 큰소리를 치며 허풍을 떠는 이 짐승이 어떻게 되었는지를 보라. 짐승이 죽임을 당하고 그의 시체가 상한 바 되어 타오르는 불에 던져졌다. 수리아 제국은 안티오코스 이후에 멸망하였다. 안티오코스 자신도 끔찍한 병에 걸려서 죽었고, 그의 가문은 멸문(滅門)의 화를 당하였다. 수리아 제국은 바대인(Parthians)과 아르메니아인(Armenians)에 의해서 초토화되었다가, 나중에는 마침내 폼페이우스에 의해서 로마의 한 속주로 편입되었다. 로마 제국도 기독교를 박해하기 시작한 후에 국력이 기울어서 그 핵심 세력이 멸망

하였다(여기에 나오는 넷째 짐승을 로마 제국으로 보고서 얘기한다면). 주여, 주의 모든 원수들은 이렇게 주 앞에서 망하여 죽임을 당하게 되리이다.

2. 나머지 세 짐승의 세력이 약해짐(12절). 그들은 권세를 배앗겨서, 그동안 하나님의 교회와 백성에게 가해 왔던 해악들을 할 수 없게 되었다. 그러나 그들의 생명은 보존되어 정한 시기가 이르기를 기다리게 되었고, 그들은 그 정한 때를 넘어서 살 수 없게 되었다. 이전의 왕국들의 세력은 완전히 분쇄되었지만, 그 백성들은 여전히 보잘것없고 미약하고 비천한 상태로 남아 있었다. 우리는 이러한 상태를 선한 자들의 마음속에 여전히 남아 있는 죄의 잔재들에 적용해 볼 수 있다. 선한 자들 속에는 죄의 세력이 약화된 채로 여전히 남아 있어서, 그들은 죄로부터 완전히 자유롭지 못하고 부패한 성품을 어느 정도 지니고 있다. 그러나 죄가 갖고 있던 통치권은 제거가 된 상태이기 때문에, 죄는 그들의 죽을 몸을 지배하지는 못한다. 하나님은 그의 교회의 원수들을 이렇게 다루신다. 종종 하나님은 그들의 목을 부러뜨리지 않으시고 단지 이(teeth)만을 꺾으셔서 박해를 그치게 해놓으심과 동시에 박해자들에게 회개할 기회를 주신다(시 3:7). 하나님께서 그의 일을 하실 때에 그의 때와 방법을 따라 행하시는 것은 마땅하다.

**III. 어둠의 권세의 모든 반대에도 불구하고 메시야의 나라가 이 세상에 세워져서 세상 끝날까지 있게 되리라는 것.** 이방인들이 아무리 제멋대로 광분하고 소동을 벌인다고 하여도, 하나님은 그의 왕을 그의 거룩한 산 시온에 세우실 것이다. 다니엘은 이것을 환상 가운데서 보고, 자기 자신과 그의 친구들을 이러한 소망으로 위로한다. 이것은 느부갓네살이 꿈 속에서 미리 본 것, 즉 손대지 아니한 돌이 산에서 나와서 신상을 산산이 부서뜨린 것과 같은 것이었다. 그러나 이 환상 속에는 그 꿈에서보다도 순전한 복음에 관한 내용이 훨씬 더 많이 나온다.

1. 메시야는 여기에서 인자라 불린다: 인자 같은 이(13절). 왜냐하면, 그는 죄 있는 육신의 모양이 되셨고 사람의 모양으로 나타나셨기 때문이다. 내가 인자 같은 이, 하나님이 그의 계획 속에서 때가 차면 하나님과 사람 사이의 중보자가 되실 자의 모습이라고 생각하신 것과 정확히 일치하는 이를 보았다. 그는 인자 같은 이, 즉 사람의 모양을 하고 계신 분이었지만, 사실은 하나님의 아들이셨다. 우리 구주께서 자기가 인자됨으로 말미암아 아버지께서 자기에게 심판하는 권세

를 주셨다고 말씀하셨을 때에(요 5:27) 분명히 이 환상을 염두에 두고 계셨을 것이다. 이 말씀은 그가 다니엘이 환상 속에서 본 바로 그 인자, 하나님으로부터 나라와 권세를 받은 그 인자라는 것이었다.

2. 그는 하늘 구름을 타고 오실 것이다. 어떤 이들은 이것이 그의 성육신을 가리키는 것이라고 말한다. 여호와의 영광이 구름 가운데서 성전에 임재하셨듯이, 그는 하늘 구름 가운데서 눈에 보이지 않게 이 세상에 오셨다. 세상의 제국들은 바다에서 나온 짐승들이었다. 그러나 그리스도의 나라는 위에서 온다. 그리스도는 하늘로부터 오신 주이시다. 나는 이 본문이 그의 승천과 더 연관이 있다고 생각한다. 그가 아버지께로 돌아가실 때에 제자들은 구름이 그를 가리어 보이지 않게 할 때까지 그가 올려져 가시는 것을 지켜 보았다(행 1:9). 그는 구름을 그의 병거로 삼으셔서, 그 병거를 타고 윗 세상으로 개선하셨다. 그는 아주 신속하고 거침없고 당당하게 오실 것이다. 왜냐하면, 그는 하늘 구름을 타고 오실 것이기 때문이다.

3. 그는 여기에서 천국에서 막강한 영향력을 지닌 것으로 묘사된다. 구름이 그를 받아서 그의 제자들의 눈에 보이지 않게 하였을 때, 구름이 그를 어디로 데리고 간 것인지를 묻는 것은 어쩌면 당연한 일이다(선지자의 무리들이 이와 비슷한 경우에 엘리야와 관련해서 이런 것을 물었듯이). 우리는 여기에서 이 물음에 대하여 아주 만족할 만한 대답을 듣는다. 그는 옛적부터 항상 계신 이에게 나아갔다. 왜냐하면, 그는 그의 아버지이자 우리의 아버지이시고 그의 하나님이자 우리의 하나님이신 분께 올라가셨기 때문이다(요 20:17). 그는 하나님께로부터 오셨다가 다시 하나님께로 돌아가셔서 하나님과 함께 영광을 받으시며 그 오른편에 앉아 계신다. 그는 지금 내가 나를 보내신 이에게로 간다고 아주 기쁜 마음으로 말씀하셨다. 그렇다면, 그는 환영을 받으셨는가? 물론이다. 왜냐하면, 천사들은 그를 하나님 앞으로 인도하였기 때문이다. 그는 하나님의 모든 천사들의 경배를 받으며 그의 아버지 앞으로 인도되었다(히 1:6). 하나님은 우리로 하여금 그로 말미암아 하나님께 가까이 나아가게 하시기 위하여 우리를 대신해서 변호해 주시는 그를 가까이 오게 하셨다(렘 30:21). 그가 옛적부터 항상 계신 이에게 이렇게 가까이 나아갈 수 있었다는 것은 아버지 하나님이 그가 드린 제사와 대속을 기쁘게 받으셨고 그가 행한 모든 것을 전적으로 기뻐하셨다는 것을 보여주는 것이다. 그가 하나님 앞으로 인도된 것은 우리의 대제사장으

로서 우리를 위하여 가장 먼저 휘장 안으로 들어가신 것이다.

4. 그는 여기에서 이 땅에 막강한 영향력을 지닌 것으로 묘사된다(14절). 그는 그의 아버지와 함께 영광을 받기 위해 가셨을 때에 만민을 다스리는 권세를 받으셨다(요 17:2, 5). 다니엘과 그의 친구들은 여기에서, 교회의 원수들이 그 권세를 빼앗기게 될 뿐만 아니라(12절) 교회의 머리이자 가장 좋은 친구이신 분이 하나님이 주신 권세를 갖게 되실 것이고 모든 무릎이 그 앞에 꿇게 되고 모든 입이 그를 시인하게 되리라는 것(빌 2:9-10)을 미리 내다보고서 위로를 받는다. 그에게 영광과 나라가 주어지고, 그것들은 그것들을 주실 수 있는 권리를 의문의 여지 없이 갖고 계시는 분에 의해서 주어진다. 어떤 이들은 우리 구주께서 여기에 나오는 말씀을 염두에 두시고서 주기도문의 끝에서 나라와 권세와 영광이 아버지께 영원히 있사옵나이다(마 6:13)라고 고백할 것을 우리에게 가르치신 것이라고 생각한다. 여기에서는 높아지신 구주의 나라에 대해서 다음과 같은 것들이 예언된다.

(1) 세상의 여러 나라들이 역사상으로 온 세계를 다스리는 제국인 체하고 그런 나라가 되는 것을 목표로 삼았지만, 오직 그리스도의 나라만이 진정으로 온 세계를 다스리는 유일한 나라가 되리라는 것. 모든 백성과 다른 언어를 말하는 모든 자들이 자원해서이든 정복을 당한 포로가 되어서이든, 그에 의해서 다스림을 받든 짓밟힘을 당하든, 어떤 모양으로든 그의 통치 아래에서 그를 섬기게 될 것이고, 세상의 나라들은 이런저런 방식으로 모두 다 그의 나라들이 될 것이다.

(2) 그리스도의 나라는 영원한 나라가 되리라는 것. 그의 왕권은 소멸되지 아니하는 영원한 권세이기 때문에 후계자나 침략자에게 넘어가는 일이 없을 것이고, 그의 나라는 멸망하지 아니할 나라가 될 것이다. 음부의 권세, 즉 지옥의 힘이나 권모술수도 그 나라를 이기지 못할 것이다. 교회는 세상 끝날까지 계속해서 전투를 벌이게 될 것이고, 세세무궁토록 승리를 거두게 될 것이다.

¹⁵나 다니엘이 중심에 근심하며 내 머리 속의 환상이 나를 번민하게 한지라 ¹⁶내가 그 곁에 모셔 선 자들 중 하나에게 나아가서 이 모든 일의 진상을 물으매 그가 내게 말하여 그 일의 해석을 알려 주며 이르되 ¹⁷그 네 큰 짐승은 세상에 일어날 네 왕이라 ¹⁸지극히 높으신 이의 성도들이 나라를 얻으리니 그 누림이 영원하고 영원하

고 영원하리라 ¹⁹이에 내가 넷째 짐승에 관하여 확실히 알고자 하였으니 곧 그것은 모든 짐승과 달라서 심히 무섭더라 그 이는 쇠요 그 발톱은 놋이니 먹고 부서뜨리고 나머지는 발로 밟았으며 ²⁰또 그것의 머리에는 열 뿔이 있고 그 외에 또 다른 뿔이 나오매 세 뿔이 그 앞에서 빠졌으며 그 뿔에는 눈도 있고 큰 말을 하는 입도 있고 그 모양이 그의 동류보다 커 보이더라 ²¹내가 본즉 이 뿔이 성도들과 더불어 싸워 그들에게 이겼더니 ²²옛적부터 항상 계신 이가 와서 지극히 높으신 이의 성도들을 위하여 원한을 풀어 주셨고 때가 이르매 성도들이 나라를 얻었더라 ²³모신 자가 이처럼 이르되 넷째 짐승은 곧 땅의 넷째 나라인데 이는 다른 나라들과는 달라서 온 천하를 삼키고 밟아 부서뜨릴 것이며 ²⁴그 열 뿔은 그 나라에서 일어날 열 왕이요 그 후에 또 하나가 일어나리니 그는 먼저 있던 자들과 다르고 또 세 왕을 복종시킬 것이며 ²⁵그가 장차 지극히 높으신 이를 말로 대적하며 또 지극히 높으신 이의 성도를 괴롭게 할 것이며 그가 또 때와 법을 고치고자 할 것이며 성도들은 그의 손에 붙인 바 되어 한 때와 두 때와 반 때를 지내리라 ²⁶그러나 심판이 시작되면 그는 권세를 빼앗기고 완전히 멸망할 것이요 ²⁷나라와 권세와 온 천하 나라들의 위세가 지극히 높으신 이의 거룩한 백성에게 붙인 바 되리니 그의 나라는 영원한 나라이라 모든 권세 있는 자들이 다 그를 섬기며 복종하리라 ²⁸그 말이 이에 그친지라 나 다니엘은 중심에 번민하였으며 내 얼굴빛이 변하였으나 내가 이 일을 마음에 간직하였느니라

이 단락에서 우리는 다음과 같은 것들을 본다.

**I. 이 환상들이 다니엘에게 준 깊은 충격들.** 하나님은 이 환상들을 통해서 다니엘에게 존귀함을 더해 주었고 만족함도 주셨지만, 아울러서 적지 않은 고통과 번민도 다니엘에게 엄습해 왔다(15절). 나 다니엘이 내 몸의 중심에 근심하였다. 여기에서 몸을 나타내기 위하여 사용된 단어는 원래는 칼집을 의미한다. 왜냐하면, 몸이라는 것은 영혼의 칼집에 다름 아니기 때문이다. 영혼은 병기이다. 영혼은 우리가 가장 중요하게 보살펴야 할 병기이다. 내 머리 속의 환상이 나를 번민하게 하였다. 이것은 28절에서 다시 나 다니엘은 중심에 번민하였다는 말로 표현된다. 이러한 계시들이 그에게 환상이라는 방식을 통해서 왔기 때문에 그는 그 환상에 완전히 압도되었고, 이 환상이 무엇을 의미하는 것일까를 생각하느라 그의 심령은 심한 번민에 사로잡히게 되었으며, 그는 탈혼상태에서 환

상을 보았기 때문에 심신이 녹초가 되어 있었다. 그가 점차 정신을 추슬러서 찬찬히 이 환상을 회상하면서 이 환상이 준 위로들을 통해서 그 두려움을 상쇄시킬 수 있을 때까지는 이 환상을 통해서 주어진 계시들 자체도 그를 몹시 놀라게 만들었다.

**Ⅱ. 다니엘이 이 환상들의 의미를 깨닫고자 간절하게 원함**(16절). 내가 그 곁에 모셔 선 자들 중 하나, 즉 영광 중에 계신 인자를 수행하고 있던 천사들 중의 하나에게 나아가서 이 모든 일의 진상(진정한 의도와 의미)을 물었다. 우리가 하나님에게서 보고 들은 것의 의미를 올바르고 온전하게 아는 것은 매우 바람직한 일이다. 알고자 하는 자들은 신실하게 간절히 기도하고 부지런히 살피는 것을 통해서 하나님께 물어야 한다.

**Ⅲ. 이 환상을 깨닫게 해줄 열쇠가 다니엘에게 주어짐.** 천사는 아주 분명하게 그에게 말하여 그 일의 해석을 알려 주었기 때문에, 그는 어느 정도 이 환상을 이해할 수 있게 되었다.

1. 바다에서 나온 큰 짐승들은 세상에 일어날 큰 왕들과 그들의 나라들이다(17절). 그들은 아래로부터 오고, 사망의 냄새를 풍기며, 그들의 토대는 티끌에 있다. 그들은 땅에서 나서 흙에 속한 자들이고, 티끌 속에 기록되며, 티끌로 돌아가게 될 것이다.

2. 다니엘은 처음의 세 짐승들에 대해서는 어느 정도 깨닫게 되었지만, 넷째 짐승에 대해서는 좀 더 알기를 원하였다. 왜냐하면, 넷째 짐승은 나머지 짐승들과는 아주 많이 달라서 **심히 무서웠을** 뿐만 아니라 먹고 부서뜨리며 많은 해악을 끼쳤기 때문이었다(19절). 아마도 다니엘을 그토록 놀라게 하였던 것은 아마도 이 넷째 짐승이었던 것 같고, 그의 머리 속의 환상들 중에서 이 부분이 다른 어느 부분보다도 더 많이 그를 번민하게 하였던 것 같다. 그는 특히 그 중에서도 눈도 있고 큰 말을 하는 입도 있는 작은 뿔, 그 모습이 그의 동류들보다 더 겁이 없고 무시무시하게 생긴 작은 뿔이 무엇인지를 알고자 하였다(20절). 그가 이 작은 뿔에 대하여 몹시 알고 싶어했던 것은 성도들과 더불어 싸워 그들에게 이긴 것이 바로 이 작은 뿔이었기 때문이었다(21절). 사람들끼리 서로 전쟁을 벌이고 싸워서 서로 이기고 진 것이었다면, 다니엘은 그렇게 큰 관심을 나타내지 않았을 것이다(질그릇 조각들이 서로 싸워서 부서진들 그것이 무슨 상관이 있겠는가). 그러나 어떤 자가 성도들과 더불어 싸워서, **순금에 비할 만큼 보배로운**

시온의 아들들이 질항아리 같이 부서지는 일이 벌어지자, 다니엘은 다음과 같이 묻지 않을 수 없었다. "이것은 무엇을 의미하는 것입니까? 여호와께서 자기 백성을 내버리고자 하시는 것입니까? 여호와께서 원수들로 하여금 자기 백성을 짓밟으며 승리하게 하시고자 하시는 것입니까? 장차 성도들을 이 지경으로 짓밟게 될 저 뿔은 도대체 무엇입니까?" 그러자 해석자는 다니엘에게 이 넷째 짐승은 온 천하를 삼킬 넷째 나라이고, 열 뿔은 그 나라에서 일어날 열 왕이며, 작은 뿔은 세 명의 왕을 복종시키고 왕위에 올라서 하나님과 그의 백성을 심하게 모독할 자라고 대답해 준다(23-25절).

(1) 이 왕은 하나님에 대하여 매우 불경스럽게 행할 것이다. 그는 지극히 높으신 이를 말로 대적하며, 하나님과 그의 권세와 공의에 도전할 것이다.

(2) 이 왕은 하나님의 백성에 대하여 매우 오만하게 행할 것이다. 그는 지극히 높으신 이의 성도들을 몹시 **괴롭게** 할 것이다. 그는 그들을 단번에 몰살시키는 것이 아니라, 오랜 기간 동안에 걸쳐서 압제를 행하며 그들의 재산을 파괴하고 그들의 가문들을 약화시키는 등 끊임없이 그들을 곤경으로 몰아넣어서 서서히 그들의 씨를 말릴 것이다. 사탄의 목적은 지극히 높으신 이의 성도들을 **괴롭게** 해서 점점 그 세력을 약화시켜 인간 세상에서 그 흔적을 없애는 것이다. 그러나 그러한 시도는 결코 이루어질 수 없다. 왜냐하면, 세상이 존재하는 한 하나님의 교회도 이 세상 속에 존재할 것이기 때문이다. 이 왕은 **때와 법**을 고치고자 할 것이며, 이 거룩한 신앙의 모든 규례들과 제도들을 폐지하고, 모든 사람들로 하여금 그가 하라는 대로 말하고 행하게 하고자 할 것이다. 그는 인간이 세운 것이든 하나님이 세운 것이든 온갖 법과 관습들을 짓밟을 것이다. 그는 마치 하늘의 규례들조차도 바꾸려는 듯이 모든 것을 무너뜨리고 다시 세우며 네모난 것을 둥근 것으로, 둥근 것은 네모난 것으로 바꾸고자 할 것이다. 그리고 그의 이 무모한 시도들은 한동안 성공을 거두게 될 것이다. 하나님의 백성은 한 때와 두 때와 반 때를 지낼 때까지(즉, 삼 년 반 동안) 그의 손에 붙인 바 될 것이다. 이러한 기간 계산법은 우리가 요한계시록에서도 만나게 되는 저 유명한 예언적 기간 계산법으로서, 여기에 나오는 기간은 42개월 또는 1,260일이라고도 표현될 수 있다. 이 기간이 끝나고 심판이 시작되면 그는 권세를 빼앗기게 될 것이다(26절). 이것은 이 짐승이 죽임을 당하고 그의 시체가 상한 바 된(11절) 것을 보여준 앞서의 환상에 대한 설명이다. 결국 그 짐승의 나머지(12절, 미드 목사의

읽기에 의하면), 즉 열 뿔, 특히 소동을 벌였던 작은 뿔은 권세를 빼앗기게 된다. 그렇다면, 이 환상 속에서 출현해서 큰 권세로 다스리다가 파멸한 이 원수는 도대체 누구인가라는 질문이 제기되지 않을 수 없다. 이 문제에 대한 해석자들의 대답은 서로 일치하지 않는다. 어떤 이들은 넷째 나라는 셀레우코스 왕조의 나라이고, 작은 뿔은 안티오코스라고 주장하면서, 이 모든 것이 마카베오 가의 역사 속에서 그대로 성취되었다는 것을 보인다(유니우스, 피스카토르, 폴라누스, 브로턴 등). 그러나 어떤 이들은 넷째 나라는 로마 제국이고, 작은 뿔은 율리우스 카이사르를 비롯한 역대 황제들(칼빈) 또는 적그리스도, 교황의 나라(조셉 미드), 여기에 나오는 작은 뿔처럼 그리스도께서 강림하여 나타나실 때에 그 광채에 의해서 죽임을 당하게 될 저 악한 자라고 주장한다. 교황은 때와 법을 고치는 절대적인 권세(potestas autokratorike)를 지니고 있다. 또, 어떤 이들은 작은 뿔이 터키 제국을 가리키는 것으로 본다(루터, 바타블루스 등). 나는 어느 쪽이 틀린 것인지를 증명할 수 없다. 예언들은 종종 단 한 번이 아니라 여러 번에 걸쳐서 성취되고, 우리는 성경이 지닌 폭넓은 적용 범위를 최대한으로 고려하여야 한다는 점에서(다른 많은 쟁점들에서와 마찬가지로 여기에서도), 나는 이 견해들이 다 일리가 있지만, 이 예언은 일차적으로 수리아 제국과 연관된 것으로서 안티오코스 치하에서 고통을 당하는 유대인들에게 이 암울한 시기를 미리 알려주고 결국에는 이 제국의 교만한 압제자들이 다 망하여 그 결과가 영광스러울 것임을 미리 보게 해줌으로써 그들을 격려하기 위한 것이었다고 본다. 무엇보다도, 이전의 선지자들이 하나님의 백성들에게 이 세상에 메시야의 나라가 세워질 것이라는 소망을 줌으로써 환난 받는 하나님의 백성들을 위로하곤 하였듯이, 여기에서도 메시야의 나라가 세워지리라는 예언이 등장한다. 그러나 이 예언은 한 걸음 더 나아가서 안티오코스가 경건한 유대인들과 그들의 신앙을 박해한 것과 비슷하게 기독교 신앙을 박해하게 될 로마 제국과 교황의 나라에 대해서도 예언하고 있다. 일차적으로 로마 제국을 겨냥한 요한의 환상들과 예언들은 구체적인 내용들에 있어서 다니엘의 이 환상들을 많이 참조하고 있다는 것이 분명하게 드러난다.

3. 다니엘은 하나님의 나라가 결국 모든 반대 세력들에 대하여 승리하고 사람들 가운데에서 견고히 서게 될 것이라는 기쁜 소식을 미리 듣는다. 특히 주목할 만한 것은 환상이 진행되는 과정에서 다니엘이 이 기쁜 소식에 대한 해석

(26-27절)을 듣기 전에 원수들의 세력이 광분할 것에 관한 예언들이 나오는 한 중간에 이 기쁜 소식이 느닷없이 등장한다는 것이다(18, 22절). 이 기쁜 소식은 다음과 같은 것들을 가리킨다.

(1) 유대 교회가 안티오코스 치하에서 비바람을 견뎌낸 후에 마카베오 가문이 원수들을 이기고 권세를 얻게 된 때에 형통한 날들을 누리게 되리라는 것.

(2) 복음이 전파됨으로써 이 세상에 메시야의 나라가 세워지게 되리라는 것. 그리스도께서는 심판하러 이 세상에 오셔서 그의 성령으로 다스리시고 그의 모든 성도들을 그들의 하나님을 위한 왕들과 제사장들로 삼으실 것이다.

(3) 예수 그리스도의 재림. 이 때에 성도들은 그리스도와 함께 그의 보좌에 앉아서 세상을 심판하게 될 것이고, 마귀의 나라가 완전히 멸하는 것을 보고 크게 기뻐하게 될 것이다. 여기에서 무엇이 예언되고 있는지를 살펴보자.

[1] 옛적부터 항상 계신 이가 오실 것이다(22절). 하나님은 아들에게 심판을 다 맡기셨기 때문에 그 아들을 통해서 세상을 심판하실 것이고, 그 준비작업으로 그의 압제 받는 백성을 구원하기 위해서 오실 것이고 이 세상에 그의 나라를 세우기 위하여 오실 것이다.

[2] 심판이 베풀어질 것이다(26절). 하나님은 그가 이 땅에서 심판하신다는 것을 나타내 보이실 것이고, 지혜와 공평으로 자기 백성의 원한을 풀어 주셔서 그들의 의(義)를 드러내실 것이다. 저 큰 날에 하나님은 그가 정하신 사람으로 하여금 천하를 공의로 심판하신 것이다(행 17:31).

[3] 원수는 그의 권세를 빼앗기게 될 것이나(26절). 그리스도의 모든 원수들은 그의 발등상(footstool)이 될 것이고, 완전히 죽어 멸망할 것이다. 이러한 표현들은 사도 바울이 불법한 자를 묘사할 때에 사용하고 있는 표현들이다(살후 2:8). 그 불법한 자는 그리스도의 입의 기운에 의해서 죽을 것이고, 그가 강림하여 나타나심으로 멸망할 것이다.

[4] 심판의 권세가 지극히 높으신 이의 성도들에게 주어질 것이다. 사도들에게는 복음을 전하는 일이 맡겨졌는데, 세상은 바로 이 복음에 의해서 심판을 받게 될 것이다. 모든 성도들은 그들의 믿음과 순종을 통해서 믿지 않고 불순종하는 세상을 정죄한다. 그들은 그들의 머리 되신 그리스도 안에서 세상을 심판할 것이고, 이스라엘 열두 지파를 심판할 것이다(마 19:28). 이것이 우리가 주를 경외하는 자들을 존귀히 여겨야 할 이유이다. 성도들이 지금 이 세상 사람들의 눈

에 아무리 보잘것없고 비천해 보이고, 아무리 많은 멸시가 그들에게 쏟아진다고 해도, 그들은 지극히 높으신 이의 성도들이다. 그들은 하나님에게 가깝고 소중한 자들이고, 하나님은 그들을 자기 백성으로 인정하시며, 장차 심판할 권세가 그들에게 주어질 것이다.

[5] 가장 역설되고 있는 것은 지극히 높으신 이의 성도들이 나라를 얻을 것이고 그 나라를 누림이 영원하고 영원하고 영원하리라는 것이다(18절). 22절에서는 이것을 때가 이르매 성도들이 나라를 얻었더라고 표현하고 있고, 27절에서는 나라와 권세와 온 천하 나라들의 위세가 지극히 높으신 이의 거룩한 백성에게 붙인 바 되리라고 말한다. 우리는 이러한 말씀들로부터 이 세상 나라를 통치할 권세가 은혜 위에 세워져 있다거나 성도가 이 세상 나라의 왕권을 차지하는 것이 하나님의 뜻이라고 생각해서는 결코 안 된다: 그리스도의 나라는 이 세상에 속한 것이 아니니라(요 18:36). 도리어, 이것은 성도들이 자신의 정욕과 부패한 성품들을 다스릴 수 있는 영적인 권세를 지니고 있다는 것, 사탄과 그의 시험들을 이길 권세를 지니고 있다는 것, 순교자들에게는 죽음과 그 두려움을 이기고 승리할 수 있는 권세가 주어져 있다는 것을 보여주는 것이다. 또한, 이것은 복음의 나라, 은혜의 나라가 이 세상에 세워질 것이고, 그 나라의 특권들과 위로들은 지금 하늘 아래에서 저 하늘에 있는 영광의 나라의 전조(前兆)이자 첫 열매들이 될 것임을 약속하고 있다. 나라가 기독교적이 되고 그 군주들이 기독교를 옹호하고 진보시키기 위해 그들의 권세를 사용할 때, 그것은 성도들이 나라를 얻은 것이다. 성도들은 그들 스스로가 성령의 다스림을 받고(세상을 이기는 승리는 이것이니 우리의 믿음이니라, 요일 5:4), 이 세상의 나라들을 그리스도의 나라가 되게 하는 방식으로 다스린다. 그러나 이 예언은 하나님의 약속을 따라 우리가 고대하고 있는 저 요동하지 않는 영원한 나라(이것이 그 나라의 위세이다)에서 성도들이 썩어지지 않는 영광의 면류관을 받고 영원한 복을 누리게 될 때에 온전히 성취될 것이다. 이것이 얼마나 강조되고 있는지를 보라(18절): 성도들이 그 나라를 누림이 영원하고 영원하고 영원하리라. 성도들이 그 나라를 영원토록 누릴 수 있는 것은 그들의 주(主)가 되시는 분이 지극히 높으신 이이시고 그의 나라는 영원한 나라이기 때문이다(27절). 그분이 그러시기 때문에 그들도 그렇게 될 것이다. 내가 살아 있기 때문에 너희도 살아 있겠음이라(요 14:19). 그의 나라는 그들의 나라이다. 그들은 그가 높임을 받으시면 그들 자신이 높임을 받고 있다고

여기고, 그들과 마찬가지로 모든 권세 있는 자들이 다 그를 섬기며 복종하게 되는 것을 그들 자신의 가장 큰 영광이자 만족으로 여긴다(27절). 모든 권세 있는 자들은 그의 금규(제왕을 상징하는 금으로 된 지팡이)에 복종하게 되거나 그의 철장(쇠로 된 막대기)에 멸망당하게 될 것이다.

다니엘은 이 환상에 관한 얘기를 마치면서 이 환상이 그에게 어떤 영향들을 주었는지를 우리에게 말해 준다. 그는 이 환상에 압도되어서 그의 얼굴빛이 변하였고 그의 안색은 창백해졌다. 그러나 그는 이 일을 마음에 간직하였다. 마음은 하나님의 일들을 간직해 두는 창고가 되어야 한다는 것을 명심하라. 동정녀 마리아가 그리스도께서 하신 말씀들을 마음에 담아 두었듯이(눅 2:51), 우리는 하나님의 말씀을 우리의 마음속에 담아 두어야 한다. 다니엘이 이 일을 마음에 간직한 것은 그가 여호와께로부터 받은 것을 교회에는 비밀로 하기 위해서가 아니라 하나님의 백성에게 온전하고 신실하게 전하기 위해서였다. 하나님의 선지자들과 사역자들은 하나님의 일들을 그들의 마음속에 잘 간직해 두고서 거기에서 잘 소화시키는 일에 큰 관심을 쏟아야 한다는 것을 명심하라. 하나님의 말씀을 전할 기회가 왔을 때에 그 말씀이 우리 입에서 술술 나오게 하려면, 우리는 평소에 하나님의 말씀을 우리 마음속에 간직해 두어야 한다.

# 제
# — 8 —
# 장

## 개요

이 장에 나오는 환상들과 예언들은 오직 전적으로 머지않아 바사 제국과 헬라 제국의 때에 있게 될 사건들만을 말하고 있고, 그 이후의 일들과는 아무 상관이 없는 것으로 보인다. 여기에서는 갈대아 왕국에 대해서는 아무 말도 하지 않는데, 이것은 그 왕국은 이미 그 기한을 다했기 때문이었다. 그러므로 이 장은 앞에 나온 여섯 개의 장과는 달리 갈대아 사람들의 유익을 위해서 갈대아어로 기록되지 않고, 이후의 모든 장들과 마찬가지로 유대인들의 유익을 위해서, 즉 유대인들에게 앞으로 어떤 환난들이 그들 앞에 있는지, 그 결과가 어떻게 될지, 지금 어떤 대비를 해야 할지를 알게 하기 위하여 히브리어로 기록된다. 이 장에는 다음과 같은 내용들이 나온다.

I. 숫양과 숫염소, 그리고 일정한 기간 동안 하나님의 백성과 싸워서 이기게 될 작은 뿔에 관한 환상(1-14절). II. 이 환상에 대한 천사의 해석. 천사는 숫양은 바사 제국을, 숫염소는 헬라 제국을, 작은 뿔은 유대인들과 그들의 종교를 박해할 헬라 제국의 한 왕, 즉 안티오코스 에피파네스를 가리킨다는 것을 보여준다(15-27절). 유대 교회는 처음부터 내내 선지자들이 그들 가운데에 있는 축복을 받아 왔고, 선지자들은 하나님의 영감을 받아서 섭리들 속에 나타난 하나님의 뜻을 그들에게 설명해 주고 그들에게 장차 있을 일들을 미리 어느 정도 알려 주었다. 그러나 에스라 시대 직후부터 하나님의 영감이 그쳤고, 복음 시대가 동터올 때까지 더 이상 선지자가 그들 가운데에 있지 않았다. 그러므로 이 시기의 사건들은 여기에서 다니엘에 의해서 예언되고 기록되었다. 왜냐하면, 선지자가 없는 때조차도 하나님은 그의 증인이 될 자를 세우시고 그들을 이끌 인도자를 세우시고자 하셨기 때문이다.

[1]나 다니엘에게 처음에 나타난 환상 후 벨사살 왕 제삼년에 다시 한 환상이 나타나니라 [2]내가 환상을 보았는데 내가 그것을 볼 때에 내 몸은 엘람 지방 수산 성에 있었고 내가 환상을 보기는 을래 강변에서이니라 [3]내가 눈을 들어 본즉 강 가에 두 뿔 가진 숫양이 섰는데 그 두 뿔이 다 길었으며 그 중 한 뿔은 다른 뿔보다 길었고 그

긴 것은 나중에 난 것이더라 <sup>4</sup>내가 본즉 그 숫양이 서쪽과 북쪽과 남쪽을 향하여 받으나 그것을 당할 짐승이 하나도 없고 그 손에서 구할 자가 없으므로 그것이 원하는 대로 행하고 강하여졌더라 <sup>5</sup>내가 생각할 때에 한 숫염소가 서쪽에서부터 와서 온 지면에 두루 다니되 땅에 닿지 아니하며 그 염소의 두 눈 사이에는 현저한 뿔이 있더라 <sup>6</sup>그것이 두 뿔 가진 숫양 곧 내가 본 바 강 가에 섰던 양에게로 나아가되 분노한 힘으로 그것에게로 달려가더니 <sup>7</sup>내가 본즉 그것이 숫양에게로 가까이 나아가서는 더욱 성내어 그 숫양을 쳐서 그 두 뿔을 꺾으나 숫양에게는 그것을 대적할 힘이 없으므로 그것이 숫양을 땅에 엎드러뜨리고 짓밟았으나 숫양을 그 손에서 벗어나게 할 자가 없었더라 <sup>8</sup>숫염소가 스스로 심히 강대하여 가더니 강성할 때에 그 큰 뿔이 꺾이고 그 대신에 현저한 뿔 넷이 하늘 사방을 향하여 났더라 <sup>9</sup>그 중 한 뿔에서 또 작은 뿔 하나가 나서 남쪽과 동쪽과 또 영화로운 땅을 향하여 심히 커지더니 <sup>10</sup>그것이 하늘 군대에 미칠 만큼 커져서 그 군대와 별들 중의 몇을 땅에 떨어뜨리고 그것들을 짓밟고 <sup>11</sup>또 스스로 높아져서 군대의 주재를 대적하며 그에게 매일 드리는 제사를 없애 버렸고 그의 성소를 헐었으며 <sup>12</sup>그의 악으로 말미암아 백성이 매일 드리는 제사가 넘긴 바 되었고 그것이 또 진리를 땅에 던지며 자의로 행하여 형통하였더라 <sup>13</sup>내가 들은즉 한 거룩한 이가 말하더니 다른 거룩한 이가 그 말하는 이에게 묻되 환상에 나타난 바 매일 드리는 제사와 망하게 하는 죄악에 대한 일과 성소와 백성이 내준 바 되며 짓밟힐 일이 어느 때까지 이를고 하매 <sup>14</sup>그가 내게 이르되 이천삼백 주야까지니 그 때에 성소가 정결하게 되리라 하였느니라

이 단락에는 다음과 같은 내용들이 나온다.

**I. 환상이 주어진 때**(1절).    이 환상은 벨사살 왕 제삼년, 즉 이 왕의 재위 마지막 해(많은 사람들이 이렇게 본다)에 다니엘에게 나타났다. 따라서 연대순으로 본다면, 이 장은 5장 앞에 와야 한다. 하나님은 다니엘이 이제 코앞에 닥친 바벨론의 멸망에 놀라지 않도록 하기 위하여 이후에 바벨론만큼이나 강력한 제국으로 등장하게 될 여러 나라들의 흥망성쇠를 그에게 미리 보여주신다. 만약 우리가 죽고 난 이후에 있게 될 변화들을 미리 볼 수 있다면, 우리는 우리가 살아 있는 동안에 이루어진 변화들에 대하여 놀라거나 실망하는 일이 훨씬 덜해질 것이다. 왜냐하면, 이미 있던 것이 후에 다시 있을 것이기 때문이다(전 1:9). 다시 한 환상이 나 다니엘에게 나타났다. 여기에서 그는 이 환상이 사실임을 엄숙

하게 선서한다: 이 환상은 바로 나 다니엘에게 나타난 환상이다. 그는 이 환상의 목격자였다. 이 환상은 그에게 처음에 나타난 환상, 즉 벨사살 왕 원년에 나타난 환상을 그에게 상기시켜 주었다. 그가 이 처음에 나타난 환상을 언급하는 이유는 지금 나타난 환상이 바로 그 처음에 나타난 환상을 좀 더 자세하게 설명해 주고 확증해 주는 것으로 동일한 사건들을 여러 모양으로 얘기함에 있어서 서로를 보완해 주는 것이었기 때문이다. 이전의 환상은 그가 잠자고 있을 때에 꿈 속에서 본 환상이었던 것으로 보이지만, 지금의 환상은 그가 깨어 있을 때에 나타난 환상이었던 것으로 보인다.

**II. 환상이 주어진 무대.**　그가 있었던 곳은 바사 제국의 왕도(王都)들 중의 하나였고 이 도성을 휘감아 흐르는 을래 강변에 위치해 있던 수산 성이었다. 수산 성은 바벨론에 인접한 바사 제국의 영토인 엘람 지방에 있었다. 다니엘은 직접 그 곳에 가 있는 것이 아니었다. 왜냐하면, 그는 지금 포로의 신분으로 바벨론에서 벨사살 왕을 섬기고 있었고, 적의 땅 깊숙이에 있었던 그 먼 곳까지 갈 수 없었을 것이기 때문이다. 따라서 그는 환상 가운데서 거기에 있었다. 이 것은 에스겔이 바벨론에서 포로로 살고 있었으면서도 종종 영으로 이스라엘 땅에 갔다 온 것과 비슷한 것이었다. 몸은 포로로 사로잡혀 있어도 영혼은 자유롭다는 것을 명심하라. 왜냐하면, 우리가 묶여 있을 때에도 여호와의 영은 묶이지 않기 때문이다. 이 환상은 그 나라, 즉 바사 제국과 관련된 것이었기 때문에, 다니엘은 마치 자기가 정말 거기에 있는 것 같은 느낌을 받았다.

**III. 환상의 내용과 그 전개.**

1. 다니엘은 두 뿔을 가진 숫양을 보았다(3절). 이것은 두 번째 나라를 가리키는 것으로서, 여기에서 두 뿔은 메대 왕국과 바사 왕국을 나타내는 것이었다. 그 뿔들은 아주 길었다. 그러나 나중에 솟아난 뿔이 더 길어서 먼저 난 뿔의 기선을 제압하였다. 이렇게 나중 된 자가 먼저 되고, 먼저 된 자가 나중되게 될 것이다. 나중에 일어난 바사 왕국은 고레스 시대에 메대 왕국보다 더 강성해졌다.

2. 다니엘은 이 숫양이 그 뿔들로 서쪽(바벨론, 아람, 헬라, 소아시아)과 북쪽(루딤 사람, 아르메니아인, 스구디아인)과 남쪽(아라비아, 에티오피아, 애굽)을 향하여 들이 받는 것을 보았다(4절). 이것은 바사 제국이 여러 시기에 걸쳐서 그 영토를 넓히기 위해서 이 모든 나라들을 침공한 것을 나타내는 것이다. 그

는 마침내 아주 강성해져서, 그를 당할 짐승이 하나도 없었다. 숫양은 흔히 사나운 짐승들에게 잡아 먹히는 그런 짐승이지만 여기에서는 맹수들조차도 두려워할 만큼 무시무시한 존재여서, 그를 당할 짐승이나 피할 짐승이 하나도 없었고 그 손에서 구할 자가 없었기 때문에 모두가 그에게 복종할 수밖에 없었다. 바사의 왕들은 밖에서는 모든 원정에서 승승장구하고 안에서는 무소불위의 권력을 지니고 있어서 자기가 원하는 대로 행하고 강하여졌다. 그는 자기가 원하는 대로 행하였기 때문에 자기 자신을 위대하다고 생각하였다. 그러나 사람을 진정으로 위대하게 만드는 것은 선을 행하는 것이다.

3. 다니엘은 이 숫양이 숫염소에게 지는 것을 보았다. 그는 숫양에 대하여 저렇게 약한 짐승이 어쩌면 저토록 강한 존재가 되었을까를 곰곰이 생각하면서, 그 결과가 어떤 것일지를 궁금해하고 있었다. 내가 생각할 때에 보라, 한 숫염소가 왔다(5절). 이 숫염소는 마게도냐의 왕 빌립의 아들인 알렉산더 대왕이었다. 그는 서쪽에서부터, 즉 바사 제국의 서쪽에 있는 헬라로부터 왔다. 그는 군대를 이끌고서 온 지면에 두루 다녔다. 그는 온 세계를 다 정복하고 나서, 더 이상 정복할 땅이 없다는 것을 알고서 땅에 주저앉아 울었다고 한다. 그에게는 이 세계가 너무 좁았다. 이 숫염소(위풍 있게 걷는 것으로 유명한 짐승, 잠 30:30-31)는 믿을 수 없을 정도로 아주 날쌔게 전진해 왔기 때문에, 그의 발이 땅에 닿지 아니할 정도로 아주 경쾌하게 움직였다. 그는 땅 위를 걸어서 오는 것이라기보다는 땅 위로 날아오는 것 같아 보였다. 또는, 이 본문은 땅에서 그를 건드리는 자가 없었다고 읽을 수노 있다. 즉, 그는 진군할 때에 그 어떤 저항도 만나지 않았다. 이 숫염소는 외뿔소처럼 두 눈 사이에 현저한 뿔이 있었다. 그는 힘을 가지고 있었고, 자신의 힘을 알고 있었다. 그는 그 어떤 나라도 그를 당하지 못하는 것을 보았다. 알렉산더 대왕은 아주 빠른 속도로 파죽지세로 원정을 행하였기 때문에, 그가 공격한 나라들은 어느 한 나라도 그의 승승장구하는 군대에 맞서거나 그 진군을 가로막을 엄두를 내지 못하였다. 그는 6년만에 당시에 알려져 있던 세계를 모두 정복하였다. 그는 현저한 뿔이라 불리는 것이 당연하였다. 왜냐하면, 그의 이름은 역사상 가장 위대한 정복자들 중의 한 사람으로서 아직도 역사 속에서 살아 있기 때문이다. 알렉산더 대왕의 승전들과 업적들은 지금도 여전히 창의적인 자들의 영감을 자극하고 있다, 이 숫염소는 두 뿔 가진 숫양에게로 나아갔다(6절). 알렉산더는 그의 승승장구하는 군대, 삼만의

보병과 오천의 기병을 이끌고서 바사 왕국을 공격하였다. 숫염소는 숫양이 그의 움직임을 알아차리기 전에 기습하기 위해서 분노한 힘으로 숫양에게로 달려갔다. 숫염소는 숫양에게로 가까이 다가갔다. 알렉산더는 그의 군대를 이끌고 더욱 성내어 당시 바사 제국의 황제였던 다리우스 코도마누스(Darius Codomannus)를 쳤다(7절). 알렉산더 대왕은 다리우스에게 맹공을 퍼부었고, 다리우스는 대군을 전쟁에 투입하였지만 노련함이 부족해서 알렉산더의 상대가 되지 못하여 접전을 벌일 때마다 번번이 고배를 마셔야 했다. 알렉산더는 다리우스를 쳐서 땅에 엎드러뜨리고 짓밟았다. 어떤 이들은 이 세 가지 표현이 알렉산더가 다리우스를 상대로 해서 그라니쿠스(Granicus), 이수스(Issus), 아르벨라(Arbela)에서 거둔 저 유명한 세 번의 승전을 가리키는 것이라고 생각한다. 다리우스는 이 세 번의 패배로 완전히 궤멸되었고, 마지막 전투에서는 60만 명의 군사가 몰살을 당하였다. 이렇게 해서 알렉산더는 두 뿔, 즉 메대 왕국과 바사 왕국을 꺾고 바사 제국의 모든 영토를 완전히 장악하게 되었다. 자기 앞에 있는 모든 것을 닥치는 대로 멸망시켰던(4절) 이 숫양은 이제 그 자신이 멸망을 당하게 된 것이다. 다리우스에게는 알렉산더 앞에서 대적할 힘이 없었고, 그를 도와서 그 손에서 벗어나게 해줄 친구나 동맹국도 없었다. 힘이 있을 때에 그 힘을 남용해서 모두를 억눌렀기 때문에 그 어떤 잘못을 해도 감히 말릴 자가 없었던 그런 나라들은 결국에는 그 힘을 빼앗기게 되고 그들이 남에게 했던 그대로 그들도 당하게 될 것임을 명심하라(사 33:1).

4. 다니엘은 숫염소가 이런 식으로 아주 강성해지는 것을 보았다. 그러나 이렇게 파죽지세로 모든 나라를 멸망시켜 왔던 그 큰 뿔이 꺾였다(8절). 알렉산더 대왕은 이십 세 쯤에 원정을 시작해서, 이십육 세쯤에 다리우스를 정복하고 바사 제국 전체의 지배자가 되었다. 그러나 그는 한창 때인 삼십이 세 또는 삼십삼 세쯤에 꺾였다. 그는 명예롭게 전쟁터에서 죽은 것이 아니라, 과음으로 죽었다(어떤 이들은 독살된 것이라고 추정한다). 그는 자기가 끝없이 피땀 흘려서 일구어 놓은 제국을 물려받을 후사(後嗣)를 한 명도 남겨 놓지 않았고, 오직 세상의 부귀영화가 헛되고 그런 것들이 사람을 행복하게 해주지 못한다는 것을 보여주는 영원한 기념비만을 남겨 놓고 죽은 것이었다.

5. 다니엘은 그 나라가 네 부분으로 나뉘고, 저 하나의 큰 뿔 대신에 현저한 뿔 넷이 솟아나는 것을 보았다. 이 네 뿔은 알렉산더 대왕의 유언에 따라 그의

정복지를 분할하여 물려받은 네 명의 대장군들이었다. 알렉산더가 이룬 제국은 너무도 방대해서, 넷으로 분할이 되었다고 해도, 그 각각의 영토는 한 사람이 통치하기에 충분한 나라가 될 수 있었다. 이 현저한 뿔 넷은 앞의 환상에서 나온 표범의 머리 넷(7:6)과 마찬가지로 하늘 사방을 향하여 났는데, 이것은 수리아, 애굽, 아시아, 헬라를 나타내는 것으로서, 수리아 왕국은 동쪽에, 헬라는 서쪽에, 소아시아는 북쪽에, 애굽은 남쪽에 자리잡고 있었다. 재물을 모은 자들은 누가 그 재물을 가져갈지를 알지 못하고, 자기가 평생 모은 모든 것들이 누구의 것이 될지를 알지 못할 것임을 명심하라.

6. 다니엘은 작은 뿔 하나가 나와서 하나님의 교회와 백성을 심하게 박해하는 자가 되는 것을 보았다. 사실, 하나님이 나중에 나오는 환상(11:30 이하)에서와 마찬가지로 이 환상을 통해서 다니엘에게 보여주시고자 하신 주된 것은 바로 이것이었는데, 이 작은 뿔이 안티오코스 에피파네스(그는 자신을 이렇게 빛나는 자라 불렀다) 또는 안티오코스 에피마네스(다른 사람들은 그를 이렇게 광분한 자라 불렀다)를 가리킨다는 것에 대해서는 모든 해석자들의 견해가 일치한다. 그는 앞에서와 마찬가지로(7:8) 여기에서도 작은 뿔이라 불리는데, 이것은 그가 본래 경멸 받을 만한 자였기 때문이었다. 그는 왕자들 중에서 막내였고 비열하고 비굴한 성품을 지니고 있어서 왕이 될 만한 자질을 조금도 갖추고 있지 못하였다. 그는 한동안 로마에 볼모로 가 있었지만, 거기에서 탈출하여 고국으로 돌아와서 형이 버젓이 살아 있는데도 이 나라의 왕권을 탈취하였다. 그가 남쪽과 동쪽을 향하여 심히 커졌다고 표현된 것은 그가 남쪽에 있는 애굽을 장악하고 동쪽에 있는 바사와 아르메니아를 침공하였기 때문이었다. 그러나 여기에서 특별히 언급하고 있는 것은 그가 유대인들에게 가한 해악이다. 이 예언들 속에는 유대인들이라는 명시적인 언급이 나오지 않는다. 그러나 이 예언들은 성경의 어법을 이해하는 자들이라면 누구나 유대인들을 가리키고 있다는 것을 금방 알 수 있도록 서술되어 있다. 유대인들은 이 예언들을 통해서 장차 일어날 일에 대하여 미리 알 수 있었을 것이기 때문에 정신을 바짝 차리고서 이 고난과 시험의 때를 대비할 수 있었을 것이다.

(1) 그는 영화로운 땅, 즉 이스라엘 땅에 대하여 증오심을 품고 대적하였다. 여기에서 이스라엘 땅이 영화로운 땅이라 불린 것은 그 땅이 오갖 것들이 풍부하고 풍요로워서 사람이 살기에 좋고, 무엇보다도 특히 하나님이 거기에 임재

해 계시고 하나님의 계시들과 제도들로 복을 받은 땅으로서 온 땅의 영광이었기 때문이었다. 그 땅은 터가 높고 아름다워 온 세계가 즐거워하는 시온 산이었다(시 48:2). 또한, 그 땅이 영화로운 것은 주의 백성 이스라엘의 영광이자 위로가 되실 메시야가 거기에서 태어나기로 되어 있었기 때문이다. 우리는 하나님이 계시는 거룩한 곳, 하나님과 교통할 수 있는 기회가 주어져 있는 곳을 영화롭고 살기 좋은 땅으로 여겨야 한다는 것을 명심하라. 그런 땅에 있는 것은 분명히 좋은 일일 수밖에 없다.

(2) 그는 하늘 군대, 즉 이 땅에 있는 천국 군대인 하나님의 백성 또는 교회와 맞서 싸웠다. 성도들은 위로부터 난 천국 시민으로서 은혜로 말미암아 하늘의 천사들과 마찬가지로 하나님의 뜻을 어느 정도 행하기 때문에 충분히 하늘 군대라 불릴 수 있다. 또는, 성막에서 하나님께 제사를 드리는 일에 쓰임 받는 가운데 거기에서 선한 싸움을 싸운 제사장들과 레위인들이 바로 이 하늘 군대였다. 안티오코스는 이들에 대하여 증오심을 품고 대적하였다. 그는 하늘 군대에 미칠 만큼 커져서 그들을 반대하고 그들에게 도전하였다.

(3) 그는 그 군대와 별들 중의 몇을 땅에 떨어뜨리고 그것들을 짓밟았다(별들은 천군이라 불린다). 교회와 나라 가운데서 가장 훌륭하고 그들의 세대에서 밝게 빛나며 빛을 발하고 있던 자들 중의 몇을 그는 그의 우상 숭배에 동참하라고 강요하거나 죽였다. 그는 그들을 잡아들여서 짓밟으며 의기양양해하였다. 그는 선한 노인이었던 엘르아살과 일곱 형제가 돼지고기를 먹기를 거부한다는 이유로 그들을 참혹하게 고문하여 죽였다(마카베오2서 4:7). 그는 자기가 이런 식으로 하늘을 모독하고 하나님의 뭇 별 위에 그의 자리를 높인 것을 자랑하였다(사 14:13).

(4) 그는 스스로 높아져서 군대의 주재를 대적하였다. 그는 대제사장 오니아스(Onias)를 대적하여 그의 위엄을 박탈하였다. 또는, 그는 예로부터 이스라엘의 왕으로서 영원히 다스리고 계시는 하나님, 하늘 군대의 우두머리 되시는 시온의 왕을 대적하였다. 애굽 왕 바로가 여호와가 누구냐고 말하며 스스로를 높였듯이, 안티오코스도 하나님을 대적하여 스스로 높아졌다. 하나님의 백성을 박해하는 자들은 거기에서 더 나아가 하나님까지도 박해한다는 것을 명심하라.

(5) 그는 하나님께 매일 드리는 제사를 없애 버렸다. 하나님은 그에게 영광을 돌리기 위하여 매일 아침과 저녁으로 그의 제단에서 어린 양으로 제사를 드리

라고 이스라엘 백성에게 정해 주셨었는데, 안티오코스는 그 제사를 금지시키고 제물을 드리는 것을 중단시켰다. 틀림없이 그는 모든 제사들을 다 없애 버렸을 것이지만, 오직 매일 드리는 제사만이 여기에서 언급되고 있는 것은 그것이 가장 큰 손실이었기 때문이었다. 왜냐하면, 이스라엘 백성들은 이 매일 드리는 제사를 통해서 하나님과의 교통을 끊임없이 유지할 수 있어서 이따금씩 드리는 다른 제사들보다 이 제사를 더 소중히 여겼기 때문이다. 하나님의 백성은 그들이 매일 드리는 제사, 즉 아침과 저녁으로 드리는 기도를 그들의 매일의 일과 중에서 가장 소중한 일과이자 그들의 매일의 위로들 중에서 가장 기쁜 위로로 여기기 때문에, 온 세상을 다 준다고 해도 그 제사와 맞바꾸고자 하지 않을 것이다.

(6) 그는 하나님의 성소를 헐었다. 그는 성전에 불을 질러서 없애 버린 것이 아니라, 성전을 더럽혀서 제우스의 신전으로 삼아 그 안에 신상을 세우는 방식으로 하나님의 성소를 무너뜨렸다. 또한, 그는 진리를 땅에 던지며, 저 진리의 책인 율법책을 짓밟고 불태웠으며, 율법책이 없어져서 영원히 잊혀지도록 하기 위해서 수단과 방법을 가리지 않고 그 책을 파괴하였다. 이러한 일들은 저 악한 자 사탄의 술책들이었다. 안티오코스는 그 술책들을 실행에 옮겼고, 그가 하는 모든 일이 형통하였다. 그는 이 일을 아주 철저하게 실행에 옮겨서, 자신의 목적을 달성한 것처럼 보였고, 하나님의 오른손이 심은 저 거룩한 종교를 뿌리째 뽑아 버린 것처럼 보였다. 그러나 안티오코스를 비롯해서 그 누구라도 마치 자기가 이 모든 일을 통해서 하나님을 이겼고 하나님은 사기의 상대가 되지 않는다고 생각하며 의기양양해하지 않도록 하기 위하여, 하나님은 여기에서 이 일이 어떻게 된 것인지를 참된 빛 아래에서 올바르게 설명해 주신다.

[1] 만약 하나님이 그에게 이런 일을 하도록 허락하지 않으셨다면, 그는 이런 일을 할 수 없었을 것이고, 하나님이 그에게 이스라엘을 대적하는 권세를 주지 않으셨다면, 그는 그런 권세를 가질 수 없었을 것이다. 하나님은 이 권세를 그의 손에 쥐어 주셨고, 그에게 매일 드리는 제사를 없애는 역할을 맡기셨다. 하나님은 섭리를 통해서 그가 자기 앞에 있는 모든 것을 허물어 버릴 수 있도록 그의 손에 그런 칼을 쥐어 주셨다. 교회의 원수들이 교회를 대적해서 행하는 모든 일들, 그리고 그들이 교회를 대적해서 얻어낸 모든 성공들 속에서 우리는 하나님의 손길을 바라보고 그 손길을 인정하여야 한다는 것을 명심하라.

그들은 하나님의 손에 들린 회초리일 뿐이다.

[2] 만약 하나님의 백성이 하나님을 진노하게 하여 이런 일을 하시게 만들지 않았다면, 하나님은 이런 일을 허락하지 않으셨을 것이다. 하나님이 안티오코스를 사용하셔서 이 모든 환난을 그들에게 주신 것은 이스라엘 백성의 죄악 때문이었고 그들의 죄악을 고치기 위한 것이었다. 영화롭고 살기 좋은 땅과 그 땅의 온갖 좋은 것들이 초토화되었다면, 우리는 이 모든 황폐화를 불러온 원인은 바로 그 땅에 사는 사람들의 죄라는 것을 인정하지 않으면 안 된다는 것을 명심하라. 야곱이 탈취를 당하게 하신 자가 누구냐 이스라엘을 약탈자들에게 넘기신 자가 누구냐 여호와가 아니시냐 우리가 그에게 범죄하였도다(사 42:24). 유대인들이 우상 숭배라는 병을 치료받고서 포로 생활에서 돌아온 후에 범한 다른 큰 죄는 거룩한 것들을 멸시하고 더럽힌 것이었는데, 백성들이나 제사장들이나 모두 똑같이 하나님께 드리는 제사를 우습게 여겨서 마치 여호와의 식탁이 경멸히 여길 것이나 되는 것처럼 저는 것,병든 것을 희생제물로 바치는 죄를 범하였다(말 1:7-8; 2:1, 8). 그러므로 하나님은 안티오코스를 보내셔서 매일 드리는 제사를 없애 버리고 그의 성소를 헐게 하셨다. 하나님께서 성소의 특권들을 멸시하고 더럽히는 자들에게서 그것들을 빼앗아 버리셔서, 그것들이 있을 때에는 귀한 줄을 알지 못했던 자들로 하여금 이제 그것들이 없는 상태에서 그 특권들이 얼마나 귀한지를 알게 하시는 것은 의로우신 일임을 명심하라.

7. 다니엘은 이 재앙의 기간이 이미 정해져 있다는 말을 들었다. 이 일이 언제 임할지는 여기에서 확정적으로 제시되고 있지 않지만(하나님의 백성으로 하여금 항상 그 재앙에 대비해 있도록 하시기 위하여), 이 일이 어느 때까지 이를지는 분명하게 제시되고 있는데, 이것은 그들에게 이런 일이 얼마나 오랠는지를 말해 줄 선지자가 더 이상 없게 되더라도(시 74:9, 이 시편은 이와 같은 암울한 날을 위해 지어진 것으로 보인다), 그들이 이 예언을 읽고서 때가 되면 그들이 구원 받게 되리라는 소망을 갖게 하기 위한 것이었다. 이제 이 일과 관련해서 우리는 여기에서 다음과 같은 것들을 듣는다.

(1) 이 일과 관련해서 제기된 질문(13절). 좀 더 살펴보자.

[1] 이 질문을 던진 자는 누구였는가. 내가 들은즉 한 거룩한 이가 이런 취지로 말하더니 다른 거룩한 이가 그에게 이렇게 말하였다. "이 환난이 얼마나 오래 갈지를 우리가 알았으면 좋겠다!" 여기에서 천사들은 거룩한 이들이라 불린다. 왜

냐하면, 천사들은 거룩한 자들(4:13) 또는 수만의 거룩한 자(유 1:14)이기 때문이다. 천사들은 교회의 일들에 대하여 관심을 갖고 있어서 그 일들에 대하여 궁금해하고 서로 묻는다. 여기에서처럼 천사들이 교회가 이 세상에서 일시적으로 구원 받는 일들에 대하여 이렇게 관심이 있다면, 교회에 이루어진 큰 구원에 대해서는 천사들이 얼마나 살펴 보기를 원하겠는가(벧전 1:12). 한 거룩한 이는 이 일에 대하여 말하고, 또 다른 거룩한 이는 이 일에 대하여 물어서, 서로서로를 도왔다. 마찬가지로, 베드로는 그리스도의 품에 의지하여 누워 있던 요한에게 몸짓으로 신호를 보내서 그리스도께 한 가지 질문을 하게 하였다(요 13:23-24).

[2] 이 질문은 누구에게 던져졌는가. 그는 그 말하는 이에게 물었다. 어떤 이들은 여기에서 그 말하는 이(히브리어로는 '팔모니')가 나머지 천사들보다 더 많은 것을 알고 있던 상급의 천사였기 때문에 다른 천사들이 그에게 가서 질문을 던진 것이라고 보고, 어떤 이들은 이 '팔모니'는 영원한 말씀, 즉 하나님의 아들을 가리킨다고 본다. '팔모니'는 '펠로니 알모니'가 서로 합쳐진 합성어로서 아무개(익명의 어떤 이)를 의미하는데, 룻기 4:1에서는 아무개라는 의미로 사용되고 왕하 6:8에서는 아무데라는 의미로 사용된다. 그리스도는 아직 이름을 지니지 않은 분이셨다. 어찌하여 내 이름을 묻느냐 내 이름은 기묘자라(삿 13:18). 그리스도에게 감춰진 것은 아무것도 없기 때문에 그는 비밀들을 헤아리는 자 또는 놀라운 헤아리는 자이시다. 그의 이름은 기묘자라 불린다. 하나님의 마음을 알고자 힌다면, 우리는 아버지의 품에 의지하여 누워 계신 예수 그리스도께 칭하여야 한다는 것을 명심하라. 그리스도 안에는 지혜와 지식의 모든 보화가 감추어져 있고, 그것들은 우리에게 숨기기 위해서가 아니라 우리에게 주기 위하여 거기에 감춰져 있는 것이다.

[3] 질문의 내용. "환상에 나타난 바 매일 드리는 제사는 어느 때까지 중단되게 될까? 제사를 금지하는 것이 언제까지 계속될까? 이 영화롭고 살기 좋은 땅이 저 가혹한 금지령에 의해서 언제까지 험하고 살기 힘든 땅이 될까? 망하게 하는 죄악(제우스의 신상), 우리의 모든 거룩한 것들을 망하게 하는 저 큰 죄악은 어느 때까지 성전에 서 있게 될까? 성소와 거기에서 섬기는 자들이 압제자에 의해서 짓밟히는 일은 언제까지 계속될까?" 천사들은 이 땅에서 교회가 형통하기를 바라기 때문에 교회를 황폐화시키는 일들이 얼른 끝나기를 바란다는 것을

명심하라. 천사들은 다니엘이 이 일을 몹시 알고 싶어할 것이라고 생각해서 그의 마음을 흡족하게 해주기 위하여 이 재앙들이 어느 때까지 지속될 것인지를 물었다. 이 질문은 이 재앙들이 언제까지나 계속되지는 않을 것임을 당연시하고 있다. 악인의 규가 악인들에게는 계속해서 미칠 수 있지만 의인들의 땅에서는 오래도록 그 권세를 누리지는 못하리라(시 125:3). 그리스도께서 고난을 받으시면서 내게 관한 일이 이루어져서 그 고난이 결국에는 끝이 나리라(눅 22:37)는 말씀으로 스스로를 위로하셨듯이, 교회도 마찬가지이다. 그러나 우리가 미리 대비할 수 있도록 하기 위해서 그 환난이 어느 때까지 계속될 것인지를 아는 것은 바람직하다.

(2) 이 질문에 대해 주어진 대답(14절). 그리스도께서는 거룩한 천사들의 질문에 대답을 해주신다. 천사들은 주의 명령을 따라 우리를 섬기는 종들이기 때문이다. 그러나 여기에서 그 대답은 다니엘에게 주어지는데, 이것은 이 질문이 그를 위한 것이었기 때문이다: 그가 내게 일렀다. 하나님은 종종 자기 백성의 친구들이 그들을 위하여 간구한 것에 응답하셔서 자기 백성에게 큰 은총을 베푸신다.

[1] 그리스도께서는 다니엘에게 이 환난이 결국에는 끝나게 될 것이라고 약속하신다. 이 환난은 이천삼백 주야까지 지속될 것이다. 이 환난은 수많은 저녁과 아침, 수많은 자연의 날들이 지날 때까지 계속될 것이다. 여기에서는 이 환난의 기간이 창세기에 나오는 창조 기사에서처럼 저녁과 아침의 횟수로 계산이 되고 있는데, 이것은 그들이 가장 가슴 아파한 것이 저녁과 아침의 제사였고, 그 제사를 빼앗긴 동안에는 시간이 너무나 느리게 가고 있다고 생각하였기 때문이었다. 어떤 이들은 여기에 나오는 수(數)에서 아침과 저녁이 둘을 의미하기 때문에 이천삼백 일이 되는 것이고, 저녁이라는 단어가 빠지고 아침이라는 단어만 사용되었다면 천백오십 일이 되었을 것이라고 주장한다. 매일 드리는 제사는 이렇게 수많은 날들 동안 중단되도록 정해져 있었는데, 이 기간은 7:25에 나온 한 때와 두 때와 반 때라는 기간 계산법과 거의 일치한다. 여기에 나오는 날수는 억지가 아닌데, 2,300일은 6년 3개월에다 18일 정도를 더한 것이다. 유대인들은 셀레우코스 왕국 제142년 6월 6일에 대제사장 메넬라우스 (Menelaus)가 주동하여 백성들을 변절하게 한 때로부터(요세푸스의 연대 계산에 의하면) 제148년 9월 25일에 성소를 정결하게 하고서 다시 제사를 드리게

된 때까지(마카베오1서 4:52) 정확히 2,300일을 말한다. 하나님은 자기 백성이 얼마 동안 환난을 받게 될지를 정해 주신다(계 2:10, 너희가 십 일 동안 환난을 받으리라).

[2] 그리스도께서는 다니엘에게 그들이 그 후에는 더 좋은 날들을 보게 될 것이라고 약속하신다. 그 때에 성소가 정결하게 되리라. 성소가 정결하게 되었다는 것은 어느 민족에게나 복된 징조라는 것을 명심하라. 그들의 삶이 고쳐지기 시작할 때에 그들은 곧 구원을 받게 될 것이다. 의로우신 하나님은 자기 백성을 고치시기 위하여 한동안 그의 성소가 더럽혀지게 하실 수 있지만, 질투하시는 하나님은 그의 영광을 위해서 때가 되면 반드시 그의 성소를 정결하게 하신다. 그리스도께서는 그의 교회를 정결하게 하기 위하여 죽으신 것이기 때문에, 교회가 자기 앞에 흠 없는 모습으로 나타나게 하기 위하여 결국에는 교회를 정결하게 하실 것이다.

[15]나 다니엘이 이 환상을 보고 그 뜻을 알고자 할 때에 사람 모양 같은 것이 내 앞에 섰고 [16]내가 들은즉 을래 강 두 언덕 사이에서 사람의 목소리가 있어 외쳐 이르되 가브리엘아 이 환상을 이 사람에게 깨닫게 하라 하더니 [17]그가 내가 선 곳으로 나왔는데 그가 나올 때에 내가 두려워서 얼굴을 땅에 대고 엎드리매 그가 내게 이르되 인자야 깨달아 알라 이 환상은 정한 때 끝에 관한 것이니라 [18]그가 내게 말할 때에 내가 얼굴을 땅에 대고 엎드리어 깊이 잠들매 그가 나를 어루만져서 일으켜 세우며 [19]이르되 진노하시는 때가 마친 후에 될 일을 내가 네게 알게 하리니 이 환상은 정한 때 끝에 관한 것임이라 [20]네가 본 바 두 뿔 가진 숫양은 곧 메대와 바사 왕들이요 [21]털이 많은 숫염소는 곧 헬라 왕이요 그의 두 눈 사이에 있는 큰 뿔은 곧 그 첫째 왕이요 [22]이 뿔이 꺾이고 그 대신에 네 뿔이 났은즉 그 나라 가운데에서 네 나라가 일어나되 그의 권세만 못하리라 [23]이 네 나라 마지막 때에 반역자들이 가득할 즈음에 한 왕이 일어나리니 그 얼굴은 뻔뻔하며 속임수에 능하며 [24]그 권세가 강할 것이나 자기의 힘으로 말미암은 것이 아니며 그가 장차 놀랍게 파괴 행위를 하고 자의로 행하여 형통하며 강한 자들과 거룩한 백성을 멸하리라 [25]그가 꾀를 베풀어 제 손으로 속임수를 행하고 마음에 스스로 큰 체하며 또 평화로운 때에 많은 무리를 멸하며 또 스스로 서서 만왕의 왕을 대적할 것이나 그가 사람의 손으로 말미암지 아니하고 깨지리라 [26]이미 말한 바 주야에 대한 환상은 확실하니 너는 그 환상을 간

직하라 이는 여러 날 후의 일임이라 하더라 [27]이에 나 다니엘이 지쳐서 여러 날 앓다가 일어나서 왕의 일을 보았느니라 내가 그 환상으로 말미암아 놀랐고 그 뜻을 깨닫는 사람도 없었느니라

이 단락에는 다음과 같은 내용들이 나온다.

**I. 다니엘이 이 환상의 의미를 몹시 알고 싶어함**(15절).  나 다니엘이 이 환상을 보고 그 뜻을 알고자 하였다. 하나님께 속한 일들을 올바르게 알고 있는 자들은 그 일들을 더욱더 알고 싶어하고 그 일들의 신비 속으로 더욱 들어가게 되기를 원할 수밖에 없다. 자기가 하나님으로부터 보거나 들은 것의 의미를 알고자 하는 자들은 그것을 부지런히 구하고 찾아야 한다. 구하라 그러면 너희에게 주실 것이요 찾으라 그러면 찾아낼 것이다. 다니엘은 이 환상의 의미를 깨닫기 위해서 이 환상을 이전의 계시들과 비교하면서 곰곰이 생각하였다. 특히, 그는 이전처럼 기도로 구하였고(2:18), 그의 기도는 헛되지 않았다.

**II. 천사 가브리엘에게 다니엘로 하여금 이 환상을 깨닫게 해주라는 명령이 내려짐.**  사람 모양을 한 이(천사들에게 명령하는 것으로 보아서 그는 그리스도 자신이셨음에 틀림없다)가 가브리엘에게 이 환상을 다니엘에게 깨닫게 하라고 명령하였다. 하나님은 천사들을 사용하셔서 그의 자녀들을 보호하실 뿐만 아니라 종종 그의 섭리들과 은혜가 지닌 선한 의도들을 그의 자녀들에게 알려주게 하신다.

**III. 가브리엘이 다가오자 다니엘이 크게 두려워함**(17절).  그가 나올 때에 내가 두려워하였다. 다니엘은 큰 지혜와 담력을 지닌 자였고 전능자의 환상들에 정통해 있는 자였지만, 하늘로부터 비상(非常)한 사자가 가까이 다가오자 이렇게 크게 겁을 집어먹었다. 그는 얼굴을 땅에 대고 엎드렸는데, 이것은 그 천사를 경배하기 위한 것이 아니라, 그 천사의 영광이 뿜어내는 눈부신 광채를 더 이상 감당할 수가 없었기 때문이었다. 아니, 그는 땅에 엎드려서 깊이 잠들었다 (18절). 이것은 그가 이 환상을 무시하거나 이 환상에 대하여 무관심하였기 때문이 아니라, 너무나 많은 계시로 인해서 그의 심령이 압도되어 혼절하였기 때문이었다. 감람산에서 주님의 제자들은 근심으로 인해서 잠이 들었는데, 거기에서처럼 여기에서도 마음에는 원이로되 육신이 약하였다(마 26:41). 다니엘은 깨어 있고자 하였지만 그럴 수 없었다.

**IV. 가브리엘 천사가 다니엘에게 이 환상의 의미를 깨닫게 될 것이라고 힘을 북돋워주면서 안심을 시킴.**

1. 가브리엘은 그를 어루만져서 일으켜 세웠다(18절). 마찬가지로, 요한도 비슷한 경우에 몹시 두려워하여 거의 죽은 자 같이 되어 있었을 때에 그리스도께서 오른손을 그에게 얹으셨다(계 1:17). 천사가 여기에서 다니엘을 부드럽게 어루만진 것은 그가 다니엘을 해치기 위해서 그의 큰 권능을 가지고 다투거나 그 손으로 누르려고 온 것이 아니라 다니엘에게 힘을 더하기 위해서 왔다는 것을 보여주기 위한 것이었다(욥 23:6). 하나님은 한 번의 어루만짐으로 그런 일을 하실 수 있으시다. 우리가 이 땅에서 졸거나 엎드려 있다면, 그런 자세는 우리가 하나님으로부터 말씀을 받거나 하나님과 대화하기에 아주 부적절한 자세이기 때문에, 하나님께서 우리를 가르치고자 하신다면, 그의 은혜로 우리를 잠에서 깨우시고 낮아져 있는 것으로부터 일으켜 세우실 것이다.

2. 가브리엘은 다니엘에게 이 환상의 의미를 가르쳐 주겠다고 약속하였다. "인자야 깨달아 알라(17절). 네가 마음을 모아서 간절히 깨닫고자 한다면, 너는 반드시 깨달아 알게 될 것이다." 천사가 다니엘을 인자라 부른 것 속에는 다니엘이 지닌 인간으로서의 체질과 능력을 고려해서 거기에 맞춰 그를 부드럽게 대하겠다는 뜻이 담겨져 있다. 또는, 천사는 이 부름말을 통해서 다니엘에게 인간으로서의 겸비함으로 임하라고 충고하고 있는 것일 수도 있다. 다니엘은 천사들과 대화하도록 허락을 받기는 했지만, 이 일로 우쭐해져서는 안 되고, 도리어 그가 사람의 아들이라는 것을 명심하는 것이 마땅하다는 것이다. 또는, 이 칭호는 다니엘을 높인 것일 수도 있다. 메시야는 조금 전에 인자라 불렸는데(7:13), 다니엘은 선지자이자 크게 은총을 입은 자로서 메시야의 모형이라는 것이다. 천사는 다니엘에게 그가 진노하시는 때가 마친 후에 될 일을 알게 될 것이라고 약속한다(19절). 다니엘은 이 환난의 끝이 있으리라는 사실을 기록해서 장차 살아서 이 환난을 보게 될 자들에게 위로가 되도록 잘 보존해 두어야 한다: 분이 그치고(사 10:25), 분노가 지나가리라(사 26:20). 이 환난은 잠시 멈추었다가 다시 돌아올 수도 있지만, 그 마지막 끝은 영화로울 것이다. 그 환난 후에는 선한 것이 따를 것이고, 그 환난으로부터 선한 것이 나올 것이다. 천사는 다니엘에게 이렇게 말한다(17절). "이 환상은 정한 때 끝에 관한 것이니라. 진노하시는 때가 마치고, 이 섭리의 과정이 끝이 날 때, 이 환상은 사건에 의해서

분명하게 이해될 것이고, 사건은 이 환상에 의해서 분명하게 이해될 것이다." 또는, "지금부터 300년 내지 400년이 지나서 유대 교회가 끝날 무렵에 이 환상이 성취될 것이다. 그러므로 너는 장래의 세대들을 위하여 기록해 두기 위해서 이 환상을 깨달아 알라." 이 때에 다니엘이 좀 더 구체적으로 "그 끝이 언제이며, 그 끝이 이르기 전에 이 환난은 어느 때까지 이어지겠나이까"라고 물었다고 한다면, 거기에 대한 대답은 이 환상은 정한 때 끝에 관한 것임이라(19절)이라는 말로 충분하였을 것이다. 때는 하나님의 계획 속에서 정해져 있어서 변경될 수 없는 것이고, 그것을 꼬치꼬치 캐물어서도 안 된다.

**V. 가브리엘 천사가 다니엘에게 이 환상을 설명해 줌.**

1. 바사 왕국과 헬라 왕국에 대하여(20-22절). 숫양은 메대와 바사의 여러 왕들을, 털이 많은 숫염소는 헬라의 왕들을, 큰 뿔은 알렉산더 대왕을, 그 큰 뿔이 꺾인 후에 일어난 네 뿔은 헬라 제국이 분할되어 생겨난 네 나라를 의미하는 것이었다(8절). 본문에서는 그 나라 가운데서 네 나라가 일어나되 그의 권세만 못하리라고 말한다. 이 네 나라는 그 어느 한 나라도 알렉산더 대왕만큼 세력을 떨치지 못하였다. 요세푸스는 알렉산더가 두로를 정복하고 팔레스타인 땅을 복속시킨 후에 예루살렘을 향하여 진격 중에 있을 때에 일어난 일을 기록하고 있다. 당시에 대제사장이었던 얏두아(느 12:11)는 알렉산더의 위세를 두려워하여 이 민족을 살려 달라고 하나님께 기도하고 제사를 드렸고, 하나님은 꿈 속에서 그에게 알렉산더가 가까이 오거든 도성의 성문들을 활짝 열고서 그를 비롯한 제사장들은 제사장의 의복을 입고 백성들은 흰 옷을 입고 성문 밖으로 나가서 알렉산더를 맞이하라고 명령하셨다. 알렉산더는 멀리서 이 무리를 보고, 혼자서 대제사장에게로 나아가서, 대제사장의 황금관에 새겨진 하나님의 이름 앞에 무릎을 꿇고서 예를 올렸다. 나중에 대장군 중의 한 명이 왜 그렇게 하였느냐고 묻자, 알렉산더는 그가 아직 마케도니아(Macedon)에서 아시아 정복을 구상하고 있을 때에 여기에서 본 저런 의상을 입은 자가 그에게 나타나서 아시아로 오라고 손짓하면서 이 원정이 성공하리라는 것을 약속하였다고 말하였다. 제사장들은 알렉산더를 성전으로 안내했고, 알렉산더는 제사장들의 안내를 따라서 이스라엘의 하나님께 제사를 올렸다. 거기에서 제사장들은 알렉산더에게 선지자 다니엘이 쓴 이 책을 보여주며, 거기에 헬라의 한 왕이 바사 제국을 멸망시키리라는 예언이 적혀 있다는 것을 알려 주었고, 바사 제국의 다

리우스 왕을 칠 궁리를 하고 있던 알렉산더는 그 말에 아주 큰 힘을 얻었다. 그래서 알렉산더는 유대인들과 그들의 종교를 보호해 주고, 그가 이제 진격하게 될 바벨론과 메대에서 유대인들의 종교를 지닌 자들에게는 자비를 베풀 것을 약속하였고, 이러한 조치에 감사해서 그 해에 아들을 낳은 모든 제사장들은 그 아들들의 이름을 알렉산더라 지었다고 한다.

2. 안티오코스와 그가 유대인들을 압제할 것에 대하여. 이 일은 헬라 왕국의 마지막 때에 반역자들이 가득할 즈음에 있을 일이라고 말해진다(23절). 즉, 타락한 유대인들이 그들의 죄악의 분량을 다 채움으로써 멸망의 때가 무르익어서 하나님이 더 이상 그들에 대하여 참으실 수 없게 될 때, 유대인들을 징계하기 위해 하나님의 손에 들린 회초리가 될 이 왕이 일어날 것이다. 좀 더 자세하게 살펴보자.

(1) 그의 사람됨. 그는 얼굴이 뻔뻔하고 오만방자하며 사나워서 하나님을 두려워하지도 않고 사람을 존중하지도 않으며 속임수와 흉계에 능한 왕일 것이다. 그는 온갖 위장술과 속임수에 능통한 자로서 **사탄**의 깊은 것들을 그 누구보다도 잘 알고 있는 인물이었다. 그는 악을 행하는 데에 지혜로운 자였다.

(2) 그가 승승장구하리라는 것. 그는 주변 나라들을 쑥대밭으로 만들 것이다. 그는 그 권세가 강하여 자기 앞에 있는 모든 것을 닥치는 대로 때려 부술 것이지만, 자기의 힘으로 말미암은 것이 아니며(24절), 부분적으로는 그의 동맹국들인 유메네스(Eumenes)와 아탈루스(Attalus)의 도움을 얻고, 부분적으로는 하나님의 허락 아래에서 자기 살 길을 찾아서 그에게 붙은 많은 유대인들과 제사장들의 비열한 배신 덕택에 승승장구하게 될 것이다. 그가 놀랍게 파괴 행위를 한 것은 자기의 힘으로 말미암은 것이 아니었고 위로부터 그에게 주어진 힘에 의한 것이었다. 그는 자기가 놀라운 파괴자가 됨으로써 위대한 인물이 되었다고 생각하였다. 다음과 같은 것들을 볼 때, 그의 파괴 행위는 정말 놀랍고 기이한 것이었다.

[1] 그가 강한 민족과 강한 자들을 멸하고자 할 때에 그들은 강한 자들임에도 불구하고 그에게 제대로 대항조차 하지 못할 것이기 때문에. 애굽의 왕들은 그들의 모든 군대를 동원해서도 그 앞에서 적수가 되지 못하였고, 그는 그들을 쳐서 성공하였다. 이 땅의 강한 자들은 결국에는 그들보다 더 강하여서 그들이 도저히 당할 수 없는 자들을 만나는 법이라는 것을 명심하라. 그러므로 용사는

자신의 힘이 아무리 강하다고 하여도 자기보다 더 강한 자가 없다고 확신할 수 없기 때문에 자신의 힘을 자랑해서는 안 된다.

[2] 그가 거룩한 백성 또는 거룩한 자들의 무리를 멸할 것이기 때문에. 그들은 거룩한 자들이라는 칭호를 지니고 있지만, 그러한 칭호가 그들을 그에 의해서 멸망 당하는 것을 막아 주지 못할 것이다. 모든 사람에게 임하는 그 모든 것이 일반이기 때문에, 이 세상에서 일어나는 일들은 강한 자에게나 거룩한 자에게 모두 똑같이 일어난다(전 9:2).

[3] 그가 참된 용기와 지혜 또는 공의에 의해서가 아니라 사기와 기만, 뱀 같은 음흉함을 통해서 꾀를 베풀고 속임수를 행하여 자신의 목적을 달성할 것이기 때문에(25절). 그는 속임수를 행할 것이다. 그는 아주 음흉하고 교활하게 그의 계획들을 실행에 옮겨서, 온갖 감언이설로 그의 목적을 달성할 것이다. 다른 사람들은 전쟁으로 사람들을 멸하지만, 그는 평화를 가장해서 많은 무리를 멸할 것이다. 그는 조약이나 동맹이나 연합을 내세워서 다른 나라들에 접근하여 그 나라들의 권리를 야금야금 잠식하고 결국에는 속임수를 써서 그 나라들을 복속시킬 것이다. 이렇게 어떤 나라가 의로운 전쟁을 통해서 진정한 용맹으로 얻은 것을 어떤 나라가 평화를 위장하여 비열하게 빼앗아 오는 일이 종종 있는데, 이 경우에 우리는 속임수가 통했다고 말할 수 있다.

[4] 그가 신앙에 해악을 행할 것이기 때문에. 그는 마음에 스스로 큰 체하며 만민에게 자기가 법을 제정해 주어야 마땅하다고 생각하여, 만왕의 왕, 즉 하나님을 대적할 것이다. 그는 하나님의 성전과 제단을 더럽히고, 하나님에 대한 예배를 금지시키며, 하나님을 예배하는 자들을 박해할 것이다. 불경(不敬)이 사람을 어느 정도나 뻔뻔스럽게 만드는지를 보라. 하나님은 만왕의 왕이신데도, 그는 그런 하나님께 공개적으로 도전하였다.

[5] 그가 결국에는 망하게 될 것이기 때문에. 그는 사람의 손으로 말미암지 않고, 즉 사람이 손대지 않아도 깨지리라. 그는 폭군들의 일반적인 운명과는 달리 전쟁에서 죽임을 당하거나 암살당하는 것이 아니라, 살아 계신 하나님의 손에 빠져 들어가서 하나님의 원수 갚으시는 일격(一擊)에 의해서 죽게 될 것이다. 그는 자기가 성전에 안치해 놓은 제우스의 신상을 유대인들이 밖으로 내던졌다는 소식을 전해 듣고서 유대인들에게 격노하여 예루살렘을 공동묘지로 만들겠다고 맹세하고 즉시 거기로 출병하기로 결정하였다. 그러나 이 교만한 말을

하는 순간 그는 내장에 불치의 병으로 얻어 맞았는데, 그의 몸 속에서 벌레들이 아주 급속하게 자라나서 살점이 떨어져 나갔다. 그의 고통은 이루 말할 수 없이 심했지만, 이 병 때문에 그에게서 나는 악취가 너무 지독해서 아무도 그에게로 가까이 갈 수가 없었다. 그의 이 비참한 상태는 아주 오랫동안 계속되었다. 처음에 그는 유대인들을 위협하는 일을 그만두지 않았다. 그러나 결국 그는 자기가 회복될 가망성이 없다는 것을 깨닫고서, 친구들을 불러 모아서, 그에게 이런 비참한 일이 닥친 것은 그가 유대인들에게 온갖 나쁜 짓을 자행하고 예루살렘 성전을 더럽혔기 때문이라는 것을 인정하였다. 그런 후에 그는 유대인들에게 아주 정중한 편지를 써서, 만약 그가 회복된다면 그들로 하여금 자유롭게 종교 활동을 하게 하겠다고 맹세하였다. 그러나 그의 병이 점점 더 심해져서 그 자신도 자신의 몸에서 나는 악취를 더 이상 견딜 수 없게 되자, 그는 죽을 수밖에 없는 인간은 하나님과 경쟁해서는 안 되고 하나님께 순복하는 것이 마땅하다고 말하고서, 이방 땅인 바벨론 근처의 페카타(Pecata) 산 위에서 비참하게 죽었는데, 이 때가 그리스도께서 태어나기 160여년 전이었다.

3. 매일 드리는 제사가 중단될 기간에 대하여. 이것은 여기에서 설명되지는 않고, 단지 재확인되기만 한다(26절). 주야에 대한 환상은 그 말 그대로 확실하니 설명이 필요가 없다. 하나님이 그의 성소가 이렇게 더럽혀지는 것을 그대로 두시리라는 것이 말도 되지 않는 것처럼 들릴지라도, 그것은 너무도 확실해서 반드시 그렇게 될 것이다

## VI. 이 환상의 결론부.

1. 다니엘이 이 환상을 당분간 비밀로 해두라는 명령을 받음. 너는 그 환상을 간직하라. 머지않아 갈대아 왕국을 차지하게 될 바사인들이 이 비밀이 누설된 것을 보고서 유대인들에게 진노하게 되지 않도록 하기 위해서, 이 환상을 갈대아 사람들에게는 공개적으로 알게 하지 말라. 왜냐하면, 이 환상은 갈대아 사람들의 나라가 멸망할 것을 예언하고 있고, 유대인들이 바사 왕으로부터 해방령을 기대하고 있는 상황에서 이 예언을 누설하는 것은 적절하지 않았기 때문이다. 너는 그 환상을 간직하라 이는 여러 날 후의 일임이라(26절). 이 환상은 이 때로부터 300여년이 지나서야 이루어질 것이었다. 그러므로 다니엘은 유대인들이 이 예언에 놀라고 당혹스러워하지 않도록 하기 위하여 유대인들에게조차도 당분간은 이 환상을 닫아 놓아야 한다. 그는 이 예언이 성취될 즈음에 살아

가게 될 장래의 세대들을 위하여 이 환상을 잘 간직해 두어야 한다. 왜냐하면, 이 환상은 그 세대들에게 가장 잘 이해될 수 있고 가장 유익이 될 것이기 때문이다. 우리가 하나님께 속한 일들을 아는 것이 있다면, 우리는 나중에 기회가 있을 때에 충실하게 전하기 위해서 그것을 주의 깊게 간직해 두어야 한다는 것을 명심하라. 그것은 지금 당장에는 쓸모가 없지만, 어느 땐가는 쓸모가 있게 될지 모르는 일이기 때문이다. 우리는 하나님의 진리들을 우리의 마음의 창고에 잘 봉인을 해두어서 세월이 흐른 뒤에 다시 그 진리들을 되새겨볼 수 있게 하여야 한다.

2. 다니엘이 이 환상을 비밀로 해두라는 명령을 받은 후에 그 명령을 충실하게 이행함(27절). 그는 이 환상으로 인하여 많은 생각을 하느라고 지쳐서 앓았다. 그는 자기가 본 것을 아무에게도 알리지 말라고 명령을 받아서, 그의 배는 봉한 포도주통 같고 터지게 된 새 가죽 부대 같았기 때문에(욥 32:19) 더욱 눌리고 힘들었다. 하지만 그는 꾹꾹 눌러 참으며 이 환상을 아무에게도 말하지 않고 혼자 마음속에 간직하였다. 그래서 그와 대화를 나눈 자들은 이 사실을 눈치채지 못하였고, 그는 아무 일 없었다는 듯이 자신의 직무를 따라서 왕의 일을 행하였다. 우리가 이 세상에 살고 있는 한, 우리는 이 세상 속에서 무슨 일인가를 해야 한다는 것을 명심하라. 하나님이 그의 은총과 계시로 지극히 존귀하게 한 자들조차도 이 세상의 일들은 하찮아서 그들에게는 어울리지 않는다고 생각해서는 안 된다. 또한, 우리는 하나님과 교통하는 즐거움 때문에 우리가 구체적으로 부름 받은 일 속에서 마땅히 해야 할 일들을 내팽개쳐서는 안 되고, 하나님 안에 거하는 가운데에 그 일들을 행해야 한다. 특히 공무를 맡은 자들은 그들에게 맡겨진 일들을 꼼꼼하게 수행하는 데에 최선을 다해야 한다.

## 제 9 장

## 개요

이 장에는 다음과 같은 내용들이 나온다. I. 다니엘이 포로로 잡혀 있는 유대인들을 돌아가게 해 달라고 기도함. 그는 이 기도 속에서 죄를 고백하고, 하나님이 그들에게 재난을 내리신 것은 의로운 일이었음을 인정하면서도, 그들을 위하여 긍휼을 예비해 놓고 계시다는 하나님의 약속에 호소한다(1-19절). II. 하나님이 천사를 통해서 다니엘의 기도에 즉시 응답을 보내심. 1. 이 응답 속에서 하나님은 유대인들을 포로 생활에서 속히 놓여나게 해줄 것임을 약속하신다(20-23절). 2. 하나님은 예수 그리스도에 의해서 세상이 구속을 받으리라는 것(유대인들의 귀환은 이 일의 모형이었다), 그리고 그 구속의 성격이 무엇이며 그 일이 언제 이루어질지에 대하여 들려 주신다(24-27절). 이것은 구약 전체 가운데서 가장 분명하고 명쾌한 메시야 예언이다.

[1]메대 족속 아하수에로의 아들 다리우스가 갈대아 나라 왕으로 세움을 받던 첫 해 [2]곧 그 통치 원년에 나 다니엘이 책을 통해 여호와께서 말씀으로 선지자 예레미야에게 알려 주신 그 연수를 깨달았나니 곧 예루살렘의 황폐함이 칠십 년만에 그치리라 하신 것이니라 [3]내가 금식하며 베옷을 입고 재를 덮어쓰고 주 하나님께 기도하며 간구하기를 결심하고

우리는 다니엘이 왕의 일을 보는 장면에서 앞 장을 마쳤지만, 여기에서는 그가 그 어떤 왕이 그에게 줄 수 있는 일보다도 더 귀한 일, 즉 하나님께 말씀을 드리고 하나님에게서 말씀을 듣는 일을 하고 있는 것을 본다. 그는 단지 자기 자신을 위해서가 아니라 교회를 위해서 이 일을 하는 것이었다. 그는 하나님을 향하여 교회를 대변하였고, 하나님은 교회를 위하여 메시야의 날들과 관련된 말씀을 그에게 맡기셨다. 좀 더 살펴보자.

1. 다니엘이 여기에서 하나님과 교통한 때는 메대 족속 다리우스가 갈대아 나라 왕으로 세움을 받던 첫 해였다(1절). 다리우스는 그의 조카 또는 손자인 고레

스와 함께 바벨론을 정복한 후에 최근에 갈대아 나라의 왕이 되었다. 이 해에 유대인들의 칠십 년에 걸친 포로 생활이 끝나게 되어 있었지만, 그들에게 고국 땅으로 돌아가라는 조서는 아직 내려지지 않았다. 따라서 하나님에 대한 다니엘의 이 기도는 그 해에, 그리고 아마도 그가 사자 굴에 던져지기 전에 미리 준비되었던 것으로 보인다. 그가 아주 최근에 비록 목숨을 잃을 뻔하였기는 하지만 기도의 유익과 위로를 체험한 사건이 그로 하여금 기도에 더욱 힘쓰게 만든 강력한 동기였던 것 같다.

2. 다니엘이 기도를 통해서 하나님과 대화하게 된 계기는 무엇이었는가(2절). 그는 책을 통해 예루살렘의 황폐함이 칠십 년으로 정해져 있다는 것을 깨달았다. 그로 하여금 이 사실을 깨닫게 해 준 책은 예레미야의 예언들을 기록한 책이었는데, 거기에는 바벨론에서 칠십 년이 차면(이 기간은 다니엘을 비롯한 유대인들이 처음으로 포로로 사로잡혀 간 해, 즉 여호야김이 다스린 지 삼 년이 되는 해로부터 계산되어야 한다, 1:1) 내가 너희를 돌보고 나의 선한 말을 너희에게 성취하리라(렘 29:10)고 분명하게 예언되어 있었다. 또한, 예레미야는 이 모든 땅이 칠십 년 동안 폐허('호르바트')가 될 것이다(렘 25:11)라고도 예언하였는데, 다니엘은 예루살렘의 황폐함이라는 표현 속에서 예레미야가 사용했던 것과 동일한 단어를 사용한다. 이것은 다니엘이 이 글을 쓸 때에 예레미야의 예언들을 기록한 책을 앞에 펼쳐 놓고 있었다는 것을 보여준다. 다니엘은 그 자신이 위대한 선지자였고 하나님의 환상들을 잘 아는 자였지만, 성경을 부지런히 연구하는 자였고, 예레미야의 예언들을 참조하는 것을 자신의 위신이 깎이는 일이라고 결코 생각하지 않았다. 그는 세상에서 가장 위대한 군주들 중 하나를 보필하는 위대한 정치가이자 한 나라의 총리였지만, 마음과 시간을 내어서 하나님의 말씀을 살피며 묵상하고 대화하였다. 이 세상에서 아무리 위대하고 선한 자들이라도 그들 자신이 훌륭하기 때문에 성경을 볼 필요가 없다고 생각해서는 안 된다.

3. 다니엘이 하나님께 드리는 말씀은 얼마나 진지하고 엄숙하였는가. 그는 칠십 년에 걸친 포로 생활이 이제 막 끝나가고 있다는 사실을 깨닫자(에스겔이 그의 예언들의 연대를 기록해 놓았기 때문에, 유대인들에게 정해진 포로 생활의 기간을 정확히 계산하는 것이 가능했던 것으로 보인다), 주 하나님께 기도하며 간구하기를 결심하였다. 하나님이 약속들이 주신 것은 우리로 하여금 기도는

하지 않고 기다리게 하기 위한 것이 아니라 더욱 힘을 내어 기도하게 하기 위한 것임을 명심하라. 우리는 그 약속들이 성취될 날이 가까움을 볼수록 더욱 간절히 하나님께 기도하며 간구하여야 한다. 다니엘이 여기에서 바로 그렇게 하였다. 그는 하루에 세 번 기도하는 것이 몸에 배어 있었는데, 틀림없이 기도할 때마다 예루살렘의 황폐함에 대하여 하나님께 말씀드렸을 것이다. 그렇지만 그는 그것만으로는 충분하지 않다고 생각해서, 나랏일을 돌보아야 하는 바쁜 와중에서도 따로 시간을 내어 오직 예루살렘을 위해서 집중적으로 하나님께 특별 기도를 드렸다. 하나님은 에스겔에게 다니엘이 자기 앞에 와서 중보 기도를 한다고 하여도 심판을 막을 수 없을 것이라고 말씀하셨었지만(겔 14:14), 다니엘은 지금 그 노역의 때가 끝났기 때문에 이제 심판을 거두어 주시라는 그의 기도를 하나님이 받아 주실 것이라는 소망을 지니고 있었다(사 40:2). 구원의 날이 동터올 때가 바로 하나님의 기도하는 백성이 더욱 분발하여 기도를 해야 할 때이다. 그런 때에는 매일 드리는 제사(즉, 기도) 외에 특별한 제사가 그들에게 요구된다. 이제 다니엘은 백성들의 죄로 인해서 하나님이 진노하셔서 그들의 구원을 예정된 기간보다 더 늦추실 것이 두려워서, 또는 하나님이 섭리를 통해서 이제 그들을 구원하시는 일을 시작하시고자 하시는 지금 하나님의 은혜로 백성들이 그 구원을 잘 받을 수 있도록 준비시키기 위해서 기도하며 간구하였다. 좀 더 살펴보자.

(1) 다니엘이 온 마음을 모아서 이 기도를 드림. 내가 주 하나님께 기도하며 간구하기를 결심하였다. 이것은 이 기도를 드리고자 결심함에 있어서 그의 믿음과 각오가 대단했고 그의 마음이 간절함으로 활활 타올랐다는 것을 보여주는 것이다. 우리는 기도를 할 때에 하나님을 우리 앞에 모셔 놓음과 동시에 우리 자신을 하나님의 임재 앞에 두어야 한다. 우리는 우리 앞에 계신 하나님을 우러러 보며 바로 그 하나님께 우리의 기도를 올려드려야 한다. 아마도 다니엘은 그의 얼굴을 하나님께 고정시키고 결심을 단단히 하고 예루살렘의 황폐함을 더욱 마음에 깊이 새기기 위해서 여느 때처럼 그의 얼굴을 예루살렘이 있는 쪽으로 향하였을 것이다.

(2) 다니엘이 자신의 몸을 절제하며 이 기도를 드림. 그는 자신의 죄와 자기 백성의 죄 때문에, 그리고 자기는 아무 쓸데없는 자라는 인식 때문에 하나님 앞에서 자신을 완전히 낮춘다는 표시로 이 기도를 드릴 때에 금식하며 베옷을

입고 재를 덮어썼다. 이것은 그가 지금 그 회복을 기도하고 있는 예루살렘의 황폐함을 그의 가슴에 더욱 깊이 새김과 동시에 그가 아주 중요하고 특별한 기도를 하나님께 드리고 있다는 것을 스스로 잊지 않기 위한 것이었다.

[4]내 하나님 여호와께 기도하며 자복하여 이르기를 크시고 두려워할 주 하나님, 주를 사랑하고 주의 계명을 지키는 자를 위하여 언약을 지키시고 그에게 인자를 베푸시는 이시여 [5]우리는 이미 범죄하여 패역하며 행악하며 반역하여 주의 법도와 규례를 떠났사오며 [6]우리가 또 주의 종 선지자들이 주의 이름으로 우리의 왕들과 우리의 고관과 조상들과 온 국민에게 말씀한 것을 듣지 아니하였나이다 [7]주여 공의는 주께로 돌아가고 수치는 우리 얼굴로 돌아옴이 오늘과 같아서 유다 사람들과 예루살렘 거민들과 이스라엘이 가까운 곳에 있는 자들이나 먼 곳에 있는 자들이 다 주께서 쫓아내신 각국에서 수치를 당하였사오니 이는 그들이 주께 죄를 범하였음이니이다 [8]주여 수치가 우리에게 돌아오고 우리의 왕들과 우리의 고관과 조상들에게 돌아온 것은 우리가 주께 범죄하였음이니이다 마는 [9]주 우리 하나님께는 긍휼과 용서하심이 있사오니 이는 우리가 주께 패역하였음이오며 [10]우리 하나님 여호와의 목소리를 듣지 아니하며 여호와께서 그의 종 선지자들에게 부탁하여 우리 앞에 세우신 율법을 행하지 아니하였음이니이다 [11]온 이스라엘이 주의 율법을 범하고 치우쳐 가서 주의 목소리를 듣지 아니하였으므로 이 저주가 우리에게 내렸으되 곧 하나님의 종 모세의 율법에 기록된 맹세대로 되었사오니 이는 우리가 주께 범죄하였음이니이다 [12]주께서 큰 재앙을 우리에게 내리사 우리와 및 우리를 재판하던 재판관을 쳐서 하신 말씀을 이루셨사오니 온 천하에 예루살렘에서 일어난 일 같은 것이 없나이다 [13]모세의 율법에 기록된 대로 이 모든 재앙이 이미 우리에게 내렸사오나 우리는 우리의 죄악을 떠나고 주의 진리를 깨달아 우리 하나님 여호와의 얼굴을 기쁘게 하지 아니하였나이다 [14]그러므로 여호와께서 이 재앙을 간직하여 두셨다가 우리에게 내리게 하셨사오니 우리의 하나님 여호와께서 행하시는 모든 일이 공의로우시나 우리가 그 목소리를 듣지 아니하였음이니이다 [15]강한 손으로 주의 백성을 애굽 땅에서 인도하여 내시고 오늘과 같이 명성을 얻으신 우리 주 하나님이여 우리는 범죄하였고 악을 행하였나이다 [16]주여 구하옵나니 주는 주의 공의를 따라 주의 분노를 주의 성 예루살렘, 주의 거룩한 산에서 떠나게 하옵소서 이는 우리의 죄와 우리 조상들의 죄악으로 말미암아 예루살렘과 주의 백성이 사면에 있는 자들에

게 수치를 당함이니이다 [17]그러하온즉 우리 하나님이여 지금 주의 종의 기도와 간구를 들으시고 주를 위하여 주의 얼굴 빛을 주의 황폐한 성소에 비추시옵소서 [18]나의 하나님이여 귀를 기울여 들으시며 눈을 떠서 우리의 황폐한 상황과 주의 이름으로 일컫는 성을 보옵소서 우리가 주 앞에 간구하옵는 것은 우리의 공의를 의지하여 하는 것이 아니요 주의 큰 긍휼을 의지하여 함이니이다 [19]주여 들으소서 주여 용서하소서 주여 귀를 기울이시고 행하소서 지체하지 마옵소서 나의 하나님이여 주 자신을 위하여 하시옵소서 이는 주의 성과 주의 백성이 주의 이름으로 일컫는 바 됨이니이다

우리는 여기에서 하나님을 향한 다니엘의 기도와 그 기도에 덧붙여진 그의 고백을 만난다. 내가 기도하며 자복하였다. 우리는 기도할 때마다 우리가 지은 죄들을 고백할 뿐만 아니라(이것이 우리가 보통 말하는 고백이다), 우리가 하나님을 믿고 의지한다는 것, 죄를 지은 것에 대하여 슬퍼하고 다시는 죄를 짓지 않겠다고 다짐하고 있다는 것도 고백하여야 한다는 것을 명심하라. 그것은 우리의 고백, 우리 자신이 깨달은 것들을 표현한 고백, 우리 자신이 진심으로 동의하는 고백이어야 한다.

우리는 지금부터 이 기도의 몇몇 부분들을 살펴보고자 한다. 다니엘은 여기에 기록된 것보다 훨씬 더 상세하게 기도를 드렸을 것이지만, 여기에는 단지 그 개요만이 나와 있다.

**I. 다니엘이 자기를 철저히 낮춘 가운데 공경하는 마음으로 하나님을 진심으로 부름.**

1. 우리가 경외해야 마땅한 하나님. 하나님을 늘 경외하는 것은 우리의 본분이다. "교회의 원수들 중에서 가장 크고 무시무시한 자들조차도 처리하실 수 있으신 크시고 두려워할 주 하나님."

2. 우리가 믿고 의지해야 마땅한 하나님. 하나님을 의지하고 신뢰하는 것은 우리의 본분이다. 주를 사랑하고 그 사랑의 증거로서 주의 계명을 지키는 자들을 위하여 언약을 지키시고 그들에게 인자를 베푸시는 주 하나님. 이러한 언약 관계 속에서 우리가 우리의 몫을 다한다면, 하나님은 하나님으로서 하실 몫을 다하실 것이다. 하나님은 자기 백성에게 그가 하신 말씀을 반드시 지키실 것이다. 왜냐하면, 그는 그들과 언약 관계에 있으시고, 그의 약속은 일점일획도 땅에

떨어지지 않을 것이기 때문이다. 아니, 그는 자기 백성에 대하여 인자하심을 지니고 계시기 때문에 그들에게 그가 하신 말씀 이상으로 선하게 하실 것이고, 언약 속에서 약속된 것보다 더 차고 넘치게 행하실 것이다. 다니엘이 그의 백성의 참상을 하나님 앞에 펼쳐놓고자 하는 이 때에 하나님의 긍휼과 인자하심에 눈을 돌리고, 하나님이 하신 약속을 이루어 주시라고 간구하고자 하는 이 때에 하나님의 언약에 눈을 돌린 것은 적절한 것이었다. 우리는 기도할 때에 하나님의 크심과 선하심, 하나님의 위엄과 긍휼을 동시에 바라보아야 한다는 것을 명심하라.

**II. 다니엘이 죄를 참회하고 고백함.**  하나님의 백성은 이 죄 때문에 지금까지 긴긴 세월 동안 온갖 재난을 겪으며 신음하였었다(5-6절). 우리는 우리 민족에게 긍휼을 베풀어 주시라고 하나님께 구할 때에는 민족의 죄를 짊어지고서 하나님 앞에 우리 자신을 낮추어야 한다. 다니엘이 여기에서 탄식하고 슬퍼하는 것은 바로 이 민족적인 죄들이었다. 우리는 여기에서 그가, 이 민족이 하나님을 진노하시게 만든 죄악들이 몹시 컸다는 것을 여러 가지 다양한 단어들을 사용해서 표현하고 있는 것을 볼 수 있다(참회하는 자들은 그 죄악들을 다 떠올리며 스스로 짊어지는 것이 합당하기 때문에). 우리는 수많은 일들 속에서 이미 범죄하고, 많은 죄악들을 저질러서 패역하며, 완악한 마음과 뻣뻣한 목으로 행악하여, 만왕의 왕 및 그의 면류관과 위엄에 대항하여 반역하였다. 다음에 나오는 두 가지 이유 때문에 그들의 죄는 더욱 무거워졌다.

1. 그들이 하나님이 모세를 통해서 그들에게 주신 명시적인 율법들을 범하였다는 것. "우리는 주의 법도와 규례를 떠났고, 그런 것들을 지키지 않았다. 우리는 우리 하나님 여호와의 목소리를 듣지 아니하였다(10절)." 죄의 본질을 말할 때에 죄라는 것은 율법을 범하는 것이라고 말해준다면, 그것으로 죄가 지닌 악성(惡性)은 충분히 드러난다. 죄를 죄로 드러내기만 한다면, 죄가 얼마나 지독하게 악한 것인지는 저절로 드러난다. 죄가 죄 된 것, 즉 죄가 지닌 죄성은 그 속에 있는 지독한 증오이다(롬 7:13). 하나님은 우리가 그대로 베껴쓰기에 충분할 정도로 아주 분명하고 자세하게 그의 율법을 우리 앞에 세우셨지만, 우리는 그 율법을 행하지 아니하고 딴 길로 가거나 돌아서 갔다.

2. 그들이 하나님께서 선지자들을 통해서 그들에게 주신 경고들을 무시하였다는 것(6절). 하나님은 모든 세대에서 새벽부터 일찍 일어나셔서 그의 사신

들을 부지런히 보내셨었다(대하 36:15). "우리가 주의 종 선지자들이 우리에게 주의 율법과 그 상벌을 상기시키며 말씀한 것을 듣지 아니하였다. 그들은 주의 이름으로 말씀하였지만, 우리는 거들떠보지도 않았다. 선지자들은 각계각층의 모든 사람들에게 신실하게 하나님의 말씀을 전하되, 우리의 왕들과 우리의 고관들에게는 담대하고 당당하게 전하였고, 우리의 조상들에게 전하였으며, 온 국민에게는 그들을 불쌍히 여기며 그들의 수준에 맞춰서 전하였지만, 우리는 그들이 말씀한 것을 듣지 아니하였다. 즉, 우리는 선지자들이 전하는 말씀을 아예 듣지 않거나 귀를 기울이지 않거나 따르지 않았다." 하나님의 사자들을 비웃고 조롱하며 하나님의 말씀을 멸시한 것은 예루살렘의 죄악의 분량을 채우는 죄들이었다(대하 36:16). 죄에 대한 이러한 고백은 여기에서 다시 되풀이되면서 강조된다. 참회하는 자들은 그들의 마음이 철저히 깨져서 통회하게 될 때까지 반복적으로 그들의 죄악들을 스스로 고발하며 그 수치를 스스로 뒤집어써야 마땅하다. 온 이스라엘이 주의 율법을 범하였나이다(11절). 하나님의 율법을 범한 자들은 다름 아닌 이스라엘, 하나님을 믿는다고 고백하는 백성, 그 어느 민족보다 하나님을 더 잘 알고 있었기 때문에 더 높은 기대를 받고 있던 백성, 하나님의 은총들로 둘러싸여 있던 하나님의 선민 이스라엘이었다. 주의 목소리를 듣지 아니하려고 율법의 길에서 떠나 치우쳐 가서 율법을 범한 자들은 이스라엘 백성 중의 일부가 아니라 이스라엘 백성 전체, 곧 온 이스라엘이었다. 이러한 불순종은 모든 참된 참회자들이 자신의 죄라고 말하며 탄식하지 않으면 안 되는 죄였다. 우리가 그 목소리를 듣지 아니하였고(14절), 우리는 범죄하였고 악을 행하였나이다(15절). 하나님에게서 긍휼을 얻고자 하는 자들은 이렇게 그들의 죄를 고백하지 않으면 안 된다.

**III. 다니엘이 그들에게 이 모든 심판을 내리신 하나님은 의로우시다는 것을 겸손히 인정함.** 참된 회개를 하는 자들은 하나님이 내리신 심판은 한 점의 잘못도 없이 깨끗하기 때문에 하나님은 의로우시고 모든 책임은 죄인에게 있으며 죄인이 모든 수치를 담당해야 한다는 것을 이렇게 항상 인정하여야 한다.

1. 다니엘은 이러한 죄 때문에 그들이 이 환난들을 겪게 된 것임을 인정한다. 하나님은 이스라엘을 주변의 모든 나라들로 흩으셨고, 그들은 이방 땅들에서 형편없이 약해지고 피폐해지고 위험에 노출되었다. 하나님은 그들을 이곳저곳으로 쫓아내셨는데, 일부는 가까운 곳으로 쫓겨가서 그들이 누구인지를 뻔

히 아는 사람들 사이에서 더 많은 수치를 당하였고, 일부는 그들을 알지 못하는 먼 곳으로 쫓겨가서 한층 더 버림 받은 삶을 살았다. 그들이 이렇게 된 것은 그들이 주께 죄를 범하였기 때문이었다(7절). 그들은 전에 그들을 더럽힐 수 있는 나라들과 함께 어울렸기 때문에, 이제 하나님은 그들로부터 모든 것을 탈취해 갈 수 있는 나라들 속으로 그들을 보내어 함께 있게 하셨다.

2. 다니엘은 하나님이 그들에게 이렇게 하신 것 속에는 잘못하신 것이 아무 것도 없고 오직 그들에게 합당한 벌을 내리신 것뿐이기 때문에 이 모든 일 속에서 하나님은 의로우시다는 것을 시인한다(7절). "주여,의(義)는 주께로 돌아가나이다. 우리는 주의 섭리 속에서 그 어떤 흠도 찾아낼 수 없고, 주의 심판에 대하여 그 어떤 이의를 제기할 수 없나이다. 왜냐하면, 우리 하나님 여호와께서 행하시는 모든 일, 심지어 우리에게 내리신 혹독한 재난들조차도 의로우시기 때문이나이다(14절). 우리가 그 목소리를 듣지 아니하였으니, 하나님께서 그 손으로 우리를 누르신 것은 마땅한 일이었나이다." 이 말씀은 예레미야애가 1:18에서 가져온 것으로 보인다.

3. 다니엘은 그들에게 임한 일들이 다 성경대로 이루어진 것임을 지적한다. 주께서 그들을 괴롭게 하심은 성실하심 때문이니이다(시 119:75). 즉, 하나님이 그들에게 환난을 내리신 것은 역설적으로 하나님이 지극히 신실하시다는 것을 보여주는 증거라는 것이다. 왜냐하면, 그것은 하나님이 전에 하신 말씀을 따른 것이기 때문이다. 이것은 하나님이 모세의 율법에서 그들이 죄를 범하면 내리시겠다고 맹세하셨던 바로 그 저주가 우리에게 내린 것이다(11절). 그들에게 임한 환난들은 그들이 율법을 범하였을 때에 내리시겠다고 하나님이 미리 고지하셨던 바로 그 벌을 내리신 것에 불과하다는 것도 하나님이 의로우시다는 것을 말해 준다. 참되신 하나님이라는 영예를 그대로 보존하고 하나님의 통치가 멸시받지 않게 하기 위해서는 하나님께서 그가 미리 경고하신 말씀들을 그대로 이루시는 것은 꼭 필요한 일이었다. 만약 하나님이 그렇게 하지 않으신다면, 하나님의 경고의 말씀들은 헛소리로 취급을 받게 될 것이고, 사람들은 그런 말씀에 전혀 겁을 집어먹지 않고 꿈쩍도 하지 않게 될 것이다. 그러므로 하나님은 큰 재앙을 내리심으로써, 그의 율법을 범한 우리와, 그의 율법을 범한 자들을 벌해야 하는 자신의 직무를 다하지 못한 우리를 재판하던 재판관들을 쳐서 하신 말씀들을 이루셨다. 하나님은 만약 그들이 공의를 제대로 행하여 행악자

들을 두렵게하지 않는다면 하나님이 직접 나서서 그의 손으로 그 일을 하실 수밖에 없다는 말씀을 그들에게 수도 없이 하셨었다. 이제 하나님은 고관들과 재판관들을 포함한 우리에게 큰 재앙을 내리셔서, 그가 전에 하신 말씀이 빈 말씀이 아니라는 것을 확증하셨다. 하나님의 손에 의한 심판들이 하나님의 입에서 나온 심판의 말씀들과 얼마나 정확히 일치하는지를 눈여겨 본다면, 그것은 우리가 이 심판들을 통해서 유익을 얻는 데에 많은 도움이 될 것임을 명심하라.

4. 다니엘은 그들이 이 재난들에 오랫동안 익숙해져 있어서 그것들을 가볍게 여기고, 여호와의 징계를 멸시함으로써 그 징계로 인한 유익을 잃게 되지는 않을까 염려가 되어서, 그들이 겪는 재난들이 얼마나 기가 막힌 것인지를 강조한다. "우리가 지금 하소연하고 있는 것은 인생에서 누구나 겪는 평범한 환난들에 대해서가 아니라 하나님의 진노의 특별한 표시들을 지니고 있는 그런 환난들에 대한 것이나이다. 왜냐하면, 온 천하에 예루살렘에서 일어난 일 같은 것이 전무후무하기 때문이나이다(12절)." 예레미야는, 나의 고통과 같은 고통이 있었는가라고 말하며 교회의 이름으로 탄식하였다(애 1:12). 이러한 탄식은 나의 죄 같은 죄가 있었는가라는 탄식이기도 하였다.

5. 다니엘은 높은 자로부터 낮은 자에 이르기까지 이스라엘의 온 민족이 수치를 당하였다고 말한다. 그들이 다니엘의 기도에 아멘으로 화답하고자 한다면(그들이 이 기도로 인한 유익에 참여하고자 한다면 그렇게 하여야 마땅하였다), 그들은 모두 그들의 손을 입에 갖다 대고 그들의 입을 땅의 티끌에 갖다 대야 한다. "수치기 우리 얼굴로 돌아옴이 오늘과 같나이다(7절). 우리는 우리의 죄로 인하여 벌을 받는 수치를 당하고 있는데, 이것은 수치가 우리가 받아야 할 당연한 몫이기 때문이나이다." 이스라엘이 계속해서 성민(聖民)으로서의 그들의 신분에 걸맞게 행하였다면, 그들은 모든 민족 위에 뛰어나게 되어서 찬송과 명예와 영광이 되었을 것이다(신 26:19). 그러나 그들이 범죄하였고 악을 행하였기 때문에, 유다 사람들과 예루살렘 거민들, 즉 촌락에 사는 사람들과 성읍에 사는 사람들이 모두 망신과 욕을 당하였다. 왜냐하면, 시골 사람이든 도시 사람이든 할 것 없이 모두가 다 하나님 앞에 범죄하였기 때문이다. 가까운 곳에 있는 자들, 즉 바벨론의 강변에서 포로로 살고 있던 두 지파와 먼 곳에 있는 자들, 즉 앗수르 땅에 포로로 잡혀 가 있던 열 지파가 모두 낭패와 수치를 당하였다. "수치는 이 땅의 평범한 백성들만이 아니라 우리의 왕들과 우리의 고관들과 조상

들에게도 돌아갔다(8절). 왜냐하면, 그들은 선한 모범을 보였어야 했고, 그들에게 주어진 권세와 영향력을 사용해서 악하고 불경스러운 풍조를 막아냈어야 하는데도 그렇게 하지 않았기 때문이다."

6. 다니엘은 이 심판이 이렇게 오래 지속되고 있는 것은 그들이 심판 아래에서도 삶을 고치지 않았기 때문이라고 말한다(13-14절). "이 모든 재앙이 이미 우리에게 내렸고 우리 위에 오랫동안 머물러 있는 상황에서, 우리는 겸손하고 겸비하며 회개하고 순종하는 마음으로 우리 하나님 여호와 앞에 기도를 드렸어야 하는데도, 실제로는 제대로 기도를 드리지 않음으로써 여호와의 얼굴을 기쁘게 하지 아니하였나이다. 우리는 하나님께 얻어 맞았지만, 우리를 치신 분께 돌아가지 않았나이다. 우리는 우리 하나님 여호와의 얼굴을 구하지 아니하였나이다(원문은 이렇게 되어 있다). 우리는 하나님과 화해를 하고 잘 지내려고 애쓰지 않았나이다." 다니엘은 그의 형제들에게 쉬지 않고 기도하는 선한 모범을 보여주었지만, 그의 모범을 따른 자가 별로 없었다는 것이 그에게는 유감스러운 일이었다. 그들은 환난 속에서 그들의 죄악에서 떠나고 주의 진리를 깨달아 알기 위해서 당연히 이른 새벽부터 간절히 하나님을 찾아야 했는데도, 실제로는 그렇게 하지 않았다. 하나님께서 사람들에게 환난을 보내시는 것은 사람들로 하여금 그들의 죄악에서 돌이키고 하나님의 진리를 깨달아 알게 하기 위한 것이다. 욥기에서 엘리후도 그렇게 말하였다(욥 36:10): 하나님은 환난들을 보내셔서 사람들의 귀를 열어 교훈을 듣게 하시며 명하여 죄악에서 돌이키게 하신다. 하나님의 진리를 제대로 깨달아서 그 진리의 권능과 권세에 순복하게 된다면, 사람들은 그들의 잘못된 길에서 돌이키게 될 것이다. 이것을 향한 첫 걸음은 우리 하나님 여호와 앞에서 기도를 드림으로써 환난이 제거되기에 앞서 먼저 거룩하게 구별이 되게 하고 하나님의 섭리에 하나님의 은혜가 동반되어서 그 환난이 예정된 목적을 이룰 수 있게 하는 것이다. 환난 가운데서 하나님께 기도를 드리지도 않고 그들을 묶으신 하나님께 부르짖지도 않는 자들은 죄악에서 돌이키거나 하나님의 진리를 깨닫게 될 가망이 없다. "우리가 우리의 환난을 선용하지 않았기 때문에, 여호와께서는 마치 재판장이 판결대로 집행이 이루어지는지를 확인하듯이 이 재앙이 제대로 집행되고 있는지를 지금도 계속해서 지켜보고 계신다. 우리가 제대로 녹아지지 않았기 때문에, 하나님은 우리를 계속해서 풀무불 속에 두시고서, 그 뜨겁기를 더욱 높여 가며, 우리가 녹는지를 지켜보고 계신다." 왜냐하

면, 하나님은 심판하실 때에 반드시 이기시고, 그가 행하시는 모든 일이 옳다는 것을 인정받으시고자 하시기 때문이다.

**IV. 다니엘이 하나님의 긍휼하심, 하나님이 이스라엘에게 은총을 베풀어 주셨음을 보여주는 옛적의 증표들, 이스라엘이 잘 되어야 하나님께서도 영광을 받으실 것임을 믿음으로 호소함.**

1. 하나님은 늘 용서해 주실 준비가 되어 있으시다는 것은 그들에게 결코 적지 않은 큰 힘이 된다(9절). 주 우리 하나님께는 긍휼과 용서하심이 있나이다. 이것은 여호와께서 그의 이름을 알려 주실 때에 하신 말씀과 관련되어 있다(출 34:6-7): 자비롭고 은혜롭고 죄를 용서하시는 하나님. 가엾은 죄인들은 하나님께 의(義)가 있다는 것을 상기하면 자신의 죄를 깨닫고 스스로를 낮추게 되는 것과 마찬가지로, 하나님께 긍휼이 있다는 것을 상기하면 큰 힘을 얻게 된다는 것을 명심하라. 하나님의 의를 말하며 하나님께 영광을 돌리는 자들은 하나님의 긍휼로 인한 위로를 얻을 수 있다(시 62:12). 하나님께는 차고 넘치는 긍휼이 있고, 단 한 번의 용서하심이 아니라 많은 용서하심들이 있다. 하나님은 용서하시는 하나님이시다(느 9:17). 하나님은 몇 번이고 너그럽게 용서하시는 하나님이시다(사 55:7). 우리가 주께 패역하였으나, 주께는 심지어 패역한 자들까지 용서하시는 긍휼이 있다.

2. 하나님이 옛적에 그들을 애굽에서 구원하심으로써 스스로 영광을 얻으셨다는 것도 그들에게 힘이 된다. 다니엘은 그의 믿음을 격려하기 위해서 저 먼 옛적의 일까지 되돌아본다(15절). "주께서 옛적에 강한 손으로 주의 백성을 애굽 땅에서 인도하여 내셨는데, 어찌 지금 그 동일한 강한 손으로 그들을 바벨론에서 인도하여 내시지 아니하겠나이까? 그 때에 주께서 그들을 하나의 민족으로 만드셨을진대, 어찌 지금 그들을 다시 새로운 민족으로 만드시지 아니하겠나이까? 그들은 지금 죄악되고 쓸데없는 자들이지만, 그 때에 그들도 그렇지 아니하였나이까? 그들을 압제하는 자들이 지금 강하고 오만하지만, 그 때에 그들을 압제하던 자들도 그렇지 아니하였나이까? 하나님께서는 그들을 바벨론에서 인도하여 내신 것이 그들을 애굽에서 인도하여 내신 것보다 더 놀라운 일이 될 것이라고 말씀하지 아니하셨나이까(렘 16:14-15)?" 다니엘의 이러한 호소가 지닌 설득력은 다음과 같은 것에 있었다. "주께서 우리를 애굽에서 인도하여 내심으로써 오늘과 같이, 즉 오늘에 이르기까지도 지속되고 있는 **명성**(원문에

는 이름)을 얻으셨나이다. 그런데 주께서 우리를 바벨론에서 그냥 죽게 내버려 두심으로써 그러한 명성을 잃고자 하시나이까? 주께서는 우리가 자주 기념해 온 저 구원으로 말미암아 명성을 얻으셨는데, 이제 우리가 이토록 자주 기도하여 왔고 이토록 오랫동안 기다려 왔던 이 구원으로 말미암아 다시 명성을 얻고자 하지 아니하시나이까?"

**V. 다니엘이, 하나님의 백성은 수치 가운데 있고 하나님의 성소는 폐허로 변해 있다는 사실을 애처롭게 말하며 탄식함.** 이것은 하나님의 명예에 큰 욕이 되는 것으로서 그들을 애굽에서 인도하여 내심으로써 얻은 하나님의 이름과 명성을 크게 떨어뜨리는 것이었다.

1. 하나님의 거룩한 백성은 멸시를 당하였다. 그들은 그들의 죄와 그들의 조상들의 죄악으로 말미암아 그들의 관(冠)을 욕되게 하고 그들 자신을 멸시받는 존재로 만들어 버렸다. 그러므로 이제 그들은 명목상으로는 하나님의 백성이었고 그러한 이유 때문에 사실 크고 존귀한 백성이었지만, 실제로는 사면에 있는 자들에게 수치가 되었다. 이웃 나라 사람들은 그들을 비웃으며 조롱하였고, 그들의 욕된 모습을 보며 기뻐하였다. 죄는 백성을 욕되게 한다는 잠언은 어느 민족과 백성에게도 그대로 적용되지만, 많은 눈들이 지켜보고 있고 다른 민족보다 잃을 명예가 더 많은 하나님의 백성에게는 더욱더 그러하다는 것을 명심하라.

2. 하나님의 거룩한 곳이 황폐화되었다. 거룩한 성 예루살렘은 폐허로 변함으로써 수치가 되었다(16절). 예루살렘 곁을 지나다니는 모든 사람들은 폐허가 된 그 성을 보고서 눈이 휘둥그레지게 놀라면서 쯧쯧 하며 혀를 찼다. 성전과 성소는 황폐해졌고(17절), 제단들은 허물어졌으며, 모든 건물들은 재로 변해 있었다. 성소가 황폐해진 것은 모든 성도들의 슬픔이라는 것을 명심하라. 왜냐하면, 성도들은 이 세상에서 그들이 받을 수 있는 모든 위로들이 성소의 폐허더미 속에 묻혀 버렸다고 생각하기 때문이다.

**VI. 다니엘이, 포로가 된 이 가엾은 유대인들을 회복시키셔서 다시 이전의 좋은 것들을 누릴 수 있게 해주시라고 하나님께 간절히 구함.** 다니엘의 간구는 아주 집요하다. 왜냐하면, 하나님은 우리에게 기도를 통해서 그와 씨름할 수 있도록 허락하셨기 때문이다. "주여 구하옵나이다(16절). 주께서 나를 위해 어떤 일을 해주시고자 하신다면, 이것을 해주옵소서. 이것은 내 마음의 소원이

자 기도이나이다. "그러하온즉 우리 하나님이여 지금 주의 종의 기도와 간구를 들으시고(17절) 평안의 응답을 허락하옵소서." 그렇다면, 다니엘이 간구하고 요청한 것들은 무엇이었는가?

1. 하나님의 분노를 그들에게서 거두어 주시라는 것. 하나님의 분노는 모든 성도들이 가장 두려워하는 것이고 다른 어떤 것보다 피할 수 있기를 가장 바라는 것이다. 주의 분노를 주의 성 예루살렘, 주의 거룩한 산에서 떠나게 하옵소서(16절). 다니엘은 그들의 포로 생활을 되돌이켜 주시라고 기도하지 않고(주께서는 주의 눈에 좋으실 대로 그들에게 행하소서), 먼저 하나님의 분노를 떠나게 해 달라고 기도한다. 원인이 제거되면, 결과는 자연히 사라지게 될 것이다.

2. 하나님의 얼굴 빛을 그들에게 비추어 주시라는 것(17절). "주의 얼굴 빛을 주의 황폐한 성소에 비추시옵소서. 우리에게 주의 긍휼을 다시 베푸셔서, 주께서 우리와 화해하셨다는 것을 보여주소서. 그리하시면, 모든 것이 잘 될 것이나이다." 하나님이 그의 얼굴 빛을 황폐한 성소에 비추시면, 성소는 이미 회복된 것이나 다름없다는 것을 명심하라. 성소는 바로 그러한 토대 위에 재건되어야 한다. 그러므로 성소를 제대로 재건하고자 한다면, 먼저 기도를 통해서 하나님의 은총을 간절히 구하는 가운데 황폐한 성소를 향하여 하나님이 미소를 지어 주시기를 청하여야 한다. 하나님이여 주의 얼굴 빛을 비추사 우리가 구원을 얻게 하소서(시 80:3).

3. 그들의 죄를 용서하시고 속히 그들을 구원하여 주시라는 것(19절). 주여 들으소서 주여 용서하소서. "우리가 기노하는 긍휼이 주의 긍휼하심 가운데서 허락될 수 있도록, 우리와 그 긍휼 사이에 끼어들고자 하는 죄를 제거해 주소서. 주여 귀를 기울이시고 행하소서. 귀는 기울이지 아니하시고 단지 말씀만 하시는 것이 아니라, 귀를 기울이시고 행하소서. 그 누구도 할 수 없는 일을 우리를 위하여 행하시되, 그 일을 속히 하소서. 지체하지 마옵소서 나의 하나님이여." 지금 그는 하나님이 정하신 날이 다가오고 있는 것을 보았기 때문에 하나님이 지체하지 마시고 속히 행해 주시라고 믿음으로 기도할 수 있었다. 다윗은 여호와여 속히 나를 도우소서라고 종종 기도하였다.

**VII. 다니엘이 그의 간구들에 힘을 더하기 위하여 몇 가지 근거들을 제시함.** 하나님은 우리가 기도하는 것을 허락하실 뿐만 아니라, 여러 근거들을 제시하며 변론하는 것도 허락하신다. 하지만 이러한 변론은 하나님을 움직이기 위한 것이라기보다는(하나님은 자기가 무엇을 하기를 원하시는지를 이미 아시기 때문에), 우리를 움직여서 우리로 하여금 더 열심을 내게 하고 우리의 믿음을 북돋기 위한 것이다.

1. 그들에게는 그들 자신의 의를 의지하는 마음이 전혀 없다는 것. 그들은 하나님에게서 진노나 저주 외에 그 어떤 것을 그들 자신의 공로로 얻어 낼 수 있다고 생각하지 않았다(18절). "우리가 주 앞에 간구하옵는 것은 마치 우리가 우리 속에 있거나 우리가 행한 어떤 선한 것으로 인해서 주의 은총을 받을 만하거나 주를 채무자로 여겨 어떤 것을 요구할 수 있는 것처럼 생각해서 우리의 의를 의지하여 속히 응답해 주실 것을 바라는 것이 아니나이다. 주는 우리를 의롭다고 여겨 주시지만, 우리는 우리의 의를 의지할 수 없나이다. 아니, 우리는 우리 자신이 잘못한 것을 기억해 낼 수 없다고 할지라도, 우리의 재판장께 말한 마디 제대로 대답할 수도 없고 무엇을 간구할 수도 없나이다." 모세는 아주 오래 전에 이스라엘 백성에게 하나님이 그들을 위하여 어떤 일을 하시더라도 그것은 그들의 의로움으로 말미암아 그렇게 하시는 것이 아니라고 말하였었다(신 9:4-5). 그리고 최근에 에스겔은 그들에게 하나님이 그들을 바벨론에서 인도하여 내시는 것은 그들을 위함이 아니라고 말하였었다(겔 36:22, 32). 우리는 긍휼을 얻기 위하여 하나님께 나아갈 때마다 우리 자신의 의에 대한 어떤 자부심이나 믿는 마음을 모두 내려 놓아야 한다는 것을 명심하라.

2. 그들은 하나님이 긍휼을 베풀어 주시는 이유들은 다 하나님 자신 속에서 나온다는 것을 알기 때문에 기도를 통해서 오직 하나님에게서만 힘을 얻는다는 것. 그러므로 우리는 하나님께 은혜와 긍휼을 구할 때에는 오직 하나님 속에 있는 것들만을 근거로 내세워서 긍휼을 베풀어 달라고 해야 하고, 그것들로 인하여 하나님께 영광을 돌려야 한다.

(1) "주 자신을 위하여, 즉 하나님의 모략을 이루시고 하나님의 약속을 이행하시며 하나님의 영광을 나타내시기 위하여 이 일을 하시옵소서(19절)." 하나님은 그가 정한 때에 그의 방식을 따라서만이 아니라 그 자신을 위하여 그의 일을 하신다는 것을 명심하라. 따라서 우리도 그것을 따라야 한다.

(2) "주를 위하여, 즉 주 예수 그리스도를 위하여, 하나님이 약속하신 주(主)이신 메시야를 위하여 이 일을 하시옵소서"(대부분의 기독교 해석자들은 이 어구를 이렇게 이해한다). 다윗은 메시야를 주(主)라 불렀고(시 110:1), 만물의

주이신 인자(시 80:17)와 말씀을 위하여 교회에 긍휼을 베풀어 주시라고 하나님께 기도하였다. 죄인들이 회개하고 하나님에게로 돌아올 때에 하나님이 그 얼굴을 그들에게 비추시게 만드는 것은 메시야와 그가 행한 대속(代贖)이다. 그러므로 우리는 무슨 기도를 하든지, 바로 이것을 우리의 기도의 근거로 삼아야 한다. 우리는 주의 의, 곧 오직 주의 의만 말하여야 한다(시 71:16). 하나님이여 주께서 기름 부으신 자의 얼굴을 살펴 보옵소서(시 84:9). 그리스도께서는 친히 우리에게 그의 이름으로 구하라고 명령하셨다.

(3) "주의 의를 따라 이 일을 하시옵소서(16절). 곧, 주의 의를 따라 우리의 박해자들과 압제자들에 대적하셔서 우리를 변호하소서. 우리는 하나님 앞에서 불의한 자들이지만, 그들과 관련해서는 의롭기 때문에, 의로우신 하나님께서 나타나셔서 우리의 의로움을 변호해 주시기를 바라나이다." 또는, 여기에서 주의 의, 즉 하나님의 의는 하나님이 그의 약속에 신실하시다는 것을 나타내는 것일 수도 있다. 하나님은 주의 의를 따라 그가 이전에 경고하셨던 말씀을 집행하셨다(11절). "주여, 주께서는 주의 모든 의를 따라 행하고자 하지 아니하시는 것이나이까? 주께서는 전에 주의 경고의 말씀들에 신실하셔서 그 말씀들을 이루셨는데, 지금은 주의 약속들에 신실하지 아니하고자 하시는 것이나이까?"

(4) "주의 큰 긍휼을 의지하여 행하셔서(18절), 주께서 긍휼에 풍성하신 하나님이시라는 것을 나타내 보이소서." 우리는 우리가 하나님께 구하는 선한 것들을 긍휼들이라고 부르는데, 이것은 그 선한 것들은 오로지 하나님의 긍휼에 의지될 때에만 기대할 수 있는 그런 것들이기 때문이다. 비참한 모습은 하나님의 긍휼을 받기에 적합한 모습이기 때문에, 선지자 다니엘은 여기에서 마치 하나님의 연민의 마음을 움직여 보기라도 하려는 듯이 교회의 통탄스러운 처지를 하나님 앞에 펼쳐 놓는다. "나의 하나님이여, 눈을 떠서 우리의 황폐한 상황, 특히 성소의 황폐함을 보옵소서. 이 불쌍한 모습을 불쌍히 여기는 마음으로 보옵소서." 교회의 황폐함은 우리가 기도를 통해서 하나님 앞에 아뢴 후에 하나님께 맡겨 두어야 한다는 것을 명심하라.

(5) "우리가 주와 맺고 있는 관계를 생각하셔서 이 일을 하시옵소서. 황폐해져 있는 성소는 주의 영광을 위하여 봉헌되고 주를 예배하는 데에 사용되며 주께서 거주하시는 곳인 주의 성소이나이다(17절). 예루살렘은 주의 성이자 주의 거룩한 산으로서(16절) 주의 이름으로 일컫는 성이나이다(18절)." 예루살렘은 하

나님이 이스라엘의 모든 지파 중에서 택하여 그의 이름을 두신 성이었다. "사람들에게 수치가 되어 버린 이 백성은 주의 백성이나이다(16절). 그들은 주의 이름으로 일컫는 백성이나이다(19절). 주여, 주는 그들에 대한 소유권을 가지고 계시기 때문에, 그들이 어떻게 되느냐 하는 것은 곧 주의 문제이기도 하나이다. 주께서는 주를 위하여, 그리고 주의 전을 위하여 행하고자 하지 아니하시나이까? 그들은 주의 것이오니 그들을 구원하소서(시 119:94)."

[20]내가 이같이 말하여 기도하며 내 죄와 내 백성 이스라엘의 죄를 자복하고 내 하나님의 거룩한 산을 위하여 내 하나님 여호와 앞에 간구할 때 [21]곧 내가 기도할 때에 이전에 환상 중에 본 그 사람 가브리엘이 빨리 날아서 저녁 제사를 드릴 때 즈음에 내게 이르더니 [22]내게 가르치며 내게 말하여 이르되 다니엘아 내가 이제 네게 지혜와 총명을 주려고 왔느니라 하니라 [23]곧 네가 기도를 시작할 즈음에 명령이 내렸으므로 이제 네게 알리러 왔느니라 너는 크게 은총을 입은 자라 그런즉 너는 이 일을 생각하고 그 환상을 깨달을지니라 [24]네 백성과 네 거룩한 성을 위하여 일흔 이레를 기한으로 정하였나니 허물이 그치며 죄가 끝나며 죄악이 용서되며 영원한 의가 드러나며 환상과 예언이 응하며 또 지극히 거룩한 이가 기름 부음을 받으리라 [25]그러므로 너는 깨달아 알지니라 예루살렘을 중건하라는 영이 날 때부터 기름 부음을 받은 자 곧 왕이 일어나기까지 일곱 이레와 예순두 이레가 지날 것이요 그 곤란한 동안에 성이 중건되어 광장과 거리가 세워질 것이며 [26]예순두 이레 후에 기름 부음을 받은 자가 끊어져 없어질 것이며 장차 한 왕의 백성이 와서 그 성읍과 성소를 무너뜨리려니와 그의 마지막은 홍수에 휩쓸림 같을 것이며 또 끝까지 전쟁이 있으리니 황폐할 것이 작정되었느니라 [27]그가 장차 많은 사람들과 더불어 한 이레 동안의 언약을 굳게 맺고 그가 그 이레의 절반에 제사와 예물을 금지할 것이며 또 포악하여 가증한 것이 날개를 의지하여 설 것이며 또 이미 정한 종말까지 진노가 황폐하게 하는 자에게 쏟아지리라 하였느니라 하니라

우리는 여기에서 다니엘의 기도에 대한 즉각적인 응답을 볼 수 있는데, 이 응답은 구약 전체에 나오는 그리스도와 복음 은혜에 대한 예언들 중에서 가장 뛰어난 예언을 담고 있기 때문에, 우리는 하나님의 이 응답을 꼭 기억해 두어야 한다. 세례 요한이 새벽별이었다면, 여기에 나오는 응답은 의로운

해가 떠오르기 직전의 새벽, 위로부터 임한 여명이었다. 좀 더 살펴보자.

**I. 이 응답이 주어진 때.**

1. 이 응답은 다니엘이 기도하고 있는 동안에 주어졌다. 그는 이 점을 주목하여 대단히 강조한다: 내가 이같이 말하여 기도하며 간구할 때(20절), 내가 기도할 때에(21절) 하나님이 응답하셨고, 그가 무릎을 꿇고 기도하다가 일어나기 전에 하나님께 말씀드릴 것이 더 남아 있었을 때에 응답이 왔다.

(1) 다니엘은 그의 주된 기도 제목이었던 두 가지를 언급하고 있는데, 아마도 이제부터 이 두 가지에 대해서 좀 더 상세하게 기도를 드릴 참이었던 것 같다.

[1] 그는 그의 죄와 그의 백성 이스라엘의 죄를 자복하고 그 죄에 대하여 슬퍼하였다. 그는 대단히 위대하고 선한 인물이었지만, 그에게도 여전히 하나님 앞에 자복할 죄가 있었고, 그는 그 죄를 기꺼이 고백하였다. 왜냐하면, 선을 행하고 전혀 죄를 범하지 아니하는 의인은 세상에 없고(전 7:20), 죄를 범하고도 회개하지 않는 의인도 없기 때문이다. 요한은 우리가 죄가 없다고 말하면 스스로 속이는 것이 되기 때문에 우리 죄를 자백하여야 한다고 말함으로써 거기에 자기도 예외없이 포함된다는 것을 분명히 하였다(요일 1:8). 선한 자들은 하나님 앞에 자기가 잘못한 것들을 남김없이 다 쏟아 놓아야 마음이 편해지는 것을 발견하는데, 그것은 바로 죄를 자복하는 것이다. 또한, 그는 그의 백성의 죄를 자복하고서 그것에 대하여 슬퍼하고 가슴 아파하였다. 하나님의 영광과 교회가 잘 되는 것과 사람들의 영혼에 대하여 진심으로 관심이 있는 자들은 그들 자신의 죄는 물론이고 다른 사람들의 죄에 대해서도 몹시 슬퍼하는 법이다.

[2] 그는 그의 하나님 여호와 앞에 간구하면서 이스라엘을 위한 중보기도자로서 이것을 하나님께 아뢰었다. 이 기도 속에서 그의 관심은 그의 하나님의 거룩한 산, 곧 시온 산에 있었다. 그의 마음속에는 도성이나 이 땅의 황폐함보다도 성소의 황폐함이 더 가까이 있었다. 그는 모든 것이 회복되기를 기도하면서도 이스라엘 백성의 세속적인 관심사들이 회복되는 것보다는 성전이 재건되어 이스라엘의 하나님에 대한 공예배가 다시 세워지는 것에 더 큰 관심이 있었다.

(2) 다니엘이 이렇게 기도하고 있는 동안에 다음과 같은 일들이 일어났다.

[1] 그는 그가 기도한 긍휼에 대하여 응답을 받았다. 하나님은 언제라도 기도를 들으시고 평안의 응답을 주실 준비가 다 되어 있다는 것을 명심하라. 지

금 여기에서 하나님이 전에 말씀하셨던 것, 즉 그들이 부르기 전에 내가 응답하겠고 그들이 말을 마치기 전에 내가 들을 것이라(사 65:24)는 말씀이 그대로 이루어졌다. 다니엘의 기도는 점점 더 뜨거워졌고, 그의 마음은 아주 간절하였다(18-19절). 그가 이렇게 뜨겁고 간절한 마음으로 **기도할 때**에 천사가 은혜의 응답을 가지고 그에게 왔다. 하나님은 뜨겁고 간절한 기도를 아주 기뻐하신다. 지금은 우리가 하나님이 천사들을 시켜서 우리의 기도에 대한 응답을 우리에게 보내 주시는 것을 기대할 수 없지만, 하나님이 약속하신 것을 놓고 간절히 기도하면, 우리는 믿음으로 그 약속을 우리의 기도에 대한 즉각적인 응답으로 받아들일 수 있다. 왜냐하면, 약속하신 이는 미쁘시기 때문이다.

[2] 그는 하나님이 말일에 그의 교회를 위하여 행하실 훨씬 더 크고 영화로운 구속에 관한 계시를 받았다. 그리스도와 그의 은혜를 잘 알고자 하는 자들은 기도를 많이 하여야 한다는 것을 명심하라.

2. 이 응답은 저녁 제사를 드릴 때 즈음에 주어졌다(21절). 하나님의 제단은 이미 폐허가 되어서 그 위에 그 어떤 제사도 드려지지 않은 지가 오래 되었지만, 경건한 유대인들은 포로 생활 가운데서도 저녁 제사가 드려질 때를 매일 생각하고, 그 시간이 되면 성전이 황폐하게 된 것을 기억하며 울면서, 그들의 기도가 하나님 앞에 분향함과 같이 되며 그들의 손을 들면서 아울러 그들의 마음도 드는 것이 저녁 제사 같이 되어 하나님 앞에 열납되기를 원하고 바랐던 것으로 보인다(시 141:2). 이 저녁 제사는 그리스도께서 세상이 저물 무렵에 드리게 될 저 큰 제사의 모형이었고, 다니엘이 주를 위하여 기도하였을 때에 그의 기도가 열납된 것은 바로 저 큰 제사 덕분이었다. 그 큰 제사 덕분에 인류를 구속하신 사랑에 관한 영광스러운 계시가 다니엘에게 주어질 수 있었다. 어린 양은 자기 자신이 흘린 피 덕분에 봉인들을 뗄 수 있으셨다.

**II. 이 응답을 가져온 사자**(使者). 하나님의 응답은 꿈을 통해서나 하늘로부터 들려온 소리를 통해서 그에게 주어진 것이 아니라, 이 응답에 더 큰 확실성과 엄숙함을 부여하기 위해서 하나님은 일부러 천사를 보내셨고, 천사는 사람의 모양으로 나타나서 이 응답을 다니엘에게 전하였다. 좀 더 살펴보자.

1. 이 천사 또는 사자는 누구였는가. 그는 그 사람 가브리엘이었다. 많은 해석자들이 천사장 미가엘이 다름 아닌 예수 그리스도라고 생각하지만, 어쨌든 성경에 그 이름이 나오는 이 가브리엘은 단지 피조된 천사일 뿐이다. 가브리엘

은 하나님의 능한 자를 의미한다. 왜냐하면, 천사들은 큰 힘과 능력을 가지고 있기 때문이다(벧후 2:11). 이 가브리엘은 다니엘이 이전에 환상 중에 본 적이 있는 그 사람이었다. 다니엘은 이 천사가 이런 이름으로 불리는 것을 들은 적이 있었기 때문에 이것을 알 수 있었다(8:16). 다니엘은 당시에 가브리엘이 가까이 다가왔을 때에 두려워 떠는 와중에서도 그를 아주 주의 깊게 살펴보았기 때문에 이번에는 금방 이 사자가 그가 이전에 환상 중에 본 바로 그 천사라는 것을 알았고, 이제는 그를 어느 정도 잘 알고 있어서 그를 보았을 때에 처음과는 달리 그리 두려워하지 않았다. 이 천사가 세례 요한의 아버지가 될 사가랴에게 나는 가브리엘이라고 말한 것(눅 1:19)은 옛적에 자기가 다니엘에게 메시야가 오실 것에 대하여 미리 알린 것을 사가랴에게 상기시킴으로써 이제 그에게 주어질 고지(告知)를 굳게 믿게 하기 위한 것이었다.

2. 이 천사가 다니엘이 기도하였던 빛들의 아버지로부터 받은 명령(23절). 네가 기도를 시작할 즈음에 하나님으로부터 명령이 내렸다. 하늘에 있는 천사들에게 하나님이 갖고 계셨던 이 계획이 고지되었는데, 천사들은 이것을 무척 살펴보고 싶어하였었다. 다니엘에게 즉시 가서 이것을 알리라는 명령이 가브리엘에게 떨어졌다. 이것을 보면, 하나님을 움직인 것은 다니엘이 말한 어떤 내용이 아니었다는 것이 드러난다. 왜냐하면, 응답은 그가 기도하기 시작할 때에 이미 주어졌기 때문이다. 그러나 하나님은 다니엘이 기도의 첫머리에서 그를 진지하고 엄숙하게 부른 말을 기뻐하셨고, 그 표시로 그에게 이 은혜로운 메시지를 보내신 것이었다. 또는, 이것은 다니엘이 기도를 시작할 즈음에 예루살렘을 중건하라는 고레스의 영이 났다는 것을 의미할 수도 있다(25절). "그 일이 바로 이 날에 이루어졌다. 네가 이 일을 위하여 기도하고 있을 때에 유대인들에 대한 해방령이 왕의 재가를 받아 이 아침에 내려졌다." 그리고 지금 이 금식일이 끝나갈 무렵에 다니엘은 마치 속죄일이 끝날 즈음에 희년의 나팔이 울려퍼져서 해방을 선포하였듯이 유대인들에 대한 해방령을 천사로부터 듣게 되었다.

3. 가브리엘이 하나님의 메시지를 전하기 위해서 서둘러 옴. 그는 빨리 날았다(21절). 천사들은 날개가 달린 사자들이어서 신속하게 이동하기 때문에 그들이 받은 명령을 실행하는 것을 지체하지 않는다. 천사들은 번개 모양 같이 왕래한다(겔 1:14). 그러나 여기에서 가브리엘이 빨리 날았듯이, 천사들은 종종 어떤 때는 평소보다 더 신속하게 움직이는 것 같다. 즉, 가브리엘은 빨리 날아가도

록 명령을 받았고, 또한 그렇게 할 수 있었다. 천사들은 하나님의 명령에 순종해서 일하고 하나님의 힘에 의지해서 일한다. 그들은 지혜가 뛰어나지만, 하나님의 명령에 따라서 더 빨리 또는 더 느리게 날아간다. 그들은 힘에 있어서 탁월하지만, 하나님이 그들로 날게 하실 때에만 날아간다. 천사들은 우리에게 하나님이 그들에게 하라고 하시는 일만을 한다. 천사들은 하나님을 수종드는 일꾼들로서 하나님이 기뻐하시는 일을 행한다(시 103:21).

4. 하나님의 메시지의 서문.

(1) 가브리엘은 다니엘에게 이르러서 그를 어루만졌다(21절). 이것은 이전처럼 그를 잠에서 깨우기 위한 것이 아니라(8:18), 그에게 기도를 중단하고 지금부터 그가 전할 기도 응답을 경청하라고 신호를 보낸 것이었다. 하나님과의 교통을 지속적으로 유지하기 위해서는 우리는 하나님께 말씀을 드리는 데에 적극적일 뿐만 아니라, 하나님이 우리에게 말씀하시고자 하시는 것을 듣는 데에도 적극적이어야 한다는 것을 명심하라. 하나님께 기도하는 데에만 몰두하여 하나님으로부터 오는 응답을 듣지 못하는 일이 있어서는 안 된다.

(2) 가브리엘은 그의 위엄으로 그를 두렵게 하지 않기 위해서 마치 친구에게 얘기하듯이 친밀하게 그에게 말하였다(22절). 그는 자기가 어떤 심부름으로 여기에 왔는지, 즉 그가 다니엘에게 복된 메시지를 전하기 위해서 일부러 하늘로부터 보내심을 받았다는 것을 알려 주었다. "나는 네가 전에 알지 못했던 것을 네게 알리러 왔느니라(23절)." 그는 전에 다니엘에게 안티오코스 치하에서 교회가 환난을 당하리라는 것과 이 환난이 지속될 기간을 알려 주었었다(8:19). 그러나 지금 그가 온 것은 다니엘에게 더 큰 일들을 보여주기 위한 것이었다. 왜냐하면, 작은 일에 충성된 자에게는 더 큰 일이 맡겨지기 때문이다. "내가 이제 네게 지혜와 총명을 주려고 왔느니라(22절). 나는 이 일들을 네게 보여줄 뿐만 아니라, 그 일들을 네게 깨닫게 할 것이다."

(3) 가브리엘은 다니엘이 하늘의 은총을 입은 자라는 것을 알려 주었다. 그렇지 않았다면, 다니엘은 하나님으로부터 이 응답을 받지 못하였을 것이다. 그러므로 다니엘은 이것을 은총으로 여겨야 한다. "내가 이제 네게 알리러 왔느니라 너는 크게 은총을 입은 자라. 너는 하나님이 기뻐하시고 흡족해하시는 자이다." 하나님은 그의 모든 자녀들을 사랑하시지만, 다른 자녀들보다도 크게 사랑을 받는 자녀들이 있다는 것을 명심하라. 그리스도의 제자들 중에는 오직 한 명

만이 그의 품 속에 안겨 누워 있었고, 구약의 예언적 환상들이 다니엘에게 맡겨졌듯이, 신약의 예언적 환상들은 바로 그 사랑하시는 제자에게 맡겨졌다. 어떤 사람에게 주의 비밀들이 주어진 것보다 그가 하나님의 은총을 받고 있음을 보여주는 더 큰 증표가 어디 있겠는가? 아브라함은 하나님의 벗이었다. 그래서 하나님은 내가 하려는 것을 아브라함에게 숨기겠느냐(창 18:17)고 말씀하셨다. 하나님이 어떤 사람에게 그의 아들을 나타내셨다면, 그는 자기가 하나님에게 크게 사랑을 받고 있는 것이라고 생각해도 괜찮다. 어떤 이들은 가브리엘 천사가 동정녀 마리아를 부르는 칭호는 마치 그녀에게 여기에 나오는 일을 상기시키려고 하는 듯이 그가 여기에서 다니엘을 부르는 칭호와 흡사하다는 점을 지적한다. 가브리엘은 다니엘에 대해서는 크게 은총을 입은 자라고 불렀고, 마리아에 대해서는 큰 은혜를 받은 자라고 불렀다(눅 1:28).

(4) 가브리엘은 다니엘에게 그가 지금부터 그에게 전하고자 하는 계시를 진지하게 들을 것을 요구하였다. 그런즉 너는 이 일을 생각하고 그 환상을 깨달을지니라(23절). 이것은 이 계시가 다니엘이 이전에 보았던 그 어떤 환상보다도 더 주목할 가치가 있는 것이었다는 것을 보여준다. 하나님께 속한 일들을 깨닫고자 하는 자들은 마음을 모아서 그 일들을 곰곰이 생각해 보고 깊이 숙고하며 영적인 일들을 다른 영적인 일들과 서로 비교해 보아야 한다는 것을 명심하라. 우리가 하나님의 계시된 뜻에 관하여 너무나 어둡고 오해가 많은 이유는 깊이 숙고하는 것이 부족하기 때문이다. 이 환상은 깊이 숙고해야 함과 동시에 깊이 숙고할 가치가 있는 환상이다.

**III. 메시지 자체.** 가브리엘은 이 메시지를 대단히 엄숙하게 전달하였을 것이고, 다니엘은 틀림없이 정신을 온통 집중해서 듣고서 아주 정확하게 기록하였을 것이다. 그러나 이 메시지 속에는 다른 예언들이 보통 그렇듯이 이해하기 어려운 내용들이 들어 있다. 예레미야 선지자의 책을 통해서 유대인들의 포로 생활이 칠십 년이 지나면 끝날 것임을 깨달았던 다니엘은 이제 또 한 번의 칠십 이레가 지나서 있게 될 또 한 번의 더 영화로운 해방을 교회에 알리는 영광스러운 일을 맡게 되었다(전자의 해방은 후자의 해방의 모형이자 그림자일 뿐이었다). 그는 전자에 관한 예언을 놓고 기도하다가, 그 기도에 대한 응답으로 후자에 관한 예언을 받았다. 그는 그의 백성이 놓여나고 거룩한 성이 재건되게 해 달라고 기도하였었다. 그러나 하나님은 그가 구하거나 생각하는 모든 것에 더 넘치도록 응답하셨다. 하나님은 그를 경외하는 자들의 소원을 들어주실 뿐만 아니라 그 이상으로 응답해 주신다(시 21:4).

1. 이 메시지에 나오는 기간에 관한 표현들은 이해하기가 상당히 어렵다. 일반적으로, 일흔 이레(seventy weeks)는 70년에 7을 곱한 것으로서 정확히 490년이 된다. 이스라엘 백성과 예루살렘 성과 관련해서 장차 있게 될 큰 일들은 이 기간 내에 이루어지게 될 것이다.

(1) 때와 기간이 이렇게 주간(週間) 단위로 표현되고 있는 것은 다음과 같은 이유에서였다.

[1] 이것은 예언적인 문체를 따른 것이다. 예언적인 문체에서는 미리 예언된 일들이 너무 분명하게 드러나지 않도록 하기 위해서 대체로 평범한 어법에서 벗어난 난해한 표현들이 사용된다.

[2] 이것은 안식일을 중심으로 해서 때를 주간 단위로 구분한 것에 존귀함을 더하고, 안식일이 영원할 것임을 나타내기 위한 것이다.

[3] 이것은 칠십 년이라는 포로 기간과 연관시키기 위한 것이다. 그들은 칠십 년이라는 기나긴 세월 동안에 그들의 고국 땅을 빼앗겼지만, 이제는 그 땅으로 돌아가서 칠십 년의 일곱 배나 되는 기간 동안 그 땅을 계속해서 차지하게 될 것이었다. 하나님은 벌을 주시는 것보다 긍휼을 베푸시는 것을 훨씬 더 기뻐하신다. 그 땅은 그리 좋은 의미에서는 아니지만 어쨌든 칠십 년 동안 안식을 누렸다(레 26:34). 그러나 이제 여호와의 백성이 좋은 의미에서 칠십 년의 일곱 배가 되는 기간 동안 그들의 안식일을 누리고, 칠십 번의 안식년과 열 번의 희년을 누리게 될 것이다. 하나님의 섭리 속에는 이렇게 균형을 이루는 비율들이 들어 있어서, 우리는 연대를 정하신 분의 지혜를 보면서 찬탄을 금할 수 없게 된다.

(2) 이 칠십 이레와 관련하여 일어나는 난점들은 다음과 같은 것들이다.

[1] 이 기간이 시작되는 때, 즉 이 기간은 언제부터 기산(起算)이 되어야 하느냐와 관련해서. 칠십 이레는 여기에서 예루살렘을 중건하라는 영이 날 때부터 시작되는 것으로 되어 있다(25절). 나는 이 영이 에스라 1:1에서 말하고 있는 고레스의 조서를 가리키는 것이라고 본다. 왜냐하면, 이 조서에 의해서 유대인들이 고국으로 돌아가게 되었고, 비록 예루살렘의 중건에 관한 언급은 그 속에 없기는 하지만, 그것은 예루살렘이 고레스에 의해서 이루어질 것이라고 한 예

언(사 44:28) 속에 이미 전제되어 있다고 볼 수 있기 때문이다: 고레스는 예루살렘에 대하여 중건되리라 할 것이다. 고레스의 이 조서는 예언과 역사 양쪽에서 모두 예루살렘 중건과 관련된 가장 유명한 조서였다. 여기에서 언급된 영(이 영은 고레스의 조서를 가리키는 것일 수도 있고 예루살렘 중건과 관련된 하나님의 명령을 가리키는 것일 수도 있다)은 다니엘이 기도를 시작할 즈음에 내려진 명령(23절)과 동일한 것으로 보인다. 칠십 년 간의 포로 생활이 끝나자마자 즉시 칠십 이레가 시작된다는 것은 아주 우아해 보인다. 이 견해에 대한 반론은 단 한 가지가 있다. 그것은 이 계산법에 의하면 고레스가 바벨론을 정복한 때로부터 다리우스가 알렉산더 대왕에 의해서 정복을 당한 때까지 바사 왕국은 단지 130년간 지속된 것으로 보아야 하는데, 바사 제국의 황제들의 재위에 관한 구체적인 기록을 살펴 보면, 이 제국은 230년 동안 지속된 것으로 계산이 나온다는 것이다(투키디데스, 크세노폰 등이 이렇게 계산한다). 고레스의 조서를 기산점으로 삼는 입장을 확고하게 가진 해석자들은 이방의 역사가들의 이러한 연대 계산을 불확실하고 믿을 수 없는 것으로 여겨서 무시해 버리지만, 그렇지 않은 해석자들은 이 문제를 해결하기 위해서 칠십 이레(즉, 490년)의 기산점을 고레스의 조서(스 1:1)가 내려진 때가 아니라 그로부터 100여년 후에 다리우스가 예루살렘 중건을 위해 내린 두 번째 조서(스 6장)가 내려진 때로 잡고, 어떤 해석자들은 에스라를 전권대사로 파견한 아닥사스다 제7년을 기산점으로 잡는다(스 7:8-12). 풀(Poole) 목사는 라틴어로 된 그의 대조집(Synopsis)에서 칠십 이레의 기산점과 관련하여 지금까지 나왔던 많은 찬반 양론을 광범위하고 아주 치밀하게 모아 놓았기 때문에, 이 문제에 관심이 있는 사람들은 그 대조집을 살펴보면 좋을 것이다.

[2] 이 기간이 끝나는 때와 관련해서. 이 점에 대해서도 해석자들은 마찬가지로 의견이 분분하다. 어떤 이들은 칠십 이레가 그리스도가 죽은 때에 끝나는 것으로 보고, 여기에 나오는 이 유명한 예언의 명시적인 표현에 의거해서, 가브리엘이 다니엘에게 이 계시를 전해 준 바로 그 때(저녁 제사를 드릴 때 즈음)부터 그리스도께서 죽으셨던 바로 그 때(저녁 즈음)까지가 정확히 490년이었다고 결론을 내린다. 나는 이 견해를 기꺼이 따르고자 한다. 그러나 어떤 이들은 본문에서 그가 그 이레(즉, 칠십 이레 중에서 마지막 이레)의 절반에 제사와 예물을 금지할 것이라고 말하고 있기 때문에, 칠십 이레라는 기간은 그리스도께

서 죽은 지 삼년 반이 지났을 때, 즉 유대인들이 복음을 배척함으로써 사도들이 이방인들에게로 향하게 된 때에 끝나는 것으로 보아야 한다고 생각한다. 그러나 칠십 이레가 정확히 그리스도께서 죽으신 그 때에 끝난다고 보는 해석자들은 이 본문을 다음과 같이 읽는다: "그가 장차 많은 사람들과 더불어 마지막 이레 동안에 언약을 굳게 맺고 그 이레의 절반에(마지막 이레의 후반부, 즉 그리스도께서 공생애 사역을 하셨던 삼년 반의 기간) 제사와 예물을 금지할 것이다." 어떤 이들은 이 칠십 이레가 유대 백성과 그 거룩한 성을 위한 기한으로 정해진 것이라는 문구를 근거로 해서, 이 490년이라는 기간이 그리스도께서 죽은 지 대략 37년이 지나서 예루살렘이 멸망을 당한 때에 끝나는 것으로 본다. 이 본문 속에는 도성과 성전의 멸망에 관한 내용이 많이 나온다.

[3] 칠십 이레를 일곱 이레와 예순두 이레와 한 이레로 나눈 것과 관련해서. 이렇게 한 이유도 다른 것들과 마찬가지로 설명하기가 어렵다. 처음 일곱 이레 또는 49년 동안에 성전과 도성이 중건되었고, 마지막 한 이레 동안에 그리스도께서 그의 복음을 전하심으로써, 유대교 시대는 무너지고, 복음적인 도성과 성전의 토대가 놓여졌는데, 이것들은 전자의 폐허 위에 세워질 것이었다.

(3) 칠십 이레라는 기간이 어느 시점부터 어느 시점까지인지를 정확히 확정하는 일은 무척 힘든 일이기는 하지만, 하나님께서 이 기간을 정해 놓으신 두 가지 큰 목적이 무엇이었는지에 대해서는 우리가 아주 분명하고 확실하게 대답할 수 있다.

[1] 이 예언은 믿는 자들에게 기대를 불러일으키고 그 기대를 지탱해 주는 역할을 하였다. 장차 메시야가 오시리라는 것에 관한 일반적인 약속들은 이미 족장들에게 주어졌고, 이전의 선지자들은 종종 장차 오실 이에 대하여 말하곤 하였지만, 지금까지는 그가 오실 정확한 때가 확정적으로 얘기된 적은 한 번도 없었다. 칠십 이레라는 기간에 대한 계산과 관련해서 아주 많은 의문점들이 있어서 정확히 어느 해라고 말할 수는 없었지만, 이 예언에 비추어 보면, 메시야가 대략 어느 시기에 오시리라는 것은 충분히 알 수 있었다. 따라서 우리는 그리스도께서 오셨을 때에 그는 대체로 이스라엘의 위로가 되고 예루살렘의 속량을 이룰 자로 여겨졌다는 것을 발견하게 된다(눅 2:25, 38). 이런 이유 때문에 하나님의 나라가 당장에 나타날 줄로 생각하였던 자들도 있었다(눅 19:11). 또한, 어떤 이들은 이 해에 다른 해보다 더 많은 사람들이 천하 각국으로부터 예루살

렘으로 모여든 것도 이 때문이었다고 생각한다(행 2:5).

[2] 이 예언은 예수가 오실 이라는 것을 부정하고 아직도 다른 이를 기다리는 믿지 않는 자들의 기대를 반박하고 침묵시키는 역할을 한다. 이 예언은 그들을 침묵시킴과 동시에 정죄한다. 왜냐하면, 이 칠십 이레를 예루살렘을 중건하라는 영이 내려진 때로부터 계산한다면, 그 기간은 1,500년 전쯤에 이미 끝난 것이 확실하기 때문이다. 따라서 메시야가 오시기로 되어 있는 때가 이미 까마득한 옛날이 되어 버린 지금에 있어서도 여전히 메시야가 오셨다는 것을 부정하는 유대인들은 영원히 변명할 말이 없게 되었다. 그러나 이 예언을 통해서 우리는 메시야가 이미 오셨고, 그 메시야는 바로 우리가 아는 예수이며, 그는 하나님이 미리 정하여 알려 주신 바로 그 때, 영원히 기억해 둘 가치가 있는 바로 그 때에 정확히 오셨다는 우리의 믿음이 옳다는 것을 확증받는다.

2. 여기에 예언된 사건들은 적어도 지금 우리에게는 이해하기가 더 쉽고 분명하다. 여기에서 무엇이 예언되고 있는지를 살펴보자.

(1) 유대인들이 이제 속히 그들의 고국 땅으로 돌아와서 다시 정착하게 되리라는 것. 이것은 다니엘이 지금 집중적으로 기도하였던 바로 그 문제였다. 그렇지만 이 문제는 여기에 나오는 그의 기도에 대한 응답 속에서는 단지 간략하게만 다루어질 뿐이다. 예루살렘을 중건하라는 영이 날 것이라는 말씀은 경건한 유대인들에게 위로가 되었을 것이다(25절). 그리고 그 영(令)은 헛되지 않을 것이다. 왜냐하면, 시절은 아주 소란하고, 이 선한 일이 큰 바대에 부딪칠 것이기는 하시만, 마침내 이 일은 계속 진행되어 완성이 될 것이기 때문이다. 그 곤란한 동안에 성이 중건되어 광장과 거리가 이전만큼 넓고 번화하게 세워질 것이다. 우리는 이 세상에 사는 동안에는 이런저런 이유로 곤란하고 괴로운 때들을 만나게 될 것임을 예상하여야 한다는 것을 명심하라. 우리는 즐겁고 기쁜 때들을 만났을 때에도 두렵고 떨림으로 기뻐하고 즐거워하여야 한다. 그 즐거운 때는 단지 어둠 속에서 비친 한 줄기 빛일 뿐이고, 요란하고 괴로운 세월 중에서 평안과 형통이 잠시 찾아온 것일 뿐이기 때문이다. 비 뒤에 구름이 다시 일어나는 법이다(전 12:2). 유대인들은 의기양양해서 고국 땅에 돌아오겠지만, 거기에서 곤란한 시기를 만나게 될 것이기 때문에 그런 시기에 대비하여야 한다. 그러나 하나님께서 그 곤란한 동안에도 그의 일을 계속 진행시키셔서 예루살렘의 중건을 완료하여 아름답게 꾸미고 견고하게 방비를 갖추게 하시리라는 것

은 우리에게 큰 위로가 된다. 아니, 시대가 어렵고 소란한 것은 하나님의 은혜로 말미암아 교회의 성장에 도움이 될 수도 있다. 교회는 환난을 당하면 당할수록 더 크게 성장하기 때문이다.

(2) 메시야와 그가 하실 일에 관한 예언. 육적인 유대인들은 그들을 로마의 멍에에서 구하여 그들에게 세속적인 권세와 부를 안겨줄 메시야를 기대하였으나, 여기에서 메시야는 그런 것과는 다른 순전히 영적인 일을 하기 위하여 오실 것이고, 그 때문에 더 환영을 받게 될 것이라는 말씀을 듣는다.

[1] 그리스도께서는 죄를 없이 하고 폐하기 위하여 오셨다. 죄는 하나님과 사람 사이에 불화와 반목을 일으켰고, 사람들을 하나님에게서 떼어냈으며, 하나님으로 하여금 사람에 대하여 진노하시게 만들었다. 또한, 죄는 하나님께는 욕을, 사람에게는 비참함을 가져다 주었다. 죄는 큰 재앙을 만들어 내는 존재였다. 하나님을 진정으로 섬기고 사람에게 진정한 은혜를 베풀고자 하는 자는 죄를 멸하지 않으면 안 된다. 그리스도께서는 바로 그 일을 하시고자 하셨고, 마귀의 일을 멸하려 나타나셨다. 본문에서는 그리스도께서 너희의 허물과 죄가 아니라 일반적으로 모든 허물과 죄를 그치게 하실 것이라고 말한다. 왜냐하면, 그는 유대인들인 우리의 죄만이 아니라 온 세상의 죄에 대한 화목제물이시기 때문이다.

첫째, 그리스도께서는 허물을 그치게 하고(또는, 억제하고), 죄의 권세를 깨뜨리며, 사람들에게 무수한 해악을 끼쳐 왔던 저 뱀의 머리를 상하게 하고, 저 폭군의 불법적인 통치를 제거하며, 사람들의 마음속에서 사탄의 나라의 폐허 위에 거룩과 사랑의 나라를 세우셔서, 죄와 사망이 지배하였던 사람들의 마음이 은혜로 말미암아 의와 생명의 지배를 받게 하기 위하여 오셨다. 그리스도께서는 죽으시면서 다 이루었다고 말씀하셨다. 삼손이 내가 블레셋 사람과 함께 죽기를 원하노라고 말하였듯이, 죄는 이제 치명상을 입었다. 그리스도께서는 죄에게 치명상을 입히고 죽으셨다.

둘째, 그리스도께서는 죄를 끝내고 폐함으로써 심판 때에 일어나 우리를 고소하지 않게 하고, 죄 사함을 이루어서 죄 때문에 우리가 멸망하지 않게 하며, 그가 나중에 마귀를 무저갱에 던져 넣어 그 위에 인봉하였던 것처럼(계 20:3) 이제도 죄들을 인봉하여(난외주에서는 이렇게 읽는다) 죄가 우리를 고소하거나 정죄하지 못하도록 하기 위하여 오셨다. 죄 사함이 이루어질 때, 죄는 인봉된 것처럼 찾을지라도 찾아내지 못하게 된다.

셋째, 그리스도께서는 마치 희생제사가 하나님의 공의를 만족시켜서 하나님과 사람을 화목하게 만드는 것처럼 죄악이 용서되어 화해가 이루어지게 하기 위하여 오셨다. 그는 서로 다투는 두 당사자로 하여금 단지 서로를 잘 이해할 수 있게 해주는 중재자 역할만을 하신 것이 아니라, 우리 편에 서서 일을 하시며 우리의 보증인이 되어 이 일을 수행하셨다. 그는 단지 화평케 하는 자이신 것이 아니라 화평 그 자체이셨다. 그는 속죄 그 자체이셨다.

[2] 그리스도께서는 영원한 의를 드러내기 위하여 오셨다. 사실 하나님이 죄인들을 다 멸하심으로써 죄를 끝장내시는 쪽을 택하셨더라도, 그것은 의로운 것이어서, 우리는 아무 할 말도 없었을 것이다. 그러나 그리스도께서는 다른 방식을 찾아내셔서 하나님의 의를 이루심으로써 죄인들을 죄로부터 구원하심과 동시에 죄를 끝장내셨다. 우리는 하나님 앞에서 모두 죄인들이기 때문에, 만약 아무런 의(義)도 가지지 않은 채 하나님 앞에 선다면 우리가 유죄로 정죄를 받게 될 것은 당연한 일이다. 우리가 의 가운데 살아 왔다면, 우리의 무죄함이 우리의 의가 되어 줄 것이지만, 우리가 타락했다면, 우리에게는 우리를 변호해 줄 그 무엇이 있지 않으면 안 된다. 그리스도께서는 우리에게 바로 그 무엇을 제공해 주셨다. 그리스도께서 우리를 위하여 드리신 희생제사에 수반된 공로가 바로 우리의 의이다. 우리는 율법의 모든 요구에 대하여 그리스도께서 죽으셨고, 더 나아가 다시 살아나셨다는 말로 대답할 수 있게 될 것이다. 이렇게 그리스도는 여호와 우리의 의이시다. 왜냐하면, 그리스도께서는 우리로 하여금 그리스도 안에서 하나님의 의가 되게 하려고 하나님으로부터 나와서 우리에게 의로움이 되셨기 때문이다(고후 5:21; 고전 1:30). 우리가 믿음으로 이 의를 우리의 것으로 삼아서 그 의에 의지하여 하나님께 나아가면, 하나님은 우리에 대하여 우리의 믿음을 의로 여기시게 된다(롬 4:3, 5). 이것은 영원한 의이다. 왜냐하면, 우리의 의가 되시고 우리의 화평의 왕이 되시는 그리스도께서는 영존하시는 아버지(사 9:6)이시기 때문이다. 이것은 영원 전부터 계획되어 있었고, 그 결과도 영원까지 이를 것이다. 그리스도는 창세로부터 죽임을 당한 어린 양이신 것으로 보아서, 이 일은 태초부터 이미 효력을 발휘하고 있었다. 또한, 그리스도께서는 그에게 나아온 자들을 끝까지 온전히 구원하실 수 있는 것으로 보아서, 이 일은 끝날까지 효력을 발휘하게 될 것이다. 이 일은 영원한 효력을 지닌다(히

10:12). 하늘의 가나안까지 우리를 뒤따를 반석은 곧 그리스도이시다.

[3] 그리스도께서는 환상과 예언, 메시야와 관련된 구약의 모든 예언과 환상들을 응하게 하기 위하여 오셨다. 그는 그것들을 이루시고 정확히 응하게 하셨다. 율법과 예언서들과 시편에서 메시야에 관하여 기록된 모든 것들은 그리스도 안에서 성취되었다. 이런 식으로 그는 자신의 사명을 확증함과 동시에 구약의 예언들이 참되다는 것을 확증하셨다. 그는 구약의 예언들을 인봉하셨다. 즉, 그는 하나님이 그의 마음과 뜻을 계시하실 때에 사용하셨던 구약적인 방식에 종지부를 찍으시고서, 환상에 의해 주어진 말씀보다 더 확실한 예언의 말씀인 신약의 정경(正經)을 완성하심으로써 다른 방식을 굳건히 세워 놓으셨다(벧후 1:19; 히 1:1).

[4] 그리스도께서는 지극히 거룩한 이로서 기름 부음을 받기 위해서 오셨다. 그는 성령의 기름 부음을 받으셨고(즉, 그의 일을 하도록 임명을 받으심과 동시에 그 일을 할 수 있는 자격을 수여받으셨고), 즐거움의 기름을 동료들보다 뛰어나게 한량 없이 받으셨다(시 45:7). 또는, 그리스도께서는 복음 교회, 그의 영적인 성전 또는 성소에 기름을 부어서 깨끗하게 하고 거룩하게 하여 그의 것으로 삼으시기 위하여 오셨거나(엡 5:26), 마치 성소에 기름을 부어 거룩하게 하듯이(출 30:25 이하) 우리를 위하여 그의 피로 지성소로 들어가는 새로운 살 길을 성별하여 하나님께 봉헌해 드리기 위하여 오셨다(히 10:20). 그리스도는 메시야라 불리는데(25-26절), 메시야는 그리스도(기름 부음 받은 자)를 의미한다(요 1:41). 왜냐하면, 그는 자기 자신과 그의 소유인 모든 자들을 위하여 기름 부음을 받으셨기 때문이다.

[5] 이 모든 것을 위하여 메시야는 끊어져 없어질 것이고, 폭력적인 죽음을 죽을 것이며, 이미 예언된 대로 살아 있는 자들의 땅에서 끊어질 것이다(사 53:8). 그러므로 바울은 그리스도의 죽으심을 전하면서, 자기는 선지자들이 반드시 되리라고 말한 것만을 전하는 것뿐이라고 말하였다(행 26:22-23). 이같이 그리스도는 고난을 받게 되어 있었다. 그는 끊어져 없어져야 했지만, 그것은 자신의 그 어떤 죄 때문이 아니었다. 가야바가 예언한 대로, 그는 백성을 위하여, 즉 우리의 유익을 위하여 우리 대신에 죽어야 했다. 그는 자신의 유익을 위해서 죽으신 것이 아니었다(그가 이 일로 얻은 영광은 그가 전에 가지고 있었던 영광 그 이상의 것이 아니었다, 요 17:4-5). 그가 끊어져 없어진 것은 우리의 죄를 속하고 우

리에게 생명을 얻게 하기 위한 것이었다.

[6] 그리스도께서는 장차 많은 사람들과 더불어 언약을 굳게 맺으실 것이다. 우리가 죄 없음의 언약, 즉 행위의 언약으로는 구원 받는 것이 불가능해졌기 때문에, 그리스도께서는 하나님과 사람 사이에 새로운 언약, 즉 은혜의 언약을 가져다 주실 것이다. 그는 신약의 인(印)들인 그의 가르침과 이적들, 그의 죽음과 부활, 세례와 성찬의 규례들을 통해서 이 언약을 확증하심과 동시에 하나님이 복음의 의에 의거해서 우리를 기꺼이 받으신다는 것을 우리에게 확인해 주실 것이다. 그의 죽음으로 그의 유언(즉, 그의 언약)은 효력을 발생하게 되었고, 우리는 그 유언에 따라 그가 우리에게 물려주신 것들에 대한 권리를 주장할 수 있게 되었다. 그는 많은 사람들, 즉 평범한 사람들과 더불어 이 언약을 굳게 맺으셨다. 관원들과 바리새인들은 그를 믿지 않았던 반면에, 가난한 자들은 복음을 받아들였다. 또는, 그는 많은 사람들, 즉 이방 사람들과 더불어 언약을 굳게 맺었다. 신약은 구약과는 달리 유대 교회에 국한된 것이 아니라 만민에게 주어졌다. 그리스도께서는 그의 목숨을 많은 사람의 대속물로 주셨다(마 20:28).

[7] 그리스도께서는 제사와 예물을 그치게 하실 것이다. 그는 자기 자신을 희생제물로 단번에 드리심으로써 레위인의 모든 제사들을 폐하시고 끝내시며 그치게 하실 것이다. 실상(實像)이 오면, 그림자는 필요없게 되는 것이 당연하다. 그는 그의 십자가의 피로 화목을 이루심으로써 모든 화목제물을 그치게 하실 것이고, 그 피로 화평과 화해의 언약을 굳게 하실 것이다. 그는 사도들에게 그의 복음을 온 세상에 전하게 하심으로써 사람들이 황소와 염소의 피로 말미암는 죄 사함을 더 이상 기대하지 않게 하시고, 제사와 예물을 그치게 하셨다. 사도 바울은 히브리서에서 율법 시대에 살던 사람들보다도 더 나은 제사장과 제단과 제사가 지금 우리에게 있다는 것을 우리가 믿는 도리를 굳게 잡아야 할 이유로 제시한다(히 4:14).

(3) 예루살렘과 유대 교회와 유대 나라가 최종적으로 멸망할 것에 관한 예언. 이 예언은 메시야가 끊어져 없어질 것에 관한 예언 직후에 뒤따라 나오는데, 이것은 단지 이렇게 멸망을 당하는 것이 메시야를 죽인 자들에 대한 의로운 벌이었기 때문만이 아니라(메시야를 죽인 것은 그들의 죄악의 분량을 다 채우는 죄로서 그들에게 파멸을 가져다 주었다), 메시야가 죽은 중요한 의도들 중의 하나를 이루는 데에 꼭 필요한 일이었기 때문이었다. 그는 의식법(儀式法),

즉 계명의 율법을 폐하고 그 제사와 예물을 그치게 하기 위하여 죽으셨다. 그러나 유대인들은 그 율법과 제사를 그만두고자 하지 않았다. 아니, 그들은 오히려 이전보다 더 큰 열심으로 율법을 지켰다. 그들은 율법과 결별하라는 말을 듣고 싶어하지 않았다. 그들은 스데반(최초의 기독교 순교자)이 예수께서 모세가 그들에게 전하여 준 규례를 고치셨다고 말했다는 이유로 그를 돌로 쳐 죽였다(행 6:14). 그러므로 성전과 거룩한 도성과 레위인 제사장단과 이러한 것들에 치료가 불가능할 정도로 빠져 있던 유대 민족 전체를 멸망시키는 것 외에는 모세와 율법 시대를 폐할 방법이 없었다. 이 일은 그리스도께서 죽으신 지 40년이 채 되지 않아서 그대로 이루어졌고, 그것들은 오늘날까지도 결코 회복이 불가능할 정도로 황폐화되었다. 하나님께서 여기에서 이 일에 대하여 상세하게 들려주시는 것은 포로 생활에서 돌아온 유대인들이 그들의 도성과 성전을 중건하더라도 시간이 흐르면 그것들이 이제는 일정 기간 동안이 아니라 최종적으로 다 파괴될 것이기 때문에 그런 것들에 지나치게 힘을 들이지 말고, 도리어 장차 메시야가 오셔서 이 세상에 그의 영적인 나라, 결코 멸망하지 않을 나라를 세우실 것이라는 소망을 바라보며 즐거워하게 하기 위한 것이었다.

[1] 장차 오실 한 왕의 백성, 즉 장차 올 왕에게 속한 로마 군대(그리스도는 장차 오실 왕이시고, 로마 군대는 그에 의해서 쓰임 받는 그의 군대이다, 마 22:7) 또는 이방인들(그들은 지금은 외인들이지만 장차 메시야의 백성이 될 것이다)이 유대인들을 멸망시킬 도구가 될 것이다.

[2] 이 멸망은 전쟁에 의해서 이루어질 것이고, 그 전쟁이 끝나면 모든 것이 황폐화될 것이다. 로마인들에 대항한 유대인들의 전쟁은 그들의 완강한 저항으로 말미암아 아주 오랫동안 지속되었고, 수많은 사람들이 피를 흘렸으며, 결국 유대인들이 거의 멸절되다시피 하는 결과가 빚어졌다.

[3] 예루살렘 도성과 성소는 특별한 방식으로 파괴되어서 초토화될 것이다. 로마의 장군 티투스(Titus)는 성전을 건드리지 않고자 했지만, 그의 군사들이 유대인들에 대하여 너무나 격분하고 있었기 때문에, 그들이 성전에 불을 질러서 잿더미로 만들어 버리는 것을 막을 수 없었는데, 이것은 하나님이 이 예언이 성취되도록 하기 위해 그렇게 하신 것이었다.

[4] 그들이 멸망당하지 않으려고 아무리 저항을 해도 아무 소용이 없을 것이다. 그것의 마지막은 홍수에 휩쓸림 같을 것이다. 그들의 멸망은 옛 세상을 휩쓸

어 버렸던 대홍수처럼 모든 것을 닥치는 대로 무너뜨리고 파괴하는 멸망의 홍수일 것이기 때문에, 그 누구도 그것을 저지하지 못할 것이다.

[5] 이 멸망으로 제사와 예물이 그치게 될 것이다. 제사장들의 가문이 이렇게 멸절되고, 제사장들의 혈통이 엉망이 되어 버리고, 이 세상에서 자기가 아론의 자손이라는 것을 증명할 수 있는 자는 아무도 없게 되어 버린(그들은 그들의 입으로 이렇게 말하였다) 상황에서 제사와 예물은 중단될 수밖에 없었다.

[6] 유대 민족이 전반적으로 타락하여 그들 가운데 죄악이 넘쳐나고 가증한 일들이 횡행할 것이고, 이 때문에 그들의 땅이 황폐하게 될 것이다(살전 2:16). 또는, 유대인들이 가증스러운 존재로 여겼던 로마 군대가 그들의 나라를 뒤덮을 것이고, 이 때문에 그들의 땅이 황폐하게 될 것이다. 이 본문은 이렇게 해석하는 것이 더 낫다. 왜냐하면, 이것은 그리스도께서 친히 하신 말씀과 동일하기 때문이다. 그리스도께서는 너희가 선지자 다니엘이 말한 바 멸망의 가증한 것이 거룩한 곳에 선 것을 보거든 그 때에 유대에 있는 자들은 산으로 도망할지어다(마 24:15-16)라고 말씀하시고서, 너희가 예루살렘이 군대들에게 에워싸이는 것을 보거든 그 멸망이 가까운 줄을 알라(눅 21:20)고 설명하셨다.

[7] 이 황폐함은 총체적이고 최종적인 것이 될 것이다. 그가 이미 정한 종말까지 그 곳을 황폐하게 할 것이다. 즉, 그는 도성과 성전이 완전히 황폐화될 때까지 철저하게 파괴할 것이라는 말이다. 그것은 하나님이 황폐화시키기로 작정하신 것이기 때문에, 철두철미하게 황폐화가 이루어질 것이다. 그들이 황폐화되었을 때에 다른 그 무언가가 그 황폐하게 된 자들 위에 쏟아지도록 작정이 되어 있는 것으로 보이는데(27절), 그것은 하나님이 그들에게 주실 혼미한 심령(롬 11:8, 25), 이방인들의 충만한 수가 들어올 때까지 이스라엘에게 주어진 보지 못할 눈과 듣지 못할 귀를 말하는 것일 것이다. 그런 후에 때가 되면 온 이스라엘이 구원을 받으리라(롬 11:26).

제
— 10 —
장

## 개요

다니엘서의 결론부인 이 장과 다음 두 장은 그 전체가 하나의 환상과 예언으로 되어 있다. 이 환상과 예언은 교회의 유익을 위해서 앞에서(7장과 8장)와는 달리 징조들이나 상징들이 아니라 명시적인 말들을 통해서 다니엘에게 주어졌는데, 앞 장에 나온 환상이 보여진 지 대략 2년 후쯤에 주어졌다. 다니엘은 매일 기도하였지만, 환상은 그에게 가끔씩만 보였다. 이 장에는 이 예언과 관련된 서론적인 내용들이 나오고, 이 예언의 상세한 내용은 11장에, 그 결론은 12장에 나온다. 이 장은 우리에게 다음과 같은 것들을 보여준다. I. 다니엘이 진지하게 금식을 하며 스스로를 낮추고 있던 때에 이 환상이 그에게 나타남(1-3절). II. 인자가 다니엘에게 영화로운 모습으로 나타났고, 다니엘이 인자의 이런 모습에 깊은 감화를 받음(4-9절). III. 다른 사람들과 그 자신에게 만족스럽고 유익할 장래의 사건들이 계시될 것이고, 이 계시가 난해하기는 하지만 그가 이 계시의 의미를 깨달을 수 있게 될 것이며, 그에게 나타난 광채가 두렵고 현기증 나는 것이라고 해도 그가 그것을 견뎌낼 수 있게 될 것이라는 격려가 다니엘에게 주어짐(10-21절).

¹바사 왕 고레스 제삼년에 한 일이 벨드사살이라 이름한 다니엘에게 나타났는데 그 일이 참되니 곧 큰 전쟁에 관한 것이라 다니엘이 그 일을 분명히 알았고 그 환상을 깨달으니라 ²그 때에 나 다니엘이 세 이레 동안을 슬퍼하며 ³세 이레가 차기까지 좋은 떡을 먹지 아니하며 고기와 포도주를 입에 대지 아니하며 또 기름을 바르지 아니하니라 ⁴첫째 달 이십사일에 내가 힛데겔이라 하는 큰 강 가에 있었는데 ⁵그 때에 내가 눈을 들어 바라본즉 한 사람이 세마포 옷을 입었고 허리에는 우바스 순금 띠를 띠었더라 ⁶또 그의 몸은 황옥 같고 그의 얼굴은 번갯빛 같고 그의 눈은 횃불 같고 그의 팔과 발은 빛난 놋과 같고 그의 말소리는 무리의 소리와 같더라 ⁷이 환상을 나 다니엘이 홀로 보았고 나와 함께 한 사람들은 이 환상은 보지 못하였어도 그들이 크게 떨며 도망하여 숨었느니라 ⁸그러므로 나만 홀로 있어서 이 큰 환상을 볼 때에 내 몸에 힘이 빠졌고 나의 아름다운 빛이 변하여 썩은 듯하였고 나의 힘이 다

없어졌으나 [9]내가 그의 음성을 들었는데 그의 음성을 들을 때에 내가 얼굴을 땅에 대고 깊이 잠들었느니라

이 환상이 나타난 연대는 바사 왕 고레스 제삼년, 즉 고레스가 바벨론을 정복하고 왕위에 오른 지 3년째 되던 해, 다니엘이 고레스를 알게 되고 그의 신하가 된 지 3년째 되던 해였다. 좀 더 살펴보자.

**I. 이 예언에 대한 전체적인 소개**(1절). 그 일은 참되다. 하나님의 모든 말씀은 참되고, 다니엘이 이런 환상을 보았고, 이러저러한 일들을 그가 들었다는 것은 참이다. 그는 선지자로서 이 일이 참이라는 것을 엄숙하게 증언한다. 그는 그것이 참이라는 것을 증명할 준비가 되어 있었다. 그것은 하늘로부터 들려온 말씀이었기 때문에 확실하고 믿을 수 있는 것이었다. 그러나 이 일이 일어나도록 정한 때는 안티오코스 재위 말년으로서 이 때로부터 300년 후였기 때문에, 그것은 아주 먼 훗날의 일이었다. 아니, 선지자들이 영적이고 영원한 일들을 얼핏 들여다보는 것은 비일비재한 일이었기 때문에, 이 예언 속에는 저 멀리 세상의 종말과 죽은 자들의 부활이 있게 될 때를 모형을 통해서 미리 내다보는 내용도 들어 있었다. 그러므로 그가 정한 때가 멀다고 말하는 것은 당연한 일이었다. 하지만, 이 일은 마치 장래에 관한 예언이라기보다는 과거의 역사나 되는 것처럼 그에게 분명하게 보여졌다. 그는 그 일을 분명히 알았다. 이 일은 그에게 너무나 뚜렷하게 전달되었고 그에 의해서 확실하게 받아들여졌기 때문에, 그는 자기가 그 환상을 깨달았다고 말할 수 있었다. 이 일은 그의 상상력을 자극한 것이 아니라 그에게 깨달음을 주었다.

**II. 다니엘이 금식하며 슬퍼하고 있을 때에 예기치 않게 이 환상이 나타남.** 그가 앞에서 작정 기도를 하였을 때에도(9장), 그는 그 기도에 대한 응답으로 환상을 기대하지 않았고, 오로지 하나님의 고난 받는 백성에 대한 경건한 연민의 마음으로 기도에 전념하였던 것으로 보인다. 그는 자신의 죄와 그의 백성의 죄, 그리고 그들의 슬픔으로 인하여 세 이레 동안을 슬퍼하였다(2절). 어떤 이들은 다니엘이 이렇게 슬퍼하게 된 특별한 계기는 고레스의 조서가 내려서 유대인들이 고국 땅으로 돌아갈 수 있는 자유를 얻었는데도 많은 사람들이 그들에게 주어진 이 기회가 얼마나 귀한 것인지를 알지 못해서 나태함과 무관심 속에서 여전히 포로 된 땅에 계속해서 머물고 있었기 때문이라고 생각한다. 그리고

아마도 사람들은 다니엘처럼 바벨론에 남아 있을 특별한 이유가 없는데도 다니엘의 예를 들며 그들이 이 이방 땅에 계속해서 머물러 있는 것을 합리화했기 때문에, 그것이 다니엘을 더욱 괴롭게 했을 것이다. 어떤 이들은 다니엘이 이렇게 금식하며 슬퍼했던 것은 유대인들을 대적하는 원수들이 바사 왕 고레스의 시대부터 바사 왕 다리우스가 즉위할 때까지 관리들에게 뇌물을 주어 유대인들이 성전을 중건하고자 하는 계획을 막았고(스 4:4-5), 고레스가 스구디아인(스키타이족)과의 전쟁 때문에 나라를 비운 동안에 그 나라를 통치하였던 그의 아들 캄비세스 또는 아닥사스다를 움직여서 그 목적을 달성했다는 것을 들었기 때문이라고 생각한다. 선한 자들은 이 세상에서 하나님의 일이 느리게 진행되거나 반대에 부딪치고, 하나님의 백성은 약해지고 원수들은 기승을 부리는 것을 보면, 몹시 슬퍼하지 않을 수 없다. 다니엘은 슬퍼하는 날들 동안에는 좋은 떡을 먹지 아니하였다. 그는 음식을 전혀 입에 대지 않은 것은 아니었지만, 아주 조금씩만 먹었고, 먹는 양만이 아니라 질도 낮추었다. 이것은 스스로를 낮추고 슬퍼함을 보이는 표시로서 거의 금식이나 다름이 없었다. 그는 평소에 먹던 좋은 떡이 아니라 거칠고 맛없는 떡을 먹었고, 그것조차도 마음껏 먹은 것이 아니라 죽지 않을 만큼만 먹었다. 장신구들과 마찬가지로 맛있는 음식도 스스로를 낮추는 날에는 전혀 어울리지 않는다. 다니엘은 이 3주 동안 고기와 포도주를 입에 대지 아니하며 또 기름을 바르지 아니하였다(3절). 그는 이제 나이가 아주 많이 들었기 때문에 몸이 쇠약해서 잘 먹지 않으면 안 된다고 항변할 수 있었고, 그는 그 나라에서 대단히 큰 자였기 때문에 진수성찬에 길들여져서 그런 음식이 아니면 먹기가 어려워서 건강이 심각하게 나빠질 수 있다고 항변할 수 있었지만, 그렇게 하는 것이 그의 기도의 진정성을 보여주고 그의 기도에 도움이 된다고 판단이 되었을 때에 그는 그런 식으로 자기 자신을 부인할 수 있었다. 오늘날의 많은 젊은이들은 이것을 보고서 그들이 일상적인 삶 속에서 자기 자신을 부인하지 않으려 하는 것을 부끄러워하여야 한다.

**III. 다니엘이 환상 속에서 본 저 영화로운 인물에 관한 설명.** 이 인물은 다름 아닌 영원한 말씀이신 그리스도 자신이라는 것이 통설이다. 다니엘은 마치 이삭이 들을 걸으며 묵상하였듯이 기분 전환을 위해서가 아니라 기도하며 묵상하기 위해서 힛데겔 강변을 걷고 있었던 것 같다(4절). 그는 지체 높은 인물이었기 때문에, 하인들이 조금 떨어져서 그를 수행하고 있었다. 거기에서 그는 눈을 들어서 한 사람, 곧 그리스도 예수를 보았다. 이 사람은 예수 그리스도가 틀림없었다. 왜냐하면, 그리스도께서는 밧모 섬에서도 요한에게 이와 같은 모습으로 나타나셨기 때문이다(계 1:13-15). 그 사람은 제사장의 옷을 입고 있다. 왜냐하면, 그리스도는 우리가 믿는 도리의 대제사장이시기 때문이다. 그는 속 죄일, 즉 저 큰 날의 대제사장처럼 세마포 옷을 입고 있었다. 그의 허리에는 우바스의 순금 띠를 띠었다(요한의 환상 속에서는 가슴에 금띠를 띠고 있었다). 왜냐하면, 그리스도와 관련된 모든 것은 최상품이기 때문이다. 허리에 띠를 띠었다는 것은 그가 하나님 아버지의 종으로서 우리를 구속하시는 일에 뛰어들 모든 준비를 다 갖춘 채 기다리고 계신다는 것을 의미한다. 그의 모습은 사랑스러웠고, 그의 몸은 하늘빛이 도는 보석인 에메랄드 같았다. 그의 얼굴은 그를 쳐다보는 자들에게 두려움을 주기에 충분할 정도로 장엄하였다. 왜냐하면, 그의 얼굴은 바라보는 자들의 눈을 어지럽게 만드는 위협적인 빛을 발하는 번갯빛 같았기 때문이다. 그의 눈은 밝게 이글이글 타오르는 것이 횃불 같았고, 그의 팔과 발은 광을 낸 놋과 같이 빛이 났다(6절). 그의 말소리는 크고 우렁차며 쩌렁쩌렁한 것이 무리의 소리와 같았다. 하나님의 말소리는 백성의 말소리를 압도할 수 있다. 그리스도께서는 이렇게 영광스러운 모습으로 나타나셨는데, 이것은 우리로 하여금 다음과 같이 하게 만든다.

1. 우리는 그리스도를 높고 존귀한 분으로 생각하여야 한다. 이 사람이 얼마나 높은가를 생각해 보고, 모든 일에서 그분께 가장 높고 좋은 자리를 드려라.

2. 우리는 그리스도께서 우리를 위하여, 그리고 우리의 구원을 위하여 자신을 지극히 낮추신 것을 찬양하여야 한다. 그는 종의 형체를 입고서 자기를 비우셨을 때에 이 모든 영광스러운 모습을 다 버리셨다.

Ⅳ. 그리스도의 이러한 나타남이 다니엘과 그의 하인들에게 준 놀라운 감화와 두려움.

1. 하인들은 이 환상을 보지 못하였다. 그들이 이 환상을 보는 영광을 받는 것은 합당하지 않은 일이었다. 모든 사람들에게 허락되는 하나님의 계시가 있고, 이 계시는 스스로 이 계시를 보고자 하지 않는 자 외에는 누구에게나 주어진다. 그러나 여기에 나오는 환상은 하늘의 은총을 입고 있던 다니엘에게만 특별히 주어진 것이었다. 바울과 함께 길을 가던 자들은 빛을 보았지만, 하늘에서 바울에게 말씀하시는 이를 보지는 못하였다(행 9:7; 22:9). 하나님이 다른 사람들

에게는 감추시는 것을 그들에게는 알게 하신다는 것은 하나님의 사랑을 받는 자들의 영광이다. 그리스도께서는 자기를 제자들에게는 나타내시고 세상에는 나타내지 아니하셨다(요 14:22). 그러나 다니엘의 하인들은 환상을 보지는 못하였지만, 뭐라고 설명할 수 없는 두려움에 사로잡혀 떨며 도망하였다. 그들은 어떤 음성을 들었거나 공기가 이상하게 진동하는 것을 느꼈기 때문에, 크게 떨며 도망하여 강변에서 자라고 있던 버드나무 뒤로 숨었다. 양자의 영을 받지 않고 무서워하는 종의 영을 받은 자들에게 그리스도는 언제나 두려움과 공포일 수밖에 없다는 것을 명심하라. 다니엘의 하인들이 기겁을 하였다는 것은 이 환상이 실제로 있었던 일이라는 것을 확증해 준다. 그것은 다니엘의 망상이거나 스스로 골몰하여 생각하다 보니 헛것이 보인 것일 수 없었다. 만약 그랬다면, 그것은 다니엘의 주위에 있던 자들에게 이렇게 실제적이고 강력하며 이상한 힘을 발휘할 수 없었을 것이다.

2. 다니엘은 홀로 이 환상을 보았지만, 그 환상을 보는 것을 감당할 수 없었다. 그 환상은 그의 눈을 어질어질하게 하였을 뿐만 아니라, 그의 영을 압도하였기 때문에, 그의 힘이 다 없어졌다(8절). 다니엘은 모세가 그랬듯이 내가 심히 두렵고 떨린다고 말하였다. 이 환상 속의 영광에 완전히 넋이 나갔거나, 이 환상이 가져다 준 두려움을 이겨내려고 안간힘을 쓰느라 그의 심령은 녹초가 되어 버렸기 때문에, 그의 몸은 어떤 의미에서 생명이나 넋이 없는 것처럼 되어 버렸다. 그는 기운이 다 빠져 버려서 거의 죽은 시체나 다름이 없게 되어 버렸다. 그는 죽은 사람처럼 창백해져서, 그 얼굴에 핏기가 하나도 없게 되었기 때문에, 그의 아름다운 빛은 변하여 썩은 듯하였고, 그의 힘은 다 없어졌다. 아무리 위대하고 선한 자들이라도 하나님의 영광이 직접적으로 계시되면 그것을 감당할 수 없다는 것을 명심하라. 하나님의 영광을 본 자는 살아 남을 수가 없다. 여기에서 다니엘이 그랬듯이, 하나님의 영광을 얼핏 보기만 해도 거의 죽은 자와 다름없이 되어 버린다. 그러나 영화롭게 된 성도들은 그리스도를 얼마든지 있는 그대로 바라볼 수 있고, 그렇게 보아도 아무렇지도 않게 된다. 다니엘은 이렇게 그리스도에 관한 환상을 보고서 거의 기절할 정도가 되었지만, 그의 음성을 들었고, 그가 무엇을 말씀하시는지를 알았다. 우리는 하나님의 영광에 대한 경외심 때문에 그 두려움으로 인해서 하나님의 말씀과 섭리 속에서 들려오는 그의 음성을 들을 수 없게 되어서는 안 되고, 도리어 그 경외심으로 깨어 있

어서 이 두 가지 속에서 들려오는 그의 음성을 들을 수 있어야 한다는 것을 명심하라. 그리스도에 관한 환상 때문에 다니엘이 두려움에 떨고 있을 때, 그리스도의 음성은 곧 그를 안정시켜주고 그의 두려움을 잠재워주며 그로 하여금 마음의 거룩한 평안 속에서 잠들게 하였던 것으로 보인다. 내가 그의 음성을 들을 때에 내가 얼굴을 땅에 대고 깊이 잠들었느니라(9절). 그는 이 환상을 보고서 땅에 엎드려서(이것은 가장 겸손히 경배하는 자세였다) 잠이 들었는데, 이것은 그가 듣고 본 것에 대해서 별 관심이 없어서 잠들어 버린 것이 아니라 이 환상과 그리스도의 음성에 매료되어 달콤한 잠에 빠진 것이었다. 자신의 죄를 깨닫고서 그 때문에 두려움 가운데 있는 자들에게 그리스도는 너무나 무서운 존재일 수 있지만, 그들이 그리스도의 말씀을 받아들이기만 한다면, 그 말씀 속에는 그들의 두려움을 잠재우고 그들을 편안하게 해주기에 충분한 능력이 들어 있다는 것을 명심하라.

[10]한 손이 있어 나를 어루만지기로 내가 떨었더니 그가 내 무릎과 손바닥이 땅에 닿게 일으키고 [11]내게 이르되 큰 은총을 받은 사람 다니엘아 내가 네게 이르는 말을 깨닫고 일어서라 내가 네게 보내심을 받았느니라 하더라 그가 내게 이 말을 한 후에 내가 떨며 일어서니 [12]그가 내게 이르되 다니엘아 두려워하지 말라 네가 깨달으려 하여 네 하나님 앞에 스스로 겸비하게 하기로 결심하던 첫날부터 네 말이 응답받았으므로 내가 네 말로 말미암아 왔느니라 [13]그런데 바사 왕국의 군주가 이십일 일 동안 나를 막았으므로 내가 거기 바사 왕국의 왕들과 함께 머물러 있더니 가장 높은 군주 중 하나인 미가엘이 와서 나를 도와 주므로 [14]이제 내가 마지막 날에 네 백성이 당할 일을 네게 깨닫게 하러 왔노라 이는 이 환상이 오랜 후의 일임이라 하더라 [15]그가 이런 말로 내게 이를 때에 내가 곧 얼굴을 땅에 향하고 말문이 막혔더니 [16]인자와 같은 이가 있어 내 입술을 만진지라 내가 곧 입을 열어 내 앞에 서 있는 자에게 말하여 이르되 내 주여 이 환상으로 말미암아 근심이 내게 더하므로 내가 힘이 없어졌나이다 [17]내 몸에 힘이 없어졌고 호흡이 남지 아니하였사오니 내 주의 이 종이 어찌 능히 내 주와 더불어 말씀할 수 있으리이까 하니 [18]또 사람의 모양 같은 것 하나가 나를 만지며 나를 강건하게 하여 [19]이르되 큰 은총을 받은 사람이여 두려워하지 말라 평안하라 강건하라 강건하라 그가 이같이 내게 말하매 내가 곧 힘이 나서 이르되 내 주께서 나를 강건하게 하셨사오니 말씀하옵소서 [20]그가 이르

되 내가 어찌하여 네게 왔는지 네가 아느냐 이제 내가 돌아가서 바사 군주와 싸우려니와 내가 나간 후에는 헬라의 군주가 이를 것이라 ²¹오직 내가 먼저 진리의 글에 기록된 것으로 네게 보이리라 나를 도와서 그들을 대항할 자는 **너희의 군주 미가엘뿐이니라**

다니엘로 하여금 그리스도께서 이제 그에게 하실 말씀을 감당할 수 있게 하기 위하여 여기에서 상당한 소동이 벌어진다. 여기에서 우리는 다니엘이 아직도 여전히 소스라치게 놀라서 거의 제정신을 차리고 있지 못한 모습을 본다. 그러나 그리스도께서는 선한 말씀과 위로하시는 말씀으로 다니엘이 기운을 차리는 것을 거들어 주셨다. 다니엘이 어떻게 점차적으로 제정신으로 돌아오게 되는지를 살펴보자.

**I. 다니엘은 대경실색을 했고, 거기에서 빠져나오는 것이 대단히 어렵다는 것을 발견함.** 어떤 손이 그를 만지자, 그는 처음에 조금 몸을 일으켜서 겨우 무릎을 꿇고 손바닥을 땅에 짚은 자세로 있게 되었다(10절). 오랫동안 불안에 눌려서 쓰러져 있던 자들은 보통 점진적으로 힘을 차리게 된다는 것을 명심하라. 그들은 도움을 받아서 조금씩 조금씩 더 많이 일어설 수 있게 된다. 여호와께서 이틀 후에 우리를 살리시며 셋째 날에 우리를 일으키시리라(호 6:2). 우리는 작은 일의 날이라고 멸시해서는 안 되고, 도리어 미미하게나마 긍휼이 베풀어진 것을 감사해야 한다. 얼마 후에 다니엘은 도움을 받아서 일어서긴 했지만, 다시 주저앉게 될 것을 염려하여 떨며 일어섰다(11절). 하나님은 그의 백성에게 힘과 능력을 주시기 전에 먼저 그들로 하여금 그들의 약함을 알게 하신다는 것을 명심하라. 내가 내 속에서 두려워 떨었으므로 환난 날에 평안할 수 있었다(합 3:16, KJV). 그러나 다니엘은 나중에 그의 팔과 다리에 다시 많은 힘을 얻고서 견고하게 설 수 있게 되었을 때에도 인자 같은 이가 그에게 말을 걸자 자기는 얼굴을 땅에 향하고 말문이 막혔다고 말한다(15절). 그는 놀라서 넋이 나간 사람처럼 경외심과 두려움에 사로잡혀서 무슨 말을 해야 할지를 몰라 말문이 막혔고, 자기와는 비교할 수 없을 정도로 저 높이 계시는 분과 대화한다는 것이 너무나 힘들었다. 그는 어느 정도 기력이 회복될 때까지는 잠잠하여 선한 말도 하지 아니하였다. 마침내 그는 기력을 회복해서 발만이 아니라 혀도 움직일 수 있게 되었다. 그가 입을 열었을(16절) 때에 가장 먼저 말한 것은 자기가 이렇게 오랜 시

간 동안 말을 하지 않고 있었던 이유를 설명하는 것이었다. 왜냐하면, 그는 실제로 말하고자 하지 않았던 것이 아니라 말하고자 해도 말을 할 수가 없었던 것이기 때문이다. "내 주여(천사들은 아주 겸손하게 그들 자신을 그들의 형제 선지자들과 함께 된 종들이라고 부르지만계 22:9), 다니엘은 여기에서 아주 겸손하게 천사를 이렇게 부른다) 이 환상으로 말미암아 근심이 내게 더하였나이다. 내가 주의 정결함과 밝은 빛을 볼 때에 나의 죄악 되고 서글픈 모습이 내게 엄습하여, 근심이 내게 갑자기 물밀듯이 몰려왔나이다." 인간은 본래의 흠 없는 모습을 상실하였기 때문에 여전히 흠 없는 모습을 간직한 저 복된 천사들의 영광을 보면 얼굴이 붉어지고 자신이 부끄러워질 수밖에 없다는 것을 명심하라. "근심이 내게 더하므로 내가 그 근심을 물리치거나 저항할 힘이 없어졌나이다." 그는 연이어서 또다시 너무나 놀라서 반쯤 죽은 자가 된 사람 같이 이렇게 하소연한다(17절). "이러한 하나님의 영광의 나타남과 이러한 하나님의 뜻의 계시를 받을 수 있는 힘이 내 몸에 없어졌을 뿐만 아니라, 내게는 호흡조차 남지 아니하였나이다." 그는 일시적으로 온 몸에 힘이 빠지고 넋이 나가는 상태를 겪었기 때문에 호흡조차 제대로 하지 못하고 숨을 가쁘게 몰아쉬며 괴로워하였다. 하나님의 계시의 보화가 질그릇들 속에 담겨져 있고, 하나님이 천사들이 아니라 우리와 같은 사람들을 통해서 우리에게 말씀하신다는 것이 우리에게 얼마나 잘 된 일인지를 보라. 하나님이 우리를 상대하실 때에 취하시는 방법이 우리 마음에 안 들어서 우리가 투정을 부리며 좀 더 멋있는 다른 방법으로 바꾸이 주시기를 바랄지라도, 막상 하나님이 우리에게 직접 나타나셔서 말씀하신다면, 우리는 틀림없이 시내 산에서 하나님의 두려운 모습을 보고 나서 모세에게 당신이 우리에게 말씀하소서 우리가 들으리이다 하나님이 우리에게 말씀하시지 말게 하소서 우리가 죽을까 하나이다라고 말하였던 이스라엘 백성의 심정이 될 것이다(출 20:19). 다니엘조차도 그것을 감당할 수 없었는데, 어떻게 우리가 그것을 감당할 수 있겠는가? 이제 다니엘은 이것을 그가 불경스럽게도 꽤 긴 시간 동안 말을 하지 않은 것에 대한 변명으로 제시한다. 이와 같은 사정이 없었다면, 그가 입을 다물고 말을 하지 않은 것은 책망을 받아 마땅한 일이었을 것이다. 내 몸에 힘이 없어졌고 호흡이 남지 아니하였사오니 내 주의 이 종이 어찌 능히 내 주와 더불어 말씀할 수 있으리이까(17절). 우리는 하나님과 교제할 때마다 우리와 거룩한 천사들 간에는 아주 현저한 간격과 불균형이 존재하고 우리와 거룩하신 하나님 간에는 무한한 간격과 아예 비교조차 할 수 없는 불균형이 존재한다는 것을 똑똑히 알고서 우리는 아둔하여 제대로 아뢸 수 없다는 것을 인정하여야 한다는 것을 명심하라. 티끌 같고 재 같은 우리가 어떻게 감히 영광의 주께 말을 걸며 아뢸 수 있겠는가?

**II. 그리스도에 의해서 다니엘과 대화하는 데에 쓰임을 받은 복된 천사가 힘을 다하여 다니엘을 격려하고 위로함.** 여기에서 다니엘을 어루만지고 그와 더불어 말한 자는 앞에서 그가 환상 속에서 본 그 사람(5-6절)이 아니었던 것으로 보인다. 앞의 환상 속에서 나타난 분은 그리스도였지만, 여기에서 나타난 자는 천사 가브리엘이었던 것으로 보인다. 그리스도께서는 앞에서도 한 번 이 가브리엘 천사에게 명하여 다니엘에게 깨달아 알게 하라고 하셨었다(8:16). 앞에서 나타난 그리스도의 영광스러운 모습은 아브라함에게 나타나신 영광의 하나님(행 7:2)의 모습과 마찬가지로 가브리엘 천사가 지금부터 하게 될 말에 권위를 더하고 다니엘로 하여금 그 말에 더욱 주목하게 하였다. 비슷한 경우에 그리스도께서는 요한이 그의 발 앞에 엎드러져 죽은 자 같이 되었을 때에 요한을 친히 위로하셨다(계 1:17). 그러나 여기에서 그리스도께서는 그의 영광보다 훨씬 못한 영광을 지닌 천사를 통해서 다니엘을 위로하셨다. 여기에 나오는 자가 천사라는 것은 그가 인자와 같은 이였고(16절) 사람의 모양 같은 것 하나였다는 것(18절)에 의해서 확인된다. 가브리엘이 앞에서 단지 모습만 나타냈을 때에는(9:21) 다니엘은 여기에서 이 환상을 보았을 때와는 달리 떨며 두려워하거나 몹시 놀라지 않았다. 그러므로 가브리엘은 여기에서 다니엘에게 세 번째로 나타난 것이다.

1. 천사는 그 손으로 다니엘을 어루만져서 무릎과 손바닥이 땅에 닿게 일으켰는데(10절), 그렇지 않았다면 다니엘은 여전히 땅바닥에 누워서 정신을 못 차리고 있었을 것이다. 또한, 천사는 그 손으로 다니엘의 입술을 만졌는데(16절), 그렇게 하지 않았다면 다니엘은 여전히 말을 못하고 있었을 것이다. 천사는 다시 한 번 다니엘을 만져서(18절) 그에게 힘을 불어넣어 주었는데, 그렇게 하지 않았다면 다니엘은 여전히 비틀거리며 떨고 있었을 것이다. 하나님의 은혜의 말씀에 수반된 하나님의 능력의 손만이 우리의 모든 어렵고 힘든 것들을 제거하고 우리 속에 있는 잘못된 것들을 바로잡는 힘을 지니고 있다는 것을 명심하라. 하늘로부터의 단 한 번의 손길로 우리는 무릎과 발로 일어서고 입술이

열리며 힘을 얻게 된다. 왜냐하면, 우리 안에서 행하시는 이는 하나님이시니 자기의 기쁘신 뜻을 위하여 우리에게 소원을 두고 행하게 하시기 때문이다(빌 2:13).

2. 천사는 다니엘에게 그가 하나님의 큰 은총을 받은 자라는 것을 확신시켜 주었다: 너는 큰 은총을 받은 사람이다(11절); 큰 은총을 받은 사람이여(19절). 풀이 죽어 있는 성도들의 심령에 새 힘을 주는 데에는 그들에 대한 하나님의 사랑을 확신시켜 주는 것보다 더 효과적인 것은 없다는 것을 명심하라. 하나님이 사랑하시는 자들은 사실 큰 은총을 받은 자들이다. 그들은 이 사실을 아는 것만으로도 큰 위로를 받는다.

3. 천사는 선한 말과 위로가 되는 말로 다니엘의 두려움을 잠재우고 그의 소망을 북돋워 주었다. 천사는 그에게 다니엘아 두려워하지 말라고 말하였고(12절), 또 큰 은총을 받은 사람이여 두려워하지 말라 평안하라 강건하라 강건하라고 말하였다(19절). 여기에서 천사는 무슨 일로 몹시 근심하거나 크게 놀란 자녀를 안심시키는 그 어떤 자애로운 어머니보다도 더 큰 연민과 애정으로 다니엘을 위로하고 안심시켰다. 하나님의 은총을 받고 있는 자들은 그 어떤 해악도 두려워할 이유가 없다. 그들에게는 평안이 있고, 하나님이 친히 그들에게 평안을 말씀하신다. 그들은 이러한 보증 위에서 자기 자신에게 평안을 말하여야 한다. 바로 그 평안과 여호와로 인하여 기뻐하는 것이 그들의 힘이 될 것이다. 하나님이 그의 큰 권능을 가지시고 우리와 더불어 다투시겠느냐? 하나님이 무슨 유익을 얻으시겠다고 우리로 하여금 그의 두려우심에 압도당하게 하시겠느냐? 도리어, 하나님은 우리에게 힘을 더하신 것이다(욥 23:6). 마찬가지로, 여기에서 다니엘이 환상의 광채 때문에 자기 속에 힘이 없어져서 남아 있지 않게 되었을 때에 천사는 그에게 힘을 더하여 주셨다. 다니엘은 천사가 이같이 그에게 말하매 내가 곧 힘이 났다고 말한다(19절). 하나님은 그의 말씀으로 그의 백성에게 생명과 힘과 생기를 더하신다는 것을 명심하라. 왜냐하면, 하나님이 강건하라고 말씀하시면, 능력이 그 말씀을 따라가서 역사하기 때문이다. 다니엘은 하나님의 말씀과 은혜가 지닌 힘 주시는 효능을 체험하고 나서 이제 그 어떤 일이라도 할 준비가 되었다. "내 주께서 나를 강건하게 하셨사오니 말씀하옵소서. 나는 이제 어떤 말씀이라도 듣고 감당하며 행할 준비가 되어 있나이다." 여기에서의 다니엘처럼 힘이 없는 자들에게 하나님은 힘을 더하신다는 것을 명심하라(사 40:29). 우리는 하나님께로부터 나오는 힘을 받지 않고서는 하나님과의 교

통을 유지할 수 없다. 그러나 하나님이 우리에게 힘을 더하시고자 하실 때, 우리는 그 기회를 놓치지 말고, 얼른 여호와여 말씀하옵소서 주의 종이 듣겠나이다라고 말하여야 한다. 하나님께서 우리에게 힘을 주셔서 그의 뜻을 따를 수 있게 하셨다면, 그 일이 무슨 일이든, 우리는 그 일을 마칠 수 있게 될 것이다. 주께서 우리에게 힘을 주셔서 주의 명령을 따르게 하시고,그런 후에 주께서 원하시는 것을 명하소서.

4. 천사는 다니엘에게 신약에 나오는 고넬료의 경우에서처럼(행 10:4) 그의 금식과 기도가 하나님 앞에 상달되어 기억하신 바가 되었다고 확실하게 말해 주었다. 다니엘아 두려워하지 말라(12절). 타락한 인간이 하늘로부터 전해져 오는 나쁜 소식을 두려워하는 것과 마찬가지로 하늘로부터 온 비상한 사자(使者)를 두려워하는 것은 당연한 일이다. 그러나 다니엘은 두려워할 필요가 없었다. 왜냐하면, 그는 3주 동안 스스로를 겸비하게 하여 간구함으로써 하늘을 향하여 비상한 사자들을 보냈으므로 하늘로부터 화평의 감람나무 가지를 응답으로 받을 자격이 있었기 때문이다. "전에 네가 기도를 시작할 즈음에 응답을 받았던 것과 마찬가지로(9:23), 이제도 네가 너의 기도의 토대가 될 하나님의 말씀을 깨달으려 하여 너의 기도에 더욱 힘을 보태기 위해서 네 하나님 앞에 스스로 겸비하게 하기로 결심하던 첫날부터 네 말이 응답을 받았느니라." 하나님의 말씀을 열면 빛이 비치어 정직한 자들이 그 빛을 받는 것과 마찬가지로, 그들이 기도에 들어가면 그 즉시 하나님은 기뻐하신다는 것을 명심하라(시 119:130). 우리가 우리의 본분을 행하며 하나님을 바라보기 시작하는 첫날부터 하나님은 긍휼 가운데 우리를 맞을 준비를 이미 다 갖추어 놓으신다. 이렇게 하나님은 이미 모든 준비를 갖추어 놓으시고서 우리의 기도를 듣게 되기를 고대하신다. 내가 내 죄를 아뢰고 숨기지 아니하였더니 곧 주께서 내 죄악을 사하셨나이다(시 32:5).

5. 천사는 다니엘에게 하나님이 교회를 위한 그의 기도를 받으셨다는 표시로 일부러 자기를 보내어 교회의 장래의 상태에 관한 예언을 전하게 하셨다는 것을 알려 주었다. "내가 어찌하여 네게 왔는지 네가 아느냐. 내가 어떤 용무로 왔는지를 네가 알았다면, 너는 이렇게 크게 놀라지 않았을 것이다." 하나님이 우리에게 행하시는 일들의 의미와 우리에 대한 하나님의 섭리와 은혜가 베풀어지는 방법들을 제대로 깨닫는다면, 우리는 그러한 것들을 더 잘 받아들이게 될 것임을 명심하라. "나는 너의 기도에 대한 은혜의 응답을 네게 전하기 위해서

네 말로 말미암아 왔느니라(12절)." 이렇게 하나님은 그의 기도하는 백성이 그를 부르면 내가 여기 있다고 대답하시고 내가 네게 무엇을 해주기를 원하느냐고 말씀하신다(사 58:9). 기도의 능력을 보라. 기도가 하늘로부터 얼마나 영광스러운 것들과 얼마나 기이한 계시들을 가져다 주는지를 보라. 이 천사는 무슨 용무로 다니엘에게 온 것인가? 천사는 그에게 이렇게 말한다(14절). 이제 내가 마지막 날에 네 백성이 당할 일을 네게 깨닫게 하러 왔노라. 다니엘은 하나님께 속한 일들에 대하여 큰 관심을 가지고서 꼬치꼬치 캐묻기를 좋아해서 일생 동안 하나님의 비밀스러운 일들을 살피고 헤아려온 인물이었기 때문에, 장래의 일들을 알게 되는 것은 그에게 크게 흡족한 일이 될 것이었다. 다니엘은 언제나 교회에 대하여 관심을 가져왔었고, 그의 마음속에는 늘 교회에 대한 생각이 크게 자리 잡고 있었다. 따라서 교회의 상태가 장차 어떻게 될 것인지를 아는 것은 그에게 특별한 만족을 가져다 줄 것이었고, 그가 살아 있는 동안 교회를 위하여 무엇을 기도해야 할지를 더 잘 알게 해줄 것이었다. 그는 그의 백성이 지금 겪고 있는 어려운 일들을 슬퍼하며 애통해하고 있었다. 그러나 천사는 다니엘이 그런 일들 때문에 마음이 상하지 않도록 하기 위해서 이 백성 앞에 어떠한 더 큰 어려운 일들이 놓여 있는지를 그에게 말하지 않을 수 없었다. 만일 그들이 지금 보행자와 함께 달려도 피곤하면 어찌 능히 장차 말과 경주하겠느냐(렘 12:5). 우리 앞에 장차 훨씬 더 환난들이 기다리고 있어서 우리가 그것들에 대비해야 한다는 것을 알게 되면, 우리가 현재 겪는 환난들에 대한 원망은 줄어들게 될 것이다. 다니엘은 예언이 끊어지고 메시야가 나타날 때가 가까운 때인 교회의 마지막 날에 그의 백성이 당할 일을 알게 될 것이다. 왜냐하면, 이 환상은 오랜 후의 일이기 때문이다. 하나님이 이 환상을 통해서 교회로 하여금 미리 보게 하고자 하시는 주된 일들은 이 때로부터 300여년이 지난 안티오코스 시대에 일어날 것이었다. 천사가 다니엘에게 전하도록 위임받은 것, 다니엘이 기대를 가지고서 천사로부터 받고자 하는 것은 천사 자신의 그 어떤 흥미로운 사변이나 도덕적인 진단이나 합리적인 전망에서 나온 산물이 아니라, 여호와에게서 받은 것이었다. 천사가 요한으로 하여금 교회들에 전하게 하기 위하여 그에게 준 것은 예수 그리스도의 계시였다(계 1:1). 여기에서도 마찬가지였다. 내가 진리의 글에 기록된 것, 즉 하나님이 작정하신 계획과 미리 아심 속에서 확정되어 있는 것으로 네게 보이리라(21절). 하나님이 삭성하신 일은 변개(變改)될 수 없는 신리의 글,

즉 성경에 기록되어 있다. 내가 쓸 것을 썼다(요 19:22). 하나님의 계시된 뜻을 기록한 글, 세상에 널리 공표되어서 누구에게나 공개되어 있는 글이 있듯이, 하나님의 비밀스러운 뜻을 기록한 글, 하나님의 곳간에 봉하여 있는 두루마리들, 하나님이 작정하신 일들을 기록해 놓은 책이 있고, 둘 다 진리의 글이다. 이 두 종류의 글들에서 어떤 것을 더하거나 빼는 일은 있을 수 없다. 감추어진 일들은 우리 하나님 여호와께 속하였고 우리에게 속하지 아니하였기 때문에, 여기에서처럼 그 일들을 기록해 놓은 글 중에서 몇몇 대목들이 이따금씩 교회의 유익을 위하여 선지자들에게 주어질 뿐이다. 그러나 나타난 일들, 곧 이 율법의 모든 말씀은 우리와 우리 자손에게 속하였다(신 29:29). 우리는 이 진리의 글에 기록된 것을 연구하는 데에 관심을 가져야 한다. 왜냐하면, 그것들은 우리의 영원한 평화에 관한 일들이기 때문이다.

6. 천사는 다니엘에게 교회에 환난을 가져다 줄 대적들과 결국 교회를 안전하게 지켜 주고 승리하게 해줄 자들에 대하여 일반적으로 설명을 해주었다.

(1) 세상의 군왕들이 지금에나 나중에나 교회의 대적들이 될 것이다. 왜냐하면, 그들은 여호와를 대적하고 그의 기름 부음 받은 자를 대적할 것이기 때문이다(시 2:2). 천사는 다니엘에게 자기가 그의 기도에 대한 응답을 가지고 그에게로 오는 도중에 **바사 왕국의 군주가 이십일 일 동안**, 즉 다니엘이 금식하며 기도하고 있던 바로 그 3주간 동안 그를 막았다는 사실을 말해 주었다. 바사의 왕 캄비세스(Cambyses)는 유대인들이 하는 일들을 방해하고 그가 할 수 있는 한 온갖 해악을 유대인들에게 가하기 위해서 아주 분주하였었고, 이 천사는 3주간 동안 내내 이 왕을 막아내야 했기 때문에, 다니엘에게 오는 것이 늦어질 수밖에 없었다. 왜냐하면, 천사들은 동시에 여러 곳에 있을 수 없기 때문이다. 또는, 라이트푸트 박사의 설명에 의하면, 바사의 이 새로운 군주는 성전의 중건을 방해함으로써 천사가 다니엘에게 좋은 소식을 전하는 것을 방해하였다. 세상의 왕들과 나라들은 종종 교회에 도움이 되긴 했지만, 해를 끼치는 일이 더 많았다. "내가 바사의 왕들로부터 나간 후에는, 즉 바사 제국이 유대인들에게 해악을 끼친 일로 무너졌을 때에 헬라의 군주가 이를 것이다(20절)." 헬라 제국은 바사 제국처럼 처음에는 유대인들에게 호의적일 것이지만 나중에는 유대인들을 괴롭히게 될 것이다. 이것이 이 세상에서 싸우는 교회의 모습이다. 한 원수가 제거되었다 싶으면 또 다른 원수가 나타난다. 옛 뱀의 머리는 이와 같

이 히드라(hydra)의 머리이다. 폭풍이 지나갔다 싶으면 머지않아 또 다른 폭풍이 일어난다.

(2) 하늘의 하나님이 지금에나 나중에나 교회를 지켜 주시는 자가 되실 것이고, 하나님 아래에서 하늘의 천사들이 교회의 수호자들이 되어 줄 것이다.

[1] 천사 가브리엘이 교회를 섬기기 위해서 바쁘게 움직이는 모습이 여기에 등장한다. 그는 **바사의 군주**에 맞서서 교회를 지키는 역할을 이십일 일 동안 하였다. 즉, 그는 하나님의 대장군 또는 전권대사로서 유대인들의 일을 보살펴 주고 그들에게 도움이 되는 일을 해주기 위해서 **바사 왕국의 왕들과 함께** 왕궁에 **머물러 있었다**(13절). 바사의 왕들은 하나님의 허락 하에 유대인들에게 많은 해악을 끼쳤지만, 만약 하나님이 천사들을 보내셔서 막지 않으셨다면, 그 왕들은 유대인들에게 훨씬 더 많은 해악을 가했을 것이고, 유대인들은 결국 망하고 말았을 것이다(하만의 계략이 보여주듯이). 가브리엘은 다니엘과 관련된 용무를 신속하게 처리하고 난 후에, 비록 바사의 군주가 제거되어도 헬라의 군주가 등장하여 다시 유대인들을 괴롭힐 것임을 알고 있었지만, 다시 돌아가서 **바사 군주와** 계속해서 **싸워서** 저 교만한 바사 제국을 마침내 무너뜨리기로 결심한다(20절).

[2] 우리의 군주 미가엘, 교회의 큰 보호자이자 교회의 의롭지만 상처 받은 대의(大義)의 수호자인 미가엘이 여기에 등장한다. 가장 높은 군주 중 하나인 미가엘(13절). 어떤 이들은 미가엘이 피조된 천사로서 가장 높은 직위에 있는 천사상이라고 보고(살전 4:16; 유 1:9), 어떤 이들은 **천사장 미가엘**이 언약의 사자이자 천사들의 주(主)이신 그리스도, 즉 다니엘이 이 환상 속에서 본 그 사람(5절)이라고 생각한다. 그는 와서 나를 도와 주었고(13절), 나를 도와서 그들을 대항할 자는 너희의 군주 미가엘뿐이다(21절). 교회의 군주(왕)는 천사들이 아니라(히 2:5) 그리스도이시다. 그는 교회의 일들을 주관하시고, 교회의 유익을 위하여 필요한 것들을 공급해 주신다. 본문에서는 그가 천사들을 도우시고 붙들어 주신다고 말한다. 왜냐하면, 그는 천사들을 도우셔서 구원 받을 상속자들을 섬길 수 있게 하시기 때문이다. 만약 그리스도께서 교회를 돕지 않으신다면, 교회의 처지는 몹시 나빠지게 될 것이다. 다윗은 교회를 대표해서 이렇게 말한다: 여호와께서 내 편이 되사 나를 돕는 자들 중에 계시도다(시 118:7); 하나님은 나를 돕는 이시며 주께서는 내 생명을 붙들어 주시는 이시니이다(시 54:4).

## 제 — 11 — 장

## 개요

이 장에서 천사 가브리엘은 앞 장에서 다니엘에게 한 약속, 즉 "진리의 글에 기록된" 것을 따라서 "마지막 날에 그의 백성이 당할 일을 보이겠다"고 한 약속을 이행한다. 그는 여기에서 바사와 헬라의 여러 왕들, 그 나라들에서 일어난 일들, 특히 앞에서 예언된 대로(8:11-12) 안티오코스 에피파네스가 교회에 가한 해악을 아주 구체적으로 미리 말해준다. I. 이제 새롭게 등장한 바사 왕국의 폐허 위에 헬라 왕국이 세워지게 될 것이라는 짤막한 예언(1-4절). II. 애굽 왕국과 수리아 왕국에 관한 예언(5-20절). III. 안티오코스 에피파네스의 출현과 그가 행하게 될 일들, 그리고 그가 승승장구하리라는 예언(21-29절). IV. 그가 유대 민족과 종교에 큰 해악을 가하고 모든 종교를 경멸하리라는 예언(30-39절). V. 그가 전성기 때에 몰락하고 망하게 되리라는 예언(40-45절).

¹내가 또 메대 사람 다리오 원년에 일어나 그를 도와서 그를 강하게 한 일이 있었느니라 ²이제 내가 참된 것을 네게 보이리라 보라 바사에서 또 세 왕들이 일어날 것이요 그 후의 넷째는 그들보다 심히 부요할 것이며 그가 그 부요함으로 강하여진 후에는 모든 사람을 충동하여 헬라 왕국을 칠 것이며 ³장차 한 능력 있는 왕이 일어나서 큰 권세로 다스리며 자기 마음대로 행하리라 ⁴그러나 그가 강성할 때에 그의 나라가 갈라져 천하 사방에 나누일 것이나 그의 자손에게로 돌아가지도 아니할 것이요 또 자기가 주장하던 권세대로도 되지 아니하리니 이는 그 나라가 뽑혀서 그 외의 다른 사람들에게로 돌아갈 것임이라

이 단락에는 다음과 같은 내용들이 나온다.

1. 천사 가브리엘이 다니엘에게 전에 자기가 유대 민족을 위하여 선한 일을 했다는 것을 알려줌(1절). "바벨론을 멸망시키고 유대인들을 저 종살이 하던 집에서 놓아준 메대 사람 다리오 원년에 내가 일어나 그를 도와서 그를 강하게 하였다. 즉, 내가 뒤에서 그를 지켜주고 그가 하는 일이 잘 되도록 도와 주었고, 그

가 바벨론을 정복한 후에는 유대인들을 놓아 주고자 한 그의 결심이 흔들리지 않도록 잡아 주었다." 왜냐하면, 유대인들에 대한 해방령은 많은 반대를 받았을 것이기 때문이다. 순찰자(4:13)의 요청과 천사 가브리엘의 사역에 의해서 이렇게 금 머리는 부러졌고, 도끼는 그 나무 뿌리에 놓여졌다. 교회의 친구들이 교회를 돕고자 할 때, 하나님은 그의 천사들을 통해서 그들에게 힘을 더하시고, 그들의 선한 결심이 흔들리지 않게 붙잡아 주신다는 것을 명심하라. 이런 일들에서 하나님은 우리가 아는 것보다 더 많이 그리고 더 자주 천사들의 사역을 사용하신다. 하나님이 이전에 그의 교회를 돌보셨던 많은 사례들을 알고 있으면, 우리는 장래에 곤경과 어려움에 처할 때에 힘을 내어 하나님을 의지하기가 쉬워진다.

2. 가브리엘이 바사 왕국에서 네 왕이 일어날 것을 예언함(2절). 이제 내가 참된 것을 네게 보이리라. 즉, 그는 큰 신상이나 네 짐승에 관한 환상들과 같이 앞에서 비밀스러운 모형들을 통해서 제시되었던 것들을 이제 분명한 말로 설명하고자 한다.

(1) 천사는 다리오(다리우스) 왕 때에 이 예언을 하고 있었는데(9:1), 앞으로 바사에서 다리우스 외에도 또 세 왕들이 일어날 것이다. 브로턴 목사는 여기에서 세 왕은 고레스, 헬라인들에 의해서 캄비세스라 불렸던 아닥사스다, 히스타스페스의 아들 다리우스라 불렸고 에스더와 결혼하였던 아하수에로를 가리킨다고 말한다. 바사인들은 이 세 왕을 각각 이렇게 묘사하였다: 고레스는 아버지였고, 캄비세스는 지배자였으며, 다리우스는 욕심꾸러기였다. 헤로도토스는 그렇게 기록하였다.

(2) 네 번째 왕이 나올 것인데, 그는 앞의 여러 왕들보다 심히 부요할 것이다. 이 왕은 크세르크세스(Xerxes)였다. 헬라의 저술가들은 이 왕의 부에 대하여 자주 언급한다. 그는 그 부요함으로 엄청난 대군(최소한 80만 병력이었다고 한다)을 보유하고 훈련시켜서 강하여진 후에 모든 사람을 충동하여 헬라 왕국을 쳤다. 크세르크세스가 헬라 정벌에 나섰다가 참패를 당한 이야기는 역사상에서 유명하다. 그는 출병했을 때에는 헬라인들의 공포의 대상이었지만 회군할 때에는 헬라인들의 조소 거리가 되었다. 다니엘은 이 왕이 어떤 실패를 겪게 되었는지에 대하여 별로 들을 필요가 없었다. 왜냐하면, 이 왕은 예루살렘 성전의 중건을 방해한 인물이었기 때문이다. 그러나 유대인들이 포로 생활에서 처

음으로 돌아온 지 30여년 뒤에 젊은 왕이었던 다리우스는 그의 선왕들이 성전의 중건을 방해하다가 하나님의 손에 의해서 화를 입었다는 것을 인정하면서, 성전의 중건을 다시 재개하도록 명하였다(스 6:7).

3. 가브리엘이 알렉산더의 정복 전쟁들과 그의 나라가 나뉠 것에 대하여 예언함(3절). 장차 한 능력 있는 왕이 일어나서 바사의 왕들을 쳐서 멸망시키고, 많은 나라들을 큰 권세로 다스리며 전제 권력을 휘두르며 자기 마음대로 행하여, 바사의 왕들이 메대와 바사의 법에 따라 고칠 수 없었던 것들을 다 뜯어 고칠 것인데, 이 왕이 바로 알렉산더 대왕이다. 알렉산더가 아시아를 정복한 후에 신으로 추앙을 받게 되었을 때, 그가 자기 마음대로 행하리라는 이 예언이 성취되었다. 그것은 하나님의 대권이었지만, 그는 그 대권을 자기 마음대로 사용하여 신으로 행세한 것이었다. 그러나 그의 나라는 곧 네 부분으로 갈라질 것이고, 이렇게 나뉜 나라들은 그의 자손에게로 돌아가지도 아니할 것이며, 그의 후계자들이 되어 이 네 나라를 다스리게 된 왕들은 그가 주장하던 권세대로 절대적인 권력을 소유하지 못하게 되고 그 힘이 크게 약화되어 하나의 큰 제국을 이루지 못할 것이다(4절). 그의 나라는 뽑혀서 자기 가문 외의 다른 사람들에게로 돌아갈 것이다. 그의 형제였던 아리데우스(Arideus)는 마게도냐에서 왕이 되긴 하였지만, 알렉산더의 어머니였던 올림피아스(Olympias)가 그를 죽이고, 알렉산더의 두 아들인 헤라클레스(Hercules)와 알렉산더(Alexander)마저 독살하였다. 이렇게 해서 알렉산더 대왕의 가문은 그들 자신의 손에 의해서 멸문의 화를 당하였다. 세상의 부귀영화와 재물과 권력이 얼마나 허망한 것인지를 보라. 우리는 그 어디에서보다도 알렉산더 대왕의 이야기 속에서 세상과 그 속에서의 화려한 것들이 얼마나 헛된 것인지를 가장 분명하게 볼 수 있다. 내가 해 아래에서 행하는 모든 일을 보았노라 보라 모두 다 헛되어 바람을 잡으려는 것이로다(전 1:14).

⁵남방의 왕들은 강할 것이나 그 군주들 중 하나는 그보다 강하여 권세를 떨치리니 그의 권세가 심히 클 것이요 ⁶몇 해 후에 그들이 서로 단합하리니 곧 남방 왕의 딸이 북방 왕에게 가서 화친하리라 그러나 그 공주의 힘이 쇠하고 그 왕은 서지도 못하며 권세가 없어질 뿐 아니라 그 공주와 그를 데리고 온 자와 그를 낳은 자와 그 때에 도와 주던 자가 다 버림을 당하리라 ⁷그러나 그 공주의 본 족속에게서 난 자

중의 한 사람이 왕위를 이어 권세를 받아 북방 왕의 군대를 치러 와서 그의 성에 들어가서 그들을 쳐서 이기고 8그 신들과 부어 만든 우상들과 은과 금의 아름다운 그릇들은 다 노략하여 애굽으로 가져갈 것이요 몇 해 동안은 그가 북방 왕을 치지 아니하리라 9북방 왕이 남방 왕의 왕국으로 쳐들어갈 것이나 자기 본국으로 물러가리라 10그러나 그의 아들들이 전쟁을 준비하고 심히 많은 군대를 모아서 물이 넘침 같이 나아올 것이며 그가 또 와서 남방 왕의 견고한 성까지 칠 것이요 11남방 왕은 크게 노하여 나와서 북방 왕과 싸울 것이라 북방 왕이 큰 무리를 일으킬 것이나 그 무리는 그의 손에 넘겨 준 바 되리라 12그가 큰 무리를 사로잡은 후에 그의 마음이 스스로 높아져서 수만 명을 엎드러뜨릴 것이나 그 세력은 더하지 못할 것이요 13북방 왕은 돌아가서 다시 군대를 전보다 더 많이 준비하였다가 몇 때 곧 몇 해 후에 대군과 많은 물건을 거느리고 오리라 14그 때에 여러 사람이 일어나서 남방 왕을 칠 것이요 네 백성 중에서도 포악한 자가 스스로 높아져서 환상을 이루려 할 것이나 그들이 도리어 걸려 넘어지리라 15이에 북방 왕은 와서 토성을 쌓고 견고한 성읍을 점령할 것이요 남방 군대는 그를 당할 수 없으며 또 그가 택한 군대라도 그를 당할 힘이 없을 것이므로 16오직 와서 치는 자가 자기 마음대로 행하리니 그를 당할 사람이 없겠고 그는 영화로운 땅에 설 것이요 그의 손에는 멸망이 있으리라 17그가 결심하고 전국의 힘을 다하여 이르렀다가 그와 화친할 것이요 또 여자의 딸을 그에게 주어 그의 나라를 망하게 하려 할 것이나 이루지 못하리니 그에게 무익하리라 18그 후에 그가 그의 얼굴을 바닷가로 돌려 많이 점령할 것이나 한 장군이 나타나 그의 정복을 그치게 하고 그 수치를 그에게로 돌릴 것이므로 19그가 드디어 그 얼굴을 돌려 자기 땅 산성들로 향할 것이나 거쳐 넘어지고 다시는 보이지 아니하리라 20그 왕위를 이을 자가 압제자를 그 나라의 아름다운 곳으로 두루 다니게 할 것이나 그는 분노함이나 싸움이 없이 몇 날이 못 되어 망할 것이요

이 단락에는 다음과 같은 예언들이 나온다.

**I. 알렉산더의 제국에서 두 큰 왕국이 출현하여 그 권세가 크리라는 것**(5절).

1. 애굽 왕국은 알렉산더 대왕의 대장군들 중의 한 사람이었던 프톨레마이오스 라구스(Ptolemaeos Lagus)에 의해서 강대국이 되었고, 그의 후계자들은 그를 기리는 의미에서 라구스 가의 왕들(Lagidae)이라 불렸다. 그는 여기에서

남방, 즉 애굽의 왕이라 불린다(8, 42-43절). 프톨레마이오스에게 처음에 주어졌던 나라들은 애굽, 페니키아, 아라비아, 리비아, 에티오피아 등이었다. 또 하나의 큰 왕국이었던 아람(수리아) 왕국은 셀레우코스 니카노르(Seleucos Nicanor)에 의해서 세워졌다. 그는 알렉산더 대왕의 고관들 중 한 사람이었는데, 나중에는 다른 그 누구보다도 더 강해져서, 알렉산더의 모든 후계자들 중에서 가장 큰 권세를 지니게 되었다. 셀레우코스는 72개의 속국을 거느리고 있었다고 한다. 이 두 큰 왕국은 유다에 대하여 대단히 적대적이었다(이 예언에서 특히 주목하는 것은 유대인들과 관련된 일들이다). 프톨레마이오스는 애굽을 평정한 후에 유다 땅을 침공하여, 안식일에 친선 방문을 가장해서 들어와서 예루살렘을 점령하였다. 또한, 셀레우코스도 유다 땅을 많이 어지럽혔다.

**Ⅱ. 느부갓네살이 본 신상에서 쇠와 진흙으로 표현되었던 이 두 나라가 통일을 시도하지만 실패하게 되리라는 것**(6절).　"몇 해 후에, 즉 알렉산더 대왕이 죽은 지 70여년 후에 라구스 가의 왕과 셀레우코스 가의 왕이 서로 연합할 것이지만, 거기에는 진실성이 결여되어 있을 것이다. 애굽의 왕 프톨레마이오스 필라델푸스(Ptolemy Philadelphus)는 그의 공주 베레니케(Berenice)를 이미 라오디케(Laodice)라 하는 왕비를 둔 아람 왕 안티오코스 테오스(Antiochos Theos)과 정략 결혼을 시킬 것이다. 베레니케는 화친 조약에 따라서 북방 왕에게 갈 것이지만, 이 조약은 지켜지지 못하고, 그 공주는 힘이 쇠할 것이다. 그 공주나 그녀의 후손, 그녀의 아버지인 프톨레마이오스, 그녀의 남편인 안티오코스는 모두 서지도 못하며 권세가 없어질 뿐 아니라, 그 공주와 그를 데리고 온 자들, 그리고 그 공주와 안티오코스 간의 불행한 결혼을 계획하였던 모든 자들은 다 버림을 당하리라." 이 정략 결혼은 기대와는 달리 남방 왕과 북방 왕의 동맹을 만들어내지 못하고, 도리어 아주 많은 화를 불러왔다. 안티오코스는 베레니케와 이혼을 하고서 그의 전부인이었던 라오디케를 다시 맞아들였지만, 그녀는 얼마 지나지 않아서 안티오코스를 독살하고, 베레니케와 그녀의 아들을 죽게 만든 후에, 안티오코스 사이에서 낳은 그녀의 아들을 왕으로 세웠는데, 그가 바로 셀레우코스 칼리니쿠스(Seleucos Callinicus)였다.

**Ⅲ. 이 두 나라 간의 전쟁**(7-8절).　베레니케의 본 가문에 속한 자손 중의 한 사람이 애굽 왕국의 왕위를 이어 권세를 받을 것이다. 프톨레마이오스 필라델푸스의 아들이자 후계자인 프톨레마이오스 에우에르게테스(Ptolemaeos

Euergetes)가 베레니케의 일과 관련해서 복수를 하기 위해 군대를 이끌고 와서 아람 왕 셀레우코스 칼리니쿠스를 쳐서 이길 것이다. 그는 무수한 포로들과 전리품을 애굽으로 가져갈 것이고, 북방 왕보다 더 오래 왕위에 있을 것이다. 프톨레마이오스 가의 이 왕은 46년을 왕위에 있었다. 유스티누스(Justin)는 이 남방 왕이 내부적인 문제 때문에 본국으로 돌아가야 하는 상황만 아니었다면 이 전쟁을 통해서 아람 왕국 전체를 완전히 복속시켜서 그 지배자가 되었을 것이라고 말한다. 그러나 이 남방 왕은 국내 문제를 해결하기 위해서 자기 본국으로 물러가야 했기 때문에(9절) 더 이상 이 원정(遠征)을 수행할 수 없었다. 속임수로 이룬 평화는 결국 피비린내 나는 전쟁으로 끝나게 되는 일이 비일비재하다는 것을 명심하라.

**Ⅳ. 아람 왕 안티오코스 대왕의 길고 바쁜 치세.** 남방 왕에게 져서 비참하게 죽은 북방 왕 셀레우코스 칼리니쿠스(7절)에게는 셀레우코스와 안티오코스라는 두 아들이 있었다. 북방 왕의 이 아들들은 그들의 아버지가 잃어버린 것을 되찾기 위해서 전쟁을 준비하고 심히 많은 군대를 모을 것이다(10절). 그러나 몸이 약해서 군대를 제대로 통솔할 수 없었던 장자 셀레우코스는 그의 친구들에 의해서 독살되어 겨우 2년을 다스렸을 뿐이었고, 나중에 대왕이라는 칭호를 얻은 그의 아우 안티오코스가 왕위를 계승하여 37년을 다스렸다. 그래서 이 천사는 처음에는 아들들이라고 말하다가 나중에는 단지 그라고만 말한다. 안티오코스는 왕위에 올랐을 때에 겨우 15살이었지만, 나중에는 물이 넘침 같이 나아와서 그의 아버지가 잃어버린 것을 마침내 찾아오게 될 것이다.

1. 이 전쟁에서 처음에는 남방 왕이 거의 일방적인 승리를 거두게 될 것이다. 남방 왕 프톨레마이오스 필로파테르(Ptolemaeos Philopater)는 안티오코스 대왕에게 당한 수모에 크게 노하여, 원래는 게으른 군주였는데도 불구하고, 보병 7만과 기병 5천, 코끼리 73마리로 이루어진 대군을 이끌고 나와서 북방 왕과 싸울 것이다. 북방 왕이 일으킨 큰 무리(보병 62,000과 기병 6천, 코끼리 102마리로 이루어진 안티오코스의 군대)는 남방 왕의 손에 넘겨 준 바 될 것이다. 스키피오(Scipio)에 살고 있었던 폴리비우스(Polybius)는 이 라피아(Raphia) 전투를 우리에게 상세히 전해 준다. 프톨레마이오스 필로파테르는 이 전투에서 승리를 거둔 후에 매우 오만방자해졌다: 그의 마음이 스스로 높아졌다. 그는 예루살렘에 있는 하나님의 성전으로 가서, 율법을 무시하고 지성소로 들어갔다. 이

일 때문에 하나님은 그와 다투셔서, 비록 그가 수만 명의 큰 무리를 엎드러뜨릴 것이지만, 그 세력이 더하지 못하게 하실 것이다.

2. 북방 왕, 즉 안티오코스 대왕은 본국으로 돌아가서 다시 군대를 전보다 더 많이 준비할 것이다. 몇 때 곧 몇 해 후에 그는 대군과 많은 물건을 거느리고 와서 남방 왕, 즉 부왕이었던 프톨레마이오스 필로파테르의 왕위를 계승한 프톨레마이오스 에피파네스(Ptolemaeos Epiphanes)를 쳤는데, 이 남방 왕은 아직 어렸기 때문에, 이 전쟁은 북방 왕에게 유리하였다. 이 원정에서 북방 왕과 힘을 합친 몇몇 강력한 동맹국들이 있었다: 그 때에 여러 사람이 일어나서 남방 왕을 칠 것이요(14절). 마케도니아의 필립(Philip of Macedon)은 안티오코스 대왕과 동맹을 맺고서, 애굽 왕과 그(애굽 왕)가 수리아(아람)에 파견한 장군 스코파스(Scopas)를 쳤다. 안티오코스는 스코파스 장군을 대패시키고 그의 군대의 대부분을 궤멸시켰는데, 이 때에 유대인들은 자원해서 안티오코스에게 항복하여 그가 프톨레마이오스의 수비대들을 포위하는 데에 힘을 보탰다: 네 백성 중에서도 포악한 자들이 스스로 높아져서 이 환상을 이루려 하여 이 예언이 성취되도록 하기 위하여 적극적으로 나설 것이지만, 그들이 도리어 걸려 넘어져서 아무것도 이룰 수 없게 될 것이다(14절). 이 때에 북방 왕, 즉 안티오코스 대왕(Antiochos Magnus)은 다른 방식으로 남방 왕을 무너뜨리기 위한 그의 책략을 수행할 것이다(15절).

(1) 북방 왕은 남방 왕의 성채들을 기습할 것이다. 애굽 왕이 아람과 사마리아에서 얻은 모든 것과 남방의 무기들, 그의 모든 권세를 총동원해서도 북방 왕을 당할 수 없을 것이다. 전쟁의 승패는 변화무쌍해서 그 저울추가 어느 쪽으로 기울지는 아무도 모른다. 그것은 사고 파는 것과 같이 이기기도 하고 지기도 한다. 이 진영이 이길 적도 있고 저 진영이 이길 적도 있지만, 그 어느 쪽도 우연으로 이기는 것은 아니다. 그들은 전쟁에서 이기고 지는 것을 전쟁운이라고 하지만, 전쟁의 승패는 사람들을 높이기도 하시고 낮추기도 하시는 하나님의 뜻과 모략에 달려 있다.

(2) 북방 왕은 유다 땅의 지배자로 행세할 것이다(16절). 남방 왕을 와서 치는 자(즉, 북방 왕)가 자기 앞에 있는 모든 것을 점령하고 자기 마음대로 행하리니 그를 당할 사람이 없을 것이고, 영화로운 땅에 발을 굳게 딛고 설 것이다. 이스라엘 땅은 영화로운 땅이었지만, 그의 손에 초토화되었다. 왜냐하면, 그는 이 좋

은 땅에서 약탈한 것들로 그의 어마어마한 대군을 먹일 군량을 충당하였기 때문이다. 유다 땅은 애굽과 아람이라는 두 강대국 사이에 놓여 있었기 때문에, 이 두 나라가 싸우기만 하면 그 피해는 고스란히 유대 민족에게로 돌아왔다. 이 두 강대국은 둘 다 유대 민족에 대하여 악감을 품고 있었기 때문이다. 그렇지만 어떤 이들은 이 본문을 그 땅이 그의 손에 의해서 온전해질 것이다라고 읽는데, 이러한 읽기는 마치 유다 땅이 이 북방 왕 안티오코스 치하에서 이전보다 더 번영과 안녕을 누리게 될 것임을 암시하는 말로 들린다.

(3) 북방 왕은 프톨레마이오스 에피파네스가 아직 어린 것을 기회로 삼아서, 그의 나라의 국력을 다 쏟아 부음과 동시에 이스라엘의 많은 경건한 자들의 도움을 받아서 애굽 왕과의 전쟁을 계속해 나가기로 결심할 것이다(17절). 그는 이 계획을 이루기 위해서, 마치 사울이 자신의 딸 미갈을 다윗에게 주었을 때에 그랬던 것처럼, 남방 왕에게 자신의 딸 클레오파트라를 주어서 그 딸이 올무가 되어 남방 왕이 해악을 입게 하고자 할 것이다. 그러나 클레오파트라는 그녀의 아버지가 아니라 그녀의 남편의 편에 설 것이기 때문에 북방 왕에게 무익할 것이고, 그의 계략은 실패하게 될 것이다.

(4) 북방 왕이 로마와 전쟁을 벌이게 될 것이 여기에 예언되고 있다(18절). 그 후에 그는 그의 얼굴을 바닷가로 돌려 이방의 섬들(창 10:5), 곧 헬라와 이탈리아의 섬들을 점령할 것이다. 그는 전쟁이나 강화 조약을 통해서 헬레스폰트-로도스, 사모스, 델로스 등등의 많은 섬들을 점령하고 그 지배자가 되었다. 그러나 한 장군이 등장해서, 그가 로마에게 가하고자 했던 그 수치를 그에게로 돌릴 것이다. 이것은 로마가 두 명의 스키피오(Scipio) 장군으로 하여금 군대를 이끌고 안티오코스를 막게 하였을 때에 성취되었다. 북방 왕에게는 한니발(Hannibal)이라는 장군이 있었는데, 그는 왕에게 이전처럼 이탈리아를 공격하여 초토화시킬 것을 조언하였다. 그러나 북방 왕은 그의 조언을 받아들이지 않았다. 스키피오 장군은 북방 왕과 접전을 벌였는데, 안티오코스의 병력은 7만이었고 로마군은 3만이었지만, 안티오코스는 대패를 당하였다. 이렇게 해서 스키피오는 안티오코스의 정복을 그치게 하고 그 수치를 그에게로 돌렸다.

(5) 북방 왕의 몰락. 그는 로마군에게 대패하고 나서, 그가 유럽에 갖고 있던 모든 것을 로마군에게 넘겨 주어야 했고, 막대한 배상금을 로마에 바쳐야 했다. 그는 본국으로 돌아온 후에, 그 막대한 배상금을 모을 길이 막막해서, 제

우스 신전을 약탈하였는데, 이것이 민심의 이반을 가져와서, 그의 신민(臣民) 들이 분노하여 그에게 반기를 들고 그를 죽였다. 이렇게 그는 거쳐 넘어지고 몰락하여 다시는 보이지 아니하였다(19절).

(6) 이 북방 왕의 다음 후계자(20절). 본문에서 그의 뒤를 이어 왕위를 이은 자는 세금을 거두는 자 또는 수탈하는 자를 보내는 자로 묘사된다. 이러한 묘사는 안티오코스 대왕의 장자였던 셀레우코스 필로파테르(Seleucos Philopater)에게 아주 어울리는 것이었다. 그는 그의 신하들과 백성들을 심하게 압제하였고, 그들로부터 많은 돈을 착취하였다. 그는 이런 식으로 하면 그의 친구들을 잃게 될 것이라는 말을 들었을 때에 자기는 돈보다 더 좋은 친구를 알지 못한다고 대답하였다. 또한, 그는 예루살렘 성전을 약탈하려고 했는데, 본문에서는 아마도 이것을 특히 말하고자 하는 것으로 보인다. 그러나 그는 몇 날이 못 되어, 즉 12년 동안 왕위에 있으면서 이렇다 할 업적을 남기지도 못한 때에 분노함이나 싸움이 없이 그의 시종들 중의 한 사람인 헬리오도루스(Heliodorus)에 의해서 독살당했다.

### V. 이 모든 일이 우리에게 주는 교훈.

1. 하나님은 그의 섭리 가운데서 사람들을 그의 뜻대로 세우기도 하시고 끌어내리기도 하시며, 비천한 출신들을 높이기도 하시고 대단히 지체 높은 자들을 낮추기도 하신다는 것. 어떤 이들은 큰 자들을 운명의 축구공들이라고 불렀지만, 그들은 섭리의 도구들이라고 하는 것이 더 좋을 것이다.

2. 이 세상은 사람들의 정욕으로부터 나는 싸움과 다툼으로 가득 차 있어서 죄와 참상의 무대가 되고 있다는 것.

3. 세상의 나라들과 민족들의 온갖 변화와 흥망성쇠, 그리고 우연으로 보이는 가장 미미한 일들까지 포함해서 모든 사건들은 하늘의 하나님이 분명하고 온전하게 다 미리 알고 계시기 때문에, 이 세상에서 하나님께 새로운 것은 하나도 없다는 것.

4. 하나님의 말씀은 땅에 떨어지는 법이 없다는 것. 하나님이 계획하신 것, 하나님이 알리신 것은 한 치의 오차도 없이 반드시 이루어진다. 심지어 사람들이 저지르는 죄들조차도 하나님의 목적에 사용되어서, 그의 모략들이 제때에 이루어지는 데에 기여한다. 그렇지만 하나님이 죄의 근원이신 것은 아니다.

5. 성경의 어떤 부분들을 제대로 이해하기 위해서는 성경의 글귀들을 조명

해 주고 성경에서 예언되고 있는 것들이 어떻게 성취되었는지를 보여주는 이방의 저작들을 참조할 필요가 있다는 것. 그러므로 우리는 하나님께서 많은 사람들로 하여금 인간의 학문으로 하나님의 진리들에 큰 기여를 하게 하신 것을 감사하여야 한다.

[21]또 그의 왕위를 이을 자는 한 비천한 사람이라 나라의 영광을 그에게 주지 아니할 것이나 그가 평안한 때를 타서 속임수로 그 나라를 얻을 것이며 [22]넘치는 물 같은 군대가 그에게 넘침으로 말미암아 패할 것이요 동맹한 왕도 그렇게 될 것이며 [23]그와 약조한 후에 그는 거짓을 행하여 올라올 것이요 소수의 백성을 가지고 세력을 얻을 것이며 [24]그가 평안한 때에 그 지방의 가장 기름진 곳에 들어와서 그의 조상들과 조상들의 조상이 행하지 못하던 것을 행할 것이요 그는 노략하고 탈취한 재물을 무리에게 흩어 주며 계략을 세워 얼마 동안 산성들을 칠 것인데 때가 이르기까지 그리하리라 [25]그가 그의 힘을 떨치며 용기를 다하여 큰 군대를 거느리고 남방 왕을 칠 것이요 남방 왕도 심히 크고 강한 군대를 거느리고 맞아 싸울 것이나 능히 당하지 못하리니 이는 그들이 계략을 세워 그를 침이니라 [26]그의 음식을 먹는 자들이 그를 멸하리니 그의 군대가 흩어질 것이요 많은 사람이 엎드러져 죽으리라 [27]이 두 왕이 마음에 서로 해하고자 하여 한 밥상에 앉았을 때에 거짓말을 할 것이라 일이 형통하지 못하리니 이는 아직 때가 이르지 아니하였으므로 그 일이 이루어지지 아니할 것임이니라 [28]북방 왕은 많은 재물을 가지고 본국으로 돌아가리니 그는 마음으로 언약을 거스르며 자기 마음대로 행하고 본토로 돌아갈 것이며 [29]작정된 기한에 그가 다시 나와서 남방에 이를 것이나 이번이 그 전번만 못하리니 [30]이는 깃딤의 배들이 이르러 그를 칠 것임이라 그가 낙심하고 돌아가면서 맺은 언약에 분노하였고 자기 땅에 돌아가서는 맺은 언약을 배반하는 자들을 살필 것이며 [31]군대는 그의 편에 서서 성소 곧 견고한 곳을 더럽히며 매일 드리는 제사를 폐하며 멸망하게 하는 가증한 것을 세울 것이며 [32]그가 또 언약을 배반하고 악행하는 자를 속임수로 타락시킬 것이나 오직 자기의 하나님을 아는 백성은 강하여 용맹을 떨치리라 [33]백성 중에 지혜로운 자들이 많은 사람을 가르칠 것이나 그들이 칼날과 불꽃과 사로잡힘과 약탈을 당하여 여러 날 동안 몰락하리라 [34]그들이 몰락할 때에 도움을 조금 얻을 것이나 많은 사람들이 속임수로 그들과 결합할 것이며 [35]또 그들 중 지혜로운 자 몇 사람이 몰락하여 무리 중에서 연단을 받아 정결하게 되며 희게 되어 마지

막 때까지 이르게 하리니 이는 아직 정한 기한이 남았음이라 [36]그 왕은 자기 마음대로 행하며 스스로 높여 모든 신보다 크다 하며 비상한 말로 신들의 신을 대적하며 형통하기를 분노하심이 그칠 때까지 하리니 이는 그 작정된 일을 반드시 이룰 것임이라 [37]그가 모든 것보다 스스로 크다 하고 그의 조상들의 신들과 여자들이 흠모하는 것을 돌아보지 아니하며 어떤 신도 돌아보지 아니하고 [38]그 대신에 강한 신을 공경할 것이요 또 그의 조상들이 알지 못하던 신에게 금 은 보석과 보물을 드려 공경할 것이며 [39]그는 이방신을 힘입어 크게 견고한 산성들을 점령할 것이요 무릇 그를 안다 하는 자에게는 영광을 더하여 여러 백성을 다스리게도 하며 그에게서 뇌물을 받고 땅을 나눠 주기도 하리라 [40]마지막 때에 남방 왕이 그와 힘을 겨룰 것이나 북방 왕이 병거와 마병과 많은 배로 회오리바람처럼 그에게로 마주 와서 그 여러 나라에 침공하여 물이 넘침 같이 지나갈 것이요 [41]그가 또 영화로운 땅에 들어갈 것이요 많은 나라를 패망하게 할 것이나 오직 에돔과 모압과 암몬 자손의 지도자들은 그의 손에서 벗어나리라 [42]그가 여러 나라들에 그의 손을 펴리니 애굽 땅도 면하지 못할 것이니 [43]그가 권세로 애굽의 금 은과 모든 보물을 차지할 것이요 리비아 사람과 구스 사람이 그의 시종이 되리라 [44]그러나 동북에서부터 소문이 이르러 그를 번민하게 하므로 그가 분노하여 나가서 많은 무리를 다 죽이며 멸망시키고자 할 것이요 [45]그가 장막 궁전을 바다와 영화롭고 거룩한 산 사이에 세울 것이나 그의 종말이 이르리니 도와 줄 자가 없으리라

이 단락에 나오는 것은 모두 앞에서 말한 작은 뿔(8:9), 즉 유대교의 불구대천의 원수이자 유대교에 충성한 자들을 심하게 박해한 자였던 안티오코스 에피파네스(Antiochos Epiphanes)의 치세에 관한 예언이다. 유대인들이 바사의 왕들로부터 받게 될 환난들은 여기에 나오는 것들처럼 그렇게 아주 자세하게 다니엘에게 미리 주어지지 않았다. 왜냐하면, 바사 시대에는 학개나 스가랴 같은 선지자들이 살아 있어서 유대인들을 얼마든지 격려할 수 있었기 때문이다. 그러나 하나님은 안티오코스 시대에 있을 환난들에 대해서는 다니엘에게 미리 상세하게 말씀해 주셨는데, 이것은 그 시대가 오기 전에 예언이 그치게 되면, 유대인들이 의지해야 할 기록된 말씀이 꼭 필요하였기 때문이다. 안티오코스에 관한 이 예언 속에 나오는 몇몇 대목, 특히 36절과 37절은 신약에 나오는 적그리스도에 관한 예언들 속에 간접적으로 인용된다. 선지자들은 그

리스도의 나라에 적용될 수 있는 그런 표현들을 사용해서 유대 교회가 형통할 것을 예언하다가 자기도 모르게 그리스도의 나라에 관한 예언으로 슬그머니 들어가는 일이 자주 일어나는 것과 마찬가지로, 적그리스도의 나라에도 적용될 수 있는 그런 표현들을 사용해서 유대 교회가 겪을 환난에 대하여 예언하다가 그 나라의 출현과 멸망에 관한 예언이 그들의 입에서 나오곤 한다. 여기에서 천사는 안티오코스에 대하여 다음과 같이 예언한다.

**I. 안티오코스의 사람됨.** 그는 비천한 사람일 것이다. 그는 스스로를 빛나는 자 또는 고명한 자라고 불렀지만, 그의 성품은 그 이름과는 정반대였다. 이방의 저술가들은 그를 괴팍하고 변덕이 심하며 무례하고 허풍이 심하며 비열하고 야비한 자로 묘사한다. 그는 종종 왕궁을 몰래 나와서 성내로 들어가 신분을 숨긴 채 무뢰배들이나 일반 백성들이나 외지에서 온 부랑자들과 어울리곤 하였다. 그는 상상을 초월하는 변덕을 부렸기 때문에, 그를 얼간이로 보는 자들도 있었고 미친 사람으로 보는 자들도 있었다. 그런 까닭에 그는 에피마네스(미친 사람)로 불렸다. 그는 로마와의 전쟁에서 진 부왕의 충성을 담보하기 위하여 오랫동안 로마에 볼모로 가 있었기 때문에 비천한 사람으로 불린다. 다른 볼모들은 교대가 되어서 본국으로 돌아가곤 하였지만, 그는 거의 포로나 다름없이 계속해서 그 곳에 잡혀 있어야 했다.

**II. 그가 왕위에 오름.** 그는 속임수를 써서 포로 교환 약정서를 바꾸어서 자기 대신에 그의 형의 아들이 데메트리우스가 로마에 볼모로 오게 만들었고, 그의 형이 시종이있던 헬리오도루스에 의해시 제거되자(20절), 그 나라를 차지하였다. 원래, 아람 왕국의 왕위는 그의 형의 아들이 잇게 되어 있었기 때문에 그에게 주어지지 않았다(21절). 그런데 그는 칼로 그 왕위를 얻은 것이 아니라, 평안한 때를 타서 당시에 로마에 볼모로 잡혀 있던 형의 아들을 임시로 대신하는 체하다가, 이웃나라의 왕들인 에우메네스(Eumenes)와 아탈루스(Attalus)의 도움을 받아서 백성들의 환심을 샀고, 속임수로 백성들에게 좋게 보여서 그 나라를 얻어 왕권을 강화한 후에, 넘치는 물 같은 군대를 이끌고 그에게 맞선 헬리오도루스를 쳐부수었다. 그에게 맞선 자들은 그의 공격을 받고 패하였다. 또한, 그는 합법적인 후계자였던 그의 조카가 돌아오면 언제든지 왕위를 내놓을 것처럼 언약하였지만, 실제로는 그 언약의 왕(개역에서는 동맹한 왕)도 그에게 죽임을 당하였다(22절). 그는 왕이란 자기에게 이익이 될 동안에만 자기가 한 말을 지킬 뿐이고 더 이상 이익이 되지 않을 때에는 자기가 한 말에 구애받을 필요가 없다는 것을 좌우명으로 삼고 있던 자였기 때문에 그 누구와 약조한 후에는 거짓을 행하였다(23절). 그는 처음에 그를 따랐던 소수의 백성을 가지고서 나중에 세력을 얻을 것이고, 아람 왕국의 가장 기름진 곳에 들어와서 백성들의 환심을 사기 위해서 앞서의 왕들과는 완전히 다르게 그가 노략하고 탈취한 재물을 무리에게 흩어 줄 것이다(24절). 그러나 그는 계략을 세워 산성들을 쳐서 그 곳들을 지배하게 될 것이기 때문에, 그의 관용은 얼마 가지 못할 것이다. 그는 속임수로 권력을 손에 쥔 자들이 보통 그러하듯이 일단 산성들을 수중에 넣은 후에는 더 이상 탈취물을 백성들에게 흩어 주지 않고, 도리어 무력으로 그들을 통치할 것이다. 여우처럼 해서 권력을 쥔 자는 사자처럼 다스리는 법이다. 어떤 이들은 21절에서 24절까지를 애굽에 대한 그의 첫 번째 원정에 관한 기사로 이해한다. 이 때에 그는 전쟁을 선포하고 적군으로 간 것이 아니라, 애굽의 나이 어린 왕인 프톨레마이오스 필로메테르의 친구이자 후견인으로 거기에 갔기 때문에, 오직 소수의 수행원들을 데리고 갔지만, 그들은 그에게 충성을 다하는 건장한 자들로서 그의 명령에 따라서 애굽의 여러 산성들로 침투하여 그 곳들을 장악하였다.

**III. 애굽과의 전쟁.** 이것은 애굽에 대한 그의 두 번째 원정이었다. 이 원정은 다음과 같이 묘사된다(25, 27절). 안티오코스는 그의 힘을 떨치며 용기를 다하여 애굽의 왕 프톨레마이오스 필로메테르를 칠 것이다. 그러자 프톨레마이오스도 떨쳐 일어나서 심히 크고 강한 군대를 거느리고 그를 맞아 싸울 것이다. 그러나 프톨레마이오스는 비록 대군을 이끌고 오겠지만 그를 당할 수 없을 것이다. 안티오코스의 군대가 그의 군대를 덮쳐서 압도해서, 애굽 군대의 많은 사람들이 엎드러져 죽을 것이다. 이것은 이상한 일이 전혀 아닐 것이었다. 왜냐하면, 애굽 왕은 그의 모사(謀士)들에 의해서 배신을 당할 것이기 때문이다. 애굽 왕의 음식을 먹는 자들, 즉 왕의 녹봉을 받아서 먹고 사는 자들이 안티오코스에게 매수되어 계략을 세워 애굽의 왕을 쳐서 멸할 것이다. 최측근들이 배신을 하였는데, 애굽 왕이 무슨 수로 그것을 막을 수 있었겠는가? 전쟁이 끝난 후에 강화(講和) 조약을 체결하기 위해 조항들을 조정하러 이 두 왕이 한 밥상에 앉을 것이다. 그러나 그들은 말로는 우호와 친선을 얘기하지만 서로에게 거짓말을 한 것이고, 그들의 마음은 어떻게 하면 서로에게 온갖 해악을 입힐까 궁리를 하느라, 이 조약을 맺는 일에 진지하게 임하지 않을 것이기 때문에, 이 일이 형통하지 못할 것이다. 이 평화는 오래가지 못할 것이고, 하나님의 섭리 속에서 정한 때에 이 평화는 깨지고, 오직 겉만 치료한 염증이 곪아 터지듯이 다시 전쟁이 일어날 것이다.

**IV. 애굽에 대한 또 한 번의 원정.** 북방 왕은 이전의 원정에서 많은 재물을 가지고 본국으로 돌아갔기 때문에(28절), 하나님의 섭리에 의해서 작정된 기한에, 즉 이차 원정이 끝나고 돌아와서 2년 후인 그의 재위 제8년에 애굽을 다시 침공하였다(29절): 그가 다시 나와서 남방에 이를 것이다. 그러나 이번의 원정은 지난 두 번의 원정과는 달리 성공하지도 못할 것이고, 소기의 목적도 이루지 못할 것이다. 왜냐하면, 깃딤의 배들, 즉 로마의 해군 또는 로마의 원로원에서 보내어 배를 타고 온 사자들이 이르러 그를 칠 것이기 때문이다(30절). 로마와 군건한 동맹을 맺고 있었던 애굽의 왕 프톨레마이오스 필로메테르는 알렉산드리아 성에서 그의 모후인 클레오파트라와 함께 안티오코스에 의해 포위된 상황에서 로마에 원군을 강력히 요청하였다. 그러자 로마의 원로원은 안티오코스에게 사절을 보내서 포위를 풀라고 명령하였고, 안티오코스가 측근들과 논의할 시간을 달라고 하자, 그 사절들 중의 한 사람이었던 포필리우스(Popilius)는 그의 지팡이로 자기 주변에 원을 그리고서는, 자기가 그 원 밖으로 나가기 전에 수락의 대답을 해야 할 것이라고 고압적으로 말하였다. 로마의 세력을 두려워하였던 안티오코스는 어쩔 수 없이 즉시 포위를 풀고 애굽에서 퇴각하라는 명령을 내렸다. 리비우스(Livy)를 비롯한 여러 저술가들은 이 예언과 관련된 이 이야기를 그렇게 전하고 있다. 그가 낙심하고 돌아가리라(30절). 왜냐하면, 그가 이런 식으로 로마의 힘에 굴복해서 퇴각할 수밖에 없었던 것은 그에게 이루 말할 수 없이 원통하고 분한 일이었기 때문이다.

**V. 그가 유대인들에게 잔혹한 짓들을 행하며 화풀이를 함.** 이것은 그의 잘못된 통치 가운데서도 이 예언 속에서 가장 자세하게 다루어지고 있는 부분이다. 그는 그의 재위 제6년에 애굽에 대한 원정을 끝내고 돌아가면서도 유대인들에 대하여 자기 마음대로 행하여 착취하고(28절) 예루살렘과 성전을 약탈하였다. 그러나 가장 끔찍한 일들은 그 때로부터 2년 후에 그가 애굽에 대한 원정을 중도에 포기하고 본국으로 돌아갈 때에 일어났다(30절). 그는 본국으로 가는 길에 유다 땅을 유린하였다. 그는 로마의 개입으로 애굽에서 소기의 목적을

달성할 수 없게 되자, 그의 비위를 건드린 적이 없었던 가엾은 유대인들에게 그 분풀이를 하였다. 하나님이 이 일을 허락하신 것은 유대인들이 하나님을 크게 진노하시게 하였기 때문이었다(8:23).

1. 그는 유대인들의 종교에 대하여 뿌리 깊은 반감을 지니고 있었다. 그는 마음으로 언약을 거슬렀다(28절); 그는 유대인들을 다른 모든 민족과 구별되는 존귀한 백성으로 만들어 준 선민 언약, 유대인들이 하나님과 맺은 거룩한 언약에 분노하였다(30절). 그는 모세의 율법과 참 하나님에 대한 예배를 미워하였고, 유대 민족이 지닌 특권들과 그들에게 주어진 약속들을 몹시 못마땅해하였다. 하나님의 백성의 소망이자 기쁨인 것, 즉 거룩한 언약은 그들의 이웃들에게는 시기의 대상이 된다는 것을 명심하라. 에서가 야곱을 미워한 것은 야곱이 축복을 얻었기 때문이었다. 언약에 외인(外人)인 자들은 흔히 언약의 원수들이 된다.

2. 그는 일부 자기 나라를 배신하고 배교한 유대인들의 도움을 받아서 유대인들에 대한 그의 악의적인 계획들을 실행에 옮겼다. 그는 거룩한 언약을 배반하고 버린 자들, 즉 자신의 종교를 버리고 이방인들과 언약을 맺고 이방의 관습들을 들여온 일부 유대인들과 관계를 유지하였다(30절). 마카베오1서 1:11-15을 보면, 우리는 이 예언이 성취된 것을 볼 수 있다. 거기에서는 이 배교한 유대인들에 대하여 그들은 할례를 받지 않았고 거룩한 언약을 버렸다고 분명하게 말하고 있다. 우리는 마카베오2서 4:9에서 대제사장 오니아스(Onias)의 형제 야손이 안티오코스의 지시로 예루살렘에 이방의 관습들로 젊은이들을 훈련시키기 위하여 학교를 세웠다는 얘기를 듣는다. 메넬라우스(Menelaus)는 안티오코스의 심복이 되어서 그가 애굽에 대한 마지막 원정에서 중도에 돌아왔을 때에 그를 예루살렘으로 인도한 길잡이가 되었다고 한다(마카베오2서 4:23 이하). 우리는 마카베오서에서 야손이나 메넬라우스, 그리고 그들의 일당처럼 조국을 배신한 자들이 그들의 동족에게 저지른 많은 악행에 대한 이야기를 읽을 수 있다. 그는 이런 자들을 모든 일에 철저하게 이용해 먹었다. "그가 언약을 배반하고 악행하는 자들, 즉 자신의 신앙을 내팽개치고 이방인들과 야합한 자들을 속임수로 타락시켜서, 그들로 하여금 더욱 견고히 배교하게 하고, 그들을 다른 유대인들을 낚는 미끼로 사용할 것이다(32절)." 자신의 신앙에 걸맞게 살아 가지 않고 자신의 행실로 언약을 배반하고 악행하는 자들이 속임수 또는 감언이설에

넘어가서 타락하여 자신의 신앙을 버린다고 해도, 그것은 이상한 일이 아니다. 선한 양심에서 파선한 자들이 믿음에 관하여 파선하는 것은 시간문제일 뿐이다.

3. 그는 성전을 더럽혔다. 군대, 즉 방금 애굽에서 돌아온 그의 군대만이 아니라 유대인들의 신앙을 버리고 변절하여 그들에게 합류한 많은 배교자들이 그의 편에 섰다(31절). 그들은 거룩한 도성만이 아니라 성소 곧 견고한 곳까지 더럽혔다. 우리는 이 이야기를 마카베오1서 1:21 이하에서 읽을 수 있다: 그는 오만하게 성소에 들어가서 금제단과 촛대를 가지고 나왔으므로 이스라엘에 큰 곡성이 있었고 고관들과 장로들은 대성통곡을 하였다(1:25). 안티오코스는 율법과 조국의 반역자인 메넬라우스를 길잡이로 삼아서 지성소로 들어갔다(마카베오2서 5:15 이하). 안티오코스는 모든 종교를 없애고 모든 사람들로 하여금 오직 그의 종교만을 갖게 하기로 결심하고서 하나님께 매일 드리는 제사를 폐하였다(31절). 어떤 이들은 이 본문에는 "매일 드리는"을 의미하는 '타미드'라는 단어만이 사용되고 있고, 다른 병행 본문은 매일 드리는 제사로 되어 있다는 점을 지적하면서, 이것은 그 빈 자리에 안티오코스가 억압하였던 제사라는 단어를 보충해 넣느냐, 적그리스도에 의해서 억압될 복음 예배라는 단어를 보충해 넣느냐 하는 것을 독자들에게 재량으로 맡겨둔 것 같다고 말한다. 안티오코스는 그런 후에 그 제단에 멸망하게 하는 가증한 것(마카베오1서 1:54), 즉 우상의 제단(1:59)을 세우고서, 그 신전을 제우스 올림피우스(Jupiter Olympius)의 신전이라 불렀다(마카베오2서 6:2).

4. 그는 신앙을 지킨 자들을 박해하였다. 언약을 배반하고 언약에 대하여 악행하는 자들도 많을 것이지만, 자기의 하나님을 알고 그 지식을 그대로 간직한 백성들도 있어서, 그들은 강하여 용맹을 떨칠 것이다(32절). 다른 사람들이 이 폭군의 요구에 굴복하고 그의 감언이설에 자신의 양심을 내팽개칠 때, 그들은 시험과 유혹에 용감하게 맞서서 자신의 신앙을 굳게 지킴으로써 이 폭군이 그들을 타락시키려고 했던 것을 부끄러워하게 만들 것이다. 일등 서기관이었던 나이 많은 선한 엘르아살은 악한 자들이 돼지고기를 그의 입 속으로 쑤셔 넣으려고 하자, 그것을 거부하면 고문을 당해 죽게 될 것을 뻔히 알면서도, 용감하게 그 돼지고기를 입에서 다시 뱉어 버렸고(마카베오2서 6:19), 그 어머니와 일곱 아들들은 신앙을 지키다 죽임을 당하였다(7장). 우리는 그들의 이런 모습을 용맹을 떨쳤다고 말할 수 있을 것이다. 왜냐하면, 죄를 짓느니 차라리 고난당하

는 것을 선택하는 것은 대단한 용맹이기 때문이다. 그리고 그들이 이러한 용맹을 떨칠 수 있었던 것, 즉 그들이 심한 고문을 받되 구차히 풀려나기를 원하지 아니한(히 11:35) 것은 그들이 믿음에 강하였기 때문이다(사도 바울은 히브리서에서 이런 말을 할 때에 마카베오서에 나오는 이런 이야기들을 염두에 두었을 것이다). 또는, 이것은 유다 마카베오를 비롯한 많은 사람들이 안티오코스에 맞서서 군사적인 용맹을 떨치고 혁혁한 공적을 세운 것을 가리키는 것일 수도 있다. 하나님을 제대로 아는 지식은 영혼의 힘이 되기 때문에, 은혜 안에 있는 영혼들은 바로 그 힘으로 용맹을 떨치게 된다는 것을 명심하라. 주의 이름을 아는 자는 주를 의지할 것이고, 그렇게 의지함으로써 큰 일들을 하게 될 것이다. 이제 우리는 자기의 하나님을 아는 이 사람들에 대하여 여기에서 다음과 같은 말들을 듣는다.

(1) 그들이 많은 **사람**을 가르치리라는 것(33절). 그들은 진리와 거짓, 선과 악의 차이에 대하여 그들 자신이 배워 알게 된 것들을 다른 사람들에게 가르치는 것을 그들의 업(業)으로 삼을 것이다. 하나님을 아는 지식을 가진 자들은 그 지식을 주위 사람들에게 전하여야 하고, 이러한 영적인 구제 행위는 광범위하게 이루어져야 하기 때문에, 그들은 많은 **사람**을 가르쳐야 한다는 것을 명심하라. 어떤 이들은 이 본문이 '하시딤'이라 불렸던 경건한 자들(이것이 '하시딤'의 의미이다), 즉 율법을 잘 알고 율법에 열심이 있어서 하나님을 아는 지식을 전파하기 위해 새롭게 세워진 종파에 대하여 말하는 것으로 이해한다. 그들은 많은 사람을 가르쳤다. 시험의 때인 박해와 배교의 때에는 하나님을 아는 지식을 가진 자들이 그 지식을 사용해서 다른 사람들을 견고히 세워 주어야 한다는 것을 명심하라. 올바르게 깨달은 자들은 다른 사람들도 올바르게 깨달을 수 있게 하기 위해 최선을 다해야 한다. 왜냐하면, 지식이라는 것은 우리가 그것을 가지고 장사를 해야 하는 달란트이기 때문이다. 또는, 그들은 자신의 본분과 도리를 다하고 그로 인하여 고난을 당하여도 인내로써 견디는 모범을 보임으로써 많은 사람을 가르칠 것이다. 선한 모범은 많은 사람을 가르칠 수 있을 뿐만 아니라 많은 사람에게 가장 강력한 가르침이 된다.

(2) 그들이 안티오코스의 무자비한 박해로 인해 몰락할 것이고, 그의 광분 때문에 심한 고문을 당하여 죽게 되리라는 것. 그들은 대단히 훌륭하고 지식이 많으며 다른 사람들에게 아주 큰 유익과 섬김을 베푸는 자들이지만, 안티오코

스는 그들을 무자비하게 박해하여, 그들은 여러 날 동안 몰락할 것이다. 이 본문은 너희가 십 일 동안 환난을 받으리라(계 2:10)로 읽을 수도 있다. 마카베오서에는 안티오코스가 경건한 유대인들을 얼마나 야만적으로 학대하였는지, 전시에나 평상시에나 얼마나 많은 유대인들을 냉혹하게 죽였는지에 관한 많은 이야기들이 나온다. 자기 아들들을 할례를 받게 하였다는 이유로 어머니들이 죽임을 당하였고, 그 어머니들의 아이들은 목을 매달아서 죽였다(마카베오1서 1:60-61). 그런데 왜 하나님은 이런 일들을 허락하신 것인가? 이런 일들이 어떻게 하나님의 공의나 선하심과 조화가 될 수 있는가? 나는 그러한 질문에 대하여 자신있게 그런 일들이 하나님의 공의나 선하심과 조화될 수 있다고 대답할 수 있다. 하나님이 이런 일들을 통해서 무엇을 이루고자 하셨는지에 대하여 말하고 있는 대목을 우리가 잘 살펴보면, 그것은 금방 드러난다(35절). 그들 중 지혜로운 자 몇 사람이 몰락할 것이지만, 그것은 교회의 유익을 위한 것이고 그들 자신의 영적인 유익을 위한 것이다. 왜냐하면, 그들은 연단을 받아 정결하게 되며 희게 될 것이기 때문이다. 그들에게는 이러한 환난이 필요하였다. 아무리 선한 자들이라도 씻어내야 할 얼룩이 있고 제거해야 할 불순물이 있다. 그들이 겪는 환난, 특히 그들이 민족적인 환난에 동참하는 것은 그런 연단에 도움이 된다. 환난은 하나님의 은혜로 말미암아 그들을 거룩하게 하여서 그들의 부패한 성품들이 죽어지게 하고 그들로 하여금 세상을 좋아하는 마음을 버리게 하며 그들의 정신을 번쩍 들게 하여 그들의 신앙을 더 진지하고 부지런하게 만드는 수단이다. 환난은 풀무불 속에 들어간 금이 그 불순물들을 다 털어내고 순금이 되어 나오듯이, 환난은 그들을 연단시켜 순금으로 만들어 놓는다. 곡식을 키질하여 겨는 버리고 알곡은 헛간에 들이듯이, 환난은 그들에게서 불순물을 털어내어 정결하게 만들어 놓는다. 방직공이 천에서 얼룩을 지워내듯이, 환난은 그들을 희게 만들어 놓는다. 베드로전서 1:7을 보라. 의를 위한 그들의 고난은 유대 민족을 연단하여 정결하게 만들어 줄 것이고, 이 지혜로운 자들이 목숨을 바쳐 지킨 그들의 거룩한 신앙이 참되고 훌륭하며 힘이 있다는 것을 유대 민족으로 하여금 깨닫게 해줄 것이다. 순교자들의 피는 교회를 자라게 하는 씨앗이다. 그것은 보배로운 피이기 때문에, 그런 귀한 목적이 아니라면 하나님은 그 피를 한 방울도 흘리게 하지 않으실 것이다.

　(3) 거룩한 신앙은 잠깐 짓밟히는 일은 있어도 완전히 무너지는 일은 없으

리라는 것. 그들이 몰락할 때에 그들은 완전히 무너지는 것이 아니라 도움을 조금 얻을 것이다(34절). 유다 마카베오와 그의 형제들, 그리고 그들과 뜻을 같이한 소수의 사람들이 이 폭군에 정면으로 대항하여 그들의 상처 받은 신앙을 일으켜 세울 것이다. 그들은 우상의 제단들을 허물고 할례 받지 않은 소년들이 발견되면 할례를 받게 하였으며 율법을 이방인들의 손에서 되찾아왔는데, 이 일은 그들의 손에서 형통하였다(마카베오1서 2:45 이하). 신앙이 위협을 당하여 치명타를 입게 될 때에 신앙을 세우기 위하여 일어선 자들은 즉시 구원을 받거나 승리하지는 못한다고 하여도 즉각적인 도움은 받게 될 것임을 명심하라. 우리는 조금의 도움을 하찮게 여겨서는 안 된다. 때가 아주 악할 때에 하나님이 우리를 조금 소생하게 하시면, 우리는 그것에 대하여 감사하여야 한다. 한편, 많은 사람들이 속임수로 그들과 결합할 것이라는 예언이 나온다. 마카베오 사람들이 형통하는 것을 보고서, 일부 유대인들은 참된 신앙이 있어서가 아니라 단지 그들을 배신하거나 그들과 더불어 출세해 보겠다는 의도로 그들에게 접근할 것이다. 그러나 불 같은 시험으로 인해서 귀한 자와 악한 자가 분리되어서, 온전한 자들과 그렇지 않은 자들이 누구인지가 분명해질 것이다(35절).

(4) 이 환난은 오랫동안 계속될 것이지만 끝이 있으리라는 것. 이 환난은 하나님의 계획 속에서 정한 기한이 있어서, 그 마지막 때가 이르면 이 전쟁은 끝나게 될 것이다. 원수의 세력은 여기까지만 오게 되어 있고 그 이상으로는 더 넘어가지 못할 것이다. 원수의 높은 파도가 여기에서 그칠 것이다.

5. 그는 자신의 승승장구에 잔뜩 바람이 들어서 아주 교만하고 오만방자하며 불경하게 되어 하늘에 도전하고 거룩한 모든 것들을 짓밟았다(36절 이하). 어떤 이들은 여기에서 적그리스도, 즉 교황의 나라에 관한 예언이 시작된다고 생각한다. 사도 바울은 불법의 사람의 출현과 지배에 관한 그의 예언(살후 2:4)에서 여기에 나오는 이 본문을 간접적으로 인용하는데, 이것은 안티오코스가 바벨론과 마찬가지로 저 원수, 즉 적그리스도의 모형이자 예표였다는 것을 보여준다. 그러나 나는 이 본문들은 안티오코스에 관한 앞서의 예언들과 하나의 연속적인 이야기로 서로 결합되어 있는 것으로 보아서, 이 예언은 일차적으로 안티오코스를 가리킴과 동시에 그에게서 일차적으로 성취된 것이고, 오직 부차적으로만 적그리스도와 연관되어 있다고 본다.

(1) 그가 여기에서 신들의 신이라 불리는 이스라엘의 하나님, 유일하게 살아

계시고 참되신 하나님을 불경하게 욕보이리라는 것. 그는 하나님과 그 권세에 도전하여 하나님의 백성과 그 거룩한 신앙에 대하여 자기 마음대로 행할 것이다. 그는 산헤립이 그랬던 것처럼 스스로를 높여 자기가 하나님보다 크다고 할 것이고, 비상한 말로 하나님 및 그 율법과 제도들에 대적할 것이다. 이것은 안티오코스가 하나님의 백성으로 하여금 율법을 잊어버리고 모든 규례들을 바꾸게 하기 위하여 하나님의 성전에서 제사를 드리는 것을 금지시키고, 안식일과 성소와 거룩한 백성을 더럽히라고 명령하였을 때에 성취되었다(마카베오1서 1:45).

(2) 그가 교만하게도 모든 신들을 멸시하고, 모든 신들, 곧 열방의 신들보다 자기가 크다고 하리라는 것. 안티오코스는 자기보다 이전에 있었던 모든 정복자들의 관행을 깨뜨리고서, 각 사람은 자기가 섬겨 왔던 신들을 버리고 그가 정해 준 신을 섬겨야 한다고 그의 제국에 조서를 내렸고(마카베오1서 1:41-42), 모든 이방인들은 왕의 명령을 따랐다. 그들은 그들이 지금까지 섬겨 왔던 신들에 대하여 애착이 있긴 했지만, 그 신들을 위하여 고난까지 받을 필요는 없다고 생각하였다. 왜냐하면, 그들이 섬기는 신들이라는 것이 우상들이어서, 어떤 신을 섬기든 그들에게는 아무 상관이 없었기 때문이었다. 안티오코스는 어떤 신도 돌아보지 아니하고 모든 것보다 스스로 크다 하였다(37절). 그는 아주 교만해서, 자기는 죽을 수밖에 없는 인간의 한계를 넘어서 있고, 바다의 풍랑에게 명령하고 하늘의 별들에 다다를 수 있다고 생각하였는데, 마카베오2서 9:8, 10에서는 그의 교만과 오만방자함을 이런 식으로 표현하였다. 이렇게 그는 분노하심이 그칠 때까지(36절), 즉 그가 정해진 수순을 다 밟아서 그의 죄악의 분량을 다 채울 때까지 모든 일에서 형통하였다. 왜냐하면, 그 작정된 일이 더도 말고 덜도 말고 꼭 그만큼만 반드시 이룰 것이기 때문이다.

(3) 그가 이방인들의 관행을 깨고 그의 조상들의 신들을 돌아보지 아니하리라는 것(37절). 조상들의 종교를 소중히 여기는 것은 이방인들 가운데서 여자들이 흠모하는 것만큼이나 자연스러운 일이었지만(너희가 깃딤 섬들을 샅샅이 살펴보아도 자신의 신들을 바꾼 나라는 한 나라도 찾아보지 못할 것이다, 렘 2:10-11), 안티오코스는 그의 조상들의 신들을 돌아보지 않을 것이다. 그는 그의 나라의 종교를 폐지하고 헬라인들의 우상들을 들여오게 하는 법들을 만들었다. 그의 선왕들은 이스라엘의 하나님을 높여서 예루살렘 성전에 많은 예물들을 갖다 바쳤었지만(마카베오2서 3:2-3), 그는 하나님과 그 성전을 이루 말할

수 없이 모독하는 일들을 자행하였다. 그가 여자들이 흠모하는 것을 돌아보지 아니하였다는 것은 그의 야만적이고 잔인한 성품(그는 나이나 성별을 가리지 않을 것이고, 연약한 자들에게도 무자비할 것이다), 또는 그의 비정상적인 욕망들, 또는 명예를 아는 자들이 존중하는 모든 것들을 그가 다 경멸하고 짓밟은 것 등을 가리키거나, 우리는 알지 못하지만 역사상에서 일어난 어떤 일을 가리키는 것일 수 있다. 이 어구가 그가 그의 조상들의 신들을 돌아보지 아니하였다는 어구와 결합되어 있는 것은 그의 나라의 우상 숭배 속에는 다른 나라들보다도 육체를 만족시켜 주는 요소들이 더 많이 들어 있어서(루키아노스는 수리아의 여신들에 대한 것들을 기록해 놓았다), 그가 그 우상 숭배를 보존하고 싶어 할 충분한 이유가 있었음에도 불구하고, 그런 이유조차도 그에게는 통하지 않았다는 것을 암시해 준다.

(4) 그가 조상들이 알지 못하던 신, 새로운 신을 세우리라는 것(38절). 그 대신에, 즉 그의 조상들의 신들(아폴로 신, 아데미 여신 등을 비롯해서 쾌락의 신들) 대신에, 그는 그의 조상들이 알지 못하던 신 또는 섬기지 않았던 신, 즉 강한 신을 공경할 것이다. 그는 이 강한 신이 지혜와 힘에 있어서 그의 조상들의 신들을 능가한다고 여기고서, 자기가 좋아하는 신에게는 아무리 귀한 것을 바쳐도 아깝지 않다는 생각으로 그 신에게 금은 보석과 보물을 드려 공경할 것이다. 이 신은 제우스 올림피우스(Jupiter Olympius, 올림포스의 제우스 신)였던 것으로 보이는데, 이 신은 페니키아인들 사이에서는 **바알세멘**(하늘의 주)으로 불렸지만, 안티오코스가 들여올 때까지는 수리아인들에게는 소개되지 않았다. 그는 크게 견고한 산성들과 견고한 곳(31절)이라 불린 예루살렘 성전에서 그렇게 할 것이다. 거기에 그는 이 이방신의 신상을 세울 것이다. 어떤 이들은 이 본문을 "그가 힘 또는 지극히 강하신 하나님의 산성들(즉, 예루살렘 성)을 이방신에게 바칠 것이다"로 읽는다. 그는 예루살렘을 제우스 올림피우스의 보호와 통치 아래에 두었다. 그는 이 신을 세워서 섬길 뿐만 아니라, 하나님의 제단에까지 그 신상을 세워서 그 신에게 영광을 더할 것이다. 그는 이 우상을 섬기는 자들에게 권력과 부가 따르는 관직을 주어 여러 백성을 다스리게 할 것이고, 그들은 뇌물을 받고 땅을 나눠주어 재물을 모을 것이다. 어떤 이들은 안티오코스가 섬겼던 강한 신으로 번역된 히브리어 '마웃짐'이 돈을 가리키는 것이라고 이해한다. 범사에 이용된다고 하는 돈, 돈이면 안 되는 것이 없다고 하는 그 돈은 세

상 사람들의 큰 우상이다.

이 본문들 속에는 불법의 사람(살후 2:3)에게 적용될 수 있는 내용들이 아주 많이 나온다. 그는 스스로 높여 사람들이 신이라 부르거나 섬기는 모든 신보다 크다 하며 모든 것보다 스스로 크다 할 것이다. 그에게 빌붙어 아부하는 자들은 그를 우리의 주이자 신이신 교황이라 부른다. 그는 결혼을 금지하고 독신 생활을 찬양함으로써 여자들이 흠모하는 것을 돌아보지 않는 척한다. 이방인들이 옛 적부터 그들이 섬기는 귀신들에 대하여 그랬듯이, 그는 강한 신, 이방신 '마웃 짐,' 또는 견고한 산성들, 성인들과 천사들을 그를 따르는 자들의 수호신들로 여겨서 공경한다. 그들은 성인들과 천사들을 여러 지역의 수호신들로 삼고서 막대한 보화를 바쳐 공경한다. 미드(Mede) 목사는 바로 이 교황 속에서 이 예 언이 성취되었고, 이것은 디모데전서 4:1-2에 언급되어 있다고 본다: 성령이 밝 히 말씀하시기를 후일에 어떤 사람들이 믿음에서 떠나 미혹하는 영과 귀신의 가르침 을 따르리라.

**VI. 여기에는 또 한 번의 애굽 원정 또는 최소한 애굽과의 싸움이 나오는 것으로 보인다.** 로마는 앞에서 안티오코스로 하여금 남방 왕 프톨레마이오스 에 대한 공격을 멈추고 철군하게 하였었지만, 이번에는 남방 왕이 그와 힘을 겨 루어서 그의 일부 영토를 차지하고자 할 것이다. 이 때에 북방 왕 안티오코스는 대군을 이끌고 병거와 마병과 많은 배로 회오리바람처럼 그에게로 마주 와서 그 여 러 나라에 침공하여 물이 넘침 같이 지나갈 것이다(40절). 이와 같은 전광석화 같 은 공격을 당해서 많은 나라들이 패망하게 될 것이고, 그는 영화로운 땅(이 단어 는 8:9에서도 사용되었다), 곧 이스라엘 땅에 들어갈 것이다. 그는 주변 나라들 을 닥치는 대로 파괴할 것이지만, 몇몇 나라들, 특히 에돔과 모압, 그리고 암몬 자손의 지도자들은 그의 광분을 피하게 될 것이다(41절). 그가 그들을 건드리지 않은 것은 그들이 그와 손을 잡고 유대인들을 쳤기 때문이었다. 그러나 특히 애굽 땅은 그의 광기어린 분노를 면하지 못할 것이다. 그는 애굽 땅에서 쓸 만 한 것은 다 전리품으로 약탈해 갈 것이기 때문에, 애굽 땅은 빈털터리가 되고 말 것이다. 어떤 이들은 이것을 안티오코스가 그의 재위 제10년 또는 제11년에 프톨레마이오스 필로메테르로부터 그의 동생을 보호한다는 미명 하에 애굽을 네 번째로 원정한 것을 묘사한 것이라고 본다. 이 원정에서는 큰 살육은 없었 지만, 대규모의 약탈이 행하여졌는데, 그것이 그의 이번 원정의 목적이었던 것으로 보인다. 그가 권세로 애굽의 금 은과 모든 보물을 차지할 것이요(43절). 폴리비우스(Polybius)는 안티오코스가 프톨레마이오스 필로메테르와의 동맹을 깨고 그의 재물을 다 탈취함과 동시에 자기에게 우호적인 자들로부터 많은 기부금을 받아서 막대한 부를 얻은 후에, 파울루스 아이밀리우스(Paulus Aemilius)를 흉내내서 개선식에 엄청난 돈을 쏟아 부었다고 말하면서 지극히 화려하였던 그의 개선식 모습을 묘사한다. 여기에서 우리는 그가 그토록 물 쓰듯이 썼던 그 돈을 어떻게 모았는지에 대하여 듣는다. 또한, 여기에는 그가 애굽과 접하여 살고 있던 리비아 사람들과 구스 사람들을 어떻게 부려먹었는지에 대해서도 나와 있다. 그들은 그의 시종이 되었다. 그는 그들을 그의 발 아래에 두고서 고갯짓 하나로 그들을 부렸고, 그들은 그의 시중을 들기 위해서 애굽으로 들어왔다.

**VII. 안티오코스의 몰락과 멸망에 관한 예언.** 이러한 예언은 앞에서도 나왔었다(8:25). 그가 연전연승하면서 막강한 위세를 떨치고 막대한 전리품을 모으는 등 승승장구하며 최전성기를 맞이하였을 때, 동북에서부터 소문이 이르러 그를 번민하게 할 것이다(44절). 또는, 그는 동북방으로부터 바대 왕이 그의 나라를 침공하고 있다는 보고를 받게 될 것이다. 이 일로 인해서 그는 자기가 하고 있던 중요한 일들을 중단한 채, 그에게 반란을 일으킨 바사인들과 바대인들을 치러 갈 수밖에 없었다. 이 일은 그를 번민하게 하였다. 왜냐하면, 그는 이번 기회에 유대 민족을 완전히 멸절시키려고 일들을 진행하고 있었는데, 갑자기 동북방에서의 반란 때문에 그 곳으로 출정하지 않을 수 없게 되었기 때문이다(그는 이 원정에서 죽었다). 타키투스(Tacitus)는 그가 쓴 역사서의 한 대목에서 비록 불경스러운 관점에서이긴 하지만 이 일을 기록하면서, 안티오코스가 유대인들의 미신을 타파하고 그들 가운데에 헬라인들의 풍습을 전파한 것을 칭찬하고는, 그가 바대인들과의 전쟁 때문에 이 일을 다 끝마치지 못한 것에 대하여 애석해한다.

1. 유대인들에 대한 그의 마지막 광분. 그는 자기가 하던 일을 중단할 수밖에 없게 되는 낭패를 당하는 곤혹스러운 처지가 되자, 몹시 분노하여 나가서 많은 무리를 다 죽이며 멸망시키고자 할 것이다(44절). 유다 마카베오가 여러 차례 승리를 거둔 소식을 전해 듣고서 안티오코스가 크게 분노한 것과 리시아스(Lysias)에게 예루살렘을 멸망시키라고 명령을 내린 것에 관한 이야기는 마카

베오1서 3:27 이하에 나온다. 이 때에 그는 장막 궁전을 바다들 사이에, 즉 대해와 사해 사이에 세웠다. 그는 자기가 친히 거기에 가 있을 수는 없지만 유대인들과의 전쟁을 아주 맹렬하게 수행하도록 그의 장군들에게 전권을 위임하였다는 것을 보여주려는 표시로 예루살렘에서 가까운 엠마오에 그의 장막 궁전을 세운 것이었다. 그는 마치 영화롭고 거룩한 산을 이미 점령이라도 한 듯이 거기에 그의 장막을 세웠다. 불경(不敬)이 극에 달할 때에 우리는 그 멸망이 가까움을 볼 수 있다는 것을 명심하라.

2. 그의 퇴장. 그의 종말이 이르리니 도와 줄 자가 없으리라. 하나님은 그의 전성기 때에 그를 죽게 하실 것이고, 아무도 그의 몰락을 막아줄 수 없을 것이다. 여기에 나오는 것은 앞서 그의 비참한 최후를 예언하였던 내용(그가 사람의 손으로 말미암지 아니하고 깨지리라, 8:25)과 동일하다. 교만한 압제자를 끝장내시는 하나님의 때가 오면, 그 누구도 그를 도와 줄 수 없을 것이고, 아무도 그를 도와 주고자 하지 않을 것임을 명심하라. 왜냐하면, 자기가 승승장구하여 그 위엄이 극에 달했을 때에 모든 사람들이 자기 앞에서 두려워서 벌벌 떨게 만들고자 한 자들은 곤경에 처하게 되었을 때에는 그 누구로부터도 도움을 받지 못하게 될 것이기 때문이다. 그들에게 손을 내밀거나 기도로 도와주는 자가 아무도 없을 것이다. 여호와께서 돕지 않으시는데, 누가 돕고자 하겠는가?

안티오코스 이후의 왕들에 대해서는 여기에 아무런 예언도 나오지 않는다. 왜냐하면, 안티오코스는 교회에 가장 악의적이고 가장 많은 해악을 끼친 원수요시, 장차 주께서 그의 입의 숨으로 죽이시고 그가 오실 때의 광재로 멸하실 저 불법의 사람 곧 멸망의 아들의 모형이었기 때문이다.

제
— 12 —
장

## 개요

안티오코스 치하에서 유대인들이 겪을 환난들에 관한 예언을 통해서 장차 적그리스도의 세력에 의해서 기독교회가 겪게 될 환난들을 미리 보여주신 후에 하나님은 여기에서 다음과 같은 것들을 보여주신다. I. 위로들, 아주 귀한 위로들. 이 위로의 말씀들은 환난의 때에 하나님의 백성에게 힘을 줄 강장제로 주어진다. 이 위로들은 안티오코스 치하에서 환난의 때를 보낼 자들에게나 나중에 적그리스도의 세력 아래에서 환난을 겪을 자들에게나 동일하게 힘을 줄 수 있는 위로들이다(1-4절). II. 그리스도와 천사가 이 일들이 어느 정도 지속될지에 관하여 대화를 나눔. 이것은 다니엘을 궁금증을 충족시키기 위한 것이었다(5-7절). III. 다니엘이 궁금해서 물은 질문(8절)과 그가 그 질문에 대하여 받은 대답(9-12절).

[1]그 때에 네 민족을 호위하는 큰 군주 미가엘이 일어날 것이요 또 환난이 있으리니 이는 개국 이래로 그 때까지 없던 환난일 것이며 그 때에 네 백성 중 책에 기록된 모든 자가 구원을 받을 것이라 [2]땅의 티끌 가운데에서 자는 자 중에서 많은 사람이 깨어나 영생을 받는 자도 있겠고 수치를 당하여서 영원히 부끄러움을 당할 자도 있을 것이며 [3]지혜 있는 자는 궁창의 빛과 같이 빛날 것이요 많은 사람을 옳은 데로 돌아오게 한 자는 별과 같이 영원토록 빛나리라 [4]다니엘아 마지막 때까지 이 말을 간수하고 이 글을 봉함하라 많은 사람이 빨리 왕래하며 지식이 더하리라

선지자들은 교회가 겪게 될 어려운 일들에 대하여 예언할 때에는 적절한 해독제들, 즉 각각의 질병에 대한 치료제를 아울러 주는 것이 보통이다. 그 어떤 위로도 그리스도와 그가 장차 행하실 일로부터 오는 위로만큼 아주 강력한 효능을 지니고 모든 경우에 다 제대로 적용되는 것은 없다. 그러므로 여기에 나오는 위로들은 바로 그런 위로들이다.

I. 예수 그리스도께서 그의 교회의 후견인이자 보호자로 나타나시리라는

것. 박해가 최고조에 이르렀을 그 때에 미가엘이 일어날 것이다(1절). 이 천사는 앞에서 다니엘에게 미가엘이 교회에 대하여 얼마나 듬직한 친구인지를 말해 주었었다(10:21). 마가엘은 내내 윗 세상에서 친구로서의 이러한 우정을 보여주었고, 천사들은 그것을 알고 있었다. 그러나 이제 미가엘은 유대인들의 무력함을 보시는 때에 그들을 구원하는 일을 하기 위하여 하나님의 섭리 가운데에 일어날 것이다(신 32:36). 그리스도는 큰 군주이시다. 왜냐하면, 그는 땅의 임금들의 머리가 되시기 때문이다(계 1:5). 그가 그의 교회를 위하여 일어나시는데, 누가 감히 교회를 대적할 수 있겠는가? 그러나 이것이 전부가 아니다. 그 때에 미가엘은 우리의 영원한 구원을 이루시는 일을 하시기 위하여 일어나실 것이다. 하나님의 아들이 육신이 되어 마귀의 일을 멸하려 나타나실 것이다. 그리스도께서 그의 백성을 위하여 일어나셔서, 그들의 죄를 대신 짊어지시고 저주를 받아 희생제물이 되심으로써, 그들을 치유하셨다. 그는 지금도 살아 계셔서 그들의 친구로서 휘장 안에서 그들을 위해 중보 기도를 하심으로써 그들을 호위하시고 그들을 위하여 일어나신다. 그는 적그리스도를 멸하신 후에(안티오코스는 적그리스도의 모형이었다) 저 말일에 마침내 땅 위에 서실 것이고, 그의 모든 백성의 구속을 완성하기 위하여 나타나실 것이다.

**Ⅱ. 그리스도께서 나타나실 때에 그의 백성을 괴롭혔던 자들에게 환난으로 되갚아 주시리라는 것.** 모든 사람을 위협하는 환난이 있을 것이고, 이 때에 사람들 가운데에 있는 하나님의 나라를 대적한 모든 불구대천의 원수들이 다 멸망을 받을 것이다. 이는 개국 이래로 그 때끼지 없던 환난일 것이다. 이 예언은 다음과 같은 것들에 적용될 수 있다.

1. 예루살렘의 멸망. 그리스도께서는 이것을 창세로부터 지금까지 없었던 큰 환난이라고 말씀하시는데(마 24:21), 이것은 아마도 여기에 나오는 예언을 염두에 두신 것 같다. 이 천사는 이 일에 대하여 앞에서 여러 번 말을 했었다(9:26-27). 이 일은 그리스도께서 이 세상에 복음의 나라를 세우실 때, 즉 우리의 왕 미가엘이 일어날 때에 이루어졌다.

2. 저 큰 날, 즉 모든 교만한 자와 악을 행하는 자를 태울 용광로 불 같은 그 날. 그 날은 우리의 왕 미가엘이 멸하실 모든 자들에게는 그 때까지 없던 환난의 날이 될 것이다.

**Ⅲ. 그리스도께서 자기 백성을 위한 구원을 이루시리라는 것.** "그 때에 네

백성 중 책에 기록된 모든 자, 곧 생존한 자 중 기록된 모든 사람(사 4:3)이자 구원 받게 되어 있던 모든 자들이 구원을 받을 것이고, 안티오코스가 그들에게 계획 하였던 해악과 파멸로부터 건짐을 받게 될 것이다.” 그리스도께서 이 세상에 오실 때에 그의 영적 이스라엘을 죄와 지옥으로부터 구원하실 것이고, 다시 오실 때에는 그에게 주어진 많은 자들, 곧 그 이름이 생명책에 기록된 많은 자들의 구원을 완성하실 것이다(계 20:15). 그들은 창세 전에 생명책에 기록되어 있었고, 세상이 끝나고 나서 생명책이 펼쳐질 때에 거기에 기록되어 있다는 것이 확인될 것이다.

**Ⅳ. 티끌 가운데에서 자는 자들의 특별한 부활이 있으리라는 것**(2절).

1. 하나님이 자기 백성을 박해로부터 구해 내시는 일을 하실 때, 그것은 일종의 부활이다. 그래서 유대인들이 바벨론에서의 포로 생활에서 풀려난 일은 환상 속에서 부활로 묘사되었고(겔 37장), 안티오코스에게서 구원을 받은 일, 그 밖에 교회가 회복되어 외적으로 형통하게 된 일들도 모두 부활로 묘사된다. 그것들은 죽은 자 가운데서 살아난 것과 같았다. 이름도 없이 재난의 티끌 가운데서 오랫동안 잠들어 있던 자들 중에서 많은 사람이 그 때에 어떤 자들은 깨어나 영원한 생명과 존귀와 위로를 받을 것이고, 어떤 자들은 깨어나서 형통하게 되자 다시 죄악으로 돌아가서 그들의 부활이 결국 수치와 부끄러움으로 끝나게 될 것이다. 왜냐하면, 미련한 자의 형통은 결국 자기를 멸망시킬 뿐이기 때문이다.

2. 우리의 왕 미가엘이 나타나셔서 그의 복음이 전파될 때, 티끌 가운데에서 자는 자들 중에서 유대인이든 이방인이든 많은 사람들이 깨어나서 거룩한 신앙을 고백하게 됨으로써 그들의 이교(異敎)나 유대교에서 일어나 나오게 될 것이다. 그러나 교회 속에는 언제나 참 성도들과 위선자들이 섞여 있을 것이기 때문에, 그들 중에는 복음이 생명으로부터 생명에 이르는 냄새가 되어서 생명으로 부활하는 자들도 있고, 복음이 사망으로부터 사망에 이르는 냄새가 되고 그리스도가 그들을 넘어지게 하는 거침돌이 되어서 깨어나기는 하되 수치와 부끄러움을 당하게 될 자들도 있을 것이다. 복음이라는 그물 속에는 좋은 물고기와 나쁜 물고기가 둘 다 들어 있는 법이다.

3. 그러나 무엇보다도 이것은 마지막 날에 있을 모든 자들의 부활을 가리킨다. 땅의 티끌 가운데에서 자는 자 중에서 많은 사람, 즉 모두가 깨어날 것이다. 또

는, 티끌 가운데에서 자는 자 중에서 생명으로 깨어날 자도 있고 수치로 깨어날 자도 있을 것이다. 유대인들은 이 본문을 종말에 있을 죽은 자들의 부활에 대하여 말하는 것으로 이해한다. 그리스도께서는 생명의 부활과 심판의 부활을 말씀하실 때에 이 본문을 염두에 두고 계셨을 것이다(요 5:29). 이 본문과 관련해서 사도 바울은 유대인들이 의인과 악인의 부활이 있을 것이라고 생각하였다고 말한다(행 24:15). 이 시점에서 이런 말씀이 나오는 것은 아주 적절한 것이었다. 왜냐하면, 안티오코스의 박해 아래에서 어떤 이들은 비열하게 신앙을 배신하였고, 어떤 이들은 용감하게 신앙을 지켰기 때문이다. 박해의 폭풍우가 지나가고 나서 신앙을 지킨 자들이 상을 받지 못하고 신앙을 배신한 자들이 벌을 받지 않는 현실은 그들에게 괴로운 일일 것이었다. 그러므로 그들이 부활의 때에 그들이 행한 일에 따라 보상을 받게 될 것이라는 이 예언은 그들에게 만족을 줄 것이었다. 사도 바울은 안티오코스 치하에서 순교를 당한 경건한 유대인들에 대하여 말하면서, 그들이 모진 고문을 당하면서도 구차히 풀려나기를 원하지 아니한 것은 더 좋은 부활을 얻고자 하였기 때문이라고 말한다(히 11:35).

**V. 환난과 고난의 날에 스스로 지혜로워서 많은 사람을 가르치는 자들에게는 영화로운 상이 주어지리라는 것.** 박해에 관한 예언 속에서 특별히 눈에 띄는 것은 그들이 놀라운 섬김의 일을 하고도 칼날과 불꽃에 의하여 죽임을 당하리라는 것이었다(11:33). 현세 외에 내세가 없다면, 그들은 모든 사람 가운데 가장 비참하고 불쌍한 자들일 것이다. 그러므로 우리는 여기에서 그들이 의인의 부활이라는 상을 받게 될 뿐만 아니라 다음과 같은 상도 받을 것이라는 약속을 듣는다(3절): 지혜 있는 자(어떤 이들은 가르치는 자들은 지혜가 있어야 하고, 지혜가 있는 자들은 그 지혜를 다른 사람들에게 전해야 한다는 점을 들어서, 이것을 가르치는 자들로 읽는다)는 궁창의 빛과 같이 빛날 것이다. 즉, 그들은 하늘의 영광, 윗 세상의 영광으로 빛나리라는 것이다. 그들에게 있는 지혜와 그들이 베푼 가르침들로 인해서 많은 사람을 옳은 데로 돌아오게 한 자들은 별과 같이 영원토록 빛날 것이다. 좀 더 살펴보자.

1. 모든 성도들, 즉 자신의 영혼과 영원에 대하여 지혜로운 모든 자들에게는 장차 내세에서 영광이 준비되어 있다. 사람의 지혜는 지금 여기에서도 그의 얼굴에 광채가 나게 하지만(전 8:1), 그 지혜의 힘이 온전해지고 그 지혜로 섬긴 일들에 대하여 상을 받게 될 내세에서는 훨씬 더 그 얼굴에 광채가 나게 할 것이

다.

2. 성도들이 이 세상에서 선한 일, 특히 사람들의 영혼에 선한 일을 많이 하면 할수록, 내세에서 그들의 영광과 상은 더욱 클 것이다. 사람들을 옳은 데로 돌아오게 하고 죄인들을 미혹된 길에서 돌아서게 하며 그들의 영혼이 사망에서 구원받도록 돕는 자들(약 5:20)은 그들의 도움으로 천국에 가게 된 자들의 영광에 참여하게 될 것이고, 이것으로 말미암아 그들의 영광은 훨씬 더 커지게 될 것이다.

3. 그리스도의 긍휼을 얻어서 신실하게 섬김의 일을 잘 감당하여 이 세상에서 켜서 비추이는 등불(요 5:35)이 된 사역자들은 내세에서도 아주 밝게 빛을 발하여 별과 같이 빛날 것이다. 그리스도는 해로서 은혜와 영광의 빛들의 원천이시다. 사역자들은 별들로서 그리스도로부터 온 빛, 그리스도에 비해서는 작은 빛으로서 은혜와 영광의 빛을 발한다. 그렇지만 그 빛은 질그릇 같은 그들에게는 이루 말할 수 없이 분에 넘치는 영광이 될 것이다. 그들은 별과 같이 빛날 것이지만, 별들이 크기가 서로 다르듯이, 어떤 이들은 작은 별의 광채로, 어떤 이들은 큰 별의 광채로 빛날 것이다. 궁창에 있는 별들에게는 가을의 낙엽처럼 하늘로부터 떨어질 날이 올 것이지만, 그들은 결코 떨어지지도 않고 쇠하지도 않고 영원토록 빛날 것이다.

**VI. 마지막 때에 관한 이 예언은 지금은 봉해졌지만 그 때에 사는 자들에게는 큰 유익이 되리라는 것**(4절).  이 예언 속에서 말해진 일들이 이루어질 때까지는 아직도 오랜 시간이 남아 있기 때문에, 다니엘은 이제 이 말을 간수하고 이 글을 봉함하여야 한다. 유대 민족이 바벨론에서 고국 땅으로 돌아간 초기에 아직 수도 적고 힘이 약한 상태에서 그들의 일에 여러 가지 방해를 받기는 했지만, 오랜 시간이 지나서 그들에게 어느 정도 힘이 생기고 정신적으로도 성숙해질 때까지는 그들의 신앙 때문에 박해를 받는 일은 없으리라고 말하고 있는 이 예언은 그들에게 상당한 위로가 되었을 것이다. 다니엘은 이 예언 속에 담긴 일들이 이루어질 때까지는 사람들이 이 예언을 깨닫고 악용하는 일이 없도록 하기 위하여 이 글을 봉함하여야 한다. 그러나 그는 이 글이 큰 유익이 될 장래 세대들을 위하여 이 글을 아주 귀한 보물처럼 안전하게 잘 간수하지 않으면 안 된다. 왜냐하면, 그 때에는 많은 사람이 빨리 왕래하며 지식이 더할 것이기 때문이다. 그 때에는 이 감춰졌던 보화가 열려서, 많은 사람들이 마치 금과 은을 찾듯이 이 글을 알기 위해서 살피고 파헤칠 것이다. 그들은 **빨리 왕래하며** 이 글의 복사본들을 찾아내어 서로 대조해 보고, 그 복사본들이 참된 것인지를 살필 것이다. 그들은 이 글을 여러 번 읽고 묵상하며 마음으로 음미할 것이다. 그들은 여러 가지 수단들을 동원해서 그 의미를 가려내기 위해서 이 글을 놓고 서로 토론하며 이 글에 대한 해설들을 비교해 볼 것이다. 이렇게 해서 지식이 더할 것이다. 이 예언의 의미를 찾아내기 위해서 그들은 성경에 나오는 다른 글들도 살펴볼 것이고, 이렇게 해서 그들에게 유익한 지식은 더욱 늘어나게 될 것이다. 왜냐하면, 우리가 힘써 여호와를 알고자 하면 우리는 그렇게 될 것이기 때문이다(호 6:3). 자신의 지식을 더하고자 하는 자들은 빈둥거리며 가만히 앉아서 그렇게 되기를 바라서는 안 되고, 빨리 왕래하며 수고하고 지식의 모든 수단들을 사용해서, 자신의 잘못들을 바로잡고 의문들을 해결하며 하나님의 일들에 대한 자신의 지식을 더욱 진보시켜 줄 모든 기회들을 활용함으로써, 그들이 알고 있는 것들을 더 많이 알고 더 잘 알고자 하여야 한다. 이제 여기에서는 우리에게 다음과 같은 소망들을 준다.

1. 하나님께 속한 일들 가운데서 지금은 비밀스럽고 모호한 것들이 후에는 분명해지고 쉽게 깨달아지리라는 것. 진리는 시간의 딸이다. 성경의 예언들은 그 예언들이 성취될 때에 저절로 설명될 것이다. 따라서 예언들은 성취되기 위해서 주어지는 것이다. 예언들이 미리 우리에게 주어지는 것은 그 예언들이 이루어질 때에 우리로 하여금 믿게 하기 위한 것이다

2. 하나님께 속한 일들 가운데서 멸시받고 천대받으며 쓸모없는 것으로 내팽개쳐진 것들이 결국에는 아주 중요하다는 것이 드러나서 빛을 보게 되고 사람들이 찾게 되리라는 것. 왜냐하면, 하나님의 계시는 지금에 있어서는 아무리 무시된다고 하여도 적어도 책들의 봉인이 열리게 될 저 큰 날의 심판 때에는 크고 존귀하게 될 것이기 때문이다.

⁵나 다니엘이 본즉 다른 두 사람이 있어 하나는 강 이쪽 언덕에 섰고 하나는 강 저쪽 언덕에 섰더니 ⁶그 중에 하나가 세마포 옷을 입은 자 곧 강물 위쪽에 있는 자에게 이르되 이 놀라운 일의 끝이 어느 때까지냐 하더라 ⁷내가 들은즉 그 세마포 옷을 입고 강물 위쪽에 있는 자가 자기의 좌우 손을 들어 하늘을 향하여 영원히 살아 계시는 이를 가리켜 맹세하여 이르되 반드시 한 때 두 때 반 때를 지나서 성도의 권

세가 다 깨지기까지이니 그렇게 되면 이 모든 일이 다 끝나리라 하더라 [8]내가 듣고도 깨닫지 못한지라 내가 이르되 내 주여 이 모든 일의 결국이 어떠하겠나이까 하니 [9]그가 이르되 다니엘아 갈지어다 이 말은 마지막 때까지 간수하고 봉함할 것임이니라 [10]많은 사람이 연단을 받아 스스로 정결하게 하며 희게 할 것이나 악한 사람은 악을 행하리니 악한 자는 아무것도 깨닫지 못하되 오직 지혜 있는 자는 깨달으리라 [11]매일 드리는 제사를 폐하며 멸망하게 할 가증한 것을 세울 때부터 천이백구십 일을 지낼 것이요 [12]기다려서 천삼백삼십오 일까지 이르는 그 사람은 복이 있으리라 [13]너는 가서 마지막을 기다리라 이는 네가 평안히 쉬다가 끝날에는 네 몫을 누릴 것임이라

다니엘은 지금까지 하나님의 백성 이스라엘과 관계되는 한에서 세상 나라들의 흥망성쇠에 관한 놀라운 일들을 미리 보았다. 이 일들 속에서 그는 교회가 환난과 고난을 받고 시험을 당하는 때가 있는 것을 미리 보았고, 그 때에 대하여 관심을 갖지 않을 수 없었다. 이것과 관련해서 다음과 같은 두 가지 질문이 제기되는 것은 당연한 일이었다: 그 끝이 언제일 것인가와 그 끝에 무슨 일이 있을 것인가? 다니엘서의 끝부분인 이 단락에서는 바로 이 두 질문이 제기되고 대답된다. 앞 단락에서 주어진 위로들만으로도 충분히 만족스러운 것이긴 했지만, 그 만족을 차고 넘치게 하기 위하여 여기에 나오는 내용이 더해진 것이다.

**I. 한 천사가 그 끝이 언제일 것인가라는 질문을 던짐**(5-6절).  이것과 관련해서 우리는 다음과 같은 것들을 살펴볼 수 있다.

1. 이 질문을 던진 자는 누구였는가. 다니엘은 환상 속에서 세마포 옷을 입은 사람, 즉 영광 중에 계신 그리스도를 보았지만, 그리스도께서는 다니엘이 아니라 천사 가브리엘과 말씀을 나누셨었다(10:5). 이제 다니엘은 두 사람, 즉 그가 전에 본 적이 없던 두 천사가 하나는 강 이쪽 언덕에 있고 하나는 강 저쪽 언덕에 서 있는 것을 보았다(5절). 이 두 천사는 강을 사이에 두고 있어서 서로 속삭일 수 없었기 때문에, 다니엘은 그들이 말하는 것을 들을 수 있었다. 그리스도께서는 강물 위, 즉 을래 강의 양쪽 언덕 사이에 서 계셨다(6절). 그러므로 그의 시종인 두 천사가 양쪽 언덕에 있는 것은 당연한 일이었다. 두 천사가 이렇게 강 양쪽 언덕에 있어야만, 그리스도께서 명령을 내리시면, 두 천사는 각각의 방향

으로 즉시 달려갈 수 있을 것이었기 때문이다. 이 천사들이 나타난 것은 다음과 같은 이유에서였다.

(1) 이 환상을 더욱 영화롭게 하여 인자의 영광을 더하기 위해서(히 1:6). 다니엘은 환상 속에서 이 두 천사가 계속해서 있었을 것이지만 전에는 이 천사들을 보지 못하였었다. 그러나 이제 이 천사들이 말을 하기 시작하자, 다니엘은 비로소 그 천사들을 바라보았다. 하나님께 속한 일들은 들여다보면 볼수록, 그리고 그 일들과 대화를 많이 하면 할수록, 우리는 그 일들을 더 잘 보게 되고, 계속해서 새로운 것들을 보게 될 것임을 명심하라. 많이 아는 자들은 그 지식을 활용할수록 더욱 많은 것을 알게 될 것이다.

(2) 두세 증인의 입으로 확증하게 하여 이 계시의 확실함을 더하기 위해서. 아브라함에게는 세 천사가 나타났다.

(3) 천사들이 질문을 하고 들음으로써 스스로 알기 위해서. 왜냐하면, 하나님의 나라의 신비들은 천사들도 살펴 보기를 원하는 것들이고(벧전 1:12), 하나님이 교회로 말미암아 알게 하시는 것들이기 때문이다(엡 3:10). 이제 이 두 천사 중에서 하나가 그 끝이 언제일 것인가라고 물었다. 아마도 두 천사가 차례로 물었을 것이지만, 다니엘은 오직 한 번만 들었을 것이다.

2. 이 질문은 누구에게 던져졌는가. 이 질문을 받은 분은 우리가 앞에서 본 세마포 옷을 입은 사람(5절), 즉 강물 위에 계신 우리의 대제사장이신 그리스도이셨다. 한편, 환상이 보여지는 내내 천사 가브리엘은 그리스도의 대변자 또는 해석자로 있었고, 이 강은 힛데겔(10:4), 즉 티그리스 강이었는데, 성경에서는 수많은 사건들이 이 강 주변에서 일어날 것이라고 예언하였다. 그러므로 이 강이 여기에서 무대가 되고 있다. 힛데겔은 에덴 동산을 적신 강들 중의 하나로 언급되었다(창 2:14). 그러므로 그리스도께서 그 강 위에 서 계시는 것은 적절하다. 왜냐하면, 하나님의 낙원에 있는 나무들을 촉촉히 적셔 주시는 분은 그리스도이시기 때문이다. 물은 백성을 의미하기 때문에, 그리스도께서 물 위에서 계시다는 것은 만민에 대한 그의 통치권을 가리킨다. 그는 홍수 위에 좌정해 계신다(시 29:10). 그는 바다 물결을 밟으신다(욥 9:8). 그리스도께서는 여기에 나오는 이가 바로 자기임을 보여주시기 위해서 그가 이 땅에 육체로 계시던 날들에 바다 위로 걸으셨다(마 14:25). 그는 강물 위쪽에 계셨다(어떤 이들은 이렇게 읽는다). 그는 강물 위에 조금 떠 계셨다.

3. 이 질문의 내용은 무엇이었는가. 이 놀라운 일의 끝이 어느 때까지냐. 다니엘은 감춰진 일들을 엿보고자 하거나 아버지께서 자기의 권한에 두신 때와 시기에 관하여 캐묻고 싶지 않았기 때문에(행 1:7) 이런 질문을 던지지 않았다. 그러나 이 천사는 다니엘로 하여금 이 질문에 대한 대답을 듣고서 흡족해할 수 있도록 그가 듣는 자리에서 이 질문을 던진다. 우리 주 예수께서는 종종 그의 제자들이 두렵거나 부끄러워서 감히 묻지 않은 질문들을 미리 아시고 거기에 대답해 주셨다(요 16:19). 천사는 이 일과 관련된 자로서 이 일이 어느 때까지냐고 물었다. 하나님의 계획 속에서 이 놀라운 일의 끝, 하나님의 백성에게 닥칠 이 고난과 시험의 때의 끝이 언제로 정해져 있느냐?

(1) 교회가 겪는 환난들은 천사들이 볼 때에 놀라운 일이라는 것. 천사들은 하나님이 장차 그의 교회로 하여금 이렇게 환난을 당하게 하실 것임을 보고 놀라면서, 하나님이 그 환난들을 통해서 그의 교회에 어떤 유익을 가져다 주실지를 알고 싶어한다.

(2) 악한 천사들은 말할 것도 없고 선한 천사들조차도 하나님이 계시해 주시지 않는 한 장래의 일들을 알지 못한다는 것.

(3) 하늘의 거룩한 천사들은 이 땅의 교회에 대하여 관심을 가지고 교회의 환난들을 마음에 두고 있다는 것. 하물며, 우리는 좀 더 직접적으로 교회와 관련되어 있고 교회의 평안이 우리의 평안과 아주 밀접한 관계에 있기 때문에, 교회의 환난에 더욱 관심을 가져야 하지 않겠는가.

4. 은밀한 일들을 다 헤아리시는 분이자 장래 일들을 다 아시는 분이 이 질문에 대하여 어떤 대답을 주셨는가.

(1) 질문을 한 천사에게 이 환난들이 지속될 기간에 대한 좀 더 일반적인 설명이 주어짐(7절). 이 환난들은 앞에 나온 것처럼(7:25) 한 때 두 때 반 때, 즉 일 년과 이 년과 반 년 동안 계속될 것이다. 어떤 이들은 이 어구를 비한정적으로 이해해서, 기간이 정해져 있기는 하지만 어느 정도의 기간인지는 모른다는 뜻으로 해석한다. 그 기간은 한 때(상당한 기간)와 두 때(상당한 기간보다 두 배 정도 되는 더 긴 기간)일 것이지만, 실제로는 반 때(상당한 기간의 절반)로 느껴질 것이다. 이 환난들이 끝났을 때, 그 기간은 생각했던 것보다 짧게 느껴지게 될 것이다. 그러나 이 기간은 특정한 기간으로 해석하는 것이 더 좋다. 우리는 이 기간을 요한계시록에서 다시 만나는데, 거기에서 이 기간은 어떤 때는

삼년 반을 나타내는 3.5일로, 어떤 때는 42개월로, 어떤 때는 1,260일로 표현된다.

[1] 이 기간이 정해졌다는 것은 맹세로 확증된다. 세마포 옷을 입은 사람은 두 손을 하늘을 향하여 들고서 영원히 살아 계시는 이를 가리켜 맹세하여 이 기간이 그렇게 정해져 있다는 것을 확증한다. 요한이 본 힘 센 천사가 오른발로는 바다를 밟고 왼발로는 땅을 밟고 서서 하늘을 향하여 손을 들고 지체하지 아니하리라고 맹세하는 장면(계 10:5-6)은 분명히 여기에 나오는 환상과 관련되어 있다. 다니엘이 본 이 힘 센 이는 두 발로 물을 밟고 서고 두 손을 들어 맹세하였다. 맹세는 확증을 하는 데에 유익하다는 것을 명심하라. 우리는 오직 하나님을 두고서 맹세하여야 한다. 왜냐하면, 하나님만이 우리가 호소할 수 있는 적법한 재판장이시기 때문이다. 손을 드는 것은 엄숙한 맹세에서 사용하기에 아주 적절하고 의미 있는 몸짓이다.

[2] 이 기간이 정해진 이유가 설명된다. 하나님은 성도의 권세가 다 깨지기까지 적그리스도로 하여금 성도들을 이기게 하실 것이다. 하나님은 적그리스도로 하여금 온갖 악행을 다 철저하게 행하게 하실 것이고, 그런 후에야 이 모든 일이 다 끝나게(finished) 될 것이다. 하나님이 자기 백성을 구원하시는 때는 그들의 일이 최후의 극단에 이르렀을 때라는 것을 명심하라. 여호와의 산에서 이삭은 희생제물로 드려지기 직전에야 구원을 받는다. 여기에 예언된 것은 그대로 이루어졌다. 요세푸스는 유대 전쟁기에서 에피파네스(Epiphancs)라는 별명을 지닌 안티오코스기 군대를 이끌고 예루살렘을 기습공격하여 삼년 육개월을 점령하였고, 그 기간이 끝나서 하스모네 가 또는 마카베오 가의 세력에 의해서 그 나라에서 축출되었다고 분명하게 말한다. 그리스도의 공생애는 삼년 반 동안 계속되었고, 그 기간 동안에 그는 죄인들이 그를 거역하는 것들을 참아내며 가난과 욕됨 속에서 지내셨다. 그런 후에 그의 죽음으로 인해서 그의 권세가 다 깨진 것처럼 보이고 그의 원수들이 이긴 것처럼 보였을 때, 그는 가장 영광스러운 승리를 얻고서 다 이루었다(It is finished)고 말씀하셨다.

(2) 다니엘에게 주어진 대답 속에 이 환난들이 지속된 기간에 관한 좀 더 구체적인 내용이 더해짐(11-12절).

[1] 환난의 기간이 시작될 시점. 이 기간은 안티오코스가 매일 드리는 제사를 폐하며 멸망하게 할 가증한 것, 즉 제우스의 신상을 하나님의 제단에 세울 때부터

시작될 것이다. 그들은 공예배가 폐하여질 때에 그들의 환난 기간이 시작된다는 것을 알아야 한다. 공예배의 폐지는 그들에게 재난의 시작으로서(마 24:8) 그들이 마음에 깊이 새겨야 할 것이었다.

[2] 그들이 환난을 겪게 될 기간. 그 기간은 1,290일 또는 삼년 육개월 또는 (어떤 이들의 계산에 의하면) 삼년 육개월 십오일이 될 것이다. 그 기간이 끝났을 때에 매일 드리는 제사가 회복되고, 멸망하게 할 가증한 것이 제거되었을 것이고, 유대인들은 이것을 기념하는 수전절을 우리 구주의 때까지 지키고 있었다(요 10:22). 역사상으로 보면, 이 기간은 하루 단위까지 정확히 맞아 떨어지는 것 같지는 않지만, 이 환난은 셀레우코스 왕조 제145년에 시작되어서 제148년에 끝난 것으로 보이고, 매일 드리는 제사의 회복과 제우스 신상의 철거 또는 여기에 기록되어 있지 않은 어떤 주목할 만한 이전의 사건은 아주 오랜 기간 후에 있었다. 성경의 예언들 속에는 때와 기한이 확정되어 있는 경우가 많은데, 거룩한 역사나 세속 역사에 비추어 보면 그 때와 기한이 딱 맞아떨어지는 것 같아 보이지 않지만, 그 때와 기한이 정확히 이루어졌다는 것은 의심의 여지가 없다(예를 들면, 사 16:14).

[3] 그들의 구원이 완성되거나 적어도 상당한 진전을 이루게 될 때. 그 때는 여기에서 그들의 환난 기간이 끝난 후 45일로 되어 있다. 어떤 이들은 이것이 안티오코스가 죽은 때를 가리킨다고 보는데, 그는 성전을 더럽힌 지 1,335일에 죽었다. 기다려서 그 때까지 이르는 그 사람은 복이 있으리라. 마카베오 가는 하나님의 인도하심 아래에서 성전과 도성을 회복하였다고 말해진다(마카베오1서 9:28; 10:1). 많은 훌륭한 해석자들은 여기에 나오는 날수를 예언적인 의미를 지닌 날수(즉, 1일은 1년)를 가리키는 것으로 보고, 이 기간이 로마인들에 의해서 예루살렘이 멸망한 때로부터 시작되는 것으로 본다. 그러나 로마인들이 몰락하게 된 사건이 무엇인지에 대해서는 해석자들 사이에 의견이 일치하지 않는다. 어떤 이들은 이 기간이 적그리스도가 복음 예배를 더럽히는 때로부터 시작되는 것으로 본다. 요한계시록을 보면, 적그리스도의 통치 기간은 1,260일(1일은 1년)로 되어 있고, 그 기간이 끝나면 적그리스도는 몰락하기 시작해서, 30년 후, 즉 1,290일에 완전히 몰락하는 것으로 되어 있다. 40일을 더 살아서 1,335일까지 산 자는 실제로 영화로운 때를 보게 될 것이다. 여기에 나오는 기간이 이렇게 멀리까지 내다보고 있는 것이 맞는지 틀리는지를 나는 알 수 없

다. 그러나 우리는 다음과 같은 것들에 대해서는 알 수 있다. 첫째는 교회의 환난들이 끝나서 구원을 받게 될 때가 정해져 있고, 그 때는 하루 단위까지 정확히 지켜지리라는 것이다. 둘째는 성도들은 믿음과 인내로 이 때를 기다려야 한다는 것이다. 셋째는 그 때가 올 때에 그 때를 오랫동안 기다린 자들에게 차고 넘치는 보상이 있으리라는 것이다. 오랫동안 기다려서 마침내 그 때를 보게 된 그 사람은 복이 있으리라. 왜냐하면, 그때에 그들은 이는 우리의 하나님이시라 우리가 그를 기다렸다고 당당하게 말할 수 있을 것이기 때문이다.

**II. 다니엘이 그 끝에 무슨 일이 있을 것인가라는 질문을 던지고 그 대답을 받음.** 좀 더 살펴보자.

1. 왜 다니엘은 이런 질문을 던졌는가. 그것은 그가 그리스도께서 천사에게 하시는 말씀을 듣고도 깨닫지 못하였기 때문이었다(8절). 다니엘은 대단히 총명하고 환상과 예언에 밝은 사람이었지만, 여기에서는 그 뜻을 알 수가 없었다. 그는 한 때 두 때 반 때라는 말씀의 의미를 적어도 자기가 원하던 만큼 분명하고 확실하게 깨닫지 못하였다. 아무리 훌륭한 자들도 하나님께 속한 일들을 살피다 보면 뭐가 뭔지 알 수 없는 때가 자주 있고, 자기가 깨닫지 못하는 것들을 만나게 된다는 것을 명심하라. 그러나 그러면 그럴수록, 그들이 자신의 연약함과 무지를 더 잘 알게 되어 자신의 그런 모습을 더 기꺼이 인정할 수 있게 되기 때문에, 그것도 좋은 일이다.

2. 질문의 내용은 무엇이었는가. 내 주여 이 모든 일의 결국이 어떠하겠나이까. 다니엘은 천사가 아니라 그리스도께 직접 질문을 던진다. 우리에게 질문이 있으면, 우리가 그리스도 외에 누구에게로 가겠는가. "이러한 사건들의 최종적인 결과가 어떠하겠나이까? 이 사건들은 어떻게 귀결이 되겠나이까? 이 일들이 결국에 어떤 식으로 끝나겠나이까?" 우리는 이 세상의 일들이나 세상 속에서의 하나님의 교회의 일들을 바라볼 때에 이 일들의 결국이 어떠할 것인지를 생각하지 않을 수 없다. 우리는 일들이 마치 사람들 가운데에서 하나님의 나라가 완전히 멸망하는 것으로 끝나게 될 것처럼 움직여 가는 것을 본다. 악덕과 불경(不敬)이 횡행하고 신앙이 기울며 의인들이 고난을 받고 불경건한 자들이 승리를 거두는 모습을 볼 때에 우리가 내 주여 이 모든 일의 결국이 어떠하겠나이까라고 질문하는 것은 당연한 일이다. 그러나 모든 것이 결국에는 선하게 끝날 것이라는 사실만으로도 우리는 대체적으로 만족할 수 있다. 진리는 커서 결국

에는 승리하게 된다. 통치와 권세와 능력을 비롯해서 모든 적대 세력은 진압될 것이고, 거룩함과 사랑이 영원히 승리를 거두고 존귀하게 여김을 받게 될 것이다. 반드시 이러한 결국이 오게 될 것이다.

3. 이 질문에 대한 대답은 어떤 것이었는가. 앞에서 우리가 살펴보았던 때와 관련된 것(11-12절)을 제외한다면, 여기에서는 다니엘에게 몇 가지 일반적인 가르침들이 주어지고, 다니엘은 이 가르침들을 끝으로 그리스도의 임재로부터 물러가게 된다.

(1) 그는 그에게 주어진 계시들로 만족하고 그 이상의 것을 캐물어서는 안 된다. "다니엘아 갈지어다. 장래의 일들을 여기까지 미리 볼 수 있도록 허락된 것으로 네게는 충분하니, 여기에서 멈춰라. 그리고 가서 다시 왕의 일을 보고(8:27), 가서 후손들의 유익을 위하여 네가 보고 들은 것을 기록하고, 여기에서 더 많은 것을 보고 들으려고 하지 말라." 하나님과의 교제는 이 세상에서 우리가 계속해서 누릴 수 있는 잔치가 아니라는 것을 명심하라. 우리는 종종 그리스도의 영광을 보게 될 때에 여기 있는 것이 좋나이다라고 말한다. 그러나 우리는 산 밑으로 내려가야 하고, 거기에는 영원한 도성이 없다. 많이 아는 자들도 부분적으로만 아는 것이고, 많은 것들이 여전히 어둠 속에 가려져 있는 것을 본다. 그들의 지식은 여기까지이고 그 이상으로 넘어가지 못한다. "다니엘아, 네가 보고 들은 것으로 만족하고서 갈지어다."

(2) 그는 그가 보고 들은 것들이 실제로 성취될 때까지는 그가 그것들을 온전히 깨닫기를 기대해서는 안 된다. 이 말은 마지막 때까지, 즉 이 일들의 끝이 올 때까지 또는 만물의 끝이 올 때까지 간수하고 봉함되어 있어서 깨달을 수 없게 되어 있다. 다니엘은 마지막 때까지 이 말을 봉함하라는 명령을 받았다(4절). 유대인들은 엘리야가 와서 모든 일을 우리에게 말해 주리라고 말하곤 하였다. "이 말들은 간수하고 봉함되었다. 즉, 이 말들이 보여주는 계시는 이제 온전히 확정되었다. 이 말들은 마감이 되어서 봉인이 되었기 때문에 거기에서 어떤 것을 더하거나 빼는 일이 없을 것이다. 그러므로 더 이상 묻지 말라." 크신 선생께서 알려주시고자 하지 않는 것들에 대해서는 알고자 하지 않고 기꺼이 무지하고자 하는 자는 많이 배운 자이다.

(3) 그는 세상이 존재하는 한 세상 속에는 지금 우리가 보는 바와 같이 선한 자와 악한 자가 공존하리라는 것을 엄연한 사실로 받아들여야 한다(10절). 우

리는 하나님의 밭에서는 오직 곡식만이 있고 가라지는 없기를 바라고, 하나님의 타작마당에서는 알곡만이 있고 겨는 없기를 바란다. 그러나 키질을 하는 날과 알곡을 곳간에 모아들이는 때가 올 때까지는 그런 일은 일어나지 않을 것이다. 곡식과 가라지는 추수 때까지 함께 자라야 한다. 악한 사람은 악을 행하지만 지혜 있는 자는 깨닫는다는 법칙은 어제나 오늘이나 내일이나 다름이 없을 것이다. 다른 것들에서와 마찬가지로 이 점에 있어서도 요한계시록과 다니엘서는 비슷한 내용으로 끝난다. 더러운 자는 그대로 더럽고 거룩한 자는 그대로 거룩되게 하라(계 22:11).

[1] 악인들이 악을 행하는 것을 없앨 방도는 없다. 이 세상에 그런 자들은 끝날까지 있을 것이다. 옛 속담에 말하기를 악은 악인에게서 난다 하였다(삼상 24:13). 오늘날의 사람들도 동일한 말을 한다. 악한 자들이 악한 일들을 하는 법이다. 못된 나무가 아름다운 열매를 맺을 수 없다. 가시나무에서 포도를 따겠으며, 악한 마음으로부터 선한 것들이 나오겠는가? 결코 그럴 수 없다. 악한 행위들은 마음에 있는 악한 원리들과 성향들의 자연적인 산물들이다. 그러므로 그것을 이상히 여기지 말라(전 5:8). 우리는 앞에서 악한 사람은 악을 행하리라는 말을 들었다. 우리는 악인들에게서 선한 것을 기대할 수 없다. 그러나 더 나쁜 것은 악한 자는 아무것도 깨닫지 못하리라는 것이다. 이것은 다음 둘 중의 하나를 의미한다.

첫째, 아무것도 깨닫지 못하는 것은 그들의 죄의 일부이다. 그들은 깨달으려고 하지 않는다. 그들은 빛에 대하여 눈을 감아 버리는데, 보지 않고자 하는 자들만큼 눈 먼 자들은 없다. 그들은 깨달으려 하지 않기 때문에 악하다. 하나님의 진리들을 올바르게 알기만 했다면, 그들은 하나님의 법에 기꺼이 순종했을 것이다(시 82:5). 고의적인 죄는 고의적인 무지의 결과이다. 그들은 악하기 때문에 깨달으려 하지 않는다. 그들은 그들의 행위가 악하므로 빛을 미워하여 빛으로 오지 않는다(요 3:19).

둘째, 아무것도 깨닫지 못하는 것은 그들에 대한 징벌의 일부이다. 그들은 악을 행하고자 하기 때문에, 하나님은 그들을 눈 먼 마음에 내어주셨고, 그들에 대하여 그들이 깨닫지 못할 것이요 돌이켜 고침을 받지 못할 것이라고 말씀하셨다(마 13:14-15). 그들이 악을 행할 것이기 때문에, 하나님은 그들에게 보는 눈을 주시 아니하실 것이다(신 29:4).

[2] 세상은 악하지만, 하나님은 그 속에 선한 자들을 자기를 위하여 남겨두실 것이다. 하나님의 섭리들과 규례들이 많은 사람들에게는 사망으로부터 사망에 이르는 냄새가 될 것이지만, 어떤 사람들에게는 생명으로부터 생명에 이르는 냄새가 될 것이다.

첫째, 하나님의 섭리들이 그들에게 유익이 될 것이다. 몇몇 사람들은 그들이 받은 환난을 통해서 정결하게 되며 희게 될 것이다(11:35). 반면에, 동일한 환난을 통해서 악인들의 부패한 성품이 더욱 부추겨지고 자극이 되어서, 악인들은 더욱 악을 행하게 될 것이다. 선한 자들이 겪는 환난들은 그들의 믿음을 시험하기 위한 것이다. 그러나 이 시험을 통해서 그들은 정결하게 되며 희게 되고, 그들의 부패한 성품은 제거되며, 그들의 은혜는 더욱 밝고 활기차며 뚜렷해져서, 칭찬과 영광과 존귀를 얻게 될 것이다(벧전 1:7). 거룩하여져서 선한 자들에게는 모든 일이 그들 자신을 거룩하게 하며 더 선하게 만드는 데에 도움이 된다.

둘째, 하나님의 말씀이 그들에게 유익이 될 것이다. 악한 사람이 깨닫지 못하고 말씀에 걸려 넘어질 때, 지혜 있는 자는 깨달을 것이다. 실천에 있어서 지혜로운 자들은 가르침을 깨닫게 될 것이다. 하나님의 법과 사랑에 의해서 감화를 받고 지배를 받는 자들은 하나님의 빛으로 조명을 받게 될 것이다. 왜냐하면, 하나님의 뜻을 행하려 하는 자는 진리를 알게 될 것이기 때문이다(요 7:17). 지혜 있는 자에게 교훈을 더하라 그가 더욱 지혜로워지리라(잠 9:9).

(4) 그는 죽음과 심판 속에서, 그리고 영원에 이르기까지 그가 복되리라는 것에 대한 즐거운 전망으로 스스로 위로를 받아야 한다(13절). 다니엘은 지금 나이가 아주 많았고, 오랫동안 하늘과 친밀한 관계를 유지해 옴과 동시에 이 땅에서 수많은 나랏일들을 처리해 왔었다. 이제 그는 이런 것들에 작별을 고할 생각을 하여야 한다. 너는 가서 마지막을 기다리라.

[1] 우리 모두가 이 세상을 떠나는 것에 대하여 많이 생각하는 것은 좋은 일이다. 우리는 계속해서 이 땅에서 떠나가고 있고, 머지않아 완전히 떠나가게 될 것이다. 그것이 우리에게 정해진 길이다. 그러나 우리는 하나님이 우리를 저 세상으로 부르실 때까지, 하나님이 이 땅에서 우리에게 볼 일을 다 보실 때까지, 하나님이 "네가 너의 증언을 다 마쳤고 품꾼으로서 이 날에 마칠 일을 다 했으니, 이제 네 자리를 다른 사람들에게 넘겨 주고 갈지어다" 라고 말씀하실

때까지는 우리가 가지 않으리라는 것은 우리에게 위로가 된다.

[2] 선한 자가 이 세상에서 자기가 갈 길을 다 간 후에는 안식으로 들어가게 된다. "네가 이제까지의 온갖 수고와 괴로움에서 놓여나 평안히 쉴 것이고, 다음 세대에 임할 재앙들을 보지 않을 것이다." 하나님의 자녀가 죽는 순간에 할 수 있는 말로 내 영혼아 네 평안함으로 돌아갈지어다라는 말만큼 적절한 것은 없다.

[3] 시간과 날들은 끝이 있을 것이다. 우리의 시간과 날들이 아주 짧게 끝날 뿐만 아니라, 모든 시간과 날들이 마침내 끝나게 될 것이다. 조금 있으면 시간이 더 이상 없게 될 것이고, 시간의 흘러감은 일일이 다 세어져서 마쳐지게 될 것이다.

[4] 우리가 무덤 속에서 안식을 누리는 것은 단지 끝날까지일 것이다. 그 끝날이 되면, 무덤 속에서의 평화로웠던 안식은 기쁜 부활에 의해서 복된 방해를 받게 될 것이다. 욥은 죽은 자들에 대하여 하늘이 없어지기까지 그들이 눈을 뜨지 못하며 잠을 깨지 못할 것이라고 말함으로써 하늘이 없어질 저 세상 끝날에 그들이 눈을 뜨고 잠을 깨게 될 것임을 미리 내다보았다(욥 14:12).

[5] 우리 각자는 끝날에 우리의 몫을 누리게 될 것이다. 저 큰 날의 심판에서 우리는 우리가 몸으로 행한 것을 따라서 너희 복 받을 자들이여 나아오라거나 너희 저주를 받은 자들아 나를 떠나라는 말씀을 듣고 우리의 몫을 배정받아서, 그 몫을 영원히 누리게 될 것이다. 다니엘에게나 모든 성도들에게나 이 땅에서 그들의 몫이 무엇이었든지 간에 그들은 끝날에는 복된 몫을 누리게 될 것이고, 택함 받은 자들 가운데에 그들의 몫을 갖게 되리라는 것은 큰 위로가 아닐 수 없다. 우리 각자가 큰 관심을 가지고 힘써야 하는 것은 끝날에 복된 몫을 확보하는 것이 되어야 한다. 그러므로 우리는 우리의 현재의 몫에 만족하고, 하나님의 뜻이 무엇이든지 그것을 환영하여야 마땅하다.

[6] 끝날에 하늘의 가나안에서 복된 몫을 누리게 되리라는 것을 믿음으로 소망하고 바라보는 것은 우리가 이 세상을 떠날 때에 우리에게 큰 힘이 되어 줄 것이고, 죽는 순간에 우리에게 생생한 위로로 다가올 것이다.

● **독자 여러분들께 알립니다!**

'CH북스'는 기존 '크리스천다이제스트'의 영문명 앞 2글자와
도서를 의미하는 '북스'를 결합한 출판사의 새로운 이름입니다.

매튜헨리주석전집 14

# 매튜헨리주석 에스겔, 다니엘

**초판 발행**  2008년 12월 25일
**중쇄 발행**  2019년 4월 26일

**발행인**  박명곤
**사업총괄**  박지성
**편집**  신안나, 임여진
**디자인**  김민영, 양무리디자인
**마케팅**  김민지
**재무**  김영은
**펴낸곳**  CH북스
**출판등록**  제406-1999-000038호
**전화**  031-911-9864   **팩스**  031-944-9820
**주소**  경기도 파주시 휘동길 37-20 CH그룹사옥 4층
**홈페이지**  www.chbooks.co.kr   **이메일**  ch@chbooks.co.kr
**페이스북**  @chbooks1984   **인스타그램**  @chbooks1984
**네이버 밴드**  @chbooks




CH북스는 여러분의 정성이 담긴 원고를 기다리고 있습니다.
원고 투고는 ch@chbooks.co.kr 로 내용 소개, 연락처와 함께 보내주세요.